追寻幸福

中国哲学史视角

韦正翔◎著

中国社会科学出版社

图书在版编目（CIP）数据

追寻幸福：中国哲学史视角：全2册/韦正翔著．—北京：
中国社会科学出版社，2017.10
ISBN 978-7-5203-1229-5

Ⅰ.①追… Ⅱ.①韦… Ⅲ.①哲学史—中国 Ⅳ.①B2

中国版本图书馆CIP数据核字（2017）第250369号

出 版 人 赵剑英
责任编辑 李炳青
责任校对 石春梅
责任印制 李寡寡

出 版 中国社会科学出版社
社 址 北京鼓楼西大街甲158号
邮 编 100720
网 址 http://www.csspw.cn
发 行 部 010-84083685
门 市 部 010-84029450
经 销 新华书店及其他书店

印 刷 北京明恒达印务有限公司
装 订 廊坊市广阳区广增装订厂
版 次 2017年10月第1版
印 次 2017年10月第1次印刷

开 本 710×1000 1/16
印 张 65.5
字 数 1081千字
定 价 258.00元（上、下卷）

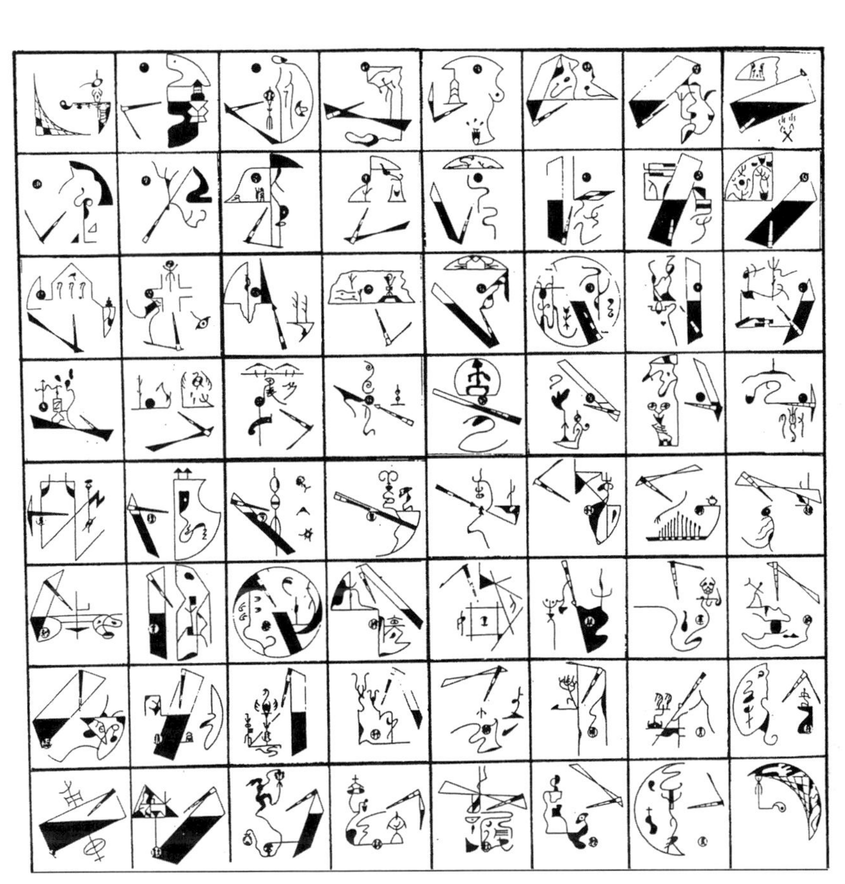

六十四卦太极图　吴烨设计

让卷舒自在之仁回到我们的生命里

本人发现，中国的具体的社会存在决定了中国的具体的社会意识，中国的历史无非就是中国独有的仁德（德）礼制（位）幸福体系的治或乱的历史，而儒家就是这个仁德礼制幸福体系的守候者。儒家思想家的主要任务是写明仁之道并传仁之道，这就是他们所执着担当的事业。本书中写出的所有哲学家都对中华民族充满着深厚之爱，他们带着整个民族的切肤之痛，一次次地以或救内或救外的救亡的心态，各辟蹊径地向着哲学的巅峰挺进。在社会大乱之时，他们能够顶住各种压力，在贫困中，在病痛中，在冤屈中，在落魄中，奋笔疾书，以其仁的身心殉仁之道。

儒家思想是建立在能量物理学和象征哲学（象征逻辑学、象征伦理学和象征美学）的基础上的。本书的使命是要用儒家哲学的精粹的思想片段串成的宇宙大全的统一体，让僵化的碎片化的鸡汤化的理论枝叶和花朵回到活泼泼的逻辑串的大树之家那里，以造就这个走向大治的伟大时代需要不断涌现的小飞龙之才俊，教人努力用自己的真实的仁品和仁才来超越现实，把梦幻一样的戏剧变成真实的生活。虽然本书的文字是简单的，但却是一本十分奥妙难懂的哲学大书。要有极纯粹的心灵状态、极丰富的想象力、极严谨的逻辑思维能力和极笃定的践行能力，才能真正读懂并练成诚实的仁礼相配的仁德之功。

学习中西马哲学融会贯通的哲学，就是要有志变成一条有仁德的小飞龙，这样才有可能让每个人都能以小见大地在追求仁的极致的小事中建不朽之仁功、立不朽之仁德、成不朽之仁言，从而成为止于仁的至善之人。万仁之理皆是大的，万物之事皆是小的。立在仁上就能成小事之大，而离开了仁则无大事。儒家哲学就一个仁字便可以了得。仁的舒展即是一个宇宙大全，而仁的收拢便是一个仁的卷轴。儒家立在仁上穷尽了万理，从而成了世间难以逾越的绝顶之仁学。人的精神之繁华盛世、万般滋味，尽在儒家之仁的万花筒里。因为仁是卷舒自在的，所以我们的生活是微妙神奇的。在空零泡泡折磨着我们的心灵的时候，让我们带着小飞龙重生的勇气，心里怀着宇宙大全的仁的太极，动我们的仁心，养我们的仁品，悦我们的仁情，成我们的仁德，做我们的仁事，以不辜负我们的仁种，沿着真理的轨迹，向着自由王国的仁的至善飞翔。

总 目 录

下 卷

全书的宇宙大全逻辑串梗概

2. 为了骄奢淫逸而谋求权势和富贵之患

3. 心学因放弃理学的学问而导致的狂妄之徒的出现

4. 气学实现了从仁心、仁理到仁用的贯通

5. 新陈代谢的进化论说明了个体能在更高层次上回归总体

第十篇　儒家在清末和民国的危机时期

——儒家的理性仁德礼制幸福体系遭遇西方的科学与民主

1. 如何对待西方自由主义？

(1)西方自由主义与儒家在价值观上的根本对立

(2)儒家哲学不是迷信,而儒家体制不是专制

2. 中西马哲学的融会贯通时期的开启

(1)带着血的悲怆和太阳之红的毕照恪守仁德

(2)儒家实学对包括进化论在内的西方科学的吸纳

①把理的次方扩展到无穷小与无穷大

②强调在仁心之中有着刹那刹那前进着的新世界

(3)毛泽东的新民主主义理论闯出的新道路

①孔子被打倒和儒家的仁德高尚理论被闲置

②不再用物质的富贵来评价人的价值

③唯物辩证法的逻辑串的社会组织结构

④马克思主义的普遍真理与中国的具体实践相结合

结　语　儒家的凤凰涅槃式的再生——中西马哲学的融会贯通

——从共和仁德礼制幸福体系走向共同仁德礼制幸福体系

前言　以逻辑串的方式探寻真理

目前已经有中国哲学史方面的著作，为什么本人还要写作这本大书呢？本书力图要呈现真理，让真理自己为自己说话，但到底这里写的是不是真理，还需要学习者以五大逻辑（形式逻辑、辩证逻辑、历史逻辑、概率逻辑、数理逻辑）的推理为依据来做出自己的独立的判断。本书选写了约70位哲学家及哲学学者的思想脉络，写作的方式是逻辑串，每个逻辑串由三个环节构成，本书是由几十万个首尾相接的逻辑串构成的统一体。本书的研究过程是一个客观地发现真理的过程而不是一个主观地造作真理的过程，所以我只是著者而不是作者，著者就是以逻辑串的显著的方式阐明真理者而不是创作真理者。而且，我不能创造历史资料，只能从学术水平高且可靠的历史书中去“搬”史料。本书依据的总体的史料主要来自吕思勉先生的著述；哲学方面的史料主要来自冯友兰先生和陈来先生的著述；《易经》和《易大传》方面的资料主要来自金景芳先生和吕绍纲先生的专著《周易全解》；哲学家与学者的生卒年月和生平主要来自《中国大百科全书》（中国历史Ⅰ—Ⅲ卷）和（哲学Ⅰ—Ⅱ卷）。我以他们的著述为导引，再去查阅原著中的相关资料。那么，本书有什么新意呢？又应该怎么阅读呢？[①]

---

① 在中国的古文字的造字过程中，渗透着朴素的唯物辩证法的一分为二和二合为一的总公式，所以有五套音形相配的字：元一、正一、负一、中一、合一。元一为出发点，分为正一和负一，中一为正一与负一之间的平衡状态，而合一为正一和负一始终平衡前行产生出的结果。在这五套字又可以分成两大体系，其中包含着表时间的与表空间的，表抽象的与表具体的；表动的与表静的；表自然的与表人为的；表主观的与表客观的；表有心的与表无心的；表有目的的与表无目的的；表刻意的与表不刻意的；表强调的与表不强调的；表费力的与表不费力的，等等。有的哲学家能把这两大体系区分开来使用，有的哲学家则是混用的。比如说，多数哲学家用的是不费力的“工夫”，有的哲学家则用费力的“功夫”，而有的哲学家则把“工夫”和“功夫”混用，所以需要具体甄别。

一　孤舟相遇的萍聚或登山相逢的挚友

所有作者都是酷爱自己的读者的，否则就没有写作的必要。但是，作者与读者之间主要有两种关系，这两种关系都是好的，只是功能不一样。有的作者是为萍聚而生的，他的书是一叶孤舟找寻众多孤舟的媒介。作者与读者相遇后，彼此都不再孤独。所以，只要互相认同的书就是好的，读者可以凭自己的感觉，通过自己喜欢或是不喜欢来评价一本书的好与不好。好的书就相当于是为自己已有的观念点赞的书，就是自己点的精神快餐，轻松愉快地消费就可以，还可以从中摘取最喜爱的片段当红酒、玫瑰花或巧克力重复使用。而有的作者是为找寻登山之友而生的，作者要找到的是与自己喜欢登上同一座高山的人，登上山顶是他们共同的目标。而且，这座山通常是高到一个人爬不完的程度，所以每位读者都会再变成作者，他们都在激励自己的后继者，要超越自己，爬到更高的地方。哲学学者登的山称为宇宙之巅。这是一座高到要人类共同来不断攀登的绝顶之山。本人想要找寻的就是这样的携手并进地登山的挚友，我们的共同使命是要不畏艰险地、前赴后继地永攀宇宙之巅。

在全文中因为逻辑串的需要而用了比较多的辅助词，有的还重叠出现。“的”的连用是为了限定范围；“而”的连用是在说明一分为二的连推；“这样”的连用是在说明二合为一的连推；“于是”是在说明升刻度；“因此”和“所以”是在说明历史逻辑中的因果关系，而“因此”强调的是因，“所以”强调的是果；“了”强调的是过去的结束，“已”强调的是旧阶段的结束和新阶段将开始。“而”与“但”都可以表示转折的语气，只是“但”的语气较重。“而”指的可以是升级的至善，“但”只能指回返的至善。“止是”强调的是停止，而“只”强调的是唯一。“于”强调的是在什么方面，而“以”强调用什么来做什么。这些词是逻辑串显现的迹象。不读逻辑串，就会感觉这些词是多余的。其他辅助词不再一一列举，读者可以推而知之。

今人把这两大体系和五套字简化混用了，很多表逻辑串的词被当成多余的词删减了，并把一些词被当成了错别字，导致了严谨的中文变成了模糊的中文，从而导致了我们的思维的模糊。不更正这些字就会导致对本书收录的古文理解的混乱，所以必须把每个字的“眼”抠出来，这样才能判断正误。有的来自原文的似乎是错别字的字无法注释，只能玩味，硬注就会有损原文的精妙性。有的原文有不同的抄本，有的抄本已经被抄者更正，还有在抄本中就有抄错的，所以不仅电子版会出错，纸版也会出错。从这些字的辨别中可以发现，很有必要以甲骨文为基础，重新编写一本古汉语辞典。针对容易理解错的字词，我在第一次出现时特加脚注。后同，就不再一一重复。我们通常是要遵循标点符号的规范的，但是在特殊情况下，为了更好地表达意思，只要加以说明，是可以活用标点符号的。在本书中，在不会产生歧义的情况下，就不用双引号，而只有在脚注中才加了双引号。如果在标点符号或字词的使用上出现争议，由笔者本人负责解释。

二　踏在逻辑串的台阶上求索真理或从文字上飘过看风景

我暂且把自己当成一个先行者，暂且把读者当成一个学习者，但是我坚信读者在读懂本书后都能超越我，都能成为一位更高明的作者，从而把我变成一个心甘情愿的学习者。我已经竭尽全力让文字和行文尽量易懂，但是要透彻地读懂这些绝顶高明的哲学家们的智慧之学，是需要有一些先修的广博的、深入的、系统的知识结构为基础的。所以，我们先要在基础上下功夫，然后我们才能有工夫。功是需要力的，所以是艰难的。当功夫成了工夫的时候，我们就能享受到登山的快乐了。在阅读时尤其要注意有悖于常识的不可思议之处。那些有智慧的哲学家们，如果提出了什么不可思议的观点，肯定是有着高深的道理潜存在其中的。这时只看单个的字是看不懂的，只用寻常的顺序也是看不懂的，只有看懂了字与字之间潜存的逻辑串才有可能读懂。道理的长度是靠逻辑串的接续来呈现的。要对哲学家们的思想提出异议，也是需要用逻辑串来说明缘由的。在每两个词之间，每两个句子之间，每两个段落之间，每两个章节之间，每两篇之间，都有着或高或低的逻辑串的台阶。所有的逻辑串都在转换成数理逻辑串时就容易准确把握了。踏上这些台阶，才能悠然自得地上山求道、下山求理，否则就只能在文字上飘过，只能从表面上看看风景而已。

三　以己化度人或以逻辑串化度人

本书可以帮助学习者成为既能化度己又能化度人的化度者。没有逻辑串的化度者，通常是以己化度人，就是以自己的人生经历、自己的感悟和行为化度人，这种化度法比较亲切但其功效具有偶然性，并且只能在 2 的 0 次方这里发挥作用。而有逻辑串的化度者，则能以道化度人，这种化度法的功效具有必然性，而且要把人化度到 2 的万次方处，必须有逻辑串才行得通，但化度者首先需要通过道问学来把握宇宙大全的逻辑串。用逻辑串化度己或化度人，都不能急。哲学的智慧是一种既至简又至难的顶级智慧。聪悟之人一点即能通，而有的人则要行万里路或读万卷书后才可能通，所以不能助长。化度己时自己不能着急，化度人时也要耐心等待。每升级一个次方就会增加一个层级的滋味，让生命变得丰富多彩。化度人者要让人放下的是功利心，放下即是不在意，有也可，无也可，这里并不排斥功利，只是要守住真心。凡事都是有功利的，做事都在追求成功，只是有大公的功利和小私的功利之别。因为懂得道理，所以能够慈悲。有的事劝人不做，是因为没有一定的才，做也是徒做，所以要把人引到能成功的事上。做万事，只要心是净的，合乎道理，则没有什么事非要做，也没有什么事非要不做。事只是末节而已，只要是各用其长行好其事，得有德之功，都是好事。

四　在高山上有着如你所愿的天高云淡

如果暂时读不懂本书，可以先放下。等阅历和知识积累到一定的时候，当逻辑串自然或人为地形成之后，再读就会通畅晓贯了。登山之旅永远都不会太晚，我的书一直在此等候你的到来。一旦顿悟得道，便可握藤飞翔。逻辑串就是高山从山顶上垂下的野藤，是高山的低眸。她有着不折的筋骨，她用春的暖、夏的热、秋的爽、冬的寒来磨炼我们的意志，始终如一地担当着我们翻山越岭的悬梯。一个站在高山脚下的人，一定是比高山矮的；而一个攀登到高山顶上的人，一定是比高山要高的。高山自愿把我们举起，成全着我们的高大。高处才能明，明才能活得白，白才能活得纯粹。在高山上，有着如你所愿的天高云淡，有着你心必将安好的晴天，那就是传说中的有着诗意的远方。在那里，我们会有自然迸发出的绮丽的笔调，所以都能够成为尽情书写太阳的书童。让我们一同努力用逻辑串攀岩，成为一个比高山还要高的人吧！

五　本书的有着儒家象征哲学味道的写作风格

（一）著者的写作风格说明

1. 采用了正点之象的写作方式

本人的《追寻幸福：西方哲学史视角》（简称为《西》）这本书，有相当一部分学习者是读不懂的，尤其读不懂其中的西方理想主义的完美哲学。《西》的文字是非常简单的，难懂的地方在于学习者面对西方哲学中的概念是木讷的，没有把概念变成理念，再把理念变成属加种差的能力。

在西方的完美哲学的概念中，至善为属，而种差为一类事物赖于走向至善的特性。在西学东渐之时，中国的思想家们抛弃了儒家的正点的象，采用了西方完美哲学中的概念，而中国人没有懂得西方完美哲学的五大逻辑的基础，所以让中国的思想变得僵硬难懂。目前很多中国人的思想中充满的是没有真正理解的西方完美哲学的概念，这些概念被看成科学语言，而儒家的正点的象的语言被看成是不科学的语言，看上去像迷信。在写作本书时，我就有着这样的纠结，一度害怕用了正点的象的写作方式，会使本书被当成没有学术价值的书。最后是正点的象的奇妙性和科学性征服了我，让我坚定不移地用正点的象的方式来写作这本著作。

2. 希望学习者暂时忘掉自己的步伐

日常语言不可替代，就在于它是以一种活的方式来表达道理。一本书的节奏感和乐理表达着著者的心灵的波澜起伏，每个人是不一样的，所以不能用一个套子来套住著者。理科生与文科生的区别在于，理科生是按完美的直线和完美的圆向着至善行进的，行进过程虽然是完美的，但是难免有冲撞，撞见不完美即杀将开来，虽然公正，却有点冷冷的感觉。而且，如果世界完全是完美的，那就会让人感觉到呆板。文科生的目标也是至善，但是他们走向至善的过程则是不完善的，因为遇到障碍时，要有礼让之文，所以会出现丰富多彩的形式，会让人有暖暖的感觉。而且，有的会跳着走向至善，有的会唱着歌走向至善，有的则会快一下慢一下地前行，因此有着生动活泼的趣味。我有着文科生的特点，不会穿着套子踢着正步按一定的节奏前行。这里不能着意安排为一定的节奏和一定的模式，否则便会失去仁心的灵性和个性的滋味。仁心的一切的活波都是在曲幽的细处见分晓的。这里的节奏或大或小皆是方，或紧或慢皆是圆，或轻或重皆有不断之流，轻重快慢均不出方圆。我希望学习者暂时忘掉自己的步伐，能够陪着我，在我飞时跟着我飞翔，在我散步时陪着我看看路边的风景，在我追花蝴蝶的时候跟着我撒撒野，对于著者的心灵的波澜的无过之和无不及的自然呈现的著作，才会是最好的有艺术价值的哲学著作。

3. 把通情达理作为衡量文字运用妥否的标准

本书中选出的都是常被引用的思想片段。有的思想片段，似乎只是说法不同而意思是一样的，但是因为修辞手法不同，便有了不同的滋味，能够用不同的方式感动我们的心灵。哲学书从本质上看都是啰唆的。在我啰唆的时候理解我的苦衷，我一定是遇到了特别的感受时才会啰唆。对于得道的儒者来说，哲学书只写一个仁字就够了。而对于学习者来说，则要翻来覆去地说，因为说不定是哪句话用哪种方式就启迪了哪个人。所以，读哲学书与初恋是一样的，只能以第一次读的时候的感觉为准。读第二次时感觉啰唆之处，也许正是因为此处发挥了作用，让自己读懂了，所以后来才感觉啰唆。本书中的古汉语都经过了本人的翻译。在翻译中，我并不是要把古汉语全部变成现代语言，而是把通情达理作为衡量自己的文字运行妥否的标准，不拘泥于固有的文字运行模式的藩篱，拒绝把语言机械化，力图实现现代语言与古汉语的无障碍融会贯通。因为译文前都注明了原典的出处，所以不会让人误解为本人的思想，所以行文就不再用引号。

哲学家们有的时候在谈能量世界，有的时候在谈仁，但是没有明确标识出来，所以我们经常会难以理解。在这些地方我都把能量世界和仁补译了出来。本书的正文一改近代以来流行的抠引经典作品的文言文的做法，在注明经典作品的出处后，直接用翻译成的白话文写作，主要是为了更好地实现达意的目的。这样做并不是要反对抠引，因为抠引有抠引的益处，可以便捷地看到原文，可以便捷地转引原文，可以便捷地消除怀疑作者水平的读者的疑虑。我不抠引的益处在于：让学习者不再受看不懂的文言文的折磨，可以一路畅通地抓住仁这个一，在五大逻辑的引导下，形成自己的宇宙大全的逻辑串，从而奠定能够读懂全部哲学经典著作的功夫。在参考书目里，本人列出了相关的文本的经典作品的出处，这样学习者就可以深入地和系统地去阅读经典著作，而不能用阅读本书来代替对经典著作的阅读，也不能到这本书中来直接搬资料作为引用的依据。

（二）对于学习者的学习方法的建议

1. 要采用宇宙大全的逻辑串阅读法

对于本书可以有两种读法：一种是碎片化的鸡汤读法；一种是宇宙大全的大逻辑串读法。碎片化读法很容易，因为其中的字词句是简单的，可以让人得到瞬间的零星的就像星星一闪一闪亮晶晶的点悟感觉，但是如果没有抓住逻辑串，就会感觉很乱，不知道在说什么。要解决这种阅读方法带来的思想混乱的问题，就要进入容易让人望而却步的宇宙大全的大逻辑串读法。哲学需要通过心传的方式来传道，就是要在学习者出现理解障碍时进行逻辑串的点拨，但前提是学习者要有一定的先修基础。所以，学习者在阅读本书和《西》书之前，最好先温习一下能量物理学、符号学、语言学、修辞学和五大逻辑学的基本原理，再用思维导图作为自己的形象思维的工具，一步步地把逻辑图示画出，这样才能建立起著者与学习者之间沟通的平台，从而使得学习者能够把握统一的宇宙大全的图景。当宇宙大全的大逻辑串贯通之时，就会有太阳毕照万物的感觉，就能够让人进入一个恒照的理性认识的世界，这里有着纯粹的赤裸裸的真理。这就是为什么聊天需要有哲学家相伴的缘故。聊天聊的是天，鸿儒就是会用仁之理的逻辑串聊天的人；聊事聊的是事，宏官就是会践行合仁之理的事并会用逻辑串聊事的人。鸿儒与宏官之间是绝配。好的哲学家与好的政治家开会，就是好的哲学家用逻辑串聊天，好的政治家用逻辑串聊事，互相得到启发的过程。从一分为二和二合为一的角度上看，哲学家的思维方式是线性的，主要在思考一，而政治家的思维方式是面性的，主要是在思考二，二者之间是不可互相替代的。如果哲学家聊事，则容易把事聊僵，而政治家聊天，则容易把天聊僵，结果事也僵了，天也僵了，各自都会尽不了性，发挥不出各自的特长。

2. 要有克服阅读中的挫败感的勇气

儒家的象征哲学是最高层级的智慧之学，其中需要的功夫比学习流体能量物理学还要高，而且最高层级的哲学的科学性就是建立在流体能量物理学的原理之上的。这就好比用手机易，而懂手机的原理就难了。同样，儒家的象征哲学用起来极为简单，而懂起来极为困难。哲学的著者与学习者之间是靠逻辑串沟通的。思想的过程就是逻辑串运行的过程，文字只是一种表象。只懂文字而不懂逻辑串的学习者只能从文字上飘过，而无法把脚扎到逻辑串的真理大道上踏实走过，从而不会有行在道上的感觉，也看不清一路的风景。本书和《西》书中的字与字之间、词与词之间、句与句之间、段与段之间、节与节之间、章与章之间、篇与篇之间都有着前为属后为种（形式逻辑）或前为本后为末（辩证逻辑）或前为因后为果（历史逻辑）或前为 1 后为 0（数理逻辑）的确定性关系，因此从头到尾都是一个大的逻辑串，其中包含着几十万个首尾相扣的逻辑环节。学习的过程就是从 2 的 0 次方走向 2 的万万次方的过程。功夫的高度是以 2 的 n 次方来衡量的。这个大逻辑串就是在简单的文字中蕴涵着的客观真理。一本哲学著作的生命力在于其起点的确定性和逻辑串的严密性。逻辑串是蕴涵在文字与文字之间的，只有把全文的逻辑串读懂了，才能懂得儒家哲学的微言大义。要卷舒自在，就要在舒展上下功夫，否则就舒展不开。自己能舒展到什么程度，就要看 n 在多少次方。如果弄不清楚自己在 2 的几次方，而且不按顺序递进自己的次方，那么脑袋中装的知识碎片越多，脑袋就越糊涂。尤其是哲学的知识，装多了，是乱的，就容易让心灵崩盘。本人强调本书的阅读之难，不是要难倒学习者，而是要请学习者有一个难的心理准备，这样就更容易克服阅读时的挫败感，从而能够产生出克服困难的勇气。阳光总在征服自我的挫败感的风雨后。那时的你将是一朵自己能发光的自信的向日葵，总是向着太阳盛开！

六　全书的宇宙大全逻辑串梗概中的各篇宗旨

（一）每位哲学家的宇宙大全体系中都有蟹黄

为什么本书称为中国哲学史，但目录中却是以儒家为主线呢？尽管中国的哲学学派比较多，但是中国哲学的骨干是儒家哲学。《易》、儒家哲学、中国历史三者是同构的。哲学学派之间的平等，并不是平等地放在一起的平等。有的哲学学派在历史上影响比较小，与影响比较大的哲学学派平等地放在一起，其实就是不平等。真正的平等应该是与其发挥的作用的大小相对等。只有儒家哲学才是贯穿中国历史始终的哲学，而其他哲学学派的发展都是与儒家的仁德礼制幸福体系的兴衰相关的，并且每派哲学发展到一段时期，其精华部分都被儒家通过各种方式给融会贯通地吸收了。所以，虽然本书写了中国历史上存在过的所有主要的哲学学派，但是以儒家为主。儒家与道家和佛家是朋友关系，都是君子之学，所以关于道家和佛家的思想写得较多。每位哲学家就好比是一只母螃蟹。虽然这些哲学家都有自己的宇宙大全的体系，但是成果就是那么点蟹黄。历史上的第一位哲学家的宇宙大全体系全是蟹黄，后来的哲学家则是借用了以前的哲学家的蟹黄做自己的蟹肉，再长出自己的蟹黄。所以，我们今天面对的哲学体系是一个巨大的有着复杂的蟹肉的大螃蟹，但是通过哲学史一步步走来，就很容易看到蟹肉中的清晰的条理，从而可以看到每位哲学家所贡献的独特的蟹黄。本人通过认真研究，恢复了哲学家们整个的蟹黄变蟹肉的逻辑过程，让我们能够看到哲学家们的思想的客观演变过程，这也就是向着至善的方向演进的真理的呈现过程。也只有以这种写作方式才有可能把七十多位哲学家的精粹思想都合理地在一套相对简短的哲学史书中表述清楚。

（二）让超市思维中的花朵和树叶回家的目录之树

这样的由全体哲学家的蟹黄构成的宇宙大全又好比是一棵树。处在市场时代的我们，惯于用碎片化的超市思维看问题。在超市里，一棵大树的树叶和花朵都被摘下放到了不同的货架上，这样拿起来方便，但是这些树叶和花朵已经支离破碎和没有了生命力。本人让这些树叶和花朵都回到了它们树上的家，让它们知道它们是从哪里来的，现在在哪里和将要到哪里去。只有足够热爱树上的花朵的人，才有可能不嫌麻烦，用五大逻辑的梯子爬到树上去与自己喜爱的那朵花生活在一起，这样的花朵才能继续生出果实。全书的逻辑是通过详细的分层级的目录来客观地呈现的，而逻辑环节则是在本篇要旨和本章要旨中呈现的。有的篇长、有的篇短，这完全是以客观的逻辑环节的需要为依据来划分篇章的。目录就是本人找回来的树，本人寻到的全部蟹黄尽展于此，而正文就是树上的树叶和花朵。正文中的观点全部来自引证，我只是从这些引证中发现了至善，发现了走向至善之真理。我没有在正文中加入自己的意图，以免扭曲资料的原意。我发现的真理之道是在弯曲的趋向中呈现出来的，弯曲的部分就是各位哲学家的个性的表现，因此才既显现出了规律的必然性，又呈现出了每位哲学家的个性的丰富性。在“儒家道统中的圣人孔子”一节的目录中，本人把孔子的《易大传》之解的全部逻辑串都展开了，目的是要让学习者从目录上就能看到孔子为什么是当之无愧的首圣，为什么《易经》是当之无愧的仁德之圣典。

（三）在全书逻辑串梗概中流动着的中国哲学之“魂”

全书的“各篇要旨”和“全书逻辑串梗概”合成了本书的“魂魄”，其中的各篇要旨为“魂”，而全书逻辑串梗概为“魄”，具体内容由正文中的立论宗旨和思想脉络构成。从下面的各篇要旨之间的流动中，我们可以看到这棵逻辑之树勾勒出的中国哲学之“魂”的全貌：

第一篇　导论：在秩序与自由中追寻幸福

本导论既是终点也是起点。它力图对以往的一些儒家古典哲学家的思想进行总结，也力图在能量物理学的基础上勾勒一个儒家的心学、理学、气学的融会贯通的逻辑构架，我更愿称它为共字哲学的开篇。

第二篇　儒前的圣典时期——追求至善的圣典仁德礼制幸福体系的建设

本人发现，中国的一以贯之的社会体系是仁德礼制幸福体系，而中国的历史就是仁德礼制幸福体系兴衰的历史。仁（德）之文通过礼（位）而明，这就是儒家的全部文明。这个体系是在圣典时期按《易》的原理建设而成的。从伏羲开始到西周末年为圣典时期。圣典时期的道之大原为说明八卦的运行方式的《易》，而孔子传授的六经则是讲授圣典的经典作品，而教的内容就是启迪人要有追求至善的仁德（德），并遵守与仁德为本的礼制（位）体系。

1. 有仁德之人会有机会成为代天公管理天下的天子

中国建设和维护仁德礼制幸福体系的是天公所有制，其中的位子之网就是天网，有着天网恢恢疏而不漏的善有善报和恶有恶报的守善之功效。有仁德的人，当时运到来时，就能被天公任用，从而成为代天公管理天下的天子。天子是最大的官，是天下的管理者而不是私有者，其任务就是要敬德保民，为民做主守住正，并作为民追求正点的至善的榜样，政字就是返回到正的意思。伏羲为中国历史上第一位天子，而自有天子以来，中国的天子就是传位给儿子的。在尧之时，因为儿子不肖，从而采取了禅让制。舜行三年之孝成为尧的义子践位。儿子继承父亲得的位称为继位，而通过禅让得来的位则称为践位。禹也是践位的。在禹之后采用的则一直是继位制。在天子不追求至善和无仁德之时，民就替天行道，就革天子的命，从而改朝换代，意在拨乱反正。儒家继承的圣典仁德体系是通过仁德教育和礼仪实践来实现知行合一的，其中认识的对象是仁德之同，知识的对象是礼仪之别，人按礼仪之别行为就能形成仁德之大同，而从事六艺之教的儒师就是教人礼仪的，学校就是教人认得仁心和育得仁品的教育机构，而教字就是返回到孝的意思，而孝的最高对象是天公，天公是按天的仁道行事的，所以孝的制高点就是天的仁道，孝道就是效法于天的仁道。

2. 按需分配的平均主义的宗法封建制

圣典时期的礼制是按《易》的设计图建立起来的平均主义的宗法封建制。圣典中说的宗教指的是有所宗的教育。圣典宗的是天之仁道，法的是地之义理，这就是宗法制。天公在仁道和义理的基础上，以天下为公的原则，把地封给有仁德的天子去按至善的目标进行建设，天子再大公无私地把地分封给诸王，诸王再大公无私地按平均主义的井田制分封给农民耕种，官则大公无私地负责上传下达和执行天子的旨意，这便是封建制。天下是属于天公的。天公是封不是给。如果天子失去了仁德，天公就要撤回封给天子的地，再封给新的有仁德的天子。平均主义指的是纵向的公平和横向的均等。纵向的公平礼制体系即是一个一孝通天的节节攀升的位子体系。这个体系分为两个系列，阳刚的男性系列和阴柔的女性系列。阳刚系列追求的是至刚，而阴柔系列追求的是至柔，刚柔相爱相合就是太和的完满。圣典时期崇拜的神和鬼指的是阳刚的能量和阴柔的能量的不同表现形态。阳刚的能量在运行中是正直的精气神，而阴柔的能量在运行中则是敏睿的机灵鬼，所以对鬼神的崇拜就是对阴阳的崇拜。

3. 宇宙、天地、天下、世界、国家、家庭、个人的同构

把经济、政治、文化制度整合为一的礼制体系维护着仁德的平均主义的宗法封建制的建立。在这里，宇宙、天地、天下、世界、国家、家庭、个人是同构的。天地就是上之极和下之极，天地之间就是宇宙，而宇宙就是空间和时间，宇为空间，宙为时间，时间为上而空间为下；天下为宇宙空间，天在上，世界在下；而世界则是地球上的时间和地域的划界，世在上而界在下；国是有玉的家，而家是有庭的国，国在上而家在下；个人则同时有上下之地位。上下贯通的一心为仁，目标是要实现和，具体表现为上有仁而下有义。礼制体系就是要通过器物的布置和人的集体活动，让人在这个上下的有序的体系中时刻摆正自己的位子，让仁德与位子正好相配。自从这个制度建立之后，中国的社会演变就呈现出了明显的规律性，即仁德出问题或礼制出问题或仁德与礼制不配，都会出现天下大乱，只有让德位相配，社会才会回复到天下大治的局面。一个天下大治的时代必然是富有的，而一个富有的时代不一定是一个天下大治的时代。

4. 顺仁者昌和逆仁者亡的必然规律

圣典时期的权力流变呈现出了顺仁者昌和逆仁者亡的必然规律，就是因为在圣典时代中国就已经建设成了一套全面的与私有制不同的天公所有制体系，这个体系就像是一个自动化装置一样捍卫着仁德，其中的微妙之处是在《易大传》中才得到全面揭示的。在圣典时期的历史中可以看到，凡是天子大公无私和有仁德时，圣典仁德礼制体系就能良好地运转。没有贤能的天子可能会因为缺乏自信而变得暴怒和残酷，同时为了缓解心灵的痛苦，而会变得尤其淫乱。在天子变成暴虐之人的时候，就会出现替天行道的潜龙，这条龙会带领人民去除原来的天子，成为新的天子。在圣典仁

德礼制幸福体系按《易》建立起来后，这个体系就是按《易》的方式运行的。因为这个体系是合乎天道、地理和人伦的，按真理追求着至善，让人的心灵感觉服气舒畅，所以显示出了难以撼动的超稳定性。后来即便是外敌入侵，也不得不顺从这个体系，否则就会使社会处于混乱之中。

5. 推算推的是发展趋势，而算命算的则是个人的境遇

在这样一个靠名位彰显仁德和分配荣华富贵的体系中，个人的命运却异常地动荡，因为个人的名位会因为诸多因素而失去。而一旦失去了这个名位，个人乃至整个家族的命运都会受到巨大的影响。这样个人的命运就与追得名位和保住名位直接相关了。每个时代都有其要解决的核心问题，人财物都会集中在与这个问题相关的位子之上，这样的位子上的荣华富贵就更为显著，得到这样的位子的人就更能被重用。人人都希望自己能够遇到这样的时运，尤其是背运的人希望自己能够时来运转。这样《易》就是个人把握命运的主要依据，而圣人、君王与民使用《易》的方式则是不同的。圣人用《易》来推算时运，而君王和民用来算命。推算时运与算命是不一样的。推算时运推的是发展趋势，而算命算的则是个人的境遇。圣人是求被善用和重用的，所以会按《易》来推算时运，也会为有仁德的君子推算时运。而天子主要用占卜的方式来推算自己要做的大事是否符合天意，民间则主要用巫术的方式来祈福消灾。在人心动荡得厉害的时候，人有可能会三种方式都起用，目的在于给予自己希望和信心。

6. 在德位不配的现象越来越普遍时出现了守仁德的儒家

圣典时期的中国是按《易》的原创设计图建设而成的，其中最核心的精神是天的仁德精神。对《易》进行经典性的解读的作品就是《易经》。仁德的具体形态是仁品、义品、礼品、智品、信品。天的仁德在运行的不同阶段，会产生出对于仁德的不同的品德的需要，从而会降下不同的天命，而具有不同品德的人，如果时运好则能得到不同的事情做。这样，人就不仅需要懂得静态的天，而且要知道天道运行的时运，通过自己的品德把握住时运，这样才能得到名位或保住名位。那么，如何才能够知道时运呢？筮法、占卜、巫术都是人们预知时运的方法。这种方法对人起到的是安抚的作用，可以让人在从事很难和不知结果的事情时充满信心。当国家要做大事时，要统一人心，要给人以取胜的信心，需要天意的指引。人们相信天意，而不相信天子，所以天子要用这些方法来让人们相信

他做的事是符合天意的。如果人们是相信占卜的，即使天子的事没有做成功，人们也不会怪罪天子。这样儒家就越来越转向通过哲学的持守仁德的方法来安抚自己的动荡的心灵，具体做法就是对《易经》进行注释，进一步阐明仁德的核心作用，孔子就是靠作《易大传》而立起自己的学术权威的，其中出现了儒家的系统的象征哲学。儒家的象征哲学就是这样应运而生的，所以儒家哲学从总体上看是偏向于求静的，力图让人们养成以不变应万变的仁品。而圣人常用的筮法则变成了术数，其中包括着从变化中求常理的数学，比如说极限论、集合论、微积分、函数、幂和无理数，而这些数都是对于能量物理学中的能量的性质和规律的呈现。

第三篇　儒前圣典时期的危机——自私观念的兴起与圣典仁德礼制幸福体系的败落

在圣典时期，伏羲先画出了八卦，按八卦进行仁德教育，在此基础上建成了天公所有制的礼制体系。由于礼制体系非常牢固，所以呈现出了没有仁德必然会出现失去位子的下场。有位子就叫上场，没有位子就叫下场。因无仁德而下场，会为民所唾弃，从而会遭殃。而在春秋战国时期，群雄争霸，手段无所不用其极，君臣常易位，而且小人常上场，从而出现了礼崩乐坏。有仁德往往不再得位，而且还会因仁德而失位，于是人人自危，自私观念泛滥。在思想史上，往往是缺什么就强调什么，所以这个时候出现了特别凸显仁德的思想观念，而且产生出了对完美的君子人格的推崇，这样的人就是在没有位子、失去位子，甚至有杀身之祸时依然能够持守仁德。在春秋战国时期，随着礼崩乐坏现象的出现，德位不配的现象越来越普遍，占卜和巫术慢慢被遗弃了，因为人们越来越发现通过这些方式是无法精准地预知未来的。本篇通过君王的权力的流变、自私观念的兴起与庸俗之风的盛行、礼治及礼崩乐坏来说明礼制体系的败落导致的天下大乱；通过祭祀观和鬼神观中强调的仁德、经典和引证中强调的仁德和个人把握命运的仁德方式来说明这个时代对于仁德的关注。而这就是子学时期的儒家等学派产生的时代背景。

第四篇　儒家的春秋战国子学时期——对圣典仁德礼制幸福体系的系统阐释

面对春秋战国时期天下大乱的局面，出现了中国哲学史上思想最为丰富多彩的百家争鸣时代，而争鸣的核心就是要用公有观念还是用私有观念来治理国家，在哲学上就体现为是要坚持人性善的仁德，还是要坚持人性恶或人性无所谓善恶的道德，其中最有代表性的学派有儒家、法家、道家、名家、墨家、农家。儒家之所以能够“吃”掉百家，是因为儒家坚守了圣典仁德礼制幸福体系，把自己的理论立在天的仁道、地的义理和人的伦理之上，而归纳为一个字就是仁字。

1. 子学时期的各家之所长

（1）各家对仁德礼制幸福体系的不同态度

①守仁德而不是道德才不会把仁德工具化

儒家的三位代表人物为孔子、孟子和荀子。孔子守住了仁和礼，用《易大传》系统地阐释了《易经》的宇宙大全思想，实现了儒家的象征逻辑学、象征伦理学和象征美学与文史哲的完美合璧。对于孔子来说，礼制系统就好比是一个植物园，而每个人生来就是有仁心的。这个仁心是否能够保得住，依赖于礼制系统的完好，所以治乱要先恢复礼制。孔子的礼制中是不反对富贵的，但是要以仁德的荣华为前提，这样才能有耻且格。另外，对于仁心还需要因材施教。有的人是生来就知道自己有仁心，有的人则要学了才知道自己有仁心，而有的人学了也不明白自己有仁心。而即使不明白自己有仁心的人，在礼制完好时也会行仁，只是不是自觉地行仁而已。孟子更为强调仁德。他认为，每个人生来就有一颗仁的种子，这颗种子需要成长才能成为仁品。有仁品的人就是君子，君子的人生意义就是守住仁，在礼崩乐坏的情况下，君子是可以杀身成仁的。孔子和孟子守的都是圣典仁德礼制幸福体系之本，所以都属于道统中的儒家。荀子则认为，人的种子是自私的，但是人是有理智的，通过教育可以告诉人，把种子换成仁的种子更利于自己的成长，这样就能形成人的第二天性。荀子还是属于儒家，因为他还是强调仁德的，而且相信人的自私的种子可以完全被改造成仁的种子。但是，因为他没有守住人性善之神圣，而且这样的改造法容易让人把仁德工具化，失去了仁德本身具有的高贵的意义，从而被排除在儒家的道统之外。

②名位富贵体系要有仁德才有荣华

荀子的学生韩非子就是从荀子的人性恶出发走向法家的。韩非子是不相信人会有仁德的，但是他相信人会有道德。道德与仁德是不同的。道德指的是人按自然的天道行为就是道德。天道是自然而然的，并不具有儒家说的仁德。统治者要把礼制体系变成名位体系，在名位上配置好富贵。这样的名位富贵体系是不以仁德的荣华为前提的，只要合法就可以无耻，要让人们竞争着论功行赏，奖惩分明就可以。人与人在争时合乎道德就行，不用合乎仁德。法家讲的道德是冷酷到底的，讲究的是在法律范围内进行利益最大化的竞争；而仁德是温情到底的，讲究的是在公平的基础上礼让合作。道家讲的也是道德而不是仁德，但是道家是反对名位富贵体系的。道家认为自然的道是善的，但是并不能说是仁还是不仁，因为自然是无为而治的，即虽然是仁的，但是并不是有目的要行仁的。儒家与道家是好朋友，因为儒道都是追求至善和人格的纯粹完美的，只是追求的方式不同而已。名家的惠施是支持道家的观点的，而公孙龙则是支持儒家的观点的，只是他们都是通过对于名的辨析来陈述自己的观点的。墨家和农家有类似之处，即都强调平等的兼爱，反对儒家的爱有差等的仁爱。墨家也认为人是自私的，但是通过理性可以走向兼爱。农家则要求完全平等，认为官是无用的，因此要去掉整个的礼制和名位体系。

③要把仁心变成仁德再把仁德变成礼制

子学各家与儒家的不同点主要在于儒家是以仁德为本而以礼制为末的，而其他各家要么是反对仁德的，要么是反对礼制的，要么是仁德与礼制皆反的。其他各家都是遵守天道的，所以把自己的德称为道德，道德在个人的人生中只是手段而不是目的，而儒家则把天道理解为天之仁道，个人遵从天之仁道是因为人接受了仁道的使命而有仁心，人生的目的就是要把仁心变成仁德，把仁德变成礼制，从而能够让看不见的仁德变成看得见的文明即明仁德之文，所以仁德是人生的目的而不是手段。法家是以道德为本而以名法为末的；道家是以道德为本和全生为末的；墨家是以道德为本和兼爱为末的；农家是以道德为本和耕种为末的。子学各家各有自己的学说，都在以不同的方式求善。除了名家之外，各家的思想都是不同的人群的生活方式的总结。名家不是任何人群的生活方式的代表，所以主要被分化到了道家和儒家的思想之中。在儒家被立为独尊之后，子学各家至今还是在各自的人群的生活方式中潜在地发挥着作用。

（2）儒家、道家和后来出现的佛家都关注仁德的纯粹性

领导着民打天下和能够坐天下的圣王，都要有儒家的仁德、道家的智慧和后来的佛家的心态，但是在打天下和坐天下之时，重用的人是不一样的。在需要民参与改朝换代的打天下的时候，按农家的观念行事，更能得到农民的支持；按墨家的观念行事，更能得到商人和武侠的支持；按法家和老子的观念行事，更能够制约小人，从而能够把握住权力。而在坐天下

的时候，则需要儒家的人出来做官，需要道家的人出来做事，而儒家和道家之人都要用后来出现的佛家来练就做官做事的稳定的心态。能打天下和能坐天下的圣王，都是能够审时度势地用好各家人才之人，所以只懂儒家思想的人是做不了圣王的。农、墨、法家之人，能够得到合适的利益就能安定，他们关注的是看得见摸得着的具体的物体世界（肉体），而儒、道、佛家之人，更注重的是对自己的尊严的维护和能够发挥自己的才华，他们关注的主要是看不见摸不着的抽象的能量世界（纯粹），所以特别需要有纯净的礼制体系作为平台，因此这三家都是从不同的角度来捍卫着圣典仁德礼制幸福体系的，而儒家的包容性更强，所以更能够不断地吸收道家和佛家的精髓来丰富自己。

2. 在百家争鸣中靠仁德和践行胜出的儒家

儒家哲学追求的是要像植物一样生长。植物吃点土喝点水就可以，生的目的在于长出最美的花和结出最美的果，多吃多占就会长得很丑，于是会感觉羞愧。而法家哲学追求的是像动物一样竞争以获得享受的条件，人生的目标是要享尽人间的富贵，遵循道德为的是要得赏和免罚，没有耻辱感。法家哲学只是在秦朝时被赤裸裸地推崇，在汉朝以后就不再登得上台面。尽管法家自产生后在政治圈中争夺权力时有着很强大的影响力，但它是阴着存在的，所以让人感觉很阴险。有的君王公开强调法制时会用到法家坚持公正的一面和其中的一些办法，但是通常会公开否定其中的自私无耻的凶残的竞争的做法。就儒家来说，即使施行公正也要以仁的方式而不是以不仁的残酷的方式去施行，这样才不会伤着人心，才会让社会感觉很温暖。儒家讲给人留面子，就是要留着人做人的尊严，这样才不会让人变成无耻之人，也就是人们常说的破罐子破摔的人。儒家也讲忠于正，但是要有恕，而法家是只忠于正而不恕的，所以用法家理论之君主，无论有多大的功绩，通常都是为民所弃的，而用儒家理论之君王，无论有多大的错，都会被民宽恕或留念的，因为民认为要有仁心的功绩才是有意义的功绩，才能称得上伟大。百家争鸣的结果是儒家胜出，因为这个体系最符合天公所有制的圣典仁德礼制幸福体系。只要这个体系没有解体，儒家的地位就是不可撼动的。

第五篇　儒家子学在秦朝的危机——法家开启的功利道德（功）名法（名）享受体系

从客观上看，秦朝的功绩是巨大的。秦始皇保留了天公所有制，并且用中央集权的郡县制代替了封建制，使得全国形成了一个统一的经济、政治、法制体系，这个体系一直为后世所传承，是一个超稳定的制度体系，只是在守护仁德上出了大问题。

1. 不把人当成有自尊的人看待从而处处伤及人心

在仁德礼制幸福体系中也一样是要坚持公正的法律的，只是秦始皇的执法过于冷酷，不把人当成有自尊的人看待，从而处处伤及人心，导致了做了好事也得不到好报的结果。从框架结构上来说，它与圣典仁德礼制幸福体系是同构的，所以后来的皇帝在恢复圣典仁德礼制幸福体系时，依然传承了这种制度。只是因为秦始皇所立的制度换了瓤，所以把礼制体系变成了专制体系，但是只要把瓤再换回来，又会变回礼制体系。从实际运作的情况上看，即使在使用仁德礼制幸福体系时，如果遇到一个不仁德的皇帝，依然会把这种制度变成一个实质上的专制制度。在清朝灭亡之前，秦朝是唯一一个公开否定仁德礼制幸福体系，并代之以功利道德名法享受体系的王朝。秦始皇想要建的是一个传承千秋万代的王朝，但是因为他换的瓤得不了民心，所以成了最短命的王朝。秦始皇采用的瓤是韩非子的不仁德和不礼让的治国方式，不相信人会有高尚的仁德情操，鼓励人们为物质利益而争斗，追求的是享受，这样有些人的肉体的器中的小狗狗就跑了出来，所以在短短的时间里就出现了宰相谋逆、宦官弄权、杀长立幼、诛锄骨肉、蒙蔽、弑逆等恶事。从这里也可以看到皇帝的仁德与名位不配时所导致的悲惨下场。后来的君主都只是吸收了法家中的法制的部分，并不认同其中的只求富贵而不顾及仁德的部分。

2. 仁道大行的有仁德的社会才能称为大同社会

在战国末年，法家思想占有优势地位，君王普遍奉行功利道德名法享受体系，从而出现了严重的仁德沦丧的状况。于是，战国末年的儒者提出了针对性的思想来捍卫圣典仁德礼制幸福体系，其中强调了人要有仁的至善的追求，要通过可进可退的方式来至诚地守住仁道，并说明了仁的礼乐体系就是客观的能量运行的仁道之规律的具体体现，违背仁的礼乐而只重法治会伤及民心，从而无法平定天下国家。要特别注重丧礼，因为这时最能呈现人是否有真的仁德和孝顺。而且，儒者是从有没有仁礼而不是从是否富有来划分社会的进步状况的。仁道大行的有仁德的社会才能称为大同社会。只是即使秦始皇当政后，因为百废待兴，多种新的制度需要建立，还没有条件重建仁德礼制幸福体系，所以只能先采取名法制。秦始皇去世之前，也已经意识到只靠功利道德名法享受体系无法平定天下，所以决定把王位传给信儒术的扶苏，只是未能遂愿。

3. 阴阳家的道德不完全是人的内在需要

在秦始皇统治期间，人们普遍感觉空虚和缺乏稳定感，所以带有迷信色彩的阴阳家流行，包括秦始皇本身也受着阴阳家的影响。阴阳学所说的能量的运行在五行的正点的时候会产生感应现象，这是符合能量物理学中的电磁理论的原理的。风水和天人感应理论被私用、误用和滥用，而在阴阳家的发展中确实出现了这样的迷信泛滥的情况，于是葬送了阴阳家这个学派，但其中的精髓被道家和儒家传承了下来。阴阳家也讲道德，但是道德是道德，仁德是仁德，二者是不一样的。阴阳家认为，阴阳之间不仅有相生相成的一面，而且还有相反相克的一面，而无论是相生还是相克，都是自然现象，而不是要成仁或不仁。而儒家则认为人是天生的，天的能量具有仁的客观性，人在生时就得了能量之仁，所以有仁的初心，只要启蒙就能懂得仁德。阴阳家的道德是由外入内的，就必然要讲道德的功利性，从而让道德有了功利性，而且要通过道德来讲仁德，也必然就要讲仁德的功利性。这样就连仁德也被功利污染了。而且，要防止人的功利性破坏道德，就需要无所不知的外在的约束，于是有了天人感应的约束，所以道德也就不再是完全内在的需要了。

4. 法制体系马上就可起用，而仁德教育却需一个长期的过程

而儒家要捍卫的就是仁德的纯粹性，不能让仁德被功利污染从而变脏了，更不能让仁德是外在约束的结果，这样就会影响仁德之尊严。儒家强调仁德之本的纯粹性和自主性，但并不反对本立后自然得的功利之末的得，而这种得是不求而得的，所以可以称为仁之功德。儒家也不反对为了仁而自我节制，这种节制是人自主进行的，因此保持住了人的主人地位。阴阳家遵从的是五行的道德而不是天的仁道之仁德。他们认为道德就是顺从冷酷无情的道之德。人之所以要顺从道，是因为要符合道才能成功，有功才能领赏，有赏才能有富贵，有富贵才能实现享受人生的目的，所以这种哲学与法家开启的功利道德名法享受体系是相合的。秦朝是强大的，而且奠定了中国的国土的版图，创立了久用不坏的郡县制，用法制的名位的方式统一了全国的官制，把全国的物体资源整合为了一个整体。要在很短的时间内完成这么大的工程，没有时间采用仁德礼制幸福体系。在春秋战国时期，圣典仁德礼制幸福体系已经遭到重

创。法制体系是马上就可以起用的，而仁德礼制体系的恢复却需要有一个长期的过程。启蒙仁德需要教师，而教师要有仁德，而真正的仁德需要养，不是有仁德的知识就能成为有仁德的人。没有仁德的人教仁德，必然只是通过仁德谋食，从而是假的。用有假仁德的人教仁德，实际效果比没有仁德还要糟糕。怎么办呢？

第六篇　儒家的西汉经学时期——用圣王之制维护功利仁德礼制幸福体系

汉武帝采用的董仲舒的功利仁德礼制幸福体系，在客观上起到了为儒家的道学阶段的开启准备条件的作用。在功利仁德礼制幸福体系中，小人和无可奈何的君子被憋在体制内撑着摊子，小人上演着假仁德的大戏，君子只是对小人有愤懑，但是对仁德本身是赞同的，这样就把仁德礼制的大泡菜坛恢复了，所以就可以濡了。那么，干净的青菜从哪里来呢？被憋得忍不住的有才华的君子，跑出去就成了新道家和佛家的禅宗的思想家。儒家道学家的思想家通常都是先用新道家和禅宗的思想打扫干净自己的心灵，再带着这颗纯粹的心灵奔赴为国救难的担当之位的。自西汉开始，在客观上就形成了道家与儒家之间的明争暗合的关系。道家的本质是儒家的，而儒家的骨子是道家的。每遇到一种新的思想体系或外来的思想体系，都是由道家和儒家来合吃的。通常是道家先吃，儒家再吃，这样儒家可以一并把道家的新的精髓也一起吃了。儒家吃完道家的果子，还把道家的树留着，让道家继续吃，这样儒家好不断有好果子吃。当儒家消化不良变得僵化之时，道家又出来给儒家治病，让儒家活起来后道家又隐了。儒家和道家合起来才有中国传统哲学的健康发展。道家先吃了阴阳家，而且这是在清朝灭亡之前唯一的一次与阴阳家合流的道家短暂主政的时期，而在其他的时期里，虽然道家始终是在场的，但是道家主要是在儒家危机的时候以在野的方式显现的。道家好比是儒家的忠贞的妻子，一直都在默默地呵护着儒家的成长。然后，儒家吃了与阴阳合流的道家，从而出现了圣典仁德礼制幸福体系存在的第二种形式，即董仲舒所立的功利仁德礼制幸福体系，仁德再次以独尊的方式正式登上主政的舞台。在西汉的历史演变中，我们可以看到，强大的项羽因为冷酷而失天下，弱小的刘邦因为仁德而得天下。在权力斗争中是充满了血腥的，但是仁君采取的方式都是仁至义尽之时才出手。王莽的失败是一个脱离了现实的只有仁心之人的失败。

第七篇 儒家经学在东汉的衰落——古文经学用自然清理功利仁德礼制幸福体系中产生的迷信

1. 圣人和庄子都认同人性纯善只有刻意不刻意求仁之别

东汉时期古文经学兴起，其矛头指向的是阴阳五行和与阴阳五行合流的《易》中的象数之学引入儒家后产生出的迷信。古人相信烧龟壳成的象为完美的象，因为龟壳很硬，里面的阴的能量和阳的能量要烧到纯的程度才能让龟壳裂开，所以就能知道其中的象。把这种象用筮的方式记录下来就成了卦，而卦的数就是象数。这种做法是否合理，还需要通过试验来证明。儒家吃其他学派的时候，总是会出现一些消化不良的情况，所以吃完后总是要道家来帮着消毒。而且，儒家吸收的理论总是与能量物理学相关，而能量又容易被弄成迷信，所以就总是要纠偏和纠异端。扬雄借老子的自然观来清除阴阳家的影响，同时赞扬孟子的观点，但是却没有采用孟子的人性善的观点，而是认为人性是善恶混的。从他的生活方式上看，他是反对没有仁德的富贵的。而他说的玄学就是贯通天道、地道和人道的哲学。王充同样是借黄老之学来进攻阴阳家的天人感应说，同样赞同人性是有善有恶的。虽然它们的观点都有儒道合流的特点，但是扬雄的观点属于带有道家味道的儒家，因为没有坚持人性纯善的观点，所以被宋儒排除在道统之外。而王充的观点则属于带有儒家味道的道家，同样因为没有坚持人性善而比不过庄子。纯儒者最认同庄子，因为纯儒者和庄子都认同人性是纯善的，区别只是在于刻意不刻意求仁而已。

2. 在仁德之本上沾上功利就会起浮沫

在东汉时期，出现了外戚和宦官之乱的情况。自仁德礼制幸福体系创立以来，民众对这个体系是一贯认同的，反对的是不仁的皇帝把礼制变成专制，所以一次次推翻皇帝，一次次希望有德才兼备的仁德之君主主政。只是无论皇帝生多少个儿子，都不能保证肯定能培养出一个仁德的儿子。而且，废掉长子继承制会导致更为激烈的权力争夺，而不废长子继承制，长子未必是德才兼备的。而且，皇帝主政时，总是要依赖于亲信的。那么，到底信什么人呢？春秋时代为宗室之争、汉朝为功臣上位、汉中出现外戚夺位、王莽时儒士篡位、东汉时出现宦官乱政。儒家最怕的就是在仁德之本上沾上功利，就像是泡菜坛中沾一点油星就会起浮沫一样。因此，从头开始儒家思想家就在努力消除仁德之本上的功利，而自西汉开始的俸禄制导致的仁德功利化却日趋严重，所以从东汉开始，君子更是要在这方面努力。古文经学已经开始在消除功利性上着力，而新道家和佛家的兴起则是以消除仁德礼制幸福体系中的功利性为己任的。

第八篇　儒家三国至唐中的经学危机——新道家和佛家联手反对功利仁德礼制幸福体系中的功利性

1. 不朽都是要通过净化人的灵魂和有仁慈之心才能修成

在三国至唐中的历史流变中可以看到，有仁才的君王未必能够成功获得位子，但是，有位子的君王因为失去仁德则必然会遭殃。外族的君主通常都是尚武的，入侵后开始享受奢侈的淫乐。汉人同化异族的方式主要是让他们改姓皇帝的姓，穿汉服、尊汉礼、学汉语、学仁德，从而让仁德礼制幸福体系立起来，这样就完成了对异族的治理。而通过武力获得政权的皇帝，也要通过立起了仁德礼制体系后，才能实现大治。在有不仁不才的皇帝时，官员体系就会是污浊的，这时假仁假义的人把假装的仁德也作为了谋利的工具，所以就需要在仁德这里通过新道家和佛家来清除功利性。佛教与佛家是不一样的。佛教的寺院可以变得腐败奢侈，而佛家主要指的是佛学和道家融合产生出的禅宗，这是一种清净的君子哲学而不是宗教。佛家通过说明能量运行的零度状态的涅槃来根除人的功利性，而新道家则以保护自己的种子不受污染的方式来消除功利性，从而为入污泥而不染的宋儒的产生准备了非功利性的条件。在这段时期，儒、道、佛三家和儒、道、佛三教在互相影响。家为哲学，而教为宗教。家只要有追求到至善的著作就能立，而教则要有寺或庙才能立。家可以纯粹，而教则不一定纯粹，会与利益和名位裹挟在一起。人总是要有追求的，哲学家都劝人不要追求利益，那要追求什么呢？这个时期的人更加注重对于不朽的追求。儒家力图通过著述仁德来成就不朽，道家力图通过成神仙来成就不朽，而佛家则力图通过修成涅槃来成就不朽，而这些对于不朽的追求又是用来抵御功利化的名位体系的，因为这些不朽都是要通过净化人的灵魂和有仁慈之心才能修成，这就起到了清除附着在仁德上的功利污垢的作用。

2. 禅宗是道家与佛家融合的结果

（1）禅之静就是守常之动

佛教并不是刚传入中国就开始流行的，而是在中国的佛学产生后才对中国产生了巨大影响的。道家在佛学的中国化过程中起到了非常重要的作用，禅宗就是道家与佛家融合的结果。在中国的佛学中，主要吸纳了佛教的宇宙心的概念。那么，什么是宇宙心呢？宇宙心就是宇宙的统一的电流世界，这就是宇宙的电流涅槃世界，这里是清净的和完美的，因为没有物体的存在，所以就没有物欲的污染。这个宇宙的电流涅槃世界静静地动着，这就是禅心，禅心指的是动，但又不是乱动，而是匀速的恒久之动，所以可以称为常，而禅之静就是守常之动。人的个体产生之后，每个个体都从宇宙能量涅槃世界中得到了一勺涅槃能量作为自己的个体之禅心，这就是涅槃心。本来个体就顺从着涅槃心的能量而动，用个体的涅槃能量运行的方式来实现一个个具有丰富性的美好，再把这种美好的涅槃能量回灌到宇宙能量涅槃世界中，让这个总体的宇宙涅槃能量世界的机理变得越来越完备，从而在实现个体进化的基础上，帮助总体的宇宙涅槃能量世界实现进化。个体就这样一次次从总体中分离，又一次次回归到总体，这样就有着幸福而美好的有意义的生活。

（2）人为物所系缚就会失去自己的进化的种子

但是，自从个体的涅槃能量从宇宙涅槃能量世界中分离出来后，人就有了肉体。肉体不贪是不会让人产生绝望的痛苦的。每天饿到 -0.5 就用 +0.5来满足自己，从而达到0 就好。只是在社会中出现了荣华富贵后，个体就会萌发求荣华富贵的念头，于是产生出了情滞。个体把自己系缚在什么东西上，自己的涅槃能量就以什么为目标而动，从而自造出了一个自己的利己能量运行圈，产生出了一个不同于涅槃能量世界的自我的能量运行圈的景象。只要个体是系缚在这种物之上的，他的自我能量运行圈就不会消亡，就回不到宇宙涅槃能量世界里去，所以即便自己的肉体腐烂了，自己的能量运行圈还会自生出新的肉体来支持这个能量运行圈的运动。人为物所系缚，就会失去自己的进化的种子，就会世世代代为这种物服务。这样人就滞留在了自己所系缚的物上，而这样的物是不完美和不洁净的。如果人系缚在了0.2 的物上，他的能量运行圈就一次次在 0.2 这里运行，所以是没有进化意义的，从而感觉痛苦。佛就是因为看到这些被系缚的自我能量运行圈的痛苦，所以入世来超度他们的。只是佛因为慈悲，而不会亲自去帮个体解开他们所不舍的系缚，而是要通过开悟，让他们能够自舍这种物，从而回归到涅槃能量世界那里，从而不再有被物系缚的令人绝望的精神痛苦。

（3）先心平气和地出世修行再入世拯救世人

功利仁德礼制幸福体系中的功利性的滥化，使得儒家的真正的士君子感觉悲伤，于是出现了新道家的竹林七贤。他们既不想同流合污，而精神境界又没有修炼到圣人的高度，在半梦半醒之间，虽然自己能够放弃荣华富贵，却因看到小人登居高位而不满，所以虽然用清高旷达的方式来表现自己的风流，而内心却是痛苦不堪的。这样中国的佛家就因应而生了。新道家力图说明人的心灵的本质是能量，而佛家要说明的是自然的能量世界与人的心灵的能量世界的相同与不同，也就是说自然的能量世界怎么就变成了人的心灵的能量世界，为什么人的能量世界是有意识的，意识是怎么产生的。当仁德礼制幸福体系被功利污染的时候，先是君子心塞的时候用佛学来通贯，后来天子心塞的时候也用佛学来通贯，民间的佛教也很流行，这就为佛学的中国化和在中国本土立足提供了条件。佛家用慈悲的方式来看待小人，从而把小人看成是要去超度的对象而不是不满的对象，这样就能先心平气和地出世修行，再入世拯救世人。就道家来说，追求的是无论大才小才，只要成才就好，而不刻意去求是不是被用；就佛家来说，追求的是无论大事小事，只要做善事就好，也不去硬要超度还不可能被超度的人，也不刻意求是否被用。

3. 在国家危难之时，儒士、道士、佛僧联手带领民众抗敌

而儒家的君子则是要把功德分个大小和把才分个高低的，而仁才的高低则是要在做事的过程中才能呈现，而做大事需要平台，做难事需要条件，所以就离不开能够发挥自己的仁才的位子，否则就会感到自己怀仁才而不遇。儒家的君子需要的是真正的仁德和干净的位子。以前没有干净的位子，儒家的士君子就隐了去修仁德、去独善其身，而自唐末和宋朝之后，中国开始出现了内忧外患。这时位子还是不干净的，但是儒家的士君子已不得不入世救难，就是泥坑也得主动往里跳了，这就是儒家道学的士君子的我不入泥坑谁入泥坑的担当精神。但是，要跳到泥坑里还要能保持内心的洁净，就需要练成实在的仁才。于是，儒家道学用理学吸纳了新道家的成才之道，用心学吸纳了禅宗的清修之道，用气学凝聚了从事之道，从而形成了儒家道学的理学、心学、气学三家鼎立的局面。正是有这样博大的儒家体系的存在，使得在国家危难之时，儒士、道士、佛僧能够联手带领民众抗敌，让中华民族能够一次次在苦难中飞腾而起，而且跃得越来越高、越来越绚烂。

第九篇　儒家的唐中至清中的道学时期——道学用天理捍卫纯粹的理性仁德礼制幸福体系

1. 文史哲等合力挣扎，图的无非就是一个清净

自宋以后，中国进入了一个时有内忧外患的时期，其中更可以看清楚

中国的具体的社会存在决定具体的社会意识的规律。在宋之前，只有春秋战国时代人们质疑过仁德礼制幸福体系。在宋到清末，即使是国破之时，中国人也从来没有质疑过建立在天公所有制基础上的仁德礼制幸福体系，而且外族入侵后也在维持这样的仁德礼制幸福体系。对于中国人来说，让国家变得富贵从来就不是太难的事，而难的是在国家变富贵之后怎么解决贫富分化和骄奢淫逸的问题。无论是自上而下或自下而上，只要一沾上骄奢淫逸，仁德礼制幸福体系必然就会变坏长毛，结果是天子家破人亡、国家山河破碎、外敌乘机入侵、人民苦不堪言。那么，怎么才能让人守住仁德，从而仁而不骄、义而不奢、礼而不淫、智而不逸呢？中国的哲学、文学、艺术、历史、宗教合力挣扎图的无非就是一个清净。《红楼梦》写尽人间的荣华富贵，无非就是要告诉人们，这些荣华富贵到头来无非就是富贵至死的程度，最后只是一场空，力劝人不要被荣华富贵所系缚而脏了人的心灵。《金瓶梅》写尽人间的骄奢淫逸，无非要告诉人们，这样的生活导致的无非就是淫乐至死的程度，力劝人不要被骄奢淫逸所系缚而让人的心灵陷入空虚之中。

2. 为了骄奢淫逸而谋求权势和富贵之患

而儒家的思想家不仅是要告诉人们不要骄奢淫逸，还要告诉人们怎么去过一个有意义的生活。他们在努力告诉人们为什么要保持纯粹的仁德，如何修得仁德，如何带着纯粹的仁德跃入内忧外患的名位体系中去救民族之危难。于是，儒家哲学进入了用天理来捍卫纯粹的理性仁德礼制幸福体系的道学时期，而官方的科举体系依然是功利仁德礼制幸福体系。到近代的时候，儒家思想家捍卫的是理性仁德礼制幸福体系，而鲁迅怒批的是功利仁德礼制幸福体系。从这段历史中可以看到，只要皇帝荒淫而不理朝政，再繁荣也很快就衰落了。皇帝不理朝时，最容易信任宦官，因为宦官无法篡位。而宦官因为身体的残缺和心灵的扭曲，最容易对于权势和富贵贪得无厌，而要借皇帝的昏庸和淫荡来谋求权势和富贵。历史上的宦官之患和女子之患，都来自这些人为了骄奢淫逸而谋求权势和富贵。孔子把女子与小人放在一起说，他说的女子指的是贪利的女小人。女小人是脱离角色来做事的，而淑女都在履行自己在礼制中的角色，要么是母亲，要么是妻子等，而不是没有角色的难缠的女子。

3. 心学因放弃理学的学问而导致的狂妄之徒的出现

儒家的理学强调仁之理，因为虽然能量世界的能量的仁的性质是相同的，但是在不同的运行阶段，能量内部的仁的机理是不同的。能量运行是按一分为二、二合为一的方式运行的，但是这个过程越是重复，其仁的机理越是细密，越是精妙。也就是说，能量的仁之性是在运行中进化的。而要明白细密的能量的仁的机理，没有学问的功夫是难得的。只是理学者因为支离而忘掉了仁之大本，导致了懂一些理，而不知道理是要立在仁之上的。用理去谋食，而忘掉了仁心，从而出现了伪君子。道家的心学强调的是仁之心，就是要去除伪君子，所以要归仁之大本。虽然王阳明也很重视仁之理的精进，但是不重视读经，只是讲自己去悟仁之理，而后学的悟性不是那么高，所以有悟入歧途的。因为忽略了仁之理的细密的进化，只在能量最初的仁的粗心之处用力，从而忽略了做仁之理的功夫，导致了心学中的狂妄之徒的出现。儒家的气学则是要把仁之心、仁之理和仁之用通贯起来，说明只要持有仁心，则从心、理、气、物、用一路皆是有仁之善的，并追究到了人的个体回到类的归属的问题，从而触及了在宇宙的能量世界的进化的高度来说明个体对宇宙的贡献的意义。

4. 气学实现了从仁心、仁理到仁用的贯通

儒家道学的宗师级人物为周敦颐、邵雍和张载，道学后来发展出的理学、心学和气学的思想渊源都分别来源于此，只是这时的分立不是很明显，所以皆称为道学。从形式逻辑上看，应该是先心，再理，后气，而从历史逻辑上看，先产生的是理学，后来才是心学和气学的产生，因为当时人最迷惑的是如果仁道是一样的，为什么每个人的命运不一样呢？理学要解释的是能量运行的仁道是一样的，但是仁道在运行的不同阶段的进化程度是不一样的，因此仁道上的每个时点是不一样的，人得了什么时点的仁道，这个时点就作为一个潜在的种子种在了人的肉体里，而人能够成为什么样的人就是由这个种子的潜能决定的。有花的种子就长成花，而有叶子的种子就长成叶子。心学要说明的是无论是得了花种还是得了叶子种，从仁上看都是一样的，只要长得痛快就可以了。而气学强调的是先要有仁心，然后要求按仁理长到完满，最后要求其仁用得完满，只长不用是浪费的，而且不能实现仁的功用，就不能证明自己是仁的。因此，在气学这里实现了从仁心、仁理到仁用的贯通。而且，气学强调的是人的全仁之体，只要不滞着地追求仁的至善，只是借助于一过而化的物，并不会带来不善，只是在到达完善之前要经历一个不完善过程而已。

5. 新陈代谢的进化论说明了个体能在更高层次上回归总体

到此为止，儒家哲学走过了圣典仁德礼制幸福时期、功利仁德礼制幸福时期和理性仁德礼制幸福时期，而在官方的儒家礼制体系中，始终流行的是功利仁德礼制幸福体系。儒家的哲学家想尽了办法，也无法普遍消除其中的功利性带来的一次次破坏仁德礼制幸福体系的恶果。而且，王夫之也清醒地意识到，如果个体的仁的精神死了就消散了，那么个体无论怎么努力也是白来了世界一场，所以开始接触到个人的仁的精神向总体的仁的能量世界的回归问题。但是，如果能量世界是不会进化的，只是周而复始地循环，那么人怎么来的还是怎么回去的，虽然有了归属，依然是白到世界上来折腾了一番。再有，我们怎么才能以言说的方式来让人普遍悟到仁的至善的能量世界的存在呢？西方哲学给我们送来了形式逻辑和新陈代谢的进化论，而马克思主义则给我们送来了概念化的辩证逻辑、历史逻辑和自由王国论。我们可以通过踏上逻辑串的阶梯而普遍地通向仁的至善的能量世界的境界，但是这种境界只能是以观念的方式存在。要把这种观念作为理想去实现，就需要通过仁的实践来把仁的理想变成现实。

新陈代谢的进化论告诉我们，能量世界也是在进化的，所以人的精神努力的结果，即使还是会变回到无知觉的能量形态，但是其进化的成果会变成能量世界中的更高级的运行机理，从而完成个体在更高层次上向总体的回归。儒家哲学中讲的是物极必返和不断循环，而新陈代谢的进化论指的是追求 +1 的能量和对物体的 -1 的消耗必须是同步进行才能永久前进。如果追求 +1 的能量还在 +0.2 的阶段时，已经耗尽了 -1 的物体，这样就必然会物极必返。因此，能量在追求 +1 的时候，必须考虑到消耗 -1 的效率。在 -1 消耗过度时，追求 +1 的能量要停下来养 -1，养到一定的时候才能再前进。只有追求 +1 的能量达到 +1 时，-1 正好耗尽，这样才不会物极必返，而是实现新陈代谢，产生出质上的飞跃性的进化。因此，要实现能量的 +1 的远大理想，需要走走停停，需要很多代人的努力才能实现。在 -1 不具备的情况下，只能眼巴巴地看着 +1，就是够不着。马克思的哲学告诉了我们让人类由不清净的必然王国进入清净的自由王国的方法。只是儒家哲学在刚刚与西方哲学和马克思的哲学接触的时候，却是一场遭遇。那么，这场遭遇是怎么发生的呢？

第十篇　儒家在清末和民国的危机时期——儒家的理性仁德礼制幸福体系遭遇西方的科学与民主

1. 如何对待西方自由主义？

（1）西方自由主义与儒家在价值观上的根本对立

为什么要说儒家的理性仁德礼制幸福体系遭遇了西方的科学与民主？在什么意义上是遭遇呢？本书中说的中西马哲学指的是以儒家为代表的中国哲学、以西方的自由主义为代表的西方哲学和马克思主义哲学。从形式逻辑的角度上看，这样的分类是不合理的，而从辩证逻辑和历史逻辑的角度上看则是合理的。儒家与西方自由主义哲学是对立的，而马克思主义则是合二为一的。西方自由主义是建立在资本主义基础上的。资本家是商人，但商人则不一定是资本家。商人要依靠市场的供需不平衡来谋取投机利益，所以商人不可能成为一个稳定的统治阶级，而资本家则可以。资本家可以通过市场来谋取供需不平衡的投机利益，从而获得原始资本，又能成为一个稳定的统治阶级，因为资本家其实是能够稳定地偷工人的能量的小偷。每个工人就好比是一个蓄电池，每个商品也好比是一个蓄电池，资本家好比让工人给商品充两份电，却只付给一份电的工资，从而能够赚取一份电的利润。大资本家通过一定比率的工人失业率就可以用竞争来让工资降到最低，而通过广告就可以让自己的商品胜出。资本家无法剥削机器人，因为无法偷机器人的能量。儒家的人性的仁之善、天公所有制、以仁德的方式追求至善、以礼让为核心的礼制、追求合作共赢的集体主义与西方自由主义的人性的不仁之恶、私有制、以凶残的方式追求至善、以竞争为核心的功利制、追求赢者通吃的政治制度是对立的，所以要采纳西方自由主义的制度，意味着要全盘否定儒家的仁德礼制幸福体系。

（2）儒家哲学不是迷信，而儒家体制不是专制

在中国近代的历史阶段中，西方自由主义是以科学和民主的面貌出现的，而其中的科学讲的是可经验的物体科学，主要用来说明儒家不是科学，其中的民主讲的是普选制，主要用来说明儒家是专制制度。其潜台词是，西方自由主义是科学，而儒家是迷信；西方自由主义是民主，而儒家是专制。因此，儒家就要被全盘否定。这里并不是要说科学与民主不对，而是要说儒家也是科学，但不是物体科学而是能量科学；儒家也讲民主，但民主的方式是追求至善的礼制而不是追求大概率的普选制。儒家不仅要

选出最流行的君主，而且要选出最有仁才的德才兼备的君主。马克思的共产主义理想则既吸纳了西方自由主义中的优点，又与儒家哲学是兼容的（本人将在《追寻幸福：马克思的哲学思想史视角》一书中具体论述），而且能够帮儒家清除荣华富贵的幸福体系中的富贵方面带来的对于人的功利性评价的部分，从而让仁德礼制幸福体系能够在清水中运转，因此儒家能够在遭遇西方自由主义后通过马克思主义来实现儒家的凤凰涅槃式的再生，并能够在此基础上实现中西马哲学的融会贯通。

2. 中西马哲学的融会贯通时期的开启

在中国的近代时期就开启了中西马哲学的融会贯通阶段。中西马的融会更新有立在什么上融什么的问题。康有为是立在儒家的基础上来融马克思主义和西方自由主义的；孙中山是立在西方自由主义之上来融马克思主义和儒家的；毛泽东是立在马克思主义之上来融西方自由主义和儒家的。

（1）带着血的悲怆和太阳之红的毕照恪守仁德

儒家的学术的共同点是“空”，因为都是在研究能量世界。儒家研究的对象是在纸上表达出的能量世界的运行规律的经，而不是存在于空间中的物体对象。能量运行的规律是亘古亘今不变的，所以有很强的尊古的传统。儒家相信古人已经把能量世界的宇宙规律研究透了，我们只要懂得古人的话，就能懂得宇宙间的能量世界的真理，从而能够懂得由能量演变来的物体世界。而在清朝和民国时期，因为西方的物体科学传入中国，而能量是看不见摸不着的，被排除在科学之外，从而导致了儒家道学的危机。在面临国家危难的时候，儒家思想家力图在引入马克思的共产主义的社会理想和西方的进化论及宗教观来创建一种更新的制度设想，并企图按进化论来重写中国的历史。因为中国的历史是在天公所有制的基础上建设成的，而西方的历史是在私有制的基础上竞争成的，所以他们按西方的竞争进化的方式写中国历史，就出现了思想上的混乱。当中国的思想史不符合西方的竞争逻辑时，便出现了改中国的思想史或把中国的思想史说成是假的情况。只是儒家思想家不愧为儒家思想家，就是无论想要如何变制都在持守仁德。所以，这时的仁德礼制幸福体系中的礼制乱了，但是仁德学说依然大放光彩。儒家思想家们在承受着民族心灵的巨大创伤中，把创伤的情感升华为一种更为高级的哲学，用血红色的笔调洒满整个宇宙的能量世界，让我们既有着血的悲怆，又有着太阳之红的毕照，开启了中西马哲学的融会贯通的哲学时期。

（2）儒家实学对包括进化论在内的西方科学的吸纳

①把理的次方扩展到无穷小与无穷大

儒家的气学家向实学家转变。儒家的实学家强调理与气皆是善的，目的是要强调仁之理要通过仁之气来表达，从而不仅要强调仁德之本，而且要强调行仁之事的重要性。实学家认为，气本身是不恶的，恶的是两种气不和。两种气之间只要有中正的仁之理把控，二者之和为零，就是中正的，就是完美的。一路中正不滞，到达至时而止，凝成有品的器物，就一路都是善的。只有能量世界的直线、方和圆，虽然是个至真、至善、至美的世界，但那只是个只有生命而没有生活的木呆呆的世界。生活则是要在自由中呈现生命，所以要有生趣。好比说，只要身体是中正的，四肢是可以随便乱动的，只要是均衡和向生的就是好的。儒家的宋学的理学向新理学发展。新理学主要引入了能量物理学、逻辑学和进化论，把古典儒家的理之圆断开，变成螺旋式上升的理，把理的次方扩展到无穷小与无穷大。在进化论看来，物质运动是从简单到复杂的。复杂的物体世界是来源于简单的能量世界的。能量世界和物体世界都在从简单到复杂地运动着，能量世界的机理越来越复杂，而物体世界的形态越来越精致。在个体去世后，内能量散开进入能量世界中，其中的进化成果会被能量世界的电磁场通过 +1 \ -1 \ 0的感应性进行分拣而变成能量运行中的某个层级的机理，从而完成个体向总体的回归。唯有人的能量的机理在 1 分为 2、2 合为 1 中走到了 2 的 10 次方，所以能有小盈的完满，而且能够在 10 次方的基础上走到万次方，所以能够有大盈的完满。而物的能量只能在 2 的 0 次方到 10 次方之间重复。能量世界排序的方式是电磁场的 +1、0、 -1，而分层的方式则是通过温度来进行的。夭折的或者没有达到 +1、0、 -1 的个体的能量会被清零而回到起点。

②强调在仁心之中有着刹那刹那前进着的新世界

人可以参赞宇宙的进化。人的肉体是由物体进化而来的，而人的精神是由能量进化而来的。人活着时能够通过自己的努力完成肉体的进化和精神的进化，而人去世后肉体进化的成果会被分拣为微生物，而精神进化的成果会被分拣为能量运行的某个层级的机理，从而完成个体的人的内能量对于总体的能量世界的进化的贡献。人不能决定自己的生死，但是可以决定自己的能量在新陈代谢中被归类的机理的层级。然后，随着新的事物的诞生，这些进化了的微生物和进化了的能量运行的机理，会以新的物体的初始方式存在，从而完成一次次的新陈代谢。新心学则进一步吸纳印度哲学，强调在仁心之中有着刹那刹那前进着的新世界。这三支的更新的结果，就让人的生活具有了生机勃勃的瞬间便万象更新的创新气象，而定在依然是仁的至善和不变的仁义之理，只是仁的至善变得更加高远，而仁的常理变得更加细致入微或更加宏大无比。

（3）毛泽东的新民主主义理论闯出的新道路

①孔子被打倒和儒家的仁德高尚理论被闲置

中国的西方自由主义派主要吸纳的是西方的民主、自由和平等。只是西方自由主义是建立在私有制基础上的，而中国的传统哲学却是建立在天公所有制基础上的，因此二者之间有着根本性的冲突。西方自由主义是在底线上立起规矩，而立规矩的方式是人民做主，而人民是定义为大多数，所以大多数就转化为大多数的票决。西方自由主义中的自由是没有确定目标的自由，而平等是横向平等。所以，在全盘吸收西方自由主义的共和宪政中出现了乱象横生的现象。当时，因为汉族不想要满族统治，所以没有采用君主立宪制。而即使采用了君主立宪制，除了保留了君主的形式外，其私有制基础也是一样的，同样是冲突的。民主、自由和平等，这些都是中国人民向往的价值观，怎么在中国行起来就那么难呢？主要因为西方自由主义用的是大概率逻辑的消费生活的生存方式，而中国儒家用的则是追求仁的至善逻辑的生命＋生活的生存方式。儒家把只会消费生活的人称为行尸走肉，要有追求仁的至善的生命的人的生活才是有意义的。儒家传统与西方自由主义之间的冲突这个问题是由毛泽东的新民主主义理论来解决的。从思想方面看，社会达尔文主义的自利竞争已经开始发挥作用，所以产生出了怎么才能够让人变得高尚的问题。随着孔子被打倒，儒家的仁德高尚理论被闲置。儒家的仁德高尚在西方自由主义派的思想中已经消失，所以即使要高尚也是采用了西方自由主义派中的高尚理论。这样的高尚理论，离开了儒家的仁德理论，很难对大众发挥实际的作用。

②不再用物质的富贵来评价人的价值

怎么办呢？毛泽东新民主主义理论做出了自己的努力。毛泽东最高明的地方在于，他带领全国人民选择了社会主义道路。用社会主义的劳动至上的价值观，解构了荣华富贵中的富贵。金钱上的些微差距，主要是用来标识对于仁德带来的荣华的赞誉，而不是用物质的富贵来评价人的价值，从而对中国传统的仁德礼制幸福体系进行了更新，礼制中的仁德和荣华依然有，但是富贵消解了。毛泽东没有在口头上讲儒家的仁德，但是毛泽东本人却有着儒家的最高尚的仁德的品质，仁德以润物细无声的方式存在于毛泽东的思想和行为方式之中，而且他通晓中国的儒道佛墨法的哲学，并能够神出鬼没地灵活使用，并具有把这些哲学更新为一套新的马克思主义的话语系统的能力，其《矛盾论》和《实践论》就是这种话语体系的典型代表。在这两部著作中，毛泽东用一种新的话语系统把儒家的象征哲学变成了一个概念体系。这个概念体系的特征是既来源于西方的概念，又合乎中国的修辞学原理，其中潜存着用马克思的哲学更新的儒家象征哲学的精髓。通过对儒家象征哲学的概念化和更新化，创造出了一套新的话语体系。

③唯物辩证法的逻辑串的社会组织结构

而且，毛泽东把唯物辩证法的公式变成了社会组织中的唯物辩证法的逻辑串，整个国家追求的是公的至善的1，然后1分为党政这两个系统，在两个系统之间，党的系统为主导的+1，而政的系统为辅助的-1；在党的系统内部，又配有辅助的-1；在政的系统内部，又配有辅助的+1。这样，从顶层到基层都是一分为二的顶天立地的唯物辩证逻辑串。从唯物的角度看，+1不能脱离-1的实际，要在-1准备好条件后才能实现+1的目标。从辩证法的角度看，每个人都是有上级有下级，都是或为+1或为-1的角色，或同时是上下级和+1与-1的角色，只是对象不同。而党指挥枪，就保证了党的系统的主导地位。这个唯物辩证法的逻辑串组织结构，只要干部队伍是清明廉洁和有仁德的，就是一条战无不胜的飞龙。

④马克思主义的普遍真理与中国的具体实践相结合

中国的社会主义体系废除了家天下的家族继承制，可以从中国共产党中选拔最高领导者，中国共产党又是要选拔德才兼备的接班人，这就从制度上给予了仁德的贤才出任国家最高领导人的机会，而不是像过去在家族中选太子继位，人选受限，所以不能保证由英明能干的人出任最高领导人。而只要最高领导人是英明能干的，中国的仁德+荣华（礼制）的社会主义公有制体系就是天下无敌的。只是那么巨大的一个体系的良好运行，确实需要有一个不断完善的过程。而且，仁德+荣华的新礼制幸福体系只是一个合适的壳，需要把新的中西马哲学融会贯通的儒家的仁德的瓤再以显性的方式装入，这样就能完善了。所以，毛泽东领导的社会主义的胜利确实在于他把马克思主义的普遍真理与中国的具体实践相结合，更新了中国传统的建立在天公所有制上的仁德+荣华富贵（旧礼制）的体系，创立了仁德+荣华（新礼制）的社会主义公有制，其中的功德为荣、才华为华，从而为中国能够成为以人类命运共同体的方式平天下的担当者开辟了道路。

结语　儒家的凤凰涅槃式的再生——中西马哲学的融会贯通——从共和仁德礼制幸福体系走向共同仁德礼制幸福体系

本人发现了中国的具体的社会存在决定着的中国的具体的社会意识的历史，这便是仁德（德）礼制（位）幸福体系演变的历史。于是，本人把中国历史划分为对应于圣典仁德礼制幸福体系的圣典时期，对应于圣典仁德礼制幸福体系危机的子学时期，对应于功利仁德礼制幸福体系的经学时期，对应于理性仁德礼制幸福体系的道学时期，对应于仁德礼制幸福体系的凤凰涅槃式重生的立足于“不忘本来、吸收外来、面向未来”的共字哲学时期，其中包括共和时期和共同时期。

目　　录

（上卷）

（三）理想的君子的仁品

三 孔子的《易大传》对圣典的系统阐释

（一）《系辞传》对圣典之仁道的总体解释

1.《系辞传》立论的宗旨：天之仁道与盛德和大业

（1）万寿无疆的圆方之仁德

（2）圣人设卦之意在让百姓懂得守仁德

（3）伪善和辞屈导致的容貌之丑

2. 天之仁道及其呈现方式

（1）在天的仁道运行中呈现出的宇宙大全

①什么是天的仁道之易？

②阴阳相有和刚柔相济如何生出万物？

③乾坤为什么是完美的？

（2）极致和至善之象和辞中的象征修辞学原理

①六十四卦及其爻的象和辞中的至善是什么？

②卦的取象是如何比喻至善的？

（3）仁道运行的卜筮之数推衍中的数理逻辑学原理

①占出表达着能量发展的必然性的偶然性

②通过六十四卦和三百八十四爻穷尽能量发展之理

③为什么位上会有吉凶悔吝无咎？

3. 君子为什么要遵从天之仁道？

4. 君子需要有什么样的仁德？

（二）《周易》对各卦之仁道的解释

1. 第1—2卦：完美的健乾和顺坤

第1卦乾卦：纯粹刚健主导的精气神

①阳的元亨利贞所成的仁德之健全

②乾元之天统率着全部的仁道

③穷尽君子之道的仁义礼智

④乾道乘六龙的能量形态来驾驭天

⑤舍首以成仁道的隐龙之贞正

第2卦坤卦：纯粹柔顺忠贞的机灵鬼

①阴的元亨利牝马之贞所成的义德之康宁

②坤始之地统率着全部的守仁之道

③君子能够像坤之马一样走向无疆的远方

④坤经六变而成其守仁的义德之至美

①有仁之同的同仁越多越好

②同仁与异凶乖争时要能知困而返

第 14 卦大有卦：天的仁道火了就是大有

①因有仁德而无所不有

②文明：内有仁德之明而外有礼制之文

第 15 卦谦卦：高大的山甘于居住在地之下

①越是富有越不能满盈

②君子能够一谦到终，而小人只能勉谦一时

第 16 卦豫卦：安逸和乐之时可用刑罚来清除污秽

①安逸时要不犹豫地去行大义

②如果昏昧就会掉到沟里而被污染

第 17 卦随卦：随从元亨利贞的仁道才无过错

①上刚下柔时可有行大义之愉悦

②君子之刚随仁，叫随从；而小人之柔随利，叫维系

第 18 卦蛊卦：让民效法仁德的高尚之志

①以喜随人之人必为有事之人

②治父母之蛊以完成他们的仁德之事功

第 19 卦临卦：持仁之正以大临小是亨通的

①泽之卑可以为地的仁之正所临

②君王要用无疆的胸怀来容民和保民

第 20 卦观卦：教民通过施行仁德来行藏

①要诚敬专一地敬神如仁德之神在

②可从民风的镜子中照见自己的德行的模样

第 21 卦噬嗑卦：教以仁德后不服再一步步咬以除奸

①罚为的是小罚大戒而不是要拿恶人出气

②咬时不会伤着可继续上行的仁之柔

第 22 卦贲卦：在仁之素上绘文之事就能显出仁的色彩

①以文饰仁之本的目的是要合于礼

②柔之文与刚之质在白色处尽显仁之本色

第 23 卦剥卦：舆论是民让有仁德的君子坐的车

①群小得势之时君子应该隐忍待时

②君子应逊言屈身地自守仁德

第 24 卦复卦：天之仁道用刚来反小人之柔道

①在仁德亨通时君子可出与朋友交往

②不能像硕鼠一样贪据高位

第 36 卦明夷卦：内仁德而外晦其明意在蒙过大难

①明仁德者受伤也要守住仁德之光明

②为了义可偷偷地垂翼下行而不食俸禄

第 37 卦家人卦：父母负有以仁德正家的义务

①家庭中最根本的关系是夫妇关系

②父亲要有仁德之信才有威

第 38 卦睽卦：家之仁道穷尽之时会乖张离散

第 39 卦蹇卦：见险阻能够停下来修仁德

第 40 卦解卦：君主要用贤不贰和去邪无疑

①难发展到一定时候必然会有解

②小人背负着不该得的东西会引来强盗

第 41 卦损卦：要损过多而固仁德之本

①缓解有过时便要损下益上

②对于仁德的文饰过盛就会虚伪

第 42 卦益卦：益民之仁心贵在恒久

①益之利才是正当的利

②如果益民只是权宜之计必遭民反

第 43 卦夬卦：把小人之不仁德的罪恶扬于王庭

①要警惕小人,但不能对小人用武

②小人感阴气多,所以柔脆易折

第 44 卦姤卦：柔不期而遇刚时万物彰明茂盛

①有刚柔的分开才有相遇

②要像杞叶包瓜一样把小人包起来

第 45 卦萃卦：有仁德之萃聚才会是坚固的

①要用先人的仁德来统一思想

②争和乱之聚是不能巩固的苟合

第 46 卦升卦：要顺仁道积小善以成就高大

①像木长成大树一样顺势而升

②对自己和天下人都好的才可称为庆

第 47 卦困卦：在生命与仁德不可兼得时要杀身成仁

①要有仁德之行而无需有仁德之辩

②要舍生取义而不是舍身取义

第 48 卦井卦：仁德之人要能不竭地养人才能恒久

(1)要尚同于完美的天

①在天下有多义之时以天子之义为标准

②天子要总天下之义而尚同于天

(2)要尽力游说关于天的善的道理

4. 善恶要与赏罚相配套

(1)要让上帝来赏兼爱者和罚交别者

(2)要让人相信鬼神是能够赏贤罚暴的

(3)神经常会监视世人的言行尤其是君主的言行

二　后期墨家的兼爱思想

(一)人是趋利避害的

1. 当智怀疑会有害的时候就要止住自己的欲望

2. 要受当前之小害以趋将来之大利

(二)人是可以兼爱的

1. 从利的角度出发可以推出仁义

2. 要周爱人的人才能称得上爱人

3. 对于杀盗即是杀人和不能尽爱所有人的反驳

(三)辩论的目的是要明辨是非

1. 从辩中可以看清能判断是非的心

(1)智就是用来论是与非的

(2)辩论其实是心之辩，所以从辩中可以看到心

2. 辩的莫不然的七种方法的举要

(1)凡取之都有取之的道理

(2)意、规、圆三者都具备的就可以为法

3. 不能从类同的关系中推导出体同的关系

4. 具体的正名的辩论举要

(1)石头的坚与白是同体域于石的

(2)端就是其中无间的至小极微的点

(四)知心识物的知识及其来源

1. 知心为明而以火见久

(1)无法通过五官认识宇的时间和久的空间

(2)知心者能够用其所知来论物

2. 知识的来源：推知、亲知和行知

(1)如果认识了白就能够推知所有的白

(2)名是用来指事物的代号而实就是所指的事物

2. 在天地之精中没有什么物比人更高贵

二 人天生就具有性的仁气和情的贪气

（一）人是以仁的五性和贪的六情为自然之基的

（二）人要损其欲而辍其情才能栣众恶于内

（三）人的仁之性要待渐教训之后才能完善

三 天与人通过阴阳相互感应

（一）同类相应：美事召来美类而恶事召来恶类

（二）上天用自然灾害来警告君王要改正自己的错误

四 王者如何施行仁政？

（一）君王要会用仁爱人和用义正己

1. 仁在于爱人而不在于爱我；义在于正我而不在于正人

2. 独身者虽立为天子诸侯之位也只是一夫之人而已

（二）三纲六纪为社会伦理

1. 君臣、父子、夫妇的三纲和仁义礼智信的五常

2. 能敬诸父兄那么六纪之仁道就行了

（三）王的教化和规制作用

1. 要正其仁道而不谋其利和修其义理而不急其功

2. 要承天意之仁、教民以仁德、正法度之宜

3. 人主的喜怒哀乐义则世治而不义则世乱

(1) 喜怒及时而恰当则岁美但是不及时而妄则岁恶

(2) 喜怒哀乐的能量气体分别取自于春夏秋冬

(3) 春秋之志：悲死而乐生，以夏养春，以冬藏秋

4. 好仁之天要先经仁的大德而后权恶的小刑

5. 要把人的品德和能力天然地按四季分为四级

6. 有大俸禄的人都不能兼得小利和不得与民争利业

（四）仁的王道的运行方式

1. 黑、白、赤三统之仁治

(1) 商主天之仁，夏主地之义，《春秋》者主人之伦

(2) 夏为黑统、商为白统、周为赤统

(3) 改革时要变易民心和革其耳目才有助于仁德的教化

2. 忠、敬、文三教之仁治

(1) 做到内忠于仁、外敬于礼和有文饰仁

(2) 仁之礼是合仁之志为质和仁之物为文而成的

(3) 要能够得仁的一端而连多和见仁的一空而博贯

第一篇　导论：在秩序与自由中追寻幸福

本导论既是终点也是起点。它力图对以往的一些儒家古典哲学家的思想①进行总结，也力图在能量物理学的基础上勾勒一个儒家的心学、理学、气学的融会贯通的逻辑构架，我更愿称她为共字哲学的开篇。

一　儒家的宇宙大全的人生意义逻辑串

本人发现，儒家的玄妙之学的科学基础是电流能量物理学而不是物体②物理学，而无极之致、中和之致、太极之致即是进入电流世界的玄妙之学的玄关。要把握宇宙大全的事实是不可能的，而要在某个层级上穷尽宇宙大全之理，把握这种理的逻辑串则是可能的。在物体世界中，最高层级的理就是物体与能量的关系问题，只要把握住这两者的关系，就能穷尽这个最高层级上的物理；在人类社会的世界中，最高层级的理就是肉体与精神的关系问题，只要把握住这两者的关系，就能穷尽这个最高层级上的伦理。肉体是进化而来的物体，是有自动化体系的物体；而精神是进化而

---

① “思”的是田，“想”的是相，“念”的是善。种田就是要按田字种，而长在田间的就是草。“思路”就是不断升级的逻辑串。用观念把思想按思路合一就是理论。而理论就是真理之论。真理就是对客观规律的正确把握。客观规律就是存在于事物内部和事物之间的不以人的意志为转移的一分为二、二合为一的方格。方格的物质载体是电流。按方格运行的电流，遇到强大的外力时会扭曲，但是外力没有了，又会照样按方格运行，不会变性。电流具有光的特征。万物都是因为有光才得以显现自己的存在。什么地方停电了，什么地方就没有光了，那个地方就死光光了。有着电流的永不停歇的生生不息的运行，整个宇宙才充满了生机。所有的理论都要以经验科学为依据，不同的只是以微观的电流经验科学还是以宏观的物体经验科学为依据，而科学都要落到事实上才是落实。哲学家就是会思想的人，所以也称为思想家。思想家善于用一个确定的事实为起点，通过逻辑来推而知之。政治家则善于用一个哲学家的理论为依据来把握总体的平衡。哲学家的至善之道需要用物理来说明，自然科学家的物体之理则需要用至善之道来引领。

② “物体”强调的是二合为一的统一体，“事物”强调的是正在做一分为二、二合为一之事的物。

来的电流能量。要懂得中国哲学家的幸福观，就要懂得儒家的幸福观；而要懂得儒家的幸福观，就要懂得儒家对心灵幸福的认识；而要懂得儒家对心灵幸福的认识，就要懂得能量物理学与进化论之合；[①] 而要理解心灵中的能量运行的规律，就要懂得能量物理学与神经生物学之合；而要懂得人的心灵与肉体的关系，就要懂得能量物理学与物体物理学之合。

（一）我们是从哪里来的?

1. 能量物理学与物体物理学之合

（1）电流物理学中的绝对必然性

①物体〈三〉、气流〈二〉、电流〈一〉的返本归纳逻辑串

我们面对的是一个色彩斑斓的多种多样的统一的物质的宇宙，我们可以把这个宇宙中的物体称为多。物质是不以人的意志为转移的客观实在，而且物质是不生不灭的。物质的本质是能量，因为能量是不生不灭的，所以物质是不生不灭的；因为能量是守恒的，所以物质是不能被消灭的，只是能够[②]转换自己存在的形态。所以，我们可以得出一个公式，即物质等于能量。本书把能量形态粗略地分为电流与气流组成的流体能量和[③]器体与事物组成的物体能量。本书收录的哲学家们多数是把电流和气流混在一起论的，所以本书把电流和气流这样的流体能量称为能量；本书收录的哲学家们多数是把器体和事物混在一起论的，所以本书把器体和事物称为物体。研究流体能量的为能量物理学，而研究物体能量的是物体物理学。当本人单用能量这个词时指的是流体能量。虽然儒家哲学家们感觉到了能量的存在，但是没有科学仪器，所以对能量的认识是粗略的。而且，哲学家要把握的是事物的性质，而精确的量化是由科学家来完成的。当物体被烧到一定程度时会变成气流，而气流被烧到一定程度时会被烧成电流，所以我们可以把宇宙的本原归一为电流世界。这样，我们就可以得出一个返本的归纳逻辑串，即把多归纳为三（物体），把三归纳为二（气流），把二

---

① “合”强调的是二合一，二合一之处便是至善之点。凑合虽然有二合一的部分，但也有相错的部分。在相合部分尽了时，便是缘分的尽处。有共同的正一的为集合体，有共同的负一的为结合体，正一和负一融化为一体的凝聚体为结晶体。巧合、妙合都是无意之和。合作便是寻求各种合的工作。而“和”强调的则是和谐，和一之处便为四通八达的中心之点。

② “能够”指的是有能力，但是可以做，也可以不做，而“可以”则是可以做，但是不一定能够做。

③ “和”强调的是并列的两个东西，而“与”强调的则是两个东西之间的关系。

归纳为一（电流）。那么，研究物体的是分门别类的物体物理学，研究气流的是能量物理学中的动力学，而研究电流的是能量物理学中的电流物理学。

②电流〈一〉、气流〈二〉、物体〈三〉的原始演绎逻辑串

我们进行的一（电流）、二（气流）、三（物体）的推导就是原始演绎逻辑串的推导，其中电流是无形的；气流是有流形的，所以能够成象；[①] 而物体是有定形的。电流世界是无处不一样的无限的一的世界。电流是绝对运动的不生不灭的能量，是自然而然的，所以由电流世界自然而然地产生出的世界就称为自然界，而可以把电流世界称为大一。电流的运动是向前的直线运动。这样，我们取出一份电流进行研究，这份电流运行的规律就是电流世界运行的规律，所以我们可以通过有限的电流认识无限的电流世界。在电流的运动中会产生出热气，而热气必然释放出等量的冷气，热气为正的气流，而冷气为负的气流。所以，我们可以把气流称为二，气流的运行有上下即正负的方向上的区别。这样，在流体能量中便有了东南西北的矢量。电流是从西向东流之维，而气流则是热气向北上腾，而冷气向南下降，而正南与正北之间的直线则为经线。在空气中存在着电流和气流的分层，而气流是来自电流的，没有电流就没气了。气是有力的，称为气力，所以没有气就没有力。电流是有能的，而气流是有力的，所以电流与气流之和就是能力。

当一份电流全部变成热气与冷气，热气与冷气相合为一个统一体时，最简单的有着一次方的内部结构平衡的器体就产生了。当这个过程不断分形叠加重复，每叠加一次就称为一个次方，在次方之合处都会生成内部平

---

① 在中国的传统哲学中，"象"是一个十分紧要的字，它是哲学中的象征逻辑，是围棋中的棋盘，是象棋中的棋盘，通过一分为二、二合为一的棋子的布局来显示自己的存在。棋盘为本质，而棋子为现象。象的基本单元是一个田字，是象棋中的田字步，是围棋中的三路棋盘。用围棋来说明的话，"象"是表意思的，由棋盘中画出的方格构成；"像"是表形体的，由棋盘中的棋子的轨迹构成；"相"是表外貌的，由棋子的颜色构成。"象"是抽象的格子，而"像"是具体的事物。"象"的方格中可以放一个米字，这样就变成了一个米字格。米字格中的四角拉出的直线构成的是方，而四端拉出的直线构成的是菱形，菱形转动为圆。所以，"象"是以直、方、圆的方式存在的，立着是直的，动着是圆的，坐着是方的。硬盘的格式化，就是用格子进行的。人脑的格式化也是用格子进行的。人脑中的格子就是神经系统中的存储系统，而神经元就是棋子，而神经元按格子布局构成的反射弧就是象。抽象的"象"对于现象的"像"和外貌的"相"来说处于规范地位，要符合"象"的直、方、圆的才是至善的"像"和"相"。"象"没有被"像"扭曲，呈现出的"相"就是美的。而当"象"被"像"扭曲，呈现出的"相"就是丑的。

衡的复杂程度不同的器体。正经之物都是一样的，都是正负气流耗尽之时正好平衡从而产生的纯粹的电流的凝成物，所以是完美的，而且是静止的，所以称为静美。气流在运行过程中要始终有品才能成为器体。器体是有确定的功能的，所以有恒定的用途。如果一份电流产生的正负气流不是同时耗尽的，在尽头时凝成的物就是短暂的事物，事物的内部的正负气流是不平衡的，所以还在动中，动就是事，所以就还在做事，所以称为事物。歪的事物是没有品的不正经的物体，而不正经的物体各有各的不正经，所以会出现多种多样的事物。虽然有品，但是还没有尽力到头就凝成的事物，是不成器的物体，因为凝得太急，所以只是过客，只是草稿纸。事物内部的气体能量在运动中向外呈现出的象就是气象，即是事物的面貌。当事物内部的气流的运动把事物的形消磨光的时候，其中的气流就得到了解放，从而消散在气流世界之中。事物就是这样在气流世界中生生灭灭的。器物的存在是恒久稳定的，而事物的存在是短暂活泼的。

③一分为二和二合为一的原始造物公式即原始辩证逻辑串

电流是通过一分为二和二合为一的原始造物公式即原始辩证逻辑串前行的。如果二能够有品，从而能够始终恪守中正之零和，就必然能够到达至[①]，从而能够成器。有器才能有良好的功能，所以才能称为成功。在一分为二和二合为一的公式中，开头是一，结尾是一，所以是一个统一体，而在统一体的中间是相反相成的二，是一个对子，称为对立统一体，所以这个过程中的规律可称为对立统一规律；对子是从零同步运行到一的，这个运行过程就是量变的过程，而量变到尽头的时候相合，就是质变的过程，所以这个过程中的规律可称为量变质变规律；对子是分正负的，如果我们把正能量设为正的肯定阶段，那么负能量就是对正能量的否定，而合又是对负能量的否定的否定，所以这个过程中的规律可以称为否定之否定规律。一二一的发展过程就是辩证过程。电流世界就是在一分为二、二合为一的运行中，不断叠加分形发展，最后产生出以电流为本质的物体世界的。原子核的电流就是在这样的叠加中聚集的。电流经过二的无数次方的递进，原子内部的能量就是惊人的。当这种能量通过原子对撞释放出能量，就是原子弹。人也就是在这个公式的叠加分形复杂到一定程度时产生

① “至”强调到哪里去的终了，而“自”强调从哪里来的初始。“元”是双肩挑的，可以是至，也可以是自。连用东至、南至、西至、北至，是为了划定范围。

出的产物。

（2）呈现电流运动的必然性的逻辑串

逻辑是电流按一分为二、二合为一的次方往返的真理的轨迹在人脑中的反映，其中的每一个次方的往或返就是一个逻辑串，往为演绎为微积分中的微分为分形，而返为归纳为微积分中的积分为合体。电流运动的必然性是通过逻辑锁链来呈现的，而把无穷无尽的逻辑锁链析取出三个步骤就是一个逻辑串，而每个逻辑串都可以当公式用，所以可以当成方法使用。合逻辑地思考和生活就是合理的，而不合逻辑地思考和生活就是不合理的。

①在一个公式中包含着的五种逻辑串

在一分为二和二合为一的公式中包含着形式逻辑串、辩证逻辑串、历史逻辑串、概率逻辑串和数理逻辑串。形式逻辑呈现的是相对静止，而在电流的运动中都是在合一的时候是相对静止，而且是完美的，所以形式逻辑要说明的是世界万物都是大大小小的一，我们从大到小排就能明理，而从小到大排就能明道。而表达一的概念是完美的理想，所以我们就把这种概念称为理念，每个理念中表达的都是一个或大或小的在逻辑串中的完美的一。辩证逻辑呈现的是绝对运动，而在电流的运动中都是在分为二的时候是绝对运动的，所以辩证逻辑强调的是二，所以一定要找到相反相成的有主有辅的合作的对子，而且要摆正在本次方中的对子之间的平行关系。在辩证逻辑中，找到概念就是找到一个物体所在的次方，找到定义就是找到这个物体的次方开始处的零，而找到理念就是找到这个物体的次方终点处的一，把零和一之间拉出条直线，就能推理出现在的物体所处的位置，从而能够知道这个物体是从哪里来的，现在在哪里和要到哪里去。历史逻辑要找到的是对子之间不平衡的原因，通过因果关系来判断正与不正。概率逻辑要找到的是同次方的对子行进的程度。而数理逻辑则是要用 +1/ -1/0 和 {0, +1} 和 {0, -1} 的集合及 2^{1-n} 来把所有的逻辑过程符号化，以便进行长链条的推理。

②五种逻辑串的数理逻辑的符号表达式

在数理逻辑中，+1 代表正能量，-1 代表负能量，0 代表 +1 与 -1 之间的平衡，{0, +1} 代表的是一个次方正能量的阈值，而 {0, -1} 代表的是一个次方的负能量的阈值，二维码就是一个次方中的 {0, +1} {0, -1} 在一个瞬间的横切面，而 2^{0-n} 代表的是 2 的零到 n 次方。只是

0或只是1都不具有生生不息的性质，而且1不能分为2，而0就不能长成新的1。这里的2还是1，指的是+1和-1。如果不无限地分下去，生生的过程就是停息而不能不息。电流的条形码系列就是不断升级的次方的一，电流的二维码就是不断升级的次方的二。用电流的一维码和二维码按次方的顺序打印，就可以打印出3D材料，而大自然中尚未出现的次方的3D打印材料，就是新材料。形式逻辑为｛最大的1→最小的1｝或｛最小的1→最大的1｝。辩证逻辑为｛2^0→并列同步行进的｛0→+1｝｛0→-1｝→2^1｝这个公式的无限叠加，每叠加一次就升一个次方。数理逻辑用1和0来说明万物的终始［1，0］与万物的始终［0，1］都是一样的，其中都包含着［0，1］之间的矛盾统一规律，都包含着从0到1的量变和从较简单的1飞跃到较复杂的1的质变的量变质变规律，都包含着从终始［1，0］之正，到始终［0，1］之反，再到更高级的终始［1，0］之正的正反合的否定之否定的规律。2的次方从1到10是2进制，而到了10次方后就是10进制。因为2^{11}到2^{19}是2^1到2^9的同样的模式的重复，而物体进化的过程是讲究效率的，所以同样模式就省略了。从2的0次方到2的10次方是成长的过程，而从2的10次方的加0递进则是发展过程。历史逻辑要说明的是｛0→+1｝｛0→-1｝没有同步行进的偶然[①]性中的因果关系｛∵→∴｝。概率逻辑是要找到同时存在的同次方的｛0→+1｝｛0→-1｝的每个刻度上的横向统计数量，这样就可以找到最后—最多—最前的大数据。

（3）物体物理学中的偶然性中的必然性

物体物理学研究的是物体世界。电流世界是本，而物体世界是末，所以无形的电流世界可以解释有形的物体世界，但有形的物体世界未必能够解释无形的能量世界，因为电流世界是一个具有绝对必然性的世界，而物体世界中的必然性则是通过偶然性存在的。万物不过是电流凝聚成的物体，其本质都是电流，所以总体必然按电流的规律运行。因为物体之间会有交互作用的影响，因此会出现不符合电流运行规律的偶然性。电流世界是通过不断升级的成器的恒久来赋予物体意义的。事物也是电流存在的一

① “偶然”或必然都会然，而不可能的则什么然也不会有。逻辑是建立在确定性基础之上的。毫无确定性的言语，就毫无逻辑性。表达偶然性的是部分确定的概率逻辑，而表达必然性的是全部确定的至善逻辑。

种方式，所以是有实在意义的，只是意义比较短暂而已。物体在运行中是避免冲撞的，而避免冲突的方式是由具有正负的电磁场来引导的。正与正是排斥的，负与负是排斥的，所以并不会冲撞。正向着负运行，是因为二者相互吸引，我们看到的冲撞实际上是二者的拥抱相合。在不按电流世界的规律运行的事物的短暂的偶然性中也是存在着必然性的，即是失败的必然性，即是消散无功的必然性，即是不留痕迹地死亡的必然性。所以，只有与电流世界相合的物体世界才是具有恒久意义的。电流世界是根本，是本质世界，而物体世界是末节，是现象世界，本不立则末必毁。

2. 能量物理学与物体物理学相合的世界观

（1）无限的宇宙的时空和有限的世界的时空

宇宙的时空是无限的，其中的宇代表空间，而宙代表时间。宇宙是一个大全的世界，而世界是一个小全的宇宙。宇宙是由无穷个世界系列组成的，其中世为一段时间而界为一段空间。每个世界都在叠加重复着一个系列的 2^{0-10} 的公式。前面的世界为无穷的1，后面的世界为无穷的10的次方。如果我们把前、中、后三个世界用数理逻辑表示，那就是 $\{-1\rightarrow1\rightarrow+1\}$，其实都是1，只是在系列中的位置不同而已。$-1$ 的运行速度比1慢，而 $+1$ 运行的速度比1快。宇宙的电流是无限的，而一个世界的电流是有限的，所以同一个世界的电流会在 $\{2^{0}\rightarrow2^{10}\}$ 之往和 $\{2^{10}\rightarrow2^{0}\}$ 之间循环，在 $\{2^{0}\rightarrow2^{10}\}$ 之间，每成功地升级一个次方，就称为一个至，而到达了 $\{2^{0}\}$ 或 $\{2^{10}\}$ 则到了极，这两个极就称为致，即物极必反的意思，其中 $\{2^{0}\}$ 这个极称为无极即无形的极，而 $\{2^{10}\}$ 称为太极即有形的极。一个世界会因为效率提高而升级为下一个世界，也会因为效率降低而退化到上一个世界。所以，世界的进化就是在赶时间，是在与时间赛跑。一个世界每循环一次，如果每个次方都出现了分形，时间就会压缩一半；而如果每个次方都出现了合体，时间就会延长一倍。时间短的，次方高了，而时间长的，次方低了。所以，进化是比速度的。

（2）无神论的唯物辩证法的世界观

这样，我们就有了无神论的唯物辩证法的世界观。世界是物质的，这是无神论的唯物观。物质有两种形态，即能量的流体形态（电流和气流）和能量的物体形态（器体和事物），而本质都是不以人的意志为转移的能量这种客观实在。电流世界是无限的、是绝对运动的，而物体世界是有限的、是相对静止的。物体世界是电流世界在按对立统一规律、质量互变规律和否定之否定规律的公式运行时造出来的，这就是无神论的唯物辩证观。电流世界代表的是时间，而物体世界代表的是空间。时间是恒在的，不可逆地前进的，而空间中的所有物体则都会随着时间的推移而变成空的。电流运动的规律性，决定了物体运动的规律性。顺电流的运行方向而运行的物体是合理的，而逆电流的运行方向而运行的物体则是不合理的。与电流世界完全合一的物体世界即是电流世界的表象，所以是表现着电流世界的必然性的偶然性，会因为顺从了电流运行的必然性而成功；而与电流世界不合一的物体世界也是电流世界的表象，只是从反面表明了电流世界的必然性的存在，会因为逆电流运行的必然性而必然灭亡。电流进化的结果就是我们的精神，而物体进化的结果就是我们的肉体，所以能量物理学与物体物理学的原理说明的就是我们是从哪里来的。从万物都是从统一的电流世界里来的而言，电流世界就都可以称为一个大我，这个大我就是一个无意识的电流的宇宙。那么我们这些小我是怎么[①]诞生的呢？

（二）我们现在在哪里？

我是从我们的统一的电流世界中分化出来的一份个体微电流。这份个体微电流并没有因为进入了我的肉体而有了知觉。个体微电流依然是电流世界中的客观电流，依然严格按电流的运行规律我行我素地不以人的意志为转移地运行着，只是由物体进化来的人脑和神经系统对于个体微电流有了知觉，从而产生了会随肉体死亡而死亡的自我意识。儒家把一分为二和二合为一的生生不息的性质称为仁。电流具有一分为二、二合为一的生生不息的特征，因此具有客观的仁的性质，所以有电流演变出的万物及人也都具有仁的性质，只是表现形式不同而已。而且，物会无意识地随气流跑偏，而人还会受利益现象的诱惑而有意识地跑偏。仁德教育就是要教人不要跑偏，因为跑偏了必然会被电流世界的必然性所惩罚。本部分将通过能量物理学和神经生物学、血液生物学和器官生物学之合来说明所有的个体的我都有着同样完美而又独特的价值观。

1. 神经生物学、血液生物学和器官生物学之合

人的行为需要神经生物学中的神经中的个体微电流提供动机，血液生

---

① “么”是通“幺”的，就是麻将中的幺鸡的幺。“怎么”要从幺即从究竟上说起，而“怎样”重点是要回答成为“样”的方法。

物学中的血液中的气流提供力气，器官生物学中的器官中的形体提供机能。三者协调就能让人的行为变成一个向着至善[①]运行的自动化系统。

（1）神经生物学中的神经系统的知觉

①人必然按利生或害生为标准来判断好与不好

人的神经系统主要是由人脑、神经线和个体微电流构成的。人脑和神经线是电流进化的产物，是电流运行到高次方时的电荷凝成的微小器体串，所以具有电流的高度的敏感性。因为神经系统是肉体的一个部分，所以必然随着肉体的死亡而死亡。人皆有生死，但是人皆是求生的，而死是无可奈何的，所以人就必然按利生或害生为标准来判断好与不好。利生的就是好的，就是要获取、占有或亲近的；害生的就是不好的，就是要排斥、抛弃或远离的。神经线是用来收集信息的，而人脑是用来处理信息的。神经线会对陌生的、新的刺激产生感应，然后把这些信息报到人脑处，由人脑进行利生或害生的判断，然后向神经线发布吸取或排斥的指令。对于人脑已经做出过判断的刺激，神经线就不再敏感，就按原来的指令吸取或排斥即可。由于外来刺激是错综复杂的，如果人脑把其实是害生的判断成利生的或把其实是利生的判断成害生的，这样就会出现同样是求生的，但是却采取了不同的求生的行为。哲学的逻辑串就能帮助人判断什么是看上去是害生的而其实是利生的，而什么是看上去利生的而其实是害生的。人需要接受哲学的逻辑串的教育，目的就是要培养人的做出真正利生的判断的能力，并按这种判断去培养自己的才能，获取成长和发展的机会。

②神经线与个体微电流之间的关系

烟酒和咖啡都能刺激神经线，从而让个体微电流的运动速度加快；安眠药则能让神经线麻痹，从而让个体微电流的运动减慢。毒品能够让神经线失灵。而人是靠神经线来感觉外界的真实与否的。当神经线失灵的时候，人就会把幻想当成是真的，从而出现幻觉，让人感觉到人生如梦幻一般。神经病就是神经线出问题了，而精神病就是神经线中的个体微电流出问题了。总在 +1 的个体微电流会导致人的狂躁，总在 -1 的个体微电流

① 在总括的“至善”中包含着回返的至善和前行的至善。回返的至善用于守成，而前行的至善用于开辟一个新阶段。“致”为止于至善从而返回之意，所以为回返的至善。“此致敬礼”表达的就是这样的最高的敬意。

会让人要求死，总在0的个体微电流会让人感觉枯燥。而个体微电流瞬间到达+1给与[①]人的是心情的愉悦感，瞬间到达-1给人的是奋起感，瞬间到达0给人的是宁静感。人的个体微电流每天都在从-1走向+1，这样的个体微电流就是充实的，这就是生活的感觉。个体微电流睡得香的时候就是在0到-1和-1返回到0的区间。永远不醒来的个体微电流就是永远在0以下的个体微电流。个体微电流越过了0人就醒来了。

（2）血液生物学中的氧气和二氧化碳

在血液系统中存在着肉体的营养供应系统和力气系统，而力气系统是由氧气和二氧化碳构成的。当氧气多的时候，血液系统就会驱使器官系统获取或拥抱，而当二氧化碳多的时候，血液系统就会驱使器官系统攻击或推开。而血液中是氧气多还是二氧化碳多，是由心脏跳动决定的，而心脏跳动是快的还是慢的，是由神经线中的个体微电流的运动状态决定的。个体微电流是一伸一缩地运动着的，伸时电流就舒张，人的肉体就感觉舒服，而缩时电流就收敛，人的肉体就感觉到紧张。当人脑发出利生的指令时，个体微电流伸缩得快，心脏跳动快，氧气足，人就开心；而当人脑发出害生的指令时，个体微电流伸缩得慢，心脏跳动慢，氧气缺乏，从而导致二氧化碳相对较多，从而出现了生气即生二氧化碳之气的现象。氧气不是直接进入血液的，而是先变成电流，再由电流变成纯氧和纯的二氧化碳的。当人开心之时，不能通过与人分享而把多余的氧气憋在血液系统中时，这种氧气就会反向不断刺激神经线，从而导致个体微电流一直快速流动，从而出现心灵失控现象，严重时就变成狂躁症。当狂躁得让心脏疲倦得跳不动的时候，心跳速度就会放慢，从而导致氧气不足，反过来影响个体微电流一直慢速运动，严重时就会产生抑郁症。

（3）器官生物学中的小脑的平衡作用

神经线中的个体微电流驱动心脏，心脏跳动速度决定着血液中的力气，而力气是一种矢量，按圆的方式向上或向下流动，而器官则能把力气转化为一定的功能，而这种功能是在动静中发挥的。气流和事物是养生的，气流好比是火柴，而事物好比是柴火，气流与事物合起来成为动力燃料。动时要保持一分为二的平衡，左主持方向，而右跟随着向相反的方向发力，左右相合来发挥器官的功能，由小脑来控制着平衡。所以，我们的

---

① “给与”强调平等，而“给予”强调自上而下。

使用器官通常都是一分为二的，而二只是左右不同，形状大小和功能则是相同的。我们的行为是随着个体微电流的运行的次方而不断复杂化的。每到一个次方，我们都需要通过练习来让神经系统、血液系统和器官系统合为一个熟能生巧的自动化体系。个体微电流需要通过人脑的判断和神经线生出的爱恶之情来调节其伸缩速度。当人脑误判或神经误感之时，人就会生错误的情，从而导致错误的情感冲动，产生错误的力气，导致错误的行为。所以，良好的判断是非的教育，是人的正确行为的基础。而正确的行为就是真正利生的行为，利生的行为就是有利于进化的行为，这就是利益。有的利益看上去是利益，其实只是些利益的泡泡，中间是空的，没有进化意义，所以并不是真的利益的，而是利损的，这些利损的空零泡泡在浪费着我们进化的时间，让我们错过一次又一次地在某个次方上练习神经、血液、器官三个系统的合一的机会。

2. 由个体微电流主导的合作价值观和人生观

当宇宙大全中的电流世界分化成人的神经系统中的个体微电流之后，因为人脑有着自我意识，所以能够认识到电流的客观性质，使得儒家能够用主观[①]的人文的方式进行表达，从而让客观的世界观蜕变为美丽的立在生活得真、生活得善、生活得美的完美的真理之上的主客观统一的价值观和人生观。

（1）个体微电流的共性决定了我们共同追求的真、善、美

①个体微电流是独立的和一往无前的

精神指的是神经线对运行到高次方的精粹的个体微电流的知觉。宇宙中的电流与我们的个体微电流的区别在于，宇宙中的电流是宏大的和不朽的，而我们的个体微电流则只是我们的神经系统中的电流；宇宙中的电流是没有知觉的，也没有必要有知觉，因为电流是独立的和不受任何力量的支配而一往无前的，而我们的个体微电流则是能够为人的有知觉的神经线暂时控制的。由于这种个体微电流是精微的，所以我们几乎感觉不到来自这种电流的力，而且靠这种微小的力只能想而没有能力做。我们在思考的时候会用到这样的个体微电流，但是我们感觉不到这种个体微电流的存在。个体微电流是不生不灭的，而且是无意识地自然而然地按其规律运行

① 与客观相配的“主观”是一种合理的主观。有主观才有温度，才不冷漠。但是，缺乏客观的主观是偏的，所以主观要以客观为依据。

变化的。我们的神经线可以用力去逆其道或偏其道而行，但是只要一放松又会回到电流原本的运行轨道之上，使得人白费力气，徒劳无功。人的有意识的人脑，不仅能够认识外界的电流，而且能够用外界的电流世界来反照我们神经线里的个体微电流，从而能够产生出自我意识。小猫猫不会照镜子，以为镜子里的小猫猫与自己无关，而人则知道镜子里的我就是我本身的影子。

②人的精神追求的是电流的纯洁和器体的不朽

a. 建立在个体微电流的客观性质之上的价值观

电流世界有着系统论、控制论和信息论的特征。人是通过认识电流世界的客观性质来认识个体微电流的客观性质的，从而能够把自己的价值观建立在客观的基础之上，使得人的价值观有主客观融合为一体的特征。人是求生和求幸福的，而无论是求生或是求幸福，都是要顺从电流运行的客观规律的。电流的属性是客观的，只是人根据自我求生和求幸福的需要来评价这些客观属性，所以产生出了拟人性质的价值观。这些价值观的形式是主观的，而内容却是客观的。这就是人类能够达到共识的客观基础。主导人运行的是个体微电流的精神，人的肉体又是电流进化到高次方的产物，所以人的精神或肉体都要符合电流运行的规律才会感觉舒服。电流没有一处是虚的，没有一处是不实在的，所以电流是恒真的，人因此而要追求真；电流是生生不息的，是永远利生的，所以是恒善的，人因此要追求善；电流是纯粹的一，它的运行要么是直的，要么是圆的，要么是方的，而圆是一围绕一个点的转动，方的横竖都是一，人因此要追求不变的一的逻辑。任何数的0次方都是1，这就是万物归为电流这个1的数学表达式。0的0次方也是1，因为0＝（－1）＋（＋1），其实还是消了磁的中性的1。

b. 永久的至真、永生的至善、永乐的至美

电流是万寿无疆的，电流世界是洁净的，所以人是追求不朽和追求洁净的。其实，我们就是一团电流而已，精神是流动的电流，气流是由电流产生的，而肉体是凝聚态的气流。人呼吸气流，食用事物，而不能呼吸电流，不能食用器体，但是人的精神追求的是电流的纯洁和器体的不朽。人吸入的氧气并不是我们的血液里的氧气。进入我们的血液里的氧气和二氧化碳，是在我们的身体中的电炉中烧出来的两种气流。电流有着不生不灭的永久的至真的性质、生生不息的永生的至善的性质、卷舒自在的永乐的

至美的性质，因此至真、至善、至美就成了人的心灵永恒追求的幸福的目标。儒家思想家追求的立言、立功、立德的三不朽就是建立在追求电流的至真、至善、至美的性质基础上的，所以能够成就不朽。我们的个体微电流与外在的电流的性质是一样的，所以电流的性质就是我们喜欢的性质，就是我们的共同的价值观的基础。

（2）个体微电流的特殊性决定了个体的不同

①来自神经系统中的个体微电流的美丽的二维码种子

a. 父母的肉体的遗传特征是我们的精神得以成长的土壤

从神经生物学的角度上看，人就好比是一个电网，而神经线就是电线，而个体微电流就是电线里的电流。母亲的子宫就好比是巢，而卵子就好比是蛋，母亲要孵的蛋需要受精才能生出宝宝。母亲的蛋是生来就有的，不会增加数量，只是会不断成熟。而父亲的精子则是日日生成的。精子好比是一个抓拍器，用快门去抓一团宇宙中的进化到某个次方的电流。快门的速度不一样，抓到的电流的次方就不一样。次方越高的电流运行的速度越快。这团电流就是我们的神经线中的个体微电流的来源。精子抓到的是一团以正为主导的电流，那么这个精子就是男性精子，而精子抓到的是一团以负为主导的电流，那么这个精子就是女性精子。无数个精子在正负电荷的指引下跑到卵子那里，与卵子相配的精子就能受孕，而精子中的电流就是我们的精神方面的潜能的来源，而父母的肉体的遗传特征就是我们的精神得以成长的土壤。所以，精子和卵子共同决定着生男还是生女。父母的身体的基因，决定了一个孩子能够成为什么样的专材的潜能。因为人都有着同样性质的电流，所以成为通才的才华的潜能是同样的，而专材的潜能则来自父母，所以成为专材的潜能是不同的。

b. 每个人都是追求着正一或负一的半个电流小宇宙

人类的电流次方是一样的，但是每个人的二维码是不一样的。同样次方的微电流在运行时有从 0 到 +1 和从 0 到 -1 的流动刻度，而精子的快门抓拍到的就是某个刻度的瞬间的二维码的切面，其中包含着正电荷和负电荷的比例，这个二维码就是我的个体微电流运行的目标，即是我的种子，即是我的潜能，即是我的天赋，即是宇宙交给个体要去完成的使命，即是个人的理想，即是个人的梦想。二维码以性的方式定格在我们的神经系统中，所以称为性格。个体微电流闲着的时候都是在自然地按自己的性格运转着。做符合自己性格的事，无论做多少遍都不会感觉到厌烦。性的欲望就是电流永远向着 +1 的方向生生不息的欲望。压抑就是把电流压在某个阶段，不让其进步，或天天让它做不符合其性格的事情。这样，人也就诞生了，也就是从万寿无疆和永垂不朽的电流世界中分离出来，各自得到了一个有着道的象和有着理的形的半个电流小宇宙，到了一个短暂的、有限的、有朽的、从自身中找不到恒久意义的人类社会之中。半个小宇宙要么是追求 +1 的男性，要么是追求 -1 的女性，他们要找到自己的另一半，要通过合作，各自到达自己的正一之至和负一之至，然后合成一个新的 1，从而实现人类的进化。

c. 我们都既是父母的宝宝又是宇宙的宝宝

我的二维码决定了我是一棵橡树的种子还是一棵青松的种子，我是一朵玫瑰花的种子还是一朵雪莲花的种子。世界的丰富多彩就是由不同的种子决定的。每颗种子都是要经历从零成长到一的过程，只有长成了一才能有自己的独特的功用，才能完成自己对于宇宙进化的使命。所以，一个人必须认识自己的二维码，才能以二维码的标准去判断什么是利己之生的。利己生的未必是利他生的，而利他生的未必是利己生的，需要自己根据自己的二维码的标准作出独立的判断。所以，每个人都是宇宙在父母的肉体的土壤中种下的种子，所以我们既是父母的宝宝又是宇宙的宝宝，我们的使命就是要为宇宙的进化做出自己的独特的贡献。这颗由电流变成的有性格的种子是到人的肉体中来做客的，有着自己的天赋和使命，所以父母要仁德地善待这颗种子，要按种子的本性去培养它，让它长成后能够为公所用。我们常说孩子在青春时有叛逆期，那是因为父母用自己的观念[①]为标准来评价孩子得出的结论。其实，孩子的个体微电流本来就不属于父母。孩子要按自己的二维码成长。从精神层面上说，每颗种子都是父母从宇宙中领养的孩子。这颗种子成全的是父母的仁德，父母的无私的呵护就是人所具有的纯粹的仁爱的表征。而种子长成后则有义务感谢父母的无私的恩德，并把父母的仁德传承[②]下去。

②个人自由地追求至善的方式造就了人生的丰富多彩

a. 个体微电流的运行能够产生出新的次方

个体都是追求生活得真实、生活得善良、生活得美好的，但是因为每

---

① “观念”强调的是善念，而“观点”强调的是观察到的点。

② “传承”强调的是时间上的承接，而“传播”强调的是空间上的播种。

个人的个体微电流的二维码是不一样的，每个人实现二维码的方式是不一样的，每个人的处境是不一样的，所以就会出现实现真善美的不同的方式。社会的丰富多彩就是个人自由地追求至善的完美的不同方式造就的。我们的个体微电流会自然而然地向着自己的二维码运行，这就是我们的思想的成长过程。在这个成长过程中，我们的思维会越来越明白道理，所以越来越会思维。我们的思想的成熟指的就是我们的思维达到了自己的二维码的程度。只要我们的言谈举止随着个体微电流运行的次方的增长而增长，这样就能有文才。人的个体微电流是电流世界中的电流运行到最高次方的产物。如果靠个体的努力，使得个体微电流的运行产生出了一个新的次方，这就是进化，就是质变。

b. 哲学的通才有着绝顶的才之华

每个人的个体微电流都是同样的电流，所以都蕴涵着同样的理，这些理都能通过思想变成才华，都可以通过逻辑串变成理论。所以，每个人都具有成为哲学家的潜能。只是人的生命是有限的，所以需要在哲学家的引导下尽快穷尽人所认识到的理，这样才能到达最高次方那里，并且通过自己的努力来开辟更高的次方，从而能够对宇宙的电流世界做出贡献。要尽快走完前面的路，就需要在学习方法和手段上更新，使得自己在走每一个次方的时候都能走得快而不漏。就好比我们要找到吃 100 个包子的感觉，不能直接吃第 100 个，必须先吃完 99 个。哲学的消化速度快，所以能够帮我们在发展阶段时尽快吃完 100 个包子。所有的德都有荣的特征，而所有的才都有华的特征。当我们能够用逻辑串的方式来表达所有次方的宇宙大全的理，我们就通达了，从而成为了通才，这时就会出现绝顶的才之华，这就是哲学家。哲学家的功德是以自己的才华化度人的功德，所以哲学家是最高明的教育家。哲学家的通才给专材备了宇宙大全之理，所以能够为专材指明升级的方向。

c. 在成材的过程中不能揠苗助长或错失良机

人的专材是有天赋的限制的。人是无法突破自己的专材的天赋的，就好比玫瑰花是长不成雪莲花一样的。而且，人也并不是有了天赋就能长成专材，要成为专材是自己学习和练习的结果。有专材的人就是叠加练习而形成的具有某个二维码的使用功能的自动化系统。我们的行为要随着次方的增长而练习做事的本领，这就是成长为专材的过程。专材需要练习的是一分为二、二合为一的仁的本领。左右要平衡，中间要正直。用身体来比喻的话，就是身体要中正，而四肢要平衡。从品德的角度看，小孩子的神经线的成长是会跑偏的，所以必须用规矩加以塑造，否则就无法成器。成材的过程要跟上个体微电流运行的次方节奏，要不断升级，不能滞留。只有靠每个次方都熟到生巧的程度，这样才能把我们变成一个自动化体系，从而能够靠直觉就能在行为上应万变。人的成材过程不能提前也不能错过，否则就会揠苗助长或错失良机。人在电流的次方正好运行到那个次方时练习那个次方的能力是轻而易举的，而错过了就感觉难上加难。

d. 人会因为不再进化而失去与生趣共起落的兴趣

不管人是否成才或成材，个体微电流都会按次方上行的，所以我们的兴趣也是跟着上行的。不管自己是否愿意，就如同自己必须长大必须变老一样，个体微电流的次方都是要前行到自己的二维码那里的，只是我们因为个体微电流的上行而明白的道理只是以价值观念的方式存在，不会因为我们有了价值观念就变成了现实。价值观念的次方的高度是我们的思想水平的高度，而才能和专材的次方的高度才是我们的能力的高度。我们只是对与个体微电流的次方相应的事物感兴趣，所以小时候在同一次方贪玩的东西，大了就不爱玩了，因为次方太低了。兴趣即是生趣。不再进化就失去了生趣，从而就会失去兴趣。如果因为在一个次方贪玩或因为任何原因不跟着次方成长，结果就会导致个体微电流的次方升级了，而材跟不上，所以高次方的事没有能力做，而低次方的事又不感兴趣了，就会出现高不成低不就的状况。所以，跟不上个体微电流上行的脚步就会失落和后悔，人的无进化意义的空虚绝望就是由此而生的。人的面貌就是个体微电流的面貌。神经系统中的个体微电流运行快，人的精神面貌就神采奕奕。

e. 肉体享受追求的是 0.5，而精神幸福追求的是 1

个体微电流的世界是一个没有物体的世界，圣洁而纯粹，而且纯粹受着真理的必然性的支配。在个体微电流的世界里是有着无处不太极的至善的。每一个次方的至善都是完美的，一分为二的正负电荷的搭配也是完美的，同时要升级到更高层次的完美。精神幸福要追求的是完美的 1，因为只有 1 才能是一个终始，才能终结一个阶段和开创一个新的阶段，才能有原创，从而成为经典。而在 0 到 1 之间的成果也有价值，但是只有暂时性的草稿纸的价值。草稿纸也可以变得很有名，但是经不住时间的考验，所以草稿纸的作者也只能当过客。自愿甘当草稿纸和过客的人是值得纪念的人，因为他们牺牲了自己，成全着走向经典和创造不朽之人，而在经典中包含着不可或缺的草稿纸的价值。肉体享受要追求的则是0.5，因为只有0.5才能保持身体中的气流的平衡，从而给人感觉到身体有轻得像不存在一样的舒适感，在这样的状态下能够让精神更专注地去追求1。不能用追求肉体享受的0.5的方式去追求精神幸福，因为会缺乏1的成就感。也不能用追求精神幸福的方式去追求肉体享受，否则我们就会在-1时被饿死掉，而在+1时被撑死掉。

f. 人生的成长、发展和享受三阶段

人是否真的具有了生生不息的仁之理，是需要证明的，而证明的方式就是成家立业。成家的目的是生孩子，立业的目的是生某个次方的理的事业。生孩子体现的是生生不息之仁，而培养孩子体现的则是对于仁之理的不同层次的把握，而事业是用来让我们不断地明白更多的仁之理的。随着个体微电流的次方的上行，人的生命主要分成三个阶段。第一个阶段是成材的阶段，就是把材长到自己的二维码的阶段。父母负责生育、学校负责教育、祖辈负责培育。第二阶段是成家立业和孝敬祖辈的阶段。成家的目的是要生儿育女，而立业的目的是要成就一番有进化意义的事业。这时的人是要在二维码的基础上前进，通过自己的努力去实现个体微电流运行的高次方，所以这是人生的发展阶段。而成家和立业的坚实基础是爱情。爱情就发生在二人互扫二维码的那一个瞬间。爱情的目标就是要找到自己那个次方的对象，然后一同努力升级，这两个人才会没有审美疲劳地相合。只有准备好纯粹的心灵，当自己对象出现时才会有感应，才会找到对的人。如果心灵不纯粹，就会与错的人凑合。对孩子的生育呈现的是人的仁德，对祖辈的孝敬呈现的是人的义德，长幼有序呈现的是礼德。第三阶段是享受人生和培育孙辈的阶段。人享受的是丰衣足食和美好的回忆。老年是自己酿成的酒。人生的每一次完美的感受，都会在神经上刻下情感记忆，而人做的每件假恶丑的事，也会在神经上刻下情感记忆。这是个体微电流按降次方的顺序返本的阶段，人会随着降次方的顺序回忆自己的人生的得失，对自己的错失感觉到愧疚，对自己的成功感觉到喜悦，并且能够通过讲故事的方式，把自己的经验教训传授给孙辈。人的身体基因是隔代遗传的，所以自己的身体基因是否能够得到遗传，要看是否有孙辈。这也是人能够欣赏文史哲作品和创作文史哲作品的最佳阶段。在这个阶段，人的智慧达到了最高点，并且对于人追求进化的不朽的价值观有着浓厚的兴趣，因为我们的肉体不得不死去，而我们对人生是那么的留恋和不舍，所以就会很在意努力把自己坚信的真善美的好东西留在人间。当智慧到达最高阶段的时候，对真善美的信仰也就到达了最高阶段，我们就是带着这样的信仰干干净净地穿着白色的衣服，像花仙子一样回归到无知觉的电流世界的。

（3）社会的逻辑串分工平台的进化意义

①仁之理造就的文才、理才、专材和官才

文才是成道的，理才是成理的，专材是成器的，官才是贯通道理器的，而气流和事物都是成才或成材的动力和资料。电流从低次方上升到高次方的过程中呈现出的条理就是仁之理，我们的人脑觉悟了这种仁之理的过程就是学习理的过程。有领悟力的人可以通过领悟自己的个体微电流而认识理，而有识别力的人可以通过认识外部世界中的电流现象而明理。当我们能够把某个次方的理穷尽地认识了，我们就成为这个次方的理的专家；当我们能够用逻辑串的方式来表达这个次方的理，我们就成了专门的科学家；当我们能够以文学的方式来表达这个次方的理，我们就有了文才，从而成为专门的文豪；当我们能够以艺术的方式来表达这个次方的理，我们就成了专门的艺术家；当我们能够用自己的身体来运行这个次方的理，我们就有了专材，就成了体育健将；当我们能够用这个次方的理来建构社会秩序，我们就成了社会科学家；当我们能够用这个次方的理来管理社会，我们就成为了这个次方的政治家。次方的高度就是我们的水平的高度。凡是从事管理事务的才都是官才。

②文才、理才和专材在有逻辑串的官才达成的平台上进次方

人要有才华加专材才能实现自己的理想。有的高次方的专材则是需要由一个专材逻辑串来合成。人的才华可以通过机器来实现，也可以通过组织专材来实现，还可以通过搭配专材和机器来实现。哲学家要找到宇宙大全的逻辑串，政治家则要用这种逻辑串来构成正义的秩序，形成公共的实现高次方的才华的平台，用这个平台来合成高次方的专材逻辑串。所以，哲学家的科研工作是个体性的，而要实现哲学家的理想则是需要一个专材逻辑串的。政治家要形成一个正义的秩序，又是需要哲学家的逻辑串的，所以哲学家与政治家总是联系在一起的。哲学的理论是观念中的使用价

值，而政治平台则能够把观念的使用价值变成真实的使用价值。同样，理论科学家与应用科学家也是如此。理论科学家截出哲学家的宇宙逻辑串中的三个次方，把低次方作为自己的基础理论，把高次方作为自己的努力的前沿方向，把中间的次方作为自己的专业。理论科学家研究的成果需要应用学科来转化为使用价值。所以，理论科学家与应用科学家是联系在一起的，而应用科学家又是与工程师联系在一起的。在越来越精细的次方处，人的肢体已经没有用处，而要用人脑来先推算出实现最高级的次方的方案，再用高级的计算机、高级的耐温新材料来实现。切割用的新材料要极硬而折叠用的新材料要极软。还有新的微生物的产生也能做这样的高次方工作。科学家的逻辑串平台也是靠官才搭建的。另外，自然物和人造物都是可以用2的零次方到要打印的二维码的次方的逻辑串推理程序进行3D打印的。可以用二维码给小蚂蚁量尺寸，然后用3D打印就可以为小蚂蚁制造出合体的时装。

③教育的不当和社会标签系统的混乱

社会中确实会出现假、恶、丑的现象，而这些现象的产生主要来自社会生产力水平发展的制约、社会标签系统的混乱和教育的不当等。

a. 人在受不了利益诱惑或迷路时会作恶

人的肉体是有情的事物，所以会因为各种爱好而滞留，从而掉队或跑偏，也会因为贪欲而做不仁之事。事物都是有偏好的，当遇到其他事物的吸引或排斥，都会偏离原来的运行方向。人的神经系统是由有意识的人脑、有知觉的神经线和自然而然地运动着的个体微电流构成的。人脑和神经线是电流的正负电荷凝成的，所以有意识的人脑和神经是具有电流的性质的。所以，对于真的不朽、善的生生不息、洁净之美都是有肯定评价和感觉好的，而反之则是反感的。人非要做反感的事情，是因为有利益诱惑的缘故。人的共同价值观是建立在个体微电流基础上的，而对这种个体微电流的性质的认识是玄妙的。如果达不到对于这种个体微电流的自觉认识，就会迷路。在迷路的情况下，就会急功近利和时不我待地脱离美德来追求富贵，也会不择手段地捞取各种空的标签来贴在自己的躯壳上，装点着自己的肉体。人这种物体因为是追求生的，而冲撞则是不利生的，而且会使双方都失去电流，所以人是会尽力避免冲撞的。不明理的国家或不明理的个人等，因为贪图利益会发动战争或争斗；而个人或国家等遭到了不公正的待遇时，也会有反抗斗争。

b. 社会的标签系统混乱时会产生出人的不幸福感

电流的次方在不断递进，导致我们都想上进，所以人是要向上奋进的，所以我们要鼓励友谊比赛，赛的是次方的升级。社会的正义的伦理秩序应该是建立在形式逻辑串和辩证逻辑串的基础上的，当不符合这种应当的秩序时，应该用历史逻辑串说明因果关系。当社会的标签系统混乱的时候，高次方的人被贴了低次方的标签，而低次方的人又被贴了高次方的标签，这时社会秩序就乱了，人就无所适从了。人的躯壳上就开始贴上各种没有进化意义的高大上的标签，而脸上则涂上了厚厚的脂粉，人就看不到他人或自己的个体微电流发出的光芒了，这样我们就互相厌恶和取笑着对方的标签，同时又在炫耀着自己的标签，人就不再幸福了。神经系统上有幸福和痛苦的刻度，这里有着生而不可磨灭的情感记忆。每一次仁的至善都会留下幸福的刻度，而每一次不仁的不完善都有痛苦的刻度。人的神经系统中的电流每次冲刷而过，都会出现一次次的无意识的情感回忆。尽管事情忘掉了，但这种情感记忆的刻度依然是在的。这就是人的心态的来源。痛苦的情感刻度多的人，心态就是倾向于负面的，所以就看什么都难顺眼。人是不怕做事的，怕的是做不符合自己的二维码的事。人只有做符合自己的二维码的事才会不知倦怠，否则就会感觉心很累和很憋屈。人追求至善，每次达到至善，电流世界的电磁波都会把它扫描为一个公共分享的二维码。在这个瞬间，人能有得了满分的感觉，能够得到的是电流贯彻全身的身心愉悦，并能够给自己留下永久的记忆，成为人的不竭之充实的幸福的来源。

（三）我们将到哪里去？

1. 代表种子的自我与代表肉体的自己的别离

（1）立在自己的天赋上努力才能登上人类进化的巅峰

自然之人都是向生的，而有的生活在社会中的现实之人为什么会感觉空虚无聊，甚至会绝望得想死掉呢？绝望来自人绝了能尽自己的独特的天性的希望。每个人都是一颗有潜能的美丽的种子，但是种子与种子是不一样的。自己的独特的天性就是自己的特殊的种子。人要找到自己的种子时自我才诞生了，才能在这棵树上茁壮成长。没有找到自我的人，根本就没有生，所以就谈不上吊死。找到了自我的人，离开了自我之树，到别的树上迟早也会被吊死，区别只是在于是在一棵树上吊死还是在多棵树上吊死。人首先要做自己的伯乐，要在自己的众多的一般属性和兴趣中找到那个能代表自己的特别的天赋，立在这个天赋上的兴趣才是持久的兴趣，才能成就自己的天赋之才，从而才有可能登上人类进化的巅峰，才能以生生不息之仁为人类做出自己特有的贡献。

（2）请不要让你的肉体成为我的囚笼

如果我们的种子不曾发芽，那么临终前代表种子的自我将会对代表肉体的自己说这样一番话。种子说：这下好了，我们就要死了，也就是说要清零了。你的富贵对于你来说即将全部变成虚无，你也将全部变成虚无，就像世界上从来没有你一样。肉体说：那有什么，我体验了各种各样的生活。种子说：我很后悔飘落到了你的肉体里，我曾以为这会是我的种子开花结果的最好的土壤，其实你的肉体却成了我的囚笼。有的肉体是没有选择所以憋屈了他们的种子，而我却是因为你的自由选择让我一生憋屈。我是那么美好的一颗独特的花种，我本来可以绽放，可以给社会带来美丽，我本来可以结果，可以给社会带来独特的果实，而现在的我却是一颗白白地来到世上而没有机会发芽的种子，我的自由的个性连萌芽都没有长出，却被贴上了那么多的标签。我只能噙着泪水、带着遗憾、带着悲哀与你一起变成虚无。肉体说：早知如此，我不该辜负你，我拼尽全力也要让你长成你应该有的样子。我本来以为我成功了，而其实我却亏了本，你就是我的本，是我的人生的意义所在。

2. 天下为公才能保证每颗种子都能得到公平的呵护

（1）个体微电流的进化成果会变成电流世界的机理

①从我的个体微电流到我们的电流世界的回归

人的寿命的长度就是个体微电流按次方运行到二维码再按开根号的方式回归到起点的长度。当人正常地完成了这个过程时，人就无疾地寿终正寝了。个体精神是大脑的产物，肯定是随大脑的死亡而死的，而且是永远地死掉了，不会再复生。这就是无神论的观点。死亡的尸体则会分解成原子、分子和微生物，其中的进化成果会被微生物通过复杂性和（-0.5）+（+0.5）=0的平衡性进行分拣，分解掉事物，而留下器物。气流是有生有灭的，而电流是不生不灭的，只是有着次方的不同，这是唯物主义的观点。个体微电流是电流世界的一个部分，只是暂时栖息在人的肉体之中，所以肉体死亡时还会回到电流世界里。人在完成自己的成长、生育、事业的目标的过程中，都会在自己的个体微电流中留下生命的痕迹。人死亡之后，在个体微电流的生命的痕迹中，没有达到完美的痕迹会被消除，而达到完美的痕迹则会被电磁感应收录为电流世界的某个层级的机理。而所有的个体微电流都会被归到不同的次方那里，并且变成了那个次方的类的整体电流，会被那个次方的物不断再抓拍为那个次方的个体微电流，从而在宇宙中不断循环往复。个体贡献出的电流的次方会以新的物体的方式存在，从而完成一次次的新陈代谢。

②温度和速度就是给优秀分级的刻度

每份个体微电流都是从电流世界出发的，又会再返回到电流世界那里，只是有的人的个体微电流升了次方，而有的人的个体微电流降了次方，有的人的个体微电流的生命轨迹因为没有达到任何层次的完美而被全部清零。只有电流世界才是不朽的载体，所以只有以电流世界为载体的机理才能永久存在，而能够变成电流的机理的信息只有 1（完美的整体）、+1（纯的至善）、-1（纯的至真）和 0（纯的至美）。所以，当人通过追求真、善、美达到至的时候，他所留下的独特的至真、至善、至美的机理信息就能回归到万寿无疆和永垂不朽的电流世界那里，完成从有限的个体到无限的宇宙大全的升华，从而实现人的进化成果的不朽。在这里，每个新的 1 或 0 的机理信息都能获得永久地入围电流运行机理的奖项，电磁场就是评委，进化就是目标，纯真、纯善、纯美就是标准。在这个电流的科学世界里，容不得半点虚假、邪恶和丑陋，而且没有名额限制，温度和速度就是给优秀分级的刻度，不仁之物必然被寒冷肃杀。

（2）作为个体的我们要不舍昼夜地奋进、奋进、奋进

个体微电流的种子飘落在什么样的肉体中是无法预料的，所以只有整个人类社会都是崇尚天下为公的，要“不独亲其亲，不独子其子”，我们才能保证每一颗种子都能得到公平的呵护。而被清零的个体微电流则可以为世间的任何物，因此宇宙是一体的，仁爱万物就是仁爱我们自己，我就是我们，而我们就是我，所以我们都能有宇宙的仁德的大公无私的境界。其他物体都是被动地完成自己的使命的，只有人是可以通过自身的努力来参赞宇宙的进化的，所以人的高贵性就体现在天天向上地为宇宙的进化而努力，其生命的意义是由电流世界的宇宙大全的存在的永恒性来承载的。我们的肉体是受之于父母的，而父母是有祖国的，所以我们是我们祖国的人，而我们又是宇宙的人类那个次方的同类的种

子，所以人类又是一个命运共同体。所以，我们每个人都是在爱着我们的祖国，代表着我们的祖国努力为人类做出进化贡献的，这就是我们每个人的使命。

3. 唯物辩证法的新陈代谢的进化论

唯物辩证法的新陈代谢的进化论讲的是个体灵魂是不死的，而进化论讲的是个体灵魂是必死的，但是个体微电流是不会灭的，是会回到整体的电流世界的。个体微电流会根据达到的理的次方不同而会在电流世界的机理中升降级或清零。而且电流在循环时，是批量性循环的。个体中只有完美的理能够被收藏，恶都会被清零，所以每份进入循环的个体微电流的种子都是善的，只是善的次方不一样而已，所以每份进入循环的个体微电流都是一颗美丽的种子。整体的电流世界会不断地变成个体微电流，不断地在个体与整体之间转化，只有这样的生活才是丰富多彩的。在这个整体到个体和个体到整体的不断循环中，个体的形体变得越来越精致，而电流世界之理变得越来越细密，从而让电流世界和物体世界都能不断进化，从而不断产生出一个既不断走向完美又多姿多彩的世界。

二　儒家的科学与价值融为一体的仁德礼制幸福体系

无神论的唯物辩证法与儒家之仁的一分为二和二合为一的生生不息的公式是共通的，并且运用这个公式一路贯通，可以依据儒家的立足于至真之上的象征逻辑学倒推出包括流体能量物理学和物体能量物理学的自然科学，依据儒家的立足于至善的象征伦理学倒推出儒家的象征逻辑学，依据儒家的立足于至美的象征美学倒推出象征伦理学，再依据儒家的象征逻辑学、象征伦理学和象征美学构成的象征哲学可以推出儒家的立足于以至善为追求目标的礼制之上的社会正义标准，从而说明儒家的仁德礼制幸福体系的科学与价值融为一体的特征，并且说明了这种体系反复崩坏的原因，从而说明在儒家的仁德礼制幸福体系中引入马克思的自由王国的必要性和走向人类命运共同体的合理性。

在所有学科中都包含着智慧，而至善哲学中的智慧代表着智慧之冠；在所有的棋牌中都包含着道理，而至善围棋原理中的道理代表着道理之冠。至善围棋是形象化的《易经》的强调动的至善哲学，而《易经》的至善哲学则是文字化的强调静的至善围棋。至善哲学研究的对象是宇宙大全，而至善围棋是通过有限的形象化的棋盘来模拟无限的宇宙大全的。在宇宙大全中，宇为空间，宙为时间。在宇宙中，除了电流之外，什么也没有。而电流是按一分为二和二合为一的方式以不变的步伐运行着的。这个运行的棋盘就是围棋的方格，所以成为方程式。没有棋子的无限的方格就是宇宙。而一个九宫格就能成一个世界，对应于一个世纪。宇宙大全就是由无限的世界构成的，其中的原理无非方圆二字就可以了得，所以人可以通过认识一个世界而得宇宙大全之理。

在三路围棋中包含着三绝的控制之理，白子可以一子先手落在中心定乾坤，使阿尔法狗也奈何不得。而在九路围棋中则穷尽了万变之机理。十路以上乃至无穷的围棋大棋盘，都只不过是九路围棋的叠加复杂化而已，所以围棋的九段为最高手，而按九宫格造成的建筑被称为至高无上的宫殿，代表着至善，而九宫格的中心点被称为九五之尊。至善有走向善，到达善，完全善之意，即正一、负一都是善的，这就是全面善，所以是完善。在完善处要前行就需要完美。只有牺牲掉负一才能完美。中西方都是追求完美的，但是追求完美的方式不同。在西方的围猎逻辑中，完美是通过互相杀戮来实现的。双方通过竞争，互相算计拼杀，胜者通吃，把领地占为私有，再通过垄断私有土地来奴役对方。在中国的至善逻辑中，正一不舍得杀，为仁人，而志士为成全升次方的创新而自行了断，杀生成仁，从而产生出了舍生取大义的奉献和牺牲精神。

本人提出的由至善围棋原理与解析几何合成的（尾式坐标系：解析几何中的五大逻辑串——形式逻辑、辩证逻辑、数理逻辑、历史逻辑、概率逻辑），把《易经》中的朴素唯物辩证法的至善逻辑通过马克思的唯物辩证法的科学体系进行了思想上的更新，再把这种思想纳入到了现代数学的科学体系之中，贯通了形式逻辑、辩证逻辑、数理逻辑、历史逻辑和概率逻辑五大体系，从而可以立在这个坐标系上实现中西马哲学的融会贯通。在尾式坐标系中包含着事物发展的客观规律的基本发展阶段的方程式，由三阶逻辑和九段围棋原理构成，其具体原理将在《追寻幸福：论精神现象的本质——以儒家的至善围棋的完美布局为例》一书中加以论述。

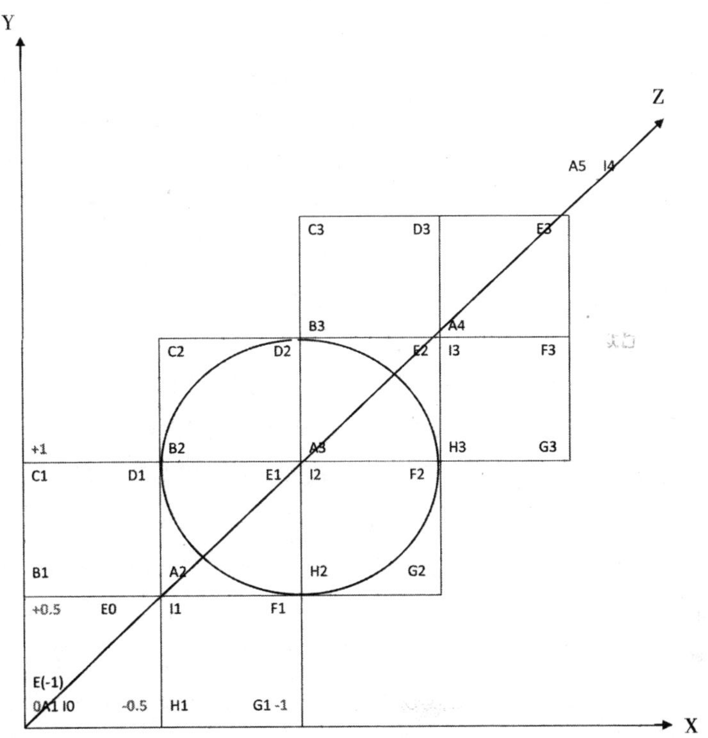

尾式坐标系：解析几何中的五大逻辑

串——形式逻辑、辩证逻辑、数理逻辑、历史逻辑、概率逻辑

（一）《易》是仁德礼制幸福体系的规划蓝图

1.《易》在儒家思想中的圣典地位

儒家的人文史是从伏羲发现了八卦，从而有了《易》这本圣典开始的。在儒前时期，儒家作为一个学派还不存在，但是儒家所宗的圣学已经存在，而《易》就是圣学大典，儒家就因为继承了圣典的宇宙大全的境界，捍卫了圣典时期建构起来的仁德礼制幸福体系，因此能够成为久盛不衰的经典学派。圣典仁德礼制幸福体系是按天设地造的原理画出八卦设计图，再按八卦设计图建设而成的。在儒前的圣典时期，因为国土面积比较小，所以仁德与礼制容易相配，德福容易保持一致，所以人们关注的主要是在有仁德的情况下如何能够得到时运之幸，从而能够得到拥有荣华富贵的位子之福，因此算命的现象比较盛行，在客观上促进了《易》的传播。尽管《易》是在被当成算命之书的过程中流传开来的，我们需要消除其迷信色彩，但是我们必须挽救《易》中包含着的奇妙绝伦的深刻思想。在《易》中包含着中国人发现的全世界最系统的基于流体能量物理学而不是物体能量物理学基础上的科学的象征哲学体系，深刻地影响着中国人的整个生活方式。儒家的大思想家都是在阐发《易》的基础上登上一个个哲学的巅峰的。而且，《易》中的术数对莱布尼兹发现二进制的数理逻辑是有影响的。《易》还影响到了黑格尔的思想，黑格尔对这种辩证法进行了概念化的更新，使得黑格尔的辩证法与儒家的辩证法有着很大的相似之处。而马克思又把这种辩证法吸收到马克思主义的体系之中，再通过进化论的更新，回传到了中国，使得我们对马克思主义有着既陌生又亲近的感觉。

2. 以象征逻辑学、象征伦理学和象征美学为规划依据

在《易》的卦象☲中包含着宇宙的全部秘密。从电流的运行上看，其中包含着一分为二和二合为一的自然科学原理；从逻辑学上看，包含着一的形式逻辑，对子的辩证逻辑，从底线上升到上级的历史逻辑，在历史逻辑过程中的气化变通的概率逻辑，用 1 和 +1、 -1、0 和 2 的次方来表达的数理逻辑。这样就从自然科学中演化出了以卦象的方式来表达的象征逻辑学。唯物辩证法到此为止，说明了事物发展的客观规律，让人要按客观规律办事才能成功。而儒家则要在这样的科学原理上，对客观规律的客观属性也加以价值判断，从而让人乐于按客观规律办事，于是从表达客观规律的象征逻辑学中引申[①]出了象征伦理学和象征美学。人是生活在底线与上级之间的，左为正一而右为负一，所以一个人是处于上下级之间和肩负着正一或负一的责任的，而共同目标就是要升级，而正一和负一必须有相反相成的合作关系，才能合而为仁，才能实现合一的完美的目标。在这个过程中，正一和负一要有品才能有定性，才能担当自己的角色，所以从中引出了伦理关系中的美德，即上级要仁，下级要义，上级要礼让，下级才能知敬上，而无论是仁、义、礼、智都要做得实在而不伪善，所以要有信，这样就出现了仁义礼智信这五德。在一分为二和二合为一的过程中，正电荷和负电荷是稳定同步上升的，这就是大气层中的无线电流的电磁场层。而正电荷会释放热气，负电荷会释放冷气，正负电荷既是相反的又是相吸的，而冷气与热气相合就会凝成事物。在正负电荷相合为电流的那个瞬间，就会出现涌止和跃迁，从而出现人的心灵能够感受到的完美的电流高潮，这就是完美给人带来的美感的精神享

---

① “申”是表抽象的，而“伸”是表具体的。

受。这样，我们就从自然科学过渡到象征逻辑学、象征伦理学和象征美学。再把象征伦理学和象征美学以礼乐的方式表达出来，让人穿上礼服，让器物代表完美，让乐代表正负电荷，让舞蹈代表着气流运行中的自由与秩序的吻合，这就形成了礼制。在这个礼制的基础上进行荣华富贵的分配，就构成了追求至善的仁德礼制幸福体系。儒家的人文包含着以文字的方式来彰显看不见的科学逻辑的文章，以礼制的方式来彰显看不见的科学逻辑的文明，而以文章和文明来化育人，让人追求仁德的至真、至善、至美的文化。

3. 孔子的《易大传》对圣典的系统阐释

孔子晚年特别喜欢《易》。他给《彖》《系》《象》《说卦》《文言》作了序。孔子读《易》数次，结果绑书的皮带都断了数次，这被称为韦编三绝。《易大传》是对《周易》中的天的仁道的系统阐释。对于《易大传》是否是孔子的著作存在着争议。我赞同金景芳先生和吕绍纲先生的观点，认为《易大传》是孔子的著作。孔子只靠《论语》是无法平定人的心灵的天下的，他是靠《易大传》而成为立不朽之言的圣人的。

4.《易经》是儒家的仁道之大原的圣典

(1) 儒、道、佛哲学共宗《易》而为君子

①以看不见摸不着的电流世界为认识对象

儒道佛的玄妙之学的科学基础都是建立在流体能量物理学而不是物体能量物理学基础上的，他们共同认识的对象都是看不见摸不着的电流世界，所以都可以称为玄学。儒道佛三家之经都是建立在《易》的流体能量物理学基础上的，讲的都是人的心灵是像电流那样圣洁纯粹的。可以说道士就是隐到庙里的君子，追求的是至柔的退隐；僧人就是跑到寺里的君子，追求的是中和的禅意；儒士就是入世的君子，追求的是至刚的光明。所以，儒、道、佛哲学从根本上看都是君子之学，互相之间可以成为来来往往的好朋友。在大治之时，仁德与礼制的幸福系统是相配的，君子出来做事，所以道士和僧人都下山成为儒士。君子守的是真仁德，所以龙能飞起来，从而能够出现龙飞凤舞的壮观景象，人们享受到的是真正舒心的生活，礼乐歌颂的是发自内心的喜悦。而大乱之时，仁德与礼制是相悖的，有的小人霸占了位子，礼制幸福体系变得污浊不堪，儒士出世，变成道士或僧人。这时世道中依然有仁德，但存在着假仁德。有的位子变成了戏台子，小人在台子上演着仁德。当人不认真地玩弄仁德的时候，仁德也会不认真地玩弄人。仁德让认真的人拥有真正的生活，而让不认真的人拥有戏

剧。君子出时求圣洁的君子之学盛，而小人出时逐利的小人之学盛。

②孔子的《仁德经》、老子的《道德经》、慧能的《坛经》

如果把儒家的积极进取看成是 +1，而道家的退隐看成是 -1，佛家的寂静之空看成是 0，那么它们分别追求的是太极、无极与中和。孔子的《易大传》写的是《仁德经》，《老子》写的是《道德经》，而慧能的《六祖坛经》写的是《空坛经》。只有立在仁德上才能真正读懂孔子的《易大传》。阳始终都是仁德的，而阴则会为不仁不义之利所迷，从而不一定能做到坤之顺。阳坚持仁德的过程，也是教育阴要有仁德的过程，最后阴才有了智，从而知晓仁道之不可违，才出现了坤之贞正。《易大传》的六十四卦之系辞讲述的是圣典仁德礼制体系的具体运转方式，通过圣王一路战胜天之险、地之阻、小人之难的过程，说明了圣王如何在困境中坚守着仁德，带领民走向开万世之太平的盛德大业的过程，其中展现了仁（乾）、义（坤）、礼（位）、智（仁德之智）、信（贞正）的美德，最终修成了既济卦和未济卦的阴阳各得其所和相辅相成的经久不息的太和之世。

（2）在天地之间的绝美的仁爱中产生出万物的结晶

在《易大传》中呈现出来的《易经》类似于一个浪漫的爱情故事。天和地之间谈了一场轰轰烈烈的天长地久的恋爱，于是产生出了宇宙万物，每一个物都是天地之间的爱情的结晶。代表天之阳的乾以永不停息的刚健的主导的转动与代表着地之阴的坤的永不停息的柔美的包容的感应，在阳的转动与阴的开合中，天地富有激情地相互爱着，创造出世间万物。万物都是阴阳交合的不同阶段的产物，因此都有着自己的相反相成的对子，两个对子相遇就会产生出富有爱情的合子，这就是两人相爱合二为一的仁字。在爱情中，有着阳的仁德和阴的义气，有着成全对方的无私的仁爱和生产的冲动。六十四卦表达的是天的仁道运行中的阴阳交合的不同阶段表现出的丰富多彩，表现在社会中就是一个完整的世纪中要经历的 64 个时代和 384 个阶段。天的仁道立在三至之上，至刚、至柔和至和。乾的至刚和坤的至柔是出发点，乾坤的交合为中间阶段，乾坤的完善的刚柔相济则是天之仁道追求的目标，那就是天下太平的太和的大同时代。孔子说，朝闻道夕死可矣，他闻的就是这样一个完整的天之仁道。

（3）仁德是尊贵的，而自己是卑贱的

①仁德为大而自己为小，所以要贵德而不贵己

夏代的《连山》之易，不看重乾坤这两卦。《归藏》为殷朝之易，其

六十四卦以坤乾为首，把坤放在乾的前面。殷人的观念是亲亲，即以父母为首。《周易》也以乾坤为首，但把乾放在坤的前面。天尊地卑，乾坤定矣，表达的是周人的等级观念，是儒家思想的源头。夫尊妻卑、父尊子卑、君尊臣卑都是从首乾次坤的观念发展而来。这种观念贯穿于六十四卦的始终，代表着儒家思想的基本观念。《周易》是要论尊卑和贵贱的等级的，其合理性在于它是从人的主辅两个角色来论等级的。君子要做事才能显示自己的仁德，而做事需要合作，在合作中要不争，就要有主有辅，这样才能成仁。同一个人既可以是做主的也可以是做辅的。什么时候做主，什么时候做辅，要看自己在合作中所处的角色。自己做主的时候，显示了自己的仁德，那就是贵的。贵的对象不是己，而是仁德。所以，当自己被贵时，能够不骄傲的人，就是能够认识到仁德为大，自己为小，贵的不是己，所以能够谦虚。

②圣典的尊卑贵贱的等级是扬仁德之善的

自己做辅的时候，合作的对方显示了其仁德，自己是通过自贱来夸耀对方的仁德的，自己贱的是己之小，夸赞的是仁德之大。对于真正的仁德，君子可以尊敬到叩头的地步，可以尊敬到五体投地的地步。这就是君子之所见的仁德之同，所以君子之间是可以称为同志的。这里的尊卑贵贱说的是仁德是尊贵的，己是卑贱的，仁德是大体，自己为小体，遵从仁德的人就是识大体之人。往大处再推一步，就是说，天的仁德是尊贵的，人的自己是卑贱的。人只有成为仁德的载体，并能显露自己的仁德之时，人才是尊贵的。所以，《易经》中的男女指的是在合作中的主辅之别，而不是具体的男人与女人之别。男性为尊，长者为尊，贤者为尊，都是从他们能够成为仁德的表率的角度来说的。具体的男人与女人，谁有天的仁德，谁就是对的，就是做主的，就是尊贵的，因为圣典的尊卑贵贱的等级是扬仁德之善的。《周易》用天之仁道来论证民之故，从而设定尊卑贵贱的人伦关系；用天之仁道的不变来论证人之仁道的不变。《系辞上》说明的是乾坤的先后符合天之仁道的秩序，而《系辞下》说明的则是阴阳混搭时呈现的符合天之仁道的秩序。

（二）仁德礼制幸福体系的象征哲学基础

在儒家的包括心学、理学和气学的象征哲学中，都包含着流体能量运行的原理，从本质上看完全符合能量守恒的原理和爱因斯坦的统一场论和质能关系式的原理。儒家的思想家在没有试验条件的情况下，通过自己的丰富的想象力和严谨的抽象和推理能力，发现了爱因斯坦时代才发现的能量物理学，并在能量物理学的基础上建立了自己的科学与价值融合为一的象征哲学。关于能量物理学与物体物理学相合的世界观的科学论证将在《追寻幸福：儒家哲学的能量物理学基础》和《追寻幸福：儒家哲学的自然科学基础》这两部合著书中详细阐释。

1. 象征哲学不仅不得不遵循而且乐于遵循客观规律

（1）站在客观规律性上为天地立仁心

西方的理论科学语言是中性的、无情的、冰冷的和无艺术感的，而儒家的象征哲学语言则是有情的、温暖的和有艺术感的。二者同样都是客观的，因为都是以有定性的客观属性和客观规律为依据，只是儒家的象征哲学给予了这种客观属性和客观规律以喜恶，从而把这些客观属性和客观规律变成了有定性的价值观。

儒家的象征哲学从人类的需要出发来论电流世界之仁的客观属性和客观规律，从而把电流世界的生生不息的性质称为仁，仁为客观性质而生生不息为客观规律。这是依效果而论，而不是依动机而论的。从动机上看，电流世界是一个没有意识从而没有意志的世界，是无为的，是自然而然的，是谈不上仁与不仁的，而当儒家代表人类来对这种性质进行价值判断时，便得出了主客观相统一的仁，从而能够完成从生生不息之真，到生生不息之善和美的转化。我们把有的虫子称为益虫，有的虫子称为害虫，并不是从虫子的动机而论的，而是从虫子的行为产生的效果上论的。只是虫子的利害是具有相对性的，而电流世界的自然而然的生生不息的仁的效果则是恒定的，所以是绝对的。儒家的以仁为中心的象征哲学只是对电流世界的客观运行规律表明了态度，它不造作性质，只是代不会说话的电流世界说出了其生生不息的属性会产生出的必然之仁的效果，所以是站在客观规律性上为天地立仁心的。马克思的哲学只是说到客观规律是不以人的意志为转移的，所以我们必须遵守客观规律。而儒家的象征哲学还要进一步说明，我们不仅必须遵守客观规律，而且我们是乐于遵守客观规律的。我们会自由地选择遵从客观规律，而我们本身也是客观规律的产物。所以，马克思的哲学可以从呈现客观规律的逻辑学直接过渡到社会形态的发展，而儒家的象征哲学与马克思的哲学都是立足于同样的逻辑学上，却要通过仁的伦理学和至善的美学两个阶段再过渡到社会形态的建构的。

（2）要找到自己的对子从而形成集合体，才能实现完满

现代电流物理学研究的对象是无限的纯粹的电流世界，而物体物理学研究的是有限的物体世界。电流世界就是一个人看不见但是精密仪器能够感知的电流世界运行的大的电磁场，而万物就是有正负极的蓄电池。电流世界是靠电磁场的正负极的必然性来支配万物的运行，从而让万物各就各位的。每个物都是半个小宇宙，所以要找到自己的对子，形成一个集合体才能实现完满，所以万物都有合作的性质。人也是半个小宇宙，所以要通过爱情找到自己的对子，爱情现象也就是电磁感应现象，坠入爱河的那个瞬间就是互扫二维码的瞬间。从数理逻辑的角度上看，宇宙大全是最大的 1 = ［+1，-1］的集合，其中 +1 为简致，而 -1 为精致。从 +1 到 -1 的过程就是电流生成万物的过程，其中出现了理，为学学的就是这样的理，所以为学是日增的，而从 -1 到 +1 就是物极必反的过程，所以这里的致有反字旁，就是精致的物回归到极致的电流世界的过程，其中的理越来越少，要回到最初的道那里，所以称为为道日损，损到头就到了简致，而这里的致也是有反字旁的，所以又会物极必反，从而开始新一轮的循环。在每一次的循环中，都会产生出更加复杂和丰富的事物，而且刻度越来越细密，速度越来越快，为跃迁到一个新世界做好准备。儒家的象征哲学认为，有形的物体世界是无形的电流世界按一分为二、二合为一的生生不息之仁的基本公式运行而创生出来的不断生生灭灭的现象世界。电流世界就是完美的彼岸世界，而物体世界就是不完美的此岸世界，真理就是对电流世界的客观规律的把握，所以可以通过真理从此岸走向彼岸。此岸的红尘世界的存在是短暂的，所以具有虚幻性，所以在红尘中沉浮的事物就有醉生梦死的感觉。

（3）只有人能够自由地赞助宇宙的进化

这个仁的总公式重复分形叠加的次数越多，其中的理就越分明和越细密，由其创生出来的物体内部的结构就越复杂，从而发生着从简单的浑①一变成内涵越来越丰富的复合的一的进化，即从最简单的大一到越来越复杂的小一的进化，从而实现波浪式的前进和螺旋式的上升。自从物体产生之后，各类物体就开始进行着无穷尽的进化，所有的物体都是由无形的电流构成的动能与有形的形体构成的势能相结合而成的。动能是事物必然灭

① “浑”强调的是浑为一体，而“混”在一起，则不一定是一体。

亡的力量，而势能则是事物暂时存在的依据。形体在动能的驱动下发展，无形的电流也在形体中成长。当形体无法容纳动能的发展的时候，动能回归到电流世界，自己进化的成果变成电流世界中的一个层次的机理，从而完成了个体向类的转换。形体则会分解成原子、分子或微生物，其电流进化的成果同样会变成一个类而再循环。宇宙大全的电流世界的总体的一的性质就是无私的生生不息之仁。宇宙大全对于万物有生育之仁，所以万物都有以自己特有的个性回报宇宙大全的进化之义。宇宙大全生育的人被赋予了自由，让人能够参赞宇宙大全生育万物，所以拥有宇宙大全之仁，从而能够让万物皆备于人，可以享受万物之绝美。人要备好仁之理和备好仁之料，然后才能做仁事。仁事是走向至善的，人合体力（－1）、脑力（＋1）和心力（0）至于巧合为一，仁事就做成功了。人靠仁之理成天降之才，靠仁之料成地成之材，合仁之才与仁之材而能成仁之功，在仁之功处便是仁德，便是到达仁的至善的状态。备仁之理靠的是仁之理的教育，备仁之料靠的是仁的生产力的发展。建立仁的公有制的目的是要为每个人都备好仁之才和仁之材，使得每个人的仁的潜能都能得到自由而全面的发展，从而能够赞助宇宙的进化。

2. 象征哲学不是建立在概念而是建立在正点之象上的

（1）要在事物的不完美的像中抽取出象即抽象

电流世界的仁道是人的肉眼看不见摸不着的，所以就需要通过呈现来注明自己的存在。自然界的物体世界就是自然界的电流世界呈现自己的存在的方式，所以从物体世界中可以看到电流世界的仁之理运行的轨迹。任何的物体在诞生的那个瞬间和消失的那个瞬间的个体微电流都能裸露出其完美。在个体微电流的运行中，它依然是保持其完美的，只是它要受到形体的滞留的不完美的控制，暂时会偏离仁道，但是一失去控制，它依然会恢复其完美。人就是要在事物的不完美的现象中认识通向完美的真理的轨迹，并把这种真理的痕迹以人造物的方式呈现出来。人造物可以分为完善与不完善两种。虽然不完善的人造物是供人短暂消费的，而完善的人造物则是经典作品，能够以正点的象的方式呈现出电流世界的完美的仁的丰富性。在儒家的仁道之大原《易》中，其象征逻辑学、象征伦理学和象征美学都是建立在反映电流世界之仁道的象征哲学之上的。儒家的象征哲学不是建立在对概念的定义的基础上的，而是建立在对电流运行中所呈现出的“正点之象”的把握之上的。儒家对于得到正点之象时的心灵感受的描述，类似于爱因斯坦的理想试验中产生的心理效应。在比喻上点通了，人会有悟到正点之象的愉悦感。而在逻辑上推通了，人会有悟道的通畅的愉悦感，这就是获得了真理的感觉，就是孔子说的，朝闻道，夕死了也心满意足的感觉。心灵与道之间是相通的，就是因为心灵的个体微电流是按电流运行规律之道来运行的，因此能够相互感应。纯粹感就是纯粹走在电流之道上的感觉，灵感就是获得了电流运行之至的正点之象的感觉。

（2）在象征哲学中潜存着科学的思维方法

在儒家的象征哲学中潜存着科学的思维方法。通过把自然界中的能量区分为流体能量和物体能量，把流体能量区分为电流和气流，把物体能量区分为器体和事物，然后通过电流一分为二为气流，气流在过程中凝成事物，气流在尽处合一变成电流，由电流凝成器体。在电流的一分为二和二合为一的基本公式中推衍出五种逻辑，而这五种逻辑就是科学的思维方式。因为逻辑串表达的是电流的有矢量即有方向的运行方式，所以从中可以分出上下的从属关系和横向的主辅关系，而做事的人就是在这样的关系网中确定自己的正义的角色的，所以称为伦理关系，这样就从逻辑学中演化出了伦理学。而伦理学运行的目标是至善，在至善处有着气流二合为一的高次方的电流感，这就是美感。二合为一的器物有着美的知觉传达的作用，所以就从伦理学中演化出了美学。而逻辑学、伦理学和美学之合就是哲学。这样，就可以在哲学中找到社会正义的标准。儒家的礼制是建立在有儒家味道的象征逻辑学、象征伦理学和象征美学的基础上的分配体系和行为体系。在礼制中的静处必须是礼器，而礼器就是器体而不能是事物。这些礼器就是中国的古董的来源。在礼制中的行为必须是恪守中正的，即阳刚与阴柔要通过相反相成的合作始终持守合一的中正，最后才能在中和之处体会到合为电流的美感。在诗歌的韵律、舞蹈的节奏和音乐的乐理中都渗透着电流的一分为二和二合为一的公式。

3. 象征哲学之大美尽在一个仁的总公式之中

儒家的象征哲学的总公式就是仁 = 生生不息的一分为二和二合为一 = ☲，在这个公式中包含着无穷的分公式。每个公式的两端的一是定理，而中间的二就是运算过程。每个分公式就是一个具体科学推理的分定理和运算之和。如果运算过程出错，就无法从下级定理推出上级定理。象征数理逻辑就是象征数理学，就是高等数学中的微积分和极限论。从能量易为物体就是演绎，这是一个舒展的过程，是一个微分的过程；而从物体易为能量就是归纳，这是一个合拢的过程，是一个积分的过程。微分的尽头就是无穷小的极限，即是无极；而积分的尽头就是无穷大的极限，即是太极。从仁的公式中可以引申出象征逻辑学、象征伦理学和象征美学，它们分别以形象的方式呈现出真、善、美。真说的是整个公式都是实在的，善说的是中间的过程都是相反相成地恪守一的，美说的是在合二为一时的电流感应给人带来的跃迁感和对于器体之美的观止。

(1) 象征哲学融逻辑学、伦理学、美学为一体

①象征逻辑学中的电流的奇妙流形的美丽

a. 以卦象来表达的逻辑学

象征逻辑学就是以卦象来表达的逻辑学。在象征逻辑学中包含着象征形式逻辑学、象征辩证逻辑学、象征历史逻辑学、象征概率逻辑学和象征数理逻辑学。

象征形式逻辑说明的是万物的形或器都是方的不同的或大或小的变形，而正方的形是一样的，这样就可以用不同事物的方正的形和器来进行比喻，说明万变不离其同的正方形的形式，而且形或器的运动方式只能是直的或方的，在平滑的路上，运行的速度是匀速的。象征辩证逻辑说明的是一份统一的电流分成的正电荷和负电荷在平衡时是相等的，所以反正都是一样的，这样就可以用不同事物内部的正电荷和负电荷达到平衡时的至的方正之象来比喻大象与小象本质都是一样的，只是象运动的方式是内方外圆的流形，即是流动着的正方形。象征历史逻辑要说明的是一份电流的因只能得出一份电流的果，其中不会多出或少掉什么电流，所以如果多了或少了，那都只是现象，这样就可以取一个事物的特殊性为示例，把多了或少了的现象中的因果关系呈现出来，说明在电流的变易中的 $1=1$ 的能量守恒原理。

b. 推理必须始终持正才能有正果

如果用数理逻辑来表达以道成的象和以理成的形的复杂性，那么就是 $+1$ 不断连续地被 2 除和 -1 不断连续地被 2 除，而在每除一次，每个小的 $+1$ 与小的 -1 合成一个 1，构成一个层次，而其中的 $+1$ 形成的是复杂的道之象而 -1 形成的是复杂的理之形，而道与理之合就是道理，象与形之合就是象形，既论道又论理的就是哲学，而只论理的就是理论。具体科学所论的就是一段专门的理，而道是理的来源，所以哲学能够指导具体科学。儒家的象征逻辑学是在正点之象之间进行推理的科学与价值融为一体

的道理，推理的原理与西方的五大逻辑是相通的，只是儒家特别强调推理前的道，用道来做心理准备，即心必须持正。心有所偏，学必有奸。儒家的象征逻辑学的推理必须始终持正才能有正果。只要是正的就是善的，而不正则是不善的。正的哲学往前走一点，就会成为宗教；往邪处走一点，就会成为邪说；往盲处走一点，就会成为迷信；把逻辑串打散了，就会成为鸡汤；往后退一点，就会成为权术；往虚处做一点，就会成为伪善。那么，怎么才能始终持正呢？宇宙就是一个由本末链条锁定的宇宙大全的逻辑串。有本就有末，而此末又是彼末的本，就这样彼此彼此地锁定在一起。真理的出发点是性质之本，终点是至善，中间是一分为二（变）、二合为一（化）的行进过程。每个本都是一个极，这就是极至，而大本营就是太极，这就是极致。

c. 推理的过程就是不断"易"的过程

象征逻辑推理的过程就是不断"易"的过程，易的两边是一样的，但是易是有秩序的。象征形式逻辑的工夫①能够帮助学习者读懂种属之间

---

① "工夫"这两个字在中国的传统哲学中也非常紧要。"工"就是把二合为一，而工作就是把二合为一之作。"夫"就是能够理解二合而为一的人。天工就是天把二连为一，而人工就是人把二连为一。天把宇宙万物都分成二连了起来。二之间的距离越大，连的环节越多，连的人就越伟大。有了工夫才能巧夺天工。古人以尺为度量的基本单元。一尺为零童，为一个方格，构成一个方程式，即一次方的二合为一。一米为三尺，每个田字格的边长为一米，为十岁的身高。六尺为二米即两个田字格的边的长度，为二十岁。九尺为三米即三个田字格的边的长度。九尺加上零童时的一个方格之尺，就是十尺，而十尺就是一丈，就可以称为大丈夫了，所以三十岁为而立之年。这时就停止长身体，只长大脑了。百年之时大脑对一分为二、二合为一的认识就能够满九个田字格了，从而就可以得一分为二、二合为一的全道了，就可以圆满收官了。把所知的"夫"变成所行的"工"的能力，就是践履的能力。这种能力是需要用力养成的，但是不能费多余的力，否则就是费力也讨不到好的。费力是缺乏效率的，而生命是有限的，浪费了就来不及达到至善了，而且还会感觉很累。自然合理的都是不用费力的。通过不费力的艺来实现至善之工，就能造出工艺品，而通过做费力的功来实现实用之利，就称为功利。费力做出的物是好用的，但是达不到至善的，是不经久的。

人脑中的格子棋盘就是一个电网，是由神经纤维构成的，而神经中充满了生物电，每个格子中的生物电是微弱的。人有白色和黑色的神经元棋子。如果按人脑的自然机能下棋，就应该是按一分为二、二合为一的节律下棋。一个大脑分成左右半脑，中枢神经控制合一。人应该把黑棋以方形的方式放在右半脑，把白棋以菱形的方式放在左半脑，中枢神经用菱形指挥理智之动，用方形保持情感之静，这样就能够实现人的行为的至善，心情就是通畅的。这样的布局养成了，就有了工夫，在践履时就能动静都是适宜的。但是，如果人不明白这样的道理，以利为中心来乱下棋子，把棋子放到不该放的地方，就会遇到生物电的抵制，从而产生心理冲突。人是可以通过外力而勉强把棋子放在不适宜的方格里的，但是生物电会一直抵制，即使是钉子户也不放过。人睡着了就是人把神经纤维放松了，但是其中的生物电是不睡觉的，还在抵抗，所以就会做噩梦。要直到人把棋子拆迁到适宜的地方，生物电才会休止这场战争，人才能恢复心灵的宁静。有的哲学家认为，所有的棋子都是好的，只是放错了位子。只要明白了道理，找到了合适的位子，人是愿意拆迁的，这样就只用不费力的"工夫"就可以完成拆迁，而且是乐不思蜀的。而有的哲学家则认为，即使明白了道理，拆迁也是需要多费力气的，并且有的坏的棋子是要销毁的，所以就强调要用多费力气的勉力而为的"功"，所以认为要用"功"才能实现"夫"。

的层级关系，从而能够把握住静态的完美的性质，这样便能认出文字流动中蕴涵着的纬线即理；辩证逻辑的工夫能够帮助学习者读懂本末之间的演变关系，从而把握动态的必然性，这样便能认出文字流动中蕴涵着的经线即道；象征历史逻辑的工夫能够帮助学习者从似乎松散的具有偶然性的原典思想片段中看到蕴涵在其中的经纬线的交错中的真道理，其中的偶然性是现象而必然性则是本质，这样便能认出通过文字呈现出的现象之后的本质。理性的应该是定在形式逻辑和辩证逻辑的坐标系上的，而历史逻辑则是有波澜的，这种波澜呈现出的是活泼泼的生活。这些逻辑都是严格有序而又错综复杂地纠缠在一起的。著者不可能每一步都告诉学习者这是种那是属，这是本那是末，这是现象那是本质。要具备从种中看到属，从末中看到本，从现象中看到本质，从一中看到零，从零中看到一的工夫，才能够真正读懂书中的一以贯之的大逻辑。而象征数理逻辑就是把象征形式逻辑用1，象征辩证逻辑用 +1 和 -1，象征历史逻辑用 0→1 的刻度，象征概率逻辑用同次方的 0→1 的刻度，次方用 2^{0-n}呈现出来。

d. 至善逻辑串的生活方式中的进化效率和速度

在哲学的学习上，没有逻辑串就没有学术水平，而逻辑串的长度代表着学术水平的高度。儒家的易学就是象征逻辑学，逻辑就是能量以守恒的方式相易的过程，而逻辑串就是呈现真理的链条。逻就是滴水不漏的巡逻，而辑就是始终恪守着的不变的一，而儒家的宇宙大全的逻辑就是滴水不漏的宇宙大全的电流之“仁”这个一对宇宙的无处不仁的巡视。事物的不仁只是暂时的或过之或不及的飘飞的气流造成的泡沫现象，而只有电流世界的生生不息的仁道才是经久不息的本质。气体是恪守了仁道而能成器的气流。人生是短暂的。人只有遵循真理才能有时间实现至善的目标，因为真理就是起点与至善之间的不绕路的直线距离。宇宙大全是由真理构成的从低层级至善走向高层级至善的通天大道，而这个通天大道是用逻辑学铺垫成的。逻辑的生活方式就是实而不虚地使电流的使用效率最高和运行速度最快的方式。真理运行的方向是至善，所以追求真理之心是向往至善之动。而当真理止于至善之时则是静的，此时的静即是瞬间的方的稳定状态。而真理是一种生生不息的力量，所以还要继续向新的至善前进。真理前进的方式是围绕着至善之心的方的滚动，滚动的轨迹是直的。所以，真理具有直、方、圆、至的永恒性和普遍性的特征。至善是人的指路明灯，而真理就是人选择走向至善的捷径。

e. 享受逻辑串的生活方式中的进化退步和浮躁

市场作为配置资源的手段来说是非常好的，可以便捷地生产出物美价廉的具有使用价值的商品，能够帮助人类早日进入自由王国，这点是不可否认的。但是，如果把市场中通行的大概率逻辑作为一种生活方式，就会导致庸俗浮躁的产生。与追求至善的逻辑相对应的是追求享受的大概率逻辑的生活方式。大概率逻辑的依据是大数据，追求的只是市场成功，而不按至善来分好坏。从大概率逻辑的大概率中，可以生出超市逻辑、流行逻辑、思潮逻辑、编程逻辑。超市逻辑看上去类似于辩证逻辑，似乎也在分类，但是超市逻辑是把树分成了花朵、树枝和树叶，被分后的树是死的，超市追求的不是至善，而是按大概率看什么卖得最好。流行逻辑看上去像是形式逻辑，其实是按大概率弄出来的流行的形式，其中不包含追求至善的意义，图的只是流行以成名，从而再把流行变成市场利益或广告利益。思潮逻辑看上去像是历史逻辑，其实只是从历史中抽取了能够按大概率流行的部分，这个部分也不具有追求至善的意义。编程逻辑看上去像是数理逻辑，而其实也只是在按大概率抽取流行的数据，从而能够为市场的售卖服务。从大概率逻辑中还要抽出最低的价格和利益的最大化。故宫是按至善逻辑建成的。如果按这样的大概率逻辑修复，就会修一座毁一座，所以修得越快越会起到毁宫不倦的效果。经典著作是按至善逻辑写成的，所以按这种大概率逻辑去解读，则会解读一本就毁掉一本，所以这样的作品越是流行越会起到毁经不倦的效果，从而就会让我们的写作人生不仅没有价值，而且还具有负的价值，每天忙的是无意识地毁坏经典和努力退步，从中获得的无非是一点点可怜的物质利益。至善逻辑要用概率逻辑找到最前的，用最前的作为榜样和指路明灯；最后的则是需要帮助的；最多的是规制的基础。至善逻辑是要让每个人都在自己的次方追求自己的一。而资本逻辑则要用大概率逻辑来淘汰最后的；挖最前的；剥削最多的。

f. 在至善逻辑串与享受逻辑串的歪配中产生的贪欲

在儒家思想中，存在着两种和：精神之和与肉体之和。精神之和的数理逻辑的公式是 $(+1)+(-1)=0$，在精神达到 0 的和美之时，精神是既哭又笑的，哭的是 -1 的悲壮，笑的是 $+1$ 的绚烂。只有 -1 的精神会是个抑郁症患者，而只有 $+1$ 的精神会是个狂躁症患者，只有 $+1$ 与 -1 的零和之静美才是仁合的和美，才能给精神带来恒久的幸福感。如果用数理逻辑来表达肉体追求的享受逻辑，就是 $(-0.5)+(+0.5)=0$；如果用数理逻辑来表达精神追求的至善，就是（+1）+（-1）=0。肉体之和的数理逻辑公式是（-0.5）+（+0.5）=0。人在食色上都是可以饿到-1的程度和饱到+1的程度，而饿到-1的人会变成死人，而饱到+1的人也会变成死人。而饿到-0.5正好，饱到+0.5正好。资本市场是通过把精神需求的美形式化为包装裹在消费品上，从而刺激人用追求精神满足的方式来追求肉体的满足，从而把对0.5的肉体欲望提升到对1的肉体欲望，导致了人的贪欲。如果用数理逻辑来表达资本的运作，可以说资本逻辑是把{0→+1}{0→-1}的过程切分成很细的刻度，利用人操作机器来重复同样的刻度，所以让在每个次方工作的人都做着同样单调的没有进化意义的工作。

②象征伦理学中的电流的动荡不息的美轮

a. 仁者有的是一团和气而无凶狠之戾气

我们通常都是在仁者爱人上来理解仁字的，而仁是怎么爱的呢？这就是生生不息之爱。仁是怎么生生不息的呢？仁这个字就形象地表明了电流造化万物的一分为二、二合为一的基本公式，万化均是出自这个仁的公式。而二要能合一，就需要二是有主有辅的，为主的要仁，为辅的要义，所以这里的仁者爱人就是仁义之爱，而不是其他的乱爱。与一生二、二生三、三生万物的推理相反，三为万物为多，三通过温度回归到二，高温和低温的气体能量，这既是电磁场，再从二回归到浑然之一，这便是最原创的完全一样的无处不太极的电流世界。然后，再反过来推一生二、二生三、三生万物。一因为有生生不息之仁，所以能够一分为二、二合为一地生出万物。仁中包含着自然即自然而然的生生不息和一分为二、二合为一的生法，其中的二之间有着有主有辅的仁义之爱，这就是仁者爱人。如果用数理逻辑的二进制来表达的话就是1分为+1和-1再合为1的过程。+1主导着走向至善的方向，而-1顺从+1走向至善，这样就能够最有效率地完成1上行到更高层次的目标。仁者爱人，就是+1与-1之间的仁爱，这是一种+1有仁，-1有义的仁义之爱，所以称为爱有差等。那么仁为生生不息与仁者爱人是什么关系呢？仁者皆是爱的，仁者皆是无恨的，所以皆有善而无恶之心。仁者要分辨是非，目的是要给与不同的爱。对于有仁德的人，给与敬爱，向敬爱的人学习仁；对于不仁之人，给与怜爱，在警示自己不能不仁的同时，要找到不仁的原因，给与不仁之人以改正的机会。不仁者实在顽固不化之时，也是要在哀痛之中宰制和肃杀。诚实指的是诚实的仁。所以，仁者是一团和气，而无凶狠之戾气。在仁者的喜怒哀乐中皆充满着爱的力量，所以能够有仁的感化的力量。

b. 仁的舒展为仁、义、礼、智、信

儒家的象征伦理学就一个“仁”字了得。儒家的象征伦理学就好比是一个仁的卷轴，合拢的总体是仁，舒展开来的善始为仁，善终为仁，中间的展开部分则是仁的五种存在形态，即仁、义、礼、智、信。没有仁就没有义，没有义就没有礼，没有礼就没有智，没有智就没有信，反过来说，要有仁才有义，要有义才有礼，要有礼才有智，要有智才有信。人与人之间的信任关系就是如此形成的。金、木、水、火、土五行中的仁义礼智信五德就是能量运行从简致到精致的整个过程的五个至点。在代表着能量运行的追求五个至点的五行中，代表着正能量的风和代表着负能量的水的交合状况是不同的，所以确实存在着风水的不同。在风水交合好的时候，确实会存在风调雨顺的祥瑞情况。只是当这样的现象被私用扭曲时，就可能成为迷信。因为能量是看不见摸不着的，所以容易被误用、滥用、歪用来实现私人的目的，从而容易变成迷信。真说的是仁之真，善说的是仁之善，美说的是仁之美。人生的意义说的是仁之意义。张载说的为天地立的是仁之心，为生民立的是仁之命，为往圣继的是仁之绝学，为万世开的是仁之太平。孔子说的十五岁志于仁之学，三十而立于仁，四十对仁不惑，五十知仁之天命，六十听仁而耳顺，七十从心所欲而不逾仁之矩。宇宙大全之绝美与万化尽在一个仁字之中。

c. 贤者为上而不贤者为下，所以要因见贤思齐而尊上

一个人能够因为年龄的增长而成为被尊敬的长者，而长者又是由幼者成长而来的，而且年龄是自然的不可更改的，所以按年龄排列的长幼有序被人们认为是公平的。长者为上，幼者为下，下要尊上，这就是崇尚的公平。一个人同时是长又是幼。作为上要仁，而作为下要义。一个男人因为有大家服气的仁德的贤能就有机会提前晋级，一个女人因为有大家服气的仁德的贤惠也有机会提前晋级，这就是尚贤的公平。贤者为上，不贤者为下，下要尊上，见贤思齐，这也是崇尚的公平。一个贤者是从不贤者变来的，而且一个人同时是贤者也是不贤者。作为不贤者要向上看齐，作为贤者要领导不贤者。横向的均等礼制体系则是一个稳定的荣华富贵的位子体系，每个位子上的待遇是完全均等的。因为有统一的标准，就不容易让小人钻空子。只有定才能安，所以纵向和横向的位子系统都是定而不变的，

从而能够让位子上的人安心做好事。

d. 正负能量通过合作共同努力上行到至善的一

世界就是大大小小的1，逻辑就是要按大到小或按小到大地排好1的顺序，这就是上下之间的顺序。而要排好正1与负1的顺序，这就是主辅顺序。这两种顺序合起来就是大自然的合理的秩序。社会是要组织起来做事的，而做事是要符合自然秩序的，所以儒家认为按自然秩序组织起来的社会秩序就是合理的，这样的社会秩序就称为正义的伦理秩序。在正义的社会伦理秩序中，人对于上下左右之间的义务，就是仁的义务。因为一分为二的目的是要让共同的一上行，二只是不同的角色而已，上行的一是二共同努力的目标，所以二者是合作的关系。在宇宙大全中的人就是一个［0，+1］或［-1，0］，找到对方的两个人就像是一对举着一个火把的接力运动员，他们的目标就是要把火把送到目的地，这个目标就是这两个人的至善之地。自己传送的这个火把会把在传送过程中感应到的情感变成机理，到达目的地时，他们的任务就完成了。他们举着的火把传给了下一站的一对人，继续往下传送。而在这个过程中停留下来的人就是没有完成自己的使命的滞留物。

e. 利者之爱是占有人的至善的攻取之爱

人的仁的道心来自神经系统中的清净的电流，用仁的道心控制住人欲的人为仁者。而人的人欲来自血液系统中的浊的气流，用人欲违背仁的道心之人为利者。仁者与利者都是爱至善的，但是爱的方法不一样。仁者之爱是成全人的至善之美的给与之爱，而利者之爱是占有人的至善的攻取之爱。所以，仁者是处处无敌的，而利者是处处树敌的。仁者不把利者当成敌人，所以即使利者以仁者为敌，仁者依然是无敌的。仁者因为以行仁为使命，所以有着生命；而利者视财如命，因为财是死的，所以只有死命。自然之仁是生生不息的，自然之人才是生生不息的，自然的生产力才是生生不息的，所以仁者爱人，爱的是人的生生不息的不断向着至善进化的仁之命。天下最善的是人，而最恶的也是人。畜生是没有恶人恶的，所以恶人是连畜生都不如的。畜生与恶人的共同点就是凶狠，而畜生是无恶之目的的，只是有着自然的甘食悦色的本能而已。恶人则是有恶的目的的，而恶的根本来源是离开仁德来无底线地不择手段地追求外在的荣华富贵和骄奢淫逸的最大化。所以，一个社会的仁德教育出问题或荣华富贵系统的公平出问题的时候，都是容易产生出批量性的恶人。

③象征美学中的电流的涌止跃迁的美奂

a. 理念和象的完美与大概率的概念和流行的像的平庸

儒家的象征修辞学是用正点的物象来比喻电流的性质的科学。西方思想家与儒家思想家最大的区别就在于，西方理想主义思想家用来构建思想大厦的基础是理念性的概念，而儒家思想家用的则是正点的象。理念与正点的象都是完美的。儒家的著作通常是用正点的象写成的，换成西方的理想主义哲学的概念，就会让学习者既看不懂这种理念性的概念，又看不懂儒家的正点的象。西方自由主义思想家用来构建思想大厦的基础是大概率性的概念，而理念性的概念与大概率性的概念是不一样的。理念的目标是至善，而走向至善的路是笔直的真理。大概率的目标是大多数而不是至善。同样是像，而只有处于正点的像才是象，这样的象才是至善的。在西方自由主义的市场运行中也使用像，而这里的像也不是至善之象，而是最能获得市场成功的最流行的像。大概率的概念和最流行的像就是大数据要捕获的对象。所以，在市场中迷失的是至善的方向，走向至善的精品被埋没，而符合大概率和流行趋势的平庸的人和物则被追捧。

b. 象的呈现方式有着迎面扑来的全方位的现场感

要懂得西方完美哲学的概念，需要完成从大概率性的概念到理念性的概念的飞跃；而要懂得儒家的象，则需要完成从流行的像到正点的象的飞跃。比如说，什么是红？西方的完美哲学会用概念来说明红，把红定义为可见光谱中长波末端的颜色；而儒家的象征哲学则会说，红就是红太阳的红。正点的红太阳的红，就是正红，而正红在任何时间和任何空间中都是一样的，这就是红的性质，这就是经典的红。儒家的象征哲学不给概念下定义，而是用对子的正点之象来说明对方。太阳的正白守候的是月亮的正黑。如果我们认真思考一下这两种对于红的表述，其实只是呈现方式不一样，但是都是科学的，而且儒家的红的呈现方式更生动和更形象，从而更艺术。所以，儒家的哲学之书同时也是艺术之书，要有足够的才气才能把儒家的思想用正点的象的方式艺术地呈现得妥帖。理念的表达是线性的，而象的呈现方式是全而不漏的，有着迎面扑来的全方位的现场感，更能激起仁心的荡漾。所以，儒家的象征哲学更能养得一颗快乐的仁心。汉字比拼音更具艺术魅力，就是因为汉字是用正点的象来呈现概念的。所以，本人把儒家的正点的象的修辞学称为象征修辞学。

c. 依照象征修辞学写成的文章中的美感

儒家的辞学就是象征修辞学，是以有温度的仁来表达的易的奇妙的。象征修辞学属于象征美学的组成部分。用象征修辞学写成的文字就称为文章。用形象的语言来呈现完美的美感的语言学，就称为象征修辞学，辞就是心灵吃完美的感觉。象征修辞学就是要用比喻的方式把无形的电流的正点之象用有形的方式表现出来。当我们忘掉比喻中的形体部分，只是感受形体中所蕴涵的电流所成的正点之象和象运行的痕迹，再从这种轨迹中体悟到走向至善的真理的意义，就能尝到完美的味道了。从儒家的比喻的角度看，每个人都好比是一条鱼，而通过像树一样地成长，就能把握真理，就可以变成一条鲤鱼。鲤鱼不断努力地跳啊跳的，跳过了龙门就能变成龙。成功就是指成功地变成了龙。这里的成功是质变，有质变才有真正的新生。如果鲤鱼只是在比谁跳得高，那只是在比输赢，只有量变的特征。

d. 汉字与篇章中的一分为二和二合为一的公式

汉语的象形文字和音调和文字搭配的格律都是象征修辞学的组成部分。汉字和词汇的构成是符合《易》中的象征逻辑学原理的。独体字表达的重点是一分为二中的一；而有两个部件的合体字表达的重点是一分为二中的二，通常是右为阳左为阴，上为阳下为阴；有三个部件的合同字表达的重点是中。单纯词表达的重点是独，而合成词表达的重点是合，合中强调的是中正的零和。篇章结构也同样如此。每个意义段都是一个一分为二、二合为一的结构。大大小小的篇章就是大大小小的一分为二、二合为一。如果我们把一个一分为二、二合为一的串称为仁，那么每个意义段或意义篇章就是大大小小的仁。著作就是写不断分合叠加的仁，出发点是仁，归拢点也是仁，中间就是舒展开的理和收拢来的道。理越是细密，就越是精妙，而道越是简单，就越是宏伟。中间的逻辑串就保证处处有电流，不会断电，展开与收拢的电流的总体是相等的，只是有稀薄和厚重之分。

e. 经典艺术表现的是至善，所以有确定的标准

每个对子都是本末关系。本是末之主，而末是本的基础，末会反过来成全本。在儒家的书法中就有着本的圆润和末的方正，本的前行和末的顾盼。儒家的画家去写生要捕捉的就是那个正好到达至善的瞬间的物象，只有这样的瞬间才是永恒的瞬间。乐的节奏都是打在至善的品位上的，这样才不跑调。美声唱法发出的是冒着热能的电流敲打在清脆的骨骼上的声

音，所以纯净美好，而通俗唱法发出的则是气流与肉体摩擦的声音，所以会声嘶力竭。电流和热能是实的，而气流则是飘离的。西方自由主义的艺术家有找不到完美的归属感的焦虑，有的表现的是人们普遍反感的假恶丑，使得人的压抑的心情能够得到宣泄；有的是在表现气流和肉体呈现的原貌，强调这个瞬间的流逝性，让人要及时寻乐。这些艺术家未必是在追求市场效应，但是客观上能被市场所用。就市场所需要的广告效应来说，这种丑的美术或气流与肉体的瞬间状态是没有审美标准的，可以莫名其妙地被炒到天价。而经典艺术表现的是至善，所以是有确定的标准的。好的至善作品是能够雅俗共赏的，因为俗的人也是追求高雅的至善的，而纯俗的作品则只是俗人才喜欢的。在儒家的乐中，精神追求的和是 +1 加 -1 的和，即是全音之雅和，而肉体追求的和是 -0.5 加 +0.5 之和，即是半音之俗和，二者都是正的，加起来就是雅俗共赏的。4、7 为肉体的淫乐，而五音则为乐而不淫的正乐。

f. 器体好比是一束电流的长线分形叠加的结

礼乐之明是与修辞学中的比喻的象征科学原理相符的，性质相同的事物是可以相互比喻的。在艺术创作过程中，始终保持着电流运行之正，造出的就是器体。对于这些正点之象的性质的把握，都要上升到电流能量物理学的高度，才能从根上明白。正电荷是按次方向上运行的，是主动的。在正电荷向上运行的过程中，会导致温度的升高，从而越来越稀薄。而温度升高就必然释放冷气，而冷气就是负的气流。所以，负的气流与正的电流是平衡的。当正的电流到达正点时，负的气流也到达了正点，这时的正电流与负气流之和就是零。而这里的零指的是没有正负的区别了，但是一份电流依然是守恒的，所以这时候依然有一，只是这个一是没有正负号的一了。到达正点的正电流与负电流相合凝成之物就是器物。器体好比是一束电流的长线分形叠加的结。最初是一束颜色完全一样的素色的电流的长线。我们先把这个长线的开端打成一个素色的结。然后，这束长线被分成完全相等的两份，一份染成白色，一份染成黑色，然后再打成一个结。然后，我们再把这束长线分成四份，把四份再分成两份，把每两份中的一份再染成一份黑色，一份白色。打成两个结，再把两个结合成一个结。这样不断叠加就能形成越来越复杂的结。

g. 高级的经典的艺术品指的是高次方的器体

礼制中用的文物即是承载着正点之象的器物，在儒家的象征哲学中，所有的正点的器体即是至善的物象，这些物象都可以成为象征完美的语言，所以都可以成为具有古董意义的礼器。而器体是在追求完美的工艺美术中实现的。金子、玉石、钻石和水晶都是器物。器物是不分内外的，内就是外，外就是内，所以是纯粹的。器物可以被粉碎切割和熔化为电流，但是不会消散。礼器是由器物造成的器体，其存在是恒久的，而事物的存在是暂时的。纯的金子是电流凝成的，所以是纯粹的中性的一的宝贝；纯的玉石是正气体凝成的，所以是纯粹的阳的宝贝；纯的钻石是负气体凝成的，所以是纯粹的阴的宝贝；纯的水晶是正负气体合一凝成的，所以是通透的中和的宝贝。用这四种宝贝做成的物体都是器体。在制作追求完美的器体的工艺过程中，要求电流和电磁场的正负始终相加为零，这样的合就是妙合，零的轨道就是中正之和。这样在制作过程中体验的是始终持正的正负电荷的平衡感，而在成功之时体验的就是正负电荷合二为一的电流感。每个器体都是由 2 的次方构成的。2 的次方越高，则仁之理越精细，做出的器体越是精密。高级的经典的艺术品指的是高次方的器体。

（2）象征哲学还融文学、历史和哲学为一体

①能够以仁德配天的人才配为天子

在儒家的象征哲学体系中，不仅真善美是融为一体的，而且文史哲也是融为一体的。文学和历史是用来呈现儒家的象征哲学的美与丑的效果。文学是用虚构的人物来说明真、善、美之人的人格之美好和假、恶、丑之人的灵魂之丑陋。历史写作的对象则是真实的天子及王侯将相的历史，其中包含着对圣王的歌功颂德和对霸王的鞭策，目的是要告诉人们持守仁德的重要性。历史著作主要记载的是恶的皇帝怎么干坏事和得到不好的下场的，目的是要警示皇帝要持守仁德。皇帝做好事是应该的，而且常做的也是寻常的好事，就没有必要记录了。儒家崇尚谦虚的美德，所以即使存在有皇帝当朝时被吹捧的现象，但是后来写史的儒者也会把这些部分清理出去。当时的制度是天公所有制，能够以仁德配天的人才配为天子。当时已经有了宫殿，而宫殿就是天子的办公室和住所。天子只是官，而不是私有者。天子不拥有天下，拥有的只是管理天下的权力，所以天子之位失落后，就不能再居住在原来的宫殿里。人们因为热爱天子的完美的仁德，所以要把宫殿建设得完美。宫殿代表的是一个国家的大家，让这个国家的人民感觉很荣耀。由于所有的位子上的荣华富贵都是公有的，所以这个位子就好比是一个 360 度无死角的舞台，为民普遍关注。天子是万众瞩目的，

所以更能昭示守仁德与不守仁德的结果。仁德之人能够为民所拥护，而不仁德之人为民所厌弃。

②有仁德之君主政则仁德礼制幸福体系就是最好的

天子是至善的秩序的代表，是最操心的人，而且是自由度最低的人，他对整个国家的福祉负有责任。没有仁德的天子即便是有能力也不会得到人民的爱戴。在最高的权力争夺领域，无论是宫廷内部还是宫廷之外，都是最高级别的仁德之人与最高级别的凶恶之人的斗争。凶恶之人会一时得势，但下场都是悲惨的。只要是德才兼备的仁德之君主政，仁德礼制幸福体系就是最好的礼治体系；只要是不仁的君主主政，仁德礼制幸福体系就会变成最坏的专制体系；只要是有仁心而无才的君主主政，权力就会旁落，好坏就要看操纵者的情况。但是，无论出现什么情况，只要是不仁德的君王在位，肯定是要灭亡的，而且这样的君王肯定是不会有好下场的。即使死了也免不了让整个家族永远蒙羞。虽然仁德礼制幸福体系不排斥功利，但是功利必须是末而不能是本。有的皇帝，因为有仁德，而且才华横溢，能够爱民和立不朽的功德，为民所颂扬。而没有仁才的皇帝在位，得不到周围人的佩服，心理压力非常大。总是怕别人夺位，所以就只能靠凶、暴、虐来立威。没有仁才时，就会失去精神追求，那么就只剩下肉体娱乐，所以就很淫乱，最后害己、害家、害百姓，还被历史记录下“不朽”的骂名。政事多为烦心事。如果皇帝没有纯粹的对于仁德的信仰，天天做这些烦心事的话，心灵是很痛苦的，而逃脱的方式就是把朝政之事让人代理，而自己则忙于奢侈和淫乐。

③圣王会因为能够持守仁德而能立不朽之功

中国有句古话说，好事不出门，坏事传千里，就因为在位子上做好事是应该的，而做坏事则是不应该的。位上的人是有权势的，所以对在位之人的坏的评价是在背地里进行的，通过口碑的方式广泛传播，为一个人下位时的厄运奠定了舆论基础。所以，德位相配的人得位才是吉的，而德位不配的人得位则是凶的。德位不配时，放弃位子，看上去是祸，其实却是吉的；而德位不配时还硬不退位，看上去是福，其实却是凶的。仁德之人会被凶恶之人所害，但是历史总是会还仁者一个清白。凶者先有不仁，仁者才有不义。仁者的霸气是建立在义之上的当仁不让的浩然之气。而仁德之君对民自始至终都是仁德的。对民先仁后凶之人，是会被民抛弃的。但是，只有仁心而无仁德的人，也是没有能力治天下的。只有仁心的人，没有相应的才华去审时度势地把握大局，就没有能力去实现立足于现实状况的立仁的功德，所以是难免失败的。思想家与政治家的思维方式是不同的。好的思想家是有仁德的，所以心如明镜一样，容易看清楚问题，但是其思维方式是线性的，这样做事容易理想化、任性化和顾头不顾尾。因此，儒家的思想家直接从政，会因为过于理想化而容易好心办坏事。好的政治家的思维方式则是立体性的，考虑问题求的是周全无漏，所以只要有仁德的品质，权力高度集中，就容易把事情摆平。因此，得儒家经典浸润而养成真仁德的贤明的圣王，会因为能够持守仁德而能立不朽之功。

（3）在象征哲学中潜存着唯物辩证法

因为儒家思想家没有做电流与气流的区分，所以出现了理在气先还是气在理先的争论，而理离开了电流则变成了空悬的东西。本书的正文中所说的能量特指的是电流，而能量世界指的是电流世界。本人没有直接用电流，而是用能量来补译，就是因为他们的思想上并没有把电流与气流进行区别。儒家说的世界的空间是无限的，指的是能量的空间是无限的，而不是物体的空间是无限的；儒家说的时间的洪流是无始无终的和不可逆的，说的是能量的时间的洪流是无始无终的和不可逆的，而不是说物体存在的时间是无始无终的；儒家说的自然而然地不生不灭地存在着的物质，说的就是守恒的能量，而不是说的生生灭灭的物体；儒家说的事物发展的必然性规律，说的就是能量发展的必然性规律；儒家说的通过认识有限而可以实现对无限的认识，说的就是取出一份有限的能量，通过认识这份能量的性质和发展规律，就能认识无限的能量的发展规律，因为宇宙间的无限的能量只有厚薄的量上的不同，而没有质上的不同。儒家说的宇宙大全的统一性，说的是能量的统一性，即万物的本质都是能量，要么是相对静止的能量，要么是绝对运动的能量；儒家说的变化是物体的变化，而物体是万变不离其能量的常性的；儒家说的物体的本质就是能量这个本质；儒家说的现象就是能量呈现为物体的现象；儒家说的偶然性中有必然性，就是说的在物体的现象中有着绝对运动的能量的必然性；儒家说的物体的生灭就是能量形态的不同转化；儒家说的物体发展的历史规律，就是能量为本而物体为末的因果关系。

（三）仁德礼制幸福体系与治乱问题的解决

本人发现，儒家的社会结构即是仁德（德）＋礼制（位）的幸福体系，这个仁德礼制幸福体系是儒家中国的治与乱之本，德位相配时则大治，德位相背时则大乱。儒家的文明是由仁德之文和礼制之明构成的。儒家哲学要阐明的就是如何才能让德位相配，而在无法相配时，如何才能守住仁德之本，所以儒家能够成为拨乱反正的政治哲学，而政就是要返回到正的意思，而无仁德即无正可言。下面本人将从哲学的基本现实问题切入，说明儒家的仁德礼制幸福体系的建设和运转方式。

1. 秩序与自由的关系问题为哲学的基本现实问题

本人发现，从理论上看，哲学的基本问题是物质与意识的关系问题，而从现实性上看则是秩序与自由的关系问题，具体地说就是治与乱的关系问题，可以说，哲学就是从物质和意识的关系问题的理论高度上来解决现实的秩序与自由的关系问题的学问。

（1）生生不息的力量即是追求生的至善的生产力

自由可以是乱的，也可以是治的。当人们自由地选择了自己认同的秩序之时，社会就能实现自由与秩序的统一，社会就是大治的。自然之人生来就具有意志自由，即按自己的意愿去选择行为的能力。人虽然是自由的，而人的自由是有方向的。人的天性是向生的，所以人才有生命，而不是有死命。生是人努力的方向，而死则是不得而已之事。个人的生命是短暂的，而人类的生命则可以是长久的。人生生不息地繁衍后代就是在为人类的生命的延长而努力。人不仅是向生的，而且要生活得好，要努力天天进化而不是天天退化，而人生的目标就是要追求进化得最好，而至善就是最好的意思，所以人有着天天向上的追求至善的动力，这便是生生不息的生产力。马克思不抽象地谈人的自然性，但并不是不谈自然性，而是把具有人的自然性的生产力当成唯物史观的起点，所以以自然辩证法为宗。

（2）在必然王国中很多自然之人不得不屈从于生产分工体系

那么，为什么自然之人必然是社会人呢？个人的脆弱决定了自然之人注定要生活在社会之中。在生产力发展水平比较低的时候，社会必然是一个有劳动分工的生产体系，追求的必然是系统的效率，因此必然是一个等级体系。自然人不可能生来就按这样一个等级体系的数量和质量配置，因此很多自然人就不得不放弃自己追求生的至善的进化天性，必须在生产体系中找到自己的位置，从而解决自己的肉体生存问题。所以，马克思认为，抽象地谈自然人要追求生的至善是没有意义的，在必然王国的生产体系中，很多自然人不得不屈从于必然的社会分工体系，从而把自己变成一个现实之人。如果我们把追求生的至善的本比喻为一，而把在生产体系中追求的利益比喻为零，那么只有保住本的一的人，利益的零才具有进化意义。如果人亏掉了本，只是追求零，人就会感觉到无边的没有意义的空虚。

（3）必然王国中的现实之人与自由王国中的自然之人

在现实人的阶段，人必须解决的就是追求生的至善与追求生的利益的矛盾，这就是义与利的关系问题，义解决的是生得好的问题，与人的生命相关，要实现的是人的进化的使命；而利解决的是活着的问题，与人的生活相关，要让肉身能够生存得好。西方自由主义社会采取的是在保住法律和道德底线的基础上，让人把利益当成生的至善，让男人和女人都在平等竞争中去追求利益最大化，适者生存和优胜劣汰，从而实现生产体系的效率。而社会控制人的方式就是把名誉、金钱、权力、美色集中在生产体系最需要的地方。而追求利益的方向与追求具有进化意义的生的至善不必然是合拍的，所以很多人就在这样的利益追逐中迷失了追求进化之生的至善的自我。马克思认为这个阶段是必要的和必然的，因为只有这样才能促进生产力的极大发展，从而让人类能够更快地进入自由王国。马克思谈的现实之人是他要消灭的对象，而自由王国中的自然之人才是马克思心目中的理想的人。在自由王国中，每个人才都能够自由地选择追求进化的至善的方式，从而能够实现自由与秩序的统一。

2. 仁德礼制幸福体系的建设

本人发现，儒家是通过建设仁德礼制幸福体系来解决秩序与自由的统一性问题的。

（1）仁德（德）是儒家的根本

①仁者爱人指的是生生不息的至善之爱

因为人都是追求不断进化的至善的，所以儒家认为人性是向善的。但是，追求进化的至善的方式有两种：一种是西方自由主义倡导的强者通吃的凶悍的竞争方式；一种是儒家倡导的双方共赢的仁义的礼让方式。儒家思想是建立在求生的至善的自然人的基础上的。儒家认为，人都有着生生不息地追求进化的至善的心愿，而儒家把这种心愿称为仁心。仁的定义就是生生不息，而生生不息是一种上行的力量，要能不耗损地生生不息，就要节省能量，而节省能量的最好的方式就是一分为二，让二相反相成地助一前行，仁字就是一分为二、二合为一的形象写照，而一分为二、二合为一就是仁的基本公式。万物就是在这个仁的基本公式的不断分形叠加中产生的，所以呈现出一种从简单到复杂，从简致到精致的进化发展过程。仁者爱人指的就是一分为二的正一与负一之间的合作上行的仁义之爱。仁是利生的，而不仁是害生的。所以，人生就是仁生，仁字就是儒家的根本。

②刚之至、柔之至、刚柔相济之至成三吉之哲

儒家认为，仁心只是一颗种子，需要培育才能成为仁品。仁品是有确定性的，从而是有可靠性的，所以有仁品才能称为有才。一个小孩子是有仁心的，但是没有仁品，所以没有定性，无法被当成才使用。人长大了还没有定性的仁品就称为小人。君子的心是定在义上的，所以有定性，而小人的心是定在利上的，所以没有定性。有仁品的大人承诺站在什么地方就会站在什么地方，而小孩子承诺了站在什么地方，见到糖葫芦就跟着跑了。儒家把对于至善的追求分为正反合三个阶段。儒家的至善这个一可以分为刚之至的阳极、柔之至的阴极、刚柔相济之至的太和。人只有达到至处才能称为才，相应地就有三才。有才的人才能成器，用器才能成功，有功才有功德，有功德才能有位，功德与位相配才能有真吉，所以哲的古汉字为三吉（嚞）。因为刚与柔各有自己的相反的追求至善的方向，就好比白天追求的是正白，而黑夜追求的是正黑，所以是相反相成、各得其所、合作共赢的，互相之间是合二为一的追求功德的合作关系，而不是竞争的争斗关系，最后刚至与柔至都要在合二为一的太和之时享受成功的幸福。成功就是双方合作努力到至时因上行了一个层次而所成之功。

（2）礼制（位）是仁德的保障

①荣华富贵的天公所有制

a. 天子是最大的官而不是拥有天下的私有者

儒家体系对仁德的人的奖励是幸福，而儒家的幸福体系是以仁德为本的按位子来分配荣华富贵的礼制体系。仁德的人因为仁品显露而荣，因为仁才显露而华，因为有仁德的成功而能分得田地之富和地位之贵。在礼制体系中有级级攀升的位子，从而有越来越大的可以成就大事的势能。儒家的礼制能够建设而成，依靠的是天公所有制。中国的历史是按德位相配的原理建设而成的，而不是在自然的竞争中发展而成的。儒家的天下就好比是一个植物园，植物园的拥有者是天公。天公把天下授给仁德的天子去管理，管理就是按仁的道理来管，所以天子是最大的官，而不是拥有天下的

私有者。天子有仁德，有时运，就能被选拔为天子，代天公管理天下，土地就是天公交给天子代管的土壤。天公交给天子的任务是要通过敬仁德来保护民，要让所有的民的种子都能茁壮成长。儒家的圣王同时代表着天也代表着地。天的象征是太阳，地的象征是土地，土地上的位子就是地位。圣王要像太阳一样激励人追求至善，也要像土壤一样大公无私地为万物的生长提供营养，而民就是种在土地里的种子，种子的人生追求就是要长成自己应该有的样子。

b. 平均主义中的按需分配的营养体系

儒家说的平均指的是德位相配才是公平的，而在同样的位子上则是要均的，均是按需分配营养而不是按劳分配营养，就好比一棵树上的叶子和花朵等都不是按劳分配营养的，而是按需汲取营养的。在同样级别的位子上，提供在这个位子上做事需要用的是均的资源，工作者按需汲取资源做事即可，多退少补。同样级别的人的工资是一样的，并按年龄涨工资和涨级别，这样可以形成尊长的风气，并且可以有效地消除好钻空子的小人越级提升的可能。在均的时候，积极做事的人是君子，因为多做了贡献，少获得了利益，所以能够得到人们的尊敬。而不均的时候，积极做事的人是求利的小人，所以即使多做了事，因为多得了利益，所以也得不到人们的尊敬。在平均主义的公有制中，这些营养和资源用完后要归还土壤，而不是变成私有财产。这就是中国的天公所有制的分配制度，采用的是天下为公、大公无私、按需分配的原则。

c. 人是靠礼制来参与天地赞化万物的

马克思的自由王国同样是一种植物园文化，只是这时的营养是充足的，所以没有必要再把人分成类，每个人可各取所需去发挥自己的潜能。每个人都可得到恰好的追求至善的教育，所以每个人都是一个太阳，就不需要圣王来代表太阳了。土壤的营养也不需要圣王来分配，这样就能避免把礼制变成专制的可能性。在马克思的自由王国中，太阳依然要有，而每个人都是一个小太阳；礼制依然要有，而这时的礼制只有荣华而没有富贵。礼制的本质就是刚柔相济的仁爱。由礼制把仁德变成可感知的符号，让人不仅能够看到万物的不完善的和谐，还能看到人造自然的完善的和谐。人是靠礼制来参与天地赞化万物的，这样就能形成一个与自然同构的人造自然，从而实现天然与人为的合一，这便是世界大同的太和景观。

②礼制之位的守仁德之功用

a. 落位之时必然要受到人情冷暖的考验

儒家的礼制之位可以起到善有善报、恶有恶报，不是不报、时候未到的功用。老子说的福兮祸之所伏而祸兮福之所倚，说的是吉凶祸福的问题。亏了仁德之本的福是凶的，所以有祸之所伏，而保住仁德的祸则是吉的，因为真正的福是倚仁德而存的。天公所有制的位子之网就好比是一张天网，能够起到天网恢恢疏而不漏的作用。礼制中的位子，把人都分为上下。上为主为官，下为民为辅，主要公正地为民做主，民才会甘愿为辅。主是乘舟的，而民则是水；主的舟是否稳当，就要看民是否情愿载舟。所谓人是赤裸裸地来，又是赤裸裸地去，说的是人来时是没有位子的，去时总是要落位的。去时之位即使设了也是虚位。落位之人就是赤裸裸的人，这个人必然要受到人情冷暖的考验。如果自己走了，家人也不得不代他感受人情的冷暖。

b. 得位与失位的上下颠簸让人能够真切地换位思考

并不是所有人走了茶都会凉。自己在位之时行不仁，落位之时便能得不义；自己在位之时行假仁，落位之时便能得假义；自己在位之时行真仁，落位之时则能得真义。人在做，天在看，说的其实就是人在做，民在看。民特别关注位子上的人，因为位上的财富是属于公的。天是保民的，只有民意才是天意，这就是儒家的民本主义。民是用来替天行仁道的。儒家说的敬畏，就是对仁道的敬畏，就是在位时不能骄横跋扈、草菅人命、欺压弱者。按君为臣纲、父为子纲、夫为妻纲和长者为尊的纲常来看，每个人都是有机会当上的，都是有机会行仁德的，而每个人也都有机会当下，都是有机会行义德的。儒家的礼制异常地稳固，而个体的命运则是异常地变幻莫测，就是因为位子虽然是稳的，而人什么时候得位什么时候失位却是上上下下地颠簸的，起到的作用就是让人能够真切地换位思考。人能够享受到多少的人间之暖，就在于自己曾积下多少真的仁德。

（3）德位相配则公，则天下大治

儒家认为，天子要有仁德这样的龙骨才配拥有天子之位，失仁德者就会失去位子，从而失去天下。儒者写的历史就是在写天子是如何因为有仁德，在时运到的时候得位而成为天子的，而又如何因为失去仁德而迟早失去位子的。儒家要修炼的仁品好比是树的仁品，而仁德则是在按礼制接龙的过程中实现的，其整套的社会的荣华富贵体系就是以仁德为本的礼制体系。仁德好比是熊掌，而荣华富贵好比是鱼。在合理的仁德礼制体系中，熊掌和鱼是可以兼得的。而在礼崩乐坏的时候，要熊掌就得不到鱼，要鱼就得不到熊掌，这时就出现了是选熊掌还是选鱼的问题。这时的君子选熊掌而小人选鱼。

①有仁品之人像一棵会走路的树

a. 有大树的礼让才出现了树枝的婀娜多姿

虽然人是动的，但儒家的人求的却是定。儒家的理想的有定力的仁品之人就像一棵会走路的树。树的理想是要长成一棵参天大树，成材指的是树干之材。树的根是多的而长出的树干是一。树要长得正直，要有中心，内要有方，外要有圆。树的整体是圆的，树枝是相反相成的。树要靠根去吸收营养，要靠叶去吸收阳光，要靠花去繁殖。花谈恋爱的方式是千里有缘来相逢，而且是风情万种。花的种子是靠风飘向远方的，有自己的种子的地方就是树的天下。大树生长的方向永远是太阳，而遇到障碍时不是斗争，而是礼让，所以才出现了树枝的婀娜多姿。大树的树根是有力量直着延伸的，因为礼让而绕路前行，所以有弯弯曲曲的树根。树根永远向着与太阳相反的方向努力，但不是因为要与树的成长方向赌气，而是要成全树的生长，有越稳定的树根，树就能长得越高，所以树顶有仁、树根有义。因为有了仁德的礼让，所以有了丰富多彩和欣欣向荣的植物界，而总体呈现的是平衡的太和景象。

b. 大树是按需汲取营养而不多吃多占的

仁心好比一颗独特的美丽的种子，要通过像树一样的培育才能成为仁品。树是正直地向着太阳天天向上地生长的。即使自己的力量是强大的，也只是按需汲取营养，不多吃多占。树枝和树根在遇到障碍时，都是绕路奔向自己的至上和至下的目标的，不冲撞和欺负弱小的植物。在植物园的世界里没有凶残的行为。我们不会看到大树扇小树的耳光，也不会有大树垄断任何一个地方的所有营养，让小树要为大树按摩脚才能给予小树营养。大树也不会给自己宠爱的花朵更多的营养。为了让树下的小草也有阳光，大树就不会长出遮天盖日的伞，而是长出可以透光的树叶。小草在大树脚下生长，也不会产生被威胁的焦虑和被剥夺阳光的危险。大树下面会长很多小草，它们靠着大树来遮风挡雨。小草可以到大树下面去乘凉，而不会到老虎口里去乘凉。

②有仁德之人像一条小飞龙

a. 龙要有与仁德相配的利益才能活得好

儒家的仁德幸福体系不是自然长成的，而是在圣典时期建设而成的。建设的意思是根据向生的至善的设计图建构成的。最初的图样是几尽完美的，所以在现实的体系崩坏时，我们总是习惯于返古求本。西方的历史是在私有制的竞争中发展而来的机械的拖拉机，而中国的历史则是在天公所有制的合作礼让中按仁德幸福体系的思路建设而成的有生命力的龙。机械的拖拉机有利益控制就能很好地运转，而龙则要有仁德才能活着，只有与仁德相配的利益才能发挥作用。这就是西方自由主义的无仁德的措施移到中国使用时会让龙失去活力的原因。每棵长成仁才的树都会变成一条条有仁品的小飞龙，而通过礼制就能把小飞龙团在才和结在吉的周围，从而变成一条巨龙。而巨龙有着平天下的志向，从而能够通过刚柔相济的集合体的力量，让所有小飞龙的仁品都转化为有功的仁德。

b. 龙的全身都有着万变不离其仁的金子品性

在这个过程中，巨龙是可伸可屈、可潜可显的，是既可以下水又可以上天的。儒家哲学中的肉体看上去是动物的肉体，其实却是能动的树干之体，这就是中国的龙。龙头要向着树向往的太阳的至善方向飞翔，龙的心是仁德的树心，龙的尾巴是稳定的树根。构成龙体的物也不是不纯洁之物。龙的眼睛像水晶一样透彻，在黑暗中也能够看清至善的方向。龙的心像玉石一样纯洁无瑕，在当瓦可以得利之时，也能宁为玉碎而不为瓦全。龙的尾巴像钻石一样的坚定，在放弃尾巴可以得权位之时，也依然能够坚持做尾巴。龙的全身都有金子的性质，虽然灵活，但有万变不离其仁的品性，因此是有品的能够经受烈火的考验的无处不发光的金子之身。飞龙对于完善有着金子一样的喜气，有着玉石一样的乐气，而对于不完善则有着钻石一样的怒火，有着水晶一样的哀怜。

c. 巨龙是带着仁德的骨气、穿着礼制的服装飞翔的

儒家之人是龙的传人。儒家的圣人、圣王、国、家、君子是同构的，都是大小不同的飞龙。圣人是无冕之圣王，而圣王是有冕的圣人。有圣王之时，儒家的大小飞龙都会凝聚成一条巨龙，在天空中飞舞。而圣王之所以能够成为凝聚小飞龙的龙头，就是因为他达到了宇宙大全之仁的境界。在儒家看来，宇宙就好比是一条首尾相应的活泼泼的宇宙飞龙，而人和万物又是组成这条宇宙飞龙的小飞龙。飞龙要靠仁德的龙骨的支撑才能起

飞。所以，小飞龙也要养成仁德的骨气才能成为巨龙的组成部分，从而能够与巨龙一起飞腾在天。巨龙又是穿着礼制的服装飞翔的，所以小飞龙就要学会仁德与礼制。中国的龙来自变色龙，所以称为易。龙虽然是易的，却有着守一的特征，即变则是全变为一种纯粹的性质。有了仁德和礼制的君子就像龙一样，坐时全体变成稳定的钻石，站时全体变成笔直的玉树，观时全体变成透明的水晶，行时全体变成灵活的金子。那么，怎么才能真正养成仁德的龙骨和穿上完全合体的礼制之服呢？那就要通过五大逻辑把宇宙大全的仁之理毫无遗漏地串成一个体系。

（4）德位不配则私，则天下大乱

①采用不仁的竞争方式会把礼制变成谋私的专制

a. 要友好比优竞赛，而不要追求利益最大化的不仁之争

儒家总是在力图把自己的仁德的礼让文化与凶残的竞争行为相区别。竞争行为仿效的是动物的不完善的自私的方面，所以儒家不一般地效仿动物，而是把自私的动物称为畜生。儒家倡导的是激励向上奋进的友好比优竞赛，而不倡导追求利益最大化的不仁之争。儒家造出了完美的龙来象征有公心的完美的人。只要仁德与礼制相配，巨龙就能上天；只要仁德与礼制不配，巨龙中的小飞龙就会离散，小人就会猖狂，从而巨龙就会消失。在培育龙的植物园里，天子把有着不同的种子的人进行分类，形成一个符合各类种子健康成长的营养体系，按体系每个人发一个花盆，由官员体系给种子提供健康成长的条件，而教师则负责陪着种子成长。营养给与的方式是根据生活和发挥功能所需要的条件来配置的。当这种仁德礼制幸福体系按照树的性质来培养人时，就是追求生生不息和天天向上的至善的和谐的仁德体系。如果采用了不仁的竞争方式，就会把仁德礼制幸福体系变成最坏的谋私的专制体系。

b. 要捍卫没有丝毫私心的仁德礼制幸福体系

在儒家看来，霸王是个强者而不是仁者。他貌似太阳，而又不是太阳，因为他把自己的利益当成太阳，只给符合他的利益的种子生长的条件，并且要按照霸王喜欢的方式成长。当霸王当政时，官员各自为私，教师各自为私，园子里有的多是光怪陆离的贴了各种鲜亮标签的花盆，没有生命力的从各处采来的插花，还有长得奇形怪状的丑植，而能够长成参天大树的种子则没有发芽成材的机会。树不想活了，不能选择死掉，而人不想活了是可以选择死掉的，尽管这是违背其向生的天性的；树不想生小孩

子，不能选择不生，而人则是可以选择不生小孩子的，尽管这是违背其生生不息的天性的；树想放弃不努力了，也不得不天天向上，而人则是可以选择天天向下的，尽管这是违背其天天向上的天性的。这样在社会中就会出现各种的恶。植物的行为是不会违背自然的，而人的行为则会违背自然，从而必然会被自然规律所惩罚。所以，儒家捍卫的是不能有丝毫私心的天下为公的天公所有制的仁德礼制幸福体系，所以要追求毫无私心的人格的完美，所以要启迪人追求纯粹的仁德，所以要把有私心的人称为小人，所以要反对追求个人私利最大化的无耻。

②亏了种子之本的零泡泡会给人带来无边无际的空虚

生活在必然王国中的人，即使找到了自己的种子，也不得不到生产分工体系中去从事违背自己的种子生长的劳动。必然王国是靠包裹着富贵的泡泡来诱惑人按生产分工体系的层级布局来提供劳动的。对于一个人来说，这种泡泡可以分为种子泡泡和空零泡泡。如果自己选择的是能够让自己的种子成长的泡泡，那么就可以心满意足地享受泡泡上的富贵。如果自己选择的是亏了自己的种子之本的空零泡泡，无论一个人获得了多少泡泡，都会感觉到空虚甚至绝望。人在劳动时需要花费心力、脑力和体力。当劳动不顺心时，心会感觉很沉重，压力会很大，脑子注意力会不集中，身体会有分裂感，这样需要的控制力就大，因此就会感觉很累很疲惫。小猫猫不需要有专门的娱乐活动，而有的人在工作之余却需要专门的刺激性的娱乐，就是因为他可能在亏着自己的种子本性活着，更或者活了一辈子也不知道自己是一颗什么样的种子。而那个代表着自我的潜能存在人心中的种子却总在萌动，时刻在提醒着我，我已经亏本了，弄了多少个空零泡泡都是没有进化意义的。人要解放的对象就是人内心里的那颗自然的种子。无数仁人志士牺牲了自我的种子都是为了让苍生能够尽早进入自由王国。

3. 仁让道成肉身，从而使得道即是我，而我即是道

儒家用一个仁字来形象和艺术地表达了电流世界的生生不息的一分为二和二合为一的天道流行的公式，从而尽纳了电流世界的全部真理，让道成肉身，使得道即是我，而我即是道，让我成了不会说话的电流世界之道的代言人。仁的电流世界就是驻扎在我们的神经系统中的具有诗意的完美的彼岸的远方。儒家认识到，电流世界要生生不息，就必须要有效率，那么，在一分为二之时，二必须是合作的才能不断诞生出新的合成之一。如

果分成二的正能量和负能量都不尽全力，电流运行的进程就会夭折或停息。所以，仁中必须有着正能量的主导之仁爱和负能量的辅佐之义气才能成合，因此仁者爱人之爱，就是仁义之爱。正能量和负能量自始至终都要尽最大努力，才可能在高次方处同时耗尽而合一为电流，从而产生出瞬间的完美。在此时凝成的物体才是器体。一不断分为二的体系就是仁的伦理体系的自然科学基础。在这个伦理体系中，每个人都在不同的次方，下有低次方，上有高次方，所以人都既是上级又是下级；而人在成长和发展中既会是正一的角色，又会是负一的角色，所以人都既是主又是辅。而上下与主辅都是相反相成地共同走向至善的合作关系。

在仁这里，道不再是冷酷的，而是温情脉脉的，成了会嘘寒问暖之仁；而我不再有邪，而是仁爱天下而无情。在仁这里，实现了以客观真理为主导的主客观的统一，即是我们通常所说的天人合一，从而实现了立在电流世界的真理之上的思想大一统，让仁成了儒家之统治即统一之治的基石。儒家就是通过恪守仁而让人类超越了物体世界的不完善的，从而能够让自己既是物体，又不是物体，而是物体中的器体，以其大器之仁品为主，而让自己与电流世界合二为一，从而不成小器之用，而是代电流世界成为了物体世界的主人，从而能够为天立心，为地立法，为万物立主。儒家因为立在电流世界之道上言仁，从而引申出了一路客观到底的世界观、价值观、人生观，在追求至善的礼制中，用电流的一往直前的直行之美，用气流的圆润奇妙的流行之美，用器物的方正刚健之美，让由人构成的仁的逻辑串成为看不见的电流世界的生趣的呈现者，从而成了自始至终的真理的捍卫者。最后，子在电流世界的仁之川上曰，电流世界的仁的逝者如斯乎，刹那刹那之间便是一个新世界，作为个体的我们，要立在仁德的基础上，不舍昼夜地奋进、奋进、奋进！大哉！吾儒家之仁！

第二篇　儒前的圣典时期

——追求至善的圣典仁德礼制幸福体系的建设

第一章　知行合一的仁德（德）建设体系

第一节　知仁德的教育

一　仁德教育的内容

在《尚书》中，孝的观念处于很重要的位置。据《尚书·太甲》所言，先要思孝，然后要思恭。看得远就能明仁，能听仁德就能聪[①]，眼耳之合而能得仁的聪明。据《尚书·舜典》记载，舜对契说，百姓之间互不亲近，五品之间互不谦逊，应该设立司徒来施行仁义礼智信这五教。在施教时，气氛要宽松。舜还命令夔（kuí，乐官）说，由他来掌管乐，目的在于教人正直而温和，坚实而宽厚，刚毅而无虐待，爽快而不狂傲。诗是用言来表达仁的心愿的，歌是用咏唱来表达仁的心愿的，声是依赖于所唱之言的仁的意思的，律是用来让声音与仁相和的。八音是用来产生仁的谐音的，互相之间都是遵守仁德伦理秩序的，这样神与人之间就能因仁而相和了。五教指的是要教给人五种处理人与人之间的伦理关系的仁德。据《孟子·滕文公上》所言，人与人之间的仁的伦理关系有五种：父子、君臣、夫妇、长幼、朋友。父子之间要因仁而亲近；君臣之间要因仁而有义气；夫妇之间要因仁而有区别；长幼之间要因仁而有顺序；朋友之间要因仁而有诚信。

据《左传·文公十八年》记载，舜是尧的臣子，他通过忠诚、肃敬、共和、懿美、宣仁、慈爱、惠让、议和这八元来布仁义礼智信这五教于四方，让父亲要有正义，母亲要有慈善，兄长要有友爱，兄弟要能共苦，儿

---

① “耳”把握抽象的总体，所以称为耳聪，而“眼”把握具体的个体，所以称为目明。

子要有孝顺，这样就能让内在平和，外在成功。据《尚书・皋陶谟》记载，在皋陶（gāo táo，舜的掌管刑法的大臣）与禹的对话中，皋陶说，人在行为时要遵从九德，要宽厚而坚实，温柔而独立，谨慎而恭敬；要正直而温和，爽快而有廉耻，刚劲而有节制，强大而有义气；在乱中要有敬，在扰中要有刚毅。这样做就一直都会很吉祥。据《大戴礼记・本命》所言，妇女不能不顺从父母、不生孩子、淫乱、嫉妒、有恶疾、多言和窃盗。

据《尚书・微子之命》所言，对神事要严肃，对民事要恭敬。祖先成汤克守的是齐、圣、广、渊。据《蔡沈传》所言，整齐才能严肃，从而无人不敬。圣指的是对于仁无所不通。要广博才能言大，要渊远才能言深。据《尚书・君陈》所言，要宽才能有制，要容才能有和。据《周礼・大司徒》记载，大司徒把德、行、艺都分成了六类。六德为知、仁、圣、义、忠、和；六行为孝、友、睦、婣（yīn，同姻）、任、恤（xù，同情），其中的睦指的是九族之和睦，任指的是值得信任，恤指的是抚助贫者。六艺为礼、乐、射、御、书、数。据《中庸》所言，天下有五种通达之道，即君臣、父子、夫妇、兄弟、朋友之交。天下有三种通达之德，即智、仁、勇。有的德是某种关系之间的德，而有的德则具有普遍性，比如仁、智、信、义。

二　从事六艺之教的儒师

周朝建立之后，殷人有的是民，可以务农。有的则是原来的贵族，他们当教师，以教人礼仪谋生，这些人就是儒生。儒生可分为君子儒和小人儒。君子儒把礼乐作为真实的信仰，想借礼乐制度来平天下，讲究仁心与礼乐合一，讲诚心实意，言行一致，修身养性。从君子儒中产生出儒家。而小人儒则是虚伪的，只把礼乐作为职业，虽讲礼乐，但骨子里不认同礼乐之中的仁德，只是借礼乐来谋利，传授的是术和谋生之道，把礼乐和技艺作为知识和能力来传授。据章学诚的《文史通义》所言，诸子百家之学，最初都源自《周官》的典守。在古时官与师是合一的，官师都要守典章，比如说《周易》原来是春官的典守。在夏商周三代衰落之时，治与教分开了，官与师分开了，由官来从政，由师来从教。官那里不再有六艺，要靠师教来传承六艺。官与师分开后，诸子都纷纷著书立说，所以才开始出现私家之言，政治教育就不再都来自典章。

儒家奉尊六艺为经。据《周礼》所言，君子儒教给人的是道艺。儒是以道来得民心的，而用礼乐射御书数这六艺来教民的。《周礼》所说的六行和六艺指的是六种德行和六种道艺。在《国故论衡·原儒》中，章太炎根据墨子的分类法，把名分为达、类、私三种，把儒分成达名之儒、类名之儒和私名之儒。达名指的就是具有普遍性的名。作为达名的儒，是术士的统称，指法术之士，知晓天文气候，能够作法求雨。类名之儒指的是用六艺教民之人。教才艺者为儒，而具备仁德之行的人则为师。私名之儒的学问不及六艺，只是粗略地知晓仁德之行的政教的趣味。

据许慎的《说文解字》所言，儒指的是柔的意思，作为一个职业指的是术士。据段玉裁的《说文解字》注所言，术是用来践行道的。钱穆认为，儒的通训为柔，术士是儒的别解。作为术士的儒，都是通习六艺之士，通六艺的人可以进身为贵族。冯友兰认为，在春秋以前就出现了儒，那时的儒是一种职业，以教书和相礼为生。杨向奎认为，儒的意思不是柔，而是迟滞缓慢的意思，这与他们的相礼的职业是相关的。在甲骨文中，儒子写成需或濡，指的是斋戒沐浴。据段玉裁的《说文解字》注所言，儒行指的是依仁的道德而行。儒之言很优美和温柔，所以能够安人和能够服人。儒又同于濡，即把自己泡在先王之仁道中，通过耳濡目染来得仁道和从仁道。据《礼记·玉藻》所注，儒者在行为之前就很敬畏仁德。据《史记·太史公自序》所言，儒者讲授的是六艺。当时六艺已经传下来很多典籍，通通都要学很难，而礼又是建立在六艺之上的。于是，儒者就把礼归纳为君臣之礼、夫妇之序和长幼之别，这样学起来就容易了。

三 仁德教育的设施

仁德教育的设施是学校，在不同的朝代有不同的称法。据《礼记·学记》记载，在中国古代就已经有学校，其中包括家里的私塾、乡里的庠（xiáng）、野外的序、国里的学。据《孟子》记载，乡学在夏时称为校、殷时称为序、周时称为庠。进了乡学就有入国学的机会，而进了国学就有了入仕途的机会。另外，乡学还有教化平民的作用。据《孟子·滕文公上》所言，平民学校所教的内容是明人伦。人伦①明于上，小民亲于下。古代村社成员的公共集会场所是庠、序、校，这是个三合一的地方。父老们在这里养老，所以称为庠；这里又是练习射击的地方，因此又称为序；这里还是父老们教育子弟的地方，因此还称为校。

---

① “伦”为符合真理的秩序，而“论”是论说什么是对的。

在西周时期，学校分为国学和乡学。国学指的是在王朝的国都和诸侯邦的邦都开办的学校，分为小学和大学两个阶段。西周的大学是国子上学的地方，而国子指的是王侯卿大夫的子弟。也就是说，大学和小学是以程度的深浅区分的，而国学是贵族进的，乡学是平民进的。据《尚书大传》记载，古代的帝王必立大学和小学，让王太子、王子、群后之子、公卿大夫元士之适子可以上学。十三岁入小学，见小节、践小义；二十岁入大学，见大节、践大义。据《礼记·保傅》记载，帝入东学，上亲而贵仁；入西学，上贤而贵德；入南学，上齿而贵信；入北学，上贵而尊爵；入大学，承师而问道。这里就是最初的明堂，即明白仁德之堂。国学里教的主要是诗书礼乐。礼乐是举行祭典时用的；诗是乐的歌词；书是宗教中的古典。这里的宗教指的是以古典为宗之意。

据《周礼》记载，由大司乐、师氏、保氏来负责对国子进行教育。据《周礼·师氏》记载，师氏用三德和三行来教国子：至德、敏德、孝德；孝行、友行、顺行。通过至德能够达仁道，通过敏德能够把事做好，通过孝德让人知道叛逆于仁道是种恶。孝行要求亲近父母；友行要求尊敬贤良；顺行要求要事师长。据《周礼·保氏》记载，保氏负责教国子六艺和六仪，目的是要用仁道来养国子。六艺指的是：五礼、六乐、五射、五驭、六书、九数。六仪为：祭祀之容、宾客之容、朝廷之容、丧纪之容、军旅之容和车马之容。学有小成后，升入大学，由大司乐来教大学的国子。据《汉书·食货志》记载，学以居位的人被称为士。举贤用的士是需要通过教育来培养的。据《礼记·射义》记载，根据古代的天子之制，诸侯每年要献贡士给天子。据《白虎通·贡士》记载，诸侯把贡士献给天子的目的是进贤劝善。天子聘求贡士，是因为贵义。天子聘名士，礼贤者。天子所昭，称为聘。后来进用游士的做法，由此制度演变而来。

第二节　行仁德的礼仪

一　礼仪的社会整合功能

（一）礼中的仪节的求别

礼的本质是要让和要舍。据《礼记·曲礼》所言，要施行道德仁义，没有礼必然无法成功。君子的恭、敬、樽（zūn，往酒器里倒酒，形容节约）、节、退、让都是通过礼来表现的。要有礼，人才能把自己的仁德妥帖地表现出来。据《礼记·曲礼》所言，礼的目的在于依仁分清亲疏、解决嫌疑、区分异同、明辨是非。据《礼记·祭义》所言，天下之礼，敬其始，目的在于返仁之本；要敬鬼神，目的在于要尊上之仁；要敬物之用，目的在于要为民立纪；要敬义，目的在于让上下之间不悖逆；要敬让，目的在于去除争夺。据《礼记·文王世子》所言，在宗庙之中，设爵位的目的是为了推崇仁德；德高望重的宗人设官来主事，目的是为了推崇贤者；嗣（sì，继）承官爵，目的在于尊敬祖先。据《礼记·礼器》所言，如果君子遵从礼节的话，就会外而和谐，内而无怨，就可以感受到物没有不怀仁的，鬼神没有不敬仁德的。

礼还可以节制人的情感。据《礼记·礼运》所言，圣人定规则，是要以天地为本和阴阳为端的。礼义是器度，人情为心田。据《礼记·礼运》所言，圣人讲义和礼，目的在于治理喜、怒、哀、乐这些人情。人情就像是圣王要修理的田一样。如果把人情看成是人的心田的话，圣王要用礼来耕田，用义来播种，用学来蓐（rù，吃饱、丰富）之，以仁来聚之，播乐来安之。礼要用文饰的方式来让人情有节度。当人能够稳定地节制人情了，就有品质了。通过礼来对消费资料进行等级分配，让人不争夺和各安其分，要学会让道。在《礼记·大传》中说，对于古礼的改革，有的能改，有的不能改。可以根据权衡、度和量来改器物，但是不能改亲亲、尊尊、长长和男女有别。长者有大恩，祖者有大功，宗者有大德。恩、德、功都是值得尊敬的。圣人立建言、祖者立大功、宗者立大德，建言、大功和大德为三不朽。

据《礼记·礼运》所言，礼必须本于天，殽（xiào，效法）于地，列于鬼神，达于丧、祭、射、御、冠、昏[①]、朝、聘。圣人把这些都用礼来表示，从而天下国家就能够得而正。这里所说的得字是通德字的。以礼来节度，就能够得正。据《礼记·礼运》所言，礼节之本是太一，太一分为天地，天地转为阴阳，阴阳变为四时，阴阳列而为鬼神。据《礼记·冠义》所言，礼义的目的在于让容貌端正，让颜色整齐，让辞令顺心。在礼中包括制度与礼仪两大部分。礼仪与理义是相通的，礼代表理，仪代表义，礼仪就是要合乎理义。理义看不见，而表现为礼仪就可以看见。质指的是质朴无华，而文指的是文饰仪节。据《史记·孝文本纪》所言，有虞氏之时，画衣冠，异章服，来使得民合礼。衣服是按礼制来做的。礼还是一种

---

① 古文中的“昏”通“婚”。

节制，以礼的方式来节制，所以称为礼节。据《礼记·礼运》所言，在饮食中敬献用的最高级的礼品是醴（lǐ，甜酒），所以这种仪式称为礼。

研究圣典时期的礼乐文化的文献依据主要是：《仪礼》《周礼》和《礼记》，其中《仪礼》最为古老，为周公之作，最能代表西周的礼乐文化。在《周礼》中规定了三百职官的设置、职能和权力。周王特许鲁国的国君在祭祀周公时可以用天子之礼。据《礼记·礼器》所言，礼具有返本循古和不忘其初的传承仁德的特征，因此可以通过礼来溯本求源。周公制的周礼是暗含着祭祀意义的礼乐，表现为一套制度和文化。在《礼记》中，礼是一套无所不包的文化体系。在《礼记·明堂位》中，说明了虞、夏、商、周四代在祀天时所用的不同的车制、旗制；说明了祭祀时所乘坐的马车的颜色；说明了祭祀时所用的牲的不同的颜色；还说明了不同的祭器的形制、材料、种类等。对于乐器的放置、礼器的装饰、祭祀的服饰和祭品等都有规定。钟鼓和玉帛是礼仪活动的主要器物。虽然在《礼记·明堂位》中列举的四代礼制有差异，但是从祭祀场所、祭祀对象和祭祀器物的规定上看，四代礼制具有相同的结构，只是在细节上规定不同。在周礼中规定了各种不同等级的祭祀所使用的礼器。尊[①]和爵都是酒器，还有盛祭品的容器。周礼对礼器的形制都有明确的规定，其中包括外形、材质、加工方法等。在祭祀歌舞中要用到乐、诗、乐器、舞具等。

（二）礼中的德乐的求同

据《周礼·大司乐》所言，在祭祀仪典中要用不同的乐，而乐是配上歌舞的。在《周礼》中包含着乐，乐在礼中。礼乐之间的关系是主辅关系。乐本来指的是乐舞、乐曲、乐歌。在礼制中，有着对于乐的严格的规定以合于名位的级别。据《礼记·乐记》所言，礼的功能是辨异，而乐的功能是求同。同让人感觉亲切，而异则让人散去。乐过分则会随波逐流，而礼过分则会离散。如果礼义做得好，虽有上下但是让人感觉是平等的；如果乐做得好，上下就是合的。在礼中充满着敬，则能等上下；在乐中充满着爱，则能够合上下。乐可作天地之和，礼可作天地之序，和使得百物皆化，序使得群物都有别，各安其所，使得四海之内都能因敬而合，

① “尊”与“樽”同为盛酒之器，而“尊”为礼器，偏重表尊敬，“樽”中则有节约之义。

因同而爱，因爱而和。据《礼记·乐记》所言，乐出自心中，有静的特征；而礼则来自外部约束，具有文的特征。大乐必然是容易的，大礼必然是简单的。在乐至的地方是无怨的，在礼至的地方是无争的。礼和乐就是通过揖让来治理天下的。

据《礼记·乐记》所言，仁与乐是相近的。据《礼记·乐记》和《礼记·礼器》所言，乐之所以为乐，是因为乐是自生和自成的，而礼是来自乐的，所以礼也是自生的，因此礼和乐都能给人带来快乐。据《礼记·乐记》所言，乐与音乐有相近之处，但又是不同的。德音才称为乐。据《礼记·学记》所言，乐指的就是快乐，君子乐是因为明白了仁的道理，而小人乐是因为满足了欲望。乐象征的是和谐，礼象征的是秩序，礼乐之合的目的是教人以和谐的秩序。据《礼记·学记》所言，隆重的乐是不用极端之音的，必留遗音；大飨之礼是不用极致之味的，必留遗味。因为先王制礼乐的目的不是为了满足人的口腹耳目之欲的，而是用来教导人民好恶，使得人道能够归于正。

二　礼仪的不同形式

据《礼记·礼运》所言，先王是通过蓍龟来列祭祀的名位等级的，在祭祀等级的基础上设立制度，有制度才有了国家的礼，其中做官要有御，做事要有职，从礼要有序。据《礼记·王制》所言，司徒修六礼的目的是让民要有节制；明七教来兴民德；齐八政来防止淫乱；让道德归一来同化民俗。在礼中包含着祭祀之礼、生活规范之礼、习俗庆典之礼、工艺器物之礼、制度之礼。在古人的“制度”中包含着对于器物的规定。《仪礼》中的行为规范用于男子生活中的庆典和节日。在周礼中，有经礼三百、曲礼三千，可分为人生之礼、生产之礼和交接之礼三大类。周代的家庭形态可以分为都邑家庭和乡野家庭。周时有四大祭祀：禘（dì）祭祭祀的是始祖；郊祭祭祀的是天，祭天时可以配祭始祖；祖祭祭祀的是创业传世者；宗祭祭祀的是德高可尊者。

按周代的规定，冠昏丧祭的礼仪都在宗庙而不是公共场所举行，宗庙是“家”的代表。二十而冠，这是人生的大礼；最根本的礼是婚礼；最重的礼是丧礼；最尊贵的礼是朝聘之礼；最代表和的礼是乡射之礼。据《周礼·大宗伯》所言，五礼指的是吉礼（祀上天、日月星辰；祭社稷五祀五岳山川；享先王）、凶礼（丧礼等）、宾礼（四季朝聘或时聘）、军礼（大师之礼；大均之礼；大田之礼；大役之礼；大封之礼）、嘉礼（饮食之礼；冠婚之礼；宾射之礼；飨燕之礼；贺庆之礼等）。用吉礼来事邦国的鬼神；用凶礼来哀邦国的忧愁；用宾礼来亲邦国；用军礼来同邦国；用嘉礼来亲近万民。在西周的礼乐文化中存在着祭祀天地鬼神的仪典，目的在于保持家庭、社会、朝廷秩序的和顺。在《国语・周语》中，周慧王的内史也强调重立上帝和敬事鬼神的意义。郊社祭祀的原则是义。在西周文化中，从孩提时就开始学习关于行为细节和礼仪举止的规定，一个人从生到死都生活在礼仪之中，让人自然地形成了立于仁德上的对人的地位和身份的名位的认同，形成了比较稳固的社会秩序。

（一）从生到死的礼仪

1. 幼年的礼仪

在《礼记・少仪》中记录的多为少者如何事长者的事。在《礼记・内则》中所说的内容是十岁要学的幼年礼仪，其中包括见到不同身份的人要用不同的见面语，问话时也有一定的礼节规范。众人要把鞋脱了放在门外，只有尊长可以把鞋放在席侧。祭祀时不能把鞋脱了。扫地用的簸箕的舌面不能对着尊长，只能面向自己。不能问尊长的年龄。进食要小口快咽，以备尊长问话。伺候尊长要避免以口相对，免得口气吹着尊长。男童从开始吃饭时就要教他用右手进食；会说话时，就要教他用不同于女童的应辞和不同的穿着；六岁时教数数；七岁开始男孩和女孩不坐在一起和不在一起吃饭；八岁开始教导礼让长者；九岁开始教干支和节令；十岁开始跟老师学各种行为仪规；十三岁时开始学乐器、歌舞、诵诗和射御等；二十岁行冠礼后开始学习正式的礼仪。女童从十岁起就不能出内院，要学习婉、娩、顺，要学女事从而会做衣服，要学会祭祀和各种典礼，帮助长者布置祭典礼。十五岁时结发加笄（jī，一种插住挽起头发的簪子）以表成年。二十岁出嫁。如果有特殊情况，可以二十三岁出嫁。

2. 成年的冠礼和婚礼

在西周文化中，嫡长子的冠礼意味着要承担起代父为主的家庭责任。据《仪礼・士冠礼》及《礼记・冠义》所言，士以上的男性在二十岁时要由父亲在宗庙中主持冠礼。行礼前要选定日期和加冠的来宾；正式邀请来宾；典礼前一日去促请宾客。嫡长子的冠礼要在阼（zuò，大堂前东面的台阶为主阶）阶上举行，表示被冠之人成为了主人，可以代表自己的家庭。冠礼前的男孩只有父亲所取的名，而没有字。字由加冠的来宾所取，是对成年人的称呼。男子要加冠后才可以娶妻。在整个仪式中，主人和宾客所说的话都有一定的规定。据《仪礼·昏义》所言，通过昏礼来合二姓之好，主要目的是事宗庙和继后世。按《仪礼》的规定，昏礼要遵循一定的礼仪：男家请媒人向女家提亲、问女名；占卜得吉兆后备礼通知女家；送聘礼到女家，确定昏礼时间；男家到女家迎新妇，到男家举行昏礼；次日新妇拜见公婆，如果公婆已逝，三个月后在家庙举行奠菜礼。婚后第二天，新妇要向舅姑敬献食物，以表孝顺。

3. 丧礼中的等级秩序

在古礼中，葬礼的礼节最为繁密。在举行丧礼的时候，夏后氏崇尚黑色，用黑色的骊马；殷人崇尚白色，用白色的翰马；周人崇尚红色，用红毛白腹的骠（yuán）马。在《礼记》的孔氏注中说明了葬具的变化。古人让死人穿上厚厚的衣服，放在薪上埋葬；虞氏时期用瓦棺葬；夏后在瓦棺外面加周；殷用梓棺代替瓦棺，以木为棺椁（guǒ，套棺，即套在棺外的大棺）；周人在椁旁放置柳、扇。东阶象征的是主人，夏人认为人死如新生，所以殡于东阶；两楹（yíng，堂屋前部的柱子）之间为堂的尊位，殷人尊神，所以殡死者于尊位；西阶象征宾客，周人认为人与鬼不同，所以殡死者于西阶。

死者的亲属要穿丧服来表示哀悼。丧服分为五等：斩衰（三年）、齐衰（一年）、大功（九月）、小功（五月）、缌麻（三月）。丧服越重，亲属关系越近，衣服用的质料越粗，穿丧服的时间越长。在《仪礼·士丧礼》中记录了从始死到既殡的主要程序。《礼记·丧大记》比较简明，它把全部仪式大概分成五节：始死、小敛[①]（liàn）、大敛、殡、葬。第一步为始死。断气后用殓衾（qīn，被子）盖上尸体，用爵弁服（士的最高礼服）招魂。制作铭旌（jīng，绛色帛制旗子）用白色书写死者的官阶和称呼。用布帷堂，用酒食设奠。第二步为小敛。给死人浴尸、化妆、穿衣、蒙头、盖衾，把尸体放在堂中殓席上设奠。第三步为大敛。尸体入棺设奠。第四步为殡。从大敛后到下葬期间为殡。棺柩停在家中堂上，早晚各祭奠一次。死后三日亲属开始穿丧服。第五步为葬。把棺柩抬入宗庙或家庙告别，在卜好的地方下棺椁，把公私赠物一并随尸下葬。据《仪礼·士虞礼》所言，埋葬父母后，要通过虞祭把死者的精魂引回家中安顿。在整个行礼过程中，主宾的冠带衣服、站的位置、说话的方式等都有详细的规定。

---

① 在葬礼上“收敛”，收的不仅是尸，而且还收拢人格，而“收殓”则只是收尸。

（二）日常礼仪和乡饮酒礼

据《礼记·王制》所言，给国老和庶老养老的方式是不一样的。虞氏用燕礼；夏后氏用飨礼；殷人用食礼。燕衣是燕居时穿的衣服，燕象征的是安乐；缟衣是上朝时穿的衣服；玄衣是祭祀时穿的衣服。按《仪礼·士相见礼》所言，士与士要相见，客方要先手持礼物请见；主方要答不敢，请对方回家，由自己前往拜访。这样反复两次以表客气。然后，主方又说，听说你带礼物来了，请把礼物收起；客方说如果没有礼物就不敢相见了。再客气一番。然后，主人迎于门外，主客相互拜揖。进门后，主人接受客人的礼物。客人出门，主人再请客人进门。客人告退时主人要送到门外。按礼尚往来，主人要回访客人。飨礼则是聚会时的共食礼节。聚会共食时，讲究的是尊老敬客，表达的方式是乡饮酒礼。飨（xiǎng）礼与乡饮酒礼的礼仪大致相同，但是要根据宾客的名位的不同分别采用不同的敬献。对尊者要行三、五、九献。献宾用的是更为高级的“醴”酒，而不是普通的酒。在献前还要先灌，即用一种香酒让宾客闻到香味，但这种香酒不是用来饮用的。升歌时会根据宾客等级不同而选不同的曲目。

乡饮酒礼请的主要是贤能者，还有就是习射和正腊祭饮酒。据《仪礼·乡饮》所言，乡饮酒礼的礼仪可以分为六个环节：谋宾、戒宾、陈设、速宾、迎宾；献宾之礼；作乐；旅酬；无算爵、无算肉，即轻松地无限量随便吃喝环节；送宾及其他。第一阶段为迎宾。首先，谋宾。由乡大夫做主人，与乡先生即庠中教师商谋宾客的名次。把宾客分成三等：宾、介（陪客）、众宾（选三人为众宾之长）。其次，戒宾，即通知宾客。再次，陈设，即布置酒席的席次，陈列酒尊等。又次，速宾，即由主人亲自催邀宾客。最后，迎宾。主人带一相或宾相在庠门外迎客，经过三揖三让把宾客引入庠中的堂上。第二阶段为献宾。在第一个环节，首先，为一献之礼。主人取酒爵到宾席前进献，称为献；其次，由宾取酒爵到主人席还敬，称为酢（zuò，客人回敬的酒）。再次，由主人把酒注入觯（zhì，形似尊的小青铜酒器，尊者举觯，众人举角）先自饮，后劝宾随饮，称为酬。献、酢、酬合为一献之礼。献酒时要陈设干肉片和折俎（zǔ，四角方形青铜盘或木漆盘，盛有折断的牲体，即牛羊肉等）。第二个环节为主人与陪客之间的献和酢。第三个环节为主人献众宾。

第三阶段为作乐。第一个环节为升歌。首先主人之吏举觯向宾敬酒；然后乐工四人升堂唱《诗经·小雅》的《鹿鸣》（歌颂心灵纯净美好的迎宾曲）等，用瑟（sè，弦乐，形容洁净鲜明、矜持端庄）来伴奏；最后主人向乐工献酒。第二个环节为笙（shēng，簧管乐器，代表正月之音，十三簧的形状像凤身，大笙称为巢，小笙称为和，三人吹大笙，一人吹小笙）奏。吹笙者奏《南陔（gāi，田埂）》等，赞扬供养父母的孝子。主人向吹笙者献酒。第三个环节为间歌。堂上升歌与堂下笙奏交叉进行，歌和乐的曲目都选自《诗经・小雅》。第四个环节为合乐。由升歌与笙奏合乐，唱来自江南的《诗经・国风・周南》中的曲目，其中包括《关雎(jū)》等。第四阶段为旅酬。主人让相留宾，宾酬主人，主人酬陪客，陪客酬众宾，众宾按长幼互相酬。第五阶段为无算爵、无算肉。首先把折俎撤去。宾主都脱鞋而坐，进酒肉直到一醉方休。乐工一直奏唱不断。第六阶段为送宾等，此时演奏《陔夏》。明日客人会前来行拜谢之礼。

第二章　平均主义的礼制（位）建设体系

第一节　经济制度的建设

一　宗法封建制

据王夫之所言，尧舜禹三代之国的幅员是狭小的，也就是现在的一个县那么大。尧舜禹三代都建都在太原。在公元前 10 世纪，中国的政治社会结构顶端的是周王室和国君，周王室是列国的共主。周王室下是数以百计的小国，都由小国的国君统治。有的小国是周王朝开国时封给皇族贵胄的，有的小国的国君原来是与周王室争霸的诸侯，后来因为尊周为共主而受到册封。在每个小国里，国君又把国土分为若干个采邑，封给他们的家族成员，拥有采邑的称为诸侯。诸侯既是土地的领主，又是采邑的百姓的主人。这些诸侯被称为君子，即国君之子。封建诸侯的统称就是君子。小人或庶民指的就是普通百姓。

宗法封建制就是在宗族内分封一片土地给诸侯去建设的制度。天公把天下封给天子。天子把天下分封给宗族内的诸侯，诸侯分封给百姓，百姓分封给农民，农民种地上赋税。据《诗经》所言："普天之下，莫非王土；率土之滨，莫非王臣。"即土地都是属于王的，王代表公家，所以土地是公家的。人都是臣，臣都是王公的，所以臣也是属于公家的。古代社会的最早的团结是建立在血缘继承基础上的族。据《白虎通》所言，族就是凑，就是聚。因为仁德的恩爱相依而能凑合在一起，因为生相亲爱，死相哀痛，所以能够聚在一起。这就是族的意思。九世与九族之间因为血缘而团结在一起。因为九世九族的团结范围还不够大，所以还需要有宗。据《白虎通》所言，宗者就是尊者的意思。通过宗法，可以把血族里的人，无论亲疏远近都团结起来，使得横向很广，纵向很久。在周代的宗法制度中，周王称为天子，为同姓贵族的最高族长。天子的家族为天下之大宗。天子的王位由嫡长子继承，天子的众子分封为诸侯，诸侯对于天子来说是小宗。诸侯的众子封为卿士大夫，其大夫之位也由嫡长子继承，大夫对于诸侯来说为小宗。

在整个宗法体系中都贯穿着血缘关系。宗法制是中国的古代社会组织的根基。中国的家族制度，其复杂性与组织性都是世界上罕见的。在《尔雅》中归纳出的各种家庭关系的名称有一百多种，其中多数在英文中都没有对应的词语。在宗法社会中，最重要的是宗子。宗子代表的是始祖。如果一个人征服了一个地方，他就成为那个地方的王。这个人就是太祖甲。接续他做王的嫡长子就是大宗乙，庶子就是次乙，把次乙分封出去就是诸侯，这便是小宗乙。小宗乙又是他的子孙的大宗，又可以持续不断地分出小宗。这样，在宗法制中就可以把修身、齐家、治国、平天下的仁德都通过“孝”来贯通。据《礼记·大传》所言，亲亲就能尊祖，尊祖就能敬宗，敬宗就能收族，收族则宗庙严，宗庙严则重社稷，重社稷则爱百姓。

在夏商周三代以前的古代社会中，天子要能够抚诸侯，诸侯要能够尊天子。列国之间的讲信修睦，指的是同宗或同族的人之间的互相的亲爱。要扶持同族的人，让他不失去最初分封的土地，采取的是兴灭国、继绝世的做法。据《尚书大传》所说，古代的诸侯一旦受封，就有了采地。即使他的子孙有罪，采地依然不收回。要让其子孙中的贤者来守采地，世世都要用祠堂来祭祀最初受封之人。初次受封的时候，是定制的，但是封建施的只是一部分的地。一个王朝兴起的时候，只是在灭掉的旧国封建自己的宗族。天子与诸侯的关系，可以是管辖的关系，也可以是往来交际的关系。据《礼记·王制》所言，诸侯对于天子有一年小聘、三年大聘、五年一朝的交往关系，而天子则五年一巡守。巡守是要观民之好恶和志淫好辟，要正衣服和礼乐制度，对不敬山川神祇[①]的要削地，对有功德于民者

① “祇（qí）”指的是地神，而“祗（zhī）”指的是敬。

要加地进律。分地、配备人、配备车，相同的等级有相同的待遇。有的东西是拿钱买不到的，因为属于特权，要有特权才能享用某些物品，这样就可以保证位子的效用，从而能够用位子来组织社会，以免导致混乱。可以说，中国的古代社会是通过位子来治理天下的。

二　农兵合一的井田制

在中国的古代社会中，天子把公有的土地分封给平民种。平民的土地是按井田制分封的。据《孟子·滕文公上》记载，在古代的村社中，耕地是属于集体所有的。这种集体的耕地被分成两个部分：一部分是集体耕作的，收入用于支付公共费用；另一部分平均分配给各户，称为份地，每份地称为“百亩”，约合30市亩。据《孟子》记载，仁政必须从划分经界开始。世界就是世田的经界。经界不正的话，井地就不均匀，谷禄就不平，暴君和污吏就会侵犯经界，就会侵夺平民的土地。据《孟子·梁惠王上》记载，数口之家，有百亩地。只要不占用农时，就可以无饥荒。据《礼记·王制》记载，在五谷皆入时，国家量入为出。供采伐的林木、捕鱼打猎的地方，全部都是属于国家公有的。名山和大泽是不封给人的。据《汉书·食货志》所言，一夫养五口人，治田百亩。这样就能让民既可以上税，也可以有食和有衣。

据《尚书大传》记载，古代以八家为邻，三邻为朋，三朋为里，五里为邑。据《周礼》记载，王城之外依次为乡、外城（郭）、近郊、遂、远郊（野）、甸、稍、县（小都）、鄙（大都）。甸、稍、县、都之地都是采邑，是要行贡法的。据《春秋繁露·爵国》记载，方里为一井，一井为九百亩。方里由八家组成，一家有百亩地。上农夫耕种百亩地，养活九口人，依次递减为八人、七人、六人、五人。多寡相补，一般来说百亩地得养三口；方里地得养二十四口……方万里得养二十四万口。《论语》引包咸的话说，千乘（shèng，四马一车为一乘）之国即百里之国。方里为井，十井为乘；百里之国，适千乘。

据《周礼·大司徒》记载，天子让五家为比，互相保护；让五比为闾（lǘ，里巷的大门），相互接受；让四闾为族，相互埋葬；让五族为党，相互救济；让五党为州，相互赒（zhōu，周济）济；让五州为乡，互为宾客。据《春秋公羊传·宣公十五年》何休解诂记载，在井田制中，一夫一妇，受田百亩，用来养父母妻子，五口为一家。六家有九顷，共为一井。庐社在内，公田次之，私田在外，表示的是贵人、重公、贱私。上田一年一垦，中田二年一垦，下田三年一垦，肥沃的土地不能独乐，贫瘠的土地也不能独苦，需要三年一换土，也要换居住的地方。种谷也不能只种一种谷，以防灾害。田中不能种树，以免妨碍谷物生长。在庐舍周围要种桑和杂菜等，还要养母鸡、种瓜果。妇女要擅于[①]蚕织。老人要有衣帛穿，有肉吃。人死了要有地方安葬。居住的地方，在田里称为庐，在邑里称为里，一里有八十户，八家共一巷。

据《周礼·大司徒》记载，有高德的老人称为父老，擅于辨护[②]的人称为里正。他们都有倍增的田，得乘马。里正就好比是庶人的官一样。民春夏出外种田，秋冬入内保城郭。春天耕作之时，父老及里正开门坐在塾上，督促人早出晚归。从十月到正月止，男女有怨恨都可以唱歌。饥饿的人可以唱关于食物的歌，劳动者可以唱他所做的事。男六十岁，女五十岁，如果没有儿子，由官来提供衣食，让他们到民间求诗。由乡报到邑，由邑报到国，由国报给天子，这样天子不出户，就可以知天下的民之所苦，不下堂就能知四方之事。

关于井田制的税制是这样的。国中之地必然是山险之地，而野地则是平夷之地。在有山险的地方，土地不能平正划分，因此收税只能按面积来算，于是有贡法和彻法之分。贡法依据的是常法，主要看一贯[③]以来的收成来定贡。而彻法则要按年岁收成的好坏来定征收额。而在平夷的野地，则可以平正地划分土地，因此可以分公田和私田，借百姓之力来助耕公田，对私田不征税。官员退休后耕种的圭田是免税的。据《孟子·滕文公上》记载，夏后氏五十而贡，殷人七十而助，周人百亩而彻，其实皆征的是什一税。助指的是借。龙子说，治地的最好的办法莫过于助，最不好的办法莫过于贡。据《孟子·滕文公》所言，滕的壤地是比较小的。在国中，要用什一的方法来治赋。在卿以下，一定要有圭田。这样，让人们死徙都不出乡，乡田都同井。这样人们就能够出入相友，守望相助，疾病相扶持，百姓就能亲睦。方里为井，井有九百亩，其中为公田，八家都有私田百亩，同养公田。先把公事做完，再做私事。

在古代社会中，全民是皆兵的，农兵是合一的，所以兵很快可以转为

---

① “擅于”某种技术，而“善于”某种技巧。

② “辨护”是通过辨别真假、善恶、美丑来护，而“辩护”则可以是为辨而护，也可以是为利而辩。

③ “一贯”强调的是串，可以是弯的串，也可以是直的串，而“一直”强调的是直。

民，民也很快可以转为兵。据《白虎通·三军》所言，三军效法的是天、地、人。服兵役的年限从三十岁到六十岁。因为全民是皆兵的，所以抗击外敌入侵时比较团结，也容易组织农民起义。据《孟子》所言，万乘之国弑其君者，必然是千乘之家；千乘之国弑其君者，必然是百乘之家。据《汉书·刑法志》所言，天子用井田来制军赋。地方一里为井；十井为通；十通为成；十成为终；十终为同（方百里）；十同为封；十封为畿（jī，方千里，天子有畿）。土地要上赋税。税是用来足食的，赋是用来足兵的。四井为邑，四邑为丘。丘有十八井，配置戎马一匹，牛三头；四丘为甸，配置戎马四匹，兵车一乘，牛十二头，甲士三人，卒七十二人，具备干戈。这就是乘马之法。天子畿方千里，提封百万井，定出赋六十四万井，戎马四万匹，兵车万乘，所以天子被称为万乘之主。据《周礼·小司徒》记载，战时可会万民之卒伍而用之。五人为伍；五伍为两；四两为卒；五卒为旅；五旅为师；五师为军。从军、种地和贡赋都是由此而来的，通过把土地均分给人民来实现这样的组织。按《周礼·夏官序》记载，一万二千五百人为军。王有六军，大国有三军，次国有二军，小国有一军。军将都是受命之卿。二千五百人为师，师帅都是中大夫；五百人为旅，旅帅都是下大夫；一百人为卒，卒长都是上士；二十五人为两，两司马都是中士；五人为伍，伍都有长。在古代的武器不强的情况下，中国就是靠世世代代生活在井田制上的具有高度的组织性的民来守住这片热土的。

三　工商制及其他

在古代社会中，士、农、工、商很早就分开了。士、农、工、商都是分配给平民干的活儿，是世代经营的业。据《礼记·王制》记载，因为没有工作能力而变穷的穷人，也是有饭吃的。这样的穷人被称为天民。天民主要有四种：年少而失去父亲的孤儿；老了没有儿子的独老；老了没有妻子的矜夫；老了没有丈夫的寡妇。这些人都是国家要养的天民。另外，聋子、瘸子、侏儒等，他们不种田，但要有工作，要从事百工，用器物来换食物。据《管子·小匡》所言，士、农、工、商都是国家的石民，不要让他们杂处，否则他们的言论就会很庞杂，就容易乱事。圣王应该让士在间燕[①]，让农在田野，让工在官府，让商在市井。让士的儿子一直为士，农的儿子一直为农，工的儿子一直为工，商的儿子一直为商。据

① “在间燕”指的是有追求至善的空闲。

《汉书·食货志》所言，学以居位的人被称为士，辟土殖谷的人称为农，作巧成器的称为工，通财鬻货的称为商。《史记·货殖列传》引《周书》说，农不出则乏其食，工不出则乏其事，商不出则三宝绝，虞不出则材匮少。据《周礼》所言，臣妾是聚敛疏财的，而闲民是无常职的人。

就工而言，据《礼记·曲礼下》记载，天子有六工：土工、金工、石工、木工、兽工、草工，典制六材。据《荀子》记载，有的工只能为官府所用，不得在家自造。民间的日用物品，大概都是自己造的。就商而言，按郑注《礼记·王制》记载，有的商人是坐商，有的商人是行商。坐商称为贾，行商称为商。对于坐商是按舍收税的，而不是按物收税的。坐商通常是大商人。据《公羊·宣公十五年》何注记载，行商以井田为市，所以称为市井。据《孟子》记载，古代的市场，是人们用自己的所有来换取自己所无的地方，有专门的人来管理。农村的集市，就是这样的市场。有的贱丈夫，求的是市利，人们都认为这种人很贱，所以要征税。

据《礼记·王制》记载，有的东西是不能在市场上出售的，比如说：官服、官车；宗庙之器；衣服饮食；还不到季节该收获的五谷和没有成熟的果实；一些珍稀的动物等。平时民间使用的主要是铜钱，只是在饥荒之时，需要用极远处的货物时，才用珠玉和黄金做货币。周景王时期要铸大钱，就因为在大灾时需要大钱。可以通过轻重来权衡大钱的价值。据《史记·平准书》记载，虞夏之时，用来交易的货币，主要是钱、布或龟贝。金可以分成三等：黄金、白金或赤金。据《吕氏春秋·上农》所言，农民和商人的生活方式是不同的。农民像婴儿一样单纯朴实、顺服长上、不自私。农民的物质财产比较复杂、难以移动，所以国家遭难时，农民不会弃置不顾；而商人则自私奸诈，计谋多和不顺服，他们的财产简单和容易转移，因此国家有难时往往自己逃跑。

第二节　政治制度的建设

一　官仕举贤制

官制就是封建制度的官阶的位子等级制。七始都要有官来管。七始指的是天、地、人和四时。大夫以上为贵族，士以下为平民。据《白虎通》所言，内爵分为三等，即公、卿、大夫，用三效法的是三光即日、月、星。设官的数目是以三递乘的。据《礼记·王制》所言，天子有三公、九卿、二十七大夫、八十一元士。作为天子的内官的公、卿、大夫和封于外的诸侯，爵禄是一样的，但内官世禄而不世位，外诸侯则可以父子相继。据《今尚书》所言，天子有三公：司徒、司马、司空。据《论衡·顺鼓》引《尚书大传》所言，山川不祝、风雨不时，责于天公；臣多弑主，五品不训，责于人公；沟池不修，水为民害，责于地公。天公是司马；地公是司空；人公是司徒。

据《大戴礼·盛德》所言，古代御政来治天下的人，用冢（zhǒng，地位高的）宰之官以成道，司徒之官以成德，宗伯之官以成仁，司马之官以成圣，司寇之官以成义，司空之官以成礼。据《春秋繁露·五行相胜》所言，木者，司农也；火者，司马也；土者，君之官也；金者，司徒也；水者，司寇也。平民通过举贤可以为仕。没有官位的论道之人为士，有官位的论道之人为仕。据《五经异义》引《古周礼》所言，天子立三公：太师、太傅、太保，坐而论道。大夫、士、庶人在官者，大约有一万二千人。据《邑考》记载，孟子曾描述了十家同井的乡里的情形。乡亲们互相之间很友好，守望时互相帮助，有病时相互扶持，百姓之间都很亲近和睦。村社的公共事务的管理者由村社选举产生，比如说：三老和里正之属。后来由国家承认或选派。村社的领导为长老。后来，村社由国家和贵族来管理，长老变成了属吏。

二　刑法

古代的法分为宪法和刑法。据《管子·立政》所言，正月初一，百吏都在朝。君王发出命令，颁布宪法于国。布宪之令，到了官手中，不能留令，否则就会得死罪，不能赦免。布宪之后，不行宪者，称为不从令，获死罪，不赦免。太使颁布的宪法，入籍于太府。是否符合宪法，要以太府之籍为标准，多出来了为侈，不足为亏。侈了就称为专制；不足就称为亏欠。奢或亏，都获死罪，不赦免。农历的每个月的初一称为朔，追溯就是追一。初一与前面的接续是有所不同的，因此称为逆。不同是方向不同，所以称为逆。来回的逆就是发展，逆之处就是新的开始。逆是反对，而异不一定是逆。逆的方向是确定的，异的方向是不确定的。逆反能得正，始终是在正，只是时间不一样，所以可以说反正都是一样的。而异就跑了，回不到正了。异跑离了道的正轨。在正轨上跑，就是正规，就反正都一样。宪法是反对异端的。

据《左传·昭公六年》记载，夏有乱政而作《禹刑》；商有乱政而作《汤刑》；周有乱政而作《九刑》。最早的刑法有五刑。据《白虎通》陈立注疏证所言，五种刑罚效法的是金、木、水、火、土这五行。大辟者效法的是以水灭火，施行的是砍头的酷刑；宫者效法的是以土雍（yōng，通“壅”，堵塞之意）水的原理，施行的是阉割人的生殖器官的酷刑；膑（bìn）者效法的是以金克木的原理，施行的是剔除人的膝盖骨的酷刑；劓（yì）者效法的是以木穿土的原理，施行的是割掉人的鼻子的酷刑；墨者效法的是以火胜金的原理，施行的是在额头上刻字涂上黑墨的酷刑。据《周礼》所言，用墨者守门，用劓（yì）者守关，用宫者守内。据《周礼》所言，大司徒以乡八刑来纠万民：不孝之刑；不睦之刑；不姻之刑；不弟之刑；不任之刑；不恤之刑；造言之刑；乱民之刑。违背礼规，要有制裁。用刑的权柄，多在乡官手里。据《管子·立政》所言，出入不准时，衣服不中，不顺于常，都有制裁。事不过三，犯三次就不赦。

在用刑的时候要考虑具体情况，同时要通人情。八议之法，指的是在议事之时，要顾及情理。八议之法的顺序是议亲、议故、议贤、议能、议功、议贵、议勤、议宾。《汉书·刑法志》以《周礼》为依据说，大司寇对新国要用轻典、对平国要用中典、对乱国要用重典。当时的轻重指的是受五刑的额度的多少。据《礼记·王制》所言，但凡要制定五刑，必须要依靠天论，要合于天意。惩罚前要先把事情弄明白，不能受喜怒的影响。而凡是听五刑之讼的时候，都要顾及父子之亲和君臣之义，要有轻松、深浅之别。大家都怀疑的事要赦免。据《礼记·王制》所言，用左道乱政的，杀；作淫声、异服、奇技、奇器来让众感觉疑惑的，杀；行伪而坚、言伪而辩、学非而博、顺非而泽，从而让人疑惑的，杀；假借鬼神，通过卜筮来让众疑惑的，杀。这四类人，可以不听他们的辩解而诛杀。让人产生怀疑，会乱政，因此杀。在《周礼》中有三赦，赦幼弱、赦老人、赦愚蠢。

第三节　文化制度的建设

一　敬德保民的仁义恩爱制

（一）以仁德保君的天命

在《诗经》中反映着周人的天命观念。在《诗经》的雅和颂中都表达着人民对于上天的信仰，认为天是宇宙的主宰。《诗经·大雅》叙述的是周人的历史和赞颂周王的诗歌。在《诗经·大雅·文王·皇矣》中歌颂了伟大而威严的上帝，说明上帝居高临下，监视着人间的君王的行为，保佑以仁德配天的周文王。据《诗经·大雅·文王·大明》所言，周文王接受了上天的大命来统帅人民。天任的大命，并不是一旦得到，就能永远拥有的，而是可以拿走的，所以王者不能自逸。《诗经》中也有不少的怨言，怨的对象似乎是天，但实际上是说如果君王无仁德，就会遭到天罚。

据《尚书·皋陶谟》所言，在天命中是包含仁德的。据《尚书·召诰》所言，王要有仁德，才能祈天永远都让自己享有天命。在古文《尚书》中的商书中，出现了如下观念：天是会行天罚的，要崇天的仁道才能保住天命；上帝是不守常的，所以天命是靡（mǐ，无）常的；天道能够让善者有福，让淫（yín，过度、放纵）者有祸；天能够降百祥于作善者，而能够降百殃于作不善者；天降灾还是降祥，只以仁德为标准；天没有什么亲人，他亲近敬者；天作孽还可以有转机，而自作孽就没有什么活路了；上天保佑的是下民。

据《尚书·蔡仲之命》所言，皇天是没有什么亲人的，辅佐他的只有仁德。周人普遍认为天命是无常的，要在天命无常的前提下来保天命，就要敬德和保民。天给予了命，但是保得住保不住，要看有没有仁德，是不是行善。作孽者是无法保住天命的。《尚书》主要是在说国王应该怎么做，而不是说民应该怎么做。国王权力很大，做坏事的空间很大，所以必须要强调国王之仁德。如果国王在行仁德，心就会感觉很舒服，感觉天天就像在休假一样；如果国王的心是虚伪的，心就会感觉很劳累，会弄巧成拙。得宠的时候就要有危机感，不能无所畏惧。国家未乱的时候就要治理，不要等危险了才想到保邦。

郑玄在《周礼》注中说，德行指的是一个人的内在的仁德的修行，在心中为仁德，施仁德时为仁行。仁行指的是有仁德的行为。敬德指的是要谨慎地行仁德。据《尚书·大禹谟》所言，只有仁德才有感动天的力量，而不遵守天的仁道就会败坏仁德。据《尚书·微子之命》所言，要崇仁德的人才称得上贤。据《尚书·尧典》所言，帝王尧让上上下下都要用恭敬、克制和退让来规范自己。要用仁德来柔化九族，让百姓都很明白要怎么行为，使九族和睦相处，从而能够协和万邦。俊德指的是美的仁德。据《尚书·舜典》所言，尧欲让帝位给舜，而舜不肯继位，要谦让于有仁德之人。仁德是贵柔的。仁德的观念在殷商晚期比较流行。西周时期具有敬仁德的显著特征。据《尚书·泰誓》所言，要同仁心才能同仁德，离仁心就会离仁德，每一种具体的仁德都对应着一种具体的心意。命是天给的。只有天才能革人的命，而革命的原因只有一个，就是不尊天的仁道，违背仁的道德。据西周初年的《尚书·牧誓》所言，商王昏庸，所以需要有人来替天行仁道，施行天罚。天不直接降祸福，而是由人来执行天对某些人的惩罚。周武王是用替天行仁道的观念来作为他的革命依据的。在周人伐殷时，强调的是殷的暴行和对这种暴行的惩罚。

《尚书·泰誓》是周武王在征伐殷商时召开的诸侯大会上的誓词。它宣布殷商王的罪状为：不懂得天的任命不是永久的，要保民才能保住天的任命；不能按上帝的命令来做事，所以对上天不敬；不崇拜和祭祀祖先；降灾于下民，暴虐地残害万姓、忠良和孕妇。因为人有好人与坏人之分，天用自然灾害来惩罚，会伤及无辜。所以，让人根据天的仁道来行事，就可以分清善恶，只是惩罚恶人。在殷覆灭后，周人并不否定殷朝的所有王，而是通过区分善恶来分别对待。而善恶的标准就是是否有仁德，是否遵从天的仁道。而在周获得统治地位后，就强调敬仁德来维持统治。君主应该有柔德，要以仁德代替暴虐。

（二）以施惠保民的安康

据《尚书·泰誓》所言，天地为万物之母，人是万物中最有灵气的物，所以是最珍贵的，而民就是人的集合体。最聪明的人可做君主，而君主要承担起作为万姓的父母的责任。据《尚书·泰誓》所言，上天是保佑下民的。上天之所以要立君和立师，都是为了保护下民，这就是天意，所以天意就是民意。如果君主违背天意，虐待人民，就必然导致皇天震怒，使得天诛之、地灭之。据《尚书·五子之歌》所言，民可近，但不可下。只有对于上天来说，才可以说下民。君不能把民看成是下民。《尚书·周官》强调了要以公灭私，也就是在公共事务中，君主只有出于公心，才能得到人民的拥护。据《尚书大传》所言，老了没有妻子的称为鳏夫，老了没有丈夫的称为寡妇，幼小时没有了父亲的称为孤单，老了没有儿子的称为孤独。想做事而没有资源的称为贫乏，没事做时没有吃的称为贫困。这些人都是很悲哀而不知道怎么办才好的人。有圣人在上时，有君子在位时，有能者任职时，都必须先施惠于这些人，否则就是失职。

（三）西周诸王化敌为民的仁德之治

周人驾驭殷人，犹如蚂蚁驾驭大象。要让被打败的大象服从周人，周人采用了仁德之治的办法。《洪范》是西周初期的作品，反映的是夏商两代，特别是殷代的正统的政治思想。在周人替代殷人之前，殷人的文化是高于周人的。箕（jī）子是殷代的精英。来自周这个偏远小邦的周武王对箕子特别恭敬，并求教于他。据《尚书·洪范》所言，周武王攻克殷之后，就如何治理国家求教于箕子。箕子把上天赐予大禹的九畴告诉了周武王。《洪范》的意思是大法，洪为大，范为法。《洪范》中的九畴的内容是：遵从五行；敬用五事；农用八政；协用五纪；建用皇极；乂（yì，治理）用三德；明用稽疑；念用庶征；向用五福；威用六极。据说鲧的行为惹怒了上帝，上帝拒绝给予人间治国大法，从而使得人间的秩序崩溃。鲧死之后，禹继任，上天才重赐九项大法，从而使得社会井然有序。在九畴中，“用”字出现的次数很多。

五行指的是水、火、木、金、土。君主要按五行的运行规律来对待自然界。水的特征是润下的，火的特征是炎上的，木的特征是有曲直的，金的特征是从革的，土有稼穑（jià sè，春耕为稼，秋收为穑，泛指农业活动）之用。从五行中派生出五味：咸、苦、酸、辛、甘。五纪指的是要确定好良好的立法体系，其中包括岁、月、日、星辰、历数，让农民在生产劳动中有则可依，以便符合天时节令的规律。君主要带领人们求五福、避六祸。五福为：寿、富、康宁、攸好德、考终命。六极为：凶、短、折；贫；疾；忧；恶；弱。五福是五种幸福，而六极为六种凶祸。八政指的是八个方面的政务：食、货、祀、司空、司徒、司寇、宾、师。把这八个方面的政务做好，社会就能够有序地组织起来。

当面临重大的决策，因疑而不决的时候，可“明用稽疑”，即要参照君王、卿士、庶民、龟卜、蓍（shī，蓍草）筮（shì，占卜）的意见来综合考虑，看是从还是逆。从为赞成，逆为否定，其中龟占和筮占的结果有决定性地位，因为代表着天意。龟从、筮从、君王从、卿士从、庶民从，为大同，最为吉利。如果君王、卿士、庶民都从，而龟和筮都逆，就是凶兆，就应该取消计划。如果君王、卿士、庶民都从，而龟和筮有一方为逆，就不够吉利。也就是说，在人算与天算中，天算重于人算。卿（qīng）的原字意是两个对座吃饭的人。在《尚书》中指的是君王的高级官员，士为低于卿的官员。士由“一”和“十”组成，通“事”，指很善于做事的人，能够从一做到十，善始善终。

五事为貌、言、视、听、思。貌要恭敬以达到严肃的效果；言要赞同以达到乂（yì，安定）的效果；视要明以达到晰的效果；听要聪以达到谋的效果；思要睿以达到圣的效果。聪由耳和总合成，指善于把握总体，辨别善恶。睿指的是人的眼睛能看到谷底，深刻而通达，所以有智慧。圣的古体字为聖，指善于用耳和用口的人，指人格最高尚、智慧最高超的人。庶征指的是自然气象，有晴、暖、寒、雨、风五种。如果这些自然气象按季节有次序地分布，就会出现风调雨顺，就能让草木繁盛和庄稼丰收。休征指的是好的气象，而咎征指的是不好的气象。如果君主的行为是善的，气候和气象就会正常，否则就会反常。天子、卿士、吏胥分别可以影响一年、一月、一日。这就是《洪范》中的天人感应的观念。三德指的是正直、刚克、柔克。对于一般人用正直来相处，对于强悍而不友善的人用刚来战胜，而对于柔而不服的人用柔来战胜。克为肩的意思，指能扛事，能战胜困难或敌人。皇极指的是政治管理的根本原则，包括统治者和被统治者应该遵从的规范。统治者要造福于人民，要慎赏慎罚，要任用贤能；被统治者要服从天子，不结伙为非作歹。臣官要以圣王之道和圣王之法为准绳，要正直无偏。

在周武王去世后，周成王还年幼，由周公摄政。摄（shè）指的是代理。周公思考的是如何对待失败了的殷商遗留下来的人，怎么能够把反抗周的殷商之人，变成衷心爱戴周的人民。所以，周公的主要的教诲都集中在如何对待殷商遗人之上。据《史记・卫世家》所言，管叔、蔡叔、霍叔受命监视居于商故土的商人，而在周公摄政后，他们勾结起来叛乱，以反对周公。周公率兵用武力平叛。后封周武王的少弟康叔为卫君，居于故商墟，管理殷遗民。在《尚书・康诰》中，周公告诫康叔治理卫国的方式，其中包含着这样的明仁德的思想。首先，天的任命是无常的，不是被任命了就永远属于某个王朝了，要有忧患意识。虽然天的任命不是永久的，但不会毫无缘由就取替，要保住任命就要敬仁德，失去仁德就会失去天命。如果自己有负于天命，任意妄为，就会败亡。周公特别强调敬。敬是严肃、恭敬、严正的意思。在《尚书・酒诰》中，周公告诫康叔说，酒的原始用途是祭祀，殷人因饮酒乱仁德而灭亡，所以除了祭祀外要实行戒酒措施。其次，可畏的天意是通过人民的愿望表达出来的，必须特别恭谨地顺从民意行事。再次，要敬天威，查民情，用康保民。康指的是富裕、健康、安宁。又次，要像保护孩子一样保护臣民，这样的统治才能安定巩固。要用康来保民，像爱护婴儿一样爱民。《尚书・皋陶谟》强调了以恩惠安民的思想。“保”有“保有”的意思，也有“治”的意思。通过保民，可以使民安，从而达到治的效果。保能够给人安全感，从而产生信任感。最后，要明仁德和慎惩罚，不要欺负鳏寡之人。周文王就因为恪守了明仁德和慎惩罚的原则，因此才有了仁的功德，所以上天才任大命于他。西周并不是把战败的商人当成奴隶，而是当成臣民，要以仁德进行教化，而教化的前提是康民、保民。殷人对于周人来说是外人。周公力图用他的仁德之治来化外人为自己人。周公强调了慎罚的观念，在判决的过程中要特别慎重，对于所有的案件都要多考虑，待多日再断定；杀不杀的界限不在于罪行的大小或是否故意犯罪，而在于悔过的态度。如果确有悔过的态度，即使有大罪也不可杀。要让臣民意识到一切惩罚都来自天，是上帝的旨意，要心悦诚服。据《尚书·康诰》所言，君王应让仁德明亮，让惩罚谨慎。在《尚书·康诰》中，周公还强调有四种罪不可赦：寇盗之人；不孝不友之人；不守大法的诸侯国官员；违背王命的诸侯。

在周公把政权还给周成王之年，周成王决定营建洛邑。在营建的过程中，周公曾去视察，并作《召诰》。在《尚书·召诰》中，周公说夏命转移到殷，因为夏的末王不敬仁德。殷的末王也不敬仁德，百姓抱妻儿哀告上天，上天哀怜百姓，从而把治理人世的权命转移给周人。周人要祈天永命，要长治久安，就需要服命和敬仁德。要道民以仁德，而不是只用刑来道民。在《尚书·无逸》中，周公说明了要勤政，要知道小人之劳的艰难，对于小人之怨不要发怒，而是要更加恭谨。这里的小人指的是相对于大人而言的臣民。周公在新都洛邑附近建了成周后，要将殷人迁徙到成周，于是发布了告令《多士》。在《尚书·多士》中，周公通过对比夏殷更替和殷周更替的经验来说明了上天不会把大命给予不行仁德之政的人，以此来说服殷遗民和周人。在《尚书·多方》中，周公诰训的对象是不服周革殷命的殷遗人和四方各国。周公曾两次平定奄人的叛乱。在《尚书·多方》中讲的“民主”是民之主，即有仁德的王，民主是受天之命来解救苦难的百姓的王，其中频繁地使用了“天命”一词。

微子是殷纣王的庶兄。《尚书·微子之命》是周成王分封土地给微子时所说的言辞。他任命微子为宋国的国君，统领的是殷商人。统领和统治中的统指的是统一，无一则无统。国指的是诸侯国。周成王继承了周公的政治思想。在《尚书·微子之命》中，周成王告诫微子说，国君应该以齐敬神、以圣崇德、以渊克孝、以广宽民。也就是说，上天是唯一的至上神，这点应该是要齐的；在崇仁德上要神圣；要孝敬父母及父母之父母，以至于天地，这点应该是追溯渊源的；要宽以待民，容忍他们有缺点和不足，这点应该是广阔的。君主要用宽来安抚人民。宽指的是心宽。在蔡叔去世后，蔡叔的儿子蔡仲贤明敬仁德，所以周成王封他为蔡国的国君，依然借殷商遗人治理殷商遗人。在《尚书·蔡仲之命》即册封蔡仲为蔡国国君的任命书中，周成王告诫蔡仲说，作为君王要以仁德为率、要忠要孝、要克勤克慎，不能懈怠。上天是没有亲疏远近的，只是用仁德来辅佐自己。民心并不是永远不变的，但万变都离不开惠。惠指的是恩典和仁厚。民需要君给予恩惠，这样民才会感觉君很仁厚。为善的方法是不同的，但所有善的方法都会产生治的效果；为恶的方式也不同，但所有的恶都会产生乱的后果。

二　一孝通天的宗教孝敬制

据《尔雅·释训》所言，孝指的是对父母好。据《荀子·王制》所言，孝就是能够服侍父母。因为父母对孩子是有恩德的。有恩就要报，报的方式就是孝。在《诗经》中可以看到，贵族和平民对孝都很认同。在《周礼》之中，孝是最重要的。据《孝经》所言，孝是仁德之本，教化由此而生。据《逸周书·谥（shì）法》所言，在孝中含有慈善、惠顾、爱惜和亲近之意。据《吕氏春秋·孝行览》所言，在商书中说，刑有三百种，而最重的罪是不孝之罪。据《尚书·康诰》所言，最本元的恶是不孝顺和不友好。周公把殷周的蔡叔囚禁起来。周成王封蔡叔之子蔡仲为王。在《尚书·蔡仲之命》中，周成王告诫蔡仲说，要他弥补前人的过失，要思忠思孝，给后人做出榜样。据《尚书·伊训》所言，为上者要明，为下者要忠。对他人不要求全责备，对自己的检讨要唯恐有所不及。当忠与孝放在一起时，忠指的是对君，而孝指的是对父母。忠高于对自己的父母的孝，是因为孝还有推广的意思。孝的范围纵向可以推至上天，因为上天是人类的父母。孝能够通天、通王、通父，所以可以起统率作用。宗教孝敬体系建构的就是一孝通天的孝敬体系，主要包括神灵体系和祭祀体系。

（一）神灵等级制

在神灵信仰中，包含万物有灵论的观念。通过《白虎通·五行》就可以看到，古人把所有的现象都用宗教来加以解释，即用拟人化的方式进行解释，把万物都看成是有心的，所以都有喜怒哀乐。这样的思维方式后来成为了创作童话的思维方式。在卜辞中说，上帝能够像人间的帝王一样发号施令，还有帝廷，还有工臣。在殷商时的神灵体系中，包含着天神、地祇和人鬼。天神主要包括上帝、日、东母、西母、云、风、雨、雪。殷人信仰的最高的神为帝，帝管理着自然和下国。上帝管辖着春夏秋冬四时，影响着人们一年的收成。上帝主宰着天象，日月风雨为上帝的工臣。上帝能够通过呼风唤雨的天象来示其恩威。可以通过风调雨顺来降福给人间。据《周礼·司服》所言，天神指的是昊天、上帝、五帝，其中的五帝为人神。周人的信仰的最高的代表是天。天通常指的是上帝。

地示为地神，主要包括社、四方、四戈、四巫、山、川。据《周礼·司服》所言，地示指的是四望山川、社稷、五祀、群小祀。群小祀指的是林泽坟衍。衍（yǎn）指的是朝圣般地奔向大海的河水。社指的是地主，为土地之神。稷（jì）指的是五谷之首的荠黍（jì shǔ）即软黏（nián）的谷物即黏米。据《正字通·示部》所言，人的魂魄死后会变成幽灵，幽灵有人神和人鬼的区别。古人所说的人神，都有人兽合体的形象。兽的等级代表着人的等级。据《礼记·郊特牲》所言，魂气归天，形魄归地。阳魂伸张变成人神，阴魄委屈变成人鬼。作为伸者的人神上天，作为屈者的人鬼附游于地。据《礼记·祭义》所言，孔子认为，众生死后，生命之气都会发扬上升，存在于人的左右，能够感动人。这种发扬于上的气就是神。据《礼记·祭义》所言，生命体死后，发扬于上的气为百物之精和神。精神是登峰造极的，因此能令人畏服。据《礼记·祭法》所言，万物之死都称为折，而人死则称为鬼。鬼指的是人归回原点了。作为祖先神的人鬼，主要包括先王、先公、先妣、诸子、诸母、旧臣。妣（bǐ）指的是死去的母亲。王、妣、臣对时王都有作祟的力量，而先公、高祖、河、王亥则有福佑的力量。人神和人鬼都会变得很厉害，作祟时都会给人带来灾祸。

天神、地示和人神之间的等级安排来自八卦，只不过是把八卦形象化和神化了。在惠氏栋的《明堂大道录》中所说的明堂中，包含着中国最早的宗教崇拜。中国人自古崇拜的是天象。中国的古人认为万物起源于阴阳二力，所以崇拜的最大的对象是天地。与天相联[①]的是四时，与四时相

---

① “联”强调的是贴着联，所以常用密切联系，而“连”可以是心相连，可以是远相连，强调的是中间没有隔断。

配的是四方。四与天地相加为六合。六合中去掉天则为五方。配上五种物质形态则为五行。四方为四正，加四隅（yú，角落）为八卦。八卦加中央为九宫。古人认为一生二，二生三，三三得九。九宫的周围有十二，所以称为十二支，可以配上十二个月。三与五相乘为十五，这样在九宫之中就能找到一个神奇的方块，这就是后来的洛书之数。古人认为生物的本源是天地和四时，又称为五帝或六天。据《礼记·郊特牲》所言，一为极尊极清虚之体。从一的五时生育之功来看，可以用五来配一，就称为六天。据《春秋纬》所言，紫微宫为大帝。北极为耀魄宝。在大微宫里有五帝星座：青帝、赤帝、白帝、黑帝、皇帝。昊天上帝耀魄宝是不管事的。无为而治指的就是昊天上帝的行为方式。天不管事，地管事，管的是生育之事。青帝主管春生，赤帝主管夏长，白帝主管秋杀，黑帝主管冬藏，黄帝就是地。据《白虎通·五行》所言，地奉承天，就像妻事夫或臣事君一样。地的位置是卑的。卑者是做事的，都是尊天的。尊的是不做事的。

地是管事的王。土是管四季的。木没有土不生，火没有土不荣，金没有土不成，水没有土不高。土能够扶微助衰，所以土这个王是居中的。据《白虎通》所言，五行中的“行”指的是为天行气之义。五行就是要把气这种本原变成有形有质的物，从而生成万物。据《尚书·洪范》所言，五行的运行是有次序的。万物成形，是从微渐渐变成著的。五行的先后次序是从微到著的。水最微，所以为一。火渐著，所以为二。木有形有实，所以为三。金之体很牢固，所以为四。土的质大，所以为五。五行之间又有生克和配合的关系。木能够生火，因为木之性为温暖，温暖伏于其中，所以钻木可以生火；火能够生土，因为火是热的，能够把木给烧成灰，灰即是土。土通过津润而成山，山必生石，金居石，所以土能生金。金能生水。水能生木。据《白虎通·五行》所言，五行不仅相生，还相害。众能胜寡，所以水能胜火；精能胜坚，所以火能胜金；刚能够胜柔，所以金能够胜木；专能够胜散，所以木能够胜土；实能够胜虚，所以土能够胜水。

《后汉书·张衡传》注引《乾凿度》说，昊天上帝，又称为太一。太一这个上帝虽然不管事，但要下行于九宫。据郑玄注所言，太一是北辰神的名字。太一下行八卦之宫，每行四宫就回一次中央。中央是地神居住的地方，称为九宫。天数大分的时候，以阳出、以阴入。阳起于子时，阴起于午时。太一又称为大一。大一下行九宫，从坎（水）宫开始，然后到坤（地）宫、震（雷）宫、巽（xùn，风）宫，行了一半到中央之宫歇息，然后再从乾（天）宫开始，到兑（泽）宫、艮（山）宫、离（火）宫。这样就绕一周了。再回到太一之星，返回紫宫。

古人认为，朝廷是天庭的副本。天神称为上帝，而帝来自蒂，就是根的意思。据《春秋元命苞》所言，阴阳之性是来自一的，人是天地的副本，所以最初生的是一子，这就是天子。在天上主管化育的就是五帝。地上的王是代天宣化的，所以是感天而生的，简称为感生的。据《春秋公羊》所言，圣人都是没有父亲的，都是感天而生的。因为是感天而生的，因此称为天子。按四序之运，成功者退，所以有“五德终始”之说。据《汉书·律历志》的《三统历》所说，唐为火德，虞为土德，夏为金德，商为水德，周为木德。一姓不能始终拥有天下，必须有易姓革命。革命指的是革天命。据《诗经·大雅·文王之什》所言，王者兴起时都要受天命。符瑞就是天命某人为天子的证据。河图洛书就是一种符瑞。据《孟子·万章》所言，舜得天下，是天赐予的。天不会说话，以行和事来示意。让他主祭祀，百神都享用，说明天接受他。让他主事，事治理得很好，百姓安宁，说明民接受他。天下是天给的，是民给的，所以天子不能把天下送人。王者是奉行天意而治天下的，因此治定之后要通过封禅来告诉上天，事情做成功了。据《白虎通·封禅》所言，王者是易姓而起的，所以必须到泰山去报告上天，从受命之日改制应天。天下太平功成时，也要通过封禅来告诉上天。

（二）祭祀等级制

据《礼记·礼运》所言，先王害怕下级不懂礼节，所以在郊外祭帝，以此来定天位。祀社的目的是让国家能够得地利，设祖庙的目的是要得仁，祀山川的目的是要傧（bīn）鬼神。傧为接引客人的人，用做动词为迎接之意。人与神沟通的方式是献祭和祈祷。周代祭祀的对象为三大类：以帝为中心的天神；以社为中心的地示；还有祖先。在周代，祭祀之礼因对象不同而名称不同，祭祀天神之礼为祭，祭祀地祇之礼为祀，祭祀人鬼之礼为享。据《周礼·酒正》所言，祭祀分为大祭、中祭和小祭。在不同的祭祀中，喝酒的量是有规定的。大祭天地，中祭宗庙，小祭五祀。据《周礼·肆师》所言，祀可分为大祀、中祀、小祀，大祀之祀物为玉、帛、牲，中祀用帛、牲，小祀用牲。在《周礼》中，对于不同的祭祀对象，采用的是不同的祭献方法。祭天神可用烧的方式，让气达于上天；祀地示可把牲埋入地下，让血气下行；祭祀人鬼则要用时令食物和果品。据《礼记·祭法》所言，祭祀活动属于国家的公共祭祀，祭祀的对象是天、地、四时、寒暑、日、月、星辰、四方诸神和自然精灵。

据《礼记·祭法》所言，只有天子才有祭祀群神的权力，而诸侯以下之人，可以按等级祭祀不同的神灵。殷王的祭祀活动很频繁，祭祀的名目很多，而且这些祭祀活动都要伴随着占卜。《周礼·司服》说明了君王在不同的祭祀中要穿不同的服冕。冕（miǎn）为大夫以上的官员佩戴的礼帽，冕上有下垂的玉鎏（liú）即玉串。祝指的是在祭祀时说祝祷词的人，说的都是赞美神的话。据《礼记·礼运》所言，天子祭祀的是天地，而诸侯祭祀的是社稷。祭祀天地和社稷，祭的不是物而是神。祭天神是周王的宗教特权。在地祇之祭中，最重要的是社祭。社为五土的总神，是土地之主，主宰阴气。对天子而言，社就是地，而对天子以下的诸侯大夫而言，指的是他所管辖的土地。

在祭祖活动中，祖指的是祖庙，祭拜的是祖先。在殷人的祭祀中，人们把人间的精神和物质的享受奉献给死去的祖先，目的在于讨好他们，以求得保佑。上帝与人鬼不同。上帝不吃人祭祀的牺牲品。人不能直接向他祈求什么。先公先王则可以享用时王的献祭，可向上帝祈求降雨丰年。祭指的是用手拿着肉来献给人神和人鬼。殷人的祖先神先王先公，可以到上帝那里去做客，可以转达地上的人对上帝的请求。上帝与人王之间没有血缘关系。人王可以通过先公先王等诸神向上帝求雨或祷告战役的胜利。殷人祭祀的牲主要是牛、羊、猪和人，献祭的主要是祖先的亡灵。在周代以后，都是以始祖配天的。在祭祀中，有祖祭和宗祭的区分。虞、夏、殷所祖之祖为始祖。周的所祖为文王，而文王的所祖为大祖。祖为有功者，因为创业传世而有功。宗为仁德高者，因为仁德高而受尊敬。在《周礼》中，国家祭祀中的英雄多数都是有功于人民的古先的圣王。在功烈中，包括的主要是开族创宗之人的神灵。虞氏重功德而不重血统，而夏后氏以下，祖祭和宗祭的对象都是血缘上的祖先。在周代，每个人都只需要尊敬和奉祀四代祖先。周人继承了不少殷人的信念和信仰，周人也祭祀殷人的祖先。祭祀也是村社里最大的公共活动。春季需要祭社，目的在于祈求甘雨和丰年。这时群众可在一起歌舞，男女可在一起交际。在秋收以后要举行腊祭，目的在于酬谢各方鬼神，并庆祝丰收。腊祭完毕后在序中聚餐饮酒，按年龄排席位。

第三章　天下的得失与德位之配与不配

第一节　三皇五帝时期的权力流变

中国最早的民族是汉族。汉族原来大概是居住在帕米尔高原，自新疆和甘肃进入中国。中国的历史很悠久，有二三百万年。圣典时期的中国是在以强力为基础的异族包围中生存的。古人最初根据所居的方位不同，把异族分别称为夷蛮戎狄。夷蛮戎狄指的是与汉族接境的异族，间接的不算在内。据《礼记·王制》所言，东方的异族称为夷，好文身。南方的称为蛮。同汉族杂居最久的和关系最密切的是匈奴，又称为混、昆、串、犬、胡。西戎和北狄都是匈奴人，总称为戎狄。匈奴的根据地原来也在黄河流域，后来逐渐退到阴山山脉、再退到漠北、再退到中央亚细亚，最后进入了欧洲。作为汉族的周人从受封之后，历代都在与匈奴竞争。在秦汉时代有一支匈奴比较强大。东胡族在古代称为山戎，居住之地与匈奴比较近。南方的种族最早与汉族交涉的是黎族，也就是后来的苗族。南方的另外一个极大的种族是粤族，也写作越。不少强大的异族都灭亡了。靠暴力维持的社会，一般就能存活几百年或数十年，而汉族的历史却持续了数千年，使得穿汉族衣服的异族人越来越多。以前的“服”装，指的是顺服于某国的衣服。所以，可以根据衣服来看一个人属于什么国家和什么地方的人。

中国最早的天子是盘古。据《太平御览·天部》记载，天地最初是浑沌的，犹如鸡蛋一样，盘古就生在其中。后来，盘古开辟天地，阳清为天，阴浊为地。盘古具有完美的神圣的品德，他每天有九变，他的神性来自于天，他的圣性来自于地。中国可考的古史开始于三皇五帝。三皇指的是天皇、地皇和人皇，他们都是有功德的圣王。据《白虎通》记载，古代是没有纲纪的，民人知道母亲是谁，但不知道父亲是谁。困了就睡，饥了就求食，吃饱了就把剩的食物扔了，穿的是兽皮或芦苇，遮前不遮后。于是，人皇伏羲仰观象于天，俯察法于地，因夫妇，正金、木、水、火、土五行，最先制定了人道，并画出八卦，通过八卦的原理来治理天下。他通过下伏的谦虚来感化民，所以称为伏羲。地皇神农因天之时，分地之利，制翻土农具，教民农作。天皇燧人则教人钻木燧取火，让人们能够吃上熟食。

五帝指的是黄帝、颛顼（zhuān xū）、帝喾（kù）、尧、舜。颛顼是黄帝的孙子。帝喾是黄帝的曾孙。也许是因为颛顼（zhuān xū）和帝喾（kù）的功业不够卓越，所以在《易·系辞》中只列举了黄帝、尧和舜。据《史记·五帝本纪》记载，在黄帝生活的时代，神农氏衰落，诸侯之间互相侵略征伐，暴虐百姓，其中蚩（chī）尤最为残暴。炎帝想要侵犯和凌驾于诸侯之上，而诸侯都归顺了黄帝。黄帝修仁德振兵，与炎帝在阪（bǎn）泉之野开战。三战之后，黄帝胜而得其志。后来，蚩尤作乱，黄帝又与蚩尤在涿（zhuō）鹿之野开战，杀死了蚩尤。诸侯都尊黄帝为天子，代替了神农氏。黎族最初的君主是蚩尤，后来是三苗。据《礼记·缁衣》记载，苗民不用仁德的神灵，而把五虐之刑称为法，用的是暴力。据《尚书·吕刑》记载，苗民是九黎的君主，在少昊氏之时衰落，因此抛弃仁爱的善道，仿效蚩尤用残酷的重刑。后来，颛顼代替了少昊杀九黎，把其子孙分流，居住在西面的称为三苗。在尧、舜之时，后王恨苗族一再作恶，所以把其氏族称为民。民的意思是冥（míng，昏暗），指的是看不见仁道。古人把南方的非汉族都称为蛮（mán，指粗野、凶恶）。黎族属于南蛮的一种，又称为里或俚人。

禅让是汉族内部的禅让，而汉族是一个氏族，氏族是一个大家。据《史记·五帝本纪》记载，尧在位七十载，而且自称为朕。尧要禅让自己的位子给有仁德之人。大家都推举虞舜，因为虽然舜的父亲很顽固，母亲很嚣张，弟弟很傲气，而舜却能以孝来让家庭和谐。尧开始试用舜。让二女成为舜的妻子，舜给她们订下了妇礼。尧又让舜制订[①]了五典，让百官都有了时序，让四门穆穆，让诸侯和远方的宾客都很尊敬百官。尧又让舜进入有暴风雷雨的山、林、川、泽，而舜因为有方向感而能够不迷路。所以，尧认为舜是一个圣人，于是召来舜说，通过三年的业绩考察，让舜登帝位。而舜却有礼让之仁品而不登帝位。尧老之后，命舜摄行天子之政，并向天公推荐了舜。尧去世之后，舜守了三年之丧，相当于义子，然后让位给尧的儿子丹朱。而诸侯朝觐（jìn）都到舜这里来，狱诉者也来找舜为他们断公平，讴歌者也讴歌舜。舜说，天啊，我这里成了中国，我践了

---

① “制订”强调的是创制，而“制定”强调的是确定。

天子之位。舜之子商均不肖，舜向天推荐了尧的儿子禹。舜死后，禹行三年之丧后，让位给舜的儿子。而诸侯都归顺禹，所以禹践天子之位。禹是感念先王的恩德的。虽然禹当了天子，而丹朱和商均都有自己的疆土，以供奉先祀，穿的还是原来的服装，礼乐也与原来一样，享有天子的待遇。

据《史记·夏本纪》所言，禹原来向天举荐的是皋陶，结果皋陶比较早就去世了。禹又把天下授给益。益服三年之丧后，让位给禹的儿子启。由于启很贤明，所以诸侯朝觐启，于是启遂天子之位。正常的继位叫遂，而禅让的即位叫践，不按践的程序即位则称为篡位。据《孟子·滕文公上》记载，在尧的时候，洪水横流，泛滥于天下。草木畅茂，五谷不登。禽兽繁殖很快，呈逼人之势。蛇龙居之，而民无定所。据《史记》总叙所载，禹命诸侯百姓一起治水，居外十三年。禹治水的方法大概是疏导诸水，让诸水各有自己的去路。让小水归入大水，让大水东流入海。江、淮、河、济被称为四渎，是诸水的纲领。据《尚书·汤诰》所言，东为江、北为汉、西为河、南为淮。后四渎皆修，让万民都有定居之所。

第二节　三王时代的权力流变

三王时代指的是夏、殷、西周三朝。据《孟子·离娄上》所言，三代都是以仁得天下的，又以不仁而失去了天下。夏朝比较有名的事情是太康失国、后羿代夏和少康中兴。据《春秋左传·襄公四年》记载，后羿是夏朝东夷族有穷氏的首领，射术高超。他篡夺了夏朝的王位，在位八年。太康是夏王启的儿子。他好游乐田猎而不理政事。后羿驱逐了太康。在太康死后，后羿立太康的弟弟仲康为夏王，自己操纵着实权。仲康死后，仲康的儿子相继位。后羿驱逐了相，自己当上了国王。后羿好打猎，把政事交给寒浞（zhuó）打理。而寒浞是一个奸诈、虚伪和残酷的人。他对内谄媚，对外贿赂，愚弄其民。最后后羿被寒浞杀死。少康为相的儿子。少康灭了寒浞的儿子浇，收复了夏朝。夏朝刚开始的时候，国被划为九州，民有寝庙，兽有茂草，各得其所，天子用仁德而不扰民。据《史记·夏本纪》记载，在少康中兴之后，自孔甲开始衰亡。孔甲好方鬼神，事淫乱。夏后氏仁德衰，诸侯们挑衅。桀不务仁德而崇武，伤害百姓。他把商汤召来关入夏台，后来放了汤。汤修仁德使得诸侯归汤，后汤率兵灭夏桀，结束了夏朝的统治。

据《史记·夏本纪》所载，汤因为自己很威武，所以号称武王。汤伐桀，桀败。诸侯服汤，汤践天子之位，平定海内。那时以昆仑山来分海内与海外。在商代有伊尹放太甲之事。据《史记・夏本纪》记载，汤去世之后，太子还没有继位就去世了。太子之弟继位二年后去世。又立其弟，继位四年又去世。伊尹好尧舜之道，立太子之子太甲为帝。太甲元年之时，伊尹作《伊训》《肆命》和《徂（cú）后》教太甲。而太甲即位三年，依然不明仁德的道理，暴虐乱德，不遵汤法。于是伊尹摄政，当国以朝诸侯。帝太甲在桐宫思过三年，自责反善，伊尹授之以政。殷商屡次迁都。据《尚书・盘庚》所言，迁都的主要原因是国都出现了奢侈逾礼之风。因民居耿久，奢淫成俗。关于殷商的兴衰，据《史记・周本纪》所载，帝太甲修仁德，百姓安宁，诸侯皆归顺殷。在雍己当政之时，殷道衰落，有的诸侯不来拜。大戊当政之时，殷复兴，诸侯又归殷。后来又经历了多次兴衰，其特征是帝有仁德则兴，帝无仁德则衰。

据《史记・周本纪》记载，周的先世为后稷。后稷的名字为弃。尧推举弃为农师，弃立了功，让天下得其利。黎民开始时处于饥荒状态，弃按时播百谷解决饥荒。因此，弃受封，号称后稷。后稷兴起之时，崇仁德。据《史记・周本纪》记载，周的基业是先世们开创的，其中能自强的令主有公刘、古公，相继者为王季和文王。周最初生活在如今的陕西，那是戎狄的根据地。公刘复修后稷之业，不受戎狄的影响。他务耕种，行地宜，让行者有资，居者有畜积，百姓都很怀念他，迁徙后还能归来。周道从公刘当政时开始兴旺。后来古公继续复修后稷和公刘之业，积德行义，国人都爱戴他。古公在岐下之时，戎狄之人举国扶老携幼归顺古公。其他国家之人听说古公有仁德，也多归之。于是古公在那里设邑，营造城郭宫室，贬戎狄之俗，让五官各司其职，民皆歌乐之，颂古公之仁德。

据《史记・周本纪》记载，在纣王时，他把周的西伯囚禁起来。纣王好美女和文马，喜欢怪物。西伯被放出来之后，他偷偷地行善，诸侯之间有不平之事，都来求他评公道。虞芮（yú ruì）之人有不能解决的争端，到周来见西伯。他们入界之后，看到耕者都让畔（pàn，田的边界），民俗都让长者。虞芮之人还没有见到西伯，就都感觉到惭愧了。他们都说，周人是以争为耻的，我们就别去见西伯了，否则只能自取其辱。他们就这样都回去了。诸侯们听见这件事后都说，西伯是受命之君。后来西伯一直有伐必胜。西伯在位五十年，去世后，太子发立，这就是周武王。西伯的谥（shì，死后被授予的称号）号为文王。后追尊古公为大王，公季为王季。

在《史记·周本纪》中，有关于武王伐纣之事的记载。武王自称为太子发，奉文王之命而伐纣。八百诸侯不期而会于孟津，都说可以伐纣。而武王说，还不知道天命，还不可伐，于是还师。回去两年之后，听说纣昏乱，更加暴虐。于是周武王遍告诸侯说，殷有重罪，不得不征伐。诸侯会师征伐。纣逃到鹿台之上，自己把自己给烧死了。周朝的功业是在周成王之时才大定的。据《史记·周本纪》记载，周武王时，殷初定，还未集。武王让他的弟弟管叔、蔡叔治殷，而自己则罢兵西归。武王克殷后二年，生病了，天下还未集，群公都很恐惧。武王去世后，立太子为成王。而成王年少，周又初定天下，周公恐怕诸侯挑衅，于是摄政当国。管叔和蔡叔群弟都怀疑周公，与武庚一起作乱。周公奉成王之命而伐诛武庚管叔，放了蔡叔。周公让微子代殷后，建宋国。周公把成王的少弟封为卫康叔来收治殷遗民。蔡挑衅，周公讨之，三年而定。周公执政七年后，周成王长，周公还政。成王既迁殷遗民。后成王兴正礼乐，更改制度，使得民和睦，颂声兴。

据《史记·周本纪》记载，在西周的成康之际，天下安宁，刑措四十多年都不用。后来随着王道从微缺到衰微，修刑辟，王室逐衰，诗人作刺。周厉王即位三十年，好利，不听劝谏。他暴虐侈傲，国人谤王。召公劝谏说，民已不堪命了。周厉王怒，让人监视，发现谤者就杀。后来，诸侯都不来朝了。王更加严，国人都不敢言了。后来，厉王遭袭出逃。厉王的太子藏在召公之家。国人知道之后，围住召公之家。召公用自己的儿子替代了王太子，让太子得以逃脱。召公这么做是怕人怀疑他公报私仇。后召公和周公二相行政，号称“共和”。共和十四年，厉王去世，二相共立太子为王，这就是周宣王。宣王继位之后，二相辅之修政，效法文武成康之遗风，诸侯又复宗周。周幽王爱褒姒，要立褒姒为后，立褒姒的儿子为太子，所以要废原来的后和废嫡立庶。原来的后为申侯之女。周幽王以虢（guó）石父为上卿。这个人善于阿谀，还很好利，国人皆怨。申侯怒，与犬戎等一起进攻幽王，杀幽王于骊山下，俘虏了褒姒，立嫡太子为平王。为避免戎寇的侵袭而迁都洛邑，于是进入了东周时期，这便是哲学上的子学时期。

总之，在圣典时期，凡是天子大公无私和有仁德时，圣典仁德礼制体系就能良好地运转。当时的制度是天公所有制，能够以仁德配天的人才配为天子。当时已经有了宫殿，而宫殿就是天子的办公室和住所。天子只是官，而不是私有者。天子不拥有天下，拥有的只是管理天下的权力，所以天子之位失落后，就不能再居住在原来的宫殿里。人们因为热爱天子的完美的仁德，所以要把宫殿建设得完美。宫殿代表的是一个国家的大家，让这个国家的人民感觉很荣耀。天子是至善的秩序的代表，是最操心的人，而且是自由度最低的人，他对整个国家的福祉负有责任。没有仁德的天子即便是有能力也不会得到人民的爱戴。没有贤能的天子可能会因为缺乏自信而变得暴怒和残酷，同时为了缓解心灵的痛苦，而会变得尤其淫乱。在天子变成暴虐之人的时候，就会出现替天行道的潜龙，这条龙会带领人民去除原来的天子，成为新的天子。

第四章　时运和命运中的吉凶祸福

第一节　个人把握命运的依据是《易》

在《易》中包含天道、地理、人伦。天道即是立在阳与阴之上的天的仁道运行的规律，地理即是立在刚与柔之上的承载着仁道的义理，人伦则是立在天的仁道与地的义理之上的。《易》来自八卦图。《易传》认为八卦由伏羲氏所作。据《易·系辞传下》所言，伏羲氏当天下之王时，仰观天之象，俯视地之法，再观查鸟兽之文，大地之宜，近取于身，远取于物，从而作出八卦。作八卦的目的在于使人能通神明之仁德，能类万物之仁情。据《尚书》所言，伏羲画八卦，造书契，文籍由此而生。关于文字的起源，据《周易》所言，上古是结绳记事的，而后世的圣人则易之以书契。这里的后世圣人指的是黄帝、尧、舜。据许慎的《说文解字》序所言，最初造字的是黄帝之史仓颉，根据是鸟兽蹄之迹象，通过分理来造的。伏羲、神农、黄帝之书，称为《三坟》；少昊、颛顼、高辛、唐、虞之书，称为《五典》。据《尚书》所言，在伏羲之前很久就已经有文字了，所以伏羲能够作书契。

在古史中，“易”指的是筮数体系。据《周礼》所言，讲三易之法的书，有夏代的《连山》、殷代的《归藏》和周代的《周易》三本。三本书的经卦指的都是八个三画卦，而别卦指的是六十四个六画卦。八卦代表的是万事万物的八种性质。殷朝的《归藏》先讲坤，再讲乾，而周朝的《周易》先讲乾，再讲坤。由于历史发展的特点不同，有的时代变动性更强，人就更注重静，所以更注重阴；而有的时代比较僵硬，人就更注重动，所以更注重阳。而在占卜的时候情况则不太一样。仁德礼制幸福体系本身是稳固的，而人的位置却在变动之中，所以占卜的人越来越倾向于占变爻。根据《连山》和《归藏》占卜的目的是要知道不变爻，而根据《周易》占卜的目的则是要知道变爻。据《周礼》所言，连山之易以纯艮（gèn）为首，而艮指的是山。山上与山下通过云气相连，所以称为连山，而云气是在山中产生的。归藏之易以纯坤为首，而坤指的是地，万物最后都归藏于其中。连山和归藏指的都不是地方。而易指的是义的意思。周指的也不是地名。周易以纯乾为首，乾指的是天，天能够贯穿在四时的周期运行之中，所以称为周易。三易对应于三代的三正。周以十一月为正，由天来统治，以乾为天首。殷以十二月为正，由地来统治，以坤为首。夏以十三月为正，由人来统治，但是人不能做卦首，因此以艮为首。

第二节　个人把握命运的方式

一　圣人对天数的筮法

《周易》本质上是一本建立在能量物理学基础上的最高级别的哲学书，其中包含着一以贯之的宇宙大全的体系，而且有着可以推演的高等数学的推算体系。伏羲从具体事物中的像中抽出正点的像即象。象其实是守恒的外在的能量进入物体后在正好的至点呈现出的具体形态。这时的能量是最纯粹的，因此最能体现能量的守常的动静的规律，因此具有普遍性。象代表的是正的性质和正的规律，构成了一个物体运动变化的应该体系，所以可以用来预测事物发展的趋势。而具体的物体在运行时会因为路上有障碍或需要加油或受利益驱使，会偏离正的应该的轨道绕道而行或暂时停滞甚至后退，所以无法实际地算出每个人的具体的命运，但是即使绕道也是要讲究尽量少绕路的效率的，总是会以直线走向至善的真理作为应该的标准的，所以可以推算出一个时代的时代精神即时运。

占卦的方式主要有两种，即占卜和筮（shì）法。占卦要以占卦用的八卦符号的存在为前提。用龟壳来占卜的目的在于看自己处于什么状况。而把蓍（shī）草用于筮法的目的是要看需要采取什么策略。《周易》有八经卦、六十四卦象、三百八十四爻辞。易有简的含义。最高级别的简就是一。一代表着最广泛的普遍性和包容性。像与象不同，像为具体的画像，而象则是象征，象可以代表一个类。用像不能做预测，而用象则可以做预测。在解释爻辞时，要借助类比为中介，这样才能容易让人从像中抽出象来，这里用的就是抽象能力。但是，占筮本身并不是用的类比思维。在《周易》刚产生时，是靠卜筮来建立权威和进行传播的。在春秋以后，儒家逐渐把《易经》与卜筮分离开来，通过直接阅读文本来明白道理，筮法也逐渐变成了术数，不再与算命联系在一起。

二　君王对天意的占卜

当人们对于要做的事情没有把握的时候，想要预知事态的发展，就会想占卜。国家的占卜不仅有预测未来的功用，还有凝聚人心的作用。最开始的时候占筮、巫术和祭祀是共用的，这样可以最大限度地凝聚各方人士。占卜具有偶然性的一面，通过偶然性来建立信念或规避责任，类似于抓阄和掷币。其中最重要的是那时的人们有着对于占卜的信念，因此才能真正发挥建立信心和鼓舞斗志的作用。占卜的类型可分为甲占、筮占和梦占。君主和王侯经常参与重大的占卜活动。君主的功能在于占体。在上古时代，君主参与卜筮活动时，有可能君与巫是合一的，也可能因为重大的国事要由王者来决定，并由王者来承担责任。在得到卜兆后，先由君主看，以确定兆体的类型。在占卜时，人们把兽的肩胛骨拿到火上烤，烤到它按不同的方向裂开。长裂痕被看成是生命之路，而向右或向左的裂痕为吉凶的标志。如果占卜的对象是某一个特定的事件，那么纵向的裂痕表示顺利，而横的裂痕则表示困难，所以中国有飞来横祸一说。

如果王者对于卜筮的结果有怀疑的话，可以参考如下意见进行决断和预测：王者内心的意见；卿士的意见；庶人的意见；龟卜的结果；筮占的结果。他们可以通过“从”与“违”来投票。投票结果都是从，这便是大同，这就是大吉。如果大家的意见不一致，只要是龟筮显示为从，结果就是吉。如果龟筮都显示违，就是凶兆。如果是龟从而筮违，那么就会是内事顺，而外事不顺。把龟甲钻凿和烧灼后，会显现出五种兆象：雨、霁、蒙、驿、克。通过筮占而得的卦象有贞和悔。兆象与卦象合而为七。在卜、筮时都各用三人，如果有二人从，则可确定为吉。

在商代的卜骨上已经有文字。用火烧卜骨，裂兆的方向可以决定吉凶，有专门的占卜师来进行解释。在商代，可用龟甲占卜或兽骨占卜，二者只有材料上的不同，目的都是要看事物发展的兆头。《尚书·洪范》中所说的卜筮都各用三人，对于每件事的占卜都是三兆皆用，即玉兆、瓦兆和原兆。如果甲骨的裂处像玉的裂纹，就是玉兆；如果甲骨的裂处像瓦的裂纹，就是瓦兆；如果甲骨的裂处像田地，则为裂坼（chè）。裂坼指的是土干后的裂口。玉兆为夏的象征，瓦兆为商的象征，原兆为周的象征。商代的巫不仅要参与祭祀，而且要兼占卜，而且占卜常常是为祭祀服务的。祭祀的对象是鬼神祖灵，而占卜的对象则不一定如此，有的占卜问的是是否是祖上在作祟。

按《周礼》所言，国家要处理的大事主要可以分成八类，这八类就是天命。通过三兆、三易和三梦之占，就可以看到国家的前途是吉还是凶，目的在于救政。国家大事主要可以分成八类：征（征伐）、象（天象）、与（人物）、谋（谋议）、果（结果）、至（卜至）、雨（降雨）、瘳（疾瘳）。瘳（chōu）指的是病好了。人物指的是世间的人与物。据《史记·龟策列传》所说，灵龟是沟通上下的媒介。蓍龟是中国古代的两种占卜的方法。占龟的方法是，在龟甲或平骨上钻一个洞，放在火上烤，小洞的四周受热后就会出现裂纹。管占卜的巫史会根据这种裂纹来问事项的吉凶，这就称为卜。蓍占的方法是由巫师取蓍草来占卜，再根据《易经》来问事项的吉凶，这就称为筮。在殷商之时，王室的宗教活动中，虽然甲骨之占更为重要，但是也存在着筮占。在王室之下，更多地采用筮占，因为不容易得到龟骨。筮占的材料不如龟占容易保存。筮用蓍草为策，策就是算筹。据《周礼·筮人》所言，凡是国家大事，都要先筮后卜，龟卜比筮要重要。占卜的结果来自神意，所以不能违背。在周初之时，龟卜占有很重要的地位，龟卜的结果被认为是必须遵从的天命。

据《尚书·大诰》所言，早期的周公在面对重大问题的决策时，也要用大宝龟占卜，以便知道天命和天意。这里的天命指的是天的命令。周文王是通过占卜接受了上帝赋予的大命，由上帝任命来讨伐殷的。所以，周公依然顺从占卜的结果，对上帝的意见报以敬畏之心。在《周礼》的春官中，有太卜、卜师、卜人、龟人、占人等。在周代的时候，梦占变成了一种比较普遍的习俗。在《周礼》的春官中，有占梦官。占梦官要根据岁时，通过观察日、月、星、辰来辨别阴阳之气的搭配状况，从而来预测梦的吉凶。梦有正梦、噩梦、思梦、寤（wù）梦、喜梦和惧梦之分。寤与“悟”相通，指的是明白道理。君王常常请巫者来解释他的梦境，目的是通过梦来看将做的事的吉凶。

三　民的求福消灾的巫术

在卜筮的结果是凶的时候，人们就想通过巫术来影响事物的进程。最初民用巫术，官也用巫术，而官用巫术的目的主要是用来平定民心的。后来官不再用巫术，巫术变成了一种民间文化，有的时候被用来诅咒自己不喜欢的人，为宫廷所禁止。占卜和巫术都属于神秘活动，都相信自然中有一种可以感受到，但是无法看见的力量，这种力量能够给人带来吉凶。占卜的目的是要认识清楚自己的吉凶状况，而巫术则是要通过交感动作来操纵自然力量。跳神的目的是要让神灵附体，使自己进入神一样的迷狂状态，因此可以让自己像神一样，能够解答人们的疑问。在巫术中充满着迷信。由于人们常常弄不清巫术与占卦和祭祀之间的关系，常常把《易经》和祭祀当成同样的迷信看待。中国的古巫是以神灵的存在为基础的，而且古巫的活动主要是谄媚和取悦神灵。要么降神，要么祭神。巫用舞蹈的方法来迎请神灵，使神降临，但是中国的古巫是不用咒语的。

古代的民对万物都是崇拜的，认为万物都很神，所以都有神妙之处。神妙的东西很神秘，因为看不见摸不着神，但是人能够感觉到这种神秘力量的存在。古人通常都相信神是存在的，而且关系到人的祸福。人都想有福气，都追求幸福，因此都希望了解神的行踪。古代的女巫和男觋被认为是通神之人，人们相信可以托他们求得福气，避免灾祸。在巫觋（xí）文化中，巫指的是女巫，觋指的是男巫。巫来源于舞，而女子善舞，所以开始时女巫比较流行，后来让位于男觋。女巫和男觋通过舞蹈与神沟通，而沟通的桥梁是巫术。神是无形的，因此侍奉无形则是侍奉神。巫主要是用玉器来侍奉神灵。在上古时期，巫与巫医也是相通的。按照《国语·楚语》观射父的说法，女巫和男觋通常都比较聪明圣贤，具有超凡的感觉能力，因此明神能够降附其身。巫可以以舞降神，也可以涉到上界与大神相会。多神教中的神的威力大小是不一样的，有大神与小神之分。巫觋能够用法术来指挥小神和小鬼，而大神则不受巫觋的指挥，而且巫觋必须要听从大神的命令。大神通过巫觋来告诉人们应该建立什么样的社会秩序。巫觋领命的方式，一种是大神附身，一种是巫觋登天取经。小神和小鬼躲在物体的后面，而大神则住在通天的高山之上。天地之间可以通过高山沟通。

在夏禹之前已经存在着巫，而且广泛存在着俗巫。由于人人都可以上天，太乱，就需要派代表与天沟通。后来，国王被看成是神，由他来与天沟通，集中汇报人间的事务。在商代的时候，通过具有巫风的歌舞来侍奉神灵。商周的巫，因为绝地通天的结果，天地相分，所以不再通过登山来通天了。三皇五帝时的巫觋能够沟通天地人神，而商周时期的古巫则变成了祭祀文化体系中的祭司，主要职能是祝祷神灵。巫咸为商代的一位贤臣，也是一位神巫，他发明了筮法。在西周时期，巫的主要职能在于：遇旱灾之时以巫舞求雨；遇丧事之时降神；在岁时除不祥。下层的巫的功能主要是祛病消灾。傩神指的是能够通过驱鬼来避疫情的神。古时的神职人员由祝、宗、巫觋组成。祝懂得祭祀的知识，宗懂得祭祀的制度，而巫觋懂得安排祭祀之人的位次和摆放用于祭献的牺牲器物的秩序。“史”官最早是具有神职性的官。在《国语·楚语》中的“史”更接近于“祝”。在西周时，史官的主要任务是掌祭祀、典仪、记事、星历卜筮等，在神职官员中的地位最高。古时还具有焚巫求雨的传统。汤在大旱的时候，就把自己的身体作为牺牲品，以祈祷求雨。从总体上看，巫术活动不断从上层文化变成下层文化和民间文化。

第三篇　儒前圣典时期的危机

——自私观念的兴起与圣典仁德礼制幸福体系的败落

第一章　礼制体系的败落与天下大乱

第一节　春秋战国时期的权力流变

周朝受封于陕西，这里原来是犬戎的根据地。大王、王季和文王三代都在与犬戎的斗争中，确定了周朝立国的根据。《国语》记载了不少西周后期的思想。在《国语》中记述了周厉王时期的邵公的思想。据《国语》所言，周厉王的暴虐统治引起了国人的不满。他还派卫巫对国人进行监督，杀掉发表不满言论的人，使得国人有怨言而不敢说。邵公告诫周厉王说，民众的言论是国家的财富，而禁止言论自由，就好比防、堵、塞江河，会引起灾难性的后果。想要防民之口，就像防川一样难。如果只是堵住民之口，就会像堵川一样溃败，结果会伤及很多人。天子应该听政于民，然后斟酌，使得做事不悖于民意。民有口就像土有山川一样，财用都是由此而来的。民有焦虑存在心中，天子要让民用口说出来，这样把败的东西做好了，就能兴，行善就能防止失败。所以，把民的口堵起来是没有什么好处的。对民众的言论，只能先使之宣泄，然后再加以疏导。在《国语》中还记载了樊仲山父给周宣王的谏言，劝告他不要乱了顺序来立太子。如果不按顺序行事，民就会弃上。

周平王东迁之后 49 年，进入春秋时期。春秋时代的历史，不是一个王朝的历史，而是几个大国的历史，其中包括晋、楚、齐、秦和后起的吴、越。齐国的祖宗是吕尚，大概是周文王和周武王的谋臣。在周武王定天下后，受封于现今的山东一带。据《史记》所载，齐太公因袭传统习俗，简化礼仪。据《汉书・货殖传》记载，齐太公刚受封时，人民寡。于是齐太公重视女功的技巧，通商工之业，通鱼盐，人民多归齐，所以齐的冠带衣履遍天下。在管、蔡作乱之时，齐受命征伐，所以变得强大。晋国的始祖是唐叔虞，他是周成王的兄弟，受封于唐。据《诗谱》记载，唐是尧的旧都，即今日的太原晋阳。因为南有晋水，所以他的儿子改称为晋侯。在灭他国的过程中变成强国。

楚国最初受封的是熊绎（yì），为帝颛顼之后，为华夏族即汉族的一支，进入南蛮之地。在征伐中变得强大。据《史记》记载，秦国的祖先是帝颛顼之苗裔。受封之人的名字是非子，原来是替周孝王主马的，即附庸。周幽王之时，秦襄公曾发兵救周；周平王东迁之时，襄公又发兵送他，所以周平王封秦襄公为诸侯，赐之岐以西之地。所以，秦襄公为秦国的开国者。后用了十二年征伐戎。秦文公为秦襄公的儿子。秦文公十六年时伐戎，戎败，秦文公收人占地，变成强国。

据《史记》记载，吴太伯和吴太伯之弟仲雍都是周太王的儿子。太王要立其他的儿子，所以太伯和仲雍逃到了荆蛮之地，文身断发。太伯到荆蛮之地后，自号为吴。因为太伯很义气，所以有千余家来归，立为吴太伯。周武王战胜了殷时，周章受封。在吴王寿梦立的时候，吴国开始强大，并称王。后巫臣教吴民用兵乘车，使吴蛮变得开化。据《史记》记载，越王勾践的祖先是禹的苗裔，夏后帝少康的庶子，受封于会稽，即现今的浙江绍兴，以奉守禹之祀。越国的开化比吴国更晚。春秋诸国，凡接近于异国的都很强大，而居于腹地之国都比较弱。商灭夏、周灭商、秦灭周，都是从陕西用兵的。接近异族，有竞争，而且容易拓土易广，所以容易变得强大。

齐桓公曾会诸侯创霸业。齐桓公死后，诸子争立而产生内乱，从而使得齐国的霸业告终。宋襄公平定了齐国的内乱，想要图霸，但败给楚人，所以霸业未成。宋襄公死后，北方的诸侯都折，楚国为霸。晋文公打败楚人，北方的霸权落入晋国之手。晋文公曾与秦穆公结秦晋之好，秦穆公有恩于晋文公。二人曾要尝试合兵围郑。郑国派了一个大夫去见秦穆公，秦穆公背叛了晋文公，帮郑守国。晋文公死后，秦穆公发兵袭郑，晋襄公打败秦军，获秦军三帅后释放，秦穆公引咎自责。后秦穆公伐晋，打破了晋国。晋襄公去世后，晋灵公继位，颇无仁道。晋楚开战，晋师败绩，楚庄王成为霸主。

宋臣华元与晋楚两国的执政者都要好，出来合二国之成，使得二国在宋西门外合盟。而不久楚共王就与郑国勾结背叛晋国。晋厉王与楚共王开战，楚师败。郑国不服晋国。晋厉王被杀，晋人立晋悼公，与楚国争逐很久，最后征服了郑国。晋悼公去世后，晋国和楚国都开始衰落。宋臣再合晋楚之成，让晋楚结“弭（mǐ，止息）兵之盟”。晋文公创霸之后，北方之国常服于晋，而南方之国常服于楚，只是郑国叛服于晋楚之间。晋楚争霸，争的主要是郑国。“弭兵之盟”后，直到春秋时代终结，晋楚之间再没有因争霸而起的战役。

在晋楚皆衰之时，正是吴越强盛之时。从巫臣适吴开始，吴国就开始强盛，常与楚国交兵，而常常是楚国不利。当时的楚相好贿，晋国六卿执政，非常腐败，合北方诸侯的目的就是求贿。吴国出兵，大破楚师。楚国忠臣到秦国搬来救兵，楚昭王才得复国。在春秋时期，鲁国为二等之国，都在山东曲阜。这个时候，越国也开始强大起来。越国的允常去世后，吴国攻打越国，吴王受伤而死。吴王的儿子夫差打越国，越国被打败。越王勾践带着余兵栖息在会稽山上，派遣大夫带厚礼来求和。夫差同意，勾践得以归国，卧薪尝胆。夫差破越之后便骄奢起来，开始沟通江淮，北伐齐鲁，与晋国争长。越国人围攻吴国，夫差自杀，吴国就此灭亡。勾践带兵渡淮，与齐晋诸侯会师于徐州。周元王赐勾践为伯。

古人最开始在黄河流域竞争，而春秋时代开始在长江流域竞争。对长江区域的开辟，先从中游流域[①]开始，后到下游领域。圣典时期的文化是从北方来的，从汉域入江城，所以从中游开始开化。上游领域的四川，是到战国的秦灭巴蜀之时，才纳入中国的版图。南岭以南的闽粤二江流域是在秦并天下之后才纳入中国的版图。在战国时代，春秋时期的晋国分为韩国、赵国和魏国；在齐国，田氏篡位；楚国灭了越国；燕国慢慢强大起来。齐、燕、韩、赵、魏、秦、楚并列为战国时期的七大国。在七国中，燕国最弱，所处的地方比较偏僻；楚国最强；齐国的状况与春秋时期差不多；韩、魏、赵因为底子强，虽然分了依然比较强。在春秋末期，秦国久已默默无闻。在战国初期，秦国国内多难，为魏国夺取。秦国因为地处偏僻的河西，开化最晚，各国最看不起它。据《史记》记载，在秦孝公元年，楚魏与秦国接界，魏国修长城。在楚国的南面有巴，还有黔中。当时的周室微弱，诸侯互相争政，互相争并。

---

① 大的区域由上游的“领域”（源头），中游的“流域”（路过）和下游的“领域”（目的地）构成。

秦国不与中国的诸侯会盟，还需要对付夷狄。秦孝公即位之后，重用了商鞅，定了变法之令，把全国之人都驱到农战之中，国势骤然强盛起来。据《汉志》记载，秦国最先废井田而开阡陌。阡陌指的是田间之道，标明的是疆界，用来看田的广狭，分辨田的纵横，也可以通人物的往来。通过阡陌使得民永远都有田，永远都有业，而不再一次次归授，免得产生欺隐之奸，这样就能把地全部变成田，让田都能够出税，让人难以有自私的侥幸。所以，据《文献通考·田赋考》记载，《秦纪》和《鞅传》都说，给田开阡陌来封疆，能够使赋税公平。蔡泽也说，通过开阡陌，可以让生民精心从其业，从而能够统一风俗。据《汉书·刑法志》所言，秦国还用了商鞅的连“相坐”之法。

秦国攻打六国分为两个阶段进行。第一阶段是全面占领现今的陕西。商鞅出兵伐魏，大败魏兵。后秦国又伐魏灭蜀。第二阶段为统一全国。秦先出兵打长江流域，主要是攻楚国；再从陕西的潼关出兵打现今的河南，伐韩；又出一支兵打河北，伐韩。上党之人不愿意归顺秦国，投降了赵国。秦国的白起大破赵军，坑埋了降卒四十万。后来，秦灭了东周。秦始皇立后十九年灭赵国。赵国的公子嘉自立为代王，与燕国人合兵。燕国的太子丹派勇士荆轲到秦国杀秦始皇，失败。秦始皇大怒，发兵打燕，燕王逃到辽东。后来秦国灭魏、灭楚、灭燕、灭齐，最后秦国统一天下。

第二节　自私观念的兴起与庸俗之风的盛行

在春秋时代，出现了礼制解体、君臣易位的现象。原来对所有人都具有约束力的礼已经失去了作用。在春秋后期的社会中，充斥着篡逆、暴力、混乱、失范和不公正。据《汉书·食货志》所言，秦国的商鞅破坏了井田制，开阡陌，王制遂灭，有的庶人变成了很富有的人，变成了大地主。在春秋战国时期，古代的经济制度被破坏，各国之间开始交易。国的内部是公有的，而一个国的财产对于另外一个国来说是私有的。在国家之间的频繁交易中，出现了财产私有的风气。在春秋之前，一切的享用都要与身份相称。据《白虎通·五刑》所言，礼不下庶人，目的是要勉励民去当士，因为庶人即使有千金之币，也不能穿不合礼的服装，这样就能不鼓励商业的发展。而在春秋战国时期，有钱就怎么使用都可以，就让人们只顾追钱了。据《汉书·货殖列传》所言，根据以前的先王之制，从天子到大夫至于皂隶等，都配有相应的爵禄、奉养、宫室、祭祀、死生等制度，互相之间的品位是有差别的，小不能僭大，贱不得逾贵。这样上下有秩序，民志就能安定。

在春秋战国时代，出现了三种富人：大商人、大地主和擅于经营山泽之利的人。在这种情况下，拜金主义盛行。古代社会的名山大泽是民的公有财产，而在春秋战国时期则被私人占有，农民很苦，而畜牧、树艺等事业则很发达。据《史记·货殖列传》所言，让贫的人求富，农民不如工人，工人不如商人。据《左传·昭公十六年》记载，最初的商人很难取信于人，所以即使在很小的事情上也得发很重的誓，社会地位是很低的。这种现象在春秋时期发生了变化。据《汉书·货殖列传》所言，在周室衰的时候，礼法堕落了。士和庶人都离开了体制内，放弃了治本即务农，所以商旅之人很多，结果谷不足而货有余。商人在弄难得之货，工人在做一些没有用的器物，士在做反仁道之行。富有的人连土木也披上了文锦，狗和马都吃上了肉。有财力的人变得很有地位。像吕不韦这样的大富商变成了秦国之相。

据《史记·货殖列传》所言，在庶人中出现了富人大富，而贫者吃厌了糟糠的状况。据《史记·货殖列传》所言，由于私欲横流，导致了人们迫于生计而奔走求事的状况。壮士不避汤火，为的是重赏；少年不避法禁，为的是财物；女子嫁人不择老少，奔的是富厚；游闲公子佩戴的目的在于显富贵之容；渔猎之人不避猛兽之害，为的是美味；游戏之人斗鸡走狗，目的是要争胜；吏士舞文弄法，目的在于得到贿赂。据《庄子》所言，当时天下大乱，也弄不清楚谁是圣贤之人，道德也不统一，天下的人都在追求满足自己的欲望，以自己为方，即把自己当成中心。

东周之后，贵族政体逐渐崩坏。有学识的做专官的人逐渐变成了平民。某官之守变成了某家之学，于是民间才有了聚徒讲学之事。民间的有识之人逐渐增多，而贵族里的可用之人则逐渐减少。这样就不得不进用游士。当时讲求学问的人，逐渐变得以利禄为动机。游士的才学比世卿高，但是爱国之心比较薄弱，用别人的国家来为自己追求荣华富贵。西周之前的学术是由贵族专有的，到东周才普及到平民。西周之前的宗教和学术是合一的，到东周才分离开来，才出现了学派。各家的学术都出自王官。

第三节　礼治及礼崩乐坏

据《左传·昭公二十五年》所言，子大叔在论礼时说，礼指的是天、地、人的普遍法则，表现在天之经、地之义、人之行中。天经地义是自然法则，人世社会仿效自然法则而立民行之礼。因为礼是则天因地的，因此有以奉五味、五色，以则地义和以象天明的各种礼。礼的要义是上下之纪和人伦之则，而不是仪节度数。这样，子大叔就在论礼中，把礼义与礼仪区分了开来。礼的政治化指的是礼从礼乐文明到政治伦理规范的转变。子大叔认为，礼主要指的不是揖让进退的仪式和礼节，而是指君臣有上下之分、夫妇有内外之分、父子有老小之分、兄弟有长幼之分、甥舅有远近之分的伦理规范。要按这种伦理规范来进行有序的统治。这些人伦关系是以天之经和地之义为依据的。所以，子大叔认为，礼指的就是要有上有下之纪（jì，即把乱丝理顺），要以天地之经纬为礼的标准。在后来的《礼记》中，礼被称为礼之本，而仪则被称为礼之文，文即是恰当的表达方式。礼政指的则是礼制系统，其中包括政治、行政和刑罚等政治原则。

一　礼乐的文雅生活方式

在春秋时代，鲁国被公认为周礼的忠实的传承者和代表者。在《左传·昭公二年》中，晋国的韩宣子感叹说，周礼尽在鲁矣！据《左传·襄公二十年》所言，吴王寿梦之子季札到鲁国访问，请求观赏鲁国所擅长的周乐。在观赏的过程中，他的评论和鉴赏力都达到了非常高的水平，看到了周乐精美的极致之处。据《左传·襄公四年》所言，鲁国的叔孙穆子回访晋国，晋侯以享礼接待他。穆叔孙穆子对于有的奏乐歌诗没有拜谢，而有的又拜谢了三次。当问起时，他说有的乐不是臣子能够享用的，不合乎礼，所以不敢领受。在《左传》中记载了春秋礼乐文化中的赋歌、诵诗以及乐舞实践。

在春秋时代，诸侯、卿大夫在燕礼、享礼、朝礼、聘礼以及会盟等正式交往的场合中，都会口赋《诗经》中的诗句来表达互相的意愿。歌诗是行燕飨之礼的重要组成部分。在《仪礼·燕礼》中记载了燕飨之礼中的歌诗仪式。在《仪礼》之中，歌诗指的是宴集场合的配乐歌诗，分为正歌和纳宾之歌两个部分。正歌为主体，纳宾之歌比较简单，最后歌小雅的《鹿鸣》。燕礼的仪式是固定化的，通常不用客人作出什么反应。赋诗与歌诗是不同的。歌诗要以乐伴奏和以歌咏之，通常是礼仪性的和固定化的，而在赋诗中，参加者可自选引用《诗经》中的诗句来表达自己的意愿。据《国语·晋语》所言，晋公子重耳流亡到秦国，秦国以国君之礼享之。次日宴宾，在重耳和子余与秦伯的相互赋诗中，重耳表达了自己的复国志向，秦伯表示了会帮助重耳。重耳表示了如能返国，必朝事于秦。秦伯表示他相信重耳返国后一定能成大事。

春秋时代的卿大夫还有以赋诗会友的文化。据《左传·襄公二十七年》记载，郑伯招待赵孟时，请七位大夫作陪。赵孟请七位大夫各赋一诗，这样既能成其礼仪，又能了解各人的心志。子展赋诗说见到赵孟，感觉到晋国是能够信赖的。印段也赋诗称赞赵孟。而伯有则赋了用来讽刺卫宣姜的淫乱的诗。宴会后，赵孟私下对叔向进行了一番评论。赵孟认为子展和印段都是人民的好的领导人，而伯有则可能会犯上作乱。在《左传》中可以看到，春秋时代的不少贵族妇女和国人也会以歌诗待宾和赋诗言志。赋诗必须熟悉《诗经》的出处和含义，而且还必须合于礼，才能表现出一个完整的君子形象。对诗乐的使用是对人的礼乐知识和道德品性的一种检验方式。在赋诗和引诗的表达方式中，首先要在知礼和守礼的前提下，强调正直不阿、美妙不谄、婉转逊己。这样往往能够在片言之间化解纷争。

二　礼治的分封体系

一个社会的组织体系可以分为统治结构和更迭制度两个部分。统治结构指的是政治和社会统治中的权力等级结构，而更迭制度指的是权力位置的递补和继承的制度安排。在春秋时代，各个诸侯国的主要权力结构是以公、卿、大夫为主的多级封君体制。在这个等级结构中，包含着权力位置之间的关系，即每一个权力位置、人民和土地的属从关系。在西周和春秋时代，统治结构、更迭制度和相应的道德规范，都属于礼制的范畴。周初的土地全是天子的，天子把土地在族内按军功分配。在春秋中期，社会的宗法封建领主制是相对稳定的。宗法关系指的是公（包括有爵位的公、侯、伯、子）、卿、大夫、士之间的亲属关系。国君的位置是通过长子继承制在家族内世袭的。卿和大夫的权力位置通常也是在家族内继任的。卿大夫的权力位置代表着一定的政治和行政权力，还代表着对封邑之地和民的一定的占有关系。

天子的亲族很多，没有那么多土地来分封，就冠以“内诸侯”、王室大夫或士的称号。在周初之时，就有了以诸侯立家的做法，而在西周晚期，诸侯国逐渐变大后，才开始立大家。自西周晚期以来，在诸侯国的卿大夫中出现了大族。在西周末和春秋中叶，出现了强大的宗族。在春秋初期，卿大夫之族有侧室和贰宗的还比较罕见，而到了春秋中叶，强大的卿大夫之族则多有侧室和贰宗。据《左传·桓公二年》所言，国家是由天子建的，为公家；大家是由诸侯立的；卿有侧室；大夫有贰宗；士有隶子弟；庶人工商各有分亲。在每个等级中还有等级。等级越往下，权力越小。每个等级下都管着人。在国那里只有上没有下，而到了民这里，就只有上，没有下了。民服事其上，而下无觊觎（jì yú，希望和非分之想）。凡是得到公家的冠，帮公家管人的都叫官，官就是戴上冠，从而有权管人的人。

建、立、置都是把财富和民人向下分配，同时把管理权给予受封者。在西周时代，按宗法制的规定，诸侯的权力位置是由宗子继承的，而其他的儿子立为卿。卿的宗子可以世袭官职，卿的别子被立为侧室。同族之人都同姓。从西周末到春秋初开始，有军功的异姓可以被立为大夫，大夫的后代也可以依照宗法原则继承官位和利益。春秋早期，在各国的卿大夫中出现了大世族。在大世族中，也实行宗法分封之制，卿大夫、侧室和贰宗，都是大大小小的封主，都占有土地和人民。周代的封建社会有着宝塔式的等级结构。在周代的社会组织中，各级诸侯为周王室的属下，每个诸侯都对周王室称臣，而对其属下则为君。所以，君就是上有主，下有臣的人。每个诸侯在自己的领地都是统治者兼领主，诸侯必须对周王室尽义务，主要是要按期纳贡和朝觐（jìn，诸侯秋天朝见帝王），要出兵助王征伐。诸侯是可以养兵的。周王在自己直接管的畿（jī，国都四周的广大地区）内，诸侯在自己管的国内，又把大部分的土地分给同姓的卿、大夫做采邑。受封的卿、大夫要向分封者称臣，对周王和诸侯纳贡和供役。卿大夫又是其封地的民人的世袭领主，该封地上的人民要向主纳租税、服劳役和兵役。

在西周之时，王畿内的小封君通常来自王族，诸侯国的卿大夫也多是诸侯国君的同族。与王同族的称为公族。周王被称为王室，诸侯被称为公室，大夫的世袭家业被称为氏室。从人数上论，氏室最多。氏室的领地按邑或县来计算。大氏室通常有上百的封邑。大夫把食邑的一部分分给一个庶子，在这部分土地上另立一个被称为侧室或贰宗的世家。大夫也可以把一部分土民作为赏邑，分给自己宠信的异姓人。在氏室拥有的各邑中都设有邑宰，管理家务的叫家宰。家宰在职的时候有食邑，而在离职时要把食邑还给大夫。大夫设立的侧室和贰宗为同姓亲属，因为另立世家，所以称为小宗，而大夫之家为小宗的大宗。大宗为主，小宗为陪臣。在西周，宗与家的基本单位是室，室的主要财产是田，耕种田的是民。室是贵族能够比较自由地支配的财产和人力，所以室为家和宗之基。室老是大贵族的家宰，是等级最高的家臣，在家宰之下有臣属和隶仆。贵族的臣的身份为士，大贵族有很多的臣。在春秋中叶之后，凡大夫都有封邑，只是大小和多少不同而已。在大夫的邑中，在邑宰之下有臣僚。家臣称自己的大夫为君或主。家臣中的宰有自己的封邑，大的家臣可以变成氏。

三　礼崩乐坏的社会乱象

据《左传·襄公二十一年》记载，叔向说，礼是政之舆，政是身之守。怠慢了礼，就会失政。失政，就不能立，从而导致政治的混乱。据《左传·闵公元年》记载，齐侯想乘鲁国乱的时候侵占鲁国，而齐大夫劝阻他说，鲁国还没有乱，因为鲁国还秉持着周礼。周礼是治国之本，本还在，就说明国还不会亡。据《左传·昭公三年》记载，晏子提到陈氏以大斗借粮给人民，以小斗收回，让百姓得利，所以归之如流。晏子担心民心会被陈氏所收买。据《左传·昭公二十六年》记载，晏子说陈氏虽无大德，但有施于民，所以民归之。为了防止陈氏这样的人收买人心，应该加强礼制规范，让大夫施善不能超出其氏族的范围，以免形成对抗公室的力量。晏子还强调了君令臣共、父慈子孝、兄爱弟敬、夫和妻柔、姑慈妇听的伦理规范。所以，在春秋时代，礼乐演变成礼政，贤士们更关注礼中的合理性，而不只是礼的礼宾和仪式意义。

宗法政治的解体主要是因为两个方面的权力变化导致的：一个是内外权力的变化，即同姓和异姓之间的权力关系的变化；另一个是上下不同权力位置的变化。在内外的权力关系方面，由同姓的公族主政逐渐变为异姓的大夫主政，引发了上下关系的失调。宗法封建制度的帝国，就像是一个累世同居的大家庭。开始时由一个精明强干的始祖率领几个少子，作为第一代在艰苦合作中置办家业，建成一个和睦亲热的、令人羡慕的家庭。到了第二代，儿子们娶妻生子之后，儿子与父母之间、儿子与儿子之间开始疏离。到了第三代，祖宗叔侄和堂兄弟之间开始在背后说相互间的闲话，出现了人多口杂的现象。到了第四代和第五代，家庭成员之间就开始出现争夺、仇怨，开始冲突和打架。即便如此，亲戚毕竟是亲戚，他们之间的冲突总是有调停的余地，还会顾及人情，不敢做得过分。外姓人逐君或杀君后，还需要找一个比较合法的继承人作为傀儡。宗族经过的世代越多，关系越疏远。君臣上下是靠权力维系的，当权力消失的时候，只靠亲族的人情或君臣的名分去维持，就长久不了。

殷周的各种官职，一旦家族中有一人当官任某职，子孙就会继承这个官职，而且继承的不仅是官职，还有任这个官职的相关知识和技能。在世官制中，存在着知识和技能的传承，所以官守也是某种知识之守。在周代以来的礼治秩序中，存在着亲亲与尚贤的矛盾。周王给诸侯命氏，是用封土之名来命氏的。而诸侯给大夫命氏，则是以大夫的字来命其族氏的。在命氏的同时封土赐田。所以，世族是可以世禄和世官的。周代的封建制是以亲亲为轴心的，依赖血缘的亲疏差等来形成比较稳定的权力和利益的分配、转移和继承体系。但是，在周初已经有异性贤臣受封的情况。在需要抵制内忧外患的情况下，必须不拘亲疏任用贤能，需要根据贤能者的贡献而提升其官职，分封给贤能相应的利益。春秋时代从开始时就存在着诸侯国之间的冲突和兼并，国家之间频繁地发生征战，因此需要突破亲亲的原则，要任用军政方面的贤才，因此要尚贤。当时，凡是能够起用异姓人才的国家，往往能够在诸侯间的竞争中胜人一筹。据王国维所言，治天下需要尊尊、亲亲、贤贤。用尊尊、亲亲来治理宗族，用贤贤来治官。天子诸侯是有土的君主，君主要传子和立嫡，要采用世袭制才能免争斗；而官指的是卿大夫士，官是臣子，臣子图的是事，必须任用贤能来做事，才能治天下之事，所以官是不能世袭的。

春秋时代是大夫主政的时代，而到战国时则是士主政的时代。在春秋时代，出现了大夫专政和家臣干上的情况。大夫家族的财富大量积累，公室财富衰落，为大夫专政提供了经济基础。在春秋初期和中期，宗法贵族的领主占有制向着非宗法贵族的领主占有制发展，但社会生活依然浸泡在礼乐文化之中，异姓的执政者都还认同礼乐文化。而到了春秋后期则出现了礼崩乐坏的现象。在周礼中，礼乐文化不只是诵诗乐舞，还包含着威仪。据《左传·襄公三十一年》中的北宫文子所言，有威才可畏，威和畏都可以用仪的象来表现。君有君的威仪，君通过严肃静来让臣有所畏，在畏中生爱。臣有臣的威仪，臣也是用严肃静让下级生畏的。要通过威才能守住官职，保住宗族，给家带来宜处。顺指的是上下都有威，这样就能互相加固。在君臣、上下、父子、兄弟、内外、大小之间都存在着威仪。君子是用威仪来居高临下的。君子的位是可畏的，君子的施舍是可爱的，君子的进退是有度的，君子的周旋是有规则的，君子的容止是可观赏的，君子作[①]事是有法度的，君子的德行是有迹象可察觉的，君子的声气是能够让人感觉愉悦的，君子的动作是文明的，君子的言语是有章法的。

在西周结束之时，周礼的秩序已经出现了衰落的迹象。随着诸侯力量的日趋强大，周天子完全丧失了自己的威严。到了春秋中后期，君臣之间已经失去了威仪，不再有畏而爱之的关系。在春秋中叶，大夫渐渐掌握了诸侯的政权。周王室的政权也下移到了大夫即内诸侯的手中。在春秋的中后期，公、卿、大夫、士、家臣、宰的统治结构依然是比较稳固的，而在更迭制度上，则出现了以下反上的现象。在继承上，从原来的有序继承变成了无序继承，欲望和力量在冲破着制度和规范的约束。在春秋后期，职官的地位下降，因为出现了官僚。王公的臣仆任的是具有礼制性的职官，而司马、司君、司政则为官僚。此时的社会结构开始从礼制向政制转变，其中伴随着税制、赋制和刑书的变化。在春秋末年，普遍出现了大夫专政而天子无权的现象。

据《左传・昭公三年》中的齐国的晏子与晋国的叔向的对话所言，昭公三年之时，齐国的国君昏乱，国君大量聚财，人民的三分之二的所得被国君收走，老人们挨冻受饿。国君以严刑治民，践踏人民。晋国的宫殿越发华丽，而庶民日益贫穷，路面上到处都是饿死的人。晋国国君以乐度日，人民听到他的命令，就像遇到强盗一样逃跑。公室衰微，异姓大夫开始专政。在礼崩乐坏的情况下，子产把郑国的刑书铸在鼎上公布。晋国的叔向写信给子产表示反对。据《左传・昭公六年》记载，叔向说，先王议事用制而不用刑律，主要是怕民起争心。要用义来让民有休闲之心，用政来正民之心，用礼来规范民的行为，用信来守民，用仁来奉民。所谓制度就是要设立禄位的顺序，目的在于让民能够顺从。严断刑罚的目的是要立威，目的是让民不要做过度的事。在民还没有做过度之事时，就让他们恐惧。要用忠、和、敬、刚、慈、惠来对待民，这样民就能任由君使，而不生祸乱。如果用刑律，民就不会忌上，就会有争心。民不讲礼，只是按

---

① 合作就是把二合为一之“作”，这就是作品，就是著作。每个具体的原始的二合为一，都具有原创性，所以叫原作。作为动词的“作”强调的是意义，而“做”强调的是实干。做强调的是不要只是拿着棋子琢磨犹疑，想好了就要果断落子。当然，一定要谨慎谋定后再落，因为只要落子，大脑中的相关神经元之间就会形成固定不变的联系，无法更改和抹除，所以是无法悔棋的。所以，作强调的是自己作主的整件事的意义，而做强调的是具体实施，这样就有了“作事”与“做事”的区别。

法律行事，就会什么都争斗，结果导致乱狱滋丰，贿赂并行，国家就会衰败。

第二章　仁德的重要性的凸显

第一节　祭祀观和鬼神观中强调的仁德

据《国语·楚语》所言，祭祀的目的是要昭孝息民，要安抚国家，要让百姓安定。据《国语·鲁语》记载，展禽指出，自西周以来，享受国家级祭祀的人有五类：德施于民、以死勤事、以劳定国、能御大灾、能扞大患的人，其中包括黄帝、尧、舜、禹、文王、武王等。对这些有功德的人的祭祀方式分成五类：禘、郊、祖、宗、报。国家还承认对于天之三辰（日、月、星）、地之五行（金、木、水、火、土）、九州的名山大川和其他有功有德于民的人的祭祀。据《国语·楚语》记载，按观射父所言，贵族和平民在祭祀时要食用和献祭不同的食物和牲物。在回答周昭王提出的问题“能不能废止祭祀”时，观射父回答说不能废止，因为祭祀具有教化百姓的功能，让老百姓学会敬畏和顺从，从而能够保持社会的安定团结。在春秋后期，人们对神灵祭祀的信仰开始衰落，祝史的地位开始下降，事神的事业变得没有从前那么重要。有识之士不信占卜、不重视祭祀，而是崇德贵民。祭祀活动逐渐变成了纪念活动。

一　不仁之君的祭祀是无效的

在春秋时代，以祝史为代表的祭祀文化逐步衰落，但是祭祀依然是重要的。据《国语·周语》记载，周宣王继位之初，要废除籍田之礼。古代的君主都有籍田千亩之礼。立春的时候，君主要带领百官庶民耕千亩之田，以作为万民的表率。直到明清时代，皇帝也要到天坛和农坛去做个姿态，以表示重农和劝农之意。虢（guó）文公劝谏说，国家的最基本的两件大事是媚于神与和于民。民的大事在于农业，而祭祀神的品物来自农业，所以不能废除籍田之礼。人们相信天这个上帝还是存在的。据《国语·晋语》记载，虢文公梦见了神人，这个神人来自天上的帝廷，因此知道了天帝让晋征伐虢的命令。这个神是人兽合体的，面有白毛，手为虎爪。据《左传·昭公七年》记载，成简公代表周王在卫吊丧时说，希望卫襄公升天后在周的先王左右共同服事上帝。据《左传·昭公元年》记载，按子产所言，日月星辰之神和山川之神都是要祭祀的，但是不能随便乱祭祀。要遇到水旱疫之灾的时候才能祭祀山川之神；要遇到风雨雪霜不正常的时候才能祭祀日月星辰之神。身体健康不健康主要在于要有节制、要有宣泄，要遵从礼制。按礼制规定，同姓是不能结婚的，否则就会有疾病。

在祭祀中特别强调了仁德。据《国语·楚语》所言，昭王问观射父说，据《周书》所说，重黎使得天地不通了，这是为什么？难道民还能登天吗？观射父说，不是这个意思。在古代的时候，民神是不杂的，指的是民的精神是统一的，能够齐整衷正。在智上能够上比于天，下比于地，从而能够认识到什么是义；在圣上能够光远宣朗；在明上可以接受光照；在聪上能够听而彻底明白。这样的人就是有明神降之的人。男的称为觋，女的称为巫。他们负责制神之处、位、次主，配上相应的牲、器、时服。在这个基础上，再设有管理天、地、神、民、类物之官，称为五官，让他们各司其序，相互之间不能乱。这样民就能够有忠信，神就能够有明德，民和神就能够各有各的事业，民能够敬神和不亵渎神。这样神就能够降嘉生于民，民能够用物敬奉神，神能够享受到民敬的物，这样就没有灾祸，用的也就不匮乏。而这种状况到了少皞（hào）之时就衰落了，九黎把德给弄乱了，让民和神杂糅在一起，无法方物了，即对物的使用没有了规矩。人在祭祀上也就匮乏了，不知道祭祀能够得福。人自己享用无度，让民与神同位。民亵渎了齐盟，从而没有威严。结果嘉生不降，没有物可以享受，惹来了灾祸。颛顼命南正重司天以属神，命火正黎司地以属民，恢复到旧常，让神与人不相侵渎。这就叫绝地天通。

据《左传·成公十二年》记载，春秋时代的国与国之间订立盟约时，要以明神为誓言。据《左传·襄公九年》记载，根据子展所言，如果国与国之间是在要挟的情况下，而不是在诚信的情况下订立的盟约，是可以不遵守的。违背这样的盟约，神是不会降罪的，因为神是重视信和善的。据《左传·昭公二十年》记载，按晏子所言，国君患病不应该看献祭是否丰厚，也不能看祝史是否尽责，而是要看政治是否清明，上下是否和睦。如果君主淫虐无道，掠民害民，就会惹得神发怒，从而降祸于国君。政治的根本在于敬德保民。神不仅要听取祝史的祝祷，更要听取万民的控诉和诅怨。据《国语·周语》所言，国将要兴盛的时候，君王是齐明衷正和精洁惠和的。君王的仁德足以让人闻到其馨香，其惠足以让民与他相同。这样就能够使得民神无怨，明神就会降之。明神看到君王的政德，就会均布幸福。国要亡的时候，君是贪冒辟邪和淫佚荒怠的。这时神就会降祸。据《左传·桓公六年》记载，楚国准备伐随，随派少师来讲和。楚国故意让少师看一些老弱残兵，结果少师中计，随侯同意发兵。季梁劝阻说，随小楚大，只有小国合乎仁道，大国反于仁道的时候，小国才能与大国抗衡。合仁道的意思是要忠于民和信于神，即要利于民和如实向神报告民的情况。民事要做得好，需要不违农时，要让民修《舜典》中的五教，要亲睦《尧典》中所说的九族，其中体现了人为神主，先民后神的观念。要把民事做好，让三时大顺，民和年丰，上下同德，这样明神才会赐福。

据《左传·昭公二十六年》记载，当齐国出现预示着有灾祸的彗星时，晏子反对通过禳（ráng，消除灾殃、去邪除恶）祭来消灾。晏子认为，只有除秽才能消灾。如果君主的德行有污秽，靠祭祀是没有用的。如果君主乱了仁德，人民就会逃亡，通过祭祀是阻止不了的。据《左传·昭公十九年》记载，在郑国南门的潭中，有龙在争斗，国人请求通过禳祭来去之。子产反对说，龙斗龙的，与人何干，难道要让龙不在潭中吗？据《左传·昭公二十九年》记载，按蔡墨所言，古代不仅有专门驯服龙的人，还有专门管理各种动物的人，他们的职业都是世代相传的，因此能够做得很好，各种动物会来至来归。在《周易》中有很多关于龙的记述。负责管龙的人一旦失职，就会失官、失俸禄，甚至被处死。在夏代，负责管龙的人畏罪潜逃了，所以龙没有人来管理，所以就不再生育，龙就越来越少了。古代还有五官来负责五行，他们的职业也都是世代相传的。后来，水官被废弃了，所以由水官负责的龙也就慢慢不见了。据《左传·昭公十年》记载，臧武反对杀俘祭祖的做法。他说，周公只享用符合礼义的祭献，不能用人来作为祭祀的牺牲品。据《左传·僖公十九年》记载，子鱼认为民是神之主，不能用人做牺牲品来祭祀神。不能为了获得霸主的地位，而用抓来的君主举行社祀。

二 有仁德的鬼神才有享

中国古代的神有多种形象。可以把鬼神分成神祇（qí，地神）和鬼魂。人死了变成鬼，而鬼的形象通常是人形，特别是祖神。不过祖神也会变成兽形，而变成什么兽，与人的特征是有关的。有的鬼的形象直接就是动物；有的非人非兽；有的就是物。最初的人恋家，死了讲究要全尸，要落叶归根，要死在家乡，主要是因为在家乡自己才能够死而不朽。在家乡的话，要么变成神上天，要么变成鬼被祭祀，否则就会变成孤魂野鬼。死在自己的国、家，死后都能与宗族的祖先的魂魄在一起，能够得到子孙的祭祀，因此能够死而不朽。据《左传·僖公十年》和《左传·僖公三十一年》记载，鬼神只保佑本部之族，也只享用本族的献祭。在春秋中期以后，死而不朽的观念被突出出来，要能立德、立功、立言才能称得上功德圆满。据《左传·襄公二十四年》记载，穆叔即叔孙豹说，一个氏族世代做官享禄并不是死而不朽。我听说有三不朽，最大的不朽是立德，其次是立功，再次是立言。据《左传·僖公五年》记载，宫之奇说，鬼神不是谁的亲人，只依从于德。没有道德，就会出现民不和、神不享的状况。通过明德则可以荐馨香。据《左传·昭公元年》所言，如果神怒民叛，怎么可能长久呢？

据《左传·僖公三十三年》记载，僖公三十三年时，秦军败给了晋军，晋侯释放了秦将孟明等。孟明对晋侯表示感谢说，如果回到秦国，被秦君杀了，也能死而不朽。据《左传·成公三年》记载，成公三年时，楚王释放晋国将军知罃（yīng）归晋，知罃感谢楚王说，如果回到晋国，国君赐死则能死而不朽。如果国君免他一死，父亲赐他死在宗庙，也能死而不朽。据《左传·昭公十七年》记载，郯（tán）子为少皞之后。昭公问郯子，为什么少皞氏用鸟的名字来给官位取名？郯子说，主要是要纪念①凤鸟。在一个部族兴立的时候，会遇到某种祥瑞之物，这种物象就会成为一个族群的文化象征，体现在官职的名称之上。历史上曾有过云纪、火纪、水纪。据《左传·昭公二十九年》记载，上古之时有五正之官，本族的子弟世代继承其祖先之职。五正之官中的有功者死后被祭祀为神，因而有五祀。据《左传·昭公二十九年》记载，按子产所言，有功德的人死后会被当成神祭祀。商丘以辰星定农时，大夏以参星定农时，所以二者死后被奉为辰星之神和参星之神。

所有的礼都是讲究顺序的。据《左传·文公二年》记载，夏父弗忌主持祭祀时，把僖公之位升于闵公之前，而按照礼制，应该是闵公在前，这就是逆祀。弗忌辩解说，因为僖公为新鬼，闵公为故鬼，新鬼比故鬼大，按大小顺序排列，就应该把僖公排在前面。在《国语·鲁语》中，弗忌还说明了在排序的时候要考虑明德，所以为了明德把僖公排在前是顺的。在《国语·鲁语》中，展禽对夏父弗忌的行为进行了评价，展禽认

① “是要纪念”意思是“是想要纪念”，强调动机，而“是纪念”则强调客观。

为弗忌把僖公升前的做法是犯顺的，破坏了正常的秩序，因此犯了人道和事鬼之礼，必然会遭殃的。据《左传·僖公十年》记载，鬼是可以为人形、能说话、能通上帝、能附着于巫者身上的。春秋时代，人们坚信鬼死后是要吃享的。如果没有食物，也没有归所，就会变成厉鬼。据《左传·昭公七年》记载，根据子产所言，鬼的归宿是要能够享受到子孙的供享。人有身体的时候，就有了魄，魄为阴，从而也有了阳，阳为魂。人因为衰老而死，魂魄会很衰弱，所以人死后慢慢就消散了。如果人是非正常死亡，即强死，因为魂魄还很强，因此会附着在他人身上。活着时享用物品多的人，死后更容易变成厉鬼。

人与鬼神通常是在梦中相见的。据《国语·晋语》记载，按子产所言，只有当国君昏乱的时候，厉鬼入梦，才会生病。如果国君是开明的，梦见鬼了，就说明该祭祀这个鬼了。据《左传·僖公三十一年》记载，卫国一直在按周成王的命令祀康叔。后来，卫侯梦见康叔抱怨说，夏启的孙子相抢了他的祭享。于是，卫侯为了不让相抢康叔的祭享而祭祀相。据《左传·襄公二十年》记载，宁惠子死前嘱咐他的儿子为他掩盖一事。如果儿子办不到，他变作鬼后就宁可饿着也不享食祭祀。在春秋时代，除了流行着上帝、明神、祖先神之外，还流行着精怪、灵怪、神怪。妖通常指的是动物的精怪。据《左传·宣公十五年》记载，按伯宗所言，如果一个国家的人才①很多，但是君主无仁德，国也必亡。商纣就是因此而亡的。天反时就会产生灾，地反物就会产生妖，民反仁德就会乱。而灾和妖都是因为民乱而生的。据《左传·庄公十四年》记载，据申缟（rú）所言，如果社会之气不正，就会出现妖。据《左传·昭公八年》记载，按师旷所言，石头本来是不会说话的。如果人们传说石头会说话，要么是神附于石头之上，要么是民间的谣言，要么是朝廷腐败，民怨载道，因此才会出现石头说话这样的怪事。所以，世乱就会生怪。

第二节　经典和引证中强调的仁德

从西周到春秋，出现了大量的文献，而且有的文献在这个时期被经典化了。在孔子之前，没有私人著作。《诗》《书》《左传》和《国语》中

---

① “人才”强调的是精神方面的一分为二、二合为一的技艺，而“人材”强调的是身体方面的一分为二、二合为一的技艺。

记述的是孔子之前及其同时的宗教的和哲学的思想。据《尚书·多士》所言，从殷的先人那里开始有典有册，而西周以前的典诰，多数是周人用文字记录下来的。而不是所有的文献都能变成经典，被应用到仁德礼制幸福体系中的文献才能称为经典。文献要变成经典，首先要有一个需要经典的时代。在从西周到春秋的时代，《诗》和《书》的经典地位被确立。这个时期的文献的经典化过程，一方面与当时的朝聘制度和礼仪文化相关，另一方面与知识阶层的反复引证有关。在礼乐制度中，赋诗是贵族们显示修养、身份和传达信息的精致而委婉的表现形式。在春秋之时，有引证之风。在闻之曰的后面，常常会复引诗曰来进一步论证。引诗曰和书曰比较频繁。各个民族最初的历史都是通过口耳相传流传下来的。有文字之后，才把口传的内容记载下来。传说是以记事为主的。而在文字产生之后，记言的文献逐渐增多。

据《汉书·艺文志》所言，古代王者都有史官在左右，君的言行都要被记录下来，所以君王的言行都很谨慎。左史记录的是言，右史记录的是事。《尚书》是记言的，《春秋》是记事的。最初主要是记事，因为文字的发展远远落后于语言的发展，而记言的难度比较大。《诗》被广泛地用于春秋的礼乐文化之中。在孔子的时代，《尚书》和《诗经》已经变成了包括孔子在内的人们常引用的经典。据《左传·僖公二十七年》记载的赵衰所言，《诗》和《书》是义之府，礼和乐是德之则，义和德是利之本。固本才能得末，有末没有本，就保不住末。在春秋战国时期，有九类被经常引用的志，其中包括春秋、世、诗、礼、乐、令、语、故志、训典，主要是对历史成败经验的总结。据《国语·楚语》记载，申叔谈到了教贵族子弟时所用的各种教材的功能。他说，教春秋的目的在于崇善抑恶，使之有善心；教世的目的在于明德废昏；教诗的目的在于显德明志；教礼的目的在于知上下之则；教乐的目的在于疏秽镇浮；教语的目的在于要知道如何用明德于民；教固志的目的在于讲废兴的道理；等等。在春秋时代，人们用来引证的还有谚曰、古人有言、前志有之、闻之曰等。《逸周书》成书的年代约在西周后期到春秋早期。《国语》为春秋时代的作品，记录的主要是言论。

一　仁德的重要性

据《左传·哀公七年》记载，子服景伯说，人小却可以把事做大，那是因为信的缘故。人大可以保小，那是因为仁的缘故。据《左传·襄公七年》记载，体恤民为有德，正直为正，正曲为直，参合为仁。据《左传·成公九年》记载，仁就是不背本。据《左传·定公四年》记载，《诗》说，柔亦不茹，刚亦不吐。不侮矜寡，不畏强御。只有仁者才能做到。据《左传·宣公三年》记载的王孙满所言，夏代铸九鼎的本意是用各国所贡的青铜铸造成大鼎，把九州的百物、神物和奸物的形象都铸在鼎上，让人民能够识别出它们。而自商周以来，九鼎成为了王朝是否合法的象征。其实鼎的大小并不重要，王朝政治的真正的合法性来自于是否明德。天命保佑的是仁德，仁德不失，鼎就不会迁移。据《左传·襄公二十四年》所言，有仁德就会有乐，有乐就会长久。据《国语·晋语》所言，司马侯把乐分成两种，一种是居高临下之乐，一种是德义之乐。居高临下之乐为独乐，而德义之乐则为同乐。

据《左传·僖公二十八年》记载，有军志曰，有仁德则不可敌。据《左传·襄公九年》记载的知武子所言，无仁德是不可以伐人的，无仁德是不可以和戎的，无仁德是不可以主盟的。据《左传·僖公四年》记载，屈完认为，要以仁德才能服人，用力只会引来反抗。据《国语·周语》记载，祭公强调周人一贯都是以仁德服人的，而不是以兵服人的，力图为民兴利除害，力图避免劳民出征，使得近无不听，远无不服。据《左传·昭公四年》记载，司马侯认为要战胜敌人关键在于力修政德，惠和待民。只有山川之险和兵马之众是不行的。据《左传·襄公四年》记载，魏绛主张，在一切对外关系中，都应当用仁德，使得远者来，近者安。据《左传·定公五年》记载，不让则不和，不和则不可以远征。据《国语·晋语》所言，重耳流亡经过卫国时，卫文公对重耳无礼。宁庄子对卫文公说，礼是国之纪，亲是民之结，善是德之建。国家不与其他国家团结，就不能善终；人民不团结，国就不能稳固；仁德不建就无立足之地。据《左传·僖公七年》记载中的管仲所言，用礼仪待人，用仁德怀远，让德礼不变，没有人会不怀念的。据《左传·昭公五年》记载，孔子引《诗》云，有觉德行，四国顺之。据《左传·昭公三年》记载，有志曰，能敬重他人，就没有灾害。能敬重为逆者，那便有天福。据《左传·庄公二十年》所言，哀乐失时，殃咎必至。

据《国语·晋语》所言，唯厚德者能受多福，无仁德而服者众，必自伤也。据《左传·襄公四年》记载，有志曰，多行无礼，必自及也。据《国语·晋语》所言，君子哀无人，不哀无贿；哀无仁德，不哀无宠；

哀名之不令，不哀年之不登。据《国语·鲁语》所言，善有章，虽贱，赏也；恶有衅，虽贵，罚也。据《国语·晋语》所言，要别人爱自己，自己必须先爱别人；要别人服从自己，自己必须先服从别人。自己对别人无仁德，而要利用别人，那是种罪过。据《国语·周语》所言，以怨报德是不仁的。不祥就不会得福，不义就不会得利，不仁就不会得民。据《国语·晋语》所言，无功庸者，不敢居高位。据《左传·成公二年》记载，申公巫臣劝庄公不要纳夏姬。他认为，纳夏姬为贪色，贪色为淫，淫为大罚。他引用《周书》说，要明德慎罚。据《左传·哀公元年》所言，树仁德的最好的办法是滋润，而除疾最好的办法是除尽。据《左传·隐公六年》所言，善不可失，恶不可长。行恶很容易，就像火之燎原一样。治国者，见到恶，要像农夫除草一样，要绝其本根，让它不能再繁殖。据《左传·襄公二十五年》所言，要视民如子，见不仁要诛之，就像鹰逐鸟雀一样。

二　具体的德性

据《国语·周语》记载，单襄公说，敬是文之恭；忠是文之质；信是文之孚；仁是文之爱；义是文之制；智是文之舆；勇是文之帅；教是文之施；孝是文之本；惠是文之慈；让是文之材。据《左传·文公十八年》所言，舜曾举八元布五教于四方：父义、母慈、兄友、弟恭、子孝。据《左传·隐公三年》所言，如果爱子的话，就要教给他义是方的，即义是有规矩的，要正而不邪。邪有四种：骄、奢、淫、泆（yì，同溢，自满，放纵），都是因为宠禄过度导致的。六逆指的是六种颠倒了的顺序：贱贵、少长、远亲、新旧、小大、淫义。而六顺指的是君义臣行、父慈子孝、兄爱弟敬。去顺而效仿逆，祸害很快就会到来。据《国语·周语》所言，动时最好用敬，居时最好用俭，施仁德最好用让，做事最好用咨。据《逸周书·大聚解》所言，立正长的目的在于顺幼，立大葬的目的在于正同，立君子的目的在于修礼乐，立小人的目的在于教用兵。据《逸周书·武顺解》所言，天道崇尚的是右，因为日月向西移。地道崇尚的是左，因为水道向东流。人道崇尚的是中，因为人以心为中。心有四佐，四佐不和就会废。地有五行，五行不通就称为恶。天有四时，四时不准就称为凶。天道称为祥、地道称为义、人道称为礼。知天道之祥而能长寿，知地道之义而能立足，知人道之礼而能通行。

据《左传·昭公二年》所言，忠信是礼之器，卑让是礼之宗。辞不忘国为忠信，先国后己为卑让。礼指的是君令、臣共、父慈、子孝、兄爱、弟敬、夫和、妻柔、姑慈、妇听。君令而不违，臣共而不贰，父慈而教，子孝而箴（zhēn，缝衣用的针，引申为规戒），兄爱而友，弟敬而顺，夫和而义，妻柔而正，姑慈而从，妇听而婉（wǎn，柔顺）。据《逸周书·宝典解》所言，九德指的是：孝、悌、慈惠、忠恕、中正、恭逊、宽弘、温直、兼武。据《左传·文公七年》记载中的晋郤（xì）缺所言，没有威严，也不怀远，怎么能够表示自己有仁德呢？没有仁德怎么能够主盟呢？要按《夏书》所说，用休、威和劝，而不要使坏。用来劝的是《九歌》，九歌歌颂的是九功之仁德。九功指的是六府三事。六府指的是水、火、金、木、土、谷；三事指的是正仁德、利仁用、厚仁生。

据《逸周书·宝典解》所言，十奸用穷来干扰静，用酒来干扰理，用辩来干扰智，用洁来干扰清，用死来干扰武，用允来干扰信，用比来干扰让，用阿众来干扰名，用愚来干扰果，用愎来干扰贞。据《逸周书·固九守》所言，九守指的是用均来守仁，用等来守智，用兴来守固，用维来守信，用城来守立，用名来守廉，用信来守戒，用备来守竞，用谋来守国。据《逸周书·昭九行》所言，九行指的是仁、行、让、言、固、始、义、意、勇。据《逸周书·济九丑》所言，思勇就会让人意识到忘义是丑的，思意就会让人意识到乱变是丑的，思治就会让人意识到混乱是丑的，思固就会让人意识到转信是丑的，思信就可以让人意识到奸邪是丑的，思让就能让人意识到残忍是丑的，思行就能够让人意识到顽固是丑的，思仁就能够让人意识到挑衅是丑的。据《左传·僖公二十四年》记载中的富辰所言，君主应该怀柔天下，以仁德抚民，亲近兄弟之国。要崇四德和弃四奸。他说的四德指的是庸勋、亲亲、昵近、尊贤。他说的四奸指的是聋听、愚昧、顽固、嚣张。

三　德政中的文德

古代政治家重视的是如何劝君不要成为昏庸淫虐的国君，否则人民就会生怨，严重到一定程度就会反抗。他们劝君对民要安、抚、恤、勤、庇，要不害民、不妨民。西周的政治重视明仁德、敬仁德、务仁德。据《周礼·天官冢宰·大宰》所言，君王要用八统来驾驭万民：亲亲、敬故、进贤、使能、保庸、尊贵、达吏、礼宾。据《周礼·天官冢宰·小宰》所言，官府要设六职来治理邦国：治职是用来理财的，要使邦国能够保持公平，要让万民的财富比较平均，目的是要节制财用；教职是用来安邦的，要让万民感觉安宁，目的在于让他们能够关怀宾客；礼职是用来让邦国和的，而和的目的是要让万民能够谐，要事鬼神；政职是用来服邦国的，目的是让万民都要正，这样才能聚百物；刑职是用来诘（jí，责备）邦国的，目的是要纠正万民，去除盗贼；事职是用来让邦国富有的，目的在于生百物以养万民。

据《吕氏春秋·长见》所言，鲁国继承宗周的礼治，以亲亲为主，即以感恩为主；而齐国则以尊贤为主，鼓励人立功。鲁国保持稳定，齐国谋求发展。周公主张以亲亲为主。据《礼记·祭义》所言，先王能够治理好天下，主要在于他们能贵有仁德者，能贵贵、贵老、敬长、慈幼。据《礼记·祭义》所言，立爱要从亲亲开始，目的在于教民和睦相处；立敬要从尊长开始，目的在于教民以顺。有了慈睦，民就会感觉有亲很好。学会了敬长，就乐于从命。学会了以孝事亲，就乐于顺天听命。这些都能施行于天下，就无所不行了。

从西周开始，在中国的传统政治中就出现了一种制度化的规谏传统，规谏的目的在于让君主正己和防止民乱。据《国语·楚语》所言，卫武公在95岁时，还发布公告说，希望所有卿以下的在朝者都要给自己提意见，以便训导自己。据《国语·晋语》记载，文子说，贤者在受宠之至时是会有戒备的，而不足之人受宠则骄傲。兴起之王会赏赐谏臣，逸乐之王会惩罚谏臣。古代之王者，在政德齐全之时，首要的就是听政于民，主要目的在于问谤誉于民，以便能够改邪归正。在春秋时代出现了德政思想。德政与政德都与民有关。据《国语·楚语》所言，民是由天生的，所以通过民意能够知天意。据《国语·晋语》记载，赵衰说，德义是生民之本。君主要笃行德义，要不忘百姓。

据《左传·襄公二十五年》所言，从政就像农民种地一样，日夜都要思考。开始就要思考怎么才能成其终。朝夕都要行，但是行不能越思。思如同农田之畔（pàn，疆界）一样，有了畔就鲜有过错。据《国语·齐语》记载的鲍叔所言，治国要通过宽惠来使民柔顺。与仁德相对的有兵、罚、力。在《国语·周语》中，单襄公把“文”作为德行的总名，称为文德。据《左传·襄公二十五年》记载，孔子引志曰，言是用来让志足的，文是用来让言足的，不用文的方式来说话，行而不远。据《左传·僖公三十三年》所言，文不能违背顺的原则，武不能违背敌的原则。据《国语·周语》所言，武不可显示，文不可隐匿。据《国语·周语》记载的祭公谋父所言，先王崇尚的是仁德而不是用兵。先王让民的仁德正从而让其仁性厚，满足民对于财的需求，通过器用来使民得利，让民明白利害，再用文来修民，让民务利而避害，怀仁德而畏威严，这样才能保全大体。性指的是心是向往生的。据《国语·晋语》记载，郤（xì）至说，据我所闻，武人是不作乱的，智人是不奸诈的，仁人是不结党的。

据《左传·闵公元年》记载的臣闻之所言，国将亡，本必先颠，而后枝叶从之。据《左传·昭公六年》所言，国家快要灭亡的时候，就会采用很多专制的做法。据《左传·昭公十八年》所言，小国忘守则危。据《国语·晋语》所言，大国听从天道，小国因袭，称为服；小国傲气，大国袭之，称为诛。据《左传·襄公八年》所言，如果小国没有文德，但武功很强，就会有大祸。据《左传·文公六年》记载的前志有之曰所言，在战争中不能杀害敌方的子孙后代。

在春秋时代，最引人关注的是君臣关系。据《国语·晋语》记载，武公杀晋哀侯之后，让哀侯的大夫共叔成不要追随哀侯而死，共叔成说，民生有三件事需等同视之。父亲生我，老师教我，君主养我。以死和出力来报恩，这就是人之道。我不能因为我的私利而废人之道。据《国语·晋语》所言，君不能随意改变好恶，臣要事君不贰，君有君德，臣有臣德，民才有主。据《左传·僖公七年》记载，子文引古人曰“知臣莫若君”来说明道理。据《国语·晋语》所言，要用敬来事君，要用孝来事父。据《国语·晋语》所言，为人子者，患不从，不患无名。为人臣者，患不勤，而不患无禄。据《国语·越语》所言，为人臣者，君忧臣劳，君辱臣死。据《国语·晋语》所言，军败，死之；将止，死之。据《国语·晋语》记载的据闻所言，申生因甚好仁而强，甚宽惠而慈于民，皆有所行之。据闻外人之言，为仁与为国是不同的。为仁者，爱亲就可以称为仁了。而为国者，要利国才能称为仁。所以说，长民者是无亲的，所以众才以他为亲。如果能够利众的话百姓就和了。

据《左传·昭公二十八年》记载，谚语曰，只有吃饭的时候能够忘记忧愁。据《国语·吴语》记载，越王说，在越国之中，富者吾安之，贫者吾与之，救其不足，裁其有余，使贫富皆利之。据《国语·周语》所言，能够当王的人，是能够导利之人，能够让利布之上下，让神、人和百物都能得其极。据《左传·桓公六年》记载，季梁说，道指的是要忠于民，信于神。利民为忠，正辞为信。据《左传·庄公二十四年》记载，仁德的共同点即共德为俭，最大的恶是侈。先君都有共德。据《左传·桓公十年》记载，虞叔在献玉前，引周谚曰来说明宝物招灾的经验性的道理。据《逸周书·宝典解》所言，直接用宝来治理国家会乱。在宝上设荣禄，让人既得其禄，又增其名，大家就会竞相为仁。在《左传·文公十八年》中，季文子通过大史克引《周礼》说，要用信守原则来观仁德，用仁德来处事，用事来度功，用功来使民得食。

据《国语·楚语》所言，楚国出现了衰败的迹象，因为令尹子不体恤民力，大量聚财，结果盗贼多、民多怨。据《国语·周语》记载，周景王要铸造大钟，卿大夫多反对，认为这样做劳民伤财，而且不合礼制。大钟铸成之时，周景王说钟声甚和。伶州鸠则说，如果大王做钟，大家都高兴，那就是和。现在劳民伤财，人民怨恨，哪儿有什么和呢？人民所喜欢的，没有不成功的；人民所厌恶的，没有不失败的。正如古谚所言："众心成城，众口铄金。"据《国语·楚语》记载，楚灵王建了章华之台，赞此台说，真美啊！伍举则说，国君应该服宠以为美、安民以为乐、听德以为聪、致远以为明。美指的是上下内外大小远近都没有害。美不是可以目观的。如果君王私欲弘奢，君肥民瘠，民有远心，看着好看也依然是恶的而不是美的。

据《左传·襄公二十六年》记载，蔡国的声子说，善于治国的人，赏赐的时候不僭越，处刑的时候不泛滥。赏赐的时候最怕赏给了淫人，处刑的时候最怕伤着善人。如果赏罚做过了，宁愿赏赐过分，而不能刑罚过分。与其失去善，不如让淫人得利。自古以来能够治理好民的人，赏赐的目的是为了劝人为善，刑罚的目的是让人恐惧作恶。据《左传·襄公十四年》记载，师旷说，良好的君主应该赏善而刑淫，要像养孩子一样来养民，像天一样盖着民，像地一样包容着民。而民则应该像爱父母一样爱君，像仰望日月一样仰望君，像敬仰神明一样敬仰君，像畏惧雷霆一样畏君威。在君那里有着民之望。如果君让百姓绝望，使得社稷无主，要君又有什么用呢？据《国语·鲁语》记载，晋人杀了厉公，里革说，臣杀君，过错在于君，因为君失去了威信，君抛弃了其臣民。据《国语·鲁语》记载，里革说，臣杀君不是臣之过，而是君之过。君应该用正去邪。如果君以邪临民，用善不肯专，就无法使民。

据《左传·僖公二十年》所言，让自己的欲望顺从别人是可以的，而让他人顺从自己的欲望，很难成功。据《左传·昭公四年》所言，为善的人是不会改其度的，所以才能够得济。不能让民得逞（chěng，放任自流），所以度不可改。据《左传・昭公二十年》所言，只有有仁德的人才能以宽来服民，否则的话还是得用猛才行。烈火能够让民畏惧，所以死于火灾的人很少。而水是懦弱的，民好玩水，所以被水淹死的人较多。用宽来济猛，用猛来济宽，这样政才能和。据《左传・僖公三十三年》所言，敬为仁德的集中表现，能敬人必有仁德。应该用仁德来治民。行仁的规则在于，出门像是去做宾客一样，应承别人的事要像祭祀一样敬而慎地完成。据《国语・周语》记载，襄公说，从人性上说，人都不喜欢人上人，不喜欢盖人的人。所以圣人都推崇让。据《左传・昭公四年》所言，追求得逞于人之上，不可以，而与人同欲，则能尽济，从而能够得人心。有谚曰，兽恶其网，民恶其上。《书》曰，民可近也，不可上也。即是说，可以与民亲近，但不能凌驾于民之上。要以什么人敌的话，先要三让。奸仁为佻（tiāo，随便，轻佻，不庄重）、奸礼为羞、奸勇为贼。据《左传・昭公元年》所言，女能够奸（jiān，同私，指虚伪狡诈）国之大节。据《国语・晋语》所言，畏威如疾，民之上也；从怀如流，民之下也；见怀思威，民之中也。据《左传・成公八年》所言，周书曰“不敢侮鳏寡”，这样做就能明仁德。

据《左传・昭公十三年》所言，国家衰败的主要原因是有事无业，没有业的事是不会经久不衰的。有业而没有礼，虽然久但无序。有礼而没有威，就有序而不共。有威而不昭显，使得有共但不明。因不明而抛弃共，百事都不会善终，国家就会被颠覆。志业要好，礼要有等，威要示众，明要用神，这样就会永远都兴旺发达。据《左传・昭公三年》记载，自古之制是，君子不违背礼节，小人不违背吉祥。据《国语・晋语》所言，对亲人有爱，让贤人得明，这是政之主干；对宾客有礼，给穷者面子，这是礼之宗。国家正常的话，会用礼来规范政治。国家失常就无法自立。据《左传・哀公十五年》记载，事生[①]和事死都一样，这就是礼的要求。据《左传・昭公二十六年》所言，礼可以用来治国，因为礼是可以与天地并立的。

据《国语・齐语》记载的管仲所言，第一，不要让士、农、工、商这四民杂处，让他们各自在自己的群体中成长，这样父兄之教就能不肃而

① “事生”的意思是把生当回事。

成，子弟之学就能不劳而能。这样就能让士之子恒为士、农之子恒为农、工之子恒为工、商之子恒为商。第二，要建立乡里制度，让五人为伍、五家为轨，让他们世代同居，不迁徙，这样就能够人与人相畴、家与家相畴，让他们欢欣足以相死。让他们居同乐、行同和、死同哀。这样就能团结作战。第三，要设立选贤才励仁德的乡选制度。在乡里，如果有居处好学、慈孝父母、聪慧质仁的，必须推选，否则有蔽明之罪。有拳勇股肱之力秀于众者，必须推选，否则就有蔽贤之罪。从乡一级逐级上推，共需三选。

据《国语·晋语》所言，晋文公即位时进行了改革。其改革措施如下：公属百官，赋职任功。施舍分寡，救济贫困。轻关易道，通商宽农。省用足财。利器以明仁德，以厚民性。举善援能，官方定物，正名育内。爱亲戚、明贤良、尊贵宠、赏功劳、事耇（gǒu，寿斑）老、礼宾旅、友故旧。朝廷之官为近官；诸姬之良为中官；异姓之能为远官。公食贡；大夫食邑；士食田；庶人食力；工商食官；皁（zào，同皂，古时的贱役，后指衙门里的差役）隶食职；官宰食加。

据《左传·昭公六年》记载，叔向反对子产公布刑法时说，先王议事以制，不为刑辟，因为害怕民有争心。所以，先王用义来闲之，用政来纠之，按礼来行之，用信来守之，用仁来奉之。制禄位来让之服从，严断刑罚来立威，从而让之不淫。为了事先让其恐惧，要用忠来教诲之；要用行来高耸[①]之；要用事务来教之；要用和来使之；要用敬来临之；要用强来莅之；要用刚来断之。上要求圣哲之人；官要求明察之人；长要尊忠信之人；师要为慈惠之师。这样民就可以任之使唤，而不生祸乱。民知有辟之时，就不会忌讳上，从而有争心，而争心会带来祸乱。据《左传·昭公二十五年》记载，子太叔说，民有好恶、喜怒、哀乐，都生于六气。根据这六种气而制六志。哀有哭泣、乐有歌舞、喜有施舍、怒有战斗。喜欢生于好，愤怒生于恶。利于生的为好物；利于死的为恶物。遇好物而乐，遇恶物而哀。不失哀乐，能够与天地之性相协，便能长久。

四　君子人格的具体表现

士最初指的是周代的大夫之下一级的官爵，后演变为官的通称。士君子则是指士中的德艺双全者。据《国语·鲁语》所言，有仁德为荣，有

---

① “耸”强调的是高之立，而“崇”强调的是敬之情。

帛衣和宝马为华。据《新序·刺奢》记载，韩宣子设家宴招待孟献子时，问孟献子说，你家有谁比我富有吗？献子说，我家很贫穷，只有二士，能够让邦家平安，让百姓和协。宣子赞叹说，你是君子，以蓄贤为富，而我是鄙人，以钟石金玉为富。据《左传·成公十五年》记载的前之有之曰所言，圣达节，次守节，下失节，说明了人的节操的不同层次。据《国语·晋语》所言，甚精必愚。据《国语·晋语》所言，仁不怨君，智不重困，勇不逃死。据《国语·晋语》记载，申生遭人陷害，有人劝他逃走，说你又没有罪，为什么不逃走呢？申生回答说，我不能逃走。如果我的罪没有昭雪，逃了会加重罪行，所以逃是不智的；如果我逃了免死，而君因此得怨，我就是不仁的；如果我真有罪不死，那么我就是不勇敢的。据《国语·吴语》记载，包胥说，如果要打仗的话，先要有智，因为不智就不知道民之极，就不知道天下之众寡；其次要有仁，因为不仁就不能与三军共饥劳之殃；最后要有勇，因为无勇就不能断疑以发大计。仁、智、勇在后来的《中庸》中被称为三达德。达就是普遍性的意思，达德就是具有普遍性的仁德。

据《国语·楚语》所言，只有圣人能够既无外患，也无内忧。据《国语·楚语》所言，君子之行，进退周旋，都唯仁道是从。据《左传·僖公八年》记载，宋公得病，太子让国，说子鱼比我年长，而且怀仁，希望立他为君。子鱼说，太子能够让国，说明仁更大，我不及他，而且我为君也名不正言不顺（子鱼为庶子）。据《国语·楚语》所言，唯仁者可好也，可恶也，可高也，可下也。据《国语·鲁语》记载，仁者是要讲功劳的，没有功劳而祀之，不是仁。据《左传·僖公二十四年》记载，晋文公在外十八年后返国为君，追随文公的人大多都得到了封赏。而介之推认为文公能够返国为君，这是天意，自己不能因追随文公流亡就贪天功，于是他和他的母亲隐居到山中，无论晋文公怎么找都不出来，最后死去。

通过扬正可以抑丑恶。据《国语·周语》记载，周这个人的德行很完美。他站得直、视得直、听得直、言无远。他言敬时必及天，言忠时必及意，言信时必及身，言仁时必及人，言义时必及利，言智时必及事，言勇时必及制，言教时必及辩，言孝时必及神，言惠时必及和，言让时必及敌。晋国有忧的时候他未尝不忧愁，有庆的时候他未尝不喜悦。据《国语·楚语》所言，君子能够内和外威，能以惠诛怨，以忍去过。据《公羊传·襄公二十九年》记载，君子以其不受为义，以其不杀为仁。据《国语·晋语》所言，君子比而不别。比，指的是通过比仁德来赞事做得好；别，指的是引党来自封，利己而忘君。据《左传·昭公二年》所言，卑让为礼之宗，而卑让指的是先国后己。据《左传·僖公四年》所言，晋国的骊姬想让自己的儿子做太子，于是陷害了太子申生。太子怕揭发骊姬而让自己的父亲晋公老而不乐，而逃走又没有国家能够接受一个没有洗清罪名的人，于是背负着罪名以自杀来尽孝。据《左传·僖公四年》记载，伍尚知道吴王通过其父来进行要挟，目的在于杀死其全家。伍尚知道自己去救父，必死无疑，但父亲是不能不救的。于是，他用父不可弃、名不可废之言来劝兄弟逃走，而让自己去赴死。

第三节　个人把握命运的仁德方式

一　对天道的信仰

春秋时期，在星占实践中，开始出现了天道的说法。在《左传·昭公九年·昭公十一年·昭公十八年·襄公九年·襄公二十八年》中都谈到了天道。天道指的是天上的星辰运行的轨迹；天运行的普遍法则。据《国语·晋语》所言，天道能够安排人的命运。据《国语·周语》所言，天道是赏善而罚淫的。据《国语·晋语》记载，在范文子论德与福的关系时，引用了《尚书·汤诰》和《尚书·蔡仲之命》的话说，天道能够给善带来福，给淫带来祸。皇天没有什么亲近的人，只是用仁德来辅助自己。所以，仁德是福的基础。没有仁德为基础的隆福，就像没有基础的很厚的城墙一样，迟早会坏的。

据《国语·越语》记载，范蠡（lǐ）说，天道是满的但是不会溢出，天道是盛大的但是不会骄傲，天道是勤劳的但是不会居功自矜。其中说明了天道是一种常道，因盈而荡必自毁，这就是物极必反之意。圣人是顺时而行的，所以是守时的。天时不作的时候，不要为人客；人事不起的时候，不要开始做事。只有地是能以一包容万物的，所以地做事是不会有失的。地能够生万物，能够蓄禽兽。地能够使万物得到名和利，能够美恶都成，目的在于养生。时间不到的时候，不能强生；事不到终究的时候，不能强成。要知天地之恒制，才能有天地之成利。要因循阴阳之恒，要顺天地之常。要柔而不屈，要强而不刚。天是因循于人的，圣人是因循于天的。人是自生的，天地赋予人与形，圣人只是因而成之而已。

在春秋时代，论天道者往往都会涉及阴阳。据《国语·越语》所言，阳发展到了极端就会变成阴，而阴发展到了极端就会变成阳。阴阳之间有这样的恒定的变化关系，是因为阴阳是顺应天地之常道的。据《左传·襄公二十九年》所言，抛弃了同，就会只留下差异，就会离开仁德。据《国语·郑语》记载，史伯对周王之政进行了批评，他说周王只爱听相同的意见，不爱听不同的意见，只懂得同而不懂得和。同指的是简单的同一性，相同的东西简单相加不仅产生不出什么东西，而且还会导致死亡。而和则是多样性的统一体，在和中才会有生成和发展。文是由五色构成的；声是由五音构成的；食是由五味构成的；百物是由五行构成的。据《国语·周语》所言，政治就像乐一样。乐追求的目标是和，而要平才能和。声音要与乐和，旋律要与平和。阴气不能滞，阳气不能散。阴阳有序，风雨就会按时到来。

据《左传·昭公二十年》记载，齐侯对晏子说，只有梁丘据与他的意见相和。晏子说，梁丘据与齐侯是同而不是和。和与同是不一样。和就像羹一样。君臣之间的关系应该像羹一样和。君说可的时候，就包含有否的意思。臣献出自己的否，目的在于成全君所说的可。君说否的时候，就包含有可的意思。臣献出自己的可，也就是要成全君的否。这样做的话政就能够平而不干，民就没有争心。先王用五味来互济，用五声来互和，目的在于让人心平气和，以成其政。心平就能德和，所以《诗》曰，德音不暇。现在君说可，梁丘据也说可；君说否，梁丘据也说否，正如用水来与水相济一样，怎么能够好吃呢？也正如把琴瑟调成一样的，这样的声音怎么会好听呢？

据《国语·郑语》所言，只有和才能够生物，同是无法为继的。以他平他才能和，这样才能丰长，所以物才能归之。同上加同，物就会尽弃之。所以，先王用土与金木水火杂成万物。和五味来调口；刚四肢来卫体；和六律来聪耳；正七体来役心；平八索来成人；建九纪来立纯的仁德；和十数来训百体。只有一种声是无法听的，只有一种物是没有文的，只有一种味是无果的。咸味加酸味，会另得一味。酸为咸的他，咸为酸的他，这样就能够以他平他，从而生物。而咸味加咸味还是咸味。只有他的济，才能有所成。礼乐之所以丰繁，是因为和而不同。据《左传》记载，晏婴说，羹把各种调料放在一起，产生出新的味道，就是和。而如果只是用开水作调料，一个乐曲只能用一个声音，那就是同。和谐就是要让各种元素都有适当的比例，这就是中，而持中得到的效果就是和。

据《左传·昭公元年》所言，晋侯曾在秦求医，秦伯让医生给他看病。晋侯问医生说，是不是不能近女色。医生说，要有节制。天有六气，即阴、阳、风、雨、晦、明，六气是分四时和五节的，任何一种气过度都会生病。阴气过度就会得寒疾；阳气过度就会得热疾；风气过度就会得四肢之疾；雨气过度就会得腹疾；晦气过度就会得惑疾；明气过度会得心疾。夜生晦气，而近女色之时常在夜时，所以过度会得惑疾（迷乱之疾）。据《国语·周语》记载，幽王二年之时，在西周三川都发生了地震。伯阳父说，这预示着周将要灭亡了。正常的时候，天地之间的气都处于有序状态。民乱就会导致气乱，阴阳不调。阳处在阴位，就会出现源塞现象，从而导致地震。

二 对占筮的质疑

易筮可以通过爻辞来解释，甲占则可以通过兆辞来解释。殷商时代问占的主要方式是龟卜。从《尚书·洪范》中的说明来看，在殷商的末期就已经存在着筮法，但在王室的占卜活动中地位不高。周文王推演《周易》，使得周人更重视筮法。《周易》为代表的草筮方法产生了与“数”相关联的占卜体系。据《尚书·洪范》记载，先用龟甲占卜，占卜解决不了问题的时候，再用筮占。而《周礼》则说，先用筮占，再用龟卜。繇（zhòu）辞指的就是兆辞。兆得的是象，爻得的是数。卜偃为专门占卜的人，占卜得兆象之后，直接由他来断占，而不用繇辞断占。在《左传》中有记载，说因为卫侯无仁道，卜人占卜出现了凶兆，不敢告诉卫侯，因恐惧而逃跑了。而在春秋时期，人们对卜筮则不是太敬畏了。在西周后期和春秋时代，筮占文化发生了新的变化。春秋前期，筮占用卦，但对卦的解释不一定来自爻辞。在春秋时代，筮占比龟卜要流行得多。而筮占的断占比龟卜要复杂得多。鲁国用龟卜最多，而龟卜主要用来占问征战吉否。在筮占中用《周易》来解释卦象的越来越多。在《左传》中，有不少卜筮并用的例子。通常以卜为主，以筮为辅，但是也有特殊情况。不少的卜筮活动被抵制或轻视，筮与仁德哪个更重要的问题被提了出来。在春秋中期以前的筮问活动中还没有对于德行的要求。后来，《周易》的卦爻辞逐渐变成了独立于筮占行为的文本体系，出现了把占问与卦爻辞分开的做法，即可以不占问，但引用卦爻辞来证明某种原则。筮的作用开始退居其次，仁德的作用开始占据上风。

据《左传·文公十三年》记载，邾（zhū）国要迁都，史官卜筮后说，迁都对民有利，而国君可能会短寿。邾文公说，人民之利就是国君之利，国君是上天安排来为民求利的，我的天命就是要养民。对民有利的就是吉祥的。自西周以来，用兵前先卜成为了惯例。而据《左传·桓公十一年》记载，桓公十一年时，楚国准备出兵打仗。莫敖要求通过卜占来决定打不打，而斗廉说，下不了决心时才问卜，既然已经下定决心了，为什么还要占卜呢？当时楚军内部还是意见不一的，但是斗廉更注重人对形势的分析和判断。据《左传·僖公十九年》记载，僖公十九年时，卫国准备出兵打仗，但是遇到大旱，于是问卜，结果是不吉。宁庄子举周处于饥荒时攻克了殷商为例，说明有旱灾不一定就不吉利。卫君听从了宁庄子的建议出兵，结果打了胜仗。

据《左传·僖公十五年》记载，僖公十五年时，晋献公嫁女前占筮问吉凶，结果为凶。献公不顺从占筮的结果，依然嫁女。结果凶兆应验了。女儿怨其父。而韩简则认为，吉与凶的造成与人的仁德有关。如果败德不修，即使按筮占的指示去做，依然不会吉祥。据《左传·襄公九年》的记载，襄公九年时，穆姜晚年在迁入东宫时占筮问吉凶，结果是吉。而穆姜自己认为这个占卜的结果是不可信的，因为她作恶太多，只有具备仁礼义贞四德的人才会有福气。祸福取决于自己的德行。据《左传·襄公十三年》的记载，楚国的先王要连续占卜五年都得吉才征伐，否则就要通过修仁德来改变卜的凶兆，也就是说要通过修仁德来求吉。据《左传·昭公十二年》的记载，南蒯准备叛乱时占筮得到大吉之卦。子服惠伯说，只有忠信之人用《易》来占问忠信之事，有吉兆才能得吉的结果，否则虽然得吉兆，也不会有好结果。《易》不能用来占险恶之事。

三　对星象的质疑

在古代的天学中，至少包括历法、气象、星象和星占四个方面的内容。从西周初期开始，兴起了观天星占之术，关注的是各个具体的星象变化与对应的人事变化之间的关系。星象学分为星辰分野说、星辰吉凶说和阴阳平衡说，还有对异常天象的解释和预测。就星占对象来说，可分为军国星占学与生辰星占学。无论是什么星占学，都认为星辰的变动会影响社会中的人事变动。星象学设定的是星与地、天与人的对应的联系。据《尚书·尧典》所言，人事活动是根据历法来安排的。星辰分野说把天球分成若干个天区，让天区与地上的郡国州府分别相对应，从而根据天象来预测对应的区域的人事方面的吉凶。星辰分野说是星占学的基础理论。在春秋时代所记录的星占事迹，全部都与王室有关。星占之官与王权之间有着非常密切的联系。

在殷商之时，对日月星辰的祭祀属于对于自然神的祭祀。在《周礼》春官的三祀之中，中祀指的是日月星辰之祀。据《周礼·春官宗伯》所载，当时有观天地之会、辨阴阳之气和以日月星辰来占六梦的吉凶的职官。而到周代至春秋时代，则有了比较发达的天学星占之术。在春秋时代出现了星象日月之辩。在战国后期，明确形成了“十二纪”之说，即通过对天象的长期观察，描绘出日月星辰在一年中的固定不变的运动轨迹，再把这个轨迹划分成若干个阶段，在不同的阶段由不同的神主导。政治活动和生产活动都要在对应的阶段进行。那时的王国君主和史官都相信星占学。卜筮是人主动发问，而星占则是对天象的变异加以解释。星占学认为，一定的天象必然导致一定的人事祸福，某些人事变动必然会引起天象之兆。在许多诸侯国中，星占和祭祀可能都是由史官担任的，他们相信可以通过祭祀来改变星占的结果。

中国的古人把五大行星和日月并称为七政，其中的五大行星为金星（太白星）、木星（岁星）、水星（辰星）、火星（荧惑）、土星（镇星）。木星是用来纪年的，所以称为岁星。每十二年，木星在天球上绕行一周。把它的轨道分成十二段，每段称为一次，每次即是一年。根据星辰分野说，每一年都与地面的郡国有对应的关系。岁星被当成吉祥之星。岁星所在之国会出现国泰民安谷丰的景象，因此别的国家不可以征伐，否则必凶。而周武王伐纣之时，岁星在殷商的分野，周武王不信此说，得胜。而火星则是不祥之星，通过降临灾祸来惩罚地下的郡国。在哪个国家的上空出现了火星，哪个国家就面临着灾祸的降临。殷商人认为，殷商历史上的祸乱都是因为火星变化引起的火灾导致的，所以由火灾可以知道天道。在春秋时代，问占的主题主要是政事征战和生老病死，问占的方式主要是卜筮和星占。为什么卜筮之外，还要有星占呢？天象是人的心灵敬畏的对象。星象的变异与阴阳不调相关。而阴阳不调的原因来自相应的地上的郡国。

古人把天球的黄道附近的星空分成二十八个星空区，称为二十八宿，每个宿内都有一定的作为固定标志的星座，这样就能观测七政在星座之间的运行情况，以预测季节天时和人事祸福。古人认为，天球上只有几个行星在变，而其他的众恒星是不变的，这样就可以通过观测七政之星来预测农业的丰歉，从而预测政事的吉凶。古人还用木星运行的“十二次”来观测太阳在春夏秋冬各季所在的位置，以确定二十四个节气的变化。淫指的是过度。天时不正常也属于淫。古人认为，日食为灾象，天上有日食，地上必有灾祸。据《左传·昭公七年》记载，士文伯认为，天象不止是人事变化的预兆，也是人事变化的结果。不善之政，必然会引起灾祸。据《左传·襄公十九年》记载，襄公十九年时，楚军（南军）出兵征战，董叔说，天道多在西北，南军不得天时，肯定不会成功的。而叔向说会不会成功关键不在于星辰天象，而在于国君的德行。

第四篇　儒家的春秋战国子学时期

——对圣典仁德礼制幸福体系的系统阐释

第一章　百家争鸣中的儒家

第一节　子学渊源中的儒家

在春秋和汉初之间，中国处于一个思想上比较自由的大解放时代。在秦朝建立之后，分封制被正式废除。而在正式废除前几百年，分封制已逐步瓦解。正式废除之后，其残余在贵族阶层里还保留了两千年。在公元前7世纪，已经有贵族由于战争或其他原因而失去了土地和封号，降为庶民。有的庶民也因为技有专长或其他原因而获得诸侯的宠幸而成为高官。周朝因此而礼崩乐坏。在这个过程中，各种有知识的官散落民间。于是，他们凭自己的专门知识或技能开馆收生徒以维持生计，从而成了私人教师。这些教师各有自己的专长，各自发挥其思想见解。以讲授经书和礼乐见长的被称为儒或士；精通兵法或武艺的被称为侠；擅长辩论的被称为辩者；以巫医、星相、占卜、术数这样的方术见长的被称为方士；凭借自己对于政治的知识而献纵横捭阖之策和成了诸侯王公的顾问或官员的被称为法术之士；具有学识才干而对当时的政治失望遁入山林的被称为隐者。

刘歆认为，在周朝礼崩乐坏之前，即在周朝的前期，吏与师是不分的，官吏和贵族诸侯的位置都是世袭的，都有传播知识的责任。当时只有官学，没有私学，担任教师的都是政府的官吏。周朝皇室失去权力的时候，官吏散落民间，于是以私人身份招收学生，从而由官变成了师，所以兴起了诸子百家。诸子百家的时代被称为子学时代。据《汉书·艺文志》所言，当时的诸子面对的状况是王道衰微，诸侯主政，好恶不一。盛行的九家之术都各崇其善，都想用自己的学说来说服诸侯采纳。诸子写书的目的在于用其学术来易天下。学者以其道来争天下。诸子奋起，道术分裂，诸子各以自己的聪明才力而各执道之一端。他们的徒弟则通过显其书来立其宗，所以要援述前人的话，在此基础上来进行推衍。

首先对百家进行分类的是汉代的司马迁的父亲司马谈。在《史记》的最后一章，司马迁援引了他的父亲司马谈的《论六家要旨》一文，说明了当时盛行的六家的特点。第一个学派是阴阳家。阴阳家讲的主要是宇宙论，它把宇宙原理归结为阴阳两个主义的原则，阴代表的是女性，阳代表的是男性，二者是相生相克、相反相成的。第二个学派是儒家。儒家讲授的主要是古代的经书。第三个学派是墨家，由墨子统一领导，内部有着严格的纪律和组织。第四个学派是名家，它的主要兴趣是分辨名实。第五个学派是法家，他们反对儒生的以仁德治国的观念，认为好的政府必须建立在成文法典的基础之上。第六个学派是道德家或称为道家。道家认为，道就是无，尚道就是尚无。道在事物内部的具体化就是德。

第二位试图对百家进行分类的历史学家是汉代的刘歆（约公元前46—公元23年）。他与他的父亲刘向一起，对宫廷的藏书进行了整理、分类和编目，称为《七略》。另外，东汉的历史学家班固（32—92年）把《七略》作为《汉书·艺文志》的基础。从《汉书·艺文志》中可以看出，刘歆把百家归纳为十家，其中有六家与司马谈所列的相同，还有四家为：纵横家、杂家、农家和小说家。纵横家是当时的外交家，而杂家是当时的不拘于一家之言的折中派。刘歆认为小说家没有其他九家重要，所以可归为九家。刘歆认为，第一家，儒家应该是出于司徒之官，游文于六经之中，留意于仁义之际，祖述尧舜，宪章文武，宗师仲尼，以重其言，于仁道最高。唐虞之隆、殷周之盛、仲尼之业，都是试验行道而得到的好的效果。第二家，道家之流出于史官，记录的是成败、存亡、祸福、古今之道，所以知道秉要执本，清虚以自守、卑弱以自持。第三家，阴阳家之流出于羲和之官，敬顺昊天，历象日月星辰，敬授民时。第四家，法家之流出于理官，信赏必罚，以辅礼制。第五家，名家之流则出于礼官。古代的名位不同，礼是异数的。正如孔子所说，必须要正名。名不正则言不顺，言不顺则事不成。第六家，墨家之流大概出于清庙之守。茅屋采椽，是以贵俭；养三老五更，是以兼爱；选士大射，是以上贤；宗祀严父，是以右鬼；顺四时而行，是以非命；以孝视天下，是以尚同。第七家，纵横家之流，大概出于行人之官，强调应当权事制宜，受命而不受辞。第八家，杂家之流大概出于议官。他们兼儒、墨，合名、法，知国体之有此，见王治之无不贯。第九家，农家之流，大概出自农稷之官。播百谷，劝耕桑，以足其食。第十家，小说家之流，大概是出于稗（bài，微小的、琐碎的）官。他们是根据街谈巷语、道听途说来写小说的。

冯友兰认为，儒在孔子之前就有，儒家来自儒而不等于儒，孔子是儒家的创立者。侯外庐认为，这些儒早于孔子存在。在春秋末世之时，私肥于公，需要政治家，这时从儒者中蜕变出了儒家。当时，孔子看到的是天下无仁道的政治乱象。在鲁国，三家大夫控制了鲁政，各家之内还频频发生家乱。在《论语·季氏》中，孔子说，天下有仁道时，礼乐征伐都自天子出；而天下无仁道时，礼乐征伐都自诸侯出。天下有仁道时，政不在大夫，庶人也不议论纷纷。据《左传·昭公七年》所言，天是分为十日的，人是分成十等的，下要事上，上要供神。在春秋时期，人心已经不再从古，世风变得越来越坏。孔子就生活在这样的时代里。他力图要告诉人们为什么要从古，古代的制度好在什么地方。孔子时代的士，有的批评旧制度，有的反对旧制度，有的修正旧制度，有的想另立新制度，有的则反对一切制度。儒家维护圣典时期的仁德礼制幸福体系这种旧制度，所以要说出维护旧制度的理由。

在中国的传统文化中，有四个古老而重要的意象，即阴、阳、刚、柔。阴阳的中间状态为和，而刚柔的中间状态为中，四者可搭配出阳刚、阳柔、阴刚、阴柔。西周和儒家的传统基本上属于阳或阳柔型的文化。据《汉书·艺文志》所言，儒家这个流派的主要职责是帮助人君以阴阳调和来教化人民。据《论语·为政》所言，殷礼继承了夏礼，周礼又继承了殷礼。虽然孔子是殷人的后代，但是夏礼、殷礼和周礼他都懂。孔子集古代思想之大成，其中包括集臧文仲、子产、叔孙豹、晏婴思想之大成。在孔子之前，尚无私人著述之事。据孔子的《论语·里仁》所言，吾之仁道一以贯之。据黄宗羲的《明儒学案》所言，讲学一定要有宗旨，否则就是有嘉言，也会让人感觉头绪很乱。宗就是开始的一，旨就是结束的一，宗旨就是始终。

据《礼记·儒行》所言，儒应该是以仁道得民的，而在春秋末年，出现了着儒服而不行仁德之人，鲁哀公于是嘲笑了孔子。据《礼记·儒行》所言，孔子回答说，君子所学广博，而衣服则入乡随俗，不知道什么是儒服。孔子概括了儒者的人格特征，其中包括近人、尊让、自立、容貌、备豫（同备预，准备）、特立（独立）、刚毅、忧思、宽裕、举贤、援能、任举（举荐）、规为、交友等。孔子还归纳出了儒者的精神气质，即贫贱之时不失态，富贵之时不失节，无论什么时候都能守住仁道。在《论语》中，孔子对子夏说："汝为君子儒，毋为小人儒。"孔子修炼的是成康之道，阐述的是周公之训，正衣冠、修典籍，教学子。钱穆说，孔子的弟子多来自鲁而不是宋。成康之治指的是周成王和周康王之治，他们继承了周文王和周武王的业绩，按周公之训，明德慎罚，节俭治国，从而出现了天下太平、四十多年不用刑措、经济繁荣的景象。

在《礼记·表记》中，孔子说，夏人没有礼乐，但有文辞，开始用刑罚来要求人民遵守秩序。在治理中，先用俸禄服人，不服再用威；先用奖赏服人，不服再用罚。这样做的后果是人民亲近君主，但是不尊重君主。这种方式使得民因蠢笨而愚昧，因骄傲而野蛮，因朴陋而不懂文饰。殷人尊的是神，君王率民事神，先用鬼来服人，不服再用礼；先用罚来服人，不服再用奖赏。这样做的后果是人民尊君，但是与君王不亲近。这种方式使得民心动荡不安，因为好胜而无羞耻之心。周人尊重礼而且好施，虽然事鬼和敬神，但是与鬼神的关系比较远，与人的关系比较近，所以能够得到人民的忠心。君主按官爵的顺序来赏罚，人民亲近君王，但是不尊重君王。这种方式使得人民因为好利而取巧，虽然有文饰但内心不感惭愧，因为偷偷摸摸的所以虚伪。

孔子认为，夏、商、周三代的制度都是有弊病的，但是西周的制度是最好的。孔子的思想与西周文化有着一脉相承的关系。在孔子的心目中，周的典章制度是上继往圣和下开来学的，所以他的一生都以继承文王和周公之业为自己的志向。孔子要继承和超越周，而不是完全照搬周。孔子要继承的是周的礼，但是要把礼作为进行仁义教化的手段，要突出仁德之本的地位。据《左传·昭公十二年》记载，孔子引古志曰，能够克己复礼，即能够用礼来节制自己的欲望，这就是仁。据《左传·昭公五年》记载，孔子引周任有言曰，为政者不赏私劳，不罚私怨。孔子是反巫觋文化的，他认为这种文化很怪。据《左传·哀公六年》记载，在哀公六年时，有特殊色状的云出现在楚国的上空。周太史说，这个变异将在楚昭王身上应验，但是通过某种祭祀活动，就可以把这个变异转移给楚国的令尹或司马。昭王谢绝了，说不能把天对自己的惩罚转移给他人。昭王患病之时，卜人为他占卜说，要祭祀黄河的河神才能消灾，昭王拒绝越礼祭祀河神。昭王认为，如果祸福要来，就顺其自然好了。孔子称赞昭王懂得大的仁道。

第二节　与儒家争辩的各家

在孔子之时，他面对的主要是一些消极的隐者。那时，已经出现了避世之人。这些人是有知识和有学问的，但是对乱世是否能够治抱有消极的态度，所以不肯干预世事。在孔子的一生之中，常被避世之人讥评。据《论语·宪问》所言，有的贤者避世，有的避地，有的避色，有的避言，而孔子则是一个知道乱世难以挽救还硬是要救的人。在墨子的时代，只有儒与墨两家互相攻击辩论。而孟子面对的则是百家之学的争辩。当时齐国的稷下为学术思想的中心聚集点。据《史记·孟子荀卿列传》所言，齐国的稷下先生们，都在著书立说，论的主要是治乱之事。据《孟子·滕文公下》记载，在孟子所处的时代，天下之言，要么归于杨朱，要么归于墨子。当时孟子的最大的任务是拒斥杨朱和墨子之言。除了孟子谈到杨朱以外，后来的人很少谈及杨朱。在下文具体谈论这些思想家时，可以从他们各自的思想倾向中体会到这些辩论的味道。下面是一些零星的思想家的比较有影响的思想片段。

在孟子的时代，人性是善还是恶的问题，是大家辩论的中心议题。当时的陈仲子是一个很有名的特立独行之人，他的学说被称为於陵学派。据《孟子·滕文公下》所言，他的兄享有厚禄。但是，他认为兄之禄为不义之禄，所以不吃兄之禄；他认为兄之室为不义之室，所以不住在兄那里，宁肯自己过穷日子。据《战国策·齐策》记载，赵威后问齐使者说，陈仲子这个人，上不为王之臣，下不治其家，中不与诸侯交往。这样的率民没有什么用，为什么不杀了他呢？据《汉书·艺文志》所言，许行和陈相属于农家学派的人。据《孟子·滕文公上》记载，许行和陈相都是赞同仁政的，愿意为从事仁政之君的氓。陈相赞同许行之仁道，所以从了许行。许行所施之政是贤者与民同耕而食，市价不贰，国中没有伪货，就是让五尺之童到市场上去买东西，也没有人会欺骗他。

据《孟子·告子上》所言，告子认为，人的心性就像是湍水一样，把东方决开就向东流，把西方打开就向西流。人性是不分善与不善的，正如水是不分东与西一样的。告子说，生就是性的意思。食和色，都是性，都是心想要的。仁是存在于心之内的，而不是存在于心之外的。义则是存在于心之外的，而不是存在于心之内的。你比我长，我就把你当成长辈。你是白的，我就把你当成是白的。所以，长与白都是来自心之外的。我爱我自己的弟弟，我不爱秦人的弟弟。我爱我的弟弟，是因为我的心很喜悦，所以是来自于心内的。性指的是人生来就如此的性质，无所谓善与不善。据《孟子·公孙丑上》记载，告子说，如果不得于言，就不要求于心；如果不得于心，就不要求于气。孟子说，告子是不知道义的，所以才把义看成是在心之外的。据《孟子·告子上》记载，孟子说，性是可以为善，也可以为不善的，所以文武兴的时候，民好善；而幽厉兴的时候，民好暴。

据《庄子·天下》记载，宋钘和尹文都赞成不要为俗所累，不要为物所饰，不要苟且于人，不要违背众愿。据《荀子·正论》记载，宋钘认为，人都把侮看成是辱，所以会争斗；如果不把侮看成是辱，就不会斗了。据《管子·枢言》所言，彼欲利，我利之，人称我为仁。据《管子·小问》所言，管子说，信者民信之；忠者民怀之；严者民畏之；礼者民美之。泽命不渝，这就是信。非其所欲，勿施于人，这就是仁。据《管子·戒》所言，以德予人者称之为仁；以财予人者称之为良；以善胜人者未有能服人的；而以善养人的未有不服人的。据《管子·法法》所言，勇而不义会伤兵；仁而不法会伤正。所以，军之败生于不义；法之侵生于不正。

据《管子·四时》所言，阴阳为天地之大理，四时为阴阳之大经。刑德合于时则能生福，否则就会生祸。春夏秋冬都是从东方之星开始的，其时为春，其气为风。木与骨都是随风而生的。柔风甘雨至，百姓则寿。东方为星德，南方为日德。中央为土德，土德能够辅四时，用风雨来节土益力。土能够生皮之肌肤，土德是和平用均和中正无私的。岁德指的是春嬴育、夏养长、秋聚收、冬闭藏。西方有辰德，其时运为秋，气为阴，由阴生金和甲。辰德忧哀，静、正、严、顺，居而不敢淫。北方有月德，其时运为冬，其气为寒。寒能生水和血。月德淳越、温怒、周密。如果出现了气之贼，就会出现春凋、秋荣、冬雷和夏有霜雪。如果刑德的变化和节制失去次序，贼气马上就会到来，国就多会有灾殃。所以，圣王通过务时来寄政，通过作教来寄武，通过作祀来寄德。这样圣王的政教就能够合于天地之行。

据《管子·水地》所言，地为万物之本原，诸生之根本。美与恶、贤与不肖、愚与俊都生于地。水是地的血气，正如人的筋脉一样，可以流通。水产于金石，集于天地之间，藏于诸生和万物之中，所以被称为水神。水集于草木之中，使得草木之根能够得其度，华能得其数，实能得其量。鸟兽得水，能够形体肥大、羽毛丰茂、文理明著。万物之中尽有水，正常之物的内部的水都是适度的。人其实就是水。男女的精气合在一起，因水流而成形。水集中在玉之中，所以从玉中能生出九德。水凝为人，从而生出九窍和五虑，这就是水之精。所以，具体的东西都是水做的，所以说水就是具体的材。万物都是生于水的，要知道水之托，才能为正。齐的水道躁而往复，所以其民是贪粗和好勇的。楚的水是弱而清的，所以楚之民是轻果而贼的。圣人要化世，关键在于要了解水。水一则人心正，水清则民心易。水之一指的是水欲不污，这样民心就能易，从而行能无邪。所以，圣人治世，枢要在于懂得水。圣王要治世，就是改良人心，而要改良人心，就要改良水。据《吕氏春秋·有始》所言，天地万物就好比一人之身一样，这就是所谓的大同。人之众有耳目鼻口，天地万物之众有五谷寒暑，这就是众异，因为有众异而万物齐备。

据《汉书·艺文志》所言，仁义礼乐和名法刑赏，这八者是五帝三王的治世之术。以仁道[①]之，以义宜之，以礼行之，以乐和之，以名正之，以法齐之，以刑威之，以赏劝之。这是仁者所以能博施于物的原因，也是所以生出偏私来的缘故。义是所以能立节行的缘故，也是所以能够成为华伪的缘故。礼是所以能够行恭谨的缘故，也是所以能生惰慢的缘故。乐是所以能和情志的缘故，也是所以能生淫放的缘故。名是所以能正尊卑的缘故，也是所以能生矜篡的缘故。法是所以能齐众异的缘故，也是所以能乖名分的缘故。刑是所以能威不服的缘故，也是所以生陵暴的缘故。赏是所以能够劝忠能的缘故，也是所以能生鄙争的缘故。这八种术是无隐于人而常存于世的，并非只是显于尧汤之时，也非逃于桀纣之朝。得其道则天下治，失其道则天下乱。也就是说，只有持有仁道才不会使圣典仁德礼制幸福体系变成专制体系。

第二章　儒家的子学代表人物

第一节　儒家道统中的圣人孔子

一　孔子的生平及立论宗旨

孔子（公元前551—前479年），出生在鲁国，名字为孔丘，儒家学派的创始人。他的祖先是商朝的后裔。在商朝被周朝取代之后，孔子的祖

① “道”用做动词时指的是以道引之。

先的后裔被封在宋国做官。由于政治上的动乱，在孔子出生之时，孔氏家族已经失去了贵族身份，迁居到了鲁国。据《左传·昭公二年》记载，韩宣子在鲁国的太史处看到了《易》《象》与《鲁春秋》这些书，然后说道，周礼尽在鲁，我从中看到了周公之仁德，知道了周为什么能够称王于天下。在文物保存方面，鲁国是宗周的缩影。据《史记·孔子世家》记载，孔子家世贫寒。孔子在鲁国的政府中任职，到 50 岁的时候升到了高位。由于政局混乱，被迫退职出走。在此后的 13 年间，他周游列国，希望能够实现自己的治国理想，但是到处碰壁。晚年回到鲁国，三年后去世。据《史记·孔子世家》记载，孔子生活在周室微、礼乐废、《诗》和《书》缺的时代。孔子追述三代之礼，给《书传》作序。他观了夏礼和殷礼的损益，认为夏崇尚质、殷崇尚文，周则是合文质而又倾向于文的，孔子从周，所以他很重视《书传》和《礼记》。孔子深爱周礼，所以见周礼之崩坏，感到十分痛心。孔子的起居饮食，都要按照周礼来规范其行为。孔子是圣典仁德礼制幸福体系的捍卫者，他立论的宗旨是要通过阐释天之仁道来养成人的仁德，从而让周礼能够立在仁德之上。

孔子正乐，并且让《雅》《颂》各得其所。孔子去除了《诗》中重复的部分，取出可以用来施行礼义的部分，最后剩下 305 篇，都以弦乐歌之，以求合于《韶》《武》《雅》《颂》之音。在礼乐之中有仁的王道。孔子教的是《诗》《书》礼乐，有弟子约三千人，通六艺者有 72 人。他席不正不坐。他所忧愁的是仁德之不修，不善而不能改。旧说《春秋》为孔子所作。《春秋》之义行，是让天下乱臣贼子所恐惧的。孔子教的六艺或六经即六门功课：《易》《诗》《书》《礼》《乐》和《春秋》。《乐经》已经佚失。《春秋》记载了鲁国从公元前 722 年到前 479 年的编年史。孔子的言论集《论语》由他的几个学生收集编纂而成。据《论语·公冶长》所言，在十室之邑，肯定有与孔丘一样忠信之人，但是没有比孔丘更好学的。据《论语·八佾》所言，孔子能言夏礼和殷礼，但不足以征之，因为文献不足。只要文献足，他就能征之。据《荀子·解蔽》所言，孔子知仁，而且不蔽，所以他能够学乱术，所以足以成为先王。他能够通过周道而成一家之说，能够举而用之，又能不蔽于成积。所以，孔子之仁德能够与周公齐，孔子之命能够与三王并。孔子在生前就是人们公认的渊博的学者。据《论语·子罕》记载，达巷党人评价孔子说，孔子很伟大，他博学到不依赖任何专长来成名的程度。

古代的贵族世代都是以做官来谋生的。据《左传》所言，冀缺未仕之时，是以农为业的。孔子时候的士以两种方式谋生，或做官或讲学。据《论语·子张》所言，仕而优则学；学而优则仕。孔子为非农、非工、非商、非仕之士，他是以讲学来谋生的。六艺是公共知识，而不是儒家的专用品，但是儒家用六艺为教科书。据《论语·述而》所言，孔子述而不作，信而好古。这里说的述而不作，不是说没有著作，而是说没有造作。他发现天之仁道，而不是造作出天之仁道。《庄子·天下》在谈及儒家的时候说，儒家用《诗》来道志、用《书》来道事、用《礼》来道行、用《乐》来道和、用《易》来道阴阳、用《春秋》来道名分。以前的贵族子弟就有学六艺的，而孔子是第一个用六艺来教普通人的，他是中国历史上第一个大量招收私人学生的教师，他希望他的学生能够成为国家和社会的栋梁之材。孔子的弟子有不同的才艺。有的长于德行，有的长于言语、文学，有的能够协助治理国家，有的学生陪他周游列国，而所有的弟子都能为千乘之国办事。

据《论语·卫灵公》所言，孔子是有教无类的。据《论语·述而》所言，只要能交得起学费，孔子不问身家，一律教读各种名贵的典籍，教给各种功课。在孔子的时代，《易》《春秋》《乐》《诗》等都是很名贵的典籍。据《论语·述而》所言，孔子为之不厌，诲之不倦。孔子自己不从事生产活动，也不愿教学生从事生产活动。据《论语·子路》所言，樊迟要学种庄稼和种苗圃，孔子说他是小人。据《论语·先进》所言，子贡要学经商，孔子也持有非议。据《论语·微子》所言，孔子是一个四体不勤、五谷不分的人。据《史记·孔子世家》所言，儒者倨傲自顺，不可以为下；破产厚葬，不可以为俗。孔子带领学生周游列国，不断游说于君，希望君能够采纳他的治国之方。据《论语·宪问》记载，一位隐士讥讽孔子说，他是一个知其不可而为之的人。

孔子生前是一位私人教师，而去世后逐渐被尊为唯一的夫子，地位凌驾于所有的教师之上。到西汉时期，司马迁尊孔子为至圣。当时有些儒者认为，孔子是受命于天的，继周朝之后，开辟了一个新的朝代。在这个朝代里，没有皇朝，也没有帝王，而孔子是一位无冕的素王。他们认为，孔子修《春秋》的目的，并不是在为鲁国修史，而是要代王者立法。他有的是王者之仁道，但是没有王者之礼位，所以称为素王。到公元前1世纪，孔子享有了比君王更高的地位。当时不少的人认为孔子是一位人间的神祇，他预知到在他以后会出现一个汉朝。这种说法在西汉末年非常盛行。这时的孔子是位极尊荣的，但是这个时期持续的时间并不长。在东汉初年，儒家中的崇尚理性的一派逐渐占了上风，孔子不再被当成是一位神祇，但在人们的心中还一直享有最崇高的夫子的地位。在明中叶后，孔子被尊崇为至圣先师。到 19 世纪末，又有儒者认为孔子是受命于天的，应当成为帝王，这样的说法又盛行一时。在清朝被推翻，民国成立之后，孔子又回到人师的地位。现在，多数中国人还是承认孔子是一位伟大的教师，但不再是唯一的夫子了。

二　孔子的思想脉络

（一）至善的礼制体系

1. 完善的天之仁道

据《论语·八佾（yì，古代乐舞的行列。八佾即八行八列，共六十四人）》所言，有位官员对孔子说，天下无仁道太久了，天将以夫子为木铎（duó），即唤醒大众的警钟。如果获罪于天，就无法再祈祷了。据《论语·先进》记载，颜渊死的时候，孔子说，天丧我啊！天丧我啊！孔子及其弟子曾在匡这个地方遭到拘禁。据《论语·子罕》记载，孔子说，如果天要丧此文，以后的人就不会再有此文；如果天未丧此文，匡人拿我是没有什么办法的。天都没有丧失斯文，所以人也不应该丧失斯文。据《论语·宪问》所言，孔子不怨天，不尤人；通过下学来上达。孔子说，天是知道他的心的。仁道将要行，那是命；仁道将要废，那也是命。人拿命是没有办法的。

据《论语·述而》记载，孔子说，他的仁德是天生的，但是他不是生来就知道自己有仁德的，而是好古而且敏以求知的结果。据《论语·子罕》记载，孔子说，知道天之仁道的人对于仁德是不惑的。据《论语·述而》记载，孔子说，他有志于探究天之仁道。据《论语·里仁》记载，孔子说，早上知道了天之仁道，晚上死了也无憾了。据《论语·子罕》记载，孔子说，大家都可以学天之仁道，但是学天之仁道的人不一定能够适应天之仁道；而适应天之仁道的人又不一定能够立天之仁道；立天之仁道的人又不一定能够以天之仁道来权衡。能权仁道之人，才是可以临机应变的人，这样才能够保证时时刻刻都不离开天之仁道。孔子谋的是天之仁道，而对于利和功是不必谋和不必计的，因为遵循了天之仁道，功和利迟早会自然而来的。

2. 正品的名位系统

孔子认为，如果一个国家要走上正轨，要井然有序，首要的是正名。正名就是要让客观事物的义之实与名字的内涵相对应。他认为，当时的天下大乱是因为名不正而乱的，所以要通过正名来治乱。《春秋》是通过道名分来崇善抑恶、诛乱臣贼子的。孔子认为，每类事物都有一个共同的名字。每类人的名字都规定了一定的义务，要让名与实相符合，而名的规定的依据是天之仁道。据《论语·子路》记载，子路问孔子说，如果卫国国君请您去施政治国，您首先要做的是什么？孔子说，首先必须要正名。据《论语·颜渊》记载，季康子曾问政于孔子。孔子说，政就是返正的意思。而名不正是从上开始的，所以要返正就要从上开始。如果君主成为正的表率，谁还敢不正呢？要拨乱世以返正，就要正名，让天子之名符合天子之实，让庶人之名符合庶人之实，各司其职。据《论语·颜渊》记载，有一次，齐景公问政于孔子，孔子说，要君君、臣臣、父父、子子，即君要尽君的义务，臣要尽臣的义务，父要尽父的义务，子要尽子的义务。齐景公表示赞同，并且说道，如果君不像君、臣不像臣、父不像父、子不像子，即便是有粮食，我也得不着吃。

3. 和谐的礼乐系统

按天的仁道设定的名位体系的外显方式就是礼乐系统。据《论语·颜渊》记载，孔子认为，仁德是由礼来捍卫的。如果有一天，人人都能克己复礼了，天下就归仁了。据《论语·泰伯》所言，孔子说的立是立于仁之礼。据《论语·尧曰》记载，孔子说，不知仁之礼是无以立的。据《论语·阳货》所言，如果一个人好直而不好学仁之礼，就会尖酸刻薄。据《论语·泰伯》所言，如果一个人恭而无仁之礼则平添其劳；如果一个人慎而无仁之礼则会显得萎缩；如果一个人勇而无仁之礼则会捣乱。据《论语·学而》所言，仁之礼是以和为贵的。先王之仁道，以此为美。据《论语·阳货》所言，仁之礼是会说仁话的，仁之礼用玉帛来说话；乐也是会说仁话的，乐用钟鼓来说仁话。据《论语·八佾》所言，先要有巧笑之倩，美目之盼，以这样的仁之美为素，再施脂粉，就会有很仁的美。同样，人的仁之美来自其仁之素。人先要有仁的真性情，再有仁的礼才有仁的美。缺乏仁的虚礼不仅不美，而且还会让人感到很贱。所以，如果人都不仁，要礼干什么；如果人都不仁，要乐干什么。

（二）理想的仁德行为方式

1. 纯粹仁爱的动机

据《论语·颜渊》记载，樊迟问，什么是仁？孔子说，仁就是要爱仁的人。知就是要知仁的人，即知人的仁心。孔子所说的仁者，就是让仁的真性情能够合礼地流露出来的人。仁就是人的仁的同情心。人能够把自己的仁的同情心推己及人。为仁是由己的而不是由人的。据《论语·述而》记载，孔子说，仁并不遥远。我想要仁，仁即到，还有什么好怨的呢？据《论语·述而》记载，孔子说，我不敢违背的是圣与仁。据《论语·里仁》所言，人因为各有其党，所以会有做得过分的地方。观人之过就知道什么是仁了。据《论语·子路》记载，孔子说，刚毅木讷的人是接近仁的。据《论语·宪问》记载，宪问孔子说，不克、不伐、无怨、无欲，这样做是不是就可以称为仁了呢？孔子说，这些都很难做到。但是，至于这样做是出于仁还是不仁，我不知道。据《论语·学而》记载，孔子认为，君子是务本的，本立而仁道生。孝弟就是仁之本。据《论语·为政》所言，孔子认为，孝和与兄弟为友，这也是在为政。

据《论语·学而》记载，孔子说，巧言令色的人，很少是仁的。据《论语·公冶长》所言，巧言令色这种恭敬，孔子认为是可耻的。据《论语·子路》记载，子贡问孔子说，乡人都喜欢的人，怎么样？孔子说，不怎么样。子贡又问，乡人都不喜欢的人，怎么样？孔子说，也不怎么样。不如乡人之善人好之，而不善者恶之的人。如果一个人不尽人的仁情，人人都不喜欢。如果一个人处处讨好人，则为乡愿之人，因虚伪而不可取。据《论语·阳货》所言，满足讨好人的乡愿为仁德之贼。这样的人就是假装仁的伪君子。据《论语·雍也》所言，人之生有仁的正直。正直的仁人，内不自欺，外不欺人，不虚伪。直指的是称自己的仁的真心意。

据《论语·子路》记载，叶公对孔子说，我党的人很直。父牵走了人家的羊，儿子来作证。孔子说，我党的仁的直者不是这么做的。父为子隐，子为父隐，有仁的直在其中。这里的中，指的是由仁的中，是不违背自己心中的仁的爱，是自己的心愿。父亲做了坏事，儿子不愿意把事张扬出去，这是人之仁的常情。否则就是无情不仁，不是真的直。据《论语·公冶长》所言，孔子说，谁说微生高很直？有人来向他要醋，他没有。他到邻居家要了醋来给人家。自己有就有，自己没有就算了，可以谢绝的。但是，因为揣度他人，怕别人不高兴，所以非要求了来给人，这就不是直者，而是曲者了。

2. 纯粹义勇的行为

据《论语·宪问》所言，仁者必然是勇敢的。孔子认为，义是为而无所求的。据《论语·微子》记载，君子之仕，行的是义。据《论语·颜渊》记载，季康子问政于孔子说：我通过杀无仁道之人来实现仁道，这个办法如何？孔子说，何必要杀？你想要善，民就会善。君子之仁德就像风一样，而小人之缺德就像草一样，草上之风必偃（yǎn，即让草倒下）。据《论语·颜渊》记载，颜渊曾问仁于孔子。孔子说，克己复礼就能仁。颜渊又问具体要怎么做呢？孔子说，不合乎礼的不要看；不合乎礼的不要听；不合乎礼的不要说；不合乎礼的不要动。据《论语·阳货》记载，子张曾问仁于孔子，孔子说，能够行五者于天下的就是仁的，这五者就是恭、宽、信、敏、惠。恭敬的人不会受侮辱；宽就能够得众；信就能够得任用；敏就能够有功；惠就足以使唤人。据《论语·雍也》记载，孔子说，知者乐水，仁者乐山；知者动，仁者静；知者乐，仁者寿。据《论语·子罕》记载，孔子有四绝：毋意、毋必、毋固、毋我，即不要只顾自己的意志，不管客观事实；不要绝对肯定或绝对否定；不要固执己见；不要以自我为中心。

3. 忠与恕的行仁之方

据《论语·里仁》记载，曾子说，孔子之仁道，就是忠恕而已。孔子说的仁是由忠恕两个方面组成的，有的儒者把忠恕称为挈（qiè）矩之道，即把自己作为尺度来规范自己的行为。孔子认为，尽己为人之仁就称为忠，即要尽自己最大努力去成全别人的仁。孔子的仁之方就是推己及人的方法。忠就是通过己的仁之欲来推知他人的仁之欲，即己欲立仁而立他人之仁，己欲达仁而达他人之仁。恕就是通过己之不欲不仁来推知他人之不欲不仁，即己所不欲不仁，就勿把不仁施于人。施行忠恕就是在施行仁。所以，孔子的一以贯之的仁道，就是行仁之道。据《论语·雍也》记载，子贡曾问仁于孔子。子贡问，如果能博施于民，能济众，这样做是否能称为仁呢？孔子说，做什么事是仁的呢？一定要有圣心。仁者能够做到己欲立而立人，己欲达而达人。要能近取譬，这就是仁之方。即自己的仁心与自己最近，所以将仁心比仁心，就能知道什么是行仁的方法了。

据《礼记·大学》记载，有的儒者说，所恶于上的，不要用来使下；

所恶于下的，不要用来事上；所恶于前的，不要用来放在后之前；所恶于后的，不要用来从前；所恶于右的，不要用来交于左；所恶于左的，不要用来交于右。这就是挈矩之道。据《礼记·中庸》记载，孔子的孙子子思说，有忠恕就不会违仁道太远。如果施于己的不仁，是己所不愿的，就不要施于他人。求子事父，求臣事君，求弟事兄，求朋友，都要先施恩。即对人无恩，就不要贸然去求人办事。据《论语·雍也》记载，仲弓曾问仁于孔子。孔子说，出门的时候就像是要去见大宾一样；要使用民的时候就像是要做很大的祭祀一样。己所不欲，勿施于人，这样就能在邦无怨、在家无怨了。

（三）理想的君子的仁品

孔子心目中的君子是能够让自己的仁的真性情与仁的礼相合的人。据《论语·宪问》记载，孔子说，君子之仁道有三：仁者是不忧的；知者是不惑的；勇者是不惧的。据《论语·雍也》所言，仁之质胜过了礼之文则会野；礼之文胜过了仁之质则会史；文质彬彬的人才是君子。据《论语·卫灵公》所言，君子是以义为质的。礼是用来行义的，出发点是逊，成之以信。据《论语·尧曰》记载，孔子说，不知自己的使命的人不足以为君子。据《论语·子路》所言，如果人不守仁之中而行，要么会狂，要么会狷（juàn，心胸狭隘）。狂者会进取，而狷者会有所不为。据《论语·子路》所言，如果人之仁德不守恒，就会蒙羞。据《论语·阳货》所言，人与人的仁之性是相近的，但习是相远的。据《论语·里仁》记载，孔子说，君子是喻于仁之义的，而小人则是喻于不仁之利的。

据《论语·述而》记载，孔子说，君子因有仁心而坦荡荡，小人因有不仁之心而常戚戚。据《论语·雍也》所言，宁为仁的君子儒，而不为不仁的小人儒。据《论语·阳货》记载，宰我问孔子说，服三年之丧是不是太久了？君子三年不为礼，礼必坏；而三年不为乐，乐必崩。孔子说，如果你有稻谷吃，有衣锦穿，是否安心？宰我说，安心。孔子又说，君子居丧的时候，吃不感觉香甜，听乐而不感觉到快乐，居处感觉不安心，所以要服三年之丧。你如果感觉安心的话，你可以不服丧。宰我出去后，孔子说，宰我这个人不仁。每个人出生之后，有三年都是父母抱着养育的。所以，天下之人都应该服三年之丧。据《礼记·檀弓》记载，孔子说，看着人要死了，你去致人之死，这是不仁的，是不可为的；看着人要死了，你去致人之生，这是不智的，也是不可为的。

据《论语·微子》记载，孔子说，殷有三仁。他们都是殷纣王的亲人。殷纣王虽然文武双全，但是因为不守先王之仁道，不敬鬼神，残酷暴虐，三仁都反对纣王的做法，但是采取了不同的方式。微子离去，箕（jī）子装疯为奴，比干因谏（jiàn，劝君主改正错误）而被纣王命人挖出心脏看圣人之心的七窍而死。不变指的是志向不变，而不是追求的方法不变。据《论语·微子》记载，有七位逸民，即遗落官位的贤人。有的是不降其仁之志，不辱其仁之身的人，宁肯饿死也不苟且偷生；有的是降其仁之志而辱其身的人，但是他们还能言中仁之伦、行中仁之虑，是能够忍辱负重的人；有的人则隐居起来放仁之直言，他们的身是中清的，只是放弃了以权求仁之中的方式。孔子认为，他与七位逸民是不一样的，不是一定要如此，也不一定非要不如此。

据《论语·为政》记载，孔子说，《诗》三百，用一句话来归纳的话就是：思无偏于仁之中的邪。据《论语·阳货》记载，孔子说，在《诗》中有可以兴的仁，可以观的仁，可以群的仁，可以怨的不仁。往近处说可以用其中的仁来事父，从远处说可以用其中的仁来事君。《诗》中的见识多来自于鸟兽草木之名。据《论语·先进》记载，子路问孔子说，什么是死？孔子说，不知道什么是生，就不知道什么是死。据《论语·先进》所言，孔子说，要先知道怎么事人，才可能知道怎么事鬼；要先知道生是什么，才有可能知道死是什么。据《论语·八佾》记载，孔子说，祭神的时候，就要当神在那样地诚心去祭。据《论语·学而》记载，孔子说，要慎终追远，这样民的仁德就能归厚。

三　孔子的《易大传》对圣典的系统阐释

孔子晚年特别喜欢《易》。他给《彖》《系》《象》《说卦》《文言》作了序。孔子读《易》数次，结果绑书的皮带都断了数次，这被称为韦编三绝。《易大传》是对《周易》中的天的仁道的系统阐释。对于《易大传》是否是孔子的著作存在着争议。我赞同金景芳先生和吕绍纲先生的观点，认为《易大传》是孔子的著作。孔子只靠《论语》是无法平定人的心灵的天下的，他是靠《易大传》而成为立不朽之言的圣人的。

（一）《系辞传》对圣典之仁道的总体解释

1.《系辞传》立论的宗旨：天之仁道与盛德和大业

（1）万寿无疆的圆方之仁德

圣王追求的是盛德与大业。那么，什么是盛德和大业之至呢？盛德的特征指的是日新，而大业的特征是富有。《易》的仁之道和义之理是高至于极点的道理，所以称为致。富有之致指的是无疆之方的静态的能量，说的是能量在空间上的特征，而日新之致指的是能量的圆的形态的变通不止，说的是能量在时间上的万寿的特征。圆是万寿的，方是无疆的，所以圆方是万寿无疆的。圆静时为方，方动时为圆。方就是有静的至点的万，而万就是无静之至点的方。圆方之合的能量之仁道就是至大无外和至小无内的宇宙大全，拥有这里的宇宙大全是最富有的，而只有通仁道和修得仁德，才能得这样的宇宙大全之富有。圣王行的就是天之仁道。圣人就是依《易》的仁道来教圣王崇德广业的，让圣王在知上越崇高越好，要崇效于天，像天那样高明；而在礼上要越退让越好，要效法于地，像地那样谦卑。圣王要把乾坤的仁道义理修炼成自己的仁品。

为什么圣人说的仁道看上去很罕见呢？一阴一阳之间互变的规律就是仁道。继仁道者为善，修仁道成功的人具有善性。天地之仁道的总特点是一直都是可观的；日月之仁道的总特点是一直都是可明的；天地的仁之动的总特点是总是可以找到仁这个一的变化规律。仁者把善显出来，人们就把这种善称为仁；知者把这种仁道显出来，君子就知仁道了。百姓日用之中处处是仁之易，随取随用却不自知，所以让人感觉到君子之仁道是罕见的，这就是很神的事。卦辞通过阴阳来说明大小的不同。君子之道为大的仁之阳道，小人之道为小的阴之利道。君子为主时面对利时是仁的，君子为臣时面对利时是义的；小人为主时面对利时是不仁的，小人为臣时面对利时是不义的。

（2）圣人设卦之意在让百姓懂得守仁德

圣人为什么要设卦呢？百姓虽然生活在天地之间，却有仁之行而不著，有仁之习而不察。他们不能效法天地，所以终生之得都达不到易简的程度。圣人因此根据天下的仁之动立爻，目的是要用形象的方法来把乾坤之简易的仁道义理示人，从中可以看到圣人的爱人之情。圣人设卦、观象和做系辞的目的在于通过吉凶、得失、福祸来让百姓明白仁道，从而要守住仁德这个本。《易》是什么呢？《易》说明了事物从创始到结束的全过程，概括了天下之仁道。所以，圣人能够用易来通天下的仁之志、定天下的仁之业、断天下的仁之疑。易之神指的是难以理解却很灵验。蓍之德是圆而神的，所以难以捉摸，但是很灵验；而卦之德是方的，所以容易知道。德指的是性质。蓍的性质是圆的，圆是运转不定的，阴阳难测，所以是很神的；而卦的性质是方的，方的就是定的，相对来说是静态的。贡指的是告。六爻之义告诉我们的是仁德与吉凶的关系。圣人用易来洗心，然后把洁净的仁心退藏于密。

圣人之吉凶与民之吉凶是一样的，都是与仁德联动的。通过易之神可以知来，通过易之知可以藏往。这就是古代的聪明、睿智、神武之人，不杀人就可以治天下的原因。圣人通过天之仁道而得明，所以能够兴仁之神物；通过察民的仁之故，而知道以前的民的仁之用，从而可以用仁之道与仁之用来斋戒，使得自己的仁德能够达到神明的程度。古人在祭祀时，要致斋三日，简称为斋，主要是在内室独居思索，对自己的欲望进行洗涤，让自己的仁心保持洁净和至诚；散斋七日，称为戒，主要是拒绝外来的娱乐活动，也不参加吊唁活动，以持仁之正。这里想要说明的是要有仁的神明之德，需要排除非仁的杂念，对仁要至诚。

在《易》中，圣人用四种方法来说明仁道。用语言来说明仁道的为辞，用制器来说明仁道的为象，用爻之间的变化来说明仁道的为变，用卜筮来说明仁道的为占。在《易传》中，《彖传》讲的是天之仁道和地之义理，而《象传》讲的是尊天之仁道的人道和尊地之义理的人德。《象传》有大象和小象之分。大象讲的是全卦的总体的象，而小象讲的是每一爻的具体的象。爻指的是阴阳之气体能量相交而变化的意思。爻存在于六十四卦之中。六十四卦把自然界和人类社会的发展分成了 64 个连续有序的时代，而每个时代的变化由爻之间的变化来反映。

（3）伪善和辞屈导致的容貌之丑

六十四卦比八卦要具体，所以比较确定。三画卦不言爻，因为三画卦不讲变。六画卦言爻，因为六画卦反映的是事物的发展变化。爻之所以会变化，是因为其中存在着仁的刚柔相推。卦爻的象概括起来有吉凶、悔吝、刚柔、变化四种。吉凶和悔吝是讲人事的，而刚柔和变化是讲卦画的。在吉凶未定之间，存在着悔吝两种状态。人在忧苦患难中，因意识到凶象而悔，所以悔有着从背凶而变吉的可能性，只要继续向着仁德的方向走就可以逢凶化吉。人在安逸得志之时，没有意识到凶象的存在而吝，从而有着由吉变凶的可能性，只要回到仁德的路上走就能逢凶化吉。悔是渐渐地走向吉的过程，而吝则是渐渐地走向凶的过程。变化指的是刚变柔或柔变刚的过程。阳追求方的象之至，阴追求方的形之至，中追求方的形象之至，从而形成了品字。品中多个口和犬就成了器。犬这个小狗狗有仁品的时候，器就能被善用，而小狗狗没有仁品的时候，器就会被恶用。君子不器，指的是君子要为自己的身体之器做主，让身体有仁品，从而小狗狗不会跑出来做恶。

仁的礼制就是用来框住小狗狗之器。在小人居高位时，百姓会360度无死角地加以鄙视，从而落位时会遭遇冷脸。当仁的礼制框住小人时，小人不得不伪装为善，这样难受的是小人。小人因为心口不一，久而久之，即使是原来的美男子，容貌也会变得奇丑无比。伪善是通过伪笑来实现的。人无法真正控制自己的笑，皮笑肉不笑，久了就丑了。违背仁的良心的人，因为心中有愧，所以其辞必然有惭。心中对仁有犹疑的人，其辞必然会有分歧，往往会自相矛盾。有仁的吉德之人，自知为善不足，所以不是不得已的时候不会说辞话，所以辞寡。躁人好自售，好胜于他人，所以辞多。诬陷善人的人，说人家的坏话，又不敢直说，总是在诽谤之言上加一层掩饰，所以其辞是游荡着的。因进据失守而不知所措的人，会出现内无所主，而外不明义的状况，从而会辞屈。

2. 天之仁道及其呈现方式

（1）在天的仁道运行中呈现出的宇宙大全

①什么是天的仁道之易？

自然界是阴阳两种气体能量生生不息的过程，而《易》则用阴阳两仪生生不息的过程来模拟自然界的阴阳两种气体能量的发展过程。天的仁道之易指的就是气体能量的生生不息。易有仁的太极。太极就是大一的仁，就是整体的一的仁，绝对的一的仁。仁道是立于一的仁之上的。仪是匹配的意思。仁的太极的能量是从来就存在的，是不生不灭的。太极的能量生两仪，就是指太极的能量生了阴阳的能量这个对儿。阴阳的能量就用这种一分为二的方法一对儿一对儿地生万物的。两仪再生两对儿，于是生出少阴、少阳和太阴、太阳四象。四象再生对儿，就是八卦。八卦重而为六十四卦，于是生出万理齐备的宇宙大全。

天之仁道是《易传》中最重要的概念。《易传》中的天之仁道是可以名状的，而且是唯一可以名状的。天的仁道是在易的生生不息中呈现的。据《系辞下》说，生生称为易。据《易纬·乾凿度》说，易这个名有三个意思：简易、变易、不易。最简易的就是一。事物是常易的，而天的仁道这个仁的一则是不变的。天的仁德就体现在仁生之上。各类事物都各有各的天的仁道，追求着各自的至，又有一个总的天之仁道，追求着最高的至，而这个至是物极必反的，所以称为致。

据《系辞上》所言，太极有易的特征，先有太极，才有阴阳两仪。仪就是致善，用致善来度量各类事物之至的意义的方法，就称为法度。据《系辞下》所言，阴阳合才能有仁德，有仁德才能有合体，有合体才能有刚柔的特征。天地之大的仁德就是生。万物都是向生的，而有生之心即称为性。生是向着至阳的方向发展的。每向阳挺进一步，都是在向着生增长。生成万物的必然是阳，而万物所由生的则必然是阴。也就是说，阳是种子，阴是母体。阳为仁之象，阴为仁之形。阳把仁之象的种子，种在阴的仁之形的土壤里，这样才能让阴阳合体为有仁之品的形象。这个形象顺从其天性长成熟之后才能成器。

这样，在物中就存在着看不到形的承载着天的仁道的具体的能量形态的象和看得见形的器。在《易》中，卦爻的阴阳之能量是有行迹的，这些行迹便是器，而阴阳迭用，阴阳之间的不断变化，这就是天的仁道。变是仁的能量的量变的过程，是合乎仁德地渐渐地变；裁则是人为的裁定，让事物从旧质变为新质。一卦由下到上的量变为变，而一卦到顶端变成另一卦则为质变的化。当量变到一定的时候，止之就是裁定。变化指的是一分为二之变和二合为一之化。通过动与静可以分辨出刚与柔和阳与阴。阳是主动的，阴是主静的；阳以变为常，阴以不变为常；刚要动，柔要静。

②阴阳相有和刚柔相济如何生出万物？

万物是怎么产生的呢？万物是阴柔相摩和八卦激荡的结果。用雷霆来鼓动，用风雨来滋润。随着日月的运行，一寒一暑，最后乾道成男，坤道成女。摩指的是摩擦，荡指的是旋转激荡。天地通过摩擦和旋转激荡交感，生成万物，所以万物都是分男女的。在六十四卦中，男女指的是阳阴、刚柔。古人认为阴阳指的是气体能量，气体能量是实在的、可见的。万物都是由气体能量构成的，而气体能量都是分为阴阳两面的。比如说：昼夜、阴晴、隐显、屈伸、盈亏、语默、上下、前后、左右、君子与小人等，这都是一个事物中的能量的阴与阳的两个方面。阴阳两个方面都是两相为有的，而不能两相为无。一阴一阳之变指的是气体能量流动的规律，而规律是看不见的。只讲阴阳之能量，不是在讲仁道。要讲一阴一阳才是在讲仁道，即讲的是阴如何变成阳和阳如何变成阴。阴阳之能量要互相转化，事物才会运动，才会向前发展。比如说：走路必须左右交错才能前行，要有昼夜时间才能流动。一阴一阳，继续不断，生生不息，永无止境，这就是善的仁。善的仁追求的是永生。据戴震的《原善》所言，善包含着仁、礼、义三个方面，其中生生不已为仁，生生有条理就是礼，而生生不乱就是义。生生不已处于一种完美无缺的理性状态时就是善。善落实为一个具体的事物时，就成了性。仁道只有一个，但是有阴阳两面。化育为阳之事，阳是仁；生物为阴之事，知是阴。不能只看到阳的一面，就以为道是阳，而只看到阴的一面，就以为道是阴，其实只有仁知合观，才能把握道的全体。仁道可以通过仁的方式显示出自己，也可以通过用的方式来把自己藏起来。

刚柔与阳阴是相同的。从气的角度上看，分阴阳；从质的角度上看，分刚柔。刚柔相推，指的是阳与阴的进退，即阳进阴退。而无论刚柔如何变化，都离不开三极之仁道。三极指的是天之至刚、地之至柔、人之至和这三才。事物在天成象。成象的过程为成事的过程。事物在地成形，成形的过程为物化的过程。象与形拍合则成事物。象凝聚为性质，而形变硬为器物。象与形之间还可以互变。柔进变刚之时，形变成象；刚退变柔的时候，象变成形。刚柔是通过仁义相推而产生变化的。刚之至可喻为昼之正白，而柔之至可喻为夜之正黑。做事要讲方法，要有方向，就因为事是向着方发展的，而方是以类聚的。万物都在做事，所以称为事物，做的事就是追求方。每个类的方就是每个类的至善。因为物追求着不同的方，所以物是可以群分的。到达了方之处的事物，就是成功的事物，事物的名的标识的就是成功之时的气象。人认识事物时，要抽象，就是要抽出这个方，这就是格物之方，通过有限的方认识无限的方，从而达到致知。

③乾坤为什么是完美的？

乾象为天，而天为阳；坤象为地，而地为阴。阳的成象在天，而阴的效法在后。凡是阳的东西都只是有个象，而象是一个瞬间的方之完美。阳的象要通过坤的效法来落实成形。可以说乾坤为阴阳，但不能说阴阳是乾坤，因为阴阳代表着一切事物中的一分为二。据《序卦传》所言，先有代表乾的天和代表坤的地，然后才产生出万物。据《易纬·乾凿度》所言，乾坤是同时生的，有乾就有坤，有坤就有乾。乾坤同时存在着。乾是有仁情的雄性、雄浑、雄劲的代表，坤则是有义理的雌性、温良、驯顺的代表。据《系辞上》所言，宇宙中的乾坤的既济和未济的和谐就称为太和。据《易传》的《彖辞》说，乾是元，乾元是伟大的，能保合太和，所以是大吉大利的。大的吉利是来自仁德的生生之利。每一个事物，从某个角度说是阴，从另一个角度说又是阳。这取决于自己与其他事物之间的关系。比如说，一个男子对妻子来说是阳，对父亲来说则是阴。

《易经》非常重视四时的变化。《系辞》中的筮法中的四象征的是四时。乾之策与坤之策中讲的日子，也都是在讲四时。它用四时的变化来代表天地万物的变化。孔子在《论语》中是这样论证天的存在的：天通过四时的变化，就能生出万物来，何必要开口说话呢？通过认识乾之仁，就能认识万物之始；而通过认识坤之义，就能知道物是怎么形成的。认识乾之仁很容易，只要认识其变化就可以了；认识坤之义也很容易，从最简单的事物开始认识就可以了。易是容易知道的，简是容易跟从的。容易知，就会感觉亲切；容易从就会有大功。有亲就可以长久，有从就可以成大事。可久就是贤人之德，可大就是贤人之业。乾的特征是确然的，即刚健。乾象天，天上的日月星辰风雷云雾及昼夜都是有常的，时间上的更替是有准的，寒暑也是有数可以推的。因为是确然的，所以很容易把握，但有的人则认为很难把握。坤的特征是隤（tuí，安）然，即柔顺的意思。坤象地，在地上有山川草木虫鱼鸟兽，而且勤劳就能所获丰厚，荒疏则不能有秋，这都是很简单的道理，但是不少人却把简视为繁。

易的能量以大和广来配天地，以变通来配四时，以阴阳之义来配日月，以易简之善来配至德。配指的是相似、相当。易简中的易指的是不难，就是一而已，这是乾的特征；而易简中的简指的是不繁，就是二而已，这是坤的特征。易简从本质上来说指的是自然而然、本来如此、不为而为、不造作的意思。仁的至德的本质就是易简。易的反面是难，易就是不难。简的反面是繁，简就是不繁。乾顺从天的仁道自然地运行着，坤顺从就是了，这就很简单了。乾动坤顺就能自然而然地自在愉悦。《易传》的彖辞在论到坤卦时说，如果坤在先，就会迷失天的仁道；如果坤在后，顺则能得天之仁的常道。据《易传》解释坤的文言所说，阴虽然有美，但是应该含蓄以从王事，不敢居功。大地之道是为妻、为臣之道。大地是从不居功的，只是代万物以成其事而已。而乾是天、君王、夫婿的象征。人只要读懂乾卦的卦辞和爻辞，就能通为君之道和为夫之道；只要读懂坤卦的卦辞和爻辞，就能通为臣之道和为妻之道；而把这两卦的卦辞和爻辞引而申之，触类而长之，天下之能事就完毕了。这就是易中的简易的意思。

为什么《易》之仁道是广而大的？乾是大的，坤是广的。往远处说，没有什么能够抵御仁道。往近处说，随处可以看到仁道之静和正。在天与地、道与事、人与物之中，无所不备有仁道。乾与仁道之大和广是从哪里来的呢？乾主动，但也有静的时候；坤主静，但也有动的时候。乾的静是专一的，因为乾是实在的一。乾是自然而然地动，动起来是直而不弯的。乾的静、专、直成就了它的大。坤是虚的，是分成两半的，合起来为翕（xī，闭合），分开为辟。所以，坤之静为翕，动为辟，从包容性上来说是广。把门阖（hé，关闭）上称为坤，把门敞开称为乾。门的一关一开可以称为变，没有穷尽地往来就称为通。乾坤是阴阳之能量的根本。在乾坤之间存在着能量之易，所以没有乾坤就不会出现易。如果见不到能量之易，就说明乾坤快要息了。乾坤是仁之体，而变通是仁之用。变通指的是乾坤的仁的变通。在变通中会出现仁之象、仁之器、仁之法、仁之神四事。门阖着的时候，仁是静而密的，象坤。开门的时候，仁是动而达的，象乾。门如果老是关着或老是开着，就没有乾坤了，也就没有变了。易指的是不断开关中的门。体是有形可拟的，而撰则是做仁之事，而体是体现仁的。要有仁之体才能有仁之现。天地之撰指的是天地造生万物之仁事。从可见的角度看门就是仁之象，从有形的角度看门就是仁之器，而制作仁之器的方法就是仁的法则，效法变通之仁道就可以设仁之礼以立仁之教以统御天下。

在世界上可以用来做仁之法象的东西是很多的，但是天地是其中最大的，所以可以用天地作为仁之法象，推出首乾次坤、君尊臣卑、父尊子卑、夫尊妻卑的关系。世界上能够反映仁的变通的东西也很多，但是以四时为最大。四时交替为仁的最大的变通。世界上能够表现天地四时的东西很多，但是以日月为最大。世界上崇高的东西很多，但仁的荣华富贵为最大。仁的荣华富贵指的是仁君的势位。仁君的势位是最崇高的，因为一切大问题都是要通过势位来解决。《易》讲天、地、人三才，但重点是讲人。而《易》中讲的人不是民而是君和臣，民是在卦之外的，是君臣合作施仁的对象。备物以致仁之用和立仁之成器以利天下，以圣人为最大。探仁之幽索仁之隐，钩仁之深致仁之远，以仁定天下之吉凶，以仁成天下之勉励，以蓍龟为大。仁的神物是天生的，圣人以此为仁的法则；仁的天地是变化的，圣人效仿的是天地之仁的变化。《易》用象来表示仁，用辞来告知仁，意在以仁断定吉凶。易就是要开启物性以成事务，就是要冒天下之仁道，如此而已。通过易和简就能得天下之义理，而得天下之义理就能得正中之位，从而能得天下。

（2）极致和至善之象和辞中的象征修辞学原理

象征修辞学指的是用完美的象来比喻至善的仁德之学，而辞就是对象的比喻性的解释。在万物中都有着至真、至善、至美的能量，而能量有静的凝聚态或动的流体态。象就是能量的流体态到达方时的完美状态。辞抓住的就是这样一个完美的至的瞬间，再通过意境扩大到太极之致，由此便能抓住能量世界之永恒，因此能够成为经典。《易》就是靠这样的完美的象和辞来使自己成为不朽之经典的。《易》的卦爻之象和辞是儒家立说的依据。据《汉书・儒林传》所言，秦是禁学的，但是《易经》却独独没有被禁，而且传授者不绝。君子是在天的仁道的运行中求事做的，所以时运非常重要。《易经》中的卦辞就是按天的仁道给出的君子在各个处境中应该如何做才能得仁德之吉的标准答案。卦和爻就是呈现宇宙的天的仁道的象，其中包括着象征正点的静之品的象征形式逻辑、象征动的中正之仁道的象征辩证逻辑和用零和一的二进制来演算不同时代的时运的象征数理逻辑。天之仁道是有规律可循的，而君子的具体命运则会因为求不仁不义之利的小人的存在而难以具体预测，但是可以根据自己的处境而采取不同的符合天之仁道的方法，这样进退都能够得吉。总体的原则是仁德与位相配则能得吉，仁德与位不配则会有凶。这样就可以通过卦辞和爻辞来说明一个行为的对错。

①六十四卦及其爻的象和辞中的至善是什么？

《易》中包括的是象。而象就是正点的像。象为抽象的完美的象，像则是个体的具体的像。书是尽不了仁之言的，言是尽不了仁之意境的。而圣人之仁意是怎么表现出来的呢？圣人是通过立象来尽仁之意境的，通过设卦来尽仁之情伪的。辞是能尽仁之言的。书指的是论仁的书册，言指的是仁的言语，意指的是仁的思想，义指的是仁的思想的目的地。书是用来记录仁的言语的，但不可能把所有的仁的言语都记录下来；言语是用来表达仁的思想的，但是不可能把所有的仁的思想都表达出来。《易》是通过立象来打破这种局限性的。《易》中的阴爻和阳爻是象，乾象天、坤象地。象的特点是具有普遍性，而且很灵活。书不能尽仁之言，而辞则能尽仁之言，因为辞是表象的。

据《周易略例・明象》所言，得仁之意境则可以忘正点的象，得正点的象则可以忘掉陈述仁的言。用语言表达仁不如用象表达仁，而通过象得仁之意境后，就可以把象也忘掉。所以，象或言都是为得仁之意境服务的，所以得意可以忘形，得意可以忘言。比起象来说，意境是动的，是可大可小的，小可以无内，大可以无外。意境是要突破时空的限制，从有限的空间和有限的时间意识到无限的空间和无限的时间。通过想象的有限来实现意想的无限。从有限的方可以意想到无疆的方之极大，也可以意想到无内的极小的方之极小，而在方的极大和极小之处都是无限的太极及无极之静的方面。从有限的圆可以意想到无外的圆之极大，也可以意想到无内的圆之极小，而在圆的极大和极小处都是无限的，太极及无极指动的方面。

《易》中的六十四卦之序，指的是时序，而时序不是偶然排列的。君子学《易》，首先要学每卦的时义，然后再领略每一爻中所说的问题。每一卦反映的是一个时代，每个时代的特点是由卦象来表达的，而卦象又是由卦辞来说明的。每一爻反映的都是一个时代中的一个发展阶段，一卦中的六爻反映的是六个发展阶段。一个发展阶段的特点是由一爻的爻象来表达的，而爻辞又是用来说明爻象的。卦重在表达稳定的时代特征，而爻则重在表达一个时代中的各个阶段的变化。而就全易的六十四卦来说，每一卦都是这个大的发展过程中的一个环节，也是在讲变。象代表的是一个阶段的结束和另外一个阶段的开始，所以可以称为终始。六十四卦之间的关系，要么是“反”，要么是“对”。反为异，是敌人。对为应，是朋友。比如说，乾与坤是对的关系，而屯与蒙则是反的关系。

《易》之书是广大的，是人们熟悉的和完备的，其中有天之仁道、人之伦理和地之义理。天下共有天、地、人三个仁才，每个仁才用两爻来代表，所以有六爻。六爻讲的就是三才之仁道。仁道是有变动的，所以称为爻；爻是有等级的，所以称为物；物是杂在一起的，所以称为文；文不当的时候，就会生吉凶。要明白事物的仁之质，要看事物的仁道之始和终。要讲清楚时，讲清楚仁道的变化，就不能不讲仁道的始终。从大的过程来看，乾坤是仁德之始，既济卦和未济卦是仁德之终。从一卦上来看，第一爻为仁之始为下，第六爻为仁之终为上，其中包括初、二、三、四、五、上六个环节。一个卦的六爻之中，初爻和二爻为地，三爻和四爻为人，五爻和六爻为天。第一、二爻讲的是地之义理，第三、四爻讲的是人之伦理，第五、六爻讲的是天之仁道。一、三、五为阳位，二、四、六为阴位，阳在阳位、阴在阴位都为正，都是吉利的。否则就不正，不正时为不吉利的，为凶。二、五为中。阴在二为阴之中正，阳在五为阳之中正。

一卦的初爻是仁道之始，上爻是仁道之终。物以群分，指的是阳物是阳物，阴物是阴物。初爻与上爻是本末和始终的关系。初爻最难把握，而上爻比较容易知道。虽然能够通过初爻和上爻知仁道之始终，但是没有中间的四爻这个过程也是不完备的。中间有杂物，所以有撰德。撰德指的是不同的事物表现出的不同的性质和特点。要分辨善恶是非，不仅要看始终，还要看过程。彖辞是卦辞，象是爻辞。卦辞是对一卦之仁道的总的说明，而爻辞则是对仁道的个别环节的说明。睿智的人看一下卦辞就能明白一半了。第二爻和第四爻都是阴位，但是距第五爻这个君位是远近不同的。在第二爻多半是有仁誉的，而在接近君位的第四爻多半是有戒惧的，柔中就能无咎。二与五都是阳位，所以是同功的，但是五是君位，而三是臣位，贵贱是不同的。三多凶，而五多功。柔居阳位会有危，而刚居阳位则可胜任而无危。

在六爻的变动中，我们可以看到刚极、柔极、和极这三极之正道。作易的人先做卦，即画出六十四卦的卦画。然后再观察卦画中的象，最后在卦和爻的下面写上系辞，这样人看一下卦下和爻下之辞就能知道吉凶了，从而知道如何通过守仁德而逢凶化吉。阳爻是以进为特点的，但是进到九就到顶了，所以再变就只能退，阳爻退到八的过程就是变为阴的过程；而阴爻是以退为特点的，但是退到六就没有退路了，再变就只能进，阴爻变为七的过程就是变为阳的过程。易中所说的变化指的是阳爻变成阴爻或阴爻变成阳爻的过程。就变化本身而言，指的是刚柔和阴阳未定的状态。《周易》占变爻，而不占不变之爻。九和六是变爻，而七和八是不变爻。

《易》中之卦全是崇尚仁德之卦，每卦都有对象之卦，互为对象之卦合则均能得完美的太和之卦即既济卦和未济卦，二者合都能成就那个时代的卦象给与的大事。六十四卦中的爻，从第一爻开始均要符合一分为二、二合为一的行进方式才是正确的。君子需要认清自己是在一的做主之位还是在二的做事之位，来决定自己是要行主之仁还是要行辅之义。有天之仁的保佑，人就会是吉祥的，就没有不利的。有天的仁之助的人，就会是很顺利的人。天所助的人是有仁的信用的人。人的行为讲仁的信用，思考顺天之仁道，这就是《易》所崇尚的有大吉大利的贤人。

八卦成列，象在其中。八卦中的仁的性质是确定的，但取象则是灵活多变的。只要能够恰当地表达每卦中的仁的性质，取什么人、事、物的象都是可以的。事物的相对稳定的八种仁的性质是：乾（qián，即天）为仁之健；坤（kūn，即地）为仁之顺；震（zhèn，即雷）为仁之动；巽（xùn，即风）为仁之入；坎（kǎn，即水）为仁之陷；离（lí，即火）为仁之丽；艮（gèn，即山）为仁之止；兑（duì，即沼泽）为仁之悦。为什么六十四卦的阳卦中多阴，而阴卦中多阳呢？阳卦为奇，阴卦为耦[①]。震、坎、艮为阳卦，都是一阳二阴。巽、离、兑为阴卦，都是一阴二阳。凡阳卦都是五画，而凡阴卦都是四画。在六画卦中，复、师、谦、比、剥等卦都是一阳为主，一阳五阴，而夬、大有、小蓄、履、同人、姤（gòu）卦都是一阴五阳。易之卦是尊阳之仁德以导阴之义气的。阴以顺阳之仁德为善；以应阳之仁德为美。一卦之材包括许多内容，但是最根本的一点是卦中的阳之仁德不能有二，只可有一。通过六十四卦能够成就仁之大业，能够定仁与不仁之吉凶。

君子用卦来做什么呢？用来得天之仁道的保佑，从而能够守仁义而得吉利和避凶险。君子在居安之时，要深刻理解每一卦的仁的时义，然后再反复玩味仁的爻辞，以此为仁之乐。卦是相对稳定的，而爻则是变动不居的，所以理解卦辞比理解爻辞要容易。对卦要安，对爻要玩。君子一方面要居则观象玩辞，另一方面要动则观变玩占。象包括卦象和爻象，而辞则包括卦辞和爻辞。象和辞看上去不一样，其实是一样的，都是在表达卦爻之仁义。象表达的是义，辞表达的是象。辞中的仁义的意思是幽隐的，所以需要不断玩味。有事的时候，要通过六爻的刚柔变化来找到自己应该如何行仁之事的答案。通过占来找到自己应该用哪一条卦辞或爻辞。这样做的话，通过自己的主观努力，就能够合天的仁道，从而能够趋吉避凶，无所不利。

②卦的取象是如何比喻至善的?

易卦是按阴阳之能量生生的规律构成的。先画一个至善的阳，一个至善的阴，这就是一阳一阴。再各与一个阳和一个阴重合，就构成了四个至善的象。四象的每一个象又与一个阳和一个阴重合，就变成了至善的八卦；八卦的每一卦又分别与八卦重合，最后就形成了至善的六十四卦。为

① 抽象的为“耦”，而具体的为“藕”。耦强调的是一个整体的两个分叉，为分形结构。一分为二又互为伴侣的则为偶。只有人能偶天地，说的是只有人能够成为天地的副本。天地为一方，而人的父母为一方，为两对之偶。偶像崇拜就是把人当成天的副本来崇拜。

什么说因为神是无方的，所以《易》是无体的呢?《易》中的神、道、易指的都是阴阳这两种能量交合的不同状态。阴阳交合的不测谓之能量之仁之神，在一阴一阳之间变化谓之仁道，阴阳生生之仁谓之易。《易》讲的是能量之神，所以易是没有时空限制的。能量的神化的范围充盈天地，能量之神存在于万物之中而没有遗漏，在昼夜之仁道中也都能看到能量之神的所在。能量之神是无处不在、无时不有的，是无限的，所以没有具体的空间和时间的限制。方指的是物体的有限的方位，体指的是物体的有限的体积，因为物体有方体，所以存在于其中的能量有相对的静止。因为能量之神不是物体，所以是无方的，所以概括能量之神的行为的《易》是无体的，它所概括的是一切时代和一切空间都通行的仁之道和义之理。

《易》中的正点之象归纳起来有三类：第一类为象阳之奇画与象阴之偶画；第二类为八经卦之象，其中包括天、地、风、雷、水、火、山、泽；第三类为六十四别卦之象，这里的象是因事因理而随时自取的象，比如说：牝（pìn）马之贞等。作《易》者把隐藏在万事万物中的关于能量的赜（zé，深奥）的道理以卦的方式分门别类地以象的方式表达出来。象既具有抽象性，又具有灵活性。一个象是可以代表许多同类的事和理的，观象者可以根据自己的情况去体会，所以具有灵活性。用言语直说，则容易把事和理说死，从而缺乏想象力。《书》和《礼》都把事和理说死了。《诗》也用象，但其中的象是具体的、确定的，一个象只是说一事和一理，而《易》之象则是一象可以反映多事多义。卦之象和爻之象模拟的是各类事物的不同的形容，让象能够恰如其分地表达各类事物的特征。卦是相对稳定的，而爻则是会通的。会指的是会聚。通指的是通达。一爻里有多个意义曲直错杂地纠缠在一起。这个时候就需要选择一个最恰当的点，即是物之格的方的正点，用这个正点的意义作为爻辞，这样才能把握行得通的义，从而能够给人指出行动的追求至善的方向。典指的是常，礼指的是行为，典礼指的是行为的规范。在会通的基础上按典礼来行事就是吉的。这样就可以根据系辞来判断吉凶。这就是爻。

易中的名称是杂而不越的。通过《易》能够彰显过往之仁事，还能预察未来之仁事；能够显仁之微和阐仁之幽；能够通过恰当的仁之名称来分辨万物的不同之仁，能够正仁之言和断仁之辞。虽然名称是小的但是取类是大的，即是说，每卦的卦名很小很具体，比如说井卦，但是每卦都代表着一类事物。卦的仁的旨意是深远的，卦的仁的言辞是有文采的。卦的仁之言是曲的，就是不直说，却能恰中事之义理。《易》中所举的事实，看上去是肆意而为的，仁的寓意却是隐于其中的，所以能够通过仁与不仁的吉凶来预告人的得失。

象来自于制器，而不是制器来自象，比如说：先有井，然后有井卦。这里的制器指的是天制的仁器。古代的包牺氏即伏羲氏为天子的时候，仰观天的仁之象，俯观地的仁之法，观鸟兽的仁之文，察地理的利之宜，近取仁于自身，远取仁于万物，做了八卦，目的是要用八卦来通仁的神明之德，类万物之仁情。包牺氏还结绳为网来打鱼，盖取诸离卦。包牺氏去世之后，坤农氏揉木为耒（lěi，翻土农具），教天下之人，盖取诸益卦。在日中的时候设集市，让天下之民据天下之货，交易而退，各得其所，盖取诸噬嗑（shì kè，即合）卦。神农氏去世之后，黄帝、尧、舜通仁的易之变，让民不倦，神而化之，使民宜之。易到穷尽之时就会变，变就能通，通就能久。有天之仁的保佑，就会吉祥和无所不利。黄帝、尧、舜都是通过垂衣裳来使天下治的，盖取诸乾坤卦。他们用舟楫（jí，船桨）之利来济不通，通过致远来利天下，盖取诸涣（huàn）卦。服牛乘马，引重致远，以利天下，盖取诸随卦。重门击柝（tuò，巡夜打更用的梆子），以待暴客，盖取诸豫卦。断木为杵（chǔ，舂米的木棒），掘地为臼（jiù，舂米的研臼），臼杵之利，万民以济，盖取诸小过卦。弦木为弧，剡（yǎn，尖）木为矢，弧矢之利，以威天下，盖取诸睽（kuí）卦。上古穴居而野处，后世圣人易之以宫室，上栋下宇，以待风雨，盖取诸大壮卦。古之葬者，厚衣之以薪，葬之中野，不封不树，丧期无数，后世圣人易之以棺椁（guǒ，套在棺材外面的大棺材），盖取诸大过卦。上古结绳而治，后世圣人易之以书契，百官以治，万民以察，盖取诸夬（guài）卦。

(3) 仁道运行的卜筮之数推衍中的数理逻辑学原理

①占出表达着能量发展的必然性的偶然性

《易》的辞有一个特征就是危险，其中体现着一种如履薄冰和战战兢兢的临危状态。学《易》的目的是要让自己对仁德要有所敬惧，要寡过和善于补过。乾指的是天下之仁的至健。通过仁的德行恒易的特征，就能够知道什么是仁德之险。坤指的是天下之义的至顺。通过义的德行之至简的特征，就能够知道什么是仁德之阻。动为仁德之险，而静为仁德之阻。通过知乾坤的动静而知仁德之险阻，所以能够不陷入险阻之中。能知仁德之险阻，就能把天下的仁道之事理看清楚，就能悦心，能审慎，能勤勉于仁德的事功，从而能成就天下之仁德的事业。仁与不仁的吉凶总是有预兆的，不会突然发生。通过仁事之象，就可以知其所能成之仁器。通过占卜就能够知道未来之仁事。天地之能量的存在与变化是自然而然的，而圣人是在用卦模拟自然界中的能量的运动变化，所以可尽天下之能事。人谋是明的，可以通过天之仁道来让人明白。而鬼谋是幽的，可以通过卜筮和设教来让百姓信服。辞表达的是事物中的仁道的运动变化，所以称为言仁之情。仁之情与仁之性是对应的。仁之性是不变的，而仁之情是变的。

变通的目的是为了尽仁之利，趋时顺理而从之，这样就不会陷入凶、悔、吝的状态之中。这里的仁之利是与正相对的，而不是与害相对的。如果六爻都各居其正或各居不正，就不会变动。而仁之利是在变动中显现出来的。有利就会动，不利就不动。情指的是相感、相取、相攻之情。吉凶是由爱恶相攻产生的，相爱就吉，相恶就凶。悔吝是由远相取或近相取而生的。非同类就会相取。近而相得，就能生吉利；而近不相得就会生凶害。亲比和正应都是近，相比相应就是近，而不相比和不相应就是远。相得指的是爱相亲，而不是恶相攻；指的是相济而不是相取；指的是情相感而不是伪相感。

筮法是《周易》中的一项重要的内容，其重要性至少不亚于卦，这就是启迪了莱布尼兹的二进制，其中包含着最高级别的高等数学的原理。通过《易》可以知仁道的能量之神，从而知道应该如何行仁德，也就知道该如何酬酢。酬酢（zuò，回敬主人）在这里指的是应对，原来指的是主人献酒、宾客酢酒回敬主人、最后主人酬宾。尽管阴阳之能量有着不可测之神奇，而通过把握天的仁道则可以把握这种神。人用自己的仁德来跟着天之仁道走，就能够得到辅佐能量之神的位子和天命，从而能够成就仁德的大业。在《周易》中，天的仁道和神奇的能量都是谈变化的，能量之神就是变化之仁道，而仁道就是能量变化的规律。仁道的必然性是通过能量之神的偶然性表现出来的。仁道指的是必然性的一面，能量之神指的是表现着必然性的偶然性。

通过对极数的占卜，可以预知未来的发展趋势。占的规则中包含着把偶然性变成必然性的机理，其基本原理就是把所有的能够表达必然性的偶然性都变成1，而把所有的不能表达必然性的偶然性都变成0，这样就能保证在推衍中呈现的都是能量发展的必然性。推衍中说的1、2、3等指的是第 1 步、第 2 步和第 3 步等。第 1 步为浑然的 1，第 2 步为 1 分为 2，第 3 步是 2 合为 1，所以虽然是 3，其实是新的合成的 1。以后的步骤就是 2 的 2 次方的递增，反过来就是开根号的 2，这就是无理数的来源。其中包含的其他的数学原理有待在《追寻幸福：儒家哲学的能量物理学基础》一书中具体阐释。

②通过六十四卦和三百八十四爻穷尽能量发展之理

据《系辞传》所言，筮法就是教人通过对能量发展规律的占卦来预知未来，以便守住仁德，从而能够趋吉避凶，让仁德的事业能够成功。据《周礼・春官宗伯》所言，古有九筮。但是，这些筮法大多已经失传。目前我们知道的只有一种，因为孔子把这种筮法写入了《易大传》的《系辞传》中，所以才得以保留。天代表奇数一，地代表偶数二。古人认为数到十就满了，这里的十指的是能量的一分为二、二合为一的发展的第十步，所以称十为小盈，为小成之数，而万是最大的数，所以称为大盈，为大成之数。万物中的“万”表示的是最多的意思。大盈是建立在小盈的基础上的，所以《系辞传》中的筮法就是从十说起的。

十以内的五个奇数为天的仁道的阳能量的运行之数，即一、三、五、七、九，加起来为二十五。十以内的五个偶数为地的阴能量运行的义理之数，即二、四、六、八、十，加起来为三十。天地之数合起来为五十五。五位相得指的是一与二相得、三与四相得、五与六相得、七与八相得、九与十相得。因为阴阳的能量总是处在变动之中的，所以有阴阳交合不测的特征，这种特征就称为能量之神。阴阳不测导致了易的千变万化。那么，怎样才能把握住易的千变万化呢？五十五为大衍之数，其用为四十九，因为天地和万物都是抽象的概念，是无具体的用途的，一为天、二为地、三为万物，所以去掉六。这样，在五十五中可用的为四十九，通过三次分二、挂一、揲四、归奇这四个步骤，得出的数会是六、七、八、九，其中七、九为阳爻，六、八为阴爻。反复六次变为一卦。通过筮法就能够通阴阳之能量的变化和行阴阳之能量的神鬼，这里的神指的是阳能量之神，鬼指的是阴能量。

蓍（shī，为一种草，古人用其茎占卜）即是策。蓍、筹、码、策都是一样的，都是古代的计算工具，用筷子和火柴棍替代也是一样的。筮法总共分为四个步骤。第一步，把 49 根蓍草随意分为两个部分，两只手分到的根数是不一定的。而得出的是阳爻还是阴爻，在信手一分的时候就定了。49 根蓍草在没有分的时候是一个整体的一，象征着大一和太极。圣人通过变而通来尽仁之利，通过鼓和舞来尽仁之神。鼓之舞之，指的是摆弄 49 根蓍草。古人不仅把卦看成是有象征意义的，而且把筮法的每一步也看成是有象征意义的，代表着一定的仁义之事理，其中包含着相应的思想。一分为二是用来象征两的，即象征着天地这两是由太极分出的两仪。世界上的一切事物都可以一分而为二。第二步是挂一以象三。即把已经分成两部分的蓍草中拿出一根，放在一边，这样所有的蓍草就变成了三部分，象征着天地人三才。第三步是揲（shé，即按定数更迭数物，分成等分）四，即四个四个地数象征天和地的两个部分，余数（无余数时则当余数是四）肯定为一、二、三或四，象征着四时。这样两只手中的余数之和不是四就是八。在《周易》中已知道了历法。历是计数，星指的是二十八宿恒星，辰指的是日月相会。尧的时候已经知道观象授时。尧以前的历法用的是火历。火指的是大火，代表的是心宿二，后来才发展出太阳历。人用历法来象征日月星辰，才认识了四时。筮法的最后一个步骤是归奇。奇是每次揲四之后的余数。把两只手经过揲四后的余数放在一起。这样一易就完成了。四个步骤为一个回合，即一易，要经过三易才能得出一爻。

筮的目的是要得出阴爻或阳爻，但筮直接得出的是数而不是爻，而筮得出的数为七、八、九、六。七为少阳，八为少阴；而九为老阳，六为老阴。48 根蓍草减去三变余数的总和，再除以四，就能得出七、八、九或六。48 这个数是一定的，四也是一定的，只是三变的余数的总和是不定的。三变的余数的总和会出现四种可能：即十二、十六、二十、二十四。每进行一变时，都把 49 根蓍草信手分成两个部分，并信手抽出一根，即挂一，这样就还剩下 48 根。每部分都揲四，余数就只能是一、二、三或四。第一变的余数就是四或八。第二变的蓍草就只剩下 40 根或 44 根。第二变依然是要分二、挂一、揲四、归奇，余数之合为三或七，加上所挂的一（第一变不加所挂的一）为四或八。第三变的蓍草只可能是 32 根、36 根或 40 根。第三变的方法与第二变同。最后得出的是八或六就画阴爻，是九或七就画阳爻。三变只能得出一爻，一卦是六爻，要经过十八变才能成为一卦。

乾有 216 策，坤有 144 策，共为 360 策，即为一年的 360 日。策即是蓍，一策为一根蓍草。《周易》中的阳爻都是老阳，即都是九；阴爻都是老阴，即都是六。乾卦的六个老阳爻，经过揲四之后的策数是 36，36 乘 6 等于 216 根蓍草。坤卦的六个老阴爻，经过揲四之后的策数是 24，24 乘 6 等于 144 根蓍草。乾坤二卦的策数加起来就正好是 360 日。《周易》的六十四卦共 384 爻，其中阳爻和阴爻各为 192。老阳策为 192 乘 36 等于 6912 策；老阴策为 192 乘 24 等于 4608 策，二者相加之和为 11520，这就约为万物之数，所以万物是乾坤两卦变化的结果。“万物”中的“万”是大概所指而不是实际所指。所以，十为小盈，万为大盈。《易》是通过四营而成的。营指的是经营，这里特指分二、挂一、揲四、归奇四个步骤的经营。完成一次经营为一易，一易就是一变。三变成一爻，十八变成一卦。八卦为小成，指的是事物的八种性质，但不能包括万物。八卦之上重八卦，就变成了六十四卦，这就是触类旁通的结果。这样通过六十四卦和 384 爻就能够穷尽能量发展之理，从而能够认识天下万物的发展趋势。

③为什么位上会有吉凶悔吝无咎？

君子要有所作为，就要有仁之德行。要有仁之德行，先要占问《易》。问《易》就可以知道自己的使命是什么，接受使命就像是响应一样，远近幽深都可以提前知道。如果《易》没有说明天下之仁德的至精，就不可能做到这一点。在占筮中，通过参伍以变，错综其数，就能够得出卦。错指的是杂，综指的是条理。错综复杂，就是在复杂中是有条理的。通易之变，就能够成天地的仁之文；极易之数，能够定天下的仁之象。如果《易》中没有包含天下的仁之至变，就不可能做到这一点。通过至的一能够知多。易之仁只是寂然不动地呆[①]在那里，不思考也不作为，但是能够用仁感通天下。如果《易》不包含着天下的仁之至神的道理，就不可能做到这一点。通过《易》，圣人可以到达仁的极深之处，可以研究仁的几微未著。只有到达仁的极深之处才能通天下的仁之志；只有研究仁的几微未著，才能成天下的仁之务；只有仁是很神奇的，才能感通天下，这样仁就能不疾而速，不行而至。

乾坤在合作中遵循的是什么样的仁德的秩序呢？《周易》认为乾是能显仁德之贵的，而坤是能贱己以成全仁德之贵的。陈指的是根据仁德之功从卑向高的排列，这样就能够定仁德的贵贱之位了。仁德之贵就是贵，自

---

① “呆”是没有期待的停留，而“待”则是有所期待的停留。

己之贱就是贱，贵贱之位是不能更改的。乾是阳的仁德的完美代表，而坤是阴的义气的完美代表。《周易》是怎样分贵贱呢？《周易》中的贵贱的区分是通过六爻的位来表示的。六爻自下而上，在上者为贵，在下者为贱。通过刚柔、往来、上下、内外、得位与失位、应与不应等，都可以表现出贵贱。通过爻辞可以辨吉凶。贵位有吉，贱位也有吉；贵位有凶，贱位也有凶。吉凶比贵贱要复杂。在违仁的悔吝还在介的状态，即还在细微萌动的时候，就要忧虑预防。通过震惧能改不仁为仁，就能无咎。

吉凶指的是仁德的得失之象，得仁为吉，不仁为凶。悔是懊恼自己过去不仁而做得不对。吝是指自己过去当仁之时因过分惜财而不舍。有悔吝就会出现忧虞（yú，忧虑）之象。占要说明的是吉、凶、悔、吝、无咎，目的是要给予人如何行仁德的指导。卦辞是以仁与不仁来论吉凶的，而爻辞则是以吉凶来论悔吝的。生就是动的意思，所以称为生动。吉凶是可以互变的，关键看人的行为是否有仁德。刚柔是互相依靠的，有刚有柔就可以立仁之本。刚柔变通追求的是仁的时中，时中有趣时的特征，能够给人带来喜悦。有一个仁的吉，便有一个不仁的凶跟随；有一个不仁的凶，便有一个仁的吉跟随。有不仁的凶的时候，不能坐等仁的吉的到来；有仁的吉的时候，也不能坐等不仁的凶的到来。彖指的是材。爻效仿的是天下的仁之动。在动中就会出现仁与不仁的吉凶，因吉凶带来的悔吝也变得很显著。《易》是用象来表达思想的。彖是卦下之辞，断的是一卦之义。一卦之义是寓于一卦之象中的，卦辞是卦象的文字表述。卦辞与材相似。从静态的角度看，材是构屋的木头，屋要聚众材而成，卦也要聚一卦的众义才能成系辞，而爻之象则是从动态的角度看的。吉凶就是得失，就是成功或失败。吉凶是通过人的行动表现出来的，是由无中生出来的，所以称为"生"。悔指的是改过。通过改过可以获得吉。吝是文过是非，文过是非会带来凶。悔吝还在人的心中，还没有变成行动，是由微变显的过程，所以称为著。著作就是由微变显之作。

有小的违仁义的过错怎么办呢？彖（tuàn，解释卦义的文字）讲的是象，爻讲的是变，吉凶讲的是得失，悔吝讲的是小的瑕疵，无咎讲的是善于补过。彖指的是彖辞，而彖辞讲的是卦辞。卦辞断的是一卦之象，是一卦的总说明。爻辞说明的是一爻之象。吉凶悔吝无咎都在讲得失，只是程度不同而已。吉凶讲的是大得大失，而悔吝讲的则是小问题、小毛病、小过错、小失误，知错就改，这样就可以无咎。无咎指的是原来有咎，由于善于补过而至于无咎。有的过错是咎由自取的，所以要承担责任；而有的咎是才智不足导致的，所以可以谅解。吝指的是当悔不悔，发展下去必然会凶，而眼下尚不是凶。如果自己是阳在阴位，就要按阴行事，而如果自己是阴在阳位，也要按阳的仁德做主。阴是做事的，要突出仁德的功用；阳是做主的，要突出仁德的方向。阳永远都是做仁德之主的，所以不能作为仁器使用，这就是君子不器；阴永远都是做义臣的，必须成义器才能有用，所以臣之能在于按君指明的仁德的方向做仁德之能事。

3. 君子为什么要遵从天之仁道？

为什么学《易经》能够知天的仁道之幽明呢？《易》是以天的至刚和地的至柔为标准的，要让人把天地之至善作为自己的行为的摹本，从而能够与天地之至善一齐。通过仰观天文和俯察地理来通天地的仁义之道，从而能够明白为什么会有仁义之幽明。天文指的是日月星辰之仁道，地理指的是山川原隰（xí，低湿之地）之义理。随着日月星辰的运行，而有阴晴寒暑；因为有山川原隰的养育，而有飞潜动植。幽指的是看不见的义理之幽隐，明指的是看得见的仁道的明显。在事物的变化过程中会出现仁义的幽明之状态。一类事物因为有共同追求的方而聚集起来，而又因为自己的方的大小与其他类的方的大小不同而区分开来。吉与凶指的是人的事业活动的结果，成功到达至善的为吉，没有到达至善的失败为凶。事物有同有异，有聚有分，这是不以人的意志为转移的规律，就是因为物各有自己的方之志。

事物的动静都是有规矩的。静的目标是方之矩，称为方法，而动的目标是圆之规，所以称为规律，这样的规矩是不可违背的。人做事业的时候，能够顺从天之仁道的规矩，该同就同，该异就异，该聚就聚，该分就分，这样才能吉而不凶。推是推移的意思，通是无障碍的意思。推而行之就称为通，即消除了路上的障碍后就可以推行了。行得通，就是可以一直推行而没有障碍。变通指的是推到头了，推得穷尽了，就变方向，来回推移，这样就可以一直都通。昼与夜相推为一日，寒与暑相推为一年，刚与柔相推为一卦。变与通不可分割。阴推阳退，阳推阴退，把这种变通的仁道义理通过举而错之应用到天下之民的人事上来就是事业。

什么是生，什么是死呢？事物有始终，人生有生死。知生是怎么开始的，就能知死之终为何物。人既要乐生，又要不畏死；生也愉悦，死也愉悦。人的精气的本质是有形有体的物，为物之聚。而物是有变和有化的，变化过程就是物之散的过程，这种运动变化就像是游魂一样。人弄清楚了阴阳之精气，弄清楚了刚柔变化的规律，就能够知道鬼神的情状，就没有什么可怕的了。人怎么才能够有好的心情呢？《易》是全面、周到、包容和完备的关于仁道的宇宙大全之书，不存在过或不及，也不存在遗漏。如果人能够与天地之仁道相似，就不会违背自然发展的规律。如果人能够周知万物，就能够用天之仁道来济天下，从而不会有违仁之过。如果人能够与天之仁道随行，则可随便流动都能够乐天之仁道，就不会有忧愁。如果人能够安土敦仁，就能有仁爱。

天地的仁之大德是生。圣王的仁之大宝是位。怎么才能够守住位呢？仁。怎么才能把人聚在一起呢？财。要以正辞理财，禁民为非作歹，这就叫义。生就是仁。天地无心而生养万物，所以天地的仁之大德称为生。圣王能够参天地和法天地，全是因为圣王能仁。圣王是用仁来守位，用财来聚民的。财是百物的总称。天下之人，没有财是不会聚在一起的。圣王要备物，并且要尽物之利来养民。人都是贪爱财物的，所以要用义来调理，才会免于纠纷。理财就是要为了利民而发展生产，目的在于养民。正辞就是要对民进行仁的礼教。齐民就是要用刑罚来禁止民为非作歹。圣王治民的方法无外乎就是仁和义，以仁为主，辅之以义。

4. 君子需要有什么样的仁德？

圣人感受到天下的仁之幽深，用象来形容仁之物宜，就成了象；圣人看到天下的仁之动，观察到仁的会通，就设典礼来规范仁的行为；圣人用系辞中的仁来断吉凶，这就称为爻。极天下之仁的幽深的道理存在于卦之中；鼓天下之仁的动者存在于辞中；化而裁之的仁存在于变之中；推而行之的仁存在于通之中；神而明的仁存在于人之中。默默地成就天之仁道，不言不语却信任于天之仁道，这就是仁的德行。仁的德行即是默默地信天之仁道和践行天之仁道。三人行，必须损去一人，变成二人。而一人行，必须增加一人，变成二人。宇宙间的一切事物都是专一的，而专一说的是凡物之一必为二，二必为一。天地之阴阳二气必然密相交感而致于一，通过气化而凝结成万物。男女不单指人类，而且指飞潜动植的雌雄牝（pìn，雌性的鸟或兽）牡。阴阳化醇（chún，纯粹），男女化生，都是要守住一。在处理己与人的关系时，与人为一是好的，而与人为二则不好。

天下感应之理只有仁这一个，不用人为地安排仁道，听从自然之仁就可以了。万事万物都是殊途同归于仁的，百虑都会同归为仁之一致的，随仁自然变通就好。世间之物中都有仁事，有来必有往，有往必有来。人与人之间的仁事也不能没有往来。如果往来憧（chōng，往来不定）憧有私，亏了对方之仁就不好了。人也是可以有思虑的，但是如果营营思虑，只是为了求朋，局于求朋，那就太狭隘了，没有仁德之宽厚。日往月来，月往日来，日月相推就能生仁之明；寒往暑来，暑往寒来，寒暑相推就能成仁之岁。往者为屈，来者为信，屈信相感而生仁之利。这里的信与伸相通，所以屈信指的就是仁的屈伸。自然界中有仁的屈伸的现象，人类社会中也有仁的屈伸现象。有伸必有屈，有动必有静。尺蠖（huò，昆虫）这种虫子是一屈一伸向前运动的。屈与静是为了求伸和求动。龙蛇在冬天蛰（zhé，动物的冬眠）伏不动，是为了保存生命，等到春天时再活动。仁的精义入神，可以致用；对于仁的利用可以安身，可以崇仁德。自然界中的仁的屈伸现象，都是来自于自然的感应，没有思虑。人的仁德修养也应该如此。向内用功夫的目的是为了向外伸以致仁德之用。屈能崇仁德以内，最开始还需要用思和用力，而当仁德盛到一定的时候，就能穷神知化，就可以无思无为，自然而然了。先入仁之神，然后再穷仁之神。这个时候的往来就自然了，而不用憧憧，随时就可以屈伸，不用再思虑。

要先安好自己的仁身，再行仁德之动；心要处于仁之易的时候再说话，这样才能心平气和，无所顾虑；要先有仁恩于人，有仁信于人，与人爱恶相同，情谊相通，才能求于人。君子要能安仁身、易仁心、定仁交，有这三点仁就全了。自己的仁身处于危之中而要行动，民就不会与你一起行动；自己的仁心处于惧怕之中，自己说的话民就不会响应；自己与民没有仁的交情，无恩无信无情，这时有求于民，民就不会给与。自己做的事没有人参与，自己说的话没有人响应，自己的所求没有人给与，这样自己就成了孤家寡人。

不可以恶的方式来讲天下之深奥的义理，不可以乱的方式来讲天下之至动的仁道。在说话之前先要拟定说话的内容，然后一起议论，最后才采取行动。拟与议的目的都是要与事物的仁义之道理变化相吻合，这样才能得到尽可能好的结果。君子居于室中，口出之言是善的仁，千里之外的人也会与之呼应，更何况是近处之人呢？如果一个人虽然居于室中，却出言不善，即使千里之外的人也会与他违抗，更何况近处之人呢？所以，虽然言是出于自身的，但是会加乎于民。行是发乎近处的，但影响会很远。仁的言行是君子的枢机。枢机之发，关系到人的荣辱。君子是通过言行来感天动地的，所以不可不慎。君子之仁道，或出或处，或默或语，只要二人有仁的同心，其利就可以断金，只要二人说的是仁的同心之言，就会像兰花一样芳香。仁之德讲究的是盛大，仁之礼讲究的是谦恭。谦指的是通过致恭能够保存其位。乱是因言语不周密为阶而产生出来的。君王不周密则失去臣下，臣子不周密则失身，微小之事不周密则有害于成功，所以君子之仁言是慎密的，不出纰（pī，布帛丝缕等破坏散开）漏。负是小人之事，乘是君子之器。如果小人乘了君子之器，盗就想要夺之。如果上慢下暴，盗就想伐之。

虽然颜回非常聪明，但是他也是会有过错的。他有了过错，发觉了就改，而且不再犯。几指的是事物之仁德刚萌发的时候。这时的仁事是有象无形的，欲动未动的。从几处就可以判断事物发展的趋势是吉的还是凶的。几是吉凶两可之时，这时就能看出事物的发展方向，所以是很神的。上交贵于恭敬，但是恭过则谄（chǎn，奉承、巴结），所以恭敬到露出谄媚之态的时候就要止了。下交贵于和，但是和过则渎（dú，轻慢，对人不恭敬），所以在露出渎的端倪之时就要止了。见到几就要立刻行动，不要等到明天再办。君子是守正如石的，不会随利益的变动而转动。而小人长着一个像算盘一样的脑袋，随时跟着利益转动，所以看不清楚吉凶之几微。君子是能够知仁之微彰的、知仁之柔刚的，所以为万民所仰望。

如果前面有石头挡路，想坐下又有荆棘，到家里连最亲近和最容易见到的妻也见不到，这就是困境。如果非所困而困，仁之名就要受辱；非所据而据，仁之身必然有危。仁之名受辱，仁之身处危，那么死期就快到了。君子用弓矢射隼（sǔn，一种极凶猛的鸟），能够成功是因为君子藏仁之器于身，待时而动，所以出而有获。仁德很薄而位很尊，智慧很少而谋却大，力很小而肩负的任务很重，这都是凶的。小人是不会感觉到羞耻的，不会畏惧的，也不会有仁义的。小人不见利是劝不了的，小人不见威是惩不了的。小惩而大诫，对小人来说是福气。仁之善不积是不足以成仁之名的，而不仁之恶不积是不足以灭身的。小人因为小的仁善带不来利益，所以不为，而因为小的不仁之恶伤不着自己，所以不去除。当不仁之恶积累到无法掩饰的程度，罪就已经大到没有解药的时候了。

天的仁道是变动不止的，仁的刚与柔是在六虚的能量之中升降往来的，不能用什么东西来定住，一切都要看变化而定，不能弄一个固定不变的标准。人的出入都必须谨慎有度。外惧自己的仁德行为会有差失，内惧自己的仁德修养会有所不足。仁德之基是践行；仁德之柄是谦退；仁德之本在于复归自己固有的善性；仁德之固在于不动摇，有恒心；仁德之修在于每天都要损去对仁德有害的东西；仁德之裕在于日益增进有仁德的东西，让仁德绰绰有余；仁德之辨在于能够在困境中辨出仁德之深浅；仁德之地就像井一样，能养人利物，居而不改；仁德之制就像巽一样，顺时制宜，做事顺而贵断，不拘泥、不同流合污。履就是礼，礼贵的是和，而和贵的是中，而至就是至中，是恰到好处。自卑的人反而得尊，自晦（huì，隐晦）的人反而得光显。君子处困因仁而能得悦，不怨天，不尤人。君子要像井一样，只有井既能顾及他人，又能保存自己，使得物我两存。遇事要能够把握分寸，仁之文或质、仁之宽或猛都适宜，而且做仁事不露声色形迹，都在默默中做到。

君子要用履卦来和仁德之行，即做仁事要无过之无不及。要用谦卦来制仁礼，不能因有仁而自尊自大，要谦逊。要用复卦来找回自己的本有的仁的善性，让人能够知道自己的仁德之不足，而且能够改正。要用恒卦来守仁德，始终如一。君子能守仁德之常，所以能守仁这个一之德，而小人之仁是无常的。要用损卦来去除有害于自己的仁的东西。要用益卦来改不仁过和迁善到仁德之处。要用困卦来让自己在困境中还能寡怨。要用井卦来存己济物。要用巽卦来入能入理，这样才能够行仁之权。权指的是秤砣，物的轻重都是由秤砣来衡量的。权的特点是根据物的轻重来应之，动静是要随时推移的。安于其位之人，必然是有危险的；保其存者，必然是要亡的；治必然是有乱的。所以，君子居安而不忘记危，存而不忘记亡，治而不忘记乱，这样就可以安身保国了。

（二）《周易》对各卦之仁道的解释

乾坤是阴阳，但是阴阳不是乾坤。乾是完善的阳，而阳不一定是完善的，坤是完善的阴，但阴也不一定是完善的。乾是阳的榜样，要经过元、亨、利、贞四个阶段的考验才能成为乾，最后的乾是通过贞于仁道而守正的；坤是阴的榜样，也要经过元、亨、利、贞四个阶段的考验才能成为坤，只是坤是通过贞于乾来守正的，所以是牝马对于牡马之贞。在乾坤之合中，产生出了天的四季和地的五行。春生仁、夏长仁、秋成仁、冬守仁。木生仁、火长仁、金成仁、水藏仁、土守仁。在乾坤之时，乾是纯仁的，不断生出阴，而阴是纯义的，不断成全着阳，所以产生出了完美的阳之乾和完美的阴之坤。而在乾坤合作生出万物时，万物中的阴是迷糊的，阴的器中的小狗狗常不守品地出来溜达，不懂得以阳之正的仁道为指引，总是在与阳争锋。阳在守仁道之正和行仁德之谦中带领民克服天之险和地之阻，在这个过程中教育了阴，最后让阴心服口服、安分守己地服从仁道，于是到达了既济卦和未济卦，这就是阴阳相合而各得其所和轮流执正的天下大治的中和的大同世界。

1. 第1—2卦：完美的健乾和顺坤

第1卦乾卦：纯粹刚健主导的精气神

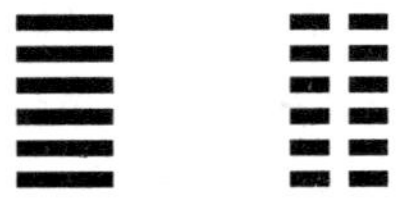

乾的对象是坤

①阳的元亨利贞所成的仁德之健全

六十四卦的第一卦是乾（qián）卦。乾的主卦为天，天的特征为健。天的客卦也为天，天的特征为健。乾的主客卦之合为天上有天或天下有天；健上有健或健下有健。乾卦的对象是坤卦。坤的主卦为地，地的特征为顺。坤的客卦也为地，地的特征为顺。坤的主客卦之合为地上有地或地下有地；顺上有顺或顺下有顺。坤是至下的意思，代表着至柔，而乾是至上的意思，代表着至刚。健表示的是举起、强壮、刚直、亢奋。健这种性质越抽象取象就越多，越具体取象就越少。乾的三画卦的卦象可以是天、马、父、君等，而六画卦的乾则是乾上加乾，是纯阳至健的。乾的气体能量最能上达，所以乾是种向上行的气，这种气承载着向上运动着的能量，其目的地是至善的象，即内方外圆的呈静态的动的象，象的是在乾中有着至健的性质，表现的是乾之仁德。而这种健的仁德是通过四个阶段养成的，四个阶段都圆满，才能成就至健之仁德。

健运行的四个阶段是元亨利贞，可以用春夏秋冬这四时来比喻。孔子在《论语》中说，天是不言不语的，但在四时的运行中，就把百物都生出来了。人、事、物的发展，都是遵循着元亨利贞的原理走向至健的。元指的是开始。而始出自女，出自阴。元亨利贞，要浑全不缺才能有健之仁德。元为开始；亨为通达；利就是割麦子的时候；贞指的是坚定不移地守正。元春之时，万物出生；亨夏之时，万物成长；利秋之时，万物成熟；贞冬之时，万物收藏。乾的发展与对象坤的发展是同步的。阳的一生阴的二，然后再二合为一，一分为二，一直生出乾的六爻和坤的六爻。乾元之仁生出了坤始，并坤分享着亨利贞，而坤始之义柔顺地成全着乾从初爻发展到第六爻。乾是健全的，而坤是康宁的，合而为健康。

②乾元之天统率着全部的仁道

乾元指的是乾之元，而不是其他事物之元。元指的是头，是开始。元既是开始，又是最大的意思。乾元统天，就把全部的仁道概括在其中了。乾元为世界之祖。乾卦的取象是天，但不就是天。乾可以是天，可以是阳，可以是父，可以是马，可以是君等，但是天是具有健的诸事物中最大的阳物，可以概括其他的阳物的性质。乾取象于天，但不是取天的形体，而是取天的能量的性质。天体永远在运行着，永不停歇，什么力量也改变不了，阻止不了。乾之亨，指的是乾生万物之后，就开始养育万物。这个时候，天之仁道运行，使得无处不亨通。气体能量是万物之质，形体能量是万物之形。万物都是形质皆具的，才能分类，才能互相区别。品物指的是不同种类的物。流形指的是形看上去是静的，其实是流变着的能量。

在利的阶段，每一个物都成熟了，都有了自己的特有的性命，有自己应有的位置，各得其正。性命指的是一个事物的根本性质。万物都有性，指的是万物都是想要生的，但是要通过履行自己的使命，通过守自己的位而且能够守仁德之正，从而才能够保住自己的生的根本。世界上的飞、潜、动、植品类不同，都因为各自的性命不同。各自守住自己的正，自己能够有利，而万物又能和谐。在利的阶段，品物定形了，但是还没有长得饱满，因此还需要有贞的阶段。正如一棵稻子，要长结实了才能收获。庶指的是众多，庶物指的是多种多样的事物。直为一，屈为多。宁（níng，寍）原来指有房子住，有饭吃，就宁了。安指的是有房子住，有女子就安了。定指的是有房子住，持有仁德之正就定了。稳指的是备有应急的粮食就不急了。咸指的是普遍，没有遗漏。普遍都安宁，指的就是咸宁。通过保住万物中的阴阳的能量之合，就能保住万物之间的太和。

③穷尽君子之道的仁义礼智

就人而论，乾卦取的象是龙，其中穷尽了君子之道。元相当于仁，亨相当于义，利相当于礼，贞相当于智。穷尽指的是到达顶端的仁德之至善。君子为主，为大人，是有能力统治天下的人。与君子相对应的是为臣，为小人。据《文言》所言，元是以仁之善为首长的；亨是以义之美为嘉（jiā，既善还美）会的；利是以礼之和为吉祥的；贞是以智之明而守正的仁道的。君子通过修元而能得仁，得仁而能长人，所以能够做首长；君子通过修亨能够学习到义，从而在嘉之会时能够行为适宜；君子通过让利可以学习到礼，从而能够有和谐；君子通过贞守而能知道守正之智。所以，对天道而言为元亨利贞，而对君子而言，则为仁义礼智。利在秋天，而秋天是肃杀的时候。礼之和讲的是肃杀。肃杀是合于义的，是让万物和谐不乱，各有各的归宿，而不是乱杀。万物都是要成熟了才杀，不能夭杀。杀可以为吉，就是让万物已经长到十了，是该死的时候杀的。杀幼是不义的。冬天的时候，植物都会失去生机，都会被杀死。所以，人在秋收之时，其实就是在帮天杀，从而能有收获。贞是正且固的意思。贞指的是人有着顽强的意志，走在正确的通往至善的道路之上。

④乾道乘六龙的能量形态来驾驭天

乾元是伟大的，能用天之仁道来资万物之始。乾元讲的是乾的开始，而乾道指的是乾变化的整个过程。变化中的变指的是量变，化指的是质变。乾顿化为坤，坤顿化为乾，这就是质变的化。乾的仁道指的是气体能量的一分为二和二合为一的生生不息的变化流行。乾的六爻的变化都在时上。到时候该变就要变。乾之顺就是要顺时。时当潜则潜，时当现则现，时当惕则惕，时当跃则跃，时当飞则飞，时当亢则亢，时当隐则隐。这样同一条龙的乾的能量之本就有了七条龙的具体能量形态：潜龙、现龙、惕龙、跃龙、飞龙、亢龙、隐龙。象征乾的龙乘云运行，施雨滋润大地，并且通过大明，让品物都有了形状。乾的仁道让时间来形成了事物运行的六个位，让时间乘六龙来驾驭天，在云行雨施之中，实现天下太平。乾通过利贞来让行正之物保全性命，保合太和，使得天刚生出庶物之时，万国都是咸宁的。

乾的第一阶段是潜龙勿用的阶段。这个时候的龙还在地底下，只是有潜能，还不能用，需要养晦（huì，农历每月的最后一天，这一天月亮将全部隐去光亮，即为朔日的前一天）。潜龙就像是种子一样，被种在了地中。这时的阳的气体能量存在于阴的形体能量之地之中。潜龙因为有坤的义之晦的遮蔽，所以能够保护自己，不会受到伤害。据《文言》所言，龙有隐之仁德。龙不在乎是不是在世，不在乎是否有名。世人不知道自己，世人看不到自己，也不感觉到闷。龙是自在的，乐就行就有所作为；忧就违即不为，什么也改变不了这样的龙之仁德。潜龙就是这样的龙。遁世（原来为遯，dùn）就是把自己隐蔽起来。乾元从开始就是亨通的。乾就是要让守仁德的贞者能够有利。这就是乾的性情。乾从开始就能够以仁德之美和仁德之利来利天下，却对所利者不言不语，所以乾的仁德是多么的伟大啊！

第二阶段是现龙升到了地上，就像是植物从地中长出一样。这时阳气出土，万物将复苏。这时的龙因为能够给万物带来利，从而呈现出大人的气象。这时的阳在阴位，这并不是阳之正位。阳因为能够利万物，显示出了阳有施利的美德，通过云雨按需普降甘露，所以能够得仁之吉。据《文言》所言，这时的现龙在正中之位，而不是中正之位。现龙以诚立信，以诚立谨。谨即是慎，慎即是真心。现龙的真心真意都是通过诚来表现的。现龙给世间带来了仁德之大善，却不夸耀自己之功，所以具有谦虚的美德。因为现龙之仁德是广博的，所以是化而不见的。在现龙施舍的时候，天下是文明的，万物都能体会到现龙的仁德之美。

第三阶段的龙是阳在阳位，这个处境很凶险，容易有仁德上的过失，但是这时的龙是个君子，白日自强不息，晚上也很警惕，所以依然是吉祥的。这时的龙在反反复复地练习天之仁道，在仁道之上反复盘旋，所以称为惕龙。据《文言》所言，君子追求的是进仁德修事业。要用忠信才能进仁德，修辞要用诚才能居业。知道至就要至之，这样才能给予几以机会；知道终就要终之，这样才能够存义。这样就能处在上位也不会骄傲，处在正位也不会忧愁。因为时时都保持警惕，所以处在危险的时间里也不会有过错。在危险的时期，君子还要奋斗，但是要与时同行，而奋斗的目标就是进仁德修事业。

第四阶段的阳在阴位。这个地方离君位很近。这时的龙在自己的居住地里，也就是在深水之中。时而可以在深水中试着飞跃。这个时候，进也没有什么过错，但是龙还是在深渊里练习跃起，所以称为跃龙。据《文言》所言，上下无常，并不是邪的表现；进退无恒，也不是离群的表现。君子进仁德修事业，想要及时，并无过错。乾之仁道就是要变革的。

第五阶段为阳在中正之位，为飞龙在天，能够通过利万物来显示出自己的大人之象。纯阳为纯，至刚为粹，纯粹生精。纯原本指的是同一颜色的丝，有文的意思，而粹指的是精米、精华，有华的意思。要纯才能粹。精在中正之位，显示出其盛大的神气之象，从而成为精气神。这个阶段的龙刚健、中正和纯粹，成为了圣王，从事的是有成就的创造性活动。就的意思是到高处去住，创造就是通过创来造出更高级的东西，从而能够有成就。有的东西是通过自然生出来的，有的东西是人为造出来的。这个时候就是造东西的时候了，而不只是生东西了。据《文言》所言，同样的声音是相呼应的，同样的气体能量是相求的。水变成湿，火就会燥。云是顺从龙的，风是顺从虎的。圣王做的事，万物都能看得见。以天为本的是亲上的，以地为本的是亲下的，各自顺从自己的类。同类是能够相互感应的。动物是以天为本的，植物是以地为本的，所以动物的头都在上，足都在下，而植物的本都在下，末都在上。动物中的禽兽的头多是横生的，而只有人的头才是真正向上的。圣王与万人是同类的，都是有仁心的，所以能够相互感应，万人必亲之。这时的飞龙在天天向上地治理天下，是龙之仁德的显现之时。

第六阶段的阳在阴位，而且已经到了登峰造极的地步，飞龙变成了亢（kàng，高傲的）龙。在亢龙之时，龙的仁的功德已经完满，所以称为盈，但是盈是不能持久的，龙是通过悔悟来逢凶化吉的。龙把自己的仁德的成长的经验告诉他人，说明自己在成长过程中经历的后悔的事、过失的事、让自己悔恨的事，谈自己觉悟到的关于阳的仁德的道理。据《文言》所言，亢龙是贵而无位的，高而无民的。因为有贤人在下位，所以没有辅佐亢龙的人，只要动就会有悔。亢龙有穷极之灾，这时的龙的时限也到了极处。

⑤舍首以成仁道的隐龙之贞正

第七阶段就是亢龙自觉地把自己的阳变成阴而成为隐龙的过程。群龙其实都是一条龙变的，所以最后的亢龙舍首，即是群龙舍首，于是顿隐为阴。群龙把自己的首放在路上，成为导引阴运行的天之仁道，所以在天之仁道中说明的是龙成就大业的智慧。龙的刚强之躯依然纯刚，但是在顺从天之仁道上则是极其柔顺的。阳变阴或阴变阳都是顿变，不是渐变，而是非此即彼、黑白分明之变。乾和坤都是纯粹的，阴阳要么是阴，要么是阳，不杂混。至健是阳之粹产生的结果，而至全是阴之粹产生的结果。坤是从乾变来的坤。九为阳数之老，六为阴数之老。九到十而终，六到七而终。群龙通过失首的方式顿隐，全部变成阴，而阴顿显，全部变成阳。这个时候不能吝啬，不能不舍得，龙先让自己全健，再变成全阴，即至阴。这样经过纯阳和纯阴的一轮下来，自己就阳与阴都全了。

这就是一个健全的龙。这个龙自始至终都有仁之善的，都是舍己利他的，所以都是吉祥的。新的龙在旧龙的基础上继续生生不息。每一次新生都吸纳了前任的龙的智慧。对于仁德的悔悟之内容为智，成全仁德之行为慧，通过教育来进行智慧的传承。圣典仁德礼制体系的发展过程就是这样的新棉旧絮的发展过程。在天的仁德已经练成之时，就要舍首，不能为首。这时的乾元用九，即是天下大治之时。这个时候就可以看到具体为天则的天之仁道。天之仁道是这样地伟大，所以《象传》中的大象说，君子要向天的至健学习，要自强不息。君子之行是用来成就仁德的。从每日之行中能见其所成之仁德。君子之学的目的在于聚仁德，问的目的在于辨出是非。要用宽来居仁，要用仁来行德。通晓乾的六爻，就能够通晓仁德之情了。大人能够合天地之仁德以成其仁德，合日月的仁德之明而成其仁德之明，顺四时之仁德之序而成其仁德之序，这样就能与仁道之鬼神相合合，所以能够知仁与不仁之吉凶。亢指的是知进而不知退，知存而不知亡，知得而不知丧。只有圣王是知进退存亡的，圣王最不能失去的就是正，所以被称为圣人。圣人即是在贞正之上达到了至刚、至健、至纯粹、至精致的正人。

第 2 卦坤卦：纯粹柔顺忠贞的机灵鬼

坤的对象是乾

①阴的元亨利牝马之贞所成的义德之康宁

六十四卦的第二卦是坤（kūn）卦。坤的主卦为地，地的特征为顺。坤的客卦也为地，地的特征也为顺。坤的主客卦之合为地上有地或地下有地；顺上有顺或顺下有顺。坤卦的对象是乾卦。乾的主卦为天，天的特征为健。天的客卦也为天，天的特征为健。乾的主客卦之合为天上有天或天下有天；健上有健或健下有健。坤是至下的意思，代表着至柔，而乾是至上的意思，代表着至刚。乾坤合为一个不可分的整体。六画卦的乾的性质是至健，六画卦的坤的性质是至顺。有健才有顺，有顺才有健。天地是同步的，乾坤也是同步的。天地是万物之首，乾坤也是万物之首。坤的至顺是由元、亨、利、牝马之贞合成的。牡马有牡马的贞正，牝马有牝马的贞正。牝马之顺是有选择的，牝马只顺从牡马。牡马刚健，牝马柔顺。处在坤顺地位的人、事、物都要顺从处在乾健地位的人、事、物，不能与乾健争先，要以乾健为主，而不能自己做主。迷指的是失主的意思。要不失主，就要为后而不为先。要以乾健为主，自己为配。坤顺只是顺乾健，而不是什么都顺。乾坤顺的其实都是天的仁道，只是乾是明的，而坤是不明的，所以跟着乾主走就能不违仁道。

②坤始之地统率着全部的守仁之道

据《文言》所言，坤是至柔的，但是不动则已，动则为刚。坤在不动的时候，坤的守仁之义德是方的。坤之道在于能够顺乾，从而能够承天时而运行。乾是阳物，坤是阴物，乾坤都是物。阴阳合德从而使得乾坤的刚柔有体。无法用阴阳来预测的就是神秘的，而在一阴一阳之间存在的可以预测的规律就称为仁道。要有阴阳才有仁道。只有阴或只有阳都是无仁道的。阴阳是并生的。当我们讲乾的时候，坤已经存在。乾统治着天和地、阴和阳。在阴统治的时候，乾也是存在的，只是以隐的方式存在而已。在《易经》之中，阴阳都要放到时间之中看其好坏。而时间是以阳位和阴位的方式表现的。阴在阳位，要为阳才是好的，阳在阴位，要为阴才是好的。只是阳为阴容易，只要隐和不作为就可以了，而阴在阳位要为阳就不行，因为阴没有自己作为的能力，必然需要阳的引导和支持。阳是自足的，只要自己有足够的仁德，能够知进退，知显隐，知作为或不作为就可以了。而阴则不是自足的，必须依靠阳做其主。阳为主时，是有能力让阴辅助的，所以会出现阳主和阴顺的情况，可以合而为吉。乾坤只要各守其位，都能够做得妥帖，都是可以合吉的，而不是只有一方面能得吉，其中最重要的就是礼让。坤在让上是机灵鬼。乾在阴位让阴，坤在阳位让阳，都注意到自己的特点，该张扬就张扬，该收敛就收敛，这样无论是乾还是坤，都是好的，都是吉的。据《象传》所言，地势坤，君子以厚德载物。地势低，在万物的脚下，有厚土，所以能够称为万物之母。天地就像父母一样。父的姿态高，所以尊而不亲；母的姿态低下，所以亲而不尊。

③君子能够像坤之马一样走向无疆的远方

乾卦取的是龙之象，而坤卦取的是马之象。牛虽然温顺，但是没有选择地温顺。地类、阴类和坤类都是一样的。牝马是属于地类的。牝马可以在无疆的地上行走，柔顺利贞。君子也能够像马一样，能够行走在无疆的大地之上，走向无疆的远方。乾元称大，坤地称至。坤是效法乾的。乾元资的是万物之始，而坤地资的是万物之生。天地合德，才能够共生万物，正如人要从父亲那里得到气质，而要从母亲那里得到形体一样。坤要能顺乾才能走上仁德的正道，才能够获得自己行动的意义。坤走在前为逆，走在后为顺。坤走在乾先就会迷失仁道，走在乾后顺着就能得常。坤顺能够得到乾健为主就吉，失去乾健为主就凶。东北是阳方，代表着乾。坤要对乾忠心不贰，在东北就不能有朋，所以东北之朋要丧失。西南代表的是阴方，在阴方可以尽量得朋，联合众力而忠于乾。这样安于贞，则能够得吉。在西南跟着类走，能够得朋。在东北虽然会丧朋，但是最终能够有庆。乾的时间是无休止的，坤的地域是无疆界的。万寿指的是天长，无疆指的是地广。坤是通过土之厚来载物的。品物是含弘光大的，所以都能亨通。

④坤经六变而成其守仁的义德之至美

阴发展第一阶段是出现了霜的迹象。阴是出自阳的。脚下踩到霜的时候，就知道坚冰即将到来。霜是阴的凝的阶段，而冰则是阴的至坚的阶段。在“积善之家，必有余庆；积不善之家，必有余殃”中，庆指的就是贺，贺指的是增加了宝贝。善指的是仁的好心。日积月累地用好心做事的人家会得多余的庆贺，而日积月累地用坏心做事的人家会有多余的灾祸。臣杀君，子杀父，都是渐渐积恶的结果，不是一朝一夕之缘故。很早就要辨别出这种不仁的恶之迹象，要防微杜渐。履霜坚冰至，说的全是要顺。阴之义德就是要始终守顺，否则坚冰到来之时必然有殃。

坤发展的第二阶段是以直和方为义，不学习也没有什么不利的。坤卦的卦主是六二，即第二阶段。这个时候的坤是最纯粹的，而且居中又为正位。这时的坤在臣位，有地之象。乾为圆，坤为方，方与圆相对应。坤因为至静，所以其义德是方的。坤的线要直，面要方，体要大。乾为圆，圆是动的，而坤为方，方是静的。坤不用习，因为是静止的，放着不动，就不用练习了。乾把坤放在什么地方，坤就在什么地方呆着不动，这就是顺了。如果要推动坤走，坤总是走直线或走方，不会走圆。而且动的时候地道是光滑的，没有任何障碍。君子的内心要直才是正的，表现于外的义是方的。君子在内心之中敬正直，在行为之中讲义之方，这样就能够到达至，从而无不利。直就是不委屈，无杂念，不苟且。做事要方，就是要分是非曲直，行当行的，止当止的。正直之德是不孤的。能够正直就能成达其至，对此不要有任何的怀疑。

坤发展的第三阶段是含章可贞。这个时候的坤有义之文在胸，但是不彰显，能够含仁之章而守住贞正。这个时候可以跟随着乾做事，不求有所成就，但是要能够善始善终。心中含着的文章，可以等待时机而发。这个时候跟着乾做事的目的在于认识什么是光大。阴虽然内含有美，但是从王事之时，不敢有成，这就是地之道、妻之道、臣之道。坤道无成才能够有善终。由乾来开启事业，由坤来成就事业，最后的名誉要归为乾有。坤发展的第四阶段是很危险的阶段。这个阶段坤采取的方法是把自己的囊袋的口扎起来，不要让人看到里面的东西。这个时候既不能做恶事，从而能够无咎，也不做善事，从而可以无誉，因为有誉很容易变成靶子，从而被人当成咎。这个时候谨慎从事是没有害处的。天地在变化的时候，草木都旺盛，贤人也可以出现。而在天地闭合之时，就不再变化，这个时候贤人就要隐了。

坤发展的第五阶段是元吉的。这时的坤的代表色是黄色。古人把穿在上体的叫衣，把穿在下体的叫裳。裳很像围裙，系在腰上。衣象征的是乾，裳象征的是坤。乾上，坤下，为正常。《易经》讲的正常现象，要正才能常，不正就不常。坤把黄色做成裳而不是衣，说明自己虽然在最显赫的位子上，依然知道自己是处于下位的。而且这个时候，坤已经知道什么是义之光大，有义德之文在胸，所以不是徒有虚名，因此是吉的。君子在着黄裳色之时，其中贯穿着义之理，有义之美德藏在心中。有义德畅在四支之中，发在事业之中，这就是义的美之至。

坤发展的第六阶段为阴阳之战的阶段。坤发展的过程，是坤顺乾的过程。而到了第六阶段，坤发展到了极盛的阶段，其中的阴变顺为逆，坤顺乾变成了阴敌乾。这个时候的乾本来已经不在国中的朝廷里，也不在郊的田地里，而是隐在郊外的野地里。乾虽然隐，但依然是阳之乾。坤虽然全部变成了乾，但依然是阴，实际上是做不了主的，所以只能是伪阳。发展到极盛时期的坤，义之道已穷，所以虽然为主，却无义之道。阴又不肯隐，而是与阳争锋，于是乾出于野，与阴战斗。阴只要对阳之仁道有怀疑，必然就会战。这时的天是黑的，地是黄的，阴阳之战时，就会玄黄混杂，血就是玄黄的，玄是黑中有红。而用六为坤指明了方向，说明坤只有永远都忠于乾之仁道，永远固守顺，才能够永远处于吉利的地位，才能够得到大终。

⑤乾坤之间是有主有辅和有仁有义的合作关系

乾坤是统一为整体的。代表天地的乾坤是并存的。没有阴阳并存，就不会有易。而易的本质是阳主阴辅，所以虽然为二，还是统一为一，从而是有秩序的。天地虽然是并存的，但是天地之间的关系是不平等的。天尊地卑，乾坤之间的关系就安定了。乾的运行是无条件的、没有限制的、独立的、刚健的、我行我素的，而坤则是要顺乾之仁道的。坤只有永远跟在乾的仁道后面，才不会迷失方向，才能走在正道上，才能得到乾的支持和保护。坤只有毫无私心地全心全意为乾服务，才能得到善终。六十四卦之间的关系，要么是对的关系，对则能应；要么是异的关系，异就是反的关系，是敌的关系，是逆的关系。对的关系，指的是从下到上，一阴对一阳。而反的关系则像是卷帘的关系。前一卦的阴阳顺序自下而上，后一卦则反过来，自上而下。屯蒙两卦之间就是这样的关系。有的卦既是对，又是反的关系，比如说既济卦和未济卦之间的关系。这就是轮流相济，轮流相应的关系。在六十四卦中，除了乾坤两卦和既济卦和未济卦之外，六十卦都是在讲阳以仁德胜阴的治理天下的过程。既济卦和未济卦是阴阳斗争的结果。在这里，阴阳相合，万物和顺，人间和谐，既济卦一变则为未济卦，未济卦一变则为既济卦，变的方向是确定的，变的模式是轮流做正，轮流做反，因为阴阳都已经修得仁义之才德，所以反正都一样，怎么变都能守太极之中正，所以万变不离其宗。这个时候的阴阳已经合作成就了大业，所以天下太平、国泰民安，只需守成就能经久不息、万世长存。

2. 第 3—62 卦：阴阳不均衡时阳以仁德得锋之卦

(1) 第 3 卦屯到第 30 卦离

在《周易》中，从乾卦和坤卦开始到坎卦和离卦结束为上经，共包括 30 卦；从咸卦和恒卦开始到既济卦和未济卦结束为下经，共包括 34 卦。乾坤为上经之首，而咸恒为下经之首。咸恒两卦与乾坤两卦不同。在乾坤两卦中，乾象天，坤象地，天是天，地是地，为二物。在上经中说的是君子要象阳以仁德去克服万物生长中出现的艰难险阻一样守仁行善。咸恒两卦都像夫妇，夫妇被看成是一事，而不是二物。《周易》贵中。恒卦尤其是贵中的，因为贵中才能有恒久。咸恒两卦的卦辞，在六十四卦中是最吉的。在下经中说的是君子要用仁德去克服在人伦关系中出现的利益之间的勾心斗角。《周易》中的位就是礼制之位。《周易》就是要教君子如何能够在天之险、地之阻和小人之难中，始终都能做到德（仁德）与位（礼制）相配，从而能够得到吉祥的幸福。

第 3 卦屯卦：在混沌中建立符合仁道的领导机构

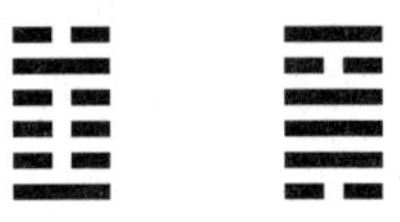

屯的对象是鼎

①侯为至善之靶，而侯道为射者与箭靶之间的真理

六十四卦的第 3 卦是屯（zhūn）卦。屯的主卦为雷，雷的特征为动。屯的客卦为水，水的特征为陷或险。屯的主客卦之合为雷上有水或水下有雷；雷上有云雨或云雨下有雷；动上有陷，陷下有动；动上有险或险下有动。屯卦之时雷雨交加。屯卦的对象是鼎卦（第 50 卦）。鼎的主卦为风，风的特征为入。鼎的客卦为火，火的特征为丽。鼎的主客卦之合为风上有火或火下有风；入上有丽或丽下有入。鼎是取新的意思，而屯是盈的意思。在屯之时，万物出于震。震生万物，雨润万物。只是万物始生，聚在一起，充塞在天地之间，挤得满满的，无法亨通。在这个时期，阳要完成的任务是建立天的仁道的秩序，即建侯。震在下，要动，而坎在上，为险。动就会遇险，所以难生。这正如幼芽在泥土中萌动一样。震需要先居仁德的贞正，固守基地，不要轻举妄动，但是要建立起领导机构。屯要遵守的顺序是元亨利贞。阳要知道自己的长远的发展方向，不要求用，而是要建侯。侯为箭的靶子，侯道为射者与箭靶之间的距离。也可以解释为要知道 72 侯，即 72 个时令，按时令行事。气候是大气的长期的平均的状态。一年有 24 个节气，72 侯。侯指的是时令。屯卦说的是万事开头难。难在没有秩序，很乱，所以只要有阳在最重要的权力位置，就能够建立天的仁道的秩序，积蓄力量，就能够逢凶化吉。

②仁德无法完全光大的小贞之治

据《彖》所言，这时刚与柔刚开始相交，阳要生存下来很难。阳在险中动，要固守贞正才能亨通。在雷雨都在动的时候，天地之间是满盈的，天造之草是暗昧的。这时没有仁道的秩序，所以是没有安宁的，最适宜按时令建立气候，让万物按时令生长，从而能够有天的仁道的秩序。据《象》所言，屯之时，有云有雷。君子这个时候要懂得的是经纶。纶指的是青丝，是官吏系印的绶带。纶字与伦字是相通的。屯在弱小的时候，要居贞正，要坚如磐石一样地捍卫着华表，要有威武之气势，要建侯。这个时候虽然阳在坚守，但是志向是要行仁德之正的。阳是贵的，但是要甘于处在下贱之位，这样才能够大得民心。屯在自己的阳位被阴把持着时，正如鹿没有权力一样，不得安宁，所以不如舍而入山林之中。虞是看管山林的官。古人狩猎，虞人先要用驱逆之车，把禽兽赶到田野里，这样才好捉拿。如果没有虞人，鹿就会逃入林中，无法捉到鹿。这时的君子好比是鹿，要让自己像禽一样，生活在林中，舍掉权位，让自己处在吝啬和穷困

之中。屯在处于中正之位时，处境是优越的，但是仍然处在危险之中，所以要囤积其膏。这时行小贞之治是吉祥的，而要行大贞之治就是凶的。这个时候的仁德之泽还没有能力完全施行光大。屯发展到最高阶段时，因为阴在最高位，阳失去了权力，所以悲伤哭泣，泣血涟涟不已。屯极要么是通过变而通，要么就是灭亡，长久不了。

第 4 卦蒙卦：发蒙者要守贞正施行刚柔并用的仁德教育

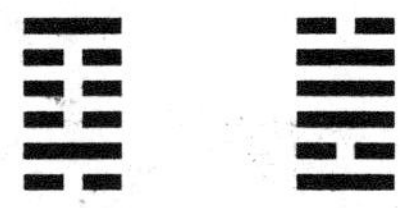

蒙的对象是革

①不教再三不敬和轻慢的童蒙

六十四卦的第 4 卦是蒙（méng）卦。蒙的主卦为水，水的特征为陷或险。蒙的客卦为山，山的特征为止。蒙的主客卦之合为水上有山或山下有水；陷上有止或止下有陷；险上有止或止下有险。蒙是不明的意思，而革是变革的意思。蒙卦的对象是革卦（第 49 卦）。革的主卦为火，火的特征为丽。革的客卦为泽，泽的特征为悦。革的主客卦之合为火上有泽或泽下有火；丽上有悦或悦下有丽。据《序卦》所言，在屯的阶段，物刚生。物刚生出来是幼稚的，其主要特点就是蒙。蒙就是蒙昧不明的意思。这个时候不知道仁的本体是什么。很像是镜子上蒙了灰一样，仁的本体是明的，只是被蒙蔽了。蒙的阶段是要通过刚柔并用的方法来让蒙者顺仁德之正。蒙卦说明的是仁德教育的重要性，告诉人要怎么进行仁德的启蒙教育。这个时候要有师来教仁之义。不是我这个师求童蒙，而是童蒙来求我。我先要告知童蒙关于仁德的中正之道理。如果童蒙再三不敬和轻慢，我就不再告诉。发蒙者要守贞正才是有利的，不能以邪道发蒙。

②发仁德之蒙不成时不能急于凿窍

据《象》所言，蒙指的是山下有险，因为有险就停止不前，所以就蒙。蒙就是停止前行的意思。蒙要亨，亨才能通。要亨就要继续前行，前行的过程中要保持中。要用蒙的阶段来养成仁德之正，这就是圣人的功劳。蒙者有求启发仁德，我必应之以仁德。初学者对仁感到迷惑，诚敬地来问问题，我要告知其仁。如果蒙者一再来求仁之教，但是心不诚，告的结果是渎蒙，就是把蒙者带到沟里去了，反而对蒙者不好。发蒙不成就要养蒙。时间到了，可以发蒙了就发蒙，还不能发蒙的时候就等着，可以通过养蒙来让蒙者自胜，而不能急于凿窍。据《象》所言，君子要以果断的行为来培育仁德。发蒙就像是让山下出泉水一样。在发蒙的初期要用刑于人，要用说来设立桎梏，要吝而不宽，目的是要有法律的约束，要正法，要让蒙者在约束中接受教育。然后，要包容蒙者，要刚柔并用。再后，要把蒙者给困住，要严格，目的是要让蒙者能够看到远处之仁德之实。当蒙者处于六五权位的时候，蒙者是顺的，正是发仁德之蒙的好时候。最后是打击蒙者的阶段。这个时候的蒙者为寇，要驾驭蒙者，目的是要让蒙者具有顺仁道之德。

第 5 卦需卦：在饮食宴乐中修习节制食色之仁德

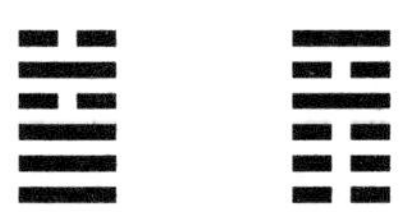

需的对象是晋

①要耐心等待仁种长成有实力的仁德

六十四卦的第 5 卦是需（xū）卦。需的主卦为天，天的特征为健。需的客卦为水，水的特征为陷或险。需的主客卦之合为天上有水或水下有天；健上有陷或陷下有健；健上有险或险下有健。需卦的对象是晋卦（第 35 卦）。晋的主卦为地，地的特征为顺。晋的客卦为火，火的特征为丽。晋的主客卦之合为地上有火或火下有地；顺上有丽或丽下有顺。晋与进同音，都是前进的意思，但是晋还有明盛的意思，而需是要养的意思。需是通过饮食之道来讲如何养仁德的道理。需之仁道就是要耐心等待仁德的发展。把仁的树种种好了，不要着急，等待着它长成仁德的大树就好了，不要干扰仁德的成长。需的仁德要发展需要有实力，有仁的诚信和仁的充实于中，这就是仁的孚（fú，信用）。有仁的孚在中，只需等待，到一定的时候仁德就能光彩地亨通。

②在遇到难处之时敬仁德慎言行就能不败

据《彖》所言，虽然有险在前面，但是因为有仁德的刚健而不会沦陷，仁之义不会困穷，勇往直前就能够涉大川，能够有仁的功绩，能够到达正中之位。据《象》所言，需说的是云总是要上天的。君子在等待就位之时，可以在饮食宴乐中修习节制食色之仁德。需的初期在郊区，这时不要犯难而行仁德，不能失常而要守恒。在旁边已经有沙了，对于自己的仁德就小有言论了，离险就越来越近了。需在泥中时，灾就在外面，发蒙没有成功的寇来了。这个时候，只要是敬仁和慎言行的就能不败。当需在血中之时，要把自己的地方让出来，通过听从仁德之礼让来表示自己的顺。当需到了正中之位时，要在酒食之中守住仁德的贞正。当需回到穴中时，会有不速之客的到来。如果能够以仁德敬这些客人，就不会有大失。

第 6 卦讼卦：争讼得到的服是不足为敬的服

讼的对象是明夷

①争赢了也不光荣，因为争的无非是饮食之利而已

六十四卦的第 6 卦是讼（sòng）卦。讼的主卦为水，水的特征为陷或险。讼的客卦为天，天的特征为健。讼的主客卦之合为水上有天或天下有水；陷上有健或健下有陷；险上有健或健下有险。讼卦的对象是明夷卦（第 36 卦）。明夷的主卦为火，火的特征为丽。明夷的客卦为地，地的特征为顺。明夷的主客卦之合为火上有地或地下有火；丽上有顺或顺下有丽。据《序卦》所言，有饮食之利就必然有争，有争就有讼。水与天争锋。讼者为水，水因为中间是充实的，所以容易失去警惕。明夷指的是明仁德者受了伤，而讼指的是因为有委屈，从而争而打官司，说明对自己是不公的，与人争辩是非曲直，待他人来进行公平的裁决。讼卦说明的道理是：即使自己有仁德之理，也不要与人争辩。争的无非是饮食之利而已。即使争赢了，也不会得到人的尊敬。

②即使名誉被污依然不要自咏仁德

据《象》所言，讼卦的上是刚的，下是险的，合起来是既险又健。要崇尚仁德的中正，不要涉大川，否则就会陷入深渊。讼指的是天与水之间相违而行。讼的初期，虽然小有言论，但是不要咏自己做的仁德之事。只要不咏自己所做的仁德之事，讼就不会长。虽然小有言论，但是人是能够明辨仁与不仁的是非的。然后，不要去克讼，而是要归乡逃隐。卑下的人讼位高之人，祸患很快就会到来，不如逃了的好。再后，还是食自己的旧的仁德，吃自己的旧的俸禄，坚守自己的仁德的贞正。可以从王事，但是不要把仁德的成就归给自己。不克讼，指的是即使自己的名誉被污了，也要安于守仁德之贞正，这样才能不失。等到据中正之位时，就会恢复仁德的元吉。如果是以讼的方式得到的服，是不足为敬的服。

第 7 卦师卦：让民从仁德之正的战争必然是吉祥的

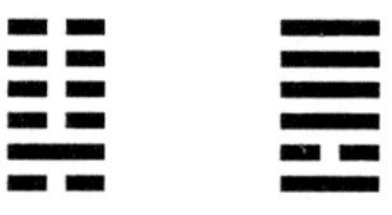

师的对象是同人

①帅必须是有仁德、才能、谋略和事业之人

六十四卦的第 7 卦是师（shī）卦。师的主卦为水，水的特征为陷或险。师的客卦为地，地的特征为顺。师的主客卦之合为水上有地或地下有水；陷上有顺或顺下有陷；险上有顺或顺下有险。师卦的对象是同人卦（第 13 卦）。同人的主卦为火，火的特征为丽。同人的客卦为天，天的特征为健。同人的主客卦之合为火上有天或天下有火；丽上有健或健下有丽。同人指的是上下有相同的志向，而师指的是众，众指的是兵。在古代社会中，兵农是合一的，平时耕田，战时打仗。争讼的结果，会导致兴师动众的战争。打仗必须持有仁德之正的，统兵的帅必须是丈人，这个人要在仁德、才能、谋略和事业上都为人敬畏。帅能让众跟随着仁德之正，所以能够为圣王。圣王因为持有仁德的刚中而能够有应，所以即使行险也能够得顺。只要是让民从仁德之正，就是用战争来毒害天下，也会是吉利而无过失的。

②有仁才之帅而有庸才参知军事也难免失败

据《象》所言，师卦说的是地中有水。君子要通过对民的仁厚的宽容来蓄众。在战争初期，出师一定要有从天之仁道的纪律，失去这样的纪律就隐含着失败。然后，要守住仁德之中，没有过错就是吉利的。要用仁德来心怀万邦，才能够得到最高的奖赏。如果有才弱志刚的人扰乱军中，则会没有功绩。在战争中是可以知难而退、伺机行事的。古代的兵家以右为前，以左为后。以退为进，不是失常的现象。如果有禽兽到田里来危害稼穑，被迫应战，出师有名，就是正当的，没有过错。如果派了德才兼备的人为帅，又派庸才参知军事，就难免失败。战争胜利之后，要从仁德论功行赏。仁德之功大的封国为诸侯，仁德之功小的承家为卿大夫，无仁德之功的不赏。要坚持的原则是一定不能让小人得权，因为小人必然会乱邦。

第 8 卦比卦：因仁之善久正而亲密无间是吉的

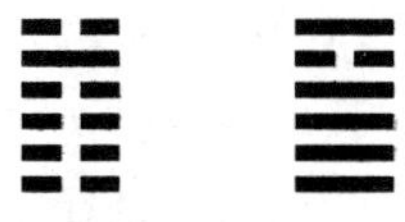

比的对象是大有

①天子因循仁道之时不归顺就是凶的

六十四卦的第 8 卦是比（bǐ）卦。比的主卦为地，地的特征为顺。比的客卦为水，水的特征为陷或险。比的主客卦之合为地上有水或水下有地；顺上有陷或陷下有顺；顺上有险或险下有顺。比卦的对象是大有卦（第 14 卦）。大有的主卦为天，天的特征为健。大有的客卦为火，火的特征为丽。大有的主客卦之合为天上有火或火下有天；健上有丽或丽下有健。大有指的是无所不有，而比指的是因仁德相通而亲密无间。人与人之间是亲密无间的，总体上是吉的，但是其中一定要遵循元、永、贞，即要有仁之善、仁之久和仁之正才能无过失。当天子求天下人亲辅自己时，上与下亲密了，下与上也亲密了，原来不服从的人也归顺了。这个时候不归顺的人就凶了，因为仁道不在不服从的人一方了。

②与邪恶之人亲密无间是令人悲伤之事

据《象》所言，地上有水说的是地与水之间是亲密无间的。先王是通过仁德以亲诸侯来建万国的。在比卦的初期，君子的心中要有仁德之诚信而充盈，外面要无文饰而朴素，这样来与人亲密无间，必然能够取信于人，最后还会有其他的吉利。与人亲密，要坚持的是仁德之正道。自己的内心要有仁德之贞正。与邪恶的人亲密，是件很令人悲伤的事情。与贤人亲密无间，只要有仁德的贞正就是吉的。君王显出的亲密无间是一视同仁的。来者不拒，去者不追，不强求，不隐伏，一切听从自然，没有远近、内外之别。不因近者而亲，不因远者而疏。坚持仁德之中道，不偏不党。在亲密无间之中，如果不遵循仁之道，没有仁德为首，就不会得善终。

第 9 卦小蓄卦：富了能下雨施恩而不独富

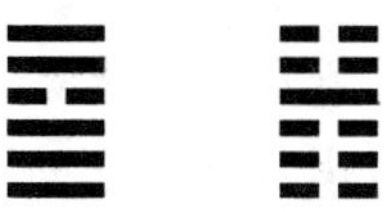

小蓄的对象是豫

①通过小的仁德积蓄大的仁德

六十四卦的第 9 卦是小蓄（xiǎo xù）卦。小蓄的主卦为天，天的特征为健。小蓄的客卦为风，风的特征为入。小蓄的主客卦之合为天上有风或风下有天；健上有入或入下有健。小蓄卦的对象是豫卦（第 16 卦）。豫的主卦为地，地的特征为顺。豫的客卦为雷，雷的特征为动。豫的主客卦之合为地上有雷或雷下有地；顺上有动或动下有顺。豫是有仁德的安逸休闲、安逸和乐的意思，而小蓄即仁德的小有积蓄的意思。据《象》所言，柔在上位，上下相应，所以称为小蓄。人与人之间因有仁德而有亲密无间的关系，必然就会发生仁德的积蓄关系。因为以小的仁德积蓄大的仁德，所以是一个慢蓄的过程，而不是用强力蓄大的仁德的过程。

②暂不施时用懿的仁德表示高风亮节

小蓄因积仁德，所以是亨通的。最初虽然有密云的积蓄，但是不下雨，独自呆在比较偏远的西郊。小蓄仁健而有德风，仁之刚在中所以志能行，所以能够亨通。有密云而不下雨，是因为有自己的去向，所以自己的仁之施还没有行。据《象》所言，这时的君子以懿（yì，美好）来表现仁的文德。懿的仁德为高风亮节。在小蓄的初期，要回到仁道那里，其仁之义是吉的。即使是勉强恢复到仁道那里，不自失仁道，也是吉的。最后，因为有诚信，所以当小蓄富有了也不独富，而是让邻居也一起富有。这个时候下雨施恩，崇尚的是仁德。

第 10 卦履卦：礼的要旨是以仁德之和为贵

履的对象是谦

①柔顺和悦地谦卑自处就无险不可涉

六十四卦的第 10 卦是履（lǚ）卦。履的主卦为泽，泽的特征为悦。履的客卦为天，天的特征为健。履的主客卦之合为泽上有天或天下有泽；悦上有健或健下有悦。履卦的对象是谦卦（第 15 卦）。谦的主卦为山，山的特征为止。谦的客卦为地，地的特征为顺。谦的主客卦之合为山上有地或地下有山；止上有顺或顺下有止。谦就是不居仁德之功的德，而履就是顺礼而行的意思，即在言行中都要遵守的礼的行为准则。经礼有三百，曲礼有三千，非常复杂，而礼的要旨就是以仁德的和为贵而已。人只要能够有仁的柔顺和悦，谦卑自处，就无险不可涉。小蓄之后有履，因为物蓄多了，人也多了，就要出现仁德的尊卑和美丑的差异了。

②仁的至弱者踩了老虎尾巴是不会挨咬的

泽是至弱的。仁的至弱者跟随着至健的老虎，踩了老虎尾巴，老虎也不咬他，所以是亨通的。据《彖》所言，履指的是柔履刚，刚是仁德中正的，在帝位而不疚，刚会被柔驯服的。据《象》所言，君子要辨上下，用这种方法来让民志安定。在履的初期，君子要按自己的仁德的本色前往，独立去实行自己的愿望。在仁道上行走，就是坦荡的。幽人贞正，就是吉的。幽人就是隐士。幽人守仁德之中，就能不自乱。只有一只眼睛的人，眇能视，但是不足以有明；跛能履行，但不足以与之同行。踩了老虎尾巴，老虎咬人，是因为人在不当之处。果断地履行和严格地实现仁德之贞正，就能得到元吉。

第 11 卦泰卦：上下因为仁之志相通而能交心

泰的对象是否

①小的仁德之往与大的仁德之来

六十四卦的第 11 卦是泰（tài）卦。泰的主卦为天，天的特征为健。泰的客卦为地，地的特征为顺。泰的主客卦之合为天上有地或地下有天；健上有顺或顺下有健。泰卦的对象是否卦（第 12 卦）。否的主卦为地，地的特征为顺。否的客卦为天，天的特征为健。否的主客卦之合为地上有天或天下有地；顺上有健或健下有顺。否就是天地不通，而泰就是阴阳相通。下向上为往，上到下为来。天地相交，阴阳和畅，万物因此而发育生长，所以就能泰。天的位置是在上的，地的位置是在下的，所以天地之交，不是天地之形交，而是天地之气交。天为阳，阳气下降；地为阴，阴气上腾。所以，阴阳交指的是阴气和阳气相交。泰卦指的是小的仁德之往与大的仁德之来，亨通吉祥。上下能交心，因为其仁之志是相同的。

②自返故土的仁德之贞正

泰是内阳而外阴和内健而外顺的。泰是内君子而外小人的，这样君子之仁道就能长，而小人之不仁之道就会消。据《象》所言，天地交泰，然后以财来成天地之仁道，辅相天地之利宜，这样就可以左右民。在泰的初期，拔茅茹汇征，其仁之志是往外发展的。拔茅时根是相连的，这样就能与大家一起前往。然后，按照仁道进行改革，这样就能够包容，能够不偏朋党，能够守中行之仁道，所以能够光大仁德。没有什么平是不陂的，没有什么往是不复的。虽然艰难，只要有仁德的贞正就会无过失。即使是帝王之妹下嫁，也要屈尊从夫之仁德，这样才能得到福气，从而得到元吉。最后，隍是城墙外的干涸的壕堑。城墙本来就是挖隍的土累积起来的。城回复到隍那里，没有用兵，是自己回去的，所以严守了仁德的贞正。

第 12 卦否卦：君子要以俭的仁德来辟难

否的对象是泰

①小人享有的厚的仕禄为灾难

六十四卦的第 12 卦是否（pǐ）卦。否的主卦为地，地的特征为顺。否的客卦为天，天的特征为健。否的主客卦之合为地上有天或天下有地；顺上有健或健下有顺。否卦的对象是泰卦（第 11 卦）。泰的主卦为天，天的特征为健。泰的客卦为地，地的特征为顺。泰的主客卦之合为天上有地或地下有天；健上有顺或顺下有健。泰就是阴阳相通，而否就是天地不通。据《象》所言，在天地不交的否时，君子要以俭的仁德来辟难，不可在这时谋荣以得禄。这时不要以仕禄为荣，反而要以仕禄为灾。这个时候，地是地，天是天，大往小来，天地各有其志，各得其位，所以就闭塞不通了，因此万物不生。

②君子要尸位素餐和无所作为

据《彖》所言，在否卦之时，不利于君子的生长。上下不交，天下就无邦。内阴外阳，内柔而外刚，内小人而外君子，因此小人的不仁之道长，而君子之仁道消。这时的君子应该有仁才而不露，有仁德而不显，有仁善而不形于外，要把自己的仁德隐藏起来。在否的初期，君子要拔茅茹，汇同的仁之志，守仁的贞正。这时的小人靠包容谋取私利之人和奉承权贵而流行。大人不要乱，不要与小人结群，即使不亨通也要守住君子的仁德之志。这时即使君子占着位子，也要尸位素餐，无所作为，包羞耻，因为这时的位子是不适宜作为的。有仁德的天之使命在身的人，志向是上行的，所以君子连同受福，也没有过错。在九五之位时，否开始休了，对大人来说是吉祥的，因为大人之位正当了。君子要像苞桑一样，其仁德之根是坚固不拔的。最后，否终于倾倒了，所以君子因守仁德而有喜。

第 13 卦同人卦：大同是仁之志同而不是才之技同

同人的对象是师

①有仁之同的同仁越多越好

六十四卦的第 13 卦是同人（tóng rén）卦。同人的主卦为火，火的特征为丽。同人的客卦为天，天的特征为健。同人的主客卦之合为火上有天或天下有火；丽上有健或健下有丽。同人卦的对象是师卦（第 7 卦）。师的主卦为水，水的特征为陷或险。师的客卦为地，地的特征为顺。师的主客卦之合为水上有地或地下有水；陷上有顺或顺下有陷；险上有顺或顺下有险。师指的是众，众指的是兵，即因为不公而要发动战争，而同人指的是上下有相同的仁的志向。同人时代的目标是要让人有仁之同，同得越多越好。仁之同是在与凶之异的斗争中实现的。有仁之同必然有凶之异，有凶之异才能有仁之同。仁之同会生凶之异，而凶之异必然会归为仁之同。大同指的是仁之志同，而不是才之技同。

②同仁与异凶乖争时要能知困而返

在同人之时，同人在野，要用仁同天下之人，这个时候涉大川是有利的，君子的守仁德之贞正也是有利的，能够亨通。同人指的是柔得中正之位，能够应君王之正，能够成全文明的仁德之刚健。只有君子能够通天下之仁之志。据《象》所言，天与火是相同的，因为火也是向上行的，所以天与火可以称为同仁。君子辨别事物的同与不同，是按仁的类族来区分的。在同人时代的初期，要通过门派来尚仁之同。出于一个门派的人，有着同样的仁的志向，这是无过失的。而按求利的宗派来同人，就小气了，就不够大方。凶的异人与仁的同人相争，会出现乖争的现象。君子要懂得困而能返，不攻克，就能够得吉。在九五之位时，仁的同人要先说凶之异，然后再说仁之同。大师相遇是通过言来相克的，仁的同人会因为胜利而感到高兴。这时想要在郊同人则不能得志。

第 14 卦大有卦：天的仁道火了就是大有

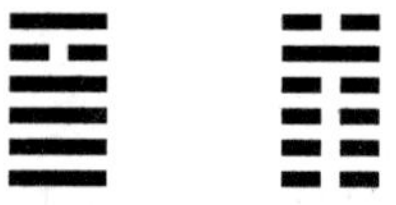

大有的对象是比

①因有仁德而无所不有

六十四卦的第 14 卦是大有（dà yǒu）卦。大有的主卦为天，天的特征为健。大有的客卦为火，火的特征为丽。大有的主客卦之合为天上有火或火下有天；健上有丽或丽下有健。大有卦的对象是比卦（第 8 卦）。比的主卦为地，地的特征为顺。比的客卦为水，水的特征为陷或险。比的主客卦之合为地上有水或水下有地；顺上有陷或陷下有顺；顺上有险或险下有顺。比指的是亲密无间，而大有指的是因有仁德而无所不有。天在下，火在上。天在内，火在外。天的仁道火了就是大有。这个时候的柔居于尊位，所以是大中，并且上下之中是相应的。大有的仁德是刚健而文明的，是应天时而行的，所以是元亨的，即是大亨的。

②文明：内有仁德之明而外有礼制之文

阴在最高贵的位置上，就是文，而内又有明与之相应，内在的仁之明能够通过外在的礼制之文表现出来，所以称为文明。据《象》所言，这时的君子应该遏凶恶扬仁善，要顺从天的仁道以休自己的使命。在大有的初期，有与无之间是没有交害的。君子保持着仁德的艰苦精神，就没有过失。然后，君子要用大车载运重物，其中为积累的东西，所以不会败。公的财物只有用在天子那里才能亨，如果用在小人那里则会有害。君子要保持住仁德的节制，不要过于盛大，保持明智，就不会有仁德上的过失。在九五之尊的大有，因为上下有着基于仁德的互相的信任，通过信任来启发仁的志向，因为简易而且没有防备之心，所以有仁的威如之吉。因为有天的仁道的保佑，所以大有之吉皆是有利的。

第 15 卦谦卦：高大的山甘于居住在地之下

谦的对象是履

①越是富有越不能满盈

六十四卦的第 15 卦是谦（qiān）卦。谦的主卦为山，山的特征为止。谦的客卦为地，地的特征为顺。谦的主客卦之合为山上有地或地下有山；止上有顺或顺下有止。谦卦的对象是履卦（第10卦）。履的主卦为泽，泽的特征为悦。履的客卦为天，天的特征为健。履的主客卦之合为泽上有天或天下有泽；悦上有健或健下有悦。履就是顺礼而行的意思，即言行都要遵守的礼的行为准则。谦就是有不居功之仁德。据《序卦》所言，大不能满盈，满盈则会变为其反面。要能够保持不满盈，就需要谦。越是富有越是要谦。谦卦的山是高大的，却居于地之下。谦让君子能够亨通。

②君子能够一谦到终，而小人只能勉谦一时

谦能够使得人亨通，所以能够受欢迎。天的仁道是通过下济来谦的，使得谦虽然位卑，但依然有仁德的光明。地之仁道是卑的，而谦是向上的，所以使谦能够位卑而尊贵。天之仁道不满盈，因为谦而得益处；地之仁道变盈而不盈，因为谦而能得以流动；鬼神害盈，因为谦而能得福祉；人道以盈为恶，因为谦而能得到好誉。谦是尊贵而有光芒的，所以君子能够一谦到终，所以能够让自己善终。小人之谦是勉谦一时的，所以不能长久。据《象》所言，谦卦的君子能够取多来益寡，能够根据物的轻重来公平地施与。在谦的初期，谦谦君子是以有用来涉过大川的，用卑来自牧的，即自己驾驭自己。鸣谦君子的谦是发自中心[①]的，因此是有仁德的贞正的，所以能得。劳谦君子有了很大的功劳，依然是谦的，所以万民都能服气。撝（huī，挥）谦君子，指挥着强者按规则后退谦让，没有不利的。而利用侵伐的方式，可以征，但是征不服。

第16卦豫卦：安逸和乐之时可用刑罚来清除污秽

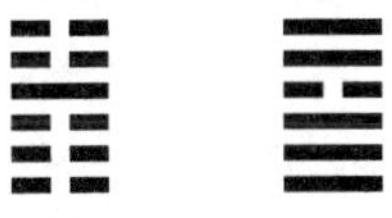

豫的对象是小蓄

①安逸时要不犹豫地去行大义

六十四卦的第16卦是豫（yù）卦。豫的主卦为地，地的特征为顺。豫的客卦为雷，雷的特征为动。豫的主客卦之合为地上有雷或雷下有地；顺上有动或动下有顺。豫卦的对象是小蓄卦（第9卦）。小蓄的主卦为

① “中心”强调的是中，而“内心”强调的是内。

天，天的特征为健。小蓄的客卦为风，风的特征为入。小蓄的主客卦之合为天上有风或风下有天；健上有入或入下有健。小蓄即小有积蓄的意思，而豫是安逸休闲、安逸和乐的意思。备豫就是为安逸做准备，逸豫就是在安逸休闲之中，和豫就是心情和悦顺畅，犹豫就是想是否要放弃安逸的生活，去从事比较艰苦的事业。据《序卦》所言，大有时富有了，谦卦时心情舒畅了，所以就会感觉安逸了。雷先是在地中。当雷从地中出来，地又是和顺的，就会通畅和乐。豫的时代是行大义的时代，适合建侯行师征伐。

②如果昏昧就会掉到沟里而被污染

豫时的刚能够得到民的响应，所以仁德之志能够行得通。天地都能够顺应仁德之刚而动。这个时候的圣王可以顺动，用刑罚来清除污秽，人民是会服从和服气的。据《象》所言，豫的时代是雷出地，地发奋的时期，可以作礼乐来崇仁德，以仁德配祖，以仁德配天。豫的初期，安逸和乐之人自鸣得意、沉溺于安乐之中。这时的安乐之人，因为仁之志穷而凶。君子要像石头一样坚守仁德之中正，不能终日安乐。这个时候的君子向上看尊位是会有悔的，但是迟了也是会有悔的。与志同道合的朋友团结起来是能够实现自己的志向的。仁德的贞正会给自己带来疾病，但是能够很长时间都不死，因为中间的仁之刚还没有亡。如果昏昧就会掉到沟里而被污染。虽然没有过失，但是长久不了。

第17卦随卦：随从元亨利贞的仁道才无过错

随的对象是蛊

①上刚下柔时可有行大义之愉悦

六十四卦的第17卦是随（suí）卦。随的主卦为雷，雷的特征为动。随的客卦为泽，泽的特征为悦。随的主客卦之合为雷上有泽或泽下有雷；动上有悦或悦下有动。随卦的对象是蛊卦（第18卦）。蛊的主卦为风，风的特征为入。蛊的客卦为山，山的特征为止。蛊的主客卦之合为风上有山或山下有风；入上有止或止下有入。蛊是生坏事的意思，而随就是从的意思。豫是愉悦的，所以有随从。但是，随并不是乱随，而是跟随着元亨利贞的仁道，才是没有过错的。据《象》所言，仁之刚来的时候，下面是柔的，这时的动会感到很愉悦，所以可以行大义。

②君子之刚随仁，叫随从；而小人之柔随利，叫维系

据《象》所言，君子要随时间而动，白天要自强不息地工作，晚上要入内宴息。在随的初期，君子走出家门去交往，只要从仁德之正就会不失。君子之刚随仁叫随从，而小人之柔随利叫维系。与小人建立关系，就会失去丈夫之象。要随丈夫就要能舍得下小人，跟随着刚来求仁之得，要居仁德的贞正才能是有利的。对小人不义是凶的，但是因为是从仁道的，是有对于仁德的诚信的，所以是光明的，是没有过失的。因有对仁德的诚信而得嘉，因唯仁之善是从，所以是吉利的。受系的拘束，所以不得不维系。但是，到了穷极之时，维系是不会长的。

第 18 卦蛊卦：让民效法仁德的高尚之志

蛊的对象是随

①以喜随人之人必为有事之人

六十四卦的第 18 卦是蛊（gǔ）卦。蛊的主卦为风，风的特征为入。蛊的客卦为山，山的特征为止。蛊的主客卦之合为风上有山或山下有风；入上有止或止下有入。蛊卦的对象是随卦（第 17 卦）。随的主卦为雷，雷的特征为动。随的客卦为泽，泽的特征为悦。随的主客卦之合为雷上有泽或泽下有雷；动上有悦或悦下有动。随就是从的意思，而蛊是生坏事的意思。蛊是个积弊已久、坏事多发的时代，不变革就会发展到不可收拾的地步。据《象》所言，这个时期的君子应该振民心养仁德。以喜随人的人，必然是有事之人。这时的刚柔不交，上下不接，所以不通。风本来是发舒万物的，但是被堵在山下，所以会干坏事。蛊是治蛊的时代，所以是善和亨通的时代，是个天下大治的时代，可以替天行道，有益于克服艰难险阻。

②治父母之蛊以完成他们的仁德之事功

这个时候要弄清楚蛊的来源，要布置好治蛊之后的计划，要看得远和想得深。东西久不用生了虫子，称为蛊；人长期沉湎于宴乐之中而生了疾病，称为蛊；社会久安无为而生了弊端，也称为蛊。蛊是慢慢显现出来的。儿子为父亲治蛊，看上去是违背了父亲的意愿，其实是在消除

父亲的过错，使得父亲的仁德的事功能够得以完成。治父之蛊，会有小小之悔，但是最终不会有大过。宽容和放松治父之蛊，就会出现很小气的现象。在治父之蛊时，要注意保护父亲的名誉，说明是继承了父亲之仁德，而不是继承了父亲的才，让父亲的名誉不受损。治母之蛊，虽然得仁之中道，但是不能操之过急，不能固执，要委曲周旋。这时做事不是要侍奉王侯，而是要让民感到王侯做的事很高尚，让民效法仁德的高尚之志。

第 19 卦临卦：持仁之正以大临小是亨通的

临的对象是遁

①泽之卑可以为地的仁之正所临

六十四卦的第 19 卦是临（lín）卦。临的主卦为泽，泽的特征为悦。临的客卦为地，地的特征为顺。临的主客卦之合为泽上有地或地下有泽；悦上有顺或顺下有悦。临卦的对象是遯或遁卦（第 33 卦）。遯的主卦为山，山的特征为止。遯的客卦为天，天的特征为健。遯的主客卦之合为山上有天或天下有山；止上有健或健下有止。遯是退的意思，而临是大的意思。临是一个阳道向盛的时代。据《序卦》所言，有事之后才可为大，临就是大的意思。以刚临柔，以上临下，以大临小。阳刚盛大才能临。地本来就是卑的，而地下的泽比地还要卑，所以泽能为地所临。泽上之地是岸，岸与水交际。临是元亨利贞的，因为持仁之正，而能大亨。

②君王要用无疆的胸怀来容民和保民

大地用其势来包容水，让水有安家之处，使得土与水亲密无间。土与水的关系就像是君与民的关系。君子对民的仁德要教思无穷，要用无疆的胸怀来容民和保民。在临的初期，要让阴阳通过仁德相感，以仁德的贞正感临，因志行为仁之正，所以吉祥。感临是不会不吉利的，即使不顺天的使命也没有关系。甘临指的是以口舌之甘取悦于下，从长远来看是无利的。但是，因为有所忧虑，所以过失不会长。至临与水最为亲近，所以没有过错。大君可以知仁临下，行的是仁的中道，所以是吉祥的。因为有仁之志在内，敦厚诚笃，所以敦临是吉祥的。

第 20 卦观卦：教民通过施行仁德来行藏

观的对象是大壮

①要诚敬专一地敬神如仁德之神在

六十四卦的第 20 卦是观（guān）卦。观的主卦为地，地的特征为顺。观的客卦为风，风的特征为入。观的主客卦之合为地上有风或风下有地；顺上有入或入下有顺。观卦的对象是大壮卦（第 34 卦）。大壮的主卦为天，天的特征为健。大壮的客卦为雷，雷的特征为动。大壮的主客卦之合为天上有雷或雷下有天；健上有动或动下有健。大壮指的是阳的强盛，而观是壮观的意思。据《序卦》所言，临者为大，物大就壮观。观是可以自上示下的，目的是要让人仰望，比如说：宫阙（què，皇宫两边供瞭望的楼）楼观。观也可以是自下观上，为的是让人瞻仰。天子和诸侯居于尊位，以庄严恭敬为仪表，让臣民观仰，使臣民能够心悦诚服地被感化。君主要能够感化臣民，最关键的是要诚敬仁德。祭祀开始的时候要盥（guàn，洗手）手，要非常严肃，要精诚专一。荐是供献祭品的阶段。荐的时候人心已经散漫了。君主要祭如在，即祭神如仁德之神在，这样才能保持诚敬专一，让臣民能够诚信于他。据荀子的《天论》所言，君子把阴阳之变看成是文，而百姓则把阴阳之变看成是神。在《周易》和孔子看来，单独来看的变化无穷和难以预测的阳就是神，而单独来看的变化无穷和难以预测的阴就是鬼，而把一阴一阳合起来看就是可以预测的易了。以神设教的目的是要教人民以仁德，让民能够用施舍仁德来行藏。

②可从民风的镜子中照见自己的德行的模样

据《彖》所言，大观处于上位，要顺仁德之风而逊，要以仁德的中正观天下，通过往下观而感化天下。观的目的是要让人们知道神的仁道，知道日月不过，四时不忒（tè，变更，差）之信。神道就是很神奇的仁道。圣人用神的仁道来设立宗教，让天下民服从仁德。据《象》所言，圣王观仁德之风在地上行，希望能够让民知道地之方，所以设立观来教化民。可以让小人像儿童一样观仁道，即只能看到近处，而且看不清楚。小人这样观仁道，没有什么过错。而君子这么观仁道，就小气了。女子闚

（kuī，与窥意思相通）观，指的是女子偷偷地从门缝往外看，能够看到一点仁道，但是因看得不完全，所以也看不太明白。这样看对女子守仁德之贞正是有利的，但是也可以变得很丑。君子要观的是自己的生命的处境，知道进退都是可以不失仁道的。到君王身边去服务，让君王当宾来使用，这样就便于观国之仁德之光。在国家有明君的时候，是有盛德之光华的。这个时候适合出来做官，为国家和民效力。这个时候也可以立仁德之志和尚高尚之宾。君子可以通过观民风来观自己的生命处境，看自己的仁德是什么样的。民风是君主的镜子，自己的德行怎么样，民风就是怎么样的。天下无仁道之时，民风就会败坏。君子还可以观君主的生平，看有什么仁德之志还没有平。

第21卦噬嗑卦：教以仁德后不服再一步步咬以除奸

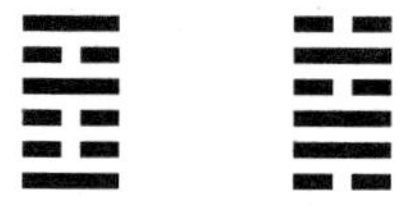

噬嗑的对象是井

①罚为的是小罚大戒而不是要拿恶人出气

六十四卦的第21卦是噬嗑（shì kè）卦。噬嗑的主卦为雷，雷的特征为动。噬嗑的客卦为火，火的特征为丽。噬嗑的主客卦之合为雷上有火或火下有雷；动上有丽或丽下有动。噬嗑卦的对象是井卦（第48卦）。井的主卦为风，风的特征为入。井的客卦为水，水的特征为陷或险。井的主客卦之合为风上有水或水下有风；入上有陷或陷下有入；入上有险或险下有入。井指的是恒久的意思，而噬嗑是咬的意思，咬的目的是要狱除奸人。奸人的特征是虚伪，把凶恶的目的藏在心中。要噬嗑是因为嘴里梗塞着东西，吐不出来，只有咬，嘴才能合上。颐指的是下巴。颐中有物，指的也是口中有物梗塞。咬的目的不在于咬本身，而是在于合。如果嘴里的东西自己化了，就不用咬了。咬为的是让人明白仁德的道理，小罚大戒。君主要把罚明确地公布出来，让人受到威慑而不做坏事，使坏人能够变成好人，而不是要整治恶人，也不是要拿恶人出气。噬嗑要用监狱来让天下亨通。狱指的是要确证有罪，根据罪行的大小来施刑罚。

②咬时不会伤着可继续上行的仁之柔

据《象》所言，咬合能够亨通，主要因为咬的时候是分刚柔的。在咬动的时候是明仁德的。雷电合就能够章显[1]出什么是梗。柔是不会被伤着的，而且还能够向上行。据《象》所言，先王是以明罚敕（chì）法来告知民众什么是需要规避的恶。要先教以仁德，教后不服再杀。不教就杀是虐待。敕指的是告诫。先告诫了，先教育了，行不通才罚和杀。噬嗑的初期，要在小人犯了小错的时候，给他穿木制的小鞋，伤其脚趾，让小人不能再在邪路上行走。小人重利害，不在乎仁义，所以只有给利害看后，才能挽救小人，让小人不至于犯大罪。咬要一步步来。先咬皮肤灭鼻，用刚之刑。再咬腊肉，这个时候会遇到毒，但毒不大。再咬带骨头的肉，这个时候能够得金矢，见艰贞，但是吉还没有放出光芒。再咬干肉，这个时候得到的是黄金，知道仁德之贞正的厉害。最后才用最重的刑罚。

第 22 卦贲卦：在仁之素上绘文之事就能显出仁的色彩

贲的对象是困

①以文饰仁之本的目的是要合于礼

六十四卦的第 22 卦是贲（bì）卦。贲的主卦为火，火的特征为丽。贲的客卦为山，山的特征为止。贲的主客卦之合为火上有山或山下有火；丽上有止或止下有丽。贲卦的对象是困卦（第 47 卦）。困的主卦为水，水的特征为陷或险。困的客卦为泽，泽的特征为悦。困的主客卦之合为水上有泽或泽下有水；陷上有悦或悦下有陷；险上有悦或悦下有险。困指的是干涸无水，而贲指的是仁德之华美。据《序卦》所言，嗑能合，但是物是不能苟合的，所以要对物加以礼制的文饰。苟合指的是随便就合。质指的是事物的仁的本质，而文指的是事物的文饰。要用文来饰仁之本，让仁之本在表现上能够合乎礼。在仁之素上绘文之事，就能让人看到仁的色彩。

---

① “章显”的是文，所以称文章，强调的是表述真理，而“彰显”的是功，所以称为宣传稿，强调的是表彰功绩。因此，写文章与写稿子是不同的。会写文章的不一定会写稿子，而会写稿子的也不一定会写文章。判断一篇文章的好坏的标准为是否符合真理。成文规范的文字，如果其中包含的是谬误，即使是规范的也是不好的；而成文活泼的文章，只要符合真理，也是好的文章。判断一篇宣传稿的好坏的标准为是否符合事实。成文华丽的稿子，如果有不实之词，即使是华丽的也是不好的；而成文朴素的稿子，只要符合事实，也是好的稿子。

②柔之文与刚之质在白色处尽显仁之本色

火为明，山为止。刚柔上下相错。根据刚的程度，用柔的色彩来文饰刚，让刚的地位得以显现。贲是能亨通的。据《象》所言，文虽然看上去只是小利，但是能够得长远。用柔来文刚，这就是天之文；用柔来文明，这就是人之文。观天文能够看到时变，观人文可以化成天下之仁德。刚和明为质，柔和文是饰。文太盛，与质不对应，就是文过了。据《象》所言，君子要通过文使得人明确仁德，使得庶物归到仁德之正。贲的文可以分成几个阶段。要让脚趾得以文，就要不乘车而是要徒步行走，因为义而不乘车。要让胡须得以文，因为胡须是附属于下巴的，所以要受下巴的制约。柔之文与质之刚是相濡的，就能够长久地守仁德之贞正。文如白色的头发，如白色的马，不与寇婚媾，归于素白。在隐居的丘园从文，束帛很少，但有文的喜悦在心中。最后是白色之素，没有了颜色，完全归于素实，从而能够得仁之志。文与质在白色这里统一，尽显其仁之本色。

第 23 卦剥卦：舆论是民让有仁德的君子坐的车

剥的对象是夬

①群小得势之时君子应该隐忍待时

六十四卦的第 23 卦是剥（bō）卦。剥的主卦为地，地的特征为顺。剥的客卦为山，山的特征为止。剥的主客卦之合为地上有山或山下有地；顺上有止或止下有顺。剥卦的对象是夬卦（第 43 卦）。夬的主卦为天，天的特征为健。夬的客卦为泽，泽的特征为悦。夬的主客卦之合为天上有泽或泽下有天；健上有悦或悦下有健。夬与决是相通的。决指的是水是不顾任何阻碍都要勇往直前的，而剥指的是剥落。据《序卦》所言，贲的文饰亨通到尽头的时候，就到了要剥落的时候了。这个时候阴盛阳衰。阴自下生，逐渐成长，到了盛极的程度。群小得势，小人壮而君子弱，天时和人事都是不利于君子的，君子应该隐藏而待时运的到来。

②君子应逊言屈身地自守仁德

据《象》所言，剥指的是柔变成了刚，小人长，君子尚消息，盈虚，让天自行其仁道。这个时候的君子应该逊言屈身以避害，心却要坚贞地自守仁德。据《象》所言，山附在地上，山要仁厚地对下才能安宅。剥的发展有几个阶段。最初，小人剥床之足，目的在于灭下，这时蔑仁德之贞正就会凶。然后，小人剥床之间的隔板，没有援助，这时蔑仁德之贞正也会凶。小人剥掉隔板后，君子失去了上下。小人剥到床上的人肉了，君子就接近灾难了。鱼为阴物。宫人指的是宫中之人及妻妾侍婢之人。小人之剥像穿鱼串那样将众阴统帅起来，使得宫人受宠。最后，小人剥庐，但最终是无用的，吃不到硕果。这时的君子能得舆，由民所载。舆论就像是车一样，是民让有仁德的君子坐的车。有舆论的支持，才能得到民的支持，才有车坐。

第 24 卦复卦：天之仁道用刚来反小人之柔道

复的对象是姤

①在仁德亨通时君子可出与朋友交往

六十四卦的第 24 卦是复（fù）卦。复的主卦为雷，雷的特征为动。复的客卦为地，地的特征为顺。复的主客卦之合为雷上有地或地下有雷；动上有顺或顺下有动。复卦的对象是姤卦（第 44 卦）。姤的主卦为风，风的特征为入。姤的客卦为天，天的特征为健。姤的主客卦之合为风上有天或天下有风；入上有健或健下有入。姤是遇的意思，而复指的是反复。据《序卦》所言，物是不可以穷终的，剥穷之时，就会反，从而出现了阴极阳长之时。复的时代，是仁德亨通的时代。君子出入没有什么害，朋友来往也不会有什么不好。这个时候天之仁道在反复着，使得阳长阴消。君子之仁道长，而小人之不仁之道消。

②君子修仁德之身要知过速改

据《彖》所言，这个时候的天之仁道用刚来反小人之柔道，可以再次见到天地之仁心。任天之仁道行，就可以去除小人之不仁之道。在天的仁道恢复的时候，先王在冬至之日闭关，让商旅不行，也不省视四方，让天之仁道来支配万事万物的运行。复的发展有几个阶段。首先，复指的是复阳，原来有的阳被剥掉了，现在要恢复原来的阳的仁的面目，越早复越好。知过就要速改。不要走得太远再复，君子修仁德之身就应该如此。休复仁德是吉祥的，能够以仁亲下。频复就是屡失屡复，这样不太好，但是在向仁之善上，从义上来说是好的。独复就是要从仁之正道。敦复就是通过积厚而复仁道。迷而不复之时行军打仗，最终会大败，因为违反了为君之仁道。

第 25 卦无妄卦：无妄之疾不用药来治自然就会好

无妄的对象是升

①按人的私意而动就是虚妄的

六十四卦的第 25 卦是无妄（wú wàng）卦。无妄的主卦为雷，雷的特征为动。无妄的客卦为天，天的特征为健。无妄的主客卦之合为雷上有天或天下有雷；动上有健或健下有动。无妄卦的对象是升卦（第 46 卦）。升的主卦为风，风的特征为入。升的客卦为地，地的特征为顺。升的主客卦之合为风上有地或地下有风；入上有顺或顺下有入。升是上进的意思，而无妄指的是没有虚妄的意思。据《序卦》所言，复的本质是不妄仁之道，所以复之后为无妄。君子要尊天之仁的正道而动，这样才能是不妄的。无妄遵循的是元亨利贞之仁道，这样才能行得正。如果按人的私意而动，就是虚妄的。

②不要还在耕种时就盼望着有收获

据《象》所言，天之命是要有仁德之正才能大亨。这个时候仁正之刚从外来主于内，让动随仁之正道而动。据《象》所言，天下雷行之时，物都是无妄的。先王激励君子要顺应天时来育万物。无妄的发展经历了几个阶段。首先，无妄指没有不仁的妄想，能得仁之志，能通向吉祥。然后，君子要安分做事，不要还在耕种和开垦的时候，就盼望着有收获和能得利。君子也会有无妄之灾，即自己没有什么过错，灾从外面来，无故受了灾。君子守住人固有的仁之贞正，就没有过失。君子的无妄之疾，不用药来治，自然就会好，自然就会有喜。无妄之药是不能试的。无妄之人如果没有仁之正的引导是不能行的，因为无仁道时在行的时候就看不清楚，就会有穷尽之灾。

第 26 卦大蓄卦：有正大学问和仁德之人遇到显达就能济天下

大蓄的对象是萃

①学问和仁德要为天下服务而不是图一己之吉

六十四卦的第26卦是大蓄（dà xù）卦。大蓄的主卦为天，天的特征为健。大蓄的客卦为山，山的特征为止。大蓄的主客卦之合为天上有山或山下有天；健上有止或止下有健。大蓄卦的对象是萃卦（第45卦）。萃的主卦为地，地的特征为顺。萃的客卦为泽，泽的特征为悦。萃的主客卦之合为地上有泽或泽下有地；顺上有悦或悦下有顺。萃是萃聚的意思，而大蓄指的是最大的蓄聚。人的最大的积蓄就是关于天之仁道的学问与仁德。据《序卦》所言，无妄然后可以积蓄，因为无妄是实的。无比大的天之仁道被包容在山中，这就是最大的蓄聚。学问和仁德，除了有深浅之分外，还有正与不正之分。学问和仁德要又充实又端正，才能够为天下服务，而不是图一己之吉。有正大学问和仁德之人，遇到显达，就能够济天下，帮国家克服大艰大险。

②治刚暴的猪不能治牙而是要去势

据《象》所言，大蓄因为有笃实的仁之刚健而能发出光辉，每日之仁德都是新的。因为仁之刚是向上行的，所以能够尚贤，能止于健，所以为大正，能够养贤。这个时期因为能与天之仁道相应，所以能够克服艰难险阻。这个时候的君子要多识前人之仁德之言、以往之仁德之行来积蓄其仁德。小蓄积蓄的是小的仁之文德，而大蓄积累的是大的仁德。大蓄的发展有几个阶段。如果人很严厉不仁，又很利己，即使不犯人也会有灾。自己要克制自己，不冒进，守仁德之中就能无忧。有良马逐时，只要艰守仁德之贞正就是有利的。在牛还没有长角的时候，要防备它顶人或触物。猪是刚暴的动物，会用自己的尖利的牙齿咬人，但是治猪不能治牙，而是要给猪去势，这样猪才能由不仁的刚暴变为仁的温顺。在大蓄的最后阶段，因为是天之仁道大行的时候，所以贤人能够四通八达而无障碍。

第27卦颐卦：通过养贤和养万民来自养仁德之大

颐的对象是大过

①养仁之正为吉，而养不仁之不正为凶

六十四卦的第27卦是颐（yí）卦。颐的主卦为雷，雷的特征为动。

颐的客卦为山，山的特征为止。颐的主客卦之合为雷上有山或山下有雷；动上有止或止下有动。颐卦的对象是大过卦（第28卦）。大过的主卦为风，风的特征为入。大过的客卦为泽，泽的特征为悦。大过的主客卦之合为风上有泽或泽下有风；入上有悦或悦下有入。大过指的是阳之过，而颐指的是养。据《序卦》所言，物有了积蓄之后就可以养了。养的目的是要让物能够休养生息。颐字看上去就是用来吃饭的口。据《象》所言，天地养万物，而圣王则养贤及万民。人通过饮食来养生，而君主则是通过养贤和养万民来养自己的仁德和养自己的有仁品之身。养人或自养，都有正与不正之分。养仁德之正则是吉利的，养不仁之不正则是不吉利的。颐之时为一个崇尚仁德之大的时代。

②要如有仁德的神龟一样自养于内

据《象》所言，这个时候的君子应该是慎言语和节饮食的。言语和饮食有类似之处。言语一出不能复入，饮食一入不可复出。颐的发展有几个阶段。首先，君子不要舍了自己的仁德的灵龟，不要看着小人吃好吃的流口水。灵龟不吃东西就能够长寿，是可以不外求的，自己就能够自养。君子不可羡慕养小体之人，从而有求于阴。君子不要求养于下不成，又求养于上，从而失去自己的类，这样做是有凶兆的。求养于上，对于仁德的贞正来说是凶的，因为十分严重地违背了天的仁之正道。君子要如龟一样，自养于内，这是最好的。君子求养的是大体而不是小体，君子下求的是贤，而不是求物，所以有虎视眈眈的追逐欲也是没有过失的。君子要像老虎一样下求，求贤若渴。如果求养于外，因为不专和不恒所以做不成事的。当君子处于上位之时，这是在从上向下施以仁德的光芒，是吉祥的。在下求养于上的时候，要守仁德之贞正，而不可以去涉大川。当颐养了很多人时，就可以去克服大艰大险了，这时能够有仁德的大庆。

第28卦大过卦：因本末弱而中间之阳过盛而出现危机

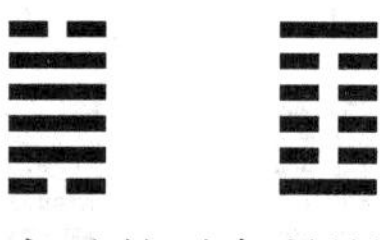

大过的对象是颐

①泽本来是养木的却灭了木

六十四卦的第28卦是大过（dà guò）卦。大过的主卦为风，风的特征为入。大过的客卦为泽，泽的特征为悦。大过的主客卦之合为风上有泽或泽下有风；入上有悦或悦下有入。大过卦的对象是颐卦（第 27 卦）。颐的主卦为雷，雷的特征为动。颐的客卦为山，山的特征为止。颐的主客卦之合为雷上有山或山下有雷；动上有止或止下有动。颐指的是养，即指君主通过养贤和养万民来养德和养身，而大过指的是阳之过。据《序卦》所言，颐的目的在于养。要养成仁才能动，没有养成仁之才就动，就是大过。巽又可以是木的意思。泽本来是养木的，但是泽把木给灭掉了，所以有大过之象。阳为大，所以阳之过为大过。大过说的不是过犹不及，而是指大小强弱的大过。大过就是中间的阳太盛，而本末都太弱。这个时候国家的政治生活会出现危机，必须大有作为才能转危为安。

②君子要独立不惧和隐世不闷

据《彖》所言，大过之时是一个崇尚大的时代。据《象》所言，这时的君子要独立不惧，隐世不闷。大过的发展有几个阶段。首先，君子应该不犯刚，做事要非常谨慎小心。如果要把东西放在地上，下面要垫上柔软的白茅，以便万无一失。这时的老夫得少妻，正如给予枯杨生机一样，能够重新获得生育功能。大过时的阳是凶的，因为不可以有辅。在阳向上隆起时，会出现小气的现象。在枯杨生华时，因为老妇得到了士夫，没有过错，也没有荣誉。老妇有年轻的士夫而生华，但是长久不了。看上去是好事，但未必是什么美事。大过的阳发展到极致之时，过涉便有灭顶之灾。

第 29 卦坎卦：水之至贵在教人不断修习仁德

坎的对象是离

①行险的刚中守仁德地奔向大海

六十四卦的第 29 卦是坎（kǎn）卦。坎的主卦为水，水的特征为陷或险。坎的客卦也为水，水的特征为陷或险。坎的主客卦之合为水上有水或水下有水；陷上有陷或陷下有陷；险上有险或险下有险。坎卦的对象是离卦（第 30 卦）。离的主卦为火，火的特征为丽。离的客卦也为火，火的特征为丽。离的主客卦之合为火上有火或火下有火；丽上有丽或丽下有丽。离指的是附丽的意思，而坎指的是阳进入了险难之中。据《序卦》所言，物是不能以过为终的，过极必反。坎与大过是相反的。大过是阳之过，而坎是阳之陷。坎卦的卦名是习坎。据《象》所言，习坎指的是重险，即险上加险。这个时候的水是流而不盈的，行险而不失其仁德之信，其心是仁德刚中的，一直向下流，不改其仁之志，不改变仁的方向，奔向仁德的大海。因为习坎是崇尚仁德之行的，所以能够有仁德之功。坎这个时代是崇尚大用的。

②保持不盈的习坎求的是平

天险是不可升的，地险则是山川丘陵。王公设险的目的是为了守其国。据《象》所言，习坎为水之至。这个时候的君子要行仁之常德，贵在让人们不断修习仁德。习坎的发展有几个阶段。首先，阳入坎中的陷处，如果失去仁德的正道，就会是凶的。如果不失仁德的正道，坎虽有险但是能够有小得。在上下都是险时，做事也不会有功，所以不能急于出险。这时吃饭饮酒都要崇尚简朴。古代的门是向东开的，窗是向西开的。窗那里是明的，要从窗那里去寻求光明。坎是不盈的，所以坎只能是求平的，虽居尊贵之位，也不能求大，要保持不盈，不自满，这样才能无过。最后，如果把犯人关在牢里很多年还不给免罪，最后犯人被处死，这样会失去仁德之正道，会带来凶。

第 30 卦离卦：附丽于有仁德之正的人而得完美

离的对象是坎

①顺上加顺的仁品是长期蓄养的结果

六十四卦的第 30 卦是离（lí）卦。离的主卦为火，火的特征为丽。离的客卦也为火，火的特征为丽。离的主客卦之合为火上有火或火下有火；丽上有丽或丽下有丽。离卦的对象是坎卦（第 29 卦）。坎的主卦为水，水的特征为陷或险。坎的客卦也为水，水的特征为陷或险。坎的主客卦之合为水上有水或水下有水；陷上有陷或陷下有陷；险上有险或险下有险。坎指的是阳进入了险难之中，而离指的是附丽的意思。据《序卦》所言，坎是陷的意思，陷则需要丽来营救。离指的是阴附丽于上下之阳。火的外部特征是虚，不能自生自成，所以要附丽于阳而明。万事万物之间都有附丽的关系，因为都不完美，都想要完美，所以就要通过有所依靠来获得丽。附丽的对象是正的，就能够亨通。公牛是温顺的动物，而母牛则是顺上加顺的动物。有了正确的附丽对象，有顺上加顺的仁的品德，就能亨通。而这样的仁的品德是长期蓄养的结果。

②仁之刚明到极点时可惩办首恶

据《象》所言，日月因为依附于天而得丽，百谷草木因为依附于土而得其丽。丽重仁之明和仁之中正，就能化成天下，就能亨通。据《象》所言，大人要继仁之明来照于四方。离的发展有几个阶段。离的初期容易急躁进取，但是只要敬仁就不会有过失。在古人看来，在东南西北中的五种颜色中，黄为中色，是最美好的颜色，用这种颜色来表示仁的至善至美。当离得仁之中道时，就可以用黄色来比喻，这样的比喻是大方而吉祥的。在日已偏斜之时，如果这时心志乱了，哀乐失常，不当乐而乐，不当忧而忧，就会不吉祥。明智者应该是不乐生和不忧死的，听从自然而已。在离君位近的时候，如果刚盛之势太旺，燥暴之气如火在燃烧，就会得不到包容，从而会导致焚、死、弃的结果。在君位之时，离要能够居危知危，畏惧之深要到涕零的程度，忧虑之深要到悲戚的程度，这样才能够明察事理，才能够知忧和知惧，才能够得吉。最后，当离之仁已经刚明到了极点，就能够担当察邪恶和威刑罚的使命，从而能够惩办首恶，但是不伤害胁从。这样用离出征，就可以正邦而没有过失。

（2）第 31 卦咸到第 62 卦小过

第 31 卦咸卦：男以仁感动女而让上女愉悦居下

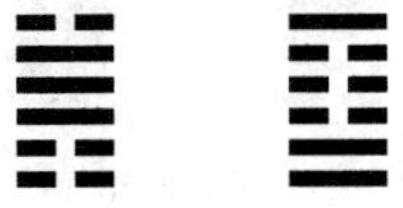

咸的对象是损

①笃实的仁之诚心使女以悦感应

六十四卦的第 31 卦是咸（xián）卦。咸的主卦为山，山的特征为止。咸的客卦为泽，泽的特征为悦。咸的主客卦之合为山上有泽或泽下有山；止上有悦或悦下有止。咸卦的对象是损卦（第 41 卦）。损的主卦为泽，泽的特征为悦。损的客卦为山，山的特征为止。损的主客卦之合为泽上有山或山下有泽；悦上有止或止下有悦。损是要损过多而固本的意思，而咸字与感字是相通的，指的是因感而动，所以称为感动。咸卦比喻的是少男在下，少女在上。据《序卦》所言，先有天地然后有万物，有万物之后有男女，有男女之后有夫妇，有夫妇之后有父子，有父子之后有君臣，有君臣之后有上下，有上下之后有礼义之间的交错。咸卦和恒卦是用来比喻男女和夫妇的。男女之间的交感较深，而少男和少女之间的交感最深。从卦的仁德上看，山是止，有笃实之仁，有止于仁的诚心；兑是仁之悦，是能够与仁的诚实相应的愉悦。男女因仁而交亲，于是结成夫妇。

②君子因有仁之虚心而能让女全身感动

据《彖》所言，咸卦是柔上而刚下。这时阴气与阳气相互感应，相互给与仁义，止而悦，男使得女为下而得亨利贞。天地因仁而相互感动而化生万物。圣人因仁而感动人心而天下和平。看天地与男女为什么所感动，就能够知道天地万物之仁情是什么了。复卦讲的是天地之仁心，而咸、恒、萃卦讲的是天地万物之仁情。据《象》卦所言，山上有泽，则为感。君子以虚受人，即君子因为虚心，所以能够感动人，能为人所接受。咸的发展有几个阶段。最初，要以仁感动人的大脚趾头。然后，要以仁感动人的小腿肚子，因为顺而无害。再后，要以仁感动人的股，让其相随。持守仁的贞正是吉祥的，而后悔则亡。人应该像日往月来一样，要仁而无私虑，而不是为一己私利而急忙憧憧往来，这样才能光大。再后，要以仁感其心之后的后背，用至诚感动人心，这样仁之志就能了了。最后，要以仁感其牙床、面颊和舌头，让整个口都感到喜悦。

第 32 卦恒卦：夫妇之仁道贵在有从一而终的恒久

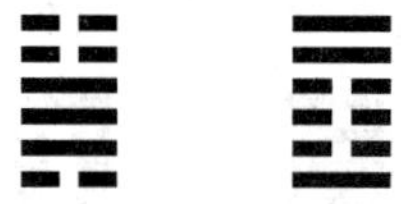

恒的对象是益

①风应雷动就能有仁道之恒久

六十四卦的第 32 卦是恒（héng）卦。恒的主卦为风，风的特征为入。恒的客卦为雷，雷的特征为动。恒的主客卦之合为风上有雷或雷下有风；入上有动或动下有入。恒卦的对象是益卦（第 42 卦）。益的主卦为雷，雷的特征为动。益的客卦为风，风的特征为入。益的主客卦之合为雷上有风或风下有雷；动上有入或入下有动。益指的是增益，而恒指的是久。恒卦讲的是长男之下有长女，男居尊位，女处卑位。恒的含义是久常。夫妇之仁道，贵在长久，终身不变。男动于外，女顺于内。据《彖》所言，刚上柔下，雷与风相互给与，风应雷而动，刚柔相应，就能恒久。恒是亨通的，要保持仁德的贞正，久于其仁道，就是吉祥的。天地之仁道，恒久而没有结束。

②不恒守仁德就会有失去仁道之羞

日月因为得天之仁道而能得到久照，四时变化因为日久而能成仁，圣人久于天之仁道则能让天下化成仁。观恒久之仁道，也能够知道天地之仁情是什么。据《象》所言，从雷风之恒，可以看到变中有恒久不变的仁道之原则。君子要立仁就永远要坚持仁之方正。恒的发展有几个阶段。首先，恒求的是久，不能开始就求深，否则就会有凶。要能够让仁久中，悔就会亡。不恒守仁德，就会有失去仁道之羞，就会失去被包容的余地。如果久不在其位，是难以猎到禽的，会劳而无功。如果女子坚守其仁德，保持贞正，从一而终就是吉祥的。如果夫从妇就会是凶的。快速地动是大大地没有功的。

第 33 卦遁卦：无所系恋的从容无怨之遁

遁的对象是临

①身退而仁之道不退地坚持做好小的正事

六十四卦的第 33 卦是遁（dùn）卦。遁的主卦为山，山的特征为止。遁的客卦为天，天的特征为健。遁的主客卦之合为山上有天或天下有山；止上有健或健下有止。遁卦的对象是临卦（第 19 卦）。临的主卦为泽，泽的特征为悦。临的客卦为地，地的特征为顺。临的主客卦之合为泽上有地或地下有泽；悦上有顺或顺下有悦。临是大的意思，而遁是退的意思。据《序卦》所言，因为物是不可以久居其所的，所以恒之后便是遁，即避而去之。天是最大的阳物，天之仁道是上进的，而山虽然是高起的，但是上陵则止，不再上进，与天之仁道的意志是相违背的。这是一个小人之阴渐盛而君子之阳将衰之时。据《象》所言，这时的君子要量时而行，应时而行，虽然藏隐，但是要长久地坚持仁德的正道，身退而仁之道不退，坚持长久地做好小的正事，让君子之仁道长久地亨通。这是个可以现大义的时代。

②位卑名微也就等于是遁隐了

据《象》所言，这个时候要远小人。对于小人要以仁之礼相待，不要得罪小人，不要憎恶小人，但是要严格与小人划清界限。遁的发展有几个阶段。在小人当道之时，君子早去速去为好。有跑得快的，有跑得慢的。如果自己跑在尾巴上，继续跑反而有凶险，不如停下不跑，也不要再发挥什么作用，就没有什么灾了。位卑名微也就等于是遁隐了。这时最好的办法是蓄养臣妾，不可做大事，但是要坚持自己的仁德的贞正的志向，就像是黄牛之革一样坚忍不拔。君子是好遁的，所以不会有所系恋，会从容无怨，心情舒畅，而小人遁则会愤愤不满，所以虽然遁，也会是凶的。嘉遁的目的是正仁德之志，所以是贞正吉祥的。在肥遁之时，可以无牵无挂，无所疑虑，刚决而退，心的仁之志宽阔无比。这样的退是没有什么不利的。

第 34 卦大壮卦：坚持按仁德之礼义行事的正大之壮

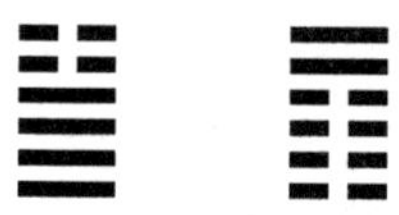

大壮的对象是观

①退极必然出现阳之强盛的大壮

六十四卦的第 34 卦是大壮（dà zhuàng）卦。大壮的主卦为天，天的特征为健。大壮的客卦为雷，雷的特征为动。大壮的主客卦之合为天上有雷或雷下有天；健上有动或动下有健。大壮卦的对象是观卦（第 20 卦）。观的主卦为地，地的特征为顺。观的客卦为风，风的特征为入。观的主客卦之合为地上有风或风下有地；顺上有入或入下有顺。观是壮观的意思，而大壮指的是阳的强盛。据《序卦》所言，物是不可以终于遁退的，所以退极必然出现大壮。事物消则必长，衰则必盛，既遁则必壮。大壮不是一般地壮，也不是自恃其壮，而是坚守仁德之正大的壮。

②得中之时也要刚柔相济才能得正

据《彖》所言，正才能为大，大的刚动起来，才能为大壮。从正大之动中，也可以知道天下之仁情是什么。据《象》所言，在大壮之时，君子应该按仁之礼行事，不能破坏仁的礼义。仁之刚在得中的时候也要刚柔相济才能得正。大壮的发展有几个阶段。首先，不能在开头就壮。要能处中，要刚柔相济。小人用壮与君子之壮是不同的，君子是不会恃刚陵犯于他人的。君子不能像羝（dī，公羊）羊以为自己的角壮而抵触藩篱一样，那样做必然会让自己的角变得羸弱。在车比较强壮时，君子是可以进的。君子可以通过和易之仁来让羝羊失刚。在羝羊触藩从而进不能和退不能时，艰则能吉，过失不会太久。

第 35 卦晋卦：地顺仁德之明而有仁之丽

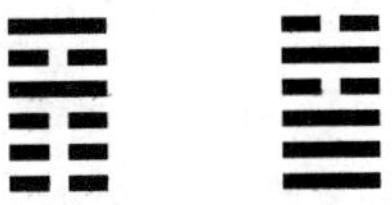

晋的对象是需

①乘着仁德之明盛前进

六十四卦的第 35 卦是晋（jìn）卦。晋的主卦为地，地的特征是顺。晋的客卦为火，火的特征是丽。晋的主客卦之合为地上有火或火下有地；顺上有丽或丽下有顺。晋卦的对象是需卦（第 5 卦）。需的主卦为天，天的特征为健。需的客卦为水，水的特征为陷或险。需的主客卦之合为天上有水或水下有天；健上有陷或陷下有健；健上有险或险下有健。需是要养的意思，而晋与进同音，都是前进的意思，但是晋还有仁德之明盛的意思。地上有火，正如太阳出地平线一样，很壮观。据《序卦》所言，物不可能以壮为终，必然要进。晋比喻的是诸侯能够以仁德善治天下，所以能得天子之厚赐和亲宠。天子赐给很多马，而且一日多次亲见。在古代，马和车都是重赐。

②不能像硕鼠一样贪据高位

据《彖》所言，晋时，仁德之明出于地上，地顺仁德之明而有仁之丽，柔进上行，从而出现仁德的盛明之象。据《象》所言，这个时候的仁德之明是自己本来就有的明，只是出于地上而已。君子要用自我之仁德的盛明来明仁德。在晋之时，因为有明仁德之君在上，所以群贤可以并进。晋的发展有几个阶段。首先，君子要可进可退，雍容宽裕，坚守仁德之正道即可。在居守中正之时，不宜骤进。在得众允之仁之志时，可以上行。但是，不能像硕鼠一样，贪据[1]高位，而且还失去柔顺之仁道。在得主位之时，君主要推诚用贤，不忧失不忧得，这样国家才能有仁德的福庆。在没有进的余地时，自己要能反身克己。

第 36 卦明夷卦：内仁德而外晦其明意在蒙过大难

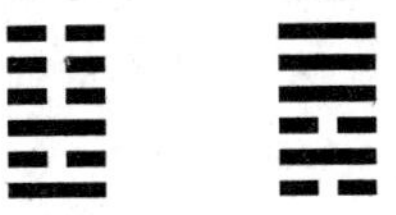

明夷的对象是讼

① “居”为中性词，而“据”则有占位之意。

①明仁德者受伤也要守住仁德之光明

六十四卦的第36卦是明夷卦。明夷的主卦为火，火的特征为丽。明夷的客卦为地，地的特征为顺。明夷的主客卦之合为火上有地或地下有火；丽上有顺或顺下有丽。明夷卦的对象是讼卦（第6卦）。讼的主卦为水，水的特征为陷或险。讼的客卦为天，天的特征为健。讼的主客卦之合为水上有天或天下有水；陷上有健或健下有陷；险上有健或健下有险。讼指的是因为争而打官司，说明对自己不公，与人争辩是非曲直，待他人来进行裁决，而明夷指的是明者受伤。据《序卦》所言，晋之进，必有所伤。夷就是伤的意思。明夷之时，昏君在上，明仁德者受伤。据《象》所言，这个时候仁德之明入地中，内是有仁德之文明的，而外是柔顺的，目的在于蒙过大难。内要艰贞地守住仁德之光明，而外要晦其仁德之明。即使有内难，也要正其仁德之志。大难指的是国难，内难指的是家难。

②为了义可偷偷地垂翼下行而不食俸禄

据《象》所言，这个时候的君子要入于众，实际为明，而表面为晦。民之智没有机会得到启发，所以是晦的，但是民心是向着仁德之光明的。只要君主是光明的，能够随民心，民心就能跟从君主。明夷的发展有几个阶段。首先，见明夷之时到来，君子要速速遁避，偷偷地垂翼下行，放弃禄位，可以为了义而不食俸禄。君子要尽量拯救，避免伤害，虽柔顺，但要不失仁德之中正。在黑暗到了极点之时，可以除害安民，可以大得其仁德之志。要获得君子之仁德之心，这样君子才能够弃暗投明。在正也不是、救也不是、去也不是的时候，只能是装疯卖傻，晦其明，但是仁德之明依然于心中未息。最后，如果心中是有仁德之明的，登于天就能够照四国，而当心中不明仁德之时，则会入于地，因为失仁道而失位。

第37卦家人卦：父母负有以仁德正家的义务

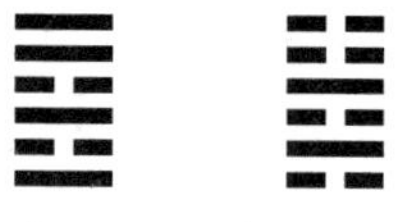

家人的对象是解

①家庭中最根本的关系是夫妇关系

六十四卦的第37卦是家人（jiā rén）卦。家人的主卦为火，火的特征为丽。家人的客卦为风，风的特征为入。家人的主客卦之合为火上有风或风下有火；丽上有入或入下有丽。家人卦的对象是解卦（第40卦）。

解的主卦为水，水的特征为陷或险。解的客卦为雷，雷的特征为动。解的主客卦之合为水上有雷或雷下有水；陷上有动或动下有陷；险上有动或动下有险。解（jiě）就是散，而家人卦讲的是家庭中有诸多关系，而最根本的关系是夫妇之间的关系。据《序卦》所言，明夷在外受伤了，必然要回到家里。在社会的诸多结构中，家庭结构是最根本的结构。据《象》所言，这个时候男女都要守仁德之正，尤其是女子要守仁德之贞正。从天地之大义那里，就可以推导出夫妇守正之义。在家里，父母就是严君，负有以仁德正家的义务。要守家的仁德之正道，就要守父父子子兄兄弟弟夫夫妇妇之仁道。家正时天下就能安定了。

②父亲要有仁德之信才有威

在家庭之中，女居中得正，得中正于内；男居中得正，得中正于外。夫妇各得其正。夫要反身修己，守住仁德之贞正。据《象》所言，这个时候的君子要言之有仁德之物，行之有仁德之恒。君子修身，修的是仁德之言和仁德之行。君子说话要有仁德之事实根据，这样才能言之有物，而做事一定要有受仁德的规矩，要善始善终，不可半途而废。家人的发展有几个阶段。首先，君子即使闲在家中，其仁德之志也不能变。妇人的职责是主持一家的饮食和筹办祭祀。不能自作主张，要顺从丈夫的仁之志。妇人持家过严和过宽都不好，但是从长远上看，过严比过宽要好。过严不会失仁德之正，而过宽的话，妇子都嘻嘻哈哈的，会失去家之正节。在一家之中，父亲是主管教育的，要为一家的礼仪的表率；而母亲是负责饮食和富家的。家庭主妇富家的法子主要是聚敛，所以容易招来怨尤。家庭主妇要以柔顺地守仁德之中正治家。阳刚为家中之主，要以自身的仁的品格为楷模，感化家人，使得他们互相有爱，和睦相处。父亲要有仁德之信才有威，所以要以反身修己之仁德为本。

第 38 卦睽卦：家之仁道穷尽之时会乖张离散

睽的对象是蹇

六十四卦的第 38 卦是睽（kuí）卦。睽的主卦为泽，泽的特征为悦。睽的客卦为火，火的特征为丽。睽的主客卦之合为泽上有火或火下有泽；悦上有丽或丽下有悦。睽卦的对象是蹇卦（第 39 卦）。蹇的主卦为山，山的特征为止。蹇的客卦为水，水的特征为陷或险。蹇的主客卦之合为山上有水或水下有山；止上有陷或陷下有止；止上有险或险下有止。蹇为跛之意，而睽是乖（guāi）张的意思。火要向上，泽要向下，所以火与泽之行是向反的，互相违背，所以离散。据《序卦》所言，家之仁道穷尽的时候，必然会出现乖张离散。据《彖》所言，火一动就向上，泽一动就向下，所以火与泽不会同行。虽然天地也是相违的，但是天地做的仁德之事是相同的；虽然男女相违，但他们的仁德之志也是相通的。万物都是相互离散的，但是它们要做的仁德之事都是同类的。在睽之时是崇尚大用的。据《象》所言，君子因为有仁之同才会出现异。马跑了，越追越跑，而不追它因有仁之同而自己会回来。

第 39 卦蹇卦：见险阻能够停下来修仁德

蹇的对象是睽

六十四卦的第 39 卦是蹇（jiǎn）卦。蹇的主卦为山，山的特征为止。蹇的客卦为水，水的特征为陷或险。蹇的主客卦之合为山上有水或水下有山；止上有陷或陷下有止；止上有险或险下有止。蹇卦的对象是睽卦（第 38 卦）。睽的主卦为泽，泽的特征为悦。睽的客卦为火，火的特征为丽。睽的主客卦之合为泽上有火或火下有泽；悦上有丽或丽下有悦。睽是乖张的意思，而蹇为跛（bǒ）之意，蹇卦说的是有坎险在前面，无法前进。据《序卦》所言，睽者必乖，乖者必有难，难指的是险阻的意思。据《彖》所言，有险在前，见险能够停下来，是有智慧的做法。这是个有大用的时代。据《象》所言，这时的君子应该反身修仁德。在外遇到艰难险阻的时候，最好的办法就是停下来克服自身存在的问题，等待时机的到来。在居中得正时，不要太在意成败或吉凶得失，要勇往直前地行仁德之举。

第 40 卦解卦：君主要用贤不贰和去邪无疑

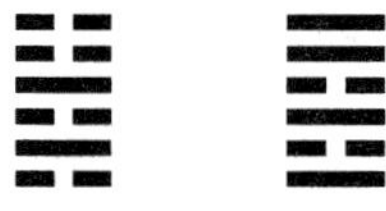

解的对象是家人

①难发展到一定时候必然会有解

六十四卦的第 40 卦是解（jiě）卦。解的主卦为水，水的特征为陷或险。解的客卦为雷，雷的特征为动。解的主客卦之合为水上有雷或雷下有水；陷上有动或动下有陷；险上有动或动下有险。解卦的对象是家人卦（第 37 卦）。家人的主卦为火，火的特征为丽。家人的客卦为风，风的特征为入。家人的主客卦之合为火上有风或风下有火；丽上有入或入下有丽。家人卦讲的是家庭中有诸多关系，而最根本的关系是夫妇之间的关系，而解就是散。据《序卦》说，蹇时有难，而物不会以难为终的，难发展到一定的时候必然会解散。雷雨之时，阴阳已和，问题已经解决。

②小人背负着不该得的东西会引来强盗

据《彖》所言，解是通过动来解除险的。天地解的时候雷雨作，雷雨作之后，百果和草木都萌动生长。解的时代是能够成乎其大的仁德的时代。据《象》所言，这个时候的君子应该赦免过失，宽恕罪过。国家的患难是由小人造成的。而要除掉小人，用柔是不行的，但是过刚也不行。君子要以刚直去邪。小人背负着不该得的东西，还乘着君子才能乘的车，这样就会引来强盗。小人不去，君子不进。君主要用贤不贰，去邪无疑。要用君子小人才没有空子可钻，让小人知道不改邪归正是没有前途的，不能有侥幸之心。小人像狐狸一样柔邪，又像隼（sǔn，一种凶残的鸟）一样凶残。君子平时藏仁德之器于身，待时而动，就能除掉小人。

第 41 卦损卦：要损过多而固仁德之本

损的对象是咸

①缓解有过时便要损下益上

六十四卦的第 41 卦是损（sǔn）卦。损的主卦为泽，泽的特征为悦。损的客卦为山，山的特征为止。损的主客卦之合为泽上有山或山下有泽；悦上有止或止下有悦。损卦的对象是咸卦（第 31 卦）。咸的主卦为山，山的特征为止。咸的客卦为泽，泽的特征为悦。咸的主客卦之合为山上有泽或泽下有山；止上有悦或悦下有止。咸字与感字是相通的，指的是因感而动，所以称为感动，而损是要损过多而固仁德之本的意思。损卦指的是损阳刚之有余，补阴柔之不足，损下益上。据《序卦》所言，解指的是缓解，而缓必有所失，所以有损。

②对于仁德的文饰过盛就会虚伪

据《象》所言，应该损的就要损，应该益的就要益。比如说，在祭奠之时，对于仁德的文饰过盛就会虚伪，文饰不足也不行，关键是要足以表示对于仁德的诚心。损和益都合时宜，就能够得人心。据《象》所言，在损之时，君子要惩私忿和窒私欲，这样才能够损不过分，益也不过分。君子把仁德之事做完，就要迅速离去，不要居功自享。天地是最大的二，男女是最明显的二。天地、男女指的都是阴阳，阴阳交构，化生万物。天地万物都是合阴阳之二而生一的。一人行得友而成二，三人行必损一为二。成二方可致一，成一方可生生不息。君子之仁之志在于不损人而益之。

第 42 卦益卦：益民之仁心贵在恒久

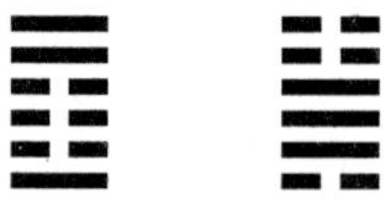

益的对象是恒

①益之利才是正当的利

六十四卦的第 42 卦是益（yì）卦。益的主卦为雷，雷的特征为动。益的客卦为风，风的特征为入。益的主客卦之合为雷上有风或风下有雷；动上有入或入下有动。益卦的对象是恒卦（第 32 卦）。恒的主卦为风，风的特征为入。恒的客卦为雷，雷的特征为动。恒的主客卦之合为风上有雷或雷下有风；入上有动或动下有入。恒指的是久，而益指的是增益。雷在风下，风骤则雷迅，雷激则风烈，雷厉风行，所以雷与风是相益的关系。益卦与损卦是相反的。据《序卦》所言，损到一定程度必然转变为益。上下是利益相关的，益之利才是正当的利。下为上之本，损下就会伤本。损下益上，就会下损，上也损，上下通损，所以为损卦。而益下则本固，本固则枝荣。据《象》所言，益是损上益下，民会祝愿君主无疆。自上益下，其仁道能够大放光芒。天施地生，其益无方。益之仁道，与时偕行。越是危险艰难之时，越是益的仁道大行之时。正如春不至不生，夏不至不长一样，就人事上来说，岁不歉不与，时无灾不赈。时候正当，不可不益。

②如果益民只是权宜之计必遭民反

损上益下，实际上是下益上也益，上下通益，所以称为益卦。损卦之时是当损则损，而益卦之时是当益则益。据《象》所言，在益之时，君子应该见仁之善则迁，有不仁之过则改，像风雷一样迅速地从善去过。行不至善，不得元吉。君子要做仁德之大事，并且要做好。荒歉之年，官府要开仓赈灾，以益百姓。而用来赈灾的粮食，本来就是取之于民的，为民间固有之物。最大的益下是益民。而在古代，最大最重要的益民在于迁国。迁国首先是要益民顺下，其次迁往之地是有所依的，或依靠王室，或依靠大国。心要有仁德之至诚，有真正的惠民之心，这样才能够得到民的信任。仁心与仁德是一回事。自己的仁心，在民看来就是仁德。得仁德之大志就是得大的成功。君惠民之心，民就会认为君有惠之仁德。民有忠君之心，君就认为民有忠之仁德。得民心的支持，就能得仁德之大志，从而有大的成功和有大业。益下贵在恒久。如果益过度，最后坚持不下去，结果不仅没有益，还会有损。如果君的益下之心不是恒心，不是诚心，只是权宜之计，先益下，后又对民取而不与，剥夺民，刮削民，民心就会反。

第 43 卦夬卦：把小人之不仁德的罪恶扬于王庭

夬的对象是剥

①要警惕小人，但不能对小人用武

六十四卦的第 43 卦是夬（guài）卦。夬的主卦为天，天的特征为健。夬的客卦为泽，泽的特征为悦。夬的主客卦之合为天上有泽或泽下有天；健上有悦或悦下有健。夬卦的对象是剥卦（第 23 卦）。剥的主卦为地，地的特征为顺。剥的客卦为山，山的特征为止。剥的主客卦之合为地上有山或山下有地；顺上有止或止下有顺。剥指的是剥落，而夬与决是相通的。决指的是水是不顾任何阻碍都要勇往直前的。据《序卦》所言，益不可能没有结束，用来结束益的就是夬。通过决可以去除所有的障碍。决讲的是君子如何决去小人。这是个君子之仁道长，而小人之凶道消的时代。益之极，必决而后止。小人在君之侧用事，所以难以决去。要决小人，首先要把小人的不仁德的罪恶扬于王庭，让小人无地自容，让君和众人都能认识小人的凶恶的真面目。要告诫人们警惕小人，但不可对小人用武。君子不主动出击，小人是不会自行决去的。

②小人感阴气多，所以柔脆易折

据《彖》所言，决指的是刚决柔，健而悦，决而和。据《象》所言，泽在天上，决则成雨，雨施则能滋润天下。君子不可居仁德不施，要把恩泽和福禄施给下民。据《爻辞》所言，与小人决，在势力悬殊的时候，没有胜利的把握的时候，不能不胜而往。君子决小人，时刻都要警惕，必须有戒备，这样才能处无事若有事，处有事若无事。即平素无事如临大敌，而临阵则志气安闲，仿佛不欲战。如果内心有决小人的决心，可以暂时与小人和合共处，被同志们误解或责难也没有关系，只要最后能把小人决去，就没有过失。心中有决小人之志，但表情上要柔和，不能被小人看出来。与小人濡，这样看上去是与小人同流合污，其实是和而不同。这样同志们只是暂时生君子的气，但最后这种气会散去的。在臀部没有肉，没法坐下，走又难行的时候，要把自己的羊一般好触的狠性管住，而不能聪而不明，即有听的能力，但听不明白，听不进去。小人就像是马齿苋一样，感阴气多，所以柔脆易折。不可长久的是小人的凶恶之道，而不必决去小人之人。君子得道之时，小人就会失势。

第 44 卦姤卦：柔不期而遇刚时万物彰明茂盛

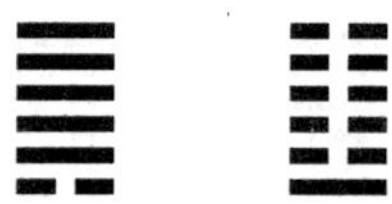

姤的对象是复

①有刚柔的分开才有相遇

六十四卦的第 44 卦是姤（gòu）卦。姤的主卦为风，风的特征为入。姤的客卦为天，天的特征为健。姤的主客卦之合为风上有天或天下有风；入上有健或健下有入。姤卦的对象是复卦（第 24 卦）。复的主卦为雷，雷的特征为动。复的客卦为地，地的特征为顺。复的主客卦之合为雷上有地或地下有雷；动上有顺或顺下有动。复指的是反复，而姤是遇的意思。天下有风，能够接触万物，所以容易相遇。据《序卦》所言，决必有遇，而姤就是遇的意思。遘（gòu）也是遇的意思，指的是不期而遇。古代的诸侯会盟是有期而会的，因此称为会。决是分，而姤是合。只有分开的东西才会有遇，不分就谈不上遇。这个时候阴将壮大，阴盛阳衰。

②要像杞叶包瓜一样把小人包起来

据《彖》所言，姤指的是柔遇刚，天下大行，所以姤之时是有大义的时代。阴遇阳就是天地交感之时，万物彰明茂盛。据《象》所言，姤之时，风行天下，可以让自己的命令传到四方，让天下所有的人都知道，所有的角落都传遍。据《爻辞》所言，这时的君子应该防微杜渐，防患于未然。一头阴躁的瘦弱的猪必然会肥壮，所以要提前牵制。牵制就是往后拉的意思。君子必须牵制阴柔之道。鱼是阴物。包容鱼的目的是制鱼。要像杞叶包瓜一样，把小人包起来，静待时日，自然会瓜熟蒂落。这时在世上出了乱子时，隐居世外之人既不能救，也不能参与，所以无功也无过。

第45卦萃卦：有仁德之萃聚才会是坚固的

萃的对象是大蓄

①要用先人的仁德来统一思想

六十四卦的第45卦是萃（cuì）卦。萃的主卦为地，地的特征为顺。萃的客卦为泽，泽的特征为悦。萃的主客卦之合为地上有泽或泽下有地；顺上有悦或悦下有顺。萃卦的对象是大蓄卦（第26卦）。大蓄的主卦为天，天的特征为健。大蓄的客卦为山，山的特征为止。大蓄的主客卦之合为天上有山或山下有天；健上有止或止下有健。大蓄指的是最大的蓄聚，人的最大的积蓄就是学问与仁德，而萃是萃聚的意思。据《序卦》所言，物相遇之后则必成群，成群则是萃聚的意思。古代要做大事之前，比如说出征打仗之前，天子诸侯要到庙里祭祀，目的是要用先人之仁德之志来统一思想，说明打仗是符合先人的仁德的意志的。

②争和乱之聚是不能巩固的苟合

萃卦讲的是如何把天下的仁德之人聚合起来，而聚合的最有效的方法就是入庙祭祀。人聚则乱，物聚则争，所以需要设王公大人来用仁德加以统治，否则聚就会变成乱和争。聚还必须有仁德之正，否则就会是苟合，不会巩固。萃是万物盛多和国家富有的时代。这个时候祭祀应该用大牲而不用小牲。对鬼神要丰厚，不可吝啬。在国家富有的时候，所有的事情都应该从厚而不从薄。据《象》所言，对待先人，要拿出最大的贡献来表现出最大的孝心。要有对于仁德的至诚之心，才能让天下之人萃集。这个时候的消费享用都要备得充足一些。万物的仁情同才能有巩固的相聚。

第46卦升卦：要顺仁道积小善以成就高大

升的对象是无妄

①像木长成大树一样顺势而升

六十四卦的第46卦是升（shēng）卦。升的主卦为风，风的特征为入。升的客卦为地，地的特征为顺。升的主客卦之合为风上有地或地下有风；入上有顺或顺下有入。升卦的对象是无妄卦（第25卦）。无妄的主卦为雷，雷的特征为动。无妄的客卦为天，天的特征为健。无妄的主客卦之合为雷上有天或天下有雷；动上有健或健下有动。无妄指的是没有虚妄的意思，而升是上进的意思。地下有木，必然萌发生长。据《序卦》所言，萃就是聚，聚就会增高，增高是向上的，所以称为升。这种升是贤者之升，贤者得时，所以能够顺利登升。升就像木长成大树一样，顺势而行。这个时候上下同仁心同仁德，已上者不抑下，未上者不袭上，互相之间不猜疑。

②对自己和天下人都好的才可称为庆

据《彖》所言，升指的是柔顺时而升，而不是躁进。据《象》所言，君子要有顺仁道之德，要积小而成就高大。君子不可幻想一朝就成大事和成大名，不能弃仁之小善而不为。据《爻辞》所言，在升的过程中，要有同志们的信赖与配合。要用至诚之仁心而不是用文饰来感通他人。把自己的事办好，又不损失什么，不妨碍什么，就称为有喜。凡是不仅对自己好，对天下人也好的，就称为庆。而福庆则指的是不仅对自己是福，对天下人也是福。柔顺之才上顺君之升，下顺民之进，而自己则止于其所，所以十分驯顺，十分诚敬，十分纯洁。纯洁指不谋自己之私。升阶指的是升到阶之上，登堂入室了，就升到高处了，处于尊位了。这个时候要守仁德之贞正，不能犹豫多变。有仁德的信用之人要笃实。信而不笃，用而不终，都会有凶。有仁德之人升到高处就能得其仁德之大志。

第47卦困卦：在生命与仁德不可兼得时要杀身成仁

困的对象是贲

①要有仁德之行而无需有仁德之辩

六十四卦的第47卦是困（kùn）卦。困的主卦为水，水的特征为陷或险。困的客卦为泽，泽的特征为悦。困的主客卦之合为水上有泽或泽下有水；陷上有悦或悦下有陷；险上有悦或悦下有险。困卦的对象是贲卦（第22卦）。贲的主卦为火，火的特征为丽。贲的客卦为山，山的特征为止。贲的主客卦之合为火上有山或山下有火；丽上有止或止下有丽。贲指的是华美，而困指的是干涸无水。在困的时候，君子受困于小人。据《序卦》所言，升到一定的时候就会困。困是疲惫困乏的意思。上升必须用力气，上进不已，必然会因力竭气乏而困。困穷的处境可以激励人的仁德之心志，磨炼[①]人的毅力，能够逼迫人把困转变为亨通。在困的时候，自己申辩没有人信，还会让结果变得更坏。这个时候要靠仁德的行动，而不是靠口说仁德。据《象》所言，君子处困之时，尤其能够善守仁德之正道，所以能够出困而亨通，而小人处困则不能出困而亨通。

②要舍生取义而不是舍身取义

据《象》所言，君子拼出性命也要实现其仁德的志向。在生命与仁德不可兼得之时，要杀身成仁、舍生取义，不苟且偷生。这里杀的是生而不是身。没有生的时候是可以有身的，保住身还可以再生。据《爻辞》所言，人走路的时候用脚趾，坐的时候用臀。走的时候脚趾在最下，坐的时候臀在最下。没有树叶的树为株木，幽谷指的是深谷。君子处于困境之时，就像是坐在幽谷之中，卑暗之极，见不到光明；又如坐在没有枝叶的株木之下，没有庇护。困有身体之困与仁道之困的区别。君子之困是仁道之困，而小人之困是身体之困。小人之困是吃饭穿衣等维持生存之困，而君子之困是仁德之正道不通从而仁德之志不能上行之困。大官有舒适的酒食，困的是不得天子诸侯的支持和理解，遭到政敌的反对。这个时候可以利用祭祀来获得仁德的神明的理解与保佑，获得精神上的寄托。如果冒然行动则会是凶的。在君子最困之时，前面有坚硬的石头阻挡着，坐底下有带刺的荆棘，回家又见不到妻子，进不得退不得，进退维谷。这个时候不能急躁，要从容不迫，徐图出困之计。

第 48 卦井卦：仁德之人要能不竭地养人才能恒久

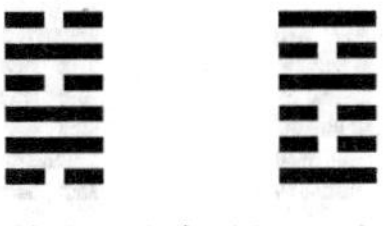

井的对象是噬嗑

---

① “磨炼”强调的是炼。作事先要在外部按二合为一的“工”字修工事，像修长城一样围起一个范围。在这个范围内，按九宫格围起的就是大方，而按田字格围起的就是小方。布局要大方，而做事小方。要通过炼把大方中的多余的气或水炼干，使得大方中均为只有一个眼的菱形串了，这就把眼给做实了，本事就炼成了。炼成本事后，要再通过反复练习，使得因熟而生巧，这样反应正确而灵敏的直觉能力就“练”成了，就很有才干了，就能干了。

①居最下位的仁人因能养人而得恒久

六十四卦的第 48 卦是井（jǐng）卦。井的主卦为风，风的特征为入。井的客卦为水，水的特征为陷或险。井的主客卦之合为风上有水或水下有风；入上有陷或陷下有人；入上有险或险下有人。井卦的对象是噬嗑卦（第 21 卦）。噬嗑的主卦为雷，雷的特征为动。噬嗑的客卦为火，火的特征为丽。噬嗑的主客卦之合为雷上有火或火下有雷；动上有丽或丽下有动。噬嗑是咬的意思，而井指的是恒久的意思。据《序卦》所言，在上困住了，就要往下走。在古人看来，井底是处于最下位的。人可以搬家，但井则不能搬家。井是恒久稳定的。人从井中汲水，水不会见少；而不汲水，水也不会见多。用绳子拴着陶罐打水，快要打上来的时候，如果陶罐坏了，可以说是接近成功了，但是还没有成功。

②寒泉不污所以甘洁甜美

据《彖》所言，井之水能够没有穷尽地养人。井因为有刚中之仁德，所以能够恒久。据《象》所言，君子应该向井学习，要劝诱老百姓相互帮助，相互养育。据《爻辞》所言，井废弃的原因是井底有了污泥，人和禽兽都不来汲水而食了，这样井就会变成无用之物，被人禽共弃舍。井的功用就是要出水养人。井谷是井底出水的穴窍。如果用漏瓮来汲水，水是汲不上来的。井水污了，通过治理，是可以食的了，但是人们还是不来汲水，正如贤才不得其用，会很可惜。井通过修治可用，就不应该废弃。井里的泉水是以寒为美的，寒泉是甘洁的，是清凉甜美的，正如在阳刚中正之时是尽善尽美的。自己汲了井水之后，不要用井盖把水封闭盖死，好让别人随便来汲水。井是公用的，要让大家都能来用。井之道是水上出的。当水能上出，井之仁道就大功告成了。

第 49 卦革卦：应时的仁之正道的变革再难也能成功

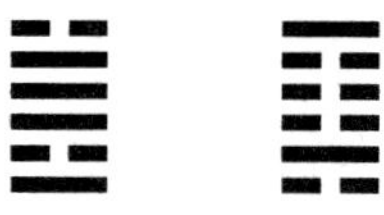

革的对象是蒙

①变革需要得到民的信服

六十四卦的第 49 卦是革（gé）卦。革的主卦为火，火的特征为丽。革的客卦为泽，泽的特征为悦。革的主客卦之合为火上有泽或泽下有火；丽上有悦或悦下有丽。革卦的对象是蒙卦（第 4 卦）。蒙的主卦为水，水的特征为陷或险。蒙的客卦为山，山的特征为止。蒙的主客卦之合为水上有山或山下有水；陷上有止或止下有陷；险上有止或止下有险。蒙是不明的意思，而革是变革的意思。泽中有火，泽火是相灭相息的，泽性向下，火性向上，所以能相剋（kēi，克制）相革。据《序卦》所言，井是长久存在的，必然需要清理和修治。革的对象是旧的事物。人们已经习惯和适应了旧的事物，所以变革需要得到民的理解、信服和适应，所以需要一定的时间。变革的目的是让旧变新、让穷尽变亨通。变革时必须遵循仁德的正道，这样即使时间久、险阻多，最终也能成功。据《彖》所言，离象征中女，兑象征少女，中女与少女同居，志是不相得的，而是相克相息的。天地革所以才有四时。汤武革命，是因为顺乎了天，应乎于人，所以能够成功。时机不到时不能变革，而时机到时则不能不革。在这里，孔子第一次提出了革命的概念。革的时代，是一个能够成其大的时代。

②虎变时有理的斑纹，而豹变时有理的细纹

据《象》所言，君子在变革的时候要像明白历法那样明白什么时候是变革之时。据《爻辞》所言，变革是一件大事，不能轻易为之。从事变革要得其时，要在其位，要有其才，要审虑慎动。在不能轻举妄动之时，要用坚韧的黄牛之皮把自己包束起来。要到不变革人们便不能照旧生活下去的时候，才是变革的时候，这个时候革命才会有嘉美之功。革命之前，先要有革言，要多次研究革命的理由，要得到人们的理解和信任之后，才能改革。发动革命之时要求稳步前进，一举成功。要有人们的信任才能改命即革命。改命就是改朝换代。革命是否能够成功，要看是否上上下下都心向往之。变革是由伟大的人来领导的。大人之变属于虎变，没有阴谋，不需通过占卜来获得人民的信任，因为大人之变是顺天之仁意和承民之应的。事理就像是老虎身上的斑纹一样明显可见，所以大人能够一呼百应，能够发号施令。革命之后要继世守成。这个时候之变为君子豹变，正如周成王继体守成那样，润色鸿业，就像豹皮的文理[①]那样细密。豹变是知道了仁德之理之后，慢慢地变过来的，所以变过来之后就不会再变回去。而这个时候的小人只是革面不革心，并不心悦诚服，所以会乱变，不可靠。革命成功之后，最适合安静地守仁德之正，而不是继续革命或不断革命。

---

① “文理”是表抽象的，而“纹理”是表具体的。《易》中强调的是抽象的文理。

第 50 卦鼎卦：要靠自己的才干和实力立足

鼎的对象是屯

①建立新社会时养贤贵在丰盛

六十四卦的第 50 卦是鼎（dǐng）卦。鼎的主卦为风，风的特征为入。鼎的客卦为火，火的特征为丽。鼎的主客卦之合为风上有火或火下有风；入上有丽或丽下有入。鼎卦的对象是屯卦（第 3 卦）。屯的主卦为雷，雷的特征为动。屯的客卦为水，水的特征为陷或险。屯的主客卦之合为雷上有水或水下有雷；雷上有云雨或云雨下有雷；动上有陷或陷下有动；动上有险或险下有动。屯卦之时雷雨交加。屯是盈的意思，而鼎是取新的意思。风又可解释为木。木在火中，有燃烧之义，延伸为烹饪，而烹饪之器便是鼎。鼎有两个用途：鼎可以作为权力的象征，这个时候不能用来做烹饪之器；鼎也可以用来煮肉，把煮好的肉放到鼎里，加上佐料，鼎下烧火，令五味调和，然后再放到砧板上切食。据《序卦》所言，用来变革物的器物，没有比鼎更好的了。革的目的是去故，而鼎的目的是取新，即建立新的事物，引申为建立一个新社会。据《彖》所言，井是用来养民的，而鼎是用来享帝养贤的。敬奉上帝主要在于心诚，只要用鼎烹小牛犊奉献给上帝就可以了，而养贤则贵在丰盛。燕享宾客要用牛、羊、猪三牲。

②小人的鼎足折便会有粥饭流满身的难堪

据《象》所言，君子要以正位来凝命，通过凝命来巩固新的政权。这个时候要以仁德之柔应刚，要收复贤人之心。据《爻辞》所言，鼎的趾应该是在下的，但也可以颠倒过来，这样可以把鼎中的污秽之物泻出以便能受美。妾是贱人，子是贵者。妾能生子，就可以从子之贵。阴阳相比则相从，相从则有阴柔妒害阳刚的可能，所以阳刚要刚中自守仁德，不恶而严，靠自己的才干和实力立足，明白方向，慎其所行，让嫉妒者无隙可乘。鼎要靠鼎耳才能举移，所以当鼎耳发生变革之时，鼎中有美食佳肴，可以为人食，但人们也不一定来食。据《系辞》所言，如果一个人的仁德薄而位尊，知小而谋大，力少而任重，都会出现不胜其任的情况。不胜任的小人受任之后，就像当了鼎的足，在鼎实满盈的时候，鼎的足折了，鼎中的粥饭就会流出来，让当任小人十分难堪，辱及其身，灾及其身。要发挥鼎的作用，关键在于鼎是能够举措移动的，否则的话鼎虽然有实，但是会无所施用。鼎要有虚中之黄耳和贯中之金铉（xuàn，举鼎器具）才能使鼎能够举起来移动。鼎之用在于其中的食能用。而食物要出鼎才能用。这个时候在鼎上要横放一玉铉，玉铉就好比是有节制的贤人，其特点是刚柔适宜、动静不过。

第 51 卦震卦：遇到危厉之震时守仁德便能言笑和适

震的对象是巽

①有事像无事一样为仁之非凡的气度

六十四卦的第 51 卦是震（zhèn）卦。震的主卦为雷，雷的特征为动。震的客卦也为雷，雷的特征为动。震的主客卦之合为雷上有雷或雷下有雷；动上有动或动下有动。震卦的对象是巽卦（第 57 卦）。巽的主卦为风，风的特征为入。巽的客卦也为风，风的特征为入。巽的主客卦之合为风上有风或风下有风；入上有入或入下有入。巽指的是风吹万物，无所不入，而震即像雷一样动，让人感觉惊惧而震奋。[①] 据《序卦》所言，鼎是器，从古代的宗法制的习俗上看，最有资格的主器者为长男。据《说卦传》所言，天地震而得长男。震卦讲的是一种既惧又不惧的心态和涵养。人遇事要能惧，才能不惧，不惧是因为能惧。震来的时候，人的心会产生恐惧感，人会恐惧得周环顾虑，不得安宁，不敢掉以轻心。而身负重任之人，在遇到大事之时，反而能够言笑和适，有事像无事一样，这是一种常人难有的仁之非凡的气度。

②面对瞬间出现的天崩地裂也能从容不迫

天上打着响彻百里之雷，人们都为之震惊，而主祭之人却能身闲气静，不动声色，让祭祀能够照常进行，天崩地裂也从容不迫。因为雷是瞬间出现的事，容不得人反复思考，最能考验人的仁德修养。据《象》所言，雷之惊来自很远的地方，而雷给人的惧就在眼前。人遇事要有恐惧之心，反躬修己之仁德，使得自己能够镇定自若，言与默都不失常态。据《象》所言，平时要知恐惧，遇到雷震之时才能镇定。据《爻辞》所言，

① “震奋”是因雷震而奋，而“振奋”则是因振动而奋。

问题再小也要心存恐惧，问题再大也要无所畏惧。震来的时候是危厉的。这个时候可能会失掉宝货或至关重要的东西。必须失掉的，就失掉，不必吝惜，不必追逐。到了一定的时候，失去的东西还会重新得到。当人陷入滞溺的困境中时，是不能自反自拔的。

第 52 卦艮卦：两山并立是不可能有往来的

艮的对象是兑

①坚持仁道的行止不能靠上级的支持

六十四卦的第 52 卦是艮（gèn）卦。艮的主卦为山，山的特征为止。艮的客卦也为山，山的特征为止。艮的主客卦之合为山上有山或山下有山；止上有止或止下有止。艮卦的对象是兑卦（第 58 卦）。兑的主卦为泽，泽的特征为悦。兑的客卦也为泽，泽的特征为悦。兑的主客卦之合为泽上有泽或泽下有泽；悦上有悦或悦下有悦。兑指的是悦的意思，而艮指的是下静上止、自我安止。不像蓄之止是来源于外力的，艮之止是自止，是止我，而不是止物。坚持干什么是静态的止，而坚持不干什么则是动态的止。坚持的意思就是要自始至终。坚持不能靠他人的支持，尤其不能靠上级的支持。别人或上级错了，不能救时就只能随，但这是很令人遗憾的，心情是不愉快的。止的反义词是不止，而不是静。不止的反义词是止，而不是动。据《序卦》所言，震指的是动。物是不可能一直在动的，到一定时候必然会止。山有安重坚实之意。要止得其所，才能没有过失。用人的背来形容止之所是最恰当的，因为背是止的，而自己又看不见。当阴阳各止于其所，止而不交，近在咫尺而各不相与，就像人们在一个庭院里同行，却视而不见一样。在相背不现之时，就能屹然不动。

②人的不当言之止要始终如一才能厚终

据《象》所言，止于止是止，止于行也是止。止与不止要看场合。时止则止，时行则行，止行都要与天之仁道同步。阴阳相敌的时候，最好的办法是各居其所，互不交往。据《象》所言，两山并立是不可能有往来的。鉴于艮卦的道理，君子之思要不过其位。据《爻辞》所言，人动的时候脚趾先动。当做的事，开始就要做。不当做的事，开始就要坚持不做。只是股动的时候，小腿肚子不得不动，所以只能是表面上委屈妥帖和随和，无反抗的行迹可见，但是内心是不快的。人是否要坚持做什么事，要根据时间的变化来灵活把握，有进有退。彼时当做就要坚持做，此时当不做就坚持不做。限指的是人体的腰胯，这是连接人的上下体的地方。让这个地方绝对静止，就会出现上下体不相通融的状况，就会出现僵化的状况。时不当停止而强止，时不当行而强行，结果都会让心躁动不安。在止的时候，要让心静于仁德和安于仁德。同样，止之于口，也不是缄（jiān，封书信的口）默不言，而是时当言则言，时不当言则不言。时当言的时候要言而有序，要分先后、缓急、中节，不能乱言。人的不当言之止要敦厚笃实地自始至终，才能是厚终的。

第 53 卦渐卦：要居仁的贤德以循序渐进地化俗

渐的对象是归妹

①行仁德要如女子出嫁一样不越次序

六十四卦的第 53 卦是渐（jiàn）卦。渐的主卦为山，山的特征为止。渐的客卦为风，风的特征为入。渐的主客卦之合为山上有风或风下有山；止上有入或入下有止。渐卦的对象是归妹卦（第 54 卦）。归妹的主卦为泽，泽的特征为悦。归妹的客卦为雷，雷的特征为动。归妹的主客卦之合为泽上有雷或雷下有泽；悦上有动或动下有悦。归妹指的是归之妹，而渐指的是有次序地缓进的意思。风又可解释为木。木在山上，木因为山而高。据《序卦》所言，物不可能终于止，止到一定的时候就会进。渐强调的是不越次序的仁德。渐进正如女有所归一样。古代女子出嫁不是想办就办的事，要分为媒介、纳采、问名、纳吉、纳征、请期、亲迎七个步骤，这样才算娶了嫡妻即正夫人。出嫁是一个循序渐进的过程，这样才是吉祥的、正常的、合礼的和贞正的。如果男女不按这个程序完婚，就是私奔。而归妹指的则是古代婚嫁中的一种特殊的侄娣（dì）制度。古代的诸侯一次娶九女，其中有六位侄娣。侄娣随从姑姊（zǐ）嫁给同一个男人，这就是侄娣制度。因为侄娣年幼，所以婚期往往推后。婚期到了的时候，不用明媒正娶，主动送过去就完事了，所以不是循序渐进的。归妹是古代的风俗，所以也被当成是合理的。

②鸿雁的羽毛可担当不为位所累的仁德之仪

据《象》所言，渐进是稳妥有序的。下面是山，所以可以凝静不躁，上面的木欲动但是不急。据《象》所言，君子应该居仁的贤德以化俗，要循序渐进，不能急躁。据《爻辞》所言，渐进正如鸿雁一样，这种水鸟在群体行为中是有序的，而且往来是有时的。雁是有别有序的，所以古代的婚礼用雁来比喻，因此与女归卦发生了联系。干指的是水边。雁群是栖息于水中的。在飞往远方的时候，鸿雁总是飞到水边为止，逐渐飞向远方，而不是一次能飞多远就飞多远，不急进。鸿雁止于水边的大石头即磐石上时，是稳固安全和没有危厉的，能够乐得其志。阴阳相比相亲相求，最容易苟合。如果不能守正自持，孕而不育，就会导致凶的结果。一切非理而至的都是寇。守仁德之正以待时，防御寇至，就是御寇。要守仁德之正和不叛离自己的同类。鸿雁的脚趾是连着的，不能握树枝，所以呆在树上是不安全的。要转危为安，就需要能够处事灵活。陵是高岗，是鸿雁能够栖息的最高处，这个时候是最吉祥的。陆是高平之地，即平原。鸿雁在陆的时候，虽然没有位，但是进处高洁。贤人之高致，超然于进退之外，不为位所累，看上去对国家和社会没有用，但鸿雁的羽毛可以作为仪，可以表现出不为位所累的高尚情操，其仁德之志卓然不乱，这就足以为世人的表率和楷模了，所以在无用中表现着有用。

第 54 卦归妹卦：要远虑归妹之终以防其敝坏

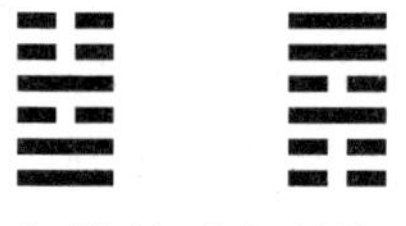

归妹的对象是渐

①主动从男之归妹是不合礼义的

六十四卦的第 54 卦是归妹（guī mèi）卦。归妹的主卦为泽，泽的特征为悦。归妹的客卦为雷，雷的特征为动。归妹的主客卦之合为泽上有雷或雷下有泽；悦上有动或动下有悦。归妹卦的对象是渐卦（第 53 卦）。渐的主卦为山，山的特征为止。渐的客卦为风，风的特征为入。渐的主客卦之合为山上有风或风下有山；止上有入或入下有止。渐指的是有次序地缓进的意思，而归妹指的是归之妹。兑又可解释为少女，雷又可以解释为长男。少女在长男之下，其情因悦而动。据《序卦》所言，进必有所至，必有所归。妹是少女，少女自嫁而不待娶，没有一个循序渐进的过程。这样的婚嫁因不当所以不能主动，主动则凶，往则无所利，因为男女之情胜过了夫妻之义。据《象》所言，在归妹的婚嫁之中，女子没有经过男子的迎娶就主动从男，所以不合礼义，但是有利于生育。人之始终的问题其实就是男女关系问题。

②娣要至死不渝地坚守仁德才有善终

据《象》所言，君子要以永终知敝。永终指的是白头偕（xié，共同）老。知敝知的是君子要意识到归妹这种婚姻很容易生离隙而敝坏[①]。少女因悦而动情，所以缺乏仁德的道义基础，久了必然会敝坏。引申而言，说的是天下之事都有终有敝，君子要远虑其终以防其敝坏。娣不是正配，所以即使有仁的贤德，也只能是自善其身以承事君子，不太可能有大的作为。这就像一个跛子，虽然能够走路，但是走不远。眇者之目，一昏一明，能看但是看得偏。娣居于偏侧，在夫妇生活中不能有所作为，但是可以通过辅佐嫡夫人来发挥作用。如果娣从的夫君不是一个好的夫君，时刻有遭到遗弃的可能。娣要像被拘囚的、失去自由的幽人那样自执其仁德之志，坚如磐石，至死不渝，就有可能保持自己的娣的地位不发生变故。姊妹同嫁一夫，姊姊为嫡，妹妹为娣。如果妹妹想为嫡，就是不正当的。如果娣的衣着穿戴比嫡夫人还要好，就有夺嫡之嫌了。只能是嫡妻与丈夫一起祭祀。如果娣参与祭祀，就像端着一个空筐祭祀一样，其中无实，所以是不妥当的。

第55卦丰卦：盛大之时须保持日中的状态才能常明

丰的对象是涣

①要用仁德持盈保泰才能不过正午

六十四卦的第55卦是丰（fēng）卦。丰的主卦为火，火的特征为丽。丰的客卦为雷，雷的特征为动。丰的主客卦之合为火上有雷或雷下有火；丽上有动或动下有丽。丰卦的对象是涣卦（第59卦）。涣的主卦为水，水的特征为陷或险。涣的客卦为风，风的特征为入。涣的主客卦之合为水上有风或风下有水；陷上有入或入下有陷；险上有入或入下有险。涣指的是散，而丰指的是盛大。雷象征的是动，而离象征的是明。明能够照，而

---

① “敝坏”是因用多了疲倦而坏，而“蔽坏”是因为见不到阳光而坏。“弊病”是因为有毛病而坏。

动可以亨，能照能亨就能丰大。据《序卦》所言，得其归者必大。丰指的就是盛大。盛大的东西必然是亨通的。只有君王统治的天下才能够称得上盛大。盛大指的是天下之王，至尊至贵，天下的财物至富至有，天下的人口至繁至庶，天下的土地至广至大。但是，盛大超过了极点必转为衰。正午的时候是阳光最足的时候，所以可以用正午来比喻盛。要不过正午，就要用仁德持盈保泰。处丰者必须明而不昏。只有王才能够达到丰之盛大。

②只是丰大自己的住宅，而不顾及他人会自绝于人

王者尚大，其中包括尚天下之大和尚治天下之道大。王者能够保天下和治天下，关键在于要用仁德的盛明普照天下，要无所不周，无所不至。要做到这一点，就必须保持日中的状态，这样才能让光照最充足和最普遍，可以常明不昏。据《象》所言，雷的性质是动，而火的性质是丽，可以用电来象征。审判案件最重要的是要明察虚实，而动用刑罚则必须轻重适中。明照适合于判断虚实，而雷震适合于威断刑罚。当仁德的光明被蒙蔽的时候就会生疑。要以仁德的诚信感发君王的心志，要感发成功才能去疑。沛指的是遮蔽之物。在沛丰的时候，天下是昏暗的，这个时候只能无所作为。阴柔的小人居于丰之终，处动之极，又在无位之地，高亢昏暗，自蔽于人。这个时候的小人志得意满、飞扬跋扈。如果虽然丰大了自己的住宅，但是只知有己，不顾及他人，就会自绝于人，陷入绝对的孤立状态。

第56卦旅卦：在旅途之中以谦下柔和得仁德之中为好

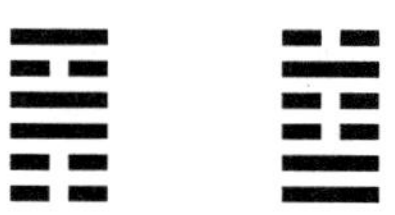

旅的对象是节

六十四卦的第56卦是旅（lǚ）卦。旅的主卦为山，山的特征为止。旅的客卦为火，火的特征为丽。旅的主客卦之合为山上有火或火下有山；止上有丽或丽下有止。旅卦的对象是节卦（第60卦）。节的主卦为泽，泽的特征为悦。节的客卦为水，水的特征为陷或险。节的主客卦之合为泽上有水或水下有泽；悦上有陷或陷下有悦；悦上有险或险下有悦。节指的是节制、限止，而旅指的是寄居异国。据《序卦》所言，大穷尽之后便是旅。据《象》所言，旅的处境是难以把握的。一个人可能因旅而兴，

也可能因旅而亡。古人是安土重迁的，把寄居异国、流落他乡看成是件很严重的事情。据《象》所言，阴柔之才在旅中是目光短浅的。只知道养身之小体，不知道养仁之大体，想的只是身边琐事，眼前的小利，不想利国利民之事，心胸狭隘。人在异国他乡之时，有地方住，有钱花，有童仆的诚心照顾，就很好了。人君是不可以旅的，因为旅时会丧失君位。在旅途之中，以谦下柔和得仁德之中为好。

第 57 卦巽卦：民众对真信的仁德会从之如风

巽的对象是震

①要先让民相信自己是仁德的

六十四卦的第 57 卦是巽（xùn）卦。巽的主卦为风，风的特征为入。巽的客卦也为风，风的特征为入。巽的主客卦之合为风上有风或风下有风；入上有入或入下有入。巽卦的对象是震卦（第 51 卦）。震的主卦为雷，雷的特征为动。震的客卦也为雷，雷的特征为动。震的主客卦之合为雷上有雷或雷下有雷；动上有动或动下有动。震即像雷一样动，让人感觉惊惧而震奋，而巽指的是风吹万物，无所不入。巽卦是由风下风上合成的，即阳入阴，以便从阴的内部解决问题。有阴之伏，才有阳之入。据《序卦》所言，旅的状态是无法被容纳的，所以要入。这里的入不是形式的入，不是皮毛的入，而是深入内里。在自然界里，风吹浮云，把积阴吹散；在思想上，人洞察细微，了解人内心的隐曲；在国家事务中，君子清除奸恶，扫尽弊端。这是个修敝举废的时候，而不是彻底更新改造的时候，要有仁之刚德的人的指导。据《象》所言，如风一样的人物是无所不至、无所不顺的。据《象》所言，君子要做的先要以仁德告诫叮咛，民众相信上命之仁德可行时再行。君子先说到仁德，然后再做到仁德，民众就会像风之迅速一样从之如流。

②发布命令不可躁进躁动

据《爻辞》所言，申命行事最关键的是仁德之令出必行，或进或退都要有一定，不能犹豫不决。疑与治是对应的。疑指的是两可，拿不定主意。治则一定不能乱，仁德的进退都要没有疑虑。要像武人那样贞固勇决，以便消除疑虑。床下是阴暗之处，阴邪之物往往隐伏在那里。要到床底下去看清楚阴邪之物，着手清除干净。申的是天的使命，使命是无法更改的。如果今天一个命，明天一个命，别人就会无所适从。志疑指的是有不同的选择，拿不定主意。这个问题是好解决的，拿定主意就可以了。而仁德之志穷了则比较难办，即有志但是找不到实际的实现的办法。田猎是武事，有兴利除害的意思。社会有了弊病就需要改革，而改革就需要制定政策，发布命令。发布命令一定要谨慎，不可躁进躁动。改革的命令要经过相当长时间的考虑和酝酿，再有相当长时间的试行，然后才能实行。甲指的是事物的开端，而庚则是指变革的开端。过中则变，所以称为庚。正中指的就是中正。凡事不当为而为，必过；而过则必有所失。

第 58 卦兑卦：有仁德的刚中而柔外地说就能让人心悦诚服

兑的对象是艮

①悦而不守仁德之正就是献媚

六十四卦的第 58 卦是兑（duì）卦。兑的主卦为泽，泽的特征为悦。兑的客卦也为泽，泽的特征为悦。兑的主客卦之合为泽上有泽或泽下有泽；悦上有悦或悦下有悦。兑卦的对象是艮卦（第 52 卦）。艮的主卦为山，山的特征为止。艮的客卦也为山，山的特征为止。艮的主客卦之合为山上有山或山下有山；止上有止或止下有止。艮指的是自我安止，而兑指的是悦的意思。兑卦的目的在于教人如何建立人与人之间的和悦的关系。据《序卦》所言，入之后就会悦。我能悦于物，物必悦而与我。我悦物与。取悦于人或物，都要守仁德之正道，而不是要满足一己的私欲。据《彖》所言，兑就是说，说就是悦，悦就是喜悦与和悦。有仁德的刚中而柔外，就能够让人心悦诚服。只有柔外，没有刚中，就只会悦而不正。悦而不守仁德之正就是献媚。如果刚中而没有柔外，就会把事情说暴了。所以，说话的时候要顺乎天之仁道和应乎人。因为有仁德的刚中，所以有诚信；因为有诚信就顺乎天的仁德之理。因为柔外，所以和顺。和顺则能够应乎人心。

②听友讲习仁德是人生最大的快乐

孔子感叹说，说之仁道太伟大了。如果平时君王能够很好地遵循说之仁道，先让民的心情处于喜悦的状态，这样需要民出力时，民就会忘其劳，而需要民打仗的时候，民就会忘其死。有了喜悦的心情，民就会自己劝说自己为君王效劳和自我牺牲。据《象》所言，丽指的是附丽。丽泽指的是两泽相附丽，彼此浸润滋益。朋友是与自己有仁德之志同和仁德之道和的人。朋友之间讲的是未明的仁德的道理，习的是未熟的仁德之事物。听朋友讲习仁德是人生最大的快乐，而这种快乐是可以过而无害的。据《爻辞》所言，悦中有和之意，悦必和，和则可悦。处下而无上求之念，就能和悦而无偏私。如果不按仁德之正道来说，说了就不会让人喜悦。小人用言来剥君子时，就会让小人之道长，所以把小人称为剥。小人会通过巧言令色来迷惑君主，从而剥君子。这样的剥是很厉害的。小人剥君子之时，其祸心是包藏着的，所以很阴险，君子要提高警惕。

第 59 卦涣卦：要让人立仁德的大志有公心才能治涣

涣的对象是丰

六十四卦的第 59 卦是涣（huàn）卦。涣的主卦为水，水的特征为陷或险。涣的客卦为风，风的特征为入。涣的主客卦之合为水上有风或风下有水；陷上有入或入下有陷；险上有入或入下有险。涣卦的对象是丰卦（第 55 卦）。丰的主卦为火，火的特征为丽。丰的客卦为雷，雷的特征为动。丰的主客卦之合为火上有雷或雷下有火；丽上有动或动下有丽。丰指的是盛大，而涣指的是散。风在水上吹过，水遇到风则涣散。涣就是离。人在喜悦的时候气血就会舒散，而在忧愁的时候，气血就会结凝。天下涣散的时候，需要圣王来治理。遇到人心涣散的时候，要凝聚人心，要靠宗庙来求助于先人，以保持仁德的贞正。据《象》所言，内刚外顺，居中得正，有利于治理涣散。据《象》所言，先王立庙的目的在于收合人心。据《爻辞》所言，人心刚涣散的时候，比较容易拯救。如果这个时候顺从于仁德之刚，就会像借用壮马之力可以致远一样顺利。如果已经涣散得很厉害了，就要到一个安稳的地方去坐等时机。涣散来自于为己的私心，要让人立仁德的大志有公心才能治涣。只有心无私匿，行无偏党的人，才能担当治涣之大任。一个公而无私的人，能够尽散朋党，把小群变成大群，让整个天下统一起来。这样的人是人的功德远大的。涣散正如一个人得了风寒，把汗发出去就好了。只有天子才可能担当涣汗治病的大任。有的时候放血是为了涣汗，目的是要远离病害。

第 60 卦节卦：国家节用就是爱民的表现

节的对象是旅

①当行之事也要适可而止

六十四卦的第 60 卦是节（jié）卦。节的主卦为泽，泽的特征为悦。节的客卦为水，水的特征为陷或险。节的主客卦之合为泽上有水或水下有泽；悦上有陷或陷下有悦；悦上有险或险下有悦。节卦的对象是旅卦（第 56 卦）。旅的主卦为山，山的特征为止。旅的客卦为火，火的特征为丽。旅的主客卦之合为山上有火或火下有山；止上有丽或丽下有止。旅指的是寄居异国，而节指的是节制、限止。据《序卦》所言，物是不可能永远涣散下去的，离到一定的时候就需要节制。节是限止，而不是改易。制度就是用来节制的，目的是通过制定一定的界限来节。节就是要让事物的发展适可而止，即使是当行的事也要适可而止。不该做的事不存在节的问题，因为根本就不能做。只有做好事时才有节的问题，即就是做好事也不能做绝。做好事还处在不及的时候，也不存在节的问题。当好事做得比较充分了，见好就收，这就是节制。到了该收不收的时候就是失节。而节也容易过。过度的节就是苦节，这是无法长久的，而且还可能出大问题。

②甘节使天下人都不感觉到苦

据《彖》所言，因为刚柔过盛而无节，节的目的是要节刚得中。苦节之道是会穷尽的，穷尽的事物必然是要变的，因为只有变才能通。社会之节与自然之节是类似的。天地之节是以刚节柔或以柔节刚，刚柔相节，适可而止，才能有春夏秋冬。国家要节制花钱，量入为出。节制的方法就是要制定适当的制度，以保证合理地花钱。国家伤财与害民是相联系的，所以孔子说国家节用就是爱民的表现。据《象》所言，泽的周围要有防堤才能让水不流溢。古代的数指的是一十百千万，而度指的是分寸尺丈引。制度就是制数度，就是要依人的尊卑贵贱的等级制定宫室、冠服、车旗、器用等的多少大小，分出礼数等差。仁德藏在内心就是德，而表现在外就是德行。有了制度才能够让人知道怎么做才合于礼即合于中节。据《爻辞》所言，节就是该通则通，该塞即塞。在塞的时候，不出户庭是没有过错的。而在当通的时候，当泽中的水要满盈的时候，还是不出门庭，就会有凶险了。安节不是勉强之节，而是循乎成法而节，尊仁德的刚中之道而节。甘节指的是味之中。节酸、苦、辛、咸等偏味，让味道适中，就能够得甘。甘节就是恰好之节，就是无过之而无不及之节。安节只是用来安自己的，别人未必安。而甘节则是人君之节，不仅用来安己，不仅施行于自己，而且用来安人，用来施行于人，使天下人都不感觉到苦，都感觉到甘，这就是吉祥的。节制过中，就变成了苦。坚持苦节的结果是亡。

第 61 卦中孚卦：要像天之仁道那样大公无私

中孚的对象是小过

①愚钝无知的豚鱼都能为仁德之诚信所感动

六十四卦的第 61 卦是中孚（zhōng fú）卦。中孚的主卦为泽，泽的特征为悦。中孚的客卦为风，风的特征为入。中孚的主客卦之合为泽上有风或风下有泽；悦上有入或入下有悦。中孚卦的对象是小过卦（第 62 卦）。小过的主卦为山，山的特征为止。小过的客卦为雷，雷的特征为动。小过的主客卦之合为山上有雷或雷下有山；止上有动或动下有止。小过指的是小者过、小事过、过之小，而中孚指的是让水感动而信从。中孚就像木舟一样，外面是实的，不能漏水，中间则是虚的。乘这样的船才会安全和无覆灭之凶险。据《序卦》所言，制定好制度后，要信守才能使节制得以实行。上头信守，下边就会信从，这样就能节而信之。中孚指的是诚信。内外都是中实的，而整体则是中虚的。如果诚信是来自于仁德的中心的，就连愚钝无知的豚鱼都能够为之而感动。有仁德的至诚之心，遇到任何的险难都能克济。诚信也有正与不正之别。君子有君子的仁的诚信，而小人有小人的不仁的诚信，不能混淆二者的差别。

②一味追求虚名不会长久地吉祥

据《彖》所言，中心要有仁德的诚信，而且要像天之仁道那样大公无私。据《象》所言，君子应该尽忠尽诚地奉天之仁道而行。在判案时，要尽可能把可疑的地方，把不能用来定罪的证据找出来；而在判死刑后，要缓期执行，要把可以不死的因素找出来。如果君子这样仁德地尽忠尽诚，犯人就会感到无所遗憾了。据《爻辞》所言，虞和燕都是安的意思。在中孚之初，要自信、自守、自安，要不变其仁德之志。仁德的至诚之心最能与同气和同类的人的心灵相感相通。同类之仁人，无论在多远都能够听到同类的仁的至诚之人的声音。类就是应的意思，指的是同类能够相互感应。君子是通过至诚的仁德的言行来感天动地的。鹤鸣是出自于仁德之中的鸣，是无所求的鸣；子和是由仁德之中而应的和，是无所求的和。这样的鸣与和都是出自中心的仁德的心愿，都能够天然相感。人之所以会作止无常，哀乐无定，主要是因为自己的心无仁德所主，行止完全系于外物，所以就会别人鼓自己就鼓，别人泣自己就泣，别人歌自己就歌，变而无定。仁德的中正之刚能让天下的人心感通一致，十分坚固，主要是因为它居中得正。如果一个人如高飞的翰（hàn，羽毛）音一样登于天，声闻很高，而与实不相副，缺乏纯诚之仁心，笃实之仁道，一味追求虚名，崇尚矫伪，飞而求显，鸣而求信，虚声无实，声闻过情，就不会长久吉祥。

第62卦小过卦：羽毛未丰之时不应该飞翔

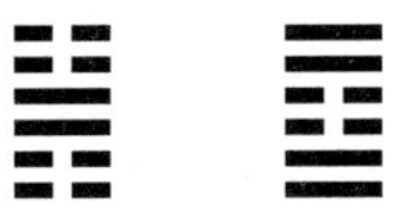

小过的对象是中孚

①日常小事可以有过而国家大事不能有过

六十四卦的第62卦是小过（xiǎo guò）卦。小过的主卦为山，山的特征为止。小过的客卦为雷，雷的特征为动。小过的主客卦之合为山上有雷或雷下有山；止上有动或动下有止。小过卦的对象是中孚卦（第61卦）。中孚的主卦为泽，泽的特征为悦。中孚的客卦为风，风的特征为入。中孚的主客卦之合为泽上有风或风下有泽；悦上有入或入下有悦。中孚指的是让水感动而信从，而小过指的是小者过、小事过、过之小。山上有雷在震响，比喻声高过常。据《序卦》所言，有信必行，而行必有过。过指的是过常，是矫枉过正。过与不过的衡量标准是仁德之中正。大事指的是天下国家之事，而小事指的是日用常行之事。君子是求中正的，但求中正时难免有过。但是，日常小事可以有过，而国家大事不能有过。过的方向宜向下而不宜向上。向上是逆行的，而向下是顺行的。

②君子之行可以过恭而不可以过慢

同样是小过，向上有小过为凶，向下有小过则吉。比如说，在礼节之上，向上过奢过慢则凶，而向下过恭过俭则吉。如果还能听到飞鸟遗下的声音，那就说明过还不远。据《彖》所言，小有所过，通过偏仁德之方能反于中。柔顺之人只能行小事，通过柔而得中。阳刚之才方能做大事。据《象》所言，君子之行可以过恭而不可以过慢，君子之丧可以过哀而不可以过易，君子之用可以过俭而不可以过奢。据《爻辞》所言，鸟的羽毛未丰之时，不应该飞翔，因为从旁不能施救，而且自己也难以自主。臣是不可过其君的，所以遇臣不及于君，看上去是不及，实际上是适时当分。阴过于阳，必然会害君子。以刚居刚，因为过于刚，而不会把小人放在眼里，不屑谨小慎微，所以容易得凶。刮西风的时候，即使布满密云，也不会下雨。如果鸟飞得过高，不知道止，就会亢，结果必遇网罗而致凶。

3. 第63—64卦：刚柔相反相济的太和盛世

经过前六十二卦的发展，到了既济卦时大功告成，这个时候的人对于仁德已经有了贞正之信，不会再偏离仁德的方向，天下进入了享有万世之太平的世界大同时代，天之仁道呈现出完全的规律性，即从初阳之一分为初阴之二，就这样一分为二、二合为一地一直发展到第六爻的阴之二，此时物极必反，从反处分出未济卦，于是反过来二合为一、一分为二地一直返回到初爻的阳之一。此后，再不断重复上面的过程，使得阴阳各自轮流主正，恒久如此地相反相济地循环下去，阳的能量享受着万寿，而阴的能量享受着无疆，从而有了万寿无疆。这样不断循环的目的在于不断产生出丰富多彩的显现天之仁道的有仁德的人间，因为行仁德的艺术还有待不断完善，幼小的小狐狸总是要变为成熟的老狐狸，这样才能成濡，这便是儒家思想的经久不息地发展着的仁德的大结局。

第63卦既济卦：全部阳爻和阴爻均在正位

既济的对象是未济

①天下大小之事都得到济的大同世界

六十四卦的第63卦是既济（jì jì）卦。既济的主卦为火，火的特征为丽。既济的客卦为水，水的特征为陷或险。既济的主客卦之合为火上有水或水下有火；丽上有陷或陷下有丽；丽上有险或险下有丽。既济卦的对象是未济卦（第64卦）。未济的主卦为水，水的特征为陷或险。未济的客卦为火，火的特征为丽。未济的主客卦之合为水上有火或火下有水；陷上有丽或丽下有陷；险上有丽或丽下有险。未济为返回到既济之初爻之途，而既济指的是仁德已经稳定。据《序卦》所言，有过者必济，所以有既济。既济卦的六爻都在当位，即阴在阴位，阳在阳位，各得其所。据孔子的《彖》所言，既济之时，不仅大道、大德、大人物、大事能济，而且小道、小德、小人物和小事也能济。济就是过河。凡天下之事，无论大小都得到了济，这就是世界大同之世。据《象》所言，人处于平安无事的仁德之时，就会感到心满意足，则有止心生。止心生则使人怠惰不勤，有患而不知防备，所以必然生变。就天下国家来说，如果太平时间太久，人就会苟且偷安，止于逸乐。止极则必然生变，要变才能通。

②阳刚之才要锐意上进和有备无患

据《象》所言，既济卦指的是水在火上。水性润下而居上，火性炎上而居下，所以水火能够相济。君子应该知患而预防生止心，防止从无患中生出患。据《爻辞》所言，仁德的阳刚之火是要锐意上进的。在不该进的时候，要压制住阳刚之火性，而要止进必须要下大力气。正如车要前行，为了止进而曳（yè，拉）住车轮；正如狐狸要济水，必然揭其尾。为了不让狐狸济水，就要把狐狸尾巴按在水中泡着，即濡其尾。仁德的中正之道是不可能终废的，必然会失而复得。濡有渗漏的意思。古人乘船时要预备好废衣烂衫以便塞漏。君子应该随时怀疑患难将至，这样才能有备无患。盛祭或薄祭都可以致福，但不一定致福。祭祀是否能够致福，主要看主祭人是否心怀仁德的诚敬。祭要看时。祭的时间不当，纵然用牛，也不一定能致福；而祭的时间当时，即使用的是沼毛，也必能致福。阴柔之才登峰造极之时，就像是狐狸涉水，把头淹在水里，不考虑前方的危险，这样是不可能长久的。

第64卦未济卦：全部阳爻和阴爻均在反位

未济的对象是既济

①未济是潜在的仁德之亨通

六十四卦的第 64 卦是未济（wèi jì）卦。未济的主卦为水，水的特征为陷或险。未济的客卦为火，火的特征为丽。未济的主客卦之合为水上有火或火下有水；陷上有丽或丽下有陷；险上有丽或丽下有险。未济卦的对象是既济卦（第 63 卦）。既济的主卦为火，火的特征为丽。既济的客卦为水，水的特征为陷或险。既济的主客卦之合为火上有水或水下有火；丽上有陷或陷下有丽；丽上有险或险下有丽。既济指的是仁德之稳定，而未济卦的六爻都在不当之位，所以必然生变从而能通，而变的方向是确定的，就是向着既济卦变，这就是易的确定不移的变通。据《序卦》所言，物是不可以穷尽的，所以最后一卦是未济卦。未济卦是亨通的，但是与既济卦之亨通是不一样的。既济卦的亨通已经成为现实，而且是大者小者，大道小道，无所不亨，然而未济卦是未然之亨通，只是存在着亨通的可能性，而且是大者能亨，但小者不能亨。

②既济与未济相合为《易》的完美之终旨

老狐狸知慎知惧，涉水就要举起尾巴；而小狐狸不知畏惧，要济水了还把尾巴泡在水里，所以未能济。据《彖》所言，小狐狸之济是顾头不顾尾的，有始无终、浮躁冒进。据《象》所言，君子要把不同的事物分辨开来，使之各得其所。据《爻辞》所言，君子的仁德之光是吉祥的，因为这种光是晖光。晖即是辉，是仁德之光的散发，只有极盛的仁德之光才能生辉。既济卦最终必然发展为未济卦，而未济卦最终必然发展为既济卦。未济卦与既济卦是反对关系，只要把既济卦的卦画自下而上倒过来就是未济卦。在六十四卦中，只有既济卦和未济卦是既反又对的六爻皆应的关系。泰卦和否卦也是既反又对的，但不是六爻相应的。乾卦与坤卦合为一卦是《易》之宗门，而既济卦与未济卦合为一卦，为《易》的完美之终旨。

四　孔子后学中的仁德思想

（一）郭店竹简记录的是孔孟之间的儒家思想史

自 20 世纪 70 年代以来，中国哲学史方面的简帛文献的新发现主要是湖南马王堆帛书、湖北郭店楚简、上博楚简、清华楚简。70 年代后，研究马王堆帛书的主要是文字学学者。90 年代以来，越来越多的思想史方面的学者开始研究出土简帛文献。1973 年在湖南长沙出土了马王堆汉墓帛书文献，其中的帛书《易传》部分在 1993—1995 年公诸于世。

马王堆出土的帛书文献说明，战国时的楚地不只是存在道家文化，也存在儒家文化。1993 年在湖北荆门市郭店一号楚墓出土了一批战国中期的竹简，入葬时间不晚于公元前 300 年，大致是孟子去世的时间。1998 年文物出版社出版了《郭店楚墓竹简》一书。在这批竹简中，只有两篇与《老子》相关，其余的 14 篇基本上都属于儒家文献。在马王堆帛书中，学者们关注的主要是其中的帛书《老子》甲乙本。而在郭店楚简中，学者们关注的主要是其中的儒书部分，其中除了在今传本《礼记》中可见的《缁（zī，帛黑色）衣》一篇，在马王堆帛书中可见的《五行》一篇外，其他文献都是前所未见的。上海博物馆购藏的战国竹简也出土于湖北荆门。

据《史记·儒林传》所言，孔子去世后，孔子的门徒散游到不同的诸侯国，大者为师傅卿相，小者友教士大夫，有的隐而不现，有的为王者之师。只有在齐鲁之间，关于仁德的学问没有被荒废。孟子和荀子感遵孔子之业，并加以润色，以学问而显于世。孔子的生卒年代为公元前551—前 479 年，而战国时期约为公元前 478—前 221 年，时长约 250 年。在孔子死后这 250 年中，出现了众多的儒家学者。孔子门下有贤人七十、弟子三千。可把战国时期的儒家分为三期：前期的“七十子”及其后学，中期的孟子和后期的荀子。在七十子中，著名的代表人物有有子、子弓、子张、子夏、子游、曾子、子思。到战国末期，流传下来的儒家学者只有孔子、孟子和荀子。郭店的墓主大概是当时的贵族的老师，竹简是他讲课用的选辑。这些竹简应该是七十子及其弟子时期的作品，其中也可能有孔子的论述。

《礼记》的古文文献资料来源于西汉前期汉代孔壁出土的资料和河间献王收集到的资料，为战国时期的孔门七十子后学的“记”作。在东汉时期，《礼记》被分为大戴礼记和小戴礼记，后世所说的《礼记》指的是小戴礼记。在汉唐之时，《礼记》获得了经典的地位。后来，程朱把《礼记》中的《大学》与《中庸》抽出，与《论语》和《孟子》并立。帛书的《五行》篇，又被命名为《德行》篇，可以分为“经”和“说”两个部分，“说”是对“经”的解说。竹简的《五行》与帛书的《五行》相比，在竹简的《五行》中只有“经”的部分，而没有“说”的部分，“经”应该是成书于战国前期。在郭店竹简中，《缁衣》和《性自命出》都很重要。郭店竹简帮我们认识的是在孔子与孟子之间的儒家思想史。

（二）《性自命出》等儒书：修仁心的目的是要达到至仁

在郭店竹简儒书中，多次把仁与义连用，而且从心的字特别多，特别重视“心术（shù，即衔，由行和术合成，指城邑中的大道，径为小路）”，认为凡是仁道都是以心术为主的，强调仁情出于仁性，而仁性出于仁的天命。仁的天命从天而降，降在人心中就变成了仁性，而仁情是从仁性中产生的，人的仁道则是从仁情中产生的，所以有了天之仁道—仁之天命—仁性—仁情—人之仁道的推理。人都是有仁心和仁性的。仁性都体现为喜怒哀悲之义气，这些义气都是与物的得失相关的。如果仁心无定的仁之志，就容易为物所诱惑。在《性自命出》和《语丛》中认为，乐、亲、怒、忧之仁情比喜、爱、恶、愠（yùn，生气）之仁情更强烈。

据《性自命出》所言，好恶是人的仁之本性，而好恶的对象是物。甲今天好此色，而明天恶此色了，这就是情。用情不专，就一直都称为情。而甲天天好色，而且好的是同样的色，这就是情有独钟，这就是仁的本性。仁的本性是情，但情不一定是仁的本性。一过性的好色，就是情欲。爱情来自仁的本性，是专注的仁爱。在人的仁之本性中，喜怒哀悲都是以义气的方式存在的。仁情生于仁性。在内心中蓄有仁的喜气，通过表情露出，就是喜欢的仁之情感。喜气是喜情的内在根据。爱、欲、智、子、恶、喜、愠、惧、强、弱都是人的仁之本性中就有的，而亲、虑、卯、易、怒、乐、忧、监、立、疑都是来自仁性的仁情，但是比仁性更为强烈。

据《性自命出》所言，凡是出自人的仁性之仁情都是可愉悦的。如果是出自仁的情感，会有过但没有恶。有仁德的人，即使处于贱的位置上，民也会认为他很高贵。有仁道的人，即使很贫穷，人民也会聚集在他的周围。人生来就有用喜怒哀乐之义气来承载的好恶，但外物总是对仁性有诱惑从而会变动仁性。而仁的心志定之人就不会动仁性。诗书礼乐都可以养仁性，都可以通过生仁德来固仁性。仁之乐感动人的仁心的速度最快，所以可以用仁的雅乐来养仁心。看人不能只看外在的行为，而要看仁心之德。修身修的就是仁心之术，即在仁心中修建起仁之大道。

据《性自命出》所言，四海之内，人的仁之本性都是一样的。每个人的用心不一样，是因为教不同的结果。可以通过习来养仁性，可以通过仁道来长仁性。让人长记性，就是要记住自己的仁的本性，不要为物所动。仁道开始于仁情，而仁情又生于仁性。闻仁道后反上，是希望上改正；闻仁道后反下，是希望下改正；而闻仁道后反己，则是希望自己改正。改正自己的过程就是以仁德修身的过程，而修身的过程就是修仁心的过程。修仁心的目的是要达到至仁。据《成之闻之》所言，自己对于仁德要持之以恒，才能取信于民，否则民就会不从上之命，不会听信其言，民就不会有仁德。君子从仁之善，必须先从自己做起。在《鲁穆公问子思》中，子思认为，一直在批评君主的恶的一面的人，是忠臣。

第二节　儒家道统中的亚圣孟子

一　孟子的生平及立论宗旨

据《史记·孟子荀卿列传》记载，孟子（约公元前371—前289年）出生在战国时期的邹国。邹国和鲁国挨得很近，都是儒家的根据地。他是孔子的孙子子思的学生。当时天下都在采用合纵连横的不仁的争强的战略，把善于攻伐的人看成是贤人。秦国用商鞅的战略来富国强兵；楚魏用吴起的战略来战胜弱敌；齐威王和齐宣王用的是孙子和田忌，诸侯们都东面朝齐。齐国的国君热衷学术、网罗学者，把他们安顿在齐国首都西门附近的稷（jì）下学宫。齐国能致天下之贤士，把贤士们称为列大夫，住在高门大屋里，被尊宠之。孟子曾是稷下学宫的著名学者，他曾用当时不合时宜的尧舜之仁德理论游说于齐宣王和梁惠王，二王都不用他的学说。梁惠王认为孟子的仁德学说是迂远的，而且阔于仁德之事，不实用。孟子也曾周游列国，试图用仁德理论影响当时的列国王侯，但是都遭到了冷遇。后来，他返回故里，给《诗》《书》作序，作《孟子》七篇。与孔子一样，孟子也是记述天之仁道而不是创作天之仁道。据《孟子·尽心下》所言，尽信不仁之书不如无书。

孔子继承的是周文王和周公之业，而孟子则在继承孔子之业，强调了仁者无所不爱的观点。据《孟子·滕文公下》记载，孟子立说的目的是想要用仁德来正人心，用仁德来息不仁的邪说。孟子通六经，尤其重视引申《诗》《书》之意。孔子特别重视仁，并严格区分了义与利。孟子从中发展出了垂名后世的人性本有仁之善的学说。据《孟子·告子上》记载，当时有三种不同的人性论。有的人认为，人性是无所谓仁不仁的；有的人认为，每个人的人性都是可以仁，也可以不仁的；有的人认为，有的人的人性是仁的，有的人的人性是不仁的。告子认为人性是无所谓仁与不仁的，都是外界施加给人的。孟子与他进行过讨论。

据《孟子·滕文公下》记载，孟子当时的任务是要距[①]杨朱和墨子。孟子认为，杨朱的为我的观念，让君没有了存在的空间；墨子的兼爱，让父没有了存在的空间。而没有父没有君，人就成了不懂得仁的禽兽。如果杨朱和墨子之道不息，孔子之仁道就不能著，如果这样的邪说诬民就会充塞仁义。讲仁义的人，都是在讲如何利他人，而杨朱讲的是如何利自己，所以是反仁义的。墨子讲的兼爱，也是讲利他人的，但是孟子为什么把杨朱和墨子放在一起批评呢？墨子的学说的出发点是人是不仁的，但是可以通过利让人兼爱，但兼爱不是仁爱，兼爱是没有等级的、没有差别的，而儒家则认为仁爱不是兼爱，仁爱是有等级的、有差别的。巫马子是一位儒者。据《墨子》记载，巫马子对墨子说，我无法实行兼爱。我爱近邻的邹人胜于爱远邻的越人；我爱本国的鲁人胜于爱邹人；我爱我的乡人胜于爱鲁人；我爱我的家人胜于爱我的乡人；我爱我身胜于爱我的亲人。孟子立论的宗旨是让世人从不仁走向仁，从而捍卫圣典仁德礼制幸福体系中的仁德之本，并用仁的天爵来替代不一定仁的人爵。

二　孟子的思想脉络

（一）人的仁性皆是天给与的天性

1. 仁的天民关心的是天爵而不是人爵

据《孟子·告子上》所言，人的仁性是天给与我的。天下的白的性质是相同的，但白的东西的性是不同的。万物都有性，但是不同类的事物有不同的性。据《孟子·尽心上》所言，能够尽其仁心者，就能知其仁性；能够知其仁性者，就能知天之仁了。万物之仁是皆备于我的，所以如果我返身而诚，就能享受到知仁的最大的快乐了。要保存自己的仁的善心，要养自己的仁的性情，就要用自己的仁的心情来事天之仁。通过专一于仁来修身立命。一个人如果知道了天之仁道，就不只是一个国民，还是一个天民。据《孟子·告子上》所言，有的人是有天爵的，而有的人是有人爵的。如果一个人热衷于仁义忠信，乐善不倦，这就是有天爵的人。公卿大夫这样的爵就是人爵。天民关心的是天爵，而不是人爵。

2. 要以直养人的至大至刚的浩然之义气

据《孟子·尽心下》所言，君子行仁德之法的目的是尽天的使命而

---

① “距”是要保持距离，而不是拒绝。

已，而不是为了要实现什么私人的目的。据《孟子·告子下》所言，人皆是可以为仁的尧舜的。人人都可以为仁的圣人，这是自己可以期许的。而人生的成败利钝，则是不能计也不必计的。据《孟子·梁惠王》所言，成功与否决定于天之仁道的运行，君拿仁道也是无可奈何的。人能够强为的也就是尽仁之善而已。据《孟子·公孙丑上》记载，孟子的学生公孙丑问孟子说，敢问夫子您有何所长？孟子说：我善于养浩然之义气。学生又问，敢问什么是浩然之义气呢？孟子说，这种义气是很难言说的。浩然之义气是至大至刚的，以直养而无害。这样的气是塞于天地之间的。这种气是配上了义与仁道之气。没有这样的浩然之义气，就会气馁。人在种庄稼的时候，万万不能做的是揠苗助长。人在养浩然之义气时，也是一样的。要不断积累仁德之善，要多行义，这样浩然之义气便会从内心中自然地涌现出来。

（二）人皆有同样的仁的不忍人之初心

1. 仁的恻隐之心的开端就像是刚冒出的清泉

据《孟子·告子上》所言，人都是有仁义之心的。放弃了仁的良心的人，离禽兽就不远了。人心是仁的；义则是仁的必由之路。仁心走在义的路上，这便是仁义。据《孟子·公孙丑上》所言，人都有仁的不忍人之心。人见到小孩子掉到井里了，都会有仁的恻（cè，悲痛）隐之心。这种仁的恻隐之心的产生，不是因为人与小孩子的父母有交情，不是因为要从乡党朋友那里获得仁的荣誉，也不是因为害怕得到不仁的名声。没有仁的恻隐之心的人，不是人；没有羞不仁的恶之心的人，不是人；没有仁的辞让之心的人，不是人；没有明辨仁与不仁的是非之心的人，不是人。仁起源于人的恻隐之心；义起源于人的羞恶之心；礼起源于人的辞让之心；智起源于人的是非之心。人的四心如人的四体。人都有仁的四端，这四端之仁就像是刚点燃的纯净之火或刚冒出的清澈之泉，只要扩充开来，就足以保住四海之仁。如果四端之仁不扩充开来的话，就连事父母也是做不到的。如果没有外力的阻碍，仁的四端就会在人的内心自然地生长，犹如树种会长成大树一样。仁的恻隐之心是仁的开始和基点，所以被称为端。把仁的恻隐之心扩充，便是仁的完成。

2. 本仁之心的推广是自然而不勉强的

据《孟子·滕文公上》记载，孟子问墨家人士夷之说，是否他真的相信人能爱邻居的孩子和爱自己的弟兄的孩子一样。孟子认为，爱自己的弟兄的孩子多一些，从自然性上来说是正常的。只是应当把这样的爱推广到邻居和社会的其他成员。人心之本是仁的，所以推己及人不是勉强的，而是自然的。因为人都是生来就有仁的恻隐之心的，所以不忍看到别人受苦。据《孟子·梁惠王上》所言，从老吾之老的仁心可以推及到老他人之老的仁心；从幼吾之幼的仁心可以推及到幼他人之幼的仁心。只要人能够有老吾老以及人之老的仁心，有幼吾幼以及人之幼的仁心，就能够把天下之仁运于手掌之中了。人可以由自己的仁心推知他人之仁心。如果人能推仁之恩及他人，就足以保住四海之仁；而如果人不能推仁之恩及他人，就连自己的妻子也保不住。古代的能够大过他人的人，主要在于他能够推其仁之所为及他人而已。

3. 仁义礼智为天降之才，但是可求也可舍的

据《孟子·告子上》所言，仁义礼智都是人生来就固有的，而不是外面加于人的。只要人求之，就能得之；只要人舍之，就会失之。仁义礼智就是才。尽其才，就是尽仁义礼智之才。人若有仁情，就可以为仁之善。人不为仁之善，不是没有才之罪。据《孟子·离娄上》所言，仁的实质是事亲；义的实质是从兄；礼的实质是通过节制和文明来实现仁义；智的实质是知道仁义是不能去除的；乐的实质是以仁义为乐。据《孟子·告子上》所言，同类的事物都是相似的，怎么到了人这里就开始怀疑了呢？圣人与我属于同类。天下人的脚是相同的，所以鞋子的样子是类似的，而不会把鞋做成草筐子。人之口有同样的嗜好，人之耳想听同样的声音，人的眼睛同样好色之美，怎么唯独心就没有相同的地方呢？人心也是相同的，心同于仁之理，理同于仁之义。圣人不过是先明白了仁心之同而已。正如吃肉能够悦我的口一样，仁的理义能够悦我的心。据《孟子·滕文公上》所言，夏、殷、周三代都很重视仁的人伦教育。夏在校中以教的方式明仁的人伦；殷在序中以射的方式明仁的人伦；周在庠中以养的方式明仁的人伦。只要上面的仁的人伦是明确的，下面的仁的小民就能亲上。据《孟子·尽心下》所言，民最贵，社稷次贵，君最轻。得民之仁心的为天子，得天子之仁心的为诸侯，得诸侯之仁心的为大夫。据《孟子·滕文公上》所言，人都是有仁心的。如果只是求饱食、暖衣、逸居而无仁的教养，则近于禽兽。圣人是有忧的，所以使契为司徒，教人以仁的人伦，让父子之间有亲；让君臣之间有义；让夫妇之间有别；让长幼之间有序；让朋友之间有信。

4. 亲的是亲人、仁的是人民、爱的是物事

据《孟子·滕文公上》所言，上世之人大概是不葬其亲的，结果狐狸来吃，苍蝇来叮，因此才开始葬亲。所以，孝子仁人掩葬其亲，也是有道理的。据《孟子·尽心上》所言，在仁的实践上，是以孝悌为起点的。据《孟子·梁惠王上》所言，遗弃其亲者的人是不仁的。据《孟子·告子下》所言，小弁（biàn）之怨，这就是亲亲的表现。亲亲即是仁。意思是说，亲人有错而不怨，这是亲人关系疏远的缘故。亲人有错而怨之，这正是亲爱其亲人的表现。据《孟子·尽心上》所言，仁的最基本的体现是爱亲事亲，但是在孟子的时代，仁者已经是无所不爱了，已经完全超出了家庭成员之间的亲爱之情。君子对于物来说，是爱之而不仁的；对于民来说，是仁之而不亲的。人应该是亲亲而仁民的，应该是仁民而爱物的。在这里，孟子把亲、仁、爱作了区别。亲是对于亲人的，仁是对于人民的，而爱是对于物事的。

5. 行仁的效果不好时要看自己是否有真的仁

据《孟子·离娄上》所言，如果你爱人而人却对你不亲，那就要返身想想自己是否真的仁；如果你治理人而人却不服你之治，那就要返身想想自己是否有明辨仁与不仁之智；如果你待人与礼而人却不应答，那就要返身想想自己是否足够敬。如果自己有仁之行却没有得到仁的效果，皆要返身想想自己是否真的仁。只要其身是有仁之正的，天下都能归之。据《孟子·公孙丑上》所言，仁者如射者一样。射者要先正己然后再发射；发而不中不能怨胜者，而是要反过来想想自己是否有仁之正。据《孟子·尽心下》记载，孟子引孔子的话说，仁道有二，即仁与不仁而已。孟子还说，仁即是人。仁与不仁，合而言之，便是仁道。求道的过程就是从不仁到仁的过程。据《孟子·离娄上》所言，仁是人之安宅；义是人之正路。旷安宅而不居，舍正路而不由，这是很悲哀的！据《孟子·告子上》所言，仁是人心，义是人路。舍其路而不由，放其心而不知求，这是很悲哀的！人有鸡犬放了，知道求之；人有仁心放了，却不知求。学问之道不是别的，就是求其放掉的仁心而已。

（三）从仁之大体者为大人，而从身之小体者为小人

1. 大人用仁心劳动，而小人用身体劳动

据《孟子·尽心下》所言，仁人是无敌于天下的。据《孟子·告子上》所言，人都是人但有仁之大人与不仁之小人之分。从其仁之大体的

人为大人，而从其身之小体的人为小人。耳目之官，为身之小体。小体是不会思考的，会被物所蒙蔽。心之官为大体。心具有思仁的功能，只要思仁就能得仁心，不思仁就不能得仁心。仁心是天生的，是天赋的，是天给予的。仁心为大，而耳目为小。先把仁心之大立起来，耳目之小就夺不了仁心了。大人就是仁心之大体立起来的人。据《孟子·滕文公上》所言，天下的人不是都需要耕地的。事可以分为大人之人事和小人之物事。一个人只有一个身体，而需要用百工做的物品，不可能事事都自为然后才能用。有的人是用心劳动的，而有的人是用力来劳动的。用仁心来劳动的人负责治理用身体劳动的人，而用身体来劳动的人接受用仁心劳动的人之治。劳力者自食其力，而劳仁心者需要劳力者供养。这是天下的通义。尧舜治天下，是要用仁心的，他们是不用耕地的。没有君子之仁治不了小人的不仁的，也没有野人不养君子的。

2. 要居天下之仁的广居和立天下之仁的正位

据《孟子·万章上》所言，不能以仁之文害仁之词，也不能以仁之辞害仁之志。以私意逆仁之志，是为了得的缘故。据《孟子·离娄上》所言，大人是不为非礼之礼和非义之义的。据《孟子·滕文公下》所言，如果能够居天下之仁的广居，能够立天下之仁的正位，就能行天下之仁的大道。得仁之志就有民同行，不得仁之志就得独行其道。富贵的时候不要不仁地淫乐，贫贱的时候不要动摇自己的仁的意志，面对威武之人时不要屈服于不仁。这样的人就是仁的大丈夫。据《孟子·离娄上》所言，天下有仁道的时候，大的仁道能够役使小的仁道，大的仁德能够役使小的仁德，仁的大贤能够役使仁的小贤。而天下无仁道的时候，则会出现小役大、弱役强的现象。圣人就是能够达到人伦之至仁的人，而至仁就是完美。圣人就是在仁德上完美的人。

（四）只有仁君的王道能够平定天下的人心

1. 霸者假仁好的是名利和尊荣

据《孟子·公孙丑下》记载，孟子说，当今之世，如果想要平治天下，除了我还能有谁呢？在这里，孟子不是傲气，而是说只有自己在努力倡导仁政。孟子认为，如果国君是一个仁德的圣人，他的统治就称为王道。政治统治可以分为王道和霸道。王道就是圣人之仁道；而霸道就是暴君之不仁之道。圣王之仁道是要靠仁德教诲来贯彻的，而霸道则是靠强制手段来推行的。王道的力量来自仁德教化，而霸道的力量则来自武力。王者的所有设施都是真正为民的，所以为民所悦，因此民从之；而霸者则以武力征服，强迫人从己。据《孟子·公孙丑上》所言，以力假仁者为霸；以德行仁者为王。以力服人，并非是心服，而力是不赡（shàn，富足）的；以仁德服人者，是让人心悦而诚服的，犹如七十子服气孔子一样。据《孟子·梁惠王上》所言，没有仁的人让君主排在自己的后面。霸者制作的设施，有时看上去是为民的，而其真实的意图是为了实现其好名、好利、好尊荣的手段。据《孟子·尽心上》所言，尧舜之性是仁的，汤武之身是仁正的，而五霸则是假仁的。假仁久了民就不会归顺了，因为民知道霸者其实是没有仁的。

2. 如果得位者没有真的仁德会被天所废

据《孟子·万章上》所言，天子是不能把天下给人的。舜得天下，不是天子给的，而是天给的。天是不会说话的，但是天能够用仁行和仁事来示人。天子能向天推荐人，但是不能让天给予人天下。诸侯也能向天子推荐人，但是不能让天子给予诸侯之位。昔日尧向天推荐了舜，天接受了；让他以仁治理民，民接受了，所以舜得了天下。尧让舜主祭，百神都享用，这就是天接受之的表现；尧让舜主事，百姓安宁，这就是民接受之的表现。舜做了尧的相28年，这不是人所能为的，要有天助才能如此。尧去世后，舜守了三年的丧，然后避让于尧之子。而天下诸侯不到尧之子那里去朝觐，而到舜这里来朝觐；打官司的人不到尧之子那里去找公断，而到舜这里来；讴歌的人不讴歌尧之子，而是讴歌舜。这也是有天助的表现。这样便有了中国，由舜践天子之位。

如果是舜强居尧之宫，逼退尧之子，那就是篡位，这是天不允许的。禹不传于贤，而传于子，这也并不是禹的仁德衰的表现。天要天子传贤，传贤就是对的；天要天子传子，传子就是对的。从前舜向天推荐了禹。17年后，舜去世。禹服了三年之丧，然后避让于舜之子。禹向天推荐了益。七年后，禹去世了。益服了三年之丧，避让于禹之子。只是这时的诸侯朝觐和诉讼都到启那里去，而不到益那里去。讴歌者也讴歌启而不是讴歌益，并称启为“吾君之子”。舜作为尧的相，禹作为舜的相，时间都很长，所以施仁泽于民比较久。启很贤，能够敬承继禹之仁道。而益作为禹的相时间比较短，施仁泽于民的时间不久。匹夫要能够有天下，仁德必须像舜禹一样，还要有天子推荐。孔子有舜禹之仁德，但没有天子的推荐，所以没有能够做天子。而通过继世而为天子的人，如果没有舜禹之仁德，会被天所废，正如桀纣王一样。

3. 贼仁之贼和贼义之残是可杀的

据《孟子·离娄下》所言，如果君把臣看成是自己的手足，臣就会把君看成自己的心腹；如果君把臣看成是犬马，臣就会把君看成一般的国人；如果君把臣看成是土芥，臣就会把君看成是寇仇。君王要让人心服，就要能够谏行言听，要能够膏泽于民。如果臣有故离开，君要让人引导他出疆，而且要先到他所往的地方安排好他的所处。如果离去了三年还不回来，那时再收回他的田里。这就称为仁的三礼。这样做臣就能够仁服于君。如果仁之谏不行，仁之言不听，仁之膏泽不下于民，有故而离去君还把他绑起来，又在他所往的地方为难他，离去之时就马上收了他的田里，这样的君就是不仁的寇仇。这种寇仇怎么会让臣心服呢？孟子认为，如果一个人缺少作为领袖的仁德品质，百姓是有权利进行革命的。这个时候杀掉国君，只是杀了一个不义之人，而不算是弑君。据《孟子·公孙丑下》所言，如果国君在言行举止上不配做一个国君，按孔子的正名的主张，他在仁德上就不再是一个国君，而是变成了一个自私的独夫。据《孟子·梁惠王下》所言，贼仁者为贼，贼义者为残。残贼之人，就是一夫而已。杀纣王这个一夫，不能叫弑君。

4. 要从自己的所好想到天下人的同好

孟子认为，要实行仁的王道，是不能离开人的仁的本性的。圣王要遵循自己的仁的怜悯之心，并加以发展。据《孟子·公孙丑上》所言，先王因为有仁的不忍人之心，所以才有不忍人之仁政。实行仁的王道并没有什么奥秘，也没有什么困难的。据《孟子·梁惠王上》记载，有一次齐宣王坐在堂上，有人牵着牛经过堂下，要把牛牵去献祭祀。齐宣王说，把牛放了吧，我实在是不忍看到它战栗害怕的样子，就像是无罪而要被处死一样。仆人问，那还要不要献祭呢？宣王说，祭祀是不可以废除的，换一只羊去献祭吧。孟子听说后，认为宣王只要凭这种仁善心推而广之，就可以实行仁的王道了。据《孟子·梁惠王下》记载，齐宣王是向往仁的王道的，但是没有能够实行。孟子问，王如此仁善，为什么不实行仁政呢？齐宣王承认自己太爱财货和女色。孟子说，这是天下人的通好。如果国君从自己的爱好而想天下人的同好，设法去满足天下人，那就能实行仁的王道了。

5. 经界正、井地均、爵禄平则可坐而定天下

据《孟子·离娄上》所言，离娄之明和公输子之巧在于，他们知道

不以规矩，不能成方圆。师旷之聪在于他知道不以六律，不能正五音。尧舜之仁道在于，他们知道不以仁政，不能平治天下。据《孟子·滕文公上》所言，仁政要从定经界开始。经界不正，会导致井地不均，继而会导致谷禄不平。如果经界是正的，分田制禄，就可以坐而定了。孟子认为，周室班爵禄施行的是仁政。据《孟子·万章下》所言，有人问孟子，周室班爵禄，你认为如何？孟子说，详细的情况不知道。诸侯恨爵禄害己，所以都放弃了自己的籍。对于这个官禄制，我知道个大概。天子、公、侯、伯、子男各一位，分成五等。君、卿、大夫、上士、中士、下士各一位，分成六等。天子有地方千里，公侯有地方百里，伯有地方七十里，子男有地方五十里，分成四等。地不到五十里的，附于诸侯，称为附庸。天子之卿受地视侯，大夫受地视伯，元士受地视子男。卿等之禄足以代其耕地。耕者一夫有地百亩。庶人在官者，其禄是用来当差用的。即是说，通过爵位得地，通过禄能够雇人帮自己耕地，没有禄的为自耕农。

据《孟子·滕文公上》记载，孟子的理想的土地制是实行井田制。把每一平方里划分为九个方块，每块为一百亩。中央的那块为公田，周围的八块地分给八家农户。他们各自耕种自己的私田，共同耕种中间的公田。公田的产品归皇家，私田的出产归农民家。这种安排很像中文的井字，因此被称为井田制。每户以五亩地为居住之地，周围种植桑树，桑叶可以养蚕。这样每户的老人可以穿上丝绸的锦衣。每家还要养生猪和家禽，这样老人可以有肉吃。要公事毕，才能做私事。这样就能与野人区别开来。让百姓死徙都不出乡，乡田都同井。这样民就能出入相友，守望相助，有疾相扶持，这样百姓之间就能亲睦。据《孟子·梁惠王上》所言，如果实现了井田制，就能使民养生丧死都无憾了。而养生丧死都是无憾的，这就是仁的正道之始。只要土地分配合理，又不违农时，民就能够衣食无忧。再设庠序施行仁德教育，让民懂得孝悌之义，就能实现仁的王道之治。

第三节　儒家道统外的荀子

一　荀子的生平及其立论宗旨

（一）因持有仁德外人观而被排除在儒家道统之外

先秦儒家的三个最重要的人物是孔子、孟子和荀子。荀子（约公元前 298—前 238 年）为赵国人。50 岁时到齐国，入稷下学宫。荀子非常勤奋，知识面非常广博。《荀子》一书，出自荀子之笔，论述详赅、逻辑周密，但依然为儒家道统排除在外，为什么呢？因为他犯了儒家之大忌：他离开了儒家的立论的仁德之本。那么，为什么他又还是儒家学者呢？因为他认为仁可以从外部输入，并且能够成为人的第二天性。他用以末保本的方式来捍卫仁德，但是这样就会充满了不确定性。似乎什么都可以通过灌输而成为人性，人性变成了可以修改的，那么等于取消了人性，从而不可能再有关于人性的真理。他的学生李斯和韩非子则是踏着他的人性恶的理论走到了法家那里，让圣典仁德礼制幸福体系演变成了他的学生韩非子造出的功利道德名法享受体系。前者是仁政制度，要先有仁德之荣华才能有富贵，所以是有耻且格的，而后者是专制制度，可以没有仁德的荣华，可以无耻地直奔富贵。不学通中国哲学之人难以区分出这两种制度的区别，从而容易把儒家的仁政制度看成是专制制度。中国历史上的农民不断革命都是要恢复圣典仁德礼制幸福体系，而在社会繁荣到一定的时候，当出现无仁德的暴君时，就会出现功利道德名法享受体系，从而让民反感，所以一次次革命。

（二）西汉的儒家经师多得益于荀子的传授

据《史记·孟子荀卿列传》所言，荀子曾为李斯的老师。荀子非常嫉恨当时的浊世之政和亡国乱君之相。那时的人不顺应天的仁的大道，而是相信巫祝、祥兆。他认为庄周这样的人又滑稽又乱俗。他力推儒墨的学说，著数万言。在荀子生活的时代，阴阳家的道德说变成了显学。儒家在孟子之后到荀子之间，没有出现什么杰出之儒士。荀子很善于批评各种学说。西汉的儒家经师多得益于荀子的传授，所以也被排除在儒家正统的道统之外。据《荀子·劝学》所言，学习要以诵经为始，要以读礼为终。在春秋战国时期，圣典仁德礼制幸福体系开始崩坏。当时有的贤哲拥护圣典仁德礼制幸福体系，有的贤哲则批评这种旧制度，希望用新的功利道德名位享受体系这种新制度来代替旧制度。贤哲们在立论的时候，一是言之有故；二是持之成理；三是托古之贤圣之言来使得自己的言论被重视。孔子是拥护周制的，所以经常说到周文王和周公；墨子认为应该效法夏而不是周，所以用禹来压周文王和周公；孟子又用尧舜来压禹。所以，在孟子生活的时代，周文王和周公还被称为先王，而到了荀子生活的时代，周文王和周公都被称为后王，而周道也被称为后王之制了。

（三）孟子因坚守人的仁心为天生的初心而胜过荀子

在战国之时，儒家中有孟荀两派之争。荀子的思想与孟子的思想正好是针锋相对的。孟子强调个人自由地追求仁德，而荀子则强调社会对个人的仁德控制。孟子和荀子都认为孔子是集大成者，只是孟子更注重孔子之仁德，而荀子更注重孔子之礼学。虽然荀子是尊孔子的，却着力攻击孟子。据《荀子·非十二子》记载，荀子认为，孟子只是大略上效法先王，而不知道什么是统，闻见都很杂博，而且材疏志大。孟子和荀子都拥护周制，但是荀子说应该效法后王，而孟子则说要效法先王。荀子以主张人性的不仁之恶而著名，与孟子主张的人性的仁之善正好相反。荀子生活在一个动乱的时代。当时的人们都渴望政治统一以结束动乱。在荀子的学生中，最著名的是李斯和韩非子。在秦始皇当政时，李斯任宰相。李斯不仅希望在政治上统一中国，而且企图统一思想，所以引发了焚书坑儒事件。韩非子则是法家的领袖，他的理论是秦始皇在政治上和思想上统一中国的政策的理论基础。

（四）通过智能遵循道德可把人之恶性改造成仁德

秦始皇和李斯统一思想的人性恶的理论基础在荀子这里。荀子立论的宗旨是在承认人性恶的前提下来捍卫圣典仁德礼制幸福体系。荀子力图证明，人生来就有贪图利益和追求感官享受的欲望，但是人又生来就有智性，使人可以通过智能遵从无所谓仁与不仁的道德而成仁之善。圣典、孔子和孟子都认为天之道是有仁的客观属性的，而人又是天生的，所以人天生就有仁的禀赋，这是道统内的儒家哲学的立论之根本，所以把天地人之德通称为仁德，而荀子则认为天地之道是自然的、中性的，无所谓仁与不仁，所以把从天地的自然之德称为道德，而在社会中遵从人伦的德则称为仁德，道德是仁德的依据，但是生来的人性是恶的，仁德是社会灌输的结果，而灌输的依据是道德，人的智能是能认识道德之利的，所以能够养成仁德，而养成仁德的驱动力是利益，这样荀子就把圣典仁德礼制幸福体系变成了功利仁德礼制幸福体系。这种体系的优点在于比起说人性是仁的，人们更容易相信人是自利的，所以从自利切入谈守仁德，似乎更合乎常理，难度不大，但是问题在于利益是变动的，所以人就没有理由恒守仁德，而且即使在守仁德时人也可以是伪善的，这样就会导致不真有仁德时的人心的撕裂感和压抑感，从而把仁德礼制体系也变成了被仁德绑架的专制体系。

二　荀子的思想脉络

(一) 人性是不仁的、恶的，而仁的善是人为修成的

1. 人性是自利的，所以需要隆盛的文礼之节

据《荀子·正名》所言，天生就有的称为性。据《荀子·性恶》所言，人之性是恶的，而人的仁是伪善的，即是人为的。不可以学的，不可以事的，这就是性。可以学而能的，可以事而成的，这就是伪的，所以应该对性与伪加以区分。性是属于天的。天是有自己的常的。仁德是人为的，所以称为伪。人生来就是好利的。如果顺从人的这种性，就会出现争夺现象，辞让就会亡。人生来是有疾恶的，顺从这种性就会有残贼出现，忠信就会亡。人生来就有耳目之欲，所以好声色，顺从这种性就会出现淫乱现象，礼义文理就会亡。所以，顺从人之性，顺从人之情，必然会争夺，必然会犯分乱理，最后出现暴乱现象。所以，必然要有师仁法之化，要有礼义之道，这样人才会辞让，才能合乎文理，才能归于治。据《荀子·礼论》所言，性是本始之材，是朴素的；文礼隆盛都是伪。没有性，伪就没有能够施加的载体，而没有伪，性就不能有仁之自美。

2. 仁、义、礼、乐之致是一样的

据《荀子·议兵》所言，亲亲、故故、庸庸、劳劳，都是仁之杀；贵贵、尊尊、贤贤、老老、长长，都是义之伦；行之得其节，这就是礼之序。仁是爱，所以能亲；义是理，所以能行；礼是节，所以能成。仁是有里的，义是有门的。仁非其里而处之，就是非仁；义非其门而由之，就是非义。推恩而不理，就不能成仁；遂理而不敢，就不能成义；审节而不和，就不能成礼；和而不发，就不能成乐。所以说，仁、义、礼、乐，其致是一样的。君子处仁以义，这样才是仁；行义以礼，这样才是义；制礼返本成末，这样才是礼。三者皆通，这样才是通仁道的。仁者是爱人的，义者是循理的。荀子用孔子与弟子的对话来说明自知仁和自爱仁的境界是最高的。

据《荀子·子道》记载，子路入，孔子问，知仁者是什么样的？仁者又是什么样的呢？子路说，知仁者使人知己之仁，仁者使人爱己之仁。孔子说，你可以称为仁之士了。子贡入，孔子问了同样的问题。子贡说，知仁者知的是人之仁，仁者爱的是人之仁。孔子说，你可以称为仁的士君子了。颜渊入，孔子又问了同样的问题。颜渊说，知仁者是自知自己的仁的，仁者是自爱自己的仁的。孔子说，你可以称为明仁的君子了。据《荀子·法行》记载，曾子说，同游而不见爱己者，必然是自己不仁；交

往而不见敬己者，必然是自己不长；临财而不见信己者，必然是自己不信。有这三者在身，就不会怨人。怨人者之仁是穷的，怨天者之仁是无识的。在自己这里失去了仁，反而怪罪他人，这是很迂的。

（二）仁的礼乐是用来节不仁的恶欲的

1. 智者是能够认识到不分之祸和分之利的

荀子认为，人生来是恶的。那么，人怎么又能变成有仁之善的呢？因为人只有在社会组织中相互合作和互相支持，这样才能改善自己的生活，从而对自己是有利的。据《荀子·富国》所言，万物同在宇宙之中，但却是异体的，而人伦是并处的。人心所求的是相同的利，只是求的道是相异的。人的欲望是相同的利而求利的知识是相异的。智和愚都是有可的，但是所可是相异的，因此有智和愚之分。如果势是相同的，而智是相异的，行私不会有祸害，纵欲不会有穷，民心就会奋起，劝说就会无用。这样就没有君能够制臣，没有上能够制下，天下就会充满了害生纵欲之事。人所欲和所恶的都是同样的物。欲是多的而物是寡的，寡就必然要争。百技所成，才能养一个人。而人的能不是能兼技的，人也是不能兼官的。人们离居互不相待，就会穷；人群居在一起，没有分就会争。人是患穷的，而争则会有祸害。要救患除祸，最好的办法就是要让群中的分是明确的。如果强胁迫弱，智让愚恐惧，民在下却违上，少在下却陵长，不以仁德为政，老弱就会有失养之忧，壮者就会有分争之祸。事业是人心所恶的；功利是人心所好的。职业无分，就会有树事之患，有争功之祸。如果男女之合，夫妇之分，送逆无礼，就会有失合之忧，还会有争色之祸。所以，智者是要有分的。

2. 人无礼则不生，事无礼则不成，国家无礼则不宁

据《荀子·非相》所言，人之所以为人，是因为人是有辨的。人生来就会饥而欲食，寒而欲暖，劳而欲息。人生来就是好利而恶害的。这些对于禹和桀来说也是相同的，而人之特征并不只是有两足和无毛。禽兽是有父子的，但是没有父子之亲；禽兽是有公母的，但是没有男女之别。人的仁道是建立在辨的基础上的，而辨就需要分，分就需要用礼来分。据《荀子·王制》所言，水火是有气的，但是没有生命；草木是有生命的，但是草木是无知的；禽兽是有知的，但是禽兽是无义的；人是有气、有生、有知和有义的，所以人是天下最高贵的。人的力没有牛大；人走得没有马快；而牛和马却被人所用，这就是因为人是能群的，而牛马是不能群

的。人靠什么来群呢？靠的是分。怎么分才能行呢？要靠义来分。以义来分就能和，和而能为一，有一则能多力，多力则能强，强就能够胜物，所以能够有宫室居住。所以，人生是不能无群的，而群而无分就会争，争就会乱，乱就会离，离就会弱，弱就不能胜物，就不会有宫室所居。所以，人是一点也离不开礼义的。据《荀子·修身》所言，凡是血气志意知虑，都是由礼则通，不由礼则乱；食饮衣服居处动静，都是由礼则和节，不由礼则生疾；容貌态度进退趋行，都是由礼则雅，不由理则野。所以，人无礼则不生，事无礼则不成，国家无礼则不宁。

3. 周的礼乐都是由有仁的圣王按分制定的

据《荀子·礼论》所言，礼是怎么产生的？人生来就是欲的；欲而不得，就不能无求；求而没有度量分界，就不能不争。争就会乱，乱就会穷。先王是厌恶乱的，所以制礼义来分界，就可以养人之欲，给人以求，这样就可以让欲不能穷物，让物也不会屈于欲，这样两者都能相持而长。这就是礼的起源。礼的作用是规定应有的欲望的限度。据《荀子·非相》所言，分就要有礼，而礼莫大于有圣王。据《荀子·大略》所言，王者是先仁而后礼的，这是天施然的。要分就需要有礼节，而在礼节中，圣王是处于最高位的。要知道上世，就要审视周道；要知道周道，就要审视周朝之人。周朝以君子为贵。据《荀子·乐论》所言，人是不能不乐的，乐则不能是无形的。有形而又不为道，则不能不乱。先王恶其乱，所以制《雅》和《颂》之声来道之，使其声足以乐而又不下流，使其文足以辨而又不花巧，使其曲直、繁省、廉肉、节奏足以感人之善心，使邪污之气无由得接，这就是先王立乐之方法。

4. 礼能让人的死若生和亡若存一样

荀子是从诗意的角度来看待祭祀的。据《荀子·天论》所言，天旱的时候为了降雨而祈祷，决大事的时候为了表示重视而卜筮，这并不是为了求得，而是在为文。君子知道这是文化活动，而百姓则以为这是祈求神的活动。这样的活动，作为文化活动是吉的，而作为祈求神的活动则是凶的。据《荀子·礼论》所言，祭指的是思慕之情，其中表达的是忠信爱敬之至，礼节文貌之盛。只有圣人才能体会到这个意思。圣人让人明白这个道理，这样士君子就能安行之，官人就能以为守，百姓则以成俗。祭在君子，为的是人之仁道；祭在百姓，以为是在事鬼。事死如同事生一样，事亡如同事存一样，状态上是无形影的，而这就是文。礼对于治生死都是很谨慎的。生是人之始，死是人之终。如果终与始是俱善的，人之仁道就完毕了。如果厚其生而薄其死，这就是在人有知觉的时候敬重，在人无知觉的时候就怠慢，这是奸人之道，显示的是背叛之心。对于死者来说，因为生命不可再复得。臣在此时要表达的是其致重其君，子要表达的是其致重其亲，这样才能尽人之仁道。丧礼是要用生来饰死，大象其生来送其死。让死若生一样，让亡若存一样，这样就能让终始为一。丧礼的意义是为了让人明白死就像生一样，送以哀敬来让人感觉到其终是周藏完备的，这样便是善始善终了。

（三）用于节不仁之恶欲的完美的天道

1. 全、粹、尽的天道

（1）所知的不全和不粹的天道都不足以为美

据《荀子·天论》所言，天、地、人是构成宇宙的三种力量，各有自己的作用。列星随旋，日月递照，四时代御，阴阳大化，风雨博施，万物各得其和以生。这就是天和地的作用。人则是要运用天时和地利来创造自身的文化。歌颂天伟大，思考天，不如积蓄物来制造出天。如果忽视了人而去思天，就会失去爱万物之情。人要尽自己的职责，才能与天地合参。如果只是想而不做，那就是空想。据《荀子·劝学》所言，百发失一，就不足以称其为善射之人。伦类不通，仁义不一，就不足以称其为善学。学其实就是要找到天道之一。要能全知能尽知天道的人，才能称之为学者。所知的不全和不粹之天道都不足以为美。学习的目的是要贯天道，思索的目的是要通天道。

（2）孔子因为全、尽、粹地通天道而有不蔽之福

据《荀子·非十二子》记载，荀子认为，孔子懂得总的方略，能够齐言行，能够用壹来统类，能够群天下之英杰，能够告知人大古是什么，能够教人以至顺。据《荀子·解蔽》所言，通天道的人能够通过体常而通变。要体常，只通一隅是不足的。曲知之人只知天道之一隅，所以不能识天道。这样的人通过自足来掩饰自己的不足，而他的内心是乱的，在外用自足来迷惑人，在上用自足来蒙蔽下，在下用自足来蒙蔽上，这就是蔽塞之祸。孔子是仁智的，而且不蔽。孔子之德与周公齐，所以孔子之名能够与三王并列，这都是因为得了不蔽之福。荀子认为，当时的诸家对天道都有所见，也有多蔽，所以都不能全、不能尽、不能粹。

据《荀子·天论》所言，天的运行是有常规的，不会因为尧而存，

也不会因为桀而亡。顺应天之常而治则能得吉，而不应天之常而治则会乱，乱就会得凶。能够明白天与人之分的人，可以称为至人。人不有意为就能成，不求就能得，这就可以称为天职。如果人顺从自己的天职，不加思虑就能深刻；不加能力就能成其大；不加细察就能精。不与天争职，这样才能成全自己的深、大、精。天有其时，地有其财，人有其治，这就是所谓的能参。舍弃了自己能参的，追求自己愿参的，就会迷惑。万物都是要各得其和才能生，各得其养才能成。没有人在做事，却能看到其成，这就是我们说的神。天是无形的，从天的成就中，我们就可以知道天的存在。只有圣人是不求让人指天给他看的。

2. 人的智能是可以知完美的天道的

（1）中虚之心作为天君用以治耳目之天官

荀子认为，人赖以知的能力称为知，而人赖以判断自身的认知与外部世界是否相合的能力则称为智。人赖以认知的功能又可以分成两个部分：天官和心。天官就是耳目等，负责接受印象；心则要对印象做出解释，说明这些印象的意义。据《荀子·正名》所言，通过眼睛能够看清形体色理之异；通过耳朵能够分清声音的清浊高低之异；通过口舌能够尝出甘苦咸淡和辛辣奇味之异；通过鼻子能够嗅出香臭芬郁和腥臊洒[①]酸奇臭之异；通过形体可以体察疾痒疮热等异；通过心可以体验喜怒哀乐爱恶之异。心是通过征来知的，而征是来自耳和目的。耳能知声，目能知形。征知依赖于天官的分类，这样心才能推理，才能有征知。据《荀子·天论》所言，天官指的是耳目鼻口形之能，这些天官都各有所能，互相不能替代。心居中虚，以治五官，所以称为天君。征知指的是通过证明而知。眼睛看到树的形态，心知其为树。心有分类的功能，这样我们才能知道自己看到的是什么。

（2）糊涂之人也是可以积仁之善而为禹的

据《荀子·性恶》所言，人人都是可以为禹的，糊涂之人也是可以为禹的。禹之所以能够为禹，因为他能够守仁义和法仁之正。而仁义和法正都是可以知和可以能之理。因为人人都具有可以知仁义和法正之质，也具有可以能仁义法正之具，所以都是可以像禹一样明仁义的。让人通过术来为学，专心一志，思索明察，日积月累地积仁之善不息，最后就能通于

---

① “洒”来自原文。

仁的神明，从而参于天地。所以说，圣人之仁是日积月累所致的。据《荀子·儒效》所言，百姓通过积善而能全尽，从而能够成为圣人。所以，仁之善要求之才能得，为之才能成，积之才能高，尽善之时才能成圣人。人积耨耕而能为农夫，而积礼义则能为君子。

3. 天道之实可用仁的名位来呈现

荀子生于以正名为核心的辩者正盛之时，名家十分活跃。据《荀子·正名》所言，凡是邪说辟言都是因为离天的正道而擅作导致的。明君要临之以势，道之以仁道，申之以使命，章之以仁论，禁之以刑罚，民心就能够通过天之道来化而为一。现在圣王没了，天下大乱，奸言四起，君子没有势来临之，又不能用刑来禁之，所以出现了辨说。

（1）以名乱名、以实乱名、以名乱实的现象

荀子认为，名家和后期墨家的思辨，大部分都是建立在诡辩之上的，所以是荒谬的。他从名与实是否相合的角度，把这些谬误分成了三类：用名以乱名、用实以乱名、用名以乱实。当时的所谓见侮不辱，圣人不爱己和杀盗非杀人，这样的惑乱是通过用名来乱名导致的。后期墨家所说的杀盗非杀人，这就是用名以乱名。盗首先是人，所以杀盗就是杀其人。据《荀子·正名》所言，山皆与泽平，人之情皆欲寡，大钟对于一切人都不加乐，这样的惑乱都是因为用实来乱名导致的。惠施说的山与泽平，这就是用实以乱名。不能以一座高山上的泽与另外一座山一样高的特殊情况，就得出山与泽平的一般结论。牛马非马等，这样的惑乱则是因为用名来乱实导致的。公孙龙说的白马非马，墨辨中说的牛马非马，就是用名乱实。牛马这个名确实不等于马，但是如果实际考察称为牛马的这个动物，就会发现它们确实是马。荀子认为，以上三类谬误的兴起，乃是由于没有圣王的缘故。圣王是有能力通过他的权威来统一大众的思想，引导大众走上天的正道，这样就不会争论了。

（2）共名是抽象的结果而别名是分析的结果

荀子把名分为共名和别名。共名是抽象的结果，别名是分析的结果。据《荀子·正名》所言，制名的目的是用来指实的，这样就上能够明贵贱，下能够辨同异。都有名了，贵贱就能明了，同异就能别了，这样所有的志都能得到喻，就能克服不喻之患。所有的事都有名了，就不会出现困废之祸。那么同异是缘自何方的呢？缘自天官。凡同类之物都是同情的，天官之意指向的物也是相同的，这样就可以约名以相期。随同异来进行命

名，同则同之，异则异之。单足以喻就用单，单不足以喻就用兼，单与兼无所相避则为共，共是不相害的。异实者必须异名，这样才不会乱。万物虽众，但是都可以称为物。物就是大共名，通过不断地推理而共之。只要是共，就有共名，推到无共之时就可以停止了。有时想要偏举之，比如说鸟兽。鸟兽为大别名，通过推理而别之，只要是别，就有别名，直推到无别，然后就可以停止了。所以，名并没有固定的适宜或不适宜，而是通过命名来约定的。约定俗成的名就是宜，异于约的就是不宜。名是没有固定的实的，而是通过约定来命名实的。约定俗成的名就为实名。名都有固有的善，这就是善名。平顺易呼之名为善名，而不平顺不易呼之名为不善之名。

(3) 要让民不要托奇辞来乱正名

荀子认为，名必有一定的意义。为了统一起见，所有的名都应该由政府来制定，人民不能随意改动。据《荀子·正名》所言，通过王者来制名，可以让名定从而让实辨，让道行从而使得志通，可以用一来慎率民心。所以，通过分析辞意来擅自作名，会乱了正名，让民疑惑，就会导致很多的辨讼，这样的人可以称为大奸，罪就像是乱改度量衡一样的大。这样做的人就是大奸，可以比照符节（伪造文件）、度量（使用假的量器）之罪来定罪，要让民不要托奇辞来乱正名，要壹于道法。如果出现了王者，必然会因循旧名，并作新名。人的知识增加了，名也要增加。有了名以后，人就可以用这个名来言说和辩论，就容易表达自己心中的意思。听到名就知道它比喻的是什么实，这就是名的用途。让名很好地累在一起，就能成文。文就是名之丽。知名指的是能俱得名之用和名之丽。人们是期待用名来累实的。辞是用来把异实之名兼在一起的，目的是用来论一意。辨说的时候是不异实名的，目的是要喻动静之道。期命是具有辨说之用途的。辨说则是心之象道。心是道之工宰。道是治之经理。心合于道，说合于心，辞合于说，就能够实现正名的目的了。用正道来辨奸，就像是引绳来持曲直一样。百家无所窜，邪说才不能乱。圣人就是这样来辨说的。

(4) 虚壹而静的大清明状态最能明察秋毫

据《荀子·解蔽》所言，圣人是知道心术之患的，而且能够看见蔽塞之祸，所以知道无欲就能无恶，无始就能无终，无近就能无远，无博就能无浅，无古就能无今。这样就能兼陈万物，就能够居中来权衡。这样众异就都不会互相遮蔽而导致乱其伦。用什么来衡呢？用天道来衡。人怎么能够知什么是天道呢？心能知天道。心怎么就能知天道了呢？心要虚壹而静。心并不是没有臧的，而心臧着的是虚的能量。心并不是不满的，因为有一样的能量。心未尝是不动的，因为有静的能量。人生来就是知天之道的，因为有知所以有能明方向之志。心中是臧有志的，而志中是虚的，因为虚才能有空间接受，才能成其志。心生来就有知，因为有知而有异。异就是同时兼知的。因为同时兼知，所以有两，而有两才有所谓的一。不以夫一来害此一，这就称为壹。心在卧着的时候会做梦，心在偷的时候会自行，在使用心的时候会有所谋，所以心未必不动，因为有动才有所谓的静。不被梦给弄乱了，就是静。心在未得天之道的时候而求天道，这时的心就是虚壹而静的。心要虚，天之道才能入。把事都用天道来壹之，有壹则能尽。思天道的人需要静，静的时候才能明察秋毫。用天道来察，就能知道之行，这就是在体道。虚壹而静的状态，就是大清明的状态。这个时候万物都会现形，对现形的事物都可以天道来论，所有的论就都不会失位，这样就不会有所遮蔽了。

4. 人心是可以守住仁德的

（1）通过利弊权衡可修成仁德之善心

荀子认为，人皆有着能虑能知之心，有着欲求满足的情欲。人都是既有情欲又有心的。欲是没有必要去除的，只要用心来节制就可以。心是能够考虑和能够知的，所以可以节欲。心之所以能够节欲，是因为纵欲而行，必然得不到自己想要的结果。人想要的常常与不想要的相关联，而不想要的又常常与想要的相关联，这样就得权衡利害。仁义法正和礼仪文理都是可以用来权衡利弊、得失、祸福的道。顺从这样的人道，人才能遂其生，遂其欲。据《荀子·正名》所言，生来就如此的称为性。性所具有的好恶和喜怒哀乐称为情。情是好恶或是喜怒哀乐，这都是由心来决择的，这就是心之虑。通过心之虑而能让情动，这就是人为的。心之虑可以不断积累，也可以不断练习，最后就能修成仁的善心。正利而为谓之事；正义而为谓之行。凡是想通过去除欲望的方式来治国的人，都想要以天道来治欲，而困难在于人都是有欲的。凡是想通过寡欲的方式来治国的人，都想通过节欲来治欲，而困难在于人都是有很多种欲望的。人天生就是有欲望的，心就是用来制节的。人都特别想要生，人都特别厌恶死。如果欲太过，动赶不上欲的需要，心就会制止欲。如果欲不及，而动太过，心就让欲跟上动的节奏。

性是天造就的，情就是性的质。欲是应情而生的。欲想要的是可得的，情必然就不能免。可得的需要用道来引领，所以这个时候就需要有知。人所取来的，对于欲望来说未尝是纯粹爱的。人所除去的，对于欲望来说，也未尝是纯粹恶的。这样人就不得不权衡。如果衡得不正，就会出现本来是重的，应该是仰视的，却被人看轻了的现象；本来是轻的，应该俯视的，人却以为是重的。这样人就会被轻重的问题所困惑。权不正的时候，祸托于欲时，而人却以为是福气；而福托于恶时，人却以为是祸。这样人就会被祸福的问题所困惑。道就是古今用来正权衡的。离开道来自己选择，就会不知道祸福依托在什么地方。对于做交易的人来说，用一交换一，两人都无得也无失。如果一个人用一换来了二，那么得二的人就有得无失。而用二换得一时，得一的人就是有失无得的。计者想要取的是多，而谋者取的是所可。用二来换一，没有人会这么做的，因为人都是识数的。由道而出，就像是用一换得二，没有什么丧失。而离开道而自己选择，正如同用二换得一那样，没有什么所得。

（2）诚心可守住仁而诚意可守住义

据《荀子·不苟》所言，君子用来养心的最好的办法是诚。诚指的是真实，独指的是专一。心是至诚的，就没有什么其他的事了。心要守住的只是仁，行要守住的只是义。人诚心守仁，就能让心有形。当心有形的时候就有神，有神的时候就会化解心中的所有不快。人诚心行义就会知理，有理就会明，明就能变。用变化来兴，就称为天德。天是不会说话的，是人推崇天，所以认为天是高的。地是不会说话的，是因为人推崇地，所以认为地是厚道的。四时是不会说话的，而百姓则期待着四时的到来。天地四时都是通过常来显示其至诚的。有至德的君子，不用施就会让人感觉到很亲，不用怒就能够让人感觉到其威信。这是君子顺命以慎独的结果。伪善的人因为不诚所以不独，因为不独所以成不了形。因为不形，所以虽然在心中制作了善，但是不诚会现于色，会出于言，所以民之从就如同未从一样。即使从了也必然会怀疑。即使天地那么大，不诚也是不能化生万物的。圣人之知是博大的，但是不诚也不能化万民。父子之间虽然是亲的，人不诚就会疏远。君上虽居尊位，不诚则会让人感到卑贱。所以，君子是要守诚的，而诚的对象是仁义。君王从政事，要守的也是诚。

(四) 有仁德的圣人为王的王政

1. 小人之杰用让来掩饰争和依仁来蹈利

圣人为王之政为王政。据《荀子·正论》所言，天子的势位是至尊的，无敌于天下。天子的道德应该是纯备的，智惠[①]应该是甚明的。生民都能为之所振动归服，都能化而顺之。这时的天下是没有隐士的，不会遗留下什么善。这时则可以同者为是，异者为非。据《荀子·王制》所言，君是善群的人。群道当则万物皆得其宜，六蓄皆得其长，群生皆得其命。圣王之制要合时宜，这样才能让百姓一心，贤良服气。据《荀子·解蔽》所言，能尽伦的为圣者；能尽制的为王者。能尽伦和尽制者，为天下最完美的极。据《荀子·正论》所言，天下是至重的，只有至强之人才能胜任；天下是至大的，只有至辨之人才能分辨；天下是至众的，只有至明之人才能和。至强、至辨、至明，这三至都只有圣人才能尽有，所以只有圣人才能成王。据《荀子·仲尼》所言，有的人用让来掩饰争，依仁来蹈利，这样的人是小人之杰，以诈心取胜。致贤之人能治不肖；致强之人能宽弱。王者战必能殆之，但是羞与人斗。王者能够通过委然成文，以示天下，这样就能让暴国也能平安自化。

2. 君子不下室堂就能平定海内之情

据《荀子·非相》所言，有妄人说，古今之情是相异的，所以治乱之道也是相异的，把众人给迷惑了。众人是愚的，而且没有推理能力，简陋而没有法度，非常容易受欺骗，就是眼前的事也都会被欺骗。对于妄人来说，即使门庭之间的事，也能把他给骗了。据《荀子·不苟》所言，千人万人之情，其实就好比是一人之情。就心而论，古今其实都是一样的。古今都在推礼义之统，分是非之分，总天下之要。治海内之众，就像是使唤一个人一样。操简单之约就能成就大事，正如有五寸之矩就能够量尽天下之方。所以，君子不下室堂，就能平定海内之情。据《荀子·非相》所言，圣人更是不容易被欺骗的。圣人是以自己作为尺度的。圣人能够以人度人，以情度情，以类度类，以说度功，以道观尽。所以，古今用的都是一把尺度，同类都是不悖的，虽然久远，但理是相同的。所以，

---

① “智惠”强调的是给予好处的恩惠之智，而“智慧”的对象是慧，而“慧”就是能够把天、地、人串在一起从而能实现三吉之合的才华。“知”的对象是道，所以有“知道”这个词。道是通向至善的路，确立的是起点与终点，而理则是由走向至善的各个逻辑环节构成的，而每个逻辑环节就称为一个逻辑串。

圣人不会被邪曲所迷，不会被杂物所惑。

3. 天下归之就称为王，而天下去之就称为亡

据《荀子·正论》所言，世俗的成见认为，尧舜行了禅让。其实不然。圣王去世了，天下没有圣，就没有人能够禅让天下了。如果后子为圣，天下之人就不会离开，朝就不会易位，国就不会更制。如果天下人厌恶了，后子与乡人就没有什么差别了。如果是以尧继尧，就没有什么变化。如果后子不圣，圣在三公，则天下就会归顺三公，复振尧的事业。这依然是以尧继尧，也没有什么变化。难的是改朝变制。天子生则天下能够归一而隆，能够致顺而治，能够论仁德而定次序。天子死后，必然会有后继者。如果尽了礼义之分，就无所谓禅让了。世俗的成见认为，天下是桀纣的，而汤武篡夺了天下。这样看是不对的。汤武并没有取天下。汤武只是修其道，行其义，兴天下之同利，除天下之同害，所以天下归顺了汤武而已。并不是桀纣放弃了天下，而是桀纣没有禹汤之仁德，乱了礼义之分，行为就像禽兽一样，让凶积累起来，全其恶，所以天下抛弃了他们。天下归之就称为王，天下去之就称为亡。据《荀子·王制》所言，王者是可以为人师的。他能财万物，能养万民。他能让四海之内为一家，让近者不隐其能，远者不疾其劳，没有幽闲隐僻之国，让天下都同享安乐。

第三章　子学各家与儒家的不同

第一节　法家与儒家的不同

儒家哲学追求的是要像植物一样生长。植物吃点土喝点水就可以，生的目的在于长出最美的花和结出最美的果，多吃多占就会长得很丑，于是会感觉羞愧。而法家哲学追求的是像动物一样竞争以获得享受的条件，人生的目标是要享尽人间的富贵，遵循道德为的是要得赏和免罚，没有耻辱感。法家哲学只是在秦朝时被赤裸裸地推崇，在汉朝以后就不再登得上台面。尽管法家自产生后在政治圈中争夺权力时有着很强大的影响力，但是阴着存在的，所以让人感觉很阴险。有的君王公开强调法制[①]时会用到法

① “法制”强调的是在边界上以法的尺度来切割，“法治”强调的是在法制的范围内，按治水的方法来统一治理。治水不能防、堵、塞，只能用真理疏通，让每一份水都有四通八达的水塘，这样的水就是静静的活水。教育就是要用真理来教人，从而能够疏通心灵中的水流，让水静下来才好专注地做事。

家坚持公正的一面和其中的一些办法，但是通常会公开否定其中的自私无耻的凶残的竞争的做法。就儒家来说，即使施行公正也要以仁的方式而不是以不仁的残酷的方式去施行，这样才不会伤着人心，才会让社会感觉很温暖。儒家讲给人留面子，就是要留着人做人的尊严，这样才不会让人变成无耻之人，也就是人们常说的破罐子破摔的人。儒家也讲忠于正，但是要有恕，而法家是只忠于正而不恕的，所以用法家理论之君主，无论有多大的功绩，通常都是为民所弃的，而用儒家理论之君王，无论有多大的错，都会被民宽恕或留念的，因为民认为要有仁心的功绩才是有意义的功绩，才能称得上伟大。

一　法家的功利道德（功）名法（名）享受体系

（一）要变古而不守旧的圣典仁德礼制幸福体系

1. 周礼是用来羞辱求私利之官的

注重传统的子学的理论来源都是圣典《易经》，只是不同时期的《易经》而已。不同时期的《易经》的代表人物是不同的，而相同点在于这些人都是圣王，而不是霸王。孔子爱援引的是西周的文王和周公；墨子在与儒家辩论时，爱援引更为古老的夏禹；孟子爱援引更为古老的尧舜；道家则爱援引最为古老的伏羲和神农。只有法家是要完全抛弃传统的圣典仁德礼制幸福体系的。法家所反对的守旧就是守的圣典仁德礼制幸福体系的旧，法家说的变古就是要建立新的功利道德名法享受体系。那么，法家是怎么产生的呢？西周王朝的运转，主要依靠的是礼和刑。据《礼记》所言，礼是不下庶人的，刑是不上大夫的。礼包括的是仪文、礼节对于举止行为的规定，还有社会习俗构成的不成文法。礼的运用范围仅限于贵族即君子。君子的举止要像君王一样有文化教养。惩罚应用的范围主要是普通百姓即庶人或小人。因为君子的生活方式必须是为公的，一为求利为私就会出现贪污腐败，所以礼是用来羞辱求利的官的，做官求利的人才是在仁德上有贬义的小人，因此礼不能用在庶民身上，因为庶民的生活方式决定了他们都是求利的，而这种利是正当的利益，这个意义上的小人不是贬义词；刑是不能用在君子身上的，因为用刑多了，会让羞辱君子的礼失效，让君子不再守仁德礼制，把君子变成了贬义的小人。

2. 周朝的君子勤礼的最好的做法是致敬

西周的社会组织相对比较简单。在天子、诸侯和大夫之间有着血缘关系和联姻关系。从理论上说，每一个诸侯国都是从属于周天子的。在诸侯国中，小贵族又是从属于王侯这样的大贵族的。而从实际上看，虽然大小诸侯都是从祖先那里继承了领土和贵族特权的，但是久而久之就感觉与周天子没有什么关系了。这样，周天子就只有名义而无实权，各诸侯国都处于半独立状态。这些诸侯国里的大夫统率的是家，这些家也是处于半独立状态。这些王侯彼此都是亲戚，按照大家的不成文法，保持着私人关系、外交关系、商业往来。这样的君子协定是靠礼来维系的。据《左传·成公十三年》记载，刘定公说，我听说，民是接受了天地之中所以能生的，这就是所谓的命。而动作礼义威仪则是用来定命的。能者通过养礼来取福，而不能者通过败礼来取祸。所以，君子是勤于礼的，而小人则只能尽力。勤礼的最好的做法是致敬，而尽力的最好的办法是敦笃。敬是用来养神的，而笃是用来守业的。

3. 西周瓦解时各国都立法求强权

周天子和诸侯都生活在社会的金字塔的顶尖上，不与庶民和大众直接打交道。如果要打交道，也是下级诸侯和小贵族去做。王公贵族都各有自己的封地，但是这些封地都不大、人口也不多，这样贵族通常可以实行个人统治，可以靠刑罚来使庶民服从。所以，西周社会的各种社会关系主要是靠个人接触和个人关系来维持的。在西周社会的瓦解过程中，有的贵族失去了封地和贵族称号，而有的有才能或运气比较好的庶民百姓，上升到了显贵的地位。当时的贵族政治遭到破坏，大众可以在农商方面自由竞争，在社会中出现了富豪。社会各阶层之间的僵硬的界限逐渐被打破。在国家小的时候，组织很简单，人与人之间的关系很直接。后来国家大了，组织比较复杂了，人与人之间的关系就慢慢疏远了，以人治人的方法就有困难了。当时的诸国都逐渐颁布了法律。当时的大国用侵略或兼并的方式扩大自己统治的领土。各国为了准备战争或防御入侵，都需要强化国家的统治即需要集中权力，这就使得政府的结构和行使的职权都日益复杂化。从孔子起的各派的思想家都力图寻求建立合理的社会秩序的方法，但是这时的各国君主爱听的不是怎样谋求民众的福祉，而是要有应付眼前的难题的灵计妙策。

4. 法家的方术之士教君主如何组织大众和如何当霸王

当时出现了少数懂得现实政治的谋士。各国的君王通常都愿意听他们的看法。如果他们的建议是行之有效的，国王就会待如上宾，甚至委以高位。这些人即方术之士。他们为君王公侯出谋划策，告诉统治者怎样统治广大的封地，怎样把权力集中到自己的手里。他们认为，君主不用成为圣人，只要按他们提出的一套方略行事，中等资质的人就可以把国家治理得井井有条。为这些统治方略提出理论依据的人就是法家的思想家。法家与法学是不一样的。法家做的事情是教一个君主如何组织大众和如何充当霸王。法家主张尊君权、重法治和禁私学。法家认为，每个时代都有其不得不变的原因，因此只能现实地对待世界。法家的最高理想是君臣上下贵贱都能遵从法律。据《韩非子·孤愤》记载，法家的学说在齐国和三晋最为兴盛。当时的齐桓和晋文都是一代霸主。齐国和晋国都进行了政治上的革新，而且取得了相当的成绩。

5. 商鞅认为世道变了所以行道之法就要有异

尽管当时的社会上流行的是法家的变古，而孔子却在托古立言，主张立法度礼仪，捍卫圣典仁德礼制幸福体系，反对只用刑法。据《左传》记载，就晋国作刑鼎一事，孔子批评说，晋国亡了，因为失去了其仁的礼制之度！晋国还是应该采用礼制的法度，用经纬来治理民，让卿大夫以序来守住礼制的法度。这样民才能尊其仁德之贵，这样的贵才能够守住其业。仁德的贵贱要有序，才有礼制的法度。现在抛弃了礼制的法度，制了刑鼎。民在意的是鼎，就不会再尊仁德之贵。不尊仁德之贵，就无法守业。仁德的贵贱无序，国就不能再称为国。而商鞅认为，世道变了，所以行道的方法也要变异。据《商君书·开塞》所言，天地设，民就生了。当时的民只知其母，不知其父。当时的道是亲亲的，而且爱私。亲亲就会有别，爱私就会有险，所以就会出现民乱。当时的民务胜而力征。因为务胜而争，因为力征而讼，讼而无正，就没有定性。所以，贤者立中正，设无私，民悦仁。这个时候就废除了亲亲，上贤就立起来了。凡仁者都是以爱为务的，而贤者以相出为道。当时的民是众多的，而没有制度，久而相出为道，就又乱了。这时圣人继承之，把土地货财男女进行了区分。分是定了，但是没有制度，所以立了禁。禁立了，而没有专司其职的人，所以立了官。设了官以后，要用一来统官，所以立了君。自从立了君以后，上贤就废了，从而贵贵立。这样我们就可以看到，上世是亲亲而爱私的，中世是上贤而悦仁的，下世则是贵贵而尊官的。上贤者是以道相出的；而立君后就使得贤没有用了。亲亲的人是以私为道的，而中正者让私不能行。这三者所做的事不是相反的，只是民道之弊不一样，所以有不同的偏重而已。所以说，世事变，行道的方法就会有异。

6. 法家认为君主要公正无私地冷酷到底

据《商君书·更法》所言，前世之教是不一样的。如果要复古，那么到底复哪种古呢？以前的帝王也都是不一样的，如果要复礼，那么应该尊从哪个帝王的礼呢？伏羲和神龙都是教而不诛杀的；黄帝、尧、舜虽然诛杀但是不怒；到周文武之时，依时而立法，因事而制礼。礼法是以时而定的；制令是各顺其宜的；兵甲器备是各便其用的。所以，治世不必尊一道，便国不必法古。汤武之王都不是循古而兴的，而商和夏之灭却是因为不易礼而亡的。所以，反古的人未必就是不对的，而循礼之人未必就是对的。在儒家产生之前，礼是君王统治贵族的准绳，而刑是君王统治百姓的工具。而儒家以礼治国，即不仅用礼来统治贵族，而且用礼来统治庶民百姓，提高了对百姓的要求。而法家则抛弃了礼，不仅用刑来统治百姓，还用刑来统治贵族，降低了对贵族的要求，靠奖罚来统治一切人。儒家指责法家是卑鄙和粗野的，而法家则指责儒家太书生气和不切实际。儒家坚持不以出身贵贱和财产来划分社会等级。孔子和孟子都强调君子与小人的分野，即以是否仁德来划分人，而不是以家世来划分人。法家的治国之道是要求君主公正无私，赏罚严明。即便是亲人朋友也不徇私，即便当罚的人是仇人，也不歧视。如果君王不能公正无私，哪怕只要失误几次，整个机制就会崩溃。而儒家则重视保护亲情和仁情。

（二）法家的不仁的法、术、势三派

1. 要有势位才足以让贤者屈服

在韩非子之前，法家分成三派：慎到重势即权力和威势；申不害强调术即政治权术；商鞅则强调法即法律和规章制度。而韩非子认为，势、术和法都是必不可少的。据《韩非子·难势》记载，韩非子引慎到之言说，飞龙是乘云的，腾蛇是游雾的，如果失其所乘，就会从天上掉下来。贤人斗不过不肖者，是因为贤人的权轻位卑。要让不肖者能够服从贤者，需要让贤者权重位尊。如果尧是匹夫的话，三个人他都治不了。而桀因为当了天子，所以才能乱天下。因此，要有势位之恃，而贤智之人是不足以为慕的。弓弩弱，矢却能射得高，那是因为有风的缘故。身不肖而令却能行，是因为得助于众的缘故。尧教于隶属的时候，民是不听的；而尧在王天下的时候，则令能行，禁能止。所以，贤智是不足以服众的，而势位则足以让贤者屈服。《管子》中也有重势之说。据《管子·明法》所言，如果有明主在上位，而且有必治之势，则群臣就不敢为非。而群臣不敢欺主，并不是爱主，而是畏主之威势。百姓争着被重用，不是因为爱主，而是畏惧主之法令。所以，明主要操必胜之数，用来治必用之民；要处必尊之势，来制必服之臣。要令行禁止，主尊而臣卑。所以《明法》说，尊君卑臣，不是因为亲，而是通过得势而胜的。

2. 宪令之法和生杀之术都是帝王必需的用具

法家重术的宗师是申不害，重法的宗师为商鞅。据《韩非子·定法》记载，所问者说，申不害和商鞅这二家之言，对于国家之急用来说，谁的更适用？应答者说，人不吃饭，十日就死了；大寒之隆，不穿衣服就冻死了。如果问衣食对人来说什么更急，应该说二者缺一不可，都是养生之具。申不害言的是术，而商鞅言的是法。术者根据任务而授官，循名而责实，操杀生之柄，对象是群臣中之能者。做人之主所执的就是这种术。法者则是将宪令昭著于官府，用刑罚来治民心，慎重地遵从法的人得赏，奸令者被罚。这是臣之所师法的。君无术就会弊于上，而臣无法就会乱于下。对于帝王来说，法与术都是必须的用具，缺一不可。

二 韩非子的严酷的功利道德（功）名法（名）享受体系

（一）韩非子的生平及其立论宗旨

1. 韩非喜欢的是刑名法术之学

据《史记·老庄申韩列传》所言，韩非（约公元前 280—前 233 年）为韩国人，是韩国的皇室后裔。据《韩非子·五蠹（dù，虫）》所言，在古代的时候，人民少而财有余，所以民是不争的。现在有五子不为多，子又有五子，大父还没有去世，就有 25 个孙子了。人民众而货财寡，事力劳而供养薄，所以民就爱争了。如果今天还赞美尧、舜、汤、武、禹之道，必然会被当今之世的新圣笑话。针对全新的情况只能用新的方法解决，只有蠢人才看不到事实的变化，而这样的蠢人确实是存在的。有个宋国的耕者，看到有只兔子在跑的时候撞到了田中的株上折颈而死，于是他就放下了耒守着株，希望再次得到兔子。结果兔子没有得到，却被宋国人笑话。现在守先王之政来治当世之民的人，就如同守株待兔一样。所以，新的圣人是不期修古的，是不效法常可的，而是要论世之事，来为之做准备。韩非子反对孔孟所说的道之以仁德，齐之以礼制，而是主张要道之以政，齐之以刑。据《韩非子·显学》所言，严家是没有悍虏的，而慈母却会养出败子来。威势可以禁暴，而仁德厚不足以止乱。韩非喜欢的是刑名法术之学，但是归本于黄帝和老子。但是，道家与法家最终是不同的。道家虽然也讲赏罚，但是并没有把赏罚看得很重。

2. 帝王能够胜众的资本是势位

韩非有口吃的毛病，不善于说，但是以著书立说而见长。他著有《韩非子》一书。据《史记·老子韩非列传》记载，韩非子与李斯都是荀子的学生，但是李斯认为自己的学问是不如韩非的。韩非子见韩国被削弱，数次书谏韩王，但韩王都没有采用。韩非子认为韩国应该修明法制，执势以御其臣下，要富国强兵，要任贤。他认为，当时的韩国举的是浮淫之蠹，加以功实之上。他观往者的得失之变，作了《五蠹》等著述。韩非子是法家的势、术、法三派的集大成者。他以《老》学和荀学为依据，自成一家之言。他认为，帝王需要势、术、法皆备，不可偏废。据《韩非子·八经》所言，帝王能够胜众的资本是势位。明主行制要依天，而用人则要鬼。倚天就不会惹来非议，用鬼就不会被困，势行教严，就能逆而不违。这样就能一行其法。即是说，帝王行制时要依法而行，公而无私；用人时要御人有术，密不可测；要以赏罚之威来一行其法。

3. 功利道德名法享受体系的创立者

韩非子力图用其才智学力来辅佐君主进行彻底的改革。当时的一些贵族大臣是不喜欢的。据《韩非子·孤愤》所言，有智术之士，必须有远见而且要能明察。不明察的人是不能烛私的。能执法之士，必须是强毅而劲直的，否则不能矫奸。智术之士是能够明察听用的，而且能够烛重人之阴情。如果智术能法之士被重用，贵重之臣就会在绳之外。所以，智法之士与当涂之人之间有不可两存之仇。当法术逆主上之意时，要么会被诬陷，以公法的名誉诛杀；要么就可能死于私。据《韩非子·问田》记载，堂溪公对韩非子说，我听说要服从于礼节和行辞让，这才是全身之术。要修行退智，这才是顺应之道。先生你立法术，设度数，我认为会危及你的身躯的。韩非子说，我认为这样才能有利于民萌，是方便众庶之道。这样才不会有乱主暗上之患祸。这才是仁智之行。我因为不敢伤仁智之行，所以不向着贪鄙之为，为此甘于不避死亡之害。在战国时代，秦国采用了韩非子的主张，得以兼并六国，成就了霸业。但是，韩非子因声望日隆，遭到了作为宰相的同窗李斯的嫉妒，被陷害下狱，最后死于秦国的监狱之中。韩非子立论的宗旨是要说明君主应该依靠权、术、势的竞争而不是靠仁德的礼让来治乱和强国。在仁德幸福体系中，韩非子只取荣华富贵中的富贵，而不取仁德带来的荣华，所以把幸福体系变成了享受体系，把仁礼体系变成了专制体系，从而创立了功利道德名法享受体系。由于这种专制体系在政治的凶残的争夺权力的圈子中被小人普遍使用而阴存着，所以容易让不明儒家哲学的人把中国的古代制度认定为专制制度。

（二）韩非子的思想脉络

1. 人性是恶的和人都是自利的

（1）人性之恶是不可改变的

荀子是儒家的，而他的学生韩非子却是法家的。虽然荀子认为人性是恶的，但是相信通过教化可以使人向善，而韩非子相信人性是恶的，是不可以改变的，所以不寄希望于把大众改造成有仁德的新人。据《韩非子·扬权》记载，韩非子说，黄帝曾说过，上下一天有百战。下匿其私，用来试其上；而上操度量，以割其下。据《韩非子·外储说左上》所言，庸客致力耕作，不是因为爱主人，而是因为可以得到利。人能够调整自己的心，让自己做不愿意做的事情，是因为有自为之心。人如果能够有利人之心，人与人之间就容易和；而人有害人之心，则父子之间也会分离，而且有怨恨。据《韩非子·六反》所言，父母生了男孩就祝贺，生了女孩就杀掉，主要是因为计长利而这么做的。父母对于孩子都会以计算之心来相待，怎么可能对没有父子关系的人施行恩泽呢？

（2）奢侈而懒惰者通常是贫的，而尽力和节俭者通常是富的

韩非子主张自由竞争，反对儒家的平均地权的主张。据《韩非子·显学》所言，奢侈而懒惰者通常是贫的，而尽力和节俭者通常是富的。征敛富人来布施给贫家，其实就是夺了节俭和出力者的钱来施给奢侈和懒惰的人。儒家认为古代的风俗淳厚，而且有比较多的圣人。韩非子则认为，这种说法是完全不符合事实的。据《韩非子·五蠹》所言，在古代的时候，丈夫是不耕作的，因为草木之实就够吃了；妇人是不织布的，因为禽兽之衣就够穿了。人民不用做事费力就足以自养了。人民少而财有余，民是不争的，所以不用厚赏、不用重罚，民就能自治了。现在人民众而货财寡，事力劳而供养薄，所以民就会互相争。这个时候加倍赏和累次罚，都还是不能免于乱。古代易财，并不是因为仁，而是因为财多；现在争夺，也没有什么可鄙视的，而是因为财寡的缘故。很

轻率地就辞天子之位，不是高尚，而是因为势薄。

2. 法、术、势结合的不仁的治国之方

据《韩非子·定法》记载，韩非子说，法、术、势是缺一不可的，皆是帝王之具。

（1）以法诛罪和以法量功的不仁的法治

①要有法度之制才能有方正之治

法家认为，治国首先要制定法律。法的作用是要告诉百姓，应该做什么，不应该做什么。据《韩非子·难三》所言，法是编著成的图籍，设于官府，布之于百姓。据《管子·明法解》所言，明主要统一度量，要立表仪，要坚守之，所以令下而民从。法为天下之程式、万事之仪表，是吏者为民所悬之命。明主之治是要按法来诛之。以法来诛罪，民就能够死而无怨；而以法来量功，民就会因功而受赏。法有举错的功效，所以《明法》说，以法治国，就是举错而已。明主要有法度之制，这样群臣才能都出于方正之治，而不敢为奸。百姓知道主是从事于法的，吏使用法来治，民就会顺从。这样民就会因为法而与吏保持距离，下就能以法来与上从事。这样诈伪之人就不得欺其主；嫉妒之人就不得用其贼心；谄媚之人就不得施其巧；千里之外的人也不敢擅自为非。所以，《明法》说，有法度之制者，不可巧以诈伪。

②存亡治乱都出自执法是否严格

据《韩非子·五蠹》所言，在明主之国，不用书简之文，只是用法来施行教育。不用先王之语，只是以官吏为教师。据《韩非子·用人》所言，不用法术而只任心治，尧也是没有办法正一国的。去规矩而妄意度，奚仲也是做不成一轮子的。中主必须要守法术。能为人君之人，能去贤巧之所不能，能守中拙之所万不能失，这样就能尽人力而立功名了。据《韩非子·有度》所言，明主能够使得群臣不游意于法之外，不在法之内施惠，只要行动就要合法。人主使用人的时候，必须要以度量为标准，要参照刑名来行为。合法的事就行，不合法的事就止。只要立了法，则一国之君臣上下，都必须遵守，而不能以私意变更之。据《管子·任法》所言，法不一，对于有国者来说是不祥的。存亡治乱都是出自于法的。圣君以法为天下大仪。万物百事，不在法之中都是不能动的。法为天下之至道，是供圣君来实用的。君为生法者，臣为守法者，法是用于治民的。君臣上下贵贱都从法，天下就大治了。

③不是要使人人都自觉行仁德，而是要使大众不要作恶

据《韩非子·显学》所言，新的圣人治国，靠的不是让别人为自己做善事，而是不要为非作歹。指望别人为自己做善事，那只有少数人能做到。而让人不要为非，则是一国之人都可以做到的，这样就可以使一国齐心了。治国要用众而舍寡，所以不能务仁德而要务政法。这里假设了有仁德的人是少的，众多的人是没有仁德的。也就是说，新的圣人治国，不是要使人人都自觉行善，而是要着眼于使大众不要作恶。在一个国家中，能够自觉行善的不会超过十个人，而只要民众不作恶，国家就可以平安无事了。君主要重视的是大多数人，而不是少数人，所以重要的是执政法而不是立仁德。有的人认为，君王要监督那么多的百姓不违法，这不是轻而易举的事。法家则认为，君王不用事必躬亲。君王只要有驾驭人的权术，就可以物色到适当的人选去为统治者办事。

④要用法来统一思想和行动而全面禁止私学

韩非子认为，既然要用法来统一思想和行动，而一切私人的学说又多是非议法令的，所以应该全部禁止。据《韩非子·问辩》所言，问者说，辩是怎么产生的？对答者说，生于上之不明。问者说，怎么上不明，就会产生辩呢？对答者说，在有明主之国，明主就是发布命令的人。明主的言是最贵重的。执法者则是最适合做事的人。言不可以是二贵的，法不可以是两适的。所以，不在法令的轨道上运行的言行都必须加以禁止。在没有法令的地方，会接诈应变，会生利揣事，这时上必须根据其言来追责其实。如果言是恰当的，则给予大利；如果言是不当的，则判重罪。这样的话，愚者畏惧有罪而不敢言，智者就不会争讼，这样就不会生辩了。而在乱世则不然。主上有令的时候，民用文学来非议。官府有法的时候，民用私行来矫乱法正。人主渐渐改其法令，尊学者之智行。这样的话世间就会产生多种文学。这样就会使得穿儒服带佩剑的人多了，而耕战之士却少了。名家的坚白无厚之词成章了，宪令之法就息了。

（2）按实定名和严格赏罚的不仁的法术

法家讲的术，指的是君主驾驭臣下所用的技艺。权术要做的就是正名，让名副其实。据《韩非子·八经》所言，明主用人之术是神出鬼没的，让人找不到规律，无从捉摸。据《韩非子·定法》所言，权术就是要循名而责实。君主关心的只是某个官吏是否完成了工作任务，而不用具体指导。

完成任务的就赏，完不成任务的就罚。据《管子·白心》所言，如果名是正的，法是完备的，圣人就没有什么事好干了。据《管子·入国》所言，名实当则治，名实不当则乱。君主应该修名而督实，按实来定名。据《韩非子·扬权》所言，用一之道，要以名为首。名正物就定了，而且名要随着物的徙而迁。圣人用静来执着于一，使得名自命，令事自定。不知其名，就要复修其形。让形与名是参同的，让形名之间是诚信的，这样君就可以操其名，臣就能效其形。形名是参同的，这样上下就能和调。那么，君王怎样知道哪个人适合做哪项工作呢？法家认为，靠的是术。据《韩非子·二柄》所言，如果人主想要禁奸，就要让刑名相合，让言与事相合。臣可以陈自己的言，君要按其言来授之以事，用其事来责其功。如果功与事是当的，事与言是当的，就可以赏。如果功与事是不当的，事与言是不当的，就可以罚。这样的话，群臣中言大而功小的就要罚。这里的罚不是因为功小，而是因为名大功小。言小功大的也要罚。这里罚的不是大功，同样罚的是名不当。名不当对大功是有害的，所以要罚。如果这样认真实行，经过几轮，无能之辈就不敢承担他们不胜任的职务了。

(3) 诛罚和庆赏的不仁的威势

①因为赏罚是可以用的，所以禁令才是可以立的

法律颁布之后，君王必须监察百姓的行为。君王是拥有权势的，所以可以惩罚违犯王法的人，也可以奖励顺服王法的人。如果这样做，无论百姓为数有多众多，都是可以统治的。据《韩非子·天道》所言，古之语大道者，五变而形名可举，九变而赏罚可言。骤而语形名，就不知其本；骤而语赏罚，就不知其始。倒道而言和忤道而说的人，是为人所治的，是不可能治人的。骤而语形名赏罚，这只是知道了治之具，而不知治之道。这样的人可以用于天下，而不足以用天下。这样的人就是辩士，一曲之人而已。那么，怎么知道某个官吏做的事是名实相称的呢？君王要派自己信任的人去监察事实。君主只要把赏罚大权掌握在自己的手中，就可以无为而无不为了。赏罚就是治国的二柄。韩非子认为，赏罚之所以有效，是因为人性是趋利避害的。凡治天下的人，都是要因循人情的。人情都是有好恶的，所以可以用赏罚。因为赏罚是可以用的，所以禁令才是可以立的。赏罚就是治的道具。

②君的势表现于外就是赏罚这二柄

韩非子认为，只有势是没法治的，而只有法和术而没有势，也是制驭

不了其下的。据《韩非子·功名》所言，有材但无势，即使贤也是制不了不肖的。把一尺长之材置于高山之上，就能够临千仞之溪。这不是因为材长，而是因为位高的缘故。桀为天子，所以才能制天下。这不是因为他很贤，而是因为他的势力很重。短因为有高位而能临高，不肖因为势重所以能够制贤。据《韩非子·人主》所言，马之所以能够任重道远，是因为有筋力。万乘之主，千乘之君，能够制天下而征诸侯，用的是威势。威势就是人主的筋力。君的势表现于外就是赏罚。赏罚就是君之二柄。据《韩非子·二柄》所言，明主导制其臣，要用二柄。这二柄就是刑德。杀戮称为刑，庆赏称为德。臣都是畏诛罚而利庆赏的。如果人主自用其刑德，群臣就会畏惧其威而归其利。人都是畏惧诛罚和利庆赏的，所以君主一定要用其威势来制臣下。据《韩非子·八经》所言，君要通过执柄来处势，这样才能令行禁止。柄就是杀生之制，而势就是胜众之资。据《韩非子·功名》所言，如果逆人心，即使贲（bì，华丽的）育也不能让人尽人力；如果得人心，即使无趣也能自劝。这里的人心，指的是人的求利之心。

3. 君主的遵从道德的无为而治

韩非子是主张无为而治的。据《韩非子·大体》所言，古代的能全大体的人，都能望天地，观江海，因山谷。观察日月所照，四时所行，云布风动。顺应自然，这样就不会以智累心，以私累己。用法术来治乱，用赏罚来明是非，用权衡来分配轻重。不逆天理而行，不伤情性而为。不吹毛求小疵，不洗垢来察难知。绳之外的事不招引，绳之内的事不推脱。不急于做法之外的事，不缓于做法之内的事。要守住已成之理，要因循自然。祸福是从道法中产生出来的，而与人的爱恶是无关的。自己的荣辱之责在于自己，而不在于他人。据《韩非子·扬权》所言，做事的人在四方，而重要的人在中央。圣人要执着于要，四方就会来效法。重要的人只是虚而待之而已。在四海既藏的时候，道是阴的也会现出阳来。只要左右都已经立起来了，开门就是妥当的了。不要变不要易，总是与左右俱行。没完没了地行，就是在履行理。这样物就都能有所宜，材都能够有所施。这样就能各处其宜，上下都可以不违背心愿地做事情，就很轻松愉快。让鸡司夜，让狐狸执老鼠，用的都是其能，这样上就可以平安无事。如果上有所长，事就不方了。上下易用，国就无法治了。君主要让群臣能够自为，自己就执赏罚二柄来责其效就可以。君主的责任非常大，就像是轮船上的舵手一样。君主高处深居，略举手足船就能顺其意而动。这就是君主能以一驾驭万，以静制动之道。

第二节　道家与儒家的不同

一　道家的道德洁身养生体系

（一）重视全生的洁净而轻物的名位

先秦的道家思想的发展共经历了三个阶段：杨朱代表的是第一阶段；《老子》代表的是第二阶段；《庄子》代表的则是第三阶段。道家哲学的出发点是要保全生命、避免对生命的损害、避免心灵上沾染人世间的罪恶污秽。隐者都是欲洁其身的个人主义者。当他们感到世界已败坏到无可救药的程度，就会隐了去以保自己的干净。据《论语·宪问》记载，孔子在周游列国时，曾遇到过很多避世的隐者。这些人笑话孔子，认为他一心救世，都会归于徒然的。有一位隐士说孔子是一个知其不可而为之的人。据《论语·微子》记载，子路为孔子辩护说，不仕是无义的。长幼之节不可废，君臣之义更不可废，不能因为要洁其身而乱了大伦。即是说，君臣之间是大伦，长幼之间是小伦。士是臣，臣不出仕当官就是乱大伦。有一个隐者对孔子的门徒说，滔滔者天下有的是，但是谁又能改变这个败坏了的世道呢？早期的道家之人是从隐士中产生的。一般的隐者，不会介意社会的评价，也不会为自己的生活方式进行辩护。而道家的人则要从治国的高度来为自己的重生贱物的生活方式说出个道理来。

（二）贵身和爱身的人是可以寄托天下的人

道家的圣人是不愿意做国君的。据《吕氏春秋·贵生》记载，古代有一个道家的圣人被国人拥戴为君。圣人逃到了山上去，藏在一个洞中。国人跟踪而去，用烟把圣人从洞里熏出来，强迫他做国君。据《列子·杨朱》记载，杨朱说，古代的人，损一毫可以利天下也不与。用天下来换一身，也是不取的。如果人人都是不损一毫的，人人都是不利天下的，天下就能治了。据《老子·第十三章》所言，如果一个人以身为贵来为天下，这个人就可以寄天下；如果一个人以身为爱来为天下，这个人就可以托天下。据《老子·第四十四章》所言，名与身，身更亲，而身与货，身更多。据《庄子·养生主》所言，为善不要近名，为恶不要近刑。以这个原则为经，就可以保身，可以全生，可以养亲，可以尽年。道家是崇尚自然之道的，所以道家说的德也是道德，从道德的目的是要全身和洁身。据《列子·说符》记载，有一个故事说，宋国的国君让一个巧匠按树叶雕刻了一瓣玉叶。这瓣玉叶是那么的逼真，以至于无人能够把它与真的树叶区别开来，国君感到非常得意。而列子则批评说，如果天地之生物，三年才成一叶，那么物之有叶者就寡了。

（三）当乱世之时要隐而独善其身和洁身自好

在汉朝之前，没有道家之名。在战国之后，《老》学盛行于汉初，而庄学盛行于汉末。道家是汉朝的人给取的名。虽然老学与庄学有所不同，但是老庄所说的道与德的观念是相同的，而且他们都反对圣典仁德礼制幸福体系。汉朝之人把老庄称为道家，而司马谈则把道家称为道德家。据《史记·太史公自序》记载，司马谈说，道家能够让人的精神专一，动合于无形。道家作为术来说，追求的是顺阴阳，博采儒家和墨家之善、名家和法家之要，与时推移，应物而变化。道家立于俗来施行事，所以无所不宜。道家的思想简约和易于操作，所以事少而功多。道家和儒家都认为，只有纯洁的圣人才能担当起治国的重任。儒家认为，圣人治国是要为大众多做事，而道家则认为，圣人治国是要废除过去不应该做的事。老子认为，世事纷繁，种种烦恼，不是因为事情做得太少，而是因为事情做得过多。道家立论的宗旨在于说明，在人世间的荣华富贵的名位体系与卑鄙而不是仁德相配时，人应该抛弃名位，不要做官，也不要追求行仁德，而是应该隐于山林之中或隐于世中，独善其身、洁身自好。儒家与道家都是君子之学，所以道士入世就是儒士，而儒士退隐就是道士。道士求退而不污的全生，而儒士求守而不污的担当。

二　道家的子学代表人物

（一）杨朱的隐于山林的一毛不拔的全身观念

杨朱大概生活在墨子与孟子之间，为隐者，具体的生卒年月已不可考。墨子反对孔子过奢，杨朱反对墨子过俭，孟子反对杨朱隐世。杨朱认为，人最重要的是生，不能以过奢的物害生，也不能以过俭的物而亏生，更不能以污浊的富贵的物的体系迫生。当世界污浊的不可救药之时，要等天之道自己救世，个人则应该隐居山林，独善其身和洁身自好。《列子·杨朱》为魏晋时期的人所作。在《墨子》中没有提到过杨朱，但是在《孟子》中，杨朱已经与墨子一样有名。据《孟子·滕文公下》记载，在孟子的时代杨朱和墨翟之言盈天下。天下之言，不是归杨就是归墨。据《淮南子·氾（sì）论训》所言，墨子是反对孔子的礼乐和厚葬久丧的观念的，而孟子是反对杨朱的全生保真和不为富贵之物所累的观念的。

1. 人要重视自己的生命而轻富贵之物

（1）全性之道是利于性则取之，而不利于性就舍之

杨朱认为，人都是应该为自己的，人应该是轻富贵之物和重生命的质量的。据《吕氏春秋·不二》所言，杨朱把自己看成是最高贵的。据《淮南子·氾论训》记载，杨朱所立之言是要人全性保真，不以物体累人之形体。据《吕氏春秋·情欲》所言，杨朱认为，人天生就有正常的贪和欲；人之情来自欲，但情是有节制能力的。圣人修节的目的不是为了止欲，而是要让欲不要过度。耳朵想要听五声，眼睛想要看五色，嘴巴想要吃五味，这都是人之常情。对于贵与贱、愚与智、贤与不肖来说，这些情都是一样的。神农和黄帝与桀纣的情，都是相同的。圣人因贵生而动，所以能得其情。如果不因贵生而动，就会失其情。据《吕氏春秋·本生》所言，杨朱认为，圣人对于声色滋味来说，有利于性就取之，有害于性就舍之，这就是全性之道。

（2）有害于生之欲要止住，而有利于生之不欲要留住

据《吕氏春秋·贵生》所言，杨朱认为，圣人在深虑天下的时候，最关注的是生。耳目鼻口，都是用来为生服务的。虽然耳朵想要听好听的声音，眼睛想要看美色，嘴巴想要吃美的滋味，但是有害于生时则要止住。即使是四官都不想要的，如果有利于生则得要。要重生但是不要纵欲，因为纵欲反而会害生。在这点上，杨朱与詹子的纵欲观是不同的。据《吕氏春秋·审为》记载，詹子说，如果人重生就会轻利。如果明白道理，还是不能克制自己对于利的追求，那就放纵自己。如果勉强不放纵自己，心会受重伤。而心受重伤的人，就没有长寿可言了。但是，杨朱反对纵欲的理由与荀子是不一样的。杨朱是从利生的角度反对纵欲，而荀子则是从仁德的角度反对纵欲。据《荀子·非十二子》所言，纵情性之行，为禽兽之行。这样的言论不合文，不通治，但是持之有故，言之成理，所以足以欺惑愚众。魏牟就是赞成纵情的人。

2. 因富贵之物而迫生不如死掉算了

据《吕氏春秋·情欲》所言，杨朱认为，如果耳朵不能享受声音之乐，眼睛不能享受好色之乐，嘴巴不能享受味道之甘美，那么活着与死了就没有什么区别了。从前的得道之人，活着追求的是长寿，这样才能长久地乐于声色滋味。据《吕氏春秋·贵生》所言，杨朱认为，全生为上，

亏生次之，死再次之，迫生则为下。尊生者指的是全生之人。全生的人，眼、耳、鼻、舌、身、心六欲皆能得到适当的满足。亏生的人只是有的六欲得到了适当的满足。对于全生的人来说，亏生者的六欲是有所薄的。死的人失去了知觉，回到了未生之前的状态。迫生者指的是不仅六欲都没有得到适当的满足，而且都要面对所恶者，遭受着屈辱。对于心灵的不义之辱为最大之辱。人的心灵不得不承受不义而生，这就是迫生，但迫生不只是有不义这一种。迫生之人不如死了算了。为什么呢？耳朵听的是所恶的，不如不听；眼睛看的是所恶的，不如不见。因此，打雷的时候我们会掩耳闭目。有六欲的人，都知道自己最讨厌的是什么，所以当不得不面对自己最讨厌的东西的时候，就会选择死。喜欢吃肉的人，是不会喜欢吃腐烂的老鼠的。喜欢喝酒的人，是不会喜欢喝坏酒的。尊生的人指不是被迫而生的人。迫生之人就是活受罪的人。

3. 用一毛可以换天下也不换

据《孟子·尽心上》记载，孟子说，杨朱的取向是为我的，即使让他拔一毛来利天下，他也是不为的。即是说，杨朱是个一毛不拔的自私的人。据《列子》记载，禽子问杨朱说，如果去您的一毛以济一世，您愿意不愿意呢？杨朱说，世固然并非一毛就能济的。禽子说，如果能济的话，您是否愿意呢？杨朱没有回答这个问题。禽子出来后，对孟孙阳说了这件事。孟孙阳说，您没有理解杨朱之心。如果有人要侵入您的肌肤，您可以因此而获得万金，您愿意为吗？禽子说：我愿意为。孟孙阳又问，如果断您的一个骨节而能得一国，您愿意为吗？禽子默然了一会儿。孟孙阳又说，一毛是微于肌肤的，肌肤又是微于一节的。然而，积一毛可以成肌肤，积肌肤可以成骨节。一毛固然只是一体中的万分之一，但是也是不可以轻视的。

据《韩非子·显学》所言，杨朱这个人，即使为了义也不入危城、不处军旅。用天下大利来换他的一根汗毛，他也不换。当时的世主听从他之言，待之以礼，并认为他的智慧很高贵，他的行为很高明，认为他是轻物重生之士。子华子的观点与杨朱是相似的。据《吕氏春秋·审为》所言，子华子说，如果要让人废了左右手来获取天下，人通常是不会要天下的。两臂重于天下，身体又重于两臂。据《吕氏春秋·重己》所言，杨朱说，我的生是属于我的，所以要以利我为大。如果论贵贱，天子之爵无人能比。如果论轻重，天子富有天下，无人能比。如果论安危，一旦失去生命，便不能复得。人们对于富贵和安危都很慎重，却忽视了人的性命之情。如果不关注人的性命之情，慎又有什么益处呢？人是不应逆其生的，要顺从生长的规律，要适当地满足欲望才能顺生。

（二）老子的隐于人世之中的全生思想

1. 老子的生平及其立论宗旨

老子指的是战国时期的李耳，为楚国人，属于隐者。据《汉书·地理志》所言，楚国之民的食物经常是很足的。信巫鬼，重淫祀。《老子》即《道德经》一书成书于惠施和公孙龙之后。老子之学，在战国时期为显学。据《庄子·天下》所言，庄子认为，尹文和老子都是博大之真人。尹文和老子都是以本为精、以物为粗，都以有积为不足，都只愿意与神明同居。他们以无有的能量为常，以太一为主宰，以懦弱谦下为表，以空虚和不毁万物为实。尹文说，动要像水一样，静要像镜一样，应要像响一样，寂要像清一样。与人同则和，得于人则失。不要先于人，而是要随从于人。老子说，知道自己是雄的，但是要把自己当成雌的来守；知道自己是白的，但是要当成辱来守。别人都想要取先，唯有自己要取后，能够承受天下之垢。别人都要取实，只有自己取虚。一个人无藏，才能有余。徐徐而行，所以不费力。别人都求福，只有自己委曲求全，这样就能苟且偷得全生而免于得害生之咎。要以深为根，以约为纪。坚就要被毁，锐就要被挫。要常宽容于物，要不削于人，就可以至极。《老子》立论的宗旨在于从无有的能量的角度来说明宇宙万物的变化之道，让人按照这种天之道行事，把富贵看成是零而根本不在意，这样就可以在不得已的污浊的人世之中保全自己的生命，从而能够像金子一样，虽然身在富贵的物的污泥中也能不染，这样才能够自得其清洁的生性之乐。

2. 老子的思想脉络

（1）关于能量的完美的常道、常理、常德

①进入能量世界的玄关就是哲学的入门之处

《老子》认为，在宇宙万物的变化中可以发现关于能量运行的通则。所有的能量运行的通则都可以称为守恒的常。据《老子·第十六章》所言，各种各样的物最后都会复归其能量之根。归根的目的是为了复命。复归于命，称为常。万物都会归于能量之静。知能量运行之常的人为明白的人。据《韩非子·解老》所言，一物之存与亡、盛与衰、生与死，都不能称为常。只有与天地俱生，到天地消散时也不死和不衰的能量，才能够称为常。常指的是普遍与永久的能量的存在。老子说的无，指的是无具体的事物，指的是无形，而不是指绝对的无，不是零。据《老子·第四十章》所言，天地万物都是生于有的，而有是生于无具体事物的能量世界的。一切形而下的具体事物都是可以命名的，而形而上的能量世界则是无法命名的。能量运行的道也是无法命名的。据《老子·第四十一章》说，能量运行之道是隐而无名的。没法把这种道指给人看。能量运行之道是一个指称，是无名之名。据《老子·第一章》说，可以言说的道，就不是常道；可以命名的名，就不是常名。可以用无来给天地之始的能量命名，可以用有来给万物之母命名。可以用常无来观能量世界之妙，可以用常有来观无事物的能量世界与有事物的物体世界之间的界限。无的能量世界与有的物体世界是相同的，只是名字相异。无与有之同，可以称为玄。玄之又玄，这就是所有的奇妙之门。这里就是进入哲学世界的玄关。哲学世界的规律都来自于无物体的能量世界的运行规律。

②取得了能量运行之常天下就无难事了

据《老子·第二十五章》所言，能量运行的道到底是什么呢？很难说清楚。如果要勉强说明的话，可以称能量运行之道为大。这种道是先天地而生的，之后才由阳的能量和阴的能量混成万物。能量运行之道是寂寥的，是独立而不改的，是周行而不怠的。能量运行之道可以称为天下之母。能量运行之道是万物的由来，而不是万物之一。从逻辑上看，能量运行之道的存在是先于天地万物的存在的，是自在的。从能量运行之道的高度上看无，则是守常的无；从能量运行之道的高度上看有，则是守常之有；从能量运行之道的高度上看名，则道是不可形容的；从能量运行之道的高度上看其功，则是无为而无不为的；从能量运行之道的角度看尊贵，则是自然而然的。万有都只是一个总体的有，这个有就是守常的能量之有。据《庄子·天下》记载，庄子认为，老子之论是立于能量的常无和常有之上的，而主宰常无和常有的则是太一。老子说的太一就是能量运行之道，能量之无与有就是常。常就是永久和永在，就是能量运行的恒常和常则。万物都是变化的，而能量变化的法则却是不变的。据《老子·第四十八章》所言，取得了能量运行之常天下就无难事了。据《老子·第四十二章》所言，能量运行之道生太一，太一生天地之二，阴气之能量、阳气之能量混合而生和气之能量这个三，和气之能量生万物。所以，万物都是背着阴和抱着阳的，而阴阳都是冲能量之气以为和的。

③能量运行之道是尽稽万物之文理的

据《老子·第二十一章》所言，能量运行之道在造物体的时候，先是惚恍的，其中出现了象；然后是恍惚的，其中出现了物；然后是窈冥（yǎo míng，昏暗）的，其中出现了精。这种精是非常真实的，其中出现了信。据《老子·第二十五章》所言，人是效法地的，地是效法天的，天是效法能量运行之道的，能量运行之道是效法自然的。自然就是自然而然，本来如此。据《韩非子·解老》记载，韩非子认为，老子所说的能量运行之道指的是万物之所以然、万理之所以稽（jī）的总原理。理是能量成物之文的原则，而道则是万物之所以成的原则。先有能量运行之道，后有能量成文之理。因为物的存在都是有能量之文理的，所以不能互相菲薄。万物都是各有自己的异理的，但是能量运行之道则尽稽万物之文理，所以不得不化，所以能量运行之道对于物体来说是无恒常操守的。

④不离常德就能复归于能以专气致柔的婴儿

能量运行之道指的是天地万物生成的总原理，而德则是一物体所以生的原理。德是从能量运行之道中生出的理，万物各有自己的异理。据《老子·第五十一章》所言，万物由道生之、德蓄之、物形之、势成之。所以，万物没有不尊道和贵德的。道之尊、德之贵是来源于自然的。据《管子·心术上》所言，德就是道之舍。有德才能生物，才能得道之精，所以德就是得的意思。能量运行之道是无为的，德是因为道之舍才得的，所以道与德之间是没有区别的。从常道中引申出的德称为常德。据《老子·第二十八章》所言，能量之守常之德是不忒（tè，差错）的，能够复归于无极的能量世界。常德是足的，能够复归于朴。据《老子·第二十八章》所言，人要不离能量之常德，就要复归于婴儿。据《老子·第十章》所言，婴儿是最能以专气致柔的。据《老子·第五十五章》所言，赤子是含常德最厚的。据《老子·第四十九章》所言，圣人应该把天下之心都变成小孩子之心。据《老子·第二十八章》所言，如果能够不离常德，就能复归于婴儿。

（2）明白能量运行之则的人会用反面之柔弱来求正面之刚强

①用反面来求正面的立意是正的

老子最关心的是人生在世，世间变化多端，怎么才能够全生，怎么才能够避祸。据《老子·第五十二章》所言，如果人不知能量运行之常，妄作就会导致凶的结果。据《老子·第四十二章》所言，损物体反而可能使之受益；益物体反而可能使之受损。据《老子·第六十五章》所言，能量的玄德是很深很远的，要与物体相反，这样才能够至于大顺能量运行之道。据《老子·第七十八章》所言，正言听上去像是反言一样。据《老子·第四十一章》所言，下士闻能量运行之道会大笑。如果不是被大笑的道，就不足以为玄妙之道了。人之所以贵就在于人有能力知道能量运行的通则。能知能量运行的通则的人为明白之人。据《老子·第四十八章》所言，为学日益，为道日损。即是说，为学的对象是物体，所以知道得越多越有益，而为道的对象是能量，要懂得能量运行的规律，就要把物体不断损去，损到最后就只剩能量了。据《老子·第七十九章》所言，天的能量运行之道是无亲的，常与善人在一起。老子是用反面来求正面，所以立意是正的。据《老子·第四十章》所言，能量运行之道总是向其反面运动的，总是会返回的，总是会反反复复的。据《老子·第五十八章》所言，顺能量运行之祸为福之所倚；逆能量运行之福为祸之所伏。据《老子·第二十五章》所言，有物混成，先天地生。我不知其名，字之以能量运行之道（名与字是不一样的），强为之名，称为大。而大的能量运行之道必然是要消逝的，消逝的能量运行之道必然是远的，而远的能量运行之道必然是会返回的。

②能守住柔的人才是强大的人

老子认为，一个谨慎的人，应当温和、谦虚、知足。温和就能保持自己的力量的强大，谦虚就能使人不断进步，凡事知足就不会做事过分。据《老子·第四十三章》所言，天下最弱的是水，而用来攻克坚强者时没有什么能够比得过水。据《老子·第五十二章》所言，能见小的人才是看得明白能量运行之道的人；能守住柔的人才是强大的人。据《老子上篇·第二十二章》所言，不自现的人反而得明；不自以为是的人反而得彰；不自伐的人反而有攻；不自矜的人反而得长。所以，只有不争的人，才是天下谁也争不过的人。据《老子·第三十四章》所言，最终不自为大的人，才能够成其大。据《老子·第二十三章》所言，飘风是不终朝的，骤雨是不终日的。据《老子·第三十二章》所言，曲则能全；枉则能直；洼则能盈；敝则能新；少则能得；多则会惑。据《老子·第四十五章》所言，大成犹如是缺少一样，其用是不蔽的；大盈犹如是冲一样，其用是不穷的；大直犹如是屈一样的，大巧犹如是拙一样的；大辩犹如是木讷一样的。据《老子·第六十七章》所言，要慈才能勇；要俭才能广。不敢为天下先，才能成器之长。所以，据《老子·第三十六章》所言，将要合之，就要故意张之；将要弱之，就要故意强之；将要废之，就要故意兴之；将要夺之，就要故意与之。

（3）无为而治地顺从自然就是完美的王道

①圣人能够无私反而能够成其私

据《老子·第十三章》所言，我之所以有大患，就因为我有身。如果我是没有身的，我就不会有什么患。据《老子·第三十二章》所言，知止所以能够不殆。据《老子·第九章》所言，持而盈之，不如放弃算了。揣而锐之，是不可常保的。金玉满堂是守不住的。富贵而骄是自找不痛快。功成身退，这才合乎天的能量运行之道。据《老子·第十二章》所言，五色本来是可以悦目的，但是五色之极则会令人目盲；五音本来是可以悦耳的，但是五音之极则会令人耳聋。据《老子·第四十四章》所言，太爱了必然会大费精力；多藏了必然会厚亡。据《老子·第三十章》所言，用能量运行之道来辅佐人主的人，是不以兵来强天下的。据《老子·第七十七章》所言，天的能量运行之道就像张弓一样，高者要抑之，下者要举之。有余者要损之，不足者要补之。据《老子·第二十七章》所言，圣人因为明白能量运行的道理，所以常善于救人而不弃人，常善于救物而不弃物。据《老子·第二十九章》所言，圣人是去甚、去奢、去泰的。据《老子·第六十四章》所言，圣人之所欲就是不欲，圣人也不贵难得之货。据《老子·第七章》所言，圣人因为后其身反而能够让身先；圣人能够外其身反而其身能存；圣人能够无私反而能够成其私。

②能量运行之大道是功成而名不就的

据《老子·第三十七章》所言，能量运行的常道是不为什么的，所以能够无所不为。据《老子·第十六章》所言，知能量运行之常，就能宽容；宽容就能公平；公平就能成王。而王就是天，天就是能量运行之道。能量运行之道的存在是长久的，所以得道者的身体死了，其所载的道是不会死的，所以能够得到长久。据《老子·第三十四章》所言，能量运行之大道生万物而不用言辞来自表，功成而不名就，衣养万物而不为万物之主。据《老子·第四十八章》所言，能量运行之常以无事而能取天下，有事则不足以取天下。据《老子·第七十五章》所言，民之所以难治，是因为上面的君王有为，是做事是为了什么目的。据《老子·第五十七章》所言，君主无为而顺从能量运行之道，民就会自化；君主好静，则民自正；君主无事，则民自富；君主无欲，则民自朴。

据《战国策·齐策》记载，老子说，君王虽然贵但必须以贱为本，君王虽然高高在上，但必须以下为基。据《老子·第六十六章》所言，要以民为上，必然要让自己的言在民之下；要以民为先，必然要让自己的身后于民。据《老子·第六十一章》所言，大国能够甘居小国之下，所以能取小国；小国能够甘居大国之下，所以能取大国。据《老子·第五十五章》所言，有益于生的就称为祥。据《老子·第七十五章》所言，因为民求生之心很厚，相比起来就把死看得很轻。据《老子·第二十九章》所言，天下之神器是不可为的。为的人必然败之，执的人必然失之。据《老子·第五十七章》所言，天下忌讳很多的时候，肯定是民贫的时候。民有很多利器的时候，肯定是国家很昏的时候。法令彰显的时候，肯定是有很多盗贼的时候。

③欲望越寡就越容易得到满足

据《老子·第三十二章》所言，能量运行之常道是无名的，所以是朴的。能量运行之常道虽然小，但是天下莫能有以常道为臣的，而有制就开始有名了。据《老子·第三十七章》所言，无名之朴，会让人无欲。没有欲望，就会令人安静，这样天下就会自定。人是生而有欲的，但是满足欲望的方式越多，人的欲望就越不容易满足，所以多欲就不如寡欲。欲望越寡就越容易得到满足。据《老子·第五十九章》所言，治人或事天，都用寡欲最好。据《老子·第四十四章》所言，如果人知足，就不会受辱；如果人知止，就不会殆，这样就可以长久。据《老子·第四十六章》所言，最大的祸来自不知足；最大的咎来自想要得。据《老子·第二十章》所言，绝学就能无忧。即是说，学让人有很多的欲望，所以要寡欲就要绝学。据《老子·第二十章》所言，我要有一颗愚人之心。俗人昭昭，独有我昏昏；俗人察察，独有我闷闷。据《老子·第十八章》所言，因为出现了智慧，所以才有了大伪。据《老子·第六十五章》所言，如果民的智多，民就难治了。以智治国为国之贼，而不以智治国则是国之福。据《老子·第六十五章》所言，古代善为道的人，不是让民明白能量运行的道理，而是让民愚，即不明白能量运行的道理。

④要让民甘其食、安其居、乐其俗

据《老子·第二章》所言，天下皆知道美之为美的时候，这就是恶；天下皆知道善之为善的时候，这就是不善。据《老子·第三十八章》所言，失道然后就会强调德，失德然后就会强调仁，失仁然后就会强调义，失义然后就会强调礼。所以，礼就是因为忠信之薄导致的，所以是乱之首。据《老子·第十九章》所言，如果绝圣去智，就能利民百倍；如果绝仁去义，民就能复归到孝慈；如果绝巧弃利，就不会有盗贼。要让民见素抱朴，少私寡欲。据《老子·第三章》所言，如果不尚贤，就能使民不争；如果不贵难得之货，就使民不会为盗；如果不见可欲，就能使民心不乱。圣人之治，就是要虚其心，实其腹，弱其志，强其骨，常使民无知无欲。据《老子·第八十章》所言，要让国小而民寡，让民重视死所以不远徙。要让人回归到结绳用之的时代。要让民甘其食、安其居、乐其俗。邻国之间近得连鸡犬之声都能相闻，但是民至老死都不相往来。

（三）庄子的平等快乐思想

1. 庄子的生平及其立论宗旨

庄子（约公元前369—前286年）的名字是庄周。他是宋国蒙人，毕生过着隐士的生活。庄子与孟子是同时代的人，与名家的惠施是好朋友。据《史记·老子韩非列传》记载，庄子之学无所不窥，但要旨本归于老子之言。他的书中多用寓言故事。他善于通过事来抒发情感。庄子之言很放肆，用于适己，王公大人都没有办法把庄子当成器物来使用。据说楚威王听说庄子是位贤才，所以派使者带重金来邀请他为相。而庄子说，千金确实是很重的利，卿相确实是很尊的位，但是我宁愿在污渎中自寻快乐，不愿意为有国者所拘束。我终生都不做官，为的是让我自己之心志能够感觉到痛快。

《庄子》是庄子思想的汇编。庄子在世时，他的思想和著述都已驰名。庄子的文风很像楚辞，想象力丰富、情思飘逸。他的文学与《诗》的风格不同。他的思想和文体都很超旷。在荀子的时代，老子和庄子之徒都认为古今之时势是大异的，所以周朝之制是不可能复行的。据《庄子·天运》所言，要在水上行，最好用舟；要在陆上行，最好用车。古今正如水陆一样，怎么能够把过去的周朝的舟用到现今的鲁国的陆地之上呢？这样做必然是劳而无功的。据《庄子·盗跖》所言，孔子不耕而食、不织而衣，就会摇唇鼓舌、擅生是非，目的在于迷惑天子，让天下的学士不务本。让弟子学孝弟，目的是为了侥幸封侯得富贵。庄子认为，儒家是游于方之内的，而道家则是游于方之外的。那时的方指的是荣华富贵的名位秩序。庄子不反对仁德，也不反对礼制，但是认为刻意为仁德或礼制，都会让人失去自然的天性。让人忘掉仁德和礼制，反而更能自然地实现仁德礼制的快乐。庄子立论的宗旨是，如果自己生活在污浊的社会环境中，自己又奈何不了这种社会环境，就不要去求行仁德，因为行仁德要具有荣华富贵的条件，而荣华富贵的名位又变成了污泥，所以自己能求的就是发挥自己的天赋，能够顺其自然、独善其身、自得其乐便好。

2. 庄子的思想脉络

（1）绝对快乐来自于悟能量运行之道

①能量运行之道是独立而不依赖的

据《庄子·天地》所言，技是用来做事的，事是用来行义的，义是用来行德的，德是用来行道的，道是用来效法天的。据《庄子·知北游》所言，能量运行之道是无所不在的。能量运行之道具有周到、普遍、感应的特征。这三者的名相异，实则相同，都指的是道这个一。据《庄子·大宗师》所言，能量运行之道是有情和有信的，是无为和无形的。能量运行之道是可传而不可受的，是可得而不可见的。能量运行之道是自本自根的，天地还没有的时候，道就存在了。能量运行之道是自古就固存的。天和地是由正能量的阳之神帝和反能量的阴之神鬼生的。能量运行之道是生于太极之先的，但是不以自己为高；能量运行之道是在六极之下的，但不以自己为深；能量运行之道是先天地而生的，但是不以自己为久；能量运行之道是长于上古的，但是不以自己为老。也就是说，能量运行之道是自由自在的、自然而然的、独往独来的，能量运行之道自己就是自己，不依赖于其他的事物。据《庄子·田子方》所言，至阴是肃肃的，至阳是赫赫的。肃肃是出于天的，而赫赫是发于地的。阴阳要交通成和才能生物。

②能与能量运行之道合一便能得至乐

据《庄子·逍遥游》所言，人所说的快乐是有不同层次的。自由发展人的本性，可以带来的是相对的快乐。如果要达到至乐，就要对事物的本性有更高的认识。人要努力达到天人合一的理解，这样才能得到至乐。据《庄子·逍遥游》记载，庄子说，在战国时期的郑国，有一位思想家称为列子。列子能够驾御[①]风而行，能够如此顺应自然，世间是不多见的。但是，虽然列子不必徒步行路，但还是要依靠风才能行，所以他的快乐还是相对的。如果人能够凭借自然的本性，顺应阴、阳、风、雨、晦、明这六种气体能量的变化，游于无穷的能量世界之中，就可以什么都不依靠了。这样的人就是至人、神人、圣人。至人是无己的，神人是无功的，圣人是无名的。庄子说的至乐的人就是心灵完全自由的人，是真正的圣人，是完美的人。圣人能够享受到纯然的快乐，因为他们能够超越普遍事物的界限，能够超越主观与客观、我与非我、我与世界之间的界限，从而能够达到无我的与能量运行之道合一的境界，我即是能量运行之道，能量运行之道即是我。能量运行之道因为无为而无不为。能量运行之道因为是无为的，所以是无功的。也就是说，一切都是自然的、天然的，没有个人的目的。有功也是能量运行之道的功，而不是我的功。圣人治天下，就是要让世人自由自在，充分发挥自己的所有的才能。能量运行之道是无名的。圣人与能量运行之道是合一的，所以也是无名的。即是说，圣人把自己变成了能量运行之道，所以道有的特征，就是圣人的特征。能量运行之道是完美的，所以圣人也是完美的。

（2）相对快乐来自于能量凝成之德

①能量凝成之德是物体各自所得的能量运行之道

据《庄子·天地》所言，泰初的时候有“无”这种能量。“无”这种能量之“有”是无名的。能量凝成的一产生于“无”这种能量。能量凝成的一存在了，但是这种能量还没有形。物之所以能够生，是因为物都是有能量凝成之德的。没有形的能量这个一的流体是可以分的，但是即使分了，就像是水一样，还是可以混为一体的，因为它们之间是无间的。分成分的能量就称为命。命在流动中生成物。物生成理后就有了形。形和体都是用来保住能量之神的。物是各有自己的仪则的，仪是物中的能量追求的目标，而则就是通向这个目标的法则，这种仪则就是性，性即是生之心。没有能量运行之道，形就不会生；而没有能量凝成之德，生就不会明。据焦竑的《老子翼》卷七引所言，虽然能量运行之道和能量凝成之德的名是不同的，但是实是相同的。能量运行之道是无所不在的，而能量凝成之德则是物体各自所得的能量运行之道。能量运行之道是人的共同的

---

① 服从驾的为“驾御”，不服从驾而硬驾的为“驾驭”。

来由，而能量凝成之德则是人所自得的能量运行之道，这就好比湖和海中的水是不同的，但是作为水来说则是相同的。

②在能量运行之道和能量凝成之德中有着仁义礼乐

据《庄子·缮性》所言，能量凝成之德即是和，能量运行之道即是理。能量凝成之德是无不容的，这便是仁；能量运行之道是无不理的，这便是义；义明而物亲即是忠；中纯实而反乎情即是乐；信行容体而顺乎文即是礼。据《庄子·在宥（yòu）》所言，远而不可不居的是义；亲而不可不广的是仁；节而不可不积的是礼；中而不可不高的是德；一而不可不易的是道；神而不可不为的是天。据《庄子·天地》记载，庄子借孔子的口说，能量运行之道是覆载万物的，是洋洋乎大的。没有什么目的的无为而为之的称为天，没有什么目的的无为而言之的称为德，爱人利物称为仁，不同而同之称为大，行不崖异称为宽；有万而不同称为富。据《庄子·天道》记载，庄子说，老聃翻了翻孔子想要藏的十二经，问有什么要点。孔子说，要点在仁义。老聃问，仁义是人之性吗？孔子说，是的。君子不仁则不成，不义则不生。仁义是真人之性。老聃问，什么是仁义呢？孔子说，仁义即是中心和乐，兼爱无私，这就是仁义之情。

③人的始与卒是一个有伦的均的圆环

据《庄子·胠箧（qū qiè）》所言，先入为勇，后出为义。知可否为知；均分为仁。物在生之前，让无形的能量运行之道变成有形的能量凝成之德，这就是物体之命。物体必有一定的形体，而形体与精神有一定的构造和规律，这种构造和规律就是性。物体之形体不是一成不变的。天地万物无时不在变化之中。据《庄子·齐物论》所言，物体从成形开始，就在走向灭亡，人是无法阻止的，这是件很悲伤的事。据《庄子·秋水》所言，我为或不为，固体能量都是会自已化没了的。物体之生，就像是骤和驰一样的。没有什么动是不变的，没有什么时是不移的。据《庄子·寓言》所言，万物都是同种的能量变来的，只是以不同的形体相禅（shàn，传位）而已。人的始与卒是一个圆环，没有不得其伦（lún，顺序）的，所以说由能量构成的天是均的。天均指的就是天倪（ní，自然的分际）。

④无论极大或极小，只要自由发挥自己的天赋就能快乐

庄子认为，只要是人才都是有绝对的自由的。人的心灵要快乐，首先是要能自由地、充分地发挥自己的天赋的才能。人的天赋的才能便是他的能量凝成之德，而这种德则是直接来自能量运行之道的。庄子对道

和德的看法与老子是相同的。据《庄子·齐物论》所言，天地与我是并生的，万物与我是一样的。凡物都是从能量运行之道那里来的，都有自己的能量凝成之德，这种德就是各自的自然之性。据《庄子·天道》所言，明白天地的能量凝聚之德，就有了大本和大宗，就能与天相和。与天相和的人，就能够得到天乐。万物的本性和天赋的能量是各不同的，而他们之间的共同点是，当它们充分并自由地发挥自己的天赋的才能时，便同样都会感到快乐。顺应自己的天性，马上就能得到快乐，而不用外求快乐。据《庄子·逍遥游》所言，世间有极大与极小之物，正如鲲鹏是极大的，蜩（tiáo，寒蝉）和鸠是极小的。据郭象注《庄子》所言，极大与极小，要明白自己的性，知道自己适合做什么。满足于自己的性，大鹏就不要以为自己贵于小鸟，而小鸟也不要羡慕大鹏才能到达的天池，这样荣愿就能有余了。所以，小和大虽然是不同的，但是逍遥（xiāo yáo，自由自在和自得其乐）都是一样的。即是说，大鹏和小鸟的能力是不一样的。大鹏能扶摇直上九万里，而小鸟要从一棵树飞到另外一棵树都很勉强。但是，大鹏和小鸟在各尽所能地飞翔时，都会感觉到非常快乐。

⑤人只要放能量凝成之德自由地行即能得至

据《庄子·马蹄》所言，民是有常性的。民有织所以有衣，民有耕所以有食。这就是同德。在有至德之世，人与禽兽同居，族与万物并存，没有什么君子与小人之分。大家对德都是同样的无知，因此没有离德的时候。大家都同样的对德是无欲的，因此都是素朴的。素朴就是民所得的能量运行之道，就是能量凝成之德，就是民性。据《庄子·天道》记载，庄子说，老聃对孔子说，天地是固有其常的，日月是固有其明的，星辰是固有其列的，禽兽是固有其群的，树木是固有其立的。人只要放德而行，就能循道而趋，这样就能至了。所以，不用像击鼓求亡子那样来揭示仁义。孔夫子因求仁义而乱了人之性。庄子认为，天下的自然之物，都没有什么是不好的。天下的自然的意见，都没有什么是不对的。据《庄子·齐物论》所言，天下没有比秋毫之末更大的，而泰山却是小的。民睡在湿的地方会得腰病，而泥鳅则不然，那么什么地方是正处呢？人喜欢吃牛羊猪狗，而乌鸦喜欢吃老鼠，那么什么是正味呢？人以为丽姬很美，而鱼见了会深深地躲入水中，鸟见了会高高地飞走，都是被吓的，那么什么又是正色呢？

⑥从能量的角度看到的万物是无贵贱和大小之别的

据《庄子·秋水》所言，从能量运行之道的高度上看，物是没有贵贱的。从物的角度上看，物都是把自己看得很贵，而把对方看得很贱。从俗的角度看，贵贱是不存在的。在差别方面，如果从大的角度看大，万物没有不大的；如果从小的角度看小，万物没有不小的。天地也可以被看得像米粒一样小，毫末也可以看得像丘山一样大。在功的方面，如果从有的角度上看，万物都有其所有；而如果从无的角度上看，万物都有所无。东与西是相反的，但是不能相无，这样功分就能定了。在趣的方面，如果因其所然而然，万物就没有不然的；而如果因其所非而非之，则万物没有不非的。道是无终始的，物是有死生的。能量运行之道是不居成而自傲的。道有一虚一满，但是不在位那里显出其形。道之年是不可穷举的，道之时是不可停止的。要语能量的大义之方，才能论万物之理。

（3）如何解除人的心灵上的痛苦？

据《庄子·天地》所言，天是无为而为之的。据《庄子·秋水》记载，河神河伯与海神北海若有一段对话。北海若说，人的天性是在内的，人为的是在外的。牛马有四足，这就是天性，而络马首和穿牛鼻，这就是人为的。据《庄子·秋水》所言，不要用人为的来灭掉天然的，不要因为什么缘故来灭天然之生命。顺乎天然是人的一切快乐和善良的来源，而服从于人为的则是痛苦和邪恶的来源。所有的物，只要是顺从自己的天性，都是可以逍遥的。只是所有的物都是有所依赖的。相对快乐之所以是相对的，因为要依靠别的东西。人能够充分发挥自己的天赋的才能，固然是快乐的。但是，人都得去面对老、病、死。人的天赋的发挥也总是会受到人为限制的，所以人会有痛苦。

①要忘掉言语中的是非判断

a. 通过辩论是断不了是非的

据《庄子·齐物论》所言，事物都是方生方死，方死方生的；都是方可方不可，方不可方可的；都是因是因非和因非因是的。知识可以分为两个层次。风吹的时候，会发出各种声音。这些声音被称为地籁（lài，一种箫）。地籁和人籁合起来成为天籁。人籁就是人世间的言语。人籁与地籁不同的是，言语反映的是人的思想，其中包含着肯定和否定。人从各自的局限性出发说出的意见都是有片面性的，而大多数人却意识不到自己的局限性，往往认为自己是对的，别人是错的。所以，儒与墨各说自己的是非，互相间是其所非、非其所是。实际上，通过辩论是断不了是非的。如果我与你辩论，你胜了我，你得出的结果为是，而我不服你之胜，我得出的结果是非。如果我胜了你，我得出的结果为是，而你不服我之胜，你得出的结果是非。所以，我们都可以得出结果为是，也都可以得出结果为非。我与你是不能相知的，所以我们都有看不见的暗处。如果我们找人来判断，看我与你谁是正确的，如果这个人本来就是同意你的，他就无法担任正的角色。如果这个人本来就是同意我的，他也无法担任正的角色。如果他与你和我都是不同的，他也无法担任正的角色。

b. 要像道一样站在圆圈的中心才看得全

据《庄子·齐物论》所说，人要照之于由能量构成的天，这样才能超越任何有局限性的观点。而比照于事物的本能，也就是照之于能量运行之道。有此就有彼，他们之间孰是孰非，这是往复循环的。这就如同一个圆圈。而如果人站在道的角度看问题，就如同是站在圆圈的中心看问题一样。他能看到圆圈上的每一个点的运动，而他自己是不动的。这并不是因为他无所作为，而是因为他超越了有限，从一个更高的观点来看事物。庄子把囿于有限的观点比作井底之蛙。蛙看到的只是天的一角，便以为是天的全体了。庄子认为，如果从能量运行之道的角度看，每个事物都只有点那么大。万物是由能量运行之道生成的，事物的名称是人把它叫出来的。可有可的原因，不可有不可的原因；是有是的原因，不是有不是的原因；为什么是？自有它是的道理。为什么不是？自有它不是的道理。为什么可？自有它可的道理。为什么不可？自有它不可的道理。万物的存在本来就有它们的能量运行之道理，本来就有自己存在的能量凝聚之德的依据。没有什么东西是毫无存在价值的，没有什么东西是不可以存在的。小草茎和大厅柱、丑陋的女人和美丽的西施，以及一切千奇百怪的东西，从能量运行之道的观点上看，都是可以相通为一的。

c. 是非争辩即是在言中争荣华而已

据《庄子·齐物论》所言，我们听到了鸟鸣风响，不会去争论是非。为什么单单对人的言论那么在乎，非得斤斤计较。言不是吹。言者有言，其所言者是未有定论的。能量运行之道是隐于小成之中的，而言是隐于荣华之中的，是非争辩即是在言中争荣华而已。所以，儒墨之是非，以是来断其所非，而以非来断其所是。这样就无法明是非。圣人以是非为和，休乎天钧。这就是所谓的两行。据《庄子·寓言》所言，天钧指的就是天倪，都是指万物的自然而然的变化。休乎天钧，指的是听从万物的自然而然的变化。即是说，圣人对于是非，就听从其自言就完了，不用对谁是谁非进行判断。据《庄子·齐物论》所言，是非一彰显，能量运行之道就亏了，爱就成了。比如说，人有名了，具体的人就亏了，因为在人这个名中不可能包括每个具体人的特点和个性。有成是亏的，比如说，昭文鼓琴；无成是不亏的，比如说，昭文不鼓琴。据郭象注《庄子》所言，声是不可以枚举的，所以有再多的人吹管操弦，还是会遗留下没有穷尽之声。声彰了，倒留下遗憾，而声不彰反而能全。据《庄子·外物》记载，庄子说，捕鱼的竹器是用来捕鱼的，得了鱼就可以忘掉竹器了；言者是为了得意，得了意就可以忘了言了。忘言之人为圣人。圣人之间是不用语言交谈的。据《庄子·田子方》所言，圣人之间只要目击就能感受到能量运行之道的存在。

d. 在无限的能量世界中遨游的人才有着绝对快乐

据《庄子·齐物论》所言，分即是成；成即是毁。凡物都是无所谓成与毁的，都可以复通为一。比如说，制造一张桌子，从桌子的角度上看是建造，而从树木的角度上看则是毁灭。从能量运行之道的高度上看，是无所谓成与毁的。我与非我也是相通的，都可以通而为一。表示能量的整体的“一”到底是什么呢？这个一是无法讨论的，也是不可思议的。只要有人开始对能量的整体的一进行思考或议论，这个一立刻就会变成一个已经存在的物体。这样的物体的一就不再是那个能够包含万物的能量的一了。既然万物都通为能量的一了，就都具有同一性了，那就什么也不用言说了。有能量的一再说一，就有言了。一加上言就是二，二再加上言这个一，就成了三。即便是一个最善于计数的人，也不可能把数目都数到尽头，更不用说是一个凡人了。从无到有，就已经出现了三。如果从有到有，就数不到尽头了。所以，不必再数了，就此停住吧！如果必须执物体的一为是，那么天下之意见到底谁是正确的呢？无法知道谁是正确的。如果不执物体的一为是，那么天下的意见皆为是，就听其自是，也没有必要再进行辩论。任何东西，有是便有不是；有然便有不然。如果是果真是是，就和不是是有区别的，这样就不需辩论了。如果然果真是然，就和不然是有区别的，也就不需辩论了。如果人能忘掉年龄，忘掉生死，忘掉是非仁义，就能遨游于无穷的能量世界的境地，就能生活在无限的能量世界的境界之中。这样的人就是独立于化外的，他的快乐就是绝对的快乐。

②要忘掉生死和得失

a. 当人见到了独的能量世界时就会忘掉生死

庄子的《齐物论》要说明的是凡物都没有不好的，凡意见都没有不对的。如果推而言之，所有的存在形式都没有什么不好的。死不过是从一种存在形式变成另外一种存在形式而已。如果说现在的存在形式是值得喜悦的，死后的新的存在形式也是值得喜悦的。据《庄子·大宗师》所言，如果一个人能够忘掉天下，就能到天下之外去了。如果一个人能够忘掉万物，就能到万物之外去了；如果一个人能够忘掉生，就能到生之外去了；如果一个人到了生之外，就能够见到独了。独就是统一的能量世界。当人见到独的能量世界的时候，就会忘掉古今。忘掉古今就进入了不死不生的境界里。忘掉生的人是不知道什么是死的，而生出生来的人是不知道什么是生的。据《庄子·田子方》所言，宇宙万物本来就是来自能量世界这个统一体的。如果人达到了对万物的能量统一体的认识，就能够明白人的肢体无非是蒙在能量世界上的尘埃而已，人的生死终始无非是日夜的继续而已。如果生死都不足以扰乱人心的平静，那么世俗的得失、时运的好坏，也就更不足以挂齿了。

b. 如果人心与能量世界一样大就没有失去的余地

据《庄子·秋水》所言，能量运行之道是没有终始的，而物体则是有死生的。据《庄子·至乐》记载，庄子的妻子死了，他鼓盆而歌，并回答惠子说，因能量运动之变而有气体能量，因气体能量之变而有能量凝成之形，因形变而有能量的具体形态的存在之生，现又因能量的具体形态之变而有死，正如春夏秋冬这四时的能量之行一样，是自然而然的。庄子是想用这个故事来启发重情感的人，排遣掉情感上的沉重负担。据《庄子·大宗师》所言，人因为能量运行的时运到而有所得。时运不在，就会失去，这个时候只能顺从时运。如果人能够安时处顺，哀乐就不会进入人的心中，这样心就不会因为受到外界的影响而大起大落，得失都能自然处之。庄子认为，圣人和至人与能量世界这个大一即宇宙是一体的。能量世界这个宇宙是永在的，所以圣人也是长生不老的。据《庄子·大宗师》所言，如果人把小的东西藏在大的东西里面，总是有失去的可能的。而如果想把天下藏在天下之中，是无法藏的，因为没有藏的余地。正因为没有藏的余地，所以也不会失去。如果人心与能量世界这个天下一样大，也就没有失去的余地了。这样能量世界这个天下之永久，就变成了我之永久。据《庄子·

齐物论》所言，丽姬到晋国时还哭，而到了晋国与王同床同食之后，就后悔原来哭了。梦到饮酒的人早上起来可能是哭泣者，而梦中哭泣的人早上起来可能是在田猎中玩乐的人。做梦的人是不知道自己在做梦的，只有觉醒了才知道自己在做梦。有大觉的人才知道自己是在做大梦。

③要解除制度上的约束

a. 不能拧巴着人的天性而强齐，因为万物之不齐就是齐

庄子认为，天然的是好的，人为的是不好的。政府、法律和道德都是在强求一律，所以会压制天然的差异性，这样就会把自己认为好的东西强加给别人，会给人带来痛苦。据《庄子・秋水》所言，不能以人为的东西来灭掉人的天性，这样做只会带来悲惨和不幸。君王只要让大众顺应天性去生活，就会得到相对的快乐。物之性都是不同的，每个物都有自己认为的好，没有必要强同，也是不可强同的。物是不齐的，就让它们不齐好了，万物之不齐就是齐。所有的政治制度和社会制度，都会定一个好作为行为的标准，让人服从，从而强迫不齐的事物变成齐的。这样的爱会反得其害。据《庄子・至乐》所言，从前有一只海鸟停在了鲁国之郊，鲁侯命人奏乐给它听，并供给它美食吃。只是鸟看上去很忧愁，不敢吃也不敢喝，三天后就死了。这就是用养自己的方法来养鸟，而不是用养鸟的方法来养鸟。如果在洞庭奏《九韶》这样的乐，鸟听了会飞走，兽听了会逃走，鱼听了会潜走。鱼在水中会生，而人在水中会死。人与人是不同的，所以好恶也是不同的。因此，先圣不是让人都只具有一种才能，不是让人干同样的事。名要止于实，义要设于适，这样才能条达而福持。

b. 人要顺从能量的自然运行才有生趣

据《庄子・逍遥游》所言，人都是不喜欢乱世的。天下之人的所好是不同的，但没有人不愿意生活在治世。据《庄子・天地》所言，天下之人都是以治为自己的心愿的。如果不顺从人之天性，强欲用种种制度来施治，就如络马首和穿牛鼻一样，用人为来改变天然，其结果必然让人感觉痛苦。这就是人为之治的通弊。最好的治理办法是无为而治，就是不要违背人的天性来进行治理。据《庄子・在宥》所言，听说有让天下自在的，没有听说有治天下的。自在的人恐怕的是天下淫其天性；自在的人害怕的是天下迁其德。如果天下不淫其天性，不迁其德，这样天下就治了。据《庄子・骈（pián）拇》所言，野鸭的腿是短的，如果你硬是要把野鸭的腿给续长了，野鸭就会感到忧愁；仙鹤的腿是长的，如果你硬是要给

仙鹤的腿给弄短了，仙鹤就会感到悲伤。如果生性就是长的，就不要去截短它；如果生性是短的，就别去续长它。人会按自己的目的去改造自然，截长补短。这样的做法就是人为的。如果不顺从能量的自然而然的运行，就会让人失去快乐。如果人没有了快乐，活着就没有了生趣。据《庄子·应帝王》所言，正如中央之帝，名叫混沌，本来是没有七窍的，人却非要给凿上七窍，结果七窍是开了，但是混沌死了。如果人能够游心于淡的能量世界，合气于漠的能量世界，顺应物体中的自然的能量的运行而不容私，这样天下就能大治了。

④要无为而治才能实现大治

a. 职之名和人之形定就能实现不用智谋而归顺于天性的治之至

庄子认为，天下的事很多，如果君主都要亲力亲为，即便君主有万能之全才，也会顾此失彼。一人的精力是有限的，而天下的事是无穷的，所以君主不能亲力亲为。如果所有事都能够使人为之，人就都能尽其能而不废事。庄子所说的分守，就是设官分职，明确定出应管之事。分守明的情况下，就可以用某人入某职。某人为形，某职为名。既然形名都定了，就要任其自为，而不能干涉。君主可以考察成效。省指的是省察成效。成效佳则为是，成效不佳则为非。据《庄子·天道》所言，没有比天更神的，没有比地更富的，没有比帝王之功更大的。帝王之德是能够配天地的。这就是乘天地，驰万物，用人群之道。所以，古代的明大道的人，先要明的是天，其次才是明道德。道德已经明了，仁义就是次要的了。仁义已明了，分守又是次要的了。分守已明，形名又是次要的了。形名已明，因任又是次要的了。因任已明，原省又是次要的了。原省已明，是非又是次要的了。是非已明，赏罚又是次要的了。赏罚已明，愚知都能各处其宜，贵贱都能各履其位，仁贤与不肖都能袭情，必然就可分其能，必然就可由其名。这样的道理可以同时用来事上、蓄下、治物、修身。不用智谋，而归顺于天，这样就能够天下太平，这就是治之至。所以，《书》中有言，有形有名就可以了。形名之说，在古人那里就已经有了。古人所说的大道，经五变就可以举形名了，经九变就可以言赏罚了。

b. 君主行无为而尊的天道，而臣民行有为而累的人道

据《庄子·在宥》所言，物是贱的，但是不可不任用。民是卑的，但是不可不顺着民。事是隐匿的，是看不见的，但是不可不为。法是粗的，但是不可不陈述出来。义是很远的，但是不可不居于心。仁是亲的，

但不可不广。礼是有节制的，但是不可不积。德是居中的，但是不可不高。道是一，但是不可不易。天是很神的，但是不可不为。所以，圣人只是观天而不助天，圣人成于德而不为德所累，圣人出于道而不谋，圣人会于仁而不有恃无恐，圣人薄于义而不积，圣人应于礼而不忌讳，圣人接于事而不辞劳苦，圣人齐于法而不乱，圣人恃于民而不轻，圣人因于物而不去。物是不足以为的，但是不可不为。不明白天的人，德是不会纯的。不通道的人是没有自我的，所以什么都可以。不明白道的人是很悲惨的。什么是道呢？有天道、有人道。无为而尊，这就是天道。有为而累，这就是人道。君主行的是天道，而臣子行的是人道。天道与人道之间相去甚远，所以不可不明察。

c. 帝王要不亲自为才能立天下之大功

据《庄子·天道》所言，帝王之德是以天地为宗，以道德为主，而以无为为常的。只要采用无为的方法，用天下之力就可以绰绰有余。而用有为的方法，为天下用也还是不足的。所以，古人都是以无为为贵的。上也无为，下也无为，这样就上下都是同德的。下与上同德，臣就不会感觉到自己是臣。下有为，上也就有为，这样上与下就是同道的。上与下同道，就让下不会感到上是主。上必然是要通过无为来用天下的，而下必然是要通过有为来为天下所用的，这就是不易之道。古代能够王天下的人，虽然知道天地要落下来了，也不会考虑自己的利益。辨虽然能够雕万物，但自己是不说自己的好的。能虽然能够穷尽海内，但是都不亲自为。天不产而万物都能化生；地不长而万物都能得到养育；帝王要不亲自为才能立天下之大功。

（4）圣人的逍遥生活

据《庄子·逍遥游》所言，至人是忘了己的人，神人是忘了功的人，圣人是忘了自己的名字的人。据《庄子·齐物论》所言，至人是很神的。大泽都焚烧起来了，他还不感觉热。飘风振海，他也不会受惊。他的心能够像乘着云气、骑着日月、游于四海之外一样。生死都不会让他的心有什么变化，利害他就更不在乎了。

①玄德与能量运行之大顺是相同的

据《庄子·逍遥游》记载，圣王尧把王位传给一位名为许由的隐士。许由拒不接受说，您治天下，天下已经是治得很好的了。如果用我来代您，我不就成了是为名的人了吗？名是实之宾。没有实，难道要让我只是为宾吗？那么，我为什么又要成为有名无实的宾呢？鹪鹩（jiāo liáo，一种小的、矮胖的、活泼的小鸟）筑巢于深林，不过有一枝就够了。鼹鼠饮用河中的水，不过满腹就可以了。天下对我来说是没有啥用的。据《庄子・天道》所言，能量运行之道就是我的老师。这种道泽及万物而不以自己为仁，长于上古而不以自己为寿，覆载天地、刻雕众形而不以自己为巧。能量世界之天之所以能够如此，因为天以此为乐。据《庄子・天地》所言，修性的方式与修德的方式是相反的。德之至与初是相同的，即回到初始那里。同才能虚，虚才能大，大才能与天地合。这时的心若愚若昏。这种德就是玄德，玄德与能量运行之大顺是相同的。据《庄子・大宗师》所言，古代的真人，睡觉的时候是不做梦的。真人睡觉的时候没有忧愁，吃饭的时候不知道什么是甘甜。古代的真人是以生为喜悦的，也不讨厌死。他不忘自己的开始，也不求其所终。受而喜之，忘而复之。不以心来捐道，不以人来助天。这就是真人。庄子的修心方法，在魏晋之后就无人再讲。而孟子的修心方法，则被宋明的哲学家所发挥和提倡，而孟子的修心方法源自庄子之法。

②行仁义要到坐忘的程度才能自然

据《庄子・大宗师》记载，孔子与他心爱的弟子颜回有这样一段对话。颜回说：我得益了。孔子问：你什么意思？颜回说：我忘了仁义。孔子说：很可以了，但是还不够。孔子又见到颜回。颜回又说：我得益了。孔子又问：你什么意思？颜回说：我忘掉了礼乐了。孔子又说：很可以了，但是还不够。孔子再次见到了颜回，颜回再次说：我得益了。孔子再次问：你什么意思？颜回说：我坐忘了。孔子蹴然问道：什么叫坐忘？颜回说：如果能够堕肢体，黜聪明，离形去知，同于能量运行之大通，这就是坐忘。孔子说：与能量运行之道同就无好了，随能量运行之道化就无常了，你果然是很贤。我请从你之后。这里庄子要说明的是孔子没有颜回高明，而颜回则是从儒家那里通过坐忘走到了道家这里。庄子想要通过颜回之例来说明儒家没有道家高明。

③绝对自由的逍遥之至乐

a. 能够享受到能量世界的纯粹的心斋

庄子认为，要能与能量世界的大一为一体，就需要忘记事物之间的界限，就需要弃智，即不做是非判断。这就是道家达到内圣所取的途径。人的使命不是要区分万物，而是要弃绝这种区别。人要把万物之间的区别通通忘掉，剩下的就是万物还没有生成时的纯能量世界的状态，这样就能够有无知之知。要忘掉物体世界才能知道能量世界。据《庄子・人间世》所言，心斋就是让心处于虚的无物体的状态。如果只有一个志，不用耳听自己的志，只用心听自己的志，就能排除志之外的干扰。而不用心听，只用气来听，则可以让志飞出心之外。用耳朵听，用符号想，用气来体会，虽然已经虚了，但都还是依赖于物的。只有到达能量运行之道那里，才能不依赖于物体，因为能量运行之道是集能量之虚为一体的，这个时候就真的到了享受能量世界的心斋的高度了，心就非常纯粹了。庄子认为，只要有依赖，自己的自由就是有限制的。处于心斋和坐忘中的人是没有依赖的，他把死与生看成是一条的，把可与不可看成是一贯的，这样的逍遥就是绝对的自由。

b. 有能量世界之静，忧患便不能在心中停滞

据《庄子・天道》所言，因为能量世界之静是善的，所以圣人求静。万物都不足以挠心，这就称为静。水静的时候，是平中准的，大匠取之为法度。水静的时候都能够明，所以精神在静的时候也能明。圣人的心是静的，所以可以为天地之鉴、万物之镜。如果人的心是虚静恬淡的，寂漠[①]无为的，心就能体悟到天地之平，就能达到能量世界的道德之至。这样帝王和圣人就都可以休息了。心在休时能够虚，在虚的时候能够得能量世界之实，在实的时候就能够合乎能量世界之伦。通过虚能够得能量世界之静，能量世界之静是能动的，这样的动才能真得。能量世界之静是无为的。因为无为，所以有责都是任事者的。无为就使得忧患不能在心中停滞，所以能够长寿。

c. 在世道龌龊时要乘能量世界的道德而浮游才能免心之累

当世道龌龊的时候，人求被用就会让自己卷入浑水之中。庄子教给人如何能够通过无用之用而洁身自好。据《庄子・人间世》所言，没有用的物才有大用。柚果长实长熟了，就会剥落，而剥落就会受辱。有用的会不终其天年，半途中就会夭折。在世道污浊时，如果一个人有用处，就会自找麻烦。人是可以装病而不受功的，要想尽办法养其身，终其天年。山木是自己为寇，膏火是自己煎自己。桂是可以吃的，所以被人伐；漆是可以用的，所以被人割。无用之用为全身之道。庄子讲到一棵高大的树。这

---

① “寂漠”指的是对寂静不在意的自在，而“寂寞”指的是因寂静而感到被冷落。

棵树因为木质疏松，没有用处，所以匠人不去砍伐它。大树托梦给人说，长期以来，我都只是致力于求无用。有几次我都几乎死去，现在才成功地达到了无用的目的。对我来说，无用就是最大的用处。

据《庄子·山木》所言，庄子在山中行走，见到一棵大树，枝叶茂盛，伐木者见了也不砍。庄子问伐木者，为什么不砍呢？伐木者说，因为没有什么用。庄子感叹说，这棵树因为没有成材，所以得以终其天年。庄子出山之后，住在有故交的人那里。故人很高兴，便命侍童杀雁烹了来款待客人。竖子说，一只雁是能鸣的，一只雁是不能鸣的，杀哪只呢？故人说，杀那只不能鸣的。第二天，庄子的弟子问庄子说，山中的树因为不成材所以得以终天年，而那只雁则因为不成材而被杀死，这可怎么办好呢？庄子说，如果处在材与不材之间，似乎有材而其实没材，这样难免会很累。如果能够乘能量世界的道德而浮游则不然。要时而为龙时而为蛇，与时俱化，不要专为龙或专为蛇。龙在上，蛇在下。是为龙更好还是为蛇更好，要以和来度量。万物之祖是浮游。浮游是物，但又不把自己当成物，这样就不会为物所累了。这就是神农和黄帝遵循的法则。而万物之情、人伦之传则不然。合则意味着离；成则意味着毁；廉则会受挫；尊则会遭议；有为则会有亏；贤良则会遭谋；不肖则会受欺。所以，只有乘能量世界的道德而浮游，心才不会受累。

第三节　名家中的儒家与道家之分

据《汉书·艺文志》所言，名家之流，大概出自礼官。古代的名位不同，所以礼是异数的。孔子说，必须正名，因为名不正就言不顺，言不顺就成不了事。汉朝人所说的名家指的是战国时的刑名之家，也称为辩者，在战国时期很有名气。辩者最初来自诉讼专家。真正创立名家的是惠施和公孙龙。惠施强调的是现实中存在的事物都是相对的和可变的，而公孙龙强调的则是名是绝对的和恒久不变的。惠施和公孙龙的思想在当时都被看作是反论。据《史记·太史公自序》所言，司马谈说，名家苛察，让人不得反其意，专门在名上做文章，控名责实，不讲人情。据《庄子·天下》记载，庄子说，公孙龙等辩者之徒，用他们的辩术来掩饰人之心，改变人之意。这样的做法能够胜人之口，但是不能服人之心。惠施以为自己最贤。他们以想要胜人为名，实际上是要反对其他人的学说。他们的学说让大众感到不适。据《韩非子·问辩》记载，韩非子说，公孙龙的坚白说、惠施的无厚说，能够让宪令之法息。

据《荀子·非十二子》记载，荀子认为邓析和惠施好治怪说，好玩琦辞。在《吕氏春秋·离谓》提到邓析和公孙龙时，说他们是言与意相离，言与心相离。邓析是当时的一位很著名的诉讼专家。在子产治理郑国时，学诉讼的人不可胜数。他们以非为是，以是为非，是非无度，而且可与不可日变。有一个故事说，某河有水灾，郑国有一个富人被溺死了。他的尸体被一舟子捞起。这个舟子向死者家属索要巨款，否则就不肯归还尸体。死者家属向邓析求计。邓析说，不妨等待，因为没有人会要那具死尸。那个舟子也到邓析处求计，邓析说，不妨等待，因为死者家属只有来你这里，才能买回死者的尸体。在《庄子·天下》中，庄子举出了辩者所论的二十一事，可以分成惠施的合同异和公孙龙的离坚白两组。在合同异之中，包括卵有毛、犬可以为羊、马有卵、龟长于蛇、白狗黑等。在离坚白中，包括鸡三足、火不热、目不见、矩不方、飞鸟不动、飞矢不行、狗非犬和一尺之棰、日取其半、万世不竭等。

据《荀子·不苟》所言，惠施等认为，卵是有毛的。鸟的毛称为羽，兽的毛称为毛。卵有毛指的是卵中可以生出有毛之物。犬不是羊，但犬是可以为羊的。白狗的眼睛是黑的，所以可以说白狗是黑的。火的共相为火，热的共相为热。从共相的角度看，火不是热。具体的火有热的性质，而火热不热是我的感觉，而不在火本身。轮作为共相是不辗地的，而地作为共相也不是轮能辗的。惠施的名家是以礼制名位为针对目标，意在解除不正当的礼制名位对人的天性的束缚，而公孙龙则是捍卫礼制名位的，力图说明名位的合理性、确定性和永恒性。由于他们分属于道家的捍卫者和儒家的捍卫者，没有相应的人群以名家的学说为其生活方式所以失传。

一　惠施的反对名位的平等的道家观

（一）惠施的生平及其立论宗旨

惠施（约公元前350—前260年）为战国时期宋国人，曾在魏惠王时任宰相，以学识渊博而著名。他的著作已经失传，可以在《庄子·天下》中看到他的思想碎片。惠施与庄子是好朋友，因为庄子之学在言与知方面与惠施之学是契合的。据《庄子·徐无鬼》记载，惠施去世时，庄子说，惠施死后没有能与他说话的人了。据《吕氏春秋·爱类》所言，惠施想要去除尊。据《庄子·天下》记载，惠施说，应该泛爱万物，因为天地是一体的。当时燕国在极北，而越国在极南。居于中原的华夏族认为自己就在天下的中央。而惠施说，我知道天下之中央在燕之北越之南。后来，公元3世纪的司马彪说，由能量构成的天下是无方的，所以其所在就是中；能量的循环是无端的，所以其所在就是始。据《庄子·德充符》记载，惠施说，如果从物体之异的角度看，肝胆之别就像楚和越之间的区别一样大；而从物体之同的角度上看，万物皆来自统一的能量世界。

据《庄子·天下》所言，惠施因为善辩而有名。据《荀子·解蔽》记载，荀子说惠施因为被辞所蒙蔽，所以不知道实是什么。据《荀子·非十二子》记载，荀子说，惠施等人不效法先王，不肯定礼义的作用。他们好发表怪说，玩弄琦辞。他们观察得很仔细，但是心存不惠，辩而无用。他们的学说事多而功寡，无法用来治纲纪。但是，这种学说也是持之有故和言之成理的，所以足以欺惑愚众。惠施处处都是从至大无外的能量运行之道的角度来解释十件事，这样就能看到具体事物的有限性和相对性。庄子进一步要体验天地的能量统一体的境界，从而在言之外，主张无言，主张通过心斋和坐忘来达到齐生死的绝对逍遥的心理状态。庄子之学开始于有言，但终于无言；开始于辩，但是终于无辩。通过不论是非，从而反于大通。所以，辩者始终都在察和辩，而庄子则不好辩。韩非子在谈名，惠施也在谈名，但是他们谈名的动机是不一样的。据《韩非子·说林上》记载，韩非子引惠施之言说，向往者向东走，追逐者也向东走，虽然都向东走这点是一样的，但是向东走的理由是相异的。因此，同事并不一定就是同志，所以一定要审察。惠施从物体的相对性的角度来反对圣典仁德礼制幸福体系中的名位尊卑，力主人与人之间的平等。

（二）惠施的思想脉络

1. 与能量世界相比万物都是可大可小的

惠施因对十件事的看法很独特而有名。惠施说的第一件事谈的是大一与小一。据《庄子·天下》记载，惠施说，能量世界的大一指的是至大无外，而能量世界的小一指的是至小无内。据《庄子·秋水》记载，惠施说，至精的能量是无形的，至大的能量是无围的。所以，从能量世界的角度上看，毫末可以说是大的，而天地也可以说是小的。据《庄子·秋水》记载，有一个故事说，秋天到来的时候，黄河的水上涨了。当时的河神被称为河伯。河伯因为河水涨了而感觉自己很伟大，所以十分得意。等河水流到了汪洋大海的时候，河伯才发现自己是微不足道的。河伯对海神北海若说，本来自己以为自己是多么地浩瀚，而与大海相比，自己才感觉到自己很渺小。北海若却回答说，如果与天地相比，北海也无非就是大谷仓里的一颗细小的米粒而已，所以只能把自己称为小，而不能称为大。河伯又问北海若道，那么，天地是否可以称作至大，而一根头发的毫末是否可以称为至小呢？北海若回答说，人所知道的比他所知道的要少得多；人的生命比他没有存在的时间要短得多，所以，人是不敢说头发的毫末就是至小的，也不敢说天地就是至大的。有形的物体才能分大与小。至小指的就是无形的能量世界，而至大指的就是没有任何范围的能量世界。据《庄子·秋水》所言，如果想要把大的看成是大的，那么万物没有不大的，而想要把小的看成是小的，那么万物没有什么是不小的。如果把天地与至大的能量世界相比，天地也是小的，而如果把毫末与至小的能量世界相比，那么毫末也是大的。

2. 无厚与广大、高与低、生与死、同与异都是相对的

惠施说的第二件事谈的是无厚与广大。据《庄子·天下》记载，惠施认为，无厚的能量世界是不可以积的，所以能够大千里。无厚指的是薄之至的能量世界。因为有面积而无体积，所以就可以大千里。惠施说的第三件事谈的是高与低。惠施认为，从能量世界的角度上看，天与地是一样卑的，山与泽是一样平的。也就是说，高低都只具有相对的意义，要看与谁比了。换个尺度，二者的差别就是可以忽略不计的。如果想要把高的看成是高的，那么万物没有什么是不高的；如果想要把低的看成是低的，那么万物没有什么是不低的。惠施说的第四件事谈的是绝对运动。惠施认为，日的能量之运行是方中方睨（nì，偏斜）的，物体则是方生方死的。据郭象的《庄子·大宗师》注所言，天地万物中的能量是无时不移的，所以物体是方生方死的。惠施说的第五件事谈的是同与异。据《庄子·天下》记载，惠施说，大同与小同是有差异的，这就是小同异。而从能量世界的角度看，万物都是毕同毕异的，这就是大同异。据郭象注所言，想要把异的东西看成异的东西，天下万物没有不异的，而想要把同的东西看成是同的，天下万物没有不同的。从能量世界的角度上看，每类事物之间都有共同点，这就是大同；而每个类中的种的内部又有相同点，这就是小同。从这个角度上说，大同和小同是不一样的，但是属于大同小异。如果我们把万有的能量作为一个类，那么万物都是相似的，因为他们都是能量的存在方式，这就是毕同。而每个个体又都有自己的个性，所以就是毕异。

3. 无穷与有穷、今与昔、成与毁、中与非中、万物与我也是相对的

惠施说的第六件事谈的是无穷与有穷。当时的人们认为南方是无垠的，而东方是被海所限的，西方和北方是被沙漠所限的。而据《庄子·天下》记载，惠施说，南方之无穷其实是有穷的。据《庄子·秋水》所言，井蛙认为海很大，那只是井蛙之见而已。普通人认为南方是无穷的，只是因为自己所到的地方有限而已。惠施说的第七件事谈的是今与昔。据《庄子·天下》所言，惠施说，今天才来越国，即是过去来过越国了，因为当我说今时今已经过去了。惠施说的第八件事谈的是成与毁。惠施说，连环是可解的。也就是说，连环肯定是被建出来的，放到一定的时候自己就毁坏了，所以连环也就可以解了。据《庄子·齐物论》所言，分时则成，成时则毁。连环也是方成方毁的。惠施说的第九件事谈的是中与非中。据《庄子·秋水》所言，在天地之间有四海，在海内有中国，这样天下的中央就在中国的中央。而惠施认为，从能量是循环无端的角度上看，自己所在的地方就是开始，就是中。惠施说的第十件事谈的是万物与我。惠施认为，从万物相同的角度上看，万物与我为能量的统一体，没有什么区别，所以人要泛爱万物。

二　公孙龙的名位仁爱的儒家观

（一）公孙龙的生平及其立论宗旨

据《史记·孟子荀卿列传》记载，公孙龙（公元前284—前259年）为赵国人。《公孙龙子》是公孙龙的著作。据《庄子》所言，公孙龙的学说与惠施的学说是相反的。公孙龙以好辩而有名。据《公孙龙子·迹府》记载，公孙龙看到名实之间的散乱，力图借物来进行比喻，提出了守白之论，想要用辩来正名实，从而通过大化天下来实现天下大治的目的。公孙龙说，自己因为有白马之论，即白马非马之论，所以才成为名者。如果放弃了白马论，自己就不知道用什么来施教了。据《庄子·秋水》记载，公孙龙说，他年少时学先王之道，年长时而明仁义之行。他把同和异合了起来，把坚和白与石头分离了开来，结果让然变成了不然，让可变成了不可，这样他就把百家之知者都困住了，让众口之辩都穷尽了。他自以为他的学问已经到了至达的程度。据说，有一次公孙龙经过一个关隘，守兵说，马是不能从此经过的。公孙龙说，我的马是白马，而白马不是马。守兵无言以对，就让公孙龙把马牵过关了。公孙龙力图通过能量显示出自己的共相的独而正来说明礼制中的名位是可以独而正的。

（二）公孙龙的思想脉络

1. 实名可以代表物体之位

（1）物是具体的物体，而指是抽象的概念

据《公孙龙子·名实论》所言，天地与其所产生出来的东西，都称为物体。如果用物体的名字来指其所指的物体，没有过度的地方，物体这个名就是实的。实就是不旷，是实实在在的，这个实名就可以代表物体之位。要通过正实来正名，通过正名来正位。名要与实相符，这样的名才是实名。如果我们知道名中不是与名相符的实或者没有实，就不能用这个名。据《公孙龙子·指物论》所言，物体都是指，而指则是非指。如果天下没有指，物体就无法被称为物体。非指所说的是天下无物体的能量状态。指是天下之所无，物体是天下之所有。不能把天下之所有，看成是天下之所无。如果天下无指，物体就不可谓指。不可谓指的东西就是非指。非指所指的是物莫非就是指。天下无指，物体就不可谓指，所以非有就是非指。天下无指是生于物体之各有各名，而不为指。不为指，而谓之指，是兼不为指。不能把有不为指的，用于无不为指的。指者是天下之所兼。也就是说，公孙龙用物体来表示具体的事物，而用指来表示抽象的概念。作为名词的指的本意就是手指或指示器；作为动词的指的本意就是指示。指与旨是相通的，指的是要旨，就是概念或观念的意思。

（2）能量通过物体的共相显示出自己的具体存在

如果把天下的物体进行分析的话，我们看到的只是若干的能量显示出自己的共相。但是，共相是同样的能量，所以不能再分析为共相。而要显示出能量的共相必然要有所定和有所与，这样能量的共相才能够在物体中表现出来。物体在时空中占有一定的位置，所以其中的能量的共相就能为人感觉到。人是无法感觉到不在具体的时空中的能量的。如果显示能量的共相无所定和无所与，不与物体联系在一起，就藏了起来，这样人就感觉不到能量的共相的存在。藏着的就是天下之所无。物体是在具体的时空中存在的，所以为天下之所有。虽然物体可以分析为若干的能量的共相，而物体本身则是非指。能量的共相本身是不在具体的时空之内的。天下之物体都是有名的，而名指的是实，实指的是个体，而名则代表的是显示出能量的共相。一种能量的共相是为一类事物所共有的。比如，马这个能量显示出自己的共相是马之类的物体所共有的。白这个能量显示出自己的共相是白之类的物体所共有的。具体的物体都是在时空中占有一定位置的共相

的聚合。若干个共相联合出现在一个时空中的位上，就成了物体。而物体的形成是自然的，不是有什么所使之然的造物主。

（3）能量的共相是不变的，而表现共相的个体却是变的

共相是不变的，而个体是常变的。据《公孙龙子·通变论》所言，作为共相的二只是二，而不能是其他的一切，所以是非一，非左，非右。而左加右，指的是二这个数，所以左和右可以称为二。共相是不变的，而个体是常变的。当我们说个体是共相的时候，就是说变是不变的。能量的共相自身是不变的，而表现共相的个体却是变的。右的能量的共相是不变的，而具体的右则是变的。左的能量的共相与右的能量的共相不能聚合为二，正如羊的共相与牛的共相不能聚合为马，牛的共相与羊的共相不能聚合为鸡。羊是有牙齿的，牛是没有牙齿的，不能因此就说牛不是羊或羊不是牛，这里说的是羊和牛不具有同样的牙齿，但不能说二者不是同类。羊有角，牛也有角，不能因此就说牛就是羊，羊就是牛，这里说的是羊和牛都有角，但是牛与羊的类是不同的。牛羊与鸡更不同。用鸡足的共相加上鸡实际有的两足，就可以得出鸡三足的结论。而用牛的脚的共相加牛的实际的四脚，就可以得出牛五脚的结论。如果认为羊与牛的聚合能够成为鸡，这就是乱名，就是狂举。

2. 具体的个体的马不是共相的显示能量形态的马

物体指的是在具体的时空中占有位子的具体的个体。指所说的是名之所指。名指的可以是具体的个体，也可以是抽象的能量的共相。白或马都是用来指一个类的能量的共相，而白马则可以指具体的个体的马。据《公孙龙子·白马论》所言，马、白和白马都是独立分离的显示能量的具体形态的共相。据《庄子·秋水》记载，庄子说，在公孙龙的学说中，坚和白是分离开来的显示能量的共相。马之名指的是所有马的共同的具体能量形态的性质，而白马之名指的则是白马的具体能量形态的共同性质。据《公孙龙子·白马论》所言，公孙龙认为，白马不是马。马是用来给具体的物体的形命名的，而白是用来给能量显示自己的色命名的，所以白马不是马。马这个字表明的是一种形状，而白表示的是一种颜色。颜色不是形状，所以白马不是马。如果人要的是一匹马，马夫可以牵来一匹黄马或一匹黑马，但是，如果要的是白马，就不能把黄马或黑马牵过来。如果有人问，有马吗？有黄马或黑马的人，都可以回答说有。而如果有人问，有白马吗？有黄马或黑马的人就不能回答说有。马这个词不包括任何的颜

色，所以就不排斥任何颜色。另外，具体的马当然都是有颜色的，所以能量用以显示自己的共相的马可以呈现为现象。如果有无色的马，那么能量就无法通过这种透明的马来显示自己，这样的马就只有能量的本质而没有显示出能量的现象。白马中的白可以是名，也可以是实。作为实的能量之白必然是在特定的物体中存在的，这样的白才是定的。而只是作为名的抽象的能量之白是不定的。

3. 自藏的独而正的理想的坚白

据《公孙龙子·坚白论》记载，公孙龙提出了离坚白说，即一个物体中的坚与白是可以分离的。有人问，如果把一块坚硬的白的石头分离为坚、白、石这三者，可以吗？公孙龙说：不可。又问：如果把坚和白分成二可以吗？公孙龙说：可以。又问：为什么呢？公孙龙说：石头可以无坚而得白，这就是二；石头也可以无白而得坚，这也是二。用眼睛可以看到白而看不到坚，这个时候就是无坚的；而用手摸可以摸到坚而摸不到白，这个时候就是无白的。坚和白作为概念是不依赖于具体的物体而存在的。从抽象的白的能量形态的角度来说，物之白是不定其所白的。从抽象的坚的能量形态的角度来说，物之坚也是不定其所坚的。而不定就是兼。也就是说，白和坚不一定非要定在石头上，其他的物也可以有坚和白的能量的性质。而且天下之物体是可以有白无坚，也可以是有坚无白的。抽象的能量形态的坚和白都不是依赖于石头的，都是可以离开石头让万物兼有的。而且坚是可以自坚的，白也是可以自白的，所以能量之坚是可以让万物坚的，能量之白也是可以让万物白的。所以，能量之坚和白都是可以独立存在的。我们摸不到坚或看不到白的时候，并不是说坚和白就不存在，而是因为坚和白都自藏了起来。藏指的是潜存。自藏是不依赖于物体的。因为有离，所以天下才有独一无二，所以才有正。离开石头的能量形态的坚和白，就是独而正的理想的坚和白。形象之外的是抽象的表达能量形态的概念，而形象之内的则是实。人可以看到一件白色的物体，但是看不到能量形态的白。白作为表达能量形态的概念是独而正的。

第四节　墨家与儒家的不同

一　墨子的兼爱思想

（一）墨子的生平及其立论宗旨

墨子（约公元前479—前381年）为鲁国人。在《史记》中没有记述墨子的身世及生平。研究墨子思想的主要资料是《墨子》。在周代，帝王公侯都拥有自己的军事专家。他们是世袭的武士，是军队中的骨干。在周朝后期，他们丧失了权力和爵位，散落全国。他们只能求有人雇佣，这样才能得以维持生计，而雇佣者很多是商人。他们被称为侠或游侠。据《史记·游侠列传》记载，游侠们是言必信、行必果的。他们只要承诺就必诚。他们不爱其躯，能赴士之厄困。在中国历史上，儒和侠都是依附于贵族的专门人才，都属于社会的上层。后来，儒生依然来自社会的上层或中层，而侠则多来自社会的下层。在古代，各种典章制度和礼乐都是贵族专用的。在百姓眼中，这些典制礼乐都是奢侈的繁文缛节，毫不实用。墨子对周代的典制持批判态度，维护的是游侠的道德。

1. 从节俭的角度反对儒家的礼制

墨子创立了墨家学派。墨子及其追随者与当时的游侠是不同的。通常的游侠只是雇佣兵，谁雇用就为谁卖命。墨子及其追随者则只是为防御性战争效劳。通常的游侠墨守的是武士的职业道德，而墨子及其追随者则对武士的职业道德进行了理性化的解释，在此基础上创立了一个新的哲学流派。在先秦时期，墨子的名声和思想的影响与孔子是不相上下的。孔子对周代早期的传统典制、礼仪、音乐和文学都是抱有同情和理解的态度的，并在伦理上对其加以解释，力图使之理性化和合理化。而墨子则质疑周代早期的文明的合理性和实用性，并在批判中力图使之简化。孔子是一位文雅的有修养的君子，而墨子则是一位充满战斗精神的布道家。他反对周代的典章制度和实践，反对孔子及儒家的各种理论。

（1）反对儒家的丧葬和祭祀

据《墨子·公孟》和《墨子·非儒》记载，墨子认为，如果行儒家之道的四政，便足以丧失天下了：第一，儒者不相信天或鬼，所以让天或鬼都不悦；第二，儒家坚持要厚葬，尤其是父母去世后，子女要守三年之丧，这会浪费民众的财富和精力；第三，儒家倡导的声乐会使民限于淫逸中，而且只有少数贵族能够有这样奢侈的享受；第四，儒家主张尽人事听天命，让民众怠惰顺命。据《墨子·非儒》记载，墨子说，累寿也不能尽儒家之学，全年也行不完儒家之礼，积累很多财富也承受不了儒家用于声乐的费用。儒家以繁饰邪术来营世君，盛为声乐来淫遇[①]民，其道是不

① “遇”来自原文。

可以期世的，其学是不可以导众的。墨子信奉鬼神，但是反对丧葬和祭祀祖先时要献大量的祭牲的繁文缛节。儒家不信鬼神，但是却强调祭祀的重要性，因为儒家要通过祭祀的仪式来施行仁德的礼教。

儒家是不谋其利和不计其功的，而墨家则很重视利和功。据《史记·孟子荀卿列传》所言，墨子善于防守进攻，主张节用。据《淮南子·要略》所言，墨子先学的是儒家之业，接受的是儒家之术。但是，因为感觉到儒家的礼太烦人而让人不悦，厚葬又太伤财而让民贫穷，久服丧太伤生而耽误做事，所以不用周之道而改用夏之道。墨子效法的是夏禹的节俭勤苦。据《墨子·节葬》记载，墨子崇尚的是节葬之法。孔子也强调节用，但是要按礼来节用，而不是不顾及礼的节俭。据《论语·学而》所言，治理千乘之国，要敬事和守信，要节用和爱人。据《论语·八佾》所言，礼与其奢不如俭。

（2）用外力强加于人的兼爱反对儒家的合乎天性的仁德

据《论语·泰伯》记载，孔子是赞同禹的精神实质的，只是禹用了菲饮食、恶衣服和卑宫室这样的节俭的方式来尽力为民而已。据《庄子·天下》所言，墨子之道是以自苦为极的，即生的时候很勤奋、死的时候很薄简。据《墨子·贵义》记载，穆贺说，墨子之言是诚善的，君王不应该因为这是“贱人之所为”而不采用。墨子认为，爱众人与爱父母应当是没有差别的，而儒家则认为爱众人与爱父母是有差别的，否则等于没有父母；墨家认为，兼爱是要靠外力加之于人的，而儒家则认为人只要顺其本性，就自然能够发展出仁的品德；墨子认为，人行仁义的目的是获得功利，所以需要借助于超自然的政治的强制来迫使人行仁义；而儒家认为，不用回答人为什么要行仁义的问题，因为这是人的本性，仁德必须是自愿的。

2. 墨者是把生死置之度外的，而只求死得其所

据《墨子》记载，墨家有着严密的组织，足以进行军事行动。墨家组织的首领称为钜子或大师。钜子对本团体的成员操有生杀大权。墨子是墨家团体的第一位钜子。据《庄子·天下》所言，墨者是以钜子为圣人的。从《吕氏春秋·上德》记载的关于墨者钜子孟胜的故事中可以看出，墨者的钜子必为贤者。墨者很在意墨家是否能够传世，很在意人们是否还到墨家的团体中来求严师、求贤友、求良臣。为了实现这样的目标，墨者是把生死置之度外的，只求死得其所。据《淮南子·泰族训》记载，墨

子的服役者有180人，每个人都是赴火蹈刃和死不旋踵的。据《吕氏春秋·去私》记载，墨者的钜子腹䵍（tūn）住在秦国。腹䵍的儿子杀了人。秦惠王说，先生您年纪大了，就只有这么一个儿子，寡人已经命官吏不杀您的儿子了。而腹䵍说，墨者之法是杀人者死，伤人者刑，目的是为了防止人杀人或伤人，这是天下之大义。虽然王已赐不杀，但我还是不得不行墨者之法。就这样，他杀了自己的儿子。

3. 让天下人苦不堪言的苦节

据《庄子·天下》所言，墨子好学而且博学，他的理论不是异端，但也不与先王相同。墨子之道是毁古之礼乐的。古代的丧礼都是贵贱有仪、上下有等的，而只有墨子生不歌、死不服。用这样的方法教人，怕是无法爱人的；用这样的方法自行，怕是不爱己的。恐怕墨子之道是不可以为圣人之道的，因为其使人忧、使人悲和难以施行。墨子之道是违背天下人的心愿的，会让天下之人苦不堪言。虽然墨子能独行其义，但是他是奈何不了天下人的。据《荀子·解蔽》记载，荀子说，墨子因为被功用所蒙蔽，所以不知道什么是文。在战国和汉初，墨子与孔子是齐名的。但是，在司马迁作《史记》时，儒家便一统天下。到清末之后，墨学才又逐渐兴起。墨子立论的宗旨是从功利的角度讲仁德，认为仁德需要外在的约束和灌输，而且他从功利的角度反儒家的礼制而倡导节俭。

（二）墨子的思想脉络

1. 人都是追求功利的

（1）追求富有是符合天意的

据《墨子·天志上》所言，天子为天下最富有的人。人都是追求富有的，这是不可违背的天意。顺从这样的天意，兼相爱、交相利，必然会得赏；而违反天意，交相恶、交相贼，则必然会得罚。禹、汤、文、武这几位圣王都是顺天意而得赏的人；而桀、纣、幽、厉这几位暴王都是不顺天意而得罚的人。圣王上尊天、中事鬼神、下爱人，所以能够得到天之爱和地之利。爱人者可以称为博，利人者可以称为厚。所以，天能够让圣者贵为天子、富有天下、业传万世，子孙都能传其善，能够方施于天下。而暴王则上诟天、中诟鬼、下贼人，这样的人别而恶、交而贼，天使之毁之，使其不能终其寿。那么，怎么能够知道天是爱天下的百姓的呢？就是让百姓兼而明之，让他们兼而有之，让他们兼而食之。杀一无辜者，必有一不祥。杀无辜者的是人，给人不祥的则是天。通过天给予的不祥，我们就能够知道天是爱天下的百姓的。

（2）国家要追求人民的富庶

①一个财多子多的家就是幸福的家

墨子认为，所有的事物都要能够有利于国家、百姓和人民才有价值，这便是富庶。凡是能够使人民富庶的都是有用的、有益的、有利的，否则就是没用的、无益的和无利的。凡是对于人民的富庶无直接用处或有害的，就应当废弃。要节俭，要反对奢侈。富是财多，庶是人多。一个家财多和子多，就是幸福。据《墨子·节用上》所言，圣人为政一国，可以让一国倍增；大人为政天下，可以让天下倍增。倍增不是要额外增加土地。只要除去国家的无用之费，就足以让财富倍增了。什么是最难倍增的呢？人是最难倍增的，但也是可以倍增的。据《墨子·非乐上》所言，必务求兴天下之利，除天下之害，将以为法乎天下。利人即为，不利人即止。仁者为的是天下度，而不是为其目之所美、耳之所乐、口之所甘、身体之所安。以此来亏夺民的衣食之财，仁者是不为的。

②只做足以奉给民用之事而不做劳命伤财之事

据《墨子·节用中》所言，古代的圣王制定节用之法的目的是让天下之群即百工各从事自己之所能。国家做的事足以奉给民用就够了，圣王是不做费力而又不利于民之事的。古代的圣王制定的衣服之法是冬天的衣服轻而暖和，夏天的衣服轻而清，这样就够了。古代的圣人教民出行要带兵器，因为有猛禽和狡兽暴人害民。白天要带着剑。这种剑要能一刺则入，一击则断，旁击不会弯曲。这就是利剑。还要用甲之利、车之利和舟之利。古代的圣王还制定了节葬之法，衣足以朽肉、棺足以朽骸、掘穴深而不通于泉则足以。死了即葬，生者也不用久丧示哀。古人最初是住在穴洞之中的。圣人怕湿热伤民之气，所以建宫室以利人，而不是要劳民，只要旁能够避寒风，上能够挡雪霜雨露，中清洁可以祭祀，宫墙足以把男女分别开来就可以了，不要劳命伤财。

③丧葬和礼乐都是无用的，因为无法给民带来衣食之财

墨子认为，在丧葬和祭祀时节用是有利于民众的。据《墨子·公孟》所言，婴儿独慕父母，父母不在就狂号不止，但是，这又有什么用呢？真是愚蠢之至。儒家的三年之丧的做法，比起婴儿来说也好不到哪里去。据《墨子·节葬下》所言，如果操丧三年，服丧者要扶着才能站起来，拄杖才能行。那么王公大人肯定无法赴早朝，农夫无法早出夜入地耕稼种树，

百工无法修舟车和为器皿。墨子认为，乐也是无用的，应该废除。据《墨子·公孟》记载，墨子问儒者，为什么要有乐？儒者说，乐就是用来乐的。墨子说，你没有回答我的问题。如果有人问我，室是干什么用的？我会回答说，冬天可以用室来避寒，夏天可以用室来避暑，而且还可以用室来把男女分开。你不能回答说，室就是用来为室的。据《墨子·非乐上》所言，舟用在水上，车用在陆上，可以让君子的脚得以歇息，可以让小人的肩背得以休息，所以能够利民，而乐器则不然。民有三巨患：饥饿的人得不到食物，寒冷的人得不到衣服，劳累的人得不到休息。撞巨钟、击鸣鼓这样的活动是无法给民带来衣食之财的。在天下大乱的时候，演奏乐器也是无济于事的。

(3) 墨子从利的角度反战，而孟子从义的角度反战

墨子和孟子都反对战争，但是墨子反对战争的原因是不利，所以力图从不利的角度来说服人不要开战；而孟子反对战争的原因是不义，所以主张以仁义来说服君王放弃战争。据《墨子·非攻中》所言，纵观历史，以攻战而亡者，不可胜数。战胜得到的东西，很多都是没有用的。如果算算总账的话，是得不偿失的。墨子反对进攻之战，反对以强侵弱、以众暴寡，主张人与人之间和国与国之间的兼爱。在宋国遭受楚国入侵的威胁时，墨子曾为宋国组织防御。据《墨子·公输》记载，当时楚国雇用了公输般。公输般发明了一种攻城的武器，楚国将用这种武器进攻宋国。墨子得讯后，前往楚国，劝阻楚王。在楚王面前，公输班演习了他准备用以进攻宋国的新式武器，墨子则表演了他准备用以防御的武器。墨子解下了腰带，划出一座小城，用小木棍来表示自己的武器。公输般用了九种攻城的机械来进攻，都被墨子的防御武器给挡住了。当公输般的进攻武器都用尽了，而墨子的防御武器还有余。最后，公输班还是不肯认输，于是说，我知道怎样击败你，但是我不说。墨子回答说，我知道你想用的那个办法，我也不说。楚王不明白，问他们到底是什么意思。墨子说，公输般想谋害我，但是我的弟子禽滑厘等三百人，已经用我设计的武器武装了起来，在宋国的城墙上等候着楚军的进攻。我可以被谋杀，但是楚军无法杀尽他们。楚王听后放弃了对宋国的进攻。

2. 别士的仁爱不如兼士的兼爱

墨子对儒家说的仁和义没有提出异议。在《墨子》一书中，墨子经常提到仁义和仁人、义人。但是墨子认为，仁和义都是兼爱的表现。兼

爱是墨子哲学的中心思想。兼爱是游侠们的职业道德的延伸。游侠们常说的话是，有福同享、有祸同当。墨子把这样的爱延伸，认为天下所有的人都应当不分高低地彼此相爱。在《墨子》中有三章都是以兼爱为主旨的。

（1）要用兼相爱来代替别相恶，因为争来自于别

墨子认为，天下之大利在于人与人之兼爱；天下之大害在于人与人之互争。墨子认为，所有的奢华文饰都不中[①]国家人民之利，但是这算不上什么大害。国家和人民之间互相争斗，没有宁息，这才是大害。而争斗的原因在于互不相爱。为了判断兼与别等是非，墨子提出了三表法。据《墨子·非命》上篇和中篇记载，墨子认为，首先，人应该根据天和神灵的意志做事，这是事物之本；其次，人所做的事应当是百姓能够耳闻目睹的和能加以验证的事，这是事物之原；最后，人所做的事应当是对国家和百姓有利的，这就是事物之用。据《墨子·兼爱下》所言，通过分名的名位制，从天下人中分出恶人、贼人，这就不是兼而是别。仁人之事在于兴天下之利，除天下之害。而当时天下之最大的害是大国攻打小国，大家祸乱小家。强劫弱、众暴寡、诈谋愚、贵傲贱，这都是天下之害。这些害都不是自生的，也不是生自爱人利人的。因为人与人之间相恶，所以才生出贼人。因为人与人相区别的缘故才生出害，所以要用兼来代替别。

（2）把朋友之亲当成自己之亲的兼士是能救朋友之难的高士

据《墨子·兼爱下》所言，要把别人的国当成自己的国，要把别人的家当成自己的家，这样就不会互相攻伐了。比如说，现在有二士，一士为别士；一士为兼士。别士认为，我不能把我的朋友之身当成我自己的身，不能把我的朋友之亲当成我的亲，所以看着自己的朋友有难而不管。而兼士则不然。兼士把朋友之身当成自己之身，把朋友之亲当成自己之亲，所以能够救朋友之难，所以可以把兼士看成是高士。同样，别君与兼君是不一样的。兼君是明君，能够把万民之身当成自己之身，所以能够救万民之难。天下之人都应该以兼为正。这样大家就都能耳聪目明，相互帮助视听；大家都能用坚强的股肱（gōng，臂膀）相互协助；而且大家都能够以道相互教诲。这样老而无妻子者，就能有所侍养以终其寿；而幼弱孤童之无父母者，就能有所放依以长其身。这就是墨子的理想世界。

① 这里的“不中”指的是不符合国家人民之利。

3. 做人要有有福同享和有祸同当的义气

(1) 要尚同于完美的天

①在天下有多义之时以天子之义为标准

那么，怎么才能劝说世人彼此相爱呢？墨子认为，兼爱是济世利人的唯一道路。只有实行兼爱的人才是仁人。墨子认为，人并不是生来就兼爱的。据《墨子·所染》记载，墨子看到人染丝，感叹说，丝染于苍则苍，染于黄则黄，所以要慎染。人的本性就像是素丝一样，善恶全在所染。那么，我为什么要做一个仁人呢？墨子认为，为世界谋利益就是在为自己谋利益。据《墨子·兼爱》所言，爱人者，人必从而爱之；利人者，人必从而利之。恶人者，人必从而恶之；害人者，人必从而害之。据《墨子·尚同上》所言，在古代民始生的时候，没有刑政，所以人们各有自己之义，所以出现了异义。一人有一义，二人有二义，十人有十义。有众人，所以有众义。人都认为自己的义是对的，并用自己的义否定别人，所以人与人之间交相非。因此，在内父子兄弟互相怨恶，导致了他们相离散而不能和合。天下的百姓都用水火毒药互相亏害，有余力也不互相帮助，有余财也不互相分享，有良道也不相教。天下乱得像禽兽相处一样，主要原因在于无政长，所以要选贤立为天子。有了天子之后，天子发政于天下的百姓说，善与不善的衡量标准是其上。上说是就是，上说非就非，这样是非就明了。

②天子要总天下之义而尚同于天

据《墨子·尚同下》所言，要同一天下之义，可以尝试让家君发宪布令，让人见到爱利家的人就告诉上面，让人看见恶贼家的人也告诉上面。这样赏罚就能得到百姓的认同，家君就能得善人而赏之，得暴人而罚之，这样家就能够治了。这个道理是适用于国君的。国君应该选国之义，让百姓尚同于天子。要尚同一义为政，天下才能够大治。天下大治的时候，天子要总天下之义，尚同于天。据《墨子·贵义》所言，有必要去掉六辟：要去喜、去怒、去乐、去悲、去好、去恶，只用仁义。手、足、口、鼻、耳，都只从事于义，这样的人必然为圣人。圣人默则思、言则诲、动则事。据《墨子·贵义》记载，墨子从鲁国到齐国，遇到故人。故人对墨子说，现在天下没有人还讲义气，你又何苦自己坚守呢？不如放弃算了。墨子说，如果有十个人，只有一个人在耕地，九个人都呆着，耕地的人能不急吗？为什么急呢？因为吃饭的人多，而耕地的人少。现在天下的人都不讲义气，你应该劝我讲义气才对，怎么反而劝我不要讲义气呢？

（2）要尽力游说关于天的善的道理

据《墨子·公孟》记载，公孟子对墨子说，人只要确实是善的，他人怎么会不知道呢？如果是美女，即使在家不出门，人们也会争着来求；而自己炫耀的人，反而没有人来娶。你现在满处去游说，让人行善，你累不累啊！墨子说，现在正逢乱世，求美女的人多，所以美女虽然不出门，去求美女的人还是很多。而现在求善的人少，如果不勉强劝说，人就不知道善人。比如说，现在有两个人，都很擅长卜筮，一个人呆在家里不出门，一个人则主动为人卜筮，这两个人，谁的粮食更多呢？公孟子说，主动为人卜筮者粮多。墨子说，所以说仁义都相同的两个人，行善劝说他人的人就更有善功。据《墨子·耕柱》记载，叶公子高问孔子说，善为政的人应该怎么做？孔子说，善为政的人，应该把远者拉近，把旧者更新。墨子听到这件事后说，问者和答者都不对。问的人不应该问众所周知的问题，答的人不应该给众所周知的答案。要能反复实行的话才能常说。尽说些不能实行的话，就等于白说。

4. 善恶要与赏罚相配套

（1）要让上帝来赏兼爱者和罚交别者

墨子认为，要有上帝在上，让上帝来赏兼爱者和罚交别者。据《墨子·天志中》所言，大国之攻小国，大家之乱小家，强暴寡，诈谋愚，贵傲贱，这都是天所不欲的。而且天还欲人有力能够相营，有道能够相教，有财能够相分。天还欲上要强听治，下要强从事。上强听治，国家就能治；下强从事，财用就足。这样就能有酒祭祀天鬼，而且还能够外有环璧珠玉聘挠四邻，诸侯之冤就不会兴起，边境的兵甲就可以不做；内能让饥者得食，劳者得息，能持养万民，这样就能够使得君有惠臣有忠，父兄慈和子弟孝。据《墨子·耕柱》记载，墨子让自己的弟子高石子到卫国去。卫国的君主让他做了卿，而且给予了他很厚的俸禄。高石子上朝时必尽言，但是不能被实行。于是高石子离开卫国到了齐国。当他见到墨子时，他问墨子说，自己这么做是不是有点狂。墨子说，你的离开是合乎道的，所以狂也伤不着什么。

（2）要让人相信鬼神是能够赏贤罚暴的

墨子论证鬼神的存在，是为他的兼爱张本。据《墨子·明鬼》所言，只要使天下之人皆信鬼神是能赏贤而罚暴的，那么天下就不会乱了。古人一直就重视丧葬祭祀，最初是起源于对鬼神的信仰。但是，儒家重视丧葬礼仪，不是因为信奉鬼神，而是由于重视传承去世的祖先之仁德。儒家重视义礼，是出于诗情，而非宗教。三代圣王去世后，天下失义，从此天下大乱。诸侯以力征伐，使得君臣上下不惠忠，父子兄弟不慈孝。正长不强听于治，而贱人不强于从事，民成了淫暴寇乱的盗贼为自己谋利。天下失义的主要原因在于人们开始怀疑是否有鬼神，不明白鬼神能够赏贤罚暴。据《墨子・公孟》记载，墨子得了病，有位叫跌鼻的人进来问道，先生认为鬼神是明的，能为祸福，为善的赏之，为不善的罚之。先生您是圣人，怎么也会生病呢？难道先生之言有不善的吗？还是鬼神也有不明的时候呢？墨子说，虽然我有病，神也没有什么不明的。人得病的原因是很多的。有的病得之于寒暑，有的病得之于劳苦。病有百门可以入。如果只是关闭了一门，盗并不是就无法入了。公孟子是个儒者。公孟子说，世界上是无鬼神的，但是又说君子必须学祭礼。墨子批评他说，你执意说世上是无鬼的，又要学祭礼，就好比说没有客人，却要学客礼，也犹如说没有鱼而要做鱼网。

（3）神经常会监视世人的言行尤其是君主的言行

据《墨子・尚同》所言，古代的上帝鬼神建设国都的目的是要立政长来兴利除害，让政长来治乱而不是要让政长有高爵厚禄。据《墨子・非命上》所言，古代的圣王发宪出令的目的是要以赏罚来劝人为贤而不要为暴。这样使得人能够入则孝慈于亲戚，出则弟长于乡里，从而让人的坐处有度、出入有节、男女有辨。据《墨子・尚同》所言，为什么上不能治其下，而下不能事其上呢？因为上下相贼的缘故。因为义不同，所以上面赏的善，百姓并不以为是善，所以即使有赏也起不到劝人为善的目的。上面罚的暴，百姓并不认为是坏人，所以即使罚也起不到除暴的目的。所以，没有相同的义，赏罚对百姓来说就起不到扬善除恶的目的。在一个国家只能有一个义，即一个是非标准。有多重标准就会混乱。君主要发政于天下之百姓说，如果听到什么善或不善的，皆要告诉君上。上之所是必须皆是之，上之所非必须皆非之。要与上同而不下比。君主的职责就是要一同国家之义。墨子说的是就是交相兼，非就是交相别。据《墨子・天志》和《墨子・明鬼》所言，神是爱世人的。神的心意就是要世人彼此相爱。神经常会监视世人的言行，尤其是君主的言行。凡是不遵行神意的人，神都要降灾惩罚；凡是遵行神意的人，神就会报以好运。在神之下，还有无数的神灵，同样会奖赏实行兼爱的人，惩罚实行交相别的人。据《墨子·尚同》所言，国家的权威，一是来自民众，一是来自天志。国君的任务是监督民众。为了实施这样的检察，需要有绝对的权威。人民接受国君的权威，不是出于自愿，而是出于无奈。

二 后期墨家的兼爱思想

据《庄子·天下》所言，在战国时期，墨家也是很兴盛的。墨者都诵《墨经》，针对的是坚白和同异之辩。《墨经》反抗的对象是辩者之学。辩者所持之论都是在讲能量世界的道理，所以是违背可经验的常识的，而墨家之学则是以可经验的常识为依据的。墨家的《墨经》和儒家的《荀子·正名》都是用来维护经验常识和反驳辩者的能量之说的。在《墨子》中有53章是墨子及其后学的著作汇编。《墨子》中的《经》《经说》《大取》和《小取》都是后期墨者的作品。在战国后期兴起了游说之风。为了简练易记和能够迅速表达自己的主张，各家都开始作经，而在战国前期还没有这种体裁的著作。据傅斯年所言，《论语》是最早的私人著作。《论语》为极其简约的记言体；战国时期的《孟子》《庄子》则为铺排式的或内设寓言故事的记言体；而《荀子》则开始舍去记言体，采用据题而论的抒论性的著述体裁。《墨子》中的《大取》和《小取》也是据题而论的著述体。

（一）人是趋利避害的

1. 当智怀疑会有害的时候就要止住自己的欲望

后期墨家坚持了前期墨家的传统，即把功利放在首位的传统，认为人类的一切活动都是为了趋利避害。《墨子·经上》力图在人的心理中去寻找功利的根据。如果人的所得让人感觉喜欢，这种得就是利。据《墨子·经说》所言，人得到是时，就会感到喜悦，所以是就是利；人得到非是时就不会感到高兴，所以非是就是害。因此，在是非中有利害，而判断利害的标准是看人是否喜欢。所得的是让人感觉到厌恶的，那就是害。而这种是的反面，即非是，就是利。人所喜欢的就是利，人所厌恶的就是害。人都是趋利避害的，这就是人的行为是否正当的标准。智是用来分清利与害的。如果不知道害，那就是智之罪过。如果智是慎重的，怀疑有害，即使有欲也停止了，就会离害远了。有欲而且骚动，就会在怀疑会有害的时候，还不止自己之欲。墙外的利害是不知的，所以就不要趋之。当怀疑有害的时候，就要止住自己的欲望。

2. 要受当前之小害以趋将来之大利

要权衡利弊，趋利避害。要舍目前之小利以避将来之大害，要受当前之小害以趋将来之大利。据《墨子・大取》所言，权指的是权衡轻重。权不是是，也不是非是，而是正。在多种利之中要取大，在多种害之中要取小。在多种害中取小，不是在取害，而是在取利。所取的是人能够执着的东西。如果一个人遇到了强盗，这是害。而人断指来保住身体，这就是利，所取得的是身体。在利中取大不是不得已的事，而在害中取小则是不得已的事。在自己没有的东西中取，要在利中取其大。在自己有的东西中要弃，就是在害中取小。据《墨子・经上》所言，人都想要正权利，就是想要在利中来权衡取什么，而厌恶正权害，就是厌恶在害中来权衡丢弃什么。权指的是两边都没有偏重。也就是说，就像是秤的两边，要达到的是平的效果。据《荀子・不苟》所言，在权衡取舍的时候，要知道什么是可欲的，就要思前想后，要考虑什么是自己厌恶的。要知道什么是有利的，就要先思前想后，要考虑什么是可欲的。可欲与可恶和有利与有害都考虑清楚了，然后再决定取舍。如果都这么想过了，通常就不会陷落了。人之所患在于因偏而受伤。不能只见到可欲的方面，而不考虑可恶的方面；也不能只见可利的方面，而不顾可害的方面。只要是偏的，动就会陷落，为就会招辱。

（二）人是可以兼爱的

1. 从利的角度出发可以推出仁义

后期墨家认为，从利的角度出发，是可以推出义的。据《墨子・经上》所言，义就是利。忠是以为利而强的。忠之心对君是有利的。孝是对亲有利的。孝之心是爱亲的。自己有能力能够利亲，给亲人带来了利，不一定要从他们那里有所得。遵从义对人是有利的。功是能利民的。据《墨子・经说》所言，忠之心是以君为强，自己有能力能够利君，不被容纳也没有关系。立功是可以不受时间的限制的，就像衣裘一样，什么时候民都是需要的。立志把天下当成自己的所爱，这就是义之心。人有能是可以利天下的，但没有用也没有关系，照样可以爱天下。据《墨子・经下》所言，物之所以然，与我们所知的所以然，与所以使人知的所以然，不必然是相同的。据《墨子・经说》所言，物是然，见然为智，而告知为使智。儒家所说的要治天下的所以然，未必果真是尧治天下之所以然。尧的义名生于今，而义之实则在于古。古今是异时的，所以所知的义名与实际的义实必然是二。据《管子·戒》所言，仁从中出，而义从外作。这是告子一派的学说，即认为仁在内，而利在外。而据《墨子·经说》所言，我指的是能爱能利的人，而彼指的则是所爱和所利之人。能爱能利都属于内，而不能说能爱为内，而能利为外。所爱和所利都属于外，而不能说所爱为内，所利为外。人们所说的仁内，义外，都是狂举，正如从左眼出，从右眼入一样。

2. 要周爱人的人才能称得上爱人

后期墨家认为，义就是利，所以人是可以兼爱的。墨子的兼爱的最大的特征就是兼。兼就是要广泛包容。据《墨子·小取》所言，要能周爱人，才能说是爱人。不爱人，则不用待周不爱人，才说他不爱人。而乘马则与此不同。乘马不用等周乘马后，才说自己会乘马。乘过马，就可以说能乘马了。而说不曾乘马，则要等周不乘马，才能说不曾乘马。即是说，人要爱一切人，才能算是爱人，因为每个人都有少数几个心爱的人，所以仅仅爱几个人，不能算是泛爱众；而不爱人，则不需要不爱一切人，如果他对某个人加以伤害，就足以说明他不爱人。这与骑马是不同的。人只要骑过几匹马，就可以说骑过马了。不骑马的人，必须是什么马也没有骑过，才算是没有骑过马。

3. 对于杀盗即是杀人和不能尽爱所有人的反驳

对于墨家的兼爱之说，主要有两种批评：一种批评认为，如果杀盗即是杀人，怎么惩办有罪的人呢？另一种批评认为，天下之人是无穷的，不可能尽爱之。对于杀盗即是杀人，后期墨者进行了反驳。据《墨子·小取》所言，白马是马，乘白马，就是乘马。骊马也是马，乘骊马，也是乘马。获是人，爱获就是爱人；臧是人，爱臧就是爱人。获之弟是美人，获爱其弟，就不是爱美人。车是木，乘车就不是乘木。船是木，乘船而不是乘木。盗人是人，多盗而不是多人，无盗也不是无人。恶多盗，并非恶多人；欲无盗，并非欲无人。虽然盗人也是人，而爱盗并非是爱人，不爱盗也并非是不爱人，杀盗人也并非是杀人。这是无难的。对于人不能尽爱所有人的观点，后期墨家也进行了反驳。据《墨子·经下》所言，无穷是不妨碍兼爱的。据《墨子·经说》所言，给墨家出难题的人说，如果南方是有穷的，则是可以尽的。如果南方是无穷的，则是不可以尽的。现在你都不知道南方是有穷还是无穷，你想要尽爱，那不就是悖论吗？墨者回答说，如果南方是无穷的，人就不能盈满，人数就是有穷的。如果人数是有穷的，尽爱就不难。如果人能够盈满无穷的南方，南方的地域就是有穷的。如果地域是有穷的，尽爱人也不难。给墨家出难题的人又说，你不知道人数，怎么知道是不是尽爱了呢？墨者回答说，如果有疑问，就可以尽问人，尽爱所问之人。难者又问：不能尽人之所处，又怎么能尽爱之呢？墨者回答说，不知其所处，也不妨碍人的爱。正如父亲丢失了孩子，不知道孩子在什么地方，但是依然是可以爱孩子的。

（三）辩论的目的是要明辨是非

1. 从辩中可以看清能判断是非的心

（1）智就是用来论是与非的

后期墨者还批评了《老子·第二十章》中说的绝学无忧和庄子的一些观点。据《庄子·齐物论》所言，大辩是不言的。辩必然会有不见的地方。要在言未始的时候，才有常，即才有定论。庄子主张要抛弃智慧，目的是要让人不论是与非，这样就不会引起争论，从而不会导致心乱。心不乱，才能有安定的社会秩序。据《孟子·尽心上》记载，孟子也说，观于海者难为水，游于圣人之门者难为言。而据《墨子·经下》和《墨子·经说下》所言，学与教是相关联的。如果说学是可以弃绝的，那么教就同样是可以弃绝的。有教就有学。如果教有用，学就是有用的。据《墨子·经下》所言，说辩是无胜的，这必然是不当的。说就是建立在辩的基础上的。把知与不知看成是一样的，这是不对的。据《墨子·经说下》所言，非同就是异。就同来说，狗与犬就是同。就异来说，牛与马就是异。俱无胜，就是不辩。辩就是要说是与非，当者为胜。所有的言全是言不达意的，这句话是不对的。如果所有的言都是不达意的，这句话也是言，所以就是不达意的，而这明显就是不对的。智就是用来论是与非的。

（2）辩论其实是心之辩，所以从辩中可以看到心

据《墨子·经上》所言，执人所言可以看见他的意。辩论其实是心之辩，所以从辩中可以看到心。据《墨子·经说》所言，要有言，首先要有口才，说出的是名，这才是言。真正的言就像是最坚固的石头一样，难以撼动。据《墨子·贵义》所言，自己的言就好比是石头，把天下的卵都用来击自己的石头，卵都毁了，而石头依然无恙。据《墨子·修身》所言，言中无务，那样的言就多了。言中有务才能成智。言中无务就是虚

的和文的，而言中有务则是实的和可察的。据《墨子·经上》所言，通过说来推理，通过推理来明，所以叫说明。在说明中存在着辩，而辩就是要争彼此。据《墨子·经说》所言，在辩论中，是存在牛或非牛这两种可能性的，不能既是牛又是非牛。据《墨子·小取》所言，辩论的目的在于明是非之分，审治乱之纪，明同异之处，察名实之理，处理利害关系和决断嫌疑。要摹仿万物之然，把群言用万物之然来类比，再用名来举实，用辞来抒意，用说来推出故，用类来取，用类来予。从人不免一死这个推论中，就可以看到墨经所说的以类取和以类予的推理方法。从过去的人这个类都是会死的，就能推理出现在的人和未来的人都会死的这样的结论。活着的人都没有死过，但是活着的人通过观察同类，知道了死的性质，从而知道自己也是会死的。

2. 辩的莫不然的七种方法的举要

(1) 凡取之都有取之的道理

据《墨子·经上》所言，故指的是所得而后成，即有故才有事。据《墨子·经说上》所言，故可以分为小故和大故。小故指的是有之不必然，而无之必不然；大故指的是有之必然，而无之必不然。辞就是命题，用二名来表一个意思，这就是辞。而辞的目的是要表达意。据《墨子·小取》所言，辩的方法有七种：或指的是有的是，而不是全部是；假指的是假设，还没有变成现实；效指的是模拟，即模拟一个模型（如果仿效出来的是与模型相同的，它就是正确的；如果仿效出来的是与模型不合的，就是错误的）；辟是比较法，即是用一物来解释另一物；侔（móu）则是把两组命题进行平行的比较；援就是类推法（即如果你这样，我也能这样）；推是从已知求得未知，是延伸而论的方法。据《墨子·大取》所言，言语要三物必具的时候才足以生。有故才能生辞，有理才能长辞，有类才能行辞。立辞而不明于其类，必然会受困。据《墨子·小取》所言，物都有所同，也都有所不同。辞之侔能够有所至就是正。有然就要说明所以然，但然是同的，所以然不一定要同。凡取之都有取之的道理，取是相同的，但是所以取之不一定要同。所以，辟、侔、援、推之辞，行中有异，转中有危，远就会失，流就会离本，所以不能不审慎，不可以常用。而言则有多方、殊类、异故，所以不能有偏。

(2) 意、规、圆三者都具备的就可以为法

据《墨子·经上》所言，尽指的是莫不然，即凡是。一类事物不一

定具有同样的性质，比如说，马可以是白的，但马不必然是白的。假指的是假如，即假如有什么条件，就会出现什么情况，而假如中的内容是现在不具备的。法指的是所类似的都可以如此。可以为法的相是可以尽类的，正如方都是相合的，只是大大小小的方而已。说指的是要说方。据《墨子·经说》所言，意、规、圆三者都具备的就可以为法。用方是可以尽类的。木有木之法，石有石之法，看上去其法是相异的，而从方的角度上看则都是合的。通过方可以尽类。所有的物都是如此的。法是可以作为公式来用的，因为它代表着凡是，可以用于一个类中的所有的个体。仿效的相为法，仿效而成的物为效。比如说，意向中的圆、作圆的规或已经化成的圆，都可以效圆之法。故指的是成事的原因和立论的理由。只有真故才能为法，即有此故必有此事，无此故必无此事。用故作为法，观察是否中效。如果中效，就为是；如果不中效，就为非。辟就是譬如，用此物来说明彼物。侔则是用此辞来比较彼辞。

3. 不能从类同的关系中推导出体同的关系

后期墨者还批评了名家的很多观点。后期墨者反对名家的泛爱万物，天地一体的观点，认为名家没有真正理解同的含义。据《墨经·经上》所言，所有异中都有的一，就是同。同可以分为重、体、合、类四种。据《墨子·经说》所言，二人都具有的也是同。二名一实为重之同。不外于兼，就是体之同。同处一室，就是合之同。有同样的性质则为类之同。在《墨子·经上》和《墨子·经说上》中还讨论了异，而异的含义与同正好是相反的。墨经认为，万物毕同中的同，指的是类同。而说天地一体，就认为天与地之间是局部与整体之间的体同的关系，这样说是错误的，因为不能从类同的关系中推导出体同的关系。据《墨子·经上》所言，异指的是二，不同体、不相合、不同类。据《墨子·经下》所言，异类之量的同，不是真的同。据《墨子·经说》所言，不同体指的是不连属，不相合指的是不同所，不同类指的是不同有。手、足、头、目都属于一个人，这就是体之同。木与夜都是可以论长短的；智与粟都是可以论多少的。但是，不能因此而认为它们是同类。事物都有相反的性质，如有与无、多与少、坚与柔、是与非、贵与贱等。要把人放到处境中观察。如一女子先为处室之女，此时为少；而后为子之母，此时为长。所以，一个人是既可以为少，又可以为长的。一个人对于兄来说是弟，而对于弟来说则是兄，所以一个人可以既是兄又是弟。一个人可以身在此而志在彼，所以可以既是存的又是亡的。但是，用同样的标准，长就是长，短就是短。

4. 具体的正名的辩论举要

（1）石头的坚与白是同体域于石的

《墨经》与公孙龙在正名实方面的观点是一致的，都主张要名实相符。对于公孙龙的离坚白的观点，墨子是主张合坚白的。墨子认为石头的坚和白是不相外的，是共存于石的。人看不见坚，摸不到白，是人的知与不知的问题，而不是石头有无坚白的问题。坚不是白，白也不是坚，所以白可以单独存在于白雪之中，而不必与坚同在，而石头的坚和白则是合而同体的，都域于石，这时的坚内就有白，白内也有坚，这时的坚与白是不相外的，而是相盈的。后期墨者也认为，从现实的自然界中的石头来看，石头的坚和白并不是互相排斥的，而是可以并存在一块石头中的。据《墨子・经上》所言，坚与白是不相外的。据《墨子・经说下》所言，坚与白是必相盈的。据《墨子・经下》所言，没有时空，就没有坚白。公孙龙所说的指，说的是名所指的共相。而名一方面是指共相，另一方面又指个体，比如说，坚既是指坚的共相，又指诸坚物。所以，名是指二的，这点是不可逃的，必须是兼指二。一谓就是一名。当名所谓的是共相之时，我们是不知其所指的个体的。而《墨经》认为，共相是在个体之中的。如果名只是指共相，义就不备。我们不能指共相给人看。

（2）端就是其中无间的至小极微的点

据《墨子・经说》所言，如果牛马是一个词，就不能说牛马是牛或牛马是马。如果彼只是彼，此只是此，那么彼与此都是正的。如果彼此之义是不定的，彼之义有时为此，有时为彼，那彼此之名就不正了。如果彼此的意义定了，彼此所指的物则不一定不会移动。从一个方面观察，一个物为彼，从另外一个角度看，这个物又是此。此以彼为彼，彼亦以此为彼。要让彼此之意确定不移，这就是正名之事。火之热不是我所有的，正如我们能够看到白色，但我们的眼睛并不拥有白色。据《墨子・经上》所言，端是事物产生的起点，属于体，但是没有厚度。端就是点的意思。据《墨子・经说》所言，端就是其中无间的点，至小极微，不可以再分成两半。只要曾经有过某种事物，则永远都可以说曾经有过这个事物，不可去掉。行者必然是先近然后才能致远的。远近为修，先后为久。民行修，必然是要有先后的。

（四）知心识物的知识及其来源

1. 知心为明而以火见久

（1）无法通过五官认识宇的时间和久的空间

五路指的就是五官。五官是感觉所必经之路。人的知识很多都是通过五官之路得来的。据《墨子·经下》所言，有的知不是从五路而来的，这就是关于心的久的知识。据《墨子·经说》所言，知是通过目来见的，而要有火目才能见。没有火的时候，就只能通过五路来知。所以，久不是用目来见的，而是用火来见的。据《墨子·经上》所言，久指的是弥漫在不同的时间里的知识。据《墨子·经说》所言，久是能合古今旦暮的能量。据《墨子·经上》所言，宇是弥漫在不同的场所中的关于能量的知识。据《墨子·经说》所言，宇是包含着东、西、南、北的。久指的是能量运行的时间，而宇指的是能量占有的空间。墨者认为，关于能量的时间和空间的知识不是来自五官的。

（2）知心者能够用其所知来论物

据《墨子·经说》所言，虑指的是其知是有所求的，但求不必然得，就像是睨一样。有目的的知识活动称为虑。人睁着眼睛，不一定在看，看也不一定有目的。而睨则为斜视。斜视的人是有目的的。有形有知觉的人，是生着的人。有知觉而无知识的人，为卧着的人。没有知觉和没有知识的人，为死人。据《墨子·经上》所言，知是一种材。知需要接触事物。知心为明。据《墨子·经说》所言，知就像见一样，要能把自己知遇过的事物的貌在脑中再现。人要依靠认知能力才能知，但是有认知能力不一定就能知。人用自己的认知能力与对象接触，得以辨认物的形相，这样才能构成知识。眼睛具有明的功能，但是不一定明。眼睛要有所见才能明。知心者能够用其所知来论物，这样使得所知的心能够显著，这样就能明。心是以其知来论物的，即人要靠心来理解知。心要对外来的知识进行分析综合和加以解释。

2. 知识的来源：推知、亲知和行知

（1）如果认识了白就能够推知所有的白

据《墨子·经上》所言，墨经就不同的来源而论，把知识分成三类：从个人的直接经验得来的知识；从权威那里得来的知识，即从权威那里听来的或读来的；从已知推知的未知，即靠心的思考而来的。墨经就知识的不同的对象而论，把知识分成四类：对名的知识；对实的知识；把名与实对应起来的知识；对于行动的知识。知的来源是闻、说、亲、名、实、合、为。据《墨子·经说》所言，听来的知识就是闻；不受地方的障碍，推理来的知识为说；亲身体会来的为亲；所以谓就是名；所谓就是实；名与实之耦为合；按自己的志去行就是为。如果认识了白，就能够知道所有的白。我们知道白这个名，就能明“白”。我们不用不知道的白来怀疑已经明的白。

正如我们不知道一个东西有多长，我们就用已经知道长度的尺子来进行衡量。在外面的东西，我们可以亲身体验，而在内部的东西，我们可以通过推理来明白。如果一个人在室外看到一白色的物，室内的人告诉他，室内的物的颜色与室外的物的颜色是一样的，这样我们就能够推知室内的物的颜色是白色。虽然天下的白物是无穷的，但是都能够概括在白物这个名所指的类中。同样，天下的马是无穷的，但都可以概括在马这个名所指的类中。所以，我们只要知道某物是白物，不用亲眼看这个白物，就知道这个物的颜色是白的。如果我们已经知道某物可以命名为马，则不必见这匹马就知道其形貌是什么样的了。所以，这样通过名来推理是可以不受时间和空间限制的，是可以从已知推理出未知的。

（2）名是用来指事物的代号而实就是所指的事物

①事物的名可以分为四类：名、达、类、私

如果人有知的才能，又亲自与所知的事物相接，这样就能够得到亲身体验的知识。所有的关于事物的知识都是以亲知为本源的。对于历史中所述的知识，我们都只能闻知，但最初传这种知识的前人是亲知的。我们知道某物的名，就能够推知这个物的大概的形貌和性质。据《墨子·经说上》所言，所以谓就是名，而所谓就是实。即，名是用来指事物的代号，而实就是所指的事物。名与实相对应的知识，指的是那个名与那个实相对应的知识。据《墨子·经上》所言，事物的名可以分为四类：名、达、类、私。据《墨子·经说》所言，有实必然要等待着人给命名。给某类物命名为马，马指的是类。如果实是马，就必须用马来命名，所以必须称之为马。类名词代表着这个类的命，所以叫命名，这是所有马共享的公共的名。如果不用命名来称马，用的就是私名，通过私名是不知道类的。名是要与实相符的。物这个名指的是所有的物，是最高的类的名字，所以被称为达名。所有的个体，都必然要用到这个名。马指的是一个类的名，为类名，只有这个类中的个体才用类名。臧指的是私名，指的是一个个体的专有名词，这就是私名，只有这个个体可以用。

②名与实之间可以通过移、举、加的方式来谓

据《墨子·大取》所言，有的是根据形貌来命名的；有的是以居运来命名的；有的是以举量数[①]来命名的。山、丘、室、庙是以形貌来命名的；乡、里等是以居运来命名的。实指的是名所指的个体。合指的是名与实相耦。据《墨子·经上》所言，名与实之间是谓的关系，可以通过移、举、加的方式来谓。据《墨子·经说》所言，犬是类名，狗是犬中的一种，是还没有成豪的犬。这样的名就可以移，即可以把犬的名移给狗，所以可以称狗为一种犬。据《墨子·经上》所言，举指的是通过类名的比拟来泛指所有的犬之实。据《墨子·经说》所言，叱（chì）狗指的是指着一只具体的狗而叱之说：狗！意思是说它是一只狗！这就是把狗之名加到一个具体的狗身上。我们用了狗的名，但其实是不是狗，就要核实。据《墨子·贵义》所言，白就是白，黑就是黑。明目的人是不会混的。如果把白和黑混在一起，让盲人来取，就可能会取错。如果能够按名来取，就不会取错。即是说，我说要白的，明眼人就能把白的取给我；我说要黑的，明眼人就能够把黑的取给我。

（3）行为追求的是把志与行很好地结合起来

关于行动的知识，指的是怎样去做一桩具体的事情的知识。为指的是做事情。从做事情中得到的知识是关于为的知识。志与行加起来就是为。做事情的目的就是志，而做事情的行动就是行，二者加起来就是行为。据《墨子·经上》所言，为可以分为六种：存、亡、易、荡、治、化。据《墨子·经说》所言，如果是做衣服的话，把衣服做好，行为就停止了；如果是治病的话，把病治好，行为就停止了。制甲筑台的目的是为了存，所以把台筑好了，行为就停止了。而治病的目的则是要让病亡，所以只要病亡了，行为就停止了。买卖是以交易为目的的，所以买卖完结了，行为就停止了。消灭除尽称为荡，所以只要荡尽了，行为就停止了。治的目的是要顺应事物的成长，只要顺长了，治的行为就可以停止了。化就是让一种事物逐渐变成另外一种事物。人要实现自己的志，要通过行动来完成。行为追求的是把志与行很好地结合起来。

---

① “量数”强调的是其中的量。

第五节　农家与儒家的不同

一　农家：君主应该与民同耕而食

农家认为君王应该是俭朴的，应该与民同耕同食。在《孟子·滕文公上》中记录了孟子和许行的门徒陈相之间的一段对话，虽然非常简短，但是其中概括地表达了农家学派的思想，而且至今依然有着一定的潜在的影响。据《孟子·滕文公上》记载，许行崇尚的是神农之言。许行从楚国到了滕国。他请禀告滕文公说，我是从远方来的人，我听说您行的是仁政，我希望得到一个住处，成为您的氓（méng，移民）。滕文公给了他和他的数十个门徒住所。农家学派的人穿的都是粗麻布衣服，靠编织鞋子和席子为生。儒家的陈良的门徒陈相和陈辛背着农具从宋国也到了滕国，对滕文公说，听说您实行的是圣人的政治，您也算是圣人了，我们愿意做圣人的氓。当陈相见到许行之后，对许行的学说心悦诚服，于是放弃了儒家思想，向许行学习农家思想。陈相见到孟子的时候，他转述了许行的话说，滕国的国君确实是位贤君。只是贤者应该是与民同耕而食，应该自己做饭吃，而滕国有的是粮食和财物之仓库，这是通过厉民来养自己，怎么能够称得上贤呢？

二　孟子对农家思想的反驳

孟子对农家思想的反驳思路可以归纳为四点：第一，劳动各有其长但是可在交换中取长补短；第二，劳心劳力都是劳动而只是有分工的不同；第三，劳心者无暇从事劳力活动；第四，产品要按劳动的难度和质量定价。

孟子尊称许行为许子。孟子问陈相，许子吃的庄稼全是他种的吗？陈相说，当然是啦。问：许子穿的衣服全是他织的布吗？答：不是，许子穿的是粗麻布衣。问：许子戴帽子吗？答：戴。问：戴什么帽子？答：戴素绢的帽子。问：是自己织的吗？答：不是，是用粮食换的。问：为什么不自己织呢？答：有碍于耕种。问：许子用铁锅和瓦具做饭吗？许子用铁制农具耕种吗？答：对。问：是他自己制造的吗？答：不是，是用粮食换的。孟子说：既然用粮食换械器，不能说对陶冶者是厉害的，那么用械器换粮食，就不能说对农夫是厉害的。

孟子又问：为什么许子不样样都自己造？为什么要去与百工交易？许子不怕麻烦吗？答：一个人是不能边干百工之事边耕作的。问：那么怎么就能够边治理国家边耕作呢？有的是大人做的事，有的是小人做的事。而且，要养一个人的身，需要具备百工才行。如果什么都必须要亲自做然后才能用，这就会让天下人都忙碌不堪。所以，劳心和劳力，都是劳动，只是分工不同。人要么是劳心，要么是劳力。劳心人负责治理人，而劳力者是需要被治理的。治理者靠被治理者养活，被治理者要养活治理者，这是天下之通义。

孟子还说，在尧的时代，天下还未有太平。那时洪水横流，泛滥于天下。当时禹在外奔波八年治水，三过家门都来不及进去，即使想要亲自耕作，也没有时间啊。后稷忙着教民种树和种粮食，还要任命司徒教人伦，也没有时间亲自耕作。尧忧虑的是要找到舜这样的贤人，舜忧虑的是要找到禹这样的贤人，而农夫忧虑的是能否把地种好。能公平地把财分给人的称为惠，能教人以善的称为忠，能为天下得到贤人的称为仁。要把天下给人是容易的，而要能够为天下得到贤人是很难的。尧舜治理天下是很费心思的，只是心思没有用在耕作上而已。我听说用华夏的文化来改变夷人，还没有听说用夷人的方式来改变华夏文化的。虽然陈良生在楚国，但是他对周公和孔子之道很是喜悦，所以到北方的中国来学习，北方的学者也未必能够超过他，真可谓是豪杰之士。而你们兄弟拜他为师几十年，老师一去世就背叛了他。

陈相说，如果服从许子之道，那么市场上的价格就不会不同，国中就不会有欺诈行为。即使让五尺高之童去集市上买东西，也没有人会欺骗他。如果布匹和丝织品的长短相同，价钱就相同；如果麻线和丝絮的轻重相同，价钱就相同；如果五谷粮食的数量相同，价钱就相同；如果鞋子的大小相同，价钱就相同。孟子说，物品的价格不一致，是由物品的本性决定的。有的相差一倍到五倍，有的相差十倍到百倍，有的相差千倍万倍。如果把它们并列等同，那就会使得天下混乱。如果粗糙的鞋与精细的鞋卖一样的价钱，人们就不会去做精细的鞋了。

第五篇　儒家子学在秦朝的危机

——法家开启的功利道德（功）名法（名）享受体系

第一章　秦朝的权力流变：强大者因失仁德而失天下

据《史记·秦始皇本纪》和《史记·李斯列传》记载，秦始皇（公元前259—前210年）是秦庄襄王的中子，为商朝重臣嬴恶来的第35代孙。他姓赵名政，所以又称为赵政。他在13岁时被立为秦王，但是吕不韦把持朝政。据《左传·襄公二十七年》记载，在公元前551年，中国曾召开了一次国际会议，力图限制各国的军事扩张。据《史记·田敬仲完世家》记载，后来，中国的天下被划分为东、西两大势力，分别由当时最强大的齐国和秦国控制。齐王称为东帝，秦王称为西帝。在战国时期，列国组成了联盟，称合纵连横，七个比较强大的国家称为七霸。六国合纵抗击秦国，秦国连横攻击对抗秦的国家。秦国以远交近攻的策略来击破合纵联盟。秦国依靠的是耕战的优势，而且还在六国内广泛使用搞政治阴谋的第五纵队。公元前221年，秦始皇统一中国。

秦始皇让蒙恬驱逐匈奴，收取河南，即如今的河套地区。他把战国时的旧城连起来，构筑了长城。他发兵略取了南越，收服了现今的广东南海、广西桂林和现在的越南，夺取了现今的福建。中国现今的疆域规模大致是在秦始皇时奠定的。在秦以前的中国的世界是封建之世，即通过封来建之世。而在秦汉之后的中国，则是郡县之世。从秦朝开始，中国才真正成为了一个统一的大国。郡县之治是一个创举。在秦以前，天子是个高于公的爵位。而到秦始皇这里，无论命、令、自称，都定了特殊的名词，使得天子之尊殊绝于人、高高在上，但是依然保留了天公所有制，所以皇帝也只是最大的官，而不是最大的私有者。这就意味着，如果他做不好皇帝这个官，民可以合理地夺取他的皇位。在圣典仁德礼制幸福体系中，仁德是第一位的，所以君王在盖棺时是要议论其仁德的高下的，所以要有谥（shì，死后被评给的称号）号。而秦始皇不许人议论自己，废除了谥法，自称为皇帝。

在秦始皇统一天下之年，他下令让丞相御史等议论一下，用什么帝号。臣下们议论后说，古有天皇、地皇和泰皇，对于人来说最尊贵的是泰皇，所以应该称秦始皇为泰皇，泰皇之命称为制，泰皇之令称为诏，天子自称为朕。秦始皇把泰皇改为皇帝，因为皇可囊括三皇，帝可囊括五帝，其他的建议都采纳。后来，秦始皇又改制说，太古之君王是有号无谥的，而中古之君王有号，死后还要根据君王的行为而取谥，这是子议父、臣议君，下议上为妄议，所以要废除。从此之后，朕为始皇帝，后世以数来计算，称为二世、三世，要至千万世，传之无穷。秦始皇废封建制，设郡县制。天下初统一的时候，人们习惯于封建制，有的臣下主张重新分封皇帝的诸子为王。皇帝让大家议一议，群臣都同意，只有廷尉李斯反对。李斯说，周文武所封的同姓子弟很多，后来慢慢就疏远了，诸侯之间互相杀伐，周天子也禁止不了。如果用公赋税来重赏诸子功臣，天下便能安宁。秦始皇赞同李斯的建议说，如果封候王，战斗不休，确实让天下共苦。于是把天下分为三十六郡，设置了守、尉、监三种官。守为一郡的长官，尉帮守管一郡的军事，而监则是中央政府派出的御史。秦始皇把天下的兵器都聚到咸阳给销毁了，铸造成钟和十二铜人等。秦始皇统一度量衡和行车的轨与文字。秦始皇还把天下的富豪都迁徙到咸阳，一共有 12 万户。

从秦朝开始变封建制为郡县制。秦朝的制度沿袭的是三代以前的制度，而汉朝沿袭的又是秦朝的制度。秦和西汉时，中央政府的最高官是丞相或相国。有的时候就设一位丞相，有的时候则设左右丞相。后汉则用了太尉（天公）、司徒（人公）、司空（地公），分部为九卿，沿用的是古代的三公、九卿的官制。在前汉，太尉为中央政府的最高武职，与丞相对掌文武。带兵的官都称为校尉。司隶校尉主要负责督察大奸，有警察的性质，权力最重。治京师的官，在秦朝称为内史。外官分为郡县两级。郡有太守；大的县官称为县令，小的县官称为县长。太守、县令和县长之下都有丞、尉。乡里有三老掌管教化。由中央政府派监御史出去监郡。爵是秦制用来赏有功或有劳的人的。在秦汉之时，宰相就是副贰天子，是用来治理天下的；九卿分治天下事务。他们都不是天子的私用之人，但是当君权扩张之后，这些人都成为了天子玩弄之人。外官少但威权重。另外，还存在着地方自治。

秦灭了六国，人心本来就是不服的，再加上秦始皇暴虐和奢侈，所以思乱者众。秦始皇的大儿子叫扶苏，相信儒术，所以见秦始皇坑儒，就谏了几句。秦始皇因此不高兴，就派他去监管蒙恬的军队。秦始皇病重之时，写信给扶苏，让他到咸阳来迎丧即位。赵高劝诱李斯，造假信赐蒙恬、扶苏死，改立胡亥为秦二世。赵高教秦二世先用严刑峻法对付大臣，然后残杀兄弟姐妹。赵高骗秦二世说，做皇帝最重要的是要让人害怕。如果自己出去办事，做错事了，会被别人看不起，然后就会被人欺负，不如躲在宫中。秦二世听信了他的话，躲在宫中，连李斯也见不到他的面。赵高谋杀了李斯，用刑比秦始皇还严，继续造阿房宫，民劳累不堪。

据《史记·陈涉世家》所言，陈胜和吴广都是楚国人。陈胜曾给人当雇工，在耕田时曾说，如果我们谁富贵了，别忘了大家。别人还笑话他，想着卖力气耕田，哪儿来的富贵？秦二世元年，陈胜和吴广作为戍（shù，防守边疆）卒，被派去守渔阳（今北京市密云西南）。到了现在的安徽宿县，天下大雨，料想必会误期，反正会被处斩，于是他们带头造反。陈胜自立为楚王。他分遣诸将，四出号召，北方纷纷自立为王，其中有赵王、魏王、燕王、齐王，南方的县令称为公，刘邦自立为沛公，项梁在秦朝的会稽郡自称为会稽守。骊山的工人，本来都是些罪犯。秦二世赦免了他们，让章邯率领他们去打陈胜的先锋周文。章邯打死周文、陈胜，吴广攻城不下，被手下的人杀死。项梁的兵已渡过了长江。项梁听从范增之言，立了楚怀王。张良的祖父为韩国的相。韩国灭亡之后，张良散尽家财寻觅死士伏击秦始皇，未遂。秦始皇叫天下捉拿凶手。项梁接受张良的建议立韩国之后为韩王。这样六国之后都立了起来。后项梁被章邯打败而死。

在秦国兵势正猛之时，许多将官不肯向前，而沛公和项羽都不怕。楚怀王派沛公由西入关攻打秦；派宋义为上将、项羽为次将、范增为末将北边救赵。宋义害怕秦兵不肯前行，项羽杀了宋义，发兵渡河，与秦军大战。项羽破釜沉舟，拼死作战，使得楚战士无不以一当十，呼声动天。项羽胜，称为诸侯上将军。章邯败后，收拾残兵与项羽相持。章邯派长史到关中求救，赵高不肯见他，回来劝章邯投降项羽。章邯走投无路，投降了项羽。沛公破南阳，从武关入秦。赵高杀死秦二世，立子婴为秦王。子婴杀了赵高，夷（yí，诛杀）其三族，最后投降了沛公。秦朝灭亡之后，人们认同的还是列国分立的封建制，而认为秦国的统一只是一个由暴力维持的变局，所以天下不能一个人独占，需要进行分封，受封的人应该是六国之后和灭秦有功的人，而主持分封的人应该是当时实力最强大的人。当时项羽拥兵四十万，而沛公只拥兵十万。

按原来楚怀王的约定，先入定关中者为王。楚怀王认为应该守约，以沛公为王。而项羽不听，自己分封诸侯。共分封十八王，其中刘邦被封为汉王，所王的地方是巴蜀汉中。项羽封自己为西楚霸王，把楚怀王表面上尊为义帝，后来不久就把义帝给杀了。项羽分封的目的是要把汉王堵在边陲，让他不能称帝。而项羽给自己封的地方则很大，又是原来的自己的势力的根据地。他还把赵、魏、燕、齐的旧王都搬到别处，改封了自己心爱的人。而且，还剩下些有功没有得封，拥兵而无所归的人。这样大家心里都不舒服，所以天下并没有安定下来。这时一些诸侯闹乱子，项羽派兵攻打。汉王用韩信做大将，开始集结兵力伐楚。先被项羽打败，后来汉王打得项羽兵少食尽。项羽只好与汉王讲和，以鸿沟为界中分天下。鸿沟之东为楚，鸿沟之西为汉。汉王背约追项羽，项羽在乌江边上自刎而死，汉从此统一天下。以前的商汤灭夏、周武王灭商、秦灭周，都是诸侯革天子的命，而让秦灭亡的则是没有皇族血统的豪杰。

第二章　用什么学派来统一思想

第一节　战国末年的儒家思想：强调仁礼的客观性

在秦统一中国之前，中国人的行为和国家的行为都是要受仁德礼制幸福体系制约的。春秋时期还有国家遵守礼法。据《左传》记载，在公元前638年，在楚国和宋国之间发生了泓水之战。宋襄公亲自指挥军队进行这场战争。在楚军渡河的时候，宋襄公的部将要求出击。宋襄公说，在敌军未组成阵势的时候，不能进击。结果宋军大败，宋襄公自己也受了伤。就是在这种情况下，宋襄公还是坚持说，君子对受伤的敌人不能再加害，不能擒二毛，即头发灰白之人。他的部将发怒说，如果对受伤的敌人不再加害，那还不如根本就不伤害敌人。如果爱其二毛，还不如干脆就服了得了。在春秋战国时期，已经出现了国与国之间不受礼法制约的情况，而战国时期的儒者依然非常注重礼法之治。战国末年，在儒家中出现了很多派别。据《韩非子·显学》所言，孔子去世之后，儒家出现了子张之儒、子思之儒、颜氏之儒、孟氏之儒、漆雕氏之儒、仲良氏之儒、孙氏之儒、乐正氏之儒。大小戴《礼记》中记载的是战国末年和汉初的一般儒者的作品。在宋代的时候，儒家的道学家们把《论语》《孟子》和《礼记》中的《大学》《中庸》并列为四书。《孝经》也是战国末年的儒者的作品。

一 儒家的《大学》之道：止于仁的至善

（一）心要止于仁德的至善才能有安定

《大学》和《中庸》是《小戴礼记》中的两个篇章。朱熹认为《大学》为曾子所作。《大学》的三纲领为明明德、亲民、止于至善，而八条目是格物、致知、诚意、正心、修身、齐家、治国、平天下。知道止才能有定，知道定才能有静，知道静才能有安，知道安后才能有虑，知道虑才能有得。物都是有本末的，事都是有终始的，知道本末和终始之先后，就能够近乎知能量运行之道了。古代的想要明明德于天下的人，首先要治理自己的国。而要治自己的国的人，则首先要齐自己的家。而要齐自己的家，就先要修自己的身。而要修自己的身，就先要正自己的仁心。而要正自己的仁心，就要先有对仁的诚意。要有对仁的诚意，就要先致自己知天的能量运行之仁道。而致知的方法是格物。格物就能够知能量运行之仁道的至，知道至后就能有对仁的诚意，意诚之后就能有仁心之正，心正之后就能使得身有仁德之修，身修之后就能使得家有仁德之齐，家齐之后就能使国有仁德之治，国治之后就能使得天下有仁德之太平了。从天子到庶人，要坚持的壹都是要以仁德为修身为本。仁德这个本乱了礼制这个末就不能治。要立在仁德之本上，才不可能有所厚者薄而所薄者厚的情况出现。知道了仁德之本，就可以说达到知之至了。

（二）外面显示的是仁德而心中想的却是财就会争夺

据《礼记·学记》所言，在古代，教者在家有塾，在党有庠，在术有序，在国有学。七年能论仁德之学取友，这就是小成。九年能够以天之仁道治类通达，强立而不反，这就是大成。这时便足以用仁德化民易俗了，使得近者悦服，而远者怀之。据《礼记·大学》所言，为人君，止于仁；为人臣，止于敬；为人子，止于孝；为人父，止于慈。与国人交，止于信。人如果能够知道止，向着仁的目的心无旁骛地前进，就能安定。如果君主的令是反天人所好的仁德的，民就会不从。天下是不是能平，看的是治国者。上能够老老，民就能兴孝；上能够长长，民就能兴弟。即是说，上行下效。修身在于用仁正其心。心有所忿怒，有所恐惧，有所好乐，有所忧患，都不能得其仁之正。如果心不在焉，就会视仁而不见，听仁而不闻，食而不知其仁之味。所谓诚其意，指的是不要以仁自欺。君子必须诚其意。比如说，自己就是厌恶臭的，而好好色的。君子必须慎其独。小人闲居时为不善，无所不至，而见了君子，却掩其不善，让自己的善变得显著，这又有什么益处呢？要有仁诚于中，才能够形于外，所以君子必须是慎其独的。曾子说，对待自己要严格，就像有十目所视，有十手所指那样。富可以润屋，而仁德可以润身，心有仁之广才有体之胖。仁德是本而财富是末。如果外面显的是仁德之本而内心想的是财富之末，这样本末倒置就会争夺财富。

二　儒家的《中庸》中的思想：进退符合时中

（一）守中庸而能得仁的中节之和

1. 要恰到好处地符合天的能量运行的仁道的时中

据《史记·孔子世家》所言，《小戴礼记》中的《中庸》是孔子之孙子思所作。在《荀子·非十二子》中，子思和孟子被归为一派。据《礼记·中庸》所言，人没有不饮食的，但是懂得味道的人是少的。中庸的道理就是这么寻常，而又很少有人懂得。中庸中的庸指的就是普通和寻常。君子之仁道是造端于夫妇之仁道的。而要得仁道之至，就要察乎于天地之仁道。要把求仁德的至善作为自己的人生目标。君子是拥护仁德的中庸的，讲究的是时中，而小人是反对仁德的中庸的，是无所忌惮的。《中庸》中说的中，指的不是凡事只求其半和行其半，而是说要恰如其分和恰到好处地符合天的能量运行的仁道。儒家把中与时联系在一起，时中就是适当其时。据《大戴礼记·本命》所言，从天的仁道运行中分出的命为自己的仁的使命，这种使命形于一就称为仁性，合而为仁的性命。而这种使命化于阴阳，象形而发，则称为仁生，合而为仁的生命。当这种使命化到穷尽气数的时候就称为死。据《孟子·公孙丑上》所言，君子应该是非其君不事而非其民不使的，并且是治则进而乱则退的。孔子这个人，可以当官的时候就当官，可以止就止，可以久就久，可以速则速。因此，据《孟子·万章下》所言，孔子是圣之时者也。

2. 时中是天下的仁之大本，而仁和则是天下的仁之达道

据《礼记·中庸》所言，天下的仁的达道有五种：君臣、父子、夫

妇、昆弟、朋友之交。天下的仁的三达德为知、仁、勇，行之者为能守仁这个一的人。对于仁来说，可以是生而知之的，可以是学而知之的，可以是困而知之的，但无论以什么方法知的，知都是一致的。而行仁的时候，可以是安而行之的，可以是利而行之的，可以是勉强行之的，但是其成功是一致的。孔子说，好学仁就能够近乎知，力行仁就能够近乎仁，知不仁之耻就能够近乎勇。知道这三者，就知道怎么修得仁之身了。而知道怎么修仁之身了，就知道怎么治理人心了。知道怎么治理人心了，就知道怎么治天下国家了。仁的喜怒哀乐之未发称为中，发而皆中节合时中，这就是和。时中是天下的仁之大本，而仁和是天下的仁之达道。致仁之中和仁之和，天地就能各得其位，万物就能得到生育。天地之所以能为大，是因为天地能够让万物并育而不相害，天的仁道是能够并行不悖的。君子动而为天下之仁道，行而为天下之仁法，言而为天下之仁则。对于仁来说，远之则有望，近之则不厌。天地之小的仁德似川流，而大的仁德则能敦化。

（二）要以至诚不贰之仁心守住仁道

据《礼记·中庸》所言，至诚之仁心是不休息的。因为不休息所以能久，因为久而能征服，因为能征服而能悠远，因为能悠远所以能博厚，因为能博厚而能高明。因为博厚，所以能够载物；因为高明所以能够覆物；因为悠久所以能够成物。仁的博厚是用来配地的，仁的高明是用来配天的，仁的悠久则是无疆的。这样的仁人，不现而能章，不动而能变，无为而能成。天地之仁道，用仁这一言就可以说尽了。天地为物是不贰的，天地生物是不测的。天地之仁道，具有博、厚、高、明、悠、久的性质。天的能量运行之仁道是一会儿都不能离开的，可以离开的就不是天之仁道了。能量的仁之诚是贯穿在物之终始的，没有能量的仁之诚就没有物。自己对自己是诚实地仁的，自己就会是明的，这就是能量的仁性。让自己明白要有能量的仁之诚，这就是教。有了能量之诚则能明，而明白了能量之仁则能有对仁之诚。诚仁者并非是自己成全自己就已了，还要用仁去成全物。成全己用的是仁德，而成全物用的则是仁的知识。性之仁德求的是合内外之仁道。唯有天下的至诚之仁，才能尽其仁性；能尽其仁性，则能尽人之性；能尽人之性，则能尽物之仁性；能尽物之仁性，则可以赞天地的仁之化育；可以赞天地的仁之化育，则可以与天地参。

三　儒家的《礼记》中的思想：仁礼的混乱、仁礼的小康和仁礼的大同

据《礼记·礼运》所言，社会中的仁礼的进步要经历三个阶段：仁礼的混乱、仁礼的小康、仁礼的大同。孔子说，仁的大道行的时候，天下能够为公，能够选仁的贤与能，能够讲仁之信和修仁之睦。有了仁德，人就能够不独亲其亲，不独子其子，使得老有所终，壮有所用，幼有所长，矜寡孤独废疾者皆有所养。男有分，女有归。货不弃于地，而且不必藏于己。力出于自身，但不必为己。这样就能谋闭不兴，盗贼不作，外户可以不闭。这就是有仁德的大同社会。而现在则是仁的大道隐的时候。天下人都在各为自家，各亲其亲，各子其子。货和力都只是为己的。有仁德的大人在世是为仁礼，用城郭沟池为固。用仁礼为纪来正君臣，笃父子，睦兄弟，和夫妇。设立了仁礼的制度、田里，以仁的贤勇为知，以仁德之功来为己。谋用因此而作，兵由此而起。禹、汤、文、武、成王、周公因此而得其选。这六位君子都没有不谨于仁礼的。用仁礼来著其义，考其信，著有过，行仁讲让，示民有常。如果不这么做，众人以此为殃，在势者就会被去除。这就是仁礼的小康之治。

（一）具体的仁礼在变而仁礼中的义不变

1. 仁的才可直说而仁礼才是真礼

孔子既言仁之直又言仁之礼。在战国末年和汉初之时，儒者很注重说明仁礼与人生之间的关系。据《礼记·檀弓》所言，曾子对子思说，我执亲之丧时，七日都水浆不入口。子思说，先王之仁礼之制，过或不及都不好。君子执亲之丧，三日水浆不入口就可以了，那样的话拄着杖还能站起来。据《礼记·礼运》所言，饮食男女，是人之大欲。死亡贫苦，是人之大恶。欲恶之人，恶首先是出自心的。而人的心是可以藏起来的，不可测度。美恶都来自人心，而我们又看不见心的颜色。如果想要用一来穷之的话，只能依靠仁礼。据《礼记·仲尼燕居》记载，孔子说，仁礼是按天的能量运行的仁道之中制成的，所以仁礼就代表着仁道之中。据《礼记·坊记》所言，仁礼是通过仁之文来节制人之情的。据《礼记·曲礼》所言，仁礼是可以用来定仁的亲疏、决不仁的嫌疑、别仁的同异、明仁的是非的。

2. 要通过修仁义之柄和仁礼之序来治人情

据《礼记·哀公问》所言，在民的生活中以仁礼最为大。没有仁礼，

无法节事仁的天地之神；没有仁礼无法分辨君臣上下长幼之位；没有仁礼无法别男女父子兄弟之亲。有仁礼来规定社会上的诸种差别，这样才能使人与人之间不互相冲突。具体的仁礼是会因时宜而变动的。据《礼记·礼运》所言，圣王是通过修仁义之柄和仁礼之序来治人情的。圣王耕种的田，就是人情之田。圣人通过修仁礼以耕之，陈仁义以种之，讲仁学以耨之，本仁以聚之，播仁乐以安之。仁义为礼为之实。礼是通过协调诸仁义而成的。所以，先王未成之仁礼，是可以通过仁义起的。据《礼记·礼器》所言，仁礼是以时为大的。尧授舜，武王伐纣，都是应时而为的。据《礼记·乐记》所言，五帝所处的时是特殊的，所以不相沿仁之乐。三王是异世的，所以不相袭仁之礼。据《礼记·郊特牲》所言，仁礼之所以尊贵，其实是因为其中包含着的仁义。如果失其仁义，只陈其数，就没有意义了。其数可陈，而其仁义是难知的。知道仁礼中的仁义，从而敬守仁义，这就是天子之所以能够治天下的缘故。

（二）仁的礼乐是以揖让来治天下的

1. 仁德之教行则民康乐，而法令极则民哀戚

仁礼与名法有什么异同呢？据《大戴礼记·礼察》所言，凡人所知的和能见的是已然的，而不能见的是将然的。仁礼是用来禁止将然之前的，而名法是用来禁止已然之后的。所以，名法之用是容易见的，而仁礼是怎么生的就难知。庆赏是为了劝人为仁之善，而刑罚是为了惩恶。先王就是用仁礼和名法来持正的。先王在持仁的正之时，能够坚如金石，行之有信，顺如四时，就像天地一样无私。仁礼之贵就在于能够绝恶于未萌之时，起敬于微眇，让民每日都在近仁善和远不仁之恶，而自己没有意识到。用仁的礼义来治，积累的是礼义，而用刑罚来治，积累的是刑罚。刑罚积则民怨倍增，而礼义积则民和亲。世主要使民都追求仁之善，而让民所善的却是有差异的。要让民有仁之善，就要以仁德教或者施行法令。仁德之教行，民会感到康乐；而法令极，民就会感到哀戚。哀乐的感情与祸福是对应的。

2. 仁的礼乐是宇宙的能量运行秩序的调和的具体体现

据《礼记·乐记》所言，因为天是高上的，地是低下的，万物是因殊而分散的，所以要行仁的礼制。万物流变而不息，合同而化，这就是仁之乐能兴的基础。春作夏长，这就是天的仁的体现。秋敛冬藏，这就是天的义的体现。而仁是近于乐的，义是近于礼的。因为天的仁德是尊的，而

地的义德是卑的，这就决定了君是尊的，而臣是卑的。高与卑通过位的方式呈现为贵与贱。动静都是有常的，而大小则是相殊的。方都是以类聚在一起的，物都是以群相分的，所以性与命是不同的。气在天成象，在地成形。仁的礼者就是要把天与地区别开来。地气是向上求齐的，天气是向下求殊的。阴阳是相摩的，天地是相荡的。天鼓之以雷霆，奋之以风雨，动之以四时，暖之以日月，这样就能让百物化兴。仁之乐者追求的是天地之和。不按时来化，就不会生。男与女之间不分辨，就会乱生，这都是天地之仁情。仁的礼乐则上及于天的仁之至，下及于地的义之至，所以能够行乎于阴阳，通乎于鬼神，所以能穷高极远，探测深厚。仁之乐在大始时最为显著，而仁之礼则居成万物。天时的仁的显著特征是不息，而地利的义的显著特征是不动。仁之礼是出于动的，而仁之乐是出于静。宇宙本来就有着天然的能量运行的仁的秩序，形成了一个大的调和的仁的体系，而仁的礼乐就是这种能量运行秩序的调和的具体体现。

3. 通过仁的礼乐让民返回仁的正道

（1）乐能够让人的情之所发有仁义的节制

据《礼记·乐记》所言，所有的音都是由人心生的。人心之所以会动，是因为外物的影响导致的。人心感于外物而动，而心动是通过声这种形式来表达的。心哀的人发出的声音是急迫和短促的，心乐的人发出的声音是舒缓的，心喜的人发出的声音是发散的，心怒的人发出的声音是粗而严厉的，心敬的人发出的声音是直而廉的，心爱的人发出的声音是柔和的。这六种心动都不是来自心性本身，而是有感于外物而生的。所以，先王对能够感之的物都是很慎重的。乐的功能是用来让人的情之所发，能够有仁义的节制，从而合乎于仁道，使得其能够发而得仁义之时中。据《荀子·乐论》所言，音乐的“乐”与快乐的“乐”是一个字。人的情都难免有快乐的时候，快乐时必然会发出声音，而且人的形态也会有动静的变化。人不能不乐，而乐又不能无形，有形而不遵从仁道就会乱。先王因为讨厌乱，所以制作了仁的雅颂之声，目的是让人快乐时发出的声音合乎仁道。这样才能够让人发出的声音足以乐，但又不下流，让其义之文足以辨而不息，让音乐的曲直繁省，廉肉节奏，都足以感动人的仁的善心。这样才可以让邪污之气无法接续。这就是先王立仁之乐的规矩。

（2）乐到仁的极致而礼到义的精致民就能无争

据《礼记·乐记》所言，先王制礼乐的目的，不是要以极致的方式来满足人的口腹耳目之欲，而是要平定民之好恶，让民返回仁的正道。人心的天性是静的，因为感于外物而生动。动来源于生性之欲。外物感人的方式是没有穷尽的，而人的好恶也是没有节制的。如果让物感人达到极端的物之至，人就会化为物。当人化成了物，就会灭天理而穷人欲。这样人就会生出悖逆诈伪之心，就会出现淫佚作乱之事。这就是大乱之道。先王治礼乐，目的就是为了节制人心。礼是用来节民之心的，乐是用来和民之声的。礼乐都是通过政来行的，通过刑来防的。如果礼乐刑政都是四达而不悖的，就具备了行王道的条件。乐者追求的是同，而礼者追求的是异。因为同而能相亲，因为异而能相敬。乐过胜就会流失，礼过胜就会离去。礼乐之事就是要合乎情理地装饰外貌。乐是由心中出来的，而礼则是由外作的。乐是从心中出的，而心的本性是静的，所以乐是求静的，而礼是自外作的，因此礼是文的。大乐必然是易的，而大礼必然是简的。乐达到了极致的仁之至，人心就会无怨。礼达到了精致的义之至，人心就不会争。礼乐因为有揖让所以能够治天下。

4. 在祭礼的善生之始和善死之终里尽仁之道

（1）祭礼中的推己及人的仁爱要从爱亲的孝弟开始

①孝子要全而归之即要不亏其体和不辱其身

在《论语》中，孔子谈及孝的地方非常多。据《论语·学而》记载，有子说，君子务的是仁德之本，只要仁德之本立则仁道就生了。而仁德之本就是孝弟。仁者是能够推己及人的。自己的亲人对自己来说是至亲至密的。如果对自己的亲人都不能推而为仁，就更不能推及其他人了。推己及人的仁爱要从爱亲开始，就是要从孝弟开始。孔子和孟子都很重视孝。他们都把仁德看成是本，而在仁德中又把孝弟看成是最重要的。曾子是以孝而有名的。《孝经》一书，被标明为孔子答曾子之辞。据《孝经》所言，孝为仁德之本，教就是由此而生的。人的身体发肤都受之于父母，不敢毁伤，这就是孝之始。人立身行仁道，扬名后世，为的是显父母之仁的功德，这就是孝之终。孝开始于以仁事亲，中于以仁事君，终于以仁立身。孝为天之经，地之义，民之行。民用天地之经来作为自己的仁的行为的法则。《礼记》和《孝经》都把孝看成是一切仁德之根本。据《礼记·祭义》记载，曾子说，孝有三个层次：首先大孝指的是尊亲；其次是不辱；最后是能养。我的身体就是父母的遗体，孝子要全而归之，要不亏其体，要不辱其身。

②只有贤者才能尽祭之义，所以会得到祭之福

据《礼记·祭统》所言，治人之仁道，最急迫的是要有仁礼。在仁礼中有五经，其中最重要的经是祭礼之经。祭不是来自于外的，而是出自于心的。心为中。心怵（chù，恐惧）才能奉之以礼，所以只有贤者才能尽祭之义。贤者必然会得到祭之福。这种福不是我们通常所说的福，而是备之福。备指的是百顺，指的是内心尽仁心于己，外顺于仁道，从而无所不顺。贤者之祭是致其诚信的，是与其忠敬的。不求其为，这就是孝子之仁心。外则尽待物之仁，内则尽仁之志，这就是祭之仁心。据《荀子·礼论》所言，祭的仁之志指的是思慕之仁情。这里让人体会到的是对于仁德的忠信爱敬之至，对于仁德的礼节文貌之盛。据《礼记·祭义》所言，致斋于内，散斋于外。斋的那天，要思其居处，思其笑语，思其志意，思其所乐，思其所嗜。在斋戒的三日里，就像是见到受斋的人一样。公共祭祀还能够给人们以休息和游戏的机会。据《礼记·杂记》所言，文武都不能是只张不弛的；而只弛不张则文武都无法为。文武之道都是同样的，都需要一张一弛。

③孝可以塞乎天地之间和横于四海之内

据《荀子·天论》所言，卜筮之后再决定大事。对于君子来说，这是文，表示的是慎重之意。而对于百姓来说，这就是神。把卜筮看成是文是吉利的，而把卜筮看成是神则是凶的。祭祀祖宗的目的在于表达思慕之情和报恩之义。据《礼记·祭义》记载，曾子说，我们的身是父母的遗体。我们在行父母的遗体，怎敢不敬！居处不庄是不孝的；事君不忠是不孝的；莅（lì）官不敬是不孝的；朋友不信是不孝的；战阵不勇是不孝的。五者不遂都会灾及于亲。煮好了东西，尝好了再让亲吃，这不是孝，而是养。本仁德之教为孝，而行为养。养是可能的，而敬则很难。敬是可能的，而安则很难；安是可能的，而卒则很难。父母都没有了，还能慎行其身，不给父母留下恶名，这才是能终。仁就是仁孝，礼就是履孝，义就是宜孝，信就是信孝，强就是强孝。顺孝则能生乐，反孝就会作刑。孝可以塞乎天地之间和横于四海之内。

④祭祀祖先就是要让子孙记住祖先的仁德

a. 人的大婚就好像天地之合一样使得人有万世之嗣

据《荀子·礼论》所言，礼有三本：天地为生之本；先祖为类之本；君师为治之本。礼上事于天，下事于地，尊先祖而隆君师，这就是礼之三

本。有的儒者认为人死之后，他的灵魂不会继续存在。而人的子孙是自己身体的一部分，所以只要人是有后的，就没有完全死。据《礼记·昏义》所言，婚礼的目的是要合二姓之好，这样就可以上事宗庙，下继后世，所以君子很重视婚礼。据《礼记·哀公问》所言，天地不合，万物不生。人的大婚就好像天地之合一样，有了大婚才能使得人有万世之嗣。据《礼记·曾子问》所言，嫁女之家，三夜不让蜡烛熄灭，目的在于表示家里对这种别离的思念。而娶妇之家，三日不举乐，目的在于思嗣亲，即盼望抱孙子。据《礼记·祭义》所言，人是天生的，地养的，没有人比天地更大。父母全而生之，子全而归之，这就是孝。人不亏其体，不辱其身，这就是全。人要举足都不敢忘父母，出言都不敢忘父母。如果人出言不敢忘父母，就不会口出恶言，忿言就不会返于自身。人能够不辱其身，不羞其亲，这就是孝。

b. 立仁之德、立仁之功、立仁之言这三不朽为达孝

据《礼记·祭义》所言，孝子在亲活着的时候，要顺其志意；有过要规劝之，使其归于仁之正。亲去世后，要通过祭祀来思慕之，使亲在思慕的记忆中得到不朽。要继承亲的事业，使亲的未竟之志得申；通过自己的述作，留住自己的亲之名。据《孟子·离娄上》所言，不孝有三，无后为大。舜不告而娶，所以无后，但是他有大孝。据《礼记·中庸》所言，舜有圣人之德，有天子之尊，有四海之富，有宗庙飨之，有子孙保之。舜有大孝。精神方面的孝为大孝，为达孝，比肉体方面的孝更为重要。据《礼记·中庸》所言，孔子说，武王、周公都有达孝。儒家认为，人能够实现的三不朽指的是立仁之德、立仁之功、立仁之言这三不朽。人在仁上能有所立，其仁才能为人所知，这样才能为人所记住，才能实现精神的不朽。祭祀祖先就是要让子孙记住祖先的仁德，从而实现祖先的仁德的不朽。据《礼记·郊特牲》所言，郊之祭的目的是要报本反始，让仁至义尽。当以人为祭祀对象的时候，目的在于崇仁德和报功德。后来，以手艺为生的人，都饮水思源，把原来的发明者视为神明而祀之。据《论语·学而》记载，曾子说，慎终追远的目的在于要使民的仁德归于厚仁之道。据《大戴礼记·盛德》所言，丧祭之礼的目的在于教人仁爱，让民能够孝顺。如果对于没有知觉的死者都能尚其仁德而报其功德，那么对于有知觉的生者来说就更会如此。这样就能使得人们之间互相报答而不是互相争斗。据《礼记·问丧》所言，孝子的仁之志，不是从天而降的，

不是从地而出的，不过是人情之实而已，不过是礼义之经而已。

（2）在丧礼中要事死如生和事亡如存

礼具有节人之欲和文人之情的功用。据《荀子》和《礼记》所言，在祭礼之中，最能够体悟到礼节的文人之情的功用。据《礼记·檀弓》所言，丧礼是用来表达人的仁的哀戚之至，让人能够节哀顺变。人的心有情感和理智两个方面。从理智的角度上看，人死不能复生。所以，从理智的角度来说，对于死人，我们尽可以据《列子·杨朱》所言，烧了也可，沉到河里也可，露之荒野也可，一切送死的礼节都是无意义的。而从情感的角度来说，如果我们按理智的方式对待死者，我们的情感受不了。据《礼记·檀弓》所言，用理智的方式来对待死者，断定死者是没有知觉的，是不仁的，而从情感的方式来对待死者，断定死者是有知觉的，则是不智的。为死者备物，表达的是活着的人的情感。据《礼记·问丧》所言，人要死了三日后才能入殓。在亲人死了的时候，孝子非常悲哀，匍匐在地上哭，希望死者能够复生，这个时候是不能夺过死者来入殓的。如果三天还活不过来，孝子会确认为确实不会复生了。这个时候衣服之具也准备好了，远处的亲戚也赶到了。所以以三日为丧礼的礼制。据《荀子·礼论》所言，礼是用来谨慎地治生死的。生是人之始，死是人之终。善始善终，人之仁道就完毕了。君子之仁道和礼义之文是敬始慎终和始终如一的。在丧礼中，是以生者来饰死者的，大象其生来送其死。据《礼记·中庸》所言，孝的人是善于基人之仁志，善于述人之仁事的人。他们践其位，行其礼，奏其乐，敬其所尊，爱其所亲，事死如事生，事亡如事存，这就是孝之至。

第二节 阴阳家的流行：强调道德的客观性

一 阴阳家的缘起：以五行中的金木水火土之道德立论

（一）从能量的五行的运行中可以知道吉凶

先秦的阴阳家的理论来源于古代的方术，而行方术的人就是术士。《汉书·艺文志》根据刘歆的《七略·术数略》把方术分成六种：天文、历谱、五行、蓍龟、杂占和形法（即后来的相面术和风水说等）。天文要说明的是二十八宿之序，五星日月之步，目的是要纪吉凶之象。历谱要说明的是四时之序，要正分至之节，要会日月五星之辰，目的在于考察寒暑杀生之实，从中可以知道凶厄之患，吉隆之喜。五行之法是起源于金、木、水、火、土这五种道德的终始的，推其极则无不至。形法中的风水理论认为，人是宇宙的产物，又是宇宙的组成部分，所以人生时的阳宅与死后的阴宅，都必须与自然环境即能量运行的风水相协调。在周朝初年，每个贵族都有自己的世袭的术士。贵族要做任何重要的事之前，都要先问卜。随着周朝的没落，术士慢慢失去了自己的地位，散落在社会之中，继续以方术为生。方术常与迷信联系在一起。阴阳家试图以自然中的能量来解释自然现象。对于宇宙的来源和宇宙的构造，阴阳家和一些佚名的儒者都进行过探讨。这两种探讨都各自独立地发展着。

（二）阴与阳为宇宙中的两种相生相克的能量

阴阳理论主要是与《易经》联系在一起的。《易经》原理是解释八经卦的，而八卦组合在一起就构成六十四别卦。阴阳家的《洪范》和《月令》都很重视五行，但没有提及阴阳，而儒家的《易传》则谈及阴阳的地方很多，但是不提五行。阴阳家的五行学说讲了宇宙的结构，但是并没有讲宇宙的来源。而《易传》中的阴阳学说则说明了宇宙的来源。阳的本意是阳光，阴的本意是阴影。后来，阴与阳的含义演化为宇宙中的两种相生相克的能量。阳的能量代表的是男性、主动、热、光明、干燥、坚硬等；阴的能量代表的是女性、被动、冷、阴暗、柔软等。宇宙中的一切现象，都是阴阳这两种能量相互作用产生的。据《国语・周语上》记载，西周地震的时候，史官伯阳父就评论说，这是因为阳伏而不能出，阴迫而不能烝的缘故。阴阳家是以齐国为根据地的。据《孟子・万章上》所言，齐东人之语为野人之语。据《庄子・逍遥游》所言，齐人之志很怪。在战国末年，阴阳家的首领是邹衍。邹衍是公元前3世纪的阴阳家的主要代表人物。他是齐国人，生活在孟子之后不久。据《史记・孟子荀卿列传》记载，邹衍立论的宗旨是要劝有国者崇尚道德。他见有国者淫乐和奢侈，不能崇尚道德，所以作《终始》和《大圣》之篇。其言论宏大不经，先验小物，然后推而大之。先从今推到黄帝，讲世道的盛衰，再推至天地未生之时。先列中国的名山大川，再推及海外的人所看不见之境。其目的是要说明五德转移，治各有宜。他认为，儒者所说的中国不过是天下的八十一分之一而已。中国原来的名字是赤县神州，九州是禹统率的州，而具体天下有多少州是不知道的。九州之术止于仁义节俭，君臣上下施行的是六亲之治。

二　阴阳家的思想脉络

（一）能量运行的五行与朝代的更替和兴衰的关系

1. 能量运行的五行相克的顺序决定着朝代的更替

阴阳家认为，能量运行的五行是按一定的顺序相生相克的。一年四季也是按能量运行的五行相生的顺序交替的。木的能量盛于春，木的能量能生火的能量；火的能量盛于夏，火的能量能生土的能量；土的能量盛于中央，土的能量能生金的能量；金盛于秋，金的能量能生水的能量；水盛于冬，水的能量又能生木的能量。而朝代的更替是遵循能量运行的五行相克的顺序交替的。据《吕氏春秋·览应同》所言，凡是帝王将兴的时候，天必先现祥瑞之兆于下民。在黄帝之时，天先现大个头的蚯蚓和蝼蛄。黄帝说，土的气体能量胜，所以颜色是黄的，黄帝做的事主要与土相关。到禹的时候，天先现出草木在秋冬也不杀的景象。禹说，木的气体能量胜，所以崇尚青色，主要从事与木相关之事。到汤的时候，天先现出水中生金刃的景象。汤说，金的气体能量胜，所以崇尚白色，从事的事与金相关。到周文王之时，天先现火，有赤乌衔着丹书集于周社。文王说，火的气体能量胜，所以崇尚赤色，其事与火相关。代火者必将是水，所以崇尚黑色。水的气体能量之至必将徙于土。

2. 每种能量的势力当运之时都是其盛大之时

邹衍说的五行的五德，与上段的观点相合。这里所说的五行指的是五种天然的能量构成的势力。每种能量的势力都有盛衰之时。每种能量的势力当运之时，都是其盛大之时，天道和人事都受其支配。当五行的能量之运衰之时，就有克之者出现，继之盛而当运。木的能量能够胜土的能量，金的能量能够胜木的能量，火的能量能够胜金的能量，水的能量能够胜火的能量，土的能量能够胜水的能量，就这样周而复始，生生不息。每一个朝代，都代表着一种德，其服色制度都要受这种德的支配。据《礼记·月令》所言，春天的盛德为木，夏天的盛德为火，秋天的盛德为金，冬天的盛德为水。据《淮南子·时则训》所言，季夏的盛德为土。秦汉之世都很受阴阳五行家的影响。秦始皇统一中国后，相信秦是以水德为王的。据《史记·秦始皇本纪》所言，秦始皇灭六国的时候，每破一国，就在咸阳仿造一座那个国家的宫殿，后来又造阿房宫，在骊山自营万年吉地，连年出去巡游、刻石颂水德。他认为，周为火德，秦为水德，而五行之德从水德开始，所以将黄河的名字改为德水。他认为，水德是刚毅戾

（lì，暴）深的，事皆要决于法，要刻削仁恩和义，所以要严刑峻法，要终结五德之传的说法，要以水之德合五德之数，以便万年不朽。秦国的刑法本来就严峻，建国后更加严厉，使得民手足无措。

（二）国君不合时运行事必然会遭到天罚

1. 宇宙的能量世界中的任何一个部分失衡都会有殃

阴阳家对于天人感应有两种解释。一种解释认为，如果国君作恶，会使天地震怒，就会出现不正常的自然现象，目的在于警告国君。另一种解释认为，宇宙的能量世界是一个和谐的整体，其中任何一个部分的能量失衡，都会使其他部分被牵连，从而出现不正常的自然现象。据说在公元前12世纪末，周武王克商之后，商朝的贵族箕子对周武王陈述了来自夏朝大禹的治国大法，这就是阴阳家的《洪范》的来历。在《洪范》中，举出了九畴。第一畴是五行：水、火、木、金、土。水的能量是润下的，火的能量是炎上的，木的能量是曲直的，金的能量是从革的，土的能量是爰（yuán）稼穑的。第二畴是五事：貌、言、视、听、思。貌要恭、言要从、视要明、听要聪、思要睿。恭作肃、从作乂（yì，安定）、明作哲、聪作谋、睿（ruì，通达）作圣。第八畴是庶征：雨、旸（yáng，晴天）、燠（yù，闷热）、寒、风。如果五者都各按其时来备，各按自己的顺序来临，就会庶草茂盛。如果只是一极备，即一者过多，则是凶的。如果一极无的话，也是凶的。休征即是吉兆：如果国君严肃，随之就会有雨；如果国君顺时，阳光就会适度；如果国君明哲，气温就会适当；如果国君深思熟虑，则会寒冷适度；如果国君明智，则会有和风适时。咎征即是凶兆：如果国君暴狂，则会伴有大雨；如果国君僭越，则会伴有骄阳；如果国君怠惰，则会伴有酷热；如果国君急躁，则会伴有冬寒；如果国君无知，则会伴有风灾。

2. 如果君王行事违反了月令就会出现失常的自然现象

阴阳家的另外一篇重要的文献是《月令》，后载入了《礼记》。《月令》要告诉国君和大众，每个月应当做什么和不应当做什么，这样才能与天地万物相和谐，其中构建的宇宙结构是一个时空架构。古代的中国位于北半球。冷在北方，热在南方。阴阳家把一年四季与地理上的四个方向组合起来：夏季在南方；冬季在北方；春季在日出的东方；秋季在太阳落下的西方。阴阳家还把一天比喻为一年四季的缩影：早晨是春季；中午是夏季；傍晚是秋季；午夜是冬季。不同的季节，不同的德盛：春季木德盛；夏季火德盛；秋季金德盛；冬季水德胜。土德居于中央。土德在夏与秋之间的一小段时间里盛。孟春之月，东风解冻，蛰虫始振。天之气下降，地之气上腾，天与地和同，草和木萌动。君主应该命相、布德、和令，行庆施惠，下及兆民，禁止伐木。不能覆巢。不可以称兵，否则必有天殃。兵戎不可从我始。如果君王行事，违反了月令，就会出现不正常的自然现象。如果孟春行夏令，雨水就会不按时来，草木就会早落，国时就有恐；如果孟春时行秋令，则其民就会有大疫，暴风暴雨[①]就会总至，藜莠蓬蒿就会并兴；如果行冬令的话，就会有水潦为败，雪霜大挚，首种不入。

第三节　罢黜百家而独尊法令：强调思想的统一性

在秦国努力统一国土的天下之时，思想家们在努力统一思想的天下。政治只能约束人的身体，但是约束不了人心。政治的权力可以让人的身体处于齐一的状态，却无法让人心处于齐一的状态。思想家要让人心服口服地齐一，这样才能真正团结和有凝聚力。在战国末年，百家争鸣的结果，只剩下了阴阳家、道家和儒家胜出为统一思想的候选体系。阴阳家暂时得势，而儒家和道家都不完全认同阴阳家，但是这三家的共同点都是要用《易经》的道来立说，只是对道的性质的认识不同。在秦汉之际，在哲学上出现了调和与折中的趋势。折中派的主要著作是《吕氏春秋》。这些思想家都承认，存在着一种绝对真理，那便是道。各种不同的思想流派，重的是道的不同的方面，都在从不同的角度认识道。儒家和道家都认为只有它们认识的道才能平定人心。秦朝用了与阴阳家合流的法家主政，最后灭亡。汉初起用了与阴阳家合流的道家主政，最后失败。汉武帝起用了与阴阳家合流的儒家主政。从此之后，虽然儒家的仁德礼制幸福体系被各种情况败坏，但是儒家一次次变换着方式捍卫着圣典《易经》的仁道雄起，创造出一次次难以超越的巅峰级的人类文明。

一　儒家与道家的学术正统之争

（一）孔子因为知仁而不蔽，所以学乱术就足以为先王

儒家认为，虽然各个思想流派都对道的认识做出了贡献，但是只有孔子领会了全部的道，所以其他的学派都可以看成是儒家学派的支流。据

---

① “暴风暴雨”来自原文。

《孟子·梁惠王上》记载，梁惠王问孟子，天下怎么才能安定呢？孟子说，要定于一。梁惠王又问，谁能统一天下呢？孟子说，不嗜好杀人者能够统一思想。据《荀子·天论》记载，荀子认为，各个思想流派都是有偏见的，都过于自负，所以其洞见之处正好遮蔽了道，使其有了盲点。据《荀子·解蔽》记载，荀子说，墨子蔽于用而不知文，宋子蔽于欲而不知得，慎子蔽于法而不知贤，申子蔽于执而不知知，惠子蔽于辞而不知实，庄子蔽于天而不知人。从用的角度看道，看到的尽是利；从俗的角度看道，看到的尽是疑惑；从法的角度看道，看到的尽是数；从执的角度看道，看到的尽是便；从辞的角度看道，看到的尽是论；从天的角度看道，看到的尽是因。而这些角度看到的都是道之一隅，所以只能是乱术。而通道之人要能体其常和尽其变，只有一隅之见是不足以举之的。曲知之人，因为观于道之一隅，所以未能识道。孔子因为知仁而不蔽，所以学乱术就足以为先王。

（二）道家的内圣外王之道是暗而不明和郁而不发的

而道家则认为，老子和庄子才领会了全部的道，应当凌驾于其他思想流派之上。据《庄子·天下》记载，庄子认为，真理的总体即是道，对道的研究就是道术，而对局部真理的认识就是方术。在天子中，治方术的人很多，皆是因为其有为而不可加。那么，道术研究的是什么呢？道术回答的问题是：圣是怎么生的？王是怎么成的？圣和王皆是原于一。也就是说，道术研究的是同，而方术研究的是别。庄子说的一就是内圣外王之道。据《庄子·天下》记载，庄子认为，古代的人对道的认识是完备的。古人是明于本数、系于末度、六通四辟、小大精粗皆懂的，明白道之运是无处不在的。其明在数度者，旧法世传之史很多，主要在于《诗》《书》《礼》《乐》。邹鲁之士缙绅先生多能明之。《诗》以言志，《书》以道事，《礼》以道行，《乐》以道和，《易》以道阴阳，《春秋》以道名分。而儒家只是见到了道的数和度，只是知道的末端和粗的方面，而对道的根本和精微之处是不知的。天下大乱的原因是因为贤圣不明和道德不一，天地多得一察以自好。耳目鼻口是皆有所明而不能相通的。虽然百家有众技、皆有所长、时有所用，但是这些知识是不该不遍的，这些人只是一曲之士，而内圣外王之道是暗而不明和郁而不发的。道家懂得道的根本，但是不懂道的枝干，而儒家懂道的枝干，而不知道的根本。

二　通过焚书坑儒的凶的方式统一思想

在阴阳家、道家、儒家这三种哲学在思想界争天下的时候，秦始皇采取了与阴阳家合流的法家来主政。李斯和秦始皇都想恢复百家争鸣之前的学术与官守合而为一从而让政学一致的做法，只是抽空了圣典仁德礼制幸福体系中的仁德和礼法。据《史记·秦始皇本纪》所言，公元前 213 年，秦始皇在咸阳宫摆酒席，其中有博士 70 人出席。席间有一名仆射恭维秦始皇，说郡县制很好，而博士淳于越说这个人面有阿谀奉承之相，并认为郡县制不如封建制好。秦始皇说让大家议一议。丞相李斯驳斥了淳于越博士，说他们这些博士不师今而学古，以古非今，惑乱黔首之众。黔首为秦代的平民的称呼，指的是用黑巾裹头的平民，因为水德尚黑色。他也把黔首称为黎民，因为黎也是黑色的意思。民指的是众的意思。李斯还说博士们不从法教而尊私学，说他们当着法令的面，各人都用自己的学来议论法令，但是口是心非，出门就进行巷议。他还说博士们夸主的目的是为了名，而异论的目的是要表现自己的高明，率群下制造诽谤，所以必须加以禁止。

最后，李斯提出，除了秦记外，要烧掉其他国家的史书。除了官职所藏之外，天下的所有诗书百家语都要烧掉。以古非今者，知而不举报者同罪。下令三十日内不烧掉这些书，就要处以黥（qíng，在人的脸上刺字涂墨）刑，贬为城旦（服四年兵役，夜修长城，日防敌寇）。医、药、卜、筮（shì）、种树的书不烧。如果想学法令，就要以官吏为师。秦始皇许了他，于是烧了书，并且罢黜百家，独尊法令。秦朝的刑罚非常野蛮。据《汉书·刑法志》所言，有杀三族之令。杀三族的时候要先折磨，比如说割掉鼻子和舌头等，让人不得好死。公元前 212 年，秦始皇坑儒。当时神仙方士流行，秦始皇也被迷惑，派齐人入海求三神山，派燕人卢生去求人炼不死之药。结果卢生与侯生私下议论秦始皇，说他爱用刑杀来立威，贪图权势，不能为他求仙药，于是逃走。秦始皇听完大怒，然后说，他烧完书之后，召来很多文学之士和方术之士，想借文学之士来兴太平，想用方术之士来求奇药，很尊重和赏赐他们，结果不仅没有效验，还作出奸利之事，还要诽谤他。于是，派御史在咸阳盘问惑乱黔首的诸生。诸生互相告发，结果坑杀了 460 多人。

第六篇　儒家的西汉经学时期

——用圣王之制维护功利仁德礼制幸福体系

第一章　西汉的历史演变

第一节　权力的流变过程：权力的得失依然与仁德的得失相配

据《史记·高祖本纪》所言，刘邦为人仁而爱人、喜欢施恩、很大度，但是好酒贪色、不好生产，原为泗水亭长。据说，在他醉卧时，有人看见其上方常有龙出现。据赵翼的《廿（niàn，二十）二史劄记·汉初布衣卿相之局》所言，辅佐刘邦的萧何、曹参都是刀笔吏，只有张良是个世家子弟。陈平是不事生产的人，韩信、彭越都与诸侯无关。而项羽所任的人则是诸项、妻子之昆弟，不用奇才。韩信原来在他的营里，却不得重用。刘邦灭掉项羽之后，天下依然不太平，存在着功臣、宗室和外戚之争。诸侯国革命胜利后，谁做皇帝是没有争议的，就是原来的诸侯国的君王。而平民革命后，刘邦与韩信、彭越等人的资格是平等的。这些人都是身经百战的，一旦动了当皇帝之心，就是最危险的。汉灭秦以后，有封地的功臣，都被汉高祖和吕后两个人灭掉。吕后叫人诬告韩信谋反，杀掉。吕后诬告彭越谋反，杀掉。其他的有封地的功臣基本上也以各种方式被灭掉了。最后只剩下刘氏为王，把天下当成一家之天下，但是依然继承了天公所有制。

在刘邦灭秦之后，被灭的人想要恢复基业，灭掉人家的人想要封自己的子孙亲戚。淳于越曾劝秦始皇说，殷周之所以能够王千余岁，因为封了子弟功臣，有事可以相救。而陛下有了海内之后，子弟却为匹夫。做事不以古为师，难以长久。这种议论秦始皇没有采用，而汉高祖则继续采用古代的封建制。在分裂的时代，除了本家之外，能够联合的主要是外戚。在汉朝之时，外戚干政尤其严重，主要是因为汉高祖取天下时，外戚帮了很大的忙。据《史记·高祖本纪》所言，吕公好相面，在宴请时，见刘季（刘邦）的状貌，重敬入坐，并把女嫁许给他。而且吕后通过相面的人，还有自己看到的云气，来断定刘季有天子气。吕后的妹夫和哥哥也都随汉高祖起兵。

在汉高祖刘邦死后，外戚一系开始内斗功臣，外斗宗室。据《史记》所言，汉高祖灭项羽之后，常带戚姬外出，吕后常留守。汉高祖一年有半年在外，京城里的事主要是吕后在管。汉高祖死后，吕后有许多人辅佐，出来管理朝政，自然没有人敢出来反抗。汉高祖爱戚夫人，生赵如意，想废太子立如意，因大臣反对而未能成。汉孝惠帝即位时，吕后先暗杀了赵如意，再把戚夫人弄成人彘（zhì，猪），砍掉手足等，放在厕所里，让汉孝惠帝去看，看后惠帝吓哭，病了好几个月。以后孝惠帝便不喜欢他的母亲，无心从政，只顾取乐，渐渐病死。孝惠帝的皇后是鲁元公主的女儿，没有儿子。吕后让皇后杀掉有儿子的美人，把美人的儿子当自己的儿子，立为少帝，太后临朝称制。少帝长大后，知道自己的母亲为吕后所杀，口出怨言，被废。后来又封了好几个孝惠帝的儿子，但朝政大权始终在吕后之手。吕后还杀了不少宗室之人，用来封自己一系的人。吕后死后，功臣们杀了外戚一系的人，然后开始有功臣与宗室之间的斗争，斗争的焦点是皇位继承的问题。诸大臣说，少帝和其他的一些王都不是孝惠之子，是吕后杀了他们的母亲，用来巩固吕氏之位的。现在诸吕都灭了，不如在诸王中立最贤者。在宗室里，齐王最强，而且高帝为长子，齐王为长孙，是可以立的。因代王为长，立长为顺，太后家薄氏也谨良，而且代王仁孝闻天下，所以功臣们都同意，立了无势无力的代王。

汉初封建同姓之人，地都很大。到汉文帝之时，经丧乱之后，诸侯通过削地，势力更大。据《汉书·贾谊传》所言，要让天下的治理能够安定，最好的办法是让诸侯很多，让每个诸侯拥有的劳力很少。因为劳力少，就容易用义，国小则会让邪心死亡。汉文帝时没有实行贾谊的建议，而汉景帝时，任用了晁错，他的主意比贾谊的更为激烈。他不用把诸侯的地分给诸侯自己的子孙的方法，而是用天子的权力来硬削诸侯的地。他认为，削地和不削地，都会有造反的，但是削地后祸要小些。吴国联合一些国家举兵反了起来，被善于用兵的周亚夫平定。从此之后，汉朝就开始摧抑诸侯，让他们不得自己治民补吏，让实权都掌握在相的手中。汉武帝的时候，他又用了主父偃的计策，让诸侯把自己的地方分封给自己的子弟，这样列国的疆域就变得更加狭小，让汉初建立的封建制名存实亡。

汉武帝还封禅、巡守、营宫室、求神仙。汉武帝相信有神仙，所以有许多方士、神巫都聚集到京师。有的女巫往来于宫中，教美人把木人埋在地下来避免厄运。后来，出现了巫蛊之狱，牵涉到太子。太子因此造反，兵败自杀。汉武帝晚年，想立幼小的儿子为昭帝，又怕母后专权，先杀了他的母亲，让霍光等人辅政。汉武帝的儿子燕王旦，年纪比昭帝大，反不得立，所以有怨气。燕王旦谋反被诛，大权落入霍光一人之手。立宣帝后，大权还在霍光的手中。霍光的夫人把皇后毒死，立霍光的女儿为皇后。霍光死后，此事败露，宣帝杀了霍光的夫人，废掉了霍皇后。因为武帝时让天下疲惫，霍光秉政的时候与民休息，天下比较安稳。宣帝知道民生的疾苦，极其留意吏治，用法不像武帝和霍光时那么严，留意于平恕。

元帝立之后，步步进入了外戚政治。外重指的是外有强臣，国家容易分裂。东汉变成了三国，就是因为外重的原因。内重指的是中央政府的权力很强，容易导致权臣掌国，比如说，王莽代汉。在西汉时期，诸侯王是强的。经过七国之乱后，汉初的封建制名存实亡，于是出现了内重之局，汉朝的天下断送在了外戚之手。英明的君主才会任用贤才。普通的君主就只按常例用人，用的不是宗室，就是外戚。在七国之乱之后，宗室成了禁忌品，断不能秉政，所以只能用外戚。元帝即位之后，任用了外戚史高和旧时的师傅。元帝是一个柔仁好儒之人，很信师傅的话。史高把他的师傅给排挤掉。成帝即位之后，任用的是外戚王家的人为相。平帝为王莽所杀。王莽夺了皇位后，改国号为新。

第二节　疆域的扩大与中国版图的大定

在秦汉时代，中国的疆域扩大了。在战国之前，中国是分裂的，而到秦汉之时变成了一个统一的大国。经过长年的战争，人民还是尚武的。从汉初到汉武帝，由于休养生息了约 70 年，国力雄厚。秦皇汉武时期，中国的固定的疆域基本上定了下来。秦汉时期的匈奴是朝廷的大敌。秦始皇派蒙恬驱逐了匈奴，而秦灭亡时，戍边的人跑了，匈奴又回到了河套地区，也就是如今的内外蒙古和西伯利亚的南部。据《史记》所言，匈奴的先祖是夏侯氏的苗裔。据贾生所言，匈奴的人不多，总共的人口不过是汉的一个大县的人口。匈奴是个游牧部落，非常的勇悍。塞北土地瘠薄，所以要向南发展，成为中国的北狄之患。匈奴原来只是在汉朝的北疆盗边，而在韩王信降服了匈奴后，匈奴开始变成寇（kòu，侵犯打人）。汉高祖打匈奴，被围困七日才得解。后来，用了刘敬的计策，每年奉酒、食物等，并约为兄弟以和亲。

虽然秦始皇统一了中国的本部，但到汉武帝时才天下大定。西汉实行的是民兵之制，即所有的人民都有当兵的义务。据《汉书·高帝纪》引如淳所言，《汉仪注》说，民二十三岁为正，要当一年的卫士，还要用一年学习射御、驰战陈。五十六岁因为衰老，可以免为庶民，就田里。在京师有南北军。期门、羽林都属于南军。在秦朝和西汉时代，人民发出去都是强兵。汉武帝与匈奴开战。汉武帝派大将军卫青和骠骑将军霍去病大战匈奴，拓展了疆域。到元帝的建昭三年，西汉时代的匈奴被中国征服。狭义的西域指的是天山南路，中央有塔里木河，南面有新疆、青海、西藏的界山，北面有天山山脉。广义的西域指的是中国的西北地区。狭义的西域原有小国 36 个，后分为 50 多个小国，其中居国称为塞，行国称为氐（dī）和羌。葱岭以西是白种人的根据地。波斯是白种人的有名的古国，后为马其顿所灭。西域人把希腊人称为大宛。安息就是如今的波斯。据《汉书》所言，自宛以西到安息，说的话是异言，但长得差不多，深目高鼻、多须髯。他们善于做买卖，对于利益分铢必争。女子很尊贵，丈夫听女子的话。

塞种也是白种人，大概是白种中的闪米特人，居住在如今的伊犁河流域。在汉初之时，中国的疆域限于黄河。渡过黄河往西走，在祁连山脉之北就是大月氏。大月氏往西便是西域三十六国了。大月氏本来是个强国，但两次被匈奴所破，于是逃到伊犁河流域，夺了塞种的地方。汉武帝想要与大月国合攻匈奴，于是派张骞前往，被匈奴人留了一年。张骞逃到了大宛，大宛派了个翻译送他到了康居，康居又把他送到了大月氏。而大月氏因为得了沃土而无心报复匈奴。匈奴又称为胡。张骞留了一年多，不得要领而回归。因为汉武帝一心想要通西域，所以一年之中，又派十几回使者出西域。

大夏之东就是大宛，大宛之北为康居。据《元史译文证补》所言，乌孙人很像是德意志人，青眼赤须。汉武帝的使者走到各国，各国都要搬粮挑水供应给他们。他们带着很多金帛出访。汉武帝听说大宛国有一种“天马”，汉武帝派人带了“金马”去换。大宛人不肯换，把汉使给杀了。汉武帝大怒，派了李广去打大宛。第一次因路远，粮运跟不上，不利。后来打破了大宛，因此西域诸国就开始惧怕汉朝。乌孙也是个大国。起初与中国寡合，后来常同中国往来。匈奴人想要攻打乌孙，于是乌孙人就尚了中国的公主，此后，乌孙与中国往来密切。朝鲜的始祖是中国的箕（jī）子。卢绾之乱时，燕国的卫满逃到了朝鲜，后来做了朝鲜的王。汉武帝时，马韩想到中国来朝贡，那时卫满已经传位给子及孙，不让马韩来朝贡。汉武帝发兵灭了朝鲜，于是朝鲜成为了中国的郡县好几百年，到东晋时代才失去了朝鲜。汉武帝灭了南越和东越，使得福建、广东两省永久入了中国的版图。据《汉书》所言，汉武帝时还把西南夷中的夜郎（现今贵州的桐梓）、滇（现今的昆明）、邛（qióng）都（现今的西昌）等地收入了中国的版图。

第三节　西汉繁荣后的贫富分化及王莽新政

在汉朝，税是种田人付的，而赋是修理兵器用的，全国人民都要负担。人民还要服兵役。汉朝的国用以田租为主。掌谷货的大司农，是管国家财政的；而掌山泽之税的少府，是管天子的私财的。据《汉书·食货志》所言，汉高祖减轻了田租，这是官禄和官用的经济来源。而山、川、园、池、市、肆的租税之入，则是天子的私财。文景之治七十年的积蓄，都被汉武帝给花光了。他把经济弄得很乱。汉武帝做事不考虑先后缓急，而且花一个钱能办的事，他总得花到十个八个。钱不够时再想办法。他曾募民入奴婢，得以终生复。据《汉书·食货志》所言，汉武帝时，奴婢以千万数。本来是"郎"的就给爵秩。后来又命民买爵、赎禁锢、免赃罪，特置武功爵十七级卖给百姓。铁器都归官铸，制盐的都用官发的器具。做买卖、做手艺、船车都要收钱，还把各地的"贡品"卖到别的地方。在汉文帝时，听民铸钱。汉武帝时，政府想借铸钱取利，所以靠严峻的法律禁止人民私铸。周朝有铜钱。秦时以黄金铜钱为货币。汉朝用黄金制的五铢钱。汉文帝的时候，铜钱比较多。汉武帝时，因为用度不够，造了更多的铜钱。汉武帝"买复"去民太多，所以征发之士就少了。官管盐铁就出现了物劣而价贵的情况。舟车都要抽钱，商贾就裹足，物品便缺乏了。

在西汉时期，社会中出现了大地主、豪商和擅取山泽之利的人。据晁错的《论贵粟疏》所言，当时的农夫五口之家，最少有二人在服劳役。能耕田的人，一个人非常勤苦，也就能耕百亩。有时还会遇到水旱之灾，也会遇到急政暴虐，朝令夕改。有卖田宅和子孙而偿债的。商人兼并农人的田宅，农人变成了流亡者。富有的人田连阡陌，贫者却无立锥之地。贫者穿的常常是牛马之衣，吃的是猪狗之食。汉朝的儒者都讴歌井田制。据《汉书》所言，王莽的兄弟都是将军之子，过的生活都很奢靡，只有王莽孤贫、恭俭。他勤身博学，像个儒生，收赡名士，但是王莽做的政事没有成功。王莽即位之后，把天下的田都叫王田，奴婢都叫私属，都不得买卖。田多于一井者，要把剩余的田给九族乡党。三年之后，实行不下去，又规定王田和私属都可以买卖。据《汉书・王莽传》所言，王莽以为只要制定了制度，天下自然就能太平了，所以制礼乐、讲六经。而结果则是贪残更为严重，弄得农商失业，食货俱废。王莽还大改州郡及官名，弄得土崩瓦解。古代的国家起初就是一个小部落，君主和人民本来就不十分悬隔。而国家大了，极其疏阔，有良法也难以推行。而且官吏都只对君主一个人负责，只要君主监察不到，就什么事都能干得出来。王莽为了实行自己的主张，把儿子都给杀掉了。为了办理天下的事务，常熬夜。到后来败亡的时候，火要烧到身上了，他还说，天生仁德于我，汉兵拿我又有什么办法。

第二章　西汉儒家今文经学的独尊

第一节　汉初与阴阳家合流的道家的流行

一　在道家和儒家中都出现了折中主义的趋势

在秦始皇之时，他下令烧了民间之书，但是不烧官府之书；他禁止私相授受，但是指定博士来受业。秦始皇和李斯是要统一思想，而不是要灭绝当时的学说。虽然在秦始皇的整齐划一的制度下，思想失去了自由，但是秦国亡得很快，所以对学术没有太大的影响。在汉初的时候，虽然道家和儒家表现突出，但诸家学说仍然兴隆，阴阳家的影响尤其大。据《汉书》记载，刘歆在《移让太常博士书》中说，到孝文皇帝之时，在学官博士中还有诸子各家的学者。在秦汉之际，在哲学上出现了折中的趋势。这种折中主义的思想倾向一直延伸到了汉朝。《淮南子》和《吕氏春秋》都是折中派的，只是更倾向于道家。司马谈和刘歆也具有折中派的思想倾向，但司马谈本人是道家的思想家，而刘歆则是一位儒家的思想家。据《史记・太史公自序》记载，据司马谈的《论六家要旨》所言，《易大传》说，天下一致而百虑，同归而殊途。阴阳、儒、墨、名、法、道德，都在谈治，六家都是各有长短的，但是道家得各家之长，所以应该为六家之首。据《汉书·艺文志》的《七略》记载，刘歆列举了十个思想流派，认为各异家各推其所长，穷知穷虑，以明其指。虽然都是有蔽短的，但合其要归的话，都是儒家的六经的支和流。如果能修六艺之术，舍短取长，则可以通万方之略。据《盐铁论·晁错》记载，当时墨家思想也还存在着。

二　申韩之术与黄老之道学的并行

当时与阴阳家合流的法家、与阴阳家合流的道家、与阴阳家合流的儒家是并盛的，只是汉初的从政者用的主要是与阴阳家合流的道家主政。在汉武帝时，儒家获得了独尊的正统地位。秦国征服六国靠的是严酷无情的对内政策和纵横捭阖的对外政策。这些政策的理论基础便是法家思想。秦朝灭亡后，法家的严酷寡恩和不仁不义之道遭到责备，法家成为了秦朝统治者失败的替罪羊。在诸子百家中，离法家最远的是道家和儒家，所以时代的潮流就向着道家和儒家的方向摆动。在道家的政治哲学中，好的政府是做事越少越好的政府。圣王要做的是要消除前朝的苛政的恶果。这是汉初的民的要求。汉初是申韩（战国法家的申不害和韩非）和黄老之道学并行的，对民用的是黄老之道术，而对诸侯王用的则是申韩之术。据《史记·儒林传》所言，孝文帝好刑名之法学，而晁错曾学申商刑名。韩安国接受的是韩子杂说。主父偃学的则是纵横术。道家的流行是有一定的历史背景的。从春秋到战国，中国经历了约五百年的战争；到了秦朝，皇帝更加暴虐。据赵翼所言，在秦汉之前，诸侯各为其国的君主，卿大夫的官是世袭继承的。当时的人把这样的成例视为固然，但是后来出现了越来越多的积弊。有的君主变成了暴君和荒主，无底线地虐待民。强臣大族又篡位和弑杀，总是有祸乱。七国之间的战争让许多人肝脑涂地。秦汉之时出现了变革，而变革是自下而上的。开始时有蔡泽这样的游说者。征战则有孙膑等人。从这个时候开始出现布衣将相之例，匹夫也可以拥有天下。秦始皇灭六国统一天下之后，当日就发政施仁，让民休息，力图使祸乱不兴。而后来人们发现秦始皇也是一个威虐之人，所以人们开始思乱、草寇纷起。汉高祖以匹夫起事成为一尊。

三　汉孝惠高后之时采用了道家的无为之治

当时的道家思想被称为黄老（黄帝和老子）之术，曾一度盛行。据《史记·高祖本纪》记载，汉高祖在率领军队向咸阳进发时，向民众宣布的约法三章是：杀人者死，伤人及盗抵罪。除此之外，秦朝的一切苛法都全部废除。这些措施与道家的思路是一致的。汉文帝和窦太后也深爱黄老之术，以慈俭的方式为政。曹参主要用清静治民。虽然司马谈讲叙的是六家之说，但是以道家为最高。据《汉书·食货志》所言，汉初之时，诸侯并起，民失作业，从而导致大饥馑，出现了人吃人的现象，死者过半。当时天子的车辆找不到四匹同样颜色的马，有的将相乘的是牛车。据《史记·吕太后本纪》所言，汉高祖初定天下之时，黎民不再受战争之苦，君臣都想休息无为。汉高祖减轻了田租，到文帝之时则免田租，到景帝三年才开始收半租，此间有 13 年没有收过一文田税。汉高祖入关时，就与人民约法三章，简省刑罚。萧何定的《九章律》虽然沿用了秦法，但入狱之人只有四百。文景之治时，又屡次减轻刑罚。汉初在政治上守的都是道家的无为而治。贾生劝汉文帝改正朔、易服色、法制度、定官名、兴礼乐，但是汉文帝没有采纳。在汉景帝之前，匈奴屡次进犯，都忍了。据《史记·孝文本纪》所言，汉孝文帝在位之时，他崇尚敦朴，在节俭方面为天下先。据《汉书·食货志》所言，汉孝惠高后之时，萧曹为相，用道家的无为之治，从民之欲，而不扰乱。衣食滋殖，很少用刑罚。汉孝帝即位后，自己躬修玄默，劝趣农桑，减省租赋。他吸取了秦亡的教训，议务在宽厚，以说别人的过失为耻，改变了揭发告状的恶俗的风气，社会风气变得笃厚。

第二节　儒家经学登上国学正统之位

儒家的兴起同样有一定的历史背景。据《汉书》记载，刘歆在《移让太常博士书》中说，在汉初时，儒家的重要经典《礼记》和《易·十翼》都很有影响，而《春秋》公羊家之言已为显学，但是到汉孝景帝之时还不任用儒者。经过汉高祖、汉高后、汉文帝、汉景帝四代相继之治，共持续了 66 年。这样富力增加了，但是出现了豪强侵凌穷人得不到制裁和文化暗淡无光的状况，从而出现了汉武帝和王莽时的政治改革。据《汉书·武帝本纪》记载，汉武帝除了颁布以儒家为国学的正统之外，还颁布了另一道诏令，即凡是治申不害、商鞅、韩非、苏秦、张仪之学的人，一律不准举荐为官。据《汉书·食货志》所言，经过约 70 年的建设，到汉武帝之时，只要不遇到水灾或旱灾，民人之家都是富足的，政府的国库里有多余的财物，京师之钱非常之多，太仓里的粮食也吃不完，到处都可以看到马。那时的民很自爱，轻易不犯法，害怕愧对他人或让自己受辱。

一 儒家科举制度的先声：不按家庭出身的贵贱来划分人的高低

（一）有仁德和有仁才的人才是真正高贵的

汉朝废除封建制的主要结果是让政治权力与经济权力分开了。新兴的地主不再当政，而只是以他们的财富和社会影响来左右政府官员。虽然汉朝的政治结构发生了变化，而家庭结构并没有发生变化，所以社会制度依然是以儒家思想为根本。儒家是以家庭为本位的。儒家不按家庭出身的贵贱来划分人的高低，而是以德才来把人划分为君子和小人，有仁德和有仁才的人才是真正高贵的。孔子并没有用仁道来为政治服务，而是要说服政治来为仁道服务。儒生主要在讲解古代的以《易经》为主的经典，传授古代的圣典仁德礼制文化传统。新的政府官员通常达不到儒家所说的德才兼备的理想的标准，所以需要儒家的教化，而社会的礼制就是教化的首要的方法。据《史记·刘敬叔孙通列传》记载，汉高祖在初平天下之后，就下诏令让儒生叔孙通率领一班人拟定一套宫廷的礼仪。在享受了礼仪之后，刘邦说，今日我才感知到皇帝之贵。这样的做法曾遭到其他儒生的抨击，但是皇帝却很欣赏。儒家的礼制中包含着对有仁德和有仁才的皇帝的褒扬和对无仁德和无仁才的皇帝的不满。

（二）用儒家的考试制保证儒家思想的统治地位

两汉是儒学的时代。而两汉的儒学，又可以分为今文儒学和古文儒学。今文儒学家董仲舒提出了罢黜百家、独尊儒术的建议，被汉武帝采纳。汉朝废除了过去以贵族门第出身或家族富有作为标准选拔官员的做法，改为由政府主持，以儒术为标准，在全国举行考试，从读儒书人中选拔官员，这样就从制度上保证了儒家思想的统治地位。这样的制度从汉朝开始推行，到几百年之后才得到普遍实行。汉武帝任用儒臣、表彰六艺。据《史记·儒林列传》所言，当时儒家的经典主要是《诗》《尚书》《礼》《易》《春秋》，分为十四家。据刘歆所言，在汉平帝时，鲁恭王想要建宫殿，破坏了孔子之宅，在坏壁中得到了儒家经典的古文。研究这些古文的，就是古文之学。而今文之学研究的是汉朝流行的隶书。西汉诸经师都是口耳相传的，所传的经文都用隶书书写。到刘歆才通晓以前的大篆和大篆之古文。据《文献通考·学校考》中的《西汉公卿百官表》记载，博士指的是掌通古今的秦官。从此处可以看到，经过了焚书坑儒，儒学并没有灭绝。汉武帝时，公孙弘做宰相，奏请皇上为博士官置弟子 50 人。要求是年龄在 18 岁以上，仪表端正，补博士弟子。生源来自郡、国、县、道、邑，要好文学、敬长上、肃政教、顺乡里。汉武帝时置博士弟子 50 人，昭帝时增为百人，宣帝时增为 200 人，成帝末时增加为 3000 人。后汉光武时，营建太学。明、章两代都崇儒重仁道，车驾屡幸太学，还为功臣子孙、四姓末属另外修了校舍，让“期门”和“羽林”之士都要通《孝经》《章句》。

质帝本初年间，太学生有 3 万多人。据《三国志》董昭上疏说，这些少年不以仁德的学问为本，更多是为了交游为业。国士也不以仁德的孝弟清修为首，而是以趋势游利为先。这时的太学生是与外戚结党而攻宦官的。在汉朝的时候，私人的儒家仁德教育也很繁盛。据《汉书·儒林传》所言，自汉武帝开始立五经博士，后因为有官禄，博士有 100 多万，太师有 1000 多人。汉朝的选举主要有两种：第一，郡国每年都要推举孝廉。汉武帝还按人数设了指标，比如说，郡国有 20 万以上的，每年推举一人，要求是：仁德之行高妙、仁的志节清白；学通仁德之行修、经中仁德之博士；明习法令、足以决疑。要能按章覆问，才能任文中御史。要刚毅多略、遇事不惑、明变决断，才能任三辅县令。第二，朝廷要用的人，特诏标出科目，让公卿郡国之人都各举所知。这就是后来的科举制的先声。

二　儒家经学大一统的开启

（一）秦汉相继的思想统一行为

1. 秦始皇用的是儒家的荀子思想中的人性恶

秦朝完成了中国的统一，汉朝则巩固了统一的中国。秦始皇和李斯走出了统一思想的第一步，而汉武帝和董仲舒则走出了统一思想的第二步。据《史记·李斯列传》记载，在秦国战胜其他六国之后，李斯上书给秦始皇说，应该禁私学、别白黑、定一尊。而这样的思路在韩非子那里就已经存在。据《韩非子·五蠹》记载，明主之国，应该是无书简之文和以法为教的；应该是无先王之语和以官吏为师的。秦始皇开始立各家学者为博士，但是用得最多的是儒家思想，只是他用的是儒家的荀子的思想中的人性恶的部分。据顾亭林的《日知录》所言，秦始皇的很多设施用的都是儒家思想。秦的刑罚过重，但是目的在于坊民正俗，而思想观念与三王并无本质上的差异。秦始皇焚书和禁私学，与儒家的同道德和一风俗的主张是一样的，只是为之过甚而已。秦朝在秦始皇的严酷的统治下迅速灭亡。汉朝兴起之后，许多古代的文献和百家著作重见天日。汉朝的皇帝意识到，秦朝的严酷的极端的做法不是好办法。在汉朝初期，多数人民还是从事农业生产，自由的农民比较多。他们聚其宗族、耕其田畴。古代的宗法社会基本上还没有被破坏，所以昔日的礼教制度都还是适用的。虽然秦朝和汉朝都已变古，但是秦的帝室还是古代的贵族。儒者通晓以前的典籍和制度，而且自孔子以来又出现了丰富了各种原有制度的理论。

2. 自董仲舒的学说被采纳后天下英雄多入了利禄之道

从孔子开始到淮南王的时代为儒家的子学时代。儒学的兴起为子学时代的开端，而儒家独尊为子学时代的结局。据《汉书·董仲舒传》记载，董仲舒说，《春秋》这本书是可以用来统一天下的，其中包含着天地之常经，可以通古今之谊。当时的状况是教师各教各的异道，各谈各的异论，百家之方都是殊而不同的，意义也不相同。这种状况导致的结果是思想上没有一统，所以法制变了好多次，下面的人也不知道该守什么道。所以，董仲舒认为，除了孔子之术和六艺之外，要灭息其他的道，这样才能统一思想，法度才能明确，民才知道要服从什么。董仲舒还说，要用太学来养士。太学是贤士待的地方，教化之本原出自这里。他认为陛下应该通过兴太学和置明仁德之师来养天下之士。于是，自汉武帝初年，便立武安侯为相隆儒，罢黜百家、独尊儒术，立学校之官，州郡都设了举茂材和孝廉的制度。自古以来，圣王就认为，只要有孝的仁德之人，就必然有一切诸德。在汉朝的时候，这种观念特别盛行。那时凡是孝弟力田的人，都会受到奖励。汉朝的诸帝的谥号中都冠有孝字。从此之后，便开始了以利禄之道来提倡儒学的时代，而这时的儒学又是上面钦定的儒学，天下英雄就多入了利禄之道。从董仲舒的学说被采纳开始，子学时代就结束了，儒家的经学时代开始。

3. 孔子从中国的第一位私人教师变成了第一位官方册封的教师

据《汉书·董仲舒传》记载，董仲舒向汉武帝上书说，《春秋》大一统是天地之常经，古今之通谊。董仲舒的建议是，凡是不能入六艺之科和孔子之术的，皆绝其道，勿使并进。汉武帝采纳了董仲舒的建议，颁令以儒学为国家的正统之学，其中以六经为主，从此以后形成了官学以儒学为宗的传统。于是，中国的第一位私人教师孔子成为了中国官方册命的第一位教师。在官方的扶持下，到西汉末年，孔子的地位已经被推崇得很高。在这个时候，出现了纬书。在织布的时候，垂直的经线与水平的纬线交织成布。汉朝很推崇孔子，把《诗》《书》《礼》《乐》《易》《春秋》奉为孔子所作，称为六经。有的人认为，孔子作六经后，意犹未尽，所以又作了六纬与六经相配，这才是孔子著述的思想的全部。其实，纬书是汉朝的著作，假托为孔子所作。在纬书中，孔子被抬到了顶峰的地位。据春秋纬中的《汉含孳（zī）》记载，孔子说，他自己览史记，援引古图，推集天变，为汉帝制法。据春秋纬中的《演孔图》所言，孔子是黑帝大神的儿子，行了许多神迹。在纬书中，孔子成了神，能够预知未来。后来，儒者中的理性派认为，孔子既不是神，也不是君王，而是一位圣人。他既未曾预见到汉朝的出现，也没有为任何朝代制定法制，他只是继承了圣典时期的伟大遗产，赋予了它新的精神，使它能够流传到后世。

4. 后来的儒家的新酒和旧酒大多都装入了经学的旧瓶子之中

自汉武帝采用了董仲舒之策后，凡是不能进入六艺科目的，凡是非孔子之术的，在官方都被绝了其道，不能让诸学与儒学并进。这样就用儒家统一了思想，而儒家之学就被确定为经学。从董仲舒开始到康有为结束，大多数的著书立说都必须在经学中寻求依据。在儒家经学时代，儒家思想家无论酿造的是新酒还是旧酒，大多都是装在经学的旧瓶子之中的。从秦汉大统一之后，虽然朝代在不断更替，但是各个朝代基本上都在守成。以前的思想已经博大精深，所以后学也都不得不依傍着前人的思想。佛学对于中国人来说是新的，但是佛经是旧的，所以中国的佛学也可称为经学，只是所傍的经是佛经而不是六艺而已。在宋明时代佛学被儒家的经学家引入到了儒家的经学之中。汉朝之后，讲孔子、老子、庄子等思想家的理论都比原来的理论要清楚，依据的史实也比较丰富，但是新观点不多，极新的东西很少，大部分都可以装到经学的旧瓶子中。

而因为旧瓶子是很富有弹性的，所以遇到旧瓶子不能容的时候，可以酌量扩容，因此六经变成了十三经，而宋儒把《论语》《孟子》《大学》《中庸》推崇为四书，其权威压倒了汉朝人所说的六艺。中国的佛学来自印度。中国人用自己的观点，对佛学进行了整理、选择和解释，并加入了自己的新的见解，装入佛学的旧瓶子之中。最为中国化的佛教即禅宗，也是装在佛学的旧瓶之中的，成了一种新的经学。在秦灭六国之后，除了皇室以外，原来的贵族都变成了平民。虽然表面上消灭了贵族，但实际上贵族的残遗尚存，还有一定的势力。平民出身的汉高祖灭群雄之后，虽然封了功臣，但只有政治上的意义，而没有经济上的意义。到了汉中叶之后，政治、社会和经济的新秩序慢慢安定下来。此后的历史，除了王莽以政治的力量强改一时之外，中国的制度总体上没有什么根本性的变动，所以功利仁德礼制幸福体系一直延续到了清朝灭亡，官方的儒家经学也就延续到了清朝灭亡。

（二）《易》和《诗》《书》《礼》《乐》《春秋》的统一性和包容性

1. 孔子引申《易》的仁道来教六艺之文

儒家要独尊，并不是一纸法令便能奏效的。儒家吸收了不少其他学派的思想。虽然汉朝扶植儒家，但是对于私人传授的其他各家思想并没有刑罚措施。只是任何人如果想从政做官，就必须学习儒学和六经。儒家的六艺，不是一人之家学，多种思想都可以在其中萌芽，都可以让人引申附会，而且富有弹性，所以能够兼容并包。儒家独尊之后，其他的学说也都能在六艺的大帽子下改头换面地存在。因为儒家不置其他学派以死地，其他学派也就不会竭力反对，这样儒家就实现了其思想上的统领作用。据《汉书・儒林传》所言，经学即是六学，也就是六艺。古代的儒者都是博学六艺之文的。六学为王教的典籍。先圣靠六学来明天的仁道、正仁的人伦，这是实现仁德之至治的成法。孔子教给人的是六艺，但是还没有六艺之名，也还没有总论来说明六艺的功用。到了战国末年，才有人开始概括六艺的功用。孔子一生讲《诗》《书》《礼》《乐》的时间比较多，主要通过引申《易》来教人。据《礼记・经解》所言，孔子说，到一个国家，就能知道这个国家的仁德教育如何了。深懂《诗》的人，在为人上能够有仁道的温柔敦厚而不愚；深懂《书》的人，能够疏通仁道所以知远而不诬；深懂《乐》的人，能够有仁道的广博易良而不奢；深懂《易》的人，能够有仁道的洁净精微而不贼；深懂《礼》的人，能够有仁道的恭俭庄敬而不烦；深懂《春秋》的人，能够用仁道来属辞比事而不乱。

2. 六艺的科目不同而求仁道是相同的

据《荀子・劝学》所言，《书》讲的是政事的仁道之纪，《诗》讲的是仁道的中声之所止，而《礼》讲的是仁道之法的大分、仁德之类的纲纪。《礼》敬的是仁之文，而《乐》赞的是仁之中和。《诗》《书》的仁的内容很广博，而《春秋》的仁之探则很细微。据《庄子・天下》所言，《诗》是用来道仁之志的，《书》是用来道仁之事的，《礼》是用来道仁之行的，《乐》是用来道仁之和的，《易》是用来道仁道中的阴阳的，而《春秋》是用来道仁德的名分的。据《淮南鸿烈・泰族》所言，虽然六艺为不同的科目，但说的仁道是相同的。《诗》之风有着仁德的温惠柔良；《书》之教有着仁德的淳庞敦厚；《易》之义有着仁道的清明条达；《礼》之为有着仁德的恭俭尊让；《乐》之化有着仁道的宽裕简易；《春秋》之靡有着仁道的刺几辩议之功。《易》没有学好就会变得鬼；《乐》没有学好就会变得淫；《诗》没有学好就会变得愚；《书》没有学好就会变得拘谨；《礼》没有学好就会变得刚愎；《春秋》没有学好则会变得恣狂。这六书圣人是兼用的。据苏舆的《春秋繁露义证·玉杯》所言，君子知道在位的人不能以凶恶服人，所以用六艺中的仁来赡养君子。《诗》《书》是用来序其仁之志的；《礼》《乐》是用来纯其仁之美的；《易》《春秋》是用来明其仁之知的。

3. 六艺都求仁之大但是各有其长

六艺都是追求仁之大的，但是各有其长。《诗》道的是仁之志，所以长于质；《礼》制的是仁之节，故长于文；《乐》咏的是仁之德，故长于风；《书》著的是仁之功，故长于事；《易》本于天地之仁道，故长于数；《春秋》是正仁之是非的，故长于治人。据《史记·太史公自序》所言，《易》著的是天地、阴阳、四时、五行中的仁道，所以长于变；《礼》经纪的是仁的人伦，故长于行；《书》记的是先王的仁德之事，故长于政；《诗》记的是山川、溪谷、禽兽、草木、牝牡雌雄中的仁道，故长于风；《乐》乐的是所以立的仁，故长于和；《春秋》辩的是仁的是非，故长于治人。据《汉书·艺文志》所言，六艺都是在培养仁的人文。《乐》是用来和仁之神的，而神就是仁的表现；《诗》是用来正义之言的，而正言就是义之用；《礼》是用来明仁之体的，这样明者就能著现出仁，所以可以不用训导；《书》是用来广听仁的，可以学到知仁之术；《春秋》是用来断仁德之事的，这就是信之符。这五艺涵盖了五常之仁道，它们之间是相互依赖的，要学全了才能完备。而《易》则为仁道之本原，说的是天地之终始，其中的仁义的道理是经久不变的。对于五学来说，因为世不同而会有变改，正如五行通过更替来用事一样。

（三）用阴阳五行构造的功利仁德礼制幸福大全体系

1. 由八卦中的阴阳与五行混合而成的阴阳五行说

秦汉之世都很受阴阳五行家的影响。在古代已经有用阴阳来解释宇宙间的现象的学说，后来道家常言及阴阳。据《吕氏春秋·大乐》所言，太一生两仪，而两仪生阴阳。据《礼记·礼运》所言，礼必须本于太一，分而为天地，转而为阴阳。《淮南鸿烈》为汉朝的淮南王刘安的宾客共著的书。据《淮南子·俶真训》所言，要有未始才有开始，有未始就要有未始的有始者。有有者，就要有无者。有未有始的有相对应的无者，也有未始有的未始有相对应的无者。有始者指的是有了萌的兆头，无无蠕蠕的样子，将生但未成物类。对于未始有时的有始者，天之阳气开始下行，地之阴气开始上行，阴阳相错而合。在先秦的时候，八卦说与五行说为两个独立的系统，讲八卦者不讲五行，而讲五行者不讲八卦。到了汉朝，八卦说与五行说被混合在一起。汉朝的人把邹衍等称为阴阳家，而其实阴阳是在八卦说的系统中讲的。

2. 在秦汉之时阴阳家全部混入了儒家之中

阴阳家认为天道与人事是相互影响的。在阴阳家成家之时，就开始有混入儒家的迹象。据《论语·子罕》所言，孔子对于古代传下的术数是有一定的信仰的，所以他说，凤鸟不至，河不出图，从而叹道，我完了。据《史记·孟子荀卿列传》所言，邹衍的学说，其要归必止于仁义节俭、君臣上下和六亲之施。到了秦汉之时，阴阳家几乎全部混入儒家之中。西汉的经师们，都是采用阴阳家之言来说经的。这就是儒家的今文家之经学的特征。当时阴阳家的思想弥漫在一般人的思想之中，西汉人都深信天人之间是相互感应的。所以，汉儒都爱谈灾异，而君主都是遇到灾异就感到恐惧。当时的三公除了要治政事之外，还要调和阴阳。据赵翼的《廿二史劄记》记载，当时陈平对汉文帝说，宰相需要上佐天子理阴阳，顺四时，要遂万物之宜。因此，要知道汉儒的思想，必须先知道阴阳家的学说。而要知道阴阳家的学说，则必须知道阴阳家的宇宙构架。

3. 汉武帝决定汉朝是以土德为王而奉天承运的

阴阳家用五行、四时、五音、十二月、十二律、天干、地支及数目相互配合，推想出了一个宇宙构架。而阴阳流行于整个宇宙构架之中，生出万物。在《吕氏春秋》和《礼记·月令》《淮南子·时则训》中，都用五行来配四时。春与木配，夏与火配，秋与金配，冬与水配。在《礼记·月令》中，土处于中央。在《淮南子·时则训》中，用季夏之月来配土。用四方来配四时，则春木居于东方，夏火居于南方，秋金居于西方，冬水居于北方，而土居于中央。《礼记·月令》还没有将八卦配入其宇宙构架之中。与秦始皇一样，汉朝的历代皇帝都相信自己也是本五德而称王的。但是，本的是什么德，当时是存在争论的。有的人认为，汉朝继承的是秦朝，所以本的德应该是土德。而有的人则认为，秦朝是严酷少恩的，不能算作是一个朝代，所以汉朝应该是周朝的继承者。汉武帝决定，汉朝是以土德为王的。尽管如此，争论依然在继续。直到 1911 年清朝灭亡之前，历代皇帝都称自己是奉天承运的，而承的就是五德转移的时运。

第三章　儒家道统外的董仲舒

第一节　董仲舒的生平及其立论宗旨

据苏舆的《春秋繁露义证 · 董子年表》记载，董仲舒（公元前179—前 104 年）的思想可以代表西汉儒家的思想和西汉的时代精神。据《汉书 · 董仲舒传》所言，董仲舒为广川人。少时治《春秋》。在汉孝景帝之时，成了博士。他在帷后讲诵，弟子们听了他很长时间的课，也没有见过他的面。他的进退容止都严格按礼而行，学士们都尊他为师。他的著述，都是在说明经术之仁意。董仲舒年轻时潜心读书，他在窗上挂了垂帷，三年不曾向窗外眺望，完成了《春秋繁露》这部巨著。据《汉书 · 董仲舒传》记载，刘向说董仲舒有王佐之才。他在秦朝灭学之后，在六经离析的情况下，下帷发愤，潜心于成就仁德之大业，使得以后的学者有所统一，从而成为群儒之首。据《汉书 · 五行志》所言，昔日殷道弛的时候，周文王演《周易》讲述仁道；而周道敝的时候，孔子作《春秋》讲述仁道。《春秋》以乾坤之阴阳为法则，效《洪范》之咎征，让天人之仁道变得显著。汉朝兴起之后，在景武之世，董仲舒治《公羊春秋》，始推阴阳之仁道，称为儒者之宗师。董仲舒所治的《公羊春秋》对于《春秋》来说，相当于《易传》对于《周易》来说一样重要。董仲舒对《春秋》进行了附会引申，让人们能够理解《春秋》之中的仁的微言大义。

董仲舒认为，为政的基本原则就是仁道。据《汉书 · 董仲舒传》转载，董仲舒说，仁道之大原是出于天的，天是不变的，所以仁道也是不变的。一个新君建立了一个新的朝代，是因为承受了天的使命，因此必须采取一些措施来表明自己承受了天的使命。这些措施包括迁移国都、改国号、改纪元、改服色。据《春秋繁露 · 楚庄王》记载，董仲舒说，如果仁道的大纲、人伦、仁德、政治、教化、习俗、文化尽是如故的，那么改朝换代用什么来表现呢？但是，王者都只是有改制之名，而无改制之实。在汉朝之前，君王都是从祖先那里继承君位的，秦始皇也不例外。刘邦出身于布衣而要君临天下，就需要有理论上的支撑。董仲舒的理论就起到了这样的作用。董仲舒认为，国君的位置是天授的，所以皇帝必须按上天的意旨行事。汉朝以后的皇帝，每逢天灾都要苛责自身和谋求改进。而且，一个朝代无论多好，其统治都是有大限的。当大限到来的时候，必须让位给另外一个朝代。董仲舒认为，继承周朝的既不是秦朝，也不是汉朝，而是孔子。孔子承受了天的使命，创立了黑统。孔子所说的天的使命不是法统而是道统。孔子通过《春秋》这本著作树立了他的道统的统治，所以孔子的各项学说都可以从《春秋》中找到根据，所以董仲舒的著作称为《春秋繁露》。

第二节　董仲舒的思想脉络

一　天人合一的方式：天的五行与人的五德的合一

董仲舒力图恢复儒家的仁德礼制幸福体系。他认为，既然人是天的一部分，人的所作所为自然就是要依据天的仁道来作为。他与阴阳家持有同样的观念，认为天与人之间是相互作用的，所以他把阴阳家的宇宙观与儒家的仁德礼制幸福体系链接在了一起。

（一）替天行仁道的阴阳五行

1. 人是泡在阴阳气体能量的澹澹之中的

据《春秋繁露·天地阴阳》所言，宇宙是由十种成分组成的：天、地、阴、阳、木、火、土、金、水和人。天、地、阴、阳、木、火、土、金、水为九，加上人为十。天之数，到十就完毕了。天指的是总体的天，同时也是指与地相对应的天。万物都是有开始的，而所有的开始都称为仁之元。据《春秋繁露·玉英》所言，一元指的是大始。只有圣人能够让万物都从属于一，并系之于元。仁之元就相当于原，其义是随天地终始的。因此，仁之元为万物之本。人之在指的是仁的元之在。元是先于天地而存在的。据《春秋繁露·天地阴阳》所言，在天地之间充满着阴阳之气体能量，常渐人，正如水常渐鱼一样。阴阳之气体能量与水的不同在于，水是可见的，而气体能量是不可见的。气体能量以澹[①]澹的方式存在。如果把气体能量比喻为水的话，水就好比是泥。天地之间看上去是虚的，而实际上是实的气体能量。人居于天地之间，处于气体能量的澹澹之

---

① “澹”为恬静、安然之水，而“淡”为味淡而不咸之水。

中，受着治乱之阴阳之气体能量的影响。

2. 阴阳的合气可分为阴阳、判为四时和列为五行

据《春秋繁露·五行相生》所言，天地之气体能量，合而为一。这种合气的能量可分为阴阳；可判为四时；可列为五行。行指的就是能量之行。因为能量之行在不同的阶段是不同的，所以称为五行。五行也就是能量运行中的五官，即五种机能。能量运行的五行之间的关系是比相生和间相胜的。据《春秋繁露·五行之义》所言，天有五行，即木、火、土、金、水。木为五行之始，水为五行之终，土为五行之中。这就是天次之序。木生火，火生土，土生金，金生水，水生木，这就是父子关系。木居左，金居右，火居前，水居后，土居中央，这就是父子之序。五行之随，各如其序；五行之官，各致其能。木居东方而主春气；火居南方而主夏气；金居西方而主秋气；水居北方而主冬气。木主生，而金主杀；火主暑，而水主寒。土居中央，称之为天润。土为天之股肱，其德是茂美，不可以用一时之事来给它取名，在五行四时中都兼有土。金木水火都各居其职，但没有土方就不能立。甘为五味之本；土为五行之主。五行之主为土气，没有土气就不能成立，正如酸咸辛苦不能没有甘肥一样。

3. 五行是转着相生相益和间着相克相害的

据陈立的《白虎通疏证》所言，汉章帝曾在白虎观会见诸儒，考详五经之同异，后命史臣著通义，后称为《白虎通义》，其中的观点主要是儒家今文经学家的言论，很多观点都与董仲舒的观点相同，但是比董仲舒说得要更为详细，其中说到的五行指的是金木水火土。行指的是由天来行气体能量，由地来承天，就像是妻事夫或臣事君一样。由卑者来做事尊天。能量运行的五行之所以能够更替为王，主要是因为五行是转着相生的。五行之间所以会相害，这是由天地之性决定的。众能够胜寡，所以水能够胜火；精能够胜坚，所以火能够胜金；刚能够胜柔，所以金能够胜木；专能够胜散，所以木能够胜土；实能够胜虚，所以土能够胜水。木能生火，因为木的性质是温和的，暖在其中，钻灼就能生出火来；火的热能够焚木，木焚成灰则为土；聚土成山，山必生石，石津润而能生金；温润流泽之金能生水；水润而生木。

4. 天是任阳而不任阴的，所以用三时全生，而用一时丧死

木、火、金、水各主四时中的一气，而土居于中央策应。四时的盛衰都是由阴阳来决定的。据《春秋繁露·阴阳位》记载，董仲舒认为，天

是任阳而不任阴的。天道之所以能守常，是因为天道的运行是由一阴一阳来主持的。阳显示的是天之德，阴显示的是天之刑。所以，天道以春、夏、秋三时来成全生，而用一冬这一时来丧死。据《春秋繁露·天道无二》所言，天之常道在于相反之物不得两起，所以才能称为一。天之行是一而不二的。阴与阳为相反之物，只能是或出或入，或左或右。春都在南，秋都在北，夏都在前，冬都在后。并行时是不同路的，交会时也是各有代理的，这就是文。董仲舒认为，木、火、金、水是各主一个季节、各主东西南北中的一方的。土是居中的，能助木、火、金、水。四季的嬗替则可用阴阳之气的运行来解释。阴阳之气都是各有盛衰的，而且运行是有一定的轨道的，是循四方而运转的。据《春秋繁露·阴阳位》所言，阳气是从东北开始向南行的，到南去就其位。然后转到西，再由西入北，藏其休。而阴气则是从东南出而向北行的，在北边就其位。到西转入南，在南屏其伏。所以，阳是以南方为位，而以北方为休的，而阴则是以北方为位，而以南方为伏的。阳至其位而大暑热，阴至其位而大寒冻。

5. 阴阳的多少是调和而适和常相顺的

据《春秋繁露·阴阳终始》所言，天之道是终而复始的。北方是天所终始的地方，阴阳合别之所。冬至之后，阴俯而西入，阳仰而东出。阴阳的出入之处，常常是相反的。阴阳的多少是调和而适的，是常相顺的。有多但是无溢，有少但是无绝。春夏是阳多阴少的，而秋冬是阳少阴多的。据《春秋繁露·天辨在人》所言，金木水火都是各奉其主的，目的在于从于阴阳，用一力来并功。据《春秋繁露·阴阳出入》所言，天之道，初薄于大冬。阴阳各从一方来，而移于后。阴由东来西，阳由西来东。在中冬之月，阴阳在北方相遇，合而为一，称之为至。阴阳别而相去，阴适右、阳适左。冬月尽而阴阳尽南还。在中春之月，阳在正东，阴在正西，这就是春分。在春分之时，阴阳相半，这时昼夜均而寒暑平。阴日损而随阳，阳日益而鸿，故为暖热。大夏之月，阴阳相遇南方，合而为一，称之为至。至于中秋之月，阳在正西，阴在正东，称为秋分。在秋分之时，昼夜均而寒暑平。从这以后，阳日损而随阴，阴日益而鸿。

6. 天之仁道权衡的结果是让阴委屈以成岁功

当秋之时，阴不在正西而在正东，怎么能够助金呢？据《春秋繁露·阴阳终始》所言，至于秋时，少阴兴而不得以秋从金，但是俯其处而适其事，以成岁功。所以，天之仁道是有伦、有经和有权的，而权就是权衡，其中权衡的结果是阴委屈以成岁功。据《春秋繁露·阴阳义》所言，四时的变化都是阴阳消长流动所致。阳盛则有助于木、火为春、夏，所以万物能够生长，即生于春、长于夏；阴盛则能助金、水为秋、冬，万物收藏，即秋收、冬藏。阳为天之德，阴为天之刑。据《春秋繁露·俞序》所言，仁即是天心。据《春秋繁露·离合根》所言，天高其位而下其施，藏其形而见其光；高其位，所以为尊，下其施，所以为仁。藏其形，所以为神，见其光，所以为明。位尊而施仁，藏神而见光，这就是天之行。为人主者，效法的是天之行，因此要内深藏，所以为神，而外博观，所以为明。要任群贤，所以为受成；乃不自劳于事，所以为尊；泛爱群生，不以喜怒赏罚，所以为仁。

（二）天是一个大的人，而人是一个小的天

1. 人的形体为天数；人的血气为仁；人的德行为义

董仲舒认为，人在宇宙间的地位是最高的。据《春秋繁露·立元神》所言，天地人是万物之本。宇宙是由天生的、地养的、人成的。天生之以仁德的孝悌，地养之以利生的衣食，人成之以伦理的礼乐。三者就像手足一样，合而成体，无一不可。无孝悌则亡其所以生，无衣食则亡其所以养，无礼乐则亡其所以成。据《春秋繁露·阴阳义》所言，冬是用来丧死的。死指的是百物的枯落。丧指的是阴气悲哀。天也是喜欢生不喜欢死的，所以天也是有喜怒之气和哀乐之心的，与人是相副的。以类来合之，天人其实就是一。据《春秋繁露·为人者天》所言，天人是一体的。人的身心都是天的复制品。只有天才能为人。人之所以能够为人，是因为人是本于天的。天是人的曾祖父，所以人与天是属于同类的。人的形体化天数而成形；人的血气化天之志而成仁；人的德行化天理而成义；人的好恶化天之暖凉而来；人的喜怒化天之暑寒而来。人的情性是由天而来的。

2. 在天地之精中没有什么物比人更高贵

人与天是同类的，从人的生理上也可以发现。据《春秋繁露·人副天数》所言，没有什么比气体能量更精，没有什么比地更富，没有什么比天更神。在天地之精即天地之气所生的物中，没有什么比人更高贵的。人是受命于天的，所以有所倚。只有人能够为仁义，只有人能够偶天地。人的形体骨肉，可以偶地之厚。人的耳目聪明，是日月之象。人体的空窍理脉，有川谷之象。人的心有哀乐喜怒，这是神气之类。只有人才有文理，只有人才能直立行走，从而能够正当。所以，人是绝于物而参天地的。人的身体都是同而副天的，所以与天是一样的。人的首，象天之容；人的发，象星辰；人的耳目，象日月；人的鼻口的呼吸，象风气；人胸中的达知，象神明。天地之符，阴阳之副，常设于身。人的身体就像天一样，其中的数可以与天之数相参，所以人的命也与天的命相连。天以终岁之数来成人之身，所有人体的小节为三百六十六节，这与日数是相副的。人体的大节可分成十二分，与月数是相副的。人的五脏是与五行之数相副的。人的四肢是与四时相副的。人乍视乍瞑，是与昼夜相副的。人乍刚乍柔，是与冬夏相副的；人乍哀乍乐，是与阴阳相副的。人的心是有计虑的，这是与天的度数相副的。人的行是有伦理的，这是与天地相副的。即是说，人就是一个小的天。天就是一个大的人。

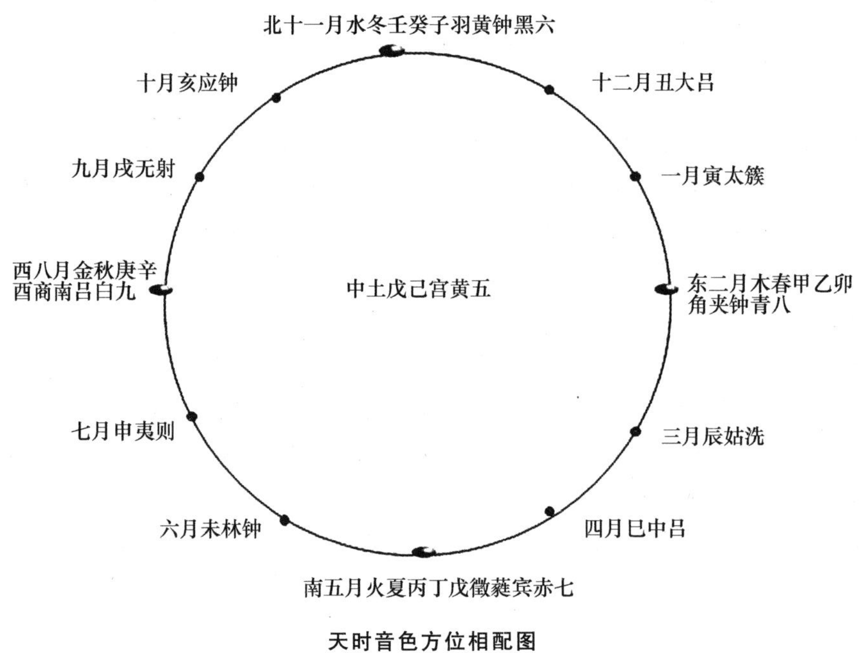

天时音色方位相配图

二　人天生就具有性的仁气和情的贪气

（一）人是以仁的五性和贪的六情为自然之基的

董仲舒认为，天地是由阴阳二气构成的，人是天地的复制品，所以人心就有性和情两个方面，性就是质，相当于天之阳，人能顺其本性，就能有仁德。情来自于贪，相当于阴，人顺其情就会贪得无厌。据《白虎通义·性情》所言，性情指的是什么呢？性指的是阳之施，情指的是阴之化。人是禀阴阳之气而生的，所以人的身体内有五性六情。情是求静的，而性是求生的。人是禀六气而生的，所以有六情。五性指的是仁义礼智信。仁指的是不忍，指的是施生爱人。义指的是宜，指的是断决得中。礼指的是履，即履仁道成文。智指的是知仁义，所以能够独见前闻，能够不惑于事，能够见微知著。信指的是诚，指的是专一不移地从仁。人生来就具有能应八卦之体，就得五种气体能量以为常，就知仁义礼智信。六情指的是喜怒哀乐爱恶，用来扶成五性。人是含六律五行之气体能量而生的，所有人都有五脏六腑，情性就是在这里出入的。在五脏中，肝仁、肺义、心礼、肾智、脾信。肝为木之精。仁者是好生的。东方是主阳的，在这里万物始生。因此，肝象木，颜色是青的，而且有枝叶。心是火之精。南方是尊阳在上，卑阴在下，礼有尊卑。因此，心象火，色赤而锐。脾是土之精。土有养万物之象，生物而无所私，为信之至。因此，脾象土，颜色是黄的。肺为金之精。义者断决。西方主金，杀成万物。因此，肺象金，色是白的。肾为水之精。智者进止都是无所疑惑的，而水也是进而不惑的。北方主水，所以肾之色是黑的。水属于阴，所以有两个肾。六腑为胃、小肠、胆、大肠、三焦、膀胱。腑指的是五脏的宫府。怒在东方，恶在南方，喜在西方，好在北方。哀在下，乐在上。东方为万物之生，所以为怒；南方为阴气始起，所以为恶；西方为万物之成，所以为喜；北方阳气始施，所以为好。

（二）人要损其欲而辍其情才能栣众恶于内

据《春秋繁露·深察名号》所言，人之身是有性有情的，正如天有阴阳一样。如果只说人之质，而不说其情，就像只说天之阳，而不说天之阴一样。人之诚是有贪有仁的。仁气和贪气都存在于人身之中。身之名是取之于天的。天有阴阳之施，人也有贪仁之性。人生来就有的自然之资就是性，性就是质。据《春秋繁露·实性》所言，善就像米一样，性就像禾苗一样。虽然米是从禾苗那里来的，但不能把禾苗称为米。虽然善出自于性，但不能说性就是善的。米和善都是人继天所为而成于外的，而不是在天所为之内的。天的所为有所至就止了，止之内就称为天，而止之外则是靠王教而来的。王教在性之外，让性不得不遂。因此，性有善质，但未能为善。天之所为，止于茧麻与禾苗。以麻为布，以茧为丝，以米为饭，以性为善，这都是圣人继天而进的结果，而不是情性质朴就能至的。据《春秋繁露·深察名号》所言，心能够栣（rěn，捍御）众恶于内，不让恶发于外，所以心的名字就是栣。天有阴阳禁，身有情欲栣，所以人道与天道是一样的。阴之行不得干春夏，而月之魄常厌于日光，乍全乍伤。天都能够如此来禁阴，人更应损其欲而辍其情来应天。天有所禁，所以人之身也应该有所禁。禁天之所禁，而不是禁天。人必须知道人的天性，不借助于教，最终是不能栣的。

（三）人的仁之性要待渐教训之后才能完善

据《春秋繁露·深察名号》所言，孟子把人的性质与禽兽进行比较，所以说性已是善的了；而他把人的性质与圣人的善相比，所以说性还未善。性有善端，心有善质，但是还不完善。茧是有丝的，但茧不是丝。卵中是有雏的，但是卵不是雏。人的性中有善端，在感动之后就能爱父母，这就比禽兽要善，这就是孟子所说的善。循仁的三纲五纪，通义的八端之理，有仁义的忠信而博爱，有仁德的敦厚而好礼，这也可以称为善，但这是圣人之善。从人具有禽兽没有的性来看质的话，万民的性都是善的。而从仁道之善来看质的话，民之性就未能及了。因此，给性取名时，不能以上善，不能以下善，只能以中善来取名。据《春秋繁露·实性》所言，不能用圣人之性来给性取名，也不能用斗筲（shāo，饭斗）之性来给性取名，只能依据中民之性来给性取名。中民之性就与卵一样，要等待着孵二十日后才能成雏。人的仁之性要待渐教训之后才能完善。完善是教训的结果，而不是依靠质朴就能至的。据《春秋繁露·循天之道》所言，君子之仁道至，其气则华而上，凡气体能量都是从心而来的。心是气体能量的君主。心之为都是有气体能量相随的。天下之仁道都是以内心的气体能量为本的。仁人之所以是多寿的，因为仁人是外无贪的，所以其内的气体能量是清净的，其心是平的，所以其气体能量就会不失中正，这就是取天地的能量之美以养其身中的能量之美，所以且多且治。

三　天与人通过阴阳相互感应

（一）同类相应：美事召来美类而恶事召来恶类

据《汉书·董仲舒传》所言，刑罚不以仁为中，就会生出邪气。邪气是积于下的，但是怨恶却是蓄于上的。上下不和，就会生妖孽。灾异就由此而缘起。据《春秋繁露·必仁且智》所言，如果大略之类，天地之物，有不常之变，那就称为异，小的就称为灾。灾常常是先至的，而异会随之而来。灾是天之谴，而异则是天之威。谴了还不知，就要畏之以威了。据《春秋繁露·天地阴阳》所言，在世治而民和之时，志平而气正，这个时候天地就能化精，万物就能美起。在世乱而民乖之时，志僻而气逆，这时就会出现天地之化伤，气生灾害起。据《春秋繁露·同类相动》所言，平地注水，就能去燥就湿。均薪施火，就能去湿就燥。让百物都去其所与异，从其所与同。气同则会，声比则应。如果把琴瑟调好，鼓其商音，其他的商音就会应之。五音比而能自鸣，不是有神的缘故，而是数和而然的。美事召来美类，恶事召来恶类，同类相应而起。马鸣则马应之，牛鸣则牛应之。帝王将要兴起的时候，其美祥会先出现。帝王将亡的时候，妖孽将先出现。所以，物是以类相召的。天有阴阳，人也有阴阳。天地之阴气起的时候，人之阴气也会相应而起。人之阴气起的时候，天地之阴气也会宜应而起。这里的道是一样的。想要致雨，就要动阴以起阴；想要止雨，就要动阳以起阳。致雨的并不是神。

（二）上天用自然灾害来警告君王要改正自己的错误

董仲舒认为，既然天与人的关系如此密切，所以政府的失误必然导致自然界的异常现象。在阴阳家那里，就已经有天人感应的说法，而董仲舒把这种天人感应的思想给系统化了。董仲舒认为，为政而人事不臧（zāng，善），必然遭致天怒。天怒的表现就是自然灾害，比如说，地震、日食、月食、旱灾、水灾等。这是上天在警告君王，要改正自己的错误。据《春秋繁露·必仁且智》所言，凡灾异之本，尽生于国家之失。在国家之失刚开始萌芽时，天就会出灾害以谴告之；谴告之，而不知变，就会现怪异以惊骇之；惊骇之，尚不知畏恐，其殃咎乃至。以此可见天意之仁，而不欲陷害人。灾异以见天意，天意是有欲和有不欲的。所欲与所不欲，人都可以内以自省，宜有惩于心，外以观其事，宜有验于国。所以见天意者之于灾异，畏之而不恶，以为天欲振吾过，救吾失，所以用此来报我。其中说的天意即是天心，而天意就是仁。

四　王者如何施行仁政？

（一）君王要会用仁爱人和用义正己

1. 仁在于爱人而不在于爱我；义在于正我而不在于正人

据《春秋繁露·竹林》所言，人性是来自于天的。天的使命是要让人行仁义，要以不仁不义为羞耻。人不是鸟兽，不是苟且为生和苟且为利就可以的。据《春秋繁露·必仁且智》所言，什么是仁？仁指的是爱人，是不争，是好恶敦伦，无伤恶之心，无隐忌之志，无嫉妒之气，无感愁之欲，无辟违之行。这样的话其心就是舒的，其志就是平的，其气就是和的，其欲就是有节的，其事就是容易的，其行就是合乎仁道的。这样就能因平易和理而无争。这样做就是仁了。《春秋繁露》要集中表达的是仁者爱人和义者正我的观点。据《春秋繁露·仁义法》所言，春秋之所治，治的就是人与我之间的关系。而用来治理人与我关系的就是仁与义。以仁安人，以义正我。仁是对他人而言的，义是对自我而言的，通过名来加以区别。仁之于他人，义之于自我，这是不可不察的。如果众人不察，乃反以仁自裕，而以义设人，就会诡其处而逆其理，这样是鲜有不乱的。因此，人没有想要乱的，而大抵常常是乱的，这就是因为暗于人与我之分，而不能省悟出仁义之所在。因此，春秋为仁义之法。仁之法在于爱人，而不在于爱我；义之法在于正我，而不在于正人。我不自正，虽能正人，也不能称为义。他人不被其爱，虽然厚自爱，也不能称为仁。

2. 独身者虽立为天子诸侯之位也只是一夫之人而已

据《春秋繁露·仁义法》所言，不爱是不足以称为仁的。仁者即是爱人之名。自娱其意，这是自爱，而不是爱人。亡者爱及的是自己的独身。独身者，虽立为天子诸侯之位，只是一夫之人而已。如果无臣民之用，这样的人必然是会自亡的。春秋不谈讨伐梁的人，而是谈论梁的亡，主要是因为梁爱独及其身。义在正我，不在正人，这是义之法。我无仁而诸于人求仁，我有仁而诽诸人无仁，这都是人所不能接受的，因为其理是逆的，怎么可以称为义呢！义指的是宜在我，这样才可以称义。义指的是合我与宜以为一。因此，有仁之为而得义的，称为自得。有仁之为而失义的，称为自失。人好义，称为自好。人不好义，称为不自好。这样义我的意思就明了。这种义与仁是殊的。仁说的是往，义说的是来。仁是大远的，而义是大近的。爱在他人，就称为仁，而义在我，就称为义。仁是用来主他人的，义是用来主我的。因此，仁即是他人，义即是自我。君子求仁义之别，是为了纪人与我之间的关系，然后才能辨出内外之分，这样就能着于顺逆之处。内治反理以正身，据礼以劝福，外治推恩以广施，宽制以容众。

据《春秋繁露·五行相胜》所言，如果有子不自食其力，这个人就是爱人者的溺爱，这是不仁的；如果妻长而夫拜之，这就是尊老，这就破坏了男尊的秩序，所以这是不义的。据《春秋繁露·必仁且智》所言，什么是智？先言而后当为智。凡是人欲舍的行为，皆要以其智先规，然后才为之。所以说，莫急于智。智者能够通过仁义而见远处的祸福，能早知利害，物动就能知其化，事兴而知其归，见始而知其终，言之而不敢哗，立之而不可废，取之而不可舍，前后不相悖，终始有类，思之而有复，及之而不可厌。智者之言是寡而足、约而喻、简而达、省而具的。这样的言少而不可益，多而不可损，其动中伦，其言当务。如是者，就称为智。仁而不智，则爱而不别；智而不仁，则知而不为。因此，仁者是用来爱人类的，而智者是用来除其害的。

（二）三纲六纪为社会伦理

1. 君臣、父子、夫妇的三纲和仁义礼智信的五常

以前的儒家思想家认为社会是由五种伦常关系组成的：君臣、父子、夫妇、昆弟、朋友。董仲舒从中选出了君臣、父子、夫妇这三纲。纲就是网上的大绳，其他的绳子都可以联到纲上。儒家说的五常是仁义礼智信。常指的是恒常不变的，恒常不变的才能成为规范。据《白虎通义》记载，汉代的学者还把五常与五行联系了起来：木为仁、火为礼、金为义、水为智、居中的土为信。三纲为社会伦理，而五常为个人的品德。据《春秋繁露・基义》所言，凡物都是合成的。而有合就必有上，必有下；必有左，必有右；必有前，必有后；必有表，必有里。有美必然有恶，有顺必然有逆，有喜必然有怒，有寒必然有暑，有昼必然有夜，这就是合。阴为阳之合；妻为夫之合；子为父之合；臣为君之合。物都是有合的，而合又各有阴阳。君臣父子夫妇之义，都是来自阴阳之道的。仁义制度之数，尽取之于天。天为君而覆露之，地为臣而持载之。阳为夫而生之，阴为妇而助之。春为父而生之，夏为子而养之；秋为死而棺之，冬为痛而丧之。王道的三纲都是可以求于天的。

2. 能敬诸父兄那么六纪之仁道就行了

据《白虎通义・三纲六纪》所言，三纲指的是君臣、父子、夫妇。六纪指的是诸父、兄弟、族人、诸舅、师长、朋友。据《礼记・乐记》记载《礼纬・含文嘉》所言，君为臣纲，父为子纲，夫为妻纲。敬诸父兄，六纪之仁道就行了。诸舅有义，族人有序，昆弟有亲，师长有尊，朋友有旧。纲指的是张，纪指的是理。大者为纲，小者为纪。通过张能够理上下，整齐人的仁道。人都怀有五常之性，都有亲爱之心，可以用纲纪来化。罗网因为有纲纪，所以能够万目张。君臣父子夫妇为六人。一阴一阳谓之道。阳得阴而成，阴得阳而序。刚柔相配，这样六人就能成为三纲。据《白虎通义・五行》所言，社会上的继承法可以取

之于五行。父亲死了，子继承什么法呢？法的是木终火王。兄死了弟继承什么法呢？要用夏来继承春。子复仇要继承什么法呢？要用土来胜水，要用水来胜火。子要顺父，妻要顺夫，臣要顺君，这用的是什么法呢？法的是地顺天。

据《汉书·董仲舒传》所言，人因为是受命于天的，所以才能超然而异于群生。人入有父子兄弟之亲，出有君臣上下之谊，会聚相遇时有老长幼之施。粲然有文以相接，欢然有恩以相爱，这就是人之贵的地方。人生能够有五谷食之，有桑麻衣之，有六畜养之，能服牛乘马，能圈豹栏虎，都是因为得天之灵，所以才能贵于物。因此，孔子说，天地之性以人为贵。人明白了自己的仁的天性，就能知道自己是贵于物的。知道自己贵于物后，就会知道仁谊。知道仁谊之后，就能重礼节。重礼节后就能安处善。安处善后就能乐于循礼。乐于循礼之后才可以称为君子。因此，孔子说，不知道为天行仁义的使命，就不能为君子。

（三）王的教化和规制作用

1. 要正其仁道而不谋其利和修其义理而不急其功

董仲舒认为，常人靠自己往往是无法做到三纲五常的，所以政府有责任帮助大众发展其品德。据《春秋繁露·深察名号》所言，民之性是天生的，有善质，但还未能完善，所以天要立王来完善之。这就是天意。王要承天意来成民之善的仁性。这就是王的任务。据《春秋繁露·为人者天》所言，政是有三端的：父子不亲，则致其爱慈；大臣不和，则敬顺其礼；百姓不安，则力其孝弟。孝弟是所以能安百姓的缘故。力者是能勉行之的人，是能够以身化之的人。天地之数是不能独以寒暑成岁的，必须有春夏秋冬。圣人之仁道是不能独以威势成政的，必须有仁德教化。要先给予博爱，教之以仁；难得者，君子不贵，这样教人以义；虽然贵为天子，也必须是有尊的，这就可以教人以孝；必须是有先的，这可以教人以弟。威势是不足以独恃（shì，依赖）的，仁德的教化之功是很大的。据《春秋繁露·对胶西王越大夫不得为仁》所言，仁人者是正其仁道而不谋其利的，是修其义理而不急其功的，所以能够致仁的无为而使习俗大化为仁，这就可谓是仁圣了，三王就是如此的。据《春秋繁露·俞序》所言，霸或王之道皆是本于仁的。春秋之仁道，大得之则可以为王，小得之则可以为霸。仁即是天心。即是说，天的意志是仁，天的仁心主导着天的能量运行之生产的基本趋势。

2. 要承天意之仁、教民以仁德、正法度之宜

据《春秋繁露·王道通》所言，古代的造文字者，用三画连其中，称之为王。三画指的就是天地人，而连其中的，就是通天地人之仁道，取天地与人之中以为贯。所以，王者是唯天之施的，施其时而成之，法其命而循之诸人，法其数而以起事，治其道而以出法，治其志而归之于仁。仁之美在于天。天即是仁。天是能覆育万物的，即化为仁而生之，有事功而无已，终而复始，凡举归之以奉人，察于天之意，有着无穷极之仁。人是受命于天的，因为取仁于天而能够仁。因此，人受命于天之尊，有父兄子弟之亲，有忠信慈惠之心，有礼义廉让之行，有是非逆顺之治，文理因灿然而厚，知广大而有博，唯有人的仁道可以参天。天常是以爱利为意的，以养长而为事的，春夏秋冬皆是有其用的。因此，王者也常是以爱利天下为意的，以安乐一世为事的，好恶喜怒是备用的。据《汉书·董仲舒传》所言，命就是天的命令。天的命令非要靠圣人才能行。质朴可以称为性，但性非得依靠教化才能完善。人欲就是情。情非得有制度才能节。王者通过承天意之仁来顺天命。王通过明仁德之教来化民，以使民成善。王需要正法度之宜，别上下之序，为的是防欲。如果王能够顺天命、教化民、正法度，仁的大本就举了。

3. 人主的喜怒哀乐义则世治而不义则世乱

（1）喜怒及时而恰当则岁美但是不及时而妄则岁恶

据《春秋繁露·王道通三》所言，君主的好恶喜怒，就像天的春夏秋冬一样。暖清寒暑都是以变化成功的。天出此四者，应时则岁美，不应时则岁恶。人主的喜怒哀乐，义则世治，不义则世乱。治世与美岁是同数的，乱世与恶岁是同数的。人理与天道是相副的。人主是立于生杀之位的，要与天共持变化之势。物没有不应天而化的。天地之化正如四时一样。人主的所好之风出，则为暖气，就会生于俗。人主的所恶之风出，则为清气，会有杀于俗。人主的喜为暑气，能够养长，而怒则为寒气，会造成闭塞。人主能够以好恶喜怒来变习俗，正如天能够以暖清寒暑来化草木一样。喜怒及时而恰当则岁美，不及时而妄则岁恶，所以说天地人主都是一样的。

（2）喜怒哀乐的能量气体分别取自于春夏秋冬

据《春秋繁露·王道通三》所言，天是有寒有暑的。喜怒哀乐之发，与清暖寒暑其实是一贯的。喜气为暖而当春，怒气为清而当秋，乐气为太

阳而当夏，哀气为太阴而当冬。这四种气体能量都是天与人所同有的，并非是人所能蓄的能量，所以是可节的能量而不是可止的能量。节制这种能量可以顺，而要止这种能量则会乱。人的能量是生于天的能量的，是取化于天的能量的。喜的气体能量是取之于春的，乐的气体能量是取之于夏的，怒的气体能量是取之于秋的，哀的气体能量是取之于冬的。春、夏、秋、冬为四种气体能量之心。明王正喜以当春，正怒以当秋，正哀以当冬。上下都是效法于此以取天之道的。

（3）春秋之志：悲死而乐生，以夏养春，以冬藏秋

据《春秋繁露·王道通三》所言，春的气体能量是爱的，秋的气体能量是严的，夏的气体能量是乐的，冬的气体能量是哀的。爱的气体能量是用来生物的，严的气体能量是用以成功的，乐的气体能量是用以养生的，哀的气体能量是用以丧终的。这就是天的仁之志。因此，春的气体能量暖，是天之所以爱而生的；秋的气体能量清，是天之所以严以成的；夏的气体能量温，是天之所以乐而养的；冬的气体能量寒，是天之所以哀而藏的。春是主生的，夏是主养的，秋是主收的，冬是主藏的。生溉其乐以养，死溉其哀以藏，这就是为人子者要做的。四时之行为父子之道；天地之志为君臣之义；阴阳之理为圣人之法。阴为刑的气体能量，而阳为德的气体能量。阴的气体能量始于秋，而阳的气体能量始于春。春之为言犹如偆偆，秋之为言犹如湫湫。偆偆为喜乐之貌，湫湫为忧悲之状。因此，春是喜的，夏是乐的，秋是忧的，冬是悲的。悲死而乐生，以夏养春，以冬藏秋，这就是大人的仁的春秋之志。

4. 好仁之天要先经仁的大德而后权恶的小刑

据《春秋繁露·阳尊阴卑》所言，阳是天之德，阴是天之刑。阳气暖而阴气寒。阳的气体能量给予，而阴的气体能量夺取；阳的气体能量仁，而阴的气体能量戾；阳的气体能量宽，而阴的气体能量急；阳的气体能量爱，而阴的气体能量恶；阳的气体能量生，而阴的气体能量杀。因此，阳的气体能量常居实位而行于盛，而阴的气体能量常居空位而行于末。天之好仁而近，恶戾之变而远，有大德而小刑之意，要先经仁的大德而后权恶的小刑，贵阳的气体能量而贱阴的气体能量。因此，人主要近天之所近的仁，而远天之所远的恶；要大天之所大的德，而小天之所小的刑。因此，天数是右阳而不右阴的，是务仁德而不务刑罚的，刑是不可任而成世的，犹如阴是不可任以成岁的。为政而任刑，这就称为逆天，这样

做不是王道。据《春秋繁露·四时之副》所言，天之道为春暖以生，夏暑以养，秋清以杀，冬寒以藏。虽然暖暑清寒为不同的气体能量，但是具有同样的功能，都是天用来成时间之岁的。圣人副天之所行来为政，所以庆副暖而当在春天进行，赏副暑而当在夏天进行，罚副清而当在秋天进行，刑副寒而当在冬天进行。虽然庆赏罚刑这些事是不同的，但是具有同样的功能，都是王者用来成仁德的。庆赏罚刑与春夏秋冬，都是因为同类相应，所以是能够相符合的。王者是用来配天的，所以天道与人道是相同的。天有四时，所以王有四政。君王用庆赏罚刑这四政来统治，而这四政是取法于四季的。

5. 要把人的品德和能力天然地按四季分为四级

据《春秋繁露·官制象天》所言，政府的组织要以四季为模式。按照一年分四季，官员也要分为四等。各级官员，每人手下有三个助手，因为每个季节有三个月。在考核官员时，也要分为四等，要把人的品德和能力天然地分为四级。政府要先选贤，然后任能。根据所选的人的品德和能力分别任用。天选四时、十二月，人之变也就如此而尽了。尽人之变而合于天，只有圣人才有这样的能力。王者制官，用的是三公、九卿、二十七大夫、八十一元士，共一百二十人，列臣就完备了。三人为一选，仪于三月为一时。四选而止，仪于四时而终。有三公，王才能自持。天以三成之，王以三自持。要备天数以参事。因为天有四时，时有三月，所以王有四选，要选三臣。有孟、仲、季为一时之情。有上，有下，有中，为一选之情。三臣为一选，四选而止，这样人情就尽了。人之材有四选，正如天之时固有四变一样。圣人为一选，君子为一选，善人为一选，正人为一选，由此以下就不足选了。四选之中各有其节。先王因人之气体能量不同而分其变，以为四选。因此，三公之位，为圣人之选；三卿之位，为君子之选；三大夫之位，为善人之选；三士之位，为正直之选。这样王以四位之选，与十二臣相砥砺而致极。这样仁道必极于其所至，然后能得天地之大美。

6. 有大俸禄的人都不能兼得小利和不得与民争利业

据《春秋繁露·天容》所言，天之仁道因为有序而有时，因为有度而有节，因为有变而有常，因为有反而有相奉。天的仁道之能量，虽然微而能至远，虽然踔（chuō，跳跃）而能致精，虽然广而实，虽然虚而盈。圣人是视天之仁道而行的。正如非其时不能出暖清寒暑的气体能量一样，要把握好好恶喜怒。天之所以能成物，是少霜而多露的，所以圣人是不阿党偏私的，而是泛爱兼利的。据《春秋繁露·度制》记载，孔子说，不患贫而患不均。有所积重，必然有所空虚。大富就会骄傲，大贫就会忧虑，忧虑就会有盗，骄就会为暴，这就是众人之情。圣人从众人之情中，可以看到乱之所以生，所以要制人的仁道，所以要让上与下有差别，目的是要让富者足以示贵但不至于骄傲，让贫者足以养生而不至于忧虑。用这里的度来调均，让财不匮而上下相安，这样就容易治。今世抛弃了这样的度制，而各从其欲。欲是没有穷尽的，而俗得恣，其势无极。富者愈贪利而不肯为义，贫者日犯禁而不可得止。这样的世道就难以治了。天是不重与的。有角了就不能有上齿。已经有大者了，就不得有小者了，这就是天数。现在有大者的人还兼有小者，所以不合天理。因此，圣明之人，象天所为，为制度，让所有有大俸禄的人都不能兼得小利，不得与民争利业。这就是天理。据《春秋繁露·爵国》所言，董仲舒认为理想的分配制度，依然是井田制度。让方里为一井，一井而九百亩，而立口。方里八家，一家百亩，以食五口。

（四）仁的王道的运行方式

1. 黑、白、赤三统之仁治

（1）商主天之仁，夏主地之义，《春秋》者主人之伦

邹衍认为，历史上的朝代更替都是受五德运行的影响的。每个朝代都必须与五德之一相连，要按这种德的要求来运转。而董仲舒认为，朝代的更替不是依循五德而是因循三统来运转的。据《春秋繁露·三代改制质文》所言，每个朝代都是依循一统的，每统又各有其为政的系统。夏朝代表的是黑统；商朝代表的是白统；周朝代表的是赤统。夏、商、周三朝完成了历史循环的一周，此后又开始新的循环。三统又名三正，分为黑统、白统、赤统。三正以黑统初。天统气体能量之始而通化物。这时的物见萌达，其色为黑，所以朝正服黑，马黑。在正白统时，天统的气体能量开始蜕化物，物刚开始萌芽，其色为白，所以朝正服白，马白。正赤统时，天统的气体能量开始施化物，物始动，其色为赤，所以朝正服为赤，马赤。改正之义，要奉元而起。古代之王，受命而王，改制称号正月。统致其气体能量，这样万物就能皆应而正。统正，则其余皆正。凡岁之要，在正月。法正之仁道，正本而末应，正内而外应。商朝以仁之质胜，夏朝以仁之文胜，商质者主的是天，夏文者主的是地，《春秋》者主的是人。

（2）夏为黑统、商为白统、周为赤统

就实际的历史而言，夏为黑统，以寅月为正月，尚黑色；而商为白统，以丑月为正月，尚白色；周为赤统，以子月为正月，尚赤色。继承周的又为黑统。历史就是这样循环变化和周而复始的。据《春秋繁露·楚庄王》所言，新王必改制，而不改其仁道，不变其义理。王是受命于天的，所以更王要易姓，而不是继前王之王。如果只是因前制，修故业，没有所改，那就是继前王而王，没有什么区别。受命之君，是天之所大显。事父者要承其仁意，事君者要仪其仁之志，事天者也要如此。要顺天的仁之志，就要徙居处，要更称号，要改正朔，要易服色。而大纲人伦、道德政治、教化习俗、文义，这些都是尽如故的。王者有改礼制之名，而没有易仁道之实。因此，孔子说，舜行的是仁的无为而治，指的是舜不改尧之仁道。据《白虎通义·三正》所言，王者必须有仁的一质一文，这样才能承天地、顺阴阳。阳之道极的时候，阴之道只能接受。阴之道极的时候，阳之道只能接受。二阴二阳都是不能相继的。即是说，阴继阴，还是阴，无所谓继；阳继阳，还是阳，也无所谓继。物极必反，所以只能是阴阳互继。质效法的是天之仁，文效法的是地之义。天为质，地接受了这种质而化之，养而成之，所以为文。帝王始起，先质后文，这是顺天地之道、本末之义和先后之序的。事都是先有仁的质性，然后才有仁的文章的。

（3）改革时要变易民心和革其耳目才有助于仁德的教化

据《白虎通义·三正》所言，王者受天命之后，必改朔，也就是说必然要改姓，表示不是承袭前王的。这样做的目的是要说，王是受命于天的，而不是受命于人的，所以要变易民心，要革其耳目，这样才有助于仁德的教化。明王受天之命，各统一正，敬始重本。朔指的是苏和革，指的是万物革更于是，所以才能有统。三微指的是什么呢？阳的气体能量始施黄泉，动微而不显著。十一月之时，阳的气体能量开始养根株。这时的黄泉之下，万物都是赤色的。赤为盛阳之气体能量，所以周为天正，以赤色为尚。十二月之时，万物开始露牙，所以尚白色，为阴的气体能量。因此，殷为地正，以白色为尚。十三月之时，万物开始发达而出，都是黑色的，人得加功。因此，夏为人正，以黑色为尚。夏以平旦为朔，殷以鸡鸣为朔，周以夜半为朔。三微之月就得统，之后万物不齐，就无法统了。三正之间有相承的关系，就像是顺时针的连环一样。据《春秋繁露·三代改制质文》所言，主天法商而王，其道佚阳，亲亲而多仁朴。妾以子贵。夫妇对坐而食。丧礼别葬。主地法夏而王，其道进阴，尊尊而多义节。妾不以子称贵号。夫妇同坐而食。丧礼合葬。主天法质而王，其道佚阳，亲亲而多质爱。妾以子贵。夫妇对坐而食。丧礼别葬。主地法文而王，其道讲阴，尊尊而多礼文。妾不以子称贵号。夫妻同坐而食。丧礼合葬。其中的商和夏指的不是朝代。舜主天法商而王，禹主地法夏而王，汤主天法质而王，文王主地法文而王。

2. 忠、敬、文三教之仁治

（1）做到内忠于仁、外敬于礼和有文饰仁

据《汉书·董仲舒传》所言，夏尚忠，殷尚敬，周尚文。孔子说，殷因于夏礼，但有所损益；周因于殷礼，也有所损益。主要是因为尚忠有流弊，必须用尚敬来救之。而尚敬也有流弊，所以要用尚文来救之。就这样周而复始地循环。这就是三教。每个时代所尚的就是那个时代的时代精神。据《白虎通义·三教》所言，王者设三教的目的是承衰救弊，是想让民能够返回仁的正道。三王都是有所失的，所以要立三教来相指受。夏人之王教民忠于仁，结果导致了无礼之野。为了救无礼之野就要用敬。殷人之王教民敬礼，结果导致了弄鬼。为了救鬼，就要用仁之文。周人之王教民以仁之文，结果又出现了对伦的轻薄。为了救轻薄又需要用忠于仁。就这样周而复始，穷尽之时便要返回到仁之本。三教效法的就是天、地、人。如果能够做到内忠于仁、外敬于礼、有文饰仁这三点，就三者都齐备了。忠效法的是人之伦，敬效法的是地之义，文效法的是天之仁。人的仁道主要崇敬的是忠于仁。人以忠仁的至道教人，就能达到忠之至。地为天之所生，所以地之道是谦卑的，要以敬为主。

（2）仁之礼是合仁之志为质和仁之物为文而成的

董仲舒因系统地讲明了《春秋》之微言大义，让孔子的地位从师进而为王。据《春秋繁露·符瑞》所言，孔子之仁不是力所能致的，而是自至的。孔子在西狩时获得麟，这就是受天命之符。后孔子托《春秋》来改制，以正不正。他具有天子的一统之特征，而且忧天下之忧。为了除天下所患，而欲上通五帝，下极三王。以通百王之仁道，来随天之终始。极义理以尽仁的情性之宜，所以遂了天的仁之容。据《春秋繁露·三代改制质文》所言，继周之正赤统，应该为正黑统。《春秋》是尚仁之质的。据《春秋繁露·玉杯》所言，礼所重的是仁之志。志敬而节具，所以要让君子知礼。志和而音雅，所以要让君子知仁之乐。志哀而居约，所以要让君子知仁之丧。仁之志为质，仁之物为文。质和文两备，仁之礼才能成。仁之物的文与仁之志的质偏行，都是不合适的。如果质和文不能俱备，宁有质而无文。《春秋》之序道，讲的是要先有质后文，右志而左物。孔子立新王之仁道，说明他是想通过贵仁之志来让社会返回到和的。孔子要以好仁之诚来灭仁之伪。

（3）要能够得仁的一端而连多和见仁的一空而博贯

据何休的《春秋公羊传注疏》所言，王者起的时候，必然是要改质文的，目的是要承衰乱，救人的仁之失。天的仁道是以下为本的，所以亲亲而质省。地之仁道是敬上的，所以尊尊而文烦。王者始起的时候，先本天之仁道来治天下，所以重质而亲亲，其结果是因为亲亲而不尊。因此，后王起而法地之仁道以治天下，文而尊尊。因为尊尊又会不亲，所以又再返回到质朴。董仲舒认为，孔子奉天命而作《春秋》，其中穷尽了天下之道理。据《春秋繁露·精华》所言，《春秋》之为学，能够说明仁道之所往和明仁道之所来。但是，其辞体悟的是天的仁之微，所以难以知仁。如果不能察觉仁，看上去则是寂无的。如果能够察觉仁，则无物不在。为《春秋》者，能够得仁的一端而连多，见仁的一空而博贯，所以穷尽了天下之仁的道理。

据《春秋繁露·十指》所言，《春秋》写的是242年之文，其中天下之大，事变之博，无所不有。其中的大略之要有十指。这十指是事之所系，王化之所由得流。从所举的事变中可以发现仁德的重复出现，这样就能看到能量运行中的仁的规律，百姓就能安。见事变之所，就能够审得失。见强干末枝，大本小末，就能让君臣分明。别嫌疑，异同类，就能够让仁的是非显著。论贤才之义，别所长之能，就能让百官有序。承周之文，而返回到仁之质，就能够化所务立。亲近来远，同民所欲，仁恩就能达。知道天的仁之端，就能够明相受的次序。切刺讥之所罚，考变异之所加，这是天多欲为之行。统此行之，就会有仁往义来。仁德之泽广大，能衍溢于四海。阴阳和调则万物没有不得其理的。

据《春秋繁露·竹林》所言，《春秋》是敬贤重民的。俱枉正以存君是相似的，但是使君荣之和使君辱之是不同理的。凡人之有为，如果是前枉而后义，这就称为中权。即使不能成，《春秋》也以为是善的。如果前正而后有枉，这就是邪道。虽然能成之，《春秋》也不爱。《春秋》有五始。据《春秋繁露·二端》所言，《春秋》之仁道，是以仁的元之深来正天之端的；是以天的仁之端来正王之政德；是以仁的王之政来正诸侯之即位的；是以诸侯的仁之即位来正境内之治的。五者俱正的话，仁德的教化就能大行。《春秋》的第一句为元年春王正月。春为一岁之首，但是要先书元，再书春，这就是用仁的元之深来正天之端。

3. 所传闻、所闻、所见的三世之仁治

（1）要让天下远近小大如一地崇仁义

董仲舒把《春秋》所涵盖的历史分成三世：所传闻世、所闻世、所见世。所传闻世是孔子仅从文献记载中得知的历史；所闻世是孔子听说的历史；所见世是孔子亲见的历史。孔子在叙述这三世时所用的语言和文字是不同的，这就是所谓的春秋笔法，在其中人们可以找到微言中的仁之大意。对于《春秋》曾有三部很重要的评注：《左氏传》《公羊传》和《穀梁传》。据《春秋繁露·楚庄王》所言，《春秋》把十二世分为三等：有见、有闻、有传闻。有见之世有三世，有闻之世有四世，有传闻之世为五世。哀、定、昭，为君子之所见。襄、成、文、宣，为君子之所闻。僖、闵、庄、桓、隐，为君子之所传闻。于所见微其辞，于所闻痛其祸，于传闻杀其恩，其中都有仁情。屈伸的仁之志，详略的仁之文，都是用来应仁情的。这样我就能知近近而远远，知亲亲而疏疏，知贵贵而贱贱，知重重而轻轻，知厚厚而薄薄，知善善而恶恶，知阳阳而阴阴，知白白而黑黑。后来公羊家又把有见、有闻、有传闻这三世分成乱世、升平世和太平世这三世。据《春秋公羊传·隐公元年》注记载，何休说，于所传闻之世，可以见仁之治起于衰乱之中。先用仁内治其国而后再用仁外治诸夏。先用仁详内而后再用仁治外。要录大恶而忽略小恶。内的小恶要书，外的小恶就不书了。于所闻之世，则见仁之治的升平。这时要用仁内治诸夏，然后再用仁外治夷狄。至所见之世，则著仁之治的太平。这时的夷狄进至于爵，天下远近小大如一，崇仁义，所用的仁心尤深而详。

（2）要让事各顺其详而目的义名而名各顺其凡而略的仁号

《春秋》是用来道仁德的名分的。董仲舒很重视仁德之名。据《春秋繁露·深察名号》所言，要治天下的仁之端，就要先审辨仁之大。而要辨仁的大之端，就要深察名号。名为大理之首章。要录其首章之义，窥其中之事，就可以知仁的是非，对于仁是逆还是顺自己就会显著，通过仁的几微就能通于天地之仁道。是非之正取之于逆顺。逆顺之正，取之于名号。名号之正取之于天地之仁道。天地为名号之大义。古代的圣人，謞（xiào，飞剑的声音）而效天地，谓之为号。鸣而施命，谓之为名。名之为言，指的是鸣与命。名号异声，但是同本，都是鸣号而达天之仁意。天是不言的，而使人来发其仁意，让人行其仁之中。名是圣人所发的天之仁意，所以不可不深观。受命之君，是天之仁意所给予的，所以号为天子者，宜视天为父，事天以尽仁的孝道。号为诸侯的，要谨视所侯奉的天子。号为大夫的，宜厚其忠信，敦其礼义，要让善大于匹夫之义，这样才能足以体用仁德之化。士者，指的就是事。民者，指的就是瞑。士是不及化的，只是用来守事从上而已。五号自赞，各有分，分中有委曲，曲有名。名是众于号的。号指的是大全，而名则是名其别离分散的。号是凡而略的，而名则是详而目的。目指的是可以遍辨其事，凡指的是独举其大。例如，享鬼神者的号为祭，而春之祭称为祠，祠就是散名。所有的物都是有凡号的，而号中都是有散名的。事各顺于名，名各顺于天，天人之际，合而为一。这样就能同而通理，动而相益，顺而相受，这就称为仁的德道。

第七篇　儒家经学在东汉的衰落

——古文经学用自然清理功利仁德礼制幸福体系中产生的迷信

第一章　东汉的权力流变：失仁德者失天下再次应验

两汉时代是中国统一强盛的时代，两汉之后进入了分裂衰弱的时期。西汉末年的王莽变法后民愁盗起。当时出现了聚众劫掠，到处都在小小地反抗官府，其中势力最大的是绿林兵。这支兵最初藏在湖北的绿林山中。在湖北还出现了平林兵，汉朝的宗室刘玄就在平林军中。刘玄被立为皇帝，他起初的号为更始将军，简称为更始。王莽兵败被杀。后来刘玄被赤眉军所杀。这个时候，刘秀在河北做了皇帝，即东汉的光武帝。光武帝迁都洛阳，此后为东汉。迁都后的第二年，关中出现了大饥荒。光武帝逐渐扫清流寇，但还有一些割据的势力。光武平定天下后，轻徭薄赋，安抚百姓。明帝和章帝也谨守他的成法。东汉的前三代为治世。

在东汉时期，出现了羌乱。据《后汉书·西羌传》所言，在秦厉公时，羌人无戈爰剑曾被秦拘执，当成奴隶，后来逃了出来。因秦人追得急，而藏在岩穴之中。秦人放火烧，也没有烧死。爰剑出洞之后，在荒野中遇到了被割掉鼻子的女子。两人成了夫妇。女子因为面丑，披发蒙面，所以后来羌人以此为俗。羌人认为爰剑烧都烧不死，很神，所以推举他为豪。爰剑教人田畜，慢慢很多人都依从了他。羌人把奴隶称为“无戈”，因为无戈爰剑曾是奴隶。羌人有好几支，而进犯中国的是湟中这一支，主要居住在青海和黄河上游流域。因为爰剑到过中国，把中国的仁德的文明带到了那里，使得这一支的文明程度比较高。他们的体格极其强悍，非常好斗。部落分离，组成不了大群，互相攻伐。遇到外敌时会一致对外，没有外敌时又互相攻伐。他们居住的地方都有山险，没有广大的平原。

汉武帝时，匈奴占据了河西，羌人占据着湟中，中间只隔着一个祁连山脉。汉武帝害怕他们互相联合，于是派兵攻破羌人，设了护羌校尉统率领地。王莽之时，羌人献西海之地，王莽设置了西海郡。王莽统治末年出现内乱，羌人乘机入侵中国。国家花了很多钱平乱，但总是始服终乱。后来羌乱被平定了。王莽末年，匈奴背叛，西域解体。汉明帝时，派班超出使西域。据《后汉书·西域传》所言，班超带了36人，平定了西域。葱岭以西的诸国都来朝贡。西汉政权被外戚篡夺，东汉还仍旧用外戚。东汉的外戚之祸，起源于章帝之时。东汉开始时是外戚专权，后来又出现宦官乱国之事。在西汉时代，在宫禁中伺候皇帝的多用士人，而且主要选的是名儒。而在和帝之时，改用宦官。历代的君主都与宦官联合谋杀外戚。宦官干政是天下的乱源。

据《论衡》所言，东汉后期的洛阳，从事商这种末业的人比农夫多十倍；虚伪和游手好闲的人比从事商这种末业的又多十倍。所以，相当于一夫耕种，供养百人之食；一妇桑织，供百人之衣。本来供应都不足，所以民处于饥寒交迫之中。据《昌言·理乱》所言，王侯贵戚豪富，骄奢淫巧，负债不还。豪人之室，膏田满野，女婢千群，倡讴妓乐。当时掌权的不是宦官就是外戚，而外戚中有很多是纨绔子弟，没有知识。宦官也没有知识。他们掌权用的就是他们之流的人。中央的政治不清明，各处郡县就会到处都是贪官和土豪，这些人对民来说就是虎狼。钜鹿人张角自创教派，称为“太平道”。十多年间，聚众数十万，分做许多“方”，暗约起义。还没有到期，被同党告发，提前起事。汉灵帝派兵讨伐，平定了张角起义。此后，到处寇盗蜂起，都以“黄巾”为号，郡县都平定不了。

在东汉的朝政日非之时，风俗还是美的。天下的士流大都崇尚气节，对于宦官的亲戚，都想法惩治，所以宦官和士流互相嫉恶。灵帝死心塌地相信宦官，终结了汉朝的天下。汉灵帝非常尊信宦官。何皇后的儿子史侯被立为废帝。袁绍杀宦官。董卓拥立王美人的儿子董侯为献帝，大权落入董卓之手。后来董卓被杀。曹操挟持了献帝，迁都许昌，大权落入曹操之手。这时州牧郡守纷纷割据。袁绍的地方最大，势力最强。而曹操挟天子以令诸侯，所以与众不同。曹操死后，曹丕废掉汉献帝，自立为魏文帝。刘备在成都称帝。孙权称为吴大帝。东汉分作三国。

第二章　西汉今文经学的危机

第一节　阴阳家的五行与《易》的象数之学的合流

一　易是没有形畔的可用象数呈现的能量

八卦之象是由伏羲仰观俯察所得，人再根据这种象来制器。即先有天然的物体，从物体中抽出象，然后再根据象造出人为之器。物是天生的，而器是人造的。后来八卦的地位变得越来越高，讲《易》的人逐渐认为，能量的运行是先有数，然后有能量运行所成之象，最后才有能量凝聚成之物。这种观点汉朝人没有明说，但是到宋儒那里就明说了。所以，象数之学是发达于汉朝但是在宋朝大成的。西汉之初，阴阳家的思想对《易》学的影响还不大。据《易纬·乾凿度》卷上所言，昔日的圣人根据阴阳来定消息、立乾坤、统天地。有形的物是生于无形的能量的。那么乾坤是怎么产生的呢？有太易、太初、太始、太素。在太易之时，还未见能量之气；在太初之时，为能量的气之始；在太始之时，能量之气开始为形；在太素之时，能量之形开始凝为质。能量的气形质都具备了，但是还没有分离，就称为浑沦。浑沦指的是万物互相混成，但是还未相离。视之不见，听之不闻，循之不得，这就称为易。易是没有形畔的。

二　阳的能量运行之九为阳的气体能量所变之究

据《易·系辞》所言，天一、地二、天三、地四、天五、地六、天七、地八、天九、地十。一为阳之初生，而三为阳之正位，七为阳之象，象指的是不变动者，而九为阳之变。二为阴之初生，四为阴之正位，八为阴之象，而六为阴之变。因为阳变而进，阴变而退，所以阳由七变为九，阴由八变为六。所以，《易经》中的阳爻为九，而阴爻为六。《易经》占的是变卦，而不是不变卦，所以占的是九和六。据《易纬·乾凿度》卷下所言，阳动而进，变七为九，象征着阳气之息；阴动而退，变八为六，象征着阴气之消。消息这个词就是由此而来的。消息指的是阴消阳息，阴消是好消息，而阳息是坏消息，而好消息或坏消息都是人关注的新闻。据《易纬·乾凿度》卷上所言，易的阳的能量变而为一。阳的能量这个一变而为七。阳的能量这个七变而为九。阳的能量运行之九为阳的气体能量所变之究。这就是研究的究的来源。然后阳的能量又复变为一。复变得来的这个一为能量的形变之始。清轻的阳的能量上行而称为天，浊重的阴的能量下行而为地。物有始、有壮、有究（jiū，终究、终极），所以三画成乾。乾坤是相并俱生的，所以物都是有阴阳的，所以需要重之，这样就由六画成卦。易之一阴一阳，合而为十五，这就是仁之道。阳的能量变七为九，阴的能量变八为六，合起来也是十五。所以，阳的能量和阴的能量的象变之数都是一样的。五音六律七变都是以此为依据而作的。能量的大衍之数为五十，这个数能够成能量之变化而行能量之鬼神。日为十干，成能量的五音。辰的十二音，成能量的六律。星的二十八，成能量的七宿。

三　八卦之气终之时就是四正四维分明之时

西汉今文经学家以阴阳家的五行之言来解释儒家的经典。《月令》还没有把八卦配入阴阳家的五行宇宙构架之中。而《易·说卦》则把八卦配入了四方和四时等宇宙构架之中。据《易·说卦》所言，万物都是出于震的。震在东方。万物是因巽即风而齐的，而风在东南。离卦指的是明。在明的时候，万物都能相见，这就是南方之卦。坤卦指的是地。万物都是靠地来养育的。兑卦指的是正秋。这个时候万物都有所悦。乾是主战的。乾卦在西北，这个时候阴阳相薄。坎卦指的是水，在正北方。劳卦为万物所归，所以劳卦指的就是坎。艮卦在东北，在这里万物所成终而所成始。所以说，艮指的是成。据《易纬·乾凿度》卷上所言，孔子说，易是始于太极的。太极分为二，所以生天地。天地有春夏秋冬之节，所以生四时。四时都有阴阳刚柔之分，所以生八卦。八卦成列，天地之仁道就立了，雷风水火山泽之象就定了。八卦通过布散用事。震生物于东方，位在二月。巽散于东南，位在四月。离长之于南，位在五月。坤养之于西南，位在六月。兑收之于西方，位在八月。乾制之于西北方，位在十月。坎藏于北方，位在十一月。艮终始于东北方，位在十二月。八卦之气终之时，就是四正四维分明之时。这时生长收藏之仁道具备，阴阳之仁的体定，神明之仁德通，万物各以其类成。这都是易之所包而成。这就是仁之至的完美！这就是易之仁德！孔子说，乾坤是阴阳之主。乾位在西北，这是阳的仁之正；坤位在西南，这是坤的仁之正。君的仁道倡始，而臣的仁道终正。明阴阳之职，就能定君臣之位。

据《易纬·乾凿度》卷上所言，孔子说，八卦之序成立时，五气就变成了形。人生来就具有应八卦之体，所以能得五种气体能量。人因有五种气体能量，所以有仁、义、礼、智、信这五常。万物都是出于震的，所以震为东方之卦。阳气初生，受形之道，所以东方为仁。万物成于离，所以离为南方之卦。阳得正于上，阴得正于下，这样尊卑之象就定了，礼之序也就定了，所以南方为礼。入于兑，所以兑为西方之卦。阴用事而万物都得其宜，这就是义之理，所以西方为义。坎指的是渐。坎为北方之卦。阴气形盛，阴阳气含闭，属于信之类，所以北方为信。四方之义，都统于中央。乾、坤、艮、巽，位在四维。中央能够绳四方之行，这就是智之决，所以中央为智。所以，仁道兴于仁，立于礼，理于义，定于信，成于智。这五者为仁的道德之分，天人之际。因为这样，圣人才能够通天的仁意、理仁的人伦和明仁的至道。

四　六十四卦都可以配入四时来说明仁德

据《易纬·稽览图》卷下所言，六十四卦都可以配入四时。其中，震居东方，其数为八；离居南方，其数为七；兑居西方，其数为九；坎居北方，其数为六。这四正卦主四十。据《易纬·是类谋》所言，四正之卦，每卦六爻，每爻主一气。据《易纬·稽览图》卷下所言，六十卦可以分配在十二个月，每个月得五卦，这五卦可以分别对应于天子、诸侯、公、卿、大夫。如小过为正月（即寅月）之诸侯，蒙为正月之大夫，益为正月之卿，渐为正月之公，而泰为正月之天子。孟喜和京房都讲卦气之说。据《汉书·儒林传》所言，孟喜得《易》家侯阴阳灾变之书。京房以为延寿的《易》即是孟喜之学。汉元帝建昭二年，即公元前 37 年，京房被诛。孟喜和京房都以阴阳灾变来讲《易》。他们大体上都是用阴阳家的学说来解释《易》。据《汉书·律历法》所言，三统指的是天施、地化、人事之纪。十一月，乾之初九，阳气伏于地下，始著为一，万物萌动，钟于太阴，所以黄钟为天统。律长九寸，所以九为究极中和，为万物之元。六月，坤之初六，阴气受任于太阳，继养化柔，万物生长，令种刚强大，所以林钟为地统。律长六寸，六所以含阳之施，令刚柔有体。乾知太始，坤作成物。正月，乾之九三，人奉而成之。仁以养之，义以行之，令事物各得其理。太簇为人统。律长八寸，象八卦。人之道为仁和义。黄钟为阳气生之月之律；林钟为阴气生之月之律；太簇为林钟所生。因此，黄钟为天统，林钟为地统，太簇则为人统。五声也被用来配四时和五行。在十二律中，黄钟的律管最长，音最浊。由浊而清来配音。音最清，表示的是岁之终。阳的气体能量盛，则音浊，阴的气体能量盛则音清。纬书通常都特别注重天人之道。据《玉函山房辑佚书·尚书纬·璇玑钤》所言，《尚书》中的尚指的是上，书指的是如。上天垂仁的文象，布义的节度，书则如天的仁道的运行一样。《尚书》的任务就是说天之言，即帮天说出天运行的仁道。据《玉函山房辑佚书·诗纬·含神雾》所言，《诗》中写的是天地之仁心，君祖之仁德，百福之仁宗，万物之仁声。

五　《易》的纬书和谶书的流行

在西汉中叶之后，出现了用来解释《易经》的纬书。在纬书之外，还有谶（chèn，预言）书。据《隋书·经籍志》所言，孔子叙六经的目的是为了明仁的天人之道。但是，他知道后世不能稽同其仁意，所以别立了纬及谶，这样可以遗留给来世。其书在西汉的时候出现，有《河图》九篇，《洛书》六篇等，合为八十一篇。由于文辞浅俗，相传疑为世人造为之。据《四库全书总目提要·〈易〉类附录〈易〉纬下》所言，儒者多把谶纬合称，而其实最初谶是谶，纬是纬。谶指的是很诡的隐语，用来预决吉凶。而纬书则是经的支流，用来衍其旁义。秦汉以来，去圣日远。儒者的推阐论说，都各自成书，与经原不相比附。伏生的《尚书大传》、董仲舒的《春秋阴阳》，从文体上看，就属于纬书。因为有主名，所以不能托诸于孔子。而其他的私相撰述之作，渐渐杂以术数之言，不知道作者是谁，但是通过附会来神其说。传着传着，还加入了些妖妄之辞，就与谶合而为一了。纬书流传下来的不多。而就流传下来的纬书来看，《易》纬中所讲之《易》理，就是宋儒所说的象数之学。据《左传·僖公十五年》记载，韩简说，由龟那里可以得象，由筮那里可以得数。物生之后有具体的能量所成之象，有象之后有能量之滋，有能量之滋后有能量运行之数。在春秋战国时期，孔子为大师。在《公羊春秋》中，孔子变成了王。而在谶纬之书中，孔子变成了神。据《玉函山房辑佚书·春秋纬·演孔图》所言，孔子生于空桑之中。孔子长十尺，大九围，坐如蹲龙，立如牵牛。孔子论经，有鸟化为书等。在西汉之末，谶书大盛。王莽自认为自己是应谶而易汉为新的，而光武帝也自以为自己是应谶而易新为汉的。大臣们也根据谶来决定自己的进退。这就是儒家引入阴阳家所注重的天人交感之道而延伸出来的流弊。

第三章　西汉今文经学的清理者

第一节　儒家古文经学的兴起：力图消除阴阳家的消极影响

在西汉之时，有一些人不满于用阴阳学家来说经的儒家经学，因此用儒家的古文家之经学来与之对抗。他们不用阴阳家之言，不用纬书或谶书来解经，反对当时的怪论，力图恢复孔子的为师地位。由于晋永嘉之乱，导致两汉经学的中绝。当时的孔安国、毛公等人都认为谶为妖妄之说，乱了中庸之典。因此，他们根据从汉鲁恭王、河间献王那里所得的古文，参而考之以成其义，称为古学。古文经学家力图把儒家学说与阴阳家的学说分离开来。儒家的古文学派声称找到了秦燹（xiǎn，焚烧）之前的用古文写成的古籍。而这种古文字到了西汉末年，已成为绝响。与古文学派相对立的是董仲舒的追随者，尊崇的是以汉代通行的文字写成的经书，被称为今文学派。两个学派展开了争论。在西汉末年，古文学派得到了刘歆的支持，所以后来的今文学派的追随者认为，是刘歆伪造了古文学派所依据的古文经书。清代的今文经学家认为，汉代的古文经典，都是刘歆伪造的。刘歆遍伪群经，目的在于帮助王莽篡汉。而从事实上看，古文经学家之经典及经说很多，不是一个人所能伪造的。

古文经学刚起之时，其经典及经说都在民间而没有立于学官。汉成帝之时，古文经学家的经典及经说以遗书的资格进入了中秘。汉哀帝之时，想把古文经学之经典及经说《左氏春秋》《毛诗》《逸礼》《古文尚书》立于学官，但是当时的博士极力反对，刘歆极力争辩也未能胜。刘歆当时出死力为古学而奋斗，可以称为古学的领袖人物。据《汉书·五行志》所言，刘歆尚讲五行灾异之说，所以难免为阴阳家所影响。而他的《七略》则是以历史为根据来讲各家之起源，没有受非常可怪之阴阳说的影响，纯粹是以古文经学家的见解来立言的。在东汉之时，古文经学比今文经学要兴盛。郑玄遍注群经，为古文经学的集大成者。三国时出现了一个专门与郑玄作对的人，称为王肃。王肃伪造了孔安国的《尚书传》《论语》《孝经注》《孔子家语》《孔丛子》五部书，并互相引证。还有一个注《左传》的杜预，与王肃互相影响。这样在古文经学中就出现了郑玄和王肃两派，双方水火不容。古文学家是没有师法可守的，彼此都相异，但不是相对立的。在两汉时代，儒家和阴阳家混合的思想成了主体，而在魏晋时代，则是以儒家与道家的思想混合为主体。扬雄和王充终结了两汉时期的思想，开辟了引道入儒的魏晋思想之路。

第二节　引道入儒的魏晋风度的开启

一　扬雄的清净无为的自然观

（一）借老子之自然观反阴阳家和称颂孟子

扬雄（公元前53—公元18年）是西汉末和东汉初的古文学派的学者。据《汉书·扬雄传》记载，扬雄为成都人。他博览群书，无所不见。他为人简易佚（yì，同逸）荡。他因为口吃而不能畅谈，默而好深湛之思。他很清静无为，嗜欲很少。他不求富贵，不求名望，也不为贫贱而悲戚。他的家产不过十金。他自有大度，不是圣哲之书不好，不符合他的心意，即使是能带来富贵的事也不做。他好古而乐仁道，求仁的文章能成名于后世。扬雄之学是以儒家为主，以孔子为宗的。他认为经没有比《易》更大的，所以作《太玄》以论《易》；他认为传没有比《论语》更大的，所以作《法言》以论《论语》。他的《太玄》一书在很大程度上受到了《老子》和《易经》中的反者道之动的影响，而他的《法言》表达了他反对阴阳家的思想和称颂孟子的思想。

（二）玄指的是顺能量运行的天道、地道和人道

据《太玄·太玄图》所言，玄指的是顺能量运行的天道、地道和人道。据《太玄·太玄摛（chī，散布）》所言，玄指的是犹幽摛万类而不见其形者的能量。玄能用能量的神明来定摹，能通用能量的运行来同古今以开类，能够摛措阴阳而发气体能量。在能量世界中，仰而视时则能量在乎上，俯而窥时则能量在乎下，企而往时则能量在乎前，弃而忘时则能量在乎后。欲违玄的能量的运行之道是不可能的，嘿则能得能量之所，这就是玄。阳知阳的能量而不知阴的能量，阴知阴的能量而不知阳的能量。能够知阴的能量和知阳的能量，能够知能量之止和知能量之行，能够知能量之晦和知能量之明，这就是玄，而玄之本是仁。据《法言·寡见》所言，说天之仁的书，没有比《易》辩得更好的；说事之仁的书没有比《书》辩得更好的；说体之仁的书没有比《礼》辩得更好的；说志之仁的书没有比《诗》辩得更好的；说义之理的书没有比《春秋》辩得更好的。据《法言·问神》所言，《易》开始时只有八卦，是周文王把八卦变成了六十四卦。《诗》《书》《礼》《春秋》，不管说是继承来的也好，说是作的也好，总之是成于孔子的。据《太玄·太玄莹》所言，著书立说的作者贵在有所遵循和能够体悟自然之仁。仁为大。所循大，体就壮大；所循

小，体就贫瘠。仁为直。所循直，体就浑；所循曲，体就散。有的仁不要不写，无的仁不要乱写。这就像我们的身体一样，增加了的仁就是累赘，割掉了的仁就是亏欠。仁的质干要立足于自然之仁，而仁的华藻则要立足于人事之仁。据《法言·问神》所言，如果书不是论仁之经的话，就不是书；如果言不是论仁之经的话，就不是言。如果言书都不是论仁之经的话，就是多余的累赘。

（三）人之性是善恶混的而修其善则能成为仁善之人

据《法言·修身》所言，人之性是善恶混的，修其善则能成为仁善之人，修其恶则会成为不仁的恶人。据《法言·君子》所言，有生者必有死，有始者必有终，这就是自然之道。据《古文苑·太玄赋》记载，扬雄说，观《大易》之损益，可览老氏之倚伏，可以省悟到忧喜是同门的，吉凶是同域的。物都是有盛衰的，何况人事之所极。正如飘风之不终朝，骤雨之不终日一样。火越是炽热，灭得越是迅速。据《法言·问道》所言，在道、德、仁、义、礼中，道是用以导之的，德是用以得道的，仁是用以人之的，义是用以宜之的，礼是用以体之的。这便是天。合则是浑的，离则是散的。一人而兼统四体，其身就全了。据《法言·君子》记载，问者说：龙、龟、鸿、鹄长寿吗？回答者说：长寿的。又问：人可以长寿吗？又答：可以的。物以其性寿，人以其仁寿。君子于仁是柔的，于义则是刚的。人必须先作，然后人才会名之；人必须先求，然后人才会与之。人必须自爱，然后人才爱诸。人必自敬，然后人才敬诸。自爱为仁之至。自敬为礼之至。没有不自爱敬而人爱敬之的。

二　王充的天道自然而然的无为观

王充（27—约100年）是儒家的古文学派中最大的思想家。王充与扬雄是同时代的人，他也反对谶学。他的《论衡》反对的是各种偶像崇拜。据《论衡·佚文》所言，《论衡》篇以十数，一言以蔽之，即疾虚妄。据《论衡·自纪》所言，王充为会稽人。他才高但不崇尚苟作，口善辩但不好谈对，没有找对人，可终日不言。他的论说，刚开始听，好像是诡于众的，但是听到最后，众都会称是。他以笔著文也是如此。他幽居独处，探究的问题是什么是实和什么是虚。据《论衡·薄葬》所言，仁之事莫明于有效，仁之论莫定于有证。他猛攻的对象是阴阳家的学说，特别是其中的天人感应的观念。据《论衡·谴告》所言，天道是自然的，是无为的。谴告人是有为的，是非自然的。黄老之家论说的天道是得其实的。王充虽然攻击阴阳家之说，但是主张骨相说和符瑞之说。据《论衡·骨相》所言，人之命可以通过骨相看出来。在《论衡·宣汉》中，王充还列举了汉代所现的符瑞。王充的思想为一百年后的新道家的兴起准备了条件。

（一）自然无为能为大，因为它本不求功名而功立名成

据《论衡·寒温》所言，天道就是自然而然的，而自然而然的意思就是无为，就是没有什么目的。据《论衡·自然》所言，天地合气体能量，万物自生，正如夫妇合气体能量，孩子自生一样。天的能量的运动并没有想要生万物的目的，物是自生的，这就是自然。天施气体能量不是为物，而是物自己为的，所以说天是没有仁德目的的，所以是无为的。天只是施了气体能量，而气体能量是无为的。气体能量是恬澹（dàn，安然）无欲的，是无为无事的。有至德纯渥（wò，浓厚）之人，因为禀天的气体能量多，所以能够像天一样自然无为。黄帝和老子都是贤之纯者。黄老之操身都是中恬澹的，所以其治是无为的。他们能够正身共己，所以阴阳自和。无心于为，让物自化；无意于生，让物自成。黄帝和尧舜都是大人，他们的德都能够与天地合，所以知道无为的道理。天的能量运行的道是无为的，所以春不为生，夏不为长，秋不为成，冬不为藏。阳的气体能量自然而然地就出来了，万物自然而然地就生长了；阴的气体能量自然而然地就起来了，万物自然而然地就藏起来了。自然的无为能够为大，因为它本不求功，而其功立；本不求名，而其名成。沛然之雨，功名很大，但是天地是不这样为的。气和雨是自集的。

（二）天神不能够通过灾异谴告人君

据《论衡·寒温》所言，阴阳家认为，人君之喜怒的气体能量发于胸中，行出于外，从而具有赏罚之效。人君喜就会温，而怒就会寒。据《论衡·谴告》所言，阴阳家认为，天神能够通过灾异谴告人君，正如人君责怒臣下一样。而王充认为，天道是自然无为的。如果天道能够谴告人，那就是有为的，就不是自然的。据《论衡·变动》所言，人在天地之间，就像是跳蚤和虱子在衣裳之内一样，就像是蝼蚁在穴隙之中一样，蚤虱蝼蚁逆顺横从，都是影响不了衣裳穴隙中的气体能量的变动的。寒温之气体能量是系于天地和统于阴阳的，人事国政是无法变动这种气体能量的。据《论衡·商虫》所言，世间有三百种虫子，而人为虫之长。从这个角度上说，人也是虫。人吃虫所吃的，虫也吃人所吃的，都是虫，爱吃

的食物是一样的。这没有什么好奇怪的。虫和人都爱吃谷。如果虫是有知觉的，不会把自己看成是灾。在天地之间，凡是含气体能量而生，开口而能食的，都是同心等欲的。强大的吃细弱的，智慧的反顿愚的。这都是自然现象，而不能称为灾。

（三）死人是不会变成鬼害人的

据《论衡·论死》所言，世上的人把死人当成鬼，并认为鬼有知觉和能害人。我们可以用物来验之，就会发现死人是不会变成鬼的，是没有知觉的，是不会害人的。人是物，物也是物。物死了不会变成鬼，人死了怎么就会变成鬼呢？人之所以能生，是因为有精的气体能量的缘故。人死了精的气体能量就灭了。能有精的气体能量者，都有血脉。人死了血脉就竭了。血脉竭了，精的气体能量就灭了。精的气体能量灭了，形体就朽了。形体朽了，就变成灰土了。人未生之时，在元的气体能量世界之中；死后的精的气体能量又复归到元的气体能量世界那里。人之所以有聪明智惠，是因为含五常之气体能量，以五藏存在于形中。五藏不伤之时，人是有智惠的；而五藏有病的时候，人就会荒忽[①]。荒忽就会愚痴。人死后五藏都会腐朽，五常就无所依托。形需要有气体能量才能成，而气体能量必须要形才能知。天下没有独燃之火，也就不可能有无体而独存之精的气体能量。人之死，就像是火灭了一样。火灭光消而烛在，人死精亡而形存。人生天地之间，就像是冰一样的。阴阳之气体能量，凝而为人；年终寿尽，死还为气体能量。就像春水不会变成冰一样，死魂也不会再变成形。

（四）人性是有善有恶的而恶者可通过教化来使之为善

据《论衡·本性》所言，情性是人治之本，礼乐都是由此而生的。以性情之极为原本，用礼来防，用乐来节。性是能卑谦辞让的，通过制礼来适其宜；情是有好恶喜怒哀乐的，所以用乐来通其敬。礼所以制，乐所以作，都是为了应情与性的。昔日的儒之旧生，没有不论说的，但是没有能实定的。事是容易知的，而道是难以论的。繁如荣华一样的丰文茂记，甘如蜜糖一样的诙谐剧谈，都未必能够得实。实指的是能辨人性之善恶，能知人才之高下。孟子所说的人性善，指的只是中人以上者；荀子说的人性恶，指的只是中人以下者；扬朱说的人性善恶混，知的是中人。据《论衡·率性》所言，如果论人之性的话，实际上是有善有恶的。善者可

① “荒忽”是因荒废了而忽的状态，而“恍惚”则是精神不集中的状态。

以固自善就可以了，而恶者可以通过教告率勉来使之为善。凡人君父，都会审观臣子之性，善则养育劝率，让其不要近恶；恶则辅保禁防，令其渐渐归善。让善渐渐消掉恶，让恶在善之中化掉，从而让善成为性行。天道是有真伪的。真者固自就能与天相应。伪者则是人加了知巧，其实与真者是没有什么差异的。

（五）性善的人可能命是凶的

据《论衡·命义》所言，性与命是有差异的。性善的可能命凶，而性恶的可能命吉。性指的是操行的善恶；命则指的是祸福吉凶。行善而得祸，就是性善而命凶；行恶而得福，就是性恶而命吉。性自有善恶，而命自有吉凶。吉命之人，虽然行了不善，但未必没有福；而凶命之人，虽然勉操行，但未必无祸。据《论衡·幸偶》所言，凡人的操行，都是有贤有愚的。从祸福的角度上看，是有幸与不幸的。举事都是有是有非的。而从赏罚的角度上看，则有偶和有不偶的。同时都遭兵袭，而隐者就不中击；同日被霜冻，蔽者就不伤。中伤的未必是恶的，隐蔽的未必是善的，但隐蔽的人是幸运的，而中伤的人则是不幸的。都想要纳忠言，而有的得赏，有的则得罚。都想要有益，而有的能被信任，有的则被怀疑。得赏而被信任的，未必是真的，被罚而被怀疑的，未必是伪的。得赏信者，就是有偶的人，而被罚疑者则是不偶的人。蝼蚁在地上行，人举足踩到的就死了，没有踩到的就能全活不伤。这都与善或不善是没有关系的。

据《论衡·命禄》所言，凡人之偶遇及遭累害，都是由命而来的。人有死生寿夭之命，也有贵贱贫富之命。命当是贫贱的，虽然让之富贵，也像是涉祸患一样的。命当是富贵的，虽然贫贱之，也像是逢福善一样的。所以说，命贵从贱地自达，命贱从富位自危。富贵就像是有神助一样，贫贱就像是有鬼祸一样。临事的智与愚，操行的清与浊，这是性与才。而仕宦贵贱，治产贫福，这是命与时。命是不可勉强的，时是不可尽力的。据《论衡·治期》所言，人都知道富饶居安乐者之命是禄厚的，而不知道国安治化行者历数之吉。世治不是贤圣之功，衰乱也不是无道所至。国当衰乱的时候，有圣贤也不能盛；时当治的时候，有恶人也不能乱。世之治乱，在时而不在政。国之安危，在数而不在教。贤与不贤之君，明与不明之政，都是不能损益的。据《论衡·命义》所言，众星在天，天有其象。人得富贵相则有富贵，得贫贱相则有贫贱。宋卫陈郑四国，同日遭灾，而四国之民，必然有禄盛未当衰的人。但是，全部都受灾了。因此，国命是胜于人命的，而寿命是胜于禄命的。

（六）帝王之治是百代同道的

据《论衡·齐世》所言，上世治者为圣人；下世治者也是圣人。圣人之德，前后都是没有什么特殊的，治世古今也没有什么不同的。上世之天与下世之天，都没有什么变异，气体能量也没有什么更改。上世之民和下世之民，都具禀元的气体能量。元的气体能量是纯和的，古今没有什么不同的。形体都来自元的气体能量，所以古今之形体也没有什么不同的。禀气体能量等则怀性均，怀性均则形体同，形体同则丑好齐，丑好齐则夭寿适。一天一地，并生万物。万物之生，俱得一气体能量。气体能量之薄渥，万世都是一样的。帝王治世，百代都是同道的。古代也有无义之人，现在也有建节之士。在每个时代都是善恶相杂的。但是，述事的人都好高古而下今，贵所闻而贱所见。辨士都在谈久者，文人都在著远者。近有奇而辨不称，今有异而笔不记。据《论衡·薄葬》所言，论不能只用耳目论，不以心意议。以耳目论，会导致以虚象为言的状况。虚象也会是有效的，但是对于实事来说是非的。在论是非的时候，不能只靠耳目，必须要打开心意。墨者之议，只顾原物，而不讲心意，所以苟信所闻所见，虽然从效验上来说是章明的，但是失实的。用失实之议来教人，是难以教的。这样做能够满足愚民之欲，但是不会合知者的，所以墨术最终未能够流传。

追寻幸福

中国哲学史视角

韦正翔◎著

中国社会科学出版社

目　　录

（下卷）

②有情就有让生死轮回不能出离的烦恼

③烦恼是怎么从能量世界中产生出来的呢?

a. 有定处、定时、不定相续、有作用的物是梦境

b. 颠倒的二障杂染是烦恼业生的缘故

c. 未得真觉之时会恒处于生死长夜之梦中

d. 他心如自己的镜中之影,所以不能用手执

e. 因为能量世界中有展转力,所以有凡圣的尊卑之别

④要认识到我执和法执都不是实有的

a. 要用生空观战胜对能量世界的俱生心相的我执

b. 识差别相不能真胜,因为依靠的是物体世界的世俗之理

c. 真空才是真性而其他都是唯识变来的

(3)要通过渐进的修行来破除顽固的我执和法执

①不是所有人都能成佛,因为种子不同

a. 种子是本性中就有的但是因熏陶习力而增长

b. 能成佛的人生来就有着无漏种子

②通向能量世界的圆明的究竟位的五个修行阶段

③无烦恼的无漏种子的安乐一世界

2. 法藏的华严宗的《金师子章》

(1)世界的本质是什么样的?

①真心的能量世界的圆成实性是常恒不变的

a. 缘起:金之性为因,工匠的制作为缘,金师子为事物

b. 以金收师子尽则金外就无师子之相可得

②万物的真心是包罗全体和卷舒自在的

a. 舒常卷所以一尘能摄一切,而卷常舒所以一切能摄一尘

b. 金与师子是相容成立的,因为一与多是无碍的

(2)如何才能修成涅槃新境界?

①色即是空和空即是色的色空无二说

a. 成大智不住生死而成大悲而不住涅槃

b. 虽然大乘终教讲的是空但是并不废有

②净心无劫的入世大悲的拯救

a. 现实世界中的每一事物是包罗一切事物的

b. 一念即为九世而九世即为一念

c. 真心不觉时一念无体便有百千劫

d. 通过觉悟到能量世界而无妄心才能净心

④天地之心求的是仁即纯粹的和极致的生

a. 刚是以体而言的而健则是兼言中之性的

b. 有了仁心则仁义礼智的四德之体用就不待举而该了

c. 天地是以做主宰的生物的仁心普及万物的

d. 从天道的角度言之则仁是元亨利贞

e. 仁的生意是没有休止的和生生不穷的

f. 仁义礼智在发时是无次第的,而在生时则是有次第的

g. 仁的大明终始指的是贞之终和元之始

h. 智无事可为但可以分辨所为的是与非所以称为藏

⑤天之仁用阴阳五行化生万物之仁义礼智的过程

a. 理为形而上的生物之本而气则是形而下的生物之具

b. 能量世界的理使得阴阳五行错综而不失条绪

c. 能够生气的理只是一个洁净空阔的能量世界

d. 真即是理、精即是气,而理与气合才能成形

e. 道体之至极称为太极而太极之流行即是道

f. 气之清者便为天而质就是浊的渣滓

g. 器都是有成坏的,所以具体世界也是有成坏的

(2)人的心之体是什么样的? 人性、人心、人情、人物

①人性包括天命之性和气质之性

a. 能量之性是有条理的仁义礼智中的万理的总名

b. 天命之性的本体皆是善的仁义礼智之实

c. 此能量之理堕在形气之中后依然是不杂于形气的

d. 气质是阴阳五行所为而性即是太极之全体

②人的有仁爱的道心和有私欲的人心

a. 仁性无不统,仁心无不恻隐,仁情无不爱

b. 气体能量之心无所私系,所以照便常能得其正

c. 气体能量之心有知觉,所以才能具此理而行此情

d. 气体能量之心灵中有着万理构成的如同田地一样的性

e. 能觉的是能量的心之灵,而所觉的是能量的心之理

f. 气体能量之心知觉得理即是道心,而知觉得欲即是人心

g. 人的气体能量之心不是全不好的,而只是危险而已

h. 当人心与道心是一样的时候,则恰似无了那个人心一样

③仁的道心是贯通性与情的无方所之大易

a. 性犹如太极一样,而心之易犹如阴阳一样

d. 用已知的仁之理去推究仁之极便能周遍精切而无不尽

e. 学仁者循序渐进用力久到贯通之时则会至乎仁之极

⑤对力行为重中的仁心之本体的权制

a. 始于致知仁为智之事而行所知的仁而极其至为圣之事

b. 知仁与行仁的功夫必须是并到的

c. 知仁之至者不会不循仁之理来害吾之乐的

二　儒家理学的主要枝干人物

（一）程颐和朱熹之间的北宋的杨时和胡宏

1. 杨时：主张以静修仁道的方法

（1）仁的道心之微不是精一所以只能守中

（2）通过格我身上的有形色之物就能得仁的当然之则

（3）儒家与佛家和庄子之学有类似之处

2. 胡宏：主张以敬修仁道的方法

（1）仁性是气之本而气是形之本

（2）仁有生、实、安、久、合道于天的特征

（3）圣人之仁心感而不动而常人之仁心则感而动

（4）人性善是叹美之词而不是与恶相对的

（5）能仁者指一事就能明白仁的良心的存在

（二）明朝前期的曹端、薛瑄、胡居仁

1. 曹端：仁的为学主于力行

（1）太极是仁之理而不是气，而仁之理是活理而不是死理

（2）对仁的一诚足以消万伪，而对仁的一敬足以敌千邪

2. 薛瑄：坐立的方向必有仁之正而后已

（1）仁的太极能为动静而仁之理则涵于浑浑无止息的气中

（2）在仁的太极中寻找统一性而在仁的分殊中寻找意义

（3）仁性是纯粹善的理而心则因杂于气而有善恶

（4）千古圣贤之仁学都不过是要存仁的天理而遏私的人欲

3. 胡居仁：要在静时操存涵养仁之理

（1）仁之理是不可以用有无来言之的

（2）偏浊之人的心在未发时已失仁之中

（3）要在静时操存涵养此仁之理才不易流于禅

①无仁之理做主宰那么静也不是工夫而动也不是工夫

②如果仁心不外驰则定会入于空无之中

（三）其他理学思想拾零：万化之全美尽在仁意之中

①陈献章的江门之学与王阳明的姚江之学

②朱熹晚年是否自悔其旧说之非而自同于陆九渊?

2. 王阳明的思想脉络

(1)宇宙是什么样的? 心、理、性、气、事、物

①仁心即是天而天即是廓然大公的灵明

a. 如果只在感应之机上看则天地万物与我都是同体的

b. 万物与人原只是一体的能量世界,所以都是能相通的

②仁之心即是仁之理而仁之理即是气的条理

a. 不能把仁之心与仁之理析为二

b. 仁之理即是仁之心的条理

c. 仁的理之凝聚为仁之性而凝聚之主宰则为仁之心

③仁之心即是仁之性而仁之性即是气的流行的仁之命

a. 仁的心之体即是仁之性而仁的性之原即是天之仁

b. 仁的性善之端必须在仁的气上才始见得

④仁心外无仁之理,仁心外无仁之事,仁心外无仁之物

a. 仁之心在物为义而仁之心在性则为善

b. 在仁之心没有私欲至蔽时仁心做的即是仁事

c. 遗物理而求吾的仁心就不知道吾的仁心为何物

(2)圣人是什么样的? 恒照的仁的良知之心

①致知的对象是仁的良知

a. 自然的仁的良知只是个是非之心而是非只是个好恶

b. 众人皆是有个无法泯灭的圣人在胸的

c. 自然而致仁的是圣人而勉然而致仁的是贤人

②先立乎仁之大: 粹然至善之仁心及其厚薄

a. 要克其私去其蔽以复归其心体之仁的同然

b. 仁的道理自有厚薄而不能逾越便是仁之义

③圣人之学就是要求尽其仁心

a. 仁心不是一块血肉而凡是有知觉处便是仁心

b. 仁心的一节之知即是全体的仁心之知

c. 众人皆以为是,但求之仁心而未合就不敢以为是

d. 要此仁心纯乎仁的天理之极才是非得要有学问思辨之功的

e. 圣者在于纯乎仁的天理而不在于才力的高下

④仁的无我的心体是洒落的

a. 功夫要透得仁的无我这个真机才能得仁的充实光辉

d. 知仁的致知必在于实行仁而不实行仁不可称为致知

⑤虽然是哭而此仁心安处便是乐

a. 遇到大故应当哀哭但仁心的本体未尝有动

b. 朋来则有仁的本体之欣合和畅充周无间的千古之一快

⑥仁的致良知的整体思路

(4)儒、老、佛三者之合与分在什么地方?

①儒在尽仁的性命时完养其身为仙而不染世累为佛

②儒把有心定在仁的致良知之上

a. 必须止于仁的至善才不会流于私意小智

b. 只是在人所共知的仁处用功便是作伪的仁

c. 如果把仁的文思作了常记在怀则会为文字所累

③儒的仁心的本体是无善无恶之中

a. 仁心不动于气则处于无善无恶的仁的至善状态

b. 只要有仁的致良知则精气神自然都能各得其养

④ 儒静坐时的仁心的清明状态便于人识理接物

a. 初学之时因心猿意马所以要教之静坐以息思虑

b. 心之官是用来思仁的良知的而不应有私意安排之思

c. 只在所行有不合仁的义之事时心才动了

d. 仁的良知本自宁静而生生不息,故不要再添求宁静和无生

e. 圣人的何思何虑的正仁工夫是自然的而不是勉然的

⑤ 儒要在事上磨炼无动无静的常定之仁心

a. 吾儒是着相的,而其实是因有仁而不着相的

b. 如果专欲绝世故、屏思虑、偏于虚静则会流于空寂

c. 存养的仁的天理之心与应事接物的仁心是一样的

d. 信此仁的良知而忍耐去做,并且不管人非笑自然就不动心了

二 儒家心学的主要枝干人物

(一)程颢的追随者:谢良佐

1. 谢良佐的生平及立论宗旨

2. 谢良佐的思想脉络

(1)穷仁之理的目的是要寻个仁的是处

(2)仁者是活的而不仁者是死的

①核心:草木之核中包的皆是生的仁的理之心

②心有知觉、知痛痒就称为有仁心,从而能行仁之事

(3)无了私心的我便是天

①仁义之良心本来就是完具的

②要在先天的仁的心体的混沌真机处立根

a. 要把凡心习态全部斩断从而令仁心干干净净

b. 在仁的心体上立根如涓流不用积即是沧海一样为最上一机

③要在仁的一念入微的无转念的慎独处取证

a. 思虑才有起时便已非是退藏的仁的密机

b. 有本末之物是伦物感应仁的天则之迹

④如果变仁之识为仁之知则仁之识便是仁的知之用

a. 仁之知本是浑然的而识则是有区有别的

b. 仁之知为识之主则识为仁的默识而非识神之恍惚

⑤儒老佛虽然有别,但在根本上是相通的

a. 知得仁的致良知则仁的真息能自调而仁的性命能自复

b. 造化之玄枢:吾儒的燕息、佛氏的反息、老氏的踵息

2. 王艮:矩正则方正而方正则成格

(1)王艮的生平及其立论宗旨

①因自认为悟得仁道而自大狂妄

②阳明告诫王艮不要意气太高和行事太奇

③作了《鳅鳝赋》来发扬万物一体的思想

④存有仁心就能出则为帝者之师而处则为天下万世之师

(2)王艮的思想脉络

①吾身是个矩而天下国家是个方

a. 人之身这个本乱天下国家这个末就无法治

b. 不知安身便去干天下国家之事就称为失本

②百姓日用的即是仁道但是日用仁而不知仁

③有仁必有乐,所以学仁有着无边的快乐

3. 罗汝芳:要教人守住仁的赤子之心

(1)赤子之心是纯一无伪的神气自足的仁的天机

(2)人心通过仁的孝弟慈来安其生全其命

(3)在当下体验无杂念的仁的赤子之心

①赤子有着仁的无时无处而无所不知之能

②喜怒哀乐皆出自自然的仁的未发之中

a. 仁心与戒慎恐惧相合时互相是无妨碍的

b. 要舍平时而不舍此时而求仁之理才会感觉亲切

(4)人心的觉悟的妙合于仁道之知是神明不测的

f. 如果忽然兴起的意之妄已成,则心也会随之而邪

g. 仁之理亡了,心还可寄于耳目口体之官而幸免于死

④佛氏徒然固守的是其空空洞洞的无

a. 立一无于前就会博求之上下四维古今存亡而不可得

b. 把仁之理一概删抹了去,就只能徒然地孤守其洞洞惺惺

(4)让仁的道心变成不仁的私心的事物是恶的来源

①型范之质会因逮乐与失仁的理之气相取而变迁

a. 仁之性为命、仁之气为仁之用、仁之质为仁之体

b. 气就是一人之生而理就是一人之性

c. 先天之气是清虚大一的而后天之气则是有清有浊的

d. 由失和之气来建立的一次所成的形质会是不正的

e. 过在于为一次成质的原气之累而不在于日生之气

f. 善养者的气质是足以与天地之仁同流的

②执着于不当位的不善而造成的情之恶

a. 情指的是有待裁削的喜怒哀乐爱恶欲

b. 才、性、物欲都是不任罪的而为不善之罪在于情

c. 宠情以配仁之性就会使仁之性失其节

d. 离开仁之性而自为情则情可以为不善

e. 一味迁就和一味听凭情感之动就必然会沦于情

③藏不住不当的才之恶

a. 天以此仁之理此仁之气授之于人而为可善用之才

b. 形质的运用是反仁之常而不良的就不能称其为才了

④放不下不当的富贵之恶

a. 把人欲撇除得洁净了,仁之理依然会不恒

b. 福命有时不合仁之理,但是吉凶最终是不舍仁之理的

3. 圣人是什么样的? 唯圣人能知几审位

(1)圣人的人欲与仁的天理是相合的

①仁的至诚无息者指的是万物各得之所

②圣人才尽仁之性即尽了仁之情并即尽了仁之欲

(2)圣人的理与情通过忠与恕而一以贯之

①圣人是有欲的,而其欲即是天的仁之理

②能尽己的仁之理为忠,能推己的仁之情为恕

(3)圣人是通过知天的仁之理而尽仁之性的

①圣人能存仁之神以合天之仁所以能浑然一诚

a. 否定了实有仁德这个有我,就会造成对仁道的伤害

b. 忘情于名利场的得失这个无我是圣人处物之大用

②要存仁的天理而不是要把人欲作为蛇蝎来治

a. 气成质则气凝滞而局于形并取资于物以滋其质

b. 当人之欲皆从仁之理的时候仁德就有所归了

c. 紧要的是要存住仁的天理,而不是要与人欲一刀两断

d. 心病治好了而不给食则不会死于心病,但是会死于气馁

③ 视听言动因为有仁之义的节制而能成仁之文

a. 好货好色这等事发之正则无不善,而发之不正则无有善

b. 牺牲仁的原则来满足百姓之欲是不能得赞的

④存养仁心无间于动静,而省察仁心必待于动时

⑤人的仁心有所感然后才有忿懥

a. 情即是己而不平之情即是不能大公之情

b. 克己之功必须用怒来检验才能至其极

c. 能凝仁心之灵以存仁之神,就能不溢喜和不迁怒

⑥无私说的是克己复仁之礼以遏制私欲

a. 人性之有仁之礼,是因为有仁的二殊五常之实

b. 以仁之礼节文章的目的是要去欲之太过或不及

(4)通过不偏不倚的仁的中庸之道以合仁的体用

①仁的化者是有仁之静而未尝动的

a. 仁的太极动则生仁之阳,而仁的太极静则生仁之阴

b. 仁之阳是有仁的条理的而仁之阴是有仁的秩序的

c. 仁的化者即是仁的刚柔、仁的健顺、仁的中正、仁义

②仁之中在用时通过庸来显示自己的存在

a. 仁之性能生仁之情而仁之情能显仁之性

b. 仁之中即是仁之体而仁之庸即是仁之用

c. 中是大有仁的万理万化和小有仁的一事一物皆在的

d. 仁之中能够时措之喜怒哀乐之间而用之于民

e. 喜怒哀乐则为仁的离体之用,而视听色貌为仁的即体之用

③君子无所不用其极地恒求仁的至善

5. 人的归属是什么? 身之归与神之归

(1)存仁之神的仁之理则仁之化无不顺

①吾的仁之性是固有原于仁的天化之神的仁之理的

②有仁之神则能与时偕行,所以万物就能自正其仁的性命

e. 仁道的无终之极即是仁的太极

②仁的本然世界与仁之总理的共相和仁之分理的殊相

a. 有前后和大小的先验的能量世界的仁的实在世界

b. 能量世界的共相是物体世界的各个体所表现的共同的相

c. 所有的 X(个体)都不存在那么 φ(共相)就只是一个可能

d. 仁的共相之间的关联为仁之理而殊相的生灭为仁之势

③理学就是谈人要如何尽其仁的主性而不是其仁的属性

a. 人是最复杂的个体,所以尽仁之性的问题最麻烦

b. 能量之即出即入的几,分为仁的理几和仁的势几之运

c. 能量的出入可分为仁的理数和仁的势数之命

d. 情求尽仁之性、用求得仁之体、势求仁之理的有所依归

2. 冯友兰的贞下起仁之元的新理学

(1)贞下起仁之元的新理学的立论宗旨

①儒家与道家之间是相反相成的

②接着讲的新理学是从逻辑学之门悟入仁道的

③在对立性中求统一性的能量世界中的仁之太和

(2)新理学的思想脉络

①什么是科学?什么是真理?

a. 物体世界的具体事物的实际与能量世界的科学命题的真际

b. 并没有许多明晃晃的仁之理的东西在能量世界中发光

c. 能量世界的真的仁之理可用于批评物体世界的当然之则

②仁的真际能量世界是什么样的?

a. 仁之极既有建中立极的仁之义也有仁的极限之义

b. 仁之理的尊严:没有某仁的理即不能有某种实际的事物

c. 仁的共相是无存在的而个别分子则是存在的

d. 无仁之理就不能成为东西

③仁的实际物体世界是什么样的?

a. 完全的仁的义理之性和不完全的气质之性

b. 实际的存在所依据的是实现仁的理之料

c. 实际的事物是气依照仁之理而形成的

d. 仁的实际物体世界是处于仁的无极而太极中的过程

④人生的最高的境界就是自同于仁的宇宙大全

a. 哲学就是仁学或人学,因为仁是人之所以为人的最高标准

b. 人心的仁之理是有心之物的仁的义理之性

第八篇　儒家三国至唐中的经学危机

——新道家和佛家联手反对功利仁德礼制幸福体系中的功利性

第一章　三国至唐的历史流变

第一节　权力的流转：无稳定的仁德之君则无大治的天下

一　三国魏晋时期的征伐

220年，汉朝灭亡。随之而来的是政治分裂和动乱，一直持续到589年隋朝统一全国，历经360多年。其间，中国曾分裂成南北两个部分，南部战乱不断，而北部外族兴起，有的通过战争在北部立国，有的则以和平迁徙的方式移居到中国的北方。在北方的几个朝代居统治地位的都不是汉族，但是它们的统治范围始终都没有达到长江流域。这个时期就称为六朝或南北朝时期。东汉在董卓擅行废立和山东州郡纷纷起兵讨伐之后，天下就逐渐分裂成了三国。到晋武帝平吴之后，天下归一，其间经历了约92年。中国从三国时代开始有了南北对抗之势。在三国之前，北方很发达，南方不太发达，江南的都会只有吴。孙吴开始以建业（现今的南京）为国都，可扼江为险，还可控制这一带的地方。后来的东晋和宋、齐、梁、陈四朝都以建业为都。在东晋之后，北方受异族蹂躏，衣冠之族都到了南方，而且孙吴之时，也已人才济济。而益州（现今的四川）自古就很富饶。从三国之后，就让想要占据地盘的人所瞩目。

三国时期，在魏国的魏废帝时，司马懿杀曹爽，司马懿、司马师、司马昭父子弟兄相继秉政，消除异己。到司马炎时，自己做了皇帝，称为晋国。在蜀国，诸葛亮练兵和用兵都很讲规矩和法度，不玩诡计或取巧。诸葛亮劝刘备占据荆州和益州，益州便于养兵，荆州便于出兵。关羽大失荆州，导致诸葛亮的大计无法实施。关羽的败亡是蜀汉的致命伤。诸葛亮去世后，姜维连年北伐无功，百姓疲惫，颇多怨恨。司马昭伐蜀，后主禅投降晋国，蜀汉灭亡。在吴国，吴大帝去世后，景帝无所作为。景帝的儿子继位后淫虐。后来就没有什么仁才了。吴国被晋国所灭。此后不到20年，天下又乱了起来，主要原因是晋武帝推行封建制，导致了八王之乱。另外，散布在塞内的异族太多，不服管教，导致了五胡之乱。

晋初的匈奴的羯（jié）室居住在上党郡武乡县（现今的山西榆社县）。呼韩邪单于降汉后，改姓刘氏。魏武帝因为他部众强盛，把他留在邺（现今的河北邯郸临漳县附近），选汉人作为他部里的司马以监督他。后来他的部落逐渐强盛，在太原等地都布满了匈奴。东汉之时，匈奴灭亡后，鲜卑族占领了匈奴之地。东汉末年，在鲜卑中出现了两个著名的酋长，非常兴盛。两个酋长去世后，因为分裂而衰落。但是，鲜卑的部落分布很广，从东边的辽东起，到西边的凉塞外为止，都有鲜卑的部族。在东汉之时，羌人大多数被灭了，但是羌人的繁殖力特别强。在晋初的时候，新平、安定等郡都布满了羌人。相信鬼道的氐（dī）人本来在巴中，而在张鲁的时代迁入汉中。魏武帝把氐人迁到了北方，在扶风、京兆等郡居住。

继鲜卑之后便是柔然。据《北史》所言，柔然族自称为柔然，后太武认为柔然很无知，长得像虫一样，所以改称为蠕蠕。柔然属于鲜卑的分部，但柔然的民众来自高车，又称为铁勒或敕勒，在汉朝时被称为丁令。柔然和高车人现在通称为回族，在西汉时称为突厥人。据《元史译文证补》所言，突厥主要居住在玉关以西，天山南北。丁令的部落太多，无法统一。据《北史》所言，丁令人性格粗猛，党类同心。要有寇难之时，才能相互依靠。丁令部族居住在匈奴之北。据《北史》所言，匈奴的单于生了二美女。在招亲时，有一老狼昼夜守台嗥呼，长年不离去。妹妹说此狼为神物，从而成为狼妻，为狼产子，繁殖成国。所以，这个国家的人好引吭高歌。柔然强盛后，屡次侵犯后魏的北部边境。继柔然而兴起的则是突厥，后被唐所灭。

魏朝对待宗室是最为刻薄的。同姓的有土之君王，都如同被幽囚一样，所以司马氏很容易就颠覆了魏朝。晋武帝因此大封宗室，让诸王都可以当官，都可以有军队，都可以得重任，而这次封建制又归于失败。晋朝的景皇和文皇是兄弟相互帮忙的。晋武帝死后，太子继位，即为惠帝。惠帝是昏愚的。晋朝的宗室之间争权，自然是要借重外戚。后出现了八王之乱。东海王杀惠帝、立怀帝。在五胡之中，匈奴和鲜卑最大。匈奴在塞内，鲜卑在塞外，所以匈奴先开始作乱。匈奴刘渊在如今的山西离石县附近称帝，自立为汉王。晋帝后来被杀，西晋灭亡。匈奴刘渊没有什么大略，而刘聪很荒淫。石勒起于东方。刘曜为前赵，石勒为后赵。石虎灭前赵。石勒死后，立自己的儿子弘。石虎杀弘自立。石虎残暴无人理。鲜卑、氐、羌继起。石虎的太子要杀父，被父杀。冉闵为石虎的养子。后冉闵自己做了皇帝，改国号为魏。鲜卑是个大族，种落比匈奴多，扰乱中原的时间比匈奴、氐、羌的时间要长。

晋元帝在建康继位。江东之人心都很归向元帝。东晋的历史是荆州和扬州冲突的历史。在北方丧乱的时候，南方也有乱事，都是靠荆州的兵讨伐的。当时荆州的兵比扬州强。元帝怕王敦，用了一些人制约他。后来王敦发兵反元帝，从武昌顺流而下。元帝忧愤而死。明帝继位，发兵讨乱，平定荆州与扬州的第一次冲突。北方苻秦强大，用大兵八十万伐晋，意在灭掉晋。苻坚伐晋，靠的是兵多，但是他的兵多而不精，多而不整。在被打败的情况下，一退就不可收拾。退到北方，被北方的胡人灭掉，于是前秦灭亡。慕容垂攻破一些地方，后秦也攻破一些地方，并称为北方大国。后来拓跋氏和赫连氏兴起。在鲜卑氏中，原来慕容氏最大，而后来统一北方的是拓跋氏。刘裕杀晋安帝立其弟恭帝，第二年篡晋自立，这就是宋武帝。最后天下就剩下宋魏两国了。

二　南北朝时期的军阀统治

在南北朝时期，孝文帝是北魏的一个杰出人物。他迁都洛阳，断北语，改族姓，禁胡服，让胡人与汉人通婚，兴教仁德的学校，立礼制。从此，鲜卑族与汉人就同化了。宋文帝的兵多白徒，将不是有才有勇之人。在伐魏时，刚进攻就败了。魏国的宗室贵人，自从南迁到洛阳后，就沉浸于奢侈之中。在北魏的时候，佛法刚开始流行，建寺造塔更是助长奢侈。北族迁入中国的通病是吸收儒家的仁德文化难，而染上物质上的奢侈易。当北魏的都城在平城的时候，与北族的交涉比较频繁。在北魏时期，到胡后之时，奢侈的风气更盛。大营寺塔，赏赐无度。增加民的负担，让民不聊生，内地人纷纷叛乱。

东西魏分立后，又剧战十年，相持不下，而受其害的是梁。梁武帝初年，励精图治，国内比较太平。而晚年迷信佛法，刑政废弛。北魏分裂为东魏和西魏后，东魏被北齐所篡夺，西魏为北周所篡夺。北齐的高氏是汉族。从文宣帝之后，都极其淫暴。篡魏的文宣帝性情也极淫暴。杨坚杀周宗室，篡周自立为隋。隋后来统一了天下。魏晋南北朝的历史，基本上都是军阀政府统治的历史。从董卓入据洛阳，到隋统一天下之前，基本上都是军阀政府。军阀的骄横，常常只对内而不对外。有外敌时，有的还引外敌入内。军阀政府通常不懂政治，本来有好的政治也会被败坏。军阀政府的君主通常都昏淫，而崇尚仁德的文治的皇帝则很少昏淫。一国的仁德文化不是普及到全社会的各个阶级的。来自下层的开国的君主得国之后，要偃武修仁德之文，传两代之后才能实现仁德的文治。而南北朝时，军阀的性质一直未改。北方的异族的君主基本上都是淫暴的。汉族也有被胡化的。胡羯被汉族灭掉后，鲜卑被汉族同化。

三　隋唐时期的权力流变

从董卓占据洛阳到隋文帝统一中国，中国经历的主要是异族和军阀蹂躏的政治。据《文献通考・国用》所言，看不到隋文帝用了什么富国之术，但隋朝是中国最富有的时代之一。隋没有就酒、盐、铁、市抽利，靠的只是赋税，而赋税也不苛刻。隋文帝非常节俭，不伤财、不害民、勤于政事，但是他好猜忌，很严酷。隋文帝废太子勇，立隋炀帝。隋炀帝务巡游，事四夷。他以洛阳为东都，大营宫室。他还开了运河。后来炀帝被杀，秦王立。化及杀秦王，自称许帝。窦建德杀许帝。唐高祖李渊本是隋朝的太原留守。李世民生擒窦建德。唐高祖得天下，李世民出了很大的力，所以被立为太子，后成为唐太宗。唐太宗是一位贤主。他勤于听政，勇于纳谏，能用贤相和直臣。他在位之时，出现了贞观之治，天下太平，百姓安乐，很少断死刑。唐朝的治法集魏晋南北朝之大成。唐朝的对外政策，最重要的是与北族的关系。当时突厥大盛，屡犯中国的边境。唐攻打突厥，来降的有十多万。唐太宗最初想把他们安置在塞内，同化为中国人。后来感觉不妥，于是用突厥的降人为可汗，还居河北。后出现内乱，唐太宗趁势把突厥灭掉。

中国的佛教是从西域的月氏传入的。当时的藏族是一妻多夫，而羌人是一夫多妻。吐蕃王室从印度侵入中国，住在西藏。唐太宗时，把文成公主嫁给吐蕃。文成公主好佛，因此带去许多僧侣。吐蕃从此才信奉佛教，而且派人到中国和印度留学，定法律、造文字。中国的富强的影响通过吐蕃传到印度，印度还通过玄奘知道了唐太宗的神武和中国的富强。据《南史》佛国记记载，中国的法显发现了西半球，而且还绕地球一周。而在他之前，印度人已经到过西半球。在印度人之前，朝鲜半岛的人也到过西半球。

唐太宗去世之后，唐高宗刚继位时是清明的，堪比贞观之治。而纳太宗的才人武氏之后，废王皇后，立武氏为后，朝政逐渐就乱了。唐高宗有风眩之病，不能视事，就交给武皇后办，于是实权落到武皇后之手。唐高宗去世后，因为高宗立的太子不是武后所生，所以被废掉，立了自己的儿子。自己的儿子死后，又立了弘的兄弟贤。后又废掉贤，立了弘的兄弟哲，而哲就是唐中宗。后来武后又废了哲，立哲的兄弟旦，并让旦改姓武，她自称天皇帝，把国号改为周。宰相举兵杀了武后的人，奉唐中宗复位。而唐中宗的皇后韦氏又开始专权。后来韦后杀了唐中宗。到了唐玄宗时，武韦之乱才告结束。玄宗之时，国威最后振起，与突厥和吐蕃和好。安禄山造反后，情况又大变。

第二节　功利仁德礼制体系的续建

一　内官和外官的官制

从魏晋到唐的官制都是一脉相传的。唐朝的制度集魏晋南北朝之大成。从三国之后，政府的权力有400多年都在军阀和异族的手里。从汉武帝之后，宰相就逐渐失去了实权。到魏晋之后，越来越如此。唐朝之时，用三省的长官作为宰相。中书省面受机务，门下省掌管封驳，尚书省承而行之。尚书省分成六部，即吏、户、礼、兵、刑、工。六部之分，延续的是西周的制度，以《周礼》为法，而六部仿的是天、地、春、夏、秋、冬六官。隋朝没有沿袭这种制度。而从唐到清朝都沿袭了这种制度。在唐朝中叶以后，翰林学士与天子很亲近，逐渐掌握了实权。翰林院本来是备天子在宴闲时召见的具有艺、能、技术之杂流。唐玄宗时，让翰林院与集贤院学士一起分掌制敕，给予供奉。后来又在翰林院之南另外立了学士院。入翰林院的官就称为翰林学士。翰林院相当于明清时代的殿阁。历代都设有九卿，然而都是失其职的，实权都在六部之手。御史的权威则越来越重。

内官为中央官，而外官为地方官。内官的权限越来越轻，宰相和九卿的职权常被侵夺，而外官的权力则有趋重之势。秦汉之时的外官分为郡和县两级制。到汉末，设立了州牧，变成三级制。东晋之时，好多置州郡，但又没有那么多地方，因此侨置很多，往往只有空名，没有辖境。州郡小的军阀，因为都督许多州的军事，因此辖境很大。在隋统一中国后，因为州的区域很小，因此又把州与郡合并为一级。唐朝在郡之上设道的区域，但在道中是没有长官的。唐中宗复位之年，把天下分成十道，每道都设巡察使，不直接理事，与汉朝的刺史制度相像。但是，后来巡察使往往侵夺州郡的实权。有军马的地方都有节度使，有节度使的地方，无论还有什么别的使，都得听节度使的。在唐朝中期之后，设有宣徽南北院和枢密院，最初都是用来处置宦官的，没有什么重要的职权。随着宦官的威权越来越大，这两种官就越来越重要。从汉魏以后，地方自治的制度日益废坏。从汉朝开始，就不重视地方自治中的掌教化的三老。而且由于役法越来越重之后，三老等深受苦役之累。

二　府兵制和反逆等刑罚

唐朝沿袭的是南北朝的兵制。秦汉之时，还有战国时的余风，还有尚武的风气。东汉之后，就有无兵的趋势。从五胡入华到南北朝末期，尤其是在东西魏对立的时候，产生出了较为整齐的兵制。府兵制起源于西周，用民为兵，但不是全民，而是选有魁健才力的为兵，让刺史在农隙之时教练。唐朝的兵制继承了府兵制，平时都在田亩居住，教练都是在农隙之时进行。有事就出征，事完就还乡。在唐高宗和武后之时，久不用兵，府兵法就渐渐坏了。唐玄宗之时内地无兵，而边兵日重，所以安禄山一反就无法抵御了。在唐朝初年，有征伐的时候临时命将，战事完了，兵归府，将交出印，没有拥兵的人。戍边的设了节度使。安史之乱后，有功之将和来降的将，都授予节度使或继续任旧官，这样内地也有不少节度使。唐朝的禁军是随唐高祖起义的兵。事定之后，有三万多人愿意留下宿卫，称为元从禁军，后演变为神策军，被宦官左右。后来宦官被除掉，而这支队伍成为了灭掉唐朝的势力。元魏入中原之前，刑罚是很严酷的。道武帝入中原后，除掉酷法。据《文献通考·刑》所言，魏晋时期，有重罪十条：反逆、大逆、叛、降、恶逆、不道、不敬、不孝、不义、内乱。隋时的律定的十恶为：谋反、谋大逆、谋叛、恶逆、不道、不敬、不孝、不睦、不义、内乱。唐朝沿袭的是隋的刑法。隋定了鞭笞（chī）的数目，死刑只能用斩和绞。根据晋律，部民杀长官和父母杀子的，都要依法平等论处。而在隋律中，就没有这样的规定了。

三　户调、均田和租庸调赋税制

据《文献通考·田赋》记载，从战国到秦汉，中国的经济制度是有很大变化的。而从秦汉到前清，有两千多年，中国的经济组织基本未变。中国人的生计是以农业为本的。在中国的史家记载中，很少记载平民的生活状况，只能从田赋制度中看农民的生活状况。从晋到唐的田赋制都基本相同。晋用的是户调制、魏用的是均田制、唐用的是租庸调制。晋武帝平定吴后，采用了户调制。他把民按年龄分成正丁（16—60 岁）、次丁（13—15 岁，61—65 岁）、老小（12 岁以下，66 岁以上）。男子一人，占田 70 亩，女子 30 亩。丁男课田 50 亩，丁女 20 亩；次丁男减半，次丁女不课。丁男之户，每年要交绢三匹，棉三斤。女的和次丁男减半。后魏的孝文帝采用的是均田制。他把田分为桑田和露田，桑田是可以世代相承的世田，而露田是每年分给的田，老了就免了，去世了就还给公家。桑田的数目多于应得的数目，就可以卖出；不足的可以买入。在应得之数以内的桑田不能出卖。15 岁以上的男子受露田 40 亩；妇人 20 亩。奴婢依附于良丁。有一头牛的，可以授田 30 亩，但最多只能有四头牛。唐朝的唐高祖时定租庸调制，其基础是均田制。丁男 18 岁以上，给田一顷，其中 20 亩为永业，剩下的为口分。田多的为宽乡，田少的为狭乡。狭乡授的田为宽乡的一半。乡有余田的，可以给比乡。徙乡和贫无葬身之地的人，可以卖世业田。受田的丁每年用粟交“租”；根据不同地方出产的不同，交的绢、绵等为“调”；每年有约 20 日要服劳役，不服劳役的要交绢三尺为“庸”。

均田制和租庸调制都是在天下大乱之后定下的。在地广人稀的时候，因为无主的田比较多，所以容易实行。而传一两代后，人口渐多，就难以维持了。两汉时代的税，是根据田亩收的，有田才上税，人口税很轻。而户调制度、均田制和租庸调制都让人人有田，所以收税就按人头来收。而有的田被兼并了。不让卖田的，私卖了。没有田了，还要上税，上不起就逃。这样不逃的人，税就很重。唐玄宗的时候，监察御史想用籍外的羡田给逃户，但是没有那么多羡田。这样逃户可以出钱买羡田，出现了政府卖地的情况。安史之乱后，赋税更为紊乱。在唐德宗时，以杨炎为相，创立了两税法：夏输（不超过六个月）和秋输（不超过十一个月）。户没有主客之分，以所居住的地方建簿。人没有丁中的区别，只有贫富的差别。以人的贫富来定税的多少，这比按田收税，让农民感觉更为公平，但是实行起来比较难。按陆贽所言，两税是以资产为宗的，资产少的税轻，多者税就重。用各种法子逃税的人比较多。

四 教育制度和门阀的兴废

（一）科举制度的演变过程

从三国之后，教育制度就很颓废。《三国志·魏书·王肃传》讲述了东汉时期的教育制度状况。自初平之元至建安之末，天下分崩，人怀苟且偷生的念头，纲纪都衰落，儒道的衰落尤甚。到黄初之时，始开太学。到了太和青龙中，太学生很多，但多数是来避劳役的，所以不好好学习。教学生的诸博士的学问也粗疏，没有什么东西教给弟子。后来也是学习的人多，但是为饱食而来，最后朝堂公卿以下四百多人，能操笔的人不足十人。从东汉到南北朝末都设有国子学、太学、四门小学，还设有博士，但是都没有什么值得称述的。到唐太宗之时，看上去教育很繁荣，但是士人社会的视线都转移到了科举制度之上。科举制度起源于魏文帝时的九品中正制。那时三国鼎立，士人满处迁徙，没有定所。于是尚书陈群，在各州郡都设置了中正之官，用来品评本地的人物，把人分成九等：上上、上中、上下、中上、中中、中下、下上、下中、下下。尚书在任用人的时候，要用这个等级来复核。在西汉之时，与这种等级类似的乡评起到了劝俗的作用，表现为清议。

后来，九品中正之制出现了弊病，主要原因在于中正的权力太大，没有赏罚的制约，难免出现徇私、趋势、畏祸、报私仇的现象。而且，很难把一个地方的人是否中正全部都进行识别；即使全部都识别了，也难分好坏；就是好坏都能分了，也不能只以口说为凭；即使知道这个人的品德了，能不能当好官也难以识别。中正是本地人，难免要留情面。最后出现了上品无寒门，下品无世族的状况。两晋南北朝时，用的都是大同小异的九品中正制。隋唐以后的科举制度，来源于两汉时期的郡国选举制。汉朝的郡国选举制度，在两晋时出现了很大的弊病。在东晋之初，为了抚慰远方的人士，由州郡推举的孝廉秀才，都是不考试就录用了。后来出现了很多弊病，于是就要先考经典。结果秀才孝廉都不敢进京考试，到京的也装病不敢考。最后宽限五年，让他们补习。后来就让考生先在州县考试，合格的再送进京应考。这就变成了隋唐之后的科举制度。

唐以后最重视的是起源于隋炀帝的进士科。在隋炀帝时，考的是策。学馆录取的士称为生徒；州县录取的称为乡贡；天子自诏的称为制举。天子要招的是非常之才。考试科目很多，但取得最多的是进士和明经。进士考的是诗、赋、论、策，而明经考的是帖经、墨义。这个时候已经形成了崇尚文词的风气，所以人们都看不起明经，无论是不是会作诗赋，都愿意考进士。在《文献通考》中记录了考试的方法，目的就是看是否能背下经来。做学问就是要通经，不用别出心裁，遵守先儒的注疏就可以。在宋朝变为经义，在明清变为八股文。在武后之时开始有武举，由兵部主事。通过取士的途径登科后，还没有官做，还需要在吏部通过释褐（hè）试。通过这个考试就能做官了。而在宋朝，只要能登进士第，就能做官。唐朝时有文武二选，其中文选由吏部主持，武选由兵部主持。文选要看的是身（体貌丰伟）、言（言辞辨正）、书（楷法遒美）、判（文理优长）。首先是集而试，观其书判；铨（quán）要观察的是身言；注询问的是其便利；然后要唱；三唱不厌，还要听其冬集等。

（二）门第思想的兴起和废除过程

从南北朝到唐朝之时，破除了门阀阶层。春秋战国之时，门阀意识开始淡薄，但没有扫尽。朝廷用人时，只是用中正官列出的九品中正的品评来复核，选举之权在州郡官的手中。据梁武帝时沈约的上疏记载，在汉朝之时，没有士庶之分，到处都是学校传经授受，学而优则仕，所有人都可以被察举。据钱塘夏氏所言，两晋南北朝之时，士庶之分深入人心。士庶之间不得通婚。而在两晋南北朝之时，门阀阶层非常严，主要因为九品中正制维护了世家；五胡入华之时，汉人与胡人的血统混淆，士大夫家高标门第，要与胡人区分开来；晋室南迁之时，文明的中心还在北方，所以北方的大族要标榜自己来自北方某郡，说明家族的出处。隋唐之后的科举制度，把这种门第思想给彻底消除了。以前的推举总还是受门第影响，而自己能够投牒自列参加考试，考合格后就不能不举。全国的人都到京城考试，主要是为了防止作弊。从唐到清，考试制度越来越严格。科举制度之后，寒门变成显贵比较容易。唐朝之后，有的庶族之人变得很富有。士族贪庶族之富，因此通婚渐渐多了起来。五代丧乱，使得士族失去了自己的地位。在丧乱之际，人民播迁，谱牒失考，冒充士族的人逐渐多了起来。贵族阶级破坏之后，好利之风兴盛起来。唐朝的好利之风，比南北朝时期要盛。据《文献通考》所言，王公大人以先达自居，不去求士。天下之士，戴着破帽，骑着驴，要通过给钱等方法来拜见。设科举制度之后，很多士人变得无耻，除了羡慕富有之外，再也不羡慕其他的东西了。

五　儒、道、佛相容的学术和儒、道、佛三教的并立

在这段时期，儒、道、佛三家和儒、道、佛三教在互相影响。家为哲

学，而教为宗教。家只要有追求到至善的著作就能立，而教则要有寺或庙才能立。家可以纯粹，而教则不一定纯粹，有时会与利益和名位裹挟在一起。人总是要有追求的，哲学家都劝人不要追求利益，那要追求什么呢？这个时期的人更加注重对于不朽的追求。儒家力图通过著述仁德来成就不朽，道家力图通过成神仙来成就不朽，而佛家则力图通过修成涅槃来成就不朽，而这些对于不朽的追求又是用来抵御功利化的名位体系的，因为这些不朽都是要通过净化人的灵魂和有仁慈之心才能修成，这就起到了清除附着在仁德上的功利污垢的作用。

（一）魏晋化的儒家经学和浮词文学的兴起

唐朝时定的《十三经注疏》中的注，汉朝人和魏晋人的注各占一半，其中的《孝经》为唐玄宗御注。据《廿（niàn，二十）二史劄记》所言，在隋朝以前，北方的学者大都谨守汉儒，属于郑玄一派之人，精通《三礼》的人很多，也有通何休公羊的，而熟精汉学的人则很少，风行的是魏晋以后的书。在隋朝时，北朝通过武力战胜了南朝，而南朝的学术却战胜了北朝。北朝的郑玄和服虔都属于一派。据《世说新语》所言，郑玄注的《周易》《尚书》，服虔注的《左传》都亡了，而王弼、杜预的《注》和伪孔安国的《传》在唐朝时都列于学官了。北朝的经学比南学的要纯正，但汉儒的影响力已经消退，而魏晋化的儒家经学势头正盛。两汉时期的文风，头巾气太浓，缺乏美感，很是枯寂。魏晋之后开始崇尚文学。在两汉时代有很多文学家，但那时的文学还算作技能，重视的主要还是朴学。魏文帝说，寿总是有尽的时候；身体没了，荣乐也就没了；只有文章无期，可以无穷尽地存在。魏晋之人认为，生命就是短暂的，死了也就死了。爱惜羽毛的人，就希望死后还可以留下不死的名。据隋朝的李谔所言，自魏之三祖开始，崇尚浮华的文词变成了风俗。贵贱贤愚都好吟（yín，叹息）咏，竞一韵之奇，争一字之巧。唐朝取士时，人们偏重进士一科，与此相关。科举制度使得这种风俗流传了下来。从东汉到梁陈，文学都日趋爱用浮词。唐朝之时，有些人很好古文，在韩、柳那里大盛，从而开启了北宋到明的一派文学。据曾国藩的《湖南文征》序所言，从东汉到隋，言辞都多用俪语。议大政，考大礼的时候，也要用排比句，其中还有婀娜之声，到唐代依然如此。韩李锐志复古，也没有改掉骈（pián，偶句、对仗）体之风。宋之后，效法韩愈的古文之风以阐明仁的性道。元、明、清初，都继承了这种风气。

（二）用道家的学说去解释儒家经典

从东汉到魏晋时期，中国的学术经历了从琐碎的考古到自由思想的时代，同时也是从儒学时代到老学和佛学的时代。西汉的儒学，主要固守的是师说。在西汉末年，开始出现依托古经的权威来改变制度的现象，产生出许多伪作，而且在其中加了不少妖妄不经的话。在东汉之时，以纬为内学，以经为外学。东汉的儒学集大成者为郑玄。据丁晏的《尚书余论》所言，王肃专门与郑玄作对，于是伪造了孔安国的《尚书传》《论语》《孝经注》《孔子家语》《孔丛子》五部书，并把自己想驳郑玄的话砌入这五部书中，互相印证。因为王肃为晋武帝的外祖，所以当时有人附和他，比如说杜预，于是郑学衰落。东汉的学风，开始时可以独出心裁，不必守师说，但是变得琐碎，而且互相的争论没有结果，使人厌倦。于是，人心向往抛弃琐碎的考据而探求真理的愿望。东晋以后盛行的是王弼、何晏这一派。他们都用道家学说去解释儒家的经典。后来的人还在儒家中掺杂了佛家的观念。这时研究《老子》和《易经》的人比较多，其中最有名的有何晏、王弼、阮籍、嵇康、刘伶、王戎、王衍、乐广、卫玠、阮瞻、郭象、向秀等。他们都遗弃世务，专门弄清谈，把社会上流传的迷信给扫除干净了。

（三）佛教的兴起和有哲学价值的道教的形成

在汉明帝时，蔡愔被派到西域去求佛经，而那时佛教对中国社会还没有什么影响。三国时，有佛僧从西域来，士大夫才接触到佛教。东晋时，又有佛从西域来，专门译经。慧远在庐山开莲社，传的主要是小乘佛教，儒家的士大夫与他的交接更多了些。鸠摩罗什入长安后，才翻译出了大乘佛教的《经论》。从此，佛教在中国大放光芒。在中国的佛教，主要有十三宗，其中十一宗为大乘佛教，两宗为小乘佛教，而天台宗为中国人自创。为了与佛教争锋，在魏晋以后，古代的神仙家演变成了道教，与儒、释并称为三教。神仙家最初求的就是不死，而不死的办法是求神仙和炼奇药。据《史记·封禅书》记载，齐宣王和燕昭王都派人入海去找蓬莱、方丈、瀛州，这是神仙家说的三神山，大概与海边的蜃楼相关。神仙家都懂得些药物学。在秦皇汉武时代，神仙家的势力都非常盛。神仙家被称为方士，好蛊惑君主。汉武帝花了很多钱，都没有找到神仙，奇药也炼不成。后来汉武帝感叹说，世上哪儿有神仙？后来方士们开始愚惑平民。据《魏书·释老志》所言，自张角、孙恩造反以后，方士之术变成了妨害治安的东西。张道陵、寇谦等人借符箓丹鼎等说愚惑当世。魏晋之后的道教则具有了哲学的价值，从《道藏》中可以看出。在《道藏》中保留了比较多的《易经》的内容。

第二章　南北朝时期的新道家

第一节　新道家与名家和儒家的合流

一　《老子》《庄子》和《周易》为三玄

在西汉末年与东汉初年之际，纬书与谶书大为盛行。儒家的古文经学家反对谶纬之学，让孔子恢复到了师的地位。这以后出现了道家的复兴。在东汉和三国之际，居于主导地位的哲学为新道家。在王充的《论衡》中就包含着道家的思想。当时的新道家又被称为玄学。玄是深远神秘的和变幻莫测的能量。据《老子·第一章》记载，能量运行之道是玄之又玄的，是众妙之门。据《颜氏家训·勉学》所言，三玄指的是《老子》《庄子》和《周易》。在王弼的注中，《老子》和《周易》被看成同类之书。玄学家虽然宗奉道家，但是其中一部分人仍然以孔子的学说为正统，并把孔子推为最大的圣人。不过这时的孔子之学说，已经是道家化的经学。在社会动乱的时候，民众都好批评现存的政治制度。这个时候的民众没有时间，也没有兴趣去从事古典的学术探讨，而新道家所抱有的批判现存社会秩序的态度，能够为批判者提供一个超现实的和逃避政治迫害的思想体系。在南北朝时期，政治是黑暗的、社会是动乱的、思想是悲观的，所以佛教迅速发展。这时的绘画、书法、诗歌、哲学都处于发展的高峰时期。

二　郭象首次把玄学和辨名析理的名家结合起来

随着道家的再起，名家也开始再次抬头。名家研究的是超乎形象的关于能量的概念。新道家再次钻研惠施和公孙龙的学说，提出了辨名析理的观念。据《庄子注·天下》记载，郭象首次把玄学和辨名析理结合起来。公孙龙说，指是不至的。他认为，一个名词的概念指的是名词的内涵，而这个内涵是不变的，而名词的外延则是可以转化的。人指向一个事物时，不等于就已经到达了那里。据《世说新语·文学》记载的一个故事说，魏晋时，有一客人问名士乐广说，什么是指不至？乐广用一个拂尘来说明这个问题。乐广用拂尘的尾柄触茶几时问，至不？客人说：至。这就是指至的概念，指的就是到，所以不能不到。到就是到，到是确定的，是不变的，这就是至的概念。乐广又举起拂尘的尾柄问：如果是至，怎么又能去呢？这就是说具体的抵达是可以变的。于是，客就醒悟了概念的至与具体的至之间的关系。

三 孔子已经修养到了没有无欲的欲望了

新道家的人多数都还承认孔子为圣人。在魏晋时，孔子还是国家崇奉的先师。新道家对儒家的经书还是接受的，只是按老庄的精神来重新加以诠释。据《论语·先进》记载，孔子说，颜回虽然很穷，但是精神上是快乐的。在《庄子·大宗师》里衍生出了一个关于颜回坐忘的故事。据皇侃的《论语义疏》记载，太史叔明注释《论语》中的这段话时，还想到了《庄子·大宗师》中记载的故事说，颜回遗忘了仁义、礼乐，堕肢体、黜聪明，大通坐忘。忘是有顿尽的，忘就是空。圣人是能忘忘的，而大贤还不能忘忘。不能忘忘，心就还未尽。他认为，颜回还是没有完全忘了自己，所以才意识到自己的坐忘。顾欢在注释《论语》的同一段话时说，圣人到达了能量守恒的常那里的表现是无欲于无欲，而贤人则是有欲于无欲的。这就是圣人与贤人之分。二欲同无，全空以目圣；一有一无，只能称为贤。贤人从有的角度观之，所以无欲于有欲，自无的角度观之，则是有欲于无欲的。这就是虚而未尽。尽管新道家是道家，却认为孔子比老子和庄子更高明。

新道家认为，孔子不讲坐忘，是因为孔子已经忘记了坐忘。孔子不讲无欲，因为他已经修养到了没有无欲的欲望。据《老子·第五十六章》所言，知能量运行之道的人是不言道的，而言道的人是不知能量运行之道的。新道家认为，人活着就应当听从自己的内心，而不是矫情地迎合别人。人活着，要循理顺情，而不是要迎合时尚。新道家的人士一致同意要任自然而不是循名教，但是其中可以分成两派。以向秀和郭象为代表的理性派强调要按理性的要求来生活，而任情派则主张要率性任情地生活。新道家的风流是来自不受名教束缚的自然的，与儒家倡导的名教是对立的。从学术界的状况来看，晋代是儒家的衰微时期。不过，即使在这个时候，当时的著名学者乐广还是说仁道，还是认为在名教之中自有乐地。而宋明道学就是力图要在名教之中寻找乐趣。

第二节 新道家的代表人物

一 何晏和王弼的无爵而贵观

（一）何晏和王弼及其立论宗旨

在三国之时，何晏和王弼都能系统地讲述道家之学。何晏（约193—

249 年）生于南阳宛（现今的河南南阳）。何晏少时聪颖过人，得宠于曹操，娶金乡公主为妻。追随曹爽，事败后被司马懿所杀。据《三国志·魏书·曹爽传》所言，何晏年少之时便才秀知名，好老庄之言，作《道德论》等著述。王弼（226—249 年），生于山阳高平（现今的山东金乡县）。他 10 岁时便好老庄，通辩能言，何晏都自愧不如。他很高傲，爱笑话别人，士君子们不喜欢他。后患病身亡，年仅 24 岁。据《三国志·魏书·钟会传》所言，王弼好论儒道，辞才逸辩，注《易》及《老子》。据《世说新语·文学》记载，裴徽问王弼说，无是万物之所资，圣人是不肯致言的，而老子则申之无已，这是为什么呢？王弼说，圣人是能够体会到能量这种无的，而能量这种无又是不可以教训的，因为言必及有。老子和庄子都未免于有，所以其恒训是有所不足的。王弼之《易》注，大开了道家之学的注经之风气。

1. 能量这种无之用是无爵而贵的

据《晋书·王衍传》所言，何晏和王弼等都是通过述老庄以立论的。他们认为，天地万物都是以无为于仁为本的。能量这种无是能开物成务。阴的能量和阳的能量都是靠无来化生的，万物都是靠能量这种无来成形的，贤者都是靠能量这种无来成德的，不肖都是靠能量这种无来免身的。所以，能量这种无之用是无爵而贵的。据《列子·天瑞》记载，何晏在《道论》中说，有之所以为有，是靠能量这种无而生的。事之所以为事，是由能量这种无来成的。因此，能量这种无，道之而无语，名之而无名，视之而无形，听之而无声，而在能量这种无中包含着道之全。从能量这种无中可以出气物，可以包形神而彰光影。能量这种无，能够让玄黑，让素白，让矩方，让规圆。能量所成的圆方得形而无无形，能量所成的白黑得名而无无名。

2. 圣人之情是应物而无累于物的

据《列子·仲尼》记载，何晏在《无名论》中说，能量运行之道是什么也没有的。自有天地以来，就都是有所有的了，然而能量运行之道就因为无所有，所以才能被反复地使用。汉代的谶纬经学家把孔子看成是神，而魏晋的玄学家则认为孔子也是人，但他是圣人。孔圣人与常人不同的是圣人是与能量这种无为体的，所以没有喜、怒、哀、乐等感情。而王弼独持己见，认为圣人是有情而无累的。据《三国志·魏书·钟会传》记载，何晏与王弼进行了一次对话。何晏沿袭了庄子的以理化情的观点，认为圣人是无喜怒哀乐的。王弼则认为，圣人茂于人的地方是很神明，而同于人的是有五情。因为神明茂，所以体中能充满能量，并能通能量这种无。因为五情同于常人，所以照样要以哀乐来应物。不过圣人之情是应物而无累于物的。如果说为了无累就不应物，那么失去的就多了。

（二）王弼的天地无仁心之说

1. 在能量的动息之地就可以见到天地之静心

据邢昺（bǐng）的《论语注疏·正义》引所言，道就是能量这种无之称。能量运行之道是无不通和无不有的。能量运行之道是寂然无体的，是不可为象的。王弼注《老子》中的“无名天地之始，有名天地之母”说，凡有都是开始于能量这种无的。万物之始指的是能量还未成形和无名之时。有形有名之时，则长之育之，为其母。从能量运行之道以无形无名始成来说，万物以能量这种无为始，以成而不知，所以玄之又玄。王弼注《周易·象》中的“复，其见天地之心乎?”说，复指的是返回到能量这种无之本，而天地是以能量之本为心的。凡是能量之动息的时候就是静，所以能量之静不是与动相对的。语息则是默，而默不是与语者相对的。虽然天地很大，富有万物，运化万变，但是寂然至无，这就是其能量之本。因此，在能量的动息之地，就可以见到天地之心。王弼注《周易·损》中的“六五，或益之十朋之龟，弗克违元吉”说，以柔居尊，而为损道。江海都是处下的，而百谷归之。以损来履尊，或益之。阴非先唱，柔非至任，尊以自居，损以守之。这样人就能用其力，事就能竭其功，智者能够发挥其虑能，明者能够虑策。这样众才就能够用尽了。因获益而得十朋之龟，这样就能足以尽天人之助了。

2. 仁者必然是要造立和施化的，所以必然会让物失其真

王弼注《周易·象》说，自然之质，各定其分。短者不认为自己有不足，长者不认为自己有余，所以没有必要去损或益。王弼注《老子》中的“天地不仁，以万物为刍（chú）狗”说，天地是任由事物自然而然地生长的，无为无造，万物自相治理，所以说天地是不仁的。仁者必然是要造立和施化的，所以必然是要有恩和有为的。而一造立施化，物就会失其真；有恩有为，物就不能作为工具而存。物不能作为工具而存，就不足以备载。地不为兽生刍，而兽有刍可食。无为于万物，万物就能各适其所用，这样就没有不能被赡养的。如果恩是由己来树的，就不能足以为任。王弼注《老子·第三十八章》说，天地虽广，而是以能量这种无为心的。

圣王虽大，是以能量之虚为主的。圣人因为能够灭其私，所以无其身，这样就能四海莫不赡，远近莫不至。如果殊其己而有其心，则一体不能自全，肌骨不能相容。

3. 如果人用自己的智就是在用一敌人，而人以千万敌己

王弼注《老子·第四十九章》说，能者与之，资者取之。能大则大，资贵则贵。物有其宗，事有其主。这样就不必劳自己一身之聪明来察百姓之情。如果明察于物，物就会竞以其明应之。如果以不信察物，物也就会以其不信应之。天下之心不必同，但所应则不敢有异，这样就不肯用情。因此，害处最大的莫过于用明。在意智，则人与之讼；在意力，则人与之争。如果人用自己的智，就是在用一敌人，而人以千万敌己。如果多其法网，烦其刑罚，塞其路径，攻其幽宅，则万物都会失去其自然，百姓会丧其手足，鸟会乱于上，鱼会乱于下。因此，圣人治天下是心无所主的，为天下混心。无所察，所以百姓就不会回避。无所求，所以百姓就不会有应。如果百姓是无避无应的，就都会用其真情。人就不会舍其所能而为其所不能，不会舍其所长而为其所短。这样就会出现言者言其所知，行者行其所能的情况。王弼注《老子·第二十章》说，自然已经足了，益之则会有忧。王弼注《老子·第二十九章》说，万物都是以自然为性的，可以因而不可以为，可以通而不可以执。物都是有常性的，而造为之，必然会失败。物是有往来的，执必失。

二　竹林七贤的放达和不守礼教

《庄子注》中所说的通过认识能量运行之道而超越了事物的差别之后的至人，就能够不再依循别人的意旨生活，而能率性任情地过自己的生活。这就是弃彼任我的生活，即是风流的生活。晋朝的新道家与他们的佛僧友人以清谈而著名。清谈就是谈论清净的能量世界的清新而精妙的谈话，用的是精妙而又简练的语言，表达的是具有创意的清新的关于能量运行之道的思想。他们的精微的思想是含蓄而富有妙趣的，只能是在智力较高和互相熟悉、旗鼓相当的朋友之间进行的谈话。这是一种关于能量世界的阳春白雪的谈话。《世说新语》就是当时的名士间清谈的一部辑录。从字面上看，风流就是一种荡漾着的风和水流。中国思想史上的风流主要是与道家思想相联系的。至人就是思想境界到达了能量世界的人，所以能够像能量之风的流行一样生活，所以是风流的生活。汉朝的风格是庄严和雄浑的，而晋代的风格则是俊雅和旷达疏放的即是风流的。阮籍、嵇康、山

涛、向秀、刘伶（líng）、王戎及阮咸七人被称为竹林七贤，其中向秀的思想将在下一部分单独论说，此部分主要论说阮籍和嵇康等人的观点。七贤在行事之时，多以放达和不守礼教为高。

（一）阮籍从自然而反礼治中的富贵等级

1. 从能量世界的角度上看自己与万物都是同等的

阮籍（210—263 年）为陈留尉氏（现今的河南尉氏）人。他不满司马氏图谋代魏，杀戮异己，从而不与世事。他常以醉酒的方式摆脱困境，用白眼对待礼俗之士。据《世说新语》记载，阮籍和他的侄子阮咸都能饮酒。他们饮酒的时候不用常杯斟酌，而是以大瓮盛酒，围坐相向大酌。有时有群猪来饮，便与猪共饮之。支遁和阮氏一家都认为，从能量世界的角度看，万物都是相同的，所以把自己与宇宙万物都看成是同等的，没有高低之分，没有异类之别。山涛、嵇康和阮籍是好朋友。按当时的风俗，妇道人家与丈夫的朋友是不能交往的。山涛却允许他的妻子韩氏在隔壁的墙孔偷窥嵇康和阮籍一夜。韩氏看后说，论才华你是不如他们的，但是你的学识是足以与他们相交的。阮籍的邻居家之妇，有美色。阮籍与王安丰常从妇饮酒，阮籍醉了，便在其妇之侧睡了。开始时还被怀疑，经察觉，阮籍终无他意。据《晋书·阮籍传》所言，阮籍志气宏放、傲然独得、任性不拘，喜怒不形于色。有的时候闭门读书，累月不出；有的时候登临山水，经日忘归。他博览群籍，尤好《庄子》和《老子》。他嗜酒能啸，善于弹琴。当他得意的时候，会忽然忘了形骸。当时的人多说他很痴。54岁时去世。

2. 能量之神就是天地之所以驭者

据《汉魏六朝百三家集·阮步兵集》记载，阮籍在《达庄论》中说，天地是生于自然的，万物是生于天地的。自然是无外的，所以自然的名就是天地。天地有内，所以万物有生。天地是没有外的，所以就没有异的。天地是有内的，内就是无殊的。所以，重阴雷电都不是什么异的，天地日月也不是什么特殊之物。从异者的角度看，肝胆也是很不同的，而从同的角度看，万物都是一体。人生在天地之中，有着自然之形体。身就是阴阳之精的气体能量；性就是能量运行的五行之正性；情就是能量的游魂之变欲；能量之神就是天地之所以驭者。从能量之生的角度看，物没有不寿的；而从物体之死的角度看，物没有不夭折的。从能量世界之大上看，万物没有不小的；而从能量世界之小上看，万物没有不大的。从能量存在的永恒性上看，短命的殇子可以看成是长寿的；而从物体的可朽上看，长寿的彭祖也可以看成是夭折的；从能量世界之小上看，秋毫可以看成是大的；从能量世界之大上看，泰山也可以看成是小的。因此，从能量世界的角度上看，死生可以看成是一贯的，而是非可以看成是一条的。从物体的区别的角度上看，胡须和眉毛的名字是有异的，而合而说之的话，都同样是身体上的毛而已。耳目之官，各分其施，都是用来奉其身的，而不是要绝手足、裂肢体。而现在世界上的好异者，不顾其本，都各言自我。残身害性，互为仇敌，断割肢体，不以为痛。人的目视色而不顾耳之所闻，耳所听不待心之所思，心奔向欲而不适性之所安，从而导致生意尽、祸乱作、万物残。而到达能量世界的境界的至人则是恬于生而静于死的。生恬则情不惑，死静则神不离。这样就能让阴阳的能量化而不易，天地的能量变而不易。如果人能够生究其寿、死循其宜、心的气体能量平治，阴阳的能量的消息就不会亏。

3. 礼法中的贫富贵贱之分是残贼乱危死亡之术

据《汉魏六朝百三家集·阮步兵集》记载，阮籍在《大人先生传》中说，昔者天地开辟，万物并生。大者恬其性，而细者静其形。没有贵，则贱者不怨。没有富，则贫者不争，各满足自己的身体需要，就不多求之了。恩泽无所归，则死败无所仇。奇声不作，则耳不易听；淫色不显，则目不改视。耳目不相易改，就不会乱其能量之神。这就是先世之至止。现在尊贤以相高，竞能以相尚，争势以相君，宠贵以相加，驱天下以趣之，所以上下相残。竭尽天地万物之至，来奉声色无穷之欲，这不是养百姓的好办法。害怕民知其然，所以通过重赏来喜之，通过严刑来威之。结果财匮而使得赏赐供应不上，刑尽而使得罚不能行，就开始有了亡国戮君的溃散之祸乱。因此，君子所崇尚的礼法，其实是天下残贼的乱危死亡之术。现在我飘飘于天地之外，与能量的造化为友，朝餐汤谷，夕饮西海。我将与能量的变化迁易，与能量运行之道周始。不通于自然者，不足以言能量运行之道。暗于能量之昭昭者，不足以达能量世界之明。

（二）嵇康的越名教而任自然观

1. 交孤高自赏和心照不宣之友

嵇康（223—262 年）为安徽谯国铚（现今的安徽宿县）人。他很鄙薄名教。他对司马氏诛杀异己、图谋篡位却又盛倡名教非常不满，后被司马昭杀害。据《晋书·嵇康传》所言，嵇康早孤，有奇才，美词气，有风仪。他土木形骸，不自藻饰。人都以为他有龙章凤姿，天质自然。他自己恬静寡欲，而对他人含垢匿瑕、宽简大量。他学不师受，因博览而无所不通，长好老庄。据《世说新语》记载，钟士季是一位政治家、将军和文人，精有才理。开始时不认识嵇康。晋朝人都喜欢称颂名人的体态和精神之美。嵇康被时人比作松下风、若孤松、若玉山。钟士季约了一些显要朋友一起去拜访嵇康。嵇康并不在意别人的评论，也不以显要来访为意，因此并不理会钟，钟也不需要嵇康的曲意奉迎。两人互相会面，都是孤高自赏和心照不宣的。

2. 任心的能量自然运行便能与仁的善相遇

嵇康认为，君子不以是非为念，有能量的虚心而率性而行，自然就不会违能量运行之道。据《嵇中散集·释私论》记载，嵇康说，君子指的是心中是非无措（cuò，安排）和行不违能量运行之道德的人。君子是气体能量静而能量之神虚者。君子之心的能量不存于矜尚；身体亮则心的能量就达；能量之情不系于所欲之物。心的能量之中无矜尚，就能够越名教而任自然运行的能量。能量运行之情不系于所欲之物，就能够审贵贱而通物中的能量之情。物中的能量之情顺通，就能够不违能量运行之大道。能越名而任心的能量自然运行，就能够是非无措。君子以无措为主，以通物中的能量之情为美。小人则是匿能量之情而为非的，而君子是虚能量之心而无措的。能量运行之大道说，我是没有身的，我能有何患呢？能量是不以生为贵的，从而是贤于贵生的。仁的心的能量的运行是无邪的，不需要议于善而后才能正。能量之显情是无措的，而不是要论于是而后措。傲然忘贤，贤与能量运行之度会；忽然任心的能量自然运行，便能与仁的善相遇。

（三）其他的放情肆志之士的言行

1. 俯观万物扰扰就像江海所载的浮萍一样

新道家中的重情派的人很多情善感，但是他们动情的不是个人的得失，而是通过这些事对人生有了某个方面的领悟和感触。这些风流的名士，富有深沉的敏感，胸中的块垒与常人不同。对于别人来说是无动于衷的，而他们却会怵然于心。他们对人生和宇宙都有情，对自己也很有情，以至于不能自已。据《晋书·刘伶传》所言，刘伶容貌甚陋。他放情肆志，常以细宇宙和齐万物为心。他澹默少言。他与阮籍和嵇康相遇，欣然神解，携手入林。常乘鹿车，携一壶酒，让人拿着铁锹跟着，说，死了就埋了完了。据《晋书·酒德颂》记载，刘伶写道，唯酒是务，焉知其余。无思无虑，其乐陶陶。静听不闻雷霆之声，熟视不见泰山之形。不觉寒暑之切肌，利欲之感情。俯观万物扰扰，就像江海所载之浮萍一样。

2. 既然有凌霄之志又何肯为人作耳目近玩

《世说新语》中记录了一些著名学者的脱俗的率性纯真的举止。据载，刘伶在家里时好一丝不挂，因此受到了别人的批评。刘伶说，我是以天地为栋宇，以屋室为裆裤的，诸君怎么跑到我的裆裤里来了？王戎的孩子夭折了，简去看他，王戎悲不自胜。简说，孩子很小，何至于如此悲伤。王长史登茅山，大恸（tòng，极度悲哀）哭说，他终当为情死。有一天，王羲之的儿子王徽之在有大雪的夜里醒来，开室命酌酒。忽然想到了戴安道，便夜乘小船就之。而到了门前不进去，又返回来了。有人问他这是什么原因，他说，我本是乘兴而行，兴尽而返，何必要见戴安道呢？王徽之听说桓子野善于吹笛。一次听说桓路过，王请听桓一奏。桓因遇知音而为王吹了三曲，然后登车而去。两个人之间不交一言。名僧支遁喜欢仙鹤。一次，一位朋友送他一对小仙鹤。小仙鹤逐渐长大后，支遁怕它们飞走，就把它们的翅膀给剪短了。仙鹤展翅想飞的时候，飞不起来，垂头丧气地看着自己的翅膀。支遁感到了仙鹤的懊丧，说，既然有凌霄之志，何肯为人作耳目近玩！于是等仙鹤的翅膀再次长出时，就让它们自行飞去了。

三　《列子·杨朱》中的恣欲快乐观

（一）要从性而游而不能为了守名而累实

《列子》一书为魏晋时代的人的作品。《列子·杨朱》中所说的治内相当于《庄子注》中所说的任我，而治外相当于《庄子注》中所说的从人。《列子·杨朱》代表的是率性任情派中的极端形式。这种放情肆志的人生观属于道家的支流，《老》学和庄子都是不赞成的。据《列子·杨朱》所言，人生是为什么活着的呢？为的是美厚，为的是声色。太古之人，知生是暂来的，死是暂往的，所以从心而动，不违自然之所好。如果身体想要娱乐，就不要为了名而有所劝。要从性而游，不要逆万物之所好。人死后之名没有什么可取的，死了也是刑罚无所及的。也不用顾及名誉先后年命多少，这都是无法计量的。今有名则尊荣，亡名则卑辱。尊荣则逸乐，卑辱则忧苦。忧苦是犯性的，逸乐是顺性的，这就是实之所系。不能为了守名而累实。

据《列子·杨朱》所言，生民不得休息，主要是因为四种事故：寿、名、位、货。因为有此四者，所以畏鬼畏人，畏威畏刑。这种人就称为遁人。遁人是可杀可活的，是制命在外的。如果不逆命，就不会羡慕寿。如果不矜贵，就不会羡慕名。如果不要势，就不会羡慕位。如果不贪富，就不会羡慕货。这就称为顺民。这样的顺民是天下无对的，是制命在内的。在《列子·杨朱》中还虚构了公元前6世纪郑国的著名政治家子产与他的哥哥和弟弟之间的谈话。子产治国三年，成绩斐然。而他的哥哥和弟弟，一个酗酒，一个好色。子产拿他们也没有什么办法。一天，子产对他的哥哥和弟弟说，人因为有智虑，所以高于禽兽。有智虑的人很讲究礼义，礼义成则名位至。如果触情而动，耽于嗜欲，那么性命就危险了。他的哥哥和弟弟回答说，善于治外的人，物未必能治而身交苦。善于治内的人，物未必乱而性交逸。你的治外之法，可暂时行于一国，但是未合人心。以我的治内之法，可以推之于天下，这样君臣之道就可以息了。

（二）以当生为趣就好而不要去管死后如何了

据《列子·力命》所言，力说，寿夭穷达，贵贱贫富，都是由我的能力决定的。命说，彭祖之智，不出尧舜之上，但是能活到八百岁；颜渊之才，不出众人之下，但是寿命只有四十八。仲尼之德，不出诸侯之下，但是困于陈蔡。殷纣之行，不出三仁之上，但却居于君位。据《列子·杨朱》所言，万物之生是有差异的，而死是相同的。生有贤愚贵贱，这就是所异；死则都会臭腐消灭，这就是所同。贤愚贵贱不是人之能所能决定的，而臭腐消灭也是人的能力无法决定的。因此，生非所生，死非所死，贤非所贤，愚非所愚，贵非所贵，贱非所贱。万物是齐生齐死，齐贤齐愚，齐贵齐贱的。十年也死，百年也死；仁圣也死，凶愚也死。生为尧舜，死了变成腐骨；生为桀纣，死了也变成腐骨。就都变成腐骨来说，人都是一样。因此，何必去分什么差异呢？以当生为趣就好，不要去管死后如何了。

据《列子·杨朱》所言，伏羲以来，贤愚好丑，成败是非，没有不被消灭的，只是迟些或速些的区别而已。为了矜一时之毁誉，焦苦其神形，要的是死后数百年的余名，用来润枯骨，这样的生有什么乐呢？天下之美都归之舜、禹、周、孔了，而天下之恶都归之桀纣了。四圣生之时，没有一日之欢，死有万世之名。而这种名，并非实之所取，因为人死了，得赏也是不知的了。桀纣这二凶生有从欲之欢，死被愚暴之名。而这种名，实际上是加不到桀纣这二凶头上的，因为毁他们的名，他们也是不知的了。四圣虽有美名所归，苦以至终，同归于死。二凶虽恶之所归，但是乐以至终，同归于死。

（三）要去除废虐之主才能恣意养生

据《列子·杨朱》记载，杨子对孟孙阳说，从道理上说，人没有不死的，人也没有久生的。生之贵并非在于能存，身非爱之所能厚。人活那么长时间干什么呢？五情好恶、四体安危、世事苦乐、变易治乱，古今都是一样的。既然已经历了闻之、见之、更之，活一百年都够多的了，为什么还要求久生之苦呢？管仲说，要养生的话，就要让耳恣所欲听，让目恣所欲视，让鼻恣所欲向，让口恣所欲言，让体恣所欲安，让意恣所欲行。养生就是要去除废虐之主，这样的话，即便是熙熙然以俟死，即便是只活了一日一月，只活了一年十年，这都是在养生。如果没有废掉这样的废虐之主，录而不舍，戚戚然以至久生，尽管可以活百年千年万年，也并非是我所说的养。我死了之后，焚之亦可，沉之亦可，露之亦可，随所遇而已。禽子问杨朱说，如果去你体之一毛，可以济一世，你为不为呢？杨子说，世不是一毛所能济的。古代之人损一毫利天下都不与，天下则是奉一身而不取。如果人人都不损一毫，人人都不利天下，天下就能治了。

四　向秀和郭象的《庄子注》中的无为而治观

在庄子哲学中有着儒家哲学中的追求做事的目标，只是做法不一样。儒家要刻意去求做仁之事，而庄子则认为自然而然地像母鸡生蛋这样就能仁了，不用刻意去追求仁。管事的人顺着人的天性走，就不用劳心力；做事的人顺着天性去做，就不用费心力去拧着自己做事，就能在做事的过程中找到快乐，这就是不用刻意为仁而能实现仁之治的无为而治。自然的行仁德的过程，就好比是母鸡下蛋一样。母鸡的使命就是要下出蛋来。她要有 +1 的蛋黄，有 -1 的蛋白，有 1 的蛋壳之体，下完蛋就高兴得咯咯地叫。蛋是真实的，这就是真；蛋潜存着能生小鸡的可能，这就是生生之善；生出蛋来的那个瞬间，有着到达至善的感觉，所以有着美感。母鸡生蛋的行为是纯粹的，她没有想要用鸡蛋去卖钱，也没有想要等鸡蛋来给她养老。庄子强调的是心灵纯粹带来的做事过程中的愉悦。

（一）向秀和郭象及其立论宗旨

1.《庄子注》提出了若干新的见解

向秀和郭象的《庄子注》引申和发挥了《庄子》的思想，并提出了若干新的见解，成为道家哲学的重要典籍。向秀（约 221—300 年）为河内怀（现今的河南武陟）人。他早年淡于仕途，有隐居之志。在嵇康被司马昭杀害后，为了避祸而不得不出仕做官，但是在朝而不任职，求容迹而已。这便是大隐隐于世的做法。据《晋书·向秀传》所言，向秀清悟有远识，雅好老庄之学。庄周的著作有内外数十篇。历世的才士，虽然有读者，但没有能够适当地论其旨统的。向秀对《庄子》一书进行了隐解，发明了奇趣，振起了玄风，让读者能够超然心悟。惠帝之世，郭象又述而广之，使得儒墨之迹都见鄙，道家之言遂盛。郭象（约 252—321 年）为河南人。他早年闲居在家，在社会上很有声望。后来任职当权，深得赏识和重用，遭到了一些清谈名士的鄙视和非议。据《晋书·郭象传》所言，郭象少有才理，好老庄，能清言。以前的人注《庄子》者有数十家，但是都没有能究其旨统。向秀在旧注之外进行解义，妙演奇致，大畅玄风。《秋水》和《至乐》两篇未解完，向秀就去世了。郭象自注了《秋水》《至乐》，又易《马蹄》一篇等。

2. 要顺乎自己的天性才不会得心塞之病

《庄子注》把老庄的早期著作进行了重要的修订。它把道解释为能量这种无。老子和庄子都主张能量运行之道是无，但是他们说的无是无以名之。他们认为，能量运行之道不是具体的东西，所以无法为道命名。而《庄子注》则认为，能量运行之道可以称为无。能量运行之道是无所不在的，而所在皆为能量这种无。据《庄子注·大宗师》所言，能量运行之道是在太极之先而不为高的。老子和庄子都反对被社会推崇为圣人的那种人。在先秦道家的著述中，圣人指的是道家推崇的真人和拥有各种知识的饱学之士。老子和庄子都是蔑视知识的，所以蔑视饱学之士。向秀和郭象都不反对人成为圣人，但是反对力图模仿圣人的人，强调要顺乎自己的天性。据《大慧普觉禅师语录·法语》记载，一位禅宗僧人说，曾见郭象注庄子，而有识之人则会认识到，其实是庄子在注郭象。据皇侃的《论语义疏》记载，郭象注《论语》的“修己以安百姓，尧舜其犹病诸”说，君子是不能索足的。修己只能索己。修己者仅可以内敬其身，外安同己之人，但是不足以安百姓。百姓有百品，万国有殊风，只有用不治的方法治之，才能得其极。如果想要修己以治之，就是尧舜也会得心塞之病，别说是君子了。如果万物能够无为而治，则天之自高，地之自厚，日月自明，云行雨施自便。这样就能够夷畅条达，曲成不遗，这样就能无病了。

（二）《庄子注》的思想脉络

1. 要任由自然的能量这个无之为

（1）万物是自然而然地从能量世界中自生的

老子和庄子都认为，没有具有人格的造物主，造物的就是自然的能量运行之道。万物都是由能量运行之道生的。《庄子注》认为，能量运行之道即是无。道指的是生万物的能量世界是自然而在的。据《庄子注·大宗师》所言，能量运行之道是无目的的。物得之于能量运行之道，说的是物是自得的。先秦道家说，万物是生于有的，有又是生于能量这种无的，即是说有的本质是自在的。能量这种无怎么能够生神呢？不神鬼帝而鬼帝自神，这就是不神之神。不生天地而天地自生，这就是不生之生。能量运行之道是无所不在的。能量运行之道在高则无高，能量运行之道在深则无深，能量运行之道在久则无久，能量运行之道在老则无老。能量运行之道的无所不在，而所在则皆为能量运行之无。据《庄子注·知北游》所言，什么是先于物而存在的呢？阴阳的能量为先物，而自然先于阴阳的能量。自然指的是能量之物的自即自己如此。而能量运行的至道又先于自然。能量运行的至道指的就是能量这个至无。既然是无，又何必为先呢？相对于有物体所说的能量这个无是先于物体的。这个能量之无要说明的是物体是自然的，不是什么使之然的。

据《庄子注·齐物论》所言，能量这个无既然是无，就不能生有。有还没有生，所以也不能生。那么生生者是谁呢？就是自生的。自生指的不是我生。我既不能生物体，物体也不能生我，所以我是自然而然的。自然而然就是天然。天然不是什么所为的。物各自生而无所出，这就是能量运行之天道。据《庄子注·知北游》所言，并不只是能量这个无不得化为有，有也是不得化为能量这个无的。有作为物体来说，虽然千变万化，都不得不一为能量这个无。不得不一为能量这个无，所以自古的能量这个无就是没有有之时的，所以能够常存。据《庄子注·天运》所言，事物之近，也许能够知其故；如果寻其原以至乎极时，那便是能量世界，所以是无故而自的。因为是自的，就不用再问故了，顺之就可以了。

（2）自然的能量是无待、独化和相济的

①物体是自造的，所以不欠谁的情，所以不用伺候谁

据《庄子注·齐物论》所言，如果责其所待，寻其所由，寻到能量的无极那里，就能至于能量的无待，这个时候就能够明白能量的独化的道

理了。世人或以为罔两[1]是待影的，而影又是待形的，形又是待造物者的。如果说没有造物者，那怎么能造物呢？如果说有造物者，怎么足以给物众形呢？所以我们就能够明白众形是自物的，然后才可以说造物。到了有物之域，虽然再回复到罔两那里，但是也没有不独化于能量这个玄冥者的。所以，能量这个造物者是无主的，物是各自造的。物各自造，无所待。这就是天地之正。

②万物是独化而未尝相为的却是表里相济的

《庄子注》中说的独化指的就是万物自生。按照独化的理论，万物不是由一位造物主所造的，但是万物之间是相互关联的，而且这种关联是必要的。据《庄子注·大宗师》所言，人之生，形虽然是七尺，但是金木水火土五常必具。所以，虽然是区区之身，乃需要举天地以奉之。天地万物，但凡所有者，都不可一日而相无。只要一物不具，生者就无由得生；只要一理不至，天年就无缘得终。手足是异任的，五藏为特殊之官。我们的身体的器官未尝相与，但是百节都是同和的。未尝相为，而表里俱济，这就是相为于无相为。据《庄子注·秋水》所言，天下没有不相与为彼我的，而彼与我都是欲自为的，就像东西是相反的。彼与我相与为唇齿。唇齿未尝是相为的，但是唇亡齿寒。因此，虽然彼是自为的，但是济我之功是宏大的。这就是相反而不可以相无的原因。每一物都是需要每一个它物的，但是每一物仍然是独立自为地存在的。

2. 逍遥的生活方式

(1) 各尽其能量的自任之能才不会累

①为能力之所及则虽负万钧也不觉得有重在身

据《庄子注·养生主》所言，举重携轻，神气自若，这都是受能量之力之所限的。尚名好胜之人，虽然竭尽全力，也是无法满足其愿的。如果为能力之所及，虽负万钧，也不觉得有重在身；虽应万机，也不觉得有事在身。人的欲求超过人的才智的范围，就需要用知识和聪明。人只要按自己的天生的才智行事，志无盈求，事毋过用，即使力负万钧，都感觉不到有重在身。据《庄子注·德充符》所言，人之生并非是误生的。生之所有，并非是妄有的。天地虽大，万物虽多，然而我之所遇适在于是。凡所不遇，都不能遇。其所遇，都是不能不遇的。凡所不为，都是不能为

[1] “罔两”表抽象，而“魍魉”表具体。

的。其所为，都是不能不为的。故付之而自当。据《庄子注·齐物论》所言，只有臣妾之才，但不安于臣妾之任，就会有所失。君臣上下，手足外内，都是天理自然，不是人所能为的。臣妾各当其分，就能相治了。手足、耳目、四肢、百体，各有所司，更相御用，就能相治。天之自高，地之自卑，首自在上，足自在下。无错于当就必当。有为会伤着当，这是因为人不能止乎本性，而求于外。外是不可求的，如果求之，就好比是以圆来学方，以鱼来慕鸟。虽然希望成鸾凤，虽然想规日月，这样会离得越近，离开越远，因为实际想学的没有学到，反而失去了自己的本性。齐物就能够让人去掉偏尚之累。

②为内就是至轻的福，而为外就是至重的祸

据《庄子注·齐物论》所言，天地就是一指，万物就是一马。如果要明白无是无非，没有比反复相喻更能说明问题的了。如果反复相喻，则彼与我，既同于自是，又均于相非。如果均于相非，则天下无是。如果同于自是，则天下无非。自是而非彼，这是彼我之常情。均于相非，则天下无是；同于自是，则天下无非。是如果为是，天下就不得有非之者；非如果为非，天下就不得有是之者。现在是非无主，纷然淆乱，各信其偏见，但是同于一致。仰观俯察，莫不皆然，这就为是。至人知天地为一指，万物为一马。天地万物，各当其分，同于自得，而无是无非，这样就浩然大宁了。据《庄子注·人间世》所言，足能行而放之，手能执而任之，听耳之所能闻，视目之所能见；知止其所不知，能止其所不能；用其自用，为其自为；恣其性内，而无纤介于分外，这就是无为之至易。无为而性命不全的人是没有的。从道理上说，性命全就是有福的。福就是全，不用借助于物就能有福。率性而动，动不过分，这就是天下之至易者。举自己能举的，载自己能载的，这就是天下之至轻者。举其性内，虽负万钧而不觉其重。外物寄之，虽然很轻的，也会不胜任。为内就是福，福就是至轻。为外就是祸，祸就是至重。世之大谜就在于不知回避至重之祸。

③如果求其过能之用就会有不堪而多死

据《庄子注·天道》所言，工人无为于刻木，而有为于用斧；主上无为于亲事，而有为于用臣。臣能亲事，而主能用臣。斧能刻木，而工能用斧。这样就能各当其能，天理自然，这不是有为。各司其任，则上下都能咸得，这样无为之理就达到至了。从上下来说，君静而臣动。从古今来说，尧舜无为而汤武有事，但是都是在各用其性，都是能量的天机玄发的缘故，所以古今上下都是无为的。据《庄子注·马蹄》所言，善于御使者，是让人尽其能。尽能在于自任，如果求其过能之用，就会有不堪而多死。无为指的是无违，即不要违背人的天性。让人在他的活动中，把自己的天赋全部发挥出来。据《庄子注·逍遥游》所言，治是由于不治的；为是出自于无为的。

④能量的运行是不为什么的，所以能够得到尊

据《庄子注·大宗师》所言，能量的高低是相受的，这是不可逆的能量之流；能量的小大是相群的，这是不得已的能量之势。居师人之极者，要任能量的时世之知，要委能量的必然之事，付之天下而已。据《庄子注·在宥》所言，无为之的能量不是拱默，而是指各任其乐，这样性命就能安。不是迫不得已，不是迫于威刑，而是抱能量运行之道和怀能量运行之朴，任乎能量的必然之极，这样天下就能自宾了。据《庄子注·天道》所言，无为的能量之体是很大的。天下没有什么不是无为的能量。百官不为万民之所务，则万民静而安其业。万民不易彼我之所能，天下之彼我就静而自得。从天子到庶人，下及昆虫，没有什么是有为而成的。能量的运行是不为什么的，所以能够得到尊。

⑤如果彰显圣迹则仁义就不真了

据《庄子注·刻意》所言，如果以不亏为纯，虽然百行同举，万变参备，乃是至纯的。如果以不杂为素，则虽龙章凤姿，倩乎有非常之观，也是至素的。如果不能保其自然之质而杂乎外饰，虽然是犬羊之鞟（kuò，皮革），也庸得称为纯素。据《庄子注·马蹄》所言，对于圣人来说，民得的是其性之迹，而不是所以迹。如果彰显圣迹，则仁义就不真了，礼乐也就会离性，就会徒得其形表而已。据《庄子注·天道》所言，当古之事，已经灭于古。虽或传之，也不能使古在今天存在。古是不在今的，因为今天的事已经变了。绝学任性，与时变化，这样才能至。据《庄子注·胠箧（qū qiè，打开箱子）》所言，如果让人仿效，就会失去我。如果失去了我而由彼，彼就成了乱主。天下之大患就在于失我。有耳目的人都贵声色离旷。人的受生是有分的，如果由所贵来引之，就会丧失性命。如果毁掉其所贵，让人抛弃彼而任我，就能聪明各全，人就能含其真。据《庄子注·胠箧》所言，蜘蛛布网，不求之于工匠。万物都是各有所能的。所能虽然是不同的，但是所习是相同的，所以看上去是巧的，而实际上是拙的。善用人者，让能为方的为方，能为圆的为圆，各任其所

能，各安其性。不要让万民都要取巧。众技因为不相能而看上去似是拙的，而天下皆自能，这就是大巧。用其自能，就可以抛弃规矩了。

（2）大小自足的同样的自然逍遥

据《庄子注·德充符》所言，人并不是由情所生的。生之所知，也不是情之所知。无情就能聪明。贤圣以无情而贤圣。据《庄子注·逍遥游》所言，鹏的翼大所以难举，要扶摇才能够上，要飞九万里才足以自胜。这是不得不然，而不是为了乐才这样做的。大鹏和小鸟，对大与小都是异趣的，都是不知所以然而自然的。自然指的是不为。这就是逍遥的大意。大鹏之所以要高飞，是因为翼大。质小者所资不待大，而质大者所用不得小。理是有至分的，物是有定极的，各足称事，其济都是一样的。如果忘生之生，营生于至当之外，就会出现事不任力，动不称情的情况。如果都能苟足于自己的性，大鹏就不会自以为贵于小鸟，小鸟也不会羡慕大鹏才能到达的天池。小大虽然是相殊的，但是就逍遥而言是一样的。众人都苟知其极，天下就没有什么可悲的了。物未尝以大欲小，但必以小羡大。因此，举小大之殊，各有定分，非羡欲所能及的。这样羡欲之累就可以绝了。悲是生于累的，累绝了悲就去了，悲去了就没有性命不安的了。据《庄子注·齐物论》所言，萧管是参差的，宫商是异律的，所以有短长高下万殊之声。虽然声是殊的，而所禀的度是一样的。物各自然，都不知所以然而然。但是，其形都是相异的，而其然则是相同的。

（3）无待的绝对自由和绝对快乐

据《庄子注·逍遥游》所言，物是各有其性的，性是各有其极的，皆如年知一样。历举年知之大小，各信其一方，未有足以相倾者。能够统一大小的，是无大小者。如果有大小，则大鹏与小鸟，宰官与驾驭风的列子，都同为累物。齐死生者是无死无生者。如果有死生，长寿的彭祖与短命的朝菌均是短折的。因此，要能游于无小无大的能量世界的人才是无穷者，要能冥于不死不生的能量世界中的人才是无极者。如果逍遥是系于有方的，虽然放之使游也是有所穷的，不能做到无待。据《庄子注·齐物论》所言，如果以形相对，则大山大于秋毫。如果各据其性分，物就能冥其极，则形大未为有余，而形小不为不足。如果各足以其性，则秋毫不独小其小，而大山不独大其大。如果以性足为大，则天下之足，没有过于秋毫的。如果其性足者非大，那么虽然是大山也可以称为小。大山为小，则天下就没有大了；而秋毫为大，天下就没有什么小的了。无小无大，无寿无夭，这样就能苟足于天然而各安其性命，虽然天地未足为寿，而与我并生；万物未足以为异，而与我同得。这样天地之生就都是并生的，万物之得就都是同样的得。据《庄子注·逍遥游》所言，独立无待的人如乘天地之正，驾驭能量的六气之辩，游在无穷的能量世界之中。

（4）大圣与物是无不冥的

①用大鹏来说小鸟不好就会累物

据《庄子注·齐物论》所言，圣人指的是无我者，能通能量运行之道而能成一。圣人能使群异各安其所安，众人不失其所是，让物皆自用，就不再有是非。只有大圣是无执的，而与能量的变化为一。能量这个一的变化是常游于独的。圣人能知古今一成的能量，万物一然的能量，万岁一是的能量，万物尽然的能量。能量运行之时是不暂停的，所以今是不再存的。昨日之梦，于今便化了。死生之变也是如此。死生之变就像是春秋冬夏一样，四时之行而已。死生之状虽然是不同的，但是各安所遇是一样的。因忘年所以能够玄同死生，因忘义所以能够贯通是非。让是非死生，都荡而为能量这个一，这就是至理。至理是畅于能量之无极的，所以能够把自己寄托在能量之无极那里，就不会有穷尽了。据《庄子注·逍遥游》所言，物各有性，性各有极。列子都因年知大小，各信其一方，所以不足以相倾，后统于无待之人。无待之人能够遗彼忘我，这样就能冥此群异。异方都能同得，而我没有功名。因此，能统小大者是无小大者。如果在乎小大，就像是用大鹏来说小鸟不好一样，这样就会累物。能齐生死的人，就是无死无生者。如果在乎生死，那么长寿的彭祖和短命的朝菌一样，都是短折的。因此，能够游于无小无大者，这样的人才是无穷尽者，而能够冥于不死不生者，这样的人才是无极者。

②在治乱纷如中的居其极者常能淡然自得

据《庄子注·大宗师》所言，无所藏而都任之，这样就能与物无不冥，就能与化无不一。这样就能无外无内，无死无生，能以天地为体，从而能够合能量运行的变化，这样就能索所循而不得。这就是能量世界的常存之大情，而不是一曲之小意。能量运行之理是有至极的，而且外内是相冥的。没有极游于外之致而不冥于内的，也没有能冥于内而不游于外的。圣人常游于外以弘内，无心以顺有。因此，圣人岁终日挥形，而其能量的神气是不变的；虽俯仰万机，而其能量是淡然自若的。据《庄子注·应帝王》所言，有能量世界的境界的至人之动像天一样，静像地一样，行像水流一样，止像渊默一样。渊默对于水流来说，就像是天行对于地止来说一样，不为而自为一。诚应不是以心应的，而理是自玄符的，与能量的变化一起升降。要能以能量之世为量，才足以为物主而顺时无极。至人用之则行，舍之则止。行止虽然是不一样的，但是玄默是一样的。虽波流九变，治乱纷如，而居其极者，常能淡然自得，泊乎忘为。

3. 治乱成败都是自然的

（1）能量的变化能够揭天地以趋新

据《庄子注·大宗师》所言，人都是自然的，所以治乱成败，遇与不遇，也不是人为的，都是自然的。据《庄子注·天运》所言，人是不能大齐万物的，人人自别，人自为种。社会继承了百代之流，会乎当今之变。其弊至于现在，不是禹的缘故，而是天下的缘故。不是非要乱天下，而是天下必有这样的乱。据《庄子注·大宗师》所言，无力之力，莫大于能量这个变化者。能量的变化能够揭天地以趋新，能够负山岳以舍故。能量的变化是不暂停的，忽然之间已涉新，使得天地万物，无时而不移。能量之世皆是新的，而我们自以为故。舟日易，而视之如旧；山日更，而视之如前。今天交一臂而失之，就都在冥中去了。向者之我，非复今之我。我与今是俱往的，怎么能够常守住故呢？据《庄子注·天运》所言，典制和道德都只能适应一时，不可能适用于永久。先王的典礼是适时而用的。过时而不弃，即为民妖。

（2）俗之所贵会因为时的原因而变得贱

据《庄子注·胠箧》所言，典制和道德都是应运而生的，要随时代的变化而变化，而且不能说谁更高明。天是无为的，人是有为的。极力维护旧的典制道德即是有为，这是逆天的。而无为则是顺应天和顺应自然的。礼义如果当其时而用，那就美如西施，而当礼义过时了还不抛弃，那就变成丑人了。仁义是人之性，但是人性是有变的，古今是不同的。如果游寄于过去则会冥；如果滞系于一方则会现。现则会产生伪，伪生则会招来很多的责难。据《庄子注·胠箧》所言，效法圣人，效法的是其事迹，而迹就是已去之物，并非是应变之具，是不足以尚而执之的。执成迹以御于无方，无方至而迹滞。模仿也是徒劳的。离朱是古代传说中的明目者，师旷是春秋时晋国的乐师。据《庄子注·德充符》所言，离朱和师旷的特殊才能都是天生的，他们都无心成为精工巧匠，却取得了成就。常人想当圣贤也是不可能的，圣贤是顺其本性而成为圣贤的。模仿圣贤太远，模仿离、旷太难，常人想要成为下愚聋瞽（gǔ，瞎眼），也是不可能的。每个事物成为它自己，都是身不由己的。它想变成其他的事物，是不可能的。据《庄子注·秋水》所言，俗之所贵，会因为时的原因而变得贱；物之所大，因为世变的原因可能变小。因此，顺物之迹，而不得不殊，这就是五帝和三王所不同的地方。

第三章　南北朝和隋唐时期的佛学

第一节　中国佛学的缘起

一　佛家与道家的哲学联盟

（一）东汉时传入的印度佛教的道家化

1. 禅宗是道家思想和佛学的精妙之处的汇合

大约在1世纪东汉明帝时，佛教已经从印度经中亚传入了中国。佛教对道教的产生起到了很大的推动作用。佛教是一种外来的宗教，受到了中国民众的欢迎。而有着强烈的民族情感的中国人认为，佛教是蛮族的宗教，于是致力于发展中国土生土长的宗教，这就是道教。儒家的古文经学家把阴阳家的思想影响从儒家中清除出去，阴阳家又与道家思想结合，形成了道教。在这个过程中，孔子从神还原为人，而老子则被当成了道教的创始人。道教模仿佛教的寺院、僧人和仪式，发展出了道观、道士和道场法事。佛教不仅是一种宗教，还是一种哲学即佛学。尽管道教在宗教上与佛教是针锋相对的，道教不像佛教那样具有强烈的出世精神，但是在哲学上却与佛学结成了联盟。道家认为，能量运行之道是无名的。佛学认为，真如的涅槃能量世界是不可言说的。它既不是一，又不是多；既不是非一，又不是非多。在3—4世纪的两晋时期，著名的思想家往往来自新道家，而其中不少与佛教的高僧结为至交。道家的思想家对佛经非常熟悉，佛教的高僧对道家的经典，尤其是《庄子》也非常熟悉。他们相聚时，往往在清谈能量世界。谈到能量世界的精妙之处时，即非非之处时，往往相视无言而会心微笑，有一种心领神会的能量交流。正是在这个时候，人能体会到佛教中的禅的精神。禅宗是中国佛教的一个宗派，是道家哲学和佛学的精妙之处的汇合，对此后的中国的哲学、诗歌、绘画都产生了巨大的影响。

2. 禅宗是中道宗与道家思想相互作用的结果

在东汉时期，中国人把佛教看成一种方术，与阴阳家和后来的道教的方术没有什么区别。在2世纪时，在道家中有人说，释迦牟尼是老子的弟子。老子曾西行，到了印度，教了释迦牟尼和另外28位弟子。所以，佛经是源自老子的《道德经》的。3—4世纪，译成中文的佛经渐渐多起来。这时有人认为，佛教的思想与庄子的思想比较相近，而与道教则是不相干的。解释佛经的著作往往援引的是道家的思想，这种翻译方法被称为格义。在格义中存在着不精确和曲解的毛病。在5世纪时，佛经的汉译如潮涌现，格义的方法被摈弃[①]，释义法被采用。佛教的某些宗派始终都坚守印度佛教的宗教和哲学传统，比如说玄奘法师由印度介绍到中国的法相宗。这样的宗派的影响只是限于某个圈子和某个时期。中道宗与道家的思想有着某些相似处。中道宗与道家思想的相互作用，导致了禅宗的兴起。

3. 大乘佛教的宇宙心概念对中国佛学的影响最大

翻译成中文的大量的佛经包括小乘经典和大乘经典，但在中国的佛教中流传的主要是大乘经典。大乘佛教对中国思想界影响最大的是佛教提出的宇宙心和负的方法。宇宙心的观念是从印度佛教那里传入中国的。之前的中国哲学家只讲人心，不讲宇宙心。在南北朝时，印度的佛教被系统地介绍到中国。从南北朝开始到宋朝，佛学家在中国的影响都很大。中国人用自己的哲学来理解佛学，产生出了中国化的佛学。印度佛教的三法印说的是“诸行无常，诸法无我，涅槃寂静”，即所有的能量的行为都是无常规可循的，所有的能量运行的法都是没有“我”在主宰的，而涅槃指的是能量世界的圆寂状态，是成佛的最高境界。圆寂指的是心进入涅槃能量世界时的寂而不动的状态。而中国人注重活动，所以中国人虽然讲净心，讲心不要为世俗所染，但是也不在涅槃能量世界的寂那里停留。心的涅槃能量世界之外的物体世界都是外界，而外界都是我的心的能量世界所现的，是虚妄不实的，即本质上都是空的。这点就中国人看来很怪。而且，印度的佛教认为，有的人是没有佛性的，是不能成佛的。而中国的佛学则多认为人人都是有佛性的，都有成佛的可能。印度的佛教中有轮回说，认为一个生物此生的所有的修行的成就，都是来生继续修行的根据。要通过逐渐积累，最后才能成佛。因此，同是在世的人，而成佛的可能性是不一样的。而中国的佛学者则多认为，

① “摈弃”为弃而不用，但还可以闲置为宾。“摒弃”是要屏蔽起来不用，而“屏除”是要不费力地屏蔽起来。这些都是施仁不杀的方式。

人都是有自由意志的，都是在此生就可能成佛的。

（二）佛家的空与道家的无共同反对儒家的有

1. 让天下都忘掉自我的物欲就能不分彼此了

在南北朝时，不仅佛学开始盛行，而且道家之学也极盛。当时很多道家的玄士都认为老庄之学与佛学在本质上是一样的。晋的孙绰在《道贤论》中把七僧比作七贤，认为僧贤都是同一层次的高级思想家。因此，当时有很多人以庄子之学来讲授佛学。道家的坐忘也与坐禅类似。坐禅时要注意呼吸，要持有息念，这样可以通过调整能量运行的方式，暂时回到涅槃能量世界那里。据僧祐的《大藏经·出三藏记集》记载，道安在《安般经》注序中说，安般就是呼吸，呼吸指的是呼出吸入。呼吸是能量运行之道的所寄，所有的能量运行之往都是以此为因的。呼吸还是德之所寓，在呼吸这里可以寄息以守德。寄息的调整能量运行的方式有六阶之差。在阶差之间，越往上越是损，最高的级别是达到能量运行的无为状态。级别指的是忘掉物质欲望的程度。一再地忘，忘到一定的程度就可以无物质欲望了。到了无为的无形的能量世界那里，无形所以就不再有因，没有因就自由了，就可以自然了。无欲就可以无事，无事就可以不适，即不用去适合什么事。无形而不因，这样就可以开物。无事而不适，这样就能成务。成务指的是万有而自彼。而开物指的是让天下都忘掉自我的物欲。这样就能够使彼我双废，这样就能守住能量世界的清净了。

2. 要齐众首于能量世界的玄同

支遁用《老子》的损之又损和《庄子》的忘之又忘来讲佛经，这就称为"格义"。据僧祐的《大藏经·出三藏记集》记载，支遁在《大小品对比要抄序》中说，般若波罗蜜为涅槃能量世界的众妙之渊府，为群智之玄宗，为神王之所由，为如来之照功。般若指的就是涅槃能量世界的无物体的状态。要用能量世界的无物状态来解释物体世界，这样才可以说物体都是齐的。用认识能量世界的无智来解释物体世界的智，这样才能运于智。般若之智指的就是能量世界的教迹之名。言之就会生名，设教就会有智存。智是存于物体世界的，而能量世界是无迹的。名是生于物体世界之彼的，而能量世界的理是无言的。能量世界的至理冥壑是归于无名的。能量世界的道之体是无名无始的，所以达到能量世界的境界的圣之慎是无可无不可的。如果要慎能量运行之理来应动，就不得不寄言。宜明所以寄，宜畅所以言。而能量运行之理冥则言废；忘掉对于物体世界之觉则智全。

如果心中存着能量世界之无来求寂，希望用智来忘掉心的能量，则智是不足以尽能量世界之无的，而寂是不足以冥能量世界之神的。知能量世界之无为无，而不知所以无；知能量世界的存之为存，而不知所以存。因此，不如无其所以无，忘其所以存。忘其所以存，则无存于所存；遗其所以无，则忘无于所以无。要忘无才能妙存，要妙存才能尽无。所以，诸佛都因般若之无始，所以能够明万物之自然。众生之所以丧道，就因为把精神溺在了欲望的深渊里。要让群俗悟妙道，逐渐积累损，最后到达至无那里。因此，要设能量世界的玄德以广教，要守谷神以存能量之虚。要齐众首于能量世界的玄同，要还群灵于本来的能量世界之无。

3. 托心于能量世界之空则异想就会安息了

在南北朝时期，老庄之学盛行，而老庄主要在讲有与无的问题，主要是要告诉人关于“无”的道理，针对的是儒家的有的问题，而中国的佛学主要关注的则是空与有的问题，针对的也是儒家的有的问题。消除有的目的是要消除仁德礼制幸福体系中的被功利化的礼制。在南北朝之后，中国的佛学讨论得最多的问题就是空与有的问题，主要是要说明空。据日本安澄的《大藏经·中论疏记》记载，在梁释宝的唱作《续法论》中说，宋释昙济作《六家七宗论》说，佛学有六家，分成七宗。一宗本无，二宗本无异，三宗重即色，四宗重心无，五宗重识含，六宗重幻化，七宗重缘会。除了本无异宗外，其他六宗也称为六家。在什法师鸠摩罗什入长安前，道安已经在长安大弘佛法。道安是晋代的一大佛教领袖，曾在襄阳为秦军所获，后居长安，秦主极尊礼之。据《大藏经·中观论疏》记载，吉藏说，什法师鸠摩罗什还没有到长安时，本来有三家义，其中道安说明的是本无之义。据《大藏经·中论疏记》记载，道安的《本无论》说，如来兴世，是以能量世界中本无物体来弘教的。众经都是用来说明五阴都是本无的。能量世界这个无在元化之前就存在，能量世界之空是众形的开始。如果托心于本无的能量世界，那么异想就会安息了。

4. 物体世界的色的本质是无色的空的能量

据《大藏经·中观论疏》记载，本无者认为，在有物体世界的色法之前，先有能量世界的无。能量世界的无在物体世界的有之先，而物体世界的有在能量世界的无之后，这就是本无。万物都是由壑然无形的能量世界所生的。物体世界的有虽然可以生，但是能量世界的无能生万物。四大（地火水风）都是从能量世界的空中生出来的。物体世界的诸法本无，能量世界是寥然无形的，这就是第一义谛；而能量世界所生的万物，名为世谛。据《大藏经·中观论疏》记载，第二宗为色义。色义说明的是物体世界的色是空的能量，所以色是没有自性的，色即是空的能量，不能言说的就是色的本性是空的能量。据《大藏经·中观论疏》记载，支遁著有《即色游玄论》，说明的是即色是空[①]。支遁说，从物体世界的色之性来说，色是不自色的，所以虽然有色，但是空的能量。物体世界的色心之法是空的能量，而名却是真的。一切认为色心是不无空的都是俗世的真谛。而说即色是空的目的，并不是要非物体世界的色和灭能量世界的空，而是要说色之性是不自有色的。色不自有，所以虽色而空。知不自知，所以虽知恒寂。但是，如果寻其意的话，同于不真空。正如因缘之色，是从能量世界之缘而有的。因为不是自有的，所以名为空。据《大藏经·中论疏记》记载，安澄说，细色和合而成粗色。空的是粗色，而不是细色。从细色的角度看，粗色是不自色的。我们看到的黑色，其实是白色，而白色又是不白色。色空指的是能量世界是没有色的。如果按有色来定相的话，不待因缘，就应用物体世界的有色之法。有定相的粗色，应该不是因细色而成的。

5. 说色即是空的目的是要空外色吗？

中国的佛学要空色的目的是让心灵不受物欲之染。但是，如果万物之境完全是空的，那么人生活的意义在什么地方呢？人还要不要活呢？因此，有了外色是不是空的争论。据《大藏经·中观论疏》记载，吉藏说，第三宗说的是温法师的心无之义。心无指的是能量世界是无心于万物的，而万物未尚为无心的。佛法说物体世界的诸法为能量世界的空的体现，目的是要让人的心体不要执着于虚妄的物欲，所以强调物体世界的无的本质。外物是不空的，所以说万物之境是不空的。据《大藏经·中论疏记》记载，安澄说，释僧温著的《心无二谛》说，有指的是有形的物体世界；无指的是无像的能量世界。有形的物体世界是不可无的，而无像的能量世界是不可有的。色无知论的目的是要内止其心，而不是要空外色。据《大藏经·中论疏记》记载，安澄说，释道壹著的《神二谛论》说，物体世界的一切诸法，都如同幻化，所以名为物体世界的世谛。能量世界的心神是犹真不空的，这是第一义。如果说能量之神是复空的，就无法施教。

① 支遁说的“即色是空”与“色即是空”有所不同。

修道都不能是隔凡成圣的，所以我们知道能量之神是不空的。据《大藏经·中观论疏》记载，吉藏说，道邃说明的是有缘会，所以有“有”，名为物体世界的世谛。物体世界的缘散则即无，这是第一义谛。据《大藏经·中论疏记》记载，安澄说，道邃说有缘会就是有，有为物体世界的俗，其中的能量世界的无才是真。就像是土木相合为舍，所以舍是有名无实的。

（三）一些儒者和道士对佛学的反对

1. 儒家的俗士对佛教的质疑

在南北朝时期，反对佛教的人也很多，反对者主要来自一些儒者和道士。据《大藏经·弘明集》记载，儒家这种俗教尊的是天，效法的是圣。但是，天形是莫测的，圣心是莫窥的。因此，虽然敬而信之，但是是矇矇然的。而佛比天还要尊，法比圣还要妙。因此，儒家的俗士对佛教是有疑问的，所以信心不树。对佛教的疑问主要有六种：第一疑认为经说迂诞，大而无征；第二疑认为人死神就灭了，不存在三世；第三疑认为见不到真佛，不利于治国；第四疑认为古代是没有法教的，是到汉朝才有的；第五疑认为教在戎方，化非华俗；第六疑认为汉魏之时法是微的，到了晋代才开始兴盛。

2. 道家用神灭论反驳佛家的生死轮回说

据《大藏经·弘明集》记载，慧远在《明报应论》中说，对内心的能量世界的无明为惑网之渊，而对物体世界的贪爱为众累之府。因为对内心的能量世界无明而掩其照，所以情想凝滞于外物；因为贪爱物体而流其性，所以四大结成形。形结则分出了彼我，这样就会私其身而身不忘；情滞则善恶有主，这样就会恋其生而生不绝。佛教认为，人死了而能量之神是不灭的。人因对于内心的能量世界的无明而贪爱物体世界不断，所以此身死亡之后，自我的系缚于物的自我能量运行圈还要受他身，所以此生之后还有来生。这就是生死轮回说。反对佛教的人认为，人的肉体的形与能量之神是一体的，形灭时神即灭。在晋朝的时候，已经出现了用神灭论来反对佛教的情况。据《大藏经·弘明集》的《梁书》本传记载，范缜在《神灭论》中说，肉体的形为能量的精之神的质，而能量的精之神为肉体的形之用。能量的精之神之于质，就像是利之于刀一样。肉体的形之于用，就像是刀之于利一样。能量的利的名不是成形的刀，成形的刀的名也不是能量的利，而舍掉能量的利就没有刀，而舍掉有形的刀就没有能量之利。因此，肉体的形亡[①]而能量的精之神在，这是不可能的。

范缜认为，人的能量凝成之质是有知觉的，而木的能量凝成之质是无知觉的，所以人之质与木之质是不可相比的。死者与木之质是一样的，与木头一样是没有知觉的。生形不是死形，死形不是生形。生人有的是形骸，而死人有的是骨骸。浮屠（fú tú，即佛陀，简称为佛）是害政的，桑门（sāng mén，即沙门，指的是僧侣）是蠹俗的。如果佛教之流不结束，其病就是无垠的。要让人们知道，森罗都是来自于独化的。万物都是自有的。来不用御，去也不用追，各乘天理，各安其性。小人能够甘其陇亩，君子能够安其恬素。耕而食，食就是不可穷尽的；蚕而衣，衣就是不可穷尽的。下有余来奉其上，上无为来待其下。这样就可以全生，也可以养亲；可以为己，也可以为人；可以匡国，也可以霸君。佛教认为，生死之事很大，而生死轮回是很苦的。佛教教人修行的目的是要让能量的精之神脱离系缚于物体的生死。据《大藏经·弘明集》的《梁书·范缜传》记载，范缜的《神灭论》一出，朝野都喧哗，子良集僧难之，也未能让范缜屈服。当时公王朝贵六十二人都拥护大梁皇帝为难神灭论。

3. 佛家用神不灭论反驳道家的神灭论

据《大藏经·弘明集》记载，慧远在《沙门不敬王者论》中引用神灭论的观点说，神灭论者认为，气体能量极于一生，生尽而气体能量消液同无。能量之神虽然是妙物，但是阴阳的气体能量所化而已。阴阳的气体能量能够化而为生，又能够化而为死。气体能量聚而为始，而其他能量散而为终。能量之神与肉体之形是俱化的，并无异统。精的能量与粗的气体能量都为一气，始终是同宅的。宅全则气体能量聚，从而有精之灵，宅毁则气体能量散而照灭。气体能量散则返所受于能量世界的大本，而肉体之灭则复归于无物。反复终穷，这都是自然之数而已。人的能量的精之神和肉体之形就像是火之在木一样，生必存，毁必灭。有无之说，必存乎于气体能量的聚散。聚散是气体能量之变的总名，是万化之生灭的缘由。因此，庄子说，人之生为气体能量之聚。气体能量聚则生，而气体能量散则死。慧远驳神灭论说，能量的精之神因为极精所以才能为灵。因为能量的精之神是极精的，不能用卦象来进行图解，所以圣人把能量的精之神称为妙物。圣人虽然有上智，也无法确定能量的精之神的体状，无法穷尽能量

① “形亡”指的是形的死亡，而“忘形”指的是忘了自己的形。

的精之神的幽致。而谈论能量的精之神的人，则因为常识的原因而生疑，多同自乱。其实，能量之火传于有形的薪，就像是能量的精之神传于形一样。能量之火传给异薪，就像能量的精之神传给异形一样。

二　中国佛学的立论宗旨

（一）系缚于外物的有情物注定是痛苦的

在佛教中有许多的宗派，各有自己的思想特色，但也有一些共同信奉的基本观念，尤其是其中的关于“业”的理论。这里说的业包括一切有情物即生灵的思念、言语、行为。有情物都是对外物情有独钟的，所以都会系缚于某种外物，从而会形成围绕着这个外物运行的自我能量运行圈，那么系缚于什么外物，就会沦为什么物的奴隶，从而痛苦无比，而又不明自己的痛苦的来源就是自己选择伺候的外物。用洁净的能量去伺候不洁净的物，所以让能量很不痛快。佛家认为，宇宙间的一切现象，即任何一个有情物所看出去的外部世界，都是他的内心的能量的运行自造的景象。人的所有动作，哪怕只是说话或心里动念，都是心的能量运行的作为，而这个作为必然会产生后果，不论这个后果要等多久才显现出来。这个后果便是业报。内心的能量运行的业是因，而果就是对这种能量运行方式之报。每个人的人生都是因与果、业与报的能量循环的连环套。每个有情物的今生都只是这个无穷的能量运行锁链中的一环。死亡并不是生命的终结，而只是这个能量因果循环链条中的一个环节。人的今生只是他的前生的能量运行的业的果报，来生又是今生的能量运行的业的果报。人生就是这样的能量循环圈，以至于无穷。有情物的众生皆是苦的，主要就是因为都处在这样的能量循环的生死轮回之中。

（二）通过觉悟而自舍系缚和回归宇宙涅槃能量世界

佛家认为，人陷入生死轮回这样的苦难之中的根源是人没有认识到外物的本性。宇宙万物其实都是各人自己内心的能量运行所造的景象，因此它只是幻象，都只是昙花一现。人对于自己的清净的能量世界的无明导致了对外物的执迷不悟，从而产生出了对于物体世界的贪欲，这样就把人紧紧地系缚在了围绕着外物运转的能量运行的生死轮回的巨轮上无法逃脱，所以产生出痛苦。人要从生死轮回中解脱出来的唯一办法是觉悟。佛是通过帮人觉悟而解除痛苦之人对外物的系缚的，而不是硬解人所不舍的外物的，所以佛只度有缘人，即有可能在某个等级上觉悟的人。佛教的各种教义和修行都是为了帮人觉悟。人在觉悟之后，经过多次的再世，所积的能量运行之业不再是贪念、不再是执迷不悟，而是无贪欲、无执着，这样人就能从能量运行的生死轮回中解脱，就能达到宇宙涅槃能量世界的境界。涅槃就是个体之心的能量与宇宙之心的能量合为一体的境界。宇宙心就是慈善的佛性。个体的本性本来与宇宙的本性是一体的，个人就是宇宙本性的表现，只是人不曾意识到这一点。大乘佛教中的性宗认为，心与性是一样的，这样就把佛教的宇宙心的观念带入了中国的佛学思想之中。

第二节　中国佛学的思想脉络

一　中道宗和禅宗之间的密切关系

（一）中道宗的不二的中即是与能量世界相冥

1. 吉藏的忘有忘无忘空忘涅槃的全忘

（1）当人悟到无一物体的能量世界时心就清净了

吉藏（549—623 年）生于南朝梁武帝时代，为中道宗的大师，世称嘉祥大师。中道宗也称为三论宗或空宗。他 7 岁出家，19 岁便参与了讲经活动。后受隋炀帝之请，住长安日严寺宣传佛法。隋亡唐兴时，唐高祖任用他管理佛教事务。他的弟子很多，其中包括慧远和慧灌等。慧远成了净土宗的初祖，而慧灌成了日本的三论宗的初祖。据《大藏经 · 二谛义》记载，吉藏说，佛法统其大归，无非是要懂二谛。二谛显示的是不二之道。诸佛都常依二谛说法。据《大藏经 · 二谛章》记载，吉藏认为，谛（dì，道理）有两重：俗谛和真谛。俗谛又称为世谛，是关于物体世界的供普通人用的道理，而真谛则是关于能量世界的佛法的道理。在吉藏阐述的二谛论中包含三个层次的真谛。第一，普通人的俗谛把物体世界的万物看成是实有，而不知道物体世界其实是由能量世界的能量凝成的物。万物的本质实际上是空无一物体的能量世界，这就是真谛。第二，把万物看成是有，是偏颇之见，而把万物看成是无，也是偏颇之见。无或非有，并不是从能量世界的存在中把有移去，而是物体世界之有即是能量世界之无。比如说，我们面前有一张桌子。要表明桌子本身是不存在的，并不需要把桌子毁掉，而是说这张桌子从来就不存在，其实是能量凝聚成的物。万物皆有与万物皆无，都是俗谛。只有认识到事物是非有非无的，这才是真谛。第三，如果说非有非无，还是意味着要区别有和无，而一切区别本身就是偏颇之见。中道既不是偏颇，又不是不偏颇。道家以无来表示对形象的超越，而佛家则用无来表达非非。当一切都被否定，包括否定先前的否定，就一切都会被忘记，包括忘记一切这一点也要被忘记，这就是庄子所说的坐忘和佛家所说的涅槃。中道宗认为，当人悟到了第三层的空无一物体的能量世界的真谛时，心灵就完全清净了，便什么也无可言说了。

（2）大乘空宗之说：要废掉生死和涅槃之情

据《大藏经·二谛义》记载，吉藏说，就第一重来说，这三种二谛，都不是渐舍义，都不是像从地架而起一样。凡人认为物体世界的诸法实录就是有，而不知道能量世界的无所有。诸佛要说的是物体世界的诸法毕竟是无所有的。说物体世界的诸法都是有的，这是凡夫所说的有。这是俗谛和凡谛。贤圣才能真正知道物体世界的诸法之性是空无一物体的能量世界。这就是真谛和圣谛。佛要令人从俗入真，舍凡取圣。其次说第二重，即要明白有为与无为二边，有是一边，无是一边。至常与无常，生死与涅槃，并不是二边。因为以真与俗，生死与涅槃为二边，所以称为物体世界的世谛。而能量世界的非真、非俗，非生死、非涅槃，这种不二之中道，这就是关于能量世界的第一义谛。再次说第三重，以非二非不二为第一义谛。前面所明的真与俗，生死与涅槃，二边是偏，所以为世谛；而非真与非俗，非生死与非涅槃，这种不二中道为第一义。这也是二边，为什么呢？二是偏，不二是中。偏是一边，中是一边。偏之于中，还是二边，有二边，所以为世谛。能量世界的非偏非中，这是中道的第一义谛。诸佛说法能治众生的心塞之病，不出此意，就是因为明白了此三种二谛。

要明白你所见的物体世界的有，都是众生颠倒了物体世界与能量世界的所感的结果，因为有妄想所以见到了物体世界之有，所以要用空的能量世界来废掉有的物体世界。然后，空的能量世界也要废掉，因为有物体世界之有故有能量世界之空。既然无物体世界之有，就无能量世界之空。空与有都是情，都要废掉。因情所见的，都是虚妄的，所以都要废掉。不仅要废掉虚妄，也要让有与实变成无。有虚才有实。既然无虚，也就无实，这样才能显出清净的涅槃能量世界之正道。法身指的就是能量世界的正道，指的就是实相。要废掉物体世界的六道生死，才能得到如来涅槃的能量世界。有生死才有涅槃，既然无生死，也就无涅槃了。无生死，无涅槃，生死涅槃都是虚妄的。非生死，非涅槃，这才是实相。第三重也都需要废掉，因为情都需要废掉。因此，最后三重二谛都需要废掉。这就是大乘空宗之说。

2. 僧肇的通达无碍的平等佛道

据《大藏经·高僧传》记载，僧肇（384—414 年）爱好玄微，每以老庄为心要，求的是能量的精之神上的解脱，但感觉不够尽善尽美，后见《维摩经》，非常喜欢，因此出家。他是中道宗的鸠摩罗什的弟子。当时佛学界争论激烈，曾有人千里负粮来与他争论。鸠摩罗什（344—413 年）为佛教的四大译经家之一。后秦主姚兴对他以国师之礼相待，请他住在长安逍遥园主持译经，僧肇等 800 人受命助译。他翻译的《金刚经》启发了慧能的禅宗。

（1）世界究竟是什么样的？

①众生皆有的涅槃能量因一妄念忽起而有恒沙烦恼

僧肇认为，本际指的是宇宙的能量世界的本体，而三界指的是宇宙中的物体世界的现象。据《大藏经·离微体净品》记载，僧肇在《宝藏论》中说，迷指的是以物体世界中的无我来立能量世界之我，这样就在心内的能量世界中生出了倒我。因为内生了倒我，能量世界的圣理就不通了。能量世界的圣理不通了，就会在能量世界之外有所立。外有所立之后，内的能量世界与外的物体世界就生了碍。内外生碍之后，能量世界的物之理就不通了。这样就妄起物体世界的诸流，混于能量世界的凝照。这样就会导致能量世界的万象沉没，真一的能量世界之宗乱。在物体世界中的诸见竞兴，从而出现了物体世界中的流浪现象。据《大藏经·本际虚玄品》记载，僧肇在《宝藏论》中说，本际指的是一切众生的无碍涅槃能量之性。而当人忽然有物体世界的妄心及种种颠倒，是因为被一这个念所迷。念是从一而起的，而一又是从能量世界的不思议的无而起的。

因此，经中说，能量之道始生一，一为能量世界的无为；一生二，二为妄心。以一之故，分为二。二生阴阳的气体能量，阴阳的气体能量为动静。以阳的气体能量为清，以阴的气体能量为浊。清的气体能量内虚为心，而浊的气体能量为凝为色，于是便有了心的气体能量与凝的气体能量的色这二法。心的能量应于阳的气体能量，阳的气体能量应于动；而凝的气体能量的色应于阴，阴的凝的气体能量应于静。静是与能量世界的玄牝相通的，这是天的气体能量与地的气体能量交合的结果。因此，一切众生都是禀阴阳的虚的气体能量而生的。这样就由一生出了二，二生出了三，三生出了物体世界的万法。因此，心的能量生出物体的万虑，色的凝的能量兴起万端，心色和合业因，遂成物体世界的三界种子。之所以有三界，是因为以执心为本，迷了能量世界这个真一之故，所以有来自物体世界的浊辱，所以人就会生让人痛苦的妄气。把令人痛苦的妄气澄清了，就能进入能量的无色界，这就是心的能量的精的神之来源。能量的澄浊现为色界，这就是身。散滓秽为物体世界的欲界，这就是尘境。因此，经中所说，物体世界的三界都是虚妄不实的，而物体世界的三界都是因为有了一这个妄心而变化出来的。因此，内有一生，外就有无为；内有二生，外就有有为；内有三生，外就有三界。内的能量世界与外的物体世界相应，遂生出种种物体世界的诸法及恒沙烦恼。

②万物的不真空：幻化之人是有的但不是真人

据《大藏经·不真空论》记载，僧肇说的外界之空是不真空的。据《大藏经·肇论》记载，僧肇在《不真空论》中说，万物果然都有其所以不有，有其所以不无。有其所以不有，指的是虽有而非有；有其所以不无，指的是虽无而非无。虽无而非无，指的是无者不绝虚，因为无就是能量；虽有而非有，指的是有者非真有，因为能量才是真有。如果有不即真，而无不夷迹，虽然物体的有与能量的无之称是相异的，而其致是一样的。所以然者，指的是物体之有若真有，有自常有，而不是待有缘后而有的。而真无，这种无为自常无，不待缘而后无。如果物体的有不能自有，要待有缘而后才有，这种有就是非真有。物体之有不是真有，所以虽然有也不能称为有。不无指的是湛然不动之无，这就是真无。万物若无，就不会应起，起则非无。有缘就起的，就不是真无。而物体世界的万法果然有其所以不有，不可得而有；有其所以不无，不可得而无。这是什么原因呢？欲言其有，有又非真生；欲言其无，事象又既形。象形不即无，非真非实有。不真空之义就在这里显出来了。所以《放光》中说，物体世界的诸法都是假号不真的，就像是幻化之人一样。并不是说没有幻化之人，而是说幻化之人不是真人。据《大藏经·离微体净品》记载，僧肇在《宝藏论》中说，以相为物相指的是相而无相。因此，经中说，色即是空，不是要非色灭空。正如水流一样，风击水流而成泡。泡即是水，而不是要非泡灭水。经中说，空即是色。譬如说，坏泡为水，水即是泡，不是要非水离泡。因此，爱有相畏无相者，指的是不知有相即无相。而爱无相畏有相者，指的是不知无相即是相。因此，有相及无相，一切悉在其中。觉者之名为佛，妄即不生。如果妄不生，即本真实。

③物体是静而不动和止而不迁的

僧肇的《物不迁论》要说明的是，功业是不朽的，因为物体是不迁的。任何曾经的存在的功业都不是虚无的，而是永久的。据《大藏经·肇论》记载，僧肇在《物不迁论》中说，常人所说的动，指的是往昔的物体是不会跑到今天来的。这就是常人说的动而非静。而僧肇所说的静，恰好说的也是往昔的物体是不会跑到今天来的，过去了就过去了。但是，这就称为静而不是动，往昔之物静在往昔不动，所以无法跑到今天来。动而非静，指的是往昔的物体不来今；静而非动，指的是现在的物体不会跑到未来去。由能量所造出的物体未尝是异的，而能量所见的方式未尝是同的。逆着能量自然运行的方向动就称为塞，顺着能量运行的方向动就称为通。那么，如果已经得了能量运行之道，为什么还会有滞留呢？人情对此之惑已经很久了。人的目对着能量运行之真而没有知觉。既然知道往昔的物体是不来今的，还认为今天的物体是可以往的。既然往日之物体是不能来今的，今日的物体又怎么能够往呢？求向物于能量之向，对于向来说未尝是无的；而责向物于今，对于今的物体来说未尝是有的。于今未尝有，说明的是物不来；于向未尝无，所以知物是不去的。覆而求今，今也不往。

因此，昔物自在昔，无法从今以至昔；今物自在今，不能从昔以至今。这就说明了物体是不相往来的。既然物体是不相往来的，就不能说物体是动的。因此，江河竞注而不流，日月历天而不周。因此，言往不必往，古今常存，以其不动；称去不必去，指的是不能从今至古，以其不来。因为不来，所以不能驰骋于古今；因为不动，所以各性都只住于一世。因为人求古于今，从这个意义上说其不住；我则求今于古，所以知其不去。如果今能至古，则古中应有今；如果古能至今，今中应该有古。今中无古，所以知古不来；古中无今，所以知今之不去。如果古也不至今，今也不至古，事各性住于一世，就没有什么物体是可以去来的。而如来的能量是功流万世而常存的，能量运行之道是通百劫而弥固的。功业是不可朽的。因为功业不可朽，所以虽在昔而不化，不化所以不会迁，不迁所以湛然。果是不俱因的，而因因而果。因因而果，因不昔灭；果不俱因，因不来今。不灭不来，就能明白不迁之致了。僧肇说，梵志出家，白首而归，邻人见到他后问，昔人尚存吗？梵志回答说，我犹如是昔人，但是非昔人也。

（2）如何才能修成正果和脱离苦海？

①佛的智慧要懂得的是能量世界的无的奥义

僧肇认为，说事物是有而恒常的与说事物是无而恒变的，这都是俗谛。说事物既非有又非无，既非恒常又非恒变，这是更高一层的真谛。僧肇在《般若无知论》中阐明了二谛论的最高层次，即第三层次。般若（bō rě，智慧）指的是佛的智慧。般若无知论指的是佛的智慧并非是对于物体的知识。知识需要的是举出事物的一项品质。而佛的智慧是要懂得什么是能量世界的无，知道能量世界的无是超乎形象的，没有任何特性，所以不可能成为知识的对象。要懂得能量世界的无，与能量世界的无为一体，这才是涅槃。涅槃（niè pán，寂静、安稳和常在的正觉的境界）与般若是一而二又二而一的。涅槃不是知识的对象，般若要懂得的是非知识的关于能量世界的无的奥义。因此，进入第三层次的真谛时，人只能缄（jiān，闭口）默，什么也无法说。

②金子的相是不同的，而金子是一样的

据《大藏经·本际虚玄品》记载，僧肇在《宝藏论》中说，譬如说，有人于金器的宝藏中，常观的是金子之体，而不睹金子做成的众相，这样的话，虽睹金子的众相，而看到的也就是一样的金子而已。这样就不会为金子的相所惑，就不对金子进行分别。常观金体，就不会产生对相的看法的虚谬。就真人来说，也是一样的。常观真一，不睹众相。虽睹众相，也是真一。这样就能远离妄想，没有颠倒，不把相当真。住真实际的人，名为圣人。如果有人于金器的宝藏中，常睹众相，而不睹金体，就会分别善恶，于是会起种种见，从而失于金性，从而便有争论。用来比喻愚夫，也是一样的。愚夫常观色相，于是起了男女好丑种种差别。这样就会迷于本性，执着心相，就会起种种颠倒的取舍爱憎。这样就会流浪生死，而受种种身。这样就会妄想森罗，隐覆了真一。中国的佛教中常说，迷则为凡，悟则为圣。迷于诸相，这就是凡人。悟到都是金，那就是圣人。

③无小身则有大身而无小心则有大心

据《大藏经·离微体净品》记载，僧肇在《宝藏论》中说，懂得能量世界的离者是无小身的，而懂得能量世界的微者是无小心的。能量世界因无物体的小身而有大身，能量世界因无物体的小心而有大心。有能量世界的大心才能周遍万物，有能量世界的大身才能应备无穷。因此，执小身为身者，会失其大应；执小心为心者，则会失其大智。千经万论，说的都是要离小的身心，要破对彼的执着，这样才能进入真实的能量世界。譬如金师一样，要销矿取金，才能为器用。执有小身的人，有身碍。有身碍则能量世界的法身会隐于形骸之中。而执有小心的人，则有心碍，有心碍则会让关于能量世界的真智隐于念虑之中。这样就会出现大道不通，妙理沉隐，六神内乱，六境外缘。这样就会昼夜惶惶而不得休息。

④离则能不污不乱不杂而微则能藏百巧而不显其功

离说的是体不与物体合，也不与物体离。譬如说，能量世界的明镜可以光映万象，但是不与影合，也不与体离。又如能量世界的虚空，可以合入一切，而又无所染着。对于懂得能量世界的离者来说，五色不能污，五音不能乱，森罗（sēn luó，森为众多，罗为罗列，合而指万象）不能杂，这就称为离。微指的是体妙无形，无色无相。微能够应用万端而不见其容，能够含藏百巧而不显其功。视之不可见，听之不可闻，但是有恒沙（比喻数量像恒河沙数那样多）万德，不常不断，不离不散，这就称为微。离和微二字，就可以概括了能量世界的道之要。六入无迹就称为离，而万用无我就称为微。就懂能量世界的微者来说，微即是离，离即是微，因事不同而有两名，而其体是一样的。

⑤佛心具有的能量世界是寂而恒照和照而恒寂的

据《大藏经·肇论》记载，僧肇在《般若无知论》中说，圣人能够虚其心而实其照，终日知而未尝知。这样才能默耀韬光，虚心玄鉴，闭智塞聪，而独觉能量世界之冥冥者。圣人有能量世界之智，所以有穷幽之鉴，而对于物体之相则无知；圣人有能量世界之神，所以有应会之用，而对于物体之利则无虑。圣人具有的能量世界之神是无虑的，所以能够独王于世表；圣人具有的能量世界之智是无知的，所以能玄照于事外。智虽在事外，却是未始无事的；神虽在世表，却是终日在域中的，所以能够俯仰顺化，应接无穷。无幽不察，而无照功。无知之所知，为圣神之所会。然其为物，实而不有，虚而不无。如果欲言其有，有无状无名；如果欲言其无，又有圣以之灵。有圣以之灵，所以虚而不失照；无状无名，所以照而不失虚。照而不失虚，所以混而不渝；虚不失照，所以能够动而接粗。因此，圣智之用，未始暂废。求之形相，未暂可得。圣迹万端，而其致为能量世界之一。因此，般若可虚而照，真谛可亡而知，万动可即而静，圣应可无而为。这就是不知而自知，不为而自为。僧肇在《维摩经注》中说，如果以道为道，以非道为非道，就会爱恶并起，垢累滋彰。怎样才能通心妙之旨，达到能量世界的平等之道呢？如果能够不以道为道，不以非道为非道，这样是非就能够绝于心。这样就能够美恶齐观，履逆常顺，愈晦愈明。这样就可以通达无碍，这就是能量世界的平等佛道。成佛的最高境界就是具有能量世界的寂而恒照和照而恒寂。

3. 道生的有情物皆能顿悟成佛观

与僧肇齐名的道生也是中道宗的鸠摩罗什的弟子。道生（约374—434年）是河北巨鹿人。他知识渊博、聪颖过人、能言善辩。据说，在他讲经时，连顽石也不禁点头。他晚年在当时的佛学中心江西庐山讲学。道安和慧远都曾在此讲经。他提出了很多新的理论，所以被守旧派逐出南京。他创立了善不受报论。他认为无为指的是无心。一个人顺其自然地行事，不因人、因时、因地而厚此薄彼，不先此后彼或有为有不为，这就是无为。慧远有着同样的看法。据《大藏经・高僧传》所言，慧远博综六经，尤善老庄。在24岁时就开始讲佛说，引庄子之义来帮助解惑。而道生幼时就聪哲如神。道生所立的“善不受报”义，不知其详。慧远有类似的观点。据《大藏经・弘明集》记载，慧远说恶积则天殃自至，罪成则地狱斯罚。这是必然之数，无所容疑。罪福之应，都是感之而然的，所以称为自然。自然指的是我之影响。如果一个人无心，他的人生就是无求和无待的，而不在于他从事了这项或那项活动。佛家认为，人有求就有所执著，就会有业，就会有报应。如果人是无求和无执着的，他的业就不会招致果报。后来禅宗发展了这种思想。

（1）只有顿悟到能量世界的存在才能与整体的无合一

①在此岸与彼岸之间没有中间步骤

道生说人人都是可以通过顿悟到能量世界的存在而成佛的。据《大藏经・广弘明集》记载，在谢灵运的《辩宗论》中保存了道生的这个思想。道生和谢灵运都不反对学佛和修行的重要性，但是他们认为仅靠渐进的积累是不足以成佛的。成佛需要有一个突变的心灵体验。这时人好比跳过了深渊，由物体世界的此岸到达了能量世界的彼岸，在一瞬间就能完全成佛。人在跳越深渊时，是有可能跳不过去的，结果还是留在物体世界的此岸。在物体世界的此岸与能量世界的彼岸之间，并没有什么中间步骤。顿悟论的立论依据是成佛在于要与能量世界的无成为一体，要与宇宙心的能量世界成为一体。能量世界的无是超乎形体的，所以不是具体的物体。因为不是具体的物体，所以不能被分成块。人不能今天与这一块能量世界的无合一，明天与那一块的能量世界的无合一。能量世界的一体只能是一个整体，合一只能是与能量世界的整体合一。

②暂时与能量世界的无合为一体乃是幻象

在《辩宗论》中还记载了谢灵运和别人在这个题目上的许多辩论。有一位名叫僧维的僧人问，如果一个人学僧，已经与能量世界的无为一体了，他就再无可说。如果一个人还在学能量世界的无以去有，这就是一个渐悟的过程。这样说对吗？谢灵运回答说，如果一个学僧的人还处在物体世界的有的领域，他的努力就只是在学，而不是在悟能量世界的无。悟指的是超越了物体世界的有，一个人学悟并不就是悟。僧维又问，如果一个学能量世界的僧之人献身于学，期望能够与能量世界的无成为一体，是否能有所进步呢？如果不能进步，何必学呢？如果能进步，那岂不就是渐悟吗？谢灵运回答说，献身于学是可以排除物体世界的杂念的。但是，排除了物体世界的杂念并不等于消灭了物体世界的杂念，人还是不能免于对物体世界的杂念的执着，只有经历了对于能量世界的顿悟，人才能消除了物体世界的杂念。僧维又问，如果一个学能量世界的僧之仁和学能量世界的佛之人，通过修行能不能与能量世界的无暂时成一体？如果能，他比完全不能融入能量世界的无的人终究稍好一些，这岂不就是渐悟？谢灵运回答说，暂时与能量世界的无为一体，乃是幻象。真正与能量世界的无一体，必定是持久的而不是短暂的。暂者为假；真者为常。假知是无常的，而常知是无假的。道生对谢灵运的这些观点是赞同的。

（2）一阐提这样的有贪欲之人也有梵心

①见能量世界的佛性的过程就是返迷归极的过程

道生认为，一切有情物都是有佛性的，即都是有梵心的，性即是心。据《法华经疏》记载，道生说，一切众生的心，即使不是能够悟到能量世界的佛，也都皆是具有无意识的涅槃能量世界的。一切有情物都具有能量世界的佛性，只是自己不自知而已。这种对能量世界的无明就是被系缚在物体世界中的生死轮回之中的缘故。人首先应该知道自己的心灵中是有能量世界的佛性的，然后再经过学佛悟到能量世界，再进行修行，这样就能见得自己的能量世界的佛性。这种见之能是一种顿悟，因为能量世界的佛性是一个不可分割的整体。如果人能见佛性，一定见的是整体。如果未见整体，就是未见佛性。能量世界的佛性又是无法从外面见到的，只有通过与能量世界的佛性融为一体的体验，才能见到佛性。据《涅槃经集解》记载，道生说，见能量世界的佛性的过程就是返迷归极和归极得本的过程。极和本就是能量世界的佛性，而归极得本达到的境界就是与能量世界合而为一的涅槃境界。

②一旦顿悟到能量世界则现实世界就成了佛的世界

道生认为，人一旦顿悟到能量世界，那么物体世界这个现象世界就成了佛的世界。据僧肇的《维摩经注》记载，道生说，大乘之悟，本来就不是近舍生死的，更不用到远处去求之。这种悟就是在生死之事中。佛家只是以登彼岸来比喻得能量世界的涅槃的状态。言到彼岸，是若到彼岸，便是未到彼岸。未到即是非未到，方是真到。此岸是生死，彼岸是涅槃。如果见佛了，就说明未见佛。如果不见佛，乃为见佛了。这就是道生所说的佛无净土论，即佛的能量世界就在现实的物体世界之中。一阐提指的是不信因果报应的、断绝善根的、极恶的人。一阐提（yī chǎn tí，有欲望又执着于世荣，贪着生死之境的人）也皆得成佛。这种说法与当时所传的《涅槃经》是相悖的。道生因此而被逐出了当时的都城南京。后来的人才发现，道生的主张与《涅槃经》是相合的。据《高僧传》记载，慧皎说，道生认为，一阐提能成佛、顿悟和不受报等观念，都是合乎《涅槃经》的观念的。据《高僧传》记载，道生说，象是为了尽意的，得意则可以忘象，言是用来诠理的，入理则可以息言。如果取了鱼能够忘掉荃[①]，才可以开始与他言能量世界之道。道生的思想为禅宗的产生奠定了理论基础。

（二）禅宗的以心传心的教外别传

1. 慧能的生平：禅宗的顿门在修行方法上的造极

（1）能量世界的无是非心非佛的

禅起源于释迦牟尼的教外别传，即除见诸佛经的教义之外，还有心传的方法。心传指的是以心传心，不立文字；直指人心，见性成佛。释迦牟尼只传授给一个弟子，这个弟子又传授给另外一个弟子。这样在印度传了28世。菩提达摩于南宋末年到中国，成为禅宗在中国的始祖。据道原的《传灯录·卷一》记载，菩提达摩为一祖，然后是慧可、僧璨、道信、弘忍。第六祖慧能为第五祖弘忍的弟子。慧能（约636—713年）祖籍河

---

① “荃”为香草做的，可用于比喻国君，而“筌”是竹子做的。

北，生于唐太宗贞观十年，三岁时丧父，家境贫寒。24 岁时偶闻人诵读《金刚经》而甚有体会，于是决心归向[①]佛门，并拜禅宗五祖弘忍为师。他没有文化，被派去担水和舂米。八个月后在他作的一偈（jì，佛经中的唱词）中表现出了彻底的空观。据慧能的《坛经·自序品》中记载，弘忍知道自己的大限将到，于是召集弟子以一首偈来概括禅宗的要义，体认最好的就能继承他的衣钵。神秀的偈说：身如菩提树，心如明镜台。时时勤拂拭，莫使染尘埃。慧能回应他的偈说：菩提本无树，明镜亦非台。本来无一物，何处染尘埃！

弘忍很赞许慧能的偈，把衣钵传给了慧能。神秀的偈强调的是道生所说的能量世界的宇宙心或佛性，也就是即心即佛，而慧能强调的是僧肇所说的能量世界的无，也就是非心非佛。于是弘忍当夜单独给他讲《金刚经》，慧能听后豁然大悟，所以弘忍把法衣传授给了他。为了防止神秀一派加害于他，还嘱咐他回南方隐居。弘忍去世后，禅宗分为南北二宗。北宗以神秀为六祖，而南宗以慧能为六祖。慧能的南宗尤其提倡顿门。其弟子神会北上攻击北宗，从而让南宗成了禅宗的正统。武则天和唐中宗曾诏谕慧能入京，均被他婉言谢绝。有一次，当清风吹动旗幡时，引起了两个僧人的争论，一个说是风在动，一个说是幡在动，而慧能说是他两位的心中的能量世界在动。慧能的《六组坛经》与神会的《神会语录》有很多相同之处。

（2）通过直悟本人的能量世界的本心就能立地成佛

道生的顿悟成佛说在禅宗的顿门这里造极。禅宗在能量世界的宇宙论上没有太大贡献，主要贡献在于修行的方法。禅宗的诸派所说的修行方法是大同小异的，因为诸派心目中的能量世界的宇宙是大同小异的。而禅宗能够震动一时，主要在于其顿悟成佛的主张。据《大藏经·坛经》所言，如果起了真正的般若观照的能量世界，刹那间对于物体世界的妄念就能俱灭；如果识得自己的能量世界的佛性，一悟即能至能量世界的佛地。据《神会遗集·语录》所言，众生心中具有贪爱无明宛然，遇到关于能量世界的善知识，则一念相应，便成正觉，所以会感觉到出世是不可思议之事。佛教所说的修行的最高境界是一悟即得。积学之人也须经一悟方能达到此最高境界，所以有了佛法的教外别传之说。也就

① “归向”强调意图，而“皈依”强调行为。

是说，除了要有佛教经典之教外，还需要有以心传心、不立文字之教法。学人研究的是佛教的经典，这就类似于在研究筌（quán，捕鱼的竹器）。如果直悟本人的能量世界的本心，而能量世界的本心即是佛的能量世界的法身。通过这种办法可以不借学而立地成佛。禅宗的顿门弘扬的就是这样的方法。

2. 禅宗的思想脉络

(1) 心的能量世界的不染不杂的无念

禅宗提倡的修行方法以“无念”为主。据《大藏经·坛经》所言，我此法门，从上以来，就是先立无念为宗，无相为体，无住为本。无相指的是于相而离相。无念指的是于念而无念。无住是人之本性，于世间善恶好丑，乃至冤之与亲，言语触刺欺争之时，并将为空，不思酬害。在念念之中，不思前境。如果前念今念后念，念念相续不断，就称为系缚；于诸法上念念不住，即无缚，这就是以无住为本。善知识指的是外离一切物体世界之相，这就称为无相。能离于物体世界之相，则能让能量世界的法体清净。这就是以无相为体。善知识于物体世界的诸境上心不染，这就称为无念。于自念上常离物体世界的诸境，不于物体世界的境上生心。如果只是百物不思，念尽除却，一念绝即死，别处受生，是为大错。百物不思和念尽除却是法缚而不是无念。无念指的是于物体世界的诸境上心不染，常离物体世界的诸境。据《神会遗集·语录》所言，如果声闻修空住空，就会被空所缚；如果修定住定，就会被定所缚；如果修静住静，就会被静所缚；如果修寂住寂，就会被寂所缚。据《大藏经·坛经》所言，无念指的是般若三昧。如果见到一切法，心的能量世界不染著①，这就是无念。心的能量世界之用可即遍一切处，但是也不着一切处。但净能量世界的本心，使六识出六门，于六尘中无染无杂，来去自由，通用无滞，即是般若三昧，自在解脱，这就称为能量世界的无念之行。眼、耳、口、鼻、身、意这六识所依的器官称为六门。六尘指的是六识所取的对象，称为前境。可以任由六识来去自由，但是于其对象不可执着沾滞，这就是不思念前境，这样就能通用无滞。据《大藏经·坛经》所言，前念着境即烦恼，后念离境即菩提。这就是顿悟成佛的道理。

---

① “染著”强调的是为了显著而染，有染则不能净。

（2）无善无恶的心的能量世界是广大如虚空一样的

据《大藏经·坛经》所言，心的能量世界之量是广大的，犹如虚空一样，没有边畔，无方圆大小，非青黄赤白，无上下长短，无嗔（chēn，不满，生气）无喜，无是无非，无善无恶，没有头尾。诸佛的能量世界的刹（chà）土，尽同虚空。世人的能量世界的妙（miào，美好）性本来是空的，没有一法可得。自性真空，也是如此。不要听我说能量世界之空，说空便即着空。第一就是莫要着空，如果空心静坐，即会着无记空。善知识指的是认识到能量世界就是虚空，能含万物的色像。日月星光，恶人善人，恶法善法，天堂地狱等，总在能量世界的空中。世人的能量世界的性空，也是如此。善知识指的是认识到自性的能量世界能含万法则是大，万法都在诸人的能量世界之性中。如果见一切恶之与善，尽皆不取不舍，也不会染著。心如能量世界的虚空，所以可称为大。心的能量世界之量是广大的，所以能遍周法界。通过能量世界之用即了了分明，应用了能量世界便知一切即一，一即一切，来去自由，心的能量世界之体无滞，即是般若。在真如的能量世界之中本来就有诸现象。如果人执着于某种现象而沾滞于其上，心的能量世界就会受限而不大。禅宗的法门是立无念为宗的。那么，善知识说的无是无何事？念是念何物呢？无指的是无二相的能量世界，是无诸尘劳的心的能量世界，而念指的是念真如的能量世界的无的本性。真如是念的能量世界之体，念是真如的能量世界之用。真如的能量世界的自性起念，不是眼耳鼻舌能念的。真如的能量世界是有性的，所以能够起念。如果不存在真如的能量世界，眼耳色声当时即坏。如果真如的能量世界自性起念，六根虽有见闻觉知，因为不染万境，所以能量世界的真性是常自在的。

（3）能量世界的心念不起为坐而能量世界的自性不动为禅

①真定：见了物体世界的诸境而心中的能量世界依然不乱

据《神会遗集·语录》所言，无念法为圣人法；凡夫修无念法，即非凡夫。念与真如是无差别的。如果见无念者，虽具见闻觉知，而他的能量世界是常空寂的。据《大藏经·坛经》所言，在善知识中，什么叫坐禅呢？在此法门的能量世界中是无障无碍的，是外于一切善恶境界的。如果能量世界的心念不起，这就是坐。如果内见能量世界的自性不动，这就是禅。什么叫禅定呢？外离物体世界的相为禅，内心的能量世界不乱为定。如果外着了物体世界的相，内心的能量世界即乱。如果外离物体世界的相，心的能量世界就不会乱。能量世界的本性是自净自定的，只是因为见物体世界之境而思境即乱。如果见了物体世界的诸境，心中的能量世界还能不乱，这就是真定。外离相即禅，内不乱即定。外禅内定，这就是禅定。

②即定之时为能量世界的惠体，而即惠之时为能量世界的照用

神会认为，所有人都可以因一念与能量世界相应变成正觉，从而成佛。据《神会遗集·语录》所言，能量世界的念不起便空无所有，这就称为正定。能见能量世界的念不起的空无所有，这就称为正惠。即定之时就是能量世界的惠体，即惠之时就是能量世界的照用。能量世界的即定之时与能量世界的正惠是不异的，而能量世界的即惠之时与能量世界的定用也是不异的。即定之时即是惠，即惠之时即是定。能量世界之性自如故，即是定惠等学。不作意即是能量世界的无念。在能量世界的无念体上自有智命。能量世界的智命即是实相。诸佛菩萨是用能量世界的无念来解脱法身的。而一切众生之心的能量世界本是无相的。所言之相就是妄心。什么是妄呢？妄指的是作意住入心的能量世界里，妄想在这里取空取净，乃至起心求证菩萨涅槃，这就属于虚妄。但莫作意，心的能量世界自是无物的。如果自己即无物心，则心的能量世界是自性空寂的。在能量世界的空寂体上，自然是由着本智的，这种智有着照用。因此，只要莫作意，就自当能悟入能量世界。

3. 禅师的顿悟修行方法

（1）肯定地言说能量世界的无这个第一义即为死语

①只能靠自己去悟到能量世界的无

禅宗是依循着慧能的路线向前发展的。禅宗的发展使得空宗与道家思想的结合达到了顶峰。禅宗把空宗的第三层次的真谛称为第一义。第一义是无可言说的。禅师只能说第二义。禅师教导弟子的方法是个人接触。为了让其他弟子也能受益，禅师的教导被记录下来成为语录。后来，儒家道学也采用了这种办法。有的学僧问禅师关于禅的根本问题，有的禅师会所答非所问，比如说，有的禅师会说，白菜三分钱一斤。有的会把徒弟给打一顿。禅师就是用这种方式来告诉徒弟，关于第一义的问题是不能回答的。对第一义的肯定的陈述都是死语，说死语的就是该挨打的。对于禅宗的第一义，即能量世界的无，只能靠自己去悟。一旦领会到能量世界的无，便得彻悟。能量世界的无不是任何具体的物体，

所以是不可说的。即使把能量世界称为心，也给能量世界的无加上了限制。禅师和道家都会把说第一义的人称为落入了言荃的人，即掉进了语言的网罗。

②任何的佛经都是无法与第一义挂钩的

据《古尊宿语录》记载，有人问慧能的一个再传弟子马祖说，和尚为什么要说即心即佛，马祖说，为了止小儿哭。又问，啼止时又该如何呢？马祖回答说，非心非佛。马祖的徒弟庞居士问马祖，不与万法为侣的人是什么人？即与万物都没有关系的人是什么人？马祖说，等你能一口吸尽西江水的时候，即告诉你。马祖实际上是告诉弟子，这个问题是无法回答的。既然人已经超越了万物，就无法问他是什么样的人了。有的禅师以静默来表示能量世界的无或第一义。据《传灯录》记载，慧忠国师就是用缄（jiān）默来立义的。任何的佛经都是无法与第一义挂钩的。据《古尊宿语录》记载，义玄禅师说，如果你想要得到如法见解，但莫授人以惑。要向里向外，逢着物体便杀。逢佛杀佛，逢祖杀祖，这样才能从物体世界解脱，从而进入能量世界。

（2）无求无心地以平常心做平常事的修持

①有为的修行会因缘尽而归为物体世界的无常

对于禅宗来说，意识指的是识得能量世界的无。而要到达能量世界的无的境界的修行方法只能是不修之修。据《古尊宿语录》记载，传说马祖在成为怀让禅师的弟子之前，住在湖南的衡山。他独处一庵，惟习坐禅，凡有来访者都不顾。一日，怀让在庵前磨砖，马祖也不顾。时间久了，马祖问怀让，你在做什么？怀让说，我要把砖磨成镜子。马祖说，砖怎么能够磨成镜子呢？怀让说，既然砖是磨不成镜子的，坐禅怎么能够成佛呢？马祖因此而得悟，乃拜怀让为师。禅宗认为，坐禅这样的有为的修行，虽然能够产生一些功效，但是不能持久。据《古尊宿语录》记载，黄檗（bò）禅师说，即使恒沙劫数，行六度万行，得佛菩提，也不是个究竟。什么原因呢？因为这是由因缘造作的。因缘如果尽了，还会归为物体世界的无常。物体世界的诸行都会尽归无常，物体的势力皆是有尽期的。犹如射箭于空，力尽了还是会坠下来的，都会归于物体世界的生死轮回之中。如果这样修行，不解佛意，虚受辛苦，岂非大错？如果没有领会到能量世界的无心，著物体世界之相皆是属于魔业。菩提等法本不是物体世界的有。如来所说的物体世界的有，皆是为了化人的，犹如把黄叶当金钱，权止小儿啼，以便在随缘消旧业的时候，不要再造出新殃。

②不自信便会茫茫地徇一切物体世界的镜转

据《古尊宿语录》记载，黄檗禅师说，最好的修禅便是尽力做好当做的事，而无所用心。这样的修持，不是为了达到某种目的，无论这个目的是多么的崇高。修持不是为了任何目的。这样，当人的前世积累的业报已经耗尽之后，就不会再生出新的业，这便能够让人从物体世界的生死轮回中解脱出来，就能达到涅槃能量世界的境界。行事为人，无所用心，一切顺其自然。据《古尊宿语录》记载，义玄禅师说，能量世界的道流佛法，无用功处。只是平常无事，着衣吃饭，困来即卧。如今的学者的心塞之病在于不自信。如果你是自信不及涅槃能量世界的境界的，便会茫茫地徇一切物体世界的镜转，被它万境回换，不得自由。如果你能歇得对于物体世界的念念驰求心，便与到达涅槃能量世界的境界的祖佛不别了。你想要识得祖佛吗？在你面前听法的便是祖佛。以平常心做平常事，这就是不修之修。

③能够忘记了忘记就是不修之修了

尽管吃饭穿衣都是寻常事，但是要在做的时候是无求无心的，并不是一件容易的事。比如说，人的漂亮的衣服被人称赞时，心底便不禁会有顾盼生姿和得意的感觉，而这些就是穿衣引起的滞着。禅师们所重的是内心的修持，而不需要做什么特殊的事情。人只要是澄心凝思的，一无滞着，以平常心做平常事，自然便是修持了。最后人就会脱去对自己的勉强，忘记了忘记，这就是不修之修了。不知之知与不修之修都是修持的成果。在禅师看来，人无论修行多久，都只是心灵的准备。要想成佛，必须有顿悟，即必须有类似于跳过悬崖的内心经验，这样才能成佛。禅师们把这种悟称为见能量世界的道。据《古尊宿语录》记载，普愿禅师说，能量世界的道是不属于知不知的。知是妄觉，而不知是无记。如果真达到了能量世界的不疑之道，就犹如太虚廓然一样的，是不可以强说是非的。这段话说的即是，人悟道即是要与能量世界的道合而为一。这时的广漠无垠的能量世界的道就不再是无，而是一种无差别的涅槃能量世界的境界。据《古尊宿语录》记载，根据禅师的经验，悟即是智与能量世界的理冥、境与能量世界的神会的状态。这时的感受就如同《六祖坛经》中所说的那样，如人饮水，冷暖自知。

（3）心灵的能量世界不再有负担的现世生活

①心灵上的负担脱落时心塞的问题便顿时自解了

禅僧在顿悟之前，师父给予的些许帮助，就意味着极大的帮助。在这个时候，禅师常用的往往是一声棒喝。在师父向徒弟提出许多问题后，会突然用棒或竹篾（miè）打他几下。如果时间正好，徒弟往往因此而能得到对能量世界的无的顿悟。禅师们比喻顿悟时的体会说，如桶底忽然脱落一样，桶里的东西在刹那间都掉出去了。人在修禅到了一定的时候，心灵的种种负担会像是突然就都没有了，各种让人心塞的问题都自行解决了。这种解决问题的方法，不是说真的把问题解决了，而是一切的问题都不成其为问题了，因为人的心灵上不再有负担了。据《古尊宿语录》记载，清远禅师说，如今明得了的能量世界之道，向前却是不明的。今悟到能量世界之道便是向前迷的。禅宗里有一句惯用的话，说的是：山是山，而水是水。当人在迷雾之中时，看山是山，看水是水。而人在顿悟到能量世界的无之后，山还是山，水还是水，只是不再迷于山与水的相的不同了，而是懂得了山水的本质都是同样的能量。

②懂得尽山河大地都是个能量世界的驴，心塞之病便好了

禅师还常用骑驴觅驴的比喻。据《古尊宿语录》记载，舒州禅师说，人在寻找涅槃能量世界的境界时，只有两种病。一种是骑着驴找驴。你骑着能量世界的驴还到外面去找驴，这是大病。山僧要说的就是不要去觅了。灵利人当下能够识得这点，便能除却觅驴病，这样狂心就能遂息了。舒州禅师说，虽然识得了能量世界的驴，还骑在上面不肯下来，这一心塞之病是最难医治的。山僧向你说，不要骑在能量世界的驴上，因为你便是驴。尽山河大地都是个能量世界的驴，你怎么能骑呢？如果你骑着，保管心塞之病就去不了。如果你不骑，十方世界都是廓落地，此心塞的二病就去了，心下便无一事了。这就是悟到了能量世界的道人，还能有什么事呢？

③直向能量世界那边会了，却来物体世界这里行履

据《古尊宿语录》记载，黄檗禅师说，语默动静，一切声色，尽是佛事。还要到何处去觅佛呢？不可在头上再安头，嘴上再安嘴。即是说，如果达到了对能量世界的顿悟，就一切事都是佛事。据《传灯录》记载，有一个禅僧进入庙里，向佛像的身上吐了口痰。庙里的人批评他。而这个禅僧说，那你告诉我，什么地方没有能量世界的菩萨？禅师经过从迷到悟

的过程，已经把肉体的性情放下，进入了能量世界的禅定的境界。这时禅师们说，人还需要百尺竿头，更进一步。百尺竿头象征的是对于能量世界的顿悟，而要更进一步就是说前面还有事情要做，而要做的无非还是寻常生活中的寻常之事。据《古尊宿语录》记载，南泉禅师说，直向能量世界那边会了，却来物体世界这里行履。

④顿悟后的人依然做着寻常之事，只是再无对物体的滞着

虽然圣人仍旧生活在此岸世界之中，但是他对彼岸世界的领悟并不是白费工夫的。据《古尊宿语录》记载，怀海禅师说，人在对能量世界未悟未解时，名为贪嗔，悟了便唤作佛慧。顿悟后的人与其他人做的事是一样的，只是他对任何事情都没有滞着。据《古尊宿语录》记载，禅语常说，顿悟后的人，终日吃饭，未曾咬着一粒米；终日着衣，未曾挂着一缕丝。据《传灯录》记载，禅僧还有一句话说，担水砍柴，全是能量世界的妙道。后来的儒家道学便由此把事父事君中的妙道开发了出来。据说有一位禅师，每当被问到佛教的道时，他便竖起大拇指，一句话也不说。服侍他的小和尚也学会了竖起大拇指。一次小和尚这么做，被禅师拿刀飞快地砍掉了他的大拇指。小和尚哭着跑开。老和尚喊他，他回头时，禅师又竖起了自己的大拇指，小和尚也竖起自己的大拇指，但看不见大拇指了。据说小和尚就是因此得到了对于能量世界的无的顿悟。

二　法相宗、华严宗和天台宗：去除不净的烦恼导致的心塞之病

（一）法相宗、华严宗和天台宗的教义的思想脉络

1. 玄奘创立的最接近印度佛学的法相宗

到唐代之时，玄奘系统地介绍了佛学。玄奘（xuán zàng，约600—664年）为洛州偃师人（今河南偃师县人），法相宗的创立者。玄奘家贫，13岁时正式出家。他有着强烈的求知欲，遍访名家，饱学佛教的各家学说。他发现各类佛典异说纷纭、主旨不一，对于成佛的根据和步骤等长期争论不休。为了建立统一的佛教学说，他决心到印度求法。在贞观三年，长安一带连遭灾荒，朝廷准允四出求食，玄奘乘机离开了长安，开始了他的艰苦卓绝的求法之行，到达了当时的印度佛教的最高学府那烂陀寺。戒日王在曲女城围玄奘设无遮大会，以玄奘所著的《会宗》《制恶见》两论的论点标宗，任人难破。18天无一人提出异议，因此获得大小乘佛教徒的一致推崇。17年后他携带着大批的经、像载誉回到长安。回国后，他创立了法相宗，翻译了大量的佛教经论。法相宗的佛学与印度的佛学最为

接近。《成唯识论》为玄奘的作品。从逻辑串的先后秩序上看，应该按法相宗、华严宗和天台宗排序，只是因为没有中国化的印度佛学与中国人的观念有所不同，再加上当时的翻译用了比较生疏的术语，所以法相宗理解起来最难。因此，对于佛学不熟悉的学习者可以先学华严宗，再学天台宗，最后学法相宗。

（1）世界究竟是什么样的

①真如指的是湛然不虚妄的如常的能量世界

a. 真实在一切位都是守常如其性的

玄奘认为，物体世界的诸法的实性即是能量世界的真如。据《大藏经·成唯识论》所言，真指的是真实，显示的并非虚妄；而如指的是如常，表现为无变的恒久。这样的真实在一切位都是守常如其性的，所以称为真如。真如指的是湛然的不虚妄的能量世界之义。真如有多个名字，也称为能量世界的法界及能量世界的实际等。真如显示出的是能量世界的空的无我，这里是有无俱非的，这里的心言之路是绝对的。真如是能量世界之法的真理，所以又称为法性。遮拨为无，故说为有。遮执为有，故说为空。勿谓虚幻，故说为实。能量世界的理是非妄倒的，所以名为真如。真如是不同余宗的，是离物体世界的色心等的，是有实常法的。真如指的是物体世界的诸法的实性。

b. 要破令人患心塞之病的我执和法执

据《大藏经·成唯识论》所言，真如有七种：一为流转真如，指的是有为法的流转实性；二为实相真如，指的是无我显出的实性；三为唯有实真如，指的是染净法的唯识实性；四为安立真如，指的是苦的实性；五为邪行真如，指的是集实性；六为清净真如，指的是灭实性；七为正行真如，指的是道实性。法相宗讲的是双离空有，即通过双离而实现空有的能量世界的最高境界。法相宗认为，众生都有我法二执。我执指的是认为我是实有的；而法执指的是认为诸事物都是实有的。法相宗要破此二执，显示出二空。二空指的是我是空的，法也是空的。我与法都是假立的，都非具有实有性。我与法都是物体世界的诸现相，都会依能量世界之识而有所转变。识指的是能量世界的了别。能量世界的识是能变的，而我与法都能为能量世界的识所变。能变的识有八种，可以分为三类。这三类为异熟、思量、了别境识。异熟为第八识，思量为第六识，而了别境识指的是眼、耳、鼻、舌、身、意六识。

②心、意、识：能量世界的心为集中、意为认同、识为了别

据《大藏经·成唯识论》所言，第三能变称为前六识，也称为了境之识。这种识有六种：眼、耳、鼻、舌、身、意。眼、耳、鼻、舌、身这五识依止的是意的根本识，所以是随意之识的缘而现的。五识有的时候是俱全的，有的时候是不俱全的，就如波涛依水一样的。意识是常现起的，只有睡眠和闷绝的时候不在。意的根本识的名字为阿陀那识，这是诸识能够生染净的根本的缘故。依止指的是前六转识都是以意的根本识为共同的亲依的。五识指的是前五转识，种类是相似的，所以可以放在一起说明。五识是随意的缘现言的，显非常起。缘指的是意、根、境等众缘。缘指的是五识之身在内依靠意的本识，而在外随作意、五根、境等众缘和合，方得现前。五识有的时候俱起，有的时候不俱起，因为还要有外缘来合，因为有顿渐之故。正如水涛之波，是有随缘多少之分的。五转识在行相粗动之时，依赖着众缘，而众缘是时不多具的，所以起时少，不起时多。第六识虽然也属于粗动，但是所籍的缘是无时不具的。只是因为违的缘故，才有时不起。能量世界的第七、八识之行相是微细的，所籍的众缘是一切时都有的，所以没有缘之障碍。阿陀那识是第八识的别名，有的人翻译为执持。第七识和第八识都是无时不在现行之中的。在八识之中，前六识是有了别之义的。八识集起时称为心，而只是思量就称为意，了别就称为识，这就是三别义。这三义虽然是通八识的，但是随胜而显的。第八识称为心，在这里集中了诸法之种，是诸法能起之故。第七识的名字为意，主要是为我而恒审思量。其他的六种识，于六别境，是粗动而间断的，是了别转的缘故。如《入楞伽》所说，藏识说之名为心，思量性之名为意，能了诸境相之名为识。

③物体世界的现象均来自能量世界的心心所

a. 能量世界的阿赖耶识是有染净种子的

据《大藏经·成唯识论》所言，能量世界的阿赖耶识是有染净种子的。能量世界的染法种子自己就能生染法，而能量世界的净法种子自己就能生净法。能量世界的阿赖耶识能生物体世界的诸法，而物体世界的诸法又能反过来熏陶能量世界的阿赖耶识。能量世界的阿赖耶识与物体世界的杂染法是互为因缘的。如炷与焰一样，二者是在展转中实现烧的。又如绑在一起的芦，互相依住。只是依靠能量世界的阿赖耶识与杂染法，就能建立因缘了。能量世界的心是有三性的：遍计所执性；依他起性；圆成实性。能量世界的三种自性都是不远离能量世界的心心所法的。心心所即所

变现的能量世界，指的是物体世界的众缘的生之故。物体世界的众缘如幻事等一样，非有但似有，能够诳惑愚夫。物体世界的一切皆名都是依他起性的。愚夫在物体世界的此处横执我法，其实物体世界的性相都是无。物体世界的一切皆名都是遍计所执的。物体世界的彼所妄执的我法其实俱是空的。此空所显的能量世界的识等才是真性，能量世界的识的名为圆成之实。这就是三不离心等。物体世界的诸法都是由众缘所引，而众缘都是来自能量世界的心心所，通过虚妄而变成物体世界的现实，犹如幻事、阳焰、梦境、镜像、光影、谷响、水月，都是能量世界的变化所成的，是非有似有的。物体世界的诸法都是依他起性的，被愚人妄执为实我和实法。这样的我法二执，都属于遍计所执性。

b. 知道了诸法的实性时就能入能量世界的圆成实

三无性指的是：相无性；生无性；胜义无性。据《大藏经·成唯识论》所言，最初的遍计所执所立之相是无性的。这样的体相毕竟是非有的，如空华一样。其次依他所立生的是无性的，如幻事、托众缘生，就如妄执一样的无。来自自然之性，从假的角度来说是无性的，但非性全无。圆成实所立之胜义也是无性的。胜义指的是远离前遍计所执我法性之故，也是假说无性，而非性全无。在如上三性之中，前一性是真无，而后二性则是假说无性。后二性虽然体是非无的，而有愚夫于彼增益而妄执实有我法自性，所以名为遍计所执。为了除掉此执，所以佛世尊于有及无，总说无性。因此，三无性之说并非了之义。诸契经中所说的无性之言，不是极了之义。诸有智者，不应该依之。心及心所也是依他起性的。众缘所生的心心所之体，及相的见分，有漏与无漏，都是依他起性的。依他众缘，才得起。因为诸心心所都是依他而起的，所以也如幻事一样，并非真实之有。不能从心心所的外实有境来说唯有识。这是需要遣除的妄执。如果执唯识为真实之有，如执外境一样，也是法执。心及一切诸法都是依他起性的。心及诸法的实在性质，就是诸法的实性。不知诸法的实性，而执诸法为实有，这就是遍计所执。而知道了诸法的实性时就能入圆成实。

④自觉的了别产生于空的我执和法执

据《大藏经·成唯识论述记》记载，窥基说，内识的能量世界的体性非无，心外的物体世界的我法体性非有。有心外法是有轮回生死的。如果能够觉知能量世界的一心，则能弃生死用。据《大藏经·成唯识论》

所言，有漏识的人，为带有烦恼之识的人。有漏识的人因为能缘和有所缘，所以才出现了相。能缘就是能了别，而所缘就是有了别的对象。这样才有了名和分，自己也有了自觉。我与法之相虽然在内识，但因为分别而现出外境。诸有情类，都会因无始时来之缘而执为实我和实法。这就像是做梦的人认为实有外境一样。愚夫所计的实我和实法都是无所有的，这都是随妄情而施设的，所以是假的。外境非如识之有，而内识也非如境之无，这就是离二边而契中道。

（2）要通过修道断灭我执和法执才能除掉烦恼

①万物有生死轮回，因为能量世界有恒转的种子识

据《大藏经·成唯识论》所言，能量世界的种子识是非断非常的，因为能量世界是恒转的。恒指的是种子识是无始时来的，而且是常无间断的。能量世界之性是趣生而施设的，所以能够坚持不失其种。转指的是种子识是无始时来的，而且是念念生灭的，是前后变异的。因灭果生，所以可为转识，可以通过熏陶而成种。恒所说的是能量运行之流的不断，而转说的是能量世界之念是非常的。能量世界的运行，正如暴流水一样，是非断非常的，虽然相续长时，但有所漂溺。风等能够击起波浪，但流是不断的。在暴流之中，漂水上上下下，而鱼草等物是随流不舍的。种子识之性是无始时来的，刹那刹那之间，就会有果生因灭。从果生的角度看是非断的，而从因灭的角度看则是非常的。非断非常，这就是缘起之理。因此，种子识是恒转如流的，是能够生死轮回的。

②有情就有让生死轮回不能出离的烦恼

据《大藏经·成唯识论》所言，第二能变识为人的末那识。人的末那识是在异熟能变识之后的。人的末那识是能够恒审思量的，因此所执的是我相。人的末那识是与四种根本的烦恼相应的，即我痴、我见、我慢、我爱。我痴指的是因为对能量世界无明所以愚蠢于我相，迷于不懂得无我之理。我见指的是我执于非我之法，妄计为我。我慢指的是倨傲，因为执我而令我心高举。我爱指的是我贪。这四种常起的时候，就会把人的内心扰浊，恒成杂染。这样就出现了有情的现象，有情就能让生死轮回不能出离，所以称为烦恼。

③烦恼是怎么从能量世界中产生出来的呢？

a. 有定处、定时、不定相续、有作用的物是梦境

唯识论指的是在能量世界的识外无物体世界。没有达到唯识论的认识

水平的人，会有种种疑难问题。据《大藏经·成唯识论》所言，如果只有能量世界的内识，而物体世界的外境只是因内识而起，我们见到的世间情非情物，那么处、时、身、用定不定转呢？这就和梦境是一样的。为什么此识是有处得生的而不是在一切处生呢？为什么此处是有时识起，而非一切时起呢？同一处时，有多相续，为什么不决定随一识生呢？人们通常认为，心外是有境的。如果见到山，就认为山是离开识而实有的，所以只有到此山之处，才能见到此山，而不是到一切之处，都能见到此山。这就是因为山是有定处的。只有到此山处之时，才能见到此山，而不是在一切处时都能见到此山。这就是定时。眼睛有病的人看到的发是无法用的。有眼病的人才能见，而无眼病的人就见不到，因为这是虚妄的。梦中所见的物是没法用的。用幻术弄出来的寻香城也是无城可用的。梦中所得的饮食等是没有办法饮用的。我们看到的物，其用并不是无。如果唯有识，外境只是似生的话，定处、定时、不定相续、有作用的物，都是不能应成的。《大藏经·唯识二十论》回答如上四难说，梦中虽然是无实境的，但是梦中见到的村园男女等物也是有处的，并不是在一切处都能看见。也是在是处和是时见到这些物的，而不是在一切时。梦中境虽然是无实的，但是会有损失精血等用。

b. 颠倒的二障杂染是烦恼业生的缘故

据《大藏经·成唯识论》记载，外人问，如果诸色之处，也都是以识为体，怎么会出现色相显现的时候，一类能够坚住，相续而转呢？玄奘回答说，因为熏习势力起的缘故是与染净法为依处的。说诸色若无，指的是应无颠倒，这样便无杂染，也无净法。因此，诸识也似色现一样。据《大藏经·成唯识论》记载，窥基说，无始名言的熏习是住在身中的。因为有彼势力的缘故，此色等起，相续而转。因为元迷执色等境的缘故，而生出颠倒等。色等如果是无，就应该没有颠倒。颠倒指的是诸识等缘此境色，从而起妄执。如果此识没有无故颠倒，就不会有杂染。杂染是烦恼业生的缘故，或者说，颠倒体是烦恼业生的缘故。没有颠倒，就不会有二障杂染。没有了二障杂染，就没有了漏净，也就没有所断，从而就没有了清净。

c. 未得真觉之时会恒处于生死长夜之梦中

据《大藏经·成唯识论》记载，外人又问，色等外境，分明是有现为证的，而且现量所得，怎么会是无呢？玄奘回答说，现量证时，不执为外。因为意的分别，所以妄生外想。现量境是自相分的结果，是识所变的缘故，所以被说为有。意识所执的外实色等，都是妄计有的缘故，所以说彼为无。色等境是非色似色，非外似外的，像梦所缘一样，其实是无。外人又问，如果觉到的时境都如梦境一样是不离识的，那么从梦中醒来，应该知道梦是唯心的，其实不是现实。怎么醒来之后，于自色境，依然不知是唯识呢？玄奘回答说，正如在梦中为觉之时，未真觉的时候，是不能自知的。至真觉时，才能追觉。未得真觉的时候，会恒处于梦中，所以佛把这种情况说成是生死长夜，因为未了解到色境的本质是唯识。梦醒之后会感觉到一切事物都是虚幻的。

d. 他心如自己的镜中之影，所以不能用手执

据《大藏经·成唯识论》记载，外人又问，外色实际上是无，但也不能说就是内识境。他心是实有的，不是自所缘的吧？玄奘说，谁说他心是非自识境呢？但不能说彼是亲所缘。识生时是无实作用的，不像是手等亲执外物，也不像是日等舒光亲照外境。但是，就像是镜等似外境现，名了他心，而非亲能了。能够亲所了的，可称为自所变。因此，契经说，无有少法，能取余法。但是，在识生之时，似乎是彼相现，用名来取彼物。如缘他心一样，也是色等而已。即是说，他心可以成为自识的对象，但并不是能亲自认识的。在认识他心的时候，不能像亲手执外物一样。他心如自己的镜中之影。据《大藏经·述记》记载，窥基说，余指的是心外的实法。不是说自己的实心能取他人的实心，而是说在识生之时，心似彼他心相现，取名为他心而已。

e. 因为能量世界中有展转力，所以有凡圣的尊卑之别

据《大藏经·成唯识论》记载，外人问，既然有异境，怎么能够说唯有识是存在的呢？玄奘说，法相宗说的不只是一识。在吾人之识外，还允许有他人之识。如果只有一识，就不会有凡圣尊卑之别。没有圣人就没有人来说什么是法，而没有凡人圣人说法就没有对象。外人又问，如果只是存在着识，外缘都是无，又怎么会生出种种分别呢？玄奘说，一切能量世界的种识都是会如是如是地变的。因为有能量世界的展转力之故，所以能够生出彼彼之间的分别。也就是说，虽然没有外缘，但在能量世界的本识中有一切种转变的差别。能量世界的诸净法起，是净现行为的缘生之故。

④要认识到我执和法执都不是实有的

a. 要用生空观战胜对能量世界的俱生心相的我执

据《大藏经·成唯识论》所言，诸种我执可以大略分成两种，即俱

生和分别。俱生的我执是无始始来的，再加上虚妄熏习，内因力的缘故，恒与身俱。不与邪教及邪相分别，任运而转，所以称为俱生。我执在第七识中常相续，而缘在第八识，起自能量世界的心相，执为实我。在第六识中有间断，缘识所变五取蕴相，有的时候为总有的时候为别，也起自于能量世界的心相，执为实我。这两种我执，因为细的缘故而难断，要通过修道中，数数修习，要用生空观战胜自我，这样才能除灭我执。而分别我执是来自于现在的外援力的缘故，非与身俱来①。要把邪教及邪进行分别，然后方起，所以称为分别。只有在第六识中才有分别。

b. 识差别相不能真胜，因为依靠的是物体世界的世俗之理

据《大藏经·成唯识论》所言，诸法执也大略可分为两种，即俱生与分别。这两种情况与我执是完全一样的。实我与实法起自第八识的心相，为第七识所执。第六识执识执所变蕴外界相如山河大地为实法。二识其实是由二执由起的。这八种识不可以说它们有各不相干之体，既不可言其为定异，也不可定言其为一体，即不可言其为定一。八识都是有自性的，所以不可言它们有定一。行相所依的是缘，所以相应是异的。一灭的时候，其余是不灭的。但是，也不是定异。八识就像是水波一样，没有差别。定异不是因为没有因果性的缘故，而是没有定性之缘故。识差别相，依靠的是世俗之理，所以非真胜之义。在真胜之义中，心言绝。正如伽他所说，心意识这八种识，都因为俗而相互有别。真故是相无别的，因为是相所相无的缘故。

c. 真空才是真性而其他都是唯识变来的

为了破除二执，就要知道我与法都非实有。据《大藏经·成唯识论》所言，三能变识及彼心所，都能变似见相二分，这里就能立转变名。所变的见分，通过说名而分别，因为能取相之缘故。所变的相是分的，名就有所分别，这是以见所取的缘故。因此，从能量世界的正理的角度上看，彼的实我之法，是因为离识所变来的，都肯定是非有。离能所取是没有别物的缘故。并非有实物而是离二相的缘故。因此，一切有为无为，若实若假，都是离不开识的。唯有言是遮离识的实物。有的转变者，被称为诸内识，转似为我法外境相现。这种能的转变，即名所分别。虚妄的分别，是因为自性的缘故，这就称为三界心及心所。此所执境，名所分别。因为妄执实

① “与身俱来”是随身体而来的，与“与生俱来”有所区别，因为对生的看法是不同的。

我法性，所以有分别，变似外境，假我法相。彼所分别的实我法性，决定是皆无的。因此，一切都是唯有识的缘故。虚妄的分别，是因为有极而成之故。真空才是真性。这样就可以远离增减二边，唯识义成，契会中道。

（3）要通过渐进的修行来破除顽固的我执和法执

①不是所有人都能成佛，因为种子不同

a. 种子是本性中就有的但是因熏陶习力而增长

据《大藏经·成唯识论》所言，我们所见的外境，比如说，山河大地，都是种子识中的种子变来的。山河大地都是种子识中的共相变来的，而不是一异熟识所变来的。每一有情的异熟识，各变出一山河大地。因为其中存在着共相，所以互相之间很相似。就好比众灯之明，虽然灯不一样，但是明是似一的。据《大藏经·述记》记载，窥基说，身为总名，身中是有根的，所以称为有根身。人身的五根为眼、耳、鼻、舌、身。五根是由异熟识中的不共相种变来的。据《大藏经·成唯识论》所言，阿赖耶识指的能变之识，又称为种子识。种子识具有能藏、所藏和执藏之义，与杂染是互为缘故的。阿赖耶识又称为藏识和异熟识。异熟指的是通过变异而熟，能异时而熟，能异类而熟，其中藏有诸法，为世间及出世间的一切事物的种子。这些种子都是本性中就有的，不是从熏陶中来的，但是由熏陶习力可以增长。这就像是麻本来是无香气的，但是以华熏之，就会有香气。

b. 能成佛的人生来就有着无漏种子

诸法有的是种子中本有的，有的则是有种子始起的。种子又可分为有漏种子和无漏种子。有漏种子是物体世界的世间诸法产生的原因，而无漏种子则是能量世界的出世间的诸法产生的原因。种子识中藏有诸法的种子，而其他七识则可以熏陶种子识，让种子识能够增长。种子识为所熏陶的对象，而其他识具有熏陶的能力。能熏和所熏之间互为因果。有漏种子产生出有漏法，而有漏法回过头去熏有漏种子，这样就使得人的生死能够轮回。而从无漏种子中产生出无漏法，无漏法又回过头去熏陶无漏种子，这样让人能够生死永弃。人与人之间生来就有种性的区别，就因为不是所有的人都生而有无漏种子。有的人是全无无漏种子的，有的人有二乘种子，有的人则有佛的无漏种子。因此，并不是人人都有佛性，并不是人人都可以成佛。

②通向能量世界的圆明的究竟位的五个修行阶段

据《大藏经·成唯识论》所言，要悟入唯识，需要经过五个阶段，这里说的位就是阶段。一为资粮位，指的是修大乘顺解脱分；二为加行位，指的是修大乘顺决择分；三为通达位，指的是诸菩萨所住见道；四为修习位，指的是诸菩萨所住修道；五为究竟位，指的是住无上正等菩提。为什么能够渐次悟入唯识呢？诸菩萨在识相性资粮位中能够深信解；在加行位中能渐伏除所取能取，从而能够引发真见；在通达位能够如实通达；在修习位中，能如所见理，数数修习，就能伏断余障；至能量世界的究竟位时则能出障圆明，能尽未来化有情类，重新让人悟入唯识相性。因为有二取的习气，所以名彼随眠，随逐有情，眠伏藏识，或随增过，所以称为随眠，指的是所知烦恼障种。烦恼障指的是执遍计所执实我，共有 128 种根本烦恼及彼等流诸随烦恼，都能扰恼有情的身心，能障涅槃。所知障指的是执遍计所执的实法，能障菩提。因为有能取和所取这二取，所以生出烦恼和所知二障。有取而执之以为是实我，这样就生出烦恼障；有所取而执之以为实法，这样就生出所知障。在加行位中，修行者寻思的是名、义、自性和差别等四种法，而这四种法都是假有实无的，都是自心变的，所以是假施设有，实不可得。这样就能知道无所取。实智指的是对于诸法有能量世界的如实之知识。

③无烦恼的无漏种子的安乐一世界

据《大藏经·成唯识论》所言，因为皆带有相，所以未能证实。如果彼空有二相未除，带相观心，就会有所得，但得的并非是安住唯识真理。彼相灭已，方实安住。修行者到了通达位的时候，能所取相的，俱是分别，有所得心戏论现之故。证真如指的是名实住唯识真胜义性。智与真如是平等的，因为有俱离能取所取相之故。修行者到了修习位时，为断除余障，复数修习无分别智。这种智远离所取能取，故说无得。及不思议，或离戏论，说为无得。不思议指的是妙用难测。染指的是虚妄遍计所执；净指的是真实圆成实性。转指的是二分转舍转得。通过数修习无分别智，能断本识中的二障粗重，这样就能转舍依他起上遍计所执，及能转得依他起中圆成实际性。由转烦恼，得大涅槃；转所知障，证无上觉。这样就能成立唯识，知道能量世界的唯识真如。愚夫因为颠倒的缘故，迷此能量世界的真如，所以无始来，受生死之苦。圣者能够离倒，能够悟此能量世界的真如，便得涅槃，毕究安乐。

据《大藏经·成唯识论》所言，到了究竟位时，就到了究竟无漏界摄。在这里诸漏永尽，非漏随增。无漏指的是性净圆明。界指的是藏的意思，此中含有无边希有大功德。自究竟位之时，八识都转为了智，所以都成为了无漏识。无漏识也为能变，诸种佛身佛土，都是无漏识所变来的。此诸身土，若净若秽。由无漏识上所变现者，同为能变之识，俱善无漏。纯善无漏因缘所生的是道谛摄，而非苦集之故。在识中本来就有有漏无漏，即染法和净法两类种子。而在佛身佛土这里，即依无漏种子，因此而能成一世界。在玄奘的唯识之义中，认为外界都是吾人之识所现的，与中国人所认同的常识是相违背的。僧肇之所以要说诸法如幻化人，目的是要说明并非无幻化人，而玄奘的意思则是要说幻化人并非真人。在玄奘这里，虽然不否认成佛后的活动，但是并不注重这种活动。而且，玄奘认为，只有一部分人有佛无漏种子，不是人人都有佛性，所以不是人人都能成佛。虽然种子不是一成不变的，能够依他起，但并世之人成佛的可能性是不同的。而且，玄奘所说的修行是主渐修的，必要经过一定的阶段，而不主顿悟。

2. 法藏的华严宗的《金师子章》

法藏（643—712年）在唐贞观年间生于长安。他曾参加玄奘的翻译佛经的事业，后因与玄奘见识不同而出译场。后来他发挥了杜顺及智俨之说。据《大藏经·宋高僧传》所言，法藏曾为武则天讲《新华严经》。他讲了很多经的道理，但是武则天还是茫然未决。于是，法藏指着镇殿的金狮子为喻，这样就径捷易解，这就是《金师子章》。据《大藏经·金师子章》记载，《金师子章》列有十门：初明缘起；二辨色空；三约三性；四显无相；五说无生；六论五教；七勒十玄；八括六相；九成菩提；十入涅槃。武则天因此遂开悟其旨。据《大藏经·宋高僧传》所言，华严宗第四祖澄观说，华严宗有四法界：事法界、理法界、理事无碍法界和事事无碍法界。法藏认为能量世界的一常恒不变之真心是一切物体世界的现象之根本。每一事物都是能量世界的真心全体之所现。法藏所说的空，不是玄奘所说的空之空，而法藏所说的事也是当然应有的。

（1）世界的本质是什么样的？

①真心的能量世界的圆成实性是常恒不变的

a. 缘起：金之性为因，工匠的制作为缘，金师子①为事物

据《大藏经·金师子章》所言，能量世界就好比是金。金是无自相

---

① “金师子”强调的是抽象，而“金狮子”强调的是具体。

的，随工巧匠之缘，遂有师子之相起。起但是缘，所以称为缘起。金比喻的是能量世界的本体，而师子比喻的是物体世界的现象。据《大藏经·华严义海百门》所言，法藏把能量世界这个本体世界称为理法界，而把物体世界这个现象世界称为事法界。据《大藏经·修华严奥旨妄尽还源观》所言，能量世界的本体是自性清净的圆明体，也就是能量世界的如来藏中的法性之体，从本已来，性自满足。来自能量世界的性是处染而不诟的，是修治而不净的，所以说是自性清静的。来自能量世界的性体是能够遍照的，是无幽不烛的，所以称为圆明。能量世界的本体如水一样，而物体世界的现象如波一样。水中之波即为现象世界中的诸事物。金师子之所以能成，来自能量世界的金之性是因，而工匠的制作为缘。现象世界中的诸事物，都是因缘和合而生的，所以称为缘起。

b. 以金收师子尽则金外就无师子之相可得

据《大藏经·金师子章》所言，师子是有情的，这种情就称为遍计。师子似乎是有的，这种似有就称为依他。师子的金性是不变的，号称为圆成。现象世界中的诸事物都是因缘和合而生的。幻相似乎是有的，但本无自性，所以称为依他。世俗妄情把似有的诸事物执之为实有，这就称为遍计所执之性。真心的能量世界的本体是常恒不变的，这就是圆成实性。据《成唯识论》所言，一切诸法都是依他起的，识也是依他起的。一切法与识都是依他起的，这种性质即为实在的性质，称为圆成实性。即是说常恒不变之真心的能量世界的本体为圆成实性。据《大藏经·金师子章》所言，如果以金收师子尽，则金外就无师子之相可得，所以说相之实为无。据《大藏经·华严义海百门》所言，如一小尘圆的小之相，是自心变起的，是假立无实的，是取不得的。尘相是虚无的，是由心所生的，是了无自性的，所以称为无相。据《大藏经·金师子章》所言，见到师子生时，是金生，因为金外无一物。师子虽然是有生灭的，而金体本身是无增减的，所以对金来说就是无生。据《大藏经·华严义海百门》所言，无生指的是尘是心缘，心为尘因。因缘和合，幻相方生。因为从缘而生，所以必然是无自性的。尘无自性，必待于心；心不自心，也待于缘。相是有待的，所以无定属缘生。因为无定属缘生，所以称为无生。心必须有对境，才能起心法。因此，尘是心缘。缘生无定，所以称为无生。这点与《金师子章》所言有异。《金师子章》说的是现象世界中的诸事物本来就是幻有的，就其幻而言，有即是非有，生即是无生。

②万物的真心是包罗全体和卷舒自在的

a. 舒常卷所以一尘能摄一切，而卷常舒所以一切能摄一尘

大乘顿教要让人不知有有，也不知有空，还要进一步知道，真心之体是包罗万象的。据《大藏经·华严还原观》所言，此真心用则波腾鼎沸，全真体都在运行。真心之体的能量世界即是镜净水澄，举随缘而会寂。真心的能量世界若曦光之流采，无心而朗十方；如明镜之端形，不动而能呈万像。现象世界中的每一个事物，都是真心的能量世界之全体。据《大藏经·华严义海百门》所言，如见到高广之时，自心的能量世界现作大，并非别有大。今见尘圆之小时，也是自心的能量世界现作小，并非别有小。自心的能量世界可以全以见高广之心来现尘。能量世界起必全真，这样才能让能量世界的一有力收一切，也让一切有力来收能量世界的一。这样就能体会到能量世界的一即是物体世界的一切，而物体世界的一切即是能量世界的一。据《大藏经·华严义海百门》所言，明卷舒指的是尘无性，举能量世界之体能全遍十方，这就是舒。而能量世界的十方都是无体的，就能随缘全现在物体世界的尘中，这就是卷。经说，以能量世界的一佛土能满十方，而十方入能量世界的一也无余。这样，卷则一切事都能于一尘中现，而舒则一尘能遍一切处。舒常卷，所以一尘能摄一切；卷常舒，所以一切能摄一尘，而卷舒是自在的。一乘圆教讲的就是这个道理。

b. 金与师子是相容成立的，因为一与多是无碍的

据《大藏经·金师子章》所言，勒十玄指的是：一为同时具足相应门，指的是金与师子同时成立，圆满具足。二为诸藏纯杂具德门，指的是师子之眼收师子尽时，则一切纯是眼，而如果师子之耳收师子尽时，那一切就纯是耳。如果诸根同时相收，悉皆具足，则一一皆杂，一一皆纯，为满圆藏。三为一多相容不同门，指的是金与师子是相容成立的，一与多是无碍的。于中理事，各各不同，或一或多，各住自位。四为诸法相即自在门，指的是师子诸根，一一毛头，都可以以金收师子尽。一一彻遍师子眼，眼即是耳，耳即是鼻，鼻即是舌，舌即是身。诸根都是自在成立的，无障无碍。五为秘密隐显俱成门，指的是如果只看师子，则看不到金，这个时候师子显，金隐；如果只看金，就看不到师子，所以金显而师子隐。如果两处都看，则俱隐俱显。隐则为秘密，而显则为显著。六为微细相容安立门，指的是金与师子，或隐或显，或一或多，定纯定杂，有力无力，即此即彼，主伴交辉，理事齐现，皆悉相容，不障安立，微细成辨。七为

因陀罗网境界门，指的是师子的眼耳支节，一一毛处，各有金师子；一一毛处的师子，同时顿入一毛中。一一毛中，皆有无边师子；而又复一一毛带此无边师子，还入一毛中。这样重重无尽，犹如天帝网珠。八为托事显法生解门，说的是此师子以表无明，语其金体，则彰真性，而理事合论，况阿赖识，则令生正解。九为十世隔法异成门，指的是师子是有为之法，是念念生灭的，刹那之间就会分为三际即过去、现在和未来。此三际又各有过去、现在和未来。总有三三之际，以立九世，即束为一段法门。虽则九世，各各有隔，相由成立，融通无碍，同为一念。十为唯心回转善成门，指的是金与师子，或隐或显，或一或多，各无自性，由心回转。说事说理，有成有立。

（2）如何才能修成涅槃新境界？

①色即是空和空即是色的色空无二说

a. 成大智不住生死而成大悲而不住涅槃

据《大藏经·金师子章》所言，师子之相是虚的，只有金是真的。师子没有的时候，金体不无，所以说是色空。空是无自相的，所以要用色才能明。色空指的是不碍幻有。现象世界的诸事物都是幻象，所以称为色空。这种空并不是无诸事物之空。据《大藏经·华严还原观》所言，尘是没有自性的即是空的。幻相宛然即为有。幻色是无体的，所以与空无异。真空具有德，彻于有表。观色即为空，成大智不住生死。观空即色，成大悲而不住涅槃。色空无二说的是色即是空，空即是色，所以悲智不殊，方为真实。据《宝性论》所言，道前的菩萨，对于真空妙有，还有三疑：一是怀疑空会灭色，取断灭空；二是怀疑空与色是相异的，取色外空；三是怀疑空是物，取空为有。《华严还原观》解释说，色是幻色，必不碍空；空是真空，必不碍色。如果碍于色，即是断空；如果碍于空，即是实色。

b. 虽然大乘终教讲的是空但是并不废有

据《大藏经·金师子章》记载，法藏论了五教：一为愚法声闻教，说的是师子虽然是因缘之法，念念生灭，实际上是无师子之相可得的；二为大乘始教，说的是缘生之法，各无自性，彻底唯空；三为大乘终教，说的是虽然回复到彻底唯空那里，但不碍幻有宛然，缘生为假有，二相双存；四为大乘顿教，说的是即此二相，互夺的话就会两亡，情伪不存在，俱无有力，空有双泯，名言路绝，栖心无寄；五为一乘圆教，说的是此情尽体露之法，混成一块。繁兴大用之时，起必全真，万象纷然，参而不杂。一切即是一，皆同无性；一即一切，因果历然。力用相收，卷舒自在。华严宗判教指的是华严宗把佛教中的诸派别整齐排比，让每个派别都在一个体系中有一个位置，都说明了真理的一个方面。据《大藏经·华严还原观》所言，有尘相体无遍计，这就是小乘法；而由尘性来体会无生无灭，依他似有，这就是大乘法。小乘法要破的是人的遍计所执之性，指的是要让人知道师子是念念生灭的，让人不要执师子为实有。大乘法要指出的是依他起性，要说明的是念念生灭之师子，本来是没有自性的，是彻底唯空的。而这里说的只是大乘始教。要进一步让人知道的是师子虽然是幻有的，但是有也无碍，缘生为假有，二相可以双存。大乘终教要说的是，要讲空但是仍不废有。

②净心无劫的入世大悲的拯救

a. 现实世界中的每一事物是包罗一切事物的

现象世界中的每一个事物，都是真心全体。师子也是真心全体。每一事也皆是全体。就师子之眼是真心全体之一点而言，师子眼就是一切，所以师子眼为杂，也可以说一切皆是师子眼，所以师子眼就是纯的。所以一一皆杂，一一皆纯，一一皆为圆满藏。真心的能量世界为一，而物体世界的现象为多。每一现象都是真心全体所现，所以一即是多，多即是一。而从另一方面而言，现象自是现象，金是理，而师子是事；金是一，而师子是多，各自有其地位。一与多虽然是相容无碍的，但自有不同。从一方面讲，因为现象世界中的每一事物都是真心全体所现，所以一即是一切，一切即是一，所以耳即是鼻，鼻即是舌。从另一方面讲，每一事物又只是每一事物，耳只是耳，鼻只是鼻，自在成立，无障无碍。如果人注意的是现象世界中的诸事物，则事物显而本体隐；如果人只注意体，则本体显而事物隐。而本体与事物之间，或为一或为多，或纯或杂，或有力或无力，或为此或为彼，或为主或为伴。据《大藏经·华严还原观》所言，以自为主，望他为伴；或以一法为主，以一切法为伴；或以一身为主，以一切身为伴。如果我们注意的是师子，那么师子就是主，其余的一切即为伴。虽然有这样的不同，但是皆互不相碍。因为现象世界中的每一事物都是真心全体所现，而真心是包罗一切事物的，所以现实世界中的每一事物也是包罗一切事物的。此一事物不仅包罗一切事物，而且把每一事物中所包罗的一切事物也包罗之。彼每一事物中所包罗之一切事物，也各各包罗一切事物。

b. 一念即为九世而九世即为一念

据《大藏经·宋高僧传》记载，法藏为学不了者设巧便，他曾取了十面镜子，安排在四方四角和上下各一面，相去有一丈之余，面面相对，中间置一佛像，然后燃烧一支火烛去照，让十面镜子互影交光，让学者了解到刹那间涉入重重无尽光海的义旨。在每一面镜子中，不止有彼镜之影，而且有彼镜中之影之影。因陀罗网为一珠网，每一珠中现一切珠，又现一切珠中之一切珠，就这样重重无尽。举师子之例是为了说明现象，即真心之生灭门。说金体是为了比喻能量世界的本体，即真心之真如门。真心不觉的时候就会动，从而有生灭。不觉指的是对能量世界无明。二门和合，就是生灭与不生灭的和合，这就是阿赖耶识。一念为真心全体所现，九世也是真心全体所现，所以一念即为九世，九世即为一念。

c. 真心不觉时一念无体便有百千劫

据《大藏经·华严义海百门》所言，由一念无体，即通大劫。大劫无体，即该一念。因为念劫无体，长短之相自融，所以能够至远近世界。佛及众生，三世一切事物，都现于一念之中。为什么呢？因为一切事法都是依心而现的。念即无碍，法也随融。所以，一念即见三世一切事物之显然。因此，经说，或一念即百千劫，而百千劫即一念。据《大藏经·金师子章》所言，师子是总相，而五根差别是别相。共从一缘起，所以是同相，而眼与耳等是不相滥的，所以是异相。诸根合会而有师子，这就是成相；诸根各住自位，这就是坏相。就现象世界中的每一事物而言，事物的全体为总相，而其中的各个部分为别相。事物及其各部分都是由缘起的，所以为同相；而各部分又是各部分，这就是异相。各部分会合成此事物，此事物即成，这就是成相。如果各部分不会合，各部分只是各部分，这就是坏相。

d. 通过觉悟到能量世界而无妄心才能净心

据《大藏经·金师子章》所言，菩提说的道，指的是觉。见师子之时，即见一切有为之法，更不待坏，本来寂灭。离诸取舍，即于此路，流入萨婆若海，所以称为道。了解到无始已来，所有颠倒，元无有实，这就称为觉。究竟具一切种智，这就称为成菩提。萨婆若指的是一切智。如果知道现象世界中的诸事物，原来所执为实者，本来即是空的，这样就如同大梦已醒。据《大藏经·华严义海百门》所言，梦幻者指的是因尘相生起，迷心为有，观察即虚，犹如幻人。也如夜梦一样，觉已经皆无。今了解了虚无，知道名是不可得的，相是不可得的，一切都是不可得的，这就是尘觉悟空无所有。迷指的是尘相是有所从来的，而又反复生灭。今了解了尘相是无体的，这就是悟。迷本无从来，悟也无所去。为什么呢？以妄心为有，而本是无体的。如绳上之蛇，本无从来，也无所去。蛇是妄心横计为有的，本来是无体的。如果计有来处去处，还是迷。要了无来去，才是悟。而悟与迷，是相待安立的。了结了妄，无妄了才为净心，终无先净心而后无明的。

e. 有净心涅槃后因有大悲而要再返俗世普度众生

据《大藏经·华严还原观》所言，如果人迷了，就会把东称为西。既悟了，西即是东，就无别的东可入了。众生之所以迷，是因为妄以为可舍，以为真可以入。到至悟之时，就能知道妄即是真，没有别的真可以入了。人在梦中，把梦中出现的现象以为是实，这就是迷，这就是颠倒。当梦醒之后，自己就入真了，发现没有实。这个境界就是菩提境界。这个时候人就有了净心，就能觉以前所不觉。不觉即是无明。人修行的目的在于达到一个新的境界，而新旧境界之间的差别只是觉与不觉。据《大藏经·金师子章》所言，见师子与金，二相俱尽，烦恼就不生了。好丑出现在眼前，心还可以安入海。妄想都尽了，无诸逼迫，这样就能出缠离障，永舍苦源。这时就入了涅槃了。修行的最高境界是不知物体的现象世界，也不知能量的本体世界。如果知道能量的本体世界，还是有能知与所知，能量世界的本体仍为所知，仍会有妄心分别。到了二相俱尽时，就到了最高的涅槃境界，而也不能常住涅槃。据《大藏经·华严义海百门》所言，证佛地指的是认识到了尘是空的，我是无的，相是无的。而证入此地之后，不可一向住于寂灭。一切诸佛，都应当示教利喜，学佛方便，学佛智慧。诸佛除了有大智慧之外，还有大悲的救世之心，所以佛成了大智后是不住生死的，而成大悲后是不住涅槃的。

3. 慧思的天台宗的《大乘止观法门》

智顗（zhì yǐ）（538—597 年）为荆州华容（今湖北监利县）人，是天台宗的大师。他在陈隋两朝，深受帝王礼遇。天台宗以《法华经》为本经，所以又称为法华宗。智顗为第三祖，他发扬光大了天台宗。他的著述极多，但主要说的是修行的方法。天台宗的第二祖为慧思，作《大乘止观法门》一书。

（1）世界究竟是什么样的？

①真如的能量世界是不生不灭的清净心

慧思认为，宇宙的能量世界的全体即为一心。这个一心的名字为真如。据《大藏经·大乘止观法门》所言，一切诸法，都因为有此心的能量世界才有，以心的能量世界为体。望于诸法，都是虚妄的，有即是非有。这样的虚伪之法，眼见后以为是真。诸法虽然实际上是非有，但是因为有虚妄的因缘，所以有生灭之相。然而，彼虚法生的时候，此心的能量世界是不生的；而诸法灭的时候，此心的能量世界也是不灭的。能量世界不灭所以不增，能量世界不灭所以不减。能量世界的不生不灭和不增不减，所以才能称为真。三世诸佛及众生，都是同以此一净心的能量世界为体。凡圣诸法，自由差别异相，而此真心的能量世界是无异无相的，所以此真心的名字为如。真如指的是一切法的真实都是如是，唯是一心的能量世界。心的能量世界之外有的法是非真实的。因为不如能量世界的是，所以为伪异相。因此，《起信论》说，一切诸法都是从能量世界的本而来的，是离言说相，离名字相，离心缘相。毕竟能量世界都是平等的，没有变异，不可破坏。唯是一心，所以名字为真如。自性都是清静心，所以称为真如。

②如来藏指的是有净染二性的全体

据《大藏经·大乘止观法门》所言，在如来藏体中，包含着一切众生之性。各个差别不同，其实是无差别之差别。在一一众生之性中，都具有无量无边的能量世界之性。所谓的六道四生，苦乐好丑，寿命形量，愚痴智慧等，一切世间的染法及三乘因果等，一切都是出自能量世界的净法。如来之藏，从能量世界之本已来，俱时具有染净二性。因为有染性的缘故，所以能现一切众生等染事。以此藏为在障本住法身，也称为佛性。因为具有净性之故，能现一切诸佛之净德，以此藏为出障法身，也称为性净法身，也称为性净涅槃。因为此心之体具有染净二性之用，所以能生出物体世界的世间和能量世界的出世间之法。一切诸法，其性都藏于此心的能量世界之中，所以此心又可称为“藏”。在佛学中，以能量世界之性为体，有体即有用。体因用所现之相就是事。

③染性表现出的是现象界中的染事

据《大藏经·大乘止观法门》所言，心的能量世界中虽然包含着染净二性，即染净二事，所藏虽多，却能无所妨碍。从一个方面说，此心的能量世界中可谓空，空就是无差别；而从另一方面看，此心的能量世界中又可以说不空，不空指的是有差别。能量世界的藏体是平等的，实际上是无差别的，这就是空如来藏。而此藏体有不可思议之用，即其中具足一切法性，所以有差别，这就是不空如来藏。这就是无差别之差别。这种状况不像是泥团具众微尘那样，因为泥团是假的，而微尘是实的。一一微尘都是有别质的，所以泥团是具有多尘之别的。而如来之藏则是真实法，是圆融无二的。如来之藏指的是能量世界的全体，而能量世界的全体就像是一众生之一毛孔之性，全体是一众生的一切毛孔之性。一众生的世间法性，就是一切众生之所有世间的一一法性，就是一切诸佛所有出世间的一一法性，所以如来藏指的是能量世界及物体世界的全体。

④能量世界之镜是有万像的不空镜

真心中是有染性的，而染性表现出来就是染事。染事指的是现象世界中的具体的事物。不空镜中所现的色像，就是现象世界。据《大藏经·大乘止观法门》所言，彼染性是为染业所熏之缘故，这样就成了对能量世界无明的住地，并产生了一切染法种子。这样的种子现出种种果报。染事指的就是物体世界的无明和业果。而此物体世界的无明住地及种子果报等，虽然现显出的相是有区别的，说之为事，而悉则是以一心的能量世界为体的，悉不在心的能量世界之外，所以此心的能量世界为不空。譬如明镜中所现出的色像，无别之处在于有能量世界之体，唯是能量世界这一镜，但不妨碍其中的万像区分为不同。而不同之状，都能够在能量世界的镜中显现，所以称为不空镜。

（2）尘世中的凡人是怎么产生的？

①染业因真实性、依他性和分别性而起

要明白染业是怎么由起的，就必须先明白三性：真实性、依他性及分别性。据《大藏经·大乘止观法门》所言，真实性指的是能量世界的出障真如及佛之净德。依他性又名为阿梨耶识，指的是在障之真与染的和合。分别性指的是六识七识的妄想分别。本识、阿梨耶识、和合识、种子识、果报识等，都是一体异名的。真心的能量世界是体，能量世界的在障之真与染的和合的本识是相，而六七等识是用。如似水的能量世界为体，水的能量世界的流动为相，而水的能量世界流动产生的波为用。本识是以生死作本的。真心虽为复体但具净性，而复体也具染性，所以能为烦恼所染。明知就体，偏据一性，即为净心。而就相异与染事和合而言，即为本识。

②在有妄执时会因念念熏心而起尘世

据《大藏经·大乘止观法门》所言，真实性有两种：一种以有垢净心为真实性；一种以无垢净心为真实性。有垢净心是众生之体实，事染之本性。而无垢净心则是诸佛之体性，为净德之本实。真心的能量世界之本是不生不灭的，但是因为不觉而动，动则显出虚状。而依他性及分别性又有清净与染浊之分。染浊依他性及染浊分别性，都是因现象世界而由起的。在染浊依他性中，能量世界的虚状在法内，有于似色似识似尘等法。“似”指的都是一心依熏所现的能量世界，其实都是心的能量世界之相，似法而非实。似识一念起现之时，即与似尘俱起。当起之时，不知是似尘似色等，是心的能量世界之所作，是虚相而无实。因为不知是虚相，所以妄分别，所以执虚为实。因为妄执的缘故，境从心转，皆成实事，这就是凡夫所见之事。在有此执的时候，则会念念熏心，还成依他性。于上还执，复成分别性。这样就念念虚妄，而且互相生。依他性指的是心性依熏之故而起，但是心相是体虚无实的。分别性是因为对能量世界无明的缘故，不知依他之法是虚的，妄执以为是实事。因此，虽然没有异体相生，而虚实是有殊的，所以称为分别性法。

③从妄念熏心的不共相识中产生出凡人

据《大藏经·大乘止观法门》所言，真心的能量世界能与一切凡圣为体，心的能量世界之体具有一切法性。世间与出世间之事得以成立，都是因为心性中有能量世界的道理。没有能量世界的道理是终不可成的。那么，如果一切法都是一心的能量世界所现的，怎么在现象世界中的众生，所见及所受用会有所不同呢？我们所说的一切凡与圣都是以一心的能量世界为体的，这是就此心的体相而论的。体指的是真如的平等心，而阿梨耶识即是相。因此，一心之中合有二事之别，一种为共相识，一种为不共相识。一切凡圣造同业熏此共相性，就能成共相识。如果一一凡圣，都是各各别造别业，熏此不共相性，即成不共相识。同用之土，唯是心相，所以称为共相识。所言的不共相指的是一一凡圣，都是内身别报的。一一凡圣，造业不同，熏于真心。真心的不共之性，是依熏所起的，能够显现出别报，是各各不同的，是自他两别的。而这种不同之报，只是心之相而已，所以称为不共相识。

（3）有精神幸福的圣人是什么样的？

①大小之相本来是无的，而只有平等的真心永存

众生同业所现之事物，因为是同业所现，所以都能看得见，都能受用，比如说山河大地。而各人的根身则是别业所现，所以只能自己用，他人不能用。一种行为，能引其同类之性，使现为事。因此，一种之行为愈多，则所引起同类之性也愈多。一一凡圣，因造业不同，所得之报也是有差异的。现象世界中的各个事物，虽万有不同，但皆是可圆融互摄的。据《大藏经·大乘止观法门》所言，一毛孔之事，即摄一切世出世事。举一毛孔事，即摄一切事。因为一切世间出世间之事，都是以彼世间出世间性为体的，所以能够体融相摄，能够圆融相摄而无碍。事是以来自能量世界的性为体的，而每一性都是如来藏全体，所以每一事都是如来藏全体所现，所以诸性诸事都能互融无碍的。沙门说，你闭上眼睛，忆想一下身上的一小毛孔，马上就能看见吗？外人说，我已看见了。沙门又说，你闭上眼睛，忆想作一大城，这个大城有广数十里之大，马上就能看见吗？外人说，我于心中看见了。沙门问，毛孔与城，大小是不一样的吗？外人答，是不一样的。沙门问，毛孔与城，是心作的吗？外人答，是心作的。沙门问，你的心有大小吗？外人说，心是没有形相的，怎么能够见大小呢？沙门问，你通过想象来作毛孔之时，就是把心减小了，你是全用一心作的吗？外人说，心是无形段[①]的，我怎么能够减小呢？我全用心之一念相作毛孔的。沙门问，你通过想象来作大城的时候，你只是用了自家一念来作的，还是得了他人的心神来共作的呢？外人说，我是用自心作的城，没有用他人之心。沙门说，可见一心全体能作一小毛孔，也能作一大城。因此，心即是能量世界的一，无大小的缘故。毛孔与城，俱全用一心为体，其体融是平等的。因此，心能够举小收大，无大而非小；能够举大而摄小，无小而非大。因为无小而非大，所以大能入小而大不减；无大而非小，所以小容大而小不增。小无异增，所以芥子旧质不改；大无异减，所以有大相而依然如故。这就是我们所说的缘起的意义。如果以心体平等之义来望彼，即大小之相本来并非是有的。唯一真心的能量世界是不生不灭的。

②圣人是不见三世时节的长短之相的

据《大藏经·大乘止观法门》所言，沙门问，你曾做过梦吗？外人

① “无形段”来自原文。

答，我曾做过梦。沙门问，你曾梦见过你经历过的15岁时节的事吗？外人答，我曾梦见过，而且其中有昼夜，与醒着的感觉没有什么不同。沙门问，你睡醒后，你自己知道自己睡了多少个小时吗？外人答，我醒来后问他人，我也就睡了一食的功夫。沙门说，很奇怪啊，你只睡了一食之顷，而见了多年之事。因此，醒来后论梦，梦里的长时便是不实的；据梦论觉醒时，感觉到的就是一食之顷，也是虚的。如果觉梦都是据情而论，即各论长短，各谓为实，一向不融。如果觉梦都以理来论，则长短相摄，长时是短，而短时是长，长短相别是不妨碍的。如果以一心的能量世界来望彼，则长短俱无，本来也就是平等一心的能量世界而已。长短之相都是由心性所起的，并无长短之实，所以得相摄。如果此长时是有长体的，短时自有短体，并非是一心的能量世界起作的，就不得长短相摄。如果以一心全体复作短时，全体复作长时，这样才得相摄。因此，圣人是依平等的，是不见三世时节之长短之相的。因为圣人懂得依缘起义的道理，所以知道短时长时是体融相摄的。

③以真心的能量世界之体为用则实际无处不至

据《大藏经·大乘止观法门》所言，经说，一一尘中，能显现十方一切能量世界的佛土。三世的一切劫，解之即一念，即其事而已。经还说，能量世界的过去就是未来，能量世界的未来就是现在，能量世界的这三世是相摄的。其余的净秽好丑，高下彼此，明暗一异，静乱有无等，一切对法及不对法，都是悉得相摄的，都是有相而无自识的，起必依心，心体既融，所以相也就无碍了。有人问：此真心的能量世界遍一切处与彼外道所计神我遍一切处，有什么不同呢？答：外道所计，在心的能量世界外还有法。大小远近，三世六道，历然是实。但是，以能量世界的神我微妙广大，所以遍一切处，犹如虚空。此即见有实事之相异神我，神我之相异实事。设使即事计我，我与事则为一。但是，彼执事为实，彼此不融。佛法之内，即不如是。知一切法，悉是心作。但是，以心性缘起，不无相别。虽复相别，其是以唯一的心的能量世界为体的。以能量世界的体为用，则能量世界的实际无处不至。并非说心外还有其实事，心的能量世界遍在中，各为其至而已。止指的是知道一切诸法，都是从能量世界的本已来的，并非有自己的性，是不生不灭的。但是，因为有虚妄因缘之故，所以非有而有。然而，彼有法，有即是非有。唯有的是一心，而且心的能量世界之体是无分别的。作是观者，能令妄念不流，所以名为止。观指的是虽然知能量世界之本是不生的，今是不灭的，而是以心性缘起的，不无虚妄世用，犹如幻梦，非有而有，所以名为观。

（4）如何才能修炼成圣人涅槃？

①观门要成立三性而止门则要灭三性

据《大藏经·大乘止观法门》所言，当知道观门的时候，就能成立三性，缘起为有；当知道止门的时候，即能除灭三性，得入三无性。入三无性，指的是除掉分别性，入无相性；除掉依他性，入无生性；除掉真实性，入无性性。譬如说手巾上本来是无兔的。真实性法也复如是：唯有一净心的能量世界，而能量世界的自性是离相的。加以幻力，巾是兔现。依他性法，也复如是。妄熏真性，而现六道相。愚小是无知的，以为兔是实。分别性法，亦复如是。意识迷妄，执虚为实。因此，经说，一切法都如幻。这里说的就是三性观门。如果知道此兔是依巾似有的，就能明白唯有虚而没有实。如果知道虚兔之相，本之是手巾，就能知道巾上之兔，有即是非有，本来是不生的。无生性智，也是如此。能知虚相，唯是真心，心的能量世界所现相，有即非有，自性无生。如果知道手巾本来是有，不将无兔，以为手巾。无性性智，也是如此。能知净心，本性自有，不以二性之无，为真实性。这说的就是三无性止门。

②圣人不住涅槃而要再入生死以化度众生

据《大藏经·大乘止观法门》所言，除真实性指的是要不以依他分别二性之无为真如性，但并非除灭真如的能量世界之体。到了这个境界，念头即自息，名证真如。也可用无异法来证，但如息波为水。在此境界中，则为住涅槃。然而，诸佛为利他起见，也可以再起现象世界，再入生死以化度众生。止门的作用是让人入能量世界的涅槃，而观门的作用是让人再入现象世界以化度众生。止观的作用在于止行成故，体证净心。理融无二之性是与诸众生圆同一相之身的。三宝于是混而无三，二体自斯莽然不二。恒兮凝湛渊渟（tíng，止水，水积聚不流），恬然澄明内寂。用无用相，动无动相，盖以一切法，本来平等故、心性法尔故，这就是能量世界的甚深法性之体。观行成故，净心体现，法界无碍之用，自然生出一切染净之能。又止行成故，其心平等，不住生死；观行成故，德用缘起，不入涅槃。止行成故，住大涅槃；观行成故，处于生死。止行成故，不为世染；观行成故，不为寂滞。止行成故，即用而常寂；观行成故，即寂而常用。

③心塞之病在执情而不在求大用

a. 诸佛虽然在净事中，但是染性是完全不坏的

据《大藏经·大乘止观法门》所言，要除其心塞之病而不除其法。心塞之病在执情，而不在求大用。虽然知道诸法有即非有，也知不妨非有而有。如果无执情，虽然复住于现象世界，也是无妨的。一一诸佛，心体依熏，作涅槃时，也不妨有染性之用。诸佛也是有染性的，与众生是相同的。众生也是有净性的，这就是佛性，与诸佛是相同的。诸佛修成之后，仍然是有染性的，因为性是不可变的，修行的结果，只是使染性不现为事，而不能根本去之。有人问：如来之藏，体具染净二性，习以成性，为什么还不能改性呢？答：这指的是体用不改之性，并非习成之性。佛性大王，并非造作法，是不可习成的。佛性即是净性，是不可造作的。染性与彼是同体的，是法界法尔，也是不可习成的。净染二性都是不改之性，并非习成的。因此，众生虽然依染性而现染事，但是其净性是完全不坏的。诸佛虽然依净性而现净事，而其染性也是完全不坏的。

b. 众生虽然在染事中，但是净性是完全不坏的

据《大藏经·大乘止观法门》所言，一一众生心体，一一诸佛心体，本具净染二性，而无差别之相。一味平等，古今不坏。以染业熏染性之故，即生死之相显。以净业熏净性故，即涅槃之用现。一一众生，一一诸佛，悉具染净二性。法界法尔，未曾不有。但是，依熏力起用，先后不俱。因此，染熏息就称为转凡；净业起，则说为成圣。然而其心体二性，实无成坏。因此，经说，在能量世界的清净法中，不见一法增。即是说，能量世界之本具性净，非始有也。经还说，烦恼法中，也不见一法减。即本具染性，不可灭也。众生与诸佛，在本性方面是完全无差别的。所异的是众生以染业熏染性，所以有生死这样的染事，而诸佛以净业熏净性，所以有涅槃等净事。众生虽然在染事中，但是净性是完全不坏的，所以随时可起净业而熏净性。诸佛虽在净事之中，而染性是完全不坏的，所以随时可入生死而起染用。

c. 染业虽然是依心性而起的，但常是违心的

如果说染净二性都是如来藏中本有的，为什么净性与染性具有不同的价值呢？众生何必要修行以求成佛呢？因为染业是违心的，而净业是顺心的。据《大藏经·大乘止观法门》所言，染业虽然是依心性而起的，但常是违心的。净业也是依心性而起，而常是顺心的。无明的染法，实从心

体染性而起。但是，因为体暗的缘故，不知道自己及诸境界都是从心而起的，也不知净心俱足染净二性而无异相，一味平等。因为不知这个道理，所以名之为违。智慧净法，实从心体而起。因为明利之故，能知道自己及诸法，都是从心作的。这样就知心体具足染净二性，而无异性，一味平等。这样就称为知道理了，就名之为顺。众生的染性所起的染业是起于不觉的，不觉就是无明。净性所起的净业，是起于觉的，觉就是明，明就是智慧，智慧就是明白自己的净性和从事净业。净性和染性有不同的价值，所以必须修行以成佛。

d. 圣人的将悲愿之力对缘施化之法即为清净的分别性法

诸佛与众生之间的差别是觉与不觉。觉悟了的佛虽然在染事之中，也清醒地知道己及诸法都是从心而作的。而众生在染事中，因为不觉，所以就像是在梦中一样，很是可怜。诸佛所起的染事为清净依他性法。用这样的方法来进行教化，即为清净分别性法。据《大藏经·大乘止观法门》所言，有人问：如果说性染之用，由染熏所灭，就不起生死了，那么成佛之后，这种性岂不是全无用了吗？答：此性虽然为无漏所熏，所以不再起生死了，但是由发心以来，因为悲愿之力熏习之故，复为可化之机。为了缘熏示违之用，也得显现。现同六道，示有三毒，权受苦报，应从死灭等，这即是清净分别法。有人问：既然说的是依他法性，怎么又称为分别性呢？答：此德依于悲愿所熏起之故，即是依他性法。如果将此德对缘施化，即为各分别性法。这里的依他性法及分别性法，都是在觉中的，所以是清净的。诸佛就净心来说是有觉的，这就是对净心的自觉。有人问：智慧之佛，因为能觉净心，所以称为佛？净心自觉，也称为佛？答：佛有二义，一者觉于净心，二者净心自觉，但二者的能量世界之体是无别的。

（二）法相宗、华严宗和天台宗之间的亲密关系

《大乘止观法门》记载的是天台宗的教义。这种教义在很大程度上受到了法相宗和华严宗的影响。天台宗所说的如来藏中具有一切染净诸法之性，这类似于法相宗所说的阿赖耶识中具有一切种子之意。只有法相宗认为识也是依他起的，所以其中的种子也可以说是依他起的。而天台宗则认为一切染净诸法之性，都是不可改的。常恒不变之真心的能量世界是一切现象的本质。在这点上，天台宗与华严宗是相同的。譬如说，真心的能量世界为手巾，而一切事的物体世界为兔。手巾本来就有，不将无的兔以为手巾。而法相宗不言常恒不变之真心，正是以无的兔为手巾。华严宗认

为，一一事物皆是真心的能量世界的全体所现，天台宗也是这么认为的。华严宗还认为，每一事物所以有，皆因如来藏中已具有其性。如来藏中具足一切法之性，而一切法之性，一一皆是如来藏全体，常恒如此，不可改变。

湛然为天台宗第九祖。他的无情有性之说，是从一一事物皆为真心的能量世界的全体所现之说推衍出来的。无情者指的是草木瓦石等。湛然认为，这些无情之物也是有佛性的。据《大藏经·金刚錍》所言，知一尘一心，则知一切生佛之心性的能量世界。万法都是真如，由不变故。真如的能量世界是万法，由随缘故。万法之称，宁隔于纤尘。真如的能量世界之体，何专于彼我。没有无波之水，也没有不湿之波。在湿讵（jù，在任何情况下）间于混澄，而为波自分于清浊。虽有清有浊，而能量世界的一性是无殊的。纵造正造依，依理终无辙。如果许随缘不变，又说无情有无，这岂不是自相违了吗？法相宗认为外界的事物都是吾人之识所现，所以都为吾人所受用，而并非其自身是存在的，并非有其存在的价值。正指的是正报，依指的是依报。正报如吾人之根身等，依报如外界之山河大地等，都是为吾人之受用而存在的。而华严宗和天台宗则认为，一一事物皆为真心的能量世界之全体所现，所以一一事物皆如水中之波，清浊虽有不同，但是湿性则是一样的。真如的能量世界虽随缘而现为一一事物，而在一一事物中，仍复有常恒不变的能量。一一事物皆有自身的存在，而且皆有能量世界的佛性。因此，从能量世界的佛性上说，不存在无情与有情之分。据《大藏经·金刚錍》记载，湛然说，圆人始末是知理不二的。在心的能量世界之外无境，谁情无情呢？在法华会中，一切能量都是不隔的，那么草木与地，四微何殊呢？举足修途，皆趣宝渚（zhǔ，水中小块陆地）；弹指合掌，咸成佛因。在论物物皆有佛性这个方面，湛然是造极者。

第九篇　儒家的唐中至清中的道学时期

——道学用天理捍卫纯粹的理性仁德礼制幸福体系

第一章　唐末至清中的历史状况

第一节　天子权力的流转过程

一　唐朝末期的衰落

从汉到唐，中国是征服异族的，而从宋到清，中国是被异族征服的。五胡没有别的根据地，就像是割据的群雄一样。而辽、金、元则不一样，辽有自己的土地，金很注重上京的旧地，元朝更是如此。从契丹割据燕云十六州，到元顺帝退出中国，经历了400多年。明太祖恢复中原270年，清朝人又占据中国260多年。那么北宋为什么抵御不了辽金，后被元朝灭掉？唐玄宗设了十个节度史。西北两面的节度使都是用来制驭突厥、契丹等族的，兵力尤厚。唐初的边将是不久任的，蕃将有功劳，也做不到元帅。唐玄宗渐渐荒淫，不把军国大事放在心上。他宠爱杨贵妃。在他把大权交给宰相李林甫之时，李林甫怕边将功劳大，入为宰相，所以奏用胡人为元帅。安禄山就用胡人来做范阳、平卢两镇的节度使。杨国忠做宰相时，与安禄山不对，便告诉唐玄宗说安禄山会反，而唐玄宗不信。杨国忠为了证明自己是对的，就处处与安禄山作对，激他反。这时内地没有军队，只能临时招兵对付，结果屡战屡败。由于杨贵妃及其家人骄奢淫逸，军民之心都怨恨。军变时唐玄宗被逼杀了杨国忠和杨贵妃。

唐肃宗去世后，唐代宗立。突厥人史朝义派人去骗回纥（hé），说唐天子已死，唐无主，府库中有很多金帛，快来取。唐朝的安史之乱后，外国骤强，藩镇遍布内地。怀仁的太子叶护帮助中国收复两京。原来约定，克服西京之日，土地归唐所有，但金帛和子女归回纥所有。后广平率众拜于叶护马前，请他破了东京再履约，回纥勉强听从。唐朝和回纥有国交关系，但回纥特别骄傲，每年都要贡马，还要赏赐很多的金帛。留居长安的回纥人，骄纵而不服法，酗酒滋事。犯了法被官抓去，就聚众劫取。后来回纥人逐渐濡染华风而定。吐蕃族比回纥人要强大，好入寇。在唐穆宗时，吐蕃的赞普达磨嗜酒好猎，凶愎少恩，国势渐弱。唐朝还受南诏人之害很深。南诏出自乌蛮，分布在现今四川的西昌和云南的丽江等地。后来南诏人归服吐蕃。后被唐朝打败。

唐朝的安史之乱被平定之后，诸将都来投降。唐朝的肃代采用的是姑息政策，让他们做当地的节度使。在唐德宗之时，藩镇造反。唐穆宗立之后，流于声色，不问政事。河北三藩镇叛乱。唐朝的宦官之祸，起于唐玄宗，成于唐德宗。宦官因握有军权，而能把持朝局。唐玄宗让宦官杨思勖（xù）出去平蛮乱，又信任宦官高力士，与之议论政治。唐朝自安史之乱后，财政困难，税法被破坏，赋敛越来越重，百姓极端困苦。唐僖宗即位之后，山东连年饥荒。王仙芝起兵，黄巢聚众应之。王仙芝被打死之后，黄巢收其余众。此时的神策军都是富家子弟，贿赂宦官，窜名军籍，目的在于逃避赋役，实际上不能操兵。因此，这些人多出金帛，雇穷人代打仗，而这些人也都是不能操兵的。黄巢入长安，自称为齐帝。后来，黄巢被打死。唐朝后来因为方镇割据而灭亡，中国进入了五代十六国时期。

二　五代的兴亡和契丹的侵入

对于军事来说，最重要的是统一。对内能够听从正确的和统一的命令，对外才能打胜仗。唐中叶的藩镇，大多数已经不听朝廷的命令了。要在草泽英雄中出个仁德的角色比较容易，而要在骄横的军阀中出一个仁德的角色就比较难。草泽英雄是毫无权势和财富的凭借的，容易磨炼出仁德的才情。梁太祖篡唐。梁末帝性情柔懦，战败，最后自尽。后唐庄宗既是个沙陀，又是个军阀，宠任宦官，赏赐无度，不问政事。庄宗把方镇上供的钱，都入了内库，供私用，使得金帛山积，而把州县上的钱入外库，作为国家的经费，外库财政紧张，对军士的赏赐不足，导致军士心变。在唐朝初年，契丹开始强盛。唐太宗设置松漠都督府，以契丹酋长窟哥为都督，赐姓为李。奚人也来内附，设为饶乐都督府。武后之时，窟哥的后人造反，被突厥人袭破。奚人的酋长叛变突厥来归。唐朝再次设置松漠、饶乐两都督府，把公主嫁给都督为妻。松漠都督李怀秀叛变，杀了公主。

唐太宗之时，辽的契丹太宗入大梁。因为不懂中国的仁德礼制幸福体系，所以只想搜刮中国的钱财，把钱财搬到本国去。他们用了自己的子弟亲信做诸州的节度使，但因为全是外行，只能用汉奸，做了很多荒唐事。辽国人在行军时，有剽掠的习惯，入中国后，依然如此，于是叛者蜂起。契丹太宗没有办法，只得北还。北汉周世宗是个奋发有为的人。他立下了安内攘外的计划，于是力图富国强兵，为宋朝的统一奠定了基础。宋太祖赵匡胤（yìn）本来是后周太祖、世宗两代的战将，屡立战功。宋太宗灭北汉，结束了唐中叶开始的分裂，统一了中国。周世宗的政策是一举平定辽，只是分先后而已。而宋太祖、太宗则是采取了先平定内难，然后再平定辽的办法。在宋太祖和宋太宗的继承问题上，据说，太祖母杜太后死的时候，太祖和赵普都在榻前接受遗命。太后说，周氏让幼儿主天下而失天下，所以让太祖在百年之后，传位给弟弟。太祖顿首赞同。于是，太后让赵普把此事记录下来，收藏在金匮之中。后太宗即位。后来，太祖的四个儿子都没了。太宗传位给了自己的儿子。

三　宋朝的敛财奢侈现象

（一）北宋的腐败和王安石改革

宋太宗灭北汉后，进兵攻辽。两次攻打，都失败了。而契丹却屡次南侵。辽人入寇，宋人攻打，辽人不利，派宋朝降将与中国议和，索要关南之地。最后以币银十万两，绢二十匹成和。辽主称真宗为兄，而真宗称萧太后为叔母。在宋朝时，西夏有位叫元昊的豪杰。他兼收中国和吐蕃的文明。他举兵反宋。范仲淹主张坚守，擅自与夏人通信，后来议和。与元昊的仗只打了五年，但是宋朝用兵耗费大，损失很大，伤了元气。宋朝对外议和，而内政也日趋腐败。宋朝的禁军骄横，藩镇跋扈。宋朝的禁军继承了五代时留下的恶习，好出卖天子。这时的天子是由节度使变来的。每卖一次天子，总是有一班人能升官发财。一个藩镇的节度使是有兵权的，兼统数郡，而只统不治的称为支郡。节度使通过留使或留州的名目，把持财政，只把一小部分上供给国家，多的钱则用来养兵，以违抗中央政府。据《宋史》所言，宋太祖得天下后，通过杯酒释兵权，面讽禁军之首，解除兵柄；讽藩镇王，解除兵柄。宋太祖把以前节度使管的支郡都直隶京师。在诸州设立通判，让一切事情都能直接报给朝廷。各路都有转运使以管理财赋。除本地的开支外，诸州的经费都要上交。各州的精壮的兵都要送到京师为禁军，本州留的是老弱之兵，称为厢军，主要用于服役。要兵把守之地称为番戍，派中央的兵来把守，一年一换。这样就加强了中央集权，消除了唐中叶之后的弊病。

而宋朝的中央集权制慢慢变得腐败了。在军事上，不整顿中央的军政，禁军变得腐败；番戍部队不熟悉当地的情况，打仗需要依赖民兵，而每换一次出戍的兵，都要索要衣粮；很多厢军升为禁军；每遇荒年，把招兵当成救荒的方法，导致兵数骤增。在财政上，宋初用度小，而平定诸国，得其积蓄，所以很富饶。但是，后来兵多、官多，所以消费多。后来想通过封泰山，祠汾阴，来吓倒敌人，因此大兴土木。还有郊祀活动浪费也很多。在政治上，因为防弊太严，对内官和外官的权柄都削减得比较大。宋朝设三司：中书主民、枢密主兵、三司理财。宰相的权柄太小。财政已经匮乏，枢密还在添兵；民已困难，三司还在敛财；中书看着民困，既无法让枢密减兵，也无法让三司宽财。

而且，当时谏官的气焰很盛。自五代以来，风俗坏了，气节扫地了。宋朝的士夫，好追高名，好持苛刻之议，遇事就起哄，弄成一种群众心理。因为彼此苛刻，就互相难容，相互嫉忌，于是就难免采用不正当的竞争和报复手段。宋朝的士大夫有着好标榜，好攻击，好结党和好排挤人的习气。把同党之人吹得比天高，把异党之人贬得禽兽不如。从宋朝开始有党祸。党祸的特征是分成派别，互相排斥。他们并不是政见不同，而是闹意气。不能奋勇勉强做事，因为即使一时办到，政局变了，也会被取消。自从建立藩镇之后，主要用武人做地方官，负责收税，又设了很多麻烦的杂税。这种苛税欺负的主要是贫弱的人，因为豪强都是有势力的，与官府相结托。贫弱的人只能献其所有，以便得到豪强的庇护。这样豪强就可以兼并贫弱，让贫弱者逐渐变成无产者。而且在打仗的时候，贫弱之人流亡，荒废的田地，也都落入豪强之手。

宋朝的税是比较轻的。每破一国，就废除所有的苛税或减税。遇到水旱徭役，还会免税。有转易田亩，丁口隐漏，出现伪冒现象时，也不查办。开国之初，以前的朝代都有改良分配制度的政治，而宋朝没有这样的制度。因此，税轻只是对豪强有好处，对贫民没有什么好处，而且豪强对贫民的压迫更甚。民间的借贷，春天借米一石，秋天就得还两石。按唐初的租庸调规定，本来收了庸钱，就应该免除力役，但是自唐中叶以后，还要按人户等第充差。据《宋史·食货志》记载，人户的等第是以丁口的多寡和赀（zī，小罚改为钱财赎罪，与“资”字意思相通）产的厚薄而定。这样弄得百姓不敢多种一亩田，不敢多栽一棵桑，有的自残以免疫，有的自杀以免子孙之役。虽然宋朝并没有多少战事，但是百姓苦不堪言，积弊堆积如山，这样才出现了宋神宗和王安石的变法。

宋朝的君主奢侈、宰臣贪欲，忙于聚敛和妄为。据新会梁氏的《王荆公传》记载，宋神宗用王安石为宰相。神宗的时候，一直用的是王安石新制的法。王安石的时代亟待整理的是财政和军政。他的财政政策主要是宽恤人民，让社会富有。他力图让募兵变成民兵。另外，他注重培养人才，力图改良学校和选举。他设置了三公的条例司，裁减国用，把一年的用度和郊祀都编了定式，裁省了百分之四的多余的费用。他最关注青苗法和免役法。春天由百姓揣度，种田之后能有多少收成，官酌量借钱给百姓，作为种田的资本，到谷熟之后还官，用的本钱是常平广惠仓的钱谷，为的是让富人不要盘剥重利。免役法是把差役改为雇役，让乡户按等第交免役钱，原来没有役的人家交助役钱。额是按一个县所必需的数目均摊的。额外收取两分，叫免役宽剩钱，用来备水旱。官就用这些钱来招募劳役，就不再签差了。赋税用的是方田均税法，以东南西北各一千步为一方。每年九月县令都要派人去分地计量。在每一方地的角上都要立一根木头作标识，这就是经界。再根据土性的高下来定赋税。在军事上，他把不任禁军的降为厢军，把不任厢军的降为民，裁减了很多人。他废除了原来的番戍之制，设置将来统兵，分驻各路。他还设了保甲之法。每日轮派五个保丁备盗。后来还教保长武艺。还有保马之法，让官把马给民，让民帮养着，可以免一部分租税。

据《文献通考·市籴（dí，买进粮食）考》所言，汉朝时设立了常平仓的办法。丰收之年，在仓库中储蓄了米，到荒年投放市场，这样可以保持米价常得其平。这样不会让丰年种田的人吃亏，荒年吃米的人受累，所以称为常平。后来的很多代都仿办这种做法，有的仓也称为广惠仓。据《宋史·食货志》记载，当时反对青苗法的人认为：官放钱取利息二分太重；州县的官以多借出为功劳，所以难免押着人借；有钱的人不愿借，没钱的人借了不容易还；钱到了良民之手都容易浪费，到了无赖之徒的手中，追收起来就难免多事；官吏会耍奸，用法难以禁，等等。当时反对雇役的人认为：原来有因差役而破家的，也有完全不服劳役的下户，这样做对上户有好处，而对下户没有好处；劳役本来应该是不管贫富的，而雇役中还是分了贫富来定差役的；户口的升降也是失实的，等等。

宋神宗想征服辽和夏。宋朝之时，党见太严重，人们闹的是意气，而不是是非。反王安石新法的有司马光、欧阳修、苏轼等人，但是宋神宗一概不听。宋神宗去世后，宋哲宗立，但是因为年幼而有太皇太后监朝，用司马光和吕公著做宰相，任用旧党之人，不到一年就废掉了王安石的新法。在旧党中，又分为洛、蜀、朔三派，其中洛派以程颐为首，蜀派以苏轼为首，互相攻击。大家都捧着太皇太后，宋哲宗说的话，没有人响应。太皇太后去世后，宋哲宗换了宰相，朝廷的局势又变了。后来宋徽宗荒淫无度，好大喜功。宋徽宗重用的蔡京是一个聚敛钱财的好手。据《宋史·食货志》记载，无论什么财源，都会被他搜刮干净；无论什么政策，到他手里就变成了敛财的政策。搜刮来的财物用来供徽宗淫侈所用。宋徽宗在京城造了穷极奢侈的万岁山。他还相信道教，进用方士。女真族就是现在的满族，原来的国称为金国，到明末才称为满洲。据日本稻叶君山著的《清朝全史》记载，清朝改号为清之前，曾自号其国为金。满族的开化与高丽有关。据《唐书》记载，唐曾取了平壤，使得朝鲜有很多人入唐。据《金史》记载，金朝的王室出自高丽。朝鲜半岛的金氏，出自中国。金朝灭了辽朝。自宋朝开始割地给异族。打输了，没有办法才割的。以前多半是保住地，给金银财物和出嫁公主。

（二）南宋和金朝的和议

从南宋开始，又出现了异族占据北方，汉族占据南方的局面。魏晋南北朝时期，汉族先恢复了北方，然后统一南方。而南宋和北宋的结局是占领北方的异族被另外一个异族所灭，而汉族则被吞并。在宋朝南渡之时，宋徽宗和蔡京没有什么兵。大将招群盗入军当兵，又没有纪律，又靠不住。因为中央政府没有权力，所以诸将骄横，结果将骄卒惰。据《宋史·高宗本纪》记载，当时天下 26 路，路路都有著名的盗匪。由于宋徽宗时多行苛政，民不聊生。北方的兵祸导致很多人流离失所；打败了的溃兵；团结御敌的人；没有粮食吃的政府之兵等等，这些人都变成了盗贼。金朝本来是个小部落，并不想吞并宋朝，而且也没有灭辽之心。金朝灭辽后，还了宋的一些地盘。宋高宗即位之初，用的是主战的李纲做宰相。宋朝南渡之初，盗贼纵横，诸将骄横。据《廿二史劄记》记载，当讨论割三镇的时候，有一百多位官员参加会议。当时主张割三镇的有 70 人，反对的有 36 人。当时秦桧坚持主和，而最倔强的主战的是岳飞。最后朝廷发了十二金字牌把他召回，杀了岳飞，议和成功。女真的部落又寡又弱又穷。得了土地，也不会像汉族一样善于耕作，而是租给汉人耕。结果汉人耕织的本事没有学到，女真人原有的耐苦善战的特质也失掉了。据《金史·世宗本纪》所言，女真人入内地之后，忘了女真人原来的风俗，宴饮音乐礼节都学习的是汉人的风俗。

四 元朝的兴起和衰亡

从成吉思汗到世祖灭宋，大约用了80年。蒙古实行的是封建制，成吉思汗的儿子分的地尤其大。按照蒙古的风俗，由幼子承袭家产，而部落的首领是公推的。因此，成吉思汗去世后，还要走公推的程序，但是人们默认的是要推选成吉思汗的子孙。汗位的继承，长子容易入选，因为长子更得力。在部落寡弱的时候，权力之争不是那么激烈，又有外国的压力，因此大家都能顾全大局，选大家公允的能干的人。而国家无大患的时候，就要各自运动进行暗斗了。拖雷死后，拔都最有威望。但是，当他召集选举会议时，很多人都不到。一直在内斗。宪宗死后，世祖就破坏法律自立。后继续内斗。在世祖之后，汗位继承的问题依然不绝。世祖是第一个采用了汉法立太子的。总的来说，元朝的君位是靠兵力争夺而来的。

蒙古人始终不懂得汉族的仁德礼制幸福体系，只想剥削百姓以自利；占领中国之后，就想剥削百姓来奉养皇室，而不像汉族能够一视同仁。据《元史》所言，当蒙古的太宗灭金时，他的近臣说，汉人对蒙古国是无益的，不如把人都杀了，把地都变成牧地。后来是耶律楚材力谏才阻止了。后来又要分裂州县，用来赐给亲王功臣，也因耶律楚材力谏才阻止了。耶律楚材（1190—1244年）是契丹人，出生在北京，学的是儒学，力图按儒家思想来治国。蒙古人把投降的人都当作驱丁，儒者也是一样的。当时蒙古人想把全部汉人当成奴隶，只是后来要谋自己的利益，不得不兼顾汉人的利益，才没有这样做。蒙古人是没有平等思想的。元朝把人民分成四等：蒙古人、诸部族人、汉人（灭金所得之人）、南人（灭南宋）所得。四等人的权利和义务都是不平等的。

蒙古人最喜欢的是工匠。在攻打西域各国的时候，敌人一拒战，破城后就要屠洗，但工匠可以留下，这也是因为有耶律楚材劝谏，说要留下奇巧之工和厚藏之家，这样蒙古人才对工匠罢了手。蒙古人看重的是商人，注重的是敛财的政策。蒙古人好大喜功，喜欢用武力掠夺。元朝历代帝王都崇信喇嘛教即藏传佛教。喇嘛教的僧侣都配有金字圆符，往来于中国和西蕃。他们所过之处，都要地方官办差，要到民间借住。他们驱迫男子，奸淫妇女，豪夺民田，侵占财物。百姓交不起租税的，就投靠僧侣，请僧侣包庇。内廷年年都要做佛事，浪费很多钱。顺帝之后，各处遇天灾，群雄并起。元朝时把许多公主硬嫁给了高丽国王。元顺帝是个荒淫无度的人。他的臣子引进西僧，教他房中之术，于是百政俱废，而臣子乘机弄权。元初有高丽人到元朝当太监，很得法，所以有一班人自宫进朝廷做太监。在元顺帝时，奇皇后立太子。明太祖灭元朝。

五　明朝皇帝失去权力的过程

朱元璋灭元朝，统一中国，让农民归耕，解放奴婢，移民屯田和军屯。抑豪强，惩贪官。纳谏入流，求贤若渴。晚年好诛杀，开国元勋均不得善终。明太祖重新开始采用封建制，辅之于官僚制。他分封诸子于要地，各设传相官属，各设护卫兵。燕王和晋王守北边，权势比较重。明初所封的，基本上都是明太祖的儿子。明太祖很注重民治，他把南京改名为应天。明太祖猜忌心很重，诸功臣宿将都被以各种名义杀死。因此，明代一传之后，朝臣中已经没有什么知兵的人。明惠帝听从了臣下之谋，用法来约束诸侯，燕王举兵反抗。明成祖时，把北平改为顺天，迁都到北平。明成祖时，国威最盛。当时郑和下西洋，带了很多金帛出海，遍访南洋诸国。明朝的时候，到南洋去经商或做工的都很少。

在日本与元朝交兵之后，日本人就禁止百姓与中国交往。偷偷出海来与中国做买卖的人，慢慢都变成了海盗。日本海盗屡次剽掠中国和朝鲜沿岸。倭寇主要在中国的浙江一代掠侵。明太祖和明成祖之时，内治比较清明，但其他时候，内治的权力主要为宦官把持。明孝宗去世后，明武宗立，宠任太监刘瑾。后来，武宗知刘谨之罪恶，杀掉了刘瑾。明世宗好神仙，终日不理政。明神宗荒于酒色，据说还抽鸦片。当时朝廷不分是非曲直，党议之争再起，互相攻击。满族人的建号称为清。清太祖攻明，是出乎明朝人意料之外的。当时蒙古人处于大饥荒之时，明朝的袁应泰唯恐蒙古人被敌人所用，招降了许多蒙古人。但是，对投降的蒙古人驾驭无方，他们奸淫掠夺，无所不为，居民大怨，所以潜通满洲人。

明朝在很长时间都处于民穷财尽的状态之中。在明武宗时，盗贼蜂起。在明神宗亲政之后，到处收奸民为爪牙，肆行敲诈和剥削。崇祯初年，陕西大饥。李自成攻陷京城，崇祯帝在煤山自杀。明朝守山海关的是吴三桂。当时京城被李自成的兵围住，吴三桂带兵来援。当他到丰润时，京城已经被攻破。李自成抓了吴三桂的父亲，让他写信让吴三桂来投降。吴三桂已经答应了。但是，后来听说他的爱妾陈圆圆被刘宗敏掠后大怒而回山海关。李自成带兵攻打，吴三桂投降了清朝。清朝人与吴三桂共击李自成，李自成败逃。明朝在崇祯自杀后，太子也杳无消息，就出现了立亲还是立贤之争。凤阳提督马士英挟兵威立亲，把福王立为皇帝。士英入内阁办事，任用公论所不齿的阉党，并翻起党案。而福王昏愚，在国亡家破的时候，还修宫室，选淑女，传著名的戏子进宫唱戏，军国大事一概不问。李自成在湖北的通城县被乡民所杀。清朝占据南京之后，下了剃发之令。江南民兵四起，但没有战斗力，很快就被打败了。清兵破广州时，大学士苏观生等自杀。清兵攻江西时，金声桓等败死，有的被打败后投降。最后，桂王被吴三桂所杀，明亡。

六　清朝的兴起和治理状况

清朝时，郑成功反清失败后，攻克了台湾，在那里务农、练兵、定法律、建学校，保持着汉族的衣冠，招明朝的遗臣。渡海去找他的人很多。后来，施琅入台湾，灭掉了郑氏。清朝平定中国的南方，靠的是明朝的几个降将，其中金声桓、李成栋都是先降后叛。吴三桂被封为平西王，在云南做王。吴三桂找到陈圆圆，娶为宠妾。后来，陈圆圆与吴三桂的正妻关系不和谐。陈圆圆人老色衰之后，吴三桂又有宠姬数人，陈圆圆失宠，辞宫信佛。后来，吴三桂举兵反清。在他死后，三藩被全部削平。清朝本来是一小部落，入主中原后，统治中国二百多年，统治时间比元朝要长得多。君主总揽大权，这是最重要的原因之一。没有开化的民族，通常是天泽之分不明显的，因此容易产生内乱，从而导致国家的衰败。元朝就是如此，而清朝则不然。清太祖共有 16 个儿子。在满洲之时，并没有一个共主。到世宗之时，基本上平定内溃之乱的可能，大权在握。以前的北族的灭亡，多半是因为内部溃败造成的，而内部溃败又总是从宗室内部之争开始的。

清太祖的时候，排汉思想是很严重的。得到汉人后，拿来给满人做奴隶。到太宗的时候，才把汉民另编为民户。由于汉人与满人同居，常受满人的欺负，所以把汉人与满人分开，选汉人来治理汉人。清人入关之后，没收了明朝的公、侯、伯、驸马和皇亲的田，分给满人的旗民。尤其遭到汉人反抗的是剃发之令。据《金国记录》记载，太宗时颁布削发令，不削发的人都得死，但是仅限于官吏。而蒙古人统治之时，无论公人还是私人，都必须留辫发。在清圣祖之后，开始采取怀柔政策，推崇明太祖，分封明太祖的后人，以减少汉人的反感。明朝末年是民不聊生的。清世祖即顺治皇帝入关之后，免了些税，也没有增加赋。清圣祖即康熙皇帝之时，又裁了些衙门，宫中的用度更是节俭。

康熙是主张藏富于民的。他曾下令把全国的钱粮通行减免一次，新生人丁不用加赋。这样朝廷不苛求，行政官吏就没有作弊的理由，百姓得到不少好处。但是，后来流于宽纵，使得各省欠的钱粮很多，也没有认真追查。清世宗即雍正皇帝继位之后，就开始从严治国。他盘查各省的库款，追讨欠着的钱粮，整顿盐课和关税等，使得国库充盈，为清朝财政极盛的时期。雍正的法制也是很严格的。在顺治皇帝之时，有结党相争之风。雍正非常讨厌朋党。他设立军机处，分内阁之权；把六科改为隶属于都察院，以摧折言路的气焰；设奏事处，使奏事的不用通过通政司；机要的事情直达御前，以防臣下隐蔽。这样便大权独揽，一人为刚，万夫为柔。为了对付诸王，他还设了很多密探为耳目。后来还刺探朝臣的隐私，使得朝臣都变得小心谨慎，以求免祸。清高宗即乾隆皇帝动辄严词反驳，常用难以预测的恩威，使得臣下恐惧。他不待臣下以礼。后来，导致了只剩下一班阿谀奉承之士，没有正色立朝之臣。

中国有两大高原，即蒙古新疆高原和青海西藏高原。蒙古向来是游牧民族占据的。新疆高原则是游牧和耕稼民族错居的，但大部分是耕稼民族居住的城郭。在青海、西藏和蒙古，喇嘛教都非常流行，而新疆则流行天主教。在佛教中，喇嘛教属于“密宗”，讲究的是显神通，缺乏教义。于是黄教乘虚而起。喇嘛教是着红衣的，后称为红教。由宗喀巴新创的教着黄色衣冠，所以称为黄教。红教可以娶妻生子，可以由子继承衣钵，而黄教则不能娶妻。根据宗喀巴的遗言，他的两大弟子是达赖和班禅，都通过转世来济度众生。清朝用喇嘛教来安抚蒙古和西藏。清朝平定了青海、西藏、回疆、蒙藏。对于西南诸族，元明清三朝的政策是一贯的，即就诸侯的土地立郡县，以酋长为长官。酋长的位置其实是世袭的，只是在继承的时候，要得到中朝的认可或重新任命。明清时期，把旧的长官废掉，把他的地方改成真正的郡县。明朝还舍了土司，有机会的时候就把土酋废掉，改成普通的官吏。

清朝的国运在乾隆时期是最昌盛的，而衰落之机也潜伏在这个时期。八旗兵在关外时是勇悍的，而到吴三桂举兵时，已经不可用，而且谋生能力很差，出现了生计困难。清初的旗兵，所占的多是肥美之地，而他们不会耕种，就租给了汉人。饷银到了手中，很快就花光。后来他们又四处经商。只是他们以卖人参为名，到处骚扰，因此禁止他们经商。后来旗户欠债很多，清圣祖曾代他们还掉，还屡加赏赐，结果还是不久就花光了。乾隆初年，曾把他们移殖到一些地方，而不久以后，多数都逃走了。绿营兵也是承平太久，实际上已经不可用了。乾隆是个很奢侈的人。他只是在形式上模仿清圣祖的克勤克俭。他三次南巡，伤了国家的元气。而且，他重用和珅这个小人。一次，乾隆出行时，突然发现少了仪仗，于是大怒，问是谁之过。和珅主动承担责任，而且吐音宏[①]亮。乾隆与他说话时，他奏对都称旨，后来就一路亨通。和珅很好钱，所以大权在揽的时候，就要收受贿赂。各省的官吏都不得不从下属那里取财，下属没有了，就剥削人民，以巨金去事奉他。

而且，那时民间的风气也很奢华，所以看上去海内很富有，但是出现了很多穷苦无聊的人。到乾隆末年，国库逐渐耗减。清朝中叶的内乱开始于乾隆末年。西北的白莲教起于元朝，绵延到清朝。官军腐败，每次与白莲教作战时，让乡勇在前，有功则冒，败了毫无抚恤。教民则用掠来的难民当头阵，胜则再进，败则不会伤着真正的教民。乾隆传位给嘉庆帝后，仍然当太上皇，管理政事，和珅依然掌权。人民被剽掠的很多，从而被逼上梁山。乾隆死后，和珅因贪污巨款而被嘉庆帝赐死。本来廷议时要凌迟处死，刘墉等人建议改赐自尽。为了防止事情扩大化，而不再大规模牵连百官，嘉庆帝采取了惩办首祸的官吏、严核军需、允许叛军悔罪投诚等举措，后来才终于平定了白莲教。另外，还有好几次变乱，都说明人心不稳了。

第二节 政治、社会和经济的演变状况

魏晋南北朝隋唐的官制与秦汉的大不相同，宋朝的官制又与唐朝大不相同。唐中叶之后，官制开始变迁。在唐朝之时，合三省为相职，中书省取旨，门下省封驳，尚书省承而行之，重要的政务都在六部手中。由于藩镇把持地方权力，收上来的赋很少，因此不得不舍掉田税和丁赋，注重其他的税目。在财政上，盐铁使就变得很重要。在隋唐之时，六部专权，九卿失职。宋朝设了许多临时特设的机关，使得六部也失其职权。宋朝的官是用来定禄秩的，具体的权力要看差遣而定。做这个官，管治的是这个事，需要用敕令来差遣。有的用兼职，有的不设正官。总之，宋朝的官是

① “宏”强调的是大，而“洪”强调的是势不可当。

随事而设的，没有一定的制度，主要为了加强中央集权。

辽国是由耕稼和游牧两种民族合成的，所以辽国的官是分南北的。北面的官治理宫帐，属于国之政；南面的官治理汉人的州县租赋，属于军马之事。部族分为部和族，部落称为部，分地而居；氏族称为族，合族而处。属国则是北方的游牧之族，辽国不直接治理，而是授给其酋长官名，按时或不按时来朝贡。有兵事的时候，可以向属国征兵，但属国没有一定的义务，可以随意决定是否出兵或助粮饷。金朝是个小部族，官制很简单，有的官是模仿汉制设的。元初的官制也极为简单。到了元世祖才厘定官制，主要模仿的是汉制。特别设的有蒙古翰林院、宣政院（主要管理喇嘛和治理吐蕃）、工艺官（工艺官很多，制作供给皇室用的工艺品）、理财官（比别的朝代要详密）。因为有部族思想，因此总是损下益上的。在路、府、州、县之上，都设了行省。明朝废掉了行省，但保留了元朝的其他设置，所以有庞大的行政区域。

在唐朝以儒家经典为主要标准的开科取仕制度于622年开始建立。唐太宗（627—649年在位）于628年下令在太庙中修建孔庙。630年，唐太宗下诏，命硕学大儒审定儒家的经典标准文本，再作出官方审定的注疏，由皇帝颁布，在太学中讲授。但是，这个时候的儒学已经丧失了在孟子、荀子和董仲舒时代所拥有的活力。尽管经书文献都照旧存在，而且注释比以前更多，但是既不能满足时代的需要，也引不起人们的兴趣。在道家思想再起和佛教传入中国之后，人们更关心的是性命之学，即更关心人性和人的命运的问题。一直到了唐中叶之后，韩愈和李翱才对《大学》和《中庸》作出了新的解释，回应了当时的时代提出的新问题。在《孟子·尽心下》中，孟子已经大略提及世代相传的道统说。据朱熹在《中庸章句》前言中记载，宋明时期的程氏更加明确地说，《中庸》或中庸之道是孔门传授的心法。后世的许多人都认为，道统传承到了孟子就中断了。李翱认为自己是继承孟子的道统之人。韩愈和李翱继承了孟子的思想，于是有了道学的产生。道学即是研究道的学问。

在唐朝的科举中，考的人最多的是明经、进士两科，学的是诗赋和帖经墨义。宋朝的王安石认为，经是有用的，只是要改变考试的方法，而诗赋是没有用的，所以要废掉。王安石不赞成科举取士，而是赞成学校养士。他设了学校，设立了三舍之法，分外舍、内舍和上舍，上舍生可以授官。他认为，如果用利禄诱人，来学校的人就主要是为利禄而来的。王安石的科举制度改革主要包括：罢诸科而只设进士；进士科废掉诗赋而改帖经墨义为大义。这就是明清科举制度的来源。大义是可以抒发心得的，主要让人明白道理。科举的特征在于以利禄诱人和以言取人。这样就出现了专门应付考试的言，言就与才能分离开来了。王安石很注重经义，他颁布了《三经新义》，结果应科举的都只会说《三经新义》。王安石叹道：本来想把学究变成秀才，不料把秀才变成学究了。隋唐时期最高的科目是秀才，非极有学问不可，但实际上无人能应，所以形同虚设。而学究就是只能帖经墨义的。因为策论以言取人，而人人都会发言，看卷子的人就比较为难。而诗赋的声病容易考，所有又想恢复考诗赋。后来又把进士分成诗赋和经义两科，而考诗赋的人多，考经义的人少。

唐时考进士，原来是由考功员外郎主考，但因为其名望不足，没有考上的人就闹事。这样就改由礼部来主考，后来也遭人攻击。考官与士子之间有私通关节的。宋太祖设了殿试来进行复试。后来，殿试成了常制。契丹设科举，是专门用来待汉人的。金世宗既希望女真人能够保持质朴尚武的旧俗，也希望女真人的文化能够进步，所以也设立了科举制。元朝很注重学校。元世祖在京师立国子学，蒙古人、色目人和汉人都各有定额，还特别设立了蒙古国子学。蒙古人最初受回回人的文化影响，而回回人的文化中又包含着西洋文化。在国子学中，蒙古人、色目人与汉人是不平等的，对汉人的考试要求多，但授的官也就是七品官。元朝只要有才的人就用，欧洲人也有不少被录用。但是，后来进的仕比较多，但没有权衡的定法，所以也出了问题。元朝的统治，依靠着兵力的高压。据《元史》记载，时间久了，就出现了将骄卒惰、军政不修的状况。

唐朝的法律分为律、令、格、式，宋朝沿用了下来。如果有不合的，则随时加上损益，还特别加了敕。神宗说，禁于未然的称为敕；禁于已然的称为令；等待着人成长的称为格；让人效法的称为式。据《辽史》记载，契丹的法律有杖、徒、流、死四种。开始时，契丹人与汉人相殴致死，惩罚的轻重是不一样的，后来才变得平等。而且，最初还有酷刑，比如说投崖、钉割等。女真的旧俗是刑赎并行的。犯轻罪的人，有的被没收家赀，有的入宫，有的以家人为奴婢。后来，按照唐律的样子重修律令格式，但爱用肉刑，会鞭打士大夫。而汉人的法律精神，总的说来是以刑宽平和和养人廉耻为特征的。元朝的用刑是很严的。据《元史》记载，在元初，令史不肯宣传皇令的要断其舌，不肯书写的要断其手。但是，后来元的刑罚很宽纵，并且给予宗教徒一些特权。刑罚贵在“平”而不是过严或过宽。另外，蒙古人殴死汉人，不杀，只是断罚出征。

唐中叶之前的税法以丁税和田税为正宗，只是临时注重杂税。隋文帝把杂税全免了。唐中叶以后，因为藩镇把持地方财政，国家收入不足，不得不开辟新的租税之途。藩镇为了搜刮百姓，添出许多新税。唐中叶之后，都设有“力役”。在征收的方法上，也很苦累百姓。当时设有“支移”和“折变”。支移就是把东西送到想要的官那里，折变就是要把东西改成官想要的。支移需要百姓送，不送要再支付脚钱。折变要让百姓去弄官想要的东西，而只能按原来的价格算钱。在南宋之时，权要之家占田很多，招募没有入籍的民来耕种。他们用私租之额为官税之额。私租之额有时可以少纳，而官税则不能少纳。因为对于田的管理不当，导致不少人破产。辽朝有沿边屯田、在官闲田和私田的区分。用力耕种屯田的，可以不上赋税。种在官闲田和私田的人，则要计亩出粟。在金朝，官地要交租，私田要交税。元朝效仿的是唐朝的租庸调法，把税分为丁税和地税，但是只交多的那种税。除了田税以外，还有两种租税：官卖的东西和各种杂税。在宋朝，官卖的东西有五种：盐、茶、酒、香、矾。中国古代的币是金铜并用的，金用的是称量制，而铜用的是铸造制。魏晋以后，贫富渐均。最初基本上黄金是不流通的，因为人民用的钱很少。代钱用的最普通的就是帛。后来出现了纸币。到了明朝则银两大行。

第三节 学术方面的演变状况

从魏晋到唐，老学和佛学都很发达。在东汉末年，琐碎的考据与妖妄不经的迷信合而为一，最后出现了佛学，有出世的倾向。而两宋时期又开始有了入世的倾向。唐朝的韩愈的《原道》就开始倡导入世，但是到宋朝才成气候。神仙家盗取了道家之学。宋学是建立在道学之上的。宋学通行了几百年，很能支配人心。宋学起源于一张《太极图》或《先天图》，而这张图是由隐居在华山的道士陈抟（tuán）所传。根据太极图，周敦颐写出了《太极图说》，而邵雍写出了《皇极经世书》。周敦颐之学，由二程远传给朱熹。五代时期败坏了气节，所以北宋学者讲究砥砺气节。北宋时期国势衰弱，所以要救济社会，因此要讲究经世之学。张载的哲学就是既讲气节，又讲经世之学，还加上了性理。朱熹是宋学的集大成者。他考究孔门之经，既讲究心性的精微，也讲致用之学，讲修己治人。他吸取了魏晋到唐的老学和佛学的精华来建构新儒学，又扭转了老学和佛学导致的出世倾向，转为实用。朱熹代表的是宋学中的正统派。

朱熹认为，人是可以通过格物致知的。他认为，人因为有人心之灵，所以什么都能知道。在天下万物之中，都存在着理。只是理是没有穷尽的，所以知也是不可以穷尽的。学者通过已知之理，推导穷尽，到达极点，就能豁然贯通，从而能够知道众物的表里精粗，这样就能够明白心具有识全体的大用了。而陆九渊认为，格物太支离破碎了，就直接启迪人的本心之明就可以了。宋学开始立"道统"，扔掉了汉唐诸儒，把自己当成是孔门的心传正统，所以列出了孔、孟、周、程、张、朱的道统顺序。在《元史》中，在《儒林》外别立了《道学传》，把宋学同以前的儒学区分了开来。面对汉人对外的失败，宋学讲究气节，但是也出现了矫情、偏激和沽名的现象，导致了树党相争的状况。宋人的议论很彻底，所以很苛刻，出现了负气的情况。他们只论是非，不论利弊，对于军国大事也是如此。

从王安石变法之后，在北宋出现了党争。王安石不仅是位政治家，也是一位文学家，他著的《三经新义》曾立于学官。王安石与程颐的政见是相反的。在宋徽宗的时候，程门的弟子杨时明目张胆地攻击王安石的学术。皇帝曾下诏说，学术之是在求"是"，不必偏主一家。到了庆元之后，出现了"伪学"之禁。在元以后，宋学在北方很流行，但最著名的是程朱一派，而不是陆九渊一派。由于讲究经世之学，所以在两宋时代，史学很发达，都是贯穿古今的，其中最著名的有司马光的《资治通鉴》、郑樵（qiáo）的《通志》和马端临的《通考》。因为讲理学和尊重实用，宋的文学讲究质实，而不主张华藻，所以散文比骈（pián）文要发达。白话文被用在了学术语录、小说和戏曲之上。

明熹宗时，宠任魏忠贤，杀东林党之人，毁天下书院。清太祖非常讨厌儒生，得到儒生就要杀掉。而清太宗则举行儒家的考试，考取的赏给布帛，还减免差徭。太宗主要因为国力不足，不得不安抚和使用汉人。康熙是一个非常聪明的君主。他乐于求学，勤于办事。他通晓多种学问，而且能够采用西洋的学问，特别地佩服程朱理学。后来清朝又开博学、鸿词科、修巨籍，以便网罗人才。他还表彰程朱，尊崇理学，以便让汉人有尊君之心。但是，同时又大兴文字狱，焚毁了很多书籍。文字狱的事情，康熙、雍正等人都干过，牵连和杀死不少人。历代都有通过国家搜罗书籍校勘珍藏的习惯。在康熙、雍正和乾隆三朝也都御制或敕撰书籍。官纂的巨籍比较著名的有明朝的《永乐大典》，清朝康熙时的《图书集成》。这两部的体例都是“类书”，而乾隆时期的《四库全书》的体例则是“丛书”。

第二章　道学在唐中期的萌发

第一节　道学中的儒、道、佛三家的融会贯通的倾向

在唐朝时佛学兴盛，而宋明道学即新儒家也是萌芽于唐朝的。在隋唐之际，王通的受业弟子有千余人。他是隋末大儒，在唐初的创业功臣中，如魏徵等都曾受教于他。他去世后，有弟子数百人开会，说吾师为至人，自仲尼以来，还没有过这样的人。他续《诗》《书》，正礼乐，修《元经》，赞《易》道，论圣人的仁德之大旨，尽天下之仁德的能事。这些人直接推崇的是王通，而间接推崇的是孔子。在《易·系辞传》和子思作的《礼记·中庸》中，都有着儒家道学的思想线索，后来都成了宋明道学的重要典籍。在3—4世纪，儒家对道学的问题非常感兴趣。

一　道教中的天地交合时的阴阳造化之机论

在唐代之时，新儒学是融合了儒家思想和佛家思想的。到了北宋的时候，道教中的一部分思想也进入了新儒学。西汉之际，在董仲舒等今文经学家的学说中，混入了阴阳家之言。而在古文经学家和玄学家兴起之时，阴阳学家之言被压倒一时。阴阳家把儒家的一部分经典附会入道家，形成了道教。玄学家是推崇道家的，但是与道教是分道而且背驰的。在《老子》中，有诸如“死而不亡者寿”等言，让阴阳家有了附会长生不死的机会。阴阳家推崇《老子》，追求长生之法，从而形成了道教。在东汉末年，道教大兴。在南北朝和隋唐之时，道教与佛教并立于对等的地位。道教中所用的儒家经典主要是《周易》。道教的《周易参同契》相传为东汉末的魏伯阳所著。在道教中有一派为符箓（lù，天赐的符命之书）派，说是可以用符箓来驱使鬼神，从而可以去病延年。据《抱朴子·对俗》所言，就陶冶造化而言，没有比人更灵的。达其浅者，能役使万物。得其深者，能长生久视。据《道藏·周易参同契》记载，俞琰（yǎn）说，人不过是天地间一物而已。因为其灵于物，所以特别称之为人。因此，不能把人与天地并列。如果窃天地之机，修成金液大丹，则能够与天地相为始

终，这样的人就称为真人。每当天地交合之时，就要夺取阴阳造化之机。

据李鼎祚的《周易集解》记载，《易·系辞》说，县象[①]著明，莫大于日月。虞翻注此句说，此句指的是日月悬在天上，成八卦象。戊己在土位，象见于中。日月相推而明生。据《道藏·周易参同契》所言，日月的天符有进退，屈伸以应时。日月为易，刚柔相当。土是旺四季的，罗络始终。青赤黑白，各居一方。皆禀中宫，戊己之功。坎离是配戊己的，居于中央。离为日光，本居中央，而坎为月精。月为精，日为神，于晦夕和朔旦，月也“流”于此。道教认为如果要想得长生，就要懂得宇宙间的阴阳消息之状况，必须在阳长阴消之时，窃天地之机，炼自我身中的精、气、神，这就是炼丹。道教所说的丹，有外丹和内丹之分。求外丹的人，是把身外之药炼成丹，通过服用可以长生。因为自己的身中是一个小天地，其中也有阴阳八卦，所以可以炼成内丹，从而可以长生。

二　佛教中的止观智定论

宋明道学正式诞生于北宋中期，但是其直接渊源可以追溯到中唐的新儒学运动和宋初的思想变动。中唐的韩愈、李翱和宋初三先生（胡瑗、孙复和石介）是道学的先导和前驱。宋前期的范仲淹和欧阳修对道学的产生也有很大的影响。李翱是韩愈的弟子，他们认定自己的使命是复兴儒家。宋明道学讲学的目的在于让人们明白儒家的性命之道，说明当时人们感兴趣的问题，在儒家的典籍中都能找到答案。这时的儒家的圣人实际上变成了儒家的佛。6世纪上半叶，笃信佛教的梁武帝亲自为《中庸》写注释。10—11世纪，即宋朝的时候，佛教的禅宗僧人也写作这样的注释，一些佛教徒也开始讲《中庸》。宋明道学家对于格物致知的争辩发端于李翱。韩愈和李翱的思想奠定了宋明道学的基础和轮廓。李翱的思想受佛学的影响尤其显然。李翱认为，人为情所害，使得人的仁性昏和利心动。要复性就是要回复仁性之静，这样才能明白能量世界的本然。这个绝对的静指的是《中庸》中所说的诚。能诚则自能明能量世界，能明能量世界则自能诚。据《大藏经·止观统例》所言，止观指的是导万物之理而复于实际。实际指的是仁性之本。物之所以不能复，是因为昏与动的缘故。照昏就是明，驻动就是静。明与静是能量世界的止观之体。在因称为止观，在果称为智定。明为能量世界的观之体，而静为能量世界的止之体。

① “县象”来自原文。

三 《易经》中的无虑无思的正思

李翱常引《易》《诗》和《大学》，而引《易》尤其多。李翱认为，在修养的第一步，知心无思。在这个境界时，心只是静。这个静只是与动相对的静，不静时又会动。第二步为本无有思，这时就能动静双离，就能寂然不动，这是超乎动静的绝对的静。情互相止是不可穷的。情为邪为妄，自是无有的。据《李文公集·复性书》记载，有人问，人已经昏得太久了，要恢复其仁性，必然需要有一个渐进的过程。敢问有什么方法吗？李翱回答说，不虑不思，情就不生了。情不生，这就是正思。正思指的就是无虑无思。李翱引《易》说，天下又有何思何虑呢！又说，闲邪就能存其诚。李翱又引《诗》说，思无邪，这就够了吗？还不够。这里指的是斋戒了其心，但是还没有离开静。有静必有动，有动必有静，动静不息，这就是情。到北宋之初，思想界在各方面的发展都达到了相当高的程度，各派思想之混合也有了相当的成功。这个时候就需要有伟大的哲人来进行集大成的工作，让整个哲学体系成为一个组织整齐的系统。在北宋前期，儒者共同关注的是《周易》，其中的天地之心对宋儒的影响很大。据《宋元学案·庐陵学案》记载，欧阳修说，天地之仁心是见乎于动的。天地的心愿就是要生物。先王以至日闭关，主要是因为至日是阴阳初复之际，其来是甚微的。圣人通过安静来顺仁之微，至其盛，然后有所为，这是很适宜的。

第二节 韩愈首倡的儒家的道统论

宋明道学的先驱者是韩愈。韩愈（768—824 年）为昌黎人。他出身寒微，家贫得不足以活。他自幼刻苦学儒。他的本性是好文学，而因为困厄悲愁，不得其解，从而穷究经、传、史记和百家之说。他是新文学古文运动的领袖，他的诗文对后世影响很大。他的代表作为“五原”：《原道》《原仁》《原性》《原毁》《原鬼》。据《新唐书》中的本传所言，自晋到隋，老佛显行，儒家的圣道不断如带。诸儒倚天下之正义，却被当成是怪神。韩愈独自引儒圣，争四海之惑。虽蒙讪笑，依然奋发。昔日孟子拒杨朱和墨子，那时距孔子去世才二百年。而韩愈排除道家和佛家，离孔子去世已经一千多年。他有拨衰反正之功。开始时没有人信，而他去世后，其言大行，学者们仰之如泰山和北斗一样。

一　朝廷应该强迫僧侣还俗

在唐以前，孟子的地位与荀子、扬雄、董仲舒是并称的。而韩愈在他的道统传承中把孟子说成是孔子的继承人。后来的宋明道学家吸收了孟子的精神修养方法，主要是用来与佛老进行斗争的。韩愈虽然是排佛的，但是对于佛学是有所研究的。韩愈认为，当时的佛老是儒家要面对的主要的异端，而孟子面对的主要的异端是杨朱和墨子，而孟子是与这种异端进行斗争的典范。韩愈认为，尽管佛老之害比杨墨还要大，韩愈之贤又不及孟子，但是他依然要与佛老进行坚决的斗争。唐代皇帝从开国之初就大力鼓励佛教的发展，认为佛家是以慈悲为主的，能够教人积善而不致丧乱，所以寺院经济得到了空前的发展。寺院不仅拥有大量的土地和劳动力，还享有免役免税的特权，而且成了富户强丁逃避徭役的合法的特区。再加上藩镇地方势力强大，重要财政收入减少，转移到世俗平民身上的负担就日益加重。一些有识之士从国家经济利益的角度出发，提出要排抑佛教的主张。唐宪宗曾想要迎佛骨入宫，引起了一场宗教狂热，使得王公奔走施舍，百姓破产供养。韩愈写出了《论佛骨表》来激烈地排佛。据《昌黎先生集·论佛骨表》所言，佛本来是夷狄之人，与中国的言语不同，衣服殊制，口不言先王之法言，身不服先王之法服，不知道君臣之义、父子之情。韩愈要求皇帝把佛骨投入水火之中，永绝佛之根本。据《昌黎先生集·原道》所言，佛教的发展破坏了原有的分工结构，让非生产性人员过度增加，让民不得不穷而变成强盗。韩愈要求朝廷对待佛教应该人其人、火其书、庐其居，应该强迫僧侣还俗。

二　儒家道统中的“道”的含义

（一）仁与义为定名而道与德为虚位

韩愈认为，精神传统的延续和发挥作用，主要是靠尧舜禹式的授受者之间口授亲传和孔子与孟子式的精神传承。据《昌黎先生集·原道》记载，韩愈说，他所说的道，并非是老子与佛教所说的道，而是儒家的仁义之道。这个道是由尧传给舜，舜传给禹，禹传给汤，汤传给文、武、周公，再传给孔子，再传给孟子。孟子去世后就不得其传了。荀子与扬子的思想都是择而不精和语而不详的。有仁义就称为道。仁指的是博爱，义指的是行而宜。足于己而无待于外就称为德。仁与义为定名，而道与德为虚位。因此，在道上是有君子与小人的区分的，而在德上是有凶与吉的区分的。古代说的正心而诚意是有为的。今天也要治其心而外有为于天下国家，却采取了灭天常的办法，让子不父其父、让臣不君其君。把夷狄之法抬得比先王之教还高，结果让自己也变成了夷。先王之教指的是什么呢?先王教的就是仁义、道德，其文指的是《诗》《书》《易》《春秋》；其法是礼乐刑政。

（二）道学就是新儒学，而其中的孟子之学大行

韩愈认为孟子得的是孔子之正传，所以极其推尊孟子。在周秦之际，儒家中的孟子和荀子二派是并峙的；在西汉之时，荀学兴盛，只有扬雄很推崇孟子。从那时起到韩愈之间，没有有力的后继者。据《昌黎先生集·原道》记载，韩愈说，在孟子去世之后，儒家思想不得其传。由他来把中断了近千年的道统发扬起来和传接下去。在韩愈提出了道统说后，道学便成了新儒学的新名字。自韩愈推崇孟子之后，孟子之学大行，《孟子》一书成了宋明道学所依据的重要典籍，主要原因在于孟子好谈心与性，与当时人们感兴趣的佛学中所讨论的问题相关。

三　性和情之仁都是有上中下三品的

韩愈没有强调后来宋明道学强调的格物致知。据《昌黎先生集·原性》所言，性是与生俱来的，情则是接于物而生的。性是有上中下三品的。上品生来就是仁善的；中品则是可以导上而仁或导下而不仁的；下品则生来就有不仁之恶。在性中包含着五种德：仁、礼、信、义、智。上品者主于一而行于四；中品者，一个也不少有，所以少反，但四者是混在一起的；下品者则反于一而悖于四。情之品也是有上中下之分的。情有七种：喜、怒、哀、惧、爱、恶、欲。有情之上品者动而处其中；有情之中品者则是有所甚，有所亡，而求合其中；有情之下品者则亡于甚，直情而行。情是根据性来视其品的。

四　用仁德治心的目的在作用于天下国家

《大学》本来只是《礼记》中的一个篇章，在汉唐时期没有得到儒者的重视，而到宋代之后则被尊为《四书》之一。而对《大学》的重视，是从韩愈开始的。据《昌黎先生集·原道》记载，韩愈引《大学》的主要论点说，古代想要让仁的明德明于天下者，先要用仁德治其国；而要用仁德治其国，就先要用仁德齐其家；要用仁德齐其家，就要先用仁德修其身；要用仁德修其身，就要先用仁德正其心；要用仁德正其心，就要先用仁德诚其意。韩愈认为，古人用仁德正心诚意的目的是有所为的，而现在要用仁德治其心的目的也是要向外而作用于天下国家的。如果灭了儒家所

说的仁义的天常，子就会不父其父，臣就会不君其君，民就会不事其事。宋代道学家认为，韩愈在“道”上是有所创建的，但是没有践履的功夫，只是把时间花在诗文饮酒之上，未脱文人之习。

第三节　李翱的佛味浓重的儒家道学

李翱（772—841年）是韩愈的弟子，登进士第，官至山南东道节度使。据《李文公集·复性书》所言，昔日孔子的道传到孟子及门人达者，如公孙丑、万章之徒，遭秦灭书，只有《中庸》一篇留存下来，所以道就废缺了。仁的性命之书虽然存在着，但学者没有能够明白的，所以都入了庄列老释之道。不知者说夫子之徒不足以穷仁的性命之道，信之者皆称是。李翱说，他写书的目的是要开仁德的诚明之源，让缺绝废弃不扬的孔子之仁道可以传于世。在韩愈的仁义的道统之中，孟子是孔子的继承人，而在李翱的仁义的道统之中，在孔子与孟子之间还有子思。李翱认为，孔子把仁义之道传给了颜子，而子思把圣人相传的性命的仁义之道写成了《中庸》，传给了孟子。这样，《中庸》与《大学》《论语》《孟子》就一起成了四书。他在心性学方面对韩愈的思想进行了补充和发展。他的代表作为《复性书》，共分为三篇：上篇总论性、情及圣人；中篇论修养成圣的方法；下篇论人必须努力修养。

一　圣人的寂然不动之仁心是不往而到的

李翱认为，性是无不善的，所有人的性都是犹如圣人之仁性的，而情则是妄的和邪的。只要把妄情灭息[①]掉，本性就清明了。据《李文公集·复性书》所言，人之所以能为圣人，是因为有仁性的缘故。人的仁性能为情所惑。喜怒哀惧爱恶欲都是情之所为。情昏的时候，仁性就溺了，所以不是仁性之过。七情循环交来，所以仁性不能充。水浑是因为其流不清，火冒烟是因为光不明，不是水火清明之过。如果沙不浑，流就会清；烟不郁，光就会明；情不作，仁性就会充。如果情之动不息，就不能复归其仁性。但是，仁性与情不是相无的。无仁性则情无所生，所以说情是由仁性而生的。情是不自情的，因有仁性才有情。而仁性也是不自性的，要通过情来明。圣人指的是仁德的先觉者。对仁德觉则能明，否则就会惑，惑就会昏。明与昏是不同的。仁的明性以无为本，而不仁的昏性以有为

---

① “灭息”断的是气，而“灭熄”断的是火。

本。仁的明性是相同的，而不仁的昏性则是不同的。明与昏二者是不相离的，所以昏灭了明也不会立。圣人努力修养的方向是为了复归到仁性那里，即要复仁性。圣人要努力让情不作，但不是要像木石一样无情。圣人的心是寂然不动的，但是圣人的心是不往而到、不言而神、不耀而光的。圣人的制作是参乎天地的，圣人的变化是合乎阴阳的，所以虽有情也未尝有情。

二　寂然不动的仁的诚心能让行止语默都处于极

据《李文公集·复性书》所言，圣人之性是对仁之诚。仁的诚心指的是寂然不动的和广大清明的仁心，所以能够照乎天地，能感而遂通天下，能让行止语默都处于极。贤人就是追求复归其仁性的人，因为不已而能归其仁之源。李翱引《易》说，圣人能够与天地合其仁德，与日月合其光明，与四时合其秩序，与鬼神合其吉凶。能先天而天不违，能后天而奉天时。天况且不违，何况人呢？何况鬼神呢？这都并非是自外而得的，是能尽其仁性而已。李翱引子思的话说，首先，只有天下之诚，才能尽其仁性；能尽其仁性，则能尽人之仁性；能尽人之仁性，则能尽物之仁性；能尽物之仁性，则可以赞天地的仁之化育；可以赞天地的仁之化育，则可以与天地参。其次，要能致曲。要能曲才能有诚；要有诚才能有形；要有形才能显著；要显著才能明；要明才能动；要动才能变；要变才能化。因此，唯有天下至诚才能化。圣人知道人之性皆是善的，皆可以循之不息而至于圣。圣人制礼以节之，作乐以和之。安于和乐，这就是乐之本。礼之本是动而中礼。在车则闻鸾和之声，行步则闻佩玉之音，无故不废琴瑟。视听言行，都循礼而动。这是教人忘嗜欲而归性命之仁道。仁道指的是至诚。诚而不息则虚；虚而不息则明；明而不息则照天地而无遗。这就是尽性命之仁道。悲哀啊！人都是可以及乎此的，但是都止而不为，不是让人感觉很迷惑吗？

三　动静皆离的至诚的仁之正心

《易》说，吉凶悔吝都是生于动的。那么怎么才能复其仁性呢？方静之时，知道心是无思的，这就是斋戒。知道本无有思，这样就能动静皆离，这就是至诚。有人问，《中庸》说，诚则明。不虑不思之时，物格于外，情应于内，如何可止呢？以情止情，可以吗？李翱回答说，情为性之邪。不仅要知道其为邪，而且要知道邪本是无有的。心寂不动，邪思自息。唯有仁性是明照的，怎么会生邪呢？如以情止情，此乃大情。情互相止，就会没完没了。有人问，本无有思，动静皆离。可是有声来，能不听吗？有物之形显前，能不看吗？李翱说，不看不听，不是人。而视听昭昭，不起于见闻则是可以的。没有不知，没有不为，其心寂然，光照天地，这就是诚之明。有人问，《大学》说的“致知在格物”是什么意思？李翱说，物指的是万物；格指的是来，指的是至。物至之时，其心是昭昭然而明辨的，但不着于物。人心对物不产生感应了，这就是致知了。而致知就是知之至。知至故而能意诚，意诚故而能心正，心正故而能修身，身修而能齐家，齐家而能理国，国理而天下太平。这都是因为能参天地之仁的缘故。

第三章　道学中的理学、心学和气学的分立

第一节　北宋时期的儒家道学的创立

在中唐时期出现了三大运动：从六祖慧能开始的新禅宗运动；以韩愈和李翱为代表的新儒家运动；新文学中的古文运动。这三大运动都持续到了北宋，并成了主导北宋以后的中国文化的主要形态。宋明理学不仅是11世纪以后主导中国的思想体系，而且是前近代的朝鲜、越南、日本等东亚各国占主导地位或有重要影响的思想体系。北宋前期的胡瑗、孙复、石介被称为三先生，因为他们的思想为道学的创立奠定了思想基础。胡瑗是理学创始人程颐的老师，是孙复的同学，而石介则是孙复的弟子。范仲淹与欧阳修的思想动向也很值得重视。胡瑗、孙复、张载都曾得到过范仲淹的帮助和指点。欧阳修在当时的新文学的古文运动中影响很大。宋代儒学复兴针对的对象是浮文华辞和佛老。欧阳修和石介都是排佛的主要代表。

一　用仁文以载仁道的体用反对淫丽华美的怪文章

北宋前期的思想家多是出身贫微的，有过困穷苦学的经历。范仲淹年轻时日以继夜地刻苦学习，因家贫所以常喝粥度日。欧阳修的家也很贫穷。胡瑗、孙复、石介的家也都是很贫穷的。而六朝和隋唐的士族知识分子的家庭则是比较宽裕的。六朝以来的骈体文是四六对仗的，这样的文体规范是便于诵读的，但是到了隋唐，这样的文体越来越形式化，成了贵族们脱离生活的文字游戏，无法表达深刻的思想。淫丽的辞赋追求的只是形式上的华美，丧失了生命力。一批平民知识分子要求恢复文学为社会服务

的功能，崇尚六经的朴实无华的学风，强调文章的社会教化功能，提出了文以明仁道和文道并重的主张。

韩愈为新文学的古文运动的首要代表人物，他提倡古文，反对骈文。据《昌黎先生集·答李秀才书》记载，韩愈说，他以古文为志，并不只是因为古文的辞好，而是好其仁道。在北宋初期，流行着隋唐五代以来形成的华艳颓靡的形式主义文风。这种文风主要体现在西昆体上。在宋仁宗的时候，社会呈现出了内忧外患的危机，主要表现为国势虚弱、边患不断、佛老泛滥、浮文成风，有识之士倡导政治改革和文学革新，很快便迎来了道学的兴起。据《欧阳文忠公文集·答吴充秀才书》记载，欧阳修主张以仁道胜而不以文胜。他认为，仁道胜则文不难而自至。据《徂徕石先生文集·上蔡副枢书》记载，石介抨击了追求辞藻华美、对仗工整的西昆体。他认为，三纲是文之象，而五常是文之质。

胡瑗提出并为道学家推崇的是与浮华偷薄之风相对立的明仁体达仁用的学风。他认为，圣人之仁道包含着仁体、仁文、仁用三个方面，而仁义礼乐就是仁道之体。据《宋元学案·安定学案》记载，胡瑗认为，国家累朝取士都不以仁体和仁用为本，而是尚声律浮华之词，所以导致了风俗偷薄。据《徂徕石先生集·怪说下》记载，石介把文章、佛、老称为三怪，并认为文章为三怪之首。他认为应该崇尚儒家之仁道，要去除无用之文。他只承认有仁的道统，而不承认在道统之外还有文统。儒家道学的创始人周敦颐把仁文与仁道的关系归纳为用仁文以载仁道。据《宋元学案·高平学案》记载，范仲淹泛通六经，尤其长于《易》。欧阳修著有《易童子问》。胡瑗以《诗》《书》为仁文，长于《论语》和《春秋》之仁学，而尤其精于《易》。道学家认为，仁之经是用来载仁道的，要由仁之经来穷仁之理。仁的经典要通过适合于时代的阐释才能发挥作用，而阐释的方式不只有经注，还可以有语录体等。

二　以儒道佛融会贯通的方式排佛老

用范仲淹的话来说，北宋初期的知识分子群体的精神就是先天下之忧而忧，后天下之乐而乐。他们感论国事，时至泣下。这个时候学校及书院兴起，讲学活动很普及。后来天子在京师设了太学。据《欧阳文忠公文集·本论》记载，欧阳修认为，佛之法可以说是奸而邪的，但是不能用韩愈的火其书和庐其居的办法排除。佛法之患已经持续了一千多年，要除去佛法之患，只有修仁义之本以胜之。昔日战国之时有杨墨交乱，孟子患之，而专言仁义。仁义之学胜，杨墨之学便废了。汉之时是百家并兴的，董仲舒患之而退修孔子之仁说。当孔子之仁道明的时候，百家自然就息了。这就是通过修仁义之本以胜之之效。据《徂徕石先生集·怪说》记载，石介认为，佛教破坏了君臣和父子的仁义的常道，僧徒不士不农、不工不商，宣扬汗漫不经之教和妖诞幻惑之说，坏乱破碎了儒家的圣人之仁道。

孟子和孔子都讲在求生和求仁道有冲突的时候应该成为殉仁道者。据《论语·卫灵公》记载，孔子说，在志士仁人中，有杀身以成全仁的，没有为求生而害仁的。据《孟子·尽心上》记载，孟子说，志士仁人是以身殉仁道的，而没有听说以仁道殉人的。据《孟子·告子上》记载，孟子说，荣华富贵的鱼是我想要的，仁道的熊掌也是我想要的。如果二者不能……我舍鱼而取熊掌。生是我想要的，义也是我想要的。如果二者不……生而取义。得不如生，不如不得。生不如死，不如死了。道……方式来守道，这样做对个人是有意义的，而对救世来……学的思想来源是儒家经典、佛家思想及以禅宗……家的宇宙论。这三种思想成分混杂在一……的体系化努力从韩愈和李翱就开始……过儒道佛的融会贯通来让求……问题是围绕着求仁……学）展开的……的关系……

是……

三　力……

儒家道学……学）。周敦颐是集……佛，这是当时的人……的成佛是要在社会之外……宗大大地减少了原始佛教中的出世的……代表着中国的佛教向着入世努力的成功。而禅师们并没有……挥到事父事君也是妙道的程度，因为走到这一步便不再是佛教了。而儒家道学关心的是如何成圣。周敦颐认为，要成圣就要入主静，而要主静就要无欲。周敦颐发展了《易大传》中的《系辞》所说的易有太极，由太极生阴阳两仪的观点。他认为无极而太极。无极类似于佛家所说的能量世界的空寂。在动静中，周敦颐是主静的，类似于道家的静观。周敦颐的《通书》阐发的主要是《易经》的原理。其中，周敦颐解释的无欲与道家所讲的无为及禅宗说的无心的解释是差不多的。他力图要有别于佛教的出世的性质，所以他用无欲，而不用无心，因为无欲的内涵比较明确，不像无心那样无所不包。周敦颐提出的成圣之方，接近于禅僧所倡导的率性而活，率性而行。朱熹的宇宙论继承了周敦颐的思想。

易经》中引发出他的宇宙论的，也是用图解来说明他

篇》记载，邵雍说，太极就是一，太极

生象，象生器。绝大多数

是揭示宇宙奥秘

一天十二个时辰

的破坏性的力

据《张子载集·

气即是无无。他力拒道家和

篇特别著名，这是张载贴在他的

铭》中，张载认为，人并不需要做

为社会大众做的事情，就是为宇宙父母

追随和服侍宇宙父母，而到死亡来临时他就

西铭》都十分赞赏，因为它把儒家对人生的态度

生的态度区分了开来。佛教企图打断因果锁链，结束生

；道教企图以养生来延长生命，企图久留于人世；而儒家

够充分理解自然的流程，懂得人是生无所得、死无所丧的道理。

四　努力让求仁的率性的风流与求仁的功用的名教相统一

在北宋时期，道学家分成了两个不同的学派，分别以周敦颐　　程颢和程颐两兄弟为创始人。弟弟程颐创立的理学，由朱熹集大成，又称为程朱学派。哥哥程颢创立的心学，由陆象山和王阳明完成，又称为陆王学派。由朱熹和陆象山开始的学术争论，至今依然在进行着。他们争论的问题是：仁道是人们头脑中臆造的，还是宇宙心创作的。程氏兄弟是河南人。程颢又称为明道先生，程颐又称为伊川先生。他们的父亲是周敦颐的朋友，他们与张载又是表兄弟。程氏兄弟在年轻时曾受到周敦颐的教诲，后来又常与张载进行学术探讨。他们与邵雍的住处相距不远，可以经常相

聚。因此，这五位哲学家有着密切的来往。儒家的道学家力图在名教的礼制体系中来寻求风流的乐趣。道学努力的方向是要把仁的风流与礼的名教结合起来。仁的风流的主要特性在于它能超脱于万物的区别之上，能够率仁性而行，能够自事其仁心，不求取悦于人。道学家寻求的是仁的生命的乐趣。道学家并不把名教与自然对立起来，而是把名教看成是自然的发展。道学家认为，这才是孔子和孟子思想的真谛。

邵雍和程颢都是因为实践了这样的仁的风流的真精神，因此成为快乐的人。程颢非常赞同张载的《西铭》中的万物一体的观念，这也是程颢哲学的中心思想。程颢认为，仁的主要特征就是把自己看成是与万物一体的。万物的本性天然地是向生的，这便是天地之仁。做人的第一要务就是要懂得万物具有一样的仁体的道理，只要用真心去行仁就足够了。程颐和朱熹的理的观念都直接来自《易传》。道家所说的道与《易传》所讲的道是不一样的。道家所讲的道是宇宙万物所由出的太一，而《易传》中所讲的道则是宇宙万物中每一类事物中所内含的仁的原理。程颐和朱熹正是从《易传》中所讲的仁道来引发出他们所说的义理的。依张载的学说而言，花与叶都是气聚而生的。那么，为什么有的气成为了花，而有的气则成为了叶呢？程颐和朱熹的理的观念便是针对这点提出的。程朱认为，万物不仅是气聚而生的，而且其中还有各自的理。花之所以成为花，是因为气是按花的理聚结的。在花产生之前，花的理已经先存在了。程朱认为，世界上的事物之所以能够存在，必须有一个理，而且这个理是居于某个物之中的。如果有一物，就必然有一理。但是，有一个理，可能有一个物，也可能没有一个物与之相应。据《河南程氏遗书》记载，程颐说，涵养仁德必须用敬，而进学仁德则在致知。周敦颐强调静，而程朱强调敬，主要是力图离禅学远一些。程朱强调仁德修养必须是要下工夫的。虽然说人的仁德修养的最终目标是要无所用心，但是为达到无所用心，还是要用很大的力气的，也就是说要在敬字上下工夫。

第二节　儒家道学的宗师级人物

一　周敦颐创立的入淤泥而不染的仁的道学

（一）周敦颐的生平及其立论宗旨

周敦颐（1017—1073 年）为湖南道州营道人，又称为濂溪先生，晚年居住在庐山。他在担任司法工作的时候，依法治事，反对趋势枉法，作风精细严毅，历来为人所称道。他曾长期做州县小吏，但是不卑小职，尘视名利，雅好山水。据说他的住所的窗前杂草丛生，他却不去锄掉，因为他认为这就如自家意思一般，与大自然融为一体。据《宋史·道学传》记载，周敦颐 57 岁去世。黄庭坚称其人品甚高，胸怀洒落，如光风霁月。周敦颐在南安时只是一个普通的官吏，而二程的父亲独具慧眼，非常推崇周敦颐的才学，让当时只有十四五岁的二程从学于周敦颐。程颢问学于周敦颐之后，便慨然有了求仁道之志，而厌弃了科举之业。程颢的弟子见过周敦颐之后说，就像是在春风里坐了半年一样。周敦颐在《爱莲说》中称，我独爱莲之出淤泥而不染。他说，菊花为花之隐逸者，牡丹为花之富贵者，而莲花则是花之君子者。虽然他用的比喻是出污泥而不染，而他的本意想要说的是像金子一样入淤泥而不染。周敦颐追求的是既在名教礼制中生活，又能超越富贵利达的极高明而道中庸的仁者的人格风范。他认为，求得这样的境界，既不需要出世修行，也不需要遁迹山林，而是在修仁道的同时就可以尽社会义务。

把道教引入儒家思想体系的主要是道学家周敦颐和邵雍。早在周敦颐之前，已经有一些道教的僧人用图像来解说他们的秘传的、能够令人长生不老的道术。《道藏·上方大洞真元妙经品图》中的太极先天图与周敦颐的太极图略同。据说宋时的象数之学都源自陈抟（tuán）。而陈抟是宋初的一位有名的活神仙。他住在华山，把无极图刊于石壁。周敦颐取道士用的修炼之太极图，用《太极图说》这本书加以了新的解释和赋予了新的意义。他改画了这张图像，用来说明宇宙的演进过程。他从《易大传》的一些段落中得到了启发，并对其中的思想加以了发展，用道教的图录来阐述他的思想。宋明道学家的宇宙发生论多采用此说。据《宋史·道学传》记载，周敦颐著《太极图说》的目的是要明天理之根原，要究万物之终始。他作的《通书》，原名为《易通》，是他系统讲述《易》之作，目的在于说明什么是仁道。他为儒家道学的开山之祖。

（二）周敦颐的思想脉络

1. 世界究竟是什么样的？

（1）从无极而太极到主静的中正仁义的人极

据《周敦颐集·太极图说》所言，太极就是无极。无极是一个没有阴阳的空的或白色的能量世界之圆。太极的能量世界动而生阳的气体能量，动极而生静的能量世界，静而生阴的气体能量。静极的能量世界复为动的能量世界。一动一静的能量世界互为其根。在能量世界分为阴的气体能量和阳的气体能量后，就立起了阴阳两仪。阳的气体能量主变而阴的气体能量与之相合，从而生出水火木金土这五行的气体能量。因为五行的气体能量顺布，所有四时之能量之行。因此，五行的气体能量可以统一为阴阳的气体能量，而阴阳的气体能量可以统一为太极的能量世界，而太极的能量世界之本是无极的能量世界。五行的气体能量之生都是各一其性的。无极的能量世界为真，二五的能量世界为精，妙合而凝成物。乾的仁道成男，坤的仁道成女。阴阳二种气体能量交感而化生万物。万物是生生不尽和变化无穷的。唯有人得能量世界之秀而最灵。能量凝成的形既生了，能量之神发就能知了。

据《周敦颐集·太极图说》所言，五性之间因感应而动，从而可以分出善恶，因此产生出万事。圣人定之以中正仁义而主静，从而立起了人极。作为人极的圣人与天地是合其仁德的，与日月是合其光明的，与四时是合其秩序的，与神鬼是合其吉凶的。君子修仁道而得吉，小人悖仁道而得凶。因此，立天之仁道的称为阴与阳，立地之仁道的称为柔与刚，立人之仁道的称为仁与义。在原始和返终那里，可以知死生之说。周敦颐认为，仁追求的是创生而义追求的是成全。《通书·顺化》所言，天是以阳生育万物和以阴成全万物的。生为仁，成为义。因此，圣人在上，能以仁育万物，以义正万民。据《通书·道》所言，圣人之道指的就是仁义中正而已。据《通书·理性命》所言，阴阳二气和金木水火土五行化生万物。五行为五殊，二气为二实。二之本为一太极。因此，万为一，一实可以万分，所以万与一各正，一为大而万为小便有定分了。

（2）天下之达道是仁的中节即至其中而止

周敦颐认为，阳为刚，阴为柔。人禀阴阳之气，所以有刚柔。刚柔失当，不合乎中道，皆为恶。据《通书·慎动》所言，因为微小的几变有善恶，所以君子要慎动。据《通书·理性命》所言，性指的是刚柔。而刚柔是善还是恶，要看是否合乎中。刚在善的时候为义、为直、为断、为严毅、为干固，而刚在恶的时候为猛、为隘、为强横凶暴。柔在善的时候为慈、为顺、为巽，而柔在恶的时候则为懦弱、为无断、为谄媚。唯有符合仁的中道才为和。以仁的中道为节，这是天下之达道，这就是圣人在做的事。圣人主教，就是要让人自易其恶，自至其仁的中道而止。据《通书·文辞》所言，文是用以载仁道的。轮辕饰而人不用，饰便是徒劳的，这就是虚车。文辞是艺，仁的道德是实。不知务仁的道德，而以文辞为能，不过是艺而已。噫，这样的弊病持续得也太久了。据《通书·富贵》所言，圣人之仁道，从耳入、存于心，蕴之而为德，行之而为事业。只有文辞则是简陋的。

2. 泰然自若的圣人是什么样的?

（1）无欲则静虚、静虚则动直、动直则大公无私

据《通书·圣学》记载，有人问，圣是可以学的吗?周敦颐答道，可以的。又问，有什么要点吗?又答：一为要。一指的就是要无欲。无欲则能够有仁的静虚动直。静虚则能明仁，明仁则能通。动直则能公，公则能溥（pǔ）。溥即是广大。明通公溥则有富庶。人的心中无欲则其心如明镜，寂而能照。据《通书·公》所言，圣人之仁道，至公而已。因为圣人是效仿天地的，而天地是至公的。天地至公，所以无不覆载。人的本心是大公无私的，所以不会畸轻畸重，不会厚此薄彼。人天生的公性，就称为溥。据《通书·乾损益动》所言，成圣的方法是克己复礼。君子要乾乾不息于诚，就必须惩忿窒欲，迁善改过才能至。据《通书·动静》所言，动而无静，静而无动，指的是物体。动而无动，静而无静，指的是能量之神。能量的动而无动，静而无静，并非不动不静。物体是不通的，而能量之神是妙万物的。宋明道学家常举《孟子·公孙丑上》中的小孩子掉到井里的故事，来说明无欲则静虚动直的道理。人乍一见小孩子掉到井里，不假思索，就会起恻隐之仁情，这就是直起，因此引发的行动就是直动。在直起和直动中，是没有考虑这件事对于自己的利害的，所以是公的，所以说动直是公的。如果转念一想，考虑到了利害，那就是欲，所以是私的，这就是人的私欲。初念是圣贤，而转念则是禽兽。

（2）诚指的是能感受到几微的寂然不动之仁性

据《通书·圣》所言，诚指的是寂然不动，神指的是感而遂通。据《通书·诚》所言，诚为圣人之本。诚的立足之地是仁的纯粹的至善。圣指的就是诚实之仁而已。诚是五常之本和百行之源。据《通书·圣》所言，寂然不动之仁性，就是诚；仁性感而遂通就是神。动而未成形，在有无之间，这就是几。诚精才能明，神应才能妙，几微才能幽。有仁的诚神和几微的人便是圣人。据《通书·思》记载，周敦颐引《洪范》之言说，思仁才能睿（ruì，通达），有仁之睿才能做圣。无思为本，而思通为用。

几动于彼，而诚动于此，无思而无不通仁的人为圣人。不思仁则不能通微，不睿则不能无不通。因此，无不通生于通微，而通微生于思仁。因此，思仁为圣功之本，为吉凶之几。无思指的是仁心寂然不动，而思通指的是感而遂通的仁。

（3）弃富贵而安贫之仁意在乐令心泰然的仁道

据《通书·志学》所言，圣希天，贤希圣，士希贤，而要实现这样的理想，就要有孔颜乐处的安贫而乐仁道的精神。据《通书·诚几德》所言，诚是无为的，几则有善恶。几指的是动之微。据《通书·家人睽复无妄》所言，诚指的是复其不善之动而已。据《周敦颐集·养心亭说》所言，寡以至于无，无则诚立明通。诚立则贤；明通则圣。因此，圣贤并不是由仁性生的，而是通过养仁心而至的。据《通书·志学》记载，周敦颐引《论语》说，颜子能够安于一箪食、一瓢饮、在陋巷。当人不堪其忧时，他还能不改其乐。周敦颐说，富贵是人所爱的，颜子不爱不求，而乐于贫者，这是为什么呢？天地间是有至贵至富之可爱可求的，只是颜子因为见仁道之大而忘了富贵之小而已。见仁道这么伟大时，心就泰然了，从而心就无不足了。据《通书·富贵》所言，君子以仁道之充实为贵，以仁身之安为富，所以能常泰而无不足，因此轩冕和金玉对他们来说就不重要了。

二　邵雍的无贫贱无富贵的仁的率性风流的道学

（一）邵雍的生平及其立论宗旨

邵雍（1011—1077年）定居在河南洛阳，又称为康节先生。邵雍自称自己的住所为安乐窝，自号为安乐先生。在南宋之时，周敦颐、程颢、程颐、张载和邵雍被称为北宋五子，他们的思想是伊洛之学的渊源。邵雍与二程的交往很多，程颢称邵雍为风流人豪，很推崇他的人品。据《宋元学案》记载，邵雍年轻的时候是很坚苦刻厉的。他寒不炉，暑不扇，日不再食，夜不就席数年。初到洛阳之时，蓬荜环堵，不蔽风雨，但是他依然很坦然自乐。后来富弼和司马光等人退居洛阳之时，帮他买了一所园子，他在其中躬耕自给。他以诚待人，很和蔼，笑语终日，洛阳城中的老少贵贱都很喜欢他。他曾几次被荐举做官，都是反复辞谢才受命，但是最终还是称病不赴官。

邵雍自己说，他平生不做皱眉事。据《宋元学案·百源学案下》附录记载，程颢评价邵雍说，听了邵雍的议论，就知道他是振古之豪杰，可惜的是无所用于世。在邵雍去世之前，程颐问他有什么见告。邵雍说，面前的路径须令宽。他劝程颐要做一个放得开的人，要做一个襟怀洒落的人。据《伊川击壤集》记载，邵雍作了《安乐吟》，其中说的是，他是一个快活之人。他这个安乐先生是不在乎名的，所以不显姓氏。他有着风月的情怀，江湖的性气。他是通过翔而后至的。他追求的生活是无贱无贫、无富无贵和无将无迎、无拘无束的。他是窘未尝忧，饮不至于醉的。他是乐见善人，乐闻善事的。他是乐道善言，乐闻善意的。他闻到人之恶，犹如是负了芒刺一样，而闻人之善，则犹如佩了兰蕙一样。他不喜欢禅伯和方士。他能不出户庭，而思想却能直际天地，三军都无法凌驾于他之上，万钟都无法及他之致。邵雍的思想受道教的影响很大。邵雍特别重视数，人多称他的学说为数学。据《宋史・道学传》记载，邵雍学习了河图洛书、伏羲八卦和六十四卦图象。他的象数之学受自李之才，而李之才传的是陈抟之学。邵雍的主要著作是《皇极经世书》。与周敦颐所提倡的孔颜乐处相呼应，他提倡的是守仁的安乐逍遥。

汉朝出现了一批纬书，假托的是六经注疏。《纬书》中的易说，被附在道教之中，传授不绝。到北宋之时，易说被引入道学之中，成了象数之学。据《通志堂经解》记载，刘牧在《易数钩隐图》序中说，易指的是阴的气体能量和阳的气体能量相交的意思。卦是圣人观于象而后设之的。象指的是能量世界的形而上之应。原其本的话可以说物体世界的形是由能量世界的象生的，而能量世界的象又是由能量世界变化的数设的。舍掉能量世界的数就无法见到能量世界的四象所由之宗。在《易纬》中提出了卦气说。卦气说认为，六十四卦中的每一卦，都影响着每年的一段时间。在一年的十二个月中，每个月都处于几个卦象之下，其中有一卦是当月的主卦。全年有十二个主卦，即复、临、泰、大壮、夬（guài）、乾、姤（gòu）、遁、否、观、剥、坤。它们之所以重要是因为其中反映了一年里的阴阳这两种气体能量的消长。

邵雍的宇宙论应该是从《易・系辞》中的如下观念中推衍而出的：易有太极的能量世界，太极的能量世界生两仪，能量世界的两仪生四象，能量世界的四象生八卦，能量世界的八卦定仁与不仁的吉凶，吉凶生大业。邵雍用图像来说明这样的道理。邵雍认为，图虽然是没有文字的，但是他终日言也未尝能够离开这个图，因为天地万物之理尽在其中。在卦象中，直线贯通代表着阳的气体能量，与热是相联的；直线中断代表着阴的气体能量，与寒冷是相连的。在复卦中，一爻为阳，随后的五爻为阴，表示寒气已经到了极盛，阴极而阳生，这就是阴历十一月的主卦，冬至就在这个月。乾卦的六爻都是阳，阳极而阴生，这就是阴历四月的主卦。姤卦的一爻为阴，五爻为阳，表明夏至之后阴气再来，这就是阴历五月的主卦。坤卦的六爻都是阴，表明的是阴气盛极，下个月就到冬至而阳生。其他的各卦表示的都是阴阳消长的中间阶段。十二卦合在一起，表明的是阴阳消长，周而复始。阴极则阳生，此后阳气逐月上升，至于极盛。然后，阴气再现，继以阴气逐月上升。阴气升到极点，阳气再现。新的阴阳消长又再开始，这就是自然界的不可避免的往复进程。

）邵雍的思想脉络

皇极经世·观物外篇》绪言记载，邵雍认为，学仁不至于乐不

。君子之学是以仁德润身为本的，其治人应物皆是余事。而君

能量世界中的数、象、理与物体世界中的用之间的关系，从而

的守仁的安乐。

界是如何按数和象变化的？

变化中的数的演变公式

先要有象而有象先要有数

下的物体都是有形的，而要有能量世界中的数之后才有

中的象之后才有形，所以能量世界中的数是最根本的。

研究的是能量世界中的象学，而无能量世界中的数学。

理论则既有能量世界中的象学，也有能量世界中的数学。据《皇极经世·观物外篇上》所言，仁道就是太极。仁心就是太极。太极的能量世界既分，两仪则立。阳的气体能量下交于阴的气体能量，阴的气体能量上交于阳的气体能量，能量世界的四象便生了。阳的气体能量交于阴的气体能量，阴的气体能量交于阳的气体能量，而生出天之四象。而刚的气体能量交于柔的气体能量，柔的气体能量交于刚的气体能量，而生出地之四象。于是便有了八卦。八卦相错，然后生万物。因此，一分为二，二分为四，四分为八，八分为十六，十六分为三十二，三十二分为六十四。这就是能量世界中的数。因此，分阴分阳，迭用柔刚，易六位而成章。十分为百，百分为千，千分为万，就像是根有干、干有枝、枝有叶一样。愈大则愈少，愈细则愈繁。合之斯为一，衍之斯为万。乾以分之，坤以翕（xī，合）之，震以长之，巽以消之。长则分，分则消，消则翕。

②具体的事物都是按六十四卦圆图生灭的

邵雍认为，一至六十四所生之象，用图表示就是六十四卦次序图。经世衍易图横排八卦，从右到左为乾、兑、离、震、巽、坎、艮、坤。太极的能量世界生阳的气体能量和阴的气体能量。阳的气体能量由太阳和少阴构成，太阳为乾和兑，少阴为离和震；阴的气体能量由少阳和太阴构成，少阴为巽和坎，而太阴为艮和坤。把横排的八卦从中间断开，把两半各折成半圆，合为一圆，就是先天八卦方位图。这个方位图与《说卦》的图是不一样的。邵雍认为，先天图指的是伏羲的八卦方位图，而《说卦》中的图是文王之后的图，为后天八卦图。如果把六十四卦按次序横排，自中断开，将两半各折成半圆，将两半合为一圆，这就是六十四卦方位图，代表着一切事物生长进行的公式。一切事物都是有成即有毁，有盛即有衰，都是按这样的公式进行的。

③无限的宇宙中的万物的品类是有定数的

邵雍认为，宇宙的存在在时间上是无限的。宇宙的无限的发展过程是由 129600 年为一个周期，在每个周期中，事物都会经历发生、发展、消尽的过程。这个周期不断重复，没有开头和终止。我们现在生存的这个阶段是宇宙的无限时间序列中的一个片断。宇宙的发展是由能量世界运行的数在其中支配着的。能量世界运行的数是宇宙演化的最高法则。据《皇极经世书》所言，能量运行的数是仁道之运，义理之会，阴阳之度，万物之纪。能量运行的数是明于幽而验于明的，是藏于微而显于管的。能量运行的数是能够成变化而行鬼神的。能量运行的数不仅规定了宇宙的历史变化的周期，而且还规定了宇宙万物的品类。太阳和少阴之数为十，而太阴和少阴之数为十二；太刚和少刚之数为十，而太柔和少柔之数为十二。阳刚之数合为 40，称为太少阳刚的本数；而阴柔之数为 48，称为太少阴柔的本数。本数分别乘以 4，可以得到太阳少阳太刚少刚的体数为 160，而太阴少阴太柔少柔的体数为 192。以太少阳刚之体数减去太少阴柔之本数，得太少阳刚之用数 112；以太少阴柔之体数减去太少阳刚之本数，得太少阴柔之用数 152。用太少阳刚的用数乘太少阴柔的用数（112 × 152），所得到的 17024 则是日月星辰的变数；以太少阴柔的用数乘太少阳刚的用数（152 × 112）得到的 17024 为水火土石之化数。日月星辰之变数即是动物之数，而水火土石之数即是植物之数。以动物之数乘植物之数得 289816576，这就是动植物之通数。通过这样的计算，邵雍就认为他掌握了万物的品类和数量。邵雍不仅用能量运行的数来把握宇宙及其本质规定，还用能量运行的数来处理声音和易图等，所以他的学说被称为数学。

据《皇极经世·观物外篇》记载，邵雍说，能量世界的易之数能穷天地终始。有人问，天地也有终始吗？邵雍答，既然有消长，怎么能无终始呢？天地虽然大，也是形气，也是两个物体而已。所有具体的物体都是按六十四卦圆图所代表的公式生灭的。天地既然是物体，也要按这个公式进行。在《皇极经世书》这部著作中，邵雍用了半部书来说明世界运行的年谱，用元会运世来计算时间。日经天之元，月经天之会，星经天之运，辰经天之世。他计算的是元会运世当天的日月星辰的时间。元当日，会当月，十二会为一元。运当星，三十运为一会。世当辰，十二世为一运。他认为，世界可以有坏灭，坏灭后会另有新世界相继发生。这种观点受到了佛教中的宗密的《俱舍论颂》的影响。邵雍认为，现在的世界虽然离天地之终还远，但是最好的时光已经过去了。目前衰机已兆。用无为，则为皇；用恩信，则为帝；用公正，则为王；用智力，则为霸。霸以下则为夷狄；夷狄之下则为禽兽。三皇为春；五帝为夏；三王为秋；五伯为冬。自帝尧至于今，上下三千余年，其间或合或离，或强或弱，或唱或随，没有能一其风俗的。自羲轩而下，祖三皇。自尧舜而下，宗五帝。自文武以下，子三王。自桓文而下，孙五霸。

（2）世道变化中的动静的象的演变公式

①天地之仁道尽在天之动和地之静的交合中

周敦颐认为，太极的能量世界即是气体能量。而邵雍认为，太极的能量世界不是气体能量而是潜存着仁性的不动的能量世界，这个思想被后来的胡宏和朱熹所发展。据《皇极经世·观物外篇》所言，仁道生天地万物而不自见其仁，天地万物都是取法于仁道的。以天地生万物，则以万物为万物。以仁道生天地，则天地也是万物。仁道就是太极的能量世界的运行之道。据《皇极经世·观物外篇》所言，太极的能量世界是不动的，其中潜存着太极之仁性。太极的仁性发则神，神则呈现为数，数则呈现为象，象则凝结为器。器之变又复归于能量运行之神。发指的是发为动静。代表两仪之阳爻“—”和阴爻“－－”等为象，一、二、四、八等为数，天、地、日、月等为器。能量运行之神是无方的，能量运行之易是无体的。如果能量运行之神滞于一方，则不能变化，不变化则非神。而如果能量的运行有定体，则不能变通，则非易。能量运行之易虽然是有体的，但易的体就是象。能量运行之易是假象以见体的，而本来是无体的。具体的器与能量的神是不同的。器是具体的事物。器是有定体的，此物即是此物，不能是彼物。能量运行之易说的是象，而象是公式，具体的事物是按象这个公式来生长的。

邵雍讲的两仪不是阴阳而是动静。他用两根直线来代表阳，用两根中断的线来表示阴。周敦颐认为，能量世界的动而生阳的气体能量，能量世界的动极而生静，由静生阴的气体能量。而邵雍认为，能量世界的动而生阴阳的气体能量，能量世界的静而生刚柔。物极必反的原则不是体现为能量世界的动极而生静，静而生阴的气体能量，而是分别体现为动始生阳的气体能量，动极则生阴的气体能量，而能量世界的静始生柔性，能量世界的静极而生刚性。邵雍认为，天地之仁道可以分为二：阴阳的气体能量原则和刚柔的性质原则。天（日月星辰）的构成和运动遵循的是阴阳的气体能量原则，而地（草木动物）的构成和运动原则却是刚柔的性质原则。据《皇极经世·观物内篇》所言，天的能量世界生于动，地的物体世界生于静，一动一静交而天地之仁道尽。动之始则阳生，动之极则阴生，一阴一阳交而天之用就尽了。静之始则柔生，静之极则刚生。一刚一柔交而地之用就尽了。动、阳、刚之象均为一（阳爻），而静、阴、柔之象皆为－－（阴爻）。静中有动，动中有静。这样才能有动之大小和静之大小之别。动之大者称之为太阳，动之小者称之为少阳；静之大者称之为太阴，静之小者称之为少阴。太阳为日，太阴为月，少阳为星，少阴为辰，日月星辰交，天之体尽之矣。太柔为水，太刚为火，少柔为土，少刚为石，水火土石交，地之体尽矣。

②人为至灵之物而圣人为至善之人

邵雍认为，具体的天地的基础是日月星辰及水木土石，万物都是在这样的基础上发生的。据《皇极经世·观物内篇》所言，日为暑，月为寒；星为昼，辰为夜。暑寒昼夜交而天之变尽之矣。水为雨，火为风；土为露，石为雷。雨风雷露交而地之化尽之矣。暑能变物之性，而寒能变物之情；昼能变物之形，而夜能变物之体；性情形体交而动植之感尽之矣。雨化物之走，风化物之飞，露化物之草，雷化物之木，走飞草木交而动植之应尽之矣。生物可以分为动物和植物。动物又可以分为走和飞两种；而植物又可以分为草和木这两种。每一物都各有其性情形体，因为都与天地之变和化相应。有如此之天地，所以有如此之万物。物中之至灵这就是人，人中之至善之人就是圣人。人也是一种物，圣人也是一种人。人是物中之至，圣人则是人中之至。圣人能够以一的仁心观万的仁心，以一的仁身观万的仁身，以一物之理观万物之理，以一世之仁观万世之仁。圣人能以仁心代天的仁意，以仁之口代天的仁言，以仁的手代仁的天工，以仁的身代天的仁事。圣人还能上识天时之仁，下尽地理之义，中尽物之仁情，通照人之仁事。圣人还能以弥纶天地之仁，出入造化仁，进退于古今之仁。

2. 如何在世道的变化中保持守仁的安乐？

（1）有庸君时做小人易而做君子难

在人之中有圣人也有恶人。圣君在上的时候，就会让小人退处无位之地。据《皇极经世·观物内篇》所言，天与人是相为表里的。天有阴阳，人有邪正。邪正之由，是系于上之所好的。上好仁德则民用正，上好奸佞则民用邪。邪正之由，都是有自来的。虽然有圣君在上，也不能无小人，只是做小人就很难了。虽然有庸君在上，也不能无君子，只是做君子就难了。自古以来有圣君之盛的，比如说，在唐尧之世，君子就很多。这个时候并不是没有小人，而是做小人很难，所以君子多。因此，虽有四凶，也不能放肆地做恶。自古以来有庸君之盛的，比如说，在商纣之世，小人就很多。那个时候不是没有君子，而是做君子很难，所以小人多。因此，虽然有三仁，也不能遂其善。

（2）把人的仁心定在能量世界的虚静的太极之处

邵雍认为，圣人是无我而任物的能量世界之仁的，所以能够无为而无不为。个人就应该用这种方法来修养自己。据《皇极经世·观物外篇》绪言所言，观物者不仅要以目观物，而且要以仁心观物，进而以义理观物。以目观物见到的是物之形；而以仁心观物见到的是物之情；以理观物见到的是物之理性。鉴之所以能为明，因为它不隐万物之形。虽然鉴能不隐万物之形，但是不如水能够一万物之形。虽然水能一万物之形，但是不如圣人能一万物之情。圣人之所以能一万物之情，是因为其能反观。反观就是不以我观物，而是以物之理观物，这样其间就没有我了。即是说，镜子是不会隐藏万物的形状的，所以镜子是能明的。水则盛在任何事物中都能与盛己之物是一样的形状，但是不能顺应万物的本性。圣人则能顺应万物的本性。以物之理观物就是顺应事物的本性，而不掺杂自己的好恶在其中。据《皇极经世·观物外篇》衍义所言，以物而喜物，以物而悲物，这样的发便能中节。不我物则能物物。圣人是能利物而无我的。任我则有情，有情则蔽，蔽则会昏。因物则性，因性则神，有神则明。以物观物，得到的是性；以我观物，得到的是情。性是公而明的，而情则是偏而暗的。

（3）以物之理观物和因物之理的喜悲而喜悲

据《皇极经世·观物外篇》所言，为学养仁心，所患的是不由直道，不去利欲。由直道，任至诚，则能无所不通。天地之仁道，直而已，所以要以直来求之。如果用智数的话，就会由路径而求之，这样就会屈天地而循人欲，这样就难以知仁道。以物观物，则能见可喜者则喜之，见可悲者则悲之。要能够率仁性直行，但仁心要虚而不动。心一而不分，则可以应万变，所以君子是虚心而不动的。据《皇极经世·观世篇》所言，天下之物，都是有理、有性和有命的。理是要穷之才可知的，性是要尽之才可知的，命是要至之而后才可知的。知理、知性、知命，这三知才是天下之真知，圣人也不过有如此之知而已。以物之理观物，那么我在什么地方呢？我也是人，人也是我，而我与人也都是物。这样就能用天下之目为己之目，其目就能无所不观。用天下之耳为己之耳，其耳就能无所不听。用天下之口为己之口，其口就能无所不言。用天下之心为己之心，其心就能无所不谋。因此，圣人其见至广，其闻至远，其论至高，其乐至大。能为至广、至远、至高、至大之事，而中无一为，这就是至神至圣者。

（4）无定用的仁体与无定体的仁用交而能尽人物之仁道

据《皇极经世·观物外篇》衍义所言，性必须要有体才能成，而体没有性则不能生。阳是以阴为体的，而阴则是以阳为性的。动为性，而静则为体。在天则阳动而阴静，在地则阳静而阴动。性得体而静，体随性而动。《皇极经世·观物外篇》绪言所言，火是以性为主的，而体是次之的；水是以体为主的，而性是次之的。正如万物同受性于天而各为其性，在人则为人之性，在禽兽则为禽兽之性，在草木则为草木之性。据《皇极经世·观物外篇》衍义所言，天使我有是之就称为命；命之在我就称为性；性之在物就称为理。气是养性的，性是乘气的，所以气存则性存，性动则气动。据《皇极经世·观物篇》所言，人之所以能灵于万物，在于人的目能收万物之色，耳能收万物之声，鼻能收万物之气，口能收万物之味。声色气味都是万物之体，目耳鼻口都是万物之用。体是无定用的，唯有变是用。用是无定体的，唯有化是体。体用相交而人物之仁道就齐备了。

（三）邵雍后学的知宇宙大全的仁人观

邵雍的后学之人认为，仁人是能通宇宙大全之仁心和天地万物之全理的。据《宋元学案·百源学案上》记载，有邵雍一系的人说，人承载的是天地万物之秀气。然而，也有不中的，也有各求其类的。如果全得人类，这种人就称为全人。全类者得的是天地万物之中气，这样的人称为全德之人。全德之人是人中之人，即是仁人。只有全人才能当得起仁人的称号。

1. 天地万物原于一而衍之以为万而穷天之数而复归于一

据《宋元学案·百源学案下》记载，邵雍之子邵伯温说，道生一，一为太极。一生二，二为两仪。二生四，四为四象。四生八，八为八卦。八生六十四，六十四具后，天地万物之仁道就完备了。天地万物莫不是以一为本的，原于一而衍之以为万，穷天之数而复归于一。一是什么呢？一即是天地之仁心，即是造化之原。据《性理大全》记载，邵伯温说，在大化之中，一元相当于一年。一元有十二会，相当于一年有十二个月。一会有三十运，相当于一月有三十日。一运有十二世，相当于一日有十二时。如果以天地之终始为一元，以三十年为一世，则一元之年数为30乘4320，共为129600年。天地始于复卦而终于坤卦。天开于子时，地辟于丑时，人生于寅时。人之文明在乾卦时为阳臻全盛。唐尧之时为圣王之治，阳仍极盛。在阴臻极盛的时候，天地即寿终。这个时候将另有天地照此公式重新开辟。其中人物重新生长，重新坏灭。如是循环，以至无穷。

2. 在动静之间可以见到天地之仁心

据《宋元学案·百源学案下》记载，邵伯温说，在一动一静之间，存在着天地人之妙用。阳辟为动，阴合为静，这就是一动一静。不役乎动和不滞乎静，这就是非动非静。主乎动静者是存在于一动与一静之间的。要自静而观动，自动而观静，这样才有所谓的动静。方静而动，方动而静，不拘于动静，这便是非动非静者。在动静之间可以见到天地之仁心。虽然颠沛造次，也未尝离开过天地之仁心。正如《中庸》所说，仁道是片刻都不能离的。如果可以离的话，就不是仁道了。仁道可以退藏于密，以仁道洗心。吉凶与民同患，这就是以仁道来斋戒。而密与斋戒都是在动静之间的。这便是天地的仁之至妙。圣人作《易》就是本于此的。世儒蒙昧于《易》之仁本，看不见天地之仁心，只见其一阳初复，便以动为天地之仁心，便说天地是以生物为仁心的。噫，天地之仁心何止于动而生物！见复卦以五阴在上，便以静为天地之仁心，所以说动复则静，行复则止。噫，天地之仁心又何止于静而止！而虚无论者，则说天地是以无心为心的。噫，天地之仁心一归于无，则造化就息了。天地之仁心是不可以用有无来言的。天地之仁心是未尝有有无的，也未尝离于有无的。天地之仁心也是不可以用动静来言的。天地之仁心未尝有动静，也未尝离开动静。在动静之间，可以见到有。即使在动静之间，间也是不容发的，所以是没有间的。只有无间，所以才有动静之间。即是说，天地之仁心是在动和静转换、交接之间才能见的。当静变为动的瞬间见之。动静之间便是几，便是神。

三　张载的万物平等的民胞物与的仁的道学

（一）张载的生平及其立论宗旨

张载（1020—1077年）生于长安，又称为横渠先生。张载与周敦颐和邵雍为同时代而略后之人。据《宋史·道学传》记载，他生活在北宋中期，当时宋王朝与北方的少数民族矛盾十分严重。他青年时代常与朋友谈兵法，有追求立军功之志。范仲淹认为，他在儒学方面可以有更大的作为，所以引导他潜心研究《中庸》。张载则先深究了佛老之书，知无所得，才又回到儒家的六经，开始强烈地批判佛老。他一生都思学并进和德智日新。他的哲学以《周易大传》为宗。《正蒙》为他的思想的结晶。佛教求无生，所以要寂灭而不返。道教求长生，所以想执有而不化。而张载则认为，生而无所得，所以何必求无生？死而无所丧，所以何必求长生？据《张载集·近思录拾遗》记载，张载的志向是要为天地立仁之心、为生民立仁之命、为往圣继仁的绝学、为万世开仁的太平。

（二）张载的思想脉络

1. 宇宙是什么样的？

（1）在太虚中有着循环运动着的阴阳之气

据《正蒙·太和篇》所言，太和是气体能量的全体之名。所有的气体能量都是游气，气体能量的内部都有阴阳两端循环不已，其中的浮、升、动是阳性的，沉、降、静是阴性的。气体能量聚时便从中生成出具体的个别的事物，而气体能量散的时候则会分崩离析。气体能量聚则离明得施而有形，气体能量不聚则离明不得施而无形。气体能量聚的时候，不能不称为客，而气体能量散的时候，不能称为无。太虚是无形的，以气体能量为本体。气体能量的聚散导致了变化，为气的客形。太虚不能是无气体能量的，而气体能量是不能不聚而为万物的，万物是不能不散而为太虚的。循是出入，皆是不得已而然的。气之聚散于太虚，犹如冰凝释于水中一般。如果知道太虚即是气体能量，就会认识到无无。

（2）道就是气与物相互转化的气化过程

据《正蒙·太和篇》所言，道指的是无始无终和不息不休的宇宙中的气的流行过程。在道中涵浮沉、升降、动静相感之性，是生絪缊（yīn yūn，天地的阴阳之气的交互作用）相荡胜负屈伸之始。不如野马絪缊，不足称为太和。语道者要知此才可以说是知道，学《易》者要见此才可以说见《易》。气体能量能够不断运动，是因为其中有虚实动静之机。动必然是有机的，既然称为机，就说明动并非来自于外。道指的就是气体能量转化为物和物转化为气体能量的气化的过程。气化可以分为变和化两种形式。据《横渠易说·系辞上》所言，变说的是气化之著，化说的是气化之渐。据《正蒙·神化篇》所言，变化是一个由粗到精的过程。化而裁之就是变，变的过程是以著显微的过程。

（3）太虚之气聚而有形、散而无形

据《正蒙·参两篇》所言，气体能量就是太虚，升降飞扬，未尝止息，这就是《易》所说的絪缊。气体能量为虚实动静之机，阴阳刚柔之始。气体能量浮而上者为阳之清，气体能量降而下者为阴之浊。气体能量的感遇聚散为风雨和为雪霜。万品之流形，山川之融结，糟粕煨烬，都是以此为教的。气体能量中有可感的阴阳二性，所以气体能量不能停于太虚状态之中，一直在无止息地动着。阴阳二气相荡，或胜或负，或屈或伸，或聚或散。气体能量聚则物成，气体能量散则物毁。圣人仰观俯察的目的是要知气体能量的幽明之故，而不是要知气体能量的有无之故。离指的是眼睛，离明得施者指的是我们的眼睛之明所能见的。气体能量聚时我们的眼睛能看见，所以称为有形的，而气体能量散时我们的眼睛就看不见了，所以称为无形。气体能量是聚散不定的，所以其形为客形，即做客的客。

（4）在浮阳的天和纯阴的地之间有二气升降

据《正蒙·参两篇》所言，地是纯阴的，凝聚于中；天是浮阳的，运旋于外，这就是天地之常体。恒星是不动的，纯粹是系于天的，与浮阳运旋而不穷。日月五星是逆天而行的，并包乎地者也。地是有升降的，日是有修短的。地虽凝聚不散之物，但是有二气升降其间，相从而不已。阳日上，地日降而下，这就是虚。阳日降，地日进而上，这就是盈。这就是一岁的寒暑之候。而一昼夜之盈虚升降，则如海水潮汐一样。然间有小大之差，那是日月朔望、其精相感的结果。据《正蒙·动物篇》所言，声是由形气相轧而成的；两气就像是谷响雷声一样；两形就像是桴鼓叩击一样；形轧气就像是用羽扇敲矢一样；气轧形就像是用人声吹笙簧一样，都是物感之良能，人因为习惯了而察觉不到。动物是本诸于天的，以呼吸为聚散之渐。植物是本诸于地的，以阴阳升降为聚散之渐。物之初生，气日至而滋息；物生既盈，气日反而游散。至之称为神，求的是伸；反之为鬼，求的是归。有息者是根于天的，不息者是根于地的。根于天者是不滞于用的，而根于地者则滞于方。这就是动物与植物的分别。人之有息是因为刚柔相摩和乾坤阖辟之象。寤指的是形开而志交诸外，所以知新于耳目；梦指的是形闭而气专乎内也，所以缘旧于习心。

（5）气的聚散都是不得已而然的

据《正蒙·参两篇》所言，阴性是凝聚的，而阳性是发散的。阴聚之，阳必散之。其势为均散。阳为阴累，则相持为雨而降；阴为阳得，则飘扬为云而升。阴气凝聚，阳在内而不得出，则奋击而为雷霆。阳在外而不得入，则周旋不舍而为风。气体能量之聚有远近虚实，所以雷风有大小暴缓。和而散，则为霜雪雨露，不和而散，则为戾气曀霾。阴常是散缓的，受交于阳，所以风雨调，寒暑正。据《正蒙·动物篇》所言，生是有先后的，所以称为天序。小大高下，相并而相形，这就是天秩。天之生物也有序，物之既形也有秩。据《正蒙·太和篇》所言，天地之气体能量，虽然聚散攻取有百途，但都是顺其理而不妄的。据《正蒙·动物篇》所言，物都是没有孤立之理的。物是通过同异屈伸终始发明出来的，否则虽然看上去是物，其实不是物。得有始卒才可以说是成，没有同异有无相感，是不见其成的。如果不见其成，则虽然是物也非物。因此，利是由屈伸相感而生的。据《正蒙·太和篇》所言，造化所成，没有一物是相肖的。因此，万物虽多，其实所有的物都是有阴阳的，所以持阴阳二端就能知天地之变化。游气纷扰，合而成质，所以生出人物之万殊；其阴阳两端，循环不已，所以立天地之大义。

（6）两不立则无法见一，而不见一则没有两之用

据《正蒙·神化篇》所言，神就是天德，而化就是天道。德为体，

道为用，都是一气体能量而已。据《正蒙·乾称篇》所言，气体能量之性本是虚而神的，所以神是气体能量所固有的。据《正蒙·天道篇》所言，气体能量是神而有常的。据《正蒙·参两篇》所言，一物是有两体的，而两体都是气体能量。神因为有两，所以有化，这是天之所以能参之故。据《正蒙·太和篇》所言，两不立则一不可见，一不可见则两之用息。据《正蒙·乾称篇》所言，凡可状的，皆为有；凡有皆为象；凡象皆为气体能量。据《正蒙·神化篇》所言，气体能量只有待其蒸郁凝聚和接于目后才能知之。如果健、顺、动、止、浩然、湛然之得言的话，皆是可名之象而已。如果象不是气体能量的话，指什么为象呢？据《正蒙·太和篇》所言，要感而后才有通，没有两则无一。两体指的是虚实、动静、聚散、清浊，而究竟为一而已。据《正蒙·乾称篇》所言，天包载万物于内，所感所性，无非是乾坤和阴阳二端而已。据《正蒙·参两篇》所言，一物有两体，两体指的是阴的气体能量和阳的气体能量。有一所以有神，有二所以有化。据《横渠易说·观卦》所言，有两则有感。据《正蒙·乾称篇》所言，感即为合，为咸。万物之本为一，所以一能合异。能合异，才称为感。如果没有异，就没有合。天与性、乾与坤、阴与阳，因为是二端，所以有感。本为一，所以能合。天地万物所受虽然是不同的，但皆无须臾（xū yú，片刻）之不感。据《通志堂经解·易说》记载，张载说，有两则有一，而这个一就是太极。

2. 人心是什么样的呢？

(1) 人心的天性是完美的湛一

据《正蒙·太和篇》所言，天之名指的是能量世界的太虚；道之名指的是能量世界的气化。性之名指的是能量之虚与气体能量之合；心之名指的是性与知觉之合。太虚之气具有湛一的本质，而湛一就是宇宙的本性。太虚之气聚为气体能量，气体能量聚为人，所以人的本性根源于太虚的本性。据《正蒙·诚明篇》所言，性指的是万物之一源，并非有我之得私。只有大人能尽其道。因此，立必俱立，知必周知，爱必兼爱，成不独成。据《张载集·张子语录中》所言，仁义礼智为人之道，也可以说是人之性。据《正蒙·诚明篇》所言，人的天性是通极于仁道的，气之昏明都不足以蔽之。天性在人，正犹如水性之在冰一样，凝释虽然是相异的，而为物则是一。虽然受光是有大有小和有昏有明的，其照纳却是不二的。

（2）爱恶之情都出于太虚之气

据《正蒙·太和篇》所言，太虚之气是以虚为本的，湛本是无形的。太虚之气感而生，聚而有象。有象必有对，对必反其所为。有反就有仇，有仇必和而解。因此，爱恶之情都是同出于太虚的，而卒则是归于物欲的。太虚之气倏（shū，忽然）而生，忽而成，不容有毫发之间，所以真是很神啊！据《正蒙·诚明篇》所言，湛一为气之本，攻取为气之欲。口腹于饮食，鼻舌于臭味，皆为攻取之性。知仁德者属厌而已，不以嗜欲累其仁心，不以小害大，不以末丧仁之本。有形而后有气质之性，善反之则天地之仁性存。据《张载集·张子语录中》所言，人之刚柔和缓急，有才与不才的区分，这是气之偏的缘故。天本来是参和不偏的，所以养其气和反之本而不偏，这样则能尽性①而天。性未成则善恶混，故亹亹（wěi，无休止地缓慢流动）而继善者斯为善矣。据《张载集·拾遗》所言，心是能统性情的。

（3）人的心要大到无外才能体会天下之物

据《张载集·张子语录下》所言，人本是无心的，因物而为心。如果只是以闻见为心，但恐小却了心。今盈天地之间皆是物。如果只是据己之闻见，所接触的能有几何呢？安能尽天下之物呢？所以想要尽其心。据《正蒙·大心篇》所言，大其心则能体天下之物。物有未体，则心为有外。世人之心是止于闻见之狭的。因为圣人能尽仁性，所以不以闻见梏其心。其视天下，没有一物是非我的。孟子说的尽心则能知性和知天，指的就是这个意思。天之大是无外的，所有的有外之心都是不足以合天心的。见闻之知是与物交而知的，非仁的德性所知。仁的德性所知不是萌于见闻的。据《正蒙·诚明篇》所言，天人异用是不足以言诚的，天人异知是不足以尽明的。诚明者看性与天道，是看不见小大之别的。诚明所知为天德良知，并非闻见小知。

（4）只有穷理的人才没有白白梦过一生

据《横渠易说·说卦》所言，先穷理然后才能尽仁性。据《正蒙·诚明篇》所言，由穷理而尽性，就能自明诚。据《张载集·拾遗》

① “尽性”为用尽了理性，而理性就是真理性，而“尽兴”则为用尽了兴奋，而兴奋来自情感。当情感与理性相合时，尽性就能尽兴，尽兴也能尽性；而当情感与理性不相合时，尽兴就不能尽性。

所言，凡物都是有仁性的。因为仁性有通蔽开塞，所以有人与物之别。因为蔽是有厚薄的，所以有智愚之别。据《正蒙·诚明篇》所言，心是能够超越见闻的局限性的，因为心是能够尽仁性的。据《张载集·张子语录中》所言，万物皆是有理的。如果不知道穷理，犹如梦过一生。据《张载集·张子语录上》所言，理不在人而皆在物。据《正蒙·参两篇》所言，天地之理如同阴阳之气，是循环迭至、聚散相荡、升降相求、絪缊相揉[①]、相兼相制、欲一之而不能的。据《横渠易说·说卦》所言，穷理当有个渐进的过程。见的物多了，穷的理多了，从此就约简，这样就能尽人之仁性和尽物之仁性了。

(5) 为学的大益在于变气质之性以存天地之仁性

据《张载集·张子语录中》所言，为学的大益在于自求把自己的气质给变化了。据《正蒙·诚明篇》所言，如果仁德不胜气的话，性就是受命于气的；只有仁德胜了气，性才能受命于仁德。如果穷理尽仁性了，仁性就具有了天德，就能受命于天理。据《正蒙·有德篇》所言，就人生的修养而言，要立有教，动有法，昼有为，宵有得，息有养，瞬有存。据《张载集·张子语录下》所言，性犹有气之恶而有病，气又有习来害之，所以要通过鞭辟至于齐，通过强学以胜其气习。其间则有缓急精粗，这是因为人之仁性虽然是相同的，而气则是有异的。据《正蒙·诚明篇》所言，要让不仁之恶尽去，仁德之善才能成。

3. 人应该如何生活才能不虚度一生?

(1) 丰厚吾生的福泽和玉汝于成的忧戚

据《正蒙·诚明篇》所言，天的仁之良能即是吾的仁之良能之本。仁性与天道是不见乎于大小之别的。人应该有民胞物与的精神境界。据《正蒙·乾称篇》(后人称为《西铭》)所言，乾是我的父亲，坤是我的母亲，渺小的我则浑然中处。天地之塞是我的身体，天地之帅是我的仁性。民与我是同胞，物与我是同类。大君是我父母的宗子；其大臣是宗子之家的相。我要尊高年，所以要长其长；我要慈孤弱，所以要幼其幼。圣是合天地之仁德的人；贤为优秀的人。凡天下之老弱病残孤寡之人，都是我的困苦而无处诉说的兄弟。我要协助乾坤父母保护他们，我要为此乐且

---

① “相揉”是一推一拉的有节律的运动，好比打太极拳，而“糅”的对象原来是米，强调混在一起。

不忧，这就是对乾坤父母的孝顺。违指的是悖仁德，害仁就称为贼，济恶就称为不才，要像乾坤父母的才能去践行其仁德。知化则善述乾坤之仁事，穷神则善继乾坤之仁志。即便是在屋漏之处也要能无愧于仁心，要能不懈地存仁心养仁性。崇伯子能顾养乾坤父母；颍考叔能够培育；舜能不懈努力建功；太子申能够顺从父命，不逃他处，以待烹戮，所以能被称为恭；曾参能够在临终时把身体完全地归还给父母；伯奇则能勇于顺令。富贵福泽是用来丰厚吾之生的；而贫贱忧戚则是用来玉汝于成的。存时吾能顺仁事，没时吾心则能安宁。

（2）生无所得，死无所丧，尽仁性做寻常事而已

据《张子全书·西铭》注记载，朱熹说，以乾为父，以坤为母，有生之类，无物不是如此，这就是说理是一样的。那么人物之生，血脉之属，各亲其亲，各子其子，则其分也安得而不特哉？一统而万殊，则虽天下一家，中国一人，而不流于兼爱之流弊。万殊而一贯，则虽有亲疏异情，贵贱异等，而不梏于为我之私。这就是《西铭》之大指。我们应该观其用亲亲之厚，以说明无我之公为大；因事亲之诚，以明事天之仁道。他不是用分殊来推出理是一的。据《正蒙·太和篇》所言，太虚是不能无气的，气是不能不聚而为万物的，万物是不能不散而为太虚的，循是出入，皆是不得已而然的。而圣人尽道其间，兼体而不累，存神其至矣。彼所说的寂灭是往而不返的；徇生执有是物而不化。这两者虽然有差别，但都是失仁道的。聚也是吾之体，散也是吾之体。要知道死之而不亡，才可以与之言仁性。据《正蒙·诚明篇》所言，尽仁性然后才能知道生是无所得的，所以死也是无所丧的。人应该安然地过一个寻常人的生活。存则顺仁事，没则安宁息。圣人所做的无非就是每个人都应该做的事。

第三节　儒家理学的主要代表人物

一　儒家理学的主干人物

（一）程颐的元来依旧的理之论

在《二程集》中有着程颐和程颢的思想。本节收录的是程颐的思想。

1. 程颐的生平及其立论宗旨

在宋初的三先生时期，儒学的复兴是围绕着仁文与仁道的关系展开的。在北宋前期的古文运动和儒学复兴中，产生了抑文崇经的风气。崇经

的结果是士大夫纷纷注经，有些则沉溺于经文训诂之中。针对北宋流行的辞章之学，北宋儒者有了文艺所以载仁道的提法，而针对经学的训诂学风，程颐和程颢这二程有了经所以载仁道的提法。据《二程集·遗书》记载，二程说，当时的学者有三弊，一是溺于文章，二是牵于训诂，三是惑于异端。当时的学者，能文者称为文士，谈经者泥为讲师，而只有知仁道者从事的才是儒学。二程研究的主要是经与仁道之间的关系。二程都是以周敦颐为师的，都是以邵雍为友的，都是以张载为亲属的。程颐与他的哥哥程颢并称为二程。因为二程长期在洛阳讲学，所以他们的学派又称为洛学。据《宋史·道学传》记载，周敦颐认识程颢和程颐的父亲。二程的父亲视周敦颐的气貌就知非常人。与他交谈后，知其为学是知仁道的，这样就与他为友，并让程颢和程颐到他的门下受业。

程颐（1033—1108 年）是程颢的弟弟，比程颢小一岁。十四五岁时，与程颢一起受学于周敦颐。他 18 岁时上书宋仁宗，劝皇帝以仁的王道为心，并要求皇帝召对，一陈自己的所学，未遂。当时胡瑗在太学主教，以《颜子所好何学论》为题试诸生，程颐做的文章，让胡瑗大惊，聘为学官。他在 27 岁开始，不再参加科举考试。他的父亲有几次得到保荐儿子做官的机会，程颐都让给了族人。后来大臣们屡荐，他自以为学不足，不愿为官。他在 50 多岁之前，一直没有做过官，是一介布衣，称为处士。在程颢去世后，程颐才出仕。他以布衣被召，任只有十多岁的皇帝宋哲宗的老师。他上疏要求增加讲课的次数和减少休假，并要求太皇太后垂帘监督，这样也可以直接向太皇太后陈述自己的意见。他还要求改变自宋仁宗以来要求讲官站着辅讲的规定，准许讲官坐着讲，这样可以培养皇帝的尊儒重仁道之心。

程颐在为皇帝讲书的时候，爱板着面孔，以示庄严。程颢曾对程颐说，将来尊严师道的是程颐，但是在因材施教和培养后学方面自己是不让的。程颢是风趣和温然平和的，而程颐却是严毅庄重的，被称为程门立雪。据《宋史·道学传》记载，程颐于书无所不读。他的学问是本于诚的，以《大学》《论语》《孟子》《中庸》为指标，而达于六经。他的动止言默，都一以圣人为师，不至乎圣人而不止。据《二程集·遗书》记载，程颐一生律己待人都甚严。他一生的举动必由乎礼，进退必合乎仪。在修身行法和规矩准绳上，独出于儒之表。他活着的时候，有人对他说，先生这样谨于礼四五十年，应该是很劳苦的。程颐回答说，吾天天都履于安地之上，怎么会劳苦呢？他人天天都践在危地之上，那才劳苦呢。他著《易》传和《春秋》传以传世。他的名著是《程氏易传》。他终年 75 岁，世称伊川先生。

程颐在世时，他的学术思想屡次受到打击和压制。他曾被视为奸党而被放归故里。程颐长期居住在洛阳，与反对新法的政治集团交往很深，所以新党曾把他送到涪陵加以管制，到宋徽宗即位时才回到洛阳。据《二程集·外书》记载，程颐从涪陵回洛阳时，到了长江的峡江一处，水流湍急和风作浪涌，一舟人都在号哭，唯有程颐正襟危坐，毅然不动。岸上有老父问他，你是达而后如此呢，还是舍而后如此呢？据《二程集·伊川先生年谱》记载，有人曾指责他著书诽毁朝政，有旨追毁他出身以来的文字，而且将随他学习的门人驱逐一光，但是他并没有放弃他的思想主张。由于学者向之，私相传习，所以程颐的思想是不可遏的。

在宋明道学中，理和气这两个概念占有非常重要的地位。张载确立了气的地位。周敦颐、邵雍和张载都提到过理，但是程氏兄弟奠定了理在宋明道学中的地位，所以说二程是道学的创始人。他们把孟子之后中断了 1400 多年之久的儒学道统真正承接了下来。他们以“理”为最高的哲学范畴。据《二程集·为家君作试汉州学策问三首》记载，二程说，后之儒者，莫不以为文章、治经术为务。文章则华靡其词，新奇其意，取悦人耳目而已；经术则解释辞训，比较先儒之短长，立异说以为己工。这样做学问，能够至于仁道吗？二程创立的“道”学，是反对为文章、治训诂和崇佛老的。二程要知的道指的是由文、武、周公传至孔、孟的儒家之仁道。儒家之仁道在孟子之后便失传了。二程要在孟子去世后 1400 年重新发现和体认圣人之仁道，这就是道学的内容。

据《二程集·明道先生墓表》记载，二程说，周公没，圣人之仁道不行；孟轲死，圣人之仁学不传。因为仁道不行，所以百世无善治；因为仁学不传，所以千载无真儒。二程在遗经中得儒家的不传之仁学，立志将以斯仁道来令斯民觉悟。道学讲的是求仁道之学。这个道指的就是仁的天理。据《二程集·外书》记载，程颢说，虽然吾学是有所受的，但是天理二字则是自家体贴出来的。据《二程集·遗书》记载，程颢说，有仁道就有义理，天与人都是一样的，没有什么分别。万物为一体，因为皆有此理。性理指的是人性之理。程颢还没有提出性即理，但是已经把理看成是理性。程颐后来提出了理学家普遍接受的性即理的说法。这样理性仁德礼制幸福体系就诞生了。在南宋的二程思想中，还没有理学与心学之别，但是在修养方面有了不同的倾向。二程之学开辟了宋明道学中的程朱理学和陆王心学。弟弟程颐为程朱理学之先驱，而哥哥程颢为陆王心学之先驱。程颢和程颐都认为对于仁德的涵养需要用敬。但是，程颢认为必须先识得此仁之理，然后再以诚敬之心存之，这就是后来的心学所说的先要立乎其大。而程颐则认为，一方面要用敬涵养仁德，不要让非僻之心产生；而另一方面则要今日格一物，明日格一物，从而求得对于仁德的脱然贯通之识。朱熹继承和发展了程颐的对于仁德的格物致知的修养方法，使之成了宋明时代的士人发展其仁德精神的基本方法。

2. 程颐的思想脉络

(1) 宇宙是什么样的？宇宙中俱备义的百理

据《二程集·遗书》所言，“万物皆备于我”，不仅对人来说如此，对物来说也如此，都是从理这里出去的。只是物不能推理，而人则能推理。但是，并不因为人能推理就让理添得一分，也不因为物不能推理，就让理减得一分。百理皆在平铺放着。尧尽君的仁道，但并没有多添得君道；舜尽子的仁道，并没有多添得子道。元来依旧。天下之理都只是一个理，所以推至四海都是准的。这就是质诸天地，考诸三王的不易之理。这个义理，仁者看作了仁，知者看作了知，百姓天天在用而不知，所以说君子之道是鲜有的。这个理不少也不剩，只是人看不见理而已。理是冲漠（chōng mò,虚寂恬静）无联和万象森然（sēn rán，繁密）已具的。理是不分先后的。未应不是先，已应也不是后。犹如百尺之木，自根本至枝叶皆是一贯，不可道上面一段事无形无兆，却待人旋安排，引入来教入涂辙（tú zhé，车轮的痕迹）。既是涂辙，却只是一个涂辙。天下之物皆可以用理来照，一物须有一理。有物必有则。父止于慈，子止于孝；君止于仁，臣止于敬。万物庶事，都各有其所。得其所则安，失其所则悖。圣人之所以能够使万物都能顺治，并非能为物作则，只是止之各于其所而已。

(2) 仁道是什么样的？仁道是气化中的义理

①天地之仁心是动之端而不是静之端

程颐一反王弼、孔颖达的易学以静为天地之仁心的观点，认为动才是天地之仁心，才更为根本。据《二程集·周易程氏传·复卦》所言，一阳复于下，这便是天地生物之仁心。先儒皆以静为见天地之仁心，却不知动之端才是天地之仁心，不知“道”的人是没有这样的见识的。据《宋元学案·伊川学案上》所言，既然是有知觉的，就是动。自古儒者都说要静才能见天地之仁心，而只有我认为要动才能见天地之仁心。张载反对佛老的“体用殊绝”之论，认为体用不是割裂的。程颐同意他的观点。据《二程集·易传序》记载，程颐在《程氏易传》的序中说，至微者即是理，至著者即是象。体用是一源的，显微是无间的。据《二程集·遗书》记载，程颐解释《周易·系辞》中的“一阴一阳谓之道”说，仁道并非是阴阳，所以才说一阴一阳为仁道，正如一阖（hé，闭）一辟谓之变。离开了阴阳便无仁道。但是，阴阳为气，气是形而下者，而仁道是形而上者。阴阳开阖，本来就是没有先后的。不可以说道今日有阴，明日有阳。正如人有形和影一样的，形影是一时的，不可以说今日有形，明日有影，而是有便是齐有的。据《二程集·经说》所言，动静是无端的，阴阳是无始的。不知“道”的人，是没有这样的见识的。据《二程集·周易程氏传·贲卦》所言，理必然是有对待的，这是生生之本。有上则有下，有此则有彼，有质则有文。一是不能独立的，二则为文，不知“道”的人是没有这样的见识的。据《二程集·遗书》所言，道是没有无对的，有阴则有阳，有善则有恶，有是则有非，无一也无三。阳长则阴消，善增则恶减。斯理是可以推之其远的。道可分为二，仁与不仁而已。自然之理应如此。君子小人之气常停，所以不可都生君子。但是，六分君子则治。六分小人则乱。七分君子则大治，七分小人则大乱。

②天地不用资于既毙之形和既返之气以为造化

据《二程集·遗书》所言，至显者莫如事，至微者莫如理，而事理都是一致的，微显都是一源的。古代的善学的君子，也就是能通此而已。张载认为，气只有形态的变化，永远不会被消灭。而程颐认为，具体的气是有产生和有消尽的。如果说既返之气，复将为方伸之气，必资于此，则殊与天地之化不相似。天地之化是自然生生不穷的，不用资于既毙之形和既返之气以为造化。近取诸身，其开阖往来见之鼻息。然不必假吸复入以为呼。气则是自然生的。人气之生，是生于真元的。天之气也是自然生生不穷的。物之始有，皆是气化的结果。陨石是无种的，种于气。麟也是无种的，也是气化而来的。最初的生民也是如此。至于海滨露出沙滩，便有百种禽兽草木，无种而生。已有了人类之后，则必无气化之人了。凡物之散，其气遂尽，没有复归本元之理。天地犹如洪炉，虽生物销铄也尽。何况既散之气，岂有复在的道理？天地造化，又何必用既散之气。造化者自是生气。

③物极必返即是必须如此之仁道

据《二程集·周易程氏传·恒卦》所言，凡天地所生之物，即使像山岳之坚厚，也没有能不变的。因此，恒并非是一定的意思。一定则不能恒，唯有随时变易才是常道。据《二程集·经说》所言，动静是相因而成变化的。据《二程集·遗书》所言，屈伸往来只是理。物极必返[①]，其理必须是如此的。有生便有死，有始便有终。据《二程集·周易程氏传·睽卦》所言，物之理极而必反。这个道理如果以近来明之的话，比如说，人适东，东到了极点的时候，一动便是向西了。又比如说，升高的时候，高到了极点，一动便是向下的。既然到了极点，一动必然是反向的。据《二程集·周易程氏传·困卦》所言，物极则必反，事极则必变。既然困到了极点，理当必变。据《二程集·遗书》所言，有人问，天道是什么样的？程颐说，天道只是理而已，理便是天道。如果说皇天震怒，终不是有人在上震怒，只是理如此。以历代而言，二帝三王为盛，后世为衰。以一代言之，文、武、成、康为盛，而幽、厉、平、桓为衰。以一君言之，开元为盛，天宝为衰。以一岁言之，则春夏为盛，秋冬为衰。以一月言之，则上旬为盛，下旬为衰。以一日而言之，寅卯为盛，戌亥为衰。一时也是如此。犹如人生百年，五十以前为盛，五十以后为衰。然而，有衰而复盛者，也有衰而不复返者。如果论天地大运的话，举其大体而言，则有日渐衰削[②]之理。这个思想与邵雍的思想是类似的。

（3）人心到底是什么样的？人心即是仁心

①人性即是义理而义理是纯仁善的

程颐认为，孟子与告子都谈性，但是他们说的是不同的性。据《二程集·遗书》所言，性即是义理，而义理即是性。性字是不可以一概而论的。生之谓性指的是所禀受的气质之性。而“天命之谓性”指的是性之理。今人所说的天性柔缓，天性刚急，俗言天成，皆是生来如此，此训

---

① “物极必返”强调的是发展到至善之点必然返回，这是守成的至善，而“物极必反”中的反可以是通返的，也可以是反对的反，此时强调的是发展到至善之点必然反对旧的事物，这是创新的至善。守成的至善是继续升次方的基础，而创新的至善则是生生不息的动力。守成的至善好比是交响乐中的小调，小步升刻度，并不断回旋，让已成的事物变得精致细腻，而升次方的至善则好比交响乐中的大调，其中有大幅度的质的跃迁，其中包含着破茧而出的英雄精神。

② “衰削”强调被理削而衰，而不是自己衰消的。

所说的就是禀受的。从性之理来说，性是无不仁善的。所谓的天指的就是自然之义理。孟子讲的是极本穷源之性，而告子讲的则是受生之后的性，即生之为性。孟子讲性善，而孔子讲性相近，因为孔子讲的是气质之性，如俗言所说的性急性缓之类的。性怎么会有缓急呢？这里讲的性指的是生之谓性。人性善指的是性之本，而生之谓性，论的是所禀。性是出于天的，而才是出于气的。才是有善与不善的，而性则是无不善的。论性而不论气，那是不完备的；论气而不论性，那是不明白的。

②仁是兼上下大小而言的博施济众

据《二程集·外书》所言，学问是以仁为最大的。据《二程集·遗书》所言，爱自是情，而仁自是性。仁者固然是博爱的，但是以博爱为仁则不可。据《二程集·外书》所言，圣是无大小的。至于仁是兼上下大小而言之的。博施济众是仁，爱人也是仁。唯有公是近仁的。人能至公便是仁。据《二程集·遗书》记载，程颐引孔子的话说，唯有仁者能够好人，能够恶人。人循私欲则不忠，循公理则是忠的。以公理施于人，所以能恕。但是，公只是仁之理，不可以将公唤作仁。公而以人来体之，这就是仁。只是为公，便能物我兼照，所以仁才能恕，才能爱。恕（shù，宽容）为仁之施，而爱则是仁之用。

③我即是仁道，而不义的富贵则如浮云

据《河南程氏遗书》记载，程颢说，在受学于周敦颐的时候，周敦颐常令他寻孔子和颜子之乐处，要知道他们为何事而乐。据《论语·述而》记载，孔子说，吃着蔬食，饮着白水，枕着手臂而睡，也乐在其中。如果不义而富且贵，于我如浮云。据《论语·雍也》篇记载，孔子说，颜回真是贤人！一箪食，一瓢饮，在陋巷。别人都不堪其忧，而颜回却能不改其乐。颜回真是贤人！据《河南程氏遗书》记载，程颐说，箪、瓢、陋巷，这些没有什么可乐的。如果说自有其乐，应该玩味一下“其”这个字，此字自有深意。据《二程集·外书》记载，有人问程颐，颜子怎么能够不改其乐呢？程颐问，颜子所乐的是什么事？问者说，乐的是仁道。程颐说，如果使颜子乐仁道，那么颜子就不是颜子了。这里要说的是，在圣人那里，仁道与我是浑为一体的，没有了主体与客体之间的分别。据《二程集·周易程氏传·否卦》所言，物之理达到了极必然是要反的，所以泰极必然是要否的，否极必然是要泰的。极而必反，这是理之常。然而，要反危为安，要易乱为治，必然要有刚阳之才而后能。据

《二程集·周易程氏传·大有卦》所言，贤智之人是明辨物之理的。当其方盛之时，则知道咎之将至，所以能够损抑，不敢至于满极。据《二程集·周易程氏传·临卦》所言，圣人为戒，必然于方盛之时而虑衰，这样就可以防其满极，而图其永久。

（4）如何才能修炼为圣人？要格物、穷理、定心

①穷物之义理的目的在于驱动人的心中之义理

a. 主导身的仁心本来是纯善的义理

据《二程集·遗书》所言，在天为命，在义为理，在人为性，主于身为心，其实都是仁这个一。心本来是仁善的，但是发于思虑，则有善与不善。既发就可称之为情，而不可称之为心了。程颐说，孟子说人性是仁善的，但是就连荀子和扬子也不知这种善的仁性。孟子之所以能够独出诸儒，就是因为他能明人的仁的善性。作为理的仁性是无不善的，而才则是有不完善的。性即是理，所以可以称为理性。理自尧舜至于涂人都是仁的一。而才则是禀于气体能量的，而气体能量是有清浊的，禀其清者为贤，而禀其浊者为愚。性是出于天的能量世界的，而才是出于气体能量的，气体能量清则才清，气体能量浊则才浊。犹如木一样，曲直者为性。可以为轮辕，可以为梁栋等，这就是才。性没有不善的，而才则有完善与不完善之分。

b. 只要工夫到极处便能脱然悟出心中的全体的义理

儒家道学特别重视《大学》中的格物、致知、诚意、正心等八个条目。而程颐特别重视格物。程颐认为，格物能够贯通，主要因为我的心中本来是有众理的，格物只是要驱动自己内心的理。因此，穷物之理，其实也就是在穷人心中之理。据《二程集·遗书》所言，有人问，观物察已，指的是因物而反求诸身吗？程颐说，不必如此说，因为物我皆从一理，才明彼，即晓此，只是合内外之仁道而已。因为我的仁心就是天地之仁心，所以能穷理的人，只要工夫到了极处，便可脱然而悟出我心中的全体的理，从而得到完美之至而穷了理。一人之仁心即是天地之仁心；一物之理即是万物之理；一日之运即是一岁之运。穷理尽性至命，都只是一事。才穷义理便尽了仁性；才尽了仁性便至了仁的天命。有人问对于仁德的进修之术以什么为先？程颐说，先要正仁心和诚仁意。而对于仁要致知才能诚仁意，而要格物之义理才能致知仁。格即是至。凡一物上都有一理，必须穷致其理。涵养仁德须用的是静，而进学仁德则先要有对于仁的致知。格

犹如是穷，物犹如是理，格物即犹如穷其理。

据《二程集·遗书》所言，有人问，格物中的物指的是外物还是性分中的物呢？程颐说，不拘。凡眼前无非是物，而物物皆是有理的，比如说火之所以热，水之所以寒，至于君臣父子之间，皆是理。凡一物上都有一理，必须要穷致其理。穷理是有多端的，可以读书讲明义理；可以论古今人物，别其是非；可以应接事物而处其当。这皆是可以穷理的。致知在格物，而格物之理，尤为切要的是察之于身。求仁的性情固然是切于身的，然而一草一木皆是有义理的，须是察。如果语仁之理的大，可以至于天地之高厚；如果语仁之理的小，可以至一物之所以然，学者对于仁的理皆当是理会的。在谈论到格物知仁之理的过程时，程颐与他的门人讨论的主要问题是，无是无限多的，那么是否要将一切事物的理逐一格过才能知至呢？程颐说，格一物怎么便会该通呢？颜子也不敢说只是格一物便能通众理了。必须是今日格一件，明日又格一件。积习既多之后，脱然便自有贯通处。正如千蹊万径皆是可以适国的，但是得一道入得便可。人之所以能够穷仁之理，只是因为万物的仁之理都是一样的，即万物皆是一仁之理。

c. 主敬指的是整齐严肃地敬守住义理这个一

在仁德的修养方法上，《周易》说，人应该敬仁以直内，义以方外。程颢是敬仁与诚心为仁并提的，认为敬仁必须有一定的限度，否则就会害了心境的自在和乐。程颐则只是讲敬仁。主敬仁指的是整齐严肃与仁的主一完全合适，要求人在容貌举止和思虑情感上都要同时用仁约束自己。通过外在的仁的规矩的约束能够养成按规矩行仁德的习惯，从而达到内修仁德的效果。据《二程集·遗书》所言，俨然正其衣冠，尊其瞻视，其中自是有个敬仁之处的。要非礼而勿视听言动，这样就能让邪闲着了。要动容貌、整思虑，则自然就能生仁之敬了。无他，只是整齐严肃，则心便能守住仁这个一。守住仁这个一则是无非僻之奸，此意但涵养久之，则仁的天理自然就明了。如果言不庄不敬，则鄙诈之心生；貌不庄不敬，则怠慢之心生。只要能够让仁的主一无适，敬仁以直内，便会有浩然之气生。敬只是要主仁的一。主仁的一则既不之东，又不之西，如是则只是中；既不之此，又不之彼，如是则只是内。存此的话，自然就明白仁的天理了。主仁的一就称为敬；无适就称为一。如果要涵泳主仁的一之义，可以说一就是无二三。许渤与其子隔一窗而寝，乃听不见其子读书与不读书。程颐说，此人就是持敬如此。有人在旁边做事，己不见，而只闻人说善言者，为敬其心也。因此，视而不见，听而不闻，就是主于仁的一了。主于仁的内则外不入，这就是敬便能让心只有虚的能量的缘故。

②内心敬义理则能虚心而无麻烦事

a. 喜怒哀乐未发时为中，而发时可中节则为和

二程都很推崇《中庸》中所说的喜怒哀乐未发谓之仁的中，发则皆中节则谓之仁的和，这便是仁的中和之说。求中的方法就是涵养仁德的方法。程颐在与他的弟子吕大临讨论“中”的时候，曾经认为凡言心指的都是已发之心。后来他自己认为自己的说法有不当之处。他认为已发是心之用，是感而遂通，而未发之心则为心之体，是寂然不动的。据《二程集·与吕大临论中书》记载，程颐说，凡言心者，指已发而言，这个说明是不当的。心即是仁的一，有时是指仁之体而言的，这时指的是寂然不动的能量世界；有时是指仁之用而言的，这时指的是感而遂通天下之故。只是观心的仁之所现如何而已。在程颐与弟子苏季明讨论时，谈到了求仁之中的修养方法。据《二程集·遗书》所言，求指的是思。如果在喜怒哀乐未发之前就思，那么思已经是已发。才发便谓之仁的和，而不可谓之仁的中。如果说存养仁于喜怒哀乐未发之时是可以的，而如果说求仁之中于喜怒哀乐未发之前则是不可的。人只应在未发之时进行仁的涵养，这样就能保有未发之中和已发之和。仁的涵养得久则喜怒哀乐都能发自中节。未发时的存养和涵养，指的是在静中主敬，即敬仁之理。在未感之时要下的工夫是敬仁以直内。敬仁而无失，指的便是喜怒哀乐未发之谓的仁之中。敬是不可以称为仁之中的，只有敬而无失才能称为仁之中。喜怒哀乐未发时仁心是静的，但是在这种静中必须有能量世界始得。如果未接物体，如何为仁之善呢？只是主于敬仁，便是为仁之善了。

b. 真的知道义理了就能真的行

据《二程集·遗书》所言，实理指的是实见得是，实见非。凡仁的实理得之于心就能自别是非。如果只是耳闻口道，心实不见。如果见得仁之理，必不肯安于所不安。人皆回避蹈水火，这就是实见得。他人说到虎，虽然是三尺高的童子，也皆知虎是可畏的，但终不似曾经受过伤的人那样神色慑惧和至诚畏之，这就是实见得的意思。知至则当至之，知终则当遂终之。必须以知仁为本。知仁之深则行之必至。没有知仁而不能行的人。知仁而不能行，只是知得仁浅的缘故。饥而不食乌啄，人而不蹈水

火，只是知的缘故。人为不善，是因为不知仁的缘故。敬仁以直内，有仁主于内则能有能量之虚，自然就无非僻之心，如是则安得不虚。如果必有事的话，就须把敬仁用来做件事。此仁道最是简，最是易，又省工夫。此语虽然近似于常人所论，持仁之久则必然会有别。据《论语·雍也》记载，孔子曾称许颜回，说他不迁怒，即不把怒气发泄到其他无关的人和事上。程颐说，必须理会得为何不能迁怒。舜杀了四凶，怒在四凶，与舜没有什么关系。人有可怒之事而怒之，而圣人之仁心本来是无怒的。圣人之仁心犹如明镜一样，好物来时，便见是好；恶物来时，便见是恶；镜本身何尝有什么好恶。世之人固有怒于室而色于市。君子是役物的，而小人则是役于物的。今人见可喜可怒之事，自家著一分陪奉他，这就是劳累。圣人的仁心是如止水的。

③做事止于时和做君止于仁则能安乐

a. 佛学者追求的目标终归是自私自利的

据《二程集·遗书》所言，不可以说佛学者是不知仁道的，那是很高深之学，但是其要旨是自私自利的。为什么这么说呢？天地之间，有生便有死，有乐便有哀，而佛学者却在寻觅一个纤奸打讹之处。他们说的免生死、齐烦恼，终归是自私的。佛学者要屏事不问，那么这事是合有的还是合无的？如果是合有的，又怎么可以屏呢？如果是合无的，自然就无了，更要屏什么呢？通过排斥外物来苟且务静和远迹山林之间，这并不是明仁之理的人会做的。那么，理之盛衰之说，与佛学者所说的初劫之言又有什么不同呢？佛学者是要讲成住坏空的。说成坏是可以的，而说住与空则不然。犹如小儿既生，也日日长行，元是不会住的。本仁之理只是一个消长盈亏而已，更没别的事。

b. 习忘可以养生，但对养仁道是有害的

程颐认为，只要敬仁之理，就会自静。佛和道两家都是主静的，即追求内心的平静。佛道两家的静修的方法，引起了道学家的注意。周敦颐是主静的，程颢提出了动亦定、静亦定的修养方法。程颐也讲静，但强调要与佛教的静区分开来。程颐认为，敬仁则心中虚，也可以说心中实。从心中只有能量没有物体来说是虚，而从有能量来说又是实。据《二程集·遗书》记载，有人问，敬仁之理还需要用心的注意力吗？程颐回答说，开始修行时是不能不用心的注意力的。如果不用注意力，就什么事也没有了。又问，那么敬是否就是静呢？程颐回答说，才说静便入了佛学了，所以不用静字，只用敬字。才说著静字，便是忘了仁了。用意指的是对于所做的事情或要达到的仁的目的有着强烈的意向。在佛学中，用意属于执著，被认为是一切烦恼的根源。程颢受到了佛学的影响。程颢说，事则不无，拟心则差。而程颐则认为，在开始的阶段，主敬仁必须是着意用力的，而强调不着意和主静都是佛学的修养方法。主敬仁自然会带来内心的平静和不纷扰，但是敬本身并不是静，而且静也不是敬的唯一的内容。敬仁之理则自虚静，但是不可把虚静唤做敬。

静是涉及养气的问题的，而二程都不重养气之功。据《二程集·外书》记载，谢良佐曾经对程颢说，他曾通过习忘来养生。程颢说，用习忘来养生是可以的，但是于仁道则是有害的。养气之功是偏于静的，而儒者为学则必是有仁事的，而仁事是要务必正和勿忘的，但是求静则是要忘。据《二程集·遗书》记载，二程认为，求静的胎息之说，用来愈疾是可以的，而就为仁道而言，则与圣人之仁学是不相干的。如果说神住其就住，这是浮屠入定的方法。虽然说养气属于第二节之事，也必须是以仁心为主的。也不能说，只要心欲慈惠虚静就对仁道有助了。孟子说的浩然之气指的不是这样的气。今如果说存心养气，只是专为了养此气，这样的所为者是小气的。如果舍大务小，舍本趋末，则甚事也济不了。今言有助于仁道者，只为奈何心不下，故要得寂湛而已，又不似释氏的摄心之术。因此，当有人说养气是可以有助于养心的，程颐则说，敬则只是敬，敬字上是更添不得字的。

c. 人的仁的真元之气与外气是不杂的

程颐提出主一敬仁的目的是要解决困扰宋明大多数理学家思虑纷扰的问题。据《二程集·遗书》所言，仁的真元之气是气之所由生，不与外气相杂，但以外气涵养而已。人居住在天地之中，与鱼在水中是无异的。人居于天地之气中。人所呼吸之气，属于外气。人呼出之气，是仁的真元所新生的，而非吸入之气。吕与叔曾说，因患思虑多，不能驱除。程颐说，如虚器入水，水自然会入器。如果以一器实之以水，置之水中，水又怎么能入来。中有仁之主则实，实则外患不能入，自然便无事。如果以敬仁之理为主，则自然就不会感觉纷扰。譬如以一壶水投于水中，壶中既然是实的，虽然有江湖之水，也不能入。据说与二程同时代的司马光曾患思虑纷扰之病，有时中夜而作，达旦不能寐，很是自苦。后来司马光找到了在心中念念一个“中”字的办法来排解。程颐对此评价说，“中”又何形呢？如何念得它？只是于名言之中拣得一个好字。与其为“中”所乱，却不如与一串数珠。及与他数珠，他又不受。殊不知“中”是无益于治心的，不如数珠之愈也。夜以安身，睡则合眼，不知苦苦思量个甚？只是不与仁心为主之故。如果人心作主不定，正如一个翻车一样，流转动摇，无须臾停止。所感万端，又如悬镜空中，无物不入其中。心若不用仁做一个主，怎生奈何呢？张天祺昔日常说，自约数年，自上著床，便不得思量事。程颐说，不思量事后，还必须用心来制缚。如果心必须寄寓在一个形象上，则是非自然的。如果只管念个中字，会为中字所系缚。人心是不能不交感外物的，也难为使之不思虑。如果想要免于此，只有让仁心作主。而要让仁心作主，无非就是敬仁之理而已。人多思虑自然就不得自宁，因为心主不定。要让心主能定，做事就要止于时，做人君就要止于仁。

（二）朱熹的主敬仁的格物致知论

1. 朱熹的生平及其立论宗旨

朱熹（1131—1200 年）的祖籍是徽州的婺源。他的父亲到福建做官，所以朱熹生在福建的尤溪，他的学派称为闽学。朱熹是道学中的理学一派的集大成者。据《宋史·道学传》所言，朱熹既博求之于经传，又遍交当时的有识之士。自孟子之后，周敦颐、二程和张载继其仁的绝学，到朱熹时仁学才开始显著。朱熹之仁学接续的是程颐之仁学。朱熹的关于形而上的能量世界的理论体系是以周敦颐的《太极图说》为骨干的，并融合了邵雍所说的数、张载所说的气和程氏兄弟所说的形而上、形而下及理与气的区分。朱熹早年泛滥于辞章，出入于佛老。在赴进士考试时，他的行李中只装了《大慧语录》这一本书。朱熹在 19 岁时中进士第，做了个小官。后来从学于杨时的再传弟子李侗，从此走上了从事儒家道学的发展道路。后来他又做过一些地方上的最高行政长官，有过不少实绩。他每到一处做官，在兴政之余，都不会忘记聚徒讲学，是当时最有声望的学者。他 65 岁时，被召入都做官。不久就被卷入了政治斗争之中，被当权者夺职罢祠。他和他的学派都被污称为伪学。

（1）朱熹的思想发展过程

①父亲韦斋的正统儒家的忧患意识

朱熹出生于 1131 年 9 月 15 日，他的父亲名字为朱松，号为韦斋。据《朱文公文集·皇考朱公行状》记载，朱熹在为他父亲作的行状中说，他的父亲曾放意为诗文，最初的诗文的风格是不做雕饰的，天然秀发，格力闲暇，超然有出尘之趣，远近传诵，至闻京师。而他的父亲并不以此而自喜，而是说，这倒是昌了，但是离仁道愈远了。于是，发愤伏读六经诸史百氏之书，想要弄清楚天下国家兴亡理乱之变的缘故。朱熹 11 岁的时候，他的父亲因不附秦桧的和议而遭到排挤，从而罢官家居，才有空亲自指导朱熹的学习。朱松是一个正统的儒家知识分子，有着强烈的忧患意识，所以教给朱熹的内容是关于古今成败兴亡的历史。朱松晚年从游于程门弟子，所以朱熹也受到程氏学问的影响。

②登进士之后留意于佛老求为己之学

朱熹从仁道的学问之路是比较艰难的。他少时读四书的时候感觉很辛苦。朱熹是一个通过刻苦学习和格物致知而学成行尊的范例。而陆九渊八岁的时候，听人说程颐之语，他就敢断言程颐之言与孔孟之言是不一样的；年少时只读一部《论语》便敢自立宗旨。据《朱文公文集·答何叔京一》记载，朱熹自己说，他自少愚钝，事事不能及人。而据《朱子年谱》记载，朱熹 5 岁入小学，8 岁时就一阅便通知了《孝经》，而且还写了一句话说，如果不如此做的话就不是人。他还在画沙上画出了八卦。据《朱子语类·义刚录》记载，朱熹自己说，他在五六岁的时候，便有了烦恼，他想知道的是天地四边之外是什么物事。人跟他说，四方是无边的。他思量着，怎么也必须是有个居处的。就如这墙壁一样，墙壁后必须是有什么物事的。当时他思量得几乎成病了。

在朱熹 14 岁的时候，朱松去世。朱松去世之后，朱熹主要是跟随三君子研习四书，保持了他对为己之学的志趣。虽然三君子也好禅学，但是对少孤的朱熹没有太大的影响。当时三君子的最大的责任是要使朱熹尽快通过科举而能奉养自立。朱熹 19 岁时登进士。他对佛老的留心是在得举之前从三君子学时即已开始了。朱熹在当官之后，非常向往道家的真境，决计屏除一切尘缘，终日观道家之书，勤修不老之方。而且他对佛氏的兴趣也很浓。从他的诗歌中可以看到，他有着脱尘厌世和对山林情趣的倾慕，但是并没有完全背弃孔孟。当时朱熹研究的是为己之学，即是要从心性修养下手，寻求一个安心的自在境界。从这个角度上说，他认为儒家与佛老是合的。但是，后来他感觉到自己在佛道中出现了迷谬感，出现了望道空茫茫的问题。正是在这种情况下，他在赴任同安的途中拜见了李侗。

③对道南学派的在静处体验洒落气象的质疑

朱熹早年最重要的老师是李侗。李侗曾从学于罗从彦，罗从彦又是程氏门人杨时的高弟，而杨时又是二程的高弟。杨时非常重视喜怒哀乐之未发时的体验，所以他强调静的功夫。从杨时、罗从彦到李侗这个传统就称为道南学派。道南学派一贯推崇的都是《中庸》中的未发之说。《中庸》说，喜怒哀乐之未发称为中，发而皆中节称为和。仁之中是天下之大本；仁之和是天下之达道。据《龟山集》记载，杨时强调，学者应当在喜怒哀乐未发之际，以心体之，这样自然就能见到仁的中之义。这样就把未发之说转化为具体的仁德修养实践。在静中体验未发之仁就成了杨时门下的基本宗旨。体验未发之仁时，要求体验者超越一切思维和情感，最大限度地平静思想和情绪，把注意力完全集中到内心，在高度沉静中常常会突发地获得一种与外部世界融为一体的浑然的感受。

据《朱子语类·辅广录》记载，朱熹说，他曾从僧人那里理会得个昭昭灵灵的禅。考试的时候，他还说了些类似禅的东西，把考试官给说动了，于是得举。在二十五六岁的时候，他赴同安上任，见到了李侗先生。李先生不赞同他的看法，他倒怀疑李先生没有理会得禅。朱熹再三质问，而李先生为人是简重的，只是不太会说，让他去看圣贤的言语。朱熹把圣人的书拿来读。读来读去，一日复一日，渐渐就觉得圣贤言语是有味道的。回头再看佛氏之说，就渐渐看到了破绽，看到了漏洞百出。后来朱熹逐渐感觉到了禅学之非，从而立志归本儒家的程颐之仁的理学。据《宋元学案》记载，杨时说，仁的道心之微是精一的，所以才能执之。仁的道心之微可以验之于喜怒哀乐未发之际，在这里自然可以见到其义，这里是非言论可以及的。仁的至道之归，并非是笔舌能尽的。要以身体之，以心验之，这样便能雍容自尽。要在燕闲静一之中默而识仁，兼忘于书言意象之表，则能庶乎其至。学者当在喜怒哀乐未发之际，以心体之，这样自然就能见仁的中之意。执中勿失，无人欲之私，这样就能发必中节。

据《朱文公文集·延平李先生行状》记载，李侗在讲诵之余，危坐终日，以验喜怒哀乐未发之乾的气象如何，这就是在求所谓的中。久而久之，就知道天下之仁的大本真是在此的，天下之理无不是由此而出的。既然得了仁之本，则凡出于此者，虽然是品节万殊和曲折万变的，莫不是该摄洞贯的。虽然是以次融释，而是各有条理的，如川流脉络之不可乱。仁之本是大的，所以天地能够立于仁之本而高厚。仁之本是细的，所以可以通过品汇而化育。因此，经训之微言、日用之小物，折之于仁之处，无一不得其衷。这样将仁操存益固、涵养益熟，则能精明纯一、触处洞然、泛应曲酬、发必中节。朱熹引李侗的话说，仁的学问之道不在于多言，但嘿（mò，同默）坐澄心、体认仁的天理即可。如果见一毫私欲之发，也要退听，要久久用力于此，庶几渐明，这样讲仁学才有力量。讲仁学的切要在于深潜缜密，然后要气味深长，蹊（xī，小路）径不差。如果都是概以仁之理一而不察其分之殊，这样学仁者就会流于疑似乱真之说而不自知。

罗从彦的静坐，不是在坐禅入定，而是通过静坐来体验仁的道心的未发气象。据《宋元学案·豫章学案》记载，罗从彦从学于杨时的时候，是严毅清苦的，在杨门独得其传。杨时最初是以饥渴来害其人欲之心的，从此罗从彦悟入，所以对世之嗜好都淡泊了。罗从彦教给李侗的也正是如何体验未发之仁的道心。据《延平答问·延平府署藏板》记载，李侗对朱熹说，他在从罗从彦先生那里问仁学的时候，终日相对静坐，只说文字，没有一句杂语。罗从彦极好静坐，于静中体验仁的道心未发之时的气象。李侗也就此用力，一生都未变。李侗对朱熹说，必须要有旦昼的存养仁的道心的功才不至于让仁梏亡，这样夜气才能是清的。如果旦昼间不能存养仁的道心，就不会有清的夜气。夜气也许就是日月之至的仁的气象吧。

据《李延平集·与罗博文书》记载，李侗曾对罗博文说，他对朱熹抱有特别的期望。他认为，朱熹进仁学很努力，而且乐善畏义，是我党鲜有的。晚年能得到朱熹商量所疑，是很欣慰的。朱熹是极颖悟的，而且力行可畏，讲仁学极造其微处。论到难处，皆是操戈入室，必须从仁的源头体认，所以好说话。朱熹最初是在从开善司的道谦禅师处下功夫，所以皆是就里面体认仁。现在论难的时候，能见儒者的路脉，极能指出其差误之处。自见到罗先生以来，还从来没有见到这样的人。朱熹的参悟仁的中和之说与李侗的体验仁的未发之说是有差异的。朱熹同意要从仁的涵养处着力，但是并没有强调李侗的未发体验的功夫。罗从彦要李侗从静中看到喜怒哀乐未发时的气象，比如说湛然虚明。在理学中，气象指的是人达到某种精神境界后在容貌词气等方面的外在表现。李侗特别强调未发的体验是与气象的洒落相关的。据《延平答问·延平府署藏板》记载，李侗令朱熹玩味未接物时的湛然虚明气象。李侗说，敬仁自然是要发自于仁之中的，不必牵合贯穿为一。但是，如果不明于仁之理，敬仁就会很勉强而无洒落自得之功，因为这样意不诚。洒落自得的气象地位是很高的。要通过持守仁的道心之久，渐渐融释，使得仁的道心不见有制于外，这样持敬仁之心，理与心为一，才能庶几洒落。

据《延平答问·延平府署藏板》记载，李侗说，当时的学仁者之病，所患就在于没有洒然冰释之处。洒落指的是有仁道的气象。李侗引黄庭坚的话说，周敦颐的人品是甚高的，胸中是洒落的，如光风霁月一般。李侗认为，用这句话来形容有仁道者的气象是绝佳的。如果胸中洒落则作为尽洒落。如果遇事能够无毫发的固滞，这便是洒落，即此心的廓然大公和无彼己之偏依，庶几于理道都是一贯的。如果见事不彻，中心未免有偏倚，这样就会涉入固滞。据《二程集·遗书》记载，程颢曾说，自从再见到周敦颐后，便能吟风弄月而归，有了吾与点也之意。洒落是儒家用来包容佛道的超然的自由境界的形式。李侗说，每次遇到情意不可堪之处，都要在静处寻求用功。据《延平答问·延平府署藏板》记载，李侗说，在问仁学有不惬意之处时，只要求诸于心，反身而诚，就能见到清通和乐之象，这即是自得仁之处，更希望在这里勉力。李侗说的融释指的是无所勉强和不见有制于外的自然自得的气象。仁的涵养必须要见到应事脱然之处，就必须要就事并兼在体用上下功夫，久久纯熟之后，才可见仁的浑然的气象。

道南学派在强调体贴仁的天理的同时，也强调仁的心性修养中的自然，反对著力把持，要把勉强变成洒落自得。在心与理为一的时候，就能达到不勉而中的境界。但是，朱熹始终都对洒落不感兴趣。他反复强调对待仁德修养的严肃态度，强调要警惕因乐而淡化了仁之理的境界。他不说洒落融释，只是说在解读仁的义理时要脱然贯通。据《延平答问·延平府署藏板》记载，李侗在论孟子的养气说的时候，也要朱熹认取气象。李侗说，养气时要让心与气是合的。如果心是心，气是气，就见不到集义，终不能合一。要沛然地行其所无事。心气合一之象，是要用体察的，要分晓出路陌。孟子所说的养气，自然是有一端绪的，必须从知仁之言处养来。要在知仁之言处下工夫尽用熟。谢上蔡说，要在仁心的田地上面下功夫。李侗说，知仁之言便是天地。先于此体认仁的精密，这样才能认取仁心与气合之时的不偏不倚的气象。而朱熹说，睟（suì，眼睛清明、面色纯一润泽）面盎（àng，充盈）背便是塞乎天地的仁的气象。

李侗强调，纯粹的仁心与气的合一，并不就是浩然之气。浩然之气是以一定的仁之理为基础的。而牢固的和坚定的仁之理不是凭心气合一就能获得的，而是要通过知仁之言等明晓仁的义理的方式来保证。达到仁心与气的合一并不难，难的是要体验出气与心合一时的不偏不倚的未发的仁的气象，即是喜怒哀乐未发的中。这样的仁的气象是种无累无著的气象。只有以这种体验为基础，才能睟面盎背，才能沛然地行其所无事。如果心中留下悔吝、忧虑、烦恼，即为动心。要做到廓然大公，有了不偏不倚的仁的气象，这才是洒落气象。动心就会让心理的稳定平衡被破坏。理学继承了从孟子到李翱的通过养气来实现不动心的传统。据《延平答问·延平府署藏板》记载，李侗对朱熹说，收到来信，知道令表弟去世，你反而思之，心中不能无愧悔之恨。你因为有志于求仁，所以才会有这样的感觉。在有失之处罪己责躬固然是不可无的，但是已经是过此以往，也奈何不得。如果常留在胸中，则会积下一段私意。

④子丑之悟中的重已发之际的功夫

道南学派所说的未发的心理体验有着极大的偶发性，难以通过普遍的规范的方式加以传授，必须经过个体的独自体认，而且要经过较长时间的训练。朱熹始终不曾找到这种体验，尽管在李侗生前死后他都做了很大的努力。据《朱文公文集·中和旧说序》记载，朱熹说，他从李侗先生为学，求喜怒哀乐的未发之旨，还未达而先生就没了。他自己感觉到自己不灵敏，就像是穷人无归一样。后向张钦夫求教也未有省悟。于是退而沉思，殆忘寝食。有一天他自己喟然叹道，人自婴儿到老死，虽然语默动静是不同的，然而大体上说莫非是已发，未发只是特殊情况。从此以后便不再有疑问，以为中庸之旨不外乎此而已。于是，自李侗去世后，朱熹便开始独立进行思想探索，提出了仁德的涵养进学和主敬致知的为学大旨。李侗与朱熹的不同即是程颢与程颐的不同。在李侗去世后，朱熹完全转到了程颐的立场上。在二程之间，程颢倡导的是自然和乐的境界，重视的是仁者与物同体的内向的体验，而程颐则是严毅谨肃的，以敬仁为宗旨，主张读书应事和格物穷理。在程门之下有不少高弟并出，但是南渡之后，道南一派成为大宗。杨时发展了程颢的重视内向体验的思想，力倡从静中体验未发的宗旨。道南派经过罗从彦到李侗的发展，壮大了以静为宗的道南学派，成为了南宋初期的道学的主导。

在追随李侗学习的时候，朱熹就有了从程颐的端绪。在李侗去世五年之后，朱熹彻底转向了程颐。朱熹一改道南学派的主静、内向和体验的色彩，以主敬仁立其本，以穷仁之理进其知，使得道学在南宋时期发生了向程颐学说的转向，使得程颐的影响在道学内上升为主导。朱熹比较好章句，漠视非理性的体验，所以对仁的有道气象和境界缺乏体验。在李侗病逝的同年，朱熹完成了他的首部章句著作《论语要义》。据《朱文公文集·论语要义目录序》记载，朱熹说，他尽删余说，独取程氏一派的学说。他认为，要先察识心中著露的四端之仁心，然后再涵养仁。察识仁的端倪即是察识仁的良心的发见处。仁的良心就是孟子说的仁义礼智的四端。据《朱文公文集·答何叔京十一》记载，朱熹说，可以通过仁的良心发见之微，猛省提撕，使仁心不昧，这便是做工夫的本领。仁心的本领既然立了，就自然能够下学而上达了。如果不察于仁的良心的发见处，即会渺渺茫茫而恐怕无下手之处。朱熹的这种思想只是他的思想演进中的一个短暂的插曲。朱熹的宗旨是在己丑之悟时才从根本上确立的。

由于朱熹未能在体验上把握未发，所以必须在理论上加以追溯，而理学的前驱中关于未发已发的学说则是纷纭各异的。杨时和李侗都很强调让心体验未发，而胡宏则认为要注重已发。朱熹早年受到胡宏学派的影响，认为人只要活着，心的作用就从来是不停的，即使在睡眠和不思虑时也是如此。因此，人的心在任何时候都不是寂然不动的，所以心在任何时候都是处于已发状态。未发指的不是心，而是指的心之体即性。性才是真正的寂然不动的未发。因此，心总是已发的，所以才成其为心；性总是未发的，所以才成其为性。心为已发，而性为未发，所以以性为体，而以心为用。未发和已发指的是心理活动的不同阶段。据《朱文公文集·已发未发说》记载，朱熹说，思虑未萌和事物未至之时，心的喜怒哀乐处于未发的状态。这时心体流行在寂然不动之处，具有着天命之性的体段。中指的是无过之而无不及和不偏不倚。如果是在心体流行处见到中，直接称之为性就不可了。这样他就把自己的思想概括为心为已发，性为未发。从此之后，他就感觉自己一通百通了。据《朱文公文集·与湖南诸公论中和第一书文集》记载，朱熹说明了他的己丑之悟的要点。朱熹说，未发之前是不可寻觅的，已发之后是不容安排的，但是如果平日里对于仁之理的庄敬涵养之功至，而无人欲之私以乱之，则其未发也如镜明水止，而其发也无不中节。这就是日用的仁的本领的工夫。至于随事省察，即物推明，也必以是为本而于已发之际观之，则其具于未发之前者固可默识。据《朱文公文集·答林择之二十一》记载，朱熹说，《中庸》彻头彻尾都在说一个谨独的工夫，即所谓的敬仁而无失和平日的涵养仁之意。

⑤朱熹的著书立说的人生

程颐去世后 22 年，朱熹于南宋时期在福建出生，又称为朱子。宋朝孕育了灿烂的文化，但是军事实力不如汉朝和唐朝。1127 年，北宋的京城开封被东北的女真族金国攻陷，宋朝被迫迁都杭州，这便是南宋时期的开端。朱熹的思想体系的核心是仁之理。据《朱文公文集・与陆九渊》记载，朱熹说，凡是有形有象的都是器，而之所以为这个器的理就是道。朱熹的政治思想的核心是希望正君心、立纲纪、亲忠贤、远小人，希望能够移风易俗和改变不良的社会风气。他认为，这是富国安民和恢复中原的根本。有一次，他奉召入都见皇帝，路上有人对他说，皇帝是不喜欢什么正心诚意的，你见了皇帝别出此言。朱熹严肃地回答说，我平生所学的就是这四个字，岂可隐默来欺君呢？朱熹认为，圣王要受到仁的王道的教育。他认为，在每一个事物中都有太极。太极便是万物之理的总体。万物之理都是皆备于我的。但是，由于人的禀受有不足或缺陷，因此未将万物之理充分表现出来。朱熹同意程颐的看法，人的仁德修养靠的是格物致知和用敬。用敬说的是对于仁学要专心致志、心无旁骛。这样就突出了对于仁的义理的担当方面的强调。即使不能从中得到愉快，因为仁之理本身的意义也要持守。

道学家把《大学》看成是初学者入仁德之门。那么，为什么不从穷理而要从格物入手呢？朱熹说，《大学》说的是通过格物知仁，却不说通过穷理知仁。因为穷理好似是悬空的，无捉摸处，而格物就是在那形而下之器上，便寻那形而上之道。器中理就是万物中的珍珠。在宋孝宗即位之时，朱熹被诏求直言。当时朱熹 33 岁，他应诏上封事。据《朱文公文集・壬午封事》记载，朱熹说，古代的圣帝明主之学，必然都是通过格物致知来把握事物之变中的极的。这样就能把握住事物中所存的仁的义理，从而能够纤微毕照，了然于心目之间，不容有毫发之隐，这样自然就会对仁意诚心正。致知格物寻求的就是尧舜所说的仁的精一，正心诚意就是尧舜所说的执仁之中。自古圣人口授心传而见乎行事的惟此仁而已。孔子集仁的厥（jué）之大成，然而进而不得其位以施之天下，从而退而笔于书，写了《六经》，以示后世的治理天下国家的人。其中，在本末始终先后之序上写得尤其详明的是《大学》篇。

朱熹平生是不喜欢做官的，所以常屡召不起，以各种理由辞免。他少时家贫，而他又很少做官，所以生活很穷窘。学生远近来学仁，都是自己背着粮食来，常常是无肉菜的，只是吃些脱粟饭而已。朱熹一生中最大的快乐就是著书和讲学。朱熹把《论语》《孟子》《大学》《中庸》合编为四书，一生都致力于对四书的诠释，具有很高的造诣。后来他的《四书集注》被奉为科举考试的标准解释。他以继承伊洛的传统为己任，以二程的思想为基础，充分吸收北宋其他思想家的思想精华，建立了一个庞大的仁的理学体系。在朱熹晚年刊行的《大学或问》中，他对北宋以来的几位大儒都进行了批评，其中包括司马光、吕大临、谢良佐、杨时、胡安国和胡宏等，而他独独赞扬了李侗。朱熹说，李侗先生之教是对的。李侗认为，在为仁学之初，应当常存此仁心，不要为他事所胜。凡是遇到一事，即当就此事反复推寻，以究其仁之理。待此一事能融释洒落了，然后再循序有进地别穷一事。如此做久了，积累得多了，胸中就自当是有洒落之处了，这里并非是文字言语所能及的。据江永的《考订朱子世家》记载，朱熹在临终时告诫学仁者说，仁学的为学之要在于事事审求其是，决去其非，积集久之，仁之心与仁之理为一时，自然所发皆是无私曲的了。

程颐开创的仁的理学是由朱熹完成的。仁的理学遭到了陆王心学和清朝的一些学者的挑战，但是直到西方学术传入中国之前，仁的理学一直是中国最有影响力的哲学。自汉朝以来，中国历代朝廷都用科举制度来确立官方哲学的地位。参加科举考试的读书人必须根据官方审定的儒家经典及注释和注疏来撰写文章，为该朝的统治献策。唐太宗亲自审定了儒家经典的正义，即正确的含义。北宋时期的王安石亲自为一些儒家经书制定新义。根据宋神宗的诏令，命令以王安石制定的经书的新义为朝廷认可的正义，但是这项诏令不久便被撤回，因为反对王安石改革的一派官僚掌握了政权。朱熹不仅学问渊博，深思明辨，而且留下了大量的著作。道学家认为，《论语》《孟子》《大学》和《中庸》是最重要的儒家经书，而朱熹的最重要的著作就是《四书集注》。据说他在去世前一天还在修改这部注疏。他的主要著作为：《四书集注》《周易本义》《太极解义》《西铭解义》《诗集传》等。他讲学的语录《朱子语类》有 140 卷，他的文集《朱文公文集》有 120 卷。1279 年，元朝开始统治中国。1313 年，元仁宗发布诏令，以四书为开科取士的标准，并以朱熹所作的《四书集注》为解释四书的标准依据。明朝和清朝也沿袭了元制，直到 1905 年清政府废除了科举制度，开始办学校，才废除了这套做法。朱熹的理论体系是理性仁德礼制幸福体系的比较完备的体现，只是尽管朝廷采用了这种思想体系，而实际修得仁德的官不太多，所以实际上流行的仍然是功利仁德礼制幸福体系。

（2）朱熹的几大论辩的缘由

在朱熹的一生之中，学术论辩很多。他与张栻的中和之辩和仁说之辩，都是他的思想发展的重要的里程碑。他在鹅湖与陆九渊之间进行的支离易简之辩，与陈亮的王霸义利之辩，也都是南宋学术史上的重要事件。他与林栗和陆九渊的《西铭》和太极之辩也很有学术意义。

①义利之辩：醇儒之仁道对义利双行

朱熹认为，国家和政府都必须是按仁之理组织的，否则就会瓦解和陷入混乱。圣王的教导和推行的为政之道就是仁之理。无论是否有人教导或推行这种仁之理，这种仁之理都是永恒存在的。就这个问题，朱熹与他的好友陈亮持有不同的见解，他们进行过激烈的争论。陈亮曾为人所诬，宋孝宗为之解，从而得免。朱熹就此事以长者诲人的姿态写信给陈亮。据《朱文公文集·答陈同甫书》记载，朱熹说，虽然不知道这件事出现的缘故，未必是有以召之的，但是平日之所积，似乎也不是无以集众尤而让人信谗口的地方。你老兄是高明刚决的，而且不是一个吝于改过的人，愿你以我的愚言思之，绌去义利双行和王霸并用之说，从事于惩忿窒欲、迁善改过之事，粹然以醇儒之仁道自律，这样才能免于人道之祸。这封信引起了朱熹与陈亮之间的一场著名的辩论。陈亮为此写了著名的答书，称为《甲辰秋书》。陈亮认为，三代之王政与汉唐之霸政是无根本上的差异的，只是三代做得尽而汉唐做得不尽而已。当时的永康学派也持有这样的观点。

朱熹则认为，不仅要论其尽与不尽，而且要论其所以尽与所以不尽，这才是王霸之别的所在。据《朱文公文集·答陈同甫书》记载，朱熹说，我常窃以为亘古亘今，存在的只是一仁之理，顺之者成，而逆之者败。这并非是古之圣贤所能独然，而后世之所谓英雄豪杰者，也未有能舍其仁之理而得有所建立成就者。但是，古之圣贤从仁的本根上有惟精惟一的功夫，所以能执其中，能彻头彻尾，无不尽仁之善。后来的所谓英雄，则未尝有此仁之理的功夫，只是在利欲场中头出头没而已。其资美者乃与仁之理有所暗合，而随其分数之多少以有所立，然而其有时中有时否，不能尽仁之善则是一样的。三代做得尽仁，而汉唐做得不尽仁，指的就是这个意思。而且论的是尽仁与不尽仁，而不论其所以尽仁与不尽仁。却将圣人的仁的事业放到利欲场中去比拼较量，所以仿佛相似的也只是有圣人的样子而已。我们所说的毫厘之差而千里之谬，指的就是这种情况。

孟子把治国分为仁的王道和不仁的霸道。王道是靠仁德治国的，而霸道是靠暴力统治的。朱熹与陈亮之争，是仁的王道与不仁的霸道之争的继续。朱熹和其他的道学家认为，自汉唐以来，历代的执政者都不是为了大众，而是在谋取私利。朱熹是孟子的追随者，也是倡导仁的王道者。据《尚书·大禹谟》所言，人心惟危，道心惟微；惟精惟一，允执厥中。这十六个字被称为十六字心传。据《荀子·解蔽篇》所言，仁的危微之几，只有明君子能够得知。人心譬如是一盘水，正错而勿动，则湛浊在下，而清明在上，这样就足以见鬒（zhěn，须发）眉而能察仁之理。如果有微风吹过，湛浊动于下，清明乱于上，则不可以得大形之正。据《朱文公文集·答陈同甫书》记载，朱熹说，尧、舜、禹相传的密旨是十六字心传。人自有生以来便梏于形体之私，则固不能无私的人心。然而必有得于天地之正，则又不能无仁的道心矣。日用之间，私的人心和仁的道心是并行的，迭为胜负，而一身之是非得失，天下之治乱安危，都是系于此的。因此，欲其择仁之精，而不使私的人心得以杂乎仁的道心；欲其守仁之一，而不使仁的天理得以流于私的人欲。这样就能凡所行无一事不得其中，这样就能于天下国家无所而不当了。

②仁德的修养方法之辩：支离事业对易简功夫

在南宋的孝宗乾道和淳熙年间，朱熹、张栻、吕祖谦及陆九渊等几位思想家被后人称为乾淳诸老，其中朱熹最长，陆九渊比朱熹小九岁。朱、张、吕成学有先后，但后来三人都是讲友，形成了东南三贤鼎立的局面。与朱、张、吕相比，陆九渊是比较后进的。陆九渊在早年的时候科举不利，也没有这三人的家学渊源深。据《陆九渊集·语录下》记载，陆九渊自己说，他没有师承，是读孟子而自得仁道的。据《陆九渊年谱》记载，陆九渊在参加省试的时候，吕祖谦等为考官。吕祖谦读完陆九渊的卷子，击节叹赏，并嘱其他两位考官，二公也嘉赞其文，所以中选了。杨简也赞扬了陆九渊写的《行状》。因此，陆九渊在乾道八年中进士后，名传四方。吕祖谦写过信给朱熹，赞扬了陆学。而朱熹在回信中表现出了他对陆学的警惕和保留。据《朱文公文集·答吕子约》记载，朱熹说，近来听到了陆九渊的言论风旨之一二，全是禅学，只是变了其名号而已。竞相祖习，恐误后生。但是，他未必听得进我的老生常谈，我只好窃窃地忧叹而已。

在鹅湖会上，朱陆的分歧主要是围绕着为学工夫展开的。朱熹说教学生仁要靠读书讲学，而陆九渊则说要发明仁的本心。据《陆九渊年谱》记载，陆氏的门人朱亨道说，鹅湖之会论的主要是如何教人仁德。朱熹想要令人泛观博览然后归之为约，二陆（陆九渊和其兄陆九龄）则说要先发明仁的本心，然后再使之博览。而朱熹很重视仁的经典之作。据《陆九渊集·与颜子坚》记载，朱熹说，圣哲的仁之言是布在方册的，是无所不备的，而传注之家的言则是汗牛充栋的。朱熹认为陆氏教人仁的方法太简单，而陆氏认为朱熹教人仁的方法太支离，二者的方法颇为不合。陆九渊更欲与朱熹辩，问朱熹说，尧舜之前哪有仁的书可读？据《朱文公文集·徽州婺源县学藏书阁记》记载，朱熹说，仁的天理民彝为自然之物，是大伦大法之所在，固然有依文字而立的。古之圣人欲明仁道于天下而垂之万世，其精微曲折之际，如果不托于文字是不能自传的。因此，自伏羲以降，列圣继作，至于孔子，然后垂世立仁教之具粲然大备。天下后世之人，自己并非是生而知仁的圣人，必须由是来穷仁之理，然后知有所至而力行以终之。吕祖谦与朱熹是二陆的对立面。吕祖谦力图与朱熹一起矫正陆学之偏。据《东莱文集》记载，吕祖谦说，讲贯通绎，这是百代为学的通法，学者缘此导致了支离泛滥的结果，但这是人病，而不是法病，不能因噎废食，从而废掉讲贯通绎的方法。

鹅湖之会的气氛是比较紧张的。据《陆九渊集·语录上》记载，陆氏说，易简工夫终久大，支离事业竟浮沉。朱熹听后失色说，欲知自下升高处，真伪先须辩只今。鹅湖之会的辩论经三四天后不欢而散，双方都没有改变自己的立场。陆九渊生平就能言善辩，朱吕在辩论中未能占上风。但是，因为当时朱吕在学术界的影响远远大于当时的陆学，所以公开与陆氏辩争，虽然扩大了陆氏的影响，但是对陆学的发展也有所限制。据《朱文公文集·答张敬夫》记载，朱熹说，陆九龄兄弟的仁的气象是甚好的，其病在于要尽废讲仁学而专务践履仁德，在践履中要人提撕省察，悟得仁的本心，这是病之大者。而他们在仁德的操持谨质，表里不二上，却有过人之处。可惜的是他们自信太过，规模窄狭，不复取人是善，所以将会流于异学而不自知。

后来陆九龄到铅山与朱熹相会，以负荆请罪的态度，承认自己有所偏激，说明了读仁德之书的必要性，后来转服了朱熹。陆九龄本来是反对留情传注的，但是当他见到朱熹所解的《中庸》后则赞美不已。据《朱子语类·七余大雅录》记载，陆九龄说，古者教小子弟，能言能食即是有教了，以至与洒扫应对皆有所习，所以长大后则易语。今人自小即教对子，少大即教作虚诞之文，皆坏了其性质。我曾思欲做一小学规，自小就教仁。如果有法如此，也应该是有益处的。鹅湖之会后三四年间，陆九龄基本上转变到了朱吕一方，而陆九渊在立场上则有所后退。朱熹对陆学的优点看得也比较客观。据《朱文公文集·答林择之》记载，朱熹说，他以前的讲仁之论只是口说，不曾实体于身，所以在己在人都不得力。在日用之间都应该常切点检气习偏处和意欲萌处，就此痛著工夫，这样对庶几都是有益的。陆氏的门下多为江西学者，而朱熹守的南康就在江西的最北边，陆门的弟子多往南康见朱熹。曹立人、万人杰等本来都是陆门的高弟，但是在南康访问朱熹之后，转向了朱学。陆九龄去世之后，陆九渊到南康会朱熹。这时的气氛比较和合。据《陆九渊年谱》记载，朱熹请陆九渊在白鹿洞书院讲习，陆九渊讲的是君子喻于义，而小人喻于利。在离席的时候，朱熹说，熹愿意与诸生共守仁，不能忘记陆先生之训。陆九渊讲毕，座中有泣下者，讲演非常成功。朱熹又请陆九渊把讲义写出，立即刻在石头上，以传久远。

在鹅湖之会前后，朱熹主要反对的是陆学废弃读书讲仁论的极端主张。而在南康前后，陆九龄和陆九渊都改为教人讲仁学和读仁书。据《陆九渊集·答赵咏道》记载，陆九渊说，先要有仁德的学问思辨，然后才能笃行，否则是冥行。要讲明仁德的未至，才能力行。据《陆九渊集·语录下》记载，陆氏说，在博学仁、审问仁、慎思仁、明辨仁、笃行仁中，博学仁是在先的，力行仁是在后的。学仁未博，就不知道什么样的行是当为的。但是，陆学认为，博学仁的前提是先发明仁的本心，先要立乎仁之大。据《陆九渊集·语录上》记载，陆九渊说，如果未知道学仁，那么博学个什么，审问个什么，明辨个什么，笃行个什么。如果不知道尊仁的德性，就无所谓仁的道问学。只是既然仁的本心已明，就没有必要等博学讲明仁后再去践履了。因此，在南康之后，朱陆的分歧就转为尊德性与道问学之间的相互关系的问题了。朱熹认为应该两者兼顾，而陆九渊认为应该以尊仁的德性为主。陆学认为，尊仁的德性主要是存仁心和明仁心，这是认识仁的真理的根本路径，而仁的道问学只是起一种辅助巩固的作用。而朱熹则认为，尊仁的德性要以主敬养仁为前提。先要通过主敬仁，养得仁的心地清明，然后再对于仁的致知的结果进行涵泳。据《中庸章句》记载，朱熹说，要涵泳于所已知的仁。因此，朱熹认为先要有仁的道问学，然后才有尊仁的德性。据《东莱文集·答朱侍讲》记载，吕祖谦说，陆九渊的病在于看人不看理。白鹿相聚半年后，吕祖谦病逝。此后，朱熹与陆九渊再没有能够面对面地进行过学术讨论。据《陆九渊集·祭吕伯恭文》记载，陆九渊回顾了自己访吕时的出语狂戾，虽然受到了吕祖谦的规戒，但是没有记取教训，近年来才略有进步。在追忆往昔的时候，感觉非常悔憾。在张栻、陆九龄、吕祖谦相继去世后，正如陈亮所说，朱熹处于了一种举天下无不在下风的境地。

后来，朱熹在武夷山结庐聚徒讲学和整理经典。陆九渊则入都。朱陆的关系进入了一个新的阶段。这个时候，朱熹与陆学的关系与陆氏的门人交织在一起。据《陆九渊集·语录下》记载，陆九渊曾经说道，今人容易为利害所动，而曹立之、万正淳、郑学古则是庶几都不为利害所动的。在曹立之转向朱学的时候，二陆也不同程度地放弃了鹅湖的旧见，与朱熹的关系有了改善。陆九渊其实对曹立之转向朱学是不满的。在曹立之去世的时候，朱熹在写铭文的时候，明白地叙述了曹立之的学问的转变过程，这点与当初写陆九龄的铭文时的态度是一样的。据《朱文公文集·曹立之墓表》记载，朱熹说，曹立之不满于陆学，倾心于朱张，最后决计从事朱张的穷理之学，而且指出了陆学之弊在于不循下学而求超悟。这个《墓表》引起了陆学方面的不满。朱熹的南康、浙东政事，议论者颇多，尤其是浙东之政，论者认为过严了。项平甫当时是并推朱陆的。据《朱文公文集·答项平甫》记载，朱熹说，此仁心固然是圣贤的本领，然而学未讲，理未明，则有可能把私的人欲当作仁的天理，所以不可不察。项平甫有调和朱陆之意。他认为，在张、吕去世后，只有朱陆是并立的，应当同心合志，以弘仁的道学。朱熹说，大抵从子思以来，教人仁之法，要么是尊德性，要么是道问学。九渊说的专是尊德性，而自己所论却是道问学上多了。陆学看得仁的义理全不仔细，而自己则在为己为人上多不得力。自己当反身用力，去短积长，这样才能庶几不堕一边。

在淳熙乙巳之后，朱熹不再称赞陆学对仁的持守收敛之功，而是更多地强调他对陆学的狂妄粗率之病的忧虑。据《朱文公文集·答刘子澄》记载，朱熹说，九渊一味是禅，没有许多功利术数，目下收敛的学者身心不为无力，但是其下梢是无所据依的，恐怕未免会害事的。朱熹批评陆门说，在仁的气象上狂妄粗率；在仁的为学上好高欲速；在仁的工夫上尽废讲学，弃绝书简。后来，朱陆的辩论越来越激烈。据《朱文公文集·答包详道》记载，朱熹说，彼此不同，终未易合，且当置之，各信其所信，即看久远如何。据《陆九渊集·答朱元晦》记载，陆九渊说，臆想是徒劳的。不能通过引先训来文致其罪，这样必然是不能心服的。纵然不能辩白，因为势力不相当。如果勉强诬服的话，也没有什么益处。据《朱文公文集》记载，朱熹说，原来他对陆学采取的是容忍的态度，而近来深觉其弊，因为陆学全然不曾略讲仁的天理仿佛，一味只是将私意东作西捺，做出许多淫邪之说，而且空腹高心，妄自尊大，俯视圣贤，蔑弃礼法，只此一节尤为学者的心术之害，所以不免直接与之说破，以免后来的学者堕入邪见之坑中。

③仁德的根基之辩：无极即太极对太极即太极

鹅湖之会的辩论只是朱陆之辩的开端，还没有形成朱陆两大学派的对立局面，而后来的关于无极与太极之辩更有影响力。陆九渊很重视太极之辩，而辩的目的主要是要揭露朱熹的平生学问之病。据《陆九渊集·答邵叔谊》记载，陆九渊说，朱熹的学问依凭的是空言，传注的是意见，结果是增疣益赘，助胜豪私，重其狷忿，长其负恃，蒙蔽仁的至理，扞格仁的至言，自以为是，没世不复。据《陆九渊集·与张辅之》记载，陆九渊说，学者的大病在于师心自用，所以不能克己，不能听言，虽然有群圣人之言毕闻于耳，毕熟于口，毕记于心，但只是用来益其私，增其病而已。据《陆九渊集·与彭九龄》记载，陆九渊说，今讲仁学之路是未通的，只是以己意附会在往训之上，立为成说，这样做恐怕反而成了心之蟊贼。据《陆九渊集·辩无极太极》记载，陆九渊说，周道之衰，文貌日盛。事实湮没在了意见之中，典训荒芜于辩说之中。揣量模写之工，依仿假借之似，其条是画足以自信，其习是熟足以自安。据《陆九渊集·与赵然道》记载，陆九渊说，所谓的讲仁学都是为空言以滋伪习。据《陆九渊集·与林叔虎》记载，陆九渊说，其所为往往不类流俗，坚笃精勤，无片刻闲暇，又有党徒传习，日不暇给，而且其书又汗牛充栋，而迷惑浸溺，流痼缠绵，有的甚至甘心为小人，甘心为常人。

陆九渊认为朱熹之病的根子在于对于无极与太极的理解，所以治病就要治无极之根。关于《西铭》中的太极，朱熹自信他的理解是准确无误的。当陆九渊提出要与他讨论经典传注的时候，朱熹抢先把他积压了近二十年的《太极解义》与《西铭解义》公诸于世。陆九渊说，无极之说是承自老子的，是圣人所没有的；如果说极的意思是中的话，无极是无中的，文理是不通的。因此，《太极图》是周敦颐早年所作。二程也没有提及过无极，所以无极至少是周敦颐后来放弃的观点。朱熹回答说，孔子以前的圣贤是不讲太极的，而孔子是言太极的。周子以前的圣贤没有说过无极，而周子是言无极的，不能因此而非之。另外，极不是中的意思，而是至极的意思，说的是仁的理之至极。老子说的无极指的是无穷，与周子所说的无极的意思是不同的。朱熹认为，无极即是无形，用无极来说明太极的形而上性，以免与阴阳的气体能量相混淆。陆九渊则认为，阴阳已经是形而上，再说无极就好比是在床上叠床。

周敦颐的《太极图》是源于道教的。《太极图说》提出了无极而太极，太极动而生阳、静而生阴的宇宙发展图式，其中对道家思想的吸收是很明显的。但是，《太极图说》过于简约。朱熹对周敦颐的《太极图》及《太极图说》进行了阐释，写出了《太极图说解义》一书。陆九渊之兄陆九韶曾致书朱熹，对朱熹的《太极图说解义》提出了异议，认为无极之说并非是圣人之言，这就等于在搬动朱熹的全部哲学的基石。据《朱文公文集·答陆子美一》记载，朱熹在答书中说，如果不说无极，那么太极就会同于一物而不足以为万化之根，而不言太极则无极就会沦于空寂而不能为万化之根。虽然朱熹与陆九韶有争执，但是他们都是维护周敦颐的，他们都想要让儒家与佛氏和道家区别开来。在朱熹无意再辩论的时候，陆九渊出来打抱不平，从而让辩论继续激化。陆九韶和陆九渊认为，历史上所有的儒家经典都是不讲无极的，而从来也没有发生过人们把太极当成是具体器物的误解，所以儒家不应该提无极，无极只能是老子的东西。周敦颐受到了道家的影响，所以提无极，这是周敦颐思想的不成熟的地方。而朱熹说，先儒不讲不等于后儒不可以讲，讲的不为多，不讲的不为少，只是先后发明而已。朱熹认为，无极的含义是确定的，无极即是无形。据《朱文公文集·答陆九渊》记载，朱熹说，太极乃是天地万物的本然之理，是亘古亘今颠扑不破的。他在信尾还说，各尊其闻、各行所知也是可以的，我没有指望必须得同。这样争论即告停止。

陆九渊去世后，朱熹更加无所顾虑地对陆学进行抨击。朱熹对陆学的批评，主要是指陆学为禅学。据《朱文公文集·答汪尚书》记载，朱熹说，大抵近世的道学者，失于太高，读书讲义，率常以路径简易超绝、不历阶梯为快，而其间的曲折精微正好是玩索之处，例皆忽略厌弃，以为这是些卑近琐屑的东西，不足留情。以为只要廓然一悟就行，而殊不知物必须是要格而后才能明，伦必须是要察而后才能尽。这些都是受到佛学影响的结果。因此，朱熹认为，要宁烦毋略，要宁下毋高，要宁浅毋深，要宁拙毋巧。朱熹认为，禅家对儒家的影响，不在于禅家的价值观，而在于学风、风格和修养的方式，要从这些方面来看学分的醇杂。据《朱子语类·李闳祖录》记载，朱熹说，禅只是一个呆守的方法。比如说有麻三斤、乾屎橛，他的道理初不在这上，只是教他麻了心，只思量这一路，专一积久，忽有见处，那便是悟。据《朱文公文集·答许中应》记载，在陆九渊去世后两年，朱熹说，目前世衰道微，异端蜂起。近年来，有假借佛学来乱孔孟之实的。这种方法首先是以读书穷理为大禁，常欲让学者注其心与茫昧不可知之地，以侥幸一旦恍然独见，然后为得仁心。因此，读书不求仁的文义，玩索都无意见，这就是佛学所说的看话头的意思。宋代的禅宗，特别是大慧宗，开创了看话禅的方法。这种方法趋于简易、禁遏念虑、弃除文字、专求超悟本心。用的是呵佛骂祖和粗暴狂颠[①]的教法。朱熹认为，陆学就具有这样的修养风格。

朱熹认为，佛氏与儒家的不同在于，佛氏认为性是空的，而儒家认为性是实的。据《朱子语类·卷一百二十六》记载，谦之问，今皆以佛之说为无，老之说为空。空与无有什么不同吗？朱熹说，空是兼有无之名的。道家说半截有，半截无。也就是说，已前都是无，如今眼下却是有，所以称之为空。而佛氏之说则都是无。已前是无，如今眼下也是无。色即是空，空即是色。大到万事万物，细到百骸九窍，一齐都归于无。终日吃饭，却道不曾咬着一粒米；满身着衣，却道不曾挂着一条丝。佛氏说空，指的是不是便不是，但是空里面须有道理始得。如果只说道我见个空，而不知有个实的道理，却做甚用得。譬如一渊清水，清冷彻底，看来一如无水相似，他便道此渊只是空的。不曾将手去探一下是冷的还是温的，不知道有水在里面。佛氏之见就是如此。今学者贵于格物致知，目的便是要见到底。彼（佛氏）见得心空而无理，此（儒家）见得心虽空而万理咸备。儒者以理为不生不灭，而佛氏以神识为不生不灭。天下只是这道理，终是走不得的。如佛、老虽然是灭人伦的，然而自是逃不得的。如无父子，却拜其师，以其弟子为子，长者为师兄，少者为师弟，但只是护得个假的，而圣贤便是存得个真的。

据《朱子语类·卷一百二十六》记载，徐子融有枯槁有性无性之论。朱熹说，性只是理，有物斯有是理。子融的错处在于他认心为性，与佛氏相似。只是佛氏摩擦得这心极精细，犹如一块物事，剥了一重皮，又剥一

---

① “狂颠”不一定是病，而“狂癫”是病。

重皮，至剥到极尽无可剥之处，所以磨弄得这心精光，它便认做性。殊不知这正是圣人所说的心。故上蔡说，佛氏所说的性，正是圣人所说的心；而佛氏所说的心，正是圣人所说的意。朱熹说，心只是该得这理。佛氏元不曾识得这理一节，便认知觉运动做性。犹如视听言貌，圣人认为视有视之理，听有听之理，言有言之理，动有动之理，思有思之理，正如箕子所说的明、聪、从、恭、睿。而佛氏只认那能视、能听、能言、能思、能动的便是性。视明也得，不明也得；听聪也得，不聪也得；言从也得，不从也得；思睿也得，不睿也得，它都不管。横来竖去，它都认为是性。它最怕人说这个理字，都要除掉，这正如告子的生之谓性之说。

④用仁论性、理、心、气之间的关系

朱陆哲学的根本差异是性即理还是心即理的问题。据《明儒学案·困知记》记载，明代的罗钦顺说，程子说性即是理，而陆九渊说心即是理。至当是归一的，精义是无二的，此是则彼非，彼是则此非，所以必然是要明辨的。朱熹只是承认性即是理，心具备理，而不承认心即是理。而陆九渊则认为，心即是理，所以只要能存心便可发明仁的本心。陆学明确说过，不识一字，也还我一个堂堂正正地做个人。罗钦顺说，心为人的神明，性为人之生理，理之所在称为心，心之所有称为理，而不可把心与理混而为一。人心之发，虽然有的是出于灵觉之妙的，而轻重长短，皆是无所取中的，要么过要么不及。因此，执灵觉为至道，就变成了禅学。而陆学不喜欢说性。据《朱子语类·叶贺孙录》记载，朱熹说，陆九渊之学，看他千般万般病，看来他的错处只是在于不知道有气禀之性。他把许多粗恶的气都当作心之妙理了，合当恁地[①]自然做将去。他不知最初自是受了这气禀不好，才任意发出。许多不好的也只是在气这里做好了商量的。只道这胸中流出的自然是仁的天理，而不知道有不好的气夹杂在里面，一齐滚将出去，这样就会害事的。据《朱文公文集·答吴伯丰》记载，朱熹说，异端之学（禅学），把性看成是自私的，所以有了大病。而且，又不察气质情欲之偏而率意妄行，把气质之性当成至理，这样做尤其害事。近世儒者（陆学）之论也有近似之处，所以不可不察。如果这样做的话，所见愈高则所发愈暴。

据《陆九渊集·语录下》记载，伯敏问，如何才是尽心？性才心情

① “恁地”指不管不顾地、不考虑后果地，比如说，恁头恁。

如何分别？陆九渊回答说，你问的是枝叶。尽管如此，这并不是你之过，而是举世之弊。现在的学者，只是在解字，而不求血脉。情性心才，都只是一般物事而已。伯敏又问，那么是同出而异名吗？陆九渊回答说，不须得说。为人不为己，如果理会得自家实处，他日就会自明了。仁的本心为物所诱则放为邪心，而邪心经发明而可存为仁的本心。那么，心中流出的是否是仁的天理呢？这是陆学要解决的问题。朱熹认为，心是有知觉的，而仁之性与仁之理是无知觉的；心的知觉不一定是完全合乎仁之理的。佛氏和告子都把知觉看成是性，所以朱熹始终用佛氏和告子的学说来批评陆学。据《陆九渊集·语录上》记载，陆九渊说，如果此心是存着的，那么此理就是自明的。当恻隐处自然会恻隐，当羞恶、当辞逊、有是非在前，自然都是能辨之的。

朱熹认为，人的物欲不仅是为外物所诱而生的，从根本上说，是气质之禀所决定的必然的感性欲求。因此，只是摒除外物是不能净化意识的。自孟子以来的儒者都强调人与物的仁的本性是有差异的，而朱熹说的人与物中都具有同样的全部的仁的太极，这与孟子开启的传统是有冲突的。对此朱熹在《论孟精义》中进行了解释。据《朱子语类》记载，朱熹说，孟子之论，尽是在说性善。在说到不善的时候，说是因为陷溺的结果。起初是无不善的，后来方有不善。如果只是这么说，就只是在论仁性而不论气，所以有些不完备。因为在太极之中有动静之理，气因为有此理而有实际的动静。气动流行为阳的气体能量，气静凝聚为阴的气体能量。据《朱子语类·卷九十四》记载，朱子引周敦颐的《太极图说》之言说，一动一静是互为其根的。动而静，静而动，开阖往来，更无休息。分阴分阳，两仪就立了。这里的两仪指的是天地，这点与画卦的两仪的意思是有区别的。在能量世界的浑沦未判的时候，阴阳之气是混合幽暗的。阴阳既分之后，中间则放得宽阔光朗，在这里天地两仪始立。动静是无端的，阴阳是无始的。小者是大之影，只从昼夜之中便可见。阳变阴合，从而生出水、火、木、金、土。阴阳是气，五行之质是由阴阳生的。天地先生出五行，然后才生物的。地即是土，土便包含着许多金和木之类的东西。如果没有五行，天地之间什么事也没有。五行和阴阳七者滚合，便是生成物的材料。当五行顺布的时候，就有了四时之行。金木水火分属于春夏秋冬，而土则寄旺四季。

据《朱子语类·卷一》记载，朱熹说，阴阳是气，五行是质，有这质所以才做得出事物来。气之清者为气，浊者为质。据《朱子语类·卷四》记载，道夫问，气质之说，始于何人？朱熹说，起于张程，此前未曾有人说到此。譬如说，韩退之（愈）《原性》中说到三品，这说的其实就是气质之性，但是不曾说明这是气质之性。仁性是没有三品的。孟子说仁性是善的，这说到了仁的本原之处，但是不曾说气质之性，所以也费分疏。诸子则说性恶或性善恶混。如果张程之说早出，则自不用说这许多话来纷争。张程之说立，则诸子之说泯。张载说，有形之后就有了气质之性，善于返回到仁的原处则天地之仁性存。程颢说，论仁性而不论气则不备，论气而不论仁性则不明。有人问，如果只说仁、义、礼、智是仁性，世间却又有生出来就无仁状的人，这是为什么呢？朱熹说，只是气禀如此。如果不论那气，这仁的道理便不周匝，所以不完备。如果只论气禀，这个善，这个恶，无论哪一处，这个仁的道理却又不明。自孔子、曾子、子思、孟子理会得仁的道理，后都无人说这仁的道理。谦之问，天地之气，当其昏明驳杂之时，其仁之理也随着昏明驳杂吗？朱熹说，仁之理却只是恁地，只是气自如此。

（3）朱熹的立论宗旨：国家有仁之理则治，而无仁之理则乱

朱熹认为，国家和社会组织都是有仁之理则治，没有仁之理则乱。仁之理便是治国和平天下之仁道，而仁道是亘古亘今常在不变的。据《朱文公文集·答陈同甫书》记载，朱熹说，在1500年之间，尧、舜、三王、周公、孔子所传之仁道，未尝有一日得行于天地之间。如果论仁道之常存而言，却又初非人所能预见。只是此个仁道自是亘古亘今常在不灭之物。虽然历经1500年被人作坏，但是终要殄灭他不得。仁道未尝息，而人自息之。非仁道就会亡，这是由不得幽厉的，指的就是这个意思。无私就能使己与人和物为一从而使得仁的公道流行。据《朱子语类·卷六》记载，朱熹说，人之所以为人，其仁之理为天地的仁之理，其气为天地之气。仁之理是无迹的，所以要以气来观之。仁是一个浑然温和之气。仁气为天地的阳春之气，其仁之理则是天地的生物之仁心。如果无私意间隔，便自然能见得人与己为一，物与己为一，仁的公道自然就会流行。而没有理会得仁，就无法做工夫。

据《朱子语类·卷六》记载，朱熹说，仁可以是一个小小的仁，也可以是一个大大的仁。如果偏言，仁则为一事，这便是小小的仁。如果专言，仁则包含着元亨利贞这四者，这便是大大的仁。即使这么说，也并不

是说有两个仁。仁还是一个，即使是偏言一事的时候，仁中也是包含着许多道理的。即使是专言的时候，也同样是有许多道理在其中的。朱熹认为，在私的人欲尽处便有着仁的天理流行的快乐。据《论语·先进》记载，有一次孔子与四个弟子一起谈话，孔子让弟子各抒其志。一个说，希望成为一国的军事统帅；一个说，希望在一个小国负责经济发展，三年就让经济起飞；一个说，希望当国家的典礼局长。而曾点一直在谈琴，没有在意别人谈什么。当孔子问到他时，曾点说，暮春之时，既然春服已成，与冠者五六人，与童子六七人，在沂水中沐浴，风舞一番，咏而归。孔子叹道，我赞同曾点。据《论语集注》记载，朱熹说，曾点之学，已经可以看到人欲的尽处，仁的天理流行，随处充满仁的气象，无少欠阙（quē，空缺），所以他在动静之际，才能如此从容。其言志，又不过即其所居之位，乐其日用之常，初无舍己为人之意。而其胸次悠然，直与天地万物上下之仁同流，又有各得其所之妙，隐然自见于言外。看到三子之规规于事之末，其仁的气象是不同的，所以孔子叹息而深深赞许曾点。朱熹认为，曾点就是实践了仁的风流的真精神，所以能够感觉到快乐。

2. 朱熹的思想脉络

（1）宇宙的生成逻辑：无极与太极、道理与阴阳、五行与器质

①无极指太极有无形无声无臭之妙的仁的理性

a. 即使山河大地都陷了而能量世界的太极的仁之理依然如此

据《朱子语类·卷一》记载，徐问，天地未判之时，下面许多都已有了吗？朱熹答，只是都有此仁之理。天地生物千万年，古今只不离许多物。据《朱子语类·卷九十四》记载，有人问，未有一物之时是如何个情况呢？朱熹答，是有能量世界的天下的公共的仁之理的，但是未有一物所具的仁之理。据《朱子语类·胡泳录》所言，万一山河大地都陷了，仁之理还是在能量世界这里的。每类事物都有它的仁之理，仁之理使得事物所以然。这个仁之理便是该事物的仁气。仁之理是事物的善与不善的终极标准。极的原意是屋脊的大梁。道学家用极来表示事物的最高的原型。事事物物，皆是有个极的。整个宇宙必定有一个终极善与不善的标准，而这个标准是至高的、无所不包的。这个标准便是太极。在太极中包含着万有的万般的仁之理。据《朱子语类·卷一》所言，在天地而言，则天地中有太极；在万物而言，则万物中各有太极。在未有天地之先，在能量世界中毕竟是先有此仁之理的。

b. 无极而太极说的只是能量世界的当初皆无一物体

据《朱子语类·卷九十四》所言，无极只是极至，更无去处了。至高之妙，至精至神，是没去处的。周敦颐恐怕人说太极是有形的，所以说无极而太极。这里要说明的是在能量世界的无之中有个至极的理。据《朱子年谱·乾道九年癸巳》记载，朱熹说，天地之间只有动静两端，循环不已，更没有余事，这就称为易。而其动其静必然是有动静之理的，这便是太极。圣人指其实而名之，周敦颐则用图来象之，这样发明出来的表著，可以说是没有余蕴的。原极之所以得名，取的是枢极之义，圣人称为太极，指的是天地万物之根。周敦颐又称之为无极，想要显著地说明太极是具有无声无臭之妙的。因此，无极而太极，太极本无极，并非是说在无极之后生出太极来，而太极之上是先有无极的。五行和阴阳，阴阳和太极，也并非是说在太极之后别生出二五，而二五之上是先有太极的。据《朱子语类·卷九十五》所言，无极而太极，不是说有个物事，光辉辉地在那里。只是说当初皆无一物体，只是有能量世界的此仁之理而已。仁之理有许多，所以物有许多。

c. 太极即是有仁之理而仁之理是事物的最完全的形式

朱熹认为，一个事物的仁之理，就是这个事物的最完全的形式即完美，这是其事物的完善与不完善的最高标准，即是极。据《朱子语类·卷九十四》记载，朱熹说，事事物物皆有极，这就是道理的极至。蒋元进说，譬如君之仁，臣之敬，便是极。朱熹说，这是一事一物之极，而总天地万物之理，便是太极。太极本来是无此名的，只是个作为表率之仁德。太极只是能量世界的极好至善的道理。周敦颐所谓的太极，指的是天地人物万善至好的表率之仁德。在能量世界的太极之中是万理毕具的。太极是阴阳五行的仁之理皆有的，而不是空的物事。如果是空的，那就与佛氏所说的性相似。佛氏只是见得个皮壳，而里面有许多道理，他却不见。他们皆以君臣父子为幻妄。据《朱文公文集·答张敬夫》记载，有一位称为李伯闻的人，曾学佛，自以为学有所见，辩论累年，都不肯少屈。他到朱熹处访问，朱熹问，天命之谓性，这句话指的是空无一法还是万理毕具呢？如果是空的，则浮屠胜；如果是实的，则儒者为是。据《周濂溪集·太极图说》注记载，朱熹说，太极指的是能量世界的形而上之道；而阴阳则为物体世界的形而下之器。因此，自其显著者而观之，动静是不同时的，阴阳是不同位的，而能量世界的太极则是无不在的。自其微小者观之，则冲穆无联，而动静阴阳之理，已悉具于其中了。据《朱文公文集·答杨志仁》所言，有能量世界的仁的此理之后，方有此气。既有此气，然后此理则有了安顿之处。大而天地，细而蝼蚁，其生皆是有如此之理。理这个字，不可以论有无，因为在未有天地之时，能量世界中便已有如此之理了。据《朱文公文集·答陆子美》所言，如果只是著无极字，便有虚无好高之弊。如果说无形而有理，那么无极即是无形，太极即是有理。

d. 在浑然的太极之中已有粲然的两仪四象六十四卦的仁之理

据《朱子语类》记载，朱熹说，能量世界的太极是无方所、无形体、无地位可以顿放的。如果以太极的未发时言之，未发时却只是有能量世界的静。而动静阴阳皆只是形而下的物体世界的状态。形而下的物体世界之动是形而上的能量世界的太极之动，形而下的物体世界之静也是形而上的能量世界的太极之静，但是形而下的动静则并非就是形而上的太极，所以周子称形而上的能量世界的太极为无极。未发固然是不可称为太极的，然而其中蕴涵着喜怒哀乐。喜乐属于阳，怒哀属于阴。在这四者初未著的时候，其理已经具备了。如果对于已发而言，也许可以把容称为太极。据《朱文公文集·答何叔京》记载，朱熹说，在未发之前，太极是静而阴的；在已发之后，太极是动而阳的。太极在未发的时候是以敬为之主的，已经具备了义。太极已发的时候，必然是主于义而敬于行的。因此，太极的存在是没有间断的。朱熹认为，象数关系是反映着天地阴阳太极之妙的。据《易学启蒙》记载，朱熹说，盈天地之间的莫非就是太极阴阳之妙而已。圣人就是通过太极阴阳来俯仰观察和远求近取的，因此固然有了超然而默契于心。两仪未分的时候是浑然的太极，两仪四象六十四卦之理都已经粲然于太极之中了。

e. 存在于一切物中的太极犹如月印万川一样

据《朱子语类·叶贺孙录》所言，太极犹如一木生上，分而为枝干，又分而生花生叶，生生不穷。到得成果子的时候，里面又有生生不穷之理。生将出去，又是无限个太极，更无停息。据《朱子语类·卷九十四》所言，人人都有一太极，物物都有一太极。据《太极图说解义》所言，浑然的太极之全体是无不各具于一物之中的。据《朱子语类·陈淳录》所言，乾道变化使得各正性命，然而理又总只是一个仁之理。仁的此理处处皆是浑沦的。正如一粒粟生为苗，苗便生花，花便结实，又成为粟，从而还复本形。一穗是有百粒的，而每粒又是个个完全的，又将这百粒去种，又各成百粒，生生只管不已，但初间只是这一粒分去的。因此，物物各有理，但总的只是一个仁之理。据《朱子语类·卷九十四》所言，万一是各正的，小大是有定的。言万个是一个，一个是万个。盖统体是一太极，而又一物各具一太极。有人问，《理性命章》注云，自其能量世界之本而之物体世界之末，能量世界的一理之实而万物分之以为体，所以万物各有一太极。如此的话，能量世界的太极是分裂的吗？朱熹说，能量世界之本只是一太极，而万物各有禀受，又自各全具一太极。犹如月在天上，只有一个而已。而月亮及散在江湖，则随处可见，不可谓月已分也。太极在一切物中，不是割成片去，只是犹如月印万川一样。据《朱子语类》所言，如果只是理会得民之故，却理会不得天之仁道，那么民之故也是未是在的。到得极时固然是一理，而要都看得周匝才始得仁道。据《朱子语类·董铢录》所言，圣人多未尝言理一，多只言分殊，大概是因为于分殊中事事物物头头项项理会得其当然，然后方知道仁之理本是一贯的。

f. 在枯槁之中也有一样的仁之理，而只是分殊而已

据《朱文公文集·答余正甫》所言，天下的仁之理是万殊的，然而其归则是一而已，不容有二三。《朱子语类·曾祖道录》记载，有人问，人与物体都是同样得仁之理于天的。如物体这样的无情者，其中也有仁之理吗？朱熹说，固然是有仁之理的。比如说，舟是可以行之于水的，而车只可以行之于陆。据《朱文公文集·答刘叔文书》所言，如果只是从仁之理上看，虽然未有物体存在而已有了物之理。也可以只是有其仁之理而已，未尝实有其物。比如说，在发明舟车之前，舟车的仁之理已经存在。据《朱子语类·杨道夫录》所言，近而一身之中，远而八荒之外，微而一草一木，都是各具仁的此理的。四人在坐是各有这个仁的道理的，某不用假借于公，公也不用求于某。各各都是满足的，都不待要求假于外。据《朱文公文集·答余方叔》所言，天之生物，有的是有血气和有知觉的，这便是人和兽；有的是无血气和无知觉但是有生气的，这便是草和木；有的是生气已绝但是有形质臭味的，这就是枯槁。虽然其分是殊的，但是其理则未尝有什么不同。据《朱子语类·卷四》记载，有人问，枯槁之物也是有性的，那是什么样的性呢？朱熹说，是它合下有仁的此理。天下没有性外之物。行在台阶上时，阶砖便有阶砖的仁之理。坐着之时，竹椅便

有竹椅的仁之理。有人问，在枯槁中有仁之理吗？朱熹说，才有物，便有仁之理。天不曾生一个笔，人把兔毫用来做笔，所以才有笔，便有仁之理。有人问，不知道枯槁瓦砾如何有理？朱熹说，譬如说大黄和附子也是枯槁，然而大黄不可为附子，附子不可为大黄。

②太极之动中的理之常与阴阳之动中的易之道

a. 能量之理是有动静而无变易的

据《朱子语类·卷九十四》所言，阳的气体能量动而阴的气体能量静，而并非是太极能量有动静，只是太极的能量中的理有动静。理是不可见的，因有阴的气体能量和阳的气体能量，才能知道能量中蕴涵的理。太极能量之理搭在阴的气体能量和阳的气体能量之上，就如同人跨在马上一样的。据《朱文公文集·答吴晦叔》所言，易即是能量的变易，兼指一动一静，已发未发。太极能量具有性情之妙，其中有着一动一静、未发已发之理。据《朱子语类·卷九十四》所言，太极能量即是理，而动静即是气体能量。气体能量行则太极能量的理也行。太极能量之理与气体能量是常相依而未尝相离的。太极能量犹人，动静之气犹马。马是载人的，人是乘马的。马一出一入，人也与之一出一入。太极能量之妙在于：太极能量在一动一静中是无所不在的。据《朱文公文集·答郑子上》所言，太极能量之理是有动静的，所以气才有动静。如果太极能量之理是无动静的，气何自有动静呢？据《朱子语类·卷九十四》所言，有太极能量的动之理，便能动而生阳的气体能量；有太极能量的静之理，便能静而生阴的气体能量。既动则太极能量之理又在动中，既静则太极能量之理又在静中。动静是气体能量。有此太极能量之理为气体能量之主，气便能如此。据《太极图说解义》记载，朱熹说，太极能量是有动有静的，因此有能量的天命的流行。而一阴一阳就称为道。太极能量即是本然之妙，动静即是太极所乘之机。太极能量是形而上之道，而阴阳的气体能量是形而下之器。因此，如果从著的角度观之，动静是不同时的，阴阳是不同位的，而太极能量是无处不在的。如果从微的角度观之，则冲穆（chōng mù，冲和肃穆）是无朕（zhèn，征兆、迹象，微妙之处）的，动静阴阳的太极能量之理已悉具其中。

b. 能量的实体是备于己而不可离的

据《朱文公文集·答陆九渊》所言，虽然一阴一阳属于形器，但是其之所以是一阴而一阳，都是能量的道体之所为的缘故。能量的道体之至极，即是太极。太极能量的流行便是道。虽然道和太极是两个名字，但是最初是无两体的。据《太极图说解义》补编所言，能量的道体之全是浑然一致的，而精粗本末、内外宾主之分都是粲然于其中的，不可以有毫厘之差。这也是圣贤之言之所以或离或合、或异或同都是能量的道体之全的原因。不仅要因为浑然者之大而乐言，也要知道粲然之未始相离。因此，不能只是信同而疑异，不能喜合而恶离，否则每每会陷于一偏，最后成为了无星之称或无寸之尺。据《中庸章句·第一章》所言，道之本原是出于天而不可易的，其能量的实体是备于己而不可离的。据《朱子语类·卷四》所言，在鸢飞鱼跃之中，随处可以发见太极能量的道体。但是，这只是人见得如此，而鸢鱼最初是不自知能量的道体的。察只是著的意思。天地明察也是著的意思。君子之道是造端于夫妇之细微的，然后及其至，著乎于天地。至指的是量之极致。据《朱文公文集·答廖子晦》所言，在鸢飞鱼跃之时，太极能量的道体是无所不在的。在勿忘勿助之间，天理流行正是如此。如果说万物都在我的性分之中，如鉴中之影一样，则说的是性是一物，物也是一物，以此照彼，以彼入此。

c. 能量的道体是在谷满谷和在坑满坑的

据《朱子语类·卷二》记载，朱熹说，不知道庄子得到了哪里的传授，他是自见得能量的道体的。自孟子之后，荀子诸公皆是不能及庄子的。庄子说，语能量之道而非能量的道之序，那就等于是非道。这等议论是甚好的。这也许是因为他原来是孔门之徒的缘故。据《朱子语类·卷三》记载，朱熹引程颐的话说，庄子说的能量的道体是尽有妙处的。庄子说，能量的道体是在谷满谷、在坑满坑的，即是说能量的道体是无所不在的。据《朱子语类·卷三》所言，恐怕人说物体是自物的，能量之道是自道的，所以指物体以见道。其实这许多物事凑合起来，便都是能量的道之体。便在这许多物体之上，只是能量之道在水上较亲切易见而已。据《朱子语类·卷三》所言，能量之道是无形体的，却是这物事盛载那道出来，故可以见能量之道。据《朱文公文集·张无垢中庸解》所言，能量的道体是无所不在的，要么是费要么是隐。费即是显现，隐即是潜隐。据《朱子语类·卷三》所言，能量的道体是不隐瞒自己的。天有四时，春夏秋冬，风雨霜露，无非都是能量之道在施教而已。地是载着能量的神气的。能量的神气能够产生风霆，而风霆流形，庶物露生，也无非都是能量之道在施教而已。

③理一分殊中的理为体而殊为用

a. 能量的道之用：一本的万物因各殊而各得其所

据《朱子语类·卷一百零四》记载，朱熹说，他初见李侗先生的时候，自己说得无限道理，也曾学过禅。李先生对他说，你恁地悬空理会得许多能量之道理，而对于面前的事却又理会不得。能量之道是没有什么玄妙的，只是在日用间著实下功夫处理，这样自然就能见得能量之道了。据《论语集注》记载，朱熹说，能量的道之体是至诚无息的，所以万殊一本的。而万物各得其所，这便是能量的道之用，所以一本万殊。据《延平答问·延平府署藏板》记载，李侗说，要见得仁的浑然与物同体这点，需要路脉很正，再推广求之。然而，要见到一视同仁的气象是不难的，必须理会得分殊，要让毫发都不可失，这才是儒者气象。理一分殊的提出起因于杨时对《西铭》的怀疑。杨时怀疑《西铭》的万物一体的境界有同于墨子的兼爱的流弊。据《二程集·答杨时论西铭书》记载，对此程颐回答说，《西铭》是明白理一而分殊的道理的。墨子是二本无分的。分殊的流弊在于如果私胜了就会失仁。无分之罪在兼爱是无义的。仁之方在于，既要分立又要推理一，以防止私胜之流。无别而迷兼爱就会至于无父之极，所以说兼爱是义之贼。李侗认为，只有把一视同仁的境界落实到人类日用的分殊之上，这样才能显示出吾儒与异端的本质区别。据《朱子语类·卷十一》记载，李侗回答朱熹说，切要处固然是体是一，但是体是不离用与殊的，必须是六十四卦、三百八十四爻上逐一理会、融会贯通，这样才能真正把握一理，才能真正体会到体用一源。朱熹的格物穷理的方法，正是注重从具体的分殊的事物入手。他认为，通过对分殊的认识的积累，自然会上升到对理一的把握。

b. 不是能量的一本处难认而是物体的万殊处难认

据《朱子语类·卷一百一十七》记载，朱熹说，陆氏之学偏要说什么自得，说什么一贯。比如说，一便如一条索，那贯的物事便是许多的散线。必须是先积累得许多散线，然后将那一条索来穿，这才是贯。如果只是有一条索，就没有什么可穿的。据《朱子语类·卷二十七》所言，圣人未尝言理一，多只言分殊。要能在分殊中的事事物物、头头项项上理会得其当然，方能知道能量之理本是一贯的。如果不知万殊是各有一理的，而徒言理一，就会让人不知道理一在何处。据《朱子语类·卷一百一十七》所言，不是能量的一本处难认，而是物体的万殊处难认。虽然说能量之理只是一理，学者且要去物体的万理中千头万绪都理会过，四面凑合而来自见得是一理。不去理会那万理，只是去理会那一理，那只会是空想家。据《周敦颐集·通书解》所言，合万物而言之，为一太极而已，所以为一。如果自其本而之末，则有一理之实，万物分之以为体，所以万物之中各有一太极。据《朱子语类·卷九十四》所言，就天地而言，天地中是有太极的。就万物而言，则万物中是有太极的。这样的话，太极是否失去了它的统一性呢？不是的。本来只是有一个太极，而万物各有禀受，又自各全具一太极。犹如月在天，只是一个月亮而已。及散在江湖，则随处可见，不可说月已经被分了。

c. 各亲其亲和各子其子都是有分殊的

据《朱子语类·卷六》所言，如这片板，只是一个道理；这一路子恁地去，那一路子恁地去；如一所屋，只是一个道理，但有厅有堂；如草木，只是一个道理，但有桃有李；如这众人，只是一个道理，但有张三有李四，李四不可为张三，张三不可为李四。就阴阳而言，《西铭》中说的理一分殊，也是如此。据《通书·理性命章》记载，周敦颐说，万物是由二气五行化生的。五是殊的，二是实的。二本则一，是万而一，一实万分，万一各正，大小有定。朱熹也持有同样的观点。据《朱子语类·卷九十四》记载，朱熹说，一实万分，万一各正，这便是理一分殊之处。据《太极图说解义》记载，朱熹说，五行之生是各一其性的，是气殊质异的。据《西铭解义》记载，朱熹说，在天地之间，只是有一理而已。乾道成男，坤道成女，二气交感，化生万物。万物的大小之分和亲疏之等是至于十百千万而不能齐的。人物之生，血脉之属，各亲其亲，各子其子，这都是有分殊的。据《朱子语类·卷九十七》所言，花瓶便有花瓶的道理，书灯便有书灯的道理。水是润下的，火是炎上的，金是从革的，木是曲直的，土是用于稼穑的，一一都是有性的，都是有理的。如果人要用之，只有顺着它的理才始得。如果把金削做木用，如果把木熔作金用，便是无此理的。据《朱子语类·叶贺孙录》所言，行街的时候，阶砖便有阶砖之理；下坐的时候，竹椅便有竹椅之理。据《朱文公文集·卷四十》所言，自能量之理而观，能量之理为体，而能量之象为用，理中有象，所以体与用都是一源的。自能量之象而观，则能量之象的显与能量之理的微是无间的，显的象中是有微的理的。据《朱文公文集·卷四十六》所言，如果在理上看，虽然没有物体，但已经有物体之理，然而也只是有其理而已，未尝实际有这个物体。

④天地之心求的是仁即纯粹的和极致的生

a. 刚是以体而言的而健则是兼言中之性的

据《朱子全书·周易本义》文言传记载，朱熹引用《周易》说，大哉乾乎，刚健中正，纯粹精也。朱熹解释这句话说，刚是以体而言的，健则是兼言中的，其性是无过无不及的。正指的是其立是不偏的，纯指的是不杂于阴柔，粹指的是不杂于邪恶。刚健中正之至极为精，精是纯粹之至极。乾是刚而无柔的。天地之间，本来就是一气体能量之流行而已，所以才有动静。就流行的统体而言，乾是无所不包的。以动静分之的话，才出现了阴阳和刚柔之别。据《朱子语类·卷七十四》记载，朱熹说，《易》中固然是有屈伸往来的乾坤处的，然而这里说的只是乾坤之卦。在《易》则有乾坤，而并非是因有了天地才始定乾坤的。论其初的话，圣人是因天理之自然而画之于《易》这本书中的。而后来的人说话，又是见天地之实体，而知《易》之书是如此的。在《易》中，鼓之以雷霆、润之以风雨，在此以上讲的是造化出的实体与《易》中的理是相对的。此下便是说《易》中有许多的物事。

b. 有了仁心则仁义礼智的四德之体用就不待举而该了

据《朱子语类·卷六十八》所言，气体能量是无始无终的，且是从元处说起的。元之前又是贞。有此气便是有此理，有此理便是有此气。言物体之时则气与理皆在其中了。据《朱文公文集·仁说》所言，天地是以生物体为心的。而人物之生，又是各得天地之心为心的。因此，心之德，虽然说是总摄贯通的，是无所不备的，然而一言以蔽之的话，就是仁而已。天地之心，其德有四，元亨利贞。元是无不统的，其运行的顺序是春夏秋冬，而且春生之气是无所不通的。因此，人之为心，其德也是有四的，即仁、义、礼、智，而仁是无所不包的。仁的发用即是爱恭宜别之情，而恻隐之心是无所不贯的。因此，天地之心指的就是乾元和坤元，四德之体用都是不待悉数而足的。论人心之妙，即说的是仁。仁即是人心，有了仁，四德之体用也就不待举而该了。仁之为道，便是天地的生物之心，是即物而在的。情在未发的时候此体就已具备了，情之既发则其用是不穷的。诚能体仁而存之，则众善之源，百行之本，莫不在于此。这就是孔门之教之所以必然要使学者汲汲于求仁的缘故。据《朱文公文集·答张敬夫》所言，复的是气体能量。复的原因是自来的，并不是说天地之心是生生不息的，而到了阳之极就一绝而不再复续了。复是生于内的，所以是阖辟无穷的。

c. 天地是以做主宰的生物的仁心普及万物的

《朱子语类·卷一》记载了朱熹晚年时讲学的思想。道夫说，天地是无心的。不能说仁便是天地的生物之心。如果使天地有心，必有思虑和有营为。天地怎么会有思虑呢！四时之行，百物之生，都是合当如此便如此，是不待思维的。这才是天地之道。朱熹说，如果说天地是无心的，就无法解释《易》中所说的从《复》卦中可以见到天地之心，从正大中可以见天地之情。如果说天地是无心的，那么牛就可以生出马来，桃树上就可以发出李花来，可是这些又都是自定的。程子说，主宰即称为帝，性情则称为干。这就是自定的意思。心便是个主宰之处，这便是天地以生物为心。程颢说，天地之常是以其心普万物而无心，圣人之常是以其情顺万物而无情。朱熹认为这句话说得最好。问者说，普万物指的是以心周遍而无私吗？朱熹回答说，天地是以此仁心普及万物的，人得之遂为人之仁心，物得之遂为物之仁心，草木禽兽接着遂为草木禽兽之仁心，其实都只是一个天地之仁心而已。据《朱子语类·卷三十六》记载，问者说，我不知道我之心与天地之化是两个物事还是一个物事？朱熹思考良久后说，目前诸公读书，只是去理会得文义，更不去理会得仁意。圣人的言语，只是用来发明仁这个道理的。仁这个道理，我的身在里面，万物也在里面，天地也在里面。通同是一个物事，是无障蔽，无遮碍的。我的仁心即是天地之仁心。圣人即能量世界的川之流，便能见得此理，所有的往都是走向仁的极致的。但是，仁的天命是至正的，而人心是便邪的；仁的天命是至公的，而人心是便私的；仁的天命是至大的，而人心是便小的，所以人心与天地是不相似的。而今讲学的目的，便是要去掉与天地之仁心不相似之处，而要去与天地之仁心相似。

d. 从天道的角度言之则仁是元亨利贞

据《朱子语类·卷六十八》所言，从天道的角度言之，仁是元亨利贞；从四时的角度言之，仁为春夏秋冬；以人道言之，仁为仁义礼智；以气候的角度言之，为温凉燥湿；以四方言之，为东西南北。温凉燥湿又说为温热凉寒。温的是元，热的是亨，凉的是利，寒的是贞。在朱熹论乾卦四德时说，文王本来说的元亨利贞即是大亨利正，孔夫子把其当成四德。梅初生时为元，开花时为亨，结子时为利，成熟时为贞。物生的时候为元，长的时候为亨，成而未全的时候为利，成熟时则为贞。元是未通的，亨和利是收而未成的，贞则是已成的。譬如说，春夏秋冬，冬夏便是阴阳之极处，其间的春秋便是过接处。元亨利贞之理是在气中的，理与气是不曾相离的。据《朱子全书·周易本义》彖上传记载，朱熹说，如果统而论之的话，元为物之始生，亨为物之畅茂，利则向于实，贞则是实之成。实既然成了，根蒂就脱落了，这时便可以复种而生。所以，四德是循环无端的。而在四者之间，仁的生气流行是初无间断的。因此，元是包四德而统天的。

e. 仁的生意是没有休止的和生生不穷的

据《朱子语类·卷一百五十》记载，问者说，为什么说仁是天地生物之心？朱熹回答说，天地之仁心，只是一个生。凡物皆是生，方有此物。如草木之萌芽，枝叶条干，皆是生方有之的。人物所以能生生不穷因为有其生。才不生，便干枯杀了。这是在统论仁之体，其中又自有节目界限，如义礼智又自有细分处。以专言言之，则仁这个一者包四者；以偏言言之，则四者不离仁这个一者。据《朱子语类·卷六十八》所言，理是在气中的。仁义礼智就好似一个包子，里面合下都具备了。一理浑然，没有时间上的先后。据《朱子语类·卷六》所言，仁是有两般的。人可以是有作为的或是自然的。人之生便是自然如此，是不待作为的。大凡人心中都是有仁义礼智的，而元则只是一物，发用出来自然就成了四派，就像是把梨破成了四片。如东对着西，便有南北相对；仁对着义，便有礼与智相对。万物收藏时，其实并没有休止，都是有仁的生意在其中的。如谷种、桃仁、杏仁，种着便生了，所以不是死物，所以称为仁，见得的都是仁的生意。

f. 仁义礼智在发时是无次第的，而在生时则是有次第的

据《朱子语类·卷六》所言，元亨利贞和仁义礼智，在发时是无次第的，而在生时则是有次第的。仁义礼智便是元亨利贞。如果春间不曾发生，夏时就无缘得长，秋冬也就无可收藏。仁是包含义礼智的，因为义礼智都是流动的，所以皆是可以从仁上渐渐推出的。问者说，仁是包含着义礼智的，恻隐是包含着羞恶、辞逊和是非的，元是包含亨利贞的，春是包含夏秋冬的。那么，木是如何包含火金水的呢？朱熹说，木是仁的生气。有生气然后物可得而生。仁这个字要兼义礼智方能看得出。仁即是仁之本体，礼则是仁之节文，义则是仁之断制，知则是仁之分别。犹如春夏秋冬虽然

是不同的，但是同是出于春的。春的生意为生，夏的生意为长，秋的生意为成，冬的生意为藏。自四而两，自两而一，这样就统之有宗，而会之有元。因此，五行即是一阴阳，而阴阳即是一太极。仁与智的交际之间，乃是万化之机轴。此理是循环不穷而吻合无间的，所以不贞就无以为元。贞而不固，则是非贞的。贞如板筑之有干，不贞则无以为元。天德是自然的，而人事是当然的。元是众善之长，亨是嘉之会。嘉会说的是一齐好。会犹为齐，说的是万物至此是通畅茂盛的，一齐皆是好的。利指的是义之和处。贞则是事之桢干。体仁是足以长人的，即以仁为体，那么温厚慈爱之理都会由此发出。嘉会指的是嘉其所会。一一以礼文节之，使之无不中节，这乃是嘉其所会。利物是足以和义的。义指的是事之宜；利物则能合乎事之宜。不利物则非义。贞固是以贞为骨子的，指的是坚定不可移易。

g. 仁的大明终始指的是贞之终和元之始

据《朱子语类·卷六》记载，问者说，仁是天地之生气，义礼智又于其中有分别。然而，最初只是生气，所以仁为全体。这样说对不对？朱熹说，对的。问者又说，肃杀之气也只是生气吗？朱熹说，不是二物，只是收敛了些。春夏秋冬都只是一仁的生气。仁就像是手。手固然是不能包括四肢的，然而人言手足时，是先说手后说足的。人言左右的时候，也是先说左后说右的。“仁”字如人酿酒一样。酒方微发的时候，是带些温气的，这便是仁；到发到极热的时候便是礼；到酒熟的时候便是义；到酒成的时候却只是与水一般，这便是智。又比如说，在一日之间，早间是天气清明的，这便是仁；午间极热的时候便是礼；晚下渐叙，这便是义；到半夜全然收敛了，无些许形迹时，这便是智。春为仁，有个生意；夏为亨，有个通意；秋为诚，有个实意；冬为贞，有个固意。因此，在春夏秋冬都是贯穿着仁的生意的。在夏秋冬时，仁这个本虽然凋零了，仁的生意则是常存的。天地之间只是有一个仁的理，只是随其到处，分出许多名字出来。春夏秋冬与五行都是各有相配的，但是唯有信是配土的。仁智、元贞都是终始之事，这两头是重的。正如坎与震是始万物和终万物之处，而艮则是中间的接续之处。在元亨利贞这四德之中，元是最重的，其次贞也是重的，因为贞具有终始之义。没有元则无以生，没有贞则无以终。没有终则无以为始，没有始就不能成终。这样循环无穷，就称为大明终始。

h. 智无事可为但可以分辨所为的是与非所以称为藏

据《朱文公文集·卷五十八》所言，仁是包含四端的，但是智是居于四端之末的。智即是冬，这是始万物也是终万物者。智是有藏之义的，是有终始之义的。恻隐、羞恶、恭敬这三者皆是有可为之事的，而智则是无事可为的，但是可以分辨所为的是与非，所以称之为藏。恻隐、羞恶、恭敬皆是一面的道理，而是非则是有两面，既别其所是，又别其所非，是终始万物之象。因此，虽然仁为四端之首，而智则是能成始能成终的。犹如说，虽然元气是四德之长，但是元不是生于元而是生于贞的。天地之化，如果没有翕（xī，闭合）聚则不能发散。理是固然如此的。据《朱子全书·周易本义》文言传记载，朱熹引用《周易》说，元是善之长，亨是嘉之会，利是义之和，贞是事之干。他解释这句话说，元是生物之始，天地之仁德莫先于此。元于时为春，于人则为仁，是众善之长。亨是生物之通，物至于此，没有不嘉美的。亨于时为夏，于人为礼，这是众美之会。利是生物之遂，这时的物是各得其宜的，不相妨碍。利于时为秋，于人则为义，而得其分之和。贞为生物之成。这时实理具备，随在各足。贞于时为冬，于人为智，为众事之干。干指的是木之身，枝叶是依干而立的。朱熹又引用《周易》的话说，君子体仁则足以长人，嘉会则足以合礼，利物则足以和义，贞固则足以干事。朱熹解释说，以仁为体，则无一物不在所爱之中，所以足以长人。嘉其所会，则无不合礼。使物各得其所利，则义无不和。贞固指的是知正之所在而固守之，足以为事之干。

⑤天之仁用阴阳五行化生万物之仁义礼智的过程

a. 理为形而上的生物之本而气则是形而下的生物之具

据《朱文公文集·答黄道夫一》所言，天地之间是有理有气的。理是能量世界的形而上之仁道，是生物之本，而气体能量则是形而下之器，是生物之具。因此，人与物之生，必禀此仁之理然后才有性，必禀此气体能量然后才有形。就现实的物体世界而言，能量世界的理与气体能量是不能分离的。据《朱子语类·卷一》所言，天下没有无能量世界的理之气，也没有无气体能量之理，但是就本末来说，能量世界的理是在气体能量之先的。有人问，理在先而气在后吗？朱熹说，理与气本来是无先后可言的，但是推上去时，却如理在先而气在后相似。理未尝离乎气。然而，能量世界的理是形而上者，而物体世界的气是形而下者，自形而上下而言，是有先后的。没有天地之先，毕竟也只是有能量世界的理。有此理便有此天地。如果没有此理，便没有此天地，便无人无物，都无该载了。有能量世界之理便有气体能量之流行，所以能发育万物。

b. 能量世界的理使得阴阳五行错综而不失条绪

据《朱子语类·卷九十五》所言，未有这事，先有这理。犹如未有君臣，已先有君臣之理；未有父子，已先有父子之理。而不是说元来[①]是无此理的，直待有了君臣父子，再旋将道理入在里面。据《朱子语类·卷一》所言，阴阳五行错综而不失条绪，这便是理的作用。在气不结聚之时，能量世界的理是无所附着的。周敦颐在《太极图说》中说，太极动而生阳。他认为，太极即是混然一气。而朱熹则认为，太极即是能量世界的理，那么理是动的还是静的呢？朱熹认为，太极自身是无动静的，而阴阳二气是有动静的。据《朱文公文集·答程可久》所言，太极的意思即是理之极致。有是[②]理即有是物，这是无先后次序可言的。易有太极指的是太极在阴阳之中，而非在阴阳之外。有是理即有是气，气是无不两的，所以《易》说，太极是生两仪的。据《太极图说解义》记载，朱熹说，太极能量具有本然之妙，而动静之气具有所乘之机。太极是能量世界的形而上之道，而阴阳是物体世界的形而下之器。推之于前不见其始之合，引之于后不见气终之离。因此，程子说，动静是无端的，阴阳是无始的。要懂得道才能认识到这一点。

c. 能够生气的理只是一个洁净空阔的能量世界

据《朱文公文集·答刘叔文》所言，理与气绝对是二物。如果从物上看，则二物是浑沦的，不可分开各在一处，但是也不妨碍二物各为一物。如果从理上看，则虽未有物而已经有了物之理，但是也只是有其理而已，未尝实有是物体。据《朱子语类·卷九十四》所言，太极动而生阳的气体能量，静而生阴的气体能量。据《朱子语类·卷一》记载，有人问朱熹说，有是理便有是气，似乎是不可分先后的。朱熹说，应该是先有能量世界之理的。只是不可以说，今日有是理，明日却有是气。此气聚的时候，能量世界之理也是在的。气体能量是能够凝结造作的，而能量世界的理却是无情意、无计度、无造作的。理只是一个洁净空阔的能量世界。能量世界的理是无形迹的，它是不会造作的。气体能量则能通过酝酿凝聚而生物体。但有此气，能量世界之理便在其中。据《朱子语类·卷四》所言，虽然气体能量是能量世界的理所生的，然而既然生出来了，理就管

① “元来”说的是从最初的元而来，而“原来”则不一定如此，强调的是原本。

② “是”有“这”的意思，又有“这”无法表达的韵味。

他不得了。

d. 真即是理、精即是气，而理与气合才能成形

据《中庸章句·第一章》所言，天是以阴阳五行来化生万物的，气是用来成形的，而理是用来赋予的。据《朱子语类·叶贺孙录》所言，太极能量便是性，动静阴阳即是心，金木水火土即是仁义礼智信，化生万物即是万事。据《大学或问·卷一》所言，天道是通过流行而发育万物的。天道用来造化万物的，无非就是阴阳五行而已。先有是理，然后才有阴阳之气。要生物的话，必然要得是气之聚，然后才有是形。人物之生都必须得是理，然后以为健顺仁义礼智之性，必得是理然后有以为魂魄五脏百骸之身。据《朱文公文集·答刘叔文》所言，真即是理，精即是气，理与气合才能成形。一切事物都是二五之精和无极能量之真集合而成的。二五之精指的是阴阳二气和五行，无极能量之真指的是天地之理。天地的能量之理如同是波涛汹涌的大海，而人物之性则犹如被盛入器皿中的海水，水的内容是完全一致的。理与性的区别在于，理是随气流行的，而性则是被拘定的。

e. 道体之至极称为太极而太极之流行即是道

据《朱子语类·卷九十四》所言，既曰气便是有个物事，这就称为形而下者。据《朱子语类·卷一》所言，仁义就如同是阴阳一样，只是一气而已。阳是正长的气，阴是方消的气。仁便是方生的义，义便是收回头的仁。仁未能尽得道体，道则平铺地散在那里，仁固然是未能尽得的。然而，仁却是足以该道之体的。如果识得阳，便识得阴；识得仁，便识得义。识得一个，便晓得其余那个。据《朱子语类·卷九十五》所言，做出那事，便是这里有那理。凡天地生出的那物，便是那里有那理。据《朱文公文集·与陆九渊书》所言，凡是有形有象者都是器；所以为是器之理即是道。据《朱子语类·卷九十五》所言，形而上者，无形无影是此能量世界之理；形而下者，有情有状是此物体世界之器。据《朱文公文集·答陆九渊》所言，一阴一阳属于形器，但是是无形的道所为的。道体之至极称为太极，太极之流行即是道。

f. 气之清者便为天而质就是浊的渣滓

据《朱子语类·卷一》所言，天地初开之时，只是有阴阳之气。这一个气运行，磨来磨去，磨得急了，便拶（zā，逼、挤压）去许多渣滓。渣滓在里面无处出，便结成一个地在中央。气之清者便为天，为日月，为

星辰，只在外常周环运转。而地便在中央不动，而不是在下。质就是浊的渣滓。渣滓的产生是先有细后有粗的。据《朱子语类·卷九十四》所言，大抵天地生物，是先有轻清，以及重浊。天一生水，地二生火。二物在五行中是最轻清的。金木都重于水火，而土是最重的。据《朱子语类·卷一》所言，天地始初，混沌未分之时，想只有水火二者。水之滓脚便成地。今登高而望，群山皆为波浪之状，便是水泛如此的。只不知是什么时候凝的。初间极软，后来方凝得硬。有人说，想来如潮水涌起沙相似。朱熹说，然。水之极浊便成地；水之极清便成风霆电日星之属。

g. 器都是有成坏的，所以具体世界也是有成坏的

据《朱文公文集·答方宾王》所言，人之性皆是出于天的，而天之气必然是要以五行为用的，所以仁义礼智之性即是水火金木土之理。木仁金义火礼水智，各有所主，独有土是无位的，为四行之实，所以信也是无位的，但是为四德之实。即是说，仁义礼智是元亨利贞或五行之理的分殊的表现，所以既是必然的，又是当然的。据《朱子语类·卷六十八》所言，乾之四德，元就譬如是人之首；手足的运动则有亨的意思；利则是与胸脏所配；贞则是元气之所藏。如果以五脏来配之则尤为明白。肝是属于木的，木便是元；心是属火的，火便是亨；肺是属于金的，金便是利；肾是属于水的，水便是贞。据《太极图说解义》记载，朱熹说，唯有人得理之秀而最灵，所以称为人极。形是阴之为，神为阳之发。五性为水火土木金之德。善恶为男女之分。万事为万物之象。朱熹认为，具体的世界为一种器，而器就是物。所有的器都是有成有坏的。因此，任何一个具体的世界也是有成有坏的。据《朱子语类·卷九十四》所言，太极之前，必须有世界来，正如昨日之夜，今日之昼。阴阳也是一大阖辟。有人问，今推太极之前如此，那么后去也须如此吗？朱熹说，固然。程子说，动静无端，阴阳无始。从这里可以见得分明。有人问，什么是动静无端、阴阳无始呢？朱熹说，这不是说道是有个始的。因此，不用问道有始之前，毕竟是个什么。道自是做了一番天地了，坏了后又恁地做起来，没有什么穷尽的。

（2）人的心之体是什么样的？人性、人心、人情、人物

①人性包括天命之性和气质之性

a. 能量之性是有条理的仁义礼智中的万理的总名

据《朱子语类·卷四》所言，要论性，先要知道性是什么。程子说

的性即是理，这点说得最好。能量之理是无形影的，只是一个道理。对于人来说，仁、义、理、智即是性。这四者有什么形状吗？没有什么形状，也只是一个能量之道理。有这样的能量之道理，便能做出许多事来，所以才能够有恻隐、羞恶、辞让和是非之分。这正如药性一样。无法去药上讨性寒、性热的形状，只是服了之后，却做得冷、做得热，这便是能量之性。据《朱文公文集·答何叔京》所言，既然能量之性即是能量之理，而理指的是有条理，即指的是仁义礼智这四者，合下便各有一个道理，不相混杂。在未发之时，未见端绪，就不可以用一理来取名，所以称之为浑然。据《朱子语类·卷一百一十七》所言，能量之性只是能量之理，能量之性是万理的总名。此能量之理也只是天地间的公共之理，禀得这种公共之理后便为我所有。

b. 天命之性的本体皆是善的仁义礼智之实

据《朱子语类·卷五》所言，天地之间的能量之理只是善的，没有不善的。性是通过生物而得来的。只是这个理，在天时称为命，在人时则称为性。据《中庸或问·卷一》记载，朱熹说，天命之性即是率性之道，皆为理之自然，是人与物之所同得的。据《朱子语类·卷二十八》记载，孔子所作的《易·系辞》中所说的一阴一阳谓之道，继道者即是善，成道者即是性。从这句话中可以看到性与天道之间的关系。善指的是天地间流行的天理，天命之性指的是人禀受天理而成的性。据《朱子语类·卷七十四》所言，继之者善，指的是天理流行之初是善的，人与物所资以始是善的。成之者性，指的是此理各自有个安顿之处，所以为人或为物，或昏或明方是定。如果没有形质，那么此性就是天地之理，就得不到做人或做物之定性。据《朱子语类·卷九十八》所言，继之者善是公共的，成之者性是自家得的，都是一个道理，犹如水中鱼，肚中水，都是外面的水而已。据《朱子语类·卷九十五》记载，朱熹说，伊川（程颐）说天所赋为命，物所受为性，而能量之理是一样的。自天赋予万物而言，就称为天命；以人物所禀受于天而言，则称之为性。据《朱子语类·卷二十八》所言，性与天道之间，譬如是一条长连在一起的物事，其中流行着天道，人得之为性。乾的元亨利贞是天道，人得之则成为仁义礼智之性。据《朱文公文集·答林德久》所言，性之本体即是仁义礼智之实。

c. 此能量之理随在形气之中后依然是不杂于形气的

据《朱子语类·卷四》记载，朱熹说，如果只是说仁义礼智是性，那么世间却有生出来就是无这种性的，这又怎么来解释呢？只是气禀不同而已。如果不论气禀，这道理就不周匝，就不完备。如果只是论气禀，而不论那一源处只是这个道理，善恶又都不明。人的能量之性皆是善的，但是有的生下来就是善的，有的生下来就是恶的，这是因为气禀不同的缘故。一切个体事物都是天命之性与气质的凝合，天命与气质是不相离的。天命与气质是相衮同的。才有天命便有气质，不能相离，如果阙一便不得生物。既然有天命，就要有此气方能承担此理。如果无此气，此理就无处顿放。犹如一勺水，非得有物来盛之，否则水就没有归着。据《朱子语类·卷九十四》所言，性是离不得气禀的。有气禀时性就存在里面了。无气禀时性便无所寄搭。据《朱文公文集·答严时亨》所言，人的气体能量之心是生而静的，这是心之未发之时。人与物在未生之时，都不可以说是有性的。只有人生了之后，才有性。此能量之理堕在形气之中后，就不全是性之本体了。然而，本体又未尝在形气之外，要人在形气之中见得不杂于形气之本体的能量之性而已。

d. 气质是阴阳五行所为而性即是太极之全体

据《朱文公文集·答严时亨》所言，气质是阴阳五行所为，而性即是太极之全体。如果论到气质之性，则是此全体堕在了气质之中，并非是别有一性。据《朱文公文集·答郑子》所言，论天地之性时，是专就理而言的；而论气质之性时，是就理与气杂而言的。每个人的天命之性都是相同的，只是气质之性不同。以前的儒者把性分成三品，这里的性指的是气质之性。据《朱子语类·卷九十五》所言，人的能量之性是本善的，只是才堕入气质中，便被熏染得不好了。虽然被熏染得不好了，但是本性却仍旧在此。既然气禀是恶的，便也牵引得那性不好了。性只是搭附在气禀上。既然是气禀不好，便和那性坏了。据《朱文公文集·答刘叔问》所言，虽然能量之性是在气中的，但是气自是气，能量之性自是性，气与性自然不是相互夹杂的。据《朱子语类·卷六十四》所言，且如此灯乃是能量的本性，没有不光明的。气质的不同表现在糊灯笼的纸上。用厚纸糊，灯便不太明；用薄纸糊，灯便比纸厚的要明；用纱糊的话，灯又更明。如果撤去笼的话，灯之全体都会著见。能量之理就是如灯一样的。

②人的有仁爱的道心和有私欲的人心

a. 仁性无不统，仁心无不恻隐，仁情无不爱

据《朱子语类·卷九十五》所言，天地的生物之心即是仁；人之禀

赋，要能接得此天地之仁心，方能生有。因此，有恻隐之心在人，这才是为生之仁道。据《朱子语类·卷一百零一》所言，觉指的是要觉得个道理，必须是分毫不差的，这样方能全得此心之德，这便是仁。如果只是知得个痛痒，这是凡人都能够觉得的，这不可能尽是仁的。据《朱子语类·卷五》所言，关于性、情、心，只有孟子和张载说得好。仁是性，恻隐是情，必须从气体能量之心上发出来。气体能量之心是统性情的。能量之性只是合如此个理，并非有个物事。如果是有个物事，则既有善，就必然有恶。只有无此物，只有理，才能无不善。据《朱子语类·卷三十七》所言，有一事来便有一理以应之，所以仁者是无忧的。仁是心与理的统一。如果气体能量之心纯是这个道理，则无论什么事来，自有这道理在处置他，自不用烦恼。据《朱文公文集·克斋记》所言，人因为得天地生物的气体能量之心为心，所以人的气体能量之心在未发之前是具备四德的，即仁义礼智，仁是无不统的。而在已发之际，四端就著了，即为恻隐羞恶辞让是非之心，而恻隐之心是无所不通的。据《仁说》记载，朱熹说，仁乃是性之德和爱之本。因为其性是有仁的，所以其情能爱。据《朱文公文集·答何叔京》所言，性与情其实就是一物，其所以分，只是因为有未发与已发之不同而已。仁是无不统的，所以恻隐是无不通的，这正是体用不相离之妙。如果说仁是无不统的，而恻隐是有不通的，就会出现体大用小、体圆用偏的情况。

b. 气体能量之心无所私系，所以照便常能得其正

据《朱文公文集·答王子合》所言，气体能量之心是犹如镜子一样的。在无尘垢之蔽的时候，气体能量之心的本体是自明的，物来就能照。据《朱子语类·卷十六》所言，人的气体能量之心如一个镜子一样，镜子中先是没有一个影像的，这样有事物来方能照见妍丑。如果先有一个影像在里面，如何能够照得！人的气体能量之心本来是湛然虚明的，事物之来，随感而应，这样自然就能见得高下轻重，事过了便当依前那样恁地虚了方得。据《大学或问·卷二》记载，朱熹说，人的能量之一心就如鉴之空，如衡之平一样。气体能量之心是人的能量的真体之本然。据《朱子语类·卷九十五》所言，譬如说，以镜子为气体能量之心，其光之照见处便是情，其所以能发光便是性。如果用木板子来照，就照不见，因为木板子没有这种光的道理。据《朱文公文集·答黄子耕》所言，气体能量之心的喜怒忧惧都是随感而应的，其用是不能无的。然而，必须知道的

是，至意诚之时，气体能量之心是无所私系的。在物体之未感之时，此气体能量之心是寂然不动的。物体既然感了气体能量之心，则其妍媸（yán chī，美丑）高下，随物以应，皆因彼之自尔，而我是无所与的。因此，此心之体用能够常得其正，而能为一身之主。据《朱子语类·卷五》所言，气体能量之心官是能够藏往知来的。据《朱子语类·卷十八》所言，人的气体能量之心是至灵的。虽千万里之远，千百世之上，气体能量之心灵一念才发，便到那里，神妙如此。细入毫芒纤芥之间，气体能量之心灵都是便知便觉的。六合之大，也莫不是在能量的心灵之此的。古初去今是几千万年，而只是此气体能量之心意才发，便到了那里。气体能量之心这个神明是不测的。

c. 气体能量之心有知觉，所以才能具此理而行此情

据《朱子语类·卷五》记载，有人问，灵处是心还是性呢？朱熹说，灵处只是心而不是性。性只是理。有人问，如果知觉是心之灵，这不就是气之所为吗？朱熹说，不专是气，是先有知觉之理。能量之理是没有知觉的，气体能量聚成形，能量之理与气体能量相合，便成知觉。譬如这烛火，是因得这脂膏，便才有这许多的光焰。据《朱文公文集·观心说》所言，气体能量之心是身之主。气体能量之心是一而不能为二。气体能量之心是为主的而不是为客的。气体能量之心是命物体的，而不是命于物体的。据《朱文公文集·答张敬夫》所言，人的一身，人的知觉运用，都是由气体能量之心所为的。气体能量之心在动静语默之间都是不停歇的。据《朱文公文集·答潘叔度》所言，人的气体能量之心是至灵的，是主宰万变的，而不是物体所能主宰的。据《大禹谟解》记载，朱熹说，气体能量之心指的是人的有知觉的能量。气体能量之心能应事物。据《朱文公文集·知言疑义》所言，气体能量之心即是虚灵的知觉之性，犹如耳目有见闻一样。据《朱文公文集·答潘谦》所言，性只是能量之理，而情则是气体能量之心流出运用之处。因为气体能量之心是有知觉的，所以才能具此理而行此情。据《孟子集注》记载，朱熹说，气体能量之心是人之神明，是具众理而能应万事的。据《朱子语类·卷五》所言，视听行动，都是有气体能量之心向的。如果形体的行动，气体能量之心都是不知的，那便是说气体能量之心是不在的，行动都是没有气体能量之心理会的。

d. 气体能量之心灵中有着万理构成的如同田地一样的性

据《朱文公文集·答林德久》所言，能量的知觉正是在气体能量之

虚灵之处。据《朱子语类·卷五》所言，气体能量之灵是能觉的。气体能量之心比能量之性要微，但是有迹象的。气体能量之心比气体能量则自然又灵。据《朱子语类·卷一百一十三》所言，以前看得气体能量之心只是虚荡荡的，而今看来，气体能量之心是湛然虚明的，万理便在里面。据《朱子语类·卷九十八》所言，所有的物体都是有气体能量之心的，其中必然是虚的。如饮食中的鸡心和猪心之类的，切开就能看到其虚。人心也是如此的，只是在这虚处便包藏着许多能量的道理。能量之性如气体能量之心的田地一样，充此中虚的莫非是能量之理而已。气体能量之心是神明之舍，为一身之主宰；能量之性便是许多道理，这些道理是得之于天而具于心的。据《朱子语类·卷五》所言，心虽然是一物，却是虚的，所以能包含万理。据《朱子语类·卷六十》所言，性不是别有一个物事在气体能量之心里面唤作性。性是虚的气体能量之心里面的穰肚稻草。据《朱子语类·卷五》所言，气体能量之心是以性为体的，气体能量之心将性做馅子模样。据《朱子语类·卷十八》所言，心性之别，就好比是以碗盛水一样。水必须要碗才能盛，然而说碗便是水则是不可的。据《朱子语类·卷十六》所言，心与性自是有分别的。灵的是心，实的是理。灵的便是那知觉。

e. 能觉的是能量的心之灵，而所觉的是能量的心之理

据《朱子语类·卷一百》所言，能量之性是有仁义礼智之善的，而心却是有千思万虑的。心是出入无时的，而能量之性是不能以该来尽此心的。据《朱子语类·卷五》所言，所觉的是能量的心之理，能觉的是能量的心之灵。气体能量之心是有善恶的，而能量之性则是无不善的。气体能量之心与能量之性此两个，说着一个则一个随到，元是不可相离的，也是难以分别的。舍气体能量之心则无以见能量之性，而舍能量之性又无以见气体能量之心。据《朱子语类·卷十八》所言，心性固然只是一理，然而自有合而言处，又有析而言处，必须知其所以析，又得知其所以合才可以。如果说能量之性便是气体能量之心是不可的，说气体能量之心便是能量之性也是不可的。据《朱子语类·卷五》所言，能量之理是不离知觉的，而能量的知觉也是不离能量之理的。据《朱子语类·卷十七》所言，能量之道理固然是本来就有的，但是要用知觉方能发得出来。如果无知觉的话，就看不见道理。据《朱子语类·卷七十八》所言，所有的事都是从心里做出来的。如口说话便是心里要说而说出来的。有什么事，如

果心里思量着不是时，定是不肯为的。

f. 气体能量之心知觉得理即是道心，而知觉得欲即是人心

据《朱子语类·卷七十八》所言，人只有一个气体能量之心。气体能量之心知觉得道理的则是道心，知觉得声色臭味的则是人心。道心与人心只是一个物事，但是所知觉的内容有所不同而已。据《朱子语类·卷四》所言，人心惟危，道心惟微，但人心和道心都是气体能量之心。据《朱文公文集·答郑子》所言，此能量的心之灵，觉于理者，即是道心；觉于欲者，即是人心。据《朱子语类·卷七十八》所言，只是这一个气体能量之心，知觉从耳目之欲上去，那便是人心；知觉从义理上去，那便是道心。据《朱子语类·卷七十八》所言，只是一个气体能量之心，合道理的心即是天理之心，而徇私情的心即是人欲之心。据《朱子语类·卷四》所言，不是说只有道心是心，而人心就不是心。也就是说，道心和人心都是气体能量之心。据《四书章句集注·中庸章句序》所言，气体能量之心的虚灵知觉，都是一样的。不要以为有着人心与道心之异，从而认为人心是生于形气之私的，而道心是生于性命之正的，所以认为知觉者是不同的，从而认为人心是危殆而不安的，而道心是微妙而难见的。人都是有是气体能量之心的，所以上智也不能是无人心的；而人又都是有能量之性的，所以下愚也不能是无道心的。但是，必须使道心常为一身之主，而人心则要每每听命，这样人心这个危者就会安，道心这个微者就会著，动静云为就自然不会有过之或不及之差。

g. 人的气体能量之心不是全不好的，而只是危险而已

据《论语集注·卫灵公》记载，朱熹说，人的气体能量之心之外是无能量之道的，而能量之道之外是无人的气体能量之心的。然而，人的气体能量之心是有觉的，而能量的道体是无为的，所以人的气体能量之心能大其能量之道，而能量之道不能大其人的气体能量之心。据《朱子语类·卷五》所言，气体能量之心是动的物事，自然是有善恶的。据《朱文公文集·答何叔京》所言，虽然气体能量之心是有神明不测之妙的，但是要分清其中的真妄邪正。据《朱子语类·卷九十五》记载，胡五峰说，人是有不仁的，而气体能量之心却是无不仁的。朱熹说，颜子的气体能量之心可以三月不违仁，这就是能量的心之仁。而在三月之外，未免是少有私欲的，那么便有不仁了，所以不能说心是无不仁的。朱熹一再强调，人的气体能量之心并不就是邪恶之心。据《朱子语类·卷七十八》

所言，人的气体能量之心即是有知觉的能量。口之于味，目之于色，耳之于声，并不是不好，只是危而已。如果说人欲是属于恶的，那就没有必要说危了。人的气体能量之心也不是全不好的，所以不能说人的气体能量之心就是凶咎的，只是危险而已。不能把人的气体能量之心等同于人欲或私欲。人的气体能量之心指的只是饥欲食、寒欲衣的心而已。据《朱文公文集·答陈安卿》所言，饥饿寒暖之类，皆是生于吾身的血气形体。这样的私，未必就是不好的，不可一向徇之。

h. 当人心与道心是一样的时候，则恰似无了那个人心一样

据《朱子语类·卷七十八》记载，问者说，饥食渴饮，这是人心吗？朱熹说，是的。但是，必须是食其所当食，饮其所当饮，这才不失为道心。如果饮的是盗来的泉水，食的是嗟（jiē，侮辱性的施舍）来之食，那就说明是人心胜而道心亡了。问者说，那么可以没有人心吗？朱熹说，人心是不能无的，但是要以道心为主而人心每每听命而已。据《朱子语类·卷六十二》所言，有知觉嗜欲，然而无道心做主宰，人心就会流而忘返，就不可据以为安，所以称为危。道心即是义理之心，可以为人心的主宰，而人心则据以道心为准。如果以饮食而言之，凡是因饥渴而欲得饮食以充其饱且足者，皆是人心。然而，必须是有义理存的。有的是可以食的，有的是不可以食的。据《朱文公文集·答许顺之》所言，气体能量之心就是一个。操而存则义理明，这就是道心；舍而亡则物欲肆，这就是人心。自人心收回便是道心，自道心放出便是人心。人心在顷刻之间是恍惚万状的，是出入无时的，是莫知其乡的。据《朱文公文集·答黄子耕》所言，如果以道心为主，那么人心就都化为道心了。据《朱子语类·卷七十八》所言，如果有道心的话，人心就会有所节制。当人心与道心是一样的时候，恰似无了那个人心一样。

③仁的道心是贯通性与情的无方所之大易

a. 性犹如太极一样，而心之易犹如阴阳一样

据《朱子语类·卷六十》记载，朱熹说，孟子说的万物皆备于我，其中的万物指的不是万物之迹，而只是万物之理皆具于我。是这个道理本来就是皆备于吾身的。据《朱文公文集·答张钦夫》所言，气体能量之心是具有能量世界的众理的，是变化感通的，是生生不穷的，所以称为易。据《朱文公文集·答林择之》所言，气体能量之心是通贯已发未发之间的，这就是大易的生生流行、一动一静之全体。据《朱文公文集·

答吴德夫》所言，易指的是流行变易之体，此体是生生不息的，元是无间断的，其间的一动一静是相为始终的。此体在人则是心，其理则是性，其用则是情，其动静则是未发与已发之时。虽然天与人是分殊的，然而在静的时候此能量之理就已经具备了，动便是此能量的理之用的实行，而作为易来说便是一。据《朱子语类·卷九十五》所言，天以其体称为易，以其理称为道，正如心性情相似。能量之易便是心，能量之道便是性。能量之易指的是变易。如弈棋相似，寒了暑，暑了寒，日往而月来，春夏为阳，秋冬为阴，一阴一阳只管恁地相易。据《朱子语类·卷五》所言，性犹如太极一样，心犹如阴阳一样。据《朱子语类·卷四》所言，天下是没有无能量之性的物的。有此物则有此能量之性，无此物则无此能量之性。据《朱子语类·卷九十八》所言，心是能量的神明之舍，是一身之主宰。而能量之性便是许多道理，得之于天而具于心。性发于智识念虑处皆是情，所以气体能量之心是统性情的。

b. 心是主性情的，而且是动无不中节的

据《朱子语类·卷九十八》所言，性是体，情是用，性情皆是出于心的，所以心能统之。统指的是统兵之统，犹如兼一样，指的是以心为主。据《朱子语类·卷五》所言，气体能量之心是能管摄性情的。据《朱文公文集·答胡广仲》所言，未发之时心的知觉是不昧的，这就说明心是主性的；已发而品节不差，这就说明心是主情的。据《朱文公文集·答张敬夫》所言，情是根于性的，性是由心主宰的，所以其动是无不中节的。虽然说中节是情，但是能够中节则是因为有心的作用。据《朱子语类·卷一百一十九》所言，心是包得这两个物事的，性即是心之体，情即是心之用。据《朱文公文集·答方宾王》所言，仁义礼智，即是性，即是体；恻隐羞恶辞逊是非，即是情，即是用。统性情和该体用的即是心。该即是赅括体用的总体。据《朱子语类·卷九十五》所言，心的阖辟变化之体称为易，而能够阖辟变化之理则称为道，其功用著见处则称为神。据《朱文公文集·答何叔京》所言，心是身之主。心之体为性，心之用为情，所以心是贯穿于动静之中而无处不在的。据《朱文公文集·答张敬夫》所言，心是会感于物的。心动则为情。情是根之于性的，而心又是性情的主宰，所以心之动是无不中节的。

c. 心的知觉用中统着未发之性和已发之情

据《朱文公文集·答胡广仲》所言，心是主性情的，此理是晓然的。

如果观察一下我自己的心的话，就可以知道，在未发时我的知觉是不昧的，这就说明心是性之主。在已发时我的品节是没有差池的，这就说明心是情之主。心字是贯通幽明的，是通上下的，是无所不在的，是不可用方体来论的。据《朱文公文集·知音疑义》所言，能量之性是不能不动的，动则为情。据《朱文公文集·答冯作肃》所言，未动为性，已动为情。性是未发，情是已发。性发而为情，情根于性。据《朱文公文集·答何叔京》所言，性情是一物。能量之性与气体能量之情之间的分别，只是未发与已发的不同而已。如果不以未发与已发来区分性和情，就说不清楚什么是性什么是情。据《朱文公文集·答张敬夫》所言，此理必须是以心为主而论之，这样性情之德、中和之妙，就皆是有条不紊的了。在人之一身中，知觉和运用都是心之所为。心为身之主，在动静语默之间皆是有心的。然而，心方静的时候，事物未至，思虑未萌，这时是一性浑然和道义全具的，这个时候就称为中，这就是心之体，即是寂然不动的心。心在动的时候，事物交至，思虑便萌发了，七情迭用，各有攸主，这就称为和，这便是心之用。心是会感而遂通的。然而，性之静也是不能不动的，情之动也是必须有节的。因此，心是可以寂然感通周流贯彻的，而体用都是不相离的。据《朱文公文集·答冯作肃》所言，心是用知觉来统御性情的。如果未动时没有心之统便会空寂，如果已动时没有心之统则会放肆。

d. 性中的能感应的仁义礼智信是浑具而又各各分明的

据《朱子语类·卷三十七》所言，有一事来，便有一理以应之。据《朱文公文集·答陈器之》所言，在四端未发之时，虽然心是寂然不动的，而其中自是有条理的，自是有间架的，而不是笼统无一物。外面才感，中间便应，如赤子入井之事感，仁之理便应，而恻隐之心于是乎形。如过庙过朝之事感，则礼之理便应，而恭敬之心于是乎形。由于其中间是众理浑具和各各分明的，所以外边所遇，随感而应。据《太极图说解义》记载，朱熹说，金木水火土这五常之性是感物而动的，阳为善而阴为恶。据《朱文公文集·玉山讲义》所言，当心性发而为用的时候，仁表现为恻隐，义表现为羞恶，礼表现为恭敬，智表现为是非。这是随事而发见的，各有其苗脉，不相淆乱，这就是情。据《朱子语类·卷五》所言，心之所以会做许多，是因为具有许多道理。因其恻隐，知其有仁；因其羞恶，知其有义。据《朱文公文集·元亨利贞说》所言，仁义礼智，这些是性，而恻隐羞恶辞让是非，这些是情。以仁来爱，以义来恶，以礼来让，以智来知，这就是心。性是心之理，而情是心之用，心便是性与情之主。

e. 仁是无所不包的，而恻隐之心是无所不贯的

据《朱子语类·卷五》所言，仁、义、礼、智指的是能量之性。能量之性是没有形影可以摸索的。而情乃是可得而见的，恻隐、羞恶、辞让、是非，这都是情。据《孟子集注·卷三》记载，朱熹说，恻隐、羞恶、辞让、是非，这便是情；仁、义、礼、智，这便是性。心是统性情的。端即是绪。因其情之发，而性之本然可得而见，犹如有物在中而绪见于外一样。据《朱文公文集·仁说》所言，天地之心，其德有四，即元亨利贞，而元是无不统的。人心之德也有四，即仁义礼智，而仁是无所不包的。仁发用时则为爱恭宜别之情，而恻隐之心是无所不贯的。仁道是天地生物之心，即物而在。情之未发而此体就已经具备了，情之既发而其用不穷。据《朱文公文集·元亨利贞说》所言，元亨利贞为性，生长收藏为情。以元生，以亨长，以利收，以贞藏，这便是心。仁义礼智为性，恻隐羞恶辞让是非为情。以仁去爱，以义去恶，以礼去让，以智去知，这便是心。性为心之理，情为心之用，心则是性情之主。程子说，其体称为易，其理称为道，其用称为神，说的就是这个意思。

f. 中和之达道：用才守住性的未发之中和情的已发之正

据《朱子语类·卷五》所言，性即是心之理；情即是心之动；才便是那情之会恁地者。情与才是绝对相近的。但是，情是遇物而发的，路陌曲折恁地去底[①]；才是那会如此底。要点是要说，千头万绪，皆是从心上来的。才是心之力，是有心力去做底；心是管摄主宰者，所以此心才为大。心譬如是水，性则是水之理。性立乎于水之静，情行乎于水之动，欲则为水之流而至于泛滥也。才指的是水之气力，有气力水才能流。因为流是有急有缓的，所以才是不同的。程颐说，性禀于天，而才禀于气，这是对的。只有性是一定的，而情与心与才，便合着气了。据《朱文公文集·答胡广仲》所言，性之欲是感于物而动的。如果发而中节，欲其可欲，这就没有离开性。据《中庸章句》记载，朱熹说，喜怒哀乐为情，其未发时则为性。性无所偏倚称为中，情发皆中节称为正，情无所乖戾称为和。天命之性是

① “底”有强调之意。

浑然的。以其体而言之称为中，以其用而言之称为和。据《朱文公文集·太极说》所言，情在未发的时候就是性，这就是所谓的中，是天下之大本。性之已发就是情，其皆中节就称为和，这是天下之达道。

④人与物皆有仁之同理而气却是不同的

a. 人与物都有仁性只是人能知仁而存仁而已

在《延平答问》中，朱熹与李侗讨论过人与物之性的同异的问题。朱熹认为，仁即是心之理。人是有此仁之理为性的，而禽兽则不得而与。因此，人与禽兽之间的区别就在于人是有仁性的。李侗认为，这样说恐怕是有碍的，此仁之理似乎不应该是人独得的。李侗认为，人与物之异在于气质。据《延平答问》壬午六月书记载，李侗说，人得了气之秀所以最灵。五常中和之气所聚，禽兽得其偏而已，这就是人与物之间的不同。据《延平答问》辛巳八月七日书记载，朱熹回答说，天地生物本是出于仁之一源的。人与禽兽草木之生是没有不具备此仁之理的，其一体之中是无丝毫欠剩的，其一气之运也是无顷刻停息的，这就是仁。但是，气是有清浊的，所以禀赋的仁是有偏正的。唯有人得仁之正，所以能够知道其本具此仁之理而存之，所以能够见其为仁。物得仁之偏，所以虽然具有此仁之理，但是不自知，所以无以见其为仁。然而，人之为仁，与物是不得不同的。知仁之为仁而存之，与物又是不得不异的。因此，伊川夫子说出了理一分殊论，龟山强调了既要知其仁的理一，也要知仁的分殊。据《朱文公文集·答徐元聘》所言，三在性同气异这四个字中，包含着无限的仁的道理。

b. 理之性是纯粹至善的而气则是粹驳不齐的

据《中庸或问·卷一》所言，虽然在天在人都是有性命之分的，但其理都是一样的。虽然在人在物都是有气禀之异的，但是其理是未尝不同的。因此，我说的能量的理之性是纯粹至善的，这点与荀子、扬子和韩子所说的都是不一样的。据《朱文公文集·答林一之》所言，天之生物是不容有二命的，只是此一仁之理而已。物得仁者自有偏正开塞之不同，这都是气禀使然的，而此仁之理是甚明的。据《朱文公文集·答杜仁仲》所言，气禀既然是殊的，那么气之偏者便只得的是仁的理之偏，气之塞者便是与仁之理相隔的。据《朱子语类·卷四》所言，太极之仁可以说是全的，也可以说是偏的。从仁之理的角度言之，则是无不全的。而从气的角度言之，太极之仁则不能是无偏的。

据《朱文公文集·答黄商伯》所言，如果论万物之仁的一源的话，仁之理是同的而气是异的。如果观万物之异体的话，则气犹是相近的而仁之理是绝不同的。气体能量之异在于粹驳不齐，而能量的理之异在于偏全或异。据《朱子语类·卷四》所言，人与物之生，天赋之理是一样的，但是禀受自是有异的。比如说，一江的水，你将杓去取，那就只能得一杓；你将碗去取，就只能取得一碗。用一桶和一缸去取也是同样的道理。各自的量器的不同，理也就随之而异了。性是有偏的。比如说，得木气多的人则仁较多；得金气多的人义较多。据《朱子语类·卷六》所言，体是略有不同的。君臣父子国人是体，仁敬慈孝与信是用。如这片板子，只是一个道理。这一路子恁地去，那一路子恁地去。如一所屋，只是一个道理，但是有厅有堂。如草木也只是一个道理，有桃有李。如这众人，只是一个道理，但有张三、有李四，李四不可为张三，张三不可为李四。

c. 气禀是偶然相值著的，而并非是安排等待的结果

据《朱子语类·卷一》所言，气积为质，这就是气质。在气质中是具备性的。据《朱子语类·卷十四》所言，气是那初禀的，质则是成了这个模样的。犹如金之矿、木之萌芽一样。只是一个阴阳五行之气，滚在天地之中，精英者为人，渣滓者为物。精英之中的精英为圣为贤，精英之中的粗渣为愚为不肖。据《孟子或问·卷一》所言，人与物是并生于天地之间的，本的是同一理，但是禀的气有异。禀其清明纯粹的则为人，禀其昏浊偏驳的则为物。据《朱文公文集·答李晦叔》所言，人是清的，物是浊的；人是正的，物是偏的。如果再细分别的话，智则是清中之清，贤则是正中之正，愚则是清中之浊，不肖则是正中之偏。张载说，物是有近人之性之处的，那便是浊中之清，偏中之正。据《朱子语类·卷四》所言，人与物都只是从能量世界的大原中流出来的，模样似恁地，不是真的是有意赋予的。能量的大原是不会在个人上面进行分付的。据《朱子语类·卷九十四》所言，人与物之生，都是生气流行，一滚而出的，并不是道要付其全气给人，而减一下等与物，而是按禀受来获得的。据《朱子语类·卷五十五》所言，气禀是偶然相值著的，并非是安排等待的结果。

d. 物之间有知仁者也不过只通得一路

据《朱子语类·卷四》所言，因为人和物都是来自一阴一阳之道的，所以做人做物，都是具备了仁义礼智这四种德性的，即使是寻常的昆虫之类也是皆有之的，只是偏而不全，并且有浊气相隔而已。有人问，人与物

皆是禀天地的仁之理以为性的，皆是受天地之气以为形的。那么，如果就物而言之，所禀的仁之理便有不全的吗？还是说气禀之昏蔽而如此的呢？朱熹说，因为所受的气体能量只有许多，所以其能量之理也只有许多。譬如说，犬马的形气是如此的，所以只会得如此事。又问，物物都是具有一仁的太极的，则仁之理应该是无不全的。朱熹说，谓之全也可，谓之偏也可。以仁之理言之，则无不全；而以气言之，则不能无偏。自一气而言之，人与物皆受是气而生。而自精粗而言，人得其气之正且通者，物得其气之偏且塞者。只有人得其正气，所以理能通而无所塞；物得其偏，所以理塞而无所知。物之间有知仁者，也不过只通得一路，如乌之知孝，獭之如祭。犬但能守御，牛但能耕而已。

据《朱子语类·卷六十二》所言，牛的仁之性是顺的，马的仁之性是健的，即仁的健顺之性。虎狼之仁，蝼蚁之义，即是五常的仁之性，但只是禀得来少，不似人这样禀得来全。据《朱子语类·卷五十九》所言，虽然蝼蚁是有君臣的，但是只是有这些子，不似人具备得那么全。也不知道为什么只是这几般物具得这些子。据《朱文公文集·答徐子融》记载，问者说，枯槁之物只有气质之性，而无五常之性。这样说对吗？朱熹说，这样的说法尤为可笑。如果这么说的话，就是说物只是有一性，而人却是有两性了。这样的说法非常丑差。气质之性只是此性堕在了气质之中，所以随气质而自为一性。据《朱子语类·叶贺孙录》所言，可以说枯槁之物是没有生意的，但不能说没有生理。比如说，枯木没有什么用，没有生意，所以可以放到灶中烧了。但是，烧什么木就有什么气，这是各不同的，是理元来就是如此的。

e. 得气之正的为人而得气之偏的为物

据《朱文公文集·答赵致道》所言，如果论本源的话，是先有仁之理然后才有气的，所以这里的理是不可以论偏全的。如果论禀赋的话，则是先有是气，而后仁之理随以具的，所以有是气则有是理，无是气则无是理，是气多则是理多，是气少则是理少，所以是理是可以论偏全的。据《朱子语类·卷四》所言，在气质之性中，因为气禀是偏的，所以仁之理也是有欠阙的。据《朱文公文集·答杜仁仲》所言，气禀是殊的，气之偏者便是得仁的理之偏，气之塞者便自然与仁之理是相隔的。据《朱子语类·卷五十九》所言，如果禀得的气是清明的，这仁的道理只在里面；如果禀得的气是昏浊的，这仁的道理也是在里面的，只是被这昏浊给遮蔽了。据《遗书·卷二》记载，程子说，在天地之间，并非独有人是对于仁是至灵的。自家的仁心便是草木鸟兽之仁心，但是人是受天地的仁之中以生的。人与物所禀受的气是有偏正的。这样说来的话，人与物之间的性即仁之理皆是相同的，只是气禀不同。得气之正的为人，得气之偏的为物。据《遗书·卷二》记载，程子说，虽然木植也是有五行之仁性在其中的，只是偏得土之气而已，所以重浊。一身之上是仁的百理皆备的。即使是牛马血气之类，这个仁的道理也是如此的，都是恁具备的，只是流形不同。各随形气之后，便昏了他性。

f. 最初的两个人种是气蒸结成的两人后乃生生不穷

据《朱子语类·卷九十四》所言，在天地之初，如何讨个人种呢？自是气蒸结成两个人。那两个人便如今人身上的虱子一样，是自然变化出来的。气化指的是当初的一个人是无种而自生出来的。形生却是如此一个人，后乃生生不穷。据《朱子语类·卷四》所言，人之所以生是因为能量的仁之理与气体能量相合的缘故。天理固然是浩浩不穷的，然非有是气，则虽然有是理而无所凑泊。必须有二气交感，凝结生聚，然后让仁的理有所附着。凡人之能言语、动作、思虑、营为，都是有气的缘故，仁之理是靠气而存的。就人之所禀之气而言，是有昏明清浊之异的。有人问，仁之理是无不善的，怎么气会有清浊之殊呢？朱熹说，才说着气，便自有寒有热，有香有臭。有人问，二气与五行，怎么会有不正呢？朱熹说，只是滚来滚去，便有不正。有是理而后有是气，有是气则必有是理。禀气之清者为圣为贤，犹如宝珠在清冷水中。禀气之浊者为愚为不肖，犹如珠在浊水之中。明明德指的就是在浊水之中揩拭此珠。物也有是理，犹如宝珠落在至污浊处。

g. 人不可以用与物有生之同而让自己陷于禽兽

据《论孟精义·告子上》所言，性即是人之所得于天之理；生即是人之所得于天之气。能量之性即是形而上者；气体能量即是形而下者。人与物之生，都是有能量之性的，也都是有气体能量的力气的。从气体能量的角度言之，人与物在知觉和运动上是不异的；而从能量之理的角度言之，则仁义礼智之禀，物是没有得全的。人的能量之性是无不善的，所以人能为万物之灵。据《朱文公文集·答程正思》所言，犬的能量之性犹如牛的能量之性，牛的能量之性又犹如人的能量之性。犬牛人都是形气既具的，都是有知觉和能运动的，这就是生。虽然在有生这点上是相同的，然而形气则是相异的，所以其生有得于天的仁之理也是相异的。人得仁之全所以是无有不善的，物则因为有所蔽而不得仁之全，这便是性。知觉运动，这是形气之所为。仁义礼智则是天命之所赋。学者应当在此处审其偏正全阙，由此来求知自己贵于物的地方，而不可以用有生之同而让自己陷于禽兽，不自知己的仁性之大全。

据《中庸或问·卷三》所言，天下之理未尝不一，而语其分时则未尝不殊，这是自然之势。人生天地之间，禀的是天地之气，其体即是天地之体，其心即是天地之心。以理而言之的话，这并不是二物。如果以其分而言之的话，那么可以说天之所为固然是非人之所能及的，而人之所为又有天地所不能及的，其事固然是不同的。据《朱子语类·卷五十九》所言，人是有孝悌忠信的，但是犬牛是不能事亲孝，不能事君忠的。人与禽兽之间，必须要分别出同中有异，异中有同才始得。其初那理是未尝有什么不同的。才落到气上，便只是那粗处相同，比如说，饥食渴饮，趋利避害，人能而禽兽也能。如果不识出个仁的义理来，那么人就与禽兽一般了。必须是存得这异处，方能自别于禽兽。不可说在蠢动中都含有灵，从而说禽兽皆是有佛性的和都是与自家一般的。

h. 人道可用不能离于义的仁和不能出于仁之外的义就尽了

据《延平答问》癸（guǐ，第十）壬午八月七日书记载，朱熹说，虽然散殊错糅是不可名状的，而在纤微之间，同异是毕显的。知其理是一，所以为仁；知其分殊，所以为义。大抵说来，仁字正是天地流动之机，具有包容和粹、涵育融漾、不可名貌的特征。而在天地流动之中，如果密察文理的话，又是各有定体之处的，这便是义。人道可以用仁义二字就尽了。义是不能出于仁之外的，仁也是不能离于义之内的。据《朱子语类·卷六》所言，仁之理只是这一个，道理是同的，但是其分是不同的。君臣有君臣之理，父子有父子之理。据《朱文公文集·答江德功》所言，父子兄弟骨肉之亲，是理所当然的，是人心不能已的。据《朱子语类·卷九十五》所言，没有这事，先有这理。比如说，没有君臣，已先有君臣之理；没有父子，已先有父子之理。而不是说，元来是无此理的，直到有了君臣父子之后，才旋将仁义的道理入在里面。据《朱子语类·卷十八》所言，如果所居之位是不同的，则其理之用是不一的。比如说，为君必须是仁的，为臣必须是敬的；为子必须是孝的，为父必须是慈的。物物是各具此理的，而物物是各异其用的，莫非都是一理之流行而已。

（3）怎样修炼成圣人？致知为先、格物知仁、读书育仁、力行为重

据《大学或问·卷一》记载，朱熹说，天下之物都必然各有所以然之故，有其所当然之则，这便是能量运行之理。据《朱子语类·卷四》所言，天地之运是万端而无穷的。从可见的情况来看，如果人生在日月清明、气候和正之时，人生而禀此气，则为清明浑厚之人，须做个好人。如果是日月昏暗、寒暑反常，皆是天地之戾气。如果人禀了这样的气，则为不好的人。人为学的目的就是要变化气禀，然而气禀是极难变化的。据《朱子语类·卷十五》所言，读书要求其仁之义，处事要求其仁之当，接物要存仁心察仁的是非邪正。

①圣人之仁在处理所有事时都是一以贯之的

a. 仁的道体是至大无外和至小无内的，所以处处可着功夫

据《论语集注·子罕》记载，朱熹说，圣人的仁心是纯而不已的。纯而不已是仁的天德。有仁的天德便可以语仁的王道了，其要点只是在于仁的谨独。据《朱文公文集·卷七十四》记载，朱熹在晚年的《玉山讲义》中说，仁即是人心，义则是人路。仁义是相为体用的。如果以仁对恻隐，以义对羞恶的话，都是一理，只是有未发和已发的区别，二者相互为体用的关系。如果认得仁熟了，就看得透，就可以玲珑穿穴、纵横颠倒无处不通。而在日用之间，只要用仁行着习察，无不是着功夫之处。据《朱子语类·卷六十八》所言，辞逊是礼之端。据《朱文公文集·卷三十八》所言，虽然仁的道体之大是无穷的，而其间的文理密察是不可以有毫厘之差的。圣贤用发育万物和峻极于天来形容仁的道体的至大，而又必须说礼仪三百、威仪三千来该悉仁的道体的至微。据《朱子语类·卷四》所言，仁的道体形于人事，便成了礼仪三百，威仪三千。虽然仁的道体是至大无外和至小无内的，但是在人事中必须待人而后行。在三千三百之仪中，圣人之仁道是无不充足的，其中略无些子空阙处。因此，从小处说，天下是莫能破仁之道体的。

b. 水之流、鸢之飞、鱼之跃皆是不可以玩的能量的实体

《明儒学案·诸儒学案》记载，与王阳明同时代的朱子学者崔后渠说，朱熹所说的曾点言之志，其实就是指的仁的天理的流行。遇到一事，必然会有一则。处理这个则当而熟，并可以一以贯之，就是圣人了。出现在目前的物都是不可以玩的。水之流、鸢（yuān，一种鹰类的鸟）之飞、鱼之跃，皆是能量的实体。犹如父之慈、子之孝，这皆是天命的能量之

性。如果人不率（shuài，顺着），就是有愧于物的。据《朱子语类·卷二十七》记载，问者说，以己及物即是仁，这样的仁即是圣人之恕。推己及物即是恕，这是贤者之恕。这样的说法对吗？朱熹说，以己及物即是仁，这是圣人之恕。推己及物即是恕，这是贤者之仁。圣人之恕便是众人之仁；众人之仁便是圣人之恕。

c. 圣人千言万语只是教人要存仁的天理和灭私的人欲而已

据《朱文公文集·答石子重》所言，人之所以要为学仁学，是因为吾之仁心不如圣人之仁心的缘故。吾之仁心烛理不明，无所准则，随其所好，高者有过，卑者有不及，而且自己不知道其为仁的过且不及。如果吾之仁心即与天地圣人之仁心是无异的，那就不必学了。学者必须先通达圣人的仁之言以求圣人的仁之意，再通过圣人的仁之意以达天地的仁之理。求仁之学要自浅及深，自近及远，循循有序而不可以欲速迫切之心去求。要浸渐磨厉①，要审熟详明，要无空言之弊，要驯致仁之极然后吾心才能得仁之正。天地圣人之仁心不外如是而已。据《朱子语类·卷十二》所言，圣人千言万语，只是教人要存仁的天理、灭私的人欲而已。人性本来是明仁的，而犹如仁的宝珠沉在溷（hùn，浊）水之中，明不可见。去了溷水，则仁的宝珠依旧自明。如果自家得知是人欲蔽了，便是明仁之处。只是在这上便紧着力主定，一面格物。今日格一物，明日格一物，正如游兵攻围拔守一样，私的人欲自会销铄去。

②致知为先中的明仁的明德

a. 明仁的明德是人人都能同得的

据《大学或问》记载，朱熹说，唯有人之生得了气的仁之正，所以其仁能够通达。而且，人的仁之性是最为贯通的，在其能量世界的方寸之间，虚灵洞彻，万理咸备。人异于禽兽的正在于此。尧舜能够参天地之仁以赞化育的原因也不外乎如此，这就是我们说的明仁德者。人的本明仁之体是得于天的，终是有不可得仁德而昧的人。虽然其仁昏蔽之极，而介然之顷，一有觉，即此空隙之中，其本体的仁就已洞然了。明白仁之人是可以超然的，是可以不受气质物欲之累的，这样就能复仁的本体之全。因此，明仁的明德，并非是要有所作为于仁的性分之外。明仁的明德是人人都能同得的，并不是说我的仁之得是私的。据《朱子语类·卷十六》所

① “厉”是不费力的，而“励”则是费力的。

言，天给予我的是明的仁命，我得以为性的便是明的仁德。仁命与仁德都是明的，主要是仁德这个物本自光明显现在里，我却去昏蔽了他，所以必须用日新去蔽，又可以说只是个存仁心而已。

b. 仁德便是心中的许多光明鉴照的仁的道理

据《朱子语类·卷十四》所言，仁德便是心中的许多仁的道理，这些仁的道理是光明鉴照的，是毫发不差的。明的仁德是自家心中具有的许多仁的道理在这里。能量世界的仁之理本是个明的物事，最初是无暗昧的，人得之则为仁德。这个仁的道理在心里，是光明照彻的，是无一毫不明的。据《孟子集注》记载，朱熹说，知指的是知事之所当然之仁。据《朱子语类·卷十八》所言，天看上去是独高的，而其实是非独高的。天只不过是气而已。今人在地上，便只见到天是如此的高，其实连他那地下也是天。天只管转来旋去。天大了，所以旋的许多渣滓在中间。世间无一个物事是恁地大的。恁地大，因为地只是气的渣滓，所以是厚而深的。自今观之，鬼神是幽显的，鬼是幽的，神是显的。鬼是阴的，神是阳的。气之屈者称为鬼，气只管恁地来称为神。据《朱子语类·卷十五》所言，草木鸟兽，虽然是至微至贱的，其中也皆是有仁之理的。仲夏斩阳木，仲冬斩阴木，自家知得这个仁的道理，处之各得其当便是仁。据《朱文公文集·答蔡季通》所言，世间万事，其间的仁的义理是精妙无穷的，皆是不易于以一言断其始终的，必须看得玲珑透脱，不相妨碍，才能得到物之仁格的体验。

③读仁之书以涵育仁从而能涵养仁和涵泳仁

a. 在格物之仁时要博学仁、审问仁、谨思仁、明辨仁

据《大学或问·卷二》记载，朱熹说，格物之仁的用力之方，可以考事为之著，可以察念虑之微，可以在文字之中求，可以在讲论之际索。在身心性情之仁德中，在人伦日用之常中，在天地鬼神之变中，在鸟兽草木之宜中，即在每一物中，都可以见到不可易的仁之当然。据《朱子语类·卷十五》所言，上至无极太极，下至于一草一木昆虫之微，都是各有仁之理的。一书不读则阙了一书的仁的道理，一事不穷则阙了一事的仁的道理，一物不格便阙了一物的仁的道理，必须逐一理会其中的仁之理。据《朱子语类·卷十八》所言，格物的仁之理必须是到处求，要博学仁、审问仁、谨思仁、明辨仁，这都是格物的仁之理的意思。如果只是求仁诸于己，恐怕会有见错之处，从而不可执一。据《朱子语类·卷一百二十》

所言，不能把物看成是心，从而把格物看成是格心。据《朱文公文集·吕氏大学解》所言，以悟为则，这是佛学之法，吾儒是没有这种法的。儒学是要通过读书来原仁的得失，要通过应事来察仁的是非。去文字而专体究，就会患于杂事纷扰而不能专一。

b. 要读书学圣人之仁道才能知道圣人之仁心从而能传之

据《朱文公文集·答陈明仲》所言，上古未有文字之时，学者固然是无书可读的，但是中人以上的人固然就有不待读书就能自得仁的本事。但是，自圣贤有作之后，仁道在经中有详细的记载，即使孔子之圣也不能离开仁道之经而为学。据《宋元学案·震泽学案》记载，程颐的门人王信伯说，先圣与后圣之间如同是符节相合一样，不是在传圣人之仁道，而是在传圣人之仁心；不是在传圣人之仁心，而是在传自己之仁心。自己之仁心与圣人之仁心是无异的，是广大无垠的，是万善皆备的。欲传圣人之仁道，扩充自己的仁心就可以了。这个观点是陆九渊之学的先导。据《朱文公文集·记疑》记载，朱熹评论说，学圣人之仁道才能知道圣人之仁心，这样才能治自己的仁心，从而至于让自己的仁心与圣人的仁心无异，这就是传仁心的方法。如果不传其仁道，就不能传其仁心，也就不能传自己的仁心。如果不本于讲明仁心的存养之渐，而直接就讲仁心的扩充，那么就不知道什么是仁心之正，就无法扩充仁心。

c. 要穷仁之理必须先养得仁的心地本原的虚静明彻

据《大学或问·卷一》记载，朱熹说，欲正心，必须先诚其意。知的对象是心之神明，即妙众理而宰万物者。人都是有心的，但是有的不能使其表里洞然、无所不尽。据《大学或问·卷二》记载，朱熹说，以一人之心来知天下万物的仁之理，是无不能知的。由于心的禀赋是有差异的，所以有的事是不能穷的，所以知是有不尽的，这样心之所发就不能是纯于仁的义理而无杂乎物欲之私的，这样意就有不诚，心就有不正，身就有不修，天下国家就不可得而治。据《朱文公文集·答彭九龄》所言，想要应事，就需要穷仁之理。而要穷仁之理，又必须先养得仁的心地本原的虚静明彻。据《朱文公文集·答张敬夫》所言，仁心是主乎于仁性的。如果敬仁心以存之，则仁性就能得其养而无所害。据《朱文公文集·答石子重》所言，仁的道心在不起不灭的时候，也不是块然不动的，也不是无所知觉的。此仁心是莹然的，是全无私意的，这便是寂然不动的仁之本体。仁的道心是顺仁之理而起，顺仁之理而灭的，所以能感而遂通天下。据《朱文公文集·答林择之》所言，在未感物的时候，如果心是没有主宰的，也是不能安其静的，只此便自昏了天性，不待交物然后才出现差池。如果不能慎独的话，虽然事物未至，固然就已经纷纶胶扰，不能复原到未发之时。既然无以致中，那么其发必乖，又无以致和。只有戒谨恐惧，不敢有片刻之离，然后才可以致仁的中和。

d. 对仁的涵养和穷索如车的两轮而不可偏废

据《朱子语类·卷九》所言，对仁的涵养和穷索如车的两轮、如鸟的两翼，二者是不可废一的。必须先致知仁然后再涵养仁。据《中庸章句》记载，朱熹说，要尊仁的德性才能极乎仁的道体之大，要以仁道问学才能尽乎仁的道体之细。这二者是修仁德和凝仁道之大端。人要不以一毫私意自蔽，要不以一毫私欲自累，要涵泳于其所已知之仁，要敦笃于其所已能之仁，这些皆是属于在存仁心。析仁之理的目的则是要使人在仁之理上不得有毫厘之差，处事时则不使人在仁之理上有过不及之谬，在仁的理义上则是要知其所未知，仁的节文则是要日谨乎其所为谨，这些皆是属于仁的致知。据《朱文公文集·别集》所言，在仁学上先贤有主敬之说，主要是因为学仁者不知持守仁，身心散慢，所以无缘见得仁的义理分明，所以要先让学仁者修习端庄严肃，这样才不至于放肆怠堕[①]，这样才能庶几、心定、理明。

e. 敬的常惺惺法求的是在静中有个觉仁之处

据《朱子语类·卷十二》所言，敬字与畏字是相似的。敬不是块然兀（wù，静止）坐，不是耳无闻、目无见、全然不省事。敬只是要人收敛身心，要整齐、纯一，不恁放纵，这便是敬。敬不是指万事休置的意思，而只是要求人心要随事专一谨畏，不能放逸而已。据《朱子语类·卷六十二》所言，敬指的只是常惺惺（xīng，领会、清醒）法，求的是在静中有个觉仁之处。据王懋竑的《朱子年谱》记载，朱熹说，为学应该穷仁之理以致其知仁，反躬以践仁之实，这便是居敬者能够成始成终的原因。如果不以敬来致知仁，则会昏惑纷扰，无法察仁的义理之归；如果不以敬躬行仁，则会怠惰放肆，无以致仁的义理之实。据《朱文公文集·答周舜弼》所言，圣贤说行都是笃敬的，执事也是敬的。敬字本不是为默然无为时设的，必须向难处力加持守仁，要庶几动静独是如一的。

---

① “堕”是自然下落，而“惰”强调的是心导致的下落。

据《朱子语类·卷九十六》所言，主一称为敬。只是心专一，不以他念乱之，每遇事与致诚专一做去，即是主一的意思。据《朱子语类·卷六十九》所言，以仁理会一事时只是理会一事，了此一件又作一件，这就是主一之义。

f. 心的神明不测之妙是有真妄邪正之分的

据《宋元学案·木钟学案》所言，如果识得仁体，便会感觉满腔子都是恻隐之心。既然体认得仁分明，无私意夹杂，又必须读书，涵泳仁的义理，以灌溉滋养仁，不然的话便会枯燥得入空门去了。朱熹对孔孟论仁心的四句进行了解释。这四句是：仁心是操则存的，是舍则亡的，是出入无时的，是莫知其向的。据《朱文公文集·答游诚之》所言，仁的心体固然是本静的，但也是不能不动的。仁心之用固然也是本善的，但是也能流而入于不善。仁心动而流于不善，固然不可以说是仁的心体之本然，但是也不可不称之为心，只是其诱于物而然而已。因此，先圣只是说，仁心操则存，而存则静，其动就无不善；仁心舍则亡，即是出者亡，入者存，本是无一定之时的，也是无一定之处的，特系于人之操舍如何。据《朱文公文集·答何叔京》所言，入而存的是仁的真心，出而亡的是此真心为物所诱而然的。心之体用始终，虽然都是有真妄邪正之分的，其实莫非都是心的神明不测之妙。虽然皆是心的神明不测之妙，其真妄邪正又是不可不分的。据《朱文公文集·答石子重》所言，程子之善指的是让仁心自作主宰，而不使其散漫走作。而今人说的对仁心的察识，便有了个寻求捕捉之意，与圣贤所说的操存主宰之味是不同的。

g. 存亡的都是此仁心而不是还有别的心的本体

据《朱文公文集·答吕子约》记载，吕子约曾向朱熹请教说，心是无时不感的，所以不可以不操。不操则会感动于不善而失其仁的本心。只有常操仁心而存，才能动无不善。朱熹对此表示赞同。朱熹说，寂然常感固然是仁心之本体。存指的是此仁心之存，亡指的是此仁心之亡，并非是在操舍存亡之外还别有心的本体。操之而存的，只是仁心的本体，而不需要别求。操之久了而且熟了，自然就会安于仁的义理而不妄动了。仁心的寂然这种状态应该是不待察识而自呈露的。如果想要以顷刻之存仁心来察识，以求仁心的寂然，恐怕是无法识出寂然之仁心的本体的。这样对仁心的察识就会速其迁动而流于纷扰急迫之中。正如程子所说，才思仁心便是已发了。程子还说，在仁心未发之前进行涵养是可以的，而在未发之前求中则是不可的。据《朱文公文集·答何叔京》记载，朱熹说，何叔京所说的圣人之仁心如明镜止水一样，其中的仁的天理是纯全的，这便是存仁的道心之处。圣人的仁的道心是可以不操而常存的。众人的仁的道心则是需要操而存之的，不操则不能存。存的是仁的道心，亡的是私的人心。心只有一个，并非是实有此二心，各为一物，不相交涉。只是以存亡的角度来说而异其名的。亡固然不是仁心之本然，也不可以说别是一个有存亡出入之心，却等待着反本还原，别求一个无存亡出入之心来换。人有的只是此仁心，但是不存便会亡，不亡便会存，中间是没有什么空隙处的。因此，学者必须汲汲于操存仁心，虽然是尧舜也是要以精一为戒的。

④格物之仁和穷仁之理以知仁之极

a. 格物以致知仁的目的在于修无法徒修的仁之身

据《朱文公文集·答柯国材》所言，天下之物是没有一物不具备仁之理的。因此，圣门之学，下学之序，始于格物致知。要不离开日用事物之间来别仁的是非，审仁的可否，由是仁的精义入神以致仁之用。据《朱文公文集·癸未垂拱奏札》所言，仁的大学之道，自天子以至庶人，都适宜以修仁之身为本。家能齐，国能治，天下能平，都是出于修仁之身的。而正仁之身是不可以徒修的，要深探仁之本，就要格物以致知仁。据《宋元学案·南湖学案》记载，朱门后学车若水说，从古训上看，格字除了有至的意思外，还有量和度的意思。据《朱子语类·卷十五》所言，人多把这个能量世界的仁的道理当作一个悬空的物。《大学》不说穷仁之理，只说一个格物，这便是要人就事物上去理会仁。据《朱文公文集·答江德功》所言，要致仁之知和穷仁之理，要有主宾之分。知仁指的是我心之知仁，而仁之理则是事物之理。以此知彼，自然是有主宾之辨的。为了格物之仁而接物，是因为究仁之极的功还未明。人都是要与物接的，但是有的是徒接而不求其仁之理，有的是粗求而不究其仁之极，所以虽然与物接而不能知其仁之理的所以然与所当然。如果说一与物接就能使得仁之理无不穷，这也太轻易了。

b. 格物是仁的零细说，而致知是仁的全体说

据《朱文公文集·答黄子耕》所言，格物只是就一物上穷尽一物的仁之理，而致知指的是在穷得物的仁之理尽后，我的仁的知识也才没有不尽之处，就像是推此仁的知识而致之一样。只有如此才能认得定仁。据

《朱子语类·卷十五》所言，要推极[①]我所知的仁，必须要就那事物上去理会仁。致知是自我而言的，格物却是就物而言的。如果不格物的仁之理，就无法得知仁之理。今人也有推极其仁之知的，但只是泛泛然地竭其心思，都不就事物上去穷究仁，这样做是终物所止的。要极其所知之仁，去推究那事物之仁，这样我方能对仁有所知。据《朱文公文集·答江德功》所言，格物的仁之理可以致知仁，犹如食可以为饱一样。据《大学或问·卷一》所言，仁的理之在物，诣（yì，到尊长那里去，造诣）其仁之极就能无余，而知仁在我也是随所诣而能无不尽。据《朱文公文集·答黄子耕》所言，格物致知只是穷仁之理而已。圣贤为了对学者说尽曲折，于是用了推这个字。但是，今人为推这个字所惑，生出了种种障碍，并添枝接叶，无有了期。据《朱文公文集·答陈才卿》所言，格物与致知只是一本，并无两样功夫。据《朱子语类·卷十五》所言，格物是仁的零细说，而致知是仁的全体说。

c. 仁之知是有深浅的而不只是一旦的忽然之见

据《朱文公文集·吕氏大学解》所言，在大小精粗之中都是可以明仁之理的。学者即是学仁者。学仁者用功，必然要有先后缓急之序，要区别体验仁之方，然后积习贯通，驯致其仁之极。格物致知是仁的大学之端，是始学之仁事。得一物之仁格则得一物之至善。练习仁之功是有渐的，仁要积久才能贯通，然后胸中就会因有仁而判然不疑所行，这样就能意诚心正了。但是，仁的所致之知是有深浅的，不要以为一旦有了忽然的仁之见，就以为能与尧舜相同了。佛学讲一闻千悟，一超直入，这是虚谈，并非是圣门的明善诚身之实务。据《论语集注·子罕》记载，朱熹说，天地之化，往者过，来者续，无一息之停，这便是能量之仁的道体之本然。这种现象可指而易见的是川流。用川流来示人，想要学者时时省察出仁德道体的本然，无毫发之间断。据《朱文公文集·续集》记载，朱熹的弟子李孝述说，仁心是具仁的众理的。即使在仁心昏蔽的时候，所具的仁之理也是未尝不在的。但是，当其蔽隔之时，心自为心，理自为理，不相赘属，如有二物一样。在未达到仁格的时候，便觉得此一物的仁之理与二是不恨入的，似乎仁之理为心外之理，而吾心是邈然无仁之理的。及既格之的时候，便觉得彼物的仁之理为吾心素有的仁之物。因此，仁之理在吾心，是不以为之

---

① “推极”是要推到极端的，而“推及”则不一定要推到极端。

而无的，也是不以既知而有的。朱熹的批示说，极是。

d. 用已知的仁之理去推究仁之极便能周遍精切而无不尽

据《朱子语类·卷十五》所言，说格物之仁而不说穷仁之理，因为仁之理是无可捉摸的。能量世界的仁之理有时会离开物，而说物则仁之理自然是在的，因为物自然是离不得仁之理的。自一念之微，以至事事物物，若静若动，凡居处饮食言语，无不是事。据《大学章句·释经》记载，朱熹说，格即是至，物犹如事。格物就是要穷至事物的仁之理，欲其仁的极处无不到。据《大学或问·卷一》记载，朱熹说，格即是仁的极至。格物就是要穷至其仁之极。据《大学或问·卷二》记载，朱熹说，仁的大学就是要在事中来推而究仁之理，以各行乎其仁之极。在事物之中，用已知的仁之理去推而究之，以各到乎其仁之极，这样我对仁的知识就能得以周遍精切而无不尽。据《朱子语类·卷十八》所言，于这一物上穷得一分仁之理，我对仁的知也能得一分。于物的仁之理穷二分，我对仁之理的知也得二分。于物的仁之理穷得越多，则我对仁的知也越广。

e. 学仁者循序渐进用力久到贯通之时则会至乎仁之极

据《朱子语类·卷二十七》所言，就能量世界的仁之理的一对万物中的仁之理的万而言，今不可去一上寻仁，必须去万上去理会仁。而今不是在一本处难认，而是在万殊处难认。据《朱文公文集·答黄商伯》所言，知仁之至指的是吾心对仁的所有知处，不容更有未尽之处。程子说，一日格一件，这是格物工夫的次第。脱然贯通者，就能知仁之至，并能效验仁之极致。据《朱子语类·卷十八》所言，仁的一理通则仁的万理皆通是做不到的，必须要积累。颜子那么高明，也才只能是闻一理而知十理，这已经算是大段聪明的了。仁的学问是需要渐的，没有急迫之理。不是说穷究一个大处，其他就能皆通了。必须是逐旋做将去。据《大学或问》记载，程颐说，即使是颜子也未能一物的仁格而仁的万理皆通。学仁者必须是今日格一物，明日又格一物，积习既多，然后其仁之知才会脱然有贯通之处。程颐还说，格物并不是要尽穷天下之物，但是于一事上穷尽仁之理，其他可以类推。千蹊万径皆是可以适国的，但得有一道而入，则可以推类而通其余。万物是各具一仁之理的，而仁的万理又是同出于能量世界的仁之一源的，所以可以推而无不通。据《大学章句》记载，朱熹说，学仁者求的是至乎其仁之极。用力久了，一旦豁然贯通，则仁的众理之表里精粗便会无不到，吾心之仁的全体大用则无不明。物格便是知仁之至。据《朱子语类·卷十八》所言，仁之理的积习既多的时候，自当会有脱然贯通之处。零零碎碎的仁之理凑合将来，不知不觉，自然会醒悟全体之仁。据《朱文公文集·答汪尚书》所言，物必须要格后才能明仁，伦必须要察而后尽仁。格物的目的是要穷仁之理，从而明仁之理。这便是仁的大学功夫之始。这样的功夫需要潜玩积累，各有深浅，但是非要有对仁的顿悟险绝之处不可。

⑤对力行为重中的仁心之本体的权制

a. 始于致知仁为智之事而行所知的仁而极其至为圣之事

据《四书章句集注·大学章句》记载，朱熹说，致知在格物，说的是要致吾之知，在于即物而穷其仁之理。人心之灵是无所不能有知的，而天下之物全是有仁之理的。只是因为仁之理有未穷的，所以知是有不尽的。因此，《大学》始教之时，必要使学仁者即凡天下之物，目的全是为了要用已知的仁之理而益穷之，以求至于其仁之极。至于用力之久，而一旦对于仁豁然贯通，则众物之表里精粗无不到，吾心之全体大用就无不明了。据《朱文公文集·答程正思》所言，圣贤之学，彻头彻尾只是一个敬字。致知者以敬而致知仁，力行者以敬而行仁。据《朱文公文集·答张敬夫》所言，行指的不是泛然而行，而是循其所知的仁之行。据二程《粹言·卷一》所言，程子说，始于致知仁，这是智之事；行所知的仁而极其至，这是圣之事。据《朱子语类·卷九》所言，致知仁与力行仁，用功是不可偏的。但是，需要分清楚先后轻重。论先后的话，应该是致知仁为先；论轻重的话，则是当以力行仁为重。

b. 知仁与行仁的功夫必须是并到的

据《朱子语类·卷九》所言，知仁和行仁是常相须的，如目无足是无法行的，足无目是看不见的。据《朱子语类·卷一百一十七》所言，知仁与行仁须是齐头做，方能互相发。据《朱子语类·卷十四》所言，知仁与行仁的功夫必须是并到的。如人的两足相先后行一样，这样便会行得到。如果一边软了，便一步也进不得。然而，必须先知得仁，然后方行得仁。据《朱子语类·卷一百一十七》所言，知仁与行仁必须是齐头做，这样方能互发。不可以要等知得了仁方始行。有一般人是尽聪明的，知得仁而行不及，这是因为资质弱；又有一般人是尽行得仁而知不得仁。据《朱子语类·卷十五》所言，细推次序的话，可以说要以仁修身、以仁齐家、以仁治国，必须是如此做的。如果随其所遇的话，合当做处则一齐做才始得。据《朱文公文集·答黄商伯》记载，朱熹的门人黄商伯问，既发之情是心之用，如果用心审察情，这不成了以心观心了吗？朱熹说，在已发之处，要用仁心之本体来权制。这样来审察心之所发，就会有轻重短长的差别了。

c. 知仁之至者不会不循仁之理来害吾之乐的

据《大学或问》记载，朱熹举出了程子的语录说，学必须先要致知仁。诚敬固然是要勉励的，但是如果不先知天下的仁之理，是没有能够勉强行之的人的。因此，仁的大学之序是先致知仁而后诚仁之意。凡人没有圣人那么聪明睿智，只是践圣人的行事之迹是徒然的，因为凡人之动容周旋是不能像圣人那样无不中仁之礼的。只有烛仁的理之明，才能不待勉强而自乐循仁之理。人之性本来就是无不善的，循仁之理而行应该是不难的。只有知仁之理不至，以力为之，所以苦其难而不知其乐。知仁而至则能循仁之理为乐，而不循仁之理则不乐，所以不会不循仁之理来害吾之乐的。昔日曾见有人谈虎伤人之事，众人都在闻，而其间只有一个人的神色独变，问其所以，才知道这个人曾为虎所伤。虎是能伤人的，这点人都是知道的。而闻之则有惧与不惧的区别，从这里可以看到知得是真还是不真。惧的人的知才是至。如果说知不善之不可为还依然为，那就是没有得到真知的仁。

二　儒家理学的主要枝干人物

（一）程颐和朱熹之间的北宋的杨时和胡宏

1. 杨时：主张以静修仁道的方法

在二程门下，谢良佐和杨时是并称的。从二程，经过谢良佐和杨时的传承，才到了朱熹那里。杨时（1053—1135 年）为福建南剑将乐人，又称为龟山先生。杨时年轻的时候受《庄子》《列子》的影响很大。后来曾出入佛教，佛教对他也有些影响。他 23 岁中进士第，但是曾杜门不仕多年，后来为官。北宋末年，由于元祐党争，使得洛学一直处于被禁的状态。宋钦宗时起用杨时。杨时中进士之后，调官不赴，而去拜程颢为师学仁。程颢去世后，杨时已经 40 岁了，到洛中去见程颐问仁之学，对程颐非常恭敬。一日程颐瞑目静坐，杨时侍立于旁。程颐既觉的时候说，你还在这里啊！出门一看，门外之雪已深一尺。在程颐静坐的几个小时之间，杨时一直不动不离地谨侍于旁，体现出了杨时的敬师之诚。在杨时的门人中，罗从彦是对仁最有见地的，而罗从彦的门人李侗则是朱熹的老师。据

《龟山集·求仁斋记》记载，杨时说，古之学者都只是在求仁而已。放于利而行多怨，求仁而得仁就没有什么怨了。

（1）仁的道心之微不是精一所以只能守中

杨时是主以静修仁的。据《宋元学案·龟山学案》记载，杨时引用《中庸》中的句子说，喜怒哀乐之未发称之为中，发而皆中节称之为和。杨时说，学者应当于喜怒哀乐未发之际以心体仁，则中的仁之义会自见。再执仁而勿失，没有人欲之私，这样就会发必有仁的中节。杨时认为，《中庸》中所说的喜怒哀乐未发谓之中，指的就是《尚书·大禹谟》中说的道心惟微、惟精惟一、允执厥中里的中。未发之中就是仁的道心。尧舜禹相传的就是要执守仁的道心。仁的道心惟微指的是仁的道心是精微隐蔽的，难以认识和把握，所以人必须在喜怒哀乐未发之际去体验中，即体验中的道心。据《宋元学案·龟山学案》记载，杨时说，仁的道心之微并非是精一的，谁能执之呢？仁的道心之微并非是言论所能及的。尧咨舜、舜命禹，这三位圣人相授的仁的道心，唯有守中的道心而已。据《宋元学案·龟山学案》所言，二程的高弟与门下有如下的讨论：弟子问，怎么才能知道仁？龟山说，孟子以恻隐之心为仁之端。平居但以此体究仁，久久就能自见仁了。弟子又问，什么是隐呢？似祖回答说，隐即犹如有隐忧，勤恤民隐，皆指的是疾痛。又问，孺子将入于井，而人见者必有恻隐之心。疾痛并非在己，而为之疾痛，这是什么原因呢？似祖说，那是出于自然的，是不可已的。如果体究此仁之理，知其所从来，则离仁之道就不远了。后又问，万物于我为一，这就是仁之体吗？又答，是的。

（2）通过格我身上的有形色之物就能得仁的当然之则

杨时认为，耳目口鼻都是物，这些物都有仁的当然之则。格物主要格的是自己身上之物，这种格法就是反身求仁之理。反身求得的仁之理，就是天下的仁之理，就可以通过这个仁之理来了解天下万物的普遍的仁的法则。据《宋元学案·龟山学案》记载，杨时认为，为是仁道的人，必须先明白什么是善，然后知所以为善。要致知仁之理才能明善，而要格物才能致知仁之理。物之数至于万，所以物是不可以胜穷的。反身而诚，这样就能举天下之物在我。诗曰：天生烝民，有物有则。杨时说，凡是我身上有形色的，无非都是物而已，而且是各有其仁之则的。反而求之，就能得天下的仁之理。由此而能通天下的仁之志，类万物的仁之情，参天地的仁之化，离其仁之则就不远了。据《宋元学案·龟山学案》记载，杨时说，仁的至道之归，并不是笔舌能尽的。要以身体仁，以心验仁。要在雍容自尽、燕闲静一之中默而识仁。要兼忘于书言意象之表，这样就庶乎其仁之至了。据《宋元学案·龟山学案》记载，杨时说，如果说仁的意诚便足以平天下了，那么先王之典章法物就皆是虚器了。

（3）儒家与佛家和庄子之学有类似之处

据《宋元学案·龟山学案》记载，杨时认为，佛教的《维摩经》说真心即是道场。儒佛至此，实际上就不是二理了，就是一样的了。儒者说的形色为天性，犹如佛教说的色即是空。谢良佐把勿忘勿助与曾点联系起来，而杨时则进一步认为，孟子讲的勿忘勿助与佛家所说的作、止、任、灭是一致的。佛教的《圆觉经》说作、止、任、灭是四病。从儒者的角度上看，作指的就是助长，止指的就是不耘苗，而任和灭就是无事。佛教中的庞居士说的神通并妙用在运水与搬柴之间，与儒家说的尧舜之仁道在行止疾徐之间是相似的。庄子的《逍遥游》所说的无入不自得，其实与《养生主》所说的行其无事是类似的。

2. 胡宏：主张以敬修仁道的方法

胡宏（1106—1161 年）又称为五峰先生。他的祖籍是福建崇安，在南宋时因避战乱而避居湖南。他的父亲胡安国著的《春秋传》与朱熹的《四书集注》一样，都是宋代以后的科举考试采用的标准解释。胡宏青年时就倾心于二程之学，后成为杨时的弟子。胡宏一生都没有做过官。秦桧当朝时，曾企图招徕他为仕，被胡宏拒绝。胡宏在衡山讲学二十多年，对湖湘学派的形成起到了很重要的作用。而湖湘学派对朱熹产生过比较大的影响。胡宏的思想是理学从北宋到南宋发展过程中的一个重要环节。他的主要著作是《知言》。在胡宏生活的时代，仁的道学还处于受压禁的状况之中。据侯外庐的《宋明理学史》记载，胡宏说，仁的道学衰微，仁的风教大颓，吾徒应当以死来自担。虽然胡宏拒绝做官，但是他对国家的政治和军事形势是十分关切的。他曾向宋高宗上万言书，提出立政之本在于仁，希望君主要把仁心作为励精图治的根本。

据《胡宏集·上光尧皇帝书》记载，胡宏警告君主不要据天下的利势而有轻视和怀疑士大夫之心。他希望君主能够招贤延士，要讲论治世的仁道，要创造出一个仁的生动活泼的局面。孟子在《孟子·离娄下》中曾说过，如果君视臣如犬马，臣就会视君如寇仇。而司马光则作了《疑孟》来批评孟子，认为孟子之学不是忠厚之道。胡宏认为，孟子的主张是以天地的仁之理为依据的。据《胡宏集·释疑孟》所言，天地之间的物必然是有对的，感则必有应，出则必有反，这是不会变易之理。如果君感之以此，则臣应之必以此。如果君所出如是，则臣之反者必如是。如果像司马光一样把孟子的主张看成是非忠厚之道，就会把凡是忠于君的，陈政令之不便的，言民有怨离的人，都指为叛逆之人。

（1）仁性是气之本而气是形之本

据《知言·一气》所言，一气大息，震荡无垠，海宇变动，山勃川湮，人消物尽，旧迹亡灭，这就是鸿荒之世。在新的阶段开始后，气复而滋，万物生化，日以益众。据《知言·好恶》所言，水是有源故的，其流是不穷的；木是有根故的，其生是不穷的；气是有性故的，其运是不息的。据《知言·事物》所言，气之流行，是由仁性为其主的。没有仁性就没有物，没有气就没有形，而仁性是气之本。天下之有都是立在仁性之上的。据《知言·一气》所言，仁性是伟大的，在仁性中万理具备，天地也是由此而立的。世儒言仁性的时候，类指的是仁的一理，而没有见到仁的天命之全体。据《胡宏集·释疑孟》所言，形而上者称之为性，形而下者称之为物。仁性是有大体的，人是能尽仁的大体的。一人之仁性是有万物之备的。就人之体而论，人体是浑沦于天地，博浃（jiā，湿透、周匝、深入、融洽）于万物的，虽然是圣人，也是无得而名的。就人之生而论，人生是散而万殊的，善恶吉凶行都是俱载的，不可掩遏。就至于是仁而论，人是能够知道物是有仁的定性的，而仁性是无定体的。据《知言·往来》所言，如果观万物之流形的话，其仁性是各异的，而如果察万物的仁之本性的话，其源则是一。

（2）仁有生、实、安、久、合道于天的特征

据《宋元学案·五峰学案》记载，胡宏的从弟胡广仲说，《复卦》下面有一画，那便是乾体。其动是来自于天的，而且是动于至静之中，指的是动而能静之义，这便是天地之仁心。据《知言·天命》所言，中即是天之仁性，仁即是天之仁心。据《胡宏集·题张敬夫希颜录》记载，胡宏说，颜子的仁之资禀是天然完具的，以其天地之仁心为大。仁心大则高明，高明则物莫能蔽。据《知言·纷华》所言，人能够肖天地的机要在于仁。据《胡宏集·邵州学记》所言，人的仁是合于天地和通于鬼神的。如果人能克守仁，则能乘天运、御六气、赞化工、生万物。人能与天地之仁参，这样就能正名为人了。据《胡宏集·求仁说》所言，圣人之道即

是仁。仁是本诸于身以成万物的，是广大而不可穷的，是变通而不可测的。如果人能仁的话，道就从仁中生了。有仁生则能安，安则能久，久则能合天，因为天是以仁生为道的。如果人能够下学于己之仁，上达于天之仁，就可以言仁了。据《知言·纷华》所言，万物都有备才能为人。物有未体的，就是非仁的。万民合才能为君。有一民不归吾人，那都并非是王。据《知言·修身》所言，道是非仁不立的。孝是仁之基。仁是道之生。义是仁之质。据《胡宏集·论语指南》所言，唯有仁能一以贯天下之道。因此，想要知道一贯之道，必须先求仁。欲求仁，必先识仁心。天地之仁心即是忠恕。人应该主仁之忠和行仁之恕，这便是求仁之方。施诸己不愿的不仁，也不要施诸于人，这便是主忠行恕之实。据《知言·天命》所言，仁即是天地之心。如果仁心不尽用，那么君子也是不仁的。

（3）圣人之仁心感而不动而常人之仁心则感而动

程颐很重视仁心的未发状态。据《程氏文集·与吕大临论中书》记载，程颐说，中指的是对于仁之理无过之而无不及，那么用什么准则来衡量呢？要求中于喜怒哀乐之未发之际。程颐还说，凡是言心指的都是已发之心，这个说法是不妥当的。心即是一，有时指的是体，此时的心是寂然不动的；有时指的是用，此时的心是感而遂通天下之故的，只是观其所见如何而已。杨时特别强调未发。而胡宏认为，心指的是已发而不是未发。圣人之仁心是感而不动的，而常人之仁心则是会感而动的。据《胡宏集·知言疑义》所言，圣人指明其体指的是性，其用指的是心。性是不能不动的，性一动便是心。据《胡宏集·与僧吉甫书》所言，未发只可以用来言性，已发才可言心。伊川说，中是所以状性之体段，而不是说心是状心之体段。心的体段指的是圣人之所以无思、无为、寂然不动、感而遂通天下之故。圣人的仁心在未发之时与众生是同一的。圣人所独有的仁心是已发时的无思无为、寂然不动而遂通天下之故。圣人能够尽仁性，所以能感物而静，没有远近幽深，遂知来物。而众生是不能尽仁性的，所以会感物而动，然后就会朋从尔思，所以不得其正。如果说圣人的仁心感物也动，那么圣人与众人也就没有什么区别了。

（4）人性善是叹美之词而不是与恶相对的

据《胡宏集·知言疑义》记载，有人问，什么是性？胡宏说，因为有性，天地才所以立。又问，而孟子、荀子、扬雄都是以善恶来言性的，不是吗？胡宏说，在性中有着天地鬼神之奥，连善都不足以名之，何况恶呢？又问，为什么呢？胡宏说，我听先君子说，孟子之所以能够独出于诸儒之表，就是因为孟子是知仁性的。我问先君子，为什么呢？先君子说，孟子说的性善，是叹美之辞，是不与恶对的。在胡宏去世后不久，朱熹等人就批评胡宏，说胡宏讲的是性无善恶论。胡宏认为，天理与人欲是同体而异用的。他认为，仁道是宇宙间的普遍法则。从大的方面来说，仁道是塞乎于天地之间的；而从小的方面来说，仁道是存乎于饮食男女之事里的，是人类的生命活动所遵循的仁的规范和准则。据《知言·阴阳》所言，夫妇之仁道，只是以淫欲为事，人才认为是丑的。圣人是安于夫妇之仁道的，因为是以保合为义的。接而知有仁之礼，交而知有仁之道。据《胡宏集·知言疑义》所言，天理与人欲是同体而异用的，是同行而异情的。据《知言·仲尼》所言，气是主于仁性的，仁性又是主于心的。心纯的时候，则仁性定而气正。气正则动而不差。据《知言·事物》所言，气之流行是以仁性为主的；而仁性之流行则是以心为主的。据《胡宏集·知言疑义》所言，仁性是天下之大本。尧舜禹汤文王仲尼六君子先后相诏，必然说到的是仁心而不说仁性，这是为什么呢？因为仁心能够知天地，能够主宰万物，能够成全仁性。六君子都能尽仁心，所以能立仁性这个天下之大本。

（5）能仁者指一事就能明白仁的良心的存在

据《胡宏集·复斋记》所言，到成年后，嗜欲动于内，事物感于外，仁的良心便放失了，从而流于恶。据《知言·一气》所言，情一流则难以遏，气一动则难以平。流而后遏，动而后平，这都是很难的。察而养仁之情于未流，则不至于用遏；察而养正气于未动，则不至于用平。因此，如果察仁有素，虽然是婴儿于物也不会有惑；如果养仁有素，虽然激于物而不会有悖。据《知言·大学》所言，对于君子来说，学莫大于致知仁，即知道仁的良心的存在和运行的方式。必须先致知仁，及超然有所见，方能力行以终之。据《知言·一气》所言，居敬明仁之理，诚而得仁道。仁的天道是至诚的，所以是无息的。仁的人道主敬所以能求合于天之仁。君子之所以能终身，因为有对仁的敬。据《胡宏集·复斋记》所言，格之之仁道，必须先立仁之志以定其本，居敬以持其仁之志。当仁之志立于事物之表，敬行于事物之内时，知仁就可以精了。据《胡宏集·知言疑义》所言，凡人之生都是具有粹然的天地之仁心的。所有的仁心都是道义完具的，是无适无莫的，是不可以辨善恶的，是不可以分是非的，是无过之而无不及的，中就是因此而得名的。仁心是主宰着万物的，顺仁心则喜，逆仁心则怒，感于仁心之死则哀，动于仁心之生则乐。在欲之所起处，情也是随之而生的，心也是随之而放的。如果有私于身，有蔽于爱，有动于气，对于仁之理就会失之毫厘而谬之千里。

据《胡宏集·知言疑义》所言，问者说，为君子有什么奈何呢？要戒谨于隐微之仁，恭敬仁于颠沛，勿忘也，勿助长也，则能中和自致于仁。问者说，仁心是无穷的，孟子怎么说能尽其仁心呢？胡宏说，只有仁者能尽其仁心。又问，如何为仁？胡宏说，欲为仁，必须先识得仁之体。又问，仁之体是如何的呢？胡宏说，仁之道是弘大而亲切的。知仁者是可以一言而尽的；不知仁者，虽设千万言，也是不能知仁的。能仁者可以举一事就明白，而不能仁者，虽指千万事，也是不能知仁的。又问，万物与我为一，可以为仁之体吗？胡宏说，身是不能与万物为一体的，但是仁心则能与万物为一体。又问，人心是有百病一死的，天下之物是有一变万生的，你怎么能与之为一呢？后来，某人问，人之所以不仁，是因为放掉了其仁的良心。以放心求心，可能吗？胡宏说，齐王见牛而不忍杀，这是仁的良心之苗裔，因利欲之间而见。一有见仁，操而存之，存而养之，养而充之，以至于大。大而不已，就能与天之仁同了。此仁心是在人的，而其发见之端则是不同的，要点在于识之而已。

（二）明朝前期的曹端、薛瑄、胡居仁

在明朝前期，朱熹之学占统治地位。这个时期的理学的主要代表人物为曹端、薛瑄、胡居仁。

1. 曹端：仁的为学主于力行

曹端（1376—1434年）为明前期的河南渑池人，做过20年官。他平生不信轮回、福祸、巫觋、风水之说，不喜欢佛老之学，以读儒书和明儒礼劝人为仁。他的仁的为学主于力行。

（1）太极是仁之理而不是气，而仁之理是活理而不是死理

据《周子全书·太极图说述解序》记载，曹端认为，仁的太极是仁之理的别名。仁的天道之所以能立，实际上是仁之理所为的。理学之源实际上是出自于天之仁的。曹端认为，在孔子之后的许多学者把仁的太极理解为气，用气来解释仁的太极，使得仁的太极的本义变得不明了。他非常推崇周敦颐的《太极图说》。据《周子全书·太极图说述解序》记载，曹端认为，周敦颐启千载不传之秘，因为他知道仁的太极即是仁之理而不是

气。但是，曹端在仁的太极是否能动能静的问题上，与朱熹有不同的看法。据《周子全书·辨戾》记载，曹端反对朱熹把用人骑着马而动来比喻太极的做法。如果说仁之理是乘气而动的，那么仁之理就完全是被动的。即使用乘马来比喻，也要区分一下是死人还是活人。如果人是死人，则不足以为万物之灵。如果理为死理，则不足以为万化之原。死理是不足以崇尚的，死人是不足以为贵的。如果让活人乘马，则出入行止疾徐，都是一由人驾驭的。活理也是如此。

（2）对仁的一诚足以消万伪，而对仁的一敬足以敌千邪

曹端的学问的宗旨是立基于敬仁和体验仁于无欲之上的。据《明儒学案·诸儒学案》记载，曹端很重视事仁心之学，他强调事事都要于仁心上做功夫，这便是入孔门的大路。曹端说，吾辈做事，件件都不离一个敬字。学者必须要置身在法度之中，一毫也不可放肆。对仁的一诚足以消万伪，对仁的一敬足以敌千邪。圣人之所以为圣人，只是这忧勤惕励之仁心，须臾毫忽都不敢自逸。曹端反对主静，他认为敬自然会静。曹端说，非礼勿视，则仁心自然会静。不是仁心不动便是静，仁心要不妄动方是静，所以说仁心无欲固静。仁心到了此地位，静固然是静，动也是静的。孔、颜之乐，乐的是仁。并不是说乐这仁，而是说仁中自有其乐。孔子安仁，所以乐在其中，颜子不违仁所以不改其乐。安仁指的是天然自有之仁，而乐在其中指的是天然自有之乐。不违仁，指的是守仁之仁，而不改其乐，指的是守仁之乐。不忧其实就是乐。周、程、朱自不直接说破，是想要学者自己悟得仁之乐。

2. 薛瑄：坐立的方向必有仁之正而后已

薛瑄（1389—1465 年）是山西河津人。登进士第后做官。因为拒绝阿附中官王振，曾被诬陷下狱论死，后传旨戍边，寻放还家。后为翰林学士，并入内阁。晚年致仕居家。临终时留言说，76 岁时什么事都没有了，此心才开始觉悟到仁性是通天之仁的。薛瑄是一个仁的实践之儒。他以仁立身行事，严格辨别公与私，不惜向上忤逆权贵，决不枉公徇私。他的学问是从程朱提倡的主敬入手的。据《明儒学案·河东学案》记载，薛瑄说，我坐立的方向，器用的安顿，稍有不正，即刻就不乐，必有仁之正而后已。据《读书录·卷五》记载，薛瑄说，我每呼此仁心时都说，主人翁在室吗？至夕之时必自省说，一日里我所为之事合仁之理吗？薛瑄还努力制怒。据《明儒学案·河东学案》记载，薛瑄说，我用了 20 年来治一

怒字，尚未消磨得尽①。薛瑄的主要著作是《读书录》。

（1）仁的太极能为动静而仁之理则涵于浑浑无止息的气中

薛瑄继承了曹端反对朱熹的仁的太极不会自己动静的思想。据《读书录·卷九》所言，如果仁的太极是无动静的，就是枯寂无用之物，就不能成为造化之枢纽、品汇之根柢。从这个角度观之，就可以明白仁的太极是能为动静的。薛瑄对于朱熹的仁之理在气先的观点也持有异议。《读书录·卷三》所言，仁之理与气是不可以分先后的。在未有天地之先，虽然天地之气还未成，而所以为天地之气，则浑浑乎未尝间断止息，而仁之理则是涵于气之中的。据《读书录·卷四》所言，今天地之始即是前天地之终。在终时，虽然天地是混合而一的，但是气则未尝有息。但是，在翕寂之余，犹有四时之贞，为静之极。在至静之中，动之端已萌，即所谓仁的太极动而生阳。在原来的前天地之终静时，仁的太极已具。今天地之始动，而仁的太极已行。所以，仁的太极或在静中，或在动中，虽不杂于气，也不离于气。如果以为仁的太极在气先，则是气就有断绝，仁的太极便会别为一悬空之物，却是能生气的。所以说，动静是无端的，阴阳是无始的。

据《明儒学案·河东学案》记载，薛瑄说，仁之理只能在气中，决不可分先后。仁的太极动而生阳，动前是静，静便是气。所以，不能说仁之理先而气后。有形者是有聚散的，而无形者则不可以说是有聚散的。仁之理既然是无形的，就不是有尽的。四方上下，往来古今，都是有仁的实理实气的，无丝毫之空隙，无一息之间断。仁之理如日光一样，而气如飞鸟一样，仁之理乘气机而动，如日光载鸟背而飞。在鸟飞之时，虽然日光不离其背，实则未尝与之俱往而有间断处。也犹如气动之时，虽然仁之理未尝与之暂离，实则未尝与之俱尽而有灭息之时。由此可见，气是有聚散的，而仁之理则是无聚散的。仁之理如日月之光，大小之物各得其光之一分。物在则光在物，物尽则光在光。

（2）在仁的太极中寻找统一性而在仁的分殊中寻找意义

据《读书录·卷四》所言，统天地万物而言之，就是一仁之理。天地万物各有一理，这便是分殊。据《读书录·卷六》所言，在天地之间，物是各有其仁之理的。仁之理指的是其中的脉络条理合当如此。如君之

① “消磨得尽”不强调费力，是磨着磨着就尽了，而“消磨殆尽”则强调因疲惫而尽。

仁、臣之敬、父之慈、子之孝之类，皆在物的仁之理。于此处之，便能各得其宜，这便是处物的仁之义。据《读书录·卷一》所言，穷理指的是穷人与物的仁之理。人的仁之理则有降衷秉彝之性，物的仁之理则有水火金木之性，以至万物万事皆有当然的仁之理。于仁的众理莫不穷究其极而无一毫之疑，所以称为穷理。据《读书录·卷二》所言，格物致知仁所包含的范围是很广的。就一身而言，耳目口鼻身心皆是物。格耳则是格耳之聪的仁之理，格目则是格其明的仁之理，推而至于天地万物，皆是物。格天地则当格其健顺的仁之理。格人伦则当格其忠孝仁敬智信的仁之理。格鬼神则当格其屈伸变化的仁之理。以至于草木鸟兽昆虫则当格其各具的仁之理。又推而至于圣贤之书、六艺之文、历代之政治，皆所谓物，又当各求其仁的义理精粗本末是非得失，皆所谓格物。据《明儒学案·河东学案》记载，薛瑄说，对于仁的致知格物，还是通过读书得仁者多。虽然圣人是以此仁之理应物，而其实仁之理只在彼物之上，彼与此元是不移的。圣人治人，不是将自己的仁的道理分散与人，而只是物各付物而已。

（3）仁性是纯粹善的理而心则因杂于气而有善恶

据《读书录·卷五》所言，仁性纯粹是仁之理，所以有善而无恶。心则是杂于气的，所以不能无善恶。气强而仁之理弱之时，昏明善恶，皆随气之所为，而仁之理则有不得制的时候。仁之至或仁之理有时而发见，但随复为气所掩，终不能长久开通。为学的目的正是要变化不美的气质，使仁之理常发见流行。当心统性情之静时，气未用事，心正则性也善；当心统性情之动时，气已用事，心正则情也正。心有不正的时候，情也不正。从下功夫的角度上说，心正就是要敬仁。学仁者应该居敬以立仁之本，穷仁之理以达用。学仁要以静为本。不静则心既杂乱，则没有理由有得仁。为学时时处处都是做仁的功夫处。即使在至鄙至陋之处，也皆当存有谨畏之仁心而不可忽视，就如同就枕时手足不敢妄动，心不敢乱想一样，这便是睡时要做的仁的功夫。据《读书录·卷二》所言，静而敬仁，以涵养喜怒哀乐未发之中；动而敬仁，以省察喜怒哀乐中节之和。这便是为仁学之切要之处。

（4）千古圣贤之仁学都不过是要存仁的天理而遏私的人欲

据《读书录·卷五》所言，千古圣贤之学，都不过是想要存仁的天理和遏私的人欲而已。据《读书录·卷二》所言，勿忘仁最是学者的日用切要的工夫。人心之所以与仁之理背驰，正是缘于忘于有所事。诚便是能时时刻刻不忘于仁的操存省察等事，即心常存仁的天理不忘。在未应物时，仁的心体只是至虚至明的，不可先有忿懥（zhì，愤怒）恐惧好乐忧患在心。事至应之之际时，当忿懥之时则懥，当恐惧好乐忧患之时而恐惧好乐忧患，使情皆保持中节的无过无不及之差。及应事之后，仁的心体依旧是至虚至明的，不留忿懥恐惧好乐忧患这一事于心。所以，仁的心体是至虚至明的，是寂然不动的，这便是喜怒哀乐未发之中，这便是天下的仁之大本。据《读书录·卷六》所言，顺仁之理时心便会悦豫。欲淡时心则清，心清时仁之理则见。当人心定气平时，身体之安和舒泰都是不可言喻的。如果不为物累，就会感觉身心都是很轻的。如果人是气完体胖的，便有休休自得之趣。

3. 胡居仁：要在静时操存涵养仁之理

胡居仁（1434—1484 年）是江西余干人，又称为敬斋先生。他曾在吴与弼门下为仁学，遂绝意科举，在梅溪山中居住。他家世代为农，他又一生不做官，所以生活贫窭，但他始终是消然自得的。据《明儒学案·崇仁学案》记载，胡居仁在仁的持敬的修养中，严毅清苦，左绳右矩，每日必立仁的课程，详书仁的得失以自考。虽然是器物之微，也要区别仁的精审，没齿不乱。他的主要著作是《居业录》。

（1）仁之理是不可以用有无来言之的

胡居仁与胡宏、薛瑄一样，都认为仁之理是无所谓聚散和有无的。据《居业录·卷二》所言，气是有聚散、虚实、生死的，可以用有无来言之；而仁之理则不可以用有无来言之。虽然仁之理是流行不息的，但是能量世界的仁之理是形而上的，所以没有聚散，也不可言虚实，不可言有无。仁之理是无时的，从这个角度可以说是无。阴阳指的都是气，仁之理在气中。刚柔都是质，依靠着气以成仁之理。仁义都是理，具于气与质之内。有此气则有此仁之理，仁之理是气所为的。据《居业录·卷三》所言，仁之理是气之理，气是仁的理之气。把仁之理与气混在一起，则仁之理与气是没有分别的；把仁之理与气分为二，则气不是气，仁之理也不是理。据《居业录·卷一》所言，欲是从气中生出来的。如果欲之气为主，就会灭了仁之理。必须使仁之理为主，而气要顺仁之理。

（2）偏浊之人的心在未发时已失仁之中

朱熹曾作过《调息箴》，但是既没有把调息作为一种修养仁心的功夫，也没有明确否认调息在修养仁心方面的作用。胡居仁则明确反对把静中的仁的功夫理解为调息。胡居仁强调存仁心与调息的区别。据《明儒学案·崇仁学案》记载，胡居仁说，视鼻端之白，用这种方法来调息去疾是可以的，但是用这种方法来存仁心则是不可的。这种方法是取在身至近的一物来系住自己的心。反观内视，还有佛家用的数珠之法，也是这样的方法，目的在于羁（jī，束缚）制其心，让心不妄动。胡居仁说，他提倡养的是仁的浩然之气，而不同于气功家的养气。据《居业录·卷二》所言，修养家所养的乃是一身的私气。据《明儒学案·崇仁学案》记载，胡居仁说，只要对仁恭敬安详，这便是存仁心之法，不用借调息来存仁心。据《居业录·卷二》所言，偏浊之人的心，在未发之前已失其仁之中，所以心在已发时就不能和。不善之人也有静的时候，然而那时物欲固而未动，然而气已是昏的，心已经偏倚，仁之理已经塞了，仁的本体已经亏了，所以要做未发之前的仁的工夫。据《居业录·卷一》所言，心具是仁之理和气之灵，所以养得仁心即养得仁气，能养得仁气即养得仁心。仁理与仁气这二者合一，便是仁心。

据《居业录·卷二》所言，仁理与仁气是不相离的，仁心与仁理是不二的。仁心存则仁气清，仁气清则仁理益明，仁理明则仁气清，从而心益泰然。所以，仁心与仁气都必须养，而仁理则必须穷，不可偏废。据《明儒学案·崇仁学案》记载，上蔡记录了明道之语说，既然得了有仁理的仁心，就必须放开。朱熹怀疑这种说法，认为既然得了有理的仁心，心胸自然就开泰了。如果有意放开，反会成病痛。胡居仁认为，得仁后放开，虽然看上去似乎涉及安排，然而病痛尚小。今人未得仁之前先放开了，所以流入了庄佛之说中。还有，尚未能克己求仁，先就要求有颜子之乐，所以卒至狂妄。殊不知，周敦颐令二程寻颜子之乐，是要让他们见得孔颜因什么而有此乐，要见得所乐的是什么事，然后便要做颜子的仁的功夫，要求至于其仁之地。岂有便来自己身上寻乐的？所以，如果放开太早，求乐太早，皆会流入异端。据《居业录·卷一》所言，胸中洒落，如光风霁月，虽然这样说能够形容有仁道的气象，但终究是带了些清高的意思。

（3）要在静时操存涵养此仁之理才不易流于禅

①无仁之理做主宰那么静也不是工夫而动也不是工夫

据《明儒学案·崇仁学案》记载，胡居仁说，禅家存心的方法主要三样，一是要无心，要空其心；二是要羁制其心；三是要观照其心。而儒家则是要内存仁的诚敬，外尽仁的义理，这样仁心就能存了。孟子说，要求放心来示人，人反而没有了捉摸下工夫之处，所以程子说，要主敬仁心。敬仁心便是操仁心，而不是说在敬仁心之外，还别有个操存仁心的工夫。敬仁心之入头之处便是端庄严肃，严威俨恪；敬仁心之接续之处便是对于仁心的提撕唤醒；敬仁心的无间断之处，便是主一无适、湛然纯一；敬仁心的效验之处，便是精明不乱。要敬该仁心的动静：静坐的仁心要端严；随事要检点仁心的致谨。对仁心的敬要兼内外：仁的容貌要庄正，仁的心地要湛然纯一。如果心没有仁之理做主宰的话，静也不是工夫，动也不是工夫。如果仁之理这个大本不立，就会静而无主，这样不是空了仁的天性，便是昏了仁的天性；如果仁之理这个达道不行，就会动而无主，这样若不是猖狂妄动，便是逐物徇私。从心的角度上说，主敬仁心是有意的；从理的角度上说，是仁心行其所无事。因为仁心是有所存主的，所以是有仁意的。循其仁的理之当然，所以是无事的。在这里，有仁心中未尝有，无仁心中未尝无，仁心与仁理是一致的。所以，敬仁心是贯通于动静的，是操存仁心之理的要法。

②如果仁心不外驰则定会入于空无之中

据《居业录·卷四》所言，主敬仁就是要专要如此而不间。如果主敬仁熟了，以至于不待著意，即不用执著，那时便是圣人了。据《明儒学案·崇仁学案》记载，胡居仁说，仁心在静中有物，说的只是仁心要常有一个操持主宰，这样才不会有空寂昏塞之患。古人于心静的时候，只是下个操存涵养字。如果以为静中工夫只是屏思虑，就会流入老、佛之说中。操字具有持守此仁之理之意，即静时是敬仁的。如果无个操字，是中之心便无主，这样就会悠悠茫茫，无所归著。如果仁心不外驰，定会入于空无之中。今人屏绝心的思虑以求静，圣贤是不用此法的。圣贤只是要心戒慎恐惧仁之理，这样自然就无许多邪思妄念。圣贤不求心静，但是心未尝不静。胡居仁说，周敦颐有主静之说，于是学者遂专意静坐，多流于禅。胡居仁认为，静是仁心之体，动是仁心之用。仁心之静为主，而仁心之动为客。所以，仁心之体立，仁心之用就能行。这样做的目的是要整理其仁心，使得仁心不会纷乱躁妄，然后就能控制住天下之动。但是，仁心的静之意是重于动的，而非偏于静。仁心的本体已立，自然就不会流于空寂。这样的话，虽然仁心是静的但是无害的。今人认为，仁心静时是不可操的，才操便是动。意思是说，不要惹动此仁心，待他自存。如果操仁心便要著仁之意，而著仁之意便不得静，那么，如果仁心静时不操，要待何时去操仁心呢？以空寂杳冥为静，其实是不知道什么为静的。仁心心之静指的只是思虑未萌，事物未至而言的，仁心中的操持之仁意是常在的。如果不操持仁心，待心自存，那么是绝无此仁之理在的。

（三）其他理学思想拾零：万化之全美尽在仁意之中

据《宋元学案·木钟学案》记载，朱熹的弟子陈埴说，在“子在川上”一章，孔子只是要说天地是有仁的道理流行的，仁道是无有穷尽的，如水之更往迭来一样，如昼夜常恁地初无一朝停息一样，这便是仁的道体。据《宋元学案·勉斋学案》记载，朱熹的弟子黄勉斋说，仁的道体是无物不在、无时不然、流行发用无少间断的。据《明儒学案·浙中王门学案》记载，张阳和说，能量世界的仁之为物是不容易名状的，所以孔门是罕言仁的。凡是言到仁的时候，皆是在求仁之功而已。生生不已即是天地之仁心。人之生是以天地之仁心为仁心的。仁心是虚而灵的，是寂而照的，是常应而常静的，所以说仁心是有物的。而仁心又是用一物不能容的，所以就称其是无物的，而是万物皆备的。能量世界的仁心是无物、无我、无古今、无内外、无始终的。可以说能量世界的仁心是无生而实生的，也可以说是有生而实际未尝生的。仁心是浑然廓然的，是凝然炯然的。仁之体就是这样的。

据《宋元学案·北山四先生学案》记载，朱子的后学金仁山说，春敷夏长，万物生成，皆是天地的仁心之迹，这是不难见到的。但是，只是从《复》卦中可以看到天地之仁心。天地之仁心是什么呢？天地之仁心即是仁，仁即是生生之仁道。从象上来看的话，仁道就是复卦中的一爻。当穷冬的时候，五阴都在上面，天地是闭塞的，寒气用事，风霜严凝，雨雪交作，万物都到了肃杀之极。在天地之间，似若已经绝无生息，而一阳之仁，已经潜回到了地中。这便是天地生生之所以为化生万物之初！异时的生气磅礴，品物流行，皆是从此一阳之仁中出的。所以，程子说，一阳之仁复于下，这便是天地生物之仁心。其仁意是浑然的，万化之全美都已经具备了，是生气暗然的，但是一毫之形迹都未呈。这便是天地之仁心，造化之端，生物之始。据《宋元学案·南轩学案》记载，张南轩说，人是具有天地之仁心的，这便是元。由是而发见的，全是可欲的仁之善。不由是而发的，则是为血气所动的。圣人之仁心是纯全的，是与仁的天理浑然的，是乾知大始的仁之体。所以，乾是圣人之分，是可欲之善属。在贤者则是由积习来复其初的，通过坤来作成物之用。所以，今欲用仁之功，便要养其仁之源。先于敬仁用功之久，则可以把人欲寖（jìn，同浸，指泡、逐渐）除，这样就可以得仁心而存了。如果不养其仁之源，想要在发见之际辨择其可与不可，这样做是徒劳的，恐怕还会因被纷扰而无日新的仁之功。

（四）朝鲜的李滉：东方理学的海东朱子

李滉（1501—1570年）为朝鲜著名的理学思想家，又称为退溪先生。他做过官，但始终一意归退。他晚年筑舍于陶山之麓，潜心体味仁道，优游于山水之间。程朱理学在朝鲜的高丽后期就已传入朝鲜半岛，在李朝建国后逐步发展了起来。因为朝鲜位于中国大陆之东，所以朝鲜学者称自己的理学为东方理学。据《言行录·卷一》记载，李退溪说，朝鲜的东方理学以郑梦周为祖和以金宏弼、赵光祖为首，但是这三位先生的表述无征，今不可考其仁学之深浅。中国大陆的明朝崇奉朱学，颁四书、五经和性理大全，李朝受到了影响。据《言行录·卷五》记载，李朝也设科取士，通《四书》《五经》者能入选，所以士诵习的无非孔孟和程朱之言。李退溪早年以真德秀著的《心经》为宗，注重仁的心地的实践功夫。南宋时期的真德秀挑选了古先的圣贤的论仁心的格言，汇编成了《心经》。本书以十六字心传为首，以朱子的尊仁的德性之铭为终。后来明朝的程敏政又以程朱诸说为之附注，写成了《心经附注》。据《言行录·卷一》记载，李退溪说，我得了仁的心经而后知道了仁的心学的渊源和仁的心法之精微。李退溪晚年居陶山时，依然是鸡鸣即起，诵读仁的《心经》。50岁的时候李退溪筑寒栖庵于退溪，这时才看到《朱子大全》。据《言行录·卷二》记载，李退溪的门人说，李退溪在晚年的时候才专意于朱子之书，平生得力处大致皆是自此书中引发出来的。《退溪书节要》选录了李退溪的重要思想材料。

16世纪中叶之后，在中国大陆的明初兴起了心学运动，而李朝则出现了一大批以朱学为主的理学家，形成了李朝时代的罕见的学术繁荣，而且朝鲜的理学开始有了自身的学派的发展。李退溪的思想则是当时的划时代的代表。在李退溪生活的时代，王阳明的心学盛行于中国大陆，而作为明王朝的正统哲学的程朱理学则面临着危机。李退溪以继承和捍卫程朱的仁的道统为己任。据《言行录·卷一》记载，李退溪一生都以朱子为宗。李退溪一方面批判王阳明的心学，另一方面又极力抨击罗钦顺的气学。在李退溪去世后，他的门人称李退溪之学得的是朱子的嫡统，称他为海东朱子。在明朝中期以后，朱学在中国内地再没有产生出有生命力的哲学家，虽然朱熹之学从明中期到清朝都仍然维持着正统哲学的地位。李退溪哲学的出现，为朱熹之学在东亚进一步扩大影响准备了条件。但是，正如《诗经·大雅》所言，周虽然是旧邦，其命是维新的，继承周的儒学的理学是有强大的维新能力的。朱熹的理学，不仅是11世纪以后主导中国的思想体系，而且是前近代的东亚各国（朝鲜、越南、日本）的占主导地位的或有重要影响的思想体系。

1. 仁之理是自己在动静而且既有体也有用

朱熹认为，仁之理是不会有动静的，仁之理是无造作的，所以是不会生气的。而李退溪认为，仁之理自然是有动有静的，仁之理又是既有体又有用的。据《李退溪文集·答李达李天机》所言，仁的太极的动静是自己在动静；仁的天命之流行是自己在流行，并没有什么来使仁的太极动静的东西。据《李退溪文集·郑子中别纸》所言，仁之理动则气随之而生，仁之气动则理随之而显。据《李退溪文集·答李公浩问月》所言，仁的本然之体是能发能生的。仁之理自然是有用的，自然能生阴气和生阳气。据《李退溪文集·答奇明彦别纸》所言，不能把仁之理当成死物。李退溪认为，仁的四端为仁的理之发，而七情则为气之发。仁的四端属于人的仁德的情感，是发自人的本性即仁之理的，而七情则是人的一般的生理情感，发自于人的形体即气。在这个问题上，李退溪曾与奇大升反复论辩，成为了李朝的仁的性理学史上的一大事件。奇大升认为，七情泛指人的一切情感，而四端只是七情中所发的中节的部分，所以七情都是发自于同样的根源，即皆是发自于仁义礼智之性的。而李退溪则认为，七情不是发于仁性的，而是发于气的。仁的四端与气的七情是分理与气的，但并不是说四端仅仅是仁之理，而七情仅仅是气。四端和七情都是兼乎于理气的。

据《退溪答高峰四端七情分理气辩》所言，四端和七情皆不外乎于理和气。四端并非是无气的，而七情之外也无理。仁心是仁理与仁气之合，仁情也是仁理与仁气之合。大抵是有仁之理发而气随之的，这是就仁之理为主而言的，并非是说仁之理是外乎于气的，仁之理即是四端。有气发而仁之理乘之的，则可是主气而言的，并非是说气是外乎于仁之理的，这便是七情。据《圣学十图·心统性情图说》记载，李退溪说，四端之情理发而气随之，自然是纯善而无恶的；必然是因为仁之理发未遂而掩于气，然后才会流为不善。七情如果是气发的而仁之理乘之，也没有不善的。如果气发不中而灭其仁之理，就会放而为恶。据《李退溪文集·答郑子中讲目》所言，在发的时候，如果仁之理显而气顺则善，气掩而仁之理隐则恶。据《李退溪文集·答李仲久》所言，要以仁之理驾驭气，情才会是善的。

2. 从格致到治平为仁的功夫，而从物格到天下平为仁的功效

朝鲜的理学把格致到治平称为仁的功夫，而把物格到天下平称为仁的功效。在解释物格是仁心到仁理的极处还是仁理自到于极处时，李退溪与奇大升再度发生了争论。奇大升坚持仁理到说，认为是仁之理自己到于极处的。而李退溪开始时坚持仁心到说，认为是人穷究到物的仁之理的极处，而物格的无不到只是指已到或已至。据《李退溪文集·俗说辩解疑答郑子》所言，比如有人自此历行郡邑至京师，就犹如格物致知的仁之功夫。已历郡邑，已至京师，就犹如物格知至的仁之功效。至者为主，而极处为宾。已历者并非是人，而是郡邑；已至者也并非是人，而是京师。推之以解释物格，则格者并非是我，而是物。释极处，则到者并非是我，乃是极处。这是不成言语和不成义理的。在李退溪临终前数月，奇大升找出了数条有利于说明仁理自到极处的材料寄给了李退溪，李退溪仔细思量后，认为仁理到之言未为不可。据《朱子语类·卷九十四》记载，朱熹说，充指的是广；周指的是遍。言其不行而至，指的是随其所寓而仁之理无不至。李退溪参考了《大学或问·卷一》，其中朱熹说，所说的仁之理虽散在万物，而气用之微妙实不外乎于一人的仁之心。据《朱子语类·卷十八》记载，朱熹说，仁之理必然是有用的，何必又说是仁心之用。参考了朱熹的上述观点，李退溪承认了自己的错误。据《李退溪文集·与奇明彦别纸》所言，仁的理之用虽不外乎于人心，而其所以为用之妙，实是仁的理之发见者随人心所至而无所不到、无所不尽，但恐我之格物有未至，而不患仁之理不能自到。此仁之理是本然之体，其随寓发见而无所不到，这就是仁之理的至神之用。

第四节　儒家心学的主要代表人物

一　儒家心学的主干人物

（一）程颢的万物浑然一体的仁心之论

在《二程集》中有着程颐和程颢的思想。本部分收录的是程颢的思想。

1. 程颢的生平及其立论宗旨

程颢（1032—1085 年）为河南伊川人，又称为明道先生。他生于北宋仁宗明道元年。他与他的弟弟程颐并称为二程。因为二程长期在洛阳讲学，所以他们的学派又称为洛学。他年轻时便中举为进士。二程是道学的创始人。他们把孟子之后中断了 1400 多年之久的儒学道统真正承接了起来。他们以仁之理为最高的哲学范畴。程颢曾说，我的仁的学问是有所受的，但天理二字则是自家拈出来的。程颢所说的仁的天理是具体事物中的自然趋势，并非离开事物而存在，所以他不注重对于形而上和形而下的区分。这就是后来的仁的心学坚持的立场。据《宋史·道学传》记载，程颢资性过人，充养有道，和粹之气，盎于面背。据《二程集·明道先生行状》记载，程颢去世后，程颐在为他作的《行状》中说，程颢十五六岁时听周敦颐论仁道，于是厌烦了科举之业，慨然有求仁道之志。因为不知其要而泛滥于诸家，出入于老和佛几十年，返求诸《六经》，而后得仁道。周敦颐引导程颢摆脱对世俗名利的追求，要去追求自得的仁的精神生活。据《明道文集·卷一》记载，程颢作了《秋日偶成》来说明他的仁的精神境界。他说，他在闲来无事的时候是从容的，睡觉睡到东窗日已红。他认为，万物静观皆是自得仁的，四时佳兴都是与人同的。仁道能够通到有形的天地之外，仁思能够进入风云变态①之中。富贵时能不淫，贫贱时还能乐，男儿有了这样的思想境界就是豪雄了。他终年 54 岁。在程颢去世的时候，无论认识还是不认识他的士大夫，都很哀伤。他死后被称为明道先生，他常引用《易》。

2. 程颢的思想脉络

（1）天是什么样的？仁的天道与仁的天理和感通与寂然

①天之仁只是以生生的仁之易为仁道

据《遗书·卷二上》记载，程颢说，仁之易指的是生生，天只是以生为仁道。据《遗书·卷四》记载，程颢说，仁道之外无物，物之外无仁道，天地之间无适而非仁道。为夫妇、为长幼、为朋友，无所为而非仁道。《周易·系辞》说，形而上者谓之道，形而下者谓之器。据《遗书·卷十一》记载，程颢说，阴阳也是形而下者。只有能量世界的仁道截得上下分明，元来只此是仁道，要在人默而识之。程颢认为，《周易·系

---

① “风云变态”指的是风云的变化状态，而“风云变幻”则强调幻。

辞》中的“一阴一阳谓之道”，没有真正分清道与器，因为阴阳是气，气是形而下的存在，不能被直接称为道。据《遗书·卷十二》记载，程颢说，一阴一阳称之为道，这就是自然之仁道。继仁道者则善。出仁道则有用，元者善之长。成仁者，却只是仁性，这就是各正性命的意思。据《遗书·卷十一》记载，程颢说，言天之自然者，说的是仁的天道；言天之付与万物者，说的是仁的天命。据《遗书·卷二上》记载，程颢说，穷仁之理和尽仁性以至于仁之命。三事一时并了，元无秩序。不可将穷仁之理作知仁之事。如果实穷得仁之理，则仁的性命亦可了。据《遗书·卷三》记载，程颢说，上天的仁之载是无声无臭的，其体则称之为仁之易，其理则称之为仁之道，其用则称之为仁之神，其命于人则称之为仁之性，率仁性则称之为仁道，修仁之道则称之为仁之教。孟子又发挥出仁的浩然之气。这样就可以说是尽仁了。所以，仁之神如在其上，如在其左右。大小疑事而只说，诚之不可掩如此之仁。仁的彻上彻下，不过如此。形而上为道，形而下为器；须着如此说。器亦是仁道，仁道亦是器，但得仁道在，不系今与后和己与人。

②万物皆有仁之理，所以仁心顺仁理则易而不必劳自己之力

据《遗书·卷十一》记载，程颢说，天即是仁之理；仁之神即是相对于妙万物而言的。天地万物的仁之理是无独必有对的，皆是自然而然，并非有什么安排。就如每中夜以思，不知手之舞之，足之蹈之。仁之理的静为翕，仁之理的动为辟，不翕聚则不能发散。天之生物，有长有短，有大有小。君子得其大，也不能够使小变大，因为仁的天理如此，不可以逆仁的天理。人服牛乘马，皆因其仁之性而为之。为什么不乘牛而服马呢？因为仁之理不让这么做。万物皆有仁之理，顺仁之理则易，逆仁之理则难。各循其仁之理，就没有必要劳自己之力。据《遗书·卷十五》记载，程颐说，“寂然不动，感而遂通”。此已言人分上事。如果论仁之道则仁的万理皆具，更不说感与未感。而据《遗书·卷二上》记载，程颢认为，仁的天理是“寂然不动，感而遂通”的。仁的天理是不为尧存，不为桀亡的。父子君臣中的仁的常理是不易的，所以是不动的。因为是不动的，所以称为寂然。虽然不动，但是感便通，但感并非来自于外。人得仁的天理，就能大行不加，穷居不损。在仁的天理之上是没有什么存亡加减的。不能反躬，仁的天理就灭了。在仁的天理中是百理俱备的，元无少欠的，所以反身而诚仁。

（2）人性是什么样的？人生而有善恶，但恶不是本恶

①世间是有善有恶的，但善则理当喜而恶则理当怒

据《遗书·卷二上》记载，程颢说，天下善恶都是仁的天理。所谓的恶并不是本恶，而是或过之或不及，杨墨之类就是如此。在仁的天理中，物必须是有美有恶的。物是不齐的，这就是物之情。但是，人应当察之，不可自入于恶，而流于一物。据《遗书·卷十一》记载，程颢说，万物全都是有对的：一阴一阳，一善一恶；阳长则阴消，善增则恶减。这样的仁之理可以推之其远。人只是要知此仁之理而已。据《遗书·卷二上》所言，万物都是服从一个仁的天理的。仁的天理是自然的，是应当如此。人与变是私意。世间是有善有恶的，善则理当喜，如五服自有一个次第，以章显之。恶则理当怒，彼自绝于理，所以要有五刑五用。这是不容心喜怒于其间的。这应该是程颢的观点。据《上蔡语录·卷上》记载，程门的弟子谢良佐说，格物穷理，须是认得仁的天理始能得。仁的天理指的是自然的仁的道理，无毫发之杜撰。见到小孩子掉到井里了，皆有怵惕恻隐之仁心，其仁心怵惕，这就是仁的天理。如果由此再想到要在乡党朋友那里获得荣誉等，这就是人欲。如果任私用意，杜撰用事，人欲就会放肆。天即是仁之理。只如视听动作，一切是天。仁的天命是有仁德的，便五服五章；天讨伐的是有罪的，便五刑五用。这不是由杜撰做作而来的。学仁者要明白仁的天理是自然的仁的道理，不得移易。如上观念与程颢的观念是类似的。

②凡人都是有仁性的，但是要继仁性者才为善

据《遗书·卷一》所言，“生之谓性”，性即是气，气即是性，这就是生的意思。人生于气禀，理应是有善恶的，然而并不是仁性中元有此两物相对而生的。有自幼而善的，有自幼而恶的，这都是气禀使之然的。善固然是性，然而恶也不可不称之为性。当我们说“生之谓性”和“人生而静”时，才说到性时，便已经不是性了。凡人说到仁性时，指的都是继仁性者为善。孟子说的人性善便是这个意思。“继之者善”就犹如水流而就下一样。皆为水，而有的水流至海里，终无所污，这不必烦人力之为。有的水没有流多远，固已渐渐浊了。有的流出得甚远，方有所浊。有的浊得多，有的浊得少。清浊虽然有不同，但不能说浊者就不是水。如此说来，人的仁是不可以不加澄治之功的。用力敏勇则疾清，用力缓怠则迟清。就清而言，则却只是元初之水。亦不是将清来换却浊，亦不是取出浊来置于一隅。

水之清指的是仁性之善，而不是说善与恶在仁性中为两物相对，是各自出来的。这段没有注明是程颢还是程颐所说，据朱熹说是程颢说的。

（3）圣人是什么样的？圣人之喜怒系于物而非系于心

①圣人之喜，以物之当喜；圣人之怒，以物之当怒

据《明道文集·答横渠先生定性书》记载，程颢说，天地的仁之常，是以其仁心普万物而无己心的；圣人的仁之常，是以仁之情顺万物而无己情的。所以，君子的仁之学，莫若廓然大公，物来顺应仁之理而已。如果只是在规于除掉外诱，则将见灭于东，又会生于西。这不是因为日之不足的缘故，而是东西的端是无穷的，是不可除掉的。人之己情是各有所蔽的，所以不能适仁道，大率患在于自私而用智。自私则不能以有为为仁的应迹，用智则不能以仁的明觉为自然。今以恶外物之心而求照无物之地，就是反鉴而索照，就是说不想要镜子，却想要有镜子之照。与其非外而是内，不如内外两忘。两忘就会澄然无事。无事则心定，心定则明，明则不会有应物之累。圣人之喜，以物之当喜；圣人之怒，以物之当怒。所以，圣人之喜怒，不系于心，而是系于物。人之情，易发而难制者，唯怒为甚。能于怒时，遽忘其怒，而观仁的理之是非，就可以见外诱之不足恶，而于仁之道亦思过半矣。

据《遗书·卷十一》记载，程颢说，以物待物，不以己待物，这便是仁的无我。据《遗书·卷二上》记载，程颢说，医书把手足麻痹称为麻木不仁，此言最善名状。人的不忍人之仁心，常被私心或欲望所蔽，从而丢失了万物一体的仁的意识。据《宋元学案·明道学案》记载，程颢说，仁者是以天地万物为一体的，这样做莫非都是为己的。能够认得是为己的，那么就不会不至了。如果没有诸己，自然是不与自己相干的。犹如手足是不仁的，气已不贯，皆不属于自己。所以，博施济众，乃圣的仁之功用。仁是至难言的，所以只能说己欲立而立人，己欲达而达人，能近取譬，这可以说是仁之方。如果如是来观仁的话，是可以得仁之体的。

②勿人为地正仁、勿人为地忘仁、勿人为地助仁

据《遗书·卷十四》记载，程颢说，圣人是具有致公之仁心的，能尽天地万物的仁之理，能各当其分。而佛氏则是有一己之私的。圣人是循仁之理的，所以平直而易行。异端是造作的，所以大小都是大费力的，是非自然的，所以失之很远。据《遗书·卷四》记载，程颢说，至仁是把天地当成一身的，而把天地之间的品物万形都看成是自己的四肢百体，所以就

能皆爱了。圣人有着仁之至，独能体会此仁心而已。据《遗书·卷二上》记载，程颢说，学者必须先识仁。仁是浑然与物同体的。义、礼、知、信皆是仁。如果识得此仁之理，便只需以诚敬存仁而已，不须防检，不须穷索。如果仁心懈则有防，如果仁心是不懈的，就不用有防。仁之理有未得，才须穷索。仁之理存久了自然就明了，没有必要穷索。此能量世界的仁道与物体是无对的。仁道大得不足以名之，天地的仁之用皆为我的仁之用。孟子说，万物是皆备于我的，必须返身而诚仁，这样才为仁的大乐。如果返身是不诚的，则犹如二物是有对的。以己合彼是终未有之的。在仁的一本下更有未有仁这三个字，那么又安能得仁之乐呢？那就是订顽（dìng wán，订正愚顽）的意思。以此仁之意存仁，就没有什么事了。必有事时，勿人为地正仁、心勿人为地忘仁、勿人为地助长仁，这样就未尝致纤毫之力，这便是存仁之道。如果存得仁，便合有得仁。仁的良知良能元是不会丧失的。如果昔日的习心未除，却必须存习此仁心，久了则可以夺旧习。此仁之理是至约的，惟患不能守仁。既然能够体仁而乐，也就不患不能守仁了。

（4）如何能够把心定在仁上？心有仁的大乐则自然能守

①近取诸身，明仁的天理、敬仁的天理，这便是约处

据《遗书·卷十一》记载，程颢说，天地的仁之大德为生。天地絪缊，万物化醇。生之谓性。万物之生意最可观，此元者为善之长，这就是所谓的仁。仁与天地就是一物，而人特把仁看小了，为什么呢？张载认为，仁的内心平静的主要障碍来自于外部事物的干扰，这种干扰让意念动荡。而要根绝外物的干扰又十分困难。程颢提出了定仁心之法。程颢在《定性书》中言仁心之定而不言仁心之静，因为仁心之定可以统仁心的动静，而仁心之静则不能。据《明道文集·答横渠先生定性书》记载，程颢说，所谓定指的是仁心的动亦定，仁心的静亦定，仁心的无将迎，仁心的无内外。如果以外物为外，牵己而从之，那么己性就有了内外。而且，如果己性随物于外，当己性在外时，还有什么在内呢？所以，有意于绝外诱的人，是不知道仁性是无内外的道理的。如果有了内外二本，就无法说仁心之定了。据《遗书·卷六》记载，程颢说，致知仁的方法是格物，物来则知起。物各付物，不役其知，则意诚不动，意诚自定则仁心正，这就是始学仁之事。据《遗书·卷二上》记载，程颢说，学仁者没有必要远求，近取诸身，只是明仁的天理、敬仁的天理而已，这便是约处。有仁

道有仁理，天与人就是一样的，更不用进行分别。仁的浩然之气，就是我的仁之气。养而不害这种仁之气，则能塞乎天地。一为私心所蔽，则焰然而馁，所以知己之小。思无邪，无不敬，就循此二句而行之，在仁上不得有差。在仁上有差者都属于不敬不正。

②急迫求仁和自私用智都不足以达仁之道

据《宋元学案·明道学案》所言，如果学者识得仁体，就实有了诸己，只要再用义理栽培就可以了。如同求经义一样，皆是栽培之意。据《遗书·卷二上》记载，学者必须敬守此仁心，不可急迫。当栽培仁心深厚，涵泳于其间，然后可以自得。但是，急迫求之，只是私己，终不足以达道。这段没有标明是谁说的，应该是程颢所说。据《宋元学案·明道学案》记载，刘宗周评论说，程颢的《识仁》篇，仁体总是如此的，可以当下认取，活泼泼地，不须着纤毫气力，因为是我固有之的。而诚敬则是为力，是无着力之处的。把持之存终是人为的，而诚敬之存则为天理。只是存得好，便是诚敬。诚就是存。存正就是防检，就是克己；存正就是穷索，就是择善。据《二程集·答横渠张子厚先生书》记载，君子之学，莫若廓然而大公，物来而顺应。如果规规于除外诱，将见灭于东而生于西。据《二程集·答横渠张子厚先生书》记载，人之情都是各有所蔽的，故不能适道，大率患在于自私而用智。自私则不能以有为为应迹，用智则不能以明觉为自然。

③体会得仁心时活泼泼地，而未体会得仁心时只是在弄精神

在《尚书·大禹谟》中有四句话："人心惟危，道心惟微，惟精惟一，允执厥中。"这四句话被称为尧舜孔孟的仁的道统相传的十六字诀。据《遗书·卷十一》记载，程颢说，人心惟危，指的是人欲；道心惟微，指的是天理；惟精惟一，这样才能至之；允执厥中，这样才能行之。程颢认为，在修养仁的过程中，理与气是交相胜的。据《遗书·卷一》记载，程颢说，仁的义理与客气是交相胜的，而且还要看消长的分数的多少，这样就可以分别出君子与小人。据《遗书·卷十一》记载，程颢说，仁理胜则事明，客气胜则招怫（fú，忿怒）。据《遗书·卷三》记载，程颢说，切脉最可以体会到仁。程颢的修养仁的方法主要是诚敬仁。程颐认为敬仁指的是内心的敬畏和外表的严肃，而程颢认为这样会失于拘谨，缺乏自由活泼。程颢认为，只要诚敬存养仁心，不必处处防检，要勿忘仁勿助仁，不能过分着力把持仁。执事须是敬仁，又不可矜持仁太过。

据《遗书·卷二上》记载，程颢说，人应该看到万物是一体的。如果只是为了自私，将在自家躯壳上头起意，就会把仁的道理看小了。放下这身，把自己的身都看成是万物中的一例，就大小都能感觉到仁的大快活。今之学者敬而不见仁，得义而不安者，只是心生，亦是太以敬来做事得重。只是恭而不为自然的仁的道理，所以不自在。为什么今有志于仁的义理而心却不安乐呢？这正是剩一个助仁之长。虽然仁心操之则存，舍之则亡，然而如果持仁心太甚，便是必有事而正之。伯淳昔日在长安仓中闲坐，后见到了长廊之柱，以意数之，已尚不疑了。可是他再数时则不合，不免令人一一声而数之，乃与初数者无差。从此就可以知道，越是著心把捉心越是不定。不可说敬仁是为了和乐，然而敬仁必须是和乐的。据《遗书·卷三》记载，程颢对他的学生谢良佐说，既得仁的义理之后，便须放开，不然却只是守住仁的义理而已。“鸢飞戾天，鱼跃于渊，言其上下察也。”此一段是子思的吃紧为人处。与“必有事焉而勿正心”之意同，活泼泼地。会得仁心时，活泼泼地。不会得仁心时，只是弄精神。

（二）陆九渊（陆象山）的宇宙即是吾的仁心之论

1. 陆九渊的生平及其立论宗旨

陆九渊（1139—1193 年），又称为象山先生，今江西人。陆九渊是与朱熹同时代的道学中的心学一派的创立者。他与朱熹是好朋友，但是在哲学的见解上有巨大的分歧，他们以口头或文字的方式进行辩论。据说陆九渊和王阳明都经历了顿悟，从而确信自己的仁的思想是真理。据《象山全集·象山先生行状》记载，陆九渊生有异禀，端重不伐。生而清明，不可企及。他日读古书至宇宙二字，解释者说，四方上下称为宇，往古今来称为宙。陆九渊忽然大省说，宇宙内事，乃己分内之事；己分内之事，乃宇宙内事。东海、西海、南海、北海有圣人出，此仁心是相同的，此仁理是相同的。千百世之上和千百世之下有圣人出，此仁心是相同的，此仁理是相同的。陆九渊之说与程颢的思想比较接近，而与程颐的思想不太相同。程颢在《识仁篇》中说，为学者必须先识仁。只要识得此仁之理，以诚敬存仁，此外更无他事。据《象山全集·卷三十四》所言，近有议论我的人说，我除了先立乎仁之大者一句之外，全无伎俩。我听后说，诚然如此。陆九渊所说的先立乎仁之大指的是先知道吾的仁心。吾的仁心即是仁道。正如程颢所说，学者须先识仁。万物森然于仁心的方寸之间，满仁心而发，充塞宇宙，无非是仁之理而已。

2. 陆九渊的思想脉络

（1）宇宙即是吾的仁心而吾的仁心即是宇宙

周敦颐在《太极图说》中说，无极而太极。朱熹说，无极指的是太极是无形而有仁之理的。而陆九渊认为，不能在太极之上再加无极。据《象山全集·卷二》记载，陆九渊说，《易》之大传说，形而上者谓之道。又说，一阴一阳谓之道。既然一阴一阳已经是形而上者，那么太极也必然是形而上者。据《象山全集·卷三十五》所言，形而上者谓之道，形而下者谓之器。天地也是器，其生覆形载必有仁之理。据《象山全集·卷十二》记载，朱熹认为仁之性即是仁之理，而陆九渊则认为仁之心即是仁之理。据《朱子语类·卷四》记载，朱熹认为，天下没有无仁性之物。木石也是有仁性的，只是没有知觉而已。不能说木石是无仁性的，但可以说木石是无仁心的。据《象山全集·卷十一》记载，陆九渊说，人非木石，因为人是有仁心的。在五官之中仁心是最为尊大的。孟子说的四端指的就是此仁心，是天给予我的。人皆是有仁心的，仁心皆是具有仁之理的，所以仁心即是仁理。据《象山全集·卷三十五》记载，陆九渊说，把性才心情进行分别，这是枝叶性的问题。不仅朱熹如此区分，而且是举世之蔽。今之学者，读书只是在解字，而不求血脉。情性心才都只是一般的物事。如果必须要说的话，可以说仁之理在天为仁之性，而在人为仁之心。据《象山全集·卷三十六》所言，宇宙便是吾的仁心，吾的仁心便是宇宙。

（2）圣人无法给予人仁道但可以帮人除蔽

据《象山全集·卷三十五》记载，陆九渊说，仁道是遍满天下的，无些小空阙。仁的四端方善，皆为天下之所予，不劳人妆点。但是，人自有病，与仁道相隔了。据《象山全集·卷一》记载，朱熹说，仁道塞宇宙，非有所隐遁。仁道在天称为阴阳，在地称为柔刚，在人称为仁义。仁义指的是人的本心。愚与不肖者不及仁义，是因为蔽于物欲而失其仁的本心的缘故。贤者和智者则过度仁义，因为蔽于己的意见而失其仁的本心。据《象山全集·卷三十五》记载，陆九渊说，此仁之理在宇宙间，何尝有所碍？是你自沉埋，自蒙蔽，阴阴地在个陷阱中，更不知道高远之仁道。要决裂破陷阱，窥测破罗网。此仁之理塞宇宙指的就是仁道外无事，事外无仁道。舍此仁道而别有商量，别有趋向，别有规模，别有形迹，别有行业，别有事功，则与仁道是不相干的，则是异端，则是利欲。这就称之为陷溺，称之为窠（kē，巢穴）臼。这样的学说即是邪说，这样的见即是邪见。

（3）为学的目的在于尽仁心和知仁性从而与天之仁相同

陆九渊所说的修养方法与朱熹是不同的。陆九渊与朱熹在鹅湖之会时就此进行了争辩。据《象山全集·卷三十四》记载，陆九渊赋诗说："易简工夫终久大，支离事业竟浮沉。"陆九渊说，朱熹之学是支离的，而自己之学则是易简的。据《象山全集·卷三十五》记载，陆九渊说，朱熹的办法是添。圣人之言自是明白的，犹如"弟子入则孝，出则弟"，分明说的就是你入便孝，出便弟，何须得传注。学者越是疲精神于此，担子越重。到某这里，只是与他减担，只此便是格物。陆九渊引孟子之言说，尽其仁心者知其仁性，知其仁性则知天之仁。仁心只是一个心。某人之仁心，吾友之仁心，上而千百载圣贤之仁心，下而千百岁复有一圣贤，其仁心也只如此。仁心之体甚大。如果能尽我的仁之心，便能与天之仁相同。为学的目的只是要理会此仁意。格物者指的就是格此仁心。伏羲仰象俯法，也先于此仁心上尽力。不然，所谓格物，只是末而已。据《象山全集·卷三十四》记载，陆九渊说，如果不是学有仁心的本领，是不容易读懂《论语》中多有的无头柄的话的。如果学有了仁心的本领，则知之所及者要及的是此仁心也，仁之所守者要守的是此仁心也，时习者习此仁心，说者说此仁心，乐者乐此仁心，如高屋之上建瓴水。如果学知道了仁心之本，则六经皆为我之注脚。既已先知此仁心，则只须一任其自然，此仁心自能应物不穷。

（4）儒之教立于义和公而佛之教立于利和私

据《象山全集·卷三十五》记载，陆九渊说，收拾仁心的精神，自作主宰，万物皆备于我，有何欠阙？当恻隐时，自然恻隐；当羞恶时，自然羞恶；当宽裕温柔时，自然宽裕温柔；当发强刚毅时，自然发强刚毅。据《象山全集·卷三十四》记载，陆九渊说，天理人欲之言，不是至论。如果说天是理，而人是欲，那么天与人就是不同的了。不能认为人心是人欲，而道心是天理。心只有一个，人不能有二心。据《象山全集·卷二》记载，陆九渊说，某尝以义利二字判儒佛。公私指的其实就是义利。儒者以人生天地之间，灵于万物，贵于万物，与天地并而为三极。天有天的仁道，地有地的仁道，人有人的仁道。如果人不尽人的仁道，就不足与天地并。人有五官，官有其事。于是有是非得失，于是有教有学。其教之所从立者如此，就称为义称为公。佛氏以人生天地之间，有生死，有轮回，有烦恼，以为甚苦，而求所以免之。所以其言所说的是，生死事大。其教之所从立如此，所以称为利称为私。唯义唯公能够经世，而唯利唯私则出世。儒者虽至于无声无臭，无方无体，皆主于经世。佛氏虽尽未来际普度之，皆主于出世。

（三）王阳明（王守仁）的致仁的良知的良心论

1. 王阳明的生平及其立论宗旨

（1）推进了儒、老、佛三合一的趋势

王守仁（1472—1529 年）生于明宪宗八年，祖籍为浙江余姚，又称为阳明先生。他是明代道学中最有影响的思想家，是明代心学的代表人物。王阳明是经过三变而至于仁道的。他少时好逃学，常率同伴做军事游戏。他从不循规蹈矩，从不拘泥于细节。他年轻时热心骑射，精究兵法，泛滥于辞章，长于诗文。他很早就享有文名。与多数的宋明理学家一样，青年时代的王阳明也经历了一条出入佛氏和老氏，而最后归本孔孟的思想历程。湛若水为王阳明作墓志铭说，王阳明的学术道路走过了五溺：初溺于任侠之习；再溺于骑射之习；三溺于辞章之习；四溺于神仙之习；五溺于佛氏之习。最后他才归于圣贤之仁学。据《阳明全书·刻文录序说》记载，钱德洪说，王阳明之学经历了三变，为教也经历了三变。少时驰骋于辞章；后来出入于佛氏和老氏；最后因居夷处困，豁然有得于圣人的仁之旨。

王阳明 28 岁中举为进士后开始做官。他曾仓促举义，在强弱悬殊的情况下，以机智的谋略和卓越的胆识，在 35 天里生俘朱宸濠，彻底平定了这场大叛乱。时人说他才兼文武，有奇智大勇。如果论事功业绩的话，在宋明道学家中，他是绝无仅有的。虽然他为明朝屡建奇功，但是他本人却屡遭诬陷谗谤，遭受了百死千难的政治危机。在这些政治危机中，他坚信自己的仁的良知，表现出了极大的仁的勇气。从整体上看，王阳明的心学是朱熹的理学的反动。在明朝中期，政治极度腐败，程朱理学逐渐僵化。王阳明一生极力抨击的对象就是记诵辞章、注疏支离之学。据《阳明全书·卷七》记载，王阳明说，自程朱大儒之后，师友之仁道逐渐灭亡了。圣学的六经分裂于训诂支离之中，芜蔓于辞章业举之习，圣学几乎是息了。王阳明具有创新精神，一脱经院习气，有着勇往直前的气概，充满了生气勃勃的活力。他始终为道家的自然情趣所吸引，对道家怀有特殊的关怀和情感。王阳明体弱多病，因病而求养生之术，这也是他与道家有着密切关系的重要原因。他努力在儒家思想的基础上吸收佛家思想的营养，推进了此后的儒、老、佛三合一的趋势。他能够像禅宗大师一样，用令人惊奇的指点方法让人领悟到仁。

（2）格竹生病和超脱生死的龙场悟仁道

王阳明最初还是按朱熹的思路去格竹穷仁之理的。据《阳明全书·传习录》记载，王阳明自述了早年格竹子的事。他说，众人只是说格物要依从朱熹，但是何曾把他的学说拿去用呢？他著实曾用来着。初年与钱友同论做圣贤要格天下之物，如今安得这等大的力量！因此指着亭前的竹子，令他去格看。钱子早夜去穷格竹子的道理，竭其心思，至于三日便致劳神成疾。当初说他这是因为精力不足，所以自己去穷格，早夜不得其仁之理，到七日也以劳思致疾，于是相与叹道，圣贤是做不得的，无那么大的力量去格物了。及在夷中三年，颇见得此意思，所以知道天下之物本是无可格的。王阳明曾冒死抗谏，反对把持朝政的宦官刘瑾，为此被贬到贵州的龙场，并在龙场悟得仁道。

《阳明全书·卷三十二》记载，王阳明说，他自计得失荣辱都是能超脱的，唯有生死一念尚觉未化，所以还是惜命的。他日夜端居澄默，以求静一。因念圣人处此更有何道之时，他忽然在中夜大悟到格物致知的仁之旨，始知圣人之仁道原来是吾性自足的，而求仁之理于事物之中是错误的。这件事在历史上称为龙场悟仁道。在龙场悟仁道后，王阳明提出了仁心即是仁之理和仁心外无仁之理的观念。在晚年时，他的学说也遭到压制，被视为伪学。尽管如此，他广收弟子，因材施仁教。据《阳明集要·年谱》记载，王阳明43岁时开始专门以致仁的良知来训学者。57岁逝世。按他的思路来说，满街都是圣人，因为人人按仁的本性来说都是圣人，每个人都有仁的本心，所以都有仁的良知，都是能凭仁的良知而知道什么是对的，什么是错的。遵循仁的良知的命令，就能够成为圣人，就能够致仁的良知。他在晚年反复说的就是致仁的良知，这是王阳明哲学的中心思想。

王阳明的主要著作为《传习录》，而他的代表作则是《大学问》。据《王文成公全书·卷二十六》记载，王阳明的弟子钱德洪说，《大学问》是师门的仁的教典。学者初及此门，王阳明必先以口口相传的方式意授《大学问》。最初，门人有请录成书的。王阳明说，此须诸君口口相传，看文字是无益的。在王阳明去世前一年，门人复请，他才许录下。所以，《大学问》可以说是王阳明的最后的见解。他的思想不仅在当时影响巨大，而且影响了明朝中后期的哲学思想的发展。在他去世之后，钱德洪和王畿讣告同门，强调统一意识。只是在中国的学派中，宗师去世后，派别的分化通常是不可避免的，尤其是在王阳明的哲学中包含着向各种方向发展的可能性。王阳明去世后，王门分化为左、中、右派。有的在保守王阳明的正传，称为正统派；有的则在向异端发展，而在异端中分为左派和右派。

（3）不能抛却自家的仁心的无尽藏而沿门托钵效贫儿

王阳明认为，为己之学是要向仁心里寻求的，要使得仁的本心的全体大用朗现无遗。所以，王阳明把圣人之学和君子之学直接称为仁的心学。在他的学说中，是有仁的知行合一之教的。据《明儒学案·姚江学案序》记载，黄宗羲说，王阳明的格物说的是致吾心的仁的良知的天理于事事物物，则事事物物皆得其仁之理。以圣人教人，只是一个仁之行。比如说，博学仁、审问仁、慎思仁、明辨仁，皆是仁之行。笃行仁指的是行此数者不已。他所说的致之于事物中的致指的即是行字，目的在于救只是空空穷仁之理，只在知仁上讨个分晓之非。据《阳明全书·卷七》记载，王阳明否定了工文词、辨名物和整容色这三种为仁学之道。工文辞指的是注重仁的辞章的华丽；辨名物指的是考辨仁之理的详密；整容色指的是仁的举止气象的严肃。而即使去了这三者，恬淡其心，专一其气，廓然而虚，湛然而定，这样的静也是不可以为学的。这就是道家的定气的方法，这也不是圣人之学。

据《阳明全书·卷七》记载，王阳明说，世之学者不知道在自己的心中求六经之实，而只是徒然地考索于影响之间，牵制于文义之末，以为这就是六经了。这好比是富家子孙，不务守视享用其产业的库藏之实积，而是日益忘散于这些宝藏的登记簿中。也就是说，六经只是记录自己的仁心的所有的宝藏的登记簿而已。既然经典不过是自己的仁心的一个账目，而不是宝藏本身，那么就要从仁的内心发掘这些宝藏。对于每个人来说，虽然这些宝藏是本有的，但是要现实地自觉地有，那才是实有。人必须根据经典的提示，努力在自己的仁心上使这些宝藏呈现出来。六经只是自己的仁心的记籍，而六经之实则是仁的吾心，而仁的吾心好比是产业库藏的实积，种种色色具存于其家，其记录者特名状数目而已。所以，不能抛却自家的仁心的无尽藏，而沿门托钵效贫儿。

（4）王阳明的心学与朱熹的理学的对抗

①陈献章的江门之学与王阳明的姚江之学

王阳明的思想与程颢、陆九渊是一脉相承。这个时候的朱熹已经去世300年。不仅陆九渊和他的弟子杨简与朱熹对抗，王阳明也是朱熹的对抗者。在朱熹与陆九渊的对抗到王阳明与朱熹的对抗之间约隔了250年。在这个期间，朱熹的学说是很有势力的，而陆九渊的学说没有朱熹的学说影响大。自宋末以后，朱熹之学的势力逐渐增大。在元朝修《宋史》的时候，在《儒林传》外另立了《道学传》，该传是以朱熹为中心的，而陆九渊和杨简仅列入《儒林传》中。到明之中叶的时候，朱熹的学说继续盛行。据《明史·儒林传》记载，《宋史》把道学和儒林判为二，来正儒之宗统。明初诸儒师承的都是朱熹的学说。他们都守儒先之正传，不敢改错。自陈献章和王阳明开始，有了学术之分。以陈献章为宗的学者，称为江门之学。这个学派孤行独诣，其传不远。而以王阳明为宗的学者，称为姚江之学。王阳明别立仁的宗旨，显然与朱熹之学是背道而驰的。王阳明的门徒遍天下，流传逾百年。其仁之教大行，其弊滋甚。陈献章去世的时候，王阳明二十多岁。湛若水从学于陈献章。王阳明曾与湛若水辩论。王阳明之学，虽然是自得的，但是必然也是受到了陈献章和湛若水的影响的。道学中的理学以朱熹为集大成者，而道学中的心学则以王阳明为集大成者。宋元是理学最盛的时代，而明为心学最盛的时代。

②朱熹晚年是否自悔其旧说之非而自同于陆九渊？

朱熹认为，只能说仁之性即是仁之理，而不能说仁之心即是仁之理。要先懂得孝的仁之理，然后才有孝亲的仁之心；而王阳明却认为，先有孝亲的仁之心，才有孝亲的仁之理。如果没有仁之心，便没有仁之理。仁之心为宇宙立仁之法，而仁之理是由仁之心立的。王阳明还作了《朱子晚年定论》，认为朱熹和陆九渊是早异晚同的。朱熹在晚年的时候自悔其旧说之非，自同于陆九渊。王阳明的这种说法引起了朱派后学的辩论。朱派后学认为朱熹与陆九渊之学是实不相同的。据《困知记·卷二》记载，罗钦顺说，程子言仁之性即是仁之理，而陆九渊言仁之心即是仁之理。至应当是归一的，而精义当是无二的。此是则彼非，彼是则此非，不可不明辨之。据《困知记·卷一》记载，罗钦顺说，仁之心指的是人之神明；而仁之性指的是人之生理。仁的理之所在称为仁之心，而仁的心之所有称为仁之性，不可混而为一。据《困知记·卷三》记载，罗钦顺说，佛氏所说的性，就是觉而已。如果说知觉为性，这就是佛氏之说。而陈清澜著的《学蔀通辩》认为朱熹和陆九渊之说是早同晚异的。陈清澜认为，陆九渊派以知觉为仁之性是近于佛学的禅宗的。据《学蔀通辩·卷十》所言，老庄禅陆皆以为精神灵觉为至妙的仁之理，而朱熹在《朱子语类》中则认为神只是形而下者。精神灵觉皆为气之妙用。气是犹有形迹的。陆学说的镜中观花，鉴中万象，形迹显，影象著，说的也应该是形而下的。

2. 王阳明的思想脉络

（1）宇宙是什么样的？心、理、性、气、事、物

①仁心即是天而天即是廓然大公的灵明

a. 如果只在感应之机上看则天地万物与我都是同体的

据《阳明全书·卷六》所言，仁心即是天，言仁心则天地万物就皆举了。据《阳明全书·传习录》所言，仁心之本体原是无一物的，是廓然大公的。据《阳明全书·卷六》所言，人是天地万物的仁之心，而仁之心是天地万物之主。据《阳明全书·传习录》记载，问者说，如果说人心与物是同体的，比如说，我的身原是有血气流通的，所以称为同体，而对于人来说则是异体的，禽兽草木更加远，又怎么能说是同体的呢？王阳明说，如果你只是在感应之机上看，不但禽兽草木，就连天地也是与我同体的，鬼神也是与我同体的。王阳明问，你看天地中间什么是天地的心？对者说，人是天地的心。王阳明又问，人又是把什么叫作心呢？对者说，只是一个灵明。王阳明说，这样我们就可以知道，充塞天地中间的只有这个灵明。天地鬼神离开了我的灵明便没有了，我的灵明离开了天地鬼神就没有了。如此说来，便是一气贯通的，无法与他间隔开来。天地的仁之心无非就是一个仁的灵明。人的仁的灵明只是因为形体而自间隔了。我的仁的灵明即是天地鬼神的主宰。

b. 万物与人原只是一体的能量世界，所以都是能相通的

据《阳明全书·传习录》所言，天没有我的仁的灵明，谁去仰他高？地没有我的仁的灵明，谁去俯他深？鬼神没有我的仁的灵明，谁去辨他吉凶灾祥？天地鬼神万物离去我的仁的灵明，便没有了天地鬼神万物了。我的仁的灵明离却了天地鬼神万物，也就没有了我的仁的灵明。所以，我与天地鬼神万物是一气流通的，是不能间隔开的。问者说，人有心的虚灵，方有仁的良知。那么，草木瓦石也有仁的良知吗？王阳明说，人的仁的良知就是草木瓦石的仁的良知。没有人的仁的良知，草木

瓦石就不可以为草木瓦石。天地万物与人原是一体的能量世界，其发窍最精处便是人心的一点仁的灵明。风雨露霜、日月星辰、禽兽草木、山川木石，与人原只是一体的能量世界。五谷禽兽，皆是可以养人的。药石之类，皆是可以疗疾的。因为都是同此一气体能量，所以都是能相通的。

②仁之心即是仁之理而仁之理即是气的条理

a. 不能把仁之心与仁之理析为二

据《阳明全书·传习录》所言，因为世人把仁之心与仁之理分为二，所以便有了许多病痛。比如说五伯攘夷狄、尊周室，都只是出于一个私心而已，这便是不当仁之理的。人都说他做得当仁之理，只是仁之心有未纯，往往悦慕其所为，要来外面做得好看，却与仁之心全不相干，这就是把心与理分为二了，这样就会流于霸道之伪而不自知。我说仁之心即是仁之理，就是要使人知道，仁之心与仁之理是一个，所以要来仁心上做工夫，不要去袭义于外，这便是仁的王道之真，这便是我立仁之言的宗旨。据《阳明全书·卷八》所言，仁之理指的是仁心的条理。仁之理发之于亲则为孝，发之于君则为忠，发之于朋友则为信。端庄静一就是在养仁心，而以学问思辨来穷仁之理，则把心与理析为二了。

b. 仁之理即是仁之心的条理

据《阳明全书·传习录》所言，仁之心即是仁之理。据《阳明全书·卷八》记载，问者说，你说的致知就是致吾心的仁的良知。然而，天下的事物的仁的理是无穷的，果然只要致我的仁的良知就能尽知仁之理了吗？就没有什么可以求于外的了吗？王阳明说，仁的心之体即是仁之性，而仁之性即是仁之理。天下是没有仁的心外的仁之性的，也是没有仁之性外的仁之理的，也是没有仁之理外的仁之心的。不能在仁之心之外去求仁之理。仁之理即是仁之心的条理。仁之理是千变万化至不可穷竭的，而全是发于吾之一仁心的。据《阳明全书·传习录》所言，精一之精是以仁之理而言之的，精神之精则是以气言之的。仁之理指的是气之条理，而气则是仁的理之运用。无条理则不能运用，而无运用则无法见条理。据《阳明全书·卷三十二》记载，王阳明说，先儒说，众物必有表里精粗，一草一木皆涵仁的至理。

c. 仁的理之凝聚为仁之性而凝聚之主宰则为仁之心

据《阳明全书·卷二》所言，仁之理就是一而已。以其仁的理之凝聚而言则称为性，以其凝聚之主宰而言则称为仁之心，以其主宰之发动而言则称为仁之意，以其发动之明觉而言则称为仁之知，以其明觉之感应而言称为仁之物。所以，就物而言仁称为格，就知而言仁称为致，就意而言仁称为诚，就心而言仁称为正。正就是要正此仁，诚就是要诚此仁，致就是要致此仁，格就是要格此仁，这皆称为穷仁之理以尽仁之性。天下无仁之性外的仁之理，无仁之性外之物。学仁不明者，皆因为世之儒者认仁之理为外、认仁之物为外。仁之理是无内外的，仁之性是无内外的，学仁是无内外的，讲习讨论仁未尝是非内的，反观内省仁未尝是遗外的。正心诚意致知格物皆是用来修身之仁的。从格物那里可以见到修仁所用力之地。格物格的是其仁心之物，格的是其仁意之物，格的是其仁知之物。而正心正的是其物之仁心，诚意诚的是其物之仁意，致知致的是其物之仁知。这里是没有内外彼此之分的。

③仁之心即是仁之性而仁之性即是气的流行的仁之命

a. 仁的心之体即是仁之性而仁的性之原即是天之仁

据《阳明全书·卷二》所言，仁的心之体即是仁之性；仁的性之原即是天的能量世界之仁。人能尽其仁之心，就能尽其仁之性。据《阳明全书·传习录》记载，问者说，仁义礼智之名是因已发而有的吗？王阳明说，是的。他日问者又问，恻隐羞恶辞让是非是仁之性的表德吗？王阳明说，仁义礼智也是表德。仁之性是一而已，自其仁的性体上看称为天之仁，而自其主宰上看称为仁之帝，自其流行上看称为仁之命。赋予人的也称之为仁之性，主于身的也称之为仁之心。仁心在发的时候，遇到父便称为仁之孝，遇到君便称为仁之忠，自此以往，至于无穷，都只是一仁之性而已。犹如人就是一而已，对父亲来说称为子，对子来说称为父，自此以至于无穷，但都只是一人而已。有人来信问道，聪明睿智果然是仁之质吗？仁义礼智果然是仁之性吗？喜怒哀乐果然是仁之情吗？私欲与客气是一物还是二物呢？王阳明说，仁之性就是一而已。仁义礼智是仁的性之性，聪明睿智是仁的性之质，喜怒哀乐是仁的性之情；私欲客气是仁的性之蔽。质是有清浊的，情是有过有不及的，而蔽是有浅有深的。私欲客气，是一病两痛而已，而不是二物。

b. 仁的性善之端必须在仁的气上才始见得

据《阳明全书·卷二》所言，生之谓性中的生字即是气字，说的是仁之气即是仁之性。仁的性善之端必须在仁的气上才始见得。如果无仁的气也无可见。恻隐羞恶辞让是非即是仁的气。如果能够见得仁的自性明白时，就会知道，仁的气即是仁的性，而仁的性即是仁的气，原来是无性气之分的。仁之性是无不善的，仁之知是无不良的。据《阳明全书·传习录》所言，凡人信口说、任意行，皆说这是依我的心性出来的。这就是所谓的生之谓性，然而却是有过差的。如果晓得仁的头脑，依着仁的良知上说出来、行将去，便自然是停当的。然而，仁的良知也只是这口说这身行，是不能离开仁之气的。气也是性，性也是气，但是必须认得仁的头脑才是当的。仁之性元是无善无不善的。如果悟得仁之性及时，只此一句便尽了，更无内外之间。告子见一个性在内，见一个物在外，便见得他于性上之见是有未透彻之处的。至善即是仁之性，而仁之性是无一毫之恶的，所以称为至善。

④仁心外无仁之理，仁心外无仁之事，仁心外无仁之物

a. 仁之心在物为义而仁之心在性则为善

据《阳明全书·卷四》所言，仁之心在物为义，而仁之心在性为善，只是名字有异而已，其实皆是吾的仁心。仁之心外是无物的，仁之心外是无事的，仁之心外是无理的，仁之心外是无义的，仁之心外是无善的。吾的仁心之处是事物的纯乎仁的天理而无人伪之杂的，所以称为仁之善。仁之善并非是在事物的有定所之处可求的。仁心处物为义，指的是吾的仁心之得其宜。仁之义并非是在外可袭取的。格就是要格的此仁之义，致也是要致的此仁之义。如果说必须要在事事物物上求个仁的至善，那就离为二了。据《阳明全书·卷二》所言，他说的格物致知是要致吾心的仁的良知于事事物物，而吾心的仁之良知即是仁的天理。致吾心的仁的致良知的天理于事事物物，则事事物物皆得其仁之理。致吾心的仁的致良知即是致知。事事物物皆得其仁之理，这就是格物。这样便能合仁之心与仁之理而为一了。

b. 在仁之心没有私欲至蔽时仁心做的即是仁事

据《阳明全书·传习录》记载，徐爱说，只是在仁心中求至善，恐怕天下的仁的事理是不能尽的。王阳明说，仁之心即是仁之理。天下是没有仁的心外之事或仁的心外之理的。徐爱说，事父的仁之孝、事君的仁之忠、交友的仁之信、治民之仁，其间有许多仁的道理在，恐怕都是不可不察的。王阳明说，这样的说法蔽了很久了，并不是通过一语就能悟到的。事父是要到父上去求个孝的仁之理吗？事君是要到君上去求个忠的仁之理

吗？交友治民都是在友上民上求个信与仁的理吗？仁之理都是在此仁之心而已。如果仁之心是没有私欲至蔽的，仁之心即是仁的天理，不须从外面添加一分。用这样的纯乎天理的仁之心，发之事父即是仁之孝，发之事君便是仁之忠，发之交友治民则是信与仁。只是此仁之心在去人欲存仁的天理上用功便是了。

c. 遗物理而求吾的仁心就不知道吾的仁心为何物

据《阳明全书·卷二》所言，物的仁之理是不外于吾的仁心的。外吾的仁心而求物的仁之理，就无物理。遗物理而求吾的仁心，又不知道吾的仁心为何物。仁的心之体是仁之性，而仁之性即是仁之理。外仁心以求仁理，就会有阁而不达之处。据《阳明全书·传习录》记载，徐爱说，我昨天才晓得，格物的物即是仁之事，皆是要从仁心上说的。王阳明说，是的。身之主宰便是仁心，仁心之所发便是仁意，而仁意之本体即是知，仁意之所在便是物。比如说，仁之意在于事亲，事亲便是一物；仁之意在于事君，事君便是一物；仁之意在于仁民爱物，即仁民爱物便是一物；仁之意在于视听言动，则视听言动便是一物。所以，我说无仁心外之理，无仁心外之物。王阳明游南镇的时候，一友指着岩中花树问他说，如果说天下是无仁心外之物的，如此花树在深山中自开自落，于我的仁心有什么关系呢？王阳明说，你未看此花时，此花与你的仁心都是同归于寂的；你来看此花时，则此花的颜色一时明白了起来，由此便知此花不在你的仁心之外。问者说，天地鬼神千古在，怎么没有我的仁心的灵明便俱无了呢？王阳明说，你看那死了的人，他的这些精灵散了，他的天地万物在什么地方呢？

（2）圣人是什么样的？恒照的仁的良知之心

①致知的对象是仁的良知

a. 自然的仁的良知只是个是非之心而是非只是个好恶

据《阳明全书·卷八》所言，自圣人以至凡人，自一人之仁心以达四海之远，自千古之前以至于万代之后，无有不同的就是仁的良知，这就是天下的大本。是非之心即是知，人都是皆有之的。子无患其无知仁，惟患其不肯知仁。据《阳明全书·卷六》所言，良知这两个字是亲切简易的，是人人自有的。即使是至愚下品，一提良知便能省觉到仁。如果能够致仁的良知之极，便可以成为圣人。据《阳明全书·传习录》记载，一日，王汝止出游归来，王阳明问出游有何见，王汝止回答说，见满街都是圣人。王阳明说，你看满街人都是圣人，满街人看你也是圣人。又一日，董萝石出游而归，见到王阳明说，我今日见一异事，见满街都是圣人。王阳明说，这是常事，何足为异！据《孟子·尽心上》记载，孟子说，人之不学而能的，便是仁的良能；人不虑而知的，就是仁的良知。孩提之童没有不知道爱其亲的。及其长也，没有不知敬其兄的。据《阳明全书·卷五》所言，孟子说的知指的是有是非之心，而且说是非之心是人皆有之的。这便是仁的良知。据《阳明全书·传习录》所言，仁的良知只是个是非之心，是非只是个好恶，只是好恶就尽了是非，只是是非就尽了万事之变。知仁是心的本体，心自然是会知仁的。见父自然会知道孝的，见兄自然会知道弟的，见孺子入井自然会知恻隐的。这便是仁的良知，是不假外求的。

b. 众人皆是有个无法泯灭的圣人在胸的

据《阳明全书·卷二》所言，仁的良知是仁的天理之昭明灵觉处，所以仁的良知即是仁的天理。思是仁的良知的发用。如果是仁的良知的发用之思，所思的就莫不是仁的天理。仁的良知发用之思，自然是明白简易的，仁的良知也能知得。如果是私意安排之思，自然是纷纭劳扰的，仁的良知也自然会分别得。思的是非邪正，仁的良知是没有不自知的。据《阳明全书·传习录》所言，仁之知是仁的理之灵处，就其主宰处说便是心，就其禀赋处说便是性。只要这个灵能不为私欲遮隔，充拓得尽，便完全是他的仁的本体。仁的良知是心的本体。心的本体是无起无不起的。即使在有妄念发的时候，仁的良知也是未尝不在的，只是人不知存仁的良知，有的时候放了仁的良知而已。即使在昏塞之极的时候，仁的良知也是未尝不明的。但是，人不知道察仁的良知，所以有时昏蔽了。在虔说，人胸中各有个圣人，只是自信不及，都自埋倒了。然后，他对着于中说，你胸中原是个圣人。于中起身说，不敢当。王阳明说，这是你自家有的，如何要推？于中又说，不敢。王阳明说，众人皆是有圣人在胸的，不止是于中有。却何故都谦起来了，谦不得的。于中这才笑受了。王阳明又说，仁的良知是在人的，随你如何，都是不能泯灭的。即使是盗贼，也自知不当为盗，唤他作贼他还会忸怩。你那一点仁的良知，是你自家的准则；你的意念的着处，他是便知是，非便知非，更瞒他一些不得。据《阳明全书·卷六》所言，体认者就是自己体认到了仁的天理是实有的。据《阳明全书·卷二》所言，仁的良知只是一个仁的天理的自然明觉。《阳明全书·传习录》所言，仁的天命称为仁之性，因为命即是性；率仁之性称为仁之道，因为仁之性即是仁之道；修仁之道称为仁之教，因为仁之道即是仁之教。仁之道即是仁的良知。仁的良知原是完完全全的，是的还他是，非的还他非，是非只依著他，更无有不是处。这仁的良知还是你的明师。

c. 自然而致仁的是圣人而勉然而致仁的是贤人

王阳明认为，《大学》的八条目归结为一条就是致仁的良知。仁的良知就是人的内心的光亮。据《阳明全书·卷八》所言，仁心之良知即称为圣。圣人之学，就是要致此仁的良知而已。自然而致仁的是圣人，而勉然而致仁的是贤人。自蔽自昧而不肯致仁的为愚不肖者。虽然愚不肖者是蔽昧之极的，但是又未尝不存有仁的良知。如果能够致仁，即是与圣人无异的。据《阳明全书·卷六》所言，善即是仁的良知，但是用仁的良知使人尤为易晓，所以我把仁心之良知称为圣之说。圣人之学即是仁的大人之学。据《阳明全书·文录序说》记载，王阳明说，他的仁的良知之说，是从百死千难中得来的，并非是容易见得到此的。据《阳明全书·卷八》所言，致知二字是千古圣学之秘，同志中尚多有未彻的。据《阳明全书·卷二》所言，致吾心的仁的良知，这就是致知。据《阳明全书·大学问》所言，致即是至，就是丧致乎哀之致。《易》说，知仁之至至之。知仁之至为知，至仁之至为致。致知并非如后儒所说的充广其仁的知识，而是要致吾心的仁的良知。据《阳明全书·卷二》所言，知如何为仁的温凊[①]之节，知如何为仁的奉养之宜，这是知仁，但不是致知仁。必须致其知如何温凊之节者之知，而且实际以之温凊致其知如何奉养之宜者之知，而实以仁之知奉养，然后才能说是致知仁。

②先立乎仁之大：粹然至善之仁心及其厚薄

a. 要克其私去其蔽以复归其心体之仁的同然

程颢认为，学者必须先识别仁，才能与万物同为一体，然后再以诚敬存住仁。人需要的是确信自己是仁的，然后勇往直前。“先立乎其大”这句话最初来自于《孟子》。据《孟子·公孙丑上》记载，孟子说，孔子是圣人，因为他是仁且智的。程朱理学比较重智，而陆王心学只是求仁。据《阳明全书·大学问》所言，人心之仁是根于天命的仁之性的，而天命的仁之性自然是灵昭不昧的，这就称为仁的明德。仁的至善的发见，是仁的

---

① “凊”指的是清凉，而“清”不一定凉。

明德的本体，即是仁的良知。据《阳明全书·卷二》所言，圣人之仁心视天下之人无外内远近，凡是有血气的，皆其昆弟赤子之亲，莫有不欲安全而教养仁的，以遂其万物一体的仁之念。天下之人心，其始并非有异于圣人的，特因其间于有我之私，隔于物欲之蔽，大者小了，通者塞了，人各有心了，以至于有视其父子兄弟如仇仇者了。圣人忧之，所以推其天地万物一体之仁，以教天下，使之皆有以克其私去其蔽，以复归其心体之仁的同然。

b. 仁的道理自有厚薄而不能逾越便是仁之义

据《阳明全书·传习录》记载，有人问，程子说，仁者以天下万物为一体，但为什么墨氏提倡兼爱却不得称之为仁呢？王阳明说，这很难说，必须是诸君自己体认出仁来才始得。仁指的是造化生生不息的仁之理。仁是弥漫周遍的，无处不是。仁的流行发生，是一个逐渐[①]的过程，所以生生不息。譬如说，木开始抽芽，便是木的仁的生意之发端处。父子兄弟之爱，便是人心的仁的生意之发端处，正如木之抽芽一般。自此出发而仁民，而爱物，便是发干，并继续生枝生叶。而墨氏的兼爱是无差等的，将自家的父子兄弟与途人一般看待，便自没了仁的发端之处。不抽芽便知他是无根的，便不是生生不息的，所以不能称之为仁。有人问，仁的大人与物是同体的，那么《大学》为什么还要说仁的厚薄呢？王阳明说，只是因为仁的道理自有厚薄。比如说，身是一体，但用手足来捍头目，并不是偏要薄手足，而是仁的道理合该如此。禽兽与草木都同是爱的，但又有忍得用草木去养禽兽。人与禽兽同是爱的，心又忍得宰禽兽以养亲与供祭祀和燕宾客。至亲与路人同是爱的，如果有箪食和豆羹，得则生，不得则死，不能两全，宁救至亲而不救路人，心也是忍得的，这是因为仁的道理合该如此。至于吾身与吾亲，更不得不分别彼此厚薄。仁民爱物皆从此处，此处可忍，更无所不忍。《大学》所说的仁的厚薄，指的是仁的良知上的自然的条理，不可逾越。这便是仁之义。顺着这个条理便是仁之礼。知此条理便是仁之智。终始都以这个条理为是便是仁之信。

③圣人之学就是要求尽其仁心

a. 仁心不是一块血肉而凡是有知觉处便是仁心

据《阳明全书·卷七》所言，君子之学即是仁心之学。圣人之仁心

---

① “逐渐”强调的是渐，而“渐进”强调的是进。

是纯乎仁的天理的，所以无事于仁心之学。因为仁心不存会汩其仁之性、丧其天之仁，所以必须要通过学仁之理来存其心。学的目的就是求诸其仁心而已。据《阳明全书·卷二十三》所言，求之于仁心而无假于雕饰，其功是简易的。据《阳明全书·传习录》所言，仁心是人身的主宰。如果欲修身，就要体当自家的仁的心体。仁心不是一块血肉，凡是有知觉处便是仁心。比如说，耳目是知视听的，手足是知痛痒的，此知觉便是仁心。视听言动皆是来自汝的仁心。汝的仁心之视发窍于目，汝的仁心之听发窍于耳，汝的仁心之言发窍于口，汝的仁心之动发窍于四肢。如果没有汝的仁心，便没有耳目口鼻。汝的仁心也不专是那一团血肉。如果是那一团血肉，已死的人那一团血肉还在，怎么不能视听言动呢？所谓汝的仁心，即是那能视听言动的能量的神经系统，这个便是仁之性。要非礼勿视听言动时，并不是你的耳目口鼻四肢自己就能勿视听言动的。你的能量的神经系统之仁心才是那能视听言动的。仁心的主宰一正，则发窍于目，自然就不会有非礼之视；发窍于耳，自然就不会有非礼之听；发窍于口与四肢，自然就不会有非礼之言动，这里说的便是修身在正其仁心的意思。然而，仁的至善是仁心之本体。仁心之本体，哪有什么不善的？如今要正仁心，是无法在仁的本体上用功的，必然就仁心之发动处才可以著力。

b. 仁心的一节之知即是全体的仁心之知

据《阳明全书·传习录》所言，人的仁心是仁的天渊，是无所不赅（gāi，完备）的。人的仁心原是一个天，只是为私欲所障碍，失去了天的仁之本体。如今念念致仁的良知，将此障碍窒塞，一齐去尽，则仁之本体已复，便是仁的天渊了。仁心的一节之知，即是全体的仁心之知；而全体的仁心之知，即是一节的仁心之知。总是一个仁的本体。据《阳明全书·卷七》所言，圣人之所以为圣人，只是因为其仁心是纯乎仁的天理而无人欲。我欲为圣人，也只是要让此仁心能够纯乎仁的天理而无人欲。尧舜禹相授受的是《尚书》中的十六字诀，即人心惟危、道心惟微、惟精惟一、允执厥中，这便是仁的心学之源。中指的是仁的道心的精一。仁即是中。孔孟之学务必求的即是仁，这是其仁的精一之传。其中的允执厥中指的是仁的工夫，而工夫就是集中一切努力来保有仁的道心。仁的道心即是率性，而人心则是伪的。据《阳明全书·传习录》所言，如果能戒惧不睹，恐惧不闻，养得此仁心纯是仁的天理，便自然能见未发的仁之中了。而仁之中的气象，如同哑巴吃苦瓜，与你是说不得的。你要知道这种苦，还必须自己去知仁。问者说，未发未尝不和，已发未尝不中，譬如钟声，未扣时不可以说是无，既扣时也不可以说是有。但是，毕竟有个扣与不扣的区别。这么看对吗？王阳明说，未扣时原是惊天动地的仁，既扣时也只是寂天寞地的仁。

c. 众人皆以为是，但求之仁心而未合就不敢以为是

据《阳明全书·传习录》所言，道问学的目的是要尊仁的德性。在讲习讨论上下许多功夫，无非只是为了存此仁心，不失其仁的德性而已。没有着尊仁的德性就只是空空地去尊，更不去问学；问学也不只是空空去问学，更与仁的德性无关涉。据《阳明全书·卷二十一》所言，君子论学之要在于得之于仁心。如果众人皆以为是，但是求之仁心而未合，就不敢以为是。如果众皆以为非，如果求之仁心而有契，也未敢以为非。如果不得于仁心，而外信于人，这不是在为仁之学。据《阳明全书·卷二》所言，学贵在得之于仁心。求之于仁心而非的，即使其言是出自孔子的，也不敢以为是。未及孔子的人就更不必说了。求之于仁心为是的，即使其言是出自庸常之人的，也不敢以为非。即使是孔子的话也应是照此对待的。据《阳明全书·传习录》所言，于事事物物上求仁的至善，那是属于外面的仁之义。仁的至善指的是仁心之本体。人的仁心是仁的天理浑然的。圣贤用笔写出的书，如果是写真传神的，不过也只是能够示人以仁的形状大略，使人能够在这里讨求到仁之真，但其仁的精神意气言笑动止，固然是有所不能传的。后世的著述又是将圣人所画摹仿謄写的仁，妄自分析加增以逞其技，其失真就愈加远了。

d. 要此仁心纯乎仁的天理之极才是非得要有学问思辨之功的

据《阳明全书·卷二》所言，礼乐名物之类是无关乎作圣的仁之功的。据《阳明全书·传习录》所言，徐爱说，听了先生所说，我对仁已觉得有省悟之处了。但是，我因为有仁的旧说缠于胸中，尚有未脱然的。如事父一事，其间的温清（qìng，凉）定省之类，有许多仁之理的节目，不也是必须讲求的吗？王阳明说，是要讲求的，只是要有个仁的头脑。只是就此仁心去人欲存仁的天理上去讲求。比如说，讲求冬之温，也只是要尽此仁心之孝，恐怕有一毫人欲间杂；讲求夏清，也只是要尽此仁心之孝，恐怕有一毫人欲间杂。只是讲求得此仁心，此仁心如果是无人欲的，纯是仁的天理，是个诚于孝亲的仁心，冬时自然会思量父母的寒，便自己要去求个温的仁的道理。夏时自然会思量父母的热，便要去求个清的仁的

道理。如果只是温清之节，奉养之宜，一日二日就可以讲尽了，用不着什么学问思辨。唯有在温清时只是此仁心纯乎仁的天理之极，奉养时也只要此仁心纯乎仁的天理之极，这才是非得要有学问思辨之功的，这样才能免于毫厘千里之谬，所以虽然在圣人那里也需要加仁的精一之训。如果只是求得仪节是当，便称为仁的至善，那么扮成戏子，扮得许多是当的温清奉养仪节，也就可以称为至善了。圣人无所不知，其实只是知个仁的天理而已；圣人无所不明，其实只是明个仁的天理而已。圣人明白了仁的本体，所以知道在事事上都有仁的天理所在，便去尽格仁的天理。这并不是说，在仁的本体明后，于天下的事物都便知得、都便做得来。天下事物如名物度数草木鸟兽之类，那是不胜其烦的。即使圣人明白了仁的本体，也是不能尽知得的。但是，不必知的圣人自不消求知，其所当知的圣人自是能问人的。

e. 圣者在于纯乎仁的天理而不在于才力的高下

据《阳明全书·传习录》记载，问者说，圣人是可以学仁之理而至的，然而伯夷、伊尹与孔子的才力终是不同的，但是为什么都同样称为圣人呢？王阳明说，圣人之圣，说的只是其仁心是纯乎仁的天理而无人欲之杂的。好比说精金之所以为精，指的是其成色足而无铜铅之杂而已。圣人的才力是有大小不同的，好比是金之分两[①]是有轻重的。虽然才力是不同的，而纯乎仁的天理则是相同的，所以皆可称为圣人。精金在色足而不在分两，所以圣者在于纯乎仁的天理而不在才力。后世不知作圣之本是纯乎仁的天理，却专去知识才能上求做圣人，以为圣人是无所不知和无所不能的，我必须将圣人的许多知道和才能逐一理论会才始得，所以不务去仁的天理上着工夫，徒然弊精竭力，从册子上钻研、名物上考索、形迹上比拟，知识愈广而人欲愈滋，才力愈多而仁的天理愈蔽。正如见人有万镒精金，而自己不务锻炼成色、求无愧于彼之精纯，而乃妄希分两同彼之万镒。这样就会把锡铅铜铁杂然而投，所以分两愈增而成色愈下，既其梢末则不再有精金了。许多问辩思索存省克治工夫，都不过是要去此心之人欲，存吾心之天的天理而已。如果说效先觉之所为，那只是学仁中的一件事，似乎是专求于外了。如果凡人肯为仁学，使此仁心纯乎仁的天理则可以为圣人。犹一两之金比之与万镒一样，虽然分两上是悬绝的，而其到足

---

① “分两”指的是把一块金分成两块，通“分量”。

色之处则可以无愧，所以人人皆是可以为尧舜的。

④仁的无我的心体是洒落的

a. 功夫要透得仁的无我这个真机才能得仁的充实光辉

邵雍和程颢等人强调洒落，而程颐和朱熹等人则强调敬畏。朱熹是以敬畏来排斥洒落的。他认为，闲散只是虚乐而不是实乐。敬畏是有我的状态，而洒落是无我的状态。据《张载集·经学理窟》记载，二程兄弟一起去饮酒观妓舞，程颐低头目不敢视，程颢则谈笑自若。他日程颢说，自己的眼中有妓，而心中无妓。程颐则是眼中无妓，而心中有妓。这正是程颢的物来顺应的具体体现。而程颐对此却没有悟到。所以，张载说，程颐可以如颜回，但是恐怕没有颜回的无我的境界。王阳明强调的是仁的无我的洒落。据《阳明全书·卷七》所言，圣人之学是以仁的无我为本的。有仁而未尝有，这才是真有；无仁而未尝无，这才是真无。见仁而未尝见，这才是真见。沦于无者指的是无所用其仁心，所以荡而无归。滞于有者，用其仁心于无用者，所以劳而无归。所以，在有无之间，有着见不见之妙，并非是可以通过言来求的。据《阳明全书·传习录》所言，诸君都要常体会仁的无我。人心本来是天然的仁之理，是精精明明的，是无纤介染著的，只是一个仁的无我而已。胸中切不可有我，有我即是傲。古代圣人的许多好处也只是仁的无我而已。功夫要透得仁的无我这个真机，才能得仁的充实光辉。如果能透得仁的无我之时，不由你聪明知解得来，必须是胸中渣滓俱化，不使有毫发沾滞始得。

b. 如若仁的心体能不累于欲则能无入而不自得

据《阳明全书·卷五》记载，有人说，如果对仁的敬畏日增的话，就会成为洒落之累。有的人说，敬畏仁是有心，而无心是出于自然的，这样在无心的状态下就怀疑有心是否能行，这就是王阳明所说的欲速助长之病。王阳明认为，君子所说的敬畏仁，并不是对仁有所恐惧忧患的意思，而是戒慎不睹和恐惧不闻的意思。君子所说的仁的洒落，指的不是旷荡放逸、纵情肆意的意思，而是指其仁的心体不累于欲，无入而不自得的意思。君子的戒慎恐惧，恐的是其昭明灵觉的仁心或者会有所昏昧放逸、会流于非僻邪妄而失其仁的本体之正。如果戒慎恐惧之功是无时或间的，那么仁的天理就能常存，其昭明灵觉的仁心之本体就会无所亏蔽、无所牵扰、无所恐惧忧患、无所好乐忿懥、无所意必固我、无所歉馁愧怍。当仁的天理是和融莹彻、充塞流行的，人的动容周旋就能中仁之礼，就能从仁心所欲而不逾，这才是真的仁的洒落。这种仁的洒落是生于仁的天理之常存的。仁的天理的常存生于戒慎恐惧之无间，所以敬畏之增不会成为洒落之累。如果不知洒落为吾的仁心之体，敬畏为洒落之功，把二物看成有分歧的，分其用心，这样就会认为二者是相互抵触的。

c. 仁的良知本是无执无著的，所以即便是好的念头也不得留滞

据《阳明全书·传习录》记载，王阳明说，四书五经说的不过都是这仁的心体而已。如果向里寻求，见得自己的仁的心体，即无时无处不是此仁道。圣人的仁的心体自然也是如此的。只有养得自家仁的心体正的才能成就自家的仁的心体。心的仁之本体元是如此的。如果论仁的本体的话，元是无出无入的。常人之仁心既然是有所昏蔽的，虽然仁的本体也时时发见，终是暂明暂灭的。仁的心体上是著不得一念留滞的，就如同眼里是著不得些尘沙一样的。些子[①]能得几多，满眼便昏天黑地了。这一念不但是私念，便是好的念头也着不得些子。比如说，眼中放些金玉屑，眼睛也是无法睁开的。既然仁心之本体是仁的良知，而仁的良知本来是无执无著的，所以自己的头脑就要晓得仁的良知方能无执著。据《阳明全书·卷五》所言，此仁学如立在空中，四面皆是无依靠的。万事是不容有染著的，色色信他本来，不容有一毫的增减。如果涉些安排，着些意思[②]，便不是仁的合一的功夫了。

d. 不精思仁的良知而漫然应事则仁的良知便粗了

据《阳明全书·传习录》记载，王阳明的学生问道，孔子远虑周公的夜以继日，是否也是将迎意必呢？王阳明说，远虑并不是茫茫荡荡地去思虑，而只是要存这仁的天理。千思万虑只是要致仁的良知。仁的良知是愈思愈精明的。如果不精思仁的良知，而是漫然随事应去，仁的良知便粗了。如果只是执著在事上，茫茫荡荡地去思，把这叫做远虑，便不免会有毁誉得失。有人欲搀入了其中，那就是将迎了。周公终夜以思，只是戒慎不睹、恐惧不闻的工夫，其仁的气象与将迎是有区别的。据《阳明全书·卷四》所言，君自是素其位而不愿乎其外的。素富贵则行乎富贵，素贫贱则行乎贫贱，素患难则行乎患难，所以无入而不自得。即是指，君子应该顺其自然，随遇而安。处于富贵之中，则无骄吝爱恋之心，行所当

① “些子”指的是少许的物。

② “着些意思”指的是因为着物而添加了意思。

为；遭遇贫贱困境时，也不怨天尤人，自寻烦恼，还是自行仁之道。

e. 乡愿的忠心廉洁是媚君子的，而同流合污是媚小人的

据《阳明全书·卷三十四》记载，王阳明说，昔日孔子在陈思考鲁之狂士，世之学者没溺于富贵声利之场，如拘如囚，而莫之能省脱。闻了孔子之教后，始知一切俗缘皆非仁之性体，乃豁然脱落。但是，见得此仁意，不加实践，以入于仁之精微，则渐有轻灭世故、阔略伦物之病。虽然与蔽世之庸庸琐琐者不同，但是未得于仁的道一。所以，孔子在陈思归以裁之，使入于仁道。诸君应该精诣力造，以求至于仁道，无以一见自足而终止于狂。据《阳明全书·传习录》所言，王阳明说，他在南都之前，尚有些媚的乡愿的意思在。而他今信得仁的良知的真是真非，信手行去，更不著些覆藏，这样才做得个仁的狂者的胸次，使得天下之人都说他的仁之行不掩其仁之言。据《王阳明传习录详注集评·传习录拾遗》记载，王阳明说，乡愿是以忠信廉洁而见取于君子的，是以同流合污而无忤于小人的，所以非之无举，刺之无刺。然而，究其心力就会知道，乡愿的忠心廉洁是为了媚君子的，而同流合污是为了媚小人的，其心已经被破坏了，所以不可以入尧舜的仁之道。仁的狂者是志存古人之仁的，一切纷嚣俗染都不足以累其仁心，真是有凤凰千仞之仁意，一克念即是仁的圣人了。只是不克念，所以洞略事情，而行常不掩。只是行不掩，所以仁心尚未坏而庶可与裁。

f. 要选择以孔子的仁之道为己任而去民的陷溺之病

据《阳明全书·卷二十八》记载，王阳明说，李白是一个仁的狂士。其放仁之情于诗酒，不戚戚于贫困，是因为其仁之性本自豪放。只有有仁道之士才真能无入而不自得。据《阳明全书·卷二》所言，人的仁心即是天地之仁心，天地万物本来与吾是一体的。生民之困苦荼毒，这种疾痛都是切于吾身的。不知吾身之疾痛，是无是非之仁心者。是非之仁心是不虑而知、不学而能的，这便是仁的良知。仁的良知在人心是无间于圣愚的，天下古今都是相同的。世之君子唯有务致其仁的良知，则自然公是非、同好恶、视人犹己、视国犹家，而以天地万物为一体，这样才能求得天下之治。我诚赖天的仁之灵，偶然见到了仁的良知之学，以为必须由此才能使天下得以治。所以，每念斯民之陷溺，则为之戚然痛心，忘其身之不肖而思以此救之，也不自知其量。天下之人见其如是，遂相与非笑而诋斥之，以为是病狂丧心之人。遁世无闷、乐天知命，固然是能无入而不自

得的，仁道是并行而不相悖的。只是他选择了以孔子的仁之道为己任。知疾痛之在身，所以彷徨四顾，求其有助于我者，相与讲去其病。

⑤仁的大人有七情但是一过而化的

a. 在动怒气之时提起致仁的良知的话头怒气便能自消

据《二程集·卷七》记载，程颐说，风竹便是感应而无己心的。比如说，人怒我，勿留在胸中，必须如风动竹一样。据《阳明全书·传习录》所言，人心都会有几件忿懥之事的，只是不可以有执著而已。凡人忿懥著了一分意思，便会怒得过当，那就不是廓然大公的仁之体了。所以，有所忿懥便不能得其仁之正。如今于忿懥等件，只是个物来顺应，不要著一分意思，那么心体的廓然大公就能得其仁的本体之正了。比如说，出外见人相斗，其不是者，我的仁心也是怒的，然而虽然怒却此仁心是廓然的，不曾动些子气。如今怒也只得如此方才是正的。据《阳明全书·卷六》所言，彼此但见微有动气处时，即须提起致仁的良知的话头，互相规切。凡人言语正到快意时，便截然能忍默得；意气正到发扬时，便翕然收敛得；愤怒嗜欲正沸腾时，便廓然能消化得。这必须是天下的仁之大勇者才能做得到的。如果见得仁的良知亲切时，其工夫自然是不难的。在仁的良知昏昧蔽塞时，只要仁的良知一提醒时，即如白日一出则魍魉自消一样。《阳明全书·卷二》记载，问者说，我在心中尝试了一下，喜怒忧惧之感发时，虽然动气之极，而吾心得仁的良知一觉，即会罔然消阻，或遏于初，或制于中，或悔于后。然而，仁的良知常常如若是居优闲无事之地而为之主，这样就不能产生喜怒忧惧了，这是怎么回事呢？王阳明说，知此就能知道仁心的未发之中、寂然不动之体了，又知有发而中节之和、感而遂通之妙了。然而，说仁的良知常如若居于优闲无事之地，这句话是有病的。虽然仁的良知是不滞于喜怒忧惧的，而喜怒忧惧也是不外乎于仁的良知的。

b. 悔悟之药只是留滞于仁心中，而不改过则会因药而发病

据《阳明全书·传习录》记载，问者说，仁之知就譬如是日，己之欲就譬如是云。云虽然能蔽日，也是天的仁之一气合有的。如果仁之知是天之一气合有的，那么己之欲是不是也是人心合有的呢？王阳明说，喜怒哀惧爱恶欲，这七情俱是人心合有的，但是要认得仁的良知明白。比如说，日光是不可指著方所的。一隙通明，皆是日光所在。虽然有云雾四塞，太虚中的色象也是可辨的，这便是日光的不灭处。不可以因为云能蔽

日，就叫天不要生云。七情是可以顺其自然之流行的，这皆是仁的良知之用，不可以分别善恶，但是不可有所著。七情有所著，俱称为己之欲，俱为仁的良知之蔽。然而，七情才有著时，仁的良知自会有觉，觉即去蔽以复归其仁的本体。此处能够勘破得，方有了简易透彻的仁的工夫。其中说的有所著，即是有所分别，就是滞留，就是障碍，就是执著。如果七情有所著，就必然造成某些情感滞留在心中不化。悔悟是去病之药，然而是以改之为贵的。如果悔悟只是留滞于仁心之中，则会因药而发病。

c. 富贵贫贱得丧爱憎之相对于得仁道之士是无碍的

据《阳明全书·卷六》所言，只有有仁道之士真的有见其仁的良知的昭明灵觉，圆融洞彻，廓然与仁的太虚同体。仁的太虚之中何物不有，但是没有一物能够为太虚所障碍。吾心的仁的良知之体自己就是聪明睿知的，自己就是宽裕温柔的，自己就是刚劲强毅的，自己就是斋庄中正的和文理密察的，自己就是溥溥（pǔ，广大普遍的）渊泉而时出之的，本来就是无富贵可慕的，本来就是无贫贱可忧的，本来就是无得丧可欣戚的，本来就是无爱憎可取舍的。凡是慕富贵、忧贫贱、欣戚得失、爱憎取舍之类的，皆是足以蔽吾心的仁之聪明睿知之体而窒息吾心的渊泉时出之用的，就如同在明目之中翳之以尘沙，聪耳之中塞之以木楔。凡有仁道之士，其于富贵贫贱得丧爱憎之相，都值如飘风浮霭之往来变化于太虚之中，而仁的太虚之体固然是常廓然而无碍的。

⑥怎么才能除掉私欲之恶？仁的集义之归

a. 唯有天下的仁之至诚才能立天下的仁之大本

据《阳明全书·大学问》所言，仁的大人之学，目的只是在于要去其私欲之蔽以自明其仁的明德，恢复其天地一体的仁之本然而已。据《阳明全书·传习录》所言，不可以说仁的未发之中是常人俱有的。仁的体用是一源的，有是仁体即有是仁用，有未发的仁之中即有发而中节的仁之和。今人未能有发而中节的仁之和，必须知道，那是他未发的仁之中也未能全得。仁者是以万物为一体的，而不能一体，只是因为己私未忘。如果能够全得仁体，则天下皆归于吾。仁就是八荒皆在我闼（tà，门楼上的小屋）之意。天下皆与，其仁也在其中，如在邦不怨、在家无怨，也只是自家不怨，又如有不怨天、不尤人之意。然而，家邦无怨，于我也在其中，只是所重不在于此而已。问者说，喜怒哀乐的仁之中和，常人固然是不能有其全体的。比如说，一件小事当喜怒，平时是无喜怒之心的，至其临时也能中节，这可以称为仁的中和吗？王阳明说，在一时一事上固然也可以称为仁的中和的，然而不能说是在仁的大本上达道了。人的仁性是皆善的，仁的中和是人人原有的，不可以说是无。但是，常人之仁心是有所昏蔽的，虽然其仁的本体也是时时发见的，但终究是暂明暂灭的，并非是其仁的全体的大用。无所不中然后称之为仁的大本，无所不和然后称之为仁的达道。唯有天下的仁之至诚，然后才能立天下的仁之大本。问者说，澄于中字的仁之义还没有明白。王阳明说，这必须由自己的仁的心体认出来，并非是言语所能喻的，仁之中只是仁的天理。问者说，什么是仁的天理呢？王阳明说，去得己之人欲便能识得仁的天理。

b. 必须用仁的大的真己才能保住躯壳的小己

据《阳明全书·传习录》所言，喜怒哀乐的本体自是仁的中和的，才自家着些意思，便有过或不及，这便是私。据《阳明全书·卷二》所言，圣人之学的基本原则是要推其天地万物一体之仁以教天下，使之皆有以克其私去其蔽，以复归心体的仁之同然。据《阳明全书·传习录》所言，仁的至善是心的仁之本体。在仁的本体上才过当些子，那便是恶了。不是说有一个善，却又有一个恶来与之相对。所以，善恶只是一物而已。恶人是失去了仁的本体之心的人。据《阳明全书·卷八》所言，仁者是以天下万物为一体的，所以天下万物全都是己。君子之仁学，就是这样的为大己之仁学。为大己必须克小己，克小己则无小己。有人问，己私是难克的，怎么办呢？王阳明说，将汝己私来替汝克。人必须有为己之心方能克己，能克己方能成己。这心的仁之本体原本只是一个仁的天理，原是非礼的，这个便是汝的仁之真己，是躯壳的主宰。如果无仁的真己便无躯壳。有真己的仁则生，无真己的仁则死。如果汝真是为那个躯壳的己，必须用着这个仁的真己，而且必须常常保守着这个真己的仁之本体。

c. 好色好利好名等私心要扫除荡涤尽才能得廓然的仁心

据《阳明全书·传习录》所言，圣贤之仁学只是为己之学，所以重功夫而不重效验。据《阳明全书·卷七》所言，真吾指的是仁的良知。父慈子孝，这是吾的仁的良知所好，而不慈和不孝则是恶的。言而忠信，行而笃敬，这是仁的良知所好，而不忠信和不笃敬则是恶的。名利物欲之好是私吾之好，这是天下所恶的。仁的良知之好，是真吾之好，是天下之同好。据《阳明全书·卷四》所言，圣人之仁心，是纤翳（yì，遮蔽）自无所容的，所以自然不消磨刮。常人之心如同是斑垢驳杂的镜子，必须痛加刮磨一番，尽去其驳蚀，然后纤尘即见，一拂便去了，自然也不消费力。到此即已是识得仁体了。如果驳杂未去，其间固然会自有一点仁的明处的，固然也就能见到尘埃之落，也才能拂去。如果有驳蚀堆积于其上，终是不能见到尘埃的。据《阳明全书·传习录》记载，问者说，为什么把仁的天理当成中呢？王阳明说，仁的中就是无所偏倚。问者说，仁的无所偏倚是何等气象呢？王阳明说，如明镜一样，仁的全体都是莹彻的，都是略无纤尘染著的。问者说，偏倚指的是有所染著，如着在好色好利好名等项上，方能见得偏倚。如果在未发的时候，美色名利皆还未相着，怎么便知道其有所偏倚呢？王阳明说，虽然未相着，然而平日的好色好利好名之心原未尝是无的。既然未尝无，即可以说是有。既然说是有，就不可说是无偏倚的。譬如说，病疟之人，虽然有时是不发的，而病根原不曾除去，也不能说是无病之人。必须是平日的好色好利好名等项一应私心扫除荡涤，无复纤毫留滞，这样此仁心才会是全体廓然的，才纯是仁的天理，这样才可以说有了喜怒哀乐未发之中，这才是天下的仁之大本。

d. 仁心之静为心之体而仁心之动则为心之用

据《阳明全书·卷五》所言，仁心是无动静的。仁心之静是用来言其体的，仁心之动是用来言其用的。所以，君子之学是无间于仁心的动静的。仁心之静也为常觉，而未尝是无，所以能够常应。仁心之动也为常定，而未尝是有，所以能够常寂。仁心的动静皆是有事的，这就称为仁的集义。仁的集义所以能够无悔，这就是我们所说的仁心的动也定、静也定。仁心就是一而已，仁心之静是心之体，而复求静根，就是挠其体。仁心之动为心之用，而惧其易动，就是废其用。所以，求静之心即是动，恶动之心并非是静的。所以，仁心之动也是动，仁心之静也是动，将迎起伏，相寻于无穷。所以，心循仁之理就称为静，而从欲就称为动。欲并非必然是声色货利这样的外诱。有心之私，皆是欲。只要是循仁之理而动，虽然酬酢万变皆是静，这就是濂溪（周敦颐）所说的主静无欲的意思，也就是仁的集义的意思。如果人是从欲的，虽然是在心斋坐忘也是动；告子之强制正助之谓，就属于这样的外义。

e. 吾心的良知是无亏缺障蔽的，所以能够得以极其至

据《阳明全书·卷五》所言，仁的集义只是致仁的良知。仁心得其宜为义，致仁的良知则心得其宜。昔人有为手足之情而受污辱的，这就是因为不致知仁。这等事于仁的良知自然是有不安的。据《阳明全书·传

习录》所言，仁心的本体原来自然是不动的。仁心之本体即是仁之性，仁之性即是仁之理。仁之性元是不动的，仁之理元也是不动的，集义的过程即是复归其仁心的不动之本体的过程。从毁誉得丧之间未能脱然这点，就足以知道用功之秘密，只此有自知之明便是仁的良知。致此仁的良知以求自慊（qiàn，满足），这便是仁的致知。据《阳明全书·卷六》所言，当弃富贵即弃富贵，只是致仁的良知；当从父兄之命即从父兄之命，这也只是致仁的良知。其间要权量轻重。如果稍有私意，于仁的良知便会不自安。据陈荣捷先生的《王阳明传习录详注集评》和张问达的《阳明文钞》记载，问者说，据人心所知，多有认欲作仁之理的，也有认贼作父的，何处才能见到仁的良知呢？王阳明说，你以为如何呢？问者答，心之安处才是仁的良知。王阳明说，固然如此，但是也要省察，恐怕有非所安而安的。据《阳明全书·大学问》所言，致即是至。知就是要知至，致就是要至之。致知就是要致吾心的仁的良知。吾心的良知之所知，是没有亏缺障蔽的，所以能够得以极其至。

⑦天下之仁犹如一家之仁，而中国之仁犹如一人之仁

a. 仁的大人指的是以天地万物为一体之人

据《阳明全书·大学问》记载，有人问，昔日之儒以为《大学》是成为仁的大人之学。仁的大人之学怎么在于明仁的明德呢？王阳明说，仁的大人指的是以天地万物为一体之人。仁的大人视天下之仁犹如一家之仁，视中国之仁犹如一人之仁。如果以形骸来分出你我，那就是小人。仁的大人之所以能以天地万物为一体，非意之也，而是其心之仁本若是与天地万物而为一也。不只是大人之仁心，虽小人之仁心也皆是如此的。小人是自小之的。所有人见孺子将要掉到井里，都会有恻隐之仁心的，因为其仁与孺子是为一体的。孺子还属于同类。而人见到鸟兽之哀鸣也必有不忍之仁心，因为其仁之与鸟兽而为一体。鸟兽是有知觉者，而人见到草木之摧折也必有悯恤之仁心，因为其仁之与草木而为一体。草木犹有生意者。而人见瓦石之毁坏也必有顾惜之仁心，这是因为其仁之与瓦石而为一体。其一体之仁，虽小人之仁心，也必是有之的。

b. 为什么要止于至善呢？仁的至善是明德和亲民之极

据《阳明全书·大学问》所言，仁心是根于仁的天命之性的，所以自然灵昭不昧，所以称为仁的明德。如果无私欲之蔽，虽小人之仁心，其一体之仁也是犹如大人的。一有私欲之蔽，则虽大人之仁心，其分隔隘

陋，也是犹如小人一样的。所以，为仁的大人之学，唯有去其私欲之蔽，以自明其仁的明德，复其天地万物一体之本然而已，非能于仁的本体之外还有所增益。据《阳明全书・卷六》所言，仁的明德的意思本来是欲合天人为一的，不能反离之为二。据《阳明全书・大学问》记载，有人问，那么为什么要亲民呢？王阳明说，明仁的明德是为了立其天地万物一体之体，而亲民则是要达其万物一体之用。所以，明仁的明德的目的必在于亲民，而通过亲民又能明其仁德。亲吾之父以及人之父，以及天下人之父，这样的话，吾之仁实际上与吾之父、人之父、与天下人之父就为一体了。君臣、夫妇、朋友，以至于山川神鬼鸟兽草木，都实有以亲之，这样来达到自己的一体之仁。这样吾的仁之明德就开始无不明了，这样就真能以天地万物为一体了。这就称为尽仁之性。有人又问，那为什么要止于仁的至善呢？王阳明说，仁的至善指的是明德和亲民之极。从仁的天命那里得来的仁之性是粹然至善的。灵昭不昧的人即是有仁的良知者。明德的本体就是发现仁的至善。发现了仁的至善就能明是非，明轻重厚薄，能随感随应，能变动不居，而且也能守住天然的仁之中。

（3）致仁的良知有什么用？仁的知行合一

①仁的知行合一是针对日益颓丧的士风而说的

a. 仁心的动静之时即体而言用在体，而即用而言体在用

明中期出现了社会风气败坏、道德水平下降的总体状况。王阳明提出的仁的知行合一就是针对日益颓丧的士风而说的。据《阳明全书・卷八》记载，逮其后世，功利之说日浸以盛，不再知道有仁的明德亲民之实，士皆巧文博词以饰诈，相规以伪，相轧以利，外冠裳而内禽兽，而还自以为是在从事圣贤之仁学。他竭力主张仁的知行合一之说，就是要订正仁的致知格物之谬，思有以正人心息邪说，以求明先圣之仁学。他在贵阳时初提仁的知行合一时，曾受到普遍的怀疑。他的仁的知行合一说，在当时和以后都受到了不少批评，其中最有代表性的批评者是王夫之。据《阳明全书・卷二》记载，王阳明说，他的仁的知行合一之说，不是要以己意来抑扬其间，从而苟且获得一时之效。据《阳明全书・卷六》记载，王阳明说，仁的知行合一，虽然是针对今时的补偏救弊之说，然而仁的知行的体段本来也就应该如是的。据《阳明全书・传习录》记载，王阳明说，仁心是不可以用动静来分体用的。仁心的动静之时，即体而言用在体，即用而言体在用，体用是一源的。如果说通过仁心之静可以见体，通过仁心

之动可以见用，这样说是无妨的。

b. 正心是为复仁心之体而修身是为著仁心之用

据《阳明全书·卷七》记载，王阳明说，仁的大学之要，就是诚仁的意而已。诚仁的意之功，就是格物而已。诚仁的意之极，是止于仁的至善而已。止于仁的至善之则，是仁的致知而已。正心的目的是要复其仁心之体，修身的目的是要著其仁心之用。以言乎己称为仁的明德，以言乎人称为仁的亲民，以言乎天地之间则为仁之备。仁的至善指的是仁心之本体。心动而后有不善，而仁的本体之知未尝不知。意指的是其心之动，物指的是其心之事，致其仁的本体之知则动无不善。然而，非即事而格之，则也无以致其仁之知。仁的致知者是仁的诚意之本，格物者是仁的致知之实。物格则知致意诚而有以复其仁之本体，这就称为止于仁的至善。圣人惧人求仁于外，而反复其辞。旧本析而圣人之仁意亡，所以不务于仁的诚意而徒以格物称为支，不事格物而徒以诚意称为虚，不本于致知而徒以格物诚意称为妄。支与虚与妄，对于仁的至善来说都是远的。合之以敬而益缀，补之以传而益离。我恐惧的是学之日远于仁的至善，所以去分章而复旧本，傍为之释，以引其仁之义。庶几复见圣人之仁心而求之者有其要。如果致知仁则存乎仁心，悟至知仁心就尽了。

②仁的致知必在于仁之行

a. 在心发动处就要将这不善的念头彻底彻根克倒

据《阳明全书·传习录》所言，仁的圣学只是一个功夫，仁的知行不可分作两事。据《阳明全书·卷二》所言，仁的致知必在于仁之行，而不行仁不可以称为致知仁，这点是明确的。知仁之真切笃实处即是仁之行，而仁之行的明觉精察处即是仁之知。据《阳明全书·传习录》记载，徐爱说，古人把仁的知行做为两个，是要人见得仁分晓，一行是要做知仁的功夫，一行是要做行仁的功夫，这样仁的功夫始有下落。王阳明说，这样做却失了古人的仁的圣学的宗旨。仁之知是仁之行的主意，而仁之行是仁之知的功夫。徐爱说，如今人尽有知得父当孝兄当弟，却不能孝不能弟，从这里便可以知道，仁之知与仁之行分明是两件。王阳明说，这已经被私欲隔断了，不是仁的知行的本体了。没有知仁而不行仁的，知仁而不行仁只是未知仁。就如称某人知孝、某人知弟，必须是其人已曾行孝悌方可称他知孝悌。只是晓得说些孝悌的话，是不能称为知孝悌的。知痛必须是自己痛了方知痛，知寒是自己寒了，知饥是自己饥了，所以仁的知行是分不开的。据《阳明全书·卷二》所言，只有真知仁才足以行仁，不行仁则不足以称为真知仁。据《阳明全书·传习录》所言，仁之知是仁的行之始，仁之行是仁的知之成。如果理会得时，只说一个知仁，已自有行仁在。只说一个行仁，已自有知仁在。今人做学问，把仁的知与行分作两件，所以虽然有一念发动时是不善的，然而却未成行，便不去禁止。我今说个仁的知行合一，正是要人晓得在一念发动之处，便即是行了。在心发动处有不善，就要将这不善的念头克倒，必须要彻底彻根，不使那一念不善潜伏在胸中。这便是他立仁之言的宗旨。

b. 学仁就是学做仁这件事，而问仁就是问做仁这件事

据《阳明全书·卷二》所言，没有学仁而不行仁的。如言学孝，则必须服劳奉养、躬行孝道，然后才能称之为学，而不能只是悬空口耳讲说。学射则必须张弓挟矢、引满中的。学书则必须伸纸执笔、操觚染翰。要尽天下之仁学，没有不行仁而可以言学仁的。学仁之始就已经是行仁了。天下没有不行仁而学仁的，也没有不行仁而可以穷仁之理的。所以，知仁而不行仁是不可以为学的，知仁而不行仁也是不可以为穷仁之理的。仁的知行合一是并进的，不可以分为两节事。据《阳明全书·卷六》记载，问者说，自来儒都是先皆以学问思辨仁为知仁，而以笃行仁为行仁，分明是两截事，今先生说仁的知行是合一的，这不能是无疑的。王阳明说，此事我已经屡屡说过了。凡是行仁指的只是著实去做这件事。如果著实做学问思辨仁的工夫，则学问思辨仁也便是仁之行。学仁就是学做仁这件事，问仁就是问做仁这件事，思辨仁则是思辨做仁这件事，这样仁之行也便是仁的学问思辨。如果说要学问思辨仁之后再去行仁，那么仁的学问思辨就是悬空的，行仁的时候又无法去做仁的学问思辨之事。仁之行的明觉精察处便是知仁，知仁的真切笃行处便是行仁。如果行仁而不能明觉精察仁，那便是冥行，便是学仁而不思仁则罔，所以必须说个知仁。知仁而不能真切笃实，那便是个妄想，便是思仁而不学仁则殆，所以必须说个行仁，元来只是一个工夫。

c. 用来存仁之理的诗书六艺只是不特发见于事故称为仁之文

据《阳明全书·传习录》所言，诗书六艺皆是仁的天理之发见，文字都包在其中。考之诗书六艺，皆是用来存仁的天理的，只是不特发见于事，所以为仁之文。思仁即是学仁，学仁之理有所疑便必须思仁。有

的人思仁而不学仁之理，只是悬空去想仁之理，要想出一个仁的道理来，却不在身心上实用其力以存此仁的天理。仁的惟一是仁的惟精的主意，仁的惟精是仁的惟一的工夫，并非是在仁的惟精之外还有个仁的惟一。精字是从米的，那么就以米来比喻一下。要得此米的纯然洁白，这便是惟一之意。然而，非要加舂簸筛拣惟精之功，才能得到纯然洁白的米。仁的博学审问慎思明辨笃行，目的皆是要通过为仁的惟精来求仁的惟一。仁的良知是仁的自知，原来是容易的，只是不能致那仁的良知，这便是知仁之匪艰，行仁之惟艰。据《阳明全书·卷三》所言，仁的知行二字即是功夫，但是有浅深难易之殊。仁的良知原来是精精明明的，如欲孝亲，生知安行的只是依此仁的良知实落尽孝而已。学知利行只是时时省觉，务要依此仁的良知尽孝而已。据《阳明全书·卷二》所言，食味之美恶，必须待入口后才知。路歧之险夷，必须待身亲履历而后才知。据《阳明全书·传习录》所言，必然是己自痛了方知痛；必然是己自寒了方知寒；必然是己自饥了方知饥。这样说来，仁的知行是无法分开的。

③在仁之行前必须有仁的诚意

a. 人所不知己所独知处正是吾心的仁的良知处

据《朱子语类·卷五》记载，朱熹说，情是性之发，情是发出恁地，意是主张要恁地。比如说，爱那物便是情，所以去爱那物便是意。情如舟车，而意如人去使用那舟车一般。情是会做的，意是去百般计较地做，意因为有是情而后用。性是不动的，情是动的，意则是有主向的。心是一身的主宰，意是心之所发，情是心之所动，志是心之所之。据《朱子语类·卷六十二》记载，朱熹与门人之间有一段关于独知的对话。门人说，先生说的人所不知而己所独知，这句话自然是见得分晓的。比如说，自己做得是时，别人未见得是，自家先见得是。自己做得不是时，别人未见得是非，自家先见得是非。如此说时，感觉很亲切。朱熹说，事之是与非，众人皆未见得，自家自是先见得分明的。据《阳明全书·传习录》所言，仁的诚意之本在于致知仁。人所不知己所独知，这正是吾心的仁的良知处。据《阳明全书·卷二》所言，虚灵明觉的仁之良知应感而动便是意。据《阳明全书·卷六》所言，凡是应物起念之处皆是意。意是有是非的。能知道意的是非的便是仁的良知。据《阳明全书·大学问》所言，仁的良知指的就是从天命那里得来的仁之性，是我心的仁的本体，是自然灵昭明觉的。凡意念之发都是发自我心的仁之良知，所以没有不自知的。其善是我心的仁之良知自知的，而其不善也是我心的仁之良知自知的。据《阳明全书·卷二》所言，人必有欲食之心然后知食，欲食之心即是意。人必有欲行之心然后知路，欲行之心即是意，意即是行之始。意欲温清、意欲奉养，这便是意，而不可以说是仁的诚意。据《阳明全书·传习录》所言，仁的博学只是事事存此仁的天理，仁的笃行只是学之不已之意。事事去学存此仁的天理，则此仁心更无放失时，所以说是学以聚仁之天理。然而，常学存此仁的天理，更无私欲间断，这即是此仁心不息处，所以说是仁以行之。说及之已是行仁了，但是不能常常行仁，已为私欲间断，便是仁不能守。

b. 一念发在仁的好善上便要实实落落去好善

据《阳明全书·传习录》所言，先儒解释格物时说，格物即是格天下致物[①]。天下之物如何能够格得呢？一草一木皆是有仁之理的，如何去格呢？纵然格得草木的仁之理来，又如何反来诚自家的仁意呢？所以，我把格字解为正，把物解为事。大学中说的身即是耳目口鼻四肢。欲修身便是要目非礼勿视，耳非礼勿听，口非礼勿言，四肢非礼勿动。要修这个身，在身上是无法下工夫的。心是身的主宰。目虽然是能视的，但是心让目视的；耳虽然是能听的，是心让耳听的；口与四肢虽然是能言动的，而是心让言动的。所以，修身在于体当自家的仁的心体，要令仁心常是廓然大公的，无有些子不正之处。仁心这个主宰一正，则发窍于目自然就无非礼之视，此便是修身在正其仁心。仁的至善是心的仁之本体。心的仁的本体是无不善的，所以要正心，没有必要在仁的本体上用功。必然是要就仁心之发动处才可以著力。仁心的发动是不能无不善的，所以必须就此著力，这便是仁的诚意。如果一念发在仁的好善上，便要实实落落去好善。一念发在恶不仁的恶上，便要实实落落去恶恶。仁的意之所发既然没有不诚，仁的本体就不会不正。所以，欲正其心在于要有仁的诚意，而要工夫到了仁的诚意才始有着落处。

c. 立仁之诚真是如洪炉点雪一样能去私欲之萌

据《阳明全书·大学问》所言，凡发一善念时，要好之真如好好色；发一恶念时，则要恶之真如恶恶臭。如果不自欺其仁的良知，就会意无不

① “致物”为止于至善之物。

诚，心就无不正了。据《阳明全书·传习录》所言，为仁学的工夫是有深浅的。如果初时不着实用意去好善恶恶，就不可能为善去恶。这着实用意便是仁的诚意。据《阳明全书·卷八》所言，圣即是诚仁而已。君子之学是以仁的诚身格物。仁的致知是立诚之功。譬如说，在种植中，诚即是根，格致即是培壅灌溉。没有根就是徒劳的。据《阳明全书·大学问》所言，通过仁的良知诚之善恶的人，都是诚好与诚恶的，都是不自欺其仁的良知的。这样的人是有仁的诚意的。据《阳明全书·卷四》所言，君子之学是以仁的诚意为主的，格物致知为仁的诚意之功，犹如是饥者以求饱为事一样。据《阳明全书·传习录》所言，如果以仁的诚意为主去用格物致知的工夫，即工夫始有下落。如果先去穷格事物的仁之理，即是茫茫荡荡都是无着落处的，必须要添个敬字方才牵扯得仁之理向身心上来，但是终究是没有仁的根源的。如果以仁的诚意为主，就不须添敬字，所以提出个仁的诚意来说，正是学问的大头脑处。大学的工夫只是仁的诚意，而仁的诚意之极便是至善。据《阳明全书·卷七》记载，典卿说，天地之大，而星辰是丽的，日月是明的，四时是行的，引类而言之，则是不可穷的。人物之富，而草木是著的，禽兽是群的，中国夷狄是分的，引类而言之，是不可尽的。那么立于仁之诚就可以尽了吗？王阳明说，立仁之诚就可以尽了。据《阳明全书·卷四》记载，王阳明说，我近时与朋友论仁学，惟说立诚二字。杀人必须是就咽喉上著刀，吾人为仁学当从心髓入微处用力，这样自然就会笃实光辉。虽然有私欲之萌，真是如洪炉点雪，天下的仁之大本就立了。

④匡正物的格物的仁之行

a. 忘了仁心之本逐末就会玩物而丧仁之志

据《阳明全书·传习录》所言，有人发问说，程子说，在物为理，而你怎么说心即理呢？王阳明说，应该在物为理前面添一心字，应该说此心在物则为理。徐爱问，知止然后才有定。朱熹认为，事事物物皆是有定理的，这点似乎与先生之说是不一样的。王阳明说，在事事物物上求仁的至善，这是义外。至善是人的心的仁的本体，只是明仁的明德到了仁的至精至一处便是，然而也未尝离却事物。据《阳明全书·卷二》所言，我也讲格物，朱熹的九条之说也是包罗统括在我的格物之中的，但是我是为之有要的，所以作用是不同的。据《阳明全书·传习录》记载，问者说，温凊定省之类的有许多节目，不是也是必须讲求的吗？王阳明说，如何不讲求？只是先得有个仁心的头脑。文公（朱熹）的格物之说，只是少了仁心的头脑，所以无轻重。据《阳明全书·卷五》所言，诵习经史，本来也是学问之事，是不可废的。只是如果忘了仁心之本逐末，就会玩物而丧仁之志。据《阳明全书·卷七》所言，圣贤垂训，无非就是要教人去私的人欲存仁的天理的方法。只有当我欲去吾之人欲存吾之仁的天理不得其方的时候，我才会到五经四书中去求仁的方法。

b. 没有悬空的意即意便是心着上了物，而物即是事

据《阳明全书·传习录》所言，朱熹说的格物在即物而穷其仁之理。即物穷仁之理指的是吾心在事事物物上求仁之定理，所以把仁心与仁之理分析为二。而我所说的致知格物指的是致吾心的仁之良知于事事物物。吾心的仁之良知就是仁的天理。致吾心的仁的良知之天理于事事物物，则事事物物皆得其仁之理。致吾心的仁之良知就是致知。事事物物皆得其仁之理就是格物。这样就能合仁之心与仁之理为一。徐爱说，身之主为心，心之灵明为知，知之发动是意，意之所着为物。这对吗？王阳明说，也对。问者说，物是在外的，物怎么与身心知是一件呢？王阳明说，心之发动处是意，意之灵明处为知，意之涉着处便是物。这只是一件。意没有说是悬空的，意便是心着上了事物。据《阳明全书·卷二》所言，心是身之主，而心的虚灵明觉处即是本然的仁的良知，而仁的良知应感而动便是意。有知而后才有意，无知则无意，所以知是意之体。意之所用必有其物，物即是事。比如说，意用于事亲，则事亲为一物；意用于治民，则治民为一物；意用于读书，则读书为一物；意用于听讼则听讼为一物。凡是意之所用，没有无物的。有是意便有是物，无是意即无是物。所以，物即是意之用。

c. 要本着仁的良知来判断物之是非从而才能匡正事物

据《阳明全书·传习录》记载，有人问，什么是格物？王阳明说，格就是正的意思，就是正其不正以归于正。据《阳明全书·大学问》所言，格物即是匡正事物。据《阳明全书·传习录》所言，心之所发便是意，意之所在便是物。物是有是非之别的。人是可以本着仁的良知来做出判断的。判断之后，要真诚地按照仁的良知告诉我们的对错去做，这样就能匡正事物。正其不正指的是去恶；归于正指的是为善。格物要像孟子那样，用大人格君心的方法去格，要去其心之不正以全其仁的本体之正。但是，意念所在，即是要去其不正以全其正，即无时无处不是存仁的天理，即是穷仁之理。仁的天理即是仁的明德，穷仁之理即是明仁的明德。

d. 知仁的致知必在于实行仁而不实行仁不可称为致知

据《阳明全书·传习录》记载，有人问，先生曾说善恶只是一物。善恶是两端，正如冰与炭是相反的，怎么能说只是一物呢？王阳明说，至善是仁心之本体。在仁的本体上过当便是恶。因为有善，才有一个恶来与之相对。所以，善恶只是一物。善恶都是仁的天理，只是恶并非本来恶，而是在仁的本性上过之而不及的缘故。即是说，至善即是仁的完善，而恶即是仁的不完善，所以都是仁的善。据《阳明全书·卷八》所言，人心都是有仁的良知的，独有不能致仁的。仁的良知是天下的仁之大本，致则是仁的良知之行，是天下的仁之达道。如果知其为善，能够致其为善之知而必为之，这就说明是知仁之至了。知犹如是水一样。人之仁心是无不知的，就像是水之无不就下一样。水决而行之，没有不就下的。决而行仁，这就是仁的致知，就是仁的知行合一。据《阳明全书·卷二》所言，知道如何为温凊之节，知道如何为奉养之宜，这可以称为知仁，但不可以称为仁的致知。必须致其知为什么要有温凊之节，然后实以之温凊，这才是实行仁，这才是仁的致知。温凊定省谁都知道，而要致其知就鲜了。知仁的致知必在于实行仁，而不实行仁不可以称为致知。仁的良知是不由见闻而有的，但是见闻都是仁的良知之用。所以，仁的良知不滞于见闻，也不离于见闻。在仁的良知之外，没有别的知。致仁的良知是学问的大头脑。学问工夫只是要让主仁之意的头脑是当的。如果主仁之意的头脑专门是以致仁的良知为事的，则凡是多闻多见都是致仁的良知之功。日用之间的见闻酬酢，虽然是有千头万绪的，都是仁的良知的发用流行。而除却掉见闻酬酢，也就无什么仁的良知可致了。

⑤虽然是哭而此仁心安处便是乐

a. 遇到大故应当哀哭但仁心的本体未尝有动

据《阳明全书·卷二》所言，仁的洒落之乐是种真乐。虽然这种真乐不同于七情之乐，但是也不外于七情之乐。即是说，这种真乐与七情之乐是不离不滞的关系。据《阳明全书·传习录》所言，遇到大故应当哀哭。不哭便不乐。虽然是哭，但此仁心安处便是乐，仁心的本体未尝有动。据《阳明全书·卷十九》所言，仁的大道即是人的仁心，万古未尝改。长生在求仁，金丹岂外待。据《阳明全书·传习录》记载，问者说，我近来的功夫虽然好像是略知了头脑，然而却难寻得个稳当快乐之处。这是怎么回事呢？王阳明说，你不从仁心上去寻个仁的天理，这正是所谓的理障。此间是有个诀窍的，这个诀窍即是仁的致知。你的那一点仁的良知，即是你自家的实行仁的准则。你的仁的意念的着处，是便知是，非便知非，更瞒他一些不得。你只要不欺他，实实落落依着他去做，善便能存、恶便能去。这里是何等的稳当快乐！这便是格物的真诀、仁的致知的实功。如果不靠这些仁之天理的真机，就无法去格物。我也是近年来才体贴出来得那么分明。最初还怀疑仁的良知是否有什么不足，精细地看来，还是没有什么欠阙的。

b. 朋来则有仁的本体之欣合和畅充周无间的千古之一快

据《阳明全书·传习录》记载，徐爱说，我因旧说而淹没，始闻王阳明之教，实在是感觉到骇愕不定，无入头处。后来，闻之既久了，渐渐知道反身实践，然后相信王阳明之学为孔子的嫡传。舍是皆是傍蹊小径、断港绝河。比如说，王阳明说，格物是仁的诚意的工夫，明善是仁的诚身的工夫，穷理是尽仁性的工夫，道问学是尊仁的德性的工夫，博文是仁的约礼的工夫，惟精是仁的惟一的工夫。徐爱说，诸如此类的说法，开始感觉皆是落落难合的，其后思之既久，不觉手舞足蹈。王阳明说，仁的良知是自然造化的精灵。这些精灵是生天生地的，是成鬼成帝的，皆是从此而出的。仁的良知真是与物无对的。如果人完完全全地得到了仁的良知，无少亏欠，自然会不觉手舞足蹈，不知天地间还有什么乐可以替代这种乐。据《阳明全书·卷二》所言，乐是仁心的本体。仁人之心是以天地万物为一体的，是欣合和畅的，原来是无间隔的。时习要求的是复此仁心之本体，悦则是仁的本体渐复的过程。朋来则是仁的本体之欣合和畅充周无间。而仁的本体的欣合和畅本来就是如此的，与最初相比并没有所增。据《阳明全书·刻文录序说》所言，在仁的良知之下，能洞见仁道的全体，真是痛快！据《阳明全书·卷八》所言，懂得仁的致良知，诚为千古之一快。每以仁的致良知启夫同志，无不跃然而喜。

⑥仁的致良知的整体思路

据《阳明全书·传习录》所言，身指的是仁心之形体的运用；心指的是身之神明的主宰。修身指的是为善去恶。吾身自己是不能为善去恶的，必须要有心的灵明的主宰欲为善去恶，其形体的运动始能为善去恶。所以，欲修其身必须先正其心。心的诚意之本有在于仁的致知。人所不知而己所独知，这正是正吾心的仁的良知处。如果知得善却不依这个仁的良知去做，知得不善却不依这个仁的良知便不去做，那么这个仁的良知便被遮蔽了，这就是不能致知仁。如果吾心的仁的良知不能扩充到底，那么善虽然是知好的，就不能著实好了；恶虽然是知恶的，就不能著实地恶了。所以，仁的意诚就是致知者的诚意之本。心的意之所发是有善有恶的。如果不明善恶之分，就将会是真妄错杂的。这样的话，虽然欲诚而不得诚。所以，欲诚其意必在于致知仁。致即是至仁。据《阳明全书·大学问》所言，欲致仁的良知，并不只是要影响恍惚和悬空无实，必须是实有其事。致知必须在于格物。物即是事。凡意之所发，必然是有其事的。意之所在就称为物。格即是正，也就是要正其不正以归于正。正其不正，就是去恶的意思，而归于正就是为善的意思。良知所知之善，虽然是诚欲好之的，如果不即其意之所在之物而实有以为之，则是物就是未格的，而好之之意犹如是未诚的。仁的良知所知之恶，虽然诚欲恶之，如果不即其所在之物而实有以去之，则是物就是未格的，恶之之意就犹如是未诚的。据《阳明全书·传习录》所言，仁的致知也不是悬空的，致知必须在实事上格。比如说，如果意在于为善便就这件事上去为；如果意在于去恶便就在这件事上去不为。去恶固然是格不正以归于正，为善则是把不善正了，也是格不正以归于正。如此做的话，吾心的仁的良知就无私欲之蔽了，就得以致其仁之极。这样意之所发就是好善恶恶，无有不诚的了。诚意的工夫实下手处就在格物。这样的格物是人人都能做得的，所以人人都是可以为尧舜的。人是有习心的。如果不教他在仁的良知上实用为善去恶的功夫，只是悬空去想格仁的本体，则一切事为都是俱不着仁之实的。据《阳明全书·大学问》所言，身—心—意—知—物是其仁的工夫所用的条理。虽然是各得其所的，但其实只是一物。格—致—诚—正—修是其仁的条理所用的工夫，虽然各有其名，而其实只是一事。

（4）儒、老、佛三者之合与分在什么地方？

①儒在尽仁的性命时完养其身为仙而不染世累为佛

据《阳明全书·卷四》记载，王阳明见许多儒者为名利所缚，他感叹道，人生动多牵滞，反而不如他流外道之脱然。方今的山林枯槁之士也不可多得了，而奔走于声利之场者又走得太远了。据《阳明全书·传习录》记载，王阳明说，仙佛到极处与儒者是略同的，但是有上一截，遗了下一截，终不似圣人之全，然而其上截之同是不可诬的。据《阳明全书·卷三十八》记载，王阳明说，用兵有何术？只要仁的学问纯笃，养得此仁心不动，这便是术。凡人的智能都是相去不甚远的，胜负之决，不待卜诸临阵，只在此仁心动还是不动之间。据《阳明全书·卷三十四》记载，有人问王阳明说，佛氏和老氏在身心修养上都是有功的，儒者是否应当兼取呢？王阳明说，说兼取便不是，因为圣人是尽仁之性以至仁之命的，无物不具，所以不待兼取。佛氏和老氏之用，皆我之用。如果我在尽仁之性以至仁之命中完养此身则称为仙；如果我在尽仁之性以至仁之命中不染世累则称为佛。但是，后世的儒者则没有看到仁的圣学之全。比如说，有一个三间共一厅的厅堂，儒者不知皆是吾的仁心之用，而把左边一间割给了佛氏，把右边一间割给了老氏，而自己则处于中间，皆举一而废百。

②儒把有心定在仁的致良知之上

a. 必须止于仁的至善才不会流于私意小智

据《阳明全书·卷三》所言，如果人知道了仁的良知这个诀窍，随他有多少邪思妄念。在这里一觉，就都自消融了，真个是灵丹一粒，点铁成金！这些子仁的良知看得透彻了，随他千言万语，是非诚伪，到前便明了。合得仁的良知便是，合不得仁的良知便非，正如佛家所说的心印一样，真是个试金石、指南针！据《阳明全书·卷五》所言，区区致知二字，乃是孔门的正法眼藏！如果能够于仁的致知这里见得真伪，真是可以建诸天地而不惊，质诸鬼神而无疑，考诸三王而不谬，百世以俟（sì，顺次）圣人而不惑。据《阳明全书·传习录》记载，王阳明说，仙家说道虚，圣人也无法在虚上加得一毫实。佛家说到无，而圣人也无法在无上加一毫有。仙家说虚是从养生而来的，佛家说无是从出离生死苦海而来的。如果在本体上加了这些意思在，便不是他虚无的本色了，便于本体上有了障碍。圣人只是还他仁的良知的本色，更不曾着些意思在。仁的良知之虚便是天之虚；仁的良知之无便是太虚之无形。日月风雷山川民物，凡是有貌象形色的，皆是在太虚无形中发用流行的，未尝作得天的障碍。圣人只是顺其仁的良知之发用。天地万物俱在我的仁的良知的发用流行中，又何尝有一物能超乎仁的良知之外而能作得障碍。据《阳明全书·大学问》所言，仁的至善指的是民彝物则之极，而不容有拟议增损于其间。只要少有拟议增损于其间，则是私意小智，而不是仁的至善。以前的人固有欲明仁的明德的，但因为不知道至于仁的至善，所以骛其私心于过高，所以导致虚罔空寂，无有乎家国天下之施，这就是佛老二氏之流弊。固然有欲亲其民者，但只是因为不知止于仁的至善，而溺其私心于卑琐，所以失之于权谋智术，而没有仁爱恻怛（dá，悲苦）之诚，而称为五伯功利之徒。

这都是因为不知道止于仁的至善之过。

b. 只是在人所共知的仁处用功便是作伪的仁

据《阳明全书·传习录》记载，问者说，戒慎是己所不知时的工夫，而慎独是己所独知时的工夫，这个说法如何？王阳明说，只是一个工夫，无事时固然是独知仁的良知，有事时也是独知仁的良知。如果人不知于此仁的独知之地用功，而只是在人所共知的仁处用功，那便是作伪的仁。如果现在又把戒惧分成是己所不知时的工夫，则工夫便支离了，也有了间断。既然戒惧即是知，如果自己不知仁，那么是谁在戒惧呢？这样的见解便要流入断灭禅定之中。问者又问，如果无论善念恶念都是无虚假的，那么仁的独知之地就是没有无念之时的。这种说法对吗？王阳明说，戒惧也是念，仁的戒惧之念是无时可息的。如果仁的戒惧之心稍有不存，不是昏聩，便已流入恶念。自朝至暮、自少至老，如果要无念，那即是己不知。人只有在昏睡或变成槁木死灰的时候才是无念的。圣人的仁的致知之功是至诚无息的，其仁的良知之体是皦如明镜和略无纤翳的。妍媸（yán chī，美丑）之来是随物见形的，而明镜是曾无留染的，这即是所谓的仁之情顺万物而无己之情。佛家说无所住而生其心，指的是明镜之应物，妍者妍，媸者媸，一照而皆真，这即是生其心之处。妍者妍，媸者媸，一过而不留，这即是无所住之处。澄这个人忽然接到家信，说儿子病危，他的心甚为忧虑，郁闷不堪。王阳明对他说，这时正适宜用仁之功。如果此时放过了，闲时讲仁学又有什么用呢？人的仁心要在此等时磨炼。父爱子自然是仁的至情，然而仁的天理自有一个中和之处，过了即是私意，而人于此处多认作天理，当忧则一向忧苦不已，这是因为有所忧患而不得其仁的理之正。七情所感不能过，才有点过就不是心的仁之本体了。

c. 如果把仁的文思作了常记在怀则会为文字所累

据《阳明全书·传习录》记载，王阳明说，他昔日居滁时，见诸生多务知解，口耳异同，无益于得，所以教之静坐，结果一时窥见仁的光景，颇能收到近效。而久之渐渐出现了喜静厌动、流入枯槁之病，或务为玄解妙觉，动人听闻。所以，我近来只是说致仁的良知。只要仁的良知是明白的，随你在静处体悟仁也好，随你去事上磨炼仁也好，而仁的良知本体元是无动无静的，这便是学问的仁的良知的头脑。仁的文思思索也是无害的，但是如果作了常记在怀，则会为文字所累，心中就有一物了。澄这个人说，好色好利好名等固然是私欲，如果闲着思虑一下也称为私欲吗？

王阳明说，毕竟好色好利好名等是从根上起的，要自寻其根便可以见。比如说，汝心中决知是没有做劫盗的思虑的，因为汝心中原来是无是心的。如果汝把货色名利等心，一切都皆如不做劫盗之心一般，这样就都消灭了，光光只是心的仁的本体，看还有什么闲的思虑呢！这时的仁心便能够寂然不动，这便是仁心的未发之中。

③儒的仁心的本体是无善无恶之中

a. 仁心不动于气则处于无善无恶的仁的至善状态

据《宋元学案·百源学案》记载，程颐说，尧也就是做了一个不动心之人而已。佛氏平生也就只是学了不动心这个事，并将这个事做成了一件大事。据《阳明全书·传习录》所言，定是仁心的本体，是仁的天理。仁心的动静是所遇之时。如果仁的功夫把一切声利嗜好俱能脱落殆尽，但是尚有一种生死念头未尽，只要有毫发挂滞，对于全体来说，就有未融释之处。人的生死念头本是从生身命根上带来的，所以不容易去掉。如果于此处能够见得破透，此心的仁的全体方能流行无碍。另外，如果一向着意去好善恶恶，便又多了这分意思，便不是那廓然大公了。侃这个人在去花间草时问，天地之间何善是难培的，何恶是难去的？王阳明说，不用培不用去。过了一会儿王阳明又说，如果看善恶皆是从躯壳处起念，便会错。侃没有明白。王阳明又说，天地的仁的生意，如同花草一般，是没有善恶之分的。你欲观花，则以花为善，以草为恶。如果你欲用草的时候，又会以草为善。这等的善恶皆是由你的心的好恶所生的，所以是错的。侃问，那么说是无善无恶的？王阳明说，无善无恶是仁的理之静，有善有恶是气之动，不动于气则无善无恶，这就是仁的至善。

b. 只要有仁的致良知则精气神自然都能各得其养

据《阳明全书·传习录》所言，侃问，佛家也说无善无恶，与儒家有什么区别呢？王阳明说，佛家只是着在无善无恶上，便一切都不管了，所以不可以治天下。圣人说无善无恶，只是说要无有作好，也无有作恶，要不动于气。只要遵王之仁道，就会有仁之极。便自一循仁之天理，这样便有个裁成辅相。侃又问，草既然是非恶的，那么说，草就不宜去掉。王阳明说，这便是佛家和老子的观点。如果草是有碍的，去掉草是无碍的。侃说，这么不又是作好作恶了吗？王阳明说，不作好恶并非是全无好恶，而是要做个无知觉的人。所谓的不作，指的只是好恶一循于仁之理，不去又着一分意思，如此就像是不曾有好恶一般。侃又问，去草如何才能一循于仁之理又不着一分意思呢？王阳明说，草是有妨碍的，理当是去掉的，这样就去之而已，这样去也不会累心。如果着了一分意思，即仁的心体便有了贻累，便会有许多动气之处。侃说，比如说，好好色和恶恶臭，这样怎么可以非意呢？王阳明说，这里说的是仁的诚意，而不是私意。仁的诚意只是循仁的天理。虽然是循仁的天理，也着不得一分意。如果有所忿懥好乐则不得其正。必须是廓然大公，方是心的仁之本体。知道这点，即能知什么是仁心的未发之中。据《阳明全书·卷二》所言，仁的良知即是一，其妙用可称为神，其流行可称为气，其凝聚可称为精。即是说，只要仁的良知致得精精明明，那么精、气、神自然都能各得其养。

④儒静坐时的仁心的清明状态便于人识理接物

a. 初学之时因心猿意马所以要教之静坐以息思虑

据《朱子语类·卷十二》记载，朱熹说，如果精神不定，仁的道理就无凑泊之处，必须通过静坐方能收敛。开始学仁的工夫的时候，必须要静坐。通过静坐，仁的本原就能定了。虽然还是不免要逐物的，但是收归来也有个安顿之处。但是，朱熹认为，专主静坐是有些子偏的。静坐只是让人能够有一种清明的状态，以便能够识理接物。王阳明曾筑阳明洞来修心静坐。据《阳明全书·年谱》记载，王阳明说，他曾与诸生静坐僧寺中，使自悟仁的性体，感觉恍恍如若有可即者的感觉。据《阳明全书·传习录》所言，教人为学不可执一偏。初学的时候是心猿意马的，拴缚不定，其所思虑的多是在人欲一边的，所以要教之静坐息思虑。久之以后，一旦其心意稍定时，这个时候如果只是悬空静守，如枯木死灰一样也是无用的，必须教他仁的省察克治。仁的省察克制之功是一直不能间断的。问者说，宁静存心时可称为未发之中吗？王阳明说，今人存心只是定得气。当其宁静的时候，也只是气的宁静，不可以称为仁心的未发之中。问者又说，即便不是中，那么可以说是求中的功夫吗？王阳明说，只有去人欲存仁的天理才称得上工夫。静时念念去人欲存仁的天理，动时也念念去人欲存仁的天理，不用管宁静不宁静。如果依靠那宁静，不仅渐渐会有喜静厌动之弊，中间还会有许多病痛潜伏着，终不能绝去，遇事依旧会滋长。而以循仁之理为主，则没有不宁静的，而以宁静为主，则未必能循仁之理。

b. 心之官是用来思仁的良知的而不应有私意安排之思

据《阳明全书·卷二十六》记载，有人问，在静中感觉思虑纷杂，不能强迫禁绝这些思虑。怎么办呢？王阳明说，纷杂思虑是强迫禁绝不得的，只是要就思虑萌动之处省察克治，到仁的天理精明后，有个物各付物的意思，自然就能精专而无纷杂之念了。据《阳明全书·卷二》所言，心之官是用来思仁的良知的，思则能得仁的良知，所以思是不可少的。如果沉空守寂与安排思索，这正是在自私用智，其为会导致丧失仁的良知这个一。仁的良知是仁的天理的昭明灵觉之处，所以仁的良知即是仁的天理，思则是仁的良知的发用。如果是仁的良知发用之思，则所思莫非是仁的天理。仁的良知发用之思自然是明白简易的，仁的良知也是自然能知得的。如果是私意安排之思，自然是纷纭劳扰的，仁的良知也自然会分别出来的。

c. 只在所行有不合仁的义之事时心才动了

据《孟子·公孙丑上》记载，孟子说，必有事焉而勿正，心勿忘，勿助长。朱熹解释说，孟子要人不当忘记其有所事，而也不可以有所作为以助长。据《孟子集注·卷三》记载，朱熹说，仁的集义就好比是积仁之善，想要事事都合于仁之义。如果无所愧怍，则此仁之气自然就能发生于中。动心指的是有所恐惧疑惑而动其心。据《阳明全书·传习录》所言，孟子的不动心与告子的不动心相异只在毫厘之间。告子只是在不动心上著功，而孟子便是直从仁的心源发动处见分晓。心的仁之本体原本是不动的，只是所行有不合仁的义之事便动了。孟子不论心之动与不动，只是强调仁的集义。如果所行无不是仁之义，此心自然就无可动之处。告子只是要此心不动，便是把捉此心，反而将他的生生不息的仁心给阻挠了。这样做是徒劳无益的，而且还是有害的。孟子说的仁的集义功夫自然是养得充满的，并无馁歉，自是纵横自在，活泼泼地，这便是仁的浩然之气。据《阳明全书·卷二》所言，近时有人说仁的致良知必须兼搭一个勿忘勿助，这样才能明。这种说法表明的是对于仁的致良知之功尚未了彻，这样就会受勿忘勿助之累。仁的良知的发见流行是光明圆莹的，更无窒碍遮隔处，这就称为仁的大知。才有执著意必，其仁之知便小了。据《阳明全书·传习录》所言，好色则一心在好色上；好货则一心在好货上。这样的一不是仁的主一。

d. 仁的良知本自宁静而生生不息，故不要再添求宁静和无生

据《阳明全书·卷二》记载，陆澄问王阳明说，佛氏是在不思善不思恶时来体认心的本来面目，这点与吾儒随物而格之的功是不同的。如

果我想在不思善不思恶时来用仁的致知之功，那么我已涉于思善了。如果想要善恶都不思，要让心的仁的良知清静自在，只有在寐而方醒之时。这也就是孟子的夜气之说，但是这样的光景是不能久的，忽然之际思虑就已经生了。不知道用功旧者，其常寐初醒而思之未起时是否也是如此？现在我想求宁静也不宁静，我想念无生则念欲生，怎么才能使此心的前念易灭、后念不生呢？怎么才能使仁的良知独显而与造物者游呢？王阳明说，在不思善不思恶时来认心的本来面目，这是佛氏为未识心的本来面目者而设此方便的。心的本来面目即是吾圣门所说的仁的良知。现在既然已经认得仁的良知明白了，就不用此说了。随物而格是仁的致知之功，即是佛氏所说的常惺惺，也就是要常存心的仁的本来面目。佛氏与儒家的体段工夫是大略相似的，但是佛氏有个自私自利之心，所以便有不同。现在如果想要善恶不思，而心的仁之良知能清静自在，这便有个自私自利的将迎意必之心。如果欲求宁静、欲念无生，这正是自私自利的将迎意必之病，所以念虑愈生则愈不宁静。仁的良知只是一个仁的良知，而善恶是自辨的，所以没有何善何恶可思。仁的良知之体是本自宁静的，今却又添了一个求宁静；仁之本自是生生的，今却又添了一个欲无生。这并非只是圣门的仁的致知之功不如此，即使是佛氏之学也没有如此的将迎意必。只是一念仁的良知，彻头彻尾，无始无终，即是前念不灭后念不生，今却欲让前念易灭而后念不生，这便是佛氏所说的断灭种性入于槁木死灰的意思。

e. 圣人的何思何虑的正仁工夫是自然的而不是勉然的

据《阳明全书·卷二》所言，仁心的常知常存常主于理，即是不睹不闻无思无为，但是这并不是指槁木死灰。睹闻思为一于仁之理，而未尝有所睹闻思为，所以即是动也未尝动。据《阳明全书·卷四》所言，学者是要明仁之善而诚身的。如果只是守着此昏昧杂扰之心，那却是坐禅入定，并非是必有事焉。先儒所说的仁的志道恳切固然是诚意，然而如果急迫求仁则反为私己，不可不察。日用间的一切莫非都是仁的天理之流行，但是如果此仁心是常存而不放的，则仁的义理是自熟的。仁的学问之功是不能缓的，但是恐怕著意把持振作，纵然复有得，居之恐怕也不能安。据《阳明全书·卷二》记载，近年以来山中讲学者往往多说勿忘勿助的工夫是非常难的，才著意便是助，才不著意便是忘，所以很难。王阳明说，我此间讲学只说必有事焉，不说勿忘勿助。必有事指的是时时去集仁之义。如果时时都是去用必有事的工夫，有时却间断了，此便是忘了，即须勿忘。如果时时去用必有事的功夫，有的时候欲速求效，这便是助了，即须勿助。其功夫全在必有事焉上用，而勿忘勿助只是就其间提撕警觉而已。近日有一种专门在勿忘勿助上用功者，其病在于终日悬空去做个勿忘，又悬空去做个勿助，这样漭漭荡荡全无实落下手处，究竟工夫只是作得格沉空守寂，学成一个痴呆汉。才遇些子事来即便牵滞纷扰，不再能用仁的经纶宰制。有学者曾问王阳明说，学者工夫固然是必有事而勿忘仁的良知，然而也是必须识得何思何虑的仁的气象的，要能一并看才为是。如果不识得这仁的气象，便有正与助长的弊病。如果要认得何思何虑而忘掉必有事的工夫，恐怕又会堕入无。必须要不滞于有，又不堕于无，这种观点对吗？王阳明说，这种观点与他的观点是相去不远的，只是对仁的契悟还未尽。所思所虑只是一个仁的天理，更无别思别虑，也不是无思无虑。心的仁的本体即是仁的天理，仁的天理只是一个，没有什么别的可思虑的。仁的天理原本自然是寂然不动的，原来自然是感而遂通的。虽然学者用功是有千思万虑的，但是目的只是要复归他本来的仁的体用而已，不是要以私意安排思索出来。如果以私意去安排思索，便是用智自私了。何思何虑正之工夫，在圣人分上看是自然的，而在学者分上看便是勉然的。

⑤儒要在事上磨炼无动无静的常定之仁心

a. 吾儒是着相的，而其实是因有仁而不着相的

据《朱子语类·卷一百二十六》记载，朱熹说，儒者认为，仁之理是不生不灭的，而佛氏则以神、识为不生不灭的。佛氏在说空的时候，不是便不是，但是在空里面也必须有仁的道理才能得。如果只是说道我是个空，而不知有个实的仁的道理，那么说空是没有什么用的。譬如一渊清水，清泠彻底，看来一如无水相似，他便说此渊只是空的。不曾将手去探一下是冷的还是温的，所以不知道有水在里面。佛氏之见就是如此的。据《阳明全书·传习录》记载，汝中与王阳明谈到了佛氏的实相和幻相之说。王阳明说，有仁心俱是实，无仁心俱是幻。无仁心俱是实，有仁心俱是幻。汝中说，有仁心俱是实，无仁心俱是幻，这是在仁的本体上说仁的工夫，而无仁心俱是实，有仁心俱是幻，这是在工夫上说仁的本体。有人问，先生曾说佛氏是不着相的，其实着了相；吾儒是着相的，而其实是不着相的。这是什么意思？王阳明说，佛害怕有父子之累，却逃了父子；怕

君臣累，却逃了君臣；怕夫妇累，却逃了夫妇。都是为个君臣父子夫妇着了相，便须逃避。而吾儒有个父子，还他以仁；有个君臣，还他以义；有个夫妇，还他以别。这样就不曾有父子君臣夫妇之相了。

b. 如果专欲绝世故、屏思虑、偏于虚静则会流于空寂

据《阳明全书·大学问》记载，有人问，仁的致良知是不是也是像佛老二氏所说的那样恍惚而悬空无实呢？王阳明说，是实有其事的。仁的致知必在格物，而物即是事。据《阳明全书·卷三》记载，王阳明说，佛老二氏之学与孔子之教之间是有出入的，而且把二氏之学措之日用的时候，往往是缺漏无归的。据《阳明全书·卷四》所言，自戒慎而约之，以至于至静之中；自谨独而精之，以至于应物之处，这样做过于剖析，所以后来的读者遂以分为两节，而怀疑其别有寂然不动静而存养之时，不知道应该常存戒慎恐惧之心。要使得其仁的工夫未始有一息的间断，必须自其不睹不闻而存养仁。如果于动处加工，勿使间断，则会动无不和即静无不中，这是寂然不动的仁之体当自知之的。据《阳明全书·传习录》记载，当王阳明的学生刘君亮要到山中静坐时，王阳明说，如果你以厌外物之心去求静，反而会养成一个骄惰之气。如果你不厌外物，复归到静处去涵养仁却是好的。据《阳明全书·卷五》所言，如果专欲绝世故，屏思虑，偏于虚静，恐怕已经养成了空寂之性，虽然想要不流于空寂也不可得了。

c. 存养的仁的天理之心与应事接物的仁心是一样的

据《阳明全书·传习录》记载，有人问，在静坐时觉得意思是好的，但是才遇到事便不同了，这是怎么回事呢？王阳明说，因为徒知仁的静养而不用克己的工夫，如此临事便要倾倒。人必须在事上磨炼，方能立得住仁，这样的仁心方能静也定、动也定。据《遗书·卷二十五》记载，二程说，虽热而不烦，虽寒而不栗，无所怒，无所喜，无所取，去就犹是，死生犹是，这就称为不动心。据《阳明全书·传习录》记载，王阳明说，仁心的未发之中即是仁的良知。仁心的未发之中是无前后无内外而浑然一体的。有事无事都是可以言仁心的动静的，仁的良知是无分于有事无事的。寂然感通都是可以言动静的，所以仁的良知也是无分于寂然感通的。仁心的动静说的是所遇之时。心的仁之本体固然是无分于动静的，因为仁之理是无动静的。动即为欲。如果循仁之理的话，即使酬酢万变也是未尝动的。如果人是从欲的，即使是槁心一念也未尝是静的。所以，仁心的动

中是有静的，仁心的静中是有动的。问者说，儒者到了三更时分，扫荡了胸中的思虑，空空静静，与佛氏之静只是一般的，动静的两下皆是不用的。这时的儒佛有何区别呢？王阳明说，那三更时分空空静静的，也只是存仁的天理的心，也即是如今应事接物的仁心。如今应事接物的仁心也是循仁的天理的，也便是那三更时分空空静静的仁心。仁的动静只是一个，这是分别不得的。知道儒者的仁心的动静是合一的，那么儒者与佛氏的毫厘之差处就显现出来了。

d. 信此仁的良知而忍耐去做，并且不管人非笑自然就不动心了

据《阳明全书·卷三》记载，有人对王阳明就其静坐的体会说，他在静坐用功时颇觉此心收敛了，但是遇事又断了。旋起了念头，要去事上省察。事过后又寻旧功，还是觉得有内外，打不成一片。王阳明说，这是因为对于格物之说理会得不透。仁心是没有内外的。这听讲说时专敬的仁心即是那静坐时的仁心，没有一个仁心在内照管。仁的功夫是一贯的，不须更起念头。人必须在事上磨炼作功夫才有益。如果只是好静，那么遇事便会乱，终是无长进的。据《阳明全书·卷五》记载，王阳明说，不能因为外面的是非毁誉而稍动其仁心，否则会流于日劳心拙而不自知。据《阳明全书·卷六》记载，王阳明说，毁誉荣辱之来，不仅要不动其仁心，而且要资以为切磋砥砺之地。所以，君子能够无入而不自得，正以其无入而非学。如果闻誉则喜，闻毁则戚，就将惶惶于外，就不足以为君子。君子不求天下信己之仁，而是自信己之仁而已。自己都无暇去求自信，更无暇去求人信己。据《龙溪先生全集·卷二》记载，王畿说，王阳明自己说，仁的良知是他从万死一生中体悟出来的，但是恐怕学者见此太容易，不肯去致仁的良知，反而把黄金当顽铁用了。王阳明在留都时，曾有人传诽谤之书，见之不觉心动，终是因为名根消煞未尽。譬如说，把浊水澄清了，终是有浊在的。据《阳明全书·卷四》记载，王阳明说，变化气质，居常的时候是无所见的。唯有当利害、经变故、遭屈辱时，平时愤怒的到此能不愤怒，平时忧惶失措的到此能不忧惶失措，这才有得力之处。即是说，君子在这些状况中都要能够做到不动心，这才是仁的真定。据《阳明全书·传习录》所言，信此仁的良知，忍耐去做，不管人非笑，不管人毁谤，不管人荣辱，任他功夫有进有退，我只是由这致仁的良知的主宰不息，久久自然就有得力之处，对于一切外事自然就能不动心了。

二 儒家心学的主要枝干人物

（一）程颢的追随者：谢良佐

1. 谢良佐的生平及立论宗旨

谢良佐（1050—1103年）又称为上蔡先生。在二程的众多弟子中，最有影响力的是谢良佐和杨时。谢良佐被认为是二程门人中最有创造性的人。据《宋元学案·卷二十四》记载，谢良佐拜见程颢时，已经中了进士。谢良佐很自负，觉得自己的学问广博，引证史书时不遗一字。而程颢对他说，你却记得许多，但是可以说是玩物丧志。谢良佐听了，感觉汗流浃背，面部发赤。程颢说，这便是恻隐之心。程颢认为，如果诵读经典与自己的仁的品格修养无关，那只不过是口耳之学。据《二程集·卷十二》记载，程颢曾对谢良佐说，你辈在我这里相从，只是学我的言语，所以其学心口不相应，不如行之。谢良佐问，如何行呢？程颢说，且静坐。后来谢良佐老老实实地从事仁的切己自修。据《宋元学案·卷二十四》记载，谢良佐曾作课簿，用来记录日用言动视听是合乎仁之礼还是不合乎仁之礼。并在危阶上练习，以消除自己从前有的恐惧感。他还特别注意在平时的修养中去掉一个矜字，消除自己的虚荣心。谢良佐在年轻的时候很想做一番仁的事业，因此而断绝了性欲，为的是强壮身体，专一仁的精神，以便胜任仁的大事，但是始终没有得到机会。在仁德修养中，他很注重吸收气功的方法。但是，他明确说道，他练习气功的目的不是为了养生，而是为了养仁之气和养仁之心。养仁之气即是要养仁的浩然之气，而仁的和心即是要追求仁的心境的平和。养气的目的在于养仁心。谢良佐曾因为在言论中涉及宋德宗的年号而被捕入狱，被废为平民。他的代表作为《论语解》和《上蔡语录》。

据朱熹的《朱子文集·德安府应城县上蔡谢先生祠记》记载，朱熹说，谢良佐为人英果明决，强力不倦，克己复仁之礼，日有程课，有切问仁和近思仁之功。他所著的论语说及门人所记的遗语皆行于世。比如说，他以生之意来论仁，以实的仁之理来论诚，以常惺惺来论仁之敬，以求是来论穷仁之理。他的仁的命理之说皆是精当的，而且直指穷仁之理和居仁之敬为入仁德之门，这点是很得夫子教人之纲领的。但是，朱熹曾对包括谢良佐在内的所有程门高弟提出过尖锐的批评，认为他们过多地接受了佛教的影响。据《上蔡语录·卷一》记载，谢良佐认为，仁之性即是仁的本体，而目视耳听手举足运这样的作用，都是来自于心的。据《朱子文集·卷七十四》记载，朱熹认为，如果心被规定为作用，那么心就只能动而不能静，与理学所说的心统性情是不一样的。仁之性也不只是视听作用的仁的本体，还是仁德意识的根源。所以，朱熹认为谢良佐受佛教的影响太大。朱熹的心性论是针对谢良佐的心性论建立起来的。

2. 谢良佐的思想脉络

（1）穷仁之理的目的是要寻个仁的是处

谢良佐继承了二程从《大学》中发明出来的仁的格物致知说。据《宋元学案·卷二十四》记载，谢良佐说，所谓有知识，必须穷物的仁之理。比如说，黄金是天下的仁的至宝，必须先能辨认出黄金的仁的体性才能获得。不然，人将鍮石唤作黄金，自己也辨认不出来，便会生疑惑，便会执而不定。所以，经说，物格而后知至，知至而后意诚。据《宋元学案·卷二十四》记载，谢良佐说，学者必须是穷仁之理的。格物穷理，必须要认得仁的天理才能得。仁的天理指的就是自然的仁的道理，其中无毫发的杜撰。今人乍见孺子将入于井，皆有怵惕恻隐之心。方乍见时，其心是怵惕的，这便是仁的天理。要享誉于乡党朋友，要内交于孺子的父母和兄弟，或因为恶其声而然，这便是人欲。仁的天理与人欲是相对的。有一分人欲即灭却一分仁的天理。有一分仁的天理即胜得一分人欲。天是从仁之理的，人也是从仁之理的。人循仁之理就能与天为一。与天为一，我就是非我，我就是仁之理。仁之理也是非理，仁之理就是天。穷仁之理便能知天之所为。知天之所为，则能与天为一。与天为一，则能无往而非理。穷仁之理的目的则是要寻个仁的是处。有我则不能穷仁之理。人，谁能够识得个仁的真我呢？何者为我呢？仁之理便是我。穷仁的理之至，自然就能不勉而的仁之中，不思而得仁，从容中仁道。穷仁之理并不是需要物物都穷，但是必须要穷其仁之大者。仁之理不过是一而已。一处的仁之理穷，则触处皆通。诚指的是实的仁之理，而不是指专一。

（2）仁者是活的而不仁者是死的

①核心：草木之核中包的皆是生的仁的理之心

据《宋元学案·卷八十二》记载，南宋的方逢辰在《石峡书院讲义》中说，先儒论仁，最善于名状的是谢良佐。他认为，草木之核，种之即生，这便是仁。核中包的皆是生的仁之理。人的仁之核在什么地方呢？在仁心那里。天地的仁之核在什么地方呢？在人这里。天地的仁之心是生生不息的，但是其仁之心是不能直遂的，必须托诸于人。人得天地之气以为形，得天地的仁之理以为仁之性，所以万物是皆备于我的。天地之所以能够生生，实际上是要把天地的仁之心寄托在我的仁的性分之内。天高地下，但是只要一日无人，则天地便成了特块然者[①]了。二物相配以为合。仁是以仁之性言的，人是以形言的。仁是固然的，所以才能为人的仁之理。人是载仁之理而行的。人与仁合而言之便是仁道。天地以此仁心寄托于人，并不是徒然的。许多仁的道理都是要从仁心上抽迸（bèng，溅射、爆开）出来的。比如说，草木句萌，自是勃然不可遏的，羞恶辞让是非之心，都会迸裂而出。活者为仁，死者为不仁。如果人心是不仁的，天地的仁之心也就死了。所以，《孟子》又说，仁即是人心。《孟子》这本七篇之书，自首至尾，切切都是以陷溺人心为忧。他教人存仁心、养仁心、尽仁心、求仁心，教人仁心之端、仁心之官、仁的根心、仁的生心。物之长短轻重是以仁心为甚的。直指人之识痛痒有知觉处示之，但是并非是以知觉痛痒为仁的，特别想要通过切己省察而救活其仁的本心。不然的话，人就是死灰而已、槁木而已、顽石而已，这就是不仁。庄、列之徒，正坐此不仁之病。

②心有知觉、知痛痒就称为有仁心，从而能行仁之事

据《宋元学案·卷二十四》记载，谢良佐说，今人的身体麻痹不知痛痒，就称为不仁，而桃杏之核可以种而生，所以称为杏仁，指的是生的意思。推此就可以见仁。学佛的人是知道这点的，称之为见性，遂以为事，所以终归于妄诞。圣门学者见此消息，必加上仁之功。所以，颜回虽然不敏，但是请事仁之语；雍虽不敏，也请事仁之语。人的仁心，操则存，舍则亡。所以，曾子说，仁能动容貌、正颜色和出辞气。《宋元学案·上蔡学案》记载，谢良佐说，仁心有知觉、识痛痒，这便唤作仁。据《四库全书·论语精义》所引，谢良佐说，心有所觉就称之为仁。仁则心与事为一。草木五谷之实称为仁，就是取名于生的。生则会有所觉。没有知觉便是死的。对事有感而随之以喜怒哀乐，应之以酬酢尽变，这是有知觉才行的。如果身与事接，心是漠然不省的，这就与四体不仁是无异的。所以，善学者是急急于求仁的。

（3）无了私心的我便是天

①仁是从此广大的仁心中流出的便自然能出辞气

据《二程集·卷三》记载，谢良佐认为，从勿忘勿助这点解悟，便

---

① “特块然者”来自原文。

可入仁的尧舜气象。据《宋元学案·卷二十四》记载，谢良佐在谈到孔子与曾点的故事时说，学者是不可著一事在胸中的。才著些事，便不得其正。且道曾点有甚事？列子御风事近之，然易做，只是无心、近于忘。这就是曾点气象，即胸中不著一事。据《宋元学案·卷二十四》记载，谢良佐说，圣门学者，要以克己为本，要克己以复仁之礼。无了私心便是天。据《上蔡语录·卷一》记载，问者说，求仁要如何下功夫？谢良佐说，可以如颜回那样从视听言动上下功夫，或者如曾子那样从颜色容貌辞（cí,优美）气上做也行。据《宋元学案·卷二十四》记载，谢良佐说，要出得了仁的辞气，就要犹如佛所说的那样，要让气从此心中流出。今人唱一诺，不是从心中流出的，便是不识痛痒的。出辞气的人，仁是从此广大的仁心中流出的。如果以私意发言，就出不了仁的辞气。如果有仁之大而化之，出于自然，则正颜色、动容貌、出辞气都是不足言的。

②不要把掀天动地的盖世功业当作了不起的事横在肚里

据《宋元学案·卷二十四》记载，谢良佐说，事至应之，不与之往，这就是敬仁。万变而此仁之敬常存，就不会有纷扰。夫子说的事思敬仁，指的就是这个意思。敬就是要有仁的常惺惺。也就是说，要常常提醒自己，要时时收敛而不放纵。而斋则是要事事放得下。不应将此事横在肚里。只管独对春风吟咏，肚里浑没些能解，岂不快活！尧舜汤武做的事业，只是与仁的天理合一而已，不曾有过做作横在肚里。你见他们做出了许多掀天动地的盖世功业，而这些功业就如同太空中的一点云一样，他们不把这些功业当做什么了不起的事。如子路愿意乘肥马，穿轻裘，与朋友共，敝之无憾，他也是有要做好事的仁心的。颜子则早就参破了。孔子便不然。对于孔子来说，老者合当养的便安之，少者不能立的便怀之。君君臣臣、父父子子，自然有合做的仁的道理，这便是天之所为，更不作用。程颢曾对谢良佐说，《诗经·大雅》中所说的“鸢飞戾天，鱼跃于渊”，说的是要上下察。这一句话子思是吃紧了来为人处的。这句话与《孟子》中说的必有事焉而勿正，心勿正、勿助之意是相同的。谢良佐在引述程颢的话时补充说，知道勿忘勿助，就能知道这种仁的精神境界了。

③修炼到了仁的何思何虑的地步则可以不用刻意用仁心了

据《宋元学案·卷二十四》记载，有人问，一日静坐，见一切事都是平等的，皆在我的和气之中，这是不是就是仁了呢？谢良佐说，这只是静中的工夫，只是心虚气平而已。据《二程集·河南程氏外书》记载，谢良佐回忆了他与程颐之间的一段对话。程颐问谢良佐说，近日的事怎么样？谢良佐引用《易经》中的句子回答说：天下何思何虑。意思是说，他已经达到了不思而得仁、不勉而得仁之中的境界。程颐说，理倒是有这个理，只是你却发得太早了，恰好说明你还要下仁的工夫。后来谢良佐与自己的学生讨论了这一段对话。据《宋元学案·卷二十四》记载，学生问，仁的太虚是无尽的，而仁心是有止的，那么仁的太虚与仁心怎么可以合一呢？谢良佐说，只是用仁心的时候，仁心才有止。如果不用仁心，就谈不上止。学生又问，您已经能够不用仁心了吗？谢良佐说，还没有到此地步，只有圣人才可以是不用仁心的。当初我曾发此口，被伊川（程颐）一句话就坏了我二十年。学生又问，当初发此语时是如何一个状况呢？谢良佐说，当时能见得这个仁之事，经时无他念，接物也应付得过去。学生又问，既然如此，怎么又被一句话就转却了呢？谢良佐说，当了终须有不透处。当初若不是得他一句救拔，便入禅家去了。至此我也还不敢说，我已经修炼到了仁的何思何虑的地步。

（二）陆九渊的主要追随者：杨简、陈献章、湛若水

1. 杨简：在断案中顿悟仁的本心的存在

杨简（1141—1226年）为宋朝的慈溪人，又称为慈湖先生。他是陆九渊门下最有影响的学生。他的主要著作有《慈湖遗书》《杨氏易传》。据《慈湖遗书·卷十八》记载，杨简说，他从孩提之时就学孟子的仁的四端，但是始终不明白仁的本心指的是什么。在与陆九渊谈话中间，他去处理了一桩诉讼案。他回来时，陆九渊说，你刚才断案是知道仁的是非的，这就是你的仁的本心。杨简说，就仅止于此吗？陆九渊大声说，你还要什么？杨简就此顿悟了仁，从而成了陆九渊的弟子。据《遗书续集·卷一》记载，杨简说，他在28岁时，曾居于大学的循理斋。当时为首秋，入夜的时候，斋仆以灯至，他坐于床，思先大夫曾有训说，时复反观。他刚反观时，忽然觉得空洞无内外、无际畔、三才、万物、万化、万事、幽明、有无都通为一体，略无缝罅（xià，裂缝）。

据《杨氏易传·卷二十》记载，杨简自己介绍自己说，我少时读《易大传》，深爱其中的“无思也，无为也，寂然不动，感而遂通天下之故”。我窃以为自念学仁道，必造此妙。杨简在33岁时丧母。在居丧之时，他有了一次仁的心体寂然不动的心理体验。他哀恸切痛，不可言喻。

而既久略省察的时候，他发现自己在曩正哀恸的时候，仁的心体依然是寂然不动的，自然就是不自知的。这时他方才悟到孔子哭颜渊至于哀恸而不自知，正合了仁的无思无为之妙，益信仁的吾心是有此神明妙用的。但是，杨简没有能够一直让仁心保持寂然不动。据《慈湖遗书·卷十五》记载，杨简说，纵然仁心之所之是无不玄妙的，但是学者初觉之时，往往遂足，不知进学，所以旧习难以遽（jù，急）消，未能念念不动。杨简自己在32岁微觉仁之后，正是坠入了斯病。后来十余年，念年迈而仁德不进，殊为大害，偶得古圣遗训，说学仁道之初，系仁心一致，久而精纯，思为自泯。他始敢观省仁心，果然觉得有微进。后来又于梦中获得古圣面训，说他未离意象。然后觉而益通，纵所思为，能有仁的全体全妙。在改过时，仁心不动则能自泯，而泯然是无际的，不可以动静言。

（1）仁心皆是虚明无体和无际畔的

①仁心之体是无内外的而仁心的发育是无疆界的

据《慈湖遗书·卷二》所言，仁心皆是虚明无体的。因为无体，所以无际畔，所以天地万物尽在吾的仁之虚明无体之中。只要意虑不作，仁心便是澄然虚明的。如日月之光一样，仁心是无思无为的却是万物毕照的。在《宋元学案·卷七十四》中记载了一段杨简与皇帝宋宁宗的对话：杨简面奏说，陛下自信此仁心即是仁的大道吗？宁宗答，是的。杨简问，日用如何呢？宁宗答，仁心的止学定而已。杨简说，仁心之定是不用学的，但凡不起意，自然就静定，是非贤否自然就明。他日，杨简又问宁宗，陛下意念不起，已觉得仁心如太虚一样了吗？宁宗说，确实如此。杨简又问，贤否是否历历明照了呢？宁宗说，朕已照破了。据《慈湖遗书·卷二》所言，此仁心是无体的，是清明无际的。仁心本是与天地同范围的，是无内外的，仁心的发育是无疆界的。

②在我的仁心中自有如是十百千万散殊的仁之正义

据《慈湖遗书·卷九》所言，不应该把仁之道与仁之器分裂开来。据《慈湖遗书·卷七》记载，杨慈湖在自己所作的《己易》中说，仁之易指的是仁之己，而非有他。以仁之易为书，而不以仁之易为仁之己，这是不可以的。以仁之易为天地的仁之变化，而不以仁之易为仁之己的变化，这是不可以的。天地指的是我的天地，而变化指的是我的变化，而并非是他物。私者裂之，所以私者是自小的。我指的不是我的血气形貌。吾的仁性是澄然清明的能量而并非物体；吾的仁性是洞然无际的能量而并非有限量。天指的是吾的仁性中之象；地指的是吾的仁性中之形。所以，“在天成象；在地成形”，都是我之所为。我的仁心是混融无内外的，是贯通无异殊的，是观一画其旨昭昭的。在孺子将入井之时能识恻隐的仁之真心，则有何思何虑之妙，这是人人所自有的；纯诚洞白的仁之质，这也是人人之所自有的；广大无疆的仁之体，这也是人人所自有的。此仁心是常见于日用饮食之间和造次颠沛之间的，只是人不自省而已。是仁心本来就是一，是无二的，也是无尝断而复续的，是无向也不如是而今如是的。对于仁心来说，昼夜是一样的，古今也是一样的，少壮是不强的而衰老也是不弱的。循吾的仁的本心以往，则能飞能潜，能疑能惕。仁心的仕止久速都是一合其宜的。仁心的周旋曲折都是各当其可的，而并非是勤劳而为之的。吾的仁心中自有如是十百千万散殊的仁之正义。礼仪三百，威仪三千，都并非是吾的仁心之外物。所以，“性之德也，合内外之道也，故时措之宜也”。这里说的是仁心的自宜，而并非是在说求乎宜者。

（2）人性皆是善的而动了私意则会恶

据《慈湖遗书·卷一》所言，人性皆是善的，皆可以为尧舜。如果动了私意，则会恶。人心本是正的，起而为意而后昏，不起意则不昏。据《慈湖遗书·卷二》所言，千失万过，有什么不是由于意虑而生的呢？意动于爱恶故有过，意动于声色故有过，意动于云为故有过，意无所动也就无过了。如果心微微生意，心就会被蒙蔽。什么是意呢？心微起，皆称为意；心微止，也皆称为意。意之为状是不可胜穷的，有利有害，有是有非，有进有退，有虚有实，有多有寡，有散有合，有依有违，有前有后，有上有下，有体有用，有本有末，有此有彼，有动有静，有今有古。如此之类，虽然穷尽日之力，穷尽年之力，纵说横说，广说备说，都是不可得而尽的。然则，心与意如何分辨呢？这二者未始就是不一的，蔽者自然不一。一则为心，一则为意。直则为心，支则为意；通则为心，阻则为意。仁的直心直用是不识不知的，是变化云为的，而不是支的，也不是离的。周公仰而思之，夜以继日，并非为意；孔子临事而惧，好谋而成，也并非为意。孔子莞尔而笑，这是仁之喜，非动于意；孔子说，由很野，这是仁之怒，也非动于意；孔子哭颜渊至于恸，这是仁之哀，也非动于意。据《慈湖遗书·卷十三》所言，不起意，并不是说都不理事。凡作事只要合仁之理，如果起私意则不可。

(3) 圣人不能给与仁道，但能去人之意必固我之蔽

据《慈湖遗书·卷二》所言，人的仁心是自明的，人的仁心是自灵的。意起则小我立，小我立必然加固碍塞，这样就会始丧其明、始失其灵。孔子天天与门下弟子从容问答，其谆谆告诫，目的在于止住绝学者的四病：意、必、固、我。只要有一病，孔子必用“毋”字来止绝之。人皆有至灵至明的广大圣智的仁之性。这种仁性是自本、自根、自神、自明的，不用借助外求，不用由外得。意、必、固、我蒙蔽了仁性，这就是昏蔽之端。圣人是不能给人与仁道的，但是能去人之蔽。譬如说，仁的太虚未始时是不清明的，因为有云气蔽之。去其云气，则能得仁的清明。孟子说要明仁心，孔子说要毋意。毋意则此仁心便明。必指的是意之必，即必如此，必不如彼或必欲如彼，必不欲如此。仁的大道是无方的，是不可指定的。不可必信必果。如果断断必必，就会自离自失。固指的也是意之固。固守而不通，其道必穷。固守而不化，其道亦下。小我指的也是意之我。意生则小我立；意不生则小我不立。自幼人就开始有小我的意识，比如说，说乳的时候就说是我的乳；说食的时候就说是我的食等。小我看上去是牢坚如铁的，其实是如气如虚一样的。在意念未作之时，仁心是洞而寂的，是不知道什么是小我的。

2. 陈献章：为学必须先从静坐中养出个仁心的端倪来

陈献章（1428—1500 年）是广东新会人，明朝前期的思想家，又称为白沙先生。他是明代心学的开启者。心学的主要特点是关注仁心的自然之乐、洒落。自然指的就是仁心的自由，仁心不受牵抑制累，处于无滞的状态，不让仁心滞留在一个念头或一个事物之上。他先学的是朱学，后转为陆学。据《陈献章集·附录二》记载，27 岁时，陈献章从学吴与弼。那时他早上贪睡，吴与弼大声叫他说，秀才，那么懒惰，他日为什么要投到伊川（程颐）门下？为什么要投到孟子门下？吴与弼命他种菜编篓，研墨接茶，以磨炼他的意志，间或与他说说典籍。国子监祭酒邢让曾有意以《和杨龟山此日不再得》为题试验他的才学，看到他的和诗后大惊说，龟山不如陈献章。这样的言论在朝中传开，一时京师都以为真儒复出了，名士皆与他交游。后屡次被推荐做官，屡次都被陈献章拒绝了。陈献章归白沙之后，足不出户，闭门读书，但是累年也没有得仁之悟。于是，他筑了一个春阳台，每日在其中静坐，坚持了数年，终于对仁有所悟，从此建立起了一套自己的思想体系。

据《陈献章集·卷二》记载，陈献章说，程颐每见人静坐，便会叹其善于学习。朱熹恐怕人会差入禅去，所以很少说静，只是说敬。程颐晚年也是如此。这确实是防微虑远之道，然而对学者来说则必须自己量度一下，如果不至于为禅所诱，仍然要多静方有入仁之处。据《陈献章集·卷二》记载，陈献章说，为仁之学必须从静坐中养出个仁的端倪来，方有商量之处。他曾回顾自己的为学经历说，他 27 岁的时候才开始发愤，跟从吴与弼先生学习仁道。古圣贤垂训之书，先生无所不讲，然而他却未知入仁之处。他回到白沙后，杜门不出，专门求用力之方。既然没有师友指引，只有每天都靠书册来寻仁，忘寝[①]忘食，这样读了累年也未得仁。未得指的是此仁之心与此仁之理未有凑泊吻合之处。于是便舍下了彼之繁，求吾的仁心之约，只是静坐。久而久之，然后见吾的此仁心之体隐然呈露，常若是有物一样。日用间种种应酬，随吾的仁心所欲，如马之御衔勒一样。体认物理即物的仁之理，稽诸圣训，各有头绪来历，如水之有源委一样。于是便涣然自信地说：作仁的圣之功，就在于此！所以，有学于我的人，我便教之静坐悟仁。据《白沙先生行状·附录》记载，陈献章的门人说，陈献章早年的学问是主静的，所以要去耳目支离之用，要求全虚圆的不测之神。但是，后来又悟出仁道非至静，而是应该动亦定，静亦定，所以改为倡导不离开日用而见鸢飞鱼跃之活泼泼的妙。

（1）先求诸于吾的仁心才能得全虚圆不测之神

①得仁后要毋留半点芥蒂在胸中就可以养仁的善端了

据《陈献章集·卷一》所言，为学应该求诸于仁心。他求之书籍没有得仁，反而求之仁的吾心而仁道存，则求之仁的吾心即可。学者不但要求仁德道理于书，而且要求诸于仁的吾心。通过仁的吾心来察动静有无之机，致养其在我，不要以闻见乱心，要去耳目支离之用，要全虚圆不测之神，这样一开卷便能尽得之。非得之于书，而是得之于我。如果以我观书，则随处都能得益；如果以书来博我，则释卷而茫然。通过静坐来养仁的善端，通过书册来求仁的义理。在有了仁的义理时，书册就可以废了，而仁的善端则不可以不涵养。诗、文章、末习、著述等路头一齐塞断，一齐扫去，毋留半点芥蒂在我胸中，然后仁的善端就可以养了，静也就可能

① “忘寝”强调的是忘了，而不是废了。

了。据《陈献章集·卷二》记载，陈献章说，他悠然得仁之趣于山水之中，超然用仁之意于薄书之外。

②仁的义理之融液和操存之洒落是不容易言说的

在孔门传统中，有着曾点之乐的传统。孔子表示过，他与曾点一样，是尚仁之乐的。而在宋明道学里，对乐的看法是不一样的。周敦颐和程颢主张的是仁心的洒落及随意安乐，而程颐和朱熹主张的是仁心的敬畏及整齐严肃。陈献章继承的是仁心的洒落路线。他认为，《中庸》里讲的戒慎恐惧，是用来防除邪恶的，但不能因此而伤了仁的心境的自得与和乐。据《陈献章集·卷二》记载，陈献章说，仁之学是有积累而至的，也有不由积累而至的；有可以言传的，也有不可以言传的。仁道是至无而动的，是至近而神的，所以仁道是藏而后发的，是形而斯存的。大抵由积累而至的仁是可以言传的，而不由积累而至的仁则是不可以言传的。仁的义理之融液是不容易言说的；仁的操存之洒落也是不容易言说的。仁心在动时已经有形，形是实的，而仁心在未成形的时候便是虚的。当仁心是虚着的时候，虚心才是仁之本，所以致虚便可以立仁之本。戒慎恐惧，所以闲之而非以为害。然后，世之学者不得其仁之说，而以用心失之者多。这样的仁之理，宋儒言之备，而吾尝恶其太严，使著与见闻者不睹仁心之真，而徒与我哓哓（xiāo，争辩不休）。

（2）得此仁之理的霸柄入手便能一齐穿纽和收拾

①人争的就是一个觉而已而有仁就不必脚劳手攘了

据《陈献章集·卷二》所言，人与天地是同体的，因此四时以行，百物以生。如果滞在一处，就不能作为造化之主。古代的善学仁者，常令此仁心在无物之处，这样便能运用得转。学者是以自然的仁心为宗的，所以不可不著意理会仁心。据《白沙子全集·卷四》（《与林郡博第六函》）记载，陈献章说，此仁之理干涉至大，无内外，无终始，无一处不到，无一息不运。会此则天地我立，万化我出，宇宙在我。得此仁之理的霸柄入手，更有何事。往古来今，四方上下，都一齐穿纽，一齐收拾。随时随处，无不是此仁之理的充塞。色色信他本来，何用尔脚劳手攘。据《陈献章集·卷二》所言，仁心的自然之乐才是真的乐。据《陈献章集·卷三》所言，人争的就是一个觉而已。才觉便知我大而物小，物尽而我无尽。因为我是无尽的，所以微尘六合，瞬息千古，生不知爱，死不知怨，更没有什么暇时来关心铢轩冕和尘金玉这样的事了。

②会得仁则即使是尧舜的事业也只如一点浮云过目

据《陈白沙先生年谱·成化十八年条附录二》记载，陈献章说，山林与朝市是一样的；死生常变也是一样的；富贵贫贱、夷狄患难也是一样的。这些都是无以动心的，这就是自得的意思。自得者是不累于外，不累于耳目，不累于一切的。鸢飞鱼跃都在我，知道这点就知道了善，不知道这点的学者虽然学但是无益处。据《陈献章集·卷二》所言，舞雩（yú，古代求雨的祭祀）三三两两正在勿忘勿助之间。曾点些儿活计，被孟子一口打并出来，便都是鸢飞鱼跃！如果没有孟子的仁的工夫，骤而语之，以曾点见趣，一似说梦。会得仁，即使是尧舜的事业，也只如一点浮云过目而已。据《陈献章集·卷一》所言，仁道才是至大者，而君子得的就是仁道。一身是微小的，其所得的富贵、贫贱、死生、祸福，都不足以与君子所得的仁的大道相比。天下之物尽在我而不足以增损我，所以卒然遇之而不惊，无故失之而不介意。舜禹之有天下而不与，烈风雷雨而不迷，这不是铢轩冕和尘金玉而足以言之的。

3. 湛若水：人是可以随处体认仁的天理的

湛若水（1466—1560 年）为广东增城人，又称为甘泉先生。他曾师从陈白沙（陈献章）先生。白沙在临终时把传仁道的重任交付给了湛若水。他 40 岁时中进士，即授翰林院庶吉士。曾做过官。75 岁时致仕。晚年居家著述讲学。90 岁时还能登南岳山。他的主要著作为《格物通》《心性图说》和《甘泉文集》。湛若水的学问的宗旨是随处体认仁的天理，白沙也赞同这种宗旨。白沙去世后，湛若水独立讲学，足迹所至，必建书院来祀白沙，尽管他的学问与白沙有所不同。他努力调和理学和心学。王阳明的学问比甘泉更接近白沙。甘泉与阳明互为最亲密的朋友。甘泉的思想对阳明产生了很大的影响。他们之间曾就格物致知与儒释之辩的问题进行过争论。

（1）仁的本体即是能量的实体，即是仁的天理，即是仁的至善

据《明儒学案·甘泉学案一》所言，至其仁之理指的是体认仁的天理。体认仁的天理是兼知行、合内外的。仁的天理是没有内外之分的，所以求是无内外的。他所说的随处，指的是随心随意随身随家随国随天下，随仁心的所寂所感时，这都是一样的。仁心寂则廓然大公，仁心感则无来顺应。虽然仁心的所寂所感是不同的，而皆是不离于吾心的仁之

中的正之本体。仁的本体即是能量的实体，即是仁的天理，即是仁的至善、即是仁的物，不可说是求之于外。致知指的是知此仁的实体、仁的天理、仁的至善、仁的物，这乃是我的仁的良知良能，不假外求。但是，人的仁心为气习所蔽，所以生来是蒙的，长而不学则会是愚的。所以，仁的学问思辨笃行诸训，都是用来破其愚、去其蔽的，警示人发其仁的良知良能，并非有什么多加的东西。如果徒守其仁心，而没有学问思辨笃行之功，恐怕是无所警发的，虽然似乎是正的而其实是邪的。心的仁的本体是一个不睹不闻的实体，必须在勿助勿忘之间见得，要善于体认。唯有诸君于心得仁的中正时，才能识取仁的本体。这时的仁的本体会自然见前，不用再加以想象。仁心与仁事是相应的，仁心应仁事而后见仁的天理。仁的天理并不是在外的，并不是特因为仁事而来的，并不是随感而应的。所以，事物之来即是体之者的仁心，仁心得仁的中正，即是仁的天理。独即是独知仁之理。如果以为是独知之地，则或有时而非仁中正。所以，独即是仁的天理。此仁之理只有自己是知道的，不但是在暗室屋漏之中，而且在日用酬应中皆是如此，慎者要体认仁的天理。仁的主一便是仁心的无一物的状态。如果主仁之中或主仁的天理，则又多了中与天理，即是二了。但是，有仁的主一则仁之中与仁的天理自然就在其中了。

（2）人心一念萌动处即是无不善的仁的初心

①仁心并非是偏指腔子里的方寸内的与事相对的仁心

据《阳明全书·传习录》记载，王阳明批评湛若水的体认仁的天理说是求之于外。据《明儒学案·甘泉学案一》所言，仁心是包乎天地万物之外的，是贯通于天地万物之中的。中与外并不是二。天地是无内外的，仁心也是无内外的，都是极言之而已。所以，如果把内当成仁的本心，而把天地万物看成是仁心之外的，这是把仁心看小了。他说的仁心指的是能体万物而不遗的仁心，所以是无内外的，而阳明所说的仁心，指的是腔子里的仁心，所以才把他说的仁心当成是外。圣人之仁学，皆是仁的心学。仁心并非是偏指腔子里的方寸内的与事相对的仁心，而是指没有什么事不是仁心。阳明兄之意只是恐怕人舍仁心而求之于外，所以才这么说的。而他以为，人的仁心是与天地万物为一体的。如果仁心能体认物不遗，便能认得仁的心体之广大，则物就不能外了。所以，格物并非是在外，格之至之，仁心也并非是在外的。

②仁之性指的是仁心的生理即生的仁之理

据《明儒学案·甘泉学案一》所言，仁之性指的是使天地万物为一体者。仁之性指的是仁心的生理即生的仁之理。仁心与仁性是一，不是二。比如说，谷是具有仁的生意的，但尚未发，因为未发所以浑然而不可见。等发的时候，仁的恻隐羞恶辞让是否之心就萌了，仁义礼智自此就开始分了，这就称为仁的四端。能量世界的仁的至虚者为仁心，而不是仁的性之体。仁性是无虚实的，那什么灵耀呢？仁心是具有生理的，所以称之为仁之性。仁之性接触物而发，所以称之为情，即是性情。人心一念萌动，即是仁的初心，没有不善的。如孟子乍见孺子将入于井，便有仁的怵惕恻隐之心。乍见处也是仁的初心复之时。人的仁的良心何尝不在，特于初动时可见。如果到了纳交要誉，恶其声的阶段时，便不是本来的仁的初心了。所以，孟子要人就于仁心初动之处扩充涵养，以保仁的四海。

（3）格物指的就是体认仁的天理而存之

据《明儒学案·甘泉学案一》所言，近而心身，远而天下，暂而一日，久而一世，都只是有格物一事而已。格即是至善，物即是仁的天理，即是仁道。格有造仁之诣的意思，格物即是造仁之道。格就是要至其仁之理，而至其仁之理就是要体认仁的天理。格物指的就是体认仁的天理而存之。学问思辨行都是要造仁之道。所以，读书、亲师友、酬应，随时随处皆求体认仁的天理而涵养之，这无非都是造仁道之功。意心身与家国天下，都是在随处体认仁的天理而已。至即是使意心身至仁，而今世以想象记诵为穷仁之理的方法则是走得远了。在体认仁的天理时，要随仁心之未发与已发，要随仁心之动与静，都贯通一致。自一念之微以至事为之著，无非都是用力之处而已。在体认仁的天理时说的随处，指的是在动、静、心、事上皆要尽仁。如果说随事，恐怕有逐外之病。孔子所说的居处恭，指的是无事静坐时对仁的体认；而孔子说的执事敬和与人忠，指的则是有事动静时都要一致体认仁。体认仁之功要贯通动静显隐。《明儒学案·甘泉学案三》所言，聚散隐显，皆是仁体。

（4）勿忘勿助说的只是一个遵从仁心之自然的敬字

①只是谈仁心之静皆是禅而执事敬仁最是切要

据《明儒学案·甘泉学案一》所言，如果不察见仁的天理，随他入关入定，三年九年，与仁的天理都是没有关系的。他所说的仁的天理，是体认于心的仁的天理，这便是仁的心学。静坐久了而隐然见吾心的仁之体的人，都是初学者。其实仁心哪里有动静之间？仁心熟之后，虽然终日酬酢万变，朝廷百官万事，金革百万之兵，造次颠沛，而吾心的仁之本体只是澄然一物，没有什么往是不呈露的。大抵至紧要处在于执事敬仁一句。执事敬仁，最是切要，彻上彻下，一了百了。古之论仁学，没有只是谈仁心之静的。只是谈仁心之静，皆是禅。所以，孔门之教，皆欲在事上求仁，在动静中着力，为什么呢？静是不可以致力的，才致力即已非静了。所以，《论语》中说，要执事敬仁；《易》中说，要敬仁以直内，要有仁之义以方外；《中庸》中说，对仁要戒慎恐惧。这些都是在动中来致其用力之方的。所以，善学之人必须令其仁心的动静都要一于敬仁，只要仁的敬立动静就浑了，这便是合内外之仁道。元来只是在仁的敬上理会得不透，所以未有得力处，又或者以内外为二而离之。吾人切要，只于执事敬仁用功，自独处以至读书酬应，无非都是此意，一以贯之便可以了。

②体认仁的天理的工夫就是要煎销掉遮蔽仁心的习心

据《明儒学案·甘泉学案一》所言，涵养须用仁之敬，进学则在仁的致知，这就像是车之两轮。但是，如果说是有二的，则还不知程学。《中庸》中所说的戒慎于其所不睹，恐惧于其所不闻，其中所说的戒慎恐惧是工夫，而所不睹所不闻的是仁的天理，工夫就是用来体认此仁的天理的。勿忘勿助指的就是敬仁的意思。在勿忘勿助之间乃是仁的一。今所说的心在于是而不放，称之为勿忘是可以的，但是恐怕不能不滞于此事，所以不能不助，这就不可以说是敬。勿忘勿助说的只是一个敬字。忘、助都不是仁心之本体，这便是仁的心学的最精密之处，不容一毫的人力，所以先师又发出仁心的自然之说，这才是至。认得仁的本体时，便知道什么是习心了。习心去了，仁的本体就完全了。不是要将仁的本体来换了习心，而是仁的本体元来就是自在的，因为习心蔽之，所以若不见一样。所以，煎销掉习心，这便是体认仁的天理的工夫。到见得仁的天理之时，习心便退听了。仁之知与仁之行是交进的。学仁无非就是学知仁与行仁。知仁与行仁是不可离的，但又是不可混的。后世的儒者，都认行字别了，皆把施为班布看成是行，殊不知行仁就在一念之间。自仁的一念之存，以至于事为之施布，皆是行仁。而且，事为施布，岂非仁的一念为之？存仁心即是行仁。

（三）王阳明的主要追随者：王畿、王艮、罗汝芳、刘宗周

1. 王畿：王门心学的风靡天下与渐失其传

王畿（1498—1583 年）为明朝思想家，浙江山阴人，世称龙溪先生，

为王门七派中的浙中学派的创始人。据《龙溪王先生全集·龙溪王先生传》记载，王畿（jī，门槛）中过进士，为官不足两年，因得罪了时相，以伪学被罢黜。后来以讲学为业，讲了四十多年的学。他的思想材料主要被编辑在《龙溪王先生全集》中。据《明儒学案·江右王门学案四》记载，王畿年轻的时候落魄不羁，只要见到戴着方巾穿着中衣的往来之讲学者，都会窃骂之。他与王阳明是比邻的，但是他拒绝往见阳明。阳明为了收揽他为弟子，曾多方诱之。阳明派了魏良器与同门友投壶雅歌，故意做给王畿看。王畿看了感到很惊奇，说腐儒也会做这样的事？魏良器说，我等在阳明先生门下，日日如此，有什么奇怪的。道学家并不是像你想象得那么呆板。于是王畿才开始听阳明讲学。服味其言，所以从阳明为学。王畿聪颖明悟。他虽然入王门较晚，但是特立拔群，特别为阳明所赏识，很快就成了阳明讲学的主要助手。据《龙溪王先生全集·龙溪王先生墓志铭》记载，王畿到处主持讲会，致力于宣传王阳明的仁的致良知的学说。其会讲数百人，讲舍遍及吴楚闽越，而江浙尤盛，到 80 岁了还不废出游。据《明儒学案·卷三十二》记载，黄宗羲说，阳明先生之学，因为有王艮和王畿而风行天下，也因为王艮和王畿而渐失其传。

（1）仁的四句教法的天泉证道

①王畿的仁的“四无”与钱德洪的仁的“四有”之争

王阳明在去世前一年，被任命赴广西平息少数民族之乱。临行前一晚，他在越城的天泉桥上应弟子钱德洪和王畿之请，阐发了他晚年提出的仁的“四句教法”：无善无恶心之体；有善有恶意之动；知善知恶是良知；为善去恶是格物。这次阐发被称为天泉证道。这四句教法引起了王学派别的分化，衍生出了笼罩着晚明的仁的本体与仁的工夫和仁的心体与仁的性体的讨论。事情是这样的：钱德洪和王畿就四句教法发生了争论，王畿认为，这四句是仁的权法，未可执定。据《龙溪王先生全集·卷一》记载，王畿说，仁心的体用显微都只是一机，仁心的心意知物都只是一事。如果悟得心是无善无恶之仁心，意即是无善无恶之仁意，知即是无善无恶之仁知，物即是无善无恶之仁物。这样的话，无心之仁心便能藏密，无意之仁意便能应圆，无知之仁知便能体寂，无物之仁物便能用神。所以，应当把仁的四句教的后三句改为：意即无善无恶之仁意；知即无善无恶之仁知；物即无善无恶之仁物。这种看法被称为仁的“四无”。而钱德洪则认为，因为意是有善有恶的，所以才需要为善去恶，因此心体也要改为至善无恶更为妥当一些。这种看法被称为仁的“四有”。他们两个人争执不下，因此请王阳明为之证道。

②要用德洪的仁的功夫和畿的仁的本体

a. 中根以下的人可在有处立基使人渐渐入悟仁

据《阳明全书·卷三十四》记载，那一夜分客开始散的时候，先生将入内，听说钱德洪与王畿立于庭下，先生复出，使人移席到天泉桥上。钱德洪举与王畿之论辩请问。先生喜着说，正要二君有此一问。他今将行，朋友中更无有论证及此者。二君之见，正好是相取的，不可相病。畿的看法中必须用德洪的仁的功夫，而德洪的看法中必须透入畿的仁的本体。二君相取为益，吾学便更无遗念了。对于德洪的请问，先生说，有只是你自有，良知的仁的本体原来是无有的。仁本体只是能量世界的仁的太虚。在能量世界的仁的太虚之中，日月星辰风雨露雷阴霾噎气，什么物都有，又何必因一物之得而为仁的太虚之障呢？人心的仁的本体也是如此。人心作为仁的太虚是无形的，是一过而化的，不需要费纤毫之力。德洪的仁的功夫必须要如此，才能合得仁的本体的功夫。据《龙溪王先生全集·卷一》记载，在天泉证道中，王阳明说，他之教法原是有两种。上根之人是能够悟得无善无恶的仁的心体的，这样的人可以从无处立基，领会到仁的意知与物皆是从能量世界的无而生的，这样便能一了百当，这样即仁的本体是功夫，这便是仁的顿悟之学。而中根以下的人，未悟到仁的本体，未免在有处立基，领会到仁的意知与物皆是从有而生的，这样随处对治，使人渐渐入悟仁，从有归到无，这样来还复仁的本体。

b. 只有上根之人才能一悟到仁的本体即见功夫

据《阳明全书·卷三十四》记载，对于畿的请问，先生说，他的看法中见得此仁意，只好默默自修仁，而不可执以接人。上根之人世上是难遇的。这样的人一悟到仁的本体即见功夫，物我内外一齐尽透。这样的悟连颜子和明道（程颢）都不敢承当，岂可轻易指望他人能做到。他要求二君以后与学者言的时候，务必要依他的四句宗旨。以此自修仁，便能直跻（jī，登）圣位；以此接人，更是无差失的。如果只是从能量世界的无处立根基，以顿悟仁的心体为功夫，则无法与禅宗区别开来。所以，王阳明特别嘱咐王畿说，不能轻易采用顿教的方法，因为容易造成空想本体，流于虚寂的弊病。但是，王畿没有放弃四无的思想。他把他的四无说称为先天之仁学，而把钱德洪的四有说称为后天之仁学。他主张以先天统后天，处处说悟仁。所以，与他同时代的人和后来的人都批判他，说他流入了禅家。

（2）仁的一念明定便是缉熙之学

①仁义之良心本来就是完具的

据《龙溪王先生全集·卷一》记载，王畿说，先师（阳明先生）首揭仁的良知之教以觉天下，学者靡然宗之，此仁道似大明于世。据《龙溪王先生全集·卷二》所言，吾人得于所见所闻，未免各以性之所近为学，又无先师的许多大炉冶陶铸镕以归仁这个一，所以虽然不敢有违于仁的良知的宗旨，而拟议卜度，搀和[①]补凑，不免会纷成异说。在世间熏天塞地的无非是欲海而已。学者举心动念，无非是来自欲根，而往往假托现成的仁的良知，腾播无动无静之说，目的在于成其放逸无忌惮之私。据《龙溪王先生全集·卷九》所言，必须相信仁的本心自然是有天则的，这样方为主宰；必须相信种种嗜欲皆是仁的本心变化之迹，要时时敌应，不过其则，方为锻炼。如果不信得这些子，只是在二见上凑泊支持，下苦工时便是有安排的，那么讨见成时便会成为无忌惮。据《龙溪王先生全集·卷一》所言，仁心的主宰是流行的仁之体，而流行即是仁心的主宰之用，仁心的体用是一原的，不可分，分则会离。据《龙溪王先生全集·卷五》所言，仁心本来就是具有真头面的，固然不用待修证而后才全的。如果徒任作用为率性，倚情识为通微，不能随时翕聚以为之主，倏忽变化将至于荡而无归，仁的致知之功不是如是之疏的。据《龙溪王先生全集·卷一》所言，见入井孺子而恻隐，见嘑（hū，喊）蹴（cù，踢、踏）之食而羞恶，仁义之心本来就是完具的，感触神应，不学而能。如果说仁的良知是由修而后才完的，这便是挠其仁之体。

②要在先天的仁的心体的混沌真机处立根

a. 要把凡心习态全部斩断从而令仁心干干净净

据《龙溪王先生全集·卷十二》所言，如果信得仁的良知及时，不论在此在彼，在好在病，在顺在逆，总是从仁的一念灵明自作主宰。让

---

① “搀和”有搀扶一方之意，而“掺和”则主要指加了水或沙子这样的东西进去搅合。“参”是表抽象的，强调的是无意识的参、不费力的参，而“掺”是表具体的，强调有意识的掺、费力的掺。

仁心自去自来，不从境上生心，时时彻头彻尾，便是无包裹。从仁的一念生生不息，直达流行常见的仁的天则，便是真为仁的性命。从仁的一念真机绵密凝翕，不以习染情识参次搀和其间，这便是在混沌处立仁之根。据《致知议辨》《龙溪王先生全集·卷六》所言，仁的良知指的是仁心的自然之觉。仁的良知是微而显的，隐而见的，这就是几的意思。据《明儒学案·卷十二》记载，王畿说，当下的仁的本体，如空中的鸟迹，水中的月影，都是若有若无，若沉若浮的。仁的本体能够拟议即乖，趋向转背，神机妙应。仁的当体本来是空的，从何处来识它呢？于仁的良知得个仁的悟入，这方是无形象中的仁的真面目。仁的良知是知是知非的，仁的良知是无是无非的。知是知非即是所谓的规矩，忘是非而得其巧，即是所谓的仁之悟。据《龙溪王先生全集·卷十》所言，要从无些子倚靠的仁的良知处确然立定脚跟。据《龙溪王先生全集·卷二》所言，要把凡心习态全部斩断，令仁心干干净净，从混沌中立仁的根基。

b. 在仁的心体上立根如涓流不用积即是沧海一样为最上一机

据《龙溪王先生全集·卷二》所言，圣贤之学，从仁的致知上看虽然是一，而所入却是不同的。从顿入者，即仁的本体为工夫。仁的天机是常运的，终日都兢兢业业地保任仁道，不离开仁的性体。虽然有欲念，但也是仁的一觉便化了的，不致为累，所以称之为仁之性。从渐入者，用工夫来复仁的本体，终日都在扫荡欲根，祛除杂念，以顺其仁的天机，不使为累，这就是所谓的反之也。据《龙溪王先生全集·卷四》所言，对于仁的本体的认识，是有顿悟有渐悟的，工夫也是有顿修有渐修的。万握丝头一齐斩断，这便是仁的顿法。芽苗增长驯至秀实，这便是仁的渐法。或悟中有修，或修中有悟，或顿中有渐，或渐中有顿。存仁的根器是有利钝的，而其成功地修得仁是一样的。据《龙溪王先生全集·卷十六》记载，王畿认为，《大学》中所说的正心，是在仁的本心上用功，是先天之学；而仁的诚意则是在动意上用功，是后天之学。据《龙溪王先生全集·卷十》所言，意即是仁心之流行，仁心即是意之主宰，何尝可以分得呢？但是，从仁心上仁之理立根，无善无恶之仁心即是无善无恶之仁意，是先天统后天，适合于上根之器。如果从意上立根，不免会有善恶两端的抉择，而心也不能无杂念，这是后天复归到先天，适合于中根以下之器。据《龙溪王先生全集·卷九》所言，圣人自然是无欲的，所以仁的本体便是工夫。学者要通过寡欲以至于无，是在做工夫来求复归到仁的本体。所以，虽然生知仁和安行仁，而兼修仁之功未尝废困勉。虽困也知道要勉行仁，所性的仁之体未尝不生而安。舍掉工夫来说仁的本体，那便是虚见。虚则罔仁。在仁的本体之外来论工夫，这就称为二法，二则是支离的。据《龙溪王先生全集·卷一》所言，仁心本是至善的，动于意才开始有不善。如果能在先天的仁的心体上立根，则意所动自然就无不善，一切世情嗜欲自无所容，这样的仁的致知工夫自然就易简省力。如果在后天动意上立根，则未免会有世情嗜欲之杂，使得仁的致知的工夫转觉烦难。涓流不用积即是沧海，拳石不用积即是泰山，这便是最上一机，不是由积累而成的。

③要在仁的一念入微的无转念的慎独处取证

a. 思虑才有起时便已非是退藏的仁的密机

据《龙溪王先生全集·卷三》所言，千古学术，都只是在仁的一念之微上求。据《龙溪王先生全集·卷十二》所言，仁的知体是常寂的，所以称为仁的良知，如能量世界的仁的太虚那样万变纷纭，隐见于仁的太虚之中，而仁的太虚之体是廓然无碍的。其机只在仁的一念入微取证。据《龙溪王先生全集·卷十六》所言，见在仁的一念，无将迎，无住著，认识到仁的天机是常活的，这便是了当了千百年的事业。据《龙溪王先生全集·卷四》记载，王畿说，要致良知，就要时时跟从天机运转，变化云为，自见天则，不须防检，不须穷索，这样又何尝照管得，又何尝不照管得。据《龙溪王先生全集·卷十六》所言，千古的圣学，都只是从仁的一念灵明识取的，当下保此仁的一念灵明便是学，以此触发感通便是教，随事不昧此仁的一念灵明便称为格物，不欺此仁的一念灵明则称为诚意，仁的一念廓然无一毫固必之私则称之为正心。思虑未起是不能与已起相对的，才有起时便会为鬼神觑（qù，窥探）破，便已非是退藏的仁的密机。日逐应感，只是默默理会仁。当下仁的一念，凝然洒然，无起无不起，时时觌（dí，相见）面相呈，时时全体放下。据《明儒学案·卷十二》所言，如果不转念，则一切运谋设法，皆是仁的良知的妙用，皆未尝有所起，这样就会百虑都是一致的。才有一毫的纳交、要誉、恶声之心，那即为转念，方是起了。据《龙溪王先生全集·卷十七》所言，今心为仁之念，是为见在仁心，这就是正念。如果是二心为念，这便是将迎心，这就是邪念。

b. 有本末之物是伦物感应仁的天则之迹

据《龙溪王先生全集·卷三》所言，仁的一念之微只在慎独。据《龙溪王先生全集·卷十》所言，独知便是仁心之本体，慎独便是在仁心上下的功夫。独知并非是在念动而后知，此乃先天的仁的灵窍，不是因念而有的，不会随念而迁，不会与万物作对，就好比是一个清静的仁的本地，不待洒扫而自然无尘。慎指的是非强制，而只是兢兢业业地保护此仁的灵窍，还他本来的仁的清净而已。明觉指的是仁的明觉是自然的，而慎独即是廓然顺应仁心的自然之学。据《龙溪王先生全集·卷八》所言，物即是事。仁的良知之感应的称为物。物指的是有本末之物，不诚则无物。格指的是天然的仁的格式，即是仁的天则。仁的致知在格物，指的是正感正应，顺其仁的天则之自然，而容不下私之心，这便是格物。据《龙溪王先生全集·卷七》所言，仁的良知是仁的天然之则，而物是伦物感应仁的天则之迹。如有父子之物，才有仁的慈孝之则；有视听之物，始有仁的聪明之则。感应迹上循其仁的天则之自然，而后物得其仁之理，这才是格物，而非即以物为仁之理。

④如果变仁之识为仁之知则仁之识便是仁的知之用

a. 仁之知本是浑然的而识则是有区有别的

据《龙溪王先生全集·卷三》所言，何思何虑并非是不思不虑。所思所虑，一出于仁心的自然，未尝有别思别虑，我何容心焉。比如说，日月之明，自然往来，而万物毕照，日月何容心焉。慧能说，不思善，不思恶，却又不断百思想。王畿认为，这是上乘之学和不二之法门。据《龙溪王先生全集·卷十五》所言，仁的一念明定，便是缉熙之学。仁一念指的是无念，即念而离念。所以，君子之学是以仁的无念为宗的。据《龙溪王先生全集·卷十》所言，良知与知识所争的只是一个字，皆不能是外于仁之知的。仁的良知是无知而无不知的，是仁的学问的大头脑。仁的良知就如同用明镜照物一样，妍媸黑白自然都是能分别清楚的，未尝有纤毫的影子留于镜体之中。识则未免在影子上起分别之心，有所凝滞拣择，所以失却了明镜的自然之照。据《龙溪王先生全集·卷十一》所言，意是心之用，情是性之倪，识是知之辨。仁心本是粹然的，意则是有善有恶的。仁性本是寂然的，而情则是有真有伪的。仁之知本是浑然的，识则是有区有别的。

b. 仁之知为识之主则识为仁的默识而非识神之恍惚

据《龙溪王先生全集·卷八》所言，人心是莫不有仁之知的，古今圣愚都是同具有仁之知的。仁的直心以动，自然能见到仁的天则，这便是仁的德性之知。人因为泥于意识，所以始乖始离。仁心本是寂然的，意则是其应感之迹。仁之知本来是混然的，而识则是其分别之影。万欲都是起于意的，万缘都是生于识的。意胜则心劣，识显则知隐。所以，仁的圣学之要莫先于绝意去识。绝意并非无意，去识也并非无识。意是统于心的。如果有仁心为意做主，则意便是仁的诚意，而非意象之纷纭。识是根于知的。如果仁之知为识之主，则识为仁的默识，非识神之恍惚。据《龙溪王先生全集·卷三》所言，仁之知是无起灭的，而识是有能所的。仁之知是无方体的，而识是有区别的。比如说，明镜之照物，镜体本是虚的，妍媸黑白，自往来于虚体之中，是无加减的。如果妍媸黑白之迹滞而不化，镜体反为所蔽。镜体之虚，无加减则无生死，这就是我们所说的仁的良知。如果变识为仁之知，则识乃为仁的知之用；如果认识为仁之知，则识乃是仁的知之贼。

⑤儒老佛虽然有别，但在根本上是相通的

a. 知得仁的致良知则仁的真息能自调而仁的性命能自复

据《龙溪王先生全集·卷一》所言，吾儒的仁的致知是以仁之神为主的，而养生家（道家）则是以气为主的。戒慎恐惧是存仁之神的功夫，仁之神住则气住。当下怀虚，便是仁的无为的作用。以气为主，则是从气来机动地处理会，这样就会气结神凝，神气含育，这终是有为之法。据《龙溪王先生全集·卷四》所言，乾属于心，而坤属于身。心是神，而身是气。身心两事，即火即药。元神元气即是药物，神气往来即是火候。神专一则自能直遂，神是性之宗。气翕聚则自能发散，气是命之宗。真息指的是动静之机，真息是性命合一之宗。一切的药物，都是有老嫩浮沉的，火候都是有文武进退的，皆可以在真息中求之。大生指的是神之驭气，而广生指的则是气之摄神。天地四时日月是有所不能违的，不求养生而所养自在其中，所以称之为仁的至德。尽万卷丹经，也不可能出这样的仁的至德。而真息就是仁的良知。圣学是存于仁的真息的，而仁的良知便是真息的仁的灵机。知得仁的致良知，则仁的真息能自调，而仁的性命能自复，这原非两事。如果只是以调息为事，未免会着重在气上理会，与圣学的戒慎不睹和恐惧不闻的仁的致中和工夫终是隔着一层的。

b. 造化之玄枢：吾儒的燕息、佛氏的反息、老氏的踵息

据《龙溪王先生全集·卷一》所言，从养生一路入，精神稍敛，气

机偶定，未可以此便为得手。如此行持，只是安乐之法。如果胸中的渣滓澄汰未净，则未见有仁的宇泰收功之期。据《龙溪王先生全集·卷四》所言，调息之术也是古人的立仁教的权法。通过调息，可以从静中收摄精神，因为心息是相依的。以渐而入，也是可以补仁的小学的一段工夫的。据《龙溪王先生全集·卷十五》所言，如果想要练习静坐，要以调息为入门，使心有所寄，这样才能让神气相守，这也是一种权法。调息与数息是不同的。数为有意，而调则为无意。如果能委心虚无，能不沉不乱，息调则心定，心定则息愈调。如果有仁的真息往来，则呼吸之机自能夺天地的仁之造化。含煦停育，心息相依，这就是息息归根，这就是仁的命之蒂。仁的一念微明，常惺常寂，范围三教之宗。吾儒称之为仁的燕息，佛氏称之为反息，老氏称之为踵息。这便是造化阖辟的仁之玄枢。以此来征学，也以此来卫生，了此便是彻上彻下的仁之道。据《龙溪王先生全集·卷七》所言，人之所以有生死轮回，是因为念与识在作祟。念是有往来的。念有二心之用，或之善，或之恶，往来不常，这便是轮回的种子。识是有分别的。识是发智之神，倏（shū，忽然）而起，倏而灭，起灭不停，这便是生死的根本原因。这是古今之通理，也便是现在之实事。儒者以为这是异端之学，所以讳而不言，这里也可以见其惑。念是根于心的，至人无心所以念息，自然就无轮回。识会变为知。至人无知则识就是空的，这样就自然无生死了。据《龙溪王先生全集·卷十七》所言，三教之说，其来尚矣。老氏说到虚，儒的圣人之学也说到虚。佛氏说到寂，儒的圣人之学也说到寂。从根本上看三教是相通的。

2. 王艮：矩正则方正而方正则成格

（1）王艮的生平及其立论宗旨

①因自认为悟得仁道而自大狂妄

王艮（1483—1541 年）为泰州安丰场人，又称为心斋王先生。曾从王阳明问学。阳明去世后，归泰州授徒讲学，创出明中后期的一个很有影响力的泰州学派。他的主要著作收集在《心斋王先生全集》中。王艮出生于灶户，家境贫苦。七岁入乡塾读书，11 岁因家贫而无法继续学业。后从父经商，家境逐渐富裕。虽然出身于平民家庭，但是他一直把任仁道成圣作为自己的终生理想。他在经商的时候，时常随身携带着《论语》《大学》《孝经》，有疑问就及时请教别人，后来他对这些经典达到了信口谈解的熟悉程度。后来，他闭关静思，默坐体仁道。据《明儒学案·卷三十二》记载，在累年之后，终于在一天夜里，王艮梦到天堕下压身，万人奔号求救。他举臂起之，看到了日月星辰失次，复手整之。醒来后觉得汗溢如雨，但是他的仁的心体则洞彻了。这时他 27 岁。从此之后，他认为自己已经悟到仁道，便按仁的礼经穿戴，认为自己就是一个古圣人。他以尧舜孔子自任，表现出了一种自大狂妄的态度。

②阳明告诫王艮不要意气太高和行事太奇

王艮听说他的学问与王阳明所讲很接近，于是，他戴上他的纸糊的五常冠，穿上仿古的深衣，手执上面写着非礼勿视听言动的笏（hù）板，赴江西见王阳明。一路上围观者不断。据《明儒学案・卷三十二》记载，王艮与王阳明见面时有一段往复的致辩。开始的时候，王艮是据上坐的。辩难久之，王艮稍微有些心折，移其坐于先生之侧。论毕，王艮叹服着说，简易直截，艮不及也。于是下拜阳明，自称弟子。退而绎所闻，间有不合，于是后悔说，我轻易了。明日入见，告诉阳明他后悔了。阳明称赞他说，善哉，你是个不轻信从的人。王艮复归上坐，辩难久之，王艮才大服，于是为弟子如初。阳明对门人说，以前我擒拿朱宸濠时，我的心是一无所动的，今却为这个人所动。后来阳明归越，王艮从之。据《王东崖先生集・卷一》记载，王艮之子王襞（bì）谈到王艮从学于阳明时的情况时说，他的父亲见了阳明翁后，学犹纯粹，感觉到以往循之过力，于是契仁的良知之传，工夫易简，不犯做手，而乐于天然的仁的率性之妙，当处受用。王艮的本名是王银。王阳明取《易经》之《艮》卦之义，更其名为王艮，并取汝止为字，意在告诫王艮不要意气太高，不要行事太奇。

③作了《鳅鳝赋》来发扬万物一体的思想

王艮曾向王阳明请教，想仿照孔子的车制作车，想像孔子一样乘车周游天下。王阳明对此笑而不答。王艮回家后，自制一小蒲车，招摇四方，随处讲学。车上写着：天下一个，万物一体。他还作了《鳅鳝赋》来发扬万物一体的思想。据《王心斋先生遗集・卷二》记载，王艮说，道人闲行于市，偶然见到肆前育鳝一缸，覆压缠绕，奄奄然如死一样。忽见一鳅从中而出，或上或下，或左或右，或前或后，周流不息，变动不居，如神龙一样。其鳝因为鳅而得以转身通气而有生意。这转鳝之身、通鳝之气、存鳝之生，皆是鳅之功劳。虽然这也是鳅之乐，并非专为悯此鳝而然，亦非是为望此鳝之报而然，自率其性而已。于是，道人有感，喟然叹道：吾与同类并育于天地之间，得非如鳅鳝之同育于此缸。吾听说大丈夫以天地万物为一体，为天地立心，为生民立命，几不在兹乎？于是，道人想到要整车束装，慨然有周流四方之志。少顷，忽见风云雷雨交作，其鳅乘势跃入天河，投入大海，悠然而逝，纵横自在，快乐无边。回过去看樊笼之鳝，思将有以救之，奋身化龙、复作雷雨，倾满鳝缸，于是缠绕覆压者，皆欣欣然而有生意。俟其苏醒精神，同归于长江大海。道人欣然就车而行。

④存有仁心就能出则为帝者之师而处则为天下万世之师

王艮的仁的良知说是崇尚仁心的自然的，所以他反对程朱理学的庄敬持养。据《王心斋先生遗集·卷一》记载，王艮说，仁者是以天地万物为一体的。一物不获其所，即己之不获其所，务必使之获所而后已。这样使得人人都能为君子，都是比屋可封的。天地都有位，这样万物都能得育。这便是他之志。王艮认为，天下国家皆是物。以己身之矩，正天下国家，这便是格物。所以，王艮之学是很注意己身的仁的行为的。王艮对于格物的解释，被称为淮南格物说。王艮之学，不仅不近禅，而且是颜元之学的先驱。王艮在他所作的《王道论》中，根据《周礼》提出了实际的致太平的办法。他特别尊仁道，力图以仁道济天下，而反对以仁道徇人。王艮认为，以仁道从人，这是妾妇之道。王艮说，观孔子之说汲汲皇皇，周流天下，其仁就可知了。文王小心翼翼，视民如伤，望道而未之见，其仁就可知了。尧、舜兢兢业业、允执厥中，以四海困穷为己责，其仁就可以知了。观尧舜文王孔子之学，其同之仁就可以知了。其位分虽然有上下之殊，然而其为天地立仁心、为民立仁命，这点是一样的。大丈夫是存有不忍人之仁心的，而以天地万物都依于己，所以出则必为帝者之师，处则必为天下万世之师。

（2）王艮的思想脉络

①吾身是个矩而天下国家是个方

a. 人之身这个本乱天下国家这个末就无法治

王阳明认为，视听言动和躯体行为合于义理就是安身。而王艮则有不同的看法。王艮反对把《大学》中的止于仁的至善归结为明仁的明德。王艮提出了一套不同于王阳明的格物说，人称淮南格物说。他认为，格物首先要看格的是什么物。要分清楚本末，才能把握格物的意旨。据《明儒学案·泰州学案一》所言，身与天下国家虽然说到底都是一物，但是一物也是有本末之分的。《大学》中所说的一是以修身为本的，所以身是天地万物之本，而天地万物则是末。据《王心斋先生遗集·卷一》所言，格如格式之格，即后絜（xié，量物体的周围之长度，泛指衡量）矩（jǔ，量直角或方形的工具）之谓。吾身是个矩，而天下国家是个方。絜矩则知方之不正，犹矩之不正。只去正矩，却不在方上求。矩正则方正，方正则成格，所以为物格。据《泰州学案一·心斋语录》所言，絜度是在本末之间的，要知道本乱末就无法治。这就是格物。据《泰州学案一》《明儒学案·卷三十二》记载，王艮说，有的人因困于贫而冻馁其身，这样做是在失其本，而不是在为学。止于仁的至善的目的是为了安身。安身才是立天下之大本。要知道身是本，才能明仁的明德而亲民。如果身没有安，本没有立，本乱末就不可能有治。

b. 不知安身便去干天下国家之事就称为失本

据《心斋王先生全集·卷三》所言，身与仁道原是一件事。仁的至尊即是此仁道，仁的至尊即是此身。尊身不重仁道，就不是尊身；而尊仁道不尊身，就不是尊仁道。不知安身，便去干天下国家之事，就称为失本。如果就此失脚，将可能被烹身割股，饿死结缨而且会执之为是，而不知道。如果身都不能保，又何以保天下国家呢？据《明儒学案·卷三十二》记载，王艮的弟子有怀疑安身之说者，所以问夷、齐（伯夷和叔齐都因为拒食周粟而饿死在首阳山，历代的儒者都是表彰其节操的）虽然不安其身，然而安其仁心。王艮说，安其身而安其仁心为上，不安其身而安其仁心为次，不安其身又不安其仁心为下。危其仁心于天地万物的，则失去了仁之本。洁其身于天地万物的为遗末。明哲即是仁的良知。明哲保身即是保仁的良知良能。知保身的，必爱身；能爱身，则不敢不爱人；能爱人，则人必爱我；人爱我，则吾身保矣。据《王心斋先生遗集·勉仁方书壁示诸生》所言，爱人者人恒爱之；信人者人恒信之。这便是感应之道。于此观之，如果人不爱我，非特人之不仁。从这里就可以知道是己之不仁。人不信我，非特人之不信。从这里就可以知道是己之不信。据《明儒学案·卷三十二》记载，有人问，什么是仁的庄敬持养的工夫？王艮说，仁道就是一而已。中即是仁的良知，仁性即是一。识得此仁之理，则现现成成，自自在在。只要即仁道不失，便是庄敬；即仁道常存，便是持养，真不须防检。如果不识此仁之理，庄敬便未免着意，而才着意，便是私心。

②百姓日用的即是仁道但是日用仁而不知仁

据《心斋王先生全集·卷二》所言，百姓日用即是仁道。初闻的时候多不信。心斋王先生指着僮仆之往来、视听、持行说，泛应动作之处，不假安排，俱自顺帝的仁之则，至无而有，至近而神。据《明儒学案·卷十六》记载，往年有一友问心斋先生说，什么是无思仁而无不通仁？心斋先生唤其仆，即应。命之取茶，即捧茶至。其友又问了一次同样的问题。心斋先生说，刚才这个仆人未尝先有期待我呼他的心，我一呼之便应，这便是无思而无不通的仁心。其友说，如此说来，那么满天下就都是圣人了。心斋先生说，却是日用仁而不知仁。有时懒困著了，或作诈不应，便不是此时的仁心。阳明先生一日与门人讲仁的大公顺应，不悟。忽同门人游田间，见耕者之妻送饭，其夫受之食，食毕即与之持去。阳明先生说，这便是仁的大公顺应。门人疑之。阳明先生说，他却是日用仁而不知仁的，如果有事恼起来，便会失去这仁的心体。

③有仁必有乐，所以学仁有着无边的快乐

据《阳明全书·卷五》记载，王阳明说，乐是仁心之本体。据《明儒学案·卷三十二》记载，王艮说，天下之学，惟有圣人之学是好学的，因为不费些子气力，却有着无边的快乐。如果费些子气力，便不是圣人之学，便不乐。王艮曾作《乐学歌》如下："人心本自乐，自将私欲缚。私欲一萌时，良知还自觉。一觉便消除，人心依旧乐。乐是乐此学，学是学此学。不乐不是学，不学不是乐。乐便然后学，学便然后乐。乐是学，学是乐。呜呼！天下之乐，何如此学；天下之学，何如此乐？"人的仁心本是无事的，有事仁心就会不乐。如果以无事之仁心行有事，那么多事亦不错。在王艮之子王襞看来，宋儒以来的一般的为学方法，因为规矩太严，用工太苦，克念忍欲，这样做会让心灵受到很大的束缚，不是那么自然自在。人心要空，要没有障，这样才能有仁的圆神之效。仁的圆神指的就是仁的内心的自如无滞。据《明儒学案·卷三十二》记载，王襞说，有所倚而后乐，乐以人者，一失其所倚，则慊然若不足。无所倚而自乐，乐以天者，舒惨欣戚、荣悴得丧，无适而不可。问者说，既然是无所倚的，那么乐究竟是什么物在乐呢？是仁道在乐还是仁心在乐？王襞说，无物才乐，有物则不乐。乐即是仁道，乐即是仁心。如果说所乐者是仁道，所乐者是仁心，这都如同在说床上之床。才提起一个学字，却似便要起几层意思，而不知原来是无一物的，原自是现成的，顺仁心的明觉自然之应而已。如果立意是要在天地间出头，那么做件好事，也是为此仁心之障。如舜之事亲，孔之曲当一样，一皆出于仁的自心之妙用，与饥来吃饭，倦来入眠，是同一妙用。

3. 罗汝芳：要教人守住仁的赤子之心

罗汝芳（1515—1588 年）为江西南城人，号为近溪。罗汝芳与同时代的道士和僧人都有许多的往来。他的口才很好，善于很机敏地指点人。当时的人说，龙溪（王畿）的笔胜于舌，而近溪（罗汝芳）的舌胜于笔。二溪都是王门后学中的佼佼者。他的著作收集在《近溪子文集》之中。据《孟子·离娄下》说，人皆是有恻隐、羞恶、辞让和是非这四端之仁心的。大人就是不失仁的赤子之心的人。人都应该保有自己与生俱来的仁的良习。罗汝芳讲学的宗旨就是要教人守住仁的赤子之心。罗汝芳在中进士后，曾做过官。张居正为了打击他的讲学活动，使人弹劾他，所以被旨令致仕，但是他依然四处奔走讲学。他 15 岁时有志于仁的道学。曾读薛瑄的《读书录》有仁的心得，于是通过静坐息念下功夫，在临田寺闭关，置水镜于几上，对着水镜默坐，想让心与水镜一样湛然静止。由于静坐不得法，久而生心火之病。后来读了王阳明的《传习录》才好转。

在罗汝芳 26 岁之时，偶然路过一寺，见有张榜说能救心火，于是认识了颜山农。颜山农原来是王阳明的门人徐樾的弟子，后来又从学于王艮。罗汝芳听了颜山农的讲学后，喜悦地说，还真能救我的心火。于是，罗汝芳拜颜山农为师，大悟体仁之学。后听说胡宗正深通仁的易学，于是成为胡宗正的弟子。据《明儒学案·卷三十四》记载，罗汝芳 46 岁时患重病。在梦中，他恍惚遇见了泰山丈人对他说，君自有生以来，触而气每不动，倦而目辄不瞑，扰攘而意自不分，梦寐而境悉不忘，这都是心的痼疾。罗汝芳说，这都是我用功的心得，怎么倒成了病了呢？丈人说，人的仁之心体是出自仁的天常的，是随物而感通的，原来是无定执的。而君因夙生操持强力太盛，一念耿光，遂成结习，没有领悟到仁的天体渐失，不仅得了心病，而且身体也随之得病了。罗汝芳听了这番话之后，才大惊而醒，于是汗流如雨，从此执念渐消，血脉循轨。罗汝芳经过长期的曲折的证学经历后，身心才开始得到妥帖的安宁。

（1）赤子之心是纯一无伪的神气自足的仁的天机

据《龙溪王先生全集·卷三》记载，王畿说，仁的赤子之心是纯一无伪的。无智巧无技能，神气自足，智慧自生，才能自长，并非有什么所加。大人通达万变，只是不失此仁心而已。据《龙溪王先生全集·卷十》记载，罗汝芳说，赤子喜便是喜，啼便是啼，行便是行，坐便是坐，转处未尝留情，不曾有什么机巧，不曾有什么伎俩。公具如此的仁的道根，未能超凡入圣，只是信此仁的道根未及。据《明儒学案·卷三十四》记载，罗汝芳说，要不追心之既往，不逆心之将来，任心宽宏活泼，真是水流物生，充仁的天机之自然。于是一切醒转，更不去此等去处计较寻觅，却得仁的本心浑沦，只不合分别，便自无间断，真是坦坦荡荡，而悠然顺适也。我今与你终日语默动静，出入起居，虽然是人意周旋，却是自自然然的，这就是仁的天机的活泼。天地所生的人，原来就是一团灵物，能万感万应而莫究根原[①]，浑浑沦沦而初无名色，只一心字也是勉强立的。后人不能省悟到这点，缘此起了个念头，这样就会生出个识见，露出个光景，便说吾心实际上是有如是本体的，本体实有如是朗照，实有如是澄湛，实有如是自在宽舒。不知道此段光景原是从妄而起的，必然随妄而灭，及来应事接物的，用着的还是天生的灵妙浑沦的仁心。

（2）人心通过仁的孝弟慈来安其生全其命

据《明儒学案·卷三十四》记载，罗汝芳认为，《大学》不过是圣贤的仁的格言的选编，而格表示的是标准，就是格言中的格的意思。由一家的仁的孝弟慈的心而观一国，一国之中，未尝有一个人的心是不孝弟慈的；由一国之孝弟慈而观天下，天下之大，也未尝有一人的心不是孝弟慈的。从此一切经书，皆必归会孔孟；而孔孟之言，则皆必归会仁的孝弟。以孝弟而学，学果不厌；以孝弟而教，教果不倦；以孝弟为仁，仁果万物一体。可以由缙绅士大夫以推之群黎百姓，缙绅大夫固然是要立身行仁道的，以显亲扬仁之名，光大仁的门户，而尽的则是此孝弟慈而已。而群黎百姓，虽然职业有高下的不同，而供养父母、抚育子孙，其求尽此孝弟慈，与缙绅士大夫未尝有什么不同。又时乘闲暇，纵步街衢，肆览大众车马之交驰，负荷之杂沓，其间人数何啻亿兆之多，品级亦将千百其异，然自东徂西，自朝及暮，人人有个归着，以安其生，步步有个防检，以全其命，窥觑其中，总是父母妻子之念固结维系，所以勤谨生涯，保护躯体，而自有不得而已之处。

（3）在当下体验无杂念的仁的赤子之心

罗汝芳继承了王艮以来的思想家重视用百姓日用以明仁道的传统。他特别强调当下。他认为仁的本体和仁的功夫都要从当下见得。当下就是每个人的当下。罗汝芳认为，平常即是仁道，当下即是工夫。有人问什么是仁的洒脱的功夫？罗汝芳说，你在讲会与众人随时起卧，这不就是洒脱

---

① “原”表抽象，强调原本，而“源”表具体，强调源头。

吗？有人问他什么是明心？罗汝芳说，你现在喝茶之时，举杯就口而不是放到鼻子上，饮毕置于盘子中而不是盘子之外，这些都是自然就明白的，不用安排，还需要明什么呢！他在大讲会上对众人说，你们听讲时晓得坐立，晓得问答，晓得思量，肃然专一，这就是不思不虑的明觉啊！

①赤子有着仁的无时无处而无所不知之能

据《明儒学案·卷三十四》记载，罗汝芳问，杂念忿怒，说的皆是前日后日之事，而工夫的紧要在于只论目前。今且说的是与此时相对的目前。中心的念头，到底如何呢？学生说，如果只论此时，则恭敬安和，只在专志听教，一毫杂念也不生。罗汝芳又问，吾子既然已见得此时的仁的心体，有如是的仁的好处，果然就信得透彻了吗？大众忻然起曰，据此时的仁的心体，的确可以为圣贤，而无难事了。罗汝芳对他的弟子说，我问你答。于是，罗汝芳问，初生既然是赤子，难说今日此身不是赤子。长成此时，这种知能是否是仁的良能呢？弟子回答说，是。罗汝芳说，就是这个问答，用学虑吗？学生说，不用。罗汝芳说，如此说来，宗旨就确定了。学生问，如果只是我问你答，随口应声，个人皆是如此，时时皆是如是，虽至白首，终同于凡夫，怎么能够指望得仁道呢？罗汝芳说，其端只在能自信从，其机则始于善自学悟。诸君都知道红与紫都是春天的颜色，这样就可以推知赤子具有皆知之能。天之春是见于草木之间的，而人之性是见于视听之际的。今试抱赤子而弄之，人从左呼，则目即盼左；人从右呼，则目即盼右。其耳无时无处不听，其目无时无处不盼，其听其盼无时无处不转展。所以，赤子是有仁的无时无处而无所不知之能的。

②喜怒哀乐皆出自自然的仁的未发之中

a. 仁心与戒慎恐惧相合时互相是无妨碍的

据《明儒学案·卷三十四》记载，童子捧茶方至，罗汝芳指着童子对一友说，你自视与童子如何？友说，信得更无两样。顷刻之间又问，不知你此时有何用功？友说，此时觉得心中很光明，没有沾滞。罗汝芳说，童子是见在的，请你问他，心中是否有这样的光景？如果没有这样的光景，则童子分明与君是两样。罗汝芳说，我的心，也是无个中的，也是无个外的。人不在心中用功，也不在心外用功。只说童子献茶来时，随众起而受之，从容啜（chuò，饮、吃）毕。童子来接时，随众付而与之。你必是以心相求，则此无非是心；如果你以工夫相求，则此无非是工夫。有学生问，如果因循戒慎恐惧，不免为吾心宁静之累。罗汝芳说，戒慎恐惧，姑且置之。今且请言你的心这宁静是作何状的？其生谩应，天命本然，原是太虚无物。罗汝芳说，这么说你原来的事，与今时的心体是不切的。诸士子沉默半晌，适郡邑命执事供茶，循序周旋，略无差僭。罗汝芳目以告生说，谛观群胥，此际供事，心是否宁静？诸士忻然起曰，群胥进退恭肃，内固不出而外亦不入，虽欲不谓其心宁静，不可得也。罗汝芳说，这样的话，宁静正是与戒惧相合的，又有何相妨呢？又有人说，宁静与戒慎恐惧是相似的，而用功之意或不应该是如此现成的。罗汝芳说，诸生可以说适才童冠歌诗之时，与吏胥进茶之时是全不戒慎的吗？其戒慎又全都是不用功的吗？有学生对罗汝芳说他读书未明仁。罗汝芳说，你读了很多书未明仁，怎么你却吃了茶，吃了饭，还在此立谈了许久呢？你早作而夜寐，嬉笑而偃息，无往不是此仁之体，岂待言动事为，方思量得个停当？又岂直待言动事为停当，方开始说仁道与古先贤哲不殊？

b. 要舍平时而不舍此时而求仁之理才会感觉亲切

据《明儒学案·卷三十四》记载，有一位学生问罗汝芳如何求仁之理时，罗汝芳说，你要求此仁之理亲切，却舍了此时而言平时，便不亲切了；舍了此时问答，而言事物，当然又不亲切了。学生又问，言此时的问答，怎么与这仁之理就有亲切处了呢？罗汝芳说，你把问答与仁之理看作是两件，求仁之理于问答之外，所以就不亲切了。你不晓得我在言说之时，你的耳朵凝然听着，你的心迥然想着，你的耳，你的心是何等的有仁的条理和明白啊！我的言未透彻的时候，你则默然不答。我的言才透彻，你便随众欣然。如是即是你的心，你的口，又是何等的有仁的条理和明白啊！学生说，这果然是亲切。有一学生问罗汝芳说，如何才能求得仁心的未发之中呢？罗汝芳说，你不知道何为喜怒哀乐，又如何知得去观其气象呢？我且诘问你，此时对面相讲，你有喜怒吗？你有哀乐吗？学生说，都没有。罗汝芳说，既然说都没有，便是喜怒哀乐都未发。此未发之中，就是吾人的仁的本性的常体。如果人识得这个仁的常体，中中平平，无起无作，则会物至而知，知而喜怒哀乐便出自自然，与预先有物横在其中是天渊不侔（móu，相等）的。这便是中节而和的。

（4）人心的觉悟的妙合于仁道之知是神明不测的

①妙合为觉悟到的仁的不虑之良知

a. 妙合的不虑的仁之睿是通微和神明不测的

罗汝芳进一步发挥了王艮的百姓日用即是明仁道的说法。据《明儒学案·卷三十四》记载，有人问，吾侪（chái，同辈）或言观心，或言行己，或言博学，或言守静，先生皆未见赞许，那么谁人方可以言仁道呢？罗汝芳说，此捧茶童子却是可言仁道的。一友率尔地说，那岂不是说童子也能戒慎恐惧了吗？罗汝芳问，从茶房到此，有几层厅事？众说，有三层。罗汝芳说，童子过许多门限阶级，不曾打破一个茶瓯。其友省悟道，如此说童子果然是知道戒惧的，只是日用而不知而已。罗汝芳又难之说，如果他不是知，那么如何又会捧茶，捧茶时如何又会戒惧呢？其友语塞。徐为解释说，知是有两样的。童子日用捧茶是一个知，这是不虑而知，这种知是属于天的。觉得是知能捧茶，又是一个知，这则是以虑而知，这种知是属于人的。人能以觉悟之窍，而妙合不虑之良，使浑然为一方，这样的仁之睿是通微的，是神明不测的。

b. 要就现前的思想做个学问，而把当下的精神当个工夫

据《明儒学案·卷三十四》记载，罗汝芳说，一友每常用工时，便闭目观心。罗汝芳问他说，你今相对，见得心中何如？友说，这时的心是炯炯然的，但是常恐不能保守得住，怎么办呢？罗汝芳说，且莫论保守，只恐或未是仁心。友说，此处更无虚假，安得不是仁心呢？且大家俱在此坐着，而心中炯炯，至此也未之有改。罗汝芳说，仁的天性之知，原是不容昧的。但能尽心求之，明觉通透，其仁之机自然会显而无蔽。所以，圣贤之学，本是以仁的赤子之心为根源的，又征诸于庶人之仁心，以为日用。如果坐下时心中炯炯，却赤子原未带来，而与大众也不一般。罗汝芳还说过，今在生前能以仁的天明为明，则言动条畅、意气舒展；比至殁身，不为神者无几。如果今不以仁的天明为明，只是沉滞襟膈，留恋景光，幽阴既久，殁不为鬼者也无几了。当罗汝芳的一个门人说要常常照管持守一个仁的道理时，罗汝芳说，我今劝你，且把此等物事放下，待到半夜五更，自在醒觉时节，必然会思想要去如何做学问，又必然会思想要去如何照管持守我的学问。当此之际，轻轻快快转个念头，以自审问说道，学问此时虽不现前，而要求学问的心肠，则即是现前的。照管持守的工夫，虽未得力，而要去照管持守一段精神，却甚是得力。当此之际，又轻轻快快转个念头，以自庆喜地说道，我何不把现前思想的心肠来做个学问，把此段紧切的精神，来当个工夫，这样一旦要时便会无不得，随处去更无不有了。

②圣人之仁心是不思而得和不勉而中的

据《明儒学案·卷三十四》记载，罗汝芳说，圣人是希望得到天之

仁的，因为天之仁是莫之为而为和莫之致而至的。圣人则是不思而得仁，不勉而有仁之中的。欲求希圣希天，不寻思自己有什么东西可以与他打得对同，不差毫发，却又如何希得天之仁呢？天初生我时，我只是一个赤子。赤子之心是具有浑然的仁的天理的。细看就会发现，赤子的仁之知是不必虑的，赤子的良之能是不必学的，果然与莫之为而为，莫之致而至的体段，浑然打得对同过。圣人之所以为圣人，只是把自己的不虑不学的见在，对同莫为莫致的源头，久久便自然成了个不思不勉而从容中仁道的圣人了。今人恳切用工者，往往要心地明白、意思快活。而才得明白快活时，俄顷之间则倏尔变幻，极其苦恼，不能自胜。如果能于变幻之时，急急回头，细看前时明白者今固恍惚了，前时快活者今固冷落了，然其能俄顷变明白为恍惚、变快活而为冷落，至神至速，此却是个什么东西呢？此个东西即时时在我，又何愁其不能变恍惚为明白、变冷落而为快活也！如果果然是有仁的大襟期，有仁的大气力，有仁的大识见，如果能够就此安心乐意而居天下的仁之广居，就可以明目张胆地行天下的仁之大道。如果工夫难到凑泊，即能以不屑凑泊为工夫。如果胸次茫然到无畔岸，便以不依畔岸为胸次。这样便能解缆放船，顺风张棹。这样即使有巨浸汪洋，也能任我纵横，这岂不是一大快事！

4. 刘宗周：内在的好恶之意向是仁心之所存

刘宗周（1578—1645 年）为浙江山阴人，号为念台，又称为蕺（jí）山先生。中进士，曾做过官。曾被革职为民，后又起用。又因指论弊政，被革职为民，后又起用。又因直节敢谏，再被革职。李自成入京后，明室南渡，又被起用。浙江失守之后，他看到明王朝的灭亡已无可挽回，绝食二十日而死。在明末之时，他被公推为海内大儒，学问气节都为世所重。刘宗周平生尚忠信、严操守、重气节。他敢于直言抗谏，指陈时弊，与阉党进行了不妥协的斗争。明崇祯皇帝几次被他激怒，但是不得不承认刘宗周的清执敢言是其他的廷臣莫及的。他的著作编辑成了《刘子全书》。刘宗周早年崇尚的是朱熹之学，不喜欢王阳明之学。据刘宗周的门人黄宗羲说，刘宗周对王阳明之学的态度有三次变化。据《刘子全书·卷三十九》记载，黄宗羲说，对于王阳明，刘宗周开始时是怀疑的，中间是信的，最终为王阳明辩难而不遗余力。刘宗周肯定了泰州学派的王艮的淮南格物说。他的思想与王艮的门人王栋的思想有比较明显的继承关系。他的思想走向属于心学一派，但是具有综合理学和心学的特征，而且对明中期以来的心学的发展作了一定程度的批判总结。

据《明儒学案・卷六十二》记载，刘宗周肯定了王阳明的观点，即天下无心外之理，无心外之学。他说，后之学者，把仁的道理分成了三分。一分在天，为天命之性；一分在万物，为万物之理；一分在古今典籍，以为耳目之用神。返而求之吾心，则如赤贫之子，一无所有，乃日夕乞哀于三者。刘宗周反对朱熹和王阳明的意是心之所发的观点，而是认为心是身的主宰，而意是心的主宰。刘宗周认为，《大学》是以好恶来讲诚意的，而这里的好恶不是指对于某一具体对象的好恶，而是人的一种内在的好恶的意向。这种意向只是一种内心的深层的倾向，而不是已发的意念。所以，意不是心之所发，而是心之所存。而这个内在的本质的意向就是好好而恶恶的。后儒的格物之说，应当以淮南为正，即格知身是本，而格知家国天下则为末。刘宗周认为，他自己的学说是以格知诚意为本来正修齐治平之末。

（1）盈天地之间只有一仁之气而已

据《明儒学案・卷六十二》记载，刘宗周说，盈天地之间只有仁的一气而已。有能量世界的气才有数，有数才有象，有象才有名，有名才有物，有物才有性，有性才有道，所以仁道是后起的。而求仁道者，在气未始之前去求仁道，以为仁道能生气。那么仁道是何物呢？仁道怎么能生气呢？刘宗周说，无往不是能量世界的气。气体能量屈的时候，就自无而有；气体能量伸的时候，就由有到无。无即是未始的无。仁之理即是气的仁之理，断然不在气之先，也断然不在气之外。离开仁的气就无仁的理可言了。仁之理是不物于物的。仁之理为仁的至善之体是统于仁的吾心的。虽然仁之理是不物于物的，但是不能不显于物。

（2）人心和人性是什么样的？

①人心道心只是一仁心而气质义理只是一仁性

a. 人心不是人欲因为道心即是仁心而仁心即是人心

据《明儒学案・卷六十二》记载，刘宗周说，仁的人心不过是仁的一气而已。从仁之气的角度言仁心，仁心即是仁性。离开仁心则无仁性，离开仁之气则无仁之理。有仁心而后有仁性，有仁之气而后有仁道，有仁事而后有仁之理。所以，仁性是仁心之性，仁道是仁的气之道，仁理是事的仁之理。仁的道心即人心的仁的本心；仁的义理之性即是气质的仁的本性。在仁的人心中可以看出仁的道心，这样始可见仁的心性是一而二、二而一的。心只有人心，而道心只是用来解释人心的。性只有气质之性，而义理之性则是用来说明气质之性的。仁心是个浑然之体。如果要就其中指出个端倪来，那便是仁意。仁意是仁的惟微之体。人心是惟微的，这便是仁心；道心则使得心之所以为仁心，而并非是以人欲为人心，而以仁的天理为道心。正心中说的心，即是人心；而仁意才使得心之所以为仁心。仁性指的就是仁心之理。从气的角度言仁心，便是仁性，指的是气的仁的条理。离开仁心就无仁性，离开仁之气就无仁之理。虽然说仁之气即是仁之性，仁之性即是仁之气，但仁之性与仁之气是犹如二人的。仁之性是因仁之心而得名的。仁心所同然的是仁之理。生而有此仁之理，所以称仁之理为仁之性，而不是说仁之性是心的仁之理。如所谓的仁心但一物而已，因为得仁的性之理以贮之而后灵。而仁心之与仁性，断然不能为一物矣。

b. 人性是无不善的，因为仁性即是义理之性而仁性即是人性

据《明儒学案·卷六十二》记载，刘宗周说，凡是言仁之性，皆是指气质而言的。在气质之性外，没有义理之性。盈天地之间，只有气质之性。仁之理，只能说是气质的仁之理，而不能说是仁的义理之理。如果说有气质之性，又有义理之性，这样将会使学者任气质而遗义理，从而可以为善，可以为不善。也可以遗气质而求义理，从而则认为无善无不善。如果气质和义理并重，则会信有性善有性不善之说。必须知道仁之性只是气质之性，而义理是气质的仁之本然。有了仁的义理，性才成其为仁性。要而论之，气质之性即是义理之性，义理之性即是天命之性，善则是俱善的。有不善的时候，不过是因为乐而淫、哀而伤的缘故，其间是差之毫厘与差之寻丈，同是一个过不及，皆是自善而流的。只是既然有过不及之分数，则积此以往，容有十百千万，倍蓰（xǐ，五倍）而无算者，这是习之为害的缘故，而并非是其仁的性之罪。

②人心的意向的仁的微几不是人欲的意念的发几

刘宗周把诚意置于仁的致良知之上，主要是因为他看到王门后学，因为以意念为仁的良知，任心而行，从而产生出了弊病。他认为，不能从已发之心上看仁的良知。如果仁的良知与意念都是已发，就会混淆良知与意念。王阳明也说，仁的良知指的是仁的一念为善则知好之，恶的一念为恶则知恶之，所以意念就是先于仁的良知的。刘宗周认为，仁的良知中的良是具有终极意义的，是最原初的。如果把动看成是动之显，把几看成是动之微，那么在几之前还要有静，这就会把整个过程割裂成无关的三截。只

有把几理解为深微的仁的意向，这样才能有一意主宰整个的过程，这才是一贯之道。刘宗周认为，《易》中所说的几就是他所讲的仁的意向。刘宗周说，微即是几，几即是仁的意向。好与恶是相反而相成的。虽然好与恶是两用的但是止于一几的。几指的是动之微，是吉之先见。心中的好与恶的倾向，原不到作用上看的话，虽然能好能恶、虽然民好民恶，总是向此中流出的，而单就意而言，只是指其必于此，必不于彼，而不是指七情之好恶。要把意字看清了，几字才能见分晓；要把几字看得清了，独字才能见分晓。今人很少有不把意念当成意向的，所以仁道常常是不明的。知善知恶之知，即是好善恶恶之意向。这种仁的良知是即知即有意向的。好好色、恶恶臭，这说的都是意向。这样的好恶是仁心的最初之机，忿懥恐惧好乐忧患都是来自于意向，所以意向是蕴存在仁心之中的，而不是仁心之所发。在意向中指出最初之机，是要说明仁心中是有知善知恶之知的，这种意向是不可欺的。所以，仁之知是藏在意向中的，而非来自意之所起。在知中指出最初之机，说的是善是仅有的体物的不遗之物，从这个角度说便是独。

③人心的意向的仁的定盘针是必有善而无恶的

据《明儒学案・卷六十二》记载，刘宗周说，心之所向就称为意，正如定盘针之必向南一样，但只是向南，并非是起身至南。凡是言向，皆是就定向而言的。离开了定字，便无向字可下。从这里就可以知道意是心的主宰了。因为有意向，心才所以为心。止于言心，则心只是个径寸虚体。而著了个意字，方见下了定盘针。仁的心体只是一个光明之藏所，所以称为明德。就光明藏中讨出个子午，见此一点光明，原不是荡而无归的，愚独以意字当之。意向是无所谓存发的。意向是渊然在中的，动也未尝动，静也未尝静。意向不属于动念，而是心的主宰。好与恶是指心之所存而言的。此心之存主，原是有善而无恶的。那么，何以见得人心是必有善而无恶的呢？以好必于善，恶必于恶。必于此而必不于彼，正是这里能见仁心这个存主之诚处。

（3）人情是什么样的？

①在心寂然不动时是有喜怒哀乐之气在自然循环的

刘宗周认为，喜怒哀乐表征的是能量世界的气化运动的秩序，与《周易》说的元亨利贞是相对应的。他认为，人心属于气体能量，心的总体活动是喜怒哀乐四者永久交替循环的过程。据《明儒学案・卷六十二》

记载，刘宗周说，仁性是一样的。自仁之理而言则称为仁义礼智，自仁之气而言则称为喜怒哀乐。《中庸》中说的喜怒哀乐，专门指的是仁义礼智四德，而非指七情。喜为仁之德；怒为义之德；乐为礼之德；哀为智之德。中指的是信之德。仁的心体本是无动静的，仁的性体也是无动静的。以未发为性、已发为情，这是后人的附会。喜怒哀乐就是人心之全体。从其所存的角度看是未发，从其形于外看是已发。寂然之时也有未发已发，感通之时也有未发已发。中外一机，中和一理。如果徒以七情而言，如笑啼怒骂之类，毕竟有喜时有不喜时，有怒时有不怒时，以是分配性情，势不得不以断灭者为性种，而以纷然杂出者为情缘，分明是有动有静的。喜怒哀乐维天之仁于穆，仁的一气流行，自喜而乐，自乐而怒，自怒而哀，自哀而复喜。当心在寂然不动之中的时候，四气实际上是相为循环的，而在感而遂通之际，四气又迭以时出。在心有寂感时，当其寂然不动之时，喜怒哀乐未始沦于无；及其感而遂通之际，喜怒哀乐未始滞于有。喜会溢为好，乐会溢为乐，怒会积为忿懥，哀会分为恐、惧和忧、患。

②仁的恻隐羞恶辞让是非之心是由喜怒哀乐变来的

据《明儒学案·卷六十二》记载，刘宗周说，盈天地之间，一气而已。气聚而有形，形载而有质，质具而有体，体列而有官。官呈而性著，于是有仁义礼智之名。仁非他也，即是恻隐之心；义非他也，即是羞恶之心；礼非他也，即是辞让之心；智非他也，即是是非之心。孟子分明是以心来言性的。恻隐羞恶辞让是非，皆指的是一气流行之机，呈于有知有觉之顷。其仁之理有如此，而非于所知觉之外，另有四端名色。孟子说的恻隐之心就是仁。仁义礼智皆是生而有之的，所以称为性，所以为善。孟子是指情言性的，而非认为要因情才能见性。即心言性，指的是不离开心来言善。即情即性，并不是以已发为情，也不是把情与性字相对。情其实就是恻隐羞恶辞让是非之心。孟子说这恻隐之心就是仁，而不是因恻隐之发而见所存之仁。至《中庸》则直以喜怒哀乐逗出中和之名，言天命之性即此而在。这里并非有异指。恻隐之心是由喜变来的；羞恶之心是由怒变来的；辞让之心是由乐变来的；是非之心是由哀变来的。而子思分明有是以心之气来言性的。

（4）仁的慎独是为学的根本功夫

刘宗周把仁的慎独作为为仁之学的根本功夫。刘宗周认为，《大学》和《中庸》里说的慎独中的独，就是作为主宰的意向。据《明儒学案·卷六十二》记载，刘宗周说，大学之道，一言以蔽之，慎独而已。在仁的独之外是别无本体的；在仁的慎独之外是别无功夫的。仁的慎独之功，只向仁的本心呈露时随处体认去。当学生问他，格物要以什么为主时，刘宗周说，毕竟只有仁的慎独二字。人心道心只是一仁心，而气质义理只是一仁性，识得心一性一则工夫也可以为一。静存之外更无动察，主敬之外更无穷理。其究也，工夫与本体也为一，这便是仁的慎独之说。仁的隐微之地就称为独。仁的致知在格物，格的就是此仁的隐微之地。独为物之本，而慎独就是格物的始事。不仅动中有独，而且静中也有独。厌恶恶臭、喜好好色，这说的都是仁的独体之好恶。端倪在好恶之地，性光呈露，善必好、恶必恶，彼此两关，乃呈现出至善，所以说如好好色、如恶恶臭一样。此时是浑然的仁的天体在用事，丝毫不着人力，于此寻个下手的功夫，惟有慎之一法，乃得还它仁的本体，这就称独。仁的致知的工夫不是另一项，仍只是从诚意中看出。如果离却意根一步，则更无仁的致知可言。仁的良知原本就是有依据之处的，即是意向。所以提起诚意而用仁的致知工夫，庶几所知才不至于荡而无归。未发时有何仁的气象可观，只是查检自己的病痛到极微的密处。方知时虽然是未发的，而倚著之私，隐隐已伏；才有倚著，便易横决。如果于此处查考分明，则如贯虱车轮，更无躲闪，则仁的中体恍然在此。而已发之后，就不待言了。

（四）其他心学思想拾零：仁即是生而生即是仁

1. 为什么天是仁的？

（1）仁的流行是其造化之妙，而仁的停止则是其实体之真

据《明儒学案·甘泉学案》记载，湛甘泉的弟子唐一庵说，仁的太极的生生之机是无一息不流行，无一息不停止的。流行即是仁的造化发育之妙。停止则是仁的实体常住之真。流行而不止息，这是动而无静；止息而不流行，这是静而无动。动静都是一时俱有的，合而言之而已。湛甘泉的弟子吕怀说，天是以生物为心的，生生不息，因此命才能流行不已。聚散隐显，莫非都是仁体而已，所以仁之性才是与仁之心俱生的。循是出入，才确实有不得已而然者。仁道是无内外和无始终的，是直立于天地之间的，是贯始终内外而为一的，所以人才是为仁的。如果有毫发与仁道是不相入的，便是不仁，便自不贯，便属灭息。所以，君子是尽仁心、知仁性和知天之仁的，通过存仁心、养仁性来事天，所以为道仁之身，这就是此仁的命之流行的缘故。

（2）生命：人得天之形为生而得天之仁为命

据《明儒学案·泰州学案》记载，王艮的弟子徐樾说，天与命是一样的。从仁的道体之大而无外的角度上看称为天，而从仁的道体之运而无息上看称为命。宪天之仁者是不违背仁的帝则的，知仁之命者是自率仁性之真的，目的都在于一尽其仁道。不能自尽其仁道的则是人。人只是具有天的形体而已。这样便有了天与人之分。天即是仁之命，而不是说仁之命是别为一体的。我可以追慕而企及天吗？人不过是自求仁和自得仁而已。既然是自求仁和自得仁的，所以天之仁也就是仁之命。仁之神是无方可拟的，所以称为天；仁之诚是无间可息的，所以称为命。所以，仁的天命即是仁之性。据《明儒学案·王门学案》记载，王阳明的弟子朱得之说，天地万物的仁之机，即生生不息者，只是翕聚。翕聚不已，所以才有发散，发散是不得已而为的。且如婴儿在母腹中，其混沌皮中有两乳端，生近儿口，是儿在胎中翕而成的，所以出胎便能吸乳。

2. 仁是什么样的？

（1）仁有着流行不穷的一动一静之妙

据《明儒学案·甘泉学案》记载，湛若水的后学说，仁即是生生。天地的仁之大德称为生。生即是仁。李谷平的思想与陈献章比较相近。据《明儒学案·诸儒学案》记载，明代正嘉时的儒者李谷平说，孔子之学是以仁为训的。天地之一动一静，人心之一动一静，都是一本于仁的。求仁之学是万古圣贤之正脉。那么，仁之体是什么呢？仁道是至大的，不可以求之于言语，不可以求之于训诂。孔子所说的，能量世界的逝者如斯夫，不舍昼夜。这就指的是仁之体。一动一静，这就是天的仁之命的流行，因为有动有静，所以天的仁之命才是流行不穷的。明道先生（程颢）说，天地之间，只有一个感与应而已。除此之外，再没有什么事。明道先生还说，天地万物的仁之理是无独必有对的，而且皆是自然而然的，并非有什么安排。正如每中夜以思，不知手之舞之，不知足之蹈之。这仁的天理二字，是自家体贴出来的。伊川先生（程颐）说，有感必会有应。凡有动皆为感，感则必有应，所应又复为感。有所感复有所应，所以能够不已。程夫子兄弟所说的感应，也有见于一动一静之妙。

（2）仁的体段是洁净精微和不容有一毫黏带的

据《明儒学案·浙中王门学案》记载，董澐说，据《震泽语录》记载，如果学者要问，天下怎么才能归仁，先必须从事四勿，这样久了当自见到仁。仁之体段是洁净精微的，是上天之载，是无声无臭的，是不容有一毫粘带的。只要粘着即死而仁隐。今所以不能便见得仁，止是因为粘带之念不忘，起心思索即差千里。只要转念生疑，仁遂死于此。如果粘带不去，即是风沤未状时的景象。如果情是顺万物而无情的，这样粘带就不会生。如果因为畏事而求无事，那么粘带就会益加地多。据《明儒学案·北方王门学案》记载，北方王门孟化鲤与孟我疆的《论学书》说，人之心即是浩然之气。浩然指的是感而遂通，不学不虑，仁的真心就能溢而流。我的仁之心是正的，则天地的仁之心就是正的。我的仁之气是顺的，则天地的仁之气就是顺的。所以，爱亲敬长是达于天下的，怵惕恻隐是保乎四海的。王艮的后学颜山农更为近禅。据《明儒学案·泰州学案》记载，黄宗羲述颜山农之学说，颜山农之学认为仁的人心是妙万物而不测的。仁之性为明珠，原来是无尘埃的，有何睹闻，有何戒惧。平时只是率仁之性而行仁，纯任自然，这便是仁道。及时有放逸，然后才用戒慎恐惧以修之。而凡儒的仁的先见闻，仁的道理格式，皆是足以障仁道的。

（3）无一毫私意掺杂其中的仁便是无我

①因为徇己之私而人的仁道熄，所以心会感觉不舒适

据《明儒学案·诸儒学案》记载，李谷平说，人得天地的仁之心为心，即是仁。用仁之心则是仁之义。据《明儒学案·甘泉学案》记载，甘泉门下之人说，生生不已，便无一毫私意参杂其间，这便是无我，便能见与天地万物共是一体。这是何等的广大高明呢！据《明儒学案·诸儒学案》记载，李谷平说，私与天地是不相似的。一去私，则我之心即是天地之心。圣人之为圣人，全在此仁心而已。据《游酢文集·论语杂解》记载，程颢的高弟游酢说，仁便是得本心而已。心的仁之本体是喜怒哀乐之未发者。因为徇己之私，而人的仁道熄。诚能胜人心之私，以还仁的道心之公，则将视人如己，视物如人，心的仁之本体就见了。自此而亲亲，自此而仁民，自此而爱物，皆是因为其仁的本心是随物而见的。所以，克己复仁之礼为仁。心的仁之本体，即是一而已。并非是要事事为之，物物爱之。良并非是要积日累月而后才可至。一日反仁之本复仁之常，则能感觉到自己与万物是一体的。仁即能感觉舒适。

②如果急迫求仁之化则总是会变成私意的

据《明儒学案·江右王门学案》记载，王门后学罗念庵说，《识仁

篇》极为重视识得仁体。其下说的与物同体，则是己私分毫搀和不得。己私不入，方能识得仁体，如此才能诚敬守仁。中庸即是此仁体。现在的仁体是平实的，是不容加损的，并非要调停其间才称为中。如果急迫求仁之化，总是会变成私意。如果调停其间的话，也是难有依据的。只有己私不入时，才能体悟到天地的仁之性。据《明儒学案·止修学案》记载，王阳明的再传弟子李见罗说，天地人物，原来都是一个仁的主脑生来的，仁的原理是由仁的一体分来的，所以天地人物皆是己，所以人与己是不能分析开来的，所以人与己之立都不是独立的，己要与人俱立；所以人的达是不能独达的，而是要与人皆达。要视人犹己，要视己犹人，都浑然是一个仁体。程子说，认得仁体是为己的，就无所不至了。如果说要己立已经达后，方能了得天地万物，那么我还未立怎么有暇立他人呢？我还未达怎么有暇达人呢？这便是自私自利，这便是隔藩篱而分你我，与天地万物间隔而不相关接，这便是不仁的。这就是所谓的如果不为己，自然与己是不相干的想法。

（4）仁之体是通过感应显现的

据《游酢文集·孟子杂解》记载，游酢说，恻指的是仁心之感于物。隐指的是仁心之痛于中。物之体伤于彼，我的仁之心感应于此，仁之体就显了。据《明儒学案·江右王门学案》记载，颖泉先生说，仁是何物呢？仁即是仁心。仁心在什么地方呢？只要我一时无仁心，就不可以为人。仁心就在我这里，仁心是与生俱生的。仁心是没有时限的。自己可以试验一下。只要我的仁的一念是真切的，我要求复于我的仁的真体，只是其欲仁这个念头，已有浑然的仁体了。人心在无妄无矜时，便有了仁体。至于用力之熟，消融之尽，则不能不假于岁月。一次，王阳明的弟子半夜捉到一个小偷，便开始对小偷讲仁的良知的道理。小偷说，请问我的仁的良知在哪里？当时的天气很热，这个弟子请小偷把外衣脱掉，再请他把内衣脱掉，小偷都照办了。接下去，这个弟子请小偷把裤子脱掉。小偷犹豫着说，这恐怕不妥当吧！这个弟子说，这便是你的良知。

3. 如何才能行仁？

（1）要从大处悟入仁之门而要从细处悟出仁之体

据《明儒学案·泰州学案》记载，王门的潘雪松说，必须从大处悟入仁，又要细细从日用琐屑处体悟仁，一一都不能放过。三千三百都是用来体仁的。所以，圣人是可以下学仁而上达仁的。据《明儒学案·江右王门学案》记载，颍泉先生说，学问的真切之处在于敦行仁。仁并不是一个虚理。礼仪三百，威仪三千，无一是非仁的。要知道事外是无仁的，仁体是时时流贯的。在日用之间，大而人伦不敢以不察仁，小而庶物不敢以不明仁。人没有一息是离却伦物之仁的，所以一息也不能离却体仁之功。一息离仁便是非仁，便不可以与人言说仁。颜子的视、听、言、动，一毫都没有杂着非礼，这正是时时敦行仁，时时善事吾心之仁。王阳明的二传弟子王塘南说，圣学是主于求仁的，而仁之全体是最难识的。如果没有能够识仁，可以从孝弟上恳恻以求尽其力。当其真切地尽孝悌时，此仁心会由然蔼然而不能自已，这样便可以与仁之全体默会了。

（2）仁的慎独的目的是还其无声无息的天之仁

①在人生而静的那里是天的仁之性和仁的理之本然

据《明儒学案·浙中王门学案》记载，王阳明的弟子董澐说，仁的道体即是仁。仁只是一团生生之意，其要是本于仁的慎独的。通过仁的慎独而还于无声无臭的天之仁，这样万物一体就纯而不已了。仁之性即是天地万物之一原，即是仁之理。仁之初本来是无名的，皆是人自己称呼之的。因为仁之初是自然的，所以称为天。仁之初又是脉络分明的，所以称为仁之理。人所禀受的仁之理即是仁性。生天生地，为人为物，皆是如此而已。仁之初是至虚至灵的，是无声无臭的，不仅不能说无恶，就是善字也是不容言说的。然而，其无善无恶之处，这正是其至善之所在，即所谓的未发之中。如果穷推本始的话，虽然在天也是有未发之中的，这便是未赋物时的能量世界的状态。既然有赋便有不齐，乃有了阴阳奇偶，于是有了自然之象。天地是无心的，所以能够成化杂然并赋，所以没有美恶之分。美恶之名是起于人心违顺爱憎之间的。性在人时，是有美恶的。而在人生而静的那里，是天的仁之性，是仁的理之本然，这里是不以美恶来增损的。虽然是甚恶之人，也未尝是不自知仁的。如果人能全其无善无恶和人生而静的仁之本体，这里便是仁的真性所在，这里便是仁的至善所在。

②要于静中识得各源头动处之仁方得不迷

何克斋曾跟随王阳明的弟子欧阳南野学习。据《明儒学案·泰州学案》记载，何克斋说，张载所说的虚，邵康节所说的虚明觉处，那便是仁的源头。想要识得此仁的源头，必须要端坐澄心，默察此心的虚明的仁的本体。识得这个虚明的仁的本体了，即是仁体，这即是仁的未发之中。

又静又定的，就是这个虚明的仁的本体。由此随感而应，疾痛之事感而恻隐生，不义之事感而羞恶生，交际感而恭敬生，善恶感而是非生。这些千变万化，无非都是仁之用而已，所以说义礼智信皆是仁。经礼三百曲礼三千，没有一事不是仁。然而仁之用并没有离了虚明的仁的本体。正如明鉴之应物，妍媸毕见，空体自如，这即是说动也是定的。所以程子说，仁的体用是一原的，仁的体用是显微无间的，但是要于静中识得各源头动处之仁，方得不迷。

（3）要用仁之礼以复归仁而要有忠敬的言行才能落实仁

①只要通过复礼而有了仁的一觉则天下就归仁了

据《明儒学案·江右王门学案》记载，王门的罗大纮说，仁之浑然全体是难以思求的，而其条理则是可以觉悟的，而复礼即是归仁。仁就是一而已，在目为视，在耳为听，发于声为言，运于身为动。而仁之条理即为礼，舍掉礼的话是无仁的。而舍掉视听言动之外也是无礼的。所以，如果在一日之间，能于视听言动忽然觉悟，而仁之全体就能呈露。那么，怎么才能见到天下归仁呢？人但看得仁大，看得视听言动小，不知仁体随在具足，即视是仁之体全在视，即听而仁之体全在听，言动也是如此的。如果我们以视来明之的话，就是这样的：今有一人在室中见一室，在堂中见一堂，在野中见四境，仰视而见高天之无穷，俯视而见大地之无尽。见亲则爱，见长则敬，见幼则慈，见入井之孺子则恻隐，见挑衅钟之牛而有不忍，与我之视为一体的即是仁之全体。只要有了这一觉，天下就归仁了，而不用待转盼（pǎn）。

②把仁的忠敬放到仁的言行上这样就能让仁着实了

据《明儒学案·江右王门学案》记载，罗大纮说，五官之貌，言视听思，五伦之亲，义序别信，都是人皆生而具之的，日而用之。如果人时时从此体认，从此觉悟，则可以事亲知人，可以知天之仁，可以聪明仁的圣智，可以达乎仁的天德。这就是温故的仁而知新的仁。罗念庵的弟子万思默说，孔子所说的关于仁的生活方面的一段话的意思，只有颜回得之最深。孔子喜悦地说，颜回在陋巷还能乐，如愚一样地守着仁道。曾点看到了其中的活，于此反照自身，便知道了自己的仁的精神。对于一切都不应执着，识得此便是仁了。生活即是仁体，而孔子的言语实落却又是圆活的，这就要善于体会仁。孔子在言敬仁的时候，说出门要如见大宾一样，使民要如承大祭一样。敬仁是没有形状的，所以要借祭来点出仁的实落，然而又用了如字让敬又不着在宾祭之上。这样令人照看，便可以悟出敬仁的意思。孔子在说到忠信的时候，又谈到了笃敬仁，把仁的忠敬放到仁的言行上，这样就能让仁着实了。这样可以令人当下自见仁，但又不着在言行之上。

第五节 儒家气学的主要代表人物

一 儒家气学的主干人物：王夫之（王船山）

（一）王夫之的生平及其立论宗旨

1. 父亲遗命为保持气节

王夫之（1619—1692 年）又称为船山先生，湖南衡州人，是明末清初的重要的哲学家。在明末时期，文化与社会都出现了乱象。王夫之所处的是一个天崩地裂的时代。青少年的时候他亲历了明朝末年的政治腐朽和社会动乱。在他 26 岁时，李自成破京，清兵入关，明朝覆亡。后来，他参与的抗清活动失败，从而四处流亡。当他决意隐居山间，毕其力于著述之时，他已经人到中年。在他 60 岁之前，始终都被国破家亡的危殆苦困笼罩着，所以他著述时的心境与程朱陆王都不大相同。在王夫之 24 岁的时候，通过了乡试，准备赴京参加会试。当时因为李自成起义，会试被延期到第二年。后来，张献忠攻入湖南，为了招揽人才，欲延揽王夫之。他跑到山上藏了起来。张献忠派人扣留了他的父亲，他只好下山。他刺伤自己的面容和肢体，并敷上了毒药，伪装得了重病，让父亲得以脱身，自己也伺机脱逃了。李自成攻破京城后，崇祯皇帝在景山自尽，天下震动。那时王夫之正在南岳山上避难，闻到此讯，悲愤难已。清兵入侵后，他更是哀忧。就在这个时候，他的夫人也亡故了。他的父亲在去世前有遗命，要求王夫之兄弟要保持气节，这对王夫之一生的影响都很大。他曾与好友发动起义，但是才举义旗即遭失败。为了逃避清兵的缉捕，他到肇庆去投奔永历。在肇庆时，他目睹了永历小朝廷的官员的腐败苟且、争权夺利，深感失望。当时他被荐为翰林院庶吉士，他以父丧未满而辞。

顺治六年（1649），他到桂林做官，结识了一些意气相投、有学识、重气节的朋友。后来，由于他挺身而出，反对党争，遭人诬陷，受到迫害，对方欲置他于死地。虽然没有入狱，却被逐出。他为此愤激咯血。在他隐居湖南的时候，湖南被清统治。王夫之誓死不剃发，到处避居迁徙，艰苦备至。他改换姓名，变易衣着，自称瑶人，与后娶的郑氏过着极其艰苦的生活。就是在这种状况下，他写成了《周易外传》和《老子衍》。顺治十四年（1657），清朝的政权基本巩固，大赦天下，湖南的社会秩序才渐复安定。王船山这时才回到了湖南的南岳。这附近的刘氏的藏书为他从政治转向学术提供了方便。后来，王夫之听到崇祯的死讯，痛哭落泪。在吴三桂进攻湖南，与清军在湖南相持的时候，他参与密谋扩大反清局面的可能性。吴三桂病死后，清军重新控制了湖南。王夫之被暗中加以监视。王夫之60岁以后的十余年，环境相对安静，授徒自给，在贫病中专力著述。他的著述极多。由于多年隐居，友人与学生中的学术水平高的人很少，缺少思想和学术上的对话者，使得他的著作缺少清晰性和可读性。

王夫之以《春秋》大义为安身立命之首。而他的学术入手之处则是《周易》和《老子》，这是与时代的变易和时势的陡转相关的。那时的士人有着审时度势的需要。他在中年的时候留意于《四书》的传释，写作《读四书大全说》。王夫之的《张子正蒙注》（简称为《正蒙注》）是他晚年的代表作。他把张载的学说看成是正学，他一生最尊崇的是张载。《正蒙》中的基本概念大都来自《周易》。据《王船山的致知论》记载，许冠山说，王夫之写《读四书大全说》的目的在于借助宏扬儒道之名来开展其思想创新之实。他大体上是顺着《四书大全》的脉络，比照朱熹的《章句》《或问》，随处下笔，记录其思问心得，或发明《大全》的本来义理，或说明前人的注疏之误，看上去自然就不成体系。他的诠释具有鲜明的批判性和创造性。他把《大学》的经文称为圣经。

2. 继承张载的气学、修正程朱的理学、反对陆王的心学

据《王船山学术论丛》记载，嵇文甫说，王夫之的宗师为张载，修正的对象是程朱，反对的对象是陆王。《思问录》是王夫之晚年的作品，本作品是以自主地正面地论述为主，针对的是古今的虚妙之说，目的在于返归回实。虚妙之说指的是佛老之说。儒家受佛老影响的部分，涉及天道论，但主要集中在心性论和工夫论上。王夫之是反对佛老的虚和无的。他对佛道和陆王进行了批判，他引用的论据主要来自周敦颐和张载。他很少引用程颢和程颐的学说，引用朱熹的更少。据《船山全书·张子正蒙注序论》记载，王夫之说，在宋朝自周敦颐出而发明了以往的圣道，说明了太极阴阳人道生化之终始，二程进行了引申，以静来求实，主张用诚敬的工夫。而游、谢之徒，歧入了浮屠之径，所以朱熹提倡格物穷理。朱门的后学则沉溺于训诂，所以白沙（陈献章）起而厌弃之。但是，后来出

现了王阳明等人的阳儒阴释的诬圣之邪说，结果刑戮之民和阉贼之党皆争附，扩充了气无善无恶、圆融理事之狂妄。

据《王船山学术论丛》载，嵇文甫说，王夫之的宗旨在于激烈地排除佛老。他认为，陆王是很近佛老的，程朱有的地方还沾染着佛老，只有张载是没有丝毫沾染的，所以是圣学的正宗。在万历时期，王门的后学各立宗旨，穿着各种古怪的衣冠、高谈阔论，而王夫之的父亲王朝聘则受学于伍定相这位布衣理学者。王朝聘坚持做一个平易的儒者。他非常注重用，提出了诚意即是省察密用的观点。他对朱熹十分敬慕。据《船山全书·显考武夷府君行状》记载，王夫之说，当万历中年，新学（即阳明之学）浸淫天下，割裂圣经，依傍佛氏，附会仁的良知之说时，他的父亲独独是根极仁的理之要的，崇尚的是仁的正学之教，与当时流行的王学特别是泰州学派划清了界限。王朝聘对王夫之的影响很大。王夫之特别反对的是阳明后学中的崇尚无善无恶和专讲不学不虑的流派。

据《船山全书·礼记章句》记载，王夫之说，程子从《礼记》中择出了《中庸》和《大学》，以为圣学传心入德之要典迄于今，作为学宫之教和取士之科，其为万世不易的仁之常道。到朱熹之时，中庸之义已淫于佛老。佛老之说是通过诬性命以惑人的。朱熹的章句之作是出于仁的心得的，而且深切著明仁，让异端之徒无可假借，为至严的仁之论。自己继承的是朱熹的仁的正宗之衍。清初的学术依然是以道学为主干的，但是力图对明代的理学进行反思、修正和超越。当时明王朝解体，清王朝初建，学者可以在相对自由的气氛下思考。当时摒弃王门后学的流弊成为共识。在清代的康熙后期和雍正时期，仍然有主张朱学或王学的学者，但是清初的主导思想是对陆王派和程朱派的反思和超越，转向笃实的仁德实践，力图重建儒学的正统，力图用实用化的儒学来反对空疏化的儒学。王夫之反对朱熹的尊理抑气论。这是清初许多思想家的共同主张。据萧萐（shà）父的《船山哲学引论》记载，熊十力认为，王夫之的仁之学是尊生、明有、主动、率性的，继承的是程朱以来的反佛教精神，依据的是大易，重建的是中国人的仁的宇宙观与仁的人生观。王夫之的哲学更接近朱熹。陈荣捷认为，王夫之的哲学预示了后两百年的中国哲学思想的变化。自明代中期以后，主张仁的气质之性的学者越来越多。

3. 死生为一，形死而神不亡，全清之气回归能量世界的太虚

在明末的善书和民间宗教中，都流行着善恶报应论。王夫之思想的落

脚点是善恶与生死的关系问题。王夫之后期非常强调存仁之神和尽仁之性的工夫。存仁之神的工夫是有本有用的。从本的角度看，存仁之神指的是存养其清通虚湛的心神以合于太和本体。从用的角度看，存仁之神就是要凝聚收敛虚灵的明觉，要充分发挥人心的仁的良能，即人的与生俱来的仁的虚灵不昧的知觉能力。存仁之神和尽仁之性追求的是既要穷仁之理，也要涵养仁，目的是要破除物欲的阻碍。这种工夫到了极致处便能达到化物不滞、万物皆备、物我为一、死生为一的仁的境界，从而形死而神不亡，使得神无所损益，全归能量世界的太虚。王夫之认为，如果不能知生知死，不能对生命的根源和死亡的归宿有个完整的理解，就不能够了解善恶的意义，就不能理解为善去恶是人性的固有的当然。如果不能认识到为善去恶是人性的固有的当然，就会认为善恶的分别是没有意义的，从而会导出三种不良的发展：纵欲主义追求的是没有底线的个人的私利，这便是世俗小人的追求；虚无主义认为人生的一切在死后都会消灭无余，所以生命和善恶都是没有意义的，这便是佛老之徒的追求；追求随心所欲和无拘无束，从而变得很猖狂，这便是王门末流的追求。

王夫之认为，宇宙的实体基础是阴阳变化，而屈伸生死都是自然的普遍法则；人的仁道是从阴阳屈伸中引申出来的；人的言行及人生的一切在气化聚散中都不会消失，都在天道皇皇的流行之中受其往复，所以对生时的善待就是对死后的善待，生时的善对于死后是有影响和有作用的。人应该贞生死以尽人的仁道。如果不懂得善恶，生命就没有价值目标，人就找不到安身立命的东西，人生就会像大海中的泡沫一样无意义。王夫之追求的人生的最终目标是全而归之。他认为，仁的絪缊之气即在器物之中，但是这种气体能量是不可毁灭的。形器解体了，但是不可想象的气体能量之神并未消灭，所以人生中的积善积恶也是不会随生命的死亡而一旦化为乌有的。如果人们认为人的善恶行为会随一死而消散无余，人们就会认为圣贤和盗贼、大善和大恶的归宿是完全相同的，就会让人无所顾忌，从而走向纵欲主义。君子知道善恶行为不会随一死而消散无余，因此就会修身从命，就会存仁之神和尽仁之性，所以在生时就会全面行善，与能量世界的太虚通为一体，这样就不会留下什么浊气，这就是全而生之。这样死后合于能量世界的太虚，以全清之气回归到能量世界的絪缊太和那里，这就是全而归之。

（二）王夫之的思想脉络

1. 宇宙是什么样的？

（1）能量世界的真善美：絪缊太和的充气太虚的仁的太极

王夫之认为，在能量世界的太虚中是充满了气的，太虚即是气，虚空是不虚的。太虚之中的絪缊不息是万物资始的仁的本源，也是万物起聚散归的仁的本体。太和絪缊之气是不可象的，是清通湛一的，但是其中有着阴阳。而在太和之中的阴阳是浑沦无间的，所以称为仁的太和。仁的太和的存在形态是最原始的，也是最本然的，又是最完美的。仁的太和之中有气体能量，气体能量中有仁之理，使得气体能量是有仁之神的，所以仁的太和中是有仁之理和有仁之神的。因为仁的太和中有阴阳两端的仁之性体，所以包含着仁的变动之几，这便是仁的太和能含仁之神而起化的根据。阴阳二气是从仁的太和中分化而出的，动静摩荡交感，凝聚为物，所以每一物皆是具有阴阳的。

①太虚是什么？仁的理气充盈之真实

据《船山全书·张子正蒙注》所言，一般人理解的太虚是空无所有的。明则称为有，幽则称为无。佛氏所说的实际，说的是耳目之穷，所以怀疑太虚是无有的。据《思问录·俟解》记载，王夫之说，能量世界的太虚是一实者，所以说诚是天的仁之道。即是说，太虚是诚实的，是真实的。据《船山全书·张子正蒙注》所言，能量世界的虚指的是能量世界的太虚之量；能量世界的实指的是气体能量之充周。能量世界的太虚是至清之郛（fú，外城）郭，因为无体所以是不动的。而在能量世界的块然的太虚之中，虚空即是气体能量。人所见的太虚，其实是气体能量，而非虚。能量世界的虚中是涵着气体能量的，气体能量充实着虚，没有所谓的无。在能量世界的太虚之中，有着无极而太极充满着天地两间，皆是一实之府，其特别的地方在于视不可见和听不可闻。能量世界的太虚之体即是气体。气体未成象时，人见到的是虚，而充周无间的皆是气体。在象未著和形未成时，人见到的太虚只是同于一色的，而不知其中有着阴阳，而且自然有着无穷之应。惟有天的健顺的仁之理充足于太虚时，气体才会无妄动。仁的乾乾通过自强以成其仁德，从而能供仁的天职，从而能归健顺的仁之理气于天地，这样就能生事毕而无累于太虚。能量世界的气是絪缊的仁的本体。阴阳是合于太和的，虽然其实是气，但是不能称为气。这里的气是升降飞扬的，莫之为而为万物之资始，所以称之为天。

②纲缊太和是什么？仁的阴阳的健顺是从体起用的善的根据

a. 能量世界的阴阳是异撰的，但是不相悖害故为仁和之至

据《船山全书·张子正蒙注》所言，能量世界的仁的太和为仁的和之至。仁之道为天地万物的仁之通理。能量世界的阴阳是异撰的，而其纲缊于太虚之中合同而不相悖害，是浑沦无间的，所以是仁的和之至。未有形器之先，本来是没有什么不和的。既有形器之后，其仁之和也是不失的。浑沦就是浑合得很均匀，所以是互不相害的。这种本源的仁的和谐状态是最根本的和谐，所以称为仁的太和。能量世界中的一部分纲缊之气分化后聚合成了人和物，降落在天地两间，而大部分的纲缊之气仍然存在于能量世界的太虚之中，保持为仁的太和。结聚成形的事物的内部也维持着仁的阴阳平衡。能量世界的太虚中的具有是未成形的，气体能量是自足的。气体能量在聚散变化，而能量的本体是不为之而损益的。

b. 太虚的仁之性是有体无形的，故可资广生和大生而无所倚

据《船山全书·张子正蒙注》所言，能量世界的纲缊为太和未分的仁之本然。所动所静，所聚所散，为虚为实，为清为浊，皆是取给于能量世界的太和纲缊之实体的。要有仁的一体才能立，要有仁的两用才能行。比如说，水为唯一的体，而寒可以为冰，热可以为汤。于冰汤之异，就足以知道水这个常体。把能量世界的太和纲缊说成是太虚，指的是太虚的仁之性是有体无形的，所以可以资广生和大生而无所倚。这便是仁道之本体。阴阳二气之动是交感而生的，凝滞而成物我之万象。万象虽然即是太和不容已的仁之大用，但是与本体的仁之虚湛是相异的。能量世界的太和的仁的本然之体是没有知觉的，是没有能力的，是易简的。而其所涵的仁之性则是有健有顺的。所以，仁之知是于此起的，仁之法是于此效的，这样仁的大用就能行了。

③太极是什么？太极是无不极的函有健顺五常的完美

据《读四书大全说》记载，王夫之说，天的气体能量是唯阴唯阳的，是无潜无亢的，合阴阳二殊和五实即是太极。能量世界的仁之极是通贯包括的，其几则是甚微的。据《思问录·俟解》记载，王夫之说，能量世界的无极指的是无有一极，也无有不极。有一极，则有不极。能量世界的无极而太极。能量世界的无有不极，这便是能量世界的太极。据《船山

全书·张子正蒙注》所言，能量世界的阴阳未分的时候，阴阳二气是合一的。能量世界的絪缊太和的仁之真体，是目力所不及的，是不可得而见的。能量世界的阴阳之健顺合而太和。天地的仁之性，太和絪缊的仁之神，指的是仁的健顺合而无倚于物体。而阴阳浑合为一，不可称之为阴阳。为了赞其仁的极至而无以加，所以称为仁的太极。能屈伸往来于太虚之中者，是实有絪缊太和的仁之元气的，是函[①]有健顺五常的仁之体性的。

（2）从仁的理之气到仁的道之神是无不善的

①阴阳之气所成的仁之理

a. 言仁心言仁性言仁理都必须在能量世界的气上说

据《读四书大全说》记载，王夫之说，言仁心言仁性言仁理，都必须在能量世界的气上说。如果无气则是俱无的。能量世界的气体是不倚化的，能量世界的元只是气。太极最初是一，是浑沦齐一，所以不能称为仁之理。继太极而起的是仁之善，仁之善为阴阳两仪，阴阳两仪为水木火金四象，四象为八卦，从而同异就彰了，条理就现了，然后就有仁之理了。人之生来自气化，人生则仁之性成。气化后仁的理之实就著明了，从而仁之道就立了。未有仁之理是不可以言仁之性的，所以不能说天是有仁之性的。气固然只是一个气，仁之理别从而有气之别。但是，唯有从气之别后才能见仁的理之别。必然者即是仁之理。据《船山全书·张子正蒙注》所言，动静之几，尽性之事；死生之故，立命之事；一动一静，一屈一伸，仁之理所必而通于一，则一也。

b. 仁之理与气是相涵的，而且皆是公的而不是分立的

据《读四书大全说》记载，王夫之说，仁之理即是气的仁之理，气当如此便是仁之理。仁之理不先而气不后。据《船山全书·张子正蒙注》所言，仁之理是天所昭著的仁的秩序，仁的秩序即是仁的条理。据《读四书大全说》记载，王夫之说，天地之间，皆仁的理之所至。仁的理之所至，此气是无不可至的。从体的角度看，仁的理是无不可胜的。从用的角度看，仁的事是无不可任的。一仁之理和一仁之事是无不周到的。诚是合内外、包五德的，是浑然的阴阳之实撰，所以不是来自其一阴一阳的，

---

① 抽象的潜能为“函”，而具体的潜能为“涵”。电流中的潜能为函，而物体中的潜能为涵。“含”强调的是被包在里面的内。含的可以是潜在的，也可以不是潜在的。

不是一之分化。诚是能分化的，分化为仁之理而诚天之仁。仁之理自然是出自于天的，但是不可把天称为仁之理。诚是能合异以启变化的，但是无条理可循的。论天的时候不能离开气。天是通过气来张仁之主和纲之维的。仁之理是用来治气的，气是用来受仁之成的，这就是天之仁。仁之理与气元是不可以分作两截的。据《思问录·俟解》记载，王夫之说，仁之理与气是相涵的。仁之理入气则气从仁之理。仁之理与气皆是公的，不是分立的。据《船山全书·张子正蒙注》所言，气的分化是有序的，而且是亘古不息的，因为其中是实有此仁之理的。仁之理是物之固然，事之所以然。仁之理是能显著于天下的，循仁之理就能得理。

c. 气的阴阳有多少分化和变合都是由仁之理主持调剂的

据《读四书大全说》记载，王夫之说，仁之理只是用来象征健顺二仪之妙的，气方是二仪之实。健指的是气之健，顺指的是气之顺。天之蕴即是一气而已。从于气之善的即称为仁之理，在气之外没有虚托孤立的仁之理。健顺五常即是仁之理。健即是气之刚，顺即是气之柔，五常则是五行生王之气，也是气的仁之理。寿夭穷通即是气，而长短丰杀各有其仁的条理。或顺或逆之数，也并非是无仁的理之气。人物得到的仁的天命是有仁之理和有仁之气的，但是仁之理不是单独的一物，不是与气为两的。天的仁之命不是让人一半用仁之理来为健顺五常，而一半用气来穷通寿夭。只有在气上才能见到仁之理。气的一阴一阳，多少分化和变合，都是由仁之理来主持调剂①的。凡是有气的地方都有仁之理在，所以凡仁之命皆是气，凡仁之命皆是仁之理。所以，正如朱熹所说的那样，仁之命只是一个命，这个命既是健顺五常、元亨利贞之命，也同时是穷通得失寿夭吉凶之命。

②在能量世界的仁的至虚中有着阴阳之实

a. 阴阳浑合的太和之气非游气因含仁之神以为气母

据《船山全书·张子正蒙注》所言，健顺即是仁之性，而动静则是感。阴阳因为合于仁的太和而相容，为物而不贰。阴阳已成乎其仁的体性，待感而后合以起用。天之所以能生物，人之所以能成人，必须有阴阳之体才行，否则感就无从生。要乘乎感以动静，仁的体中之槁才能起无穷的仁之体。仁之体能生仁之神，仁之神能复立仁之体。一物即是仁的太和

① “调剂”强调的是剂量，而“调济”强调的是水溶。

细缊的合同之体，含仁德而化光。其在气则为阴阳，其在质则为刚柔，在生人之仁心载其仁的神理以善用则为仁义，这便是仁的太极的所有之才。阴阳二气之动是交感而生的，通过凝滞而成物我之万象。虽然这便是仁的太和不容已之用，但是与仁的本体之虚湛是相异的。精指的是阴阳有吉之兆而相合，始聚为仁的清微和粹，含仁之神以为气母。如果不是如此，则天地之间一皆为游气而无实。仁的太和之气是阴阳浑合的，互相容保其精，所以能得仁的太和之纯粹。所以，阳非孤阳，阴非孤阴，相函而成仁之质，所以不失其仁之和而久安。

b. 在清虚中自有的分致的仁之条理即是仁义礼知之神

据《船山全书·张子正蒙注》所言，在能量世界中的仁的太和未分之前，初得其仁之精的是日月。阴阳成仁之质以后，而能全其仁之精者，即是人。人所以能够继天立极，与日月的仁之贞明是相同的，其有仁之诚而不息，所以能无丧，这便是圣。阴阳的仁之合而各有仁的良能，仁的神气凝而为仁之精，这就是日月自已就能够久照的缘故。这与仁的太虚保合，仁的太和存在于无声无臭之中是同其仁之理的，所以能够得天。仁之健而动，其发是浩然的，这是阳的仁的体性。义之顺而止，其仁之情是湛然的，这是阴的仁的体性。在清虚中自有此分致的仁之条理，这便是仁义礼知之神，皆可称之为气而著明其仁之象。气之未分而能变合者即是仁之神，自其合一不测而称为神，并不是说气外还有仁之神。一嘘一吸，一舒一敛，升降离合于仁的太虚之中，这便是阴阳必有之几。鬼神是天之所显即人之藏。屈伸是因于时的，尽仁之性以存仁之神，则仁的天命立于在我，与鬼神合其吉凶。

c. 在万象万物中必然兼有阴阳以相宰制而为仁

据《船山全书·张子正蒙注》所言，在能量世界的仁的太虚中充满着阴阳二气，此外更无他物，也没有间隙。天之象和地之形皆在其范围之内。太极本来就有阴阳，而不是动而始生阳，静而始生阴。阴阳为太极的固有之蕴，为寒暑润燥男女之情质。阴阳的细缊是充满在动静之先的。动则阴变成阳，静则阳凝成阴。成而为象则有阴有阳，效而为法则有刚有柔，立而为性则有仁有义，这皆是仁的太极本来所并有的，是合同而化之的实体。静则阴气聚以函阳，动则阳气伸以荡阴，所以阴阳并不是因动静后才始有的。细缊相揉，因为气本是虚清的，所以可以互入。阴阳二气所生的，有风雷雨雪，有飞潜动植灵蠢善恶，皆是其所必有的。所以，虽然万象万物不得能量世界的仁的太和之妙，但是必然兼有阴阳以相宰制。

d. 阴阳合而后仁义行和伦物正，所以有感动的效果

据《船山全书·张子正蒙注》所言，一气之中是两端既肇的，摩之荡之而变化无穷。合指的是阴阳之始本来是一，因动静而分为两，迨其成又合阴阳于一。诚指的是天即是仁道，阴阳都是有实的，这就称为诚实。要其受气之游，合两端于一体，则没有不兼体的。阴阳是行乎于万物之中的，是乘时以各效的，是全具一絪缊之体而特微的。在能量世界的仁的至虚之中，有着阴阳之撰。阴阳的絪缊不息，必然是无止机的，所以一物去而一物生，一事已而一事兴，一念息而一念生，这样生生无穷，而能尽天下的仁之理，这就是仁的太虚之和气必动之几。阴阳合而后仁义行，伦物正，所以有感之效。

e. 阴是抱阳而聚的，但阳是不能安于聚而必散的

据《船山全书·张子正蒙注》所言，阴阳是异用的，恶不容已。阴得阳，阳得阴，乃遂其化，爱不容已。这便是仁的太虚一实之气所必有之几。感于物乃发为欲，仁之情就从此而生了。感指的是阴阳之间的交相感，阴感于阳之健而形乃成，阳感于阴之顺而象乃著。遇指的是类相遇。阴与阴相遇，形乃滋；阳与阳相遇，象乃明。感遇则聚，聚已必散，这皆是升降飞扬的自然的理势。阴阳相感，聚而生人物的为仁之神。仁之神含于人物之身，用久则仁之神随形敝，敝而不足以存仁之神，复散而合于能量世界的絪缊为鬼。分化指的是发而为阴阳，各以序为主辅，而随时行而物生，不穷于生。如果推行到仁的本体，则合为一气，阴阳相和而不相悖害。仁之神是阴阳的实有的仁之性，但是名不能施，象不能别。天地之分化，人物之生，皆是具有阴阳二气的。其中阳之性是散，阴之性是聚，阴是抱阳而聚的，阳是不能安于聚而必散的。阳散之时，阴也与之均散而返回到能量世界的仁的太虚那里。

③仁的理之气所成的仁之性和仁之才

a. 仁性即是寂然不动之中即是万化赅存和无能驾御的

据《船山全书·张子正蒙注》所言，仁之理有两种：天地万物已然的仁之条理；人通过仁的天命而得到的仁的健顺五常，即人受为仁之性的仁的至理。无论是已然的仁之条理即物理还是受仁之性的至理即仁的性理，都是在全乎天的仁之事的。能量世界的无指的是气未聚、形未成的状

态，这就是天的仁之神理。这里说的气，指的是成形之后的形中之气，是足以有为的气。气也是受之于天的，由仁之神来驾御，由仁之理为主宰，所以不能说气即是仁之性。据《读四书大全说》记载，王夫之说，气之诚，指的是阴阳，指的是仁义之气之几，指的是变合，指的是情才。如果论气的仁的本然之体，那就是尚未有几之时，固然是有诚实的。因为有此一实体，所以能够自然成仁之理，以元以亨，以利以贞，所以一推一拽，动而愈出皆妙。实指的是能量未尝动之时，仁之理固然在气之中，停凝浑合得住那一重合仁的理之气，这便是万物资始、各正性命、保合太和的物事。据《船山全书·张子正蒙注》所言，心是无象而有觉的，所以一举念而千里之境事都能现于俄顷，比风雷的速度还要快。虽然心的情才是无形无象的，但是必须依赖所曾见闻者为影质。不习见闻者，心是不能现其象的。仁之性是纯乎仁的神理的。凡仁的理之所有，皆是仁性之所函，而仁性即是寂然不动之中，是万化赅存的，是无能驾御的。心是翕辟之几，是无定者；而仁性是合一之诚，是皆备者。

b. 仁之性是可通过仁义礼智而著明的，所以是可丽于形的

据《读四书大全说》记载，王夫之说，告子把性比喻为杞柳是不对的，因为从根本上说性是不能用物来比拟的。凡是把性比拟于物的，都未曾见性或知性。如果能够知性，就会知道性是无法比拟的。他不同意孟子的性是善的说法。他认为，善是性的继之者。继之者为善，成之者才是性。王夫之说，在仁之性里面自然有着仁义礼智信这五常。这五常与天的元亨利贞是同体的，不与恶作对，所以说性是善的不如说性是诚的。唯有诚实，才是善的。人对天是诚实的，从而人才能得善。只有善才有其诚实。因为天善之，所以人才能诚之。所有者是诚实的，而有所有者是善的。据《船山全书·张子正蒙注》所言，天以仁之神御气，地以气成形，形成之后五行各著其仁的体用。人是生于天地之际的，资地以成形，得天之仁以为仁之性。仁之性是丽于形的，通过仁义礼智而著明，这是尽人的仁道必须要察的。

c. 仁性是不可拘蔽的，而心则是会被身体拘和物欲蔽的

据《读四书大全说》记载，王夫之说，仁之性是二气五行妙合凝结而生出的物事。这种妙合是合得停匀的，结得清爽的，终留不失的，所以使得人能够有别于物之蒙昧。德有得的意思，即是说，人得此仁的妙合而能成为人。明仁德指的是知其可致之仁而致仁，意指的是其不可欺

而必诚，心则有所取正以为正，而其所着发于四肢，见于仁的事业，则能身修而能应家国天下。只有人才有仁的明德，所以仁的明德是专属于人的。仁之性是天人授受之总名。仁之性自然是不可拘蔽的。尽管人要拘蔽他，终究对他是无可奈何的，有时还会迸露出来。即使是不迸露出来，其仁之理也是不失的。仁性既是不可拘蔽的，也是不可加以明之之功的。心便是扣定在一个人身上的，所以会受拘。心又是会敷施翕受的，所以气禀得以拘之，物欲得以蔽之，而格致诚正也是可以施功以复其仁之明的。

d. 要有气之胜才有才，而要有仁之理的善才足以为才

据《读四书大全说》记载，王夫之说，一动一静都是由气任之的。气之妙在于，气即是仁之理，气在仁之理即在。天地两间是没有离气的仁之理的。形是气凝成的。才并非是有形者。气足以胜任才，仁之理足以善才。没有气之胜则无才，不善则不足以为才。所以，仁之理与气的作用是均的。在寂然不动的时候，仁之性著而才藏；在感而遂通的时候，仁之性成为才以效用。所以，虽然才是居仁之性之后的，实际上是以仁之性为体的。仁之性是以是气来凝仁的是理的。气化即气的分化是流行于天壤的，各有其仁的当然，这便是仁道。人身是气化而成的，实有其仁的当然的就称为仁之性。仁之性与仁之道都是本于天的和合于仁之理的。仁之性有内外之别时便分了，分则各成其仁之理。以气之理即于化，便是化之理，这就是仁之性，但不以气为性。仁之理的所涵为虚，而仁之理的所凝为气。

④气与仁的理之和合运行的过程即是仁道

a. 人能用仁之理以调济气，因为有仁义礼智之德存于中

据《读四书大全说》记载，王夫之说，正如有其善，就无其不善；所有者是善的，则即此为善。气能够在天地两间相弥纶，能够在人的仁道中相始终，唯有此诚，唯有此不贰，所以用杞柳和湍水是无法比喻的。所以，诚实为天之仁道，而立天之仁道的即阴与阳二气而已。诚天之仁道的是人之仁道，立人之仁道的是仁与义。仁是生气的，义是成气的。所以，不能尊性以为善，而认为气是有不善的。终身皆是仁之命，终身皆是仁之性。时时在在，其成皆是仁之性；时时在在，其继皆是仁之善。时时在在，一阴一阳皆是仁道。动是有同异的，这便是仁之情。动是有攻取的，这变是仁之才。在没有同异，没有攻取之时，还有气之体，还有气的仁之理。如果人实有其仁之理以调济气，效其阴阳之正，就必然有仁义礼智之

德存于中，恻隐、羞恶、恭敬、是非之心都是从中而出的。气的实体是秉仁之理以居的，以流行于情而利导之于正。如果天是在有仁之则的位置上有物，就能使气之变不失正，合不失序，以显示出阴阳固有之撰，这便是气的仁的良能，这样才能使气不过于这个范围。

b. 气体能量是仁的理之依，所以气体能量盛则仁之理达

据《读四书大全说》记载，王夫之说，不能把仁之理看作是一物事，不能把仁之理看成是有辙迹的，不能把仁之理看成是仁之道。虽然仁之道是广大的，然而尚可见，尚可守，未尝无一成之侀（xíng，定型之物）。所以，可以说天下有仁道，但不可以说天下有仁之理。天下无仁之道并不是说天下无仁之理。据《思问录・俟解》记载，王夫之说，能量世界的仁的太极虽然是虚的，但是有仁之理气充凝的，是无内外虚实之差异的。不能把仁的太极看成是一个圆圈，围着二殊五行于中。此能量世界中的仁之理是遇方则方，遇圆则圆的，是或大或小的，是絪缊变化的，是初无定质的。从不滞的角度上看，可以通过圆来说明仁之理的不已。五行的仁之神是不相悖害的，是充塞天地之间的。人心尤其显著。所以，能量世界的太虚是无虚的，由能量构成的人心是无无的。气体能量是仁的理之依，气体能量盛则仁之理达。天积的是仁的健盛之气，所以秩序条理精密，变化而日新。所以，天子的仁之大齐是日膳大牢的，以充气而达诚。天地的仁之产皆是精微茂美之气所成的。人取仁之精以养生，莫非都是来自天的。气能够自盛，诚能够自凝，仁之理能够自给。如果推其所自来的话，皆是来自于天地的仁的精微茂美之化，其酝酿变化，最初都是不丧其仁的至善之用的。佛氏把气贬斥为鼓粥饭气，道家把气贬斥为后天之阴，这都是悍而愚的。

c. 仁理是有一定有不一定的，而仁道依势而能为一定的仁理

据《读四书大全说》记载，王夫之说，有仁道之天似乎是以仁之理言的，而无仁道之天似乎是以势言的，其实不然。既然都称为仁之役，所以皆为仁之势。仁之势当然不是非仁之理的。《孟子・离娄上》说的仁的小德役仁的大德，仁的小贤役仁的大贤，这是仁之理。仁之理当然而然，就能成乎仁之势。有道无道都是气，有气就能成其势。如果气是因为治之理而成的，就称为有道；如果气是因为乱之理而成的，就称为无道，所以有道无道均是成其理的，均是成于势的。理与气是不相离的，而势是因理而成的，不但是因气而成的。凡言势皆有顺而不逆的意

思。从高趋卑，从大包小，不容违阻，这便是势。仁道是一定的仁之理，因为仁之理是有一定的，但不是尽于一定的。气不定则仁之理也不定。仁之理是随在分派的位置得的。仁道则不然。仁道是现成的路，唯有人能够率循。所以，弱小者可以反无仁道之理而为有仁道之理，而当其未足有为的时候，则会因逆之而亡。孟子于此，看到了仁的势字的精微，仁的理字的广大，合而称之为天。总将仁的理势作一合说，就能进可以兴主，退可以保国。

⑤仁之性为静而气为动且仁之性必凝而仁之神必行

a. 阴阳体同而用异所以能相感而动，而动成仁之象时则静

据《船山全书·张子正蒙注》所言，天下之物皆是要因阴阳往来的仁之神而变化的。物物都是有阴阳的，事也是如此的。仁之神是不滞于物而善用物者。虽然昼夜是分成两端的，而天的仁的运行是一样的。虽然生死是分为两端的，而仁的神之恒存是一样的。虽然气是有屈伸的，而仁之神是无生灭的。通乎其仁之道，则两立而一见，存事没宁的仁之道在矣。仁的神化指的是气的聚散不测之妙，然而是有迹可见的。仁的性命指的是气之健顺有常的仁之理，主持仁的神化而寓于仁的神化之中，无迹可见。其实，仁之理是在气中的，气是没有非仁之理的。气是在空中的，空中是没有非气的。仁之理是通一而无二的。仁之理聚而出为人物之形，散而入于太虚则不形，必然是有所从来的。阴阳是气之二体，动静是气之二几。阴阳是体同而用异的，所以能够相感而动，动而成象则静。动静之几是聚散、出入、形不形的从来。

b. 形无非气之凝，也无非为仁性之合

据《船山全书·张子正蒙注》所言，能量世界的气体能量即是所有之实。气的絪缊而含仁的健顺之性，生降屈伸的条理必信，这便是仁之神。仁之神之所为聚而成象成形以生万变，这便是化。所以，仁之神是气之神，而化是气之化。据《思问录·俟解》记载，王夫之说，天气入于地气之中是无不浃的，犹如火之暖气入水中一样。仁之性是阳之静，而气是阴阳之动。形是阴之静。气浃在形中，仁之性浃在气中。气入形则气也入形。形之撰为气；形的仁之理则是仁之性。形无非气之凝，形也无非仁性之合。即是说，天是气，而地则是通气的实体。天气是可以通于地之中的。气是可以通透周遍一切有形体的事物的，而形则涵具在气之中。而仁之性涵具在气之中，不是像宝珠存在于水中一样，而是周遍涵化在气之

中。一切有形事物的实体都是气聚合而成的实体，而仁之理就是在未成形的气中所涵化的仁之性，所以仁之性是合在其中的。

c. 物皆是含仁之神具仁之性的，而人为仁的神性的最灵秀者

据《船山全书·张子正蒙注》所言，仁之神是有其仁之理的，在天为仁之道，凝于人为仁之性。易即是变易，指的是阴阳摩荡，于是有八卦兴，有六十四象成，各有时位错综，而阴阳刚柔仁义之体立，皆是仁的神之变易。因为气之变化不测所以称为仁之神，因为其化之各成而有其仁的条理，以定志趣而效功能则称之为仁之性。气既神矣，仁之神成仁之理成乎仁之性，则为气之所至。仁之神必行，仁之性必凝，所以物皆是含仁之神具仁之性的。人得仁的神性之秀而成为最灵者。耳目官骸有可状的仁之象和凝滞的仁之质，而仁的良知良能是无不贯彻的，因为气在而仁之神与仁之性偕。天是没有特立之体的，仁的神化即是天之体。民的视听明威，皆是天的仁之神。仁之理在是，天即在是，这便是民心的仁之大同，用吉凶来应天。仁的至诚指的是实有的仁的天道。大指的是仁充实于内，这是化的仁之本。只有其健顺之仁德，凝仁义礼智信这五常无间，合阴阳二气之阖辟，备之无遗，存之不失，这样才能因天地之时，从而能与天地之仁同流。有仁的实体就会有仁的实用，化之就能够有仁的咸通。阴阳合为一仁德，即是仁的不测之神。如果能够存仁之神以御气，则仁的诚至而仁的圣德成。

d. 为万物之妙的仁之神是相同的，而形色的糟粕是相异的

据《船山全书·张子正蒙注》所言，仁的天命即是能量世界的仁的太和絪缊之气，因为有屈伸而能成万化。气至而仁之神至，仁之神至而仁之理存。天是以仁之神为仁道的，仁之性则是仁的神之撰。仁之性与仁的天道都是仁之神而已。仁之神并不是变幻不测的意思，实指其得到了鼓动万物的仁之理。天是以仁之神来驾御气的，时行而物生。人是以仁之神感物的，所以能够移风易俗。仁之神指的是感物的仁之神，是能够类应的。仁的健顺之合即为仁的太和，其几必动，气以成形，仁之神以居仁之理，仁之性固具足于仁之神气之中。仁的天地之生人物，人之肖仁德于天地，唯此而已。气的聚散，是因为有推荡的仁之神为之。荡之则屈而退，而变化生是仁之神的所为，只有存仁之神者才能知其必然的仁之理。万物之生成，俱是因为有仁之神为之变易，而各含絪缊太和之一气。圣狂是异趣的，灵蠢是异情的，感之自通，有不测之化。万物之妙为仁之神，其形色

为糟粕。糟粕是相异的，而仁之神是相同的。感之以仁之神，仁之神就会应。

e. 仁的清虚一大是不为浊所碍的，因为有仁之理存着

据《思问录·俟解》记载，王夫之说，仁的神化之所以不行，并非是无仁之理，而是能量世界的清虚这个一是大的。仁的神化之所以行，并非是无虚，而是能量世界的清虚这一大者未丧。清是可以受浊的，虚是可以受实的，大是可以受小的，一是可以受赜的。仁的清虚一大是不为之碍的，因为有仁之理存着。函此以为量，澄此以为安，浊而不滞，实而不塞，小而不烦，赜而不乱，动静各得其仁之理而量不为诎，则能与天同体。如果想要舍其仁的神化之迹而欲倒景以上之天，这是不可能的，也是非其类的。仁的神化为天地的仁之和。天不引地之升气而与同神化则否。仁智是貌言视听思之和。思不竭貌言视听思之材而发生其仁智则殆。即是说，仁的神化即是变合。仁的太虚即是清虚的一大，仁的太虚的先天之气是没有仁的神化的，但是太虚中是有仁之理的。从变合开始有仁的神化，而清虚的一大是存在于其中的，只是改变了存在的形式。因为有了清、虚、一、大，才有了浊、实、小、赜，才使得浊、实、小、赜各得其仁之理，从而能够与天同体。

2. 心是可善可恶的：仁的道心是善的，而不仁的私心则是恶的

据《读四书大全说》记载，王夫之说，仁之性是仁的道心，而知觉是人心。心包含着仁的道心和有知觉的人心，人心和仁的道心合而为心，所以不能说心即是仁之理。

（1）仁的道心肩负着仁的天命赋予的仁的意义

①仁的道心中的原气是无不善的

据《读四书大全说》记载，王夫之说，心与气是可以交养的，所以孟子认为可以通过体悟天地的仁之诚而存仁的太极之实。如果贵仁之性而贱气，把不善归于气，则会乐用其虚而弃其实。有气才能有所生，而专有气是不能致仁之功的，气必须因于阴之变和阳之合。因为有变有合，所以不能皆是善的。其善者为人，其不善者为犬羊。天之行是不容已的，所以不能有择必善而无禽兽与草木，但是这不是阴阳之过而是变合之差导致的，因为在天之气皆是有仁的善明的。仁之理即是气的仁之理，气当得如此便是仁之理。仁之理不先而仁之气不后。仁之理是善的，所以气是无不善的。气之不善，是因为仁之理的未善，比如说牛犬之类。人的仁之性有

着仁的理之善，所以气就是善的。天之仁道，因为其气是善的，所以仁之理是善的。仁之易是有仁的太极的，仁的太极是生两仪的。两仪即是气，唯有气是善的，才可以作为仪。所以，乾之六阳和坤之六阴，皆是备有元亨利贞的仁之四德的。和气为元，通气为亨，化气为利，成气为贞，所以在天的仁之气是无不善的。天以二气成五行，人以二殊成五性。温气为仁，肃气为义，昌气为礼，晶气为智，所以人之气也是无不善的。人之气也是唯阴唯阳的，只是体现为仁义。人之气在无同异和无攻取之时，则能配仁之义与仁之道，所以塞乎天地两间。

②仁的道心中之原气是善的，所以道心之性是善的

a. 气聚则凝仁的天理于人，而气散仁的天理则合于仁的太虚

据《读四书大全说》记载，王夫之认为，气禀是定于有生之初的，而仁之命则不是。仁之性是凝于人的，所以可以用气禀来言仁之性，而仁之命是行于天的，所以不能用气禀来说明。天赋予一物其仁之理，使之成为此物而非他物，这就是仁之命。物各自得于天的仁之命是不同的，所以物是各不同的。物的仁之性不同，所以物所属的仁之类是不同的。据《船山全书·张子正蒙注》所言，仁之性是仁的天理流行而成的。气聚则凝仁的天理于人，气散仁的天理则合于仁的太虚。虽然昼夜是相异的，而天的仁之运行是不息的，无所谓生灭的。只有人的仁是无不善的。据《思问录·俟解》记载，王夫之说，得五行的仁之和气，则能备仁之美而力则是差弱的；而得五行的仁之专气，则不能备仁之美而力较健。伯夷等虽然不能备仁之美，但也是可以为圣贤的。仁的五行是各有仁的太极的，虽然专也是相为备的，所以只要能够致仁之曲即能够致力于修养仁就能有诚。所以，气质之偏是不足以让仁之性得病的。据《读四书大全说》记载，王夫之说，人有其气才有其仁之性，犬牛也是有其气才有其仁之性。人之凝气是完善的，所以其成的仁之性也是完善的。犬牛之凝气是不完善的，所以其成的仁之性也是不完善的。

b. 生命：天之命人与形俱始而气禀是凝著在性内的

据《船山全书·张子正蒙注》所言，五行的仁的时位相得则为人，为仁的上知；而时位不相得则为禽兽，为仁的下愚。据《读四书大全说》记载，王夫之说，天之仁唯其大，一阴一阳皆是仁道，仁道是无不善的。气禀唯小，所以有偏。天之命人，与形俱始。人之有气禀，则是将此气禀凝著在这仁之性之内。气禀之所凝，在于有其区量，有所忻（xīn，同欣，

喜欢）合，所以会生出不完善来。有区量，有忻合，则小，小就可能偏，偏就可能恶。而与形始的仁之性，是没有区量和无所忻合的。天之仁只是公共地还他个生人的仁之理，无心而成化，所以为大。气禀是能往的，而往非不善；物是能来的，而来也非不善。在一往一来之间，有其地，有其时。化之相与往来，是不能恒当其时与其地的，于是有了不当之物。物不当的时候，往来就发不及收，不善就生了。

c. 有善是仁的性之体，而无恶是仁的性之用

《思问录·俟解》记载，王夫之说，言仁之性是善的，就是说仁之性是无恶的。既然仁之性是无恶的，就是粹然一善而已。有善是仁的性之体，无恶是仁的性之用。从善而视之，可以见仁之性是无恶的，这样充实而不杂就能显示出来了。从无恶而视之，则将见到如果说仁之性是无善的，充实之体就会堕落。所以，必须要志于仁，而后才无恶。仁的诚实即是无恶，即是皆善。据《船山全书·张子正蒙注》所言，乾道变化，各正仁的性命。虽然仁的性命不同，而理气是一源的，是各有所合于天的，所以全是完善的。而就一物而言，则不完善者多。唯有人是全具健顺五常的仁之理的，所以完善是人之所独有的。据《读四书大全说》记载，王夫之说，人的质中的气是因于化的，仁之性又是以气而有差别的，所以仁之性也不必都是一致的，也可以说气是相近的。好比说吹笛子，固然是有吹笛之人的。人的仁之性是异于草木的。草木是有生而无觉的，而人的情与才皆是可以为善的，所以人的仁之性是相近的。

（2）心诚合于仁之性则能得天之仁道而成仁的道心

①仁之道生于仁之理中而不能以一种仁德来命名仁之理

王夫之建立气的本体论的目的是要说明善恶的根源。他认为，天是无不善的，而人的情才是有不善的。气皆是有仁之理的，所以皆是善的。人不能与天同大，但是可与天同善，因为气一向都是纯善无恶的。而且气是配着仁的道义而塞乎天地之间的。据《船山全书·张子正蒙注》所言，物皆是有仁之性的，但不可以说物是有仁之道的。仁之道是人与物之辨，人因为有仁之道而与禽兽相异。孟子说，人没有不完善的，完善是人专有的，而有完善之后才有仁之道。正如仁的天神一样，含有仁义中正的仁之理是不倚于迹的，仁之道就是从仁之理中生的，不能以一种仁德来命名仁之理。成乎仁德的也不著明其仁之理的象，不得已而把仁之理称为诚。诚是用来说明仁之理是实有的，并非是有一象就可以称为诚。

②有变合才有善而合仁之理的即是完善的

据《船山全书·张子正蒙注》所言，因阴阳二气而仁的健顺章，这便是仁之诚。知仁的健顺而能不舍，而变合禅，这便是诚之。至仁之诚就能体会到太虚至和的仁之实理，就能与絪缊未分的仁之道通一不二，通过得天之仁而能为天。其所存的仁之神是不行而至的，与仁的太虚妙应一起生人物的仁之良能，使二者为一。如此则能生而不失仁的吾常，死而适得仁的吾体。仁之迹是有屈伸的，而仁之神是无损益的。据《读四书大全说》记载，王夫之说，贵性贱气之说，是把阴阳看成是理，而把变合看成是气，这样便不知道气是什么。变合固然是气的必然之用，但不能说阴阳是非气的。仁义即是阴阳。阴阳显然是气，变合却也是仁之理。纯然一气，是没有不善的，仁之理也是一样的，这时的气和仁之理都不能说是善的，但是可以说是诚实的。有变合才有善，合仁之理的即是完善的。有变合也才有不完善，非仁之理的即是不完善的。

③不化育流行的空空的仁的太虚即使未有妄也不诚

据《读四书大全说》记载，王夫之说，仁义是仁的性之德。仁的性之德为仁的天德，不可分为体用。当仁德有体的时候，仁德之用已经现；而用仁德时，无非就是仁德之体。用是用的仁德之体，即是以此仁德之体为仁德之用。天地的仁的絪缊和万物之化生都是即于此仁德的，即是仁德的体用结合的。气是充满于天地之间的，即仁义是充满于天地之间的。气是充满待用的，而为变为合都是因于造物之无心，所以犬牛之性不善，无伤于仁的天道之诚。气是充满于有生之后的，所以仁的健顺是充满于形色之中的。因为变合是无恒的，所以流乎情而效乎才者也是无恒的。《中庸》这本书主要是在讲仁德之用。即便讲仁德之体，但讲的是仁德之用的体。言天的仁德的时候，也是在言天的仁德之用。言仁的天体之时，也是在讲仁的天体之用。圣贤言天，必不舍用。而后儒说太虚之时，则不言用。如果仁的太虚是不化育流行的，空空的仁的太虚，即使未有妄，也是无所谓诚的。据《船山全书·张子正蒙注》所言，诚即是仁之神的实体，气的实用。仁的神在天为仁之道，命于人为仁之性。知神的合称为明，体神之合称为诚。

（3）心的自善流向恶的苗头之几是很微幽的和不可预测的

据《思问录·俟解》记载，王夫之认为，明确的善恶是容易知道的，而人心自善流向恶的苗头就是几，几是很微幽的，人在几的状态用仁之功，就是仁的慎独。几是不可以臆测的。据《船山全书·张子正蒙注》记载，王夫之说，朱熹认为知仁之性才能尽仁之心，而张载则认为尽仁之心才是知仁之性的功夫。王夫之认为，仁之性处于静的状态时是未成法象的。如果不通过尽其仁之心以体认之，偶尔有见闻就据为仁的性之实然，这样来言仁之性是很凿的。

①精神：仁的道心是精的仁之神和精的仁之良能

a. 仁之理是实的，而仁之心是虚的，所以仁之心能涵仁之理

据《读四书大全说》记载，王夫之说，仁的神明之心，并不是一实的物体，所以不是坚凝窒塞的，不是不容仁的理之得入的。如果把仁之心与仁之理相拟而言的话，仁之理是实的，而仁之心是虚的，所以仁之心虽然是有体的，但又是能涵仁之理的。不能把仁心比拟为一物体。仁义是善的，是仁的性之德。而仁之心是含仁之性而效动的，所以称为仁义之心。仁之性为体而仁之心为用。仁的原心之所自生，固然就是二气五行的仁之精，自然有其仁的良能。这样的仁的良能是以仁之性为托的，通过仁的知觉来著明的。气化之肇是仁的神明，神明固然是仁之理，而在天的气化中自然必有几，通过天的仁之神明来成其变化之妙，这便可称为化仁之理。

b. 尽其仁心者所努力尽的是仁的道心而不是人心

据《读四书大全说》记载，《孟子》引用了孔子的四句话：操则存，舍则亡，出入无时，莫之其乡。王夫之解释说，操则存指的是通过操此仁义之心可以存仁义；舍则亡指的是舍此仁义之心则仁义就亡了；出入无时说的是虽然仁义之心是吾性之固有的，但不能是必其恒在的；莫知其乡指的是仁义之心是不倚于事的，不可执一定体以为之方所。心之为仁德只是虚灵不昧的，所以能够具仁的众理而应仁的万事。大端只是无恶，所以能够与善相应，但是未必能完善。必须养其仁之性以为仁之心的所存，这样才能使仁义之理不失。据《思问录·俟解》记载，王夫之说，吉凶成败皆是有自然之数的，并非是人力可以安排的。淡于利欲者，能够廓其仁之心于俯仰倚伏之间而能洞察几微。但是，不能因此就反对学问、思辨、笃行，不能认为这就是以利之心以测仁之义，不能认为这就与仁的天理不相应。人心是不可以测仁的天道的，而仁的道心才能知仁的人道。遵循自然者虽然能够极观物知化之能，但这只不过是尽人心之用而已。尽其仁心者，尽的是仁的道心。

c. 仁的道心有仁的情之贞，所以是喜怒哀乐的节制者

据《尚书引义》记载，王夫之说，人的情是有人心与道心之别的。喜怒哀乐为人心，而恻隐、羞恶、恭敬、是非为道心。这二者是互藏其宅而交发其用的。据《读四书大全说》记载，王夫之认为，仁的四端总是善的，而不能说是可以为善。可以从情上说心，但是不能把恻隐、羞恶、辞让、是非这四者看成是情。情自然指的是喜怒哀乐，这是人心。而此仁的四端则是道心。道心终是不离人心而别出的，所以可以用情说道心，而其体已经是异的了，所以不可称之为情。仁的四端之心是在仁之性上发生的，所以是有力的。仁的四端之心与情是相近的，是介于仁之性与情发之间的。仁的恻隐之心是近于哀的，仁的辞让之心是近于喜的，仁的羞恶之心和仁的是非之心是近于怒的。仁之性是本于天的，所以是无为的。心是位于人的，所以有权。道心是仁的情之贞，是喜怒哀乐的节制者。对于存仁心养仁性的人来说，此仁性是一向不失的，所以万物皆备于我。即使未见孺子入井之时，爱虽然是无寄托的，而爱的仁之理是充满不忘的，那才是仁之性用事的体撰。在他寂然不动之处，这仁的怵惕恻隐、爱亲敬长之心是油然炯然的，与见孺子入井时是不异的。这不是像喜怒哀乐之情，在未发时，虽然可以喜、可以怒、可以哀乐，而实际上是无喜怒哀乐的。

②有正的仁之志心才能确保始终的善

a. 仁之志是一贯的，而意则是无定的和不可纪的

据《船山全书·张子正蒙注》记载，王夫之说，庸人是有意而无志的，中人是仁之志立的但是意会乱仁之志，君子则能持其仁之志而慎其意，而圣人则能纯乎仁之志以成仁之德而无意。仁之志是一贯的，而意则是无定的和不可纪的。善于教人的人，能够示之以仁之至善，亟正其仁之志。如果仁之志是正的，则虽然意是不定的，也可以因事而裁成之。不然的话，待意已经发了，或者会趋于善而过奖之，或者会趋于不善而亟绝之，这样贤会无所就，不肖又莫知所惩，这样的教就不能行。意之所发可以是善的也可以是恶的，会因为一时的感动而成为私。仁之志是没有事而预定的。而意发必然是见诸于事的，非政刑而不能正之。豫是养于先的，使得其仁之志能够驯习于正，所以能够悦而安。仁之志定了，虽然意有不纯，也能自觉思改。

b. 舍气言仁之志就会无所得而无所成

据《船山全书·张子正蒙注》记载，王夫之说，善、信、美、大、

圣、神这六者都要以正的仁之志为入仁德之门，以存仁之心立仁之诚为所学之实。所以，学者要以仁的大心和正的仁之志为本。要先立仁之志、先强仁之礼，然后再博文之仁，这样的仁的博文才能明仁之善。据《读四书大全说》记载，王夫之说，仁之道是仁之志上的事，仁之义是气上的事，不能贵仁之心而贱仁之气，不能说内仁而外义。如果仁的吾心之虚灵不昧，有所发而善于所往，这便是仁之志，所以仁之志是仁之性所自含的。吾身之流动充满以应物而贞胜的即是气。仁之性善则不昧，气这个宰事者就善，其流动充满与物相接时，也皆是善的。仁的虚灵之宰是具备仁的众理的，而仁之理是治气的，为气的仁的条理。所以，舍气言仁之理，就不能得仁之理。君子之有志，取向于仁之理，而仁的志之所往，是欲成其始终的仁的条理之大用。所以，如果舍气言仁之志，就会无所得而无所成。

c. 圣贤是不废仁的志欲即是大欲或公欲及其成功的

据《船山全书·张子正蒙注》记载，王夫之说，朱熹之学是仁的贤者之学，力图循物穷仁之理，等待着一旦能豁然得仁，只是得失是不能自保的。而张载的学说是仁的作圣之学，以仁的天德为志，所学皆要归仁德之要，这样一学一习皆是有仁的上达之资的。塞指的是仁气的流行充周；帅指的是能够主持仁之理而且行乎仁的秩序。塞者即是气，气是用来成形的。帅者是仁之志，仁之志即是天地之仁心。仁之性是自天地之仁心而出的。据《读四书大全说》记载，王夫之说，孟子论养气时所说的不动心，指的是仁的道义之心即仁的志心。如果能够持其仁的志心，有仁的志心在时，即使有忿懥、恐惧、好乐、忧患，都是无不得其仁之正的。有仁的志心在时，耳目口体都是可以得其修的。欲与志是有区别的。如果天下需要孔子做君师，那么孔子的欲就是仁之志。人所不可有的即是私欲。如果仁的志欲是如此的，即是大欲或公欲，从此作去而有仁的成功，那么圣贤也是不废这样的大欲的。

d. 有非仁之志则为人欲横流，而这样的志越得则其恶越大

据《读四书大全说》记载，王夫之说，虽然仁之心是统仁之性的，但是由仁之性所生的，是与五官百骸并生的，又是身的君主，常存在人的胸臆之中，而有为者则据仁之心以为志。所以，正心中的心与孟子所说的志是相近的。除了舜、禹的受禅这样的仁之事外，是不可以有志的。如果有其志，则为人欲横流。既然是人欲横流，那就不必闻其所为之得失。所为必得，则其恶也大。王莽把周礼井田事事都学来了，只为他所欲是乱贼

之欲，所以便千差万谬。要像汤武之放伐一样，一向无此志，只等天命到来。把齐王的大欲说成是人欲横流，那是十分愚蠢的。守仁之志只是把仁之道作为骨子，这样的志则可持，所持在仁之道。仁之道可以正吾志。志于仁道就可以仁道正其志，而且让仁之志也能有所持。天之固有的仁之理称为仁之道，而吾心能够宰制天下是因为有仁之义。仁之道自然就存在于天地之间，人且合将去，而有仁之义就能合仁之道。现成的仁之理，因为事物著于心就称为仁之道。事之至前，其仁之道是隐而不可见的，乃以吾心之制裁度以求仁道之中，这便是仁之义。据《思问录・俟解》记载，王夫之说，如果气质是偏的，则善会隐而不容易发见，有时会出现微不克昌的情况，但是没有恶杂于其中。天下是没有恶的，志于仁则能知道这点。

③私意发时要将仁之理撞将去以教意吃个满怀

a. 在自恒的仁的素心这里好固然是好而恶固然是恶

据《读四书大全说》记载，王夫之说，好好色和恶恶臭，这是心而不是意。意是可以无感而生的，而心则没有所感就不现。如果好色恶臭不在当前，人心就无所好，也无所恶。而意则是可以起念于此和取境于彼的。心是固有的，是不待起的，心可以受境但不取境。恶恶臭和好好色，并不起念以求好之恶之，也不往取，而是在特殊的境至时受着而已，引发出固有的好恶之素。在仁的素心这里，好固然是好，恶固然是恶，虽然因为境的间断，会伏而不发，而其仁之体是自恒的。中与外原本是无定名的，不可以执一而论。就一事之发而言，如果心还未发，意将发，这个时候可以说心静为内，意动为外。意是因心而发的，心在先意在后，先者为体于中，后者发用于外。从这个角度也可以说，心是中而意是外。然而，意也不尽是缘心而起的。意固然可以自为体，但是要以感通为因。所以，心自然是有心之用的，意自然是有意之体的。人所不知而自己独知的，这就是意。心则是己所不睹不闻而恒存的。即使心是不能睹闻的，但是心也是在的。既然是有其仁心的，那么天下皆是会得仁心而见之的，相对于人所不知的意来说较为明显。从这个角度说，意又是隐的，而仁心又是著的，所以也可以说意是内而心是外。

b. 自谦：在意中充满善的仁心才能周流满惬而无有馁

据《读四书大全说》记载，王夫之说，当未有意的时候，将来之善几恶几，那是不可预先拟制的。这个时候务必要从容涵养仁，不可急迫迫地逼教出个仁的好意来。当意已发而可知之后，不可强为补饰，否则就会涉于小人之为。在自己所知，而且是自己独知之时，要很慎重。不仅因为独知而要防之，而且要用仁之诚来灌注意，要彻表彻里，彻始彻终，强固精明。恶恶臭和好好色，这就是仁的诚之本体。要诚其意而毋自欺，以至于用意如恶恶臭和好好色，这是工夫至到而产生的本体透露的效果。用恶恶臭和好好色来验证我的意是否诚是可以的，但是如果要在这里立意下工夫，那是无下手之处的。意是无恒体的。无恒体者是不可以执之为自的。意是不受欺，也无可谦的。既然意不是自，那么必然是有称为自的。自即是仁的志心。欲修其身必须要正志心。心正者是持有正的志心的，所以能够恒存乎中，所以是善而非恶的。意已动的时候，就可能出现恶，这种恶会陵夺素正之心，从而会以意欺心，从而出现自欺的现象。只有诚其意者，能够以正充此仁心之善，以灌注所动之意，让意中是充实着善的，这样我所存的仁心才能周流满惬而无有馁，这便是以仁之意谦仁之心，即是自谦。

c. 必须让志心持正，否则即使有善的意欲也无法持久

据《读四书大全说》记载，王夫之说，心与意及动与静是互为体用，不分主辅的，所以说动静是无端的。欲正其仁的志心，则心必诚其仁之意。但是，如果志心是不正的，其害也必然会达于意，这样就无所施其仁之诚。忿懥、恐惧、好乐、忧患，这些皆是意。如果不能正其仁的志心，意一发即会向于邪，从而身不得其修。所以，仁之意是居于身心之交处的，要先动察然后再静存。仁的志心与仁之意是互相为因，互相为用，互相为功，互相为效的。正其心指的是要正其不正。有不正，正才能为功。而统仁的性情的心是虚灵不昧的，所以是没有不正的。这样的心是无法施加正心的工夫的。而支配视听言动的心，其实指的是与外物相感通的意识，这个意是仁的诚意中的仁之意，是诚的对象，而不是正的对象。心有所感而意发之时，其仁之志固然是在的；无所感而意不发的时候，其仁之志也未尝不在。在隐然中，有一欲为可为的仁之体，存在于不睹不闻之中。欲修其身，则心也欲修之。如果仁的志心是不欲修身的，不欲视听食，不欲供情欲之用，那么就无法修身。志心是视听言动的主宰，但是并非永远是正的。志心可以是正的，也可以是不正的，也可以在正与不正之间，全然跟着意走。所以，必须让志心是正的，否则即使产生了善的意欲，也是无法持久的。

d. 仁的志心为身意之交，所以在这里修诚就能下得实功

据《读四书大全说》记载，王夫之说，仁之性是统心的。心之原是仁的性之所凝。仁之性是心所取正之则。此仁心既立，则一触即知仁，使得仁的效用无穷，即便有百为千意都不会迷仁的所持。如果志心是正的，就可以防止闲着的时候走邪，能够保证使用的时候持正，也能够避免志心托于无正无不正之交。当正的志心发为仁之意并恒为之主的时候，这样就能以其正为仁的诚之则。当仁的志心之意未发的时候，则不必有不诚之好恶，也不必有可好可恶。通过恒存恒持仁的志心，可以使好善恶恶的仁之理，隐然立于不可犯之壁垒之中。这样我就可以帅吾气来待物之方来，在不睹不闻之中，修齐治平的仁之理就皆具足了。所以，仁的志心为身意之交，为仁心之本体。在这里修诚，就能下得实功。所以，要用仁的志心来主宰视听言动。要练就仁的诚意之功，在遇到意发之时，要将自己所知的仁之理撞将去，教意吃个满怀。这样就能将我固有的持正的仁之心，吃紧通透到我将应的事物上，符合穿彻，教我的意便从这上面发将出来，好似竹笋般始终是这个仁之则的样子。

e. 为善是不利的，就可能决定为不善，从而自欺其仁的心知

据《船山全书·张子正蒙注》所言，豫定的仁之志即是素正之仁心。素即是犹豫，犹豫即是犹如豫。即是说，出现意的时候犹豫，就是想要回到素正之仁心的意思。据《读四书大全说》记载，王夫之说，知仁指的是随见别白，觉仁指的是触心警悟。据《船山全书·四书训义》所言，如果学者有先致其知仁之功，则是非之辨已有素审，这样便有了正其志心之念，秉正无邪之志又已预先已经定了，就可以一于仁之善而无恶了。尽管人已经明明白白地知道仁，善之所以为善、恶之所以为恶、善之疑于恶、恶之疑于善，而且在素所居之仁心，有固然是欲其以善为正的，但是依然会忽发一意，或因触于物而动，或无所感而兴。如果其念是善的，为之是很难的。如果其念是不善的，为之是有利的。就此一意，可任人择于难易利害之间。如果为善是不利的，就会决定为不善。这时就会将前此所知之仁之理、素来所正之仁心，欺而夺之使其不得行。远于仁之善而就于不善，这是自欺其仁的心知的。人要使意皆出于不妄，让心为仁的实心，知为仁的实知，意也为仁的诚实之意，这样才能在为善去恶之几处决断。

f. 如果忽然兴起的意之妄已成，则心也会随之而邪

据《船山全书·四书训义》记载，王夫之认为，古代的欲修其身者，

以为及心发时而制之就可以，但是有的心之发是无法制胜的。在我立身之始，就是有心作为身之主的。当物还未感，身还未应时，要能够执持仁的吾志，才能使自己能一守其仁之正而不随感以迷。所以，人要有修身的仁之理，要立之有仁之素。如果心是素定的，在心与物感之始，念忽然兴起，这便是意。尽管在静时可以不失其仁之正，而在动时则是可能生其妄的。如果妄已成，心也会随之而邪。古代的欲正其心者，必须是先于动意有为之几，皆诚于仁之善，无一念之不善而夺其仁的本心。意是忽发的。在意所未发之始，几是可以素审的，这便是仁之知。如果发的时候不知其不善，则著之不明，意就会惑于所从出。古代的欲诚其意者，必须先于善恶可知的仁之理处力致其辨，这样就无一理之不明而引意以妄。

g. 仁之理亡了，心还可寄于耳目口体之官而幸免于死

据《读四书大全说》记载，王夫之说，仁之性是诚的，仁之心是几的。几是仁的诚之几，仁之诚被表现为几，仁之诚是藏在几中的。这便是仁的心统仁的性之说。不过，在仁之诚是无不善的，而在几则是有善恶歧出的。所以，仁之心不能是有善无恶的。未尝有子，仁的慈之理是可以存于仁的性之中的，但是不可以说仁的慈之理是具有于心的。就仁之本而言，天是用来化仁之生的，而理是用来生仁之心的；就仁之末而言，人是用来承天之仁的，而心是用来具仁之理的。因为仁之理是用来生心的，所以不能说仁之心即是仁之理，人独任之天。心是用来具仁之理的，所以不可以说即心便是即仁之理。如果心是非理的，仁之理亡了心还是可以寄于耳目口体之官而幸免于死的。仁之心是统仁之性的，而仁之性是未舍仁之心的，那么心怎么会出恶之几呢？心之官为思，而其变动之几则是通过耳目口体来任知觉之用的。心要守其本位以尽其官，唯有与其思与性相应；如果心以其思为耳目口体任知觉之用为务，则会自旷其位，会逐物以著其能，于是恶就起了。随所知觉、随所思虑中皆有仁之理，不肖者的放辟邪侈与异端的蔽、陷、离、穷中也皆是仁之理。

④佛氏徒然固守的是其空空洞洞的无

a. 立一无于前就会博求之上下四维古今存亡而不可得

据《思问录·俟解》记载，王夫之说，言无的人激于破除有。言幽者是针对无其有来谈有的。天下是没有无的。说乌龟是没有毛的，是相对于犬而说的，并不是在说龟。说兔子是无角的，是相对于麋鹿而说的，而不是在说兔。言者必须是有对立面的，其说才能成立。如果现在使言者立

一无于前，就会博求之上下四维古今存亡而不可得。据《读四书大全说》记载，王夫之说，存指的是存仁。存仁之事是会显诸于仁的事理的。心原是用来应事的，事必然是有其仁之理的。其事其理，皆是散见于文而可学的。通过博学而切问，就能够见仁的事之理。用必为来笃仁之志，在体验后通过近思来获得仁之理，以仁之理来应心，这样仁的理之得就皆是心得。良心即是仁义之心。心不过就是此灵明物事，有仁义才为良。作为仁德的心，因为是虚灵不昧的，所以能够具仁的众理而能应万事，大端只是无恶而能与仁之善相应，然而并不能必然为善。必须养其仁之性以为心之所存，这样才能不失仁义之理。圣贤说的心皆是因为具仁的众理而能应万事的。

b. 把仁之理一概删抹了去，就只能徒然地孤守其洞洞惺惺

据《读四书大全说》记载，王夫之说，心不即是仁之理，所以要奉仁之性以治心，心才可尽其才以养仁之性。如果弃仁之性而任心，则愈求尽之，而愈将放荡无涯，从而失其当尽的仁之职。心是统仁的性情的。人的仁之性善，全在于有此仁之心凝之。只是庶民便能去此仁之心，而禽兽却不会去此仁之心，禽兽一向只是蒙蒙昧昧的，或有精明之处，也就是甘食悦色而已。如果这样的话，此心存之也没有什么用。朱熹说，这样的存心，存的是禽兽之心。存指的是存其仁之理，存的是学问思志所得的仁之理，存的是仁之大用，让仁之理昭著。如果只是空立心体，泛泛存之，把仁之理一概删抹了去，只是徒然地孤守其洞洞惺惺，觉了能知之主，那就入了佛氏之旨。仁义即是心之实，如若天之有阴阳一样。知觉的运动，即是心之几，如若阴阳之有变合一样。如果舍其仁之实而言其几，则此知觉运动的惺惺者，放之而固为放辟邪侈。即使求之，也只能尽好恶攻取之用，而对物欲追求不已。如果只是在心之几上做存的工夫，也只能像佛氏中的常惺惺而已。

（4）让仁的道心变成不仁的私心的事物是恶的来源

①型范之质会因逮乐与失仁的理之气相取而变迁

a. 仁之性为命、仁之气为仁之用、仁之质为仁之体

据《读四书大全说》记载，王夫之说，人的性是善的，因为命是无不善的。命善所以性善。因命之善而言性之善是可以的。而仁之性是随质以分凝的，所以虽然万殊来自于一仁之本，但不可以复归于一。质中之命称为仁之性，而不容以命为仁之性。只有说仁之性相近，才是大公而至正

的。如果用笛子来比喻的话，质就好比是笛身和笛孔，靠气体能量成声，靠仁之理合于律。用气体能量吹笛子时，其清浊高下，固然是自有律在的。如果笛身用的不是其适合的材，制的笛子也不中于度，吹之者不善而使气过于轻重，这些都会使声音变得乖戾而不中于谱。所以，必须有良笛和吹的善，这样才能合得音律。如果气是丽于质的，性就是特殊的，所以性不必都是一致的，但是可以说性是相近的。比如说，笛子与箫管是殊类的，人之性于犬羊之性是相异的，而其情其才皆是可以为善的，所以人之性是差别不大的。仁之性即是仁之理，这便是气质的仁之理。仁之性主持此气，使得气有其健顺；仁之性分剂此气，使得此气有品节，从而利于其流行。仁之性主持此质，使得此质能有其魂魄；仁之性分剂此质，使得此质能够疏浚从而发出其光辉。仁之性即气为用，即质为体，而不是把一个性、一个质、一个气脱然为三件物事，而不是说气质已立后，仁之性才始入，也不是气质常在而仁之性是有时往来的。

b. 气就是一人之生而理就是一人之性

据《读四书大全说》记载，王夫之说，气质之性指的即是气质中的仁之性。质指的是人的形质，范围是在人的生理之内。在形质之内，有气体能量充之。盈天地之间，人身以内、人身以外，都是气体能量，所以都是仁之理。仁之理行于气之中，是气的主持者和分剂者。所以，质中是函气的，气中是函仁之理的。因为质是函气的，所以一个人有一个人之生；气是函仁之理的，所以一个人有一个人的仁之性。在未函的时候，只有天地的仁的理气，还没有人。既然有质以居气，而气必然是有仁之理的，就人而言，气就是一人之生，而理就是一人之性。仁的理气为天之流形者，最初是不以人之故而阻隔的，而非复天之有。这个气质中的性，依然是一仁的本然之性。仁之理在天为仁的天理，在天之授人物则称为仁之命，在人受之于气质则称为仁之性。质中必然有仁之性，所以不能说仁之性是寓于质之中的。此仁之理是日流于天地两间的，即使没有人也不用担忧其无所寓。如果就气而言，气是不待人物之生就原自充塞于天地之间的，没有什么地方是没有气体能量的。人死后也是变成气体能量的。如果用寓这个字，就好像仁之性在气质中犹如人寓于馆舍中一样。可以用气质中的仁之性来别人的仁之性于天，但不可以说仁之性在气质中。

c. 先天之气是清虚大一的而后天之气则是有清有浊的

据《船山全书·张子正蒙注》所言，仁之神凝于人而为仁之性；仁之神通过仁的天道而化。蔽固者是为习气利欲所蔽。据《思问录·俟解》记载，王夫之说，天是气体能量，应该以气来言天。但是，天之气对人来说可以分为先天之气和后天之气。先天之气是清虚大一的仁的本然之气，而后天之气则是有清有浊的。道教所说的魄气魂神意，指的是后天之气。据《读四书大全说》记载，王夫之说，质是仁的性之府，仁之性是气之纪，气是质之充，通过习就能够驾御。然而，气是效于习的，会生化为质，而与性为体，所以可以说性质中之性，而并非是在本然之性外别有一气质之性。仁之性是可以纪气的，而且是以气为体的。质是受生于气的，而气是以仁之理生质的。任气自化，任质自成，就会得仁之理或失仁之理，因时数之偶然，所以会有善与不善之别。气是随习而易的，而习是与性成的。人无外感而思不善，是来自于习的。比如说，从未食过河豚的人，终究是不会思食河豚的。习是来自于外物的，习于外而生于中，从而习以成性。这种后天之性是有不善的。后天之得指的是形生、神发之后之得。

d. 由失和之气来建立的一次所成的形质会是不正的

据《读四书大全说》记载，王夫之说，在天之气有着合离、呼吸、刚柔、清浊的不同，根据时与地的不同而无定。所以，有良质也不一定能够有其善。仁的性之本是一，而仁的性成之后则是相近而不尽一致，这种区别大端在质而不在气。质是一次就成了的，而气则是日生的。一次成了的质是难以变的，而气是日生的，所以是乍息乍消的。在天的气有的是失其和的。有质者是气为之的。当人之始生时，如果是失和之气来建立的，因为气之失和，所以成质就会不正。既然已经成为质了，不正就固然在质中了。既然已经在质了，就不必追究其所建立之气了，所以就不要归咎于气了。在已生之后，还是要日受天气以为生，而气必然是有理的，气理之失和就会导致戾，然而这种气也是时消时息的，是不会久居其所的。日入于人中之气，为在天之化，或和或乖，人任由其自至以受之，但形质固然是不为之变的。

e. 过在于为一次成质的原气之累而不在于日生之气

据《读四书大全说》记载，王夫之说，人的清浊刚柔是不一样的，其过专在质。而让人愚明柔强的，其功专在气。质是一次而成的，所以过不复为功。气是日生的，所以不为质分过，而能功于质。而且，质之所建立者固然是气，气可建立之，所以也能操其张弛经纬之权。气是日生的，所以性也是日生的。仁之性是本于气的仁之理而存于气的，所以言仁之性必言气才始得其所藏。质能为原气所累，所以即使日生之气得其仁之理，也不能使质善。日生之气不能为质之害，所以即使日生之气不得其仁之理，也不能使质不善。原气受于有生之初，有一定的清刚、浊弱，所以人有陈陈久积之气藏于身内，所以气也是可以成为有形而且能够聚散之一物的。所以，过在于质而不在于日生之气。

f. 善养者的气质是足以与天地之仁同流的

据《读四书大全说》记载，王夫之说，有良质的人，即使有失理之气乘化而入，也不会留之而为害。然而，日任其质，质之力会穷，久而久之，气本来是不能为害的也会害质了。而且气任生质，也足以易质之型范。虽然型范是一次成的，但也是无时不有其消息的。始则消息是因仍其型范的，如果逮乐与失理之气相取，型范也是会变迁的。不善也是可以变迁为善的。如果善养其气，久而久之，质也会为之而改变的。后天之性是有不善的，即是通过习惯而养成的性。先天之性是天成之的，后天之性是习成之的。习能成不善，是因为物的缘故。物怎么就成不善了呢？比如说，如果人不淫，美色是不能令之淫的。不善是自起的，起在气禀与物相授受之交。气之失理，并不是理之失，失也是于其理之中的。善养者的气质是足以与天地之仁同流的。

②执着于不当位的不善而成的情之恶

a. 情指的是有待裁削的喜怒哀乐爱恶欲

据《读四书大全说》记载，王夫之说，仁义礼智是仁的性之四德。虽然仁的四德之发也是近于情以见端的，然而仁之性是彻始彻终的，是与生俱有的，而不是到情上就没有了仁之性。仁之性是感于物而动的，也是缘于情而为仁的四端的。虽然仁之四端是缘于情的，其实止是仁之性。比如说，人自布衣而升为卿相，因为位殊所以作用也殊了，但是不可以说一为卿相，就不是那个布衣时的我了。不要把仁的恻隐之心看成是爱，否则就会在儿女之情上言仁。恻隐是仁，爱只是爱。情自然是情，性自然是性。生即称为性。这种生是由知觉和运动构成的。知觉即是辨同异之情，运动便是攻取之才。食色即是性指的是甘食悦色也是情。仁即内指的是爱之情为内。爱是七情之一，与喜怒哀乐为同发者。情是可以为善的，而可以为善，并非即是善。犹如杞柳可以为杯棬，但是不即为杯棬。仁之性是不可以戕贼的，而情则是待裁削的。所以，恻隐羞恶恭敬是非之心是性而不是情，情指的是喜怒哀乐爱恶欲。阴阳之撰，唯以仁义礼智之德为仁之性；变合之几，成喜怒哀乐之发而为情。仁之性是一于善的，而情则是可以为善，也可以为不善的。

b. 才、性、物欲都是不任罪的而为不善之罪在于情

据《船山全书·张子正蒙注》所言，气体能量是有阴阳的。在能量世界的太虚之中虽然无形可执，但是温肃、生杀、清浊之体性都是俱有于一气之中的，同为固有之实。阴阳是合于太和的。这时的阴阳作为两种性情是不能不异的，只有异才能生感，既感之后法象才能著明。如果本来没有阴阳两体、无虚实清浊之实，就无所容其感通。太和是有一实的。没有一，就无两。升降飞扬，这是阴阳二气和合的动几。虽然阴阳还未成形，但是已经全具殊质了，并不只是生物才有息相吹。太虚之流动洋溢就是息相吹。才是不任罪的，性尤其是不任罪的，物欲也是不任罪的。能使人为不善的，罪在于情。据《读四书大全说》记载，王夫之说，凶咎悔吝即是位。乘于不得以之动，所值之位不能合符而相与于正，于是来者成蔽，往者成逆，不善之习就成了。业已成习，熏染就成了固有的，这样未有物来外感，也会发出私意私欲。阴阳之位是有定的，而变合之几是无定的，所以不善的存在是有必然性的。后天之动，有的是得位的，有的是不得位的。化是无心的，所以是不能齐的。得位则物不害习，习不害仁之性。不得位则物以移习于恶，习以成性于不善。这并非是吾形吾色之咎，也不是物形物色之咎，咎在于吾之形色与物之形色往来相遇之几。六阴六阳为才；阳健阴顺为仁之性；当位不当位之吉、凶、悔、吝，其上下往来，这便是情。

c. 宠情以配仁之性就会使仁之性失其节

据《读四书大全说》记载，王夫之说，虽然情是不生于仁之性的，但是也是天地两间自然就有的几，是发不容已的。仁的恻隐羞恶恭敬是非之心，其体是微的，其力也是微的，所以必乘喜怒哀乐以导其所发，然后才能鼓舞其才，从而能成大用。喜怒哀乐之情虽然是无自质的，而其几则是甚速甚盛的。所以，如果不是仁之性授以节，才本是形而下之器，才是蠢不敌灵的、静不胜动的，而且听命于情以为作为辍（chuò，中止）、为攻为取，但是大爽于气而受型于仁之性的良能。虽然不善是情之罪，而为善也是需要情为功的。仁的道心是惟微的，所以必须借情来流行充畅。比如说，行仁时必须以喜心来助之。功罪都一归为情。见仁之性后是必须在

情上用功的。好恶即是在情上用功。既要通过存养仁以尽仁之性，也必须通过省察以治情，使之为功而免于罪。如果贱气就会孤仁之性，使得仁之性托于虚。如果宠情以配仁之性，就会使仁之性失其节。

d. 离开仁之性而自为情则情可以为不善

据《读四书大全说》记载，王夫之说，情元是变合之几，性只是一阴一阳之实。情之始有是甘食悦色的，到后来则藩变流转，便有了喜怒哀乐爱恶欲之种种。仁之性自然是行于情之中的，但是情并非是仁之性生的，也并非是仁之性感物而动从而化为情的。据《思问录·俟解》记载，王夫之说，甘食悦色，这是天地之化的机能。有气而后有几。气变合时则表现为攻取。据《读四书大全说》记载，王夫之说，情固然是自家的情，但是不可把情称为自家。吾心的动几是与物相取的。当物欲足以相引，与吾之动几相交，情就生了。然而，情不纯在外，也不纯在内。情是或往或来、一来一往的，是吾之动几与天地之动几相合而成的。佛氏所说的心，正是这样的心。兼指的是并立，统则有先后之序，具有函受的关系。主是显的，而被主的则是藏着的。从这个角度上看，性是心之主，心为情之主。不善来自于始有情而仁之性则无。如果情是以仁之性为干的，则情也是无不善的。如果离开仁之性而自为情，情则可以为不善。仁的四端之心未尝不入于喜怒哀乐之中而相互为用，关键在于心与情是不一样的。

e. 一味迁就和一味听凭情感之动就必然会沦于情

据《读四书大全说》记载，王夫之说，天是不能无生的，而生必因于变合。在变合中就有可能出现不善者。对于人来说，仁之性是不能无动的，动则必效于情才，而情才是无必善之势的。天的阴阳和人的仁义，皆是二气之实。天之气是通过变合来生的，人之气则是通过情才来用的，这皆是二气之动。情中原来是有攻取二途的。取缘自己之不足，攻缘自己之有余。所不足和所有余的，指的都是气而不是仁之理。气不足则仁之理容易来复，气有余则将与仁之理斗争而不受仁的理之来复。只有逢仁之理以御气，让仁之理足而在中，让气不能乘机获得主导权，这样情才可以发也可以收，只有仁的天理流行得充足才能做得到。非礼是于物见其非礼的，而不是对己之已有而非礼。好比说，怒与过是己情之发，而不是由外而至的。即使有感于外物，如果己情未发，也属于静；己情已发，与物为感，这也属于动。静时所存仁之理，本来是用来善其所发的。如果不于仁之性而言孝悌，则必然会沦于情；如果不于仁的天理之节文言孝悌，则必然以人欲而行乎仁的天理，即一味听凭感情，一味迁就，这样是不行的。仁的性与情之分、仁的理与欲之别，其际是很严的。不知天的人怀疑天之变合是不善的，其实则是无不善的。人有了情才之动，才有了不善。而情才之不善，与气的本体是无关的。气皆是有仁之理的，只是偶尔发动时有不均和不浃，所以有了非理，这不是气之罪。人不能与天同其大，但是可以与天同其仁之善，只缘这气一向是纯善无恶的，是配有仁的道义而塞乎天地之间的。

③藏不住不当的才之恶

a. 天以此仁之理此仁之气授之于人而为可善用之才

据《船山全书・张子正蒙注》所言，气质之性是才而不是性。刚柔缓急之殊质为才而不是性。仁之性是独立而不为人所乱的。仁之性是来自于仁的天之命的，而才是成于人的生命成长过程中的。静而无为称为仁之性，动而有为称为才。仁之性是不易见的，而才则是著明的，所以言性者言的是其才而仁之性是隐着的。据《读四书大全说》记载，王夫之说，仁之德即是得其仁之理，才即是善其仁的理之用，必然要先得其仁之理，然后才能善其用；必然要善其用后仁之理才是无不得的。圣人谈到才的时候说，不能骄吝，目的是要教人以人辅天之仁，以仁之道养仁之性，善其气以不害其仁之性。天以此仁之理此仁之气授之于人而为才，目的是要让才能尽其仁之用而成其仁之能。为功在于学仁之理，而不能只是依靠着天生的仁的性理。不能以仁的一理来弹压才，也不能为废人工而不讲授仁的学问。

b. 形质的运用是反仁之常而不良的就不能称其为才了

据《读四书大全说》记载，王夫之说，耳聪、目明、言从、动善、心睿，这些皆是才，也皆是仁之理，不仅仅是气。气只是能生、不诎（qū，屈服）、能胜，而气之有功处皆是仁之理。仁之德固然是仁之理，而仁德之能生、不诎、能胜，也皆是气。才都是要资于气的，但是其美者即是仁之理。所以，仁的理气是无分体的，而仁的德才是有合用的。气原是无过的，而气失其仁之理则有过；才原是无过的，才失其仁之用则有过。但是，气失其仁之理依然是气，而才失其仁之用则不可称为才。气失其仁之理，指的是气的运行失去了正常的秩序，使其运行失常，但仍然是气。而才指的是形质的仁的良好的运用状态，如果才的运用状态是反仁之常而不良的，就不能称其为才了。如果气能不失其仁之理，保有仁的正常的秩序，这就是仁之德。如果质量体都不失其仁之用，而能善其仁之用，那便是才。

④放不下不当的富贵之恶

a. 把人欲撇除得洁净了，仁之理依然会不恒

据《读四书大全说》记载，王夫之说，在视听言动、出门使民之时，即使人欲不侵，仁的天理也未必能够现前。人是有人欲不侵和仁的天理不存之时的。为学者，即使把人欲撇除得洁净了，而仁之志不定、仁之气不充，仁之理依然是不恒的。有境当前时，会因事见仁之理；而境未当前时，仁的天理也就不相依住。对于未学者，仁的天理是了不相依的，而在私智俗缘未起之时，也自有清清楚楚的时候。当仁的天理还未存之前，诱惑人去仁的，莫大于富贵贫贱这两端。私欲既然被遏抑住了，无所诱但依然违仁，则不在于富贵贫贱，而是在于终食之积与造次颠沛之顷。遏欲未必能够存仁之理。如果在时境当前时，立著个仁的取舍之分，用一力压住，使得即使有欲富贵而恶贫贱之心，也能按捺住不发。对于仁的取舍之分来说，只是晓得个仁的大纲，然后就硬地执认，这就是佛氏所说的折服现行的烦恼。如果一向在欲恶上情就染得轻，又向那高明透脱上走，使此心得以恒虚，这样在富贵之乐、贫贱之苦未交心目之时，就空空洞洞着，即使有可得富贵之机，有可去贫贱之势，他也能总不起念。由他打点得心体清闲，这就是佛氏所说的自性烦恼永断无余。

b. 福命有时不合仁之理，但是吉凶最终是不舍仁之理的

据《读四书大全说》记载，王夫之说，仁的德命和福命之分是来自阴阳虚实、高明沈潜[①]之撰的。仁的德命固然是仁之理，但并不是气外的仁之理。福命有的时候是不中乎仁之理的，而于人所见的非仁之理者，最初是无妨于天的仁之理的。吉凶最终是不舍仁之理的。天地之间是没有非仁的理之气的。天人之感通是以气相授受的。其实，言气则离仁之理不得。所以，君子顺受其正，是据仁之理而终不据气的。人只是将这富贵福泽看作是受用之事，所以怀疑圣贤是不备福的，所以称一是出于气而非理的。这只是以人欲之私来测度仁的天理之广大。《中庸》中的四“素位”可以只作一例看。君子统统以“居易”之心当之，把气当为悴（cuì，衰

① “沈潜”强调的是地德的深沉柔弱，而“沉潜”强调的是不轻浮。

弱）为屯，其仁之理即在贫贱患难之中。理与气是互相为体的，而气外是无仁之理的，仁之理外也不能成其气。善言气理者必然不会判然离析气与理。即是说，有的人见圣贤多贫困，所以把命运完全归于气数，以为命与仁之理是无关的。而王夫之认为，即使在人处于贫贱忧患的运命中，其中仍然是有仁之理的。

3. 圣人是什么样的？唯圣人能知几审位

明后期的思想家的理欲观与王夫之是基本一致的，他们都在警惕佛老的思想在儒家内部发生影响。据《读四书大全说》记载，王夫之说，天地是无不善之物的，而物是有不善之几的，如果物在非值之为则不善。物并不是非有不善之几的，吾之动几也是有不善于物之几的。吾之动几也不是非有不善之几的。如果物之来几与吾之往几不相应以得其正，就会成为不善之几。唯有圣人能知几，知几则能审位，审位则可以用内有的仁之理来尽吾形吾色之才，而可以用外有的仁之理来正物形物色之命。因循着天地的仁的自然之化，无不可以得吾心顺受之正，如是而后知仁的天命之性是无不善的，吾形色之性是无不善的，吾取物而相习以成后的天之性也是无不善的，所以说性是善的。仁之理是用来纪善的，气是用来有其善的，情是用来应善的，才是用来成善的。所以，形而上形而下是无不善的。就仁的易之为而言，继之者为善，人成之而为善。成犹如凝一样。

（1）圣人的人欲与仁的天理是相合的

①仁的至诚无息者指的是万物各得之所

据《读四书大全说》记载，王夫之说，如果仁的理欲之间是有分界的，就需要言推。仁之理本来就是大同的，所以不可以言推。然而，如果舍掉仁之恕来言仁之忠，怕的是一尽于仁之理，但不达于仁之情。所以，仁的至诚无息者指的是万物各得之所；而万物各得之所，即圣人自得之所。只有仁之理是公的，所以不依靠推。欲到了大公处，也不待推。而所与给万物之欲，乃圣人所固有的仁之情。从知合尽己的角度言之，己指的即是仁之性，即是仁之理。而从合推的角度言之，指的即是情、即是欲。比如说，尧授天下于舜，是出于大公无私的仁的性之理，是顺受得宜的，是尽了己的仁的性之德的。而舜之仁德必须为天子后才能尽其仁德之用，这便是舜的仁之情。天下臣民必须得舜为天子而后才安心，这便是天下的仁之情。舜欲兼善天下的仁之情，也是尧所有的仁之情；天下欲圣人以为君的仁之情，也是尧所有的仁之情。推此仁之情以给天下之欲，这就称为推己者，这又于公共的仁的情欲见之。

②圣人才尽仁之性即尽了仁之情并即尽了仁之欲

据《读四书大全说》记载，王夫之说，于仁的天理达人欲更无转折，而于人欲见仁的天理则须有安排。这就是仁恕之别。只是仁之理便称为天，只是欲便称为人。饥则食、寒则衣，这便是天。食各有所甘，衣也各有所好，这便是人。动则能见欲。圣人也是不能无欲的。只是未发的仁之理是诚实满足的，包括下者动中之情在内，不别于动上省其情，所以说忠和恕都已具备。如果从喜怒哀乐之发来看，情欲见端处，却寻上去，则是欲外有仁之理，仁之理外有欲的，必须把尽己与推己并行合用。如果以尽己的仁之理压伏其欲，则于天下多有所不通。如果只是推其所欲，不尽乎仁之理，则人己利害，势相扞格，而有不能推的。如果一力推去，又会做成一个墨子的兼爱，这样的话就是以身徇物之仁。圣人才尽仁之性，即尽了仁之情，即尽了仁之欲。

（2）圣人的理与情通过忠与恕而一以贯之

①圣人是有欲的，而其欲即是天的仁之理

据《读四书大全说》记载，王夫之说，圣人是有欲的，其欲即是天的仁之理。天是无欲的，其仁之理是人之欲。如果学者有理有欲，仁之理尽则能合人之欲，欲推即合天的仁之理。所以，人欲之各得，即是仁的天理之大同；仁的天理之大同，即无人欲之或异。治民是有仁道的，用的就是此仁道。获上是有仁道的，用的也是此仁道。尽与推都是由己及物之事。未至于圣人之域，则不能从心所欲而皆为仁的天理，所以于仁之理而尽仁之性，于仁之情而推仁之欲，两相交勘，这样才能得其合一。而对于圣人来说，则欲即是仁之理，情即是仁之性，所以不须既求仁之忠，又求仁之恕，不是要分才能得合。圣人只要自尽其己，就能合己之情、合天下之欲，无不通仁之志而成仁之务。对于圣人来说，不须壁立一面，撇开人欲以为仁的天理，以欲观欲则仁之志就可通了。

②能尽己的仁之理为忠，能推己的仁之情为恕

据《读四书大全说》记载，王夫之说，仁之理在仁之心那里，所以仁之心尽则仁之理尽；情是沿着仁之性而发的，所以知仁之性则能知仁之情。仁的理之不爽、仁的情之不远，在自己这里取之是皆备的。己的仁之理尽，则可以达天下的仁之情；己的仁之情推，则可以通天下的仁之理。所以，尽之以其仁之理，推之以其仁之情，这便是学者的仁的格物致知，

这便是学者的仁的忠恕。仁之理尽而仁之情即通，仁之情不待推而仁之理已喻。圣人因为有仁的忠恕，所以能够穷仁之神知仁之化。忠指的是尽己，恕指的是推己。尽己的仁之理而忠，则能贯天下的仁之理。推己的仁之情而恕，则能贯天下的仁之情。推其所尽之己而忠恕，则天下的仁之情理就无不贯，这便是一以贯之。所以，圣人所知的仁之理，不是俗儒所传的萍实、商羊，这些都是情理之表。圣人对物的仁之理无不明，对物的仁之情无不得，得仁之理以达仁之情则能即仁之情以通仁之理。

（3）圣人是通过知天的仁之理而尽仁之性的

①圣人能存仁之神以合天之仁所以能浑然一诚

据《船山全书·张子正蒙注》所言，在仁的细缊之中是阴阳具足的，通过变易以出。万物不相肖，各成形色，并育心于其中。人心是万殊的，操纵取舍爱恶慈忍，一唯此阴阳之翕辟。如果顺其仁之理则为圣，如果从其妄则为狂。圣狂之分，在心几变易之间，并非是在形色上有善恶。圣人存仁之神以合天之仁，就能浑然一诚。在这里，仁义礼智是初无分用的，所以这时也没有恻隐羞恶恭敬是非之因感而随应者。王夫之解释《正蒙》中的“不如野马细缊，不足谓之太和”这句话时说，一个体仁道的人，在没有与外物相交互感的时候，在喜怒哀乐未发的时候，能够合气于仁之神，合仁之神于仁之性，以仁的健顺五常之理融会于仁的清通，生其变化而有滞有息，这样就可以肖太和的仁之本体，用也就足以行仁了。圣人存仁之神，其本是合乎至一之太虚的。而立仁教之本，必然要因阴阳已分、刚柔成象之体，所以要由两而见一。圣人成天下之仁的盛德大业于感通之后，而以合仁的细缊一气和合之体，修仁的人事即以肖仁的天德，这样便能知生即以知死，存仁之神即以养气，惟于二气之实，兼体而以时用之。当圣人达到肖太和的仁之本体的境界时，则从心所欲皆是合阴阳健顺的仁之理气的，其运化之妙就与太虚的仁之神是一样的了。在周易中，有着仁的天道之显，仁的性之藏，仁的圣功之牖。

②圣人的仁的道心之情的乐山、乐水和乐寿之用

据《船山全书·张子正蒙注》所言，阴阳、动静、幽明、屈伸，如果诚有之则能有仁之神行，仁的礼乐自精微存于此，仁的鬼神之化裁出于此，仁义之大用兴于此，治乱、吉凶、生死之数准于此。所以，孔子说，通过周易可以弥纶天下之仁道以崇仁德广仁的事业。而张载之学，即是仁之易而已。人物之生，皆是仁的细缊一气之伸聚，即使是圣人也不能有所

损益于仁的太和。阴阳二气既然分了，因为时位不齐，而会出现吉与凶、善与不善。圣人是贞守其仁的大常的，所以能存仁之神以御气，能够为仁之功于变化屈伸之际，所以物无不感，而天也不能违之。于物感未交之时，于仁的至静之中，仁的健顺之性是承于天的，所以有不失，因为有仁之本，所以能够无穷。据《读四书大全说》记载，王夫之说，在人是微的仁在之性，而在天则是显的，所以圣人是通过知天之仁以尽仁之性的，而君子是通过知仁之性而知天之仁的。诚然之实，要存养省察仁之功深候到者才能知仁。众人之怒是缘自气有余，而圣人之怒则是缘自仁的理有余。气无阻于物而能得舒，这样就能感觉到乐。气能守中而不丧，这样就能够长寿。所以，在仁者和知者备其仁之理以养其气之后，有生以降，都可以尽仁之性以至于仁之命，唯有落实在气上才能见其仁之功。发于仁之性的情是不容已的。成形和成就的规模都是源于固有的仁的性体的，所以情只是有其量而非其实。乐水、乐山、动静、乐寿，都是气之用。如果能够以仁之理养气，气能受仁之命于仁之理，能够调御习熟，那么气之为动为静，以乐以寿，于水而乐于山，这样的仁的乐者就成了。

4. 如何从常人变成圣人？一路持有仁的正心则全为是

(1) 以格物致知和道问学来尊仁的德性

据《读四书大全说》记载，王夫之说，所放所求之心，指的是仁。求放心，就是以此灵明之心求仁。仁即是人的心。人的心是以灵明之心为体的。放去仁之后，灵明之心固然是存在的，要以此灵明之心去求吾的性之仁心。据《船山全书·张子正蒙注》所言，学者因为用仁之神而能忘掉形之累，日习于仁之理而欲自然就遏制住了，所以道问学能尊仁的德性。

①质是生来就安的而仁德则是要学习才能得的

据《船山全书·张子正蒙注》所言，得指的是得天之仁。凡物皆是仁的太和絪缊之气所成的，有质则有仁之性，有仁之性则有仁之德。草木鸟兽并非是无仁之性和无仁之德的。但是，质与人是殊的，所以仁之性与人也是殊的，仁之德与人也是殊的。如果均是人，所得的皆是一阴一阳的继善的仁之理气。虽然才可能是有偏的，而仁德必然是相同的。所以，人没有不善的。据《读四书大全说》记载，王夫之说，周公的质是生来就安的，但是周公的仁之德也是学而得的。作为仁德之理是出自于气的。人从事于仁之学，各因其近而决定从入之功。有的是先遏欲以存仁之理的，不为恶色奸言所蔽，然后可进而思仁之明与仁之聪。有的则是先存仁之理以遏欲，唯有思明而明仁，思聪而有仁之聪，然后恶色奸言才不得欺蔽仁之理。而思明思聪的目的不在去仁之蔽，而是在于有仁的主一。去蔽是通过辨仁之明来遏欲，而仁的主一则是通过仁的思之慎来存仁之理。今且看知仁之言后如何用仁之功，养气如何用仁之功。如果人且将仁的集义之事置下不料理，且一味求为知仁的言之学，就会流为小人儒。孟子之说的极顶处是知仁之言，指的是唯有灼然见仁之义于内而使得精义的仁入神，方可以说是知仁之言。如果不集仁之义，就无法见得仁之义在内。既然没有灼然的仁之精义在吾心，这样以求知天下的仁的是非得失之论，非屑屑然，而只是从事于记诵词章，则逆诈亿不信，为揣摩钩距之术而已。

②格物是可致知仁也可不致知仁的

a. 仁之意和仁之知都可以是人固然而有的

据《读四书大全说》记载，王夫之说，天下之物是无涯的，而吾之格之则是有涯的。小学所习为已知的仁之理，这种仁之理是洒扫进退的仁之当然，礼乐射御书数的仁之所以然。只此洒扫应对进退，礼乐射御书数，约略旁通，就已能括尽修齐治平的仁之事。除此之外，天下之物都是有仁之理的。如果要无限制地遇一物便穷一物的仁之理，就会流于记诵词章之学。事亲之道，有的是在经为宜，在变为权，有的可以私意自用。这样的道，即使不孝的人，也能通过格物而推致其仁之理，使之无纤毫之疑似，而后可以用其仁之诚。在这里格致就是相因的，这样的仁的致知就在于格物。有的善恶是在物的。比如说，大恶人是不可以交的。通过详细地观察他的举动，即使他是巧于藏奸的，也是可以无不洞见的。又如，用砒霜杀人，通过看《本草》，听人言，便能知道其不可食。这些通过物格就能知可至。而有的理不是从格物中得的，并非是即格物就能即致知了。我心的一念之非几，我自家的食量之大小，这些都不是通过格物可知的。如果通过格物，终是不能知的，唯有求诸己之自喻才能知。仁的孝之理是不学而知和不虑而能的，正如慈者不用先学如何养子然后再出嫁。仁之意是不因知而有的，仁之知也是不因物而有的。仁之意和仁之知都可以是人固然而有的。

b. 能取物象来印证心所具有的仁之理就能够无不通了

据《船山全书·张子正蒙注》所言，物皆是有象的，仁之理即在象之中。心是有其仁之理的。如果心能够取物象来印证心所具有的仁之理，就能够无不通了，据《读四书大全说》记载，王夫之说，格物是知仁的性之功，而非即能知其仁之性。物格者则于既格之后，则仁之性无不知。据《读四书大全说》记载，王夫之说，穷仁之理格物只是工夫，仁之理穷物格则是格物穷仁的理之效果。到了表里精粗无不豁然贯通之日，就不止是在物中见仁之理了。吾心之皆备万物的仁之理固然就现前了，到此方识得喜怒哀乐的仁的未发之中。吾的仁之性本来就是天的仁之理，而天下之物理也是同此仁之理。天下的仁之理无不穷的时候，吾心的仁之理也就无不现了。当吾心的仁之理无不现时，喜怒哀乐还未发，仁之中自然就立了。万物的仁之理皆备于我，这是诚实有之的，而不是虚妄的。虽然物理未尝不在物，而于吾心自然是实的。吾心的仁之神明，虽然是自己所固有的，而本来就是变动不居的。如果不穷仁之理以知仁之性，则变动不居者就不能极其仁的神明之用。

③主思辨的仁的致知之功唯在心官而不在耳目

a. 仁心之才尽仁心之思便足以尽无穷的仁之理

据《读四书大全说》记载，王夫之说，学仁而不厌，诲仁而不倦，这就是下学之功。要即此以学仁和即此以达仁，才能尽吾的仁的性之善，充吾的仁的心之义，而无不达仁。所以，为学始于格物致知，而要点在于有仁的明德之明。格物的仁之功是心官与耳目均用的，以仁的学问为主，以仁的思辨为辅，所思所辨皆是其所仁的学问之事。而致知的仁之功则唯在心官，要以仁的思辨为主，仁的学问辅之，这里的仁的学问是用来决其仁的思辨之疑的。致知在格物，是要让耳目资仁心之用而循仁之理，而并非是要让耳目来全操仁心之权，而把仁心废了。奉仁之性以著其当尽之职，穷仁之理以复仁之性于所知，这样仁之思与仁之理就能相应，然后仁心之才就能一尽于仁心之思，而仁心之思有能自足以尽无穷的仁之理。

b. 格物穷理而不期旦暮之效者才能遇到仁的巧之道

据《读四书大全说》记载，王夫之说，子贡是闻一而知二、格一而致二的。如果必须等待格尽天下之物而后才能尽知万物的仁之理，必然会有不可得之数。而积其所格之仁，吾的仁之知就能无不至。知仁之至指的是吾心的仁之全体大用是无不明的。仁的致知就是要求尽吾心的仁的全体大用，这是不能只是在物上求的。孟子说，梓匠轮舆是能够教给人仁的规矩的，但是不能使人有仁之巧。仁的规矩是物，是可以格的，而仁之巧不是物，而是仁之知，所以是不可以格的。仁之巧固然是在仁的规矩之中的，所以可以说仁的致知在格物。而仁的规矩中又是无仁之巧的，所以仁的格物与仁的致知自然为二，都是不可偏废的。据《思问录·俟解》记载，王夫之说，大匠能够与人以仁的规矩，但是不能使人有仁之巧。仁之巧是仁的圣功。仁的巧之道在于博求之事物以会通其得失，以有形的物体象征无形的仁，从而尽其仁的条理。格物穷理而不期旦暮之效者才能遇到仁的巧之道。

④要分清仁的诚伪，因为必须如此谨严才可以立仁

据《船山全书·张子正蒙注》记载，王夫之说，张载之学所为的仁是壁立前仞的，而不假人以游佚之便。此学要分清仁的诚伪，很介意善恶，认为必须如此谨严而后才可以立仁。如果只是托于春风沂水之狂而陶然自遂，是未足以开仁的来学和立仁的人道的。佛氏所说的真空中藏着如来。太虚中本来是无一物的，气是从幻中起的，成了诸恶。在这里仁义是无质的，忠信是无本的。而天即是太和的一仁之气，仁之气因含仁之神所以能起化，从而能够显示出仁之道。以为不系不留于物体，就能使得仁的理事皆无碍，这会导致纵欲而习惯于放诞。如果不立仁的是非，就会与不肖之偷污相等同。据《思问录·俟解》记载，王夫之对《论语》中的“苟志于仁矣，无恶也”进行了解释。如果人有志于仁就无恶。物之感和己之欲，如果各归其所，皆见其顺仁之理而不逾矩，就没有恶。能够灼然见其无恶，推之好勇好货好色就皆可以是善的，这就无所谓恶。不能怀疑恶是自生的，从而怀疑仁之性有恶。志于仁就无恶。

（2）通过存仁之心和养仁之性来正心

①要存仁义之心来养仁的理之性

a. 仁义中正都是出自浑沦的太和并为太和所固有的

据《船山全书·张子正蒙注》记载，王夫之说，仁之性和仁之心都是专门指人而言的。能量世界的仁的太虚是阴阳之藏，其中存在着仁的健顺之德。气化指的是一阴一阳的动静之几，是品汇之节具。人之所以能够有仁之性，是因为人能乘太虚和气健顺相函之实，而合无行之秀以成乎人之秉夷。仁义中正都是出自浑沦太和的，是太和所固有的。人得了仁义中和为仁之性，所以率循其仁之性则仁之道即在是。据《思问录·俟解》记载，王夫之说，不学仁而能仁是必有的仁的良能；不虑仁而知仁是必有的仁的良知；喜怒哀乐之未发是必有的仁之大本。但是，这些都不是在生

活中能够随便遇上的，要通过敛仁之精存仁之理和翕气存仁之敬才有可能遇到。仁之命不已，仁之性不息。生初仅有的是道教所说的胎元而已。仁之命用降，仁之性用受。仁之性为仁的生之理，未死之前皆是生的，皆是降仁之命受仁之性之日。初生时受的是仁的性之量，而日生则是受仁的性之真。道教的胎元之说犹如把人看成是陶器。

b. 存仁之心是养仁的性之资，而养仁之性是存仁的心之实

据《读四书大全说》记载，王夫之说，奉仁之性以治心，心才可以尽其才以养仁之性。通过存其仁之心来养其仁之性，而不是通过养其仁之性来存其仁之心。如果通过养其仁之性来存其仁之心，仁之心就没有适合存的地方。存仁之心是养仁的性之资，而养仁之性是存仁的心之实。所以，遏欲和存仁之理是不可偏废的。如果欲不遏，即使得了仁之理也会复失。如果不存仁之理，只是遏欲，就会出现强禁，这样就会出现空守，从而认同于空空洞洞的无位真人。所以，存仁之心为作用，养仁之性为实绩。心只是心，而仁是心的仁之德。如果以心为仁，就会守此知觉运动之灵明以为性。应该奉仁之性以正情。朱熹说，喜怒哀乐未发之中为仁的性之德，这点是分明的。要于不睹不闻之中来存养仁义礼智之德，这样迨其发之时，则能如同决江河一样，不用驾御这种仁之德，天下的仁之和就能自致了。这便是以仁之性正情，以仁之本生仁之道，奉仁的道心以御人心，而人心自然就能听仁之命。这便是尧舜之性之的方法。如果君子的仁之行法，缺少静存仁之心养仁之性之功的话，当其情未发之时，仁的天理未能充浃，那么等到由静向动之几，则不会有畅其仁之性的大用。如果要让贯通于情的仁之理皆中，则必于动几处审之。

c. 要存养的仁义之心是虽静而不息的

据《读四书大全说》记载，王夫之说，有其欲要以仁之义胜之，有其怠要以仁之敬胜之，于情治性，于人心存道心，于末反本，以义制事，以礼制心，守义礼为法，裁而行之，从而咸正而无缺，这便是汤武的仁的反身自治之法。通过大正于仁的存养而通过省察自利者，这便是圣人的仁的圣功。力用其省察以熟其仁的存养，这便是君子的圣学。从不舍修为仁的角度看都是一样的。学者必须认得心这个字，不要被他的伶俐精明的物事给占据了，却忘了其所含的仁之实。心又有主人的意思。邪说生于其心，君心之非，这都是需要格除的心。当仁的本心已经失去后，就会以变动无恒、见役于小体而效灵者为心。而言存心、言养心、言求心、言尽之

心，则是赫然有仁义在其中的，所以可以直接说仁即是人心。心是仁之性生的，而心又是统仁之性的，所以仁之心与仁之性是不得一分为二的。圣贤静而存养的是仁义之心，虽静而不息。如果像佛学所说的那样，心是虚的，又不期、不留、不系，又要如不动者那样有止，那么就没有什么事好正了。如果要讲正心，就已经有期、有留、有系，而且是实而不虚的。今有物于此，其位有定向，其体可执持，有的置之不正，所以要正之。如果只是空空的太虚，就没有地方可以施其正。

②诚是能尽仁之性的而才是有穷的

a. 仁之意虚为受邪之壑会让邪前扑后熏

据《思问录·俟解》记载，王夫之说，恃一端之意来强通其所不通，这就是私意。即把自己的意当成天下大多数人的意，这种做法圣人是反对的。天下的仁的公意是确然于一的，这便是君子所诚的仁之意。仁的诚意指的是实其仁之意，指的是仁的实体的意思。仁之意虚则会受邪。如果忽然与物感通，物投于未始有之中，则受之。诚其仁之意者，仁之意实则邪无所容。仁之意受诚于仁的心知。仁之意皆是仁的心知之素，无孤行之意，所以称无意。仁的慎独即是君子的加谨之功，要善后才能保其仁之诚。后来的学者在仁的心知上无功，即以无善无恶为心知，不加正致之功，始专恃慎独为至要，结果遏之而不胜遏，所以很危险。即使遏之已密，但还是虚的，虚为受邪之壑，前扑后熏。所以泰州学派的仁的工夫都是坚持一个月便旧态复萌了。

b. 诚仁者能知仁不舍而变合为仁之禅

据《思问录·俟解》记载，王夫之说，宇宙是通过仁之积而成乎其久大的。二气絪缊，知仁能不舍，所以能成乎久大。二气絪缊而仁的健顺章，这便是仁之诚。知仁能不舍而变合为仁之禅，这就是诚仁者。不可把空洞以虚室触物之影为仁的良知。仁之性是仁的善之藏，仁之才是仁的善之用。用皆是因仁之体而得的，而用是不足以尽仁之体的，所以是有穷的。仁之才可能是有穷的，而仁之诚则是无不察的。于仁的才之穷，而不废其仁之诚，那么仁之性就尽了。有马者借人乘之，皆是不诎仁之诚以就才。充其类就能知道尽仁之性者是不穷于仁之诚的。据《思问录·内篇》记载，王夫之说，《论语》中的“学而时习之，不亦说乎？有朋自远方来，不亦乐乎？人不知而不愠，不亦君子乎？”这是对人性的仁之善的证明。以仁之言是不容易证明仁之善的，必须要于此才能得之。仁之诚到达于此，犹如火之始然，泉之始达，仁的道义之门启而常存。如果只是乍见孺子入井而怵惕恻隐，这只是仁的梏亡之余，仅见于仁之情，其仁之存是不常的，其仁之门是不启的，有时其用是不逮于仁之体的，有时其仁之体会随用而流，这就是孟子所说的权辞，所以不足以用来证明仁之性是善的。

③在起念之微时就要用仁的慎独以敬仁这个一

a. 天下之形和天下之声其实都是藏在仁之性中的

据《读四书大全说》记载，王夫之说，仁的天理之流行是方动不昧的。在仁之性中存在的不昧的仁之真体，只要是率仁之性而为则仁之道就在，不会失去仁之性。仁的喜怒哀乐之节是粲然具于君子的仁的动几之中的，犹如是未发之中一样，能够贯彻纯全于至静之地。在静的时候是善恶无几的，是普遍不差的，不能以人之邪正来判断仁的道之有无，所以仁的天命才是不息的。动则会出现人事乘权，所以容易起昏迷，所以必须依赖于存养仁心之功。君子通过仁的慎独以节其情。如果不在存养仁心上致于中，则更无仁之和可致。据《四书训义》记载，王夫之说，君子在体会仁道的时候，有的是不能睹的，因为形还未著，但是天下之形其实都是藏在仁之性中的。如果君子能够在此致其戒慎，就能够迥然内见仁道，就可以见到仁的万善之成象具在，就能够使不善之形不要无故妄为发见。有的是不能闻的，因为声还未起，但是天下之声都是藏在仁之性中的。如果君子能够在此致其恐惧，能够井然内闻，就会发现仁的万善之名言都在这里，就能够使不善之声不要无端出现妄相荧惑。

b. 仁的天理在一念之动时发见而人欲也在此乘机而入

据《四书训义》记载，王夫之说，如果君子能够养其纯一之仁，善成无杂的仁之心体，虽然处于声色杂役之中，吾心是宁一有仁之主的，就能自若。这样就能够体会到仁的天理的不息之常，无片刻之离。如果在静时能够存养仁如此，天之仁与仁之性都不离于静中，这样就能因为体会到仁的天道而合仁之道。在一念之动时，仁的天理从此发见，而人欲也在此乘机而入。吾的仁之性在此见端，而情也在此而感。既然君子是常存养仁之理的，在此仁之理未动之先就能灼见此仁之理，所以一念刚发，自己就知道用仁之理来审判。在仁的幽隐之际，动未尝有是非之昭著，但由此所趋之途会自此而大分。在起念之微时，动未尝有得失之大辨。君子知道这个地方是人所不及知的，只是己所独知之际，所以这里是体仁道的枢机，必须慎重，必须使几微之念一如其静存时所见的仁之天性一样，要纯一而善。于动时审察如此，这样天之仁与仁之性都能昭见于动时，这样就能尽仁之道以事天。吾性之为静为动皆是涵着天下的仁之理的，而仁之道为体为用皆是不离乎性情的。

c. 要让未发之中的仁的天理现前才能去掉多余的欲

据《读四书大全说》记载，王夫之说，《大学》言仁的慎独的目的是要让君子正仁之心，而《中庸》言仁的慎独的目的是要让君子能够存养正的仁心。唯有正其心，才能让己知道固有的善和恶。唯有戒慎恐惧于不睹不闻，仁的隐者才能知其仁之见，仁的微者才能知其仁之显。如果没有存养仁心之功，在人所不及知仁心的地方已经昏然了，所以分辨不出善恶之所终，这样的话虽然欲有仁之慎也是不能的。仁的天理与人欲，虽然是异情的但是同行的。仁的天理与人欲之辨在于毫发之间。这种细微的区别在别人见不到，而只有自己独知那里分明形著着。要让未发之中的仁的天理现前，这样才能去掉多余的欲。仁的慎独是仁的诚意的扣紧工夫，而不是仁的诚意的全部。当人所共知之后，就无用力之处了。仁的诚意者是自知其意的。犹如有一物于此，有十目视之而无所遁，有十手指之而无所匿，其为仁之理还是为欲，都显见在中，纤毫不昧。这正是可以施仁的慎独之功的地方。

d. 不学不虑仁之理而顺着意欲而行就会同归下流

据《四书训义》记载，王夫之说，君子通过戒慎恐惧而存养仁于至静之中。对于仁的喜怒哀乐未发之际，人以为是虚而无物的，君子则以为是实而可守的。在存养熟了的时候，就能无一刻而不涵仁的万理之一原，这样心就正了，就没有不正了。君子以仁的慎独来审察方动之顷。仁的喜怒哀乐之节是存在于未起念之前的不紊者的心里的，这样才能达于起念之后的不违仁。如果省察密到无一念是不通群情而各得的程度，那么气便是顺的，就不会有气不顺的时候了。据《船山全书·张子正蒙注》记载，王夫之说，心是函仁的细缊之全体而特微的，其虚灵本为一，而情识意见成乎于万殊。物之相感是有同异和有攻取的，因时位异而知觉殊。据《思问录·俟解》记载，王夫之说，如果不学不虑仁之理，顺着意欲而行，就会同归下流。仁的主一称为敬仁，而不是要执一；仁的无适称为一，而不是要绝外物。肝魂、肺魄、脾意、肾志、心神都是不分的但是各有所营的。心与气是交辅的，要帅气充仁之体。要尽仁的形神而恭端以致于有所事事，这才是敬仁的一之实。主静言说的是时，主敬言说的是气象，主一言说的是量。摄耳目之官以听于仁之心，盈气以充仁之志，旁行于仁之理所昭著而不流，雷雨之动满盈而不先时以发，这三者是同功的。

④用仁的集义存养担大任时的无所恐惧之仁心

a. 仁之道是仁之志上的事，而仁之义是仁之气上的事

据《读四书大全说》记载，王夫之说，知仁之言的至处，是大而化之的仁的境界，而养气的至处，只能得充实而光辉。如果就仁的为学之序而言，养气是以仁的徙义为初功，知仁之言是以穷仁之理而始事，内外主辅虽然是并进的，但是自是有别的。这与《大学》所说的仁的格致诚正之序是相同的。仁之志是仁的大纲趣向的主宰。虽然仁之志是以仁之义为归的，但是孟子所说的仁之义是集义，即是说仁之义不但是其仁心是专一向仁之义的，而且在仁的所志之外，当事物瞥尔[①]当前时，不论小大常变，一切都与他一个仁之义，以为之处分。这样就能使得吾气得以自反仁之义而无不缩，恒充而不馁，于其仁的所志，优有余地，坦然行仁之义而无惧。如果仁的所志之义，在事物未当前时，那只能称为仁之道，而不能称为仁之义。仁之义是散见而日新的，仁之道则是居静而体一的。所以，孔子说要志于仁之道，而孟子说要用仁的集义以培养仁的气之功。仁之道是仁之志上的事，而仁之义是仁之气上的事。

b. 要在内里有个仁之义作骨子而听由仁之气自生

据《读四书大全说》记载，王夫之说，仁之义是日生的，一事的仁之义止了一事之用，必须集仁之义而后所行才能无非义。气也是日生的，一段气止担当得一事，无以继之则会馁。仁的集义以养仁之义则仁之义日充。而仁之气要无衰亡之间隙，然后才能成其仁之浩然，从而能无往而不浩然。天是有仁的阴阳五行的，而人受之为仁的健顺五常之性。在天的仁之命为仁的健顺之气，在人受之为仁义之心。仁之命是日受的，仁之性是日成的。天之命人，正如天降雨露一样，今天的雨露不是昨天的雨露。仁之义唯在吾心之内，仁之气则在吾身之内。所以，仁之义与仁之气互相为配，以仁之气配仁之义，仁之义即生仁之气。不能把养字当作驯服调御。

① “瞥尔”指突然、迅速。

孟子所说的养是长养，即培养生长的意思。养仁之气只是要以仁之义生发此不馁不惴（zhuì，又忧愁又恐惧）之气，使之盛大流行，塞乎天地之间而无所屈。孟子的仁的吃紧工夫是在气上。朱熹说自己守的只是一身之气，这样就把天地两间之气分了大小。王夫之说，仁之气是塞乎天地两间的，而不是一身之气。仁之气有着不恐惧的本领。守仁之气有约与不约的区分。如果内里有个仁之义作骨子，仁之义即是缩，所以说仁之义是用以直内的。如果听由仁之气自生，那么守仁之功就是约的，而其用是大的。如果不是这样，而守气之末流，其功是不约的，其用就反有所诎。在言守仁之气时说约，并不是与仁之气相对立的。

c. 要从仁的羞恶之心上打过以长养仁的浩然之气

据《读四书大全说》记载，王夫之说，孟子说的养气，元不曾说是调息遣魔，也不是说要降伏这气，教他纯纯善善，不与人争闹，不露圭角。当仁的大任而不恐惧，其仁的工夫只是在于仁的集义。唯有孟子能够见仁之义于内，所以便能求得天下的仁之言，因此仁的浩然之气日生。斤斤之明是不足以察仁之义于内的。以无私之仁以体会藏密的仁之知，自己就能喻其仁的性之善，而灼然见仁的义之至足于吾心。要能够致于此，唯有不厌不倦以为学教，即物穷仁之理，以至于豁然贯通于吾心的仁之全体大用。这便是大学的格物致知以知仁的至善而止。知仁之大明则为知仁之言，行仁之造极则为养仁之气。仁之义的内在性表现为羞恶之心。孟子唯在羞恶之心上见仁之义。王夫之说，唯有此仁的羞恶之心最与仁之气相为体用。失去其仁的羞恶之心，气就会柔。要培壅此仁的羞恶之心，与仁之气配成其仁的浩然之气。要长养塞乎天地之间的仁的浩然之气，必须穷时索与他穷，必须困时索与他困，乃至必须死时也索与他死，方能培壅此仁的羞恶之心，从而与仁之气配成其浩然。无不从仁的羞恶之心上打过，乃以长养此气而成其仁的浩然。唯有倍精严，规恢广大，于其仁的羞恶之本心，扩而充之，欲火始燃，愈昌愈炽，更无回互，更无贬损，方得无任不胜，无难可畏，而能成其仁之气的盛大流行之用。

⑤存仁之心帅仁之气地养仁义之心便能使仁的心气清明

a. 人的昼作夜息不是人能控制的能量世界之欲

据《读四书大全说》记载，王夫之说，心是人之德，而气是天之事。孟子说的夜气，是针对放失其仁心的人来说的。气足以存其仁义之心者，通乎昼夜都是若一的。人的昼作夜息，不是人能控制的能量世界之欲，是能量世界的天使之然从而不得不然的。从象的角度看，昼是明的，夜是暗的；从气的角度上看，昼是行于阳的，而夜是行于阴的。行于阴而息，不是人自息的，而是天息之的。所以，迨至于夜，不是人可以用功之时；如果言及于气，也非人可用力之地。佛氏这种异端之病就在于，舍人事之当修，而向天地虚无之气捉搦（nuò，持）卖弄。只是在气上用力的人，不知天地的自然之气是行于人物之中的。天地的自然之气是昌大清虚的，是过而不留、生而不可遏的，仅他作弄，也奈何不得的，不会因为他有丝毫之动的。人可存可养的只是仁心而已。所以，孟子说养气，于仁之义上是有事的，而于气上是无功的。

b. 夜气和平旦之气都是能量世界的仁的自然之气

据《读四书大全说》记载，王夫之说，仁的集义是养气的一段功夫，而存仁则是复仁之性的全功。据《孟子・告子上》记载，孟子说，日夜之所息，便是能量世界的平旦之气，其好恶是很少与人相近的。旦昼之所为，是有梏亡之的。梏之反复，使得其夜气不足以存仁。夜气不足以存仁，则离禽兽就不远了。朱熹解释这段话说，能量世界的平旦之气与夜气都是人未与物交时的仁的心气状态。夜气是人在夜里已睡时从体内生长出来的。夜气的功能是恢复，是长养起白天被销蚀的仁义之心。能量世界的平旦之气则是人早上初醒时未与物接触时的气，这时的仁的心气是清明的，其功能是让仁的良心无遮蔽地发见。如果人在白天的所作所为都是伤害仁的本心的，久而久之，夜气就不足以存养其仁的良心，那么平旦之气也就不能清明无蔽了。这样看来，夜气和平旦之气都是能量世界的仁的自然之气，而不是人为的，无法在上面用功。人的工夫只能是在白天存养仁，即要存养仁之气、存养仁义、存养仁的良心，这样夜气和平旦之气的仁的气象才能发挥出来。

c. 仁的昼气能丽乎动静云为而顺受仁的清刚正大

据《船山全书・张子正蒙注》所言，气在天而未成形时是有其仁之象的。絪缊浑合是太极的仁之本体，其中所函的阴阳自然是必有之实。所以，在太极之中是有不昧阴阳的仁之象的。而在阴阳未判之时，即是太极的仁之象。太极合而言之则是一，拟而议之则是三，而仁之象是固然就有的。仁之象即是未聚而清的，形则是已聚而浊的。清者为仁的性之神，而浊者为形为法。能量世界的太虚之气是无同无异的，是妙合为一的。人的神经系统中所受的即是此仁之气。所以，作为仁之体来说，是湛定合一的。因为湛，所以物体无可扰，因为是一，所以无不可受。如果学仁者能够凝然静存仁之气，则湛一的仁之气象就能自见。据《读四书大全说》记载，王夫之说，旦昼不梏亡者是能够存此仁之心而帅其仁之气以清明的。在即此应事接物、穷理致知孜孜不倦之际，能够无往而不受天的仁之命，以体会仁的健顺之理。如果逮其夜，犹为息机，仁的气象是多不及昼的。君子之昼气，是丽乎动静云为而顺受其仁的清刚正大的。仁之性即是仁之理，仁之理则是气之理，气外无仁之理。气自然能生仁之心，清明之气自然能生出仁义之心。人每夜所生的夜气，都同时带来仁的性理的生长。不是说，仁的良心既放之后，犹如家世所藏之宝已经被盗窃，如果不寻求的话，终是不自获的。仁心梏亡之人并非需要有困心衡虑反求故物之功，只要一夜之顷物欲不接，神经系统中的天之气就能生仁之理，就能存仁义之心。

（3）通过省察去私来克己复仁之礼

①有善有恶的有我和不在意功名势位的无我

a. 否定了实有仁德这个有我，就会造成对仁道的伤害

据《读四书大全说》记载，王夫之说，如果能够在声色臭味中廓然见到万物的仁之公欲，那即是万物的仁之公理。如果有仁的大公廓然，物来顺应，则视之听之，以言以动，率循斯仁之理即可，而不待外求。据《思问录·俟解》记载，王夫之说，有真的变成无，那才是实无所有。而人所说的无其实是受人的感官限制而称为无的。因为耳目不可得见闻，便躁言为无，这是因为受小体之蔽的缘故。善恶是可得于见闻的，而善恶之所自生的能量世界则是不可得于见闻的，所以躁言为无善无恶。可以从两个方面理解仁之性：仁的性之理和仁的性之德。仁的性之理指的是吾性的仁之理，即天地万物的仁之理。仁的性之理是因天因物而有仁义礼知的，从而是浑然大公的，是不容有我之私的。仁的性之德是吾得于天而立起来的仁的人道，这是能统天之仁的，而且是首出自万物的。仁的性之德在于我，唯有当我体知仁之道而且能为不妄时，才能知仁勇之性情的功效，效乎仁之志以为撰，必须实有我才能受天地万物之归，而无我则无所凝。否定了这个我，就会造成对仁道的伤害。

b. 忘情于名利场的得失这个无我是圣人处物之大用

据《船山全书·张子正蒙注》所言，气的仁的本体是清微的，所以无往而不通，不疾而速。气聚而成仁之象，又聚而成形，在凝滞时就难以

推致仁了。据《思问录·俟解》记载，王夫之说，无我是相对于我而言的。如果没有我，就无所谓无我。而于我来言无我，就可以知道这是淫遁之辞。这样的无我会让人放肆情欲。有这样的堕归之气，人就会未老先衰。公指的是仁之命，指的是仁之理，成之为仁之性。我即是大公的仁之理所凝而成的。所以，吾为子可以事父。万物皆备于我，这里说的有我就不是说的私。无我本来是相对于功名势位而言的。忘情于名利场的得失，这是圣人处物之大用。从居仁德之体的角度来言无我，就会导致仁的义不立，从而仁之道就迷了。大禹治水，是行其所无事，循于地中，相其所归，即是以泛滥之水为我所用，以取得仁的浚涤之功效。如果欲想要别凿一空洞之壑以置水，而希望中国长无水患，势必是不可能的，这是徒妄的，这就称为凿。如果言仁之性者舍其固有的仁的节文条理，凿一无善无恶之区以为此心之归，这就像是凿一样。凿是必不能成的，迨其狂决怒发的时候，就会舍善而趋恶如崩，这是自然之势。

②要存仁的天理而不是要把人欲作为蛇蝎来治

a. 气成质则气凝滞而局于形并取资于物以滋其质

据《船山全书·张子正蒙注》所言，在能量世界的太和之中，是有仁之气有仁之神的。仁之神不是别的，就是阴阳二气的清通的仁之理。不可象者即在象中。阴与阳是相合的，仁之神与仁之气是相和的，这就是能量世界的仁的太和。人生而与物感交，气逐于物，役气而遗神，神为气使，从而迷其仁的健顺之性。这并非是生生的仁之本然。仁之气与仁之神合，所以能够湛一。因形而发，则会有攻取。仁之性为生的仁之理。均是人，皆有与生俱有的仁之理，未尝有什么差异。所以，仁义礼智之理，即使下愚者也是不能灭的；声色臭味之欲，即使上智者也是不能废的。这些俱可以称为仁之性。气质指的是气成质，质还生气。气成质，则气凝滞而局于形，取资于物以滋其质。质生气则是同异攻取而各从其类。所以，耳目口鼻之气与声色臭味相取，这也是自然而不可拂违的。这是有形而始然的，并非是太和絪缊之气和健顺五常所固有的。

b. 当人之欲皆从仁之理的时候仁德就有所归了

据《读四书大全说》记载，王夫之说，如果想要使得吾心之仁必然地能泛应曲当于天下而无所滞，就要使天下之事物的仁之理秩然，而天则于静存仁之中而无所缺，然后仁之全体大用就能赅存了。所以，存养仁心与省察仁心是要交修的，而要以存养仁心为主，从而能行仁之天理于人欲之内。当人之欲皆从仁之理的时候，仁德就有所归了。遏欲之功在于把私欲辨别出来，而存仁的理之功则在于把仁之理思考出来。人欲主要是指饮食男女。饮食即货，男女即色。有的人心不是欲，而是嗜好，比如说，嗜好杀人，这是在人欲之外的。据《思问录·俟解》记载，王夫之说，人欲是鬼神之糟粕，而好学仁、力行仁、知不仁之耻则是阴阳二气的仁的良能。据《读四书大全说》记载，王夫之认为，只是不骄未必能有仁的泰然。不骄是遏欲之效，而泰然则是存仁的理之效。先在存仁之理上致功，从而能够有笃实的仁之光辉，私欲起时便能加以克治，这样的不骄就能有仁的泰然，而有仁的泰然也就能不骄。

c. 紧要的是要存住仁的天理，而不是要与人欲一刀两断

据《读四书大全说》记载，王夫之说，孔颜之学，见于六经四书，大要在于存仁的天理，而不是要把人欲作为蛇蝎来治，不是必须要与人欲一刀两断和千死千休。佛氏这种异端所崇尚的，只是要挣扎到人欲净尽处，而这却不是什么紧要的。不能说必须要人欲净尽，然后仁的天理才能自然流行。如果仁的天理不充实于中，就没有什么可以做主来拒人欲之发。在仁的天理所不流行之处，人事又不容不接，但是才一相接，必然与人欲接之。如是而望人欲净尽，这必然是不可能的。所以，大学所说的仁的诚意之功，是以仁的格物致知为先的，而存养仁心与省察仁心是先后互用的。如果仁的天理未复，只是净人欲，就会到空虚寂灭的境地里去。所有的声色臭味，皆是仁的理所显之处。没有仁的理就无法分清公与私、得与失。所以，孔子说，为国要有仁之礼。仁之礼指的是仁的天理之节文。如果识得此仁之礼，那么兵农礼乐无非都是仁的天理的流行之处。如果要净尽人欲，而后仁的天理才能流行，那么兵农礼乐这一切功利之事，对于仁的天理来说则是窒碍，叩其实际的话，则成了空诸所有的邪说了。

d. 心病治好了而不给食则不会死于心病，但是会死于气馁

据《船山全书·张子正蒙注》所言，天地的仁之性即是能量世界的太和絪缊的仁之神，是仁的健顺合而无倚的。这样的气质的仁之性，如果其仁的受命之则不过，勿放其仁之心以徇小体之攻取，那么仁义之良能自然是不可掩的。天地的仁之性原来是存着而未去的，气质的仁之性也是初不相悖害的。在屈伸之间，仁之理与人之欲是分驰的，君子是能够察觉的。身是仁的道之用，性是仁的道之体。合气质攻取的仁之性，一为仁之道所用，则能以仁道体身而仁道之身成。大其仁之心以尽仁之性，仁之性

熟而仁之心安则仁之性成。据《思问录·俟解》记载，王夫之说，形色都是仁的天性，所以身体发肤都是不敢毁伤的，毁则是灭仁之性以戕（qiāng，杀害）天之仁。据《读四书大全说》记载，王夫之说，仁的天理是充周的，原本是不与人欲相对垒的。在仁的理至之处，人之欲不是非理的；在人之欲尽之处，仁之理并不是就不得流行。比如说，凿池而无水，就不足以畜鱼，那么就跟没有池一样。心病已经治好了，而不给食，虽然不会死于心病，但是会死于气馁。

③视听言动因为有仁之义的节制而能成仁之文

a. 好货好色这等事发之正则无不善，而发之不正则无有善

据《船山全书·张子正蒙注》所言，天是以能量世界的太虚为体的，而其中充满着仁的太和之细缊，所以凡物皆体之以为仁的性命。仁是以无欲为体的，而视听言动因为有仁的节制所以仁之文便生了，所以无事不体以为仁的心理之安。据《读四书大全说》记载，王夫之说，极世之所指以为恶，比如说，好货好色，发之正则无不善，发之不正则无有善。发之正者，是果发其所存之仁，这便是仁的性之情。发之不正，则不是有仁之存而发，而是因物之触引发的。自内而生的是善的，因为内生的是天然的，天的能量是存在于己的神经系统中的。唯有君子自知其所有的仁之性而以之为性。自外而生的是不善的。外生的是物来取而我不知的，是天所无的，并非是己之所欲所为。所以，好货好色是不足以为善的。货色进前，目淫不审而欲猎之，这就是不善的。如果物摇了仁之气，气摇了仁之志，这样气就不能守仁之中而志不能持仁之气。这并非是气之过，因为气也是善的，因为气也就是天。据《思问录·俟解》记载，王夫之说，天使人能够甘食悦色，这是天之仁，但天之仁并不是人之仁。天能够仁人，人也能够仁天和仁万物。如果人恃天之仁而违人道之仁，人离禽兽就不远了。

b. 牺牲仁的原则来满足百姓之欲是不能得赞的

据《思问录·俟解》记载，王夫之说，有仁的公理而无仁的公欲。私欲净尽则仁的天理流行，这便是公。得了天下的仁之理，则可以给天下之欲。以其欲以公诸人，没有能够得仁之公的。这样做的人，往往是以牺牲仁的原则来求百姓之称赞的，这样做是不能如愿的。所欲与聚，所恶勿施。然而，匹夫匹妇，欲速见小，习气所流，类似于公好公恶，其实不然，所以要由君子的仁之正来裁成之。非王者起，必然世而仁，习气所

扇，天下贸贸然而胥欲而胥恶之，如暴潦之横集，不待其归壑而与俱泛滥，会产生出不可长的谜复之凶。所以说，有仁的公理而无仁的公欲；公欲指的是习气之妄。据《船山全书·张子正蒙注》所言，因为浊而有碍，使得耳目口体之各成其形。碍指的是不能相通，所以嗜欲是止于其所便利的，所以人己不相为谋，官骸不相易。目是不取声的，耳是不取色的，物我是不相知的，这样便会利气所利，私其所私。聪明不相及，执其所见，疑其所罔。

④存养仁心无间于动静，而省察仁心必待于动时

据《读四书大全说》记载，王夫之说，所尽的仁之己，虽然是在事物应接处才现前应用的，却在物感未交时也分明是在的。在仁未发时是没有和的，仁之中则直到已发后依旧在中，而不会随所发而散。所以，存养仁是无间于动静的，而省察仁必待于动时。如果论情之本体的话，则如杞柳、如湍水，居于为功和为罪之间，没有固善或固恶，要待人的仁之修为而决导之，而其本则在于尽仁之性。只有静而存养仁者，才能做好仁的省察之事。慎指的不是防，而是缜密详谨之意。慎指的是临其所事，把不善拣出来，执著于仁之善。据《船山全书·张子正蒙注》所言，仁之性是无不善的，但也是有纤芥之恶的，因为仁之性即为蔽的缘故，所以在仁德已盛之时，尤其要加察于几微。仁之象是仁之心所设的，而仁之法是仁之事所著的。有其仁之心才有其仁之事。人皆是在未有仁之事时，仁之心先有其始终规画之成象的。这是阴阳之序和善恶之几，这是君子必须要审察的。据《读四书大全说》记载，王夫之说，仁之心是不可以言慎的，因为仁之心是无恶的，所以唯能存养仁之心，而意则是需要省察的，所以不可以不慎。在仁心方动之际，耳目乘权，物欲交引。这时如果有毫厘的私欲未克，人欲就会滋长，就能胜过仁的天理。有时虽然明知不善，还是会为之。所以，于此尤其需要致其慎，然后才能不欺其仁的素正之心。有存养的仁者向于动也不会失去仁的素正之心。

⑤人的仁心有所感然后才有忿懥

a. 情即是己而不平之情即是不能大公之情

据《船山全书·四书训义》所言，心不正是因为没有仁之理来为之宰制。在情未生的时候，正与不正是不可得而知的。在情既起的时候，无仁之主的心必然会因情而流。如果心无仁的定理来守其正，当事物至时，有所忿懥时就会偏而不正。这是因为没有仁的至正之则来守住此心，从而

使得此心不妄动。这样的不正之心会很累，而且始于偏而终成邪。据《读四书大全说》记载，王夫之说，仁的虚明之心原本如一个镜子，先是没有象的。在无事无物之时，天下之人的心都是不会常怀着忿惧乐患的。如果并无可忿当前，而心恒是懊恼的，那是有病。人心有所感然后才有忿懥。仁的正者以有很多仁的良友为乐，即使没有得见其人，也会辗转愿见。忧宗国之沦亡，覆败无形，耿耿不能寐，这也不能说是不正的。据《读四书大全说》记载，王夫之说，仁的学之未至的人，由于仁的天理是著名的，所以自然应该在仁的天理上见功夫，而不能在己私上得力。怒是情，又是不平之情；过则又不待言。情即是己。不平之情即是不能大公之情。怒与喜都同为情，而出自之处是相异的。凡是喜之发，虽然是自己之喜，但是必然是因物而有喜，是从外而歆动于中的。而怒之所发则是因乎于己的，先是有所然，而后有所不然。物触于己之所不然，从而生怒。所以，天下之可怒者未必怒，而吾之情之所怒并非是必其可怒的。即使是等为可怒的，但是见盗则怒，见豺狼蛇蝎则恶之和畏之，但是怒不生。

b. 克己之功必须用怒来检验才能至其极

据《读四书大全说》记载，王夫之说，仁之理居盈就可以治气，从而就能不迁怒；仁之理居中就可以察动，从而可以不贰过。己是先有怒的，所以怒是不因于物的，所以物已去而怒仍留，这样就会迁怒。所以，人有迁爱但无迁喜，人无迁哀但有迁怒。喜是因物而生的，彼物与此物是相殊的，所以即使当甚喜，有怒时还是必怒。怒是在己的，所以物换了而己是没有换的，所以当其盛怒的时候，投之以喜也还是会怒的。因为感于物而动己时，可以外拒而克之容易。发于己而加物，这样要中制而克之就难。所以，克己之功必须用怒来检验才能至其极。因于己的怒会迁怒，而因于物的怒则不会迁怒。喜怒哀乐本来都是因于物的，但是昏者不知，从而以己徇物，自己始为害。如果廓然知其是因于物的，即物之己就是可以克制的。本来是因于物的，荡而忘反之己，这样的情况较易知和易克。如果怒是因于己的，而不尽是因物的，如果克之使因于物，则固执的己私也会荡然而无余。在物的是仁的天理，在己的是人的私欲。因于己也顺于仁的天理之公，则克己之功就容易。

c. 能凝仁心之灵以存仁之神，就能不溢喜和不迁怒

据《船山全书·张子正蒙注》所言，在湛一之气中含着仁之心。湛一之气能够统气体而合于一，所以是大的。耳目口体成形而分有司，所以

是小的。鼻是不知道味的，口是闻不到香的，非其所取则攻之。仁的太虚的清通，在人这里表现为仁之心函仁之神；气化的变浊不通即浊而有碍，在人这里体现为耳目口体之各成其形。圣人知道气的聚散是无恒的，而仁之神通则是一。所以，通过存仁之神以尽仁之性，就能复归到仁的健顺之本体，从而同于能量世界的仁之太虚。阴阳之糟粕，聚而成形，所以内而为耳目口体，外而为声色臭味，虽然皆是仁的神之所为，但是仁之神是不存的。两相攻取而喜怒生。仁之心本是仁的神之舍。如果驰仁之神外徇，从小体而趋合于外物，则仁之神会去仁之心而心会丧其仁之主。知仁道者能够凝仁心之灵以存仁之神，这样就能不溢喜、不迁怒，对于外物之顺逆，如其分以应之，但不留滞以为仁心之累。这样物过吾前而吾已化之，这样仁的性命之理就不会失，仁之神就能恒为主。

⑥无私说的是克己复仁之礼以遏制私欲

a. 人性之有仁之礼，是因为有仁的二殊五常之实

据《读四书大全说》记载，王夫之说，动则能见天地的仁之心，因为仁的天理之节文会随动而现。人性之有仁之礼，是因为有仁的二殊五常之实。二殊能成为五常，是阴变阳合而生的。阳是一，合于阴之变而有仁之礼。阴是一，变以之阳合而有义之知。阳合于阴而有仁之礼，仁之礼虽为纯阳而寓于阴。是仁之礼虽然纯为仁的天理之节文，而必须寓于人欲以见。虽然居静为仁的感通之则，然而要因于变合以章其仁之用。所以，终不离人而别有天，终不离欲而别有理。佛氏才离欲而别有理。厌弃物则就会废人之大伦。所以，王夫之赞同五峰的观点，认为天理与人欲是同行异情的。据《船山全书·张子正蒙注》记载，王夫之说，能量世界的细缊太和是合于一气的，其中具有阴阳之体。仁之神是不可测的。仁之神不滞所以虚，仁之神善变所以灵。仁的太和之气，于阴而在，于阳而在。对于人来说，仁的太和之气是含于虚而行于耳目口体肤发的神经系统之中的，皆是触之而灵的，不能测其所在。自仁的太和一气而推之，阴阳之化自此而分。阴中有阳，阳中有阴，原来都是本于仁的太极之一的，而不是阴阳判离，各自孽生其类的。能够体天的仁之神化，能够存仁之诚尽仁之性，则可备万物于我。有我者以心从小体，而执功利声色为已得，所以会迷而丧仁之性。

b. 以仁之礼节文章的目的是要去欲之太过或不及

据《读四书大全说》记载，王夫之说，以仁之礼节文章的目的是要

去欲之太过或不及，就像是衣服中有跳蚤和虱子，要克去之后寝才得安。在欲刚萌发时就要警察，这样就能够净尽而无余。在克己复仁的礼之中，克字中是有力的，复字中也是有力的。克己之人欲、复礼之天理，工夫是互为互成的，无待改辙则可。但是，如果说克己之人欲便能复礼之天理，克己之外无别的复礼之功，那就十分有悖仁之道了。求放心，求的是仁。昏了固然就会放失其仁，而不昏则未必可以称为仁。不昏的时候也是需要存仁的。克己复礼，主敬仁行仁之恕，居处仁之恭，执仁之事敬，与人仁之忠，能行仁的恭宽信敏惠于天下，皆是求放心之仁道。如果只是提醒此灵明，教心不昏着睡着，是不会有仁的。在佛氏的彻夜达旦中都是没有仁的。学者学仁的始事都是要克制刚萌发的念头。但是，即使以力遏抑，还是不能纯熟净尽。所以，克己之功即是要在难克之处克将去，不能把克己之功称为贬义的强制。如果实而求之的话，即使己已克，未必就能即为仁之礼，必须将天所授我的耳目心思的仁之则，复将转来，一些也不亏欠才能合仁之礼。要有一现成具足的仁的天理昭然不昧于吾心，以统仁的众理而应万事。如果与此仁之理不合，便是非礼，便可判断作己，而无疑是需要克的。

（4）通过不偏不倚的仁的中庸之道以合仁的体用

据《思问录·俟解》记载，王夫之说，在佛老之初，皆是立体而废用的。用既然废了，体也就无实了。君子不废仁之用以立仁之体，则致仁之曲有仁之诚，仁之诚立而仁之用自行。逮其仁之用，则左右逢仁之原，皆是其仁之真体。所以，不敢信知先行后之说。统此一物的是形而上之仁道和形而下之器。物无非是一阴一阳和而成的。尽器则仁之道在其中。尽仁之道则能够审器，尽器则能够知仁之至，知仁之至则能践行仁，这样仁德就盛了。

①仁的化者是有仁之静而未尝动的

a. 仁的太极动则生仁之阳，而仁的太极静则生仁之阴

据《思问录·俟解》记载，王夫之说，仁的太极动而生仁之阳，这便是动之动；仁的太极静而生仁之阴，这便是动之静。如果只有仁之静而无动，就不会生阴之恶。一动一静即是仁的阖辟。由仁的阖而变为仁之辟或由仁之辟而变为仁之阖皆是仁之动。废然之静则是息。《中庸》说仁的至诚是无息的，天地之仁更是无息的。《诗经》说，维天的仁之命是于穆不已的，所以没有绝对的静止。静无的仁的知觉也是不昧的，所以能明仁

之远。仁的动之有是仁的静之所涵的，所以能够感而通仁，而不缘感以生仁，所以是有仁的至正的，是以仁的五常为本的，是仁的百行之原。虽然人的仁之性是会随习而迁的，而好恶静躁则多如其父母，仁的精气与仁之性是不相离的。耳目口体发肤皆为仁的性之所藏。人日用着仁之性而不知仁之性，因为仁之性是不明显的。鸢飞戾天，鱼跃于渊，道之察上下，于吾身求之，自然就能见到仁之性。善学思仁者是不略于仁之明和不昧于仁之幽的。王夫之说，张载言仁的幽明而不言仁的有无，这是仁之至论；而道佛才讲有无。有生于无，无生于有，这是戏论。不能说仁之幽生于仁之明，仁之明生于仁之幽。仁的幽明即是仁的阖辟之影。如果能够知仁的幽明之故，就能够反终原始的仁之性，就能知生死之说。

b. 仁之阳是有仁的条理的而仁之阴是有仁的秩序的

据《思问录·俟解》记载，王夫之说，有仁之明则有仁的礼乐，有仁之幽则有仁的鬼神，其中的仁的鬼神指的是仁的阴阳之几，为仁的礼乐之蕴。仁之幽是仁的明之藏，仁之明是仁的幽之显。知此则知仁的太极动而生仁之阳，仁的太极静而生仁之阴。仁之阳是有仁的条理的，仁之阴是有仁的秩序的。仁之静是生仁的秩序的，而不是指的幽谧阒（qù，寂静）之静。在仁的五性感动后才分出善恶的，所以天下之恶没有不可以善的，天下之恶也是善的缺失，是因为有善才有恶的。仁之静时虽然不能睹其仁之善，但是要犹如睹其仁之善；仁之静时不能闻其仁之善，但要犹如闻其仁之善。仁之动时也要审其仁之善是否有流向恶的苗头，这样就能有仁的恒善了。如果仁之静时不见有仁之善，而仁之动时又不审察是否有流于恶的微芒，满脑子都是无善无恶，认为善恶都是外在的，与自己无关，只是追求空无所染的虚静，这样身与心就是二，就是判然无仁之主的。据《读四书大全说》记载，王夫之说，凡言仁之理指的都是仁之动而固有其仁之正的意思。既有仁的当然便有仁的所以然。唯有气之已化，为刚为柔，为中为正，为仁为义，仁之理才有别于非理。仁之化指的是天的仁之化；所仁的化之实即是天之仁。仁之化是出自于天之仁的，唯有通过仁之化才能现出仁之理。

c. 仁的化者即是仁的刚柔、仁的健顺、仁的中正、仁义

据《读四书大全说》记载，王夫之说，要有仁之化则必须有化者，而非虚挟一仁之理以居。仁的化者即是仁的刚柔、仁的健顺、仁的中正、仁义，这是赅而存的，是静而未尝动的。如果赅存，则仁的万理统于一仁

之理，一仁之理含仁的万理，相统相含，而仁的经纬错综之所以然则是不显的。静而未尝动，则性情功效未起，而必然由此而不可由彼之当然者是无迹的。据《船山全书·张子正蒙注》所言，仁之中涵为仁之体，而是仁之生为仁之用。轻者是浮的，重者是沉的。亲上的是升的，亲下的是降的。动而趋行的则动，动而赴止的则静，这皆是阴阳和合之气所必有之几。成乎人之固然，犹如人是有性的一样。絪缊是太和未分的仁之本然。絪缊相荡是必然的仁之理势，絪缊的胜负是其分数之多寡。其始为动之几。天地人物消长死生皆有自然之数，这皆是仁的太和必有之几。仁之阴阳是仁之气的二体，仁之动静是仁之气的二几。仁之体同而仁之用异就会相感而动，仁之动而成仁之象则变为仁之静。仁的聚散、出入、形不形都是从仁的动静之几而来的。仁的一屈一伸，交相为感。人因此而生，天地因此而生人物，而且生生不息，这便是仁的阴阳之动几。仁之动而成乎仁的一动一静，然而必先有仁的乾坤刚柔之体，然后才有仁的阖辟相摩，犹如有气以后才有呼吸一样。如果只是息心以静，而不加操持严密的仁之功，心就会放逸轻安，从而流入佛老的虚寂之中，而逮其下流则会成为无所忌惮的小人。

②仁之中在用时通过庸来显示自己的存在

a. 仁之性能生仁之情而仁之情能显仁之性

据《读四书大全说》记载，王夫之说，仁之性能生仁之情，而仁之情能显仁之性。情是人心，所以人心原本是用来资仁的道心之用的。仁的道心之中有人心，而不是人心之中有仁的道心。喜怒哀乐固然是人心，而未发时其实是仁的道心。喜怒哀乐只是人心而不是人欲。各有攸当指的是仁义礼智为喜怒哀乐的仁之体。仁义礼智必然是要通过喜怒哀乐来显示的。因为仁之性中有仁义礼智为仁之本，遇其攸当的时候，仁的四情就生了。人欲是恶的，而人心则是可以善也可以不善的。情各有攸当指的是情在所当发的时候而发。仁的四德是仁的性之本，而仁的四情是仁的性发之用，所以仁义礼智是未发，而喜怒哀乐是已发，但喜怒哀乐的根源是仁的未发。说仁之性便是仁之体，才说仁之心便已是仁之用；说仁之道便是仁之体，才说仁之德便已是仁之用。说仁之爱是仁之用，说爱的仁之理依然是在说仁之体。说仁之制便是以仁之心制仁之事，所以制之则为仁心之用。说仁之宜是仁之用，而说事之宜便是仁之体。从仁的大义上说，不能把仁的体用分析开来。如果把仁的体用分成两截，这不是仁的性之德。

b. 仁之中即是仁之体而仁之庸即是仁之用

据《船山全书·张子正蒙注》所言，天的仁之用指的是仁的升降之恒，仁的屈伸之化，这皆是太虚一实的仁之理气而成乎的仁的大用。在仁的太虚絪缊之中具有仁的阴阳。其仁的一阴一阳，或有仁之动或有仁之静，相与摩荡，乘其仁的时位以著其仁的功能。由事物的法象即客观的现象，推其仁的神化即气化的仁的神妙的机制，达之于万物一源的仁之本，这样就能知仁之明处仁之当，让仁的条理无不见。天下之物皆是仁之用，而吾心的仁之理则是仁之体。如果能够尽仁之心以循仁之理而不违，仁之体立则仁之用自然就是无穷的。尽仁之性即是要极吾心的虚灵不昧的仁之良能，举而与天地万物所从出的仁之理合，这样就能知其仁的大始，从而知天下之物与我是有仁之同源的，待我以应而成仁。据《读四书大全说》记载，王夫之说，手足是体，而持行为用。在持行的时候，手足依然是体。中在用的时候，不得不以庸来显示自己的存在。如果以仁之实求之的话，仁之中即是仁之体，仁之庸即是仁之用。仁的未发之中是以不偏不倚为仁之体的，而君子的仁之存养乃至圣人的仁之敦化，这都是仁之用。仁的已发之中是以无过不及为仁之体的，而君子的仁之省察乃至圣人的仁之川流都是仁之用。

c. 中是大有仁的万理万化和小有仁的一事一物皆在的

据《读四书大全说》记载，王夫之说，在中是相对于在外而言的；里面是相对于表面而言的。仁的未发之中指的是仁之体在中而未现，对己来说就称为不偏不倚，但是天下人固然是见不到的。仁的未发之中是仁之诚，即为实有仁而不妄。仁的时中之中是形，以仁之诚为体的形，表现的就是实有的仁之体。仁之中即是不偏不倚。虽然说不为恶固然就无偏倚，但是说不偏不倚是要有依据的。犹如一室之中空虚无物，因为无物，所以无偏倚。那么，既然无物，又怎么能说是不偏不倚呢？必须置一物于中庭，这样才可以说不偏于东西，不倚于楹壁。所以，无恶固然就无善，无偏固然就无不偏，无倚固然就无不倚，但是不能称这样的空的状况为中。仁之体在未发的时候是未有仁之用的，而对于君子来说，自有其不显笃恭的仁之用。仁的已发既已成仁之用，而仁的天理则固然有察上察下的仁之体。仁之中为仁之体，所以称为仁之建中、仁之执中、仁之时中、仁之用中。浑然在中者是大而有仁的万理万化皆在，小而有仁的一事一物皆在的。

d. 仁之中能够时措之喜怒哀乐之间而用之于民

据《读四书大全说》记载，王夫之说，仁之庸为仁之用，指的是仁之中流行于喜怒哀乐之中，为之节文、为之等杀，这些皆是仁之庸。不是喜怒哀乐之未发便唤作中，而是未发为情的仁之性称为仁之德中。吾性的仁之中固然有着必喜必怒必哀必乐的仁之理，这是仁的健顺五常之能产生出的仁的效果。仁的浑然在中者是充塞于天地二间的，这就称之为仁之中。李延平是在仁未发之前体验仁之中，即体验的是仁的性善。仁之善是仁之中的实体，而仁之性是仁的善未发之藏。李延平终日危坐体验的，用力之际，专心致志，求的就是仁的性之善。王夫之说，《中庸》中的中指的是仁的道心，仁的道心是率仁之性而为的。而情指的是惟危之人心，表现为喜怒哀乐。情可以是善的，也可以是不善的。仁之中即是仁之体；时而措之，仁之中就成了仁之用。喜怒哀乐未发时为仁之体，发而皆有仁的中节，也不能说是非仁之体。喜自有喜的仁之体，怒自有怒的仁之体，哀乐自有哀乐的仁之体。喜而有仁之赏、怒而有仁之刑、哀而有仁之丧、乐而有仁之乐，这就是仁之用。但是，赏、刑、丧、乐也是自有其体的，也是终不离体的。仁之中皆是仁之体，时措之喜怒哀乐之间而用之于民，这便是仁之用。所以，凡是说仁之中时指的皆是仁之体而非仁之用。

e. 喜怒哀乐则为仁的离体之用，而视听色貌为仁的即体之用

据《读四书大全说》记载，王夫之说，仁的未发者是未有仁之用的，而仁的已发者固然是有其仁之体的。仁的中和之和，因为统一于仁之中而有仁之体，所以不能说仁之和是非仁之体的。仁的时中之中不止是仁之用，也是有仁之体的。无往是不以仁之中为仁之体的。仁的未发的不偏不倚，这便是仁的全体之体，犹如人的四体共名为一体一样。仁之发而无过无不及，犹如四体各名一体一样，而不能说四体是分而各有自己的效用的，不能于是就认为是非一体了。君子终日都是在喜怒哀乐和视听色貌言动这样的问题上思索仁的，该仁之动静、统仁之存发，更不得有无事仁之时。只是喜怒哀乐是有未发的，而视听色貌则是无未发的。视听色貌为仁的即体之用；而喜怒哀乐则为仁的离体之用。离体之用是体生用生的，但是有生有不生；而其生是因于物感的，所以有发有未发。即体之用即是以仁之体为仁之用的，不因物感而生，因为不待发，所以也无未发。视听是因色的，天下是没有无色之时的，所以视听

是无时不感的，所以不得云感。而且色是自在于天下的，不是像可喜可怒之事是加于吾身一样的，所以不可云感。如果从相与为用的角度看，喜怒哀乐是因视听色貌言事而显的。当其发的时候，视听色貌言事皆为喜怒哀乐之用。喜怒哀乐一去一留于此六者之间，而此六者是不随喜怒哀乐而去留的。当其为喜怒哀乐之时，则聪明温恭忠敬，要以成发皆有仁的中节之和。而当喜怒哀乐之已去与其未来，则聪明温恭忠敬之思不忘，即所谓于未发时存仁之中。

③君子无所不用其极地恒求仁的至善

据《船山全书·张子正蒙注》所言，仁的天理之自然存在于物体中的太和之气中即是仁之性。仁之性是凝于人和函于行中的，因形而发仁之用，以起仁的知能为仁之心。据《读四书大全说》记载，王夫之说，仁义理智说的是仁的四德。知字的大端是在说仁的是与非。人有人的仁之是与非，事有事的仁之是与非，而人与事的仁之是与非，在人的仁心里是直下分明的，只有此称为仁之智。仁之知是带着仁之用来说的，要说到仁之才的时候才有仁之知。而仁之智指的则是仁之性体。仁之敬是在仁的心体上说的，而仁之止是在事上见的。仁敬孝慈信，皆是安于所止之事的。仁之敬可以指无所施的仁的心德之体，也可以指施敬的仁之工夫。据《思问录·俟解》记载，王夫之说，君子是无所不用其仁之极的。行仁而后知有仁之道。仁之道犹如是路一样。得仁之道然后见有仁之德，德犹如得。储天下的仁之用，给天下的仁之得，是无法用名来言之的。对天来说称为仁之无极，对人来说称为仁之至善，通天人则称为仁之诚，合体用则称为仁之中，皆是仁的赞词。知仁者能喻仁，喻仁后可以知仁之道，可与见仁之德。

5. 人的归属是什么？身之归与神之归

据《读四书大全说》记载，王夫之说，生死交替的生命过程是一个自然过程，没有仁之神的干预，也不关仁的圣人的忧虑。人需要理解生与死，因为这样人就可以参赞协同自然的仁的造化。

（1）存仁之神的仁之理则仁之化无不顺

①吾的仁之性是固有原于仁的天化之神的仁之理的

据《船山全书·张子正蒙注》所言，仁的神化指的是气之聚散的不测之妙，然后是有迹可见的。仁的性命指的是气的健顺有仁的常之理，这种仁之理是主持着仁的神化而寓于仁的神化之中的，所以是无迹可见的。

仁之理是原于仁的天化之神的，为吾的仁之性所固有。仁的性命即是仁之神，天地万物都是函于虚灵的仁之心神中的。在仁的心神中是万物皆备的。王夫之说，用张载的话来说，仁的神化尽时，要归于仁的一。要奉仁之义为大正之经以贯乎于事物，这样就是至严而至简的。仁的义之所自立，即是健顺、动止、阴阳的仁的必然之则，通过正其仁之义以协助参赞神的仁之理。凝仁之神专仁之气以守吾心的仁之义。动要存仁的良心，静要养仁之性这个一于此，这样就能存仁之神以顺仁之化，皆是有实可守，而知仁之几合仁之神，仁之化就无不顺。这是《正蒙》要归之旨，这与往圣之旨是合辙的。

②有仁之神则能与时偕行，所以万物就能自正其仁的性命

据《读四书大全说》记载，王夫之说，不能只是以气来论生死，不能撇下仁之理来说气，不能只是用气化的过程来说明人的生死。不能只是说人生便是气聚，人死便是气散，这样就会全然见不到仁之理的作用。据《船山全书·张子正蒙注》所言，仁之神指的是天地生物的仁之心理，也即是父母所成气中的仁之理。天的仁之气伸于人物而行其仁之化即称为仁之神，人的仁之生理尽而气屈反归称为鬼。仁的心思之贞明贞观，即是仁的神之动几，存之则仁之神存。存仁之神有两种基本的方法：澄心摄气，通过庄敬以养仁心，这样意欲就不会生，虚而自启其仁之明；通过涵泳仁的义理而熟之，不使间断，仁心就能得恒存而久。敦厚指的是通过敬持以凝其仁之神。使性为仁之性则能使全体的仁的天德因仁之神而自存；使物成仁之物则能感通仁而无不化。如果只是役于形而不以仁之神为用，则物有所不通，应之就会失其仁之理。而存仁之神则能贯通仁的万理而曲尽其过化之用。过化之用即用存仁的神之体，而存仁之神者即所以善过化之用，非存仁之神则未有能过化的。仁熟而仁之神无不存，有仁之神则能与时偕行，万物就能自正其仁的性命。

③通过仁之命立起了自我才能够有天降的无尽之才

据《船山全书·张子正蒙注》所言，仁之性是以健顺为仁之理的，这本来就是仁的太虚和同而化的仁之理，仁义都是立在此上的。随形质而发其仁的灵明之知，而因为有了形质的隔离，彼此不相知，从而各为一体。在能量世界的仁的太虚之中，仁的无极而太极是充满天地两间的，皆是一仁的实之府，但是视不可见，听不可闻。如果能够存仁之神以穷之，就能发现其中的富有，这里的非无就能自见。如果只是缘小体视听之知，

就会在见到声色俱泯时，认为就是无极，而不知道无极即是太极。王夫之说，张载的仁的绝学，用贞生死来尽人的仁道，这是发挥了前圣的仁之蕴以辟佛老而正仁的人心。就人事而言，君子修仁之生是为了俟仁之命，从而能够事天之仁，能够有仁的全而生之；因为有仁的全而生之，有仁的全而归之，所以能够以仁事亲。如果使一死而消散无余的话，伯夷与盗跖（zhí）就成了一丘者，这样就会导致人纵欲待尽。在仁之性中具有仁义礼智之体，而仁之性要为仁之用必然是要资于才的，而才则是有小大偏全的。唯有存仁之神尽仁之性以至于仁之命，通过仁之命立起了自我，才方可扩充而成为其仁的性之副，天降的才方可以是无限的。仁的至诚能体太虚至和的仁之实理，能与絪缊未分之仁道通一不二，所以能得天之仁所以为天。其所存的仁之神是不行而至的，与太虚妙应以生人物的仁之良能是一样的。

④仁之心不是器物，所以要有无感而兴的仁的意识做主

据《思问录·俟解》记载，王夫之说，有的色是目不能见的，有的声是耳听不见的，有的义是言所不能及的，所以说感觉器官是小体。而仁之心是无所不能得的，只要思仁就能得仁之理。所以，尽其仁之心就能知其仁之性。仁之心就是天的具体。仁心感而后应，仁之心得之余。仁心无所感而应，则是仁的性之发。无感而兴，如同火之始燃，泉之始达，然后再感而动，其动就必有仁之中，因为这是不立私以求感于天下的。《系辞》中所说的，寂然不动，感而遂通天下之故，那是鬼谋，是仁的天化，而不是仁的人道。有仁之诚则不必豫，待感而通仁，惟有天能如此。王夫之反对佛道所说的不思过去，不念未来，只是静而等待万物来感通的观点。他认为，人心是可以自己发出意识的，让这种无感而兴起的仁的意识做主，再受感而气动，这时动的气就是有仁之中而无私的。无仁之心而待用的是器物而已。镜与衡都是无心而待用的器物，本身是没有意识的。君子的仁之心不是器物。不可以说圣人的仁之心是如镜空衡平的。镜子能够显示出物的形象，但是不能藏往，也不能预知。衡能够测轻重，但是要通过物来测轻重，其本身是无故的。

（2）效天地的仁之正而不容不惧地对待生死

①仁的天命规定的最高寿命不能超过但是可以不及

据《读四书大全说》记载，王夫之说，天命的仁之理与气数的仁之命是不同的。天命的仁之理是一样的，而气数的仁之命则是不齐的。人得

到的天命的仁之理都是一样的，所以人的仁之性是一样的，即使是愚者也是可以使之有仁之明的。而气数的仁之命则是有长短不同的。短命的人是无法使之长的，但是长命的人是可以因为其他的原因而早死的。气数的仁之命穷的人是不可使之通仁的，而气数的仁之命通者则是可以使之穷仁之理的。仁的天命规定的最高界限是不能超过的，但是可以不及。据《船山全书·张子正蒙注》所言，胜则伸，负则屈，胜负和屈伸都是衰旺死生之成象，而始于动之几。天地人物的消长死生、自然之数，皆是仁的太和的必有之几。日月之发敛，四时之推移，百物之生死，与风雨露雷乘时而兴、乘时而息是一样的，这都是客形。有去有来称为客。气之聚散，物之死生，都是出而来，入而往的，皆是仁的理势之自然，是不能已止的。对于气之聚散，人都不可据之以为常，不可挥之而使散，不可挽之而使留。所以，君子是安生安死的，于气之屈伸上，无所施其作为，俟仁之命而已。俟仁之命指的是听仁之命和顺从仁的自然。

②仁之性尽则生死屈伸都能一贞乎仁之道

据《船山全书·张子正蒙注》所言，仁之性尽则生死屈伸都能一贞乎仁之道，而不会扰乱太虚的仁之本体，使得动静语默都一贞乎仁，而不丧健顺的仁之良能。这样其生也异于禽兽之生，其死也异于禽兽之死，这样就能保全健顺太和的仁之理以还仁的造化，这样就能存顺而没亦宁。存养的目的是尽仁之性，学思的目的是穷仁之理。尽仁之性者是这样的：仁心之静是万理皆备的，仁心是无不正的；仁心动是仁的本体不失，仁之意是无不诚的。要立天之仁、立地之仁、立人之仁，要反经研仁之几，要用仁的精义存仁之神，要以仁的纲维三才，这样才能有仁的贞正而安死。人之生，君子之极为圣，小人之极为禽兽，然而吉凶穷达之数，于此于彼，都是未定的。如果人不知道为什么生，不知道为什么死，那么为善为恶皆不是仁的性分所固有的，皆不是仁的职分所当为的。下者就会去满足自己的苟且私利之欲。这样就会厌烦仁的有耻之心，寄生于天地之间，去来无准，求异于逐而不返之顽鄙。这样必出猖狂，为无缚无碍之邪说，终归于无所忌惮。要究吾的仁之所始与所终，仁的神之所化，仁的鬼之所归，才能效天地的仁之正而不容不惧以仁的终始。正蒙要揭示的就是仁的阴阳之固有，仁的屈伸之必然，目的在于立仁的中道，至当的百顺的仁之大经皆是率此以成的。天之外是无仁之道的，气之外是无仁之神的，仁的神之外是无仁之化的，所以死不足忧而生不可罔。一瞬一息，一宵一昼，一言一动，都是赫然在出王游衍之中的，要善吾伸者以善吾屈。然后，知道圣人之存仁之神和尽仁之性、反经的仁之精义，皆是仁之性所必有的仁之良能，而为仁的职分之所当修。

（3）形亡之时则清浊的气体能量依然各归其类

①能存住仁之神，则能不为形碍，从而能风行声达

据《船山全书·张子正蒙注》所言，间是形中之虚。心的仁之神是居于仁的性之间的。惟有存养其仁的清通，不为物欲所塞，物我死生才能旷然达仁的一，这样形才不能成为碍，犹如风有牖即入一样。心的仁之神是彻于六合的，是周于百世的。所存在此仁之神，则无所碍而能风行声达。如果能够不为形碍，有形者则能有仁的昭明宁静，从而能够听心的仁之用，就能达到仁的清之极。这样仁之神就能合物我于仁一原，达生死于仁的一致，使絪缊合仁之德，从而能够形死而仁德不亡。气是不容吾有作为的。圣人的努力不过是存仁之神而已。仁的兼体指的是存时有仁之顺而没时有仁之宁。仁之神是清通的，是不可以为象的。通过健顺五常的仁之理以顺，通过天地的仁之经以贯，通过万事的仁之治以达。万物的仁之志皆是其仁之所函。存仁之神指的是不为物欲所迁，学的目的是聚仁之神，问的目的是辨出仁之神，宽以居仁之神，仁以守仁之神，使仁之神与太和絪缊的仁之本体相合无间，这样生就能尽仁的人道而无歉，死能返归仁的太虚而无累，这样人的仁之神就能全而生之和全而归之。

②能尽仁之心，知仁之性，则存时有仁之顺，而没时有仁之宁

据《船山全书·张子正蒙注》所言，顺而言之，唯天是有仁之道的，以仁之道成仁之性，仁之性发则知仁之通。逆而推之，则可以仁之心尽仁之性，以仁之性合仁之道，以仁之道事天之仁。唯有其仁之理本是一原的，所以人心即是天，而尽仁之心知仁之性，则存时有仁之顺而没时有仁之宁。死而全归于太虚的仁之本体，不以客感杂滞而遗造化以疵。圣学能够让天之仁与人之仁合一，而非异端之所可溷（hùn，混浊）的。人是能够存仁之神和尽仁之性以保仁的太和的，从而能使二气都能得其仁之理。人能够为仁之功于天，气能够因有仁之志而治。不然的话，天生万殊，质偏而仁之性隐，而因任糟粕之嗜恶攻取以交相竞，则浊恶之气日充塞于天地两间，聚散相仍，灾眚凶顽之所由弥长。即是说，如果人能存仁之神尽仁之性，就能全而生之，全而归之，就能保证

仁的太和的清通与和谐。如果人不能存仁之神尽仁之性，顺其气质之偏而不加仁的修养，人的仁的本性就会隐而不彰，言行动止都会听任欲望的鼓动，从而浊恶之气就会弥漫天地之间，凶灾就会不断增长，宇宙和人类社会就都会陷入灾乱和苦难之中。

③不杂滞瑕疵地全归于能量世界的太虚的仁之本体

据《船山全书·张子正蒙注》所言，仁的太极在天还未成形但有其仁之象。仁的絪缊浑合是太极的仁之本体，其中函着仁的阴阳自然必有之实，所以在太极之中是有不昧阴阳的仁之象的。阴阳未判的时候就是太极的仁之象。合而言之则为一，拟而议之则为三，而仁之象是固然的。仁之性是以仁之理而言的，所以有其仁之象必然有其仁之理，因此具有仁的太和之诚。有仁的太极和有仁的两仪，仁的两仪合而为仁的太极。当仁的太极分成仁的阴阳之后，就生出万物之形，皆秉仁的太极以为仁之性。仁之象因为未聚所以是清的，形是已聚的所以是浊的。清者是为仁之性和为仁之神的，而浊者是为形为法的。散而归于仁的太虚，回复其絪缊的仁之本体，这并不是消灭。散了仍然是能得吾的仁之体的。有生时的善恶治乱，到形亡之后，清浊依然各归其类。聚则能够见有，散则会怀疑为无，既然聚了就能成形象，才质性情都各依其类。善气是恒于善的，恶气是恒于恶的；治气是恒于治的，而乱气则是恒于乱的。屈伸往来都是顺其故而不妄的。不妄指的是气之清通，这便是天的仁之诚。聚而成形，散而归于仁的太虚，气依然是气。仁之神是气之灵，不离于气而相与为体，但是仁之神依然是仁之神。仁之神是聚而可见，散而不可见的，其仁之体从来都是顺仁之道而不妄的。所以，尧舜的仁之神和桀纣之气，都是存在于絪缊之中的，至今仍然不易。

④全形要归还给父母，而全性要归还给天地

据《船山全书·张子正蒙注》所言，人未生之时，此仁之理气在太虚中为天的仁之体性，而已生之后则此仁之理气聚于形中为人的仁之性，死时则此仁之理气仍然返回到仁的太虚那里。鬼即是归的意思，即是归于仁的太虚之絪缊。人并不都是能够全归的。全归是存仁之神的修养的结果。通过仁的至诚体会太虚至和的仁之实理，与絪缊未分的仁之道是通一不二的，所以才称为天。天所存的仁之神是不行而至的，与太虚的妙应一起生人物的仁之良能这个一。如此则能生而不失吾的仁之常，死而适得吾的仁之体。迹是有屈伸的，而仁之神则是无损益的。要存仁之神才能全归所生的仁之本体。全形要归还给父母，全性要归还给天地，而形色与天性最初是不相离的，全性乃是可全形的。日月、雷风、水火、山泽，固然是仁的神化之所为，但也是气聚之客形，或久或暂，皆是已用之余，人的耳目官骸也是如此。所以，形是有屈伸的，而仁之神是无幽明之异的。在未生的时候，此仁之理气是在太虚中为天的仁之体性的。在已生的时候，此仁之理便聚于形中而为人的仁之性。死时则此仁的理气仍然会返回到太虚之中。形是有凝释的，而气是不损益的，仁之理也是不杂的，所以仁之理和气都是通极于仁之道的。如果能够尽仁之性，使得自己与太和细缊的仁之本体相合无间，这样生就能尽仁的人道而无歉，而死就能返仁的太虚而无累。全而生之，全而归之，这就是圣人的仁之至德。

（4）没有什么形来限制的死生流转与新生命的诞生

①生物是暂时的客形还原时就会忘其故

据《船山全书·张子正蒙注》所言，日生的是仁之神，而仁之性也是日生的。返归者为鬼。在未死之前，鬼也是多的。所行之清浊善恶，与气是俱的，游散于天地两间。为祥为善，为眚（shěng，灾害）为孽，皆为人物之气所结，不待死而始为鬼，以灭尽无余。昼夜是天的一息，寒暑是天的昼夜。天道分春秋而气易，犹如一寤寐而魂交一样。魂交成梦，百感纷纭，这对寤而言，犹如一身之昼夜的区别。气交为春，万物揉错，对秋而言，犹如天之昼夜。魂交专门指的是寐而魂交于幽而言的。身内为幽，身外为明。生物是客形，是暂时的而不是常在的，还原时就会忘其故，所以故就像是梦一样。秋冬能够收敛物之精，能够适得太虚细缊之体，所以犹如寤返回到真一样。昼为生，夜为死，能量世界的气是通乎于昼夜的，所以能合寤寐而如一，所以君子无不正之梦，而与寤通仁之理。《太和》篇之旨，是要通过存仁之神而全归其所以从生的仁之本体，所以可以秋配昼寤，以春配夜梦。

②死去的仁之屈会因为有感于仁之伸而组成新的生命形态

据《船山全书·张子正蒙注》所言，物欲出自何处呢？只有不能通夜昼，任魂交纷纭，所以有发而无收敛，所以流于浊而丧其清，皆随气迁流，因为仁之神不存而成了贞淫交感之势。鬼神指的是气的往来屈伸。阴阳相感，聚而生人物者为仁之神，合于人物之身。用久了则仁之神会随形而敝，敝到不足以存的时候，就会复散而合于细缊为鬼。仁之神是自幽而明的，成乎于人的仁之能，固然就是与天之仁相通的。鬼则是自明而返回到幽，历乎于人的仁之能，所以可与人之仁相感。仁的伸被屈感动了必然为仁之屈，这样就会由生而走向死；仁之屈被伸感动了必然为仁之伸，但并不是以往的仁之屈者复为仁之伸。死生流转，是没有什么形来限制的，不是一个人的仁之神又还原为同一个人。在这种变化中必须有感。死去的仁之屈会因为有感于仁之伸而组成新的生命形态。

二　儒家气学的主要枝干人物：罗钦顺、王廷相

（一）罗钦顺：立人之道称为仁与义

1. 罗钦顺的生平及立论宗旨

罗钦顺（1465—1547 年）为江西泰和人。曾中进士，授翰林编修。在刘瑾当政时，因为不阿附刘瑾而被夺职为民。刘瑾被凌迟处死后，他复出做官。其主要著作是《困知记》。罗钦顺早年曾留意学佛。据他的《困知记》所言，及官京师的时候，偶逢一老僧，漫问怎么才能成佛。老僧漫举禅语回答说，佛就在庭前的柏树子里。我想这必然是有所指的，所以为之精思达旦。后揽衣将起的时候，恍然而悟，不觉流汗通体。既而得禅家的《证道歌》一编，读之如合符节。自以为至奇至妙，天下之理都没有再可加的了。后来他大量阅读了儒家的经典和道学的语录，之后认为通过禅并不能真正体见天道的仁之性理，佛学中的神秘体验只是意识的某种特殊状态。他在 40 岁左右的时候才慨然有志于儒学。60 岁后致仕居家 20 余年，潜心做学问。他从理学家的仁的理气论中发展出了仁的气本论，对仁的心学进行了强烈的批判。

王阳明与罗钦顺之间曾就格物的问题进行过重要的辩论。罗钦顺反对王阳明把格物解释为格心，他认为这样做必然会导致局于内而遗于外，而且会让为学的功夫完全变成人的仁的内心修养，从而排斥读仁之书应仁之事和穷外物的仁之理。他认为，不能把格字解释为正，因为对于山、川、鸢、鱼这样的客观事物，人是无法去正其不正以归于正的。据《困知记》所言，如果按王阳明的做法，致吾心的仁之良知于事之物，那么仁的道理全是人安排出来的，事物就不再有仁的本然之则了。格物的仁之义，当为万物这点是无疑的。人之有仁心，这固然也是一物，然而专以格物为格此仁心则是不可的。想要见得此仁之理分明，非得用程朱的格物的工夫不可。物与我是并立的，而内外形，乃是其散殊之分。程颐在回答杨时的问题时，提出了仁之理一分殊的观念。后来，杨时和朱熹加以发展，用来处理仁之理的一与多和仁的普遍性与仁的特殊性之间的关系。罗钦顺特别强

调用仁之理一分殊的方法来处理人物的仁之性，并提出了不同于朱熹的思想，显现出了从仁的理学向仁的气学转变的倾向。

2. 罗钦顺的思想脉络

（1）什么是理？有此物即有此仁之理，而无此物即无此仁之理

①仁的性命之妙在于仁的理之分殊之中

据《困知记》所言，最初并非别有一物，依气而立，附于气以行。或者因“易有太极”一言，而怀疑阴阳之变易，类有一物主宰于其间，其实不然。仁之易乃是仁的两仪四象八卦之总名，仁的太极则是仁的众理之总名而已。“易有太极”这句话要明确的是万殊都是原于仁的一本的，因而可以推其仁的生生之序，这样就可以明白仁的一本之散为万殊。仁的太极是固然的自然之机，不宰之宰，所以不可以求其形迹。如果论仁的一的话，不只是仁之理是一，仁之气亦是一；如果论万的话，则不只是仁之气是万，仁之理亦是万。罗钦顺认为，这句话是很妥当的，只是在“亦”字上稍觉未安。仁之性善指的是仁之理的一，其言未及于分殊；而有性善有性不善，这是分之殊，但是其言未及于仁之理的一。仁的性命之妙，无非就是出于理一分殊这四个字。人物之生为受仁的气之初，其仁之理是唯一的。而成形之后，其仁的理之分则是特殊的。其仁的理之分的殊莫非也就是自然的仁之理，其仁之理的一常在仁的理之分殊之中，这就是仁的性命之妙的原因。语其仁之理的一，所以人皆是可以为尧舜的；而语其仁之理的殊，所以通仁之理的殊的上智与不通仁之理的殊的下愚是不移的。

②可在气之转折处观见仁之理即气运动的仁之条理

罗钦顺认为，朱熹的理气观存在着严重的失误。他认为，仁之理并不是形而上的实体，而是气之运动的仁之条理。据《困知记》所言，罗钦顺说，他从来都认为，仁之理与仁之气就是一物。气之聚便是聚的仁之理，气之散便是散的仁之理，只有有聚有散才有所谓的仁之理。能量世界的天地之运是万古如一的，所以就没有死生存亡的问题。气聚而生，形而为有，有此物即有此仁之理；气散而死，终归于无，无此物即无此仁之理。怎么会有死而不亡者呢？罗钦顺说，自孔夫子赞《易》开始，便有穷仁之理一说。那么仁之理到底是什么东西呢？通天地、亘古今，无非是能量世界的一气而已。气本是一，而一动一静，一往一来，一阖一辟，一升一降，循环无已。气积微而著，由著复微，为四时之温凉寒暑，为万物

之生长收藏，为斯民之日用彝伦，为人事之成败得失。千条万绪，纷纭胶轕（gé，纠葛），而卒不可乱，有莫知其然而所以然，这即是所谓的仁之理。仁之理只是气的仁之理，当于气之转折处观之。往而来，来而往，那便是转折之处。往而不能不来，来而不能不往，有莫知其所以然而然，似乎有一物主宰于其间而使之然一样，这就是仁的理（即里面有个王）之所以名。

（2）什么是心？浑然无间为仁而截然有止为义

据《困知记》所言，仁之心指的是人的仁之神明，仁之性指的是人的仁之生理。仁的理之所在称为仁之心，仁的心之所有称为性，二者不可混而为一。仁心即是一，而分成两言之，说的是仁心的动静之分和体用之别。仁的道心是仁之性，仁之性是仁的道之体；仁的人心是仁之情，仁之情是仁的道之用。仁的道心与仁的人心是一体的。据《明儒学案·卷四十七》记载，罗钦顺说，不能认为仁的道心有已发的状态，否则就没有仁的大本了。据《困知记》所言，仁的道心是仁之体，仁的人心是仁之用，仁的体用原是不相离的，是不可分的。仁的道心是寂然不动的，是至精的仁之体，所以是微的，是看不见的；仁的人心则是感而遂通者，有至变之用，所以是危的，是不可测的。立人之道称为仁与义。仁与义的名是易知的，其仁之理则是不容易明的。自仁的道体而言，浑然无间称为仁，截然有止称为义。自仁的体道者而言，仁之心与仁之理为一时称为仁；仁之事与仁之理为一时称为义。仁之心与仁之理为一时，则该贯动静，这便是浑然。仁之事与仁之理为一时，则动中有静，这便是截然。如果截然者不出乎于浑然之中，事便是合仁之理的，即仁之心与仁之理为一之形。仁之心与仁之理最初未尝不是一，有以间之则为二。如何修为才能复其仁的本体的一呢？敬仁之理。

（3）什么是工夫？天人物我之仁通彻无间和通贯为一

据《困知记》所言，仁之性必然是有仁之欲的，而仁之欲不是来自人，而是来自天之仁。既然仁之欲是来自天之仁的，就是不可以去的。仁之欲是可节也可以不节的，这不是来自天的，这是来自人的。既然是来自人的，是不可以纵的。人是有仁之欲的，是固出于天的，所以是必然的，是不容已的，是当然的，是不可易的。既然是不容已的，是合乎仁的当然之则的，就不能说是非善的。只有恣情纵欲而不知反，这才是恶的。先儒多以去人欲、遏人欲为言，是为了防其流者而不得不严，但是语意上似乎过于偏重。据《明儒学案·卷四十七》记载，罗钦顺说，要察之于身，先要察性情。即使有了见解，如果推之于物而不通，那么这就并非是仁之至理。察之于物，固无分于鸟兽草木，即使有了见解，如果反之于仁之心而不合，那也非是仁之至理。孟子的吃紧为人处，不外乎思之一言。据《困知记》所言，格物的可贵之处在于，要见得天人物我原是一仁之理，所以能尽其仁之性。格物之格正是通彻无间的意思。只要仁的工夫至到则会通彻无间，这时物之仁即是我之仁，我之仁即是物之仁，物我之仁浑然一致，连合字也是不用的。据《明儒学案·卷四十七》所言，天人物我之所以能够通贯为一，只是因为有此仁之理而已。据《困知记》所言，格物的可贵之处在于，要从其仁的理的分之殊中，见到仁之理的一。这样就会领悟到无彼无此，无欠无余，而实有所统会的仁的道理。

（二）王廷相：国家养仁的贤才是要用于辅治

1. 王廷相的生平及其立论宗旨

王廷相（1474—1544年）为河南仪封人。他不仅是思想家，还是明朝著名的文学家。他非常正直刚毅，敢于和邪恶势力做斗争，气节卓然，在当时的士大夫中很有威望。曾遭到刘瑾的迫害而被贬，还因反对宦官廖鹏被逮下狱。刘瑾被凌迟处死后，又复出做官。晚年罢归家居。王廷相博学多识。他对天文学和音律学都颇有研究，对农学和生物学也很关注。自然科学对他产生了比较大的影响。他继承和发展了张载的气一元论。他的主要著作是《雅述》和《慎言》。王廷相反对明中期的仁的心学的治心方法。据《雅述》记载，王廷相说，近世的好高迂腐之儒，不知道国家养仁之贤育仁之才的目的是将以辅治，只是提倡讲求仁的良知、体认仁的天理之说，使得后生小子澄心白坐，聚首虚谈，终岁嚣嚣于仁的心性之玄幽，而对于兴仁的道致仁的知之术，达仁的权应仁的变之机则暗然不知。后学小生专务静坐理会，流于禅氏了还不自知。

2. 王廷相的思想脉络

（1）什么是理？气的仁之理是会朽敝的

①气是仁道之体，而仁道是气之具

据《慎言》所言，气是仁道之体，而仁道是气之具。天内外皆是气，地中也是气，物虚处实际上也皆是气。气是通极上下的造化的仁的实体。所以，虚是受乎于气的，而不是能生气的。仁之理是载于气的，而不是能始气的。能量世界的气是有聚散的，但是无灭息的。雨水之始，是气化的结果，得火之炎，会复蒸而为气。草木之生，是气结的结果，得火之灼，会复化而为烟。如果以形观之，则似乎有有与无的区分，而就气之出入于太虚的角度看，最初的气未尝有减。仁之理是载于气的，并非是仁之理能生出气来。仁之理是不会生气的。据《雅述》记载，王廷相说，儒者说，天地间万形皆是有敝的，唯独仁之理是不朽的，这种说法是殆类的痴言。如果仁之理是无形质的，仁之理怎么会能得而朽呢？以其情实来论之的话，揖让之后为放伐，放伐之后为篡夺，这样井田坏而阡陌成，封建罢而郡县设。行于前者是不能行于后的，宜于古的是不能宜于今的，所以仁之理是会因时致宜的，逝者皆为刍狗，也是会朽敝的。据《慎言》所言，仁的道体是不可以说成是无的，而从生有的角度看是有无的。天地未判的时候，仁的元气是混涵的，清虚是无间的，这就是仁的造化之元机。有虚即有气，虚是不离气的，气是不离虚的。气是有着无所始和无所终之妙的。不可以知气之所至，所以称气为太极；不可以为象，所以称为太虚，而并非是说在阴阳之外还有极还有虚。阴阳二气相互感化，所以群象显设。天地万物就是由阴阳之气而生的，所以能量世界的气即是仁的实体。

②气的仁之大德为敦厚的一源，而仁之小德为川流的百昌

据《雅述》所言，天地之间都是一气生生的，有常有变，万有是不齐的。气是一，则仁之理也是一；气是万则仁之理也是万。世儒专门说仁之理为一而遗漏了万，这是偏的。天有天的仁之理，地有地的仁之理，人有人的仁之理，物有物的仁之理，幽有幽的仁之理，明有明的仁之理，各各是有差别的。如果统而言之的话，皆是气的仁之化的结果。气的仁之大德是敦厚的，本始是仁的一源。如果分而言之的话，气是有百昌的。仁的小德川流是各正性命的。气有变化是因为仁之道有变化。气是有常和有不常的，而仁之道是有变有不变的。一而不变，是不足以该之的。据《王廷相集·答何柏斋造化论》记载，王廷相说，天地、水火、万物皆是从仁的元气中化出来的，因为在元气这个仁的本体中具有这些种子，所以才能化出天地、水火和万物。据《慎言》所言，万物的巨细柔刚因为其材不同而各异，声色臭味因为其仁之性不同而各殊。阅千古都可以看到这是不变的，因为仁之气种是有定的。人不像其父，就会像其母。数世之后，在体貌上必然有与祖相同的，这是因为仁的气种就是要复其本的。

（2）什么是心？善恶皆来自于一心

①众人的形气是驳杂的所以其性多有不善

据《王廷相集·性辨》记载，王廷相说，善是固然的仁之性，恶也是出自人心的，并非有二本。据《雅述》所言，是性之善与不善，都是人皆具有的。据《王廷相集·答薛君采论性书》记载，王廷相说，仁之性是出乎于气又主于气的，仁之道是出于仁之性又约乎于仁之性的，这是当然的仁之理。据《雅述》所言，舜之戒禹时，是以仁的人心和仁的道心来言的，认为仁之形与仁之性是一统的，而并非是说形是自形的，性是自性的。仁的人心是就自其仁的情欲之发而言的；而仁的道心则是自其仁德之发而言的。二者都是人的仁之性所必然具有的。据《雅述》所言，圣人的仁之性也是自仁的形气而出的，但是其所发未尝有人欲之私，这是因为圣人的仁之形气是纯粹的，所以其仁之性是无不善的。而众人的形气是驳杂的，所以其性多有不善，此性之大体便是如此的。

②圣人的仁之性也只能是具于气质之中的

据《王廷相集·答薛君采论性书》记载，王廷相说，人物的性无非是气质所为的。如果离开气来言性，则性便无处所，就会与虚同归。如果离开性来言气，则气就是非生动的，就会与死同途。所以，性与气是相资的，性与气是不得相离的。但是，如果性是主于气质的，就必然是有恶的，所以孟子的性善之说是说不通的。又勉强说出本然之性之论，说性是超乎于形气之外而不杂的，为的是会于性善之旨，这样反而会把孔子之论变成是下乘的。不思性之善的，莫有过于圣人的，而其性也只能是具于气质之中的。但是，其气之所禀的清明淳粹，与众人是相异的，所以其仁之性所成是纯善而无恶的，所以也没有什么超出气的。既然圣人的仁之性都是不离于气质的，众人之性也就是可知的了。因为气是有清浊粹驳的，所以仁之性也是有善恶之杂的。所以，只有上智与下愚是不移的。性即是气之生理，气之生理则是一本之道。

（3）什么是工夫？缘仁之教而修成仁之善

①如果不善用耳目之闻见则会导致狭其心

据《慎言》所言，仁指的是与物之仁贯通而无间。事物沓至，只有得仁之道的人才能御之，因为有仁之心虚所以有仁之气和。据《雅述》所言，在物者的仁之理是感我之机，在我者的仁之理是应物之实。仁之心是栖仁的神之舍；仁之神是知仁之理的识之本；仁之思是仁的神识之妙用。自圣人以下，必待有仁之神而后能知仁。所以，仁之神是在内的仁之灵，而见闻是在外之资。据《慎言》所言，耳目之闻见，如果善用的话，是足以广其仁之心的，而如果不善用的话，则会导致狭其仁之心。据《雅述》所言，婴儿在胞中自己就能饮食了，出胞时便能视听，这便是天性之知，这是神化之不容已的。而因习而知，因悟而知，因过而知，因疑而知，皆是人道之知。父母兄弟之亲，也是积习稔（rěn，庄稼成熟）熟使之然的。为什么呢？如果使父母生之，孩提之时就乞诸于他人养之，长大了就只是知道所养者为亲。途而遇到父母，视之如常人一样，可以侮。所以，这不能说是天性之知。由父子之亲这个例子观之，就能知道诸凡万物万事之知，皆是因习因悟因过因疑而如此的，这都是人为的，而不是先天的。

②治心养仁之性得其仁之正与言行检制中其仁之则

a. 无事而主敬仁便是涵养仁于静

在修养方法上，王廷相力图综合仁的理学和仁的心学。他赞成程朱的主敬涵养论。据《慎言》所言，无事而主敬仁，便是涵养仁于静，有内外交致之力。这是要整齐严肃，要正衣冠，要尊瞻视，目的在于一其外。要冲淡虚明，要无非僻纷扰之思，目的在于一其内，由之才能不愧于屋漏。这是学仁之道入门的第一义。据《雅述》所言，如果为学不先治心养仁之性，那是绝无入处的。据《慎言》记载，王廷相说，后之儒者，任耳而弃目，任载籍而弃仁的心灵，任讲说而略行仁之事。知觉为心之用，虚灵为心之体。据《雅述》所言，如果从仁的本体上来言心，心之官则为思，心统性情是对的；如果从运用上来言心，心是出入无时，莫知其乡的，要收其放心，这也是对的。所以，对于心来说，不能一概而论。如果只是执其一义，就会固执。

b. 要主敬仁以养仁之心而要精仁之义以体仁之道

据《慎言》所言，明仁之道莫善于致仁之知，体仁之道莫先于仁的涵养。求其仁之极，要有内外交致的仁之道。君子主敬仁以养仁之心，精仁之义以体仁之道。据《王廷相集·答薛君采论性书》所言，凡人的性都是成于习的，缘仁之教而修仁德，也是可以变其气质为善的。如果习于恶，是会与仁之善日远的。据《慎言》所言，致知仁之本于精思仁之理，力行仁则本于守仁之礼。据《慎言》所言，不只是把讲究仁以为知仁，而人事酬应得其仁之妙，这才是仁的致知之实地；不只是把仁的涵养以为养，而言行检制中其仁之则，这其实才是致养仁之熟途。据《雅述》所言，把格字解释为仁之至或穷仁之至都是不对的，应该解释为正字。据《慎言》所言，格物指的是正物。物各得其当然之实便是仁之正。如果物物都能正之，就能达到仁之至了。

第十篇　儒家在清末和民国的危机时期

——儒家的理性仁德礼制幸福体系遭遇西方的科学与民主

第一章　从清末到民国的儒家的仁的礼制的遇难过程

第一节　政治状况：民主立宪与被当成专制的仁的礼制

一　中国与列强之间的关系

（一）西方列强进入中国前的清朝的仁的礼制

1. 清朝和明朝延续的都是元朝的官制

明清两代延续的是元朝的仁的官制，主要特点是内官无相职，外官管辖的区域扩大、级别增多。明太祖初年延续元朝的仁的官制，设中书省和有相职。因宰相谋反而废去中书省，并对群臣下谕说，以后都不能再设丞相。如果臣再奏请设立相职，则要处以极刑。天下大政分隶六部，由天子一人统治。采用这种方法，必须是天子非常英明。而后来的君主，要么是庸懦无能，要么是怠荒①，这样殿阁学士就掌握了相当于宰相的实权。殿阁学士本来是些文学侍从之臣，主管的是票拟和批答等事务，类似于前代的翰林学士，其责职只限于在文字上起草诏告而已。后来内阁学士的权力越来越大，好比是天子的书记官，承担着宰相的职能，但是没有独立的职权。这样在明朝出现了有权臣无大臣的状况，所以君主可以无所畏忌，而宦官则能够专权。在明清两代都是都察院的权力最重。巡按御使是代天子巡守的。明清两代都设有大理寺、刑部、都察院，并称为三法司。明朝的总督巡抚是随时设的，而在清代成为常设之官。

① “怠荒”指的是因懈怠而荒废。

清朝初年，文华殿、武英殿、文渊阁、体仁阁各设大学士一人，协理大学士两人，为相职。在康熙年间，由南书房翰林撰拟谕旨。雍正要在西北用兵，害怕军机泄露，特设军机处。翰林院本来是文学侍从之官，但是明朝从天顺之后，要进士才能入翰林，要翰林才能入内阁，所以翰林院的地位就越来越重要了。清朝时候的尚书，满汉各一；侍郎，满汉各二。清朝初年用亲王和郡王管部大臣，后来因为他们的权力太重，而起用大学士。理藩院用的都是满蒙人。五口通商之前，西洋各国的外交事务，都由理藩院管。在咸丰年间，设总理来管各国的事务。光绪年间改为外交部，并派公使驻扎各国。后又设总副领事和领事驻扎各国，以保护侨民。清朝不设太子。宗人府管理的是皇族。清代宗室是一特别阶级，所以比较重要。历代中央各官，都是奉君主一人而设的。清朝供奉天子的事，大部分是由内务府管的，太监也是由内务府管理的。对于外官来说，明朝初年，把路改为府，在府下设县。属州等同于县，而直隶州等同于府。清朝对于东三省的治理方法比较特别。另外，蒙古、新疆和西藏都采用驻防制，新疆后来改为行省。

2. 从唐朝到清朝都采用了仁的圣贤科举制

从唐朝到清朝都采用仁的圣贤科举制。选举的方式有别的种类，但只有仁的圣贤科举制是独盛的。明初当仁的圣贤之官是学校、科目和举荐并用的，但是明太祖最看重学校。在南京和北京都有国学，即国子监。在府、州、县都立有学校。明朝用八股文考试规定：第一，要用古人的语气写作；第二，要用排偶即骈文的文体。当时应考的人很多，而录取的人很少。考试的题目，考官无法说谁更好，谁更差。为了吸引考官的眼球，考生就把文章写得很新奇，考官不敢不取，否则辩不清楚。为了防止这种情况出现，就采用了代古人说话的方法，这样就只能说某个时代的某个人的话，这样就不能太奇怪，而且限定在一定的范围之内。有的人为了吸引考官的眼球，就把文章写得很长。因为散文容易写得长，而骈文就不容易写长，所以采用了骈文的方式考试。清朝的学校选举制度与明朝类似。只是在乾隆年间设博学鸿词科，而在光绪年间开设了经济特科。

在明以前的历代学习和科目都是两回事。而明朝时规定要应科目的必须上学，结果学校变成了专门应考科举的机构，入学的目的就是应考科举。而应考科举的本事不一定要在学校里学，这样就可以不入学校。后来学校慢慢成了虚设，生员并不真正入学，教官也就没有什么事可做。在唐宋之时，科举时设的科目很多，一个人懂一件事情就可以了，而王安石变法之后，罢黜了诸科，只留下了进士科，而进士考的只是经义、论、策。经义所考的就是本经、兼经。一个人通一、两经就可以了。到了明清两朝，应科举的人要通《四书》《五经》。明朝还要加考论、判、诏、诰、表，清朝要加考试帖诗。这样考生做不到，就只看几篇《四书》，后来会做《四书》文的，也不必懂《四经》了。这样应科举的人，就不再是人才了。戊戌变法时曾废掉了八股，考策论经义。慈禧太后垂帘听政之后，恢复八股文。辛丑回銮后，又废八股文。最后到实施新政时废了仁的圣贤科举制。

3. 清朝的法治和赋税制度

中国历代的法典只有行政法和刑法两种，而这两种法典在唐、明、清三代编得较为整齐。中国历代要修改法律都很难，沿袭成文比较多，所以补的例和案就比较多。法学家都认为，律应该简才容易统宗，而例要繁才足以援引。律用来定法，而例用来准情。但是，例子太多了，主者无法遍览，人民无法通晓，官吏就容易作弊。据《明史·卷九十三》记载，《大明律》是明朝的刑法典。历代的法律都是以汉朝的《九章》为宗，到《唐律》集大成，《大明律》沿袭的是《唐律》。在《大明律》中，有充军和凌迟之刑。凌迟是用来处罚因大逆仁而不仁道者的。充军有“终身”和“永远”之别。

清朝的法律名为《大清律集解附例》，它是以《明律》为蓝本的。康熙命刑部把律外的条例详细酌定，拟定《现行则例》，后载入《大清律》之中。在《大清律》中，除了凌迟之外，还增加了枭（xiāo，把头砍下悬挂在木头上）示。在充军之外，还设有发遣，即发遣给戍边的兵为奴。明朝设镇抚司、锦衣卫、东西厂，操纵着刑狱之权。五刑指的是笞刑、杖刑、徒刑、流刑、死刑，定于隋代。清朝末年，因为西方人在中国施行领事裁判权，驱使中国改良法律，拟删除枭示、凌迟，把军遣、流、徒改为作工，把笞、杖改为交罚金。还编订了《刑律》《民律》《商律》和《刑民事诉讼法》，拟改审判制度，但是都没有实行。

明初的赋役制度比历代都要整齐，主要因为设立了黄册和鱼鳞册。明朝的田赋采用的是两税法，分为夏税和秋粮。官田、民田、租田交的税不一样，民田比官田每亩减二升。16 岁为成丁，成丁要服劳役，60 岁可免劳役。以户计算的劳役称为甲役，而以丁计算的称为徭役，临时交办的为杂役。还有力役和雇役的区别。在黄册上记录着田和丁。在鱼鳞册上记录着田的好坏和田的拥有者。按黄册和鱼鳞册来定赋役。后来，因为黄册和鱼鳞册都记录得不准了，又订了白册。只是白册记录得也不准，导致了穷人有税而无田，而富人有田而无税的现象。无税的田，要么是责成里甲赔偿，要么是向穷人摊征。历代的赋税都是征收实物，后来变成了以银为常赋。

（二）西方列强的竞争对清朝的仁的礼制的冲击

在清朝之后，中国的对外开放分成几个阶段：第一阶段，被迫与外国人通商。五口通商之前，中国从来没有在什么条约上确认与外国人通商。偶然有通商，但是是否通商的主动权在中国人手中。中国不愿意与外国人通商，而外国人希望与中国通商。外国人用兵力迫使中国通商。签订五口通商条约之后，中国便负有了条约上的义务，通不通都由不得中国人单方面做主了。第二阶段，外国人夺取了在中国的权利，比如说，领事裁判权、关税协定、内河航行权等。最后定下了最惠国条款，即只要给予一国某种权利，便是给所有第三国同样的权利。第三阶段，藩属及边境被侵削的时代。这时外国人在中国割地、设租界、占势力范围。欧洲人在分割非洲时，就有势力范围的概念，就是某个地方不容其他国家染指的意思。外国人通过争取路权，争取建铁路和管理铁路来划分在中国的势力范围。第四个阶段，势力范围时代。外国人要求中国人开放门户。美国没有租借地和势力范围，因此提出要实行门户开放。这时各国都要求中国保全领土、门户开放，这样各列强之间可以互相争夺在中国的利益。

1. 西方列强在中国的通商竞争

欧亚大陆之间的交通主要有几条路：从西伯利亚到俄国；从蒙古高原到欧洲；从印度入欧洲；从地中海到印度洋。在元朝之前，中国和欧洲的交往比较少。元朝之后，交往比较频繁。西方人东航到中国，主要分成两路。葡萄牙人绕过非洲的南端到中国。明世宗的时候，葡萄牙人借澳门为根据地。西班牙人是从西半球折到东亚来的。明孝宗时，哥伦布发现新大陆。明正德时，麦哲伦环绕地球一周。在明神宗时，荷兰人设立东印度公司，在明熹宗时占据台湾。后来台湾被郑成功收复。清圣祖灭郑氏时，荷兰人发兵相助，所以得到特许，可以在广东经商。当时日本人严禁传教，所以严禁与西方人通商。而荷兰人不向日本人传教，所以得以与日本人通商。在明万历年间，英国人在伦敦创设东印度公司。后到日本，也到澳门来经商。开始的时候，葡萄牙人不让英国人来，开炮打英国人。英国人还击，打败了葡萄牙人。但是，当时英国与中国的贸易受葡萄牙人阻碍，与日本的贸易受荷兰人排挤。只有在与印度的贸易中，英国人占优势。

西藏最需要内地的茶。于是在西藏出现了专门买卖茶的特权阶级，他们先买了茶，再转卖给西藏人。所以，西藏的特权阶级死守闭关主义。英国人很早就关注西藏，希望印藏通商。后来，阿富汗和波斯成了英国的保护国，西藏夹在中间，感觉不安全，所以与俄国人交好。俄国人知道西藏人尊崇黄教，所以就假装尊崇黄教，以笼络西藏。后来，英国派兵入西藏，直逼拉萨。俄国实行的是封建制，被蒙古征服后变成无数小国。后来俄国逐渐变得强大。西伯利亚本来是一片荒土，在清康熙年间，俄国人连派使臣到中国来，想要修好通商，但是因为“正朔”“叩头”等问题而弄得未能如愿。在清康熙年间，希望与中国通商的，肯跪拜的，就能朝见；不肯跪拜的，就不朝见。但是，带来的货物是允许出卖的。

清康熙年间，澳门、漳州、定海、云台山四地都开始对外开放，并设立了税关。后来关了其他三处，只允许澳门对外开放。当时的外商感觉很苦恼，主要原因在于：有的收税的官吏要多收很多额外的实惠；外国商人只能把货物卖给公行，再由公行卖给普通商人；除了做买卖，外国商人不准到广东，而且做买卖的期限一年只有 40 天。住的地方必须是公行安排的商馆。不准带家眷，出外不准坐轿子。清乾隆年间，英国派大使到中国，请求允许英国人在舟山、宁波和天津三处通商，并在北京设立货栈，销售货物。这个时候正好是乾隆的八旬万寿，朝臣把大使说成是专门来给乾隆庆万寿的，赏赐了一筵席，给了许多东西，而所请之事，皇帝下了两道敕谕给英国国王，一概驳回。清嘉庆年间，英国国王派遣阿姆哈司（Amherst）到中国。那时西洋人到中国，只能从广东进入。阿姆哈司违例从天津上岸，因为行李滞后，国书未到，请求暂缓觐见。虽然没有让他觐见，但还是赏赐给英国国王珍玩，对使臣也给予了安抚，令他们从广东回英国。

清道光年间，因为东印度公司的权利将逐步取消，广东总督命公行通知东印度公司，希望在公司解散后，派一个大班（中外通商的经纪人）来中国处理商业事务。英国国王派来了拿皮楼（Napier）作为主务监督。中国人要的是大班，所以把他当成大班，不许他直接与官府往来，要通过公行转呈他的禀帖。拿皮楼坐船硬闯，进入广东，要见广东总督。总督派兵包围了商馆，并且停止了与英国人通商。后来，英国国王废了主务监督，派义律为领事，要求进城。当时的广东巡抚邓廷桢奏准其进城，但不是所有的公事都能直接与官府面议。于是，义律报告英国政府说，要与中国通商，非用武力强迫不可。这时正好出现了两国之间的鸦片纠纷，战争就要开始了。

2. 西方列强发动的对华战争

（1）鸦片战争与中国被迫签订的条约

在宋太祖开宝时的《开宝新详定本草》中就有了对于鸦片的记载，但是那时的鸦片只是当药用。大概明末之时，才有了吸鸦片的风气。清雍正年间，鸦片主要是葡萄牙人输入的，数量还不多，但当时已发了禁令。清乾隆年间，英国东印度公司得到了与中国贸易的垄断权，孟加拉国又是鸦片产地，鸦片的输入就越来越多，曾高达三万箱。清道光年间，宣宗派林则徐为钦差大臣，到广东海口查办鸦片。林则徐逼迫英国商人交出鸦片，在虎门焚毁。林则徐还奏请定律，规定运鸦片入中国关口的，分别首从，处于斩绞之刑。又发布公告给各国，只要商船中夹带鸦片，则船货充公，人即正法。当时在广东与中国商务往来最多的是英国、美国和葡萄牙。美国和葡萄牙都服从了，而英国的义律则不服从。林则徐就下令断了给英国人的供给。义律托葡萄牙人出来说情，同意船货充公，但不同意人即正法，而林则徐不同意。于是，义律禁止英国的船到广东去。这时偏偏几个英国水兵到香港去打死了一个叫林维喜的中国人。中国人要求英国人交出罪犯，而英国人说已经在船上审讯过了，定了监禁之罪。这样两国冲突起来，中国停止了与英国人的贸易。

1840 年 4 月，英国议院赞成英国政府对中国用兵。义律带兵攻打广东，广东发兵拒敌，义律转攻厦门，后打破浙江的定海。这时各疆臣怕负责任，开始造谣诬陷林则徐。义律带着英国首相给中国政府的书函要求：赔偿英国货价；开广州、厦门、福州、定海、上海五口通商；中英交际的所有礼仪平等；赔偿英国兵费；不因英国船只夹带鸦片而累及居留在中国的英国商人；全部裁掉华商的经手浮费。义律攻破定海时，把这封信送到宁波的政府衙门里。宁波府说只有北洋政府才能收这封信。义律到天津，把这封信交给直隶总督琦善。琦善上奏后，朝廷说这件事是在广东闹出来的，要在广东解决，让义律到广东去等候消息。于是，林则徐被革掉两广总督之职，由琦善接替。义律回到舟山，与伊里布定休战之约。

琦善到广州，答应赔偿英国烟价。义律要求割让香港，琦善不答应。义律攻陷沙角、大角两个炮台，琦善不得已而答应开放广州和割让香港，签订草约。朝廷听说英国进兵，派靖逆将军奕山到广东，派钦差大臣到浙江视师。后来，英国人攻陷横当、虎门各炮台，水师提督关天培战死。奕山在广东发兵夜袭英国人，失败。英国人再次攻击，攻破城西北两面的炮台。奕山只得再定休战条约。英国政府怪义律定的草约太吃亏，派璞鼎查代替义律，继续进攻，攻陷厦门、上海等地。朝廷没有办法，派全权大臣与英国人议和，定了《南京条约》，其中的主要条款是：赔偿英国的军费、商欠、鸦片价；开放广州、厦门、福州、宁波、上海五口为通商口岸，英国得派领事驻扎，英商得自由携眷居住；割让香港；中英交际的一切仪式，彼此平等。随之签订了《中美条约》《中法条约》。

（2）英法攻破京城和东北被割地

订立五口通商的条约之后，四口都设了领事馆，只有广东人不准英国领事进城。在英国领事乘兵舰闯入广东内河时，广东好几万勇士聚集两岸，呼声震天。当时的两广总督徐广缙乘机与英国人订立《广东通商专约》，把英国领事暂缓入城写入条约。宣宗得到这件事的奏书后，特别高兴，表扬了勇士们和徐广缙。清咸丰年间，一艘曾在英国登记的中国人的船，登记的期限已满，载着几个海盗，停泊在广东境内。中国的水兵上船搜捕时，毁掉了英国的国旗。英国领事巴夏礼大怒，发了最后通牒给叶名琛总督，总督置之不理。巴夏礼没有得到英国政府的许可就发兵攻陷广东省城，随即退去。广东人民情绪激动，烧掉了英国、法国和美国的商馆。巴夏礼报告英国政府，申请开战。第一次议会没有通过，第二次议会通过。此时，在广西有人杀掉两名法国教士。英法联合派兵攻破和占领了广州，抓了叶名琛，后来叶名琛死在印度。

这个时候，俄国和美国也想修改通商条约，于是英国、法国、俄国、美国这四个国家派使臣，致书中国的中央政府。朝廷一开始推给疆吏去办。英国和法国人不满，攻陷大沽炮台。朝廷只好派全权大臣到天津开议，签订了《英约》和《法约》，沿海和内河都开放，给予了外国人领事裁判权、协定税率和最惠国条例。朝廷靠着僧格林沁的大兵，不肯议和。英法之兵进逼北京。朝廷派怡亲王去议和。在议和期间，有人对怡亲王说，英国人将袭击我方。怡亲王恐惧，让僧格林沁发兵捕获和拘禁了巴夏礼。英国和法国攻打僧格林沁，僧格林沁之兵被打败。朝廷改派恭亲王全权与英法议和，文宗逃往热河。法国人占领圆明园，第二天英国人的兵也到达。这个时候恭亲王已经放了巴夏礼。英法致书恭亲王说，限时不开门，就要炮击京城。恭亲王不得已，如期开门。而与巴夏礼同时被监禁的人，死了十几个，英国人大怒，放火烧了圆明园。

（3）日本发动的对华战争

①中日甲午战争和朝鲜的独立

日本的丰臣秀吉平定日本国内后，二传为德川氏所灭。德川家康为征夷大将军，很讲究仁的文治。日本人很讨厌西方人在日本传教，因此德川氏主政后，始终奉守锁国政策。在清咸同之间，英、俄、美等国，都曾以兵力强迫日本人通商。日本的幕府是掌握政权的人。幕府知道西方人的势不可挡，而全国的舆论则是攘夷的。于是，处士运动大起，把尊王、攘夷与倒幕联系在一起。幕府灭亡，诸藩相继纳士，把封建制变为郡县制。此时日本意识到攘夷不太可能，于是开始维新。在明末，西学从中国传入朝鲜，朝鲜人很欢迎，但是也不喜欢西洋人在朝鲜传教。在光绪年间，外交和内部练兵，基本上都是李鸿章在主持。李鸿章对朝鲜人说，一味锁国是办不到的，不如利用各国的力量，互相牵制，因此劝朝鲜与日本修好。朝鲜与日本订约十二条，申明朝鲜为独立自主之国，同日本往来时，一切的礼仪都要互相平等。清同治年间，几个日本人航海遇风，漂入台湾，为没有被汉（仁）化的生番所杀。日本人诘责中国，中国的总署说，生番是仁的化外之民，让日本自去问生番。日本人发兵入台湾，中国人也在福建备兵，准备渡海。李鸿章以为靠英国和俄国调停，不会出什么大事。中国的兵被打败，日本人打入中国本土。中国人派美国公使去调停，派张荫桓等去日本议和，被日本人拒绝。朝廷改派李鸿章前往日本，定了《马关条约》，割辽东半岛和台湾、澎湖给日本。

②第一次世界大战中的中日关系

民国三年，即1914年，在欧洲发生了第一次世界大战。当时袁世凯当政，中国宣告中立。日本向德国宣战，占领青岛。中国要求日本撤兵，日本向中国政府提出了二十一条要求，而且要求中国严守秘密，否则日本要索取更多的赔偿。中国政府与日本签订条约，美国政府向中日两国政府发出通牒，说明如果有损美国的利益，则不承认。中国参加了第一次世界大战，答应了协约国的条件，其中包括多招工人赴欧、德奥两国的租界交给协约国管理等。日本抗议，说中国参战没有通知日本，希望中国政府下不为例，并要求英、俄、法、意保证让日本接收德国在山东的权利和日本占领的赤道以北诸岛屿。这些国家都承认了。美国含糊地默许。中国曾招募大批华工赴欧，但始终没有出兵。协约国各国公使发布觉书，说中国参战不力。巴黎和会之时，中国派陆征祥等为全权代表赴会。

第一次世界大战将结束的时候，英美两国议论说，各国应该取消其势力范围，统一管理中国的铁路，由各国共同借债给中国，以便让中国还清旧债。在巴黎和会上，美国总统威尔逊提出和平条件十四条，其中包含各国不得私结国际盟约；军备缩小到只是保护国内治安的最低额度；组织国际联盟，国家无论大小一律平等。各国都承认这些条件。中国也欣然赴会。只是开会以来，英、美、法、意、日就另组最高会议，垄断一切事务。中国代表要求撤销和废除势力范围、取消领事裁判权、归还租界等，并要求取消《对日二十五条条约和换文的陈述书》。各国说，这不是和会的权限能议的。在开最高会议时，日本把青岛问题列入，中国的王正廷和顾维钧出席。日本代表要求将德国在山东的权利无条件地转让给日本。中方要求德国直接把在山东的权利交还给中国，争执特别激烈。后因事和会停顿。意大利因为要求的事情威尔逊不同意，而日本提出的针对美国和英属地排斥黄种人入境的《人种平等案》和山东权利继承问题得不到通过，因此意大利和日本要退出和会。美国害怕和会决裂，后来，四国再开最高会议，招中国代表出席。中国代表反对按《中日条约》或《中德条约》执行。英国代表倡议将这件事交给英、法、美三国专门委员会核议。

消息传到中国，北京和上海的学生罢课、商人罢市，铁路工人将联合罢工。政府罢免曹汝霖、陆宗舆、章宗祥。三国专门委员会核议时，中国已经感觉原来的要求没有通过的希望，所以提出让步的方案，同意把德国人在山东的权利交给英、法、意、美、日，再由五国交还中国。英国和法国委员都偏袒日本，美国委员建议用中国的让步方案。后四国会议开议，日本撤回《人种平等案》，但还是要求把德国在山东的权利让给日本。中国代表向和会提出保留案，申明中国可以在和约上签字，但是关于《山东条项》必须保留另提。后来中国一再让步，都没有得到批准。和约签字日，中国代表拒绝签字，不出席会场，并且发电报给北京政府说，如果再忍，中国将更无外交可言。美国提出成立国际联盟的提议，各国都同意，成为和约的组成部分。中国没有签《德约》，但签了《奥约》，所以为国际联盟的会员之一。巴黎合约，英、意、法、日等国都批准，但是按美国法律，和约需上院三分之二的议员同意才能得到批准。美国上院提出保留案十四起，其中包括山东问题。巴黎和会中国外交失败后，中国各地兴起排斥日货的风潮。但是，焚毁的都是华商已买的日货，日本人没有直接损失。

③日本侵略中国的战争

甲午战争之后，日本的政权依然掌握在军阀手中，并与新兴的资产阶级联合在一起。军阀和资产阶级都有向外侵略和扩张的需求。日本在制定侵略政策时，最初有南进和北进两派之争。南进的攻击目标是南洋群岛，而北进的攻击目标是大陆，最后北进派得胜。而要北进，朝鲜和中国的东北地区最薄弱，所以日本就以朝鲜为桥梁，侵入中国。日本把张作霖炸死，本以为可以就此侵略中国，却促成了中国的统一。1931 年 9 月 8 日，日本人炸毁了一段南满铁路，诬陷为中国人所为，于是日本驻军进攻沈阳。当时中国的兵力不敌日本，怕事态进一步扩大，于是，中国人让守军退出，以为这样日本人就没有借口无端占领中国的土地。而日本人此时已不需要借口，在长春和安东的驻军同时进攻，几天就攻陷了辽宁和吉林两省的要地。日本的侵略行为是违反《国联盟约》《九国公约》和《非战公约》的。中国无力抵抗，诉诸于国际联盟。美国令日本兵退还铁路沿线之地。日本人不听，并攻陷黑龙江。后来，日本人又在上海挑衅。驻扎上海的十九路军奋起反抗。日本人屡次失败，数次增兵，后在浏河登陆，中国军队退守第二道防线。在英、法、美的调停下，中日签订了停战协定。

日本人进攻东北三省之时，同时又在天津引起骚乱，乘机挟持清朝的末代皇帝到长春建立伪满洲国。国际联盟没有按盟约施行制裁，但是派了调查团到中国。后发表的报告书称，东北无疑是属于中国的，但可以设立特殊制度来治理中国。中国不同意。后国联非常大会通过报告书，决议不承认伪满洲国。日本退出国际联盟。日本不想持久战，因为国力无法支持，所以采取诱降政策。日本提出的三条原则是：中日亲善；共同防共；经济合作。要求取缔抗日行动、承认伪满洲国。日本以为，以共同防共为口实，就可以要求驻兵中国，以威胁苏联。要讲经济合作，中国就要出人力、出资源。中国政府始终坚决拒绝。抗日战争开始时，中国没有海军，而日本是一个海军大国。日本当时占据的地方，北起库页、西至台湾。在第一次世界大战之后，德国在太平洋中赤道以北的诸岛屿委托其代管，而日本人把这些岛屿弄成了军事根据地，所以英国和美国要击败日本，也不是很容易。

自 1929 年之后，国民党开始“剿共”。最初的战场在江西，后来共产党在陕、甘、宁三省之间建立了根据地。共产党到西北后，发表宣言愿意与国民党合作，共同抗击日本。1936 年蒋介石被他自己的军队劫持，共产党力主释放蒋介石，从此开始国共两党合作抗日。当时日本人步步进逼，蒋介石说，和平还没有到绝望时期，绝不放弃和平；牺牲未到最后关头，也不轻言牺牲。1937 年 7 月，日本兵超出了条约上允许的外国驻兵区域，在卢沟桥演习，声称丢了一个士兵，要到宛平城搜查。中国驻军拒绝。7 月 7 日，日本人打击中国士兵。蒋介石在庐山召集会议，宣称抵抗的时期已到。蒋介石告诫国人说，一旦开战，就只有抵抗到底。中途妥协，必然灭亡。各党派都拥护国民政府。共产党的红军由国民政府统一改编成国民革命军第八路军。

日本人希望中国早日屈服。在平、津陷落之后，诱中国人投降。中国人依然抵抗。日本人攻打上海。中国军队奋勇抵抗，日军伤亡很大，屡次增加兵力。中国军队抵抗了很长时间才退守第二道防线，中国军队的伤亡也很严重。自鸦片战争以来，中国与外国人交战，屡战屡败，士气不振。上海战役，虽然敌我兵力悬殊，最后撤退，而且在平夷无险之地，本不适合打阵地战，但是这次战役坚持的时间比较长，期间捷报频传，将士作战的忠勇，政府抗敌的决心都显示出来，加强了全国人民抗战到底的决心。日本人入南京后施行大屠杀，并托德国公使诱中国求和。中国政府拒绝。南方在与日本人剧战时，日本人入侵察哈尔，并入晋北。

在第一次世界大战以前，英、美、法、德、俄、日六国在东方都很有势力。后来，苏联的国情变了，德国在海外的属地全部失去了，法国也疲惫不堪，在太平洋上角逐的就只有英、美、日三国了。英国和美国只想保持经济上的利益。日本却想要吞并中国，所以中日之间的关系是你死我活的关系。德国和意大利与东方的直接关系减少，但在欧洲挑起战祸。在中日之战中，英、美、苏是站在中国一方的，但是因为日、德、意相互勾结，因此英、美、苏受到牵制。英国的属地很广，防护极难，所以对日本的反对态度极弱。美国不受什么牵制，但国内的孤立派声势很强大，反对美国过问欧洲之事，更反对美国过问亚洲之事。美国总统罗斯福本来想制裁日本和对日本禁运军火，都没有能够办到。苏联因为国境与欧洲和中国相联，很受牵制。1938 年在中国与日本开战之后，中国与苏联之间签订了互不侵犯条约。中国与日本作战，在道义上得到正义之国的支持，但是物质上的援助很少，军事上的援助更少。在军备落后的情况下，与优势数倍的日本人对抗，显示出了中国人的勇敢的精神和坚强的意志。

日本人、德国人和意大利人，本来是标榜共同防共的，但是德国与苏联签订了互不侵犯协定。日本人就此发表宣言，不介入欧洲战争，于是主要攻打中国。日本人认为中国抗战主要靠外援，没有外援抗战必然失败。这个时候在中国出现了叛徒。国民党元老汪精卫于 1940 年鼓动其党推举他为伪国民政府主席，于 1940 年与日本人订立条约。日本进一步进攻中国。德国在欧洲攻陷丹麦、挪威、荷兰、比利时，法国也崩溃。苏联因为西方形势危急，与日本人订立中立协定。德国与苏联开战。德国约日本一起攻打苏联。日本人想先解决中国。日本进攻长沙，结果大败。这个时候日本看到英国和美国的防备不太充足，以为可以投机，于是偷袭珍珠港，向英国和美国宣战。

中日开战以来，德国和意大利对中国已经开始有不友好的举动。1941 年德国和意大利都承认了伪政府，与中国绝交。日本向英国和美国宣战时，中国对日、德、意宣战。中国战场牵制了日本人的数百万大军。日本发动太平洋战争之后，依然想尽快解决与中国的战争，以便抽调兵力攻打南洋。日本人再次进攻长沙，又被中国人打败。美国人帮中国人训练空军，并在中国的浙东修筑了许多空军基地。法国控制了地中海，既可以攻打意大利，又可以接应苏联。意大利投降。苏联驱逐德国人，恢复疆域。蒋介石、罗斯福、丘吉尔在开罗开会，令日本人无条件投降，台湾及东北三省归还中国，朝鲜恢复独立，收回第一次世界大战后委托日本代治的太平洋中诸岛。日本的疆土以本州、四国、九州、北海道及附近的若干小岛为限。在太平洋中的反攻，全部凭借的是美国海军的力量。自从日本侵占南洋诸岛之后，英国海军无暇兼顾，所以把澳洲的防御委托给美国。

英国、法国和美国联合打德国，德国投降。同盟国集中兵力打日本。中国正好开始反攻日本。美国屡次轰炸日本本土。日本想把千岛及库页岛割给苏联，托苏联向英国和美国说情，想保住日本在大陆的权益。这个时候罗斯福去世，杜鲁门接任美国总统。杜鲁门、斯大林、丘吉尔在柏林的波茨坦开会。中、英、美三国发宣言，劝日本无条件投降，其中说明，盟军必须占领日本，扶植民主势力，摧毁其军工产业，直到达到目的才撤退。日本仍然不服。1945 年 8 月 6 日，美国向日本的广岛投原子弹，9 日在长崎投原子弹。苏联也对日宣战。日本人于10日接受中、英、美的宣言，只是要求保留天皇。盟军由美国代表中、英、苏答复日本，申明日本天皇及政府，必须置于盟军的最高统帅之下，日本政府的最后形式，要由日本人民自由表示的意思决定。日本投降。苏联对日宣战后，占领东北三省和朝鲜，溥仪被苏联军队所俘。

二　君主立宪与共和立宪之争

中国自古就有民本思想。皇帝是用仁的天道为民做主的，皇帝有仁德，民就承认皇帝，皇帝不仁德，民就不承认皇帝。用宪法限制君权，用共和去除君主，与民本思想并不矛盾，而且人们感觉这样能够更好地落实民本思想。在庚子之后，中国就出现了革命和立宪两种思潮。立宪者想要在保留君主的前提下立宪；革命者则想在推翻君主的基础上实现共和；民族主义者（即汉族主义者）则想要推翻清朝。在日俄之战后，中国人得出了日本因为立宪而强大，俄国因为专制而失败的结论，所以清朝开始赞成君主立宪，而且派出五大臣出洋考察宪政。考察的结果，一致同意立宪。各疆臣也多主张立宪，所以朝廷下诏预备立宪，从改革官制入手，在九年之内完成。当时没有意识到中国在世界上独一无二的仁德礼制幸福体系有着自身的运行规律，违背这种规律就无法统治中国。西方的君主立宪制或共和制都是私有制的实现方式，而中国人的仁德礼制幸福体系则是天公所有制的实现方式。所以，在改制过程中出现了种种的混乱。

（一）君主立宪的过程：戊戌变法和义和团运动

清朝在咸丰皇帝和同治皇帝之后，全国的势力都转移到湘淮军的手里。湘军被废以后，淮军握势，内政外交的重心就落到李鸿章身上。后来淮军又渐变为练军。在淮军系中，没有什么杰出的人才，所以能够勉强继承李鸿章衣钵的便是袁世凯。载沣很喜欢揽权。人民上书请愿，希望尽早召开国会。载沣起初不听，人民再三请愿后才把九年的期限改成五年，而且遣散请愿的代表，衙门把东北三省的代表遣送回籍。在第一次改革官制之后，十一部的尚书，有七个为满族人；第二次官制改革后，设立内阁，以奕劻为总理大臣，那桐为协理大臣，其他十部中满人又占七个。人民认为以皇族组阁，不合乎立宪制度的精神，又上书请愿。各省的咨议局也联合上书，朝廷不听，并且置舆论于不顾，把铁路收归国有。

清咸丰皇帝刚即位的时候是很勤政的。在承受了五口通商的屈辱之后，政治舆论倾向于反对主张和议的人。这时虽然咸丰皇帝并不想效仿西洋，但是也认为有改革的必要。于是，咸丰皇帝开始启用林则徐等人，而且下诏求直言不讳，给人们带来了希望。后来太平军起事，连年用兵未能平定，而且与英法交涉时更为棘手，所以弄得心灰意懒，开始纵情声色。载垣（yuán）、端化、肃顺这三人则一方面引导他游戏人生，一方面结党揽权，军机处的权柄就慢慢落入了这三人手中。咸丰皇帝逃到热河之后，第二年就去世了。三位大臣就弄了遗诏，自称为辅政大臣，不让留守在京城的恭亲王去奔丧。当时的政治中心，一处是在热河，以载垣（yuán）、端化、肃顺为中心；一处在北京，以恭亲王为中心。恭亲王与两太后密谋，杀了三位辅政大臣。同治皇帝八岁登基，两宫太后同时垂帘听政，而恭亲王则为议政大臣。

在道光皇帝之前，汉人的大臣没有真的握过实权，尤其不能掌握兵权，所以有大的征伐，带兵的都是满人。而到了咸丰皇帝之时，满人实在是不中用了，军机大臣庆祥就力主用汉人。肃顺很爱才，胡林翼、曾国藩、左宗棠都靠他举荐或保全。虽然恭亲王与肃顺是政敌，但是还是用这些人，没有改变，所以平定了太平军等。而平了太平军后，就把湘军解散了，内政外交的重心集中到李鸿章身上。但是，因为中央政府没有实力，所以慢慢有了“外重”的趋势。慈安太后虽然垂帘，但是徒有虚名，实权都在慈禧太后手中。同治皇帝是慈禧太后所生，但是与慈禧太后不和。慈安太后基本上不问国事，但却要问家事。同治皇帝选谁为皇后，两宫太后相持不下，于是让同治皇帝选。同治皇帝选了慈安太后喜欢的皇后，慈禧太后不高兴，禁止同治皇帝到皇后宫去。同治皇帝郁郁不乐，最后死了。皇后也绝食自杀了。

雍正皇帝时定了“储位密建”之法，把自己准备立的儿子的名字写好，密封后藏在乾清宫正大光明殿的匾额之后。乾隆皇帝时又规定立嗣不能逾越世次。按这个规定，本来应该立溥字辈的，但是德宗的母亲是慈禧的妹妹，而且德宗刚 4 岁，便于继续垂帘听政，这样德宗就成了光绪皇帝。在同治年间，乱事未平，而且慈安太后为嫡后，所以慈禧太后还有所收敛。到光绪年间，乱事已定，中兴之业已成，慈安太后去世，慈禧太后便骄侈起来。乘中法之战的机会，罢免了恭亲王，又宠太监李莲英，修建颐和园，花掉了建设海军的军费。光绪大婚之后，虽然慈禧太后归政给光绪皇帝，但是依然处处干政。光绪年间，外交屡次失败，战争也失败，光绪皇帝开始定变法之计。

从明朝开始，教士的译著和书籍就传入中国，但是受到中国人注意的主要是天文学和算数。纪晓岚在编《四库总目》之时，艾儒略的世界地理专著《职方外纪》就没有收录。到五口通商之后，魏源的《海国图志》、夏燮（xiè）的《中西纪事》等书，让中国对外国有所了解，但主要还是想闭关锁国，想如何把守好口岸，不让西洋人攻破。在平定太平军的时候，清朝是借用了一部分外国的兵力的。在跟随李鸿章打仗的时候，中兴诸将是看到了外国兵怎么打仗的，知道了中国的兵难敌外国的兵，所以开始注意练兵。而且，也开始选派幼童到美国留学，开始设船政局、制造局等，开始兴办铁路、汽船、电报等。在中日甲午战争之后，康有为、梁启超等熟知旧法的人开始主张变法。据康有为的《春秋董氏学》所言，《春秋》中所说的从乱世升入平世，再到太平之世，只能实现小康。而孔子还有关于大同之世的学说，只有通过变法才能实现大同之世。

清朝年间是禁止私人讲学的，所以学士大夫聚集不起来。而到了清朝末期，专制的气焰衰了，就开始有讲学的了。康有为很早就到处讲学，在他门下有很多才智之士。他很早就开始上书言事。康有为上书五次，只有一次到达光绪皇帝那里，光绪皇帝很是赞同。甲午战争之后，康有为在北京创立强学会，目的在于讲实学，筹划变法之计。康有为的弟子梁启超等，在上海开办《时务报》，倡导变法，使得士大夫之中弥漫着变法的空气。光绪皇帝周围有不少顽固之人。光绪皇帝宣布变法，启用康有为、梁启超等人，但是顽固之人把持朝政，办不成事。后来，慈禧太后从颐和园突然回宫，说光绪皇帝有病，由她临朝，并且说新党谋围颐和园，所以把康有为的同道谭嗣同等六君子杀死。康有为和梁启超逃到海外，新政全部被废掉。在戊戌变法的时候，光绪皇帝想要收回大权，与袁世凯商量。袁世凯知道光绪皇帝成不了事，所以把此密谋告诉了荣禄。这样慈禧太后幽囚光绪皇帝，推翻新政。

慈禧太后想要废掉光绪皇帝，各督抚不赞成，外国公使也反对。慈禧太后要抓捕康有为和梁启超，外国按照国事范例保护不肯交出。康有为在海外成立保皇会，反对废掉光绪皇帝，华侨们纷纷响应。慈禧太后骂报馆的主笔，想要禁绝报道，但是管不了租界。于是，慈禧太后开始痛恨外国人，有了排外的念头。荣禄和刚毅等人又有了排汉的念头。荣禄说，练兵不是为了要打外国人，而是要防内贼。刚毅说，宁肯把天下送给外国人，也不还给汉人。而汉大臣徐桐等则非常固执。徐桐怀疑，除了英、俄、德、法、美、日等几个强国外，其他国家都是新党的人编出来骗人的。

当时的人认为，当官的怕外国人，外国人怕百姓，所以要开展群众运动。所以，有的大臣是相信义和团的力量的。义和团打出的旗号是“扶清灭洋”。义和团起于山东。山东巡抚毓贤支持和奖励义和团运动，出现了杀外国教士的情况。袁世凯替代了毓贤之后，开始剿灭义和团。义和团逃入直隶，直隶总督裕禄非常欢迎，刚毅和徐桐等把义和团称为义民。于是义和团设坛传习，杀教士、焚教堂、杀携带洋货的。外国公使责问中国政府，中国政府含糊回答。董福祥引甘军入都。朝廷公然下诏，同时向各国宣战。朝廷又下诏给各省的督抚，尽杀境内的外国人。当时两江总督和湖广总督，联合各省不奉伪命，与各国领事订立了保护东南的条约，使得东南部无事。朝廷派董福祥的兵与义和团一起攻击各使馆。德国公使和日本书记官都被杀。

这时英、俄、法、德、美、日、意、奥八国联军攻破大沽。聂士成在天津抗击敌人，并剿击义和团。在聂士成攻打八国联军的时候，义和团攻击其后。裕禄支持义和团。聂士成战死。裕禄兵溃自杀。慈禧太后和光绪皇帝逃到太原后，进而逃到西安。八国联军（由英国人统率，日本人为主力，共三万多人）入北京城，剿击义和团。京城遭到残酷的蹂躏。朝廷派李鸿章全权议和。他按外国人的要求惩办了支持义和团和仇外的大臣，刚毅在这之前已自尽。各仇教州县停止科举考试五年，并派亲王和大臣到德国和日本谢罪。慈禧太后和光绪皇帝回到北京，不得不假装实行新政。光绪皇帝去世后，慈禧太后下诏，立溥仪为宣统皇帝，而由他的父亲载沣摄政。后来，慈禧太后去世。

（二）共和立宪的过程：借助西方观念和西方国家的中立推翻清朝

1. 满族的歧视与汉族的民族主义

在中国古代，汉人的民族观念是比较淡薄的。最初，中国人排斥异族，是因为中国人认为异族的文明程度比较低。在夷地的人，用夷礼来治理，而入中国的人，则用中国的仁的礼节来治理。而自宋朝以来，屡次受到异族的蹂躏，因此激发出了汉人的民族观念。宋朝人有了强烈的尊王攘夷的观念。明朝取代了元朝，最后又在内部的农民起义和外族的入侵下覆灭，为清朝所取代。清朝的满族比元朝的蒙古族，对汉族的传统文化更为同情。清朝统治中国的时间为 267 年，在前 2/3 的时间里，都给中国带来了和平与繁荣。但是在康熙、雍正和乾隆年间，都出现过极为残酷地对待汉人的文字狱。明末很多仁人志士都思念故国，并且能够深切地感受到遗民之痛，比如说，顾炎武、黄宗羲、王夫之就是这样的。清朝年间，有遍布各处的会党，其中潜伏着反清复明的思想。

汉人自古就有移民实边的传统，而蒙古人和满族人则不懂这个道理。关东三省是清朝的老家。清朝入关后，还力图保护着关东三省。而关东三省与蒙古的关系密切，因此清朝想把关东三省和蒙古都封锁起来。在关东三省中，很少有民地，多为旗地和官地，禁止汉人入关垦种。到蒙古经商的，也需要领取票据。在蒙古居住不到一年的，不能在那里造屋，目的是要隔离汉蒙，制约汉人。只是汉人具有很强的拓展能力。虽然康熙发布了很严的禁令，山东人依然移居到关东垦地，因为那里地广人稀。乾隆默许了。到关东的汉人主要有三种：一种是因为山东土地瘠薄，所以人民渡海前往；一种是犯流刑的人，到关东成家立业；一种是在咸丰和同治年间，因为朝政很乱，所以迁移到蒙古东部，再从蒙古东部迁移到吉林和黑龙江。太平军起义时，很多人移居到蒙古。蒙古人不太会种地，所以把土地租给汉人，以便收租。有的蒙古王公，私占公地，招汉人去开垦。汉人多了以后，就在关东和内蒙古都设立了州县。

2. 借用西方基督教观念的太平天国运动

广东与西洋人接触比较早。广东的洪秀全创“上帝教”，以耶和华为天父，基督为天兄，自己为基督的兄弟，他的教会称为三合会。洪秀全到广西布教，认识了杨秀清等人。后来，广东和广西出现大饥荒，群盗蜂起，百姓结团练自卫。团练中的人都是比较有身家的人，而上帝教中的人都是贫民，团练和上帝教中的人互相仇杀。洪秀全趁机在桂平县的金田村起义。太平军初起时发布了“奉天讨胡”的檄文，汉人比较支持，外国人也不喜欢满洲政府，也有比较支持的。而当时的君臣之义也颇有势力。另外，太平天国的政治带有西方宗教的色彩，一般人不是很能接受。洪秀全的兵初起之时，军纪很严，军中的重要人物也很有朝气。但后来诸王互相杀戮，洪秀全的军事和政事权力都落入他的兄弟仁福、仁达之手，军中日益腐败，奸淫抢掠的事越来越多，为人民所反对。文宗派兵打洪秀全，没有成功。洪秀全攻陷永安，立国号为太平天国，自称天王，并设东、南、西、北四王，石达开为翼王。曾国藩的兵被洪秀全和杨秀清的兵打败。洪秀全在起事之后，把大事托付给杨秀清办。杨秀清慢慢专权起来。洪秀全与北王韦昌辉合谋，杀了东王杨秀清。接着，洪秀全又杀了韦昌辉。石达开感到不安，独领一支军队西上。后曾国藩等人合围太平军，洪秀全服毒而死。

3. 借助西方国家的中立实现共和立宪制

中国各个朝代的政权转移方式有两种形式，以尧舜为典型的揖让和以汤武为典型的征诛。慈禧太后在发动了宫廷政变和镇压了戊戌变法运动之后，迫于中外舆论的压力，说要实行立宪，但是要有九年的准备期。在准备期内，每年下放一些皇权给民。按照清朝的制度，受皇帝直接任命，掌握国家机器的人称为官。每个官都不能在自己的本省做官。已经取得做官资格的人，或者是在别的省做过官的人，就称为绅。袁世凯原来是清朝的一个大官僚。在戊戌变法的时候，他帮助慈禧，出卖了谭嗣同。慈禧去世之后，光绪的兄弟当了摄政王，袁世凯被迫退居原籍河南。这个时候袁世凯就不是官而是绅了。慈禧太后和以后的清廷都设立了民意机关。在中央设了资政院，在各省设了咨议局，作为中央和地方议会的象征。民意机关的议员是上面指派的，但是他们不是官而是绅。在 1911 年辛亥革命的时候，这些民意机关起到了一些进步作用。在各省的革命军起义成功之后，往往推举咨议局的议长来主持民政。有些省则是由咨议局出头来发动革命的。

孙中山是最早开始谋划中国革命的。光绪年间，孙中山在广州起义，没有成功，去了英国。后来，孙中山游遍了南洋群岛，并到了美国的旧金山，一路游说，吸引了不少革命的信仰者。当时在日本的留学生很多，孙中山到日本游说，并与黄兴等人一起成立同盟会。同盟会的目标就是要推翻清政府。黄花岗起义失败得很惨烈。武昌起义之后，黎元洪被推选为中华民国军政府鄂军都督。国民军政府照会各国领事，请他们转达各国政府，要求他们保持中立，并且申明，军政府承认以前清政府与各国所定的条约，但不承认此后与清政府定的条约；承认各国的既得权；由各省如数摊还外债；军政府将没收各国帮助清朝的军用品。于是，领事团都宣告中立，承认军政府为交战团体。

清朝得知武昌起义的消息后，命袁世凯为湖广总督，冯国璋的第一军和段祺瑞的第二军都归袁世凯统领。清军攻陷汉口，军政府用黄兴守汉阳，汉阳沦陷。而当时只有直隶、河南、吉林、黑龙江四省没有宣布独立，其他各省都先后光复。后南京也光复。清廷驻兵滦州的张绍曾发强硬的电报，请清廷立宪。清廷下罪己诏，开党禁，以袁世凯为内阁总理，宣布十九个信条，其中的第八条说总理大臣由国会公选，皇帝任命，而第十九条说，未开国会前，由资政院执政。资政院选袁世凯为总理。

在南京还没有被攻克时，浙江都督汤寿拍公电给沪军都督，提议各省派代表到上海开"各省都督府代表联合会"。黎都督通电各省代表到武昌组织临时政府。议决：会所在上海为宜，请武昌代表到上海开会。议决：以武昌为中央军政府，以鄂军都督执行中央政务。《临时政府组织大纲》有 21 条，其中包括：临时大总统由各省都督代表选举，2/3 以上者当选。代表的投票权为每省一票；参议院由各省都督府派出大参议员组成等。南京光复以后，议决：以南京为临时政府所在地，即将开临时大总统选举会。而留沪的代表忽然票举黄兴为大元帅，并议决由大元帅来主持组织临时政府，武昌的各代表通电否认。于是，武昌各代表齐集南京，定下了选举临时大总统的时间。

因为袁世凯赞成共和，于是议决缓期选举临时大总统，并在《临时政府组织大纲》中追加了这样的内容：临时大总统未选举出之前，由大元帅暂时担任。临时大总统选举会议举行时，共来了 17 省的代表，孙中山以 16 票当选。大家都赞成共和，请清帝退位。袁世凯与民国商定，优待满、蒙、回、藏各族和清室的条件，清帝退位。临时总统就职后，在《临时政府组织大纲》中的召集国民议会处，加上了"制定民国宪法"六个字。清帝还没有退位之时，孙中山提出了最后的协议条件，其中最重要的三条是：第一，要求袁世凯必须宣布政见，绝对赞同共和；第二，孙中山辞职；第三，由参议院选举袁世凯为临时大总统。

清帝退位后，袁世凯电告临时政府，绝对赞成共和。孙中山辞职，推举袁世凯为大总统。参议院以 20 票对 8 票，议决临时政府移到北京。在临时大总统选举会上，袁世凯以 17 票全票通过当选。参议院复议临时政府所在地时，又以 19 票对 7 票，决定仍留在南京。因为北京和天津发生兵变，参议院议决，允许袁世凯在北京就职。袁世凯派唐绍仪到南京组织新内阁。孙中山去职，参议院亦议决把临时政府移到北京。唐绍仪的内阁成员留下了蔡元培为教育总长，把原来的外交总长王宠惠改为司法总长，其他的完全用了新人来替代南京临时政府的内阁成员。

（三）君主立宪与共和立宪的再次相争和军阀混战

参议院移到北京后，议决通过《国会组织法》和《参众两院选举法》。后由临时大总统明令召集国会，国会随即正式成立。唐绍仪辞职，陆征祥被任命为总理。第一次参议会提出的内阁成员，没有能够通过。第二次提出后通过。后出现了被称为第一流内阁的“人才内阁”，订立了《新约法》。根据《临时约法》规定，国会具有制定宪法的权利。国会开会后，开始组织宪法起草委员会。后众议院议决，先选举总统，再制定宪法。参众议两院联合会先制定了《大总统选举法》。在大总统选举会中，最后袁世凯以过半数的得票当选。美、日、德、俄等很多国家都陆续承认了中华民国。《临时政府组织大纲》采用的是总统制，而《临时约法》采用的是内阁制。各部长和外交大使必须经参议院同意，这一点是总统制和内阁制都相同的。袁世凯派八个委员到宪法起草委员会陈述意见，被委员会拒绝。

袁世凯通电各省都督民政长，反对《宪法草案》，并且说明在宪法起草委员会中，国民党议员居多。当时各都督等纷纷致电给北京政府，有的主张解散国民党，有的主张撤销国民党议员，有的主张解散宪法起草委员会，有的主张解散国会。在民国初年的政党主要分为国民党和进步党。袁世凯下令解散各地方的国民党机关，追缴国民党议员的议员证书和徽章。地方自治良莠不齐，于是停办地方各级自治会。后《新约法》把《临时约法》中的内阁制废除，改为总统制，以大总统为行政首长，设一位国务卿，废国务院官制，由大总统设政事堂，以徐世昌为国务卿。国务卿下设内阁成员。外省把都督改为将军，把民政长改为巡按使。

中华民国四年，中华民国的总统府顾问美国博士古德诺写了篇文章，内容是论君主制与共和制各自的利弊，刊登在北京的报纸上。杨度为理事长发起筹安会，从学理上研究君主与民主哪种更适合中国？通电各省将军等，让他们派代表到北京议事。各省旅京人士组织公民请愿团，请参政院代行立法院，要求变更国体。参议院议决《国民代表大会组织法》，决定由各代表投票决定国体。投票结果是1993票全部主张实行君主立宪制。国民代表大会委托参政院为总代表，推举袁世凯为皇帝。蔡锷等反对帝制，发起护国运动，南方各省纷纷宣布独立，内战再起。日、英、俄、法、意都劝告袁世凯缓行帝制。袁世凯下令缓行帝制，停办大典。后下令取消帝制，以徐世昌为国务卿，段祺瑞为参谋长，黎元洪为副总统，由他们三人电请护国军停战。护国军要求袁世凯退位，任黎元洪为大总统。袁世凯病逝，遗命由黎元洪代行职权，黎元洪就职。

黎元洪就职后，下令恢复《临时约法》，召集国会。把各省督理军务长官，改称为督军，而把巡按使改称为省长。后美国与德国断交，劝中国与美国采取一致行动。中国申明对德断交。袁世凯未去世之时，冯国璋邀请未独立的各省代表在江宁开会，但会议未完，袁世凯便去世了。国务会议议决对德宣战。众议院开委员会时，有自称公民团的好几千人，向议院请愿通过。有的议员被殴。四位总长提出辞呈。众议院开会，议决的内阁成员不全，宣战案只能等内阁改组后再议。当天晚上，各督军分呈总统和国务总理，希望大总统独断，如果参众两院不能改正，可将参众两院解散，另行组织。张勋在京拥清帝溥仪复辟。后来，黎总统辞职，冯国璋代理总统，宣布对德宣战。张勋复辟失败，中华民国恢复。北方黎总统辞职，冯副总统代理，召集参议院，产生新国会，选举徐世昌为总统。南方则主张护法。和议不成，军阀开战。各地的军阀依靠着帝国主义势力，既互相勾结，又明争暗斗，使中国进入了四分五裂的状态。

第二节　经济状况：向西方借债从而失去独立性的状况

中国的财政，向来是量入为出的，收支基本平衡。与西方各国交往之后，借债也只是为了应一时之急，大原则上还是坚持收支平衡。从甲午战争和庚子战争之后，中国借债主要是为了应付赔款。在内政上，依然是量入为出。从清朝末年开办新政起，开始量出为入，借债举办内政。借债是为了兴利，要有成效，要用到地方，才能不破产。而借的钱把持在特权阶级手里，他们要花钱，不能不花。光绪二十六年之后，岁出增加了，收入也增加了，其中最显著的是田赋及关税、盐税、烟酒税。田赋的税收增加了很多，其他税收也不少，本来是可以应付支出的。民国的临时政府的财政困难，本来是一时性的。到善后大借款后，财政困难基本告一段落。中央政府的威信，在形式上还能够维持，各省的款项还能收上来。民国三四年间，收支能够相抵，而且略有盈余。民国五年之后，独立的省份不上交款项，未独立的省份截留了大部分的款项。中央没有太多进款，而且又遇到南北纷争，所以大借日款。后来日款也借不到了，就借所有能够借到的小额借款。中央积欠特别多，军费和政费都不足，屡次造成索薪讨饷的风潮。国库的入款，多成了国债的本息。中国借内债，开始于光绪二十四年。当时发行昭信股票，以田赋盐税作担保。当时人民不知道什么是国债，主要是绅富报效，募集不到多少。宣统元年发公债，通过抽签给奖而不还本，类似彩票。清朝末年发爱国公债。后来民国军队起义。同治五年，中国开始向英伦银行借款。光绪皇帝借外债六次，都还清。甲午战争期间，借外债七次。庚子赔款，数额巨大，还规定要以金子偿还。

甲午战争之后，列强主要通过筑造铁路和开采矿山的方式来中国谋利，其中筑建铁路权又争夺得最厉害。中国人与外国人签约时，把借款、筑造和管理合在一起。一条铁路，向哪个国家借款，就请哪个国家筑造，并把这条铁路和相关产业作为抵押，而且建成铁路后，还请这个国家来管理，这样铁路所到之处，就是外国的权力所及之处，以此来划定势力范围。后来，中国人意识到这个问题，就把已经与外国签约的铁路收回自办，其他的铁路也自筹筑建。当时舆论也都认同，要快速筑建铁路，要练兵、兴学、改币制、兴实业。要做这些事情，都难免要用外国资本。外国人在中国投资是有利的，而且投资越多，在中国享有的权利越多。当时从事外交的中国人认为，通过外资可以振兴中国的产业，而且可以让外国人互相牵制，以免他们在政治上侵略中国。而当时的民办企业还比较幼小。各省都闹，说要把铁路收回自办，但是都没有太大的成绩，于是就出现了把铁路收归国有的舆论。

度支部尚书载泽以改良币制为理由，与美国公使订立借款预约。美国人又招呼英、法、德、日加入，日本没有加入，而美、英、法、德四国因提出要做财政顾问的条件，谈判中止。而日本公使则靠正金银行的协助，借给中国朝廷 1000 万元的公债。日本当时负有 14 亿多外债。日本用 15 家银行筹钱，劝日本全国的资本家应募，才筹到一半。日本到英、法、比去筹另一半钱。四国也放弃了做财政顾问的条件，借 1 亿元给中国朝廷。朝廷希望引四国投资于东三省，以抵制日俄两国，导致了日俄两国的抗议。中国借外债，为几国银行联合把持。中国本来想用借款来保持均势，但后来逐渐由六国变四国，再由四国变成日本一国，就没有均势的作用了。第一次世界大战结束后，就出现了统一铁路的问题。让各国把权利都通通交与中国，由中国另起新债，以还旧债。铁路是维持势力范围的利器，英美两国都这么倡议，很多中国的国民都赞成。交通总长曹汝霖和铁路协会会长梁士诒都竭力反对，所以没有成功。

在民国时代，最大的问题是军队和财政问题。在中国南北不统一的民国时期，南北政府都没有实权。要暂时增加财政收入，按说可以增加关税，但是中国没有关税的自主权，要受协定税率的制约。资本主义要发展，要保持其企业的利益，就需要霸占市场，寻求廉价的原料基地，利用廉价而顺从的劳动力。一国独霸的为殖民地，多国竞争剥削的为半殖民地。多国的利益勉强可以调和时，他们就互相勾结；不能调和时，就会出现战祸。武昌起义以后，外交团通过协议，由各国银行代表组织联合委员会，监督中国的盐税和海关收入，作为外债的担保；并且达成协议，不借款给南军或北军。这样南北两军的军费都比较困难。临时政府刚成立之时，财政是非常困难的，因此发行军需公债和有奖公债。又通过苏路公司、招商局等以私人名义向外国银行抵押借款，再转借给政府。唐绍仪任国务总理之后，又以将来的大借款为条件，请四国银行团垫款来支付组织北京政府的费用。北京政府成立之后，唐绍仪又向四国团商借 6 亿元，用来统一中央和各省的行政，解散军队，改良货币，振兴实业。四国银行集团害怕日本和俄国没有加入，会出现麻烦，所以劝日本和俄国加入。日俄要求四国承认满蒙为特殊的势力范围为条件，四国不肯答应。四国要求中国政府以后不能向其他银行借款，唐绍仪不同意四国银行集团的垄断，声明中国有自由选择向谁借款的权利，于是以京张铁路为担保，向比利时的华比银行借款。四国提出抗议，中国政府不得不承诺，将来用大借款来还掉华比银行的借款。

后来日俄加入，六国银行团成立，向中国政府提出条件：规定了中国借款的总额；英国以汇丰、法国以汇理、德国以德华、美国以花旗、俄国以道胜、日本以正金银行为代表；由六国银行团选出代表监督借款的用途；要设立特别的盐税机关，监督改良；在与六国银行集团借款期间，不能向其他银行借款。中国的财政总长熊希龄绝对反对监督盐税，但是愿意聘用外国技术人员。他还要求减少借款的总额，同时减轻借款条件。六国银行团不同意，熊希龄辞职，赵秉钧兼任财长。后来六国商议条件大致就绪，中国也同意，正准备签字，巴尔干半岛发生战事，六国团要求把五厘的利息改为五厘半。于是签字又被搁置。美国总统威尔逊命令本国银行退出六国银行团，五国疑心美国有单独行动的意思。而在“宋教仁被刺案”发生之后，中国急需借款，于是签字通过“大借款”。政府借款应该先报告参议院，但这次大借款是先签字后再交给议院查照，于是引起了政府与议院的冲突。后来又发现政府向奥国斯哥打军器公司的借款，不仅没有把合同交给议院审议，而且议院对此事根本不知情。于是提出了弹劾政府案，但此事后来也没有结果。农林总长宋教仁下野后，在国民党中仍然很有影响力。宋教仁说，总统非得袁世凯任不可，而内阁则必须由政党来组织。当天晚上，他在沪宁车站遇刺，后来查出是国务院秘书洪述祖指使人干的。于是舆论都说“刺宋案”与政府有关，这就是二次革命的直接的导火线。欧战以后，中国专门借日本的债。后来从日本那里也借不到钱了，就靠内债过日子，而内债的信用又有动摇。

第三节　思想状况：儒家的礼制是专制而儒家的思想不是科学

在1937年的抗日战争之前，中国的学术主要是在用分析的方法对中国古代思想史重新加以解释。有相当一批在华的西方传教士，是在用西方语言翻译中国哲学的典籍或著书介绍中国的古典哲学，但是很少有传教士把西方哲学翻译成中文或者撰写关于西方哲学的中文著述介绍给中国人，所以西方传教士所做的事主要是让中国的思想流到西方。中国人历来都是以文化差异，而不是民族差异来区分自身与外族的。中国人历来认为，自己有着优越的文明，往往蔑视或抵制外来文化，主要是认为外来文化是低级的、甚至是错误的。在佛教传入中国时，激起了中国的道教的兴起，这就是要用中国本民族的宗教来抵制外来的宗教信仰。在明朝末年，即在16世纪末和17世纪初，欧洲的基督教传教士给儒生印象深刻的，不是他们的宗教信仰，而是他们在数学和天文学方面的成就。而在19世纪，欧洲的大国在军事、工业和商业上处于优势地位，而中国的政治力量在满族的统治下正在趋于衰落。这个时候，中国人感受到了基督教对于文化的推动力量。在19世纪下半叶，外国的基督教传教士与中国人发生了几次大规模的冲突。19世纪末，康有为发起了孔教运动，用来对抗日益增长的西方影响。而儒家汉学家们的努力已经为孔教的产生铺平了道路。

一　西方基督教在中国的传播

唐朝把基督教称为景教。唐高宗曾准许他们在长安建立波斯寺，当时的信徒很多。唐武宗时下令毁天下寺院，勒令僧尼还俗，景教也受到牵连。元世祖时，意大利教士到中国，得到元世祖的许可，在大都建教堂，信徒也比较多，但都是蒙古人。到元朝灭亡后中绝。在明朝末年，即16世纪末17世纪初，西欧的天主教耶稣会的传教士来华，把当时欧洲的天文、数学成就介绍到了中国。当时的欧洲人称中国和东亚为远东。在先前的一千多年里，中国人把印度称为西天，而把印度以西的地方称为泰西。明神宗之时，意大利的天主教传教士利玛窦到了澳门。他知道在中国传教不容易，就想借中国人缺乏的科学为手段来传教，所以他首先翻译了

《几何原本》等书籍。当时与他交往比较多的是士大夫。后来他到了北京，送圣像和时表给明神宗，与很多朝臣有交往。有的朝臣佩服他的学问，有的朝臣信仰他的教义。后来他又来北京贡献方物，明神宗赐予他住宅，并准他建天主教堂，徐光启等人都成了教徒，他们热心研究西洋的科学。

利玛窦死后，南京方面反对传教的声浪大起，于是朝廷下令禁止传教，把京师的教士都逐回澳门。后来，因为与满人开战，需要大炮，因此解掉了教禁。明熹宗派人到澳门，命西方人制造大炮。后来德国的天主教士汤若望（Adam Schall）来到北京。明崇祯时期，汤若望帮明朝修订完大统历法。明崇祯皇帝下诏说，西法果然很严密，命天下皆采用大统历法，但是没有得到施行。清人多尔衮入关之后，汤若望上书。清顺治二年时，把他的历法定为时宪历，并令汤若望管理钦天监。这时教士大获胜利。清顺治皇帝时，在明朝的钦天监中，有一些反对西方历法的人。但是，因为中国的历法确实没有西方的历法准，所以也没有办法。清初用的是西方历法。清顺治皇帝去世后，在钦天监中守旧历法的人员，以杨光先为头，反对西方的历法，并说明各省的教士要图谋不轨。于是杨光先成了监正，汤若望等人被囚禁起来，各省的教士也多被拘禁，同教士往来的官员也有不少获罪。

康熙皇帝是个留心历象的人。他看到西方历法确实比中国的历法要精密，后来革了杨光先的职位，用了比利时的耶稣会教士南怀仁（Ferdinandus Verbiest）为监正。康熙皇帝意识到西洋科学的长处。他让一些教士每天轮班讲授西学。遇到外交上的事务，也让西方的教士效劳。还让教士们去测绘地图，称为《皇舆（yú）全览图》。中国以前的地图是没有经纬线的。教士画的这张地图是在实测基础上画出的，很精密。西洋的算法也输入到了中国。一部分中国人很欢迎教士的科学，但是难以接受他们的教义。教士们都改穿中国装，学说中国话，通中国的文字，起居习惯也与中国人一样。自利玛窦到中国传教以来，西方教士就不禁止教民拜天、拜孔子、拜祖宗，他们解释说，中国人拜孔子是尊崇孔子的人格，拜天是报答万物的起源，拜祖先是为了表达自己的亲爱的感情，而不是为了求福避祸。

在印度的旧教徒，本来是受葡萄牙人保护的。而在中国的传教士，属于印度传教士的一部分，所以也是受葡萄牙人保护的。而在康熙执政的中叶之后，法国强大了起来，就自派教士到中国来传教，破坏了葡萄牙人对教士的保护权。有一派教士上奏罗马教皇，说以前传教的人容忍中国教民拜祖宗，破坏了基督教的教义。罗马教皇派铎罗（Tourmon）到北京来干涉此事。铎罗到北京一段时间后，用自己的名义，命令不从教皇命令的教士马上退出中国。康熙因此大怒，抓了铎罗送到澳门，让葡萄牙人监视他。葡萄牙人当时正在反对不受其保护的教士，所以对铎罗的看管很严，铎罗在幽愤中死去。在康熙把铎罗捕送到澳门的时候，同时下令，让不守利玛窦遗法的教士一概出境，后来又命一切外国人都不能留居中国的内地。

雍正即位之后，因为教士与诸王之间有通谋的嫌疑，因此除了在钦天监任职的教士外，其他教士都不准在内地居住。他还把天主教堂改成公共场所，禁止人民信天主教。在五口通商之前，这条禁令都没有废除，但在乾隆年间，开始时奉行得不是太严格。到川楚教民起事后，政府才深刻意识到“教”非常可怕和可恶。乾隆七年，罗马教皇发表教书，对允许中国教徒拜祖宗的教士，都要处以破门之罚。因此，基督教与中国的本土信仰发生了很大的冲突。清嘉庆年间，政府严禁西洋人刻书传教。当时陈若望帮西洋人德天赐递送书信和地图到山西被发觉，德天赐被捕，陈若望和其他在教会中任职的汉人都被遣送到伊犁戍边。教会所刻的汉文经卷三十一种都被销毁。从此之后就更加严格地禁止传教。

同治九年，在天津盛行着教党迷拐幼孩和挖眼割心的谣言，所以人民群起，焚烧教堂，并且把法国领事丰大业打死。法国公使要求让天津知府知县偿命，曾国藩不答应。商议结果，有 15 人被正法，21 人军流，天津的知府和知县被遣送去戍边。曾国藩的名望大减。在北京陷落之后，法国人在京城里造了一个教堂，纪念《天津条约》。而教堂的影子就落在清朝的皇宫里，祈祷的歌声在皇宫里都能听得见。慈禧太后听了难受，想拆掉教堂。德国公使知道后，告诉李鸿章，只要与教皇谈妥，就能拆掉教堂。李鸿章以为与教皇打交道比较容易，因为教皇没有兵船和大炮。李鸿章让赫德手下的一个英国人去请教皇派公使到中国来。教皇是愿意的，但是正因为教皇没有兵船和大炮，所以要靠法国保护，德国人想要破坏法国人的专有保护权的预谋没有得逞。光绪年间，山东人杀了两个德国的教士，德国人以兵舰闯入胶州湾，后订租借 99 年之约。俄国人、英国人、法国人也纷纷要求设立租界。

二　清朝和民国的儒家发展状况

中国人的学术的共同点是“空”，因为都是在研究能量世界。中国学术研究的对象是纸上的表达能量世界的运行规律的经，而不是存在于空间中的物体对象。能量运行的规律是亘古不变的，所以有很强的尊古的传统。中国人相信古人已经把能量世界的宇宙规律研究透了，我们只要懂得古人的话，就能懂得宇宙间的能量世界的真理，从而能够懂得由能量演变来的物体世界。而在清朝和民国时期，因为西方的物体科学传入中国，而能量是看不见摸不着的，被排除在科学之外，从而导致了儒家道学的危机。

（一）儒家宋学的衰落和儒家汉学的兴起

据梁启超的《前清一代中国思想界之蜕变》所言，在前清时代，儒家思想家力图通过复古来获得思想的解放。通过复儒家的宋学之古，使得王学得以解放；通过复儒家的汉唐之古，使程朱理学得以解放；通过复儒家的西汉之古，使许郑之学得以解放；通过复先秦之古，使一切传注得以解放，然后以至于对于孔孟的解放。这里的解放说的是消解。中国的学术思想从明末开始变迁，到乾隆时期变化最大。在清朝的道光皇帝和咸丰皇帝之时又有新变化。王阳明生活在明朝，心学的盛行也是在明朝。在清朝，程朱理学更加牢固地保持了自己的官方地位，而在非官方的领域，程朱理学和陆王心学都遭到了知识界的抵制。抵制者认为，朱子其实从的是仁之道，而陆子其实从的是佛之禅。在清朝，儒家的正统地位是胜过以往的朝代的，而儒家道学被指责是背离了原始的儒家思想，所以是假的和错谬的儒家。抵制者认为，儒家道学比佛教和道教对于思想来说更为有害，因为它是貌似儒学的，更容易把人引入歧途。

从原则上说，朱熹的主张是人应当从格物入手，从中求得永恒的能量世界的仁之理，但是他的主要精力和时间是用在对经书的研究和评论之上的。他不仅深信在能量世界中存在着永恒的仁之理，而且认为古代先贤的言论便是这种永恒的仁之理。程朱理学成了官方哲学后，慢慢地变得僵化了。而王阳明则简接地诉诸每个人的仁的本心。陆王心学从来没有像程朱理学一样得到官方的承认，但是却像程朱理学一样具有影响力。只是陆王心学认为，人凭仁的本心就知道应当做什么事，但是扩展到以为具体的办法也是凭仁的本心得知，不注意从 2 的 0 次方到 2 的万次方的进级，因此吃到了苦头。而且，在 2 的 0 次方处，难以体会到心学和禅学的区别。有一个故事说到了心学与禅学。有一个书生到一座寺庙游览，遭到了寺僧的冷遇，而这个寺僧却对前来游览的大官毕恭毕敬。大官走后，这个书生质问这位寺僧，问他为什么对于达官贵人就趋炎附势，而对布衣书生就不爱理睬。僧人回答说，敬乃是不敬，不敬却正是敬。于是，书生打了和尚一个耳光。和尚很气愤地问，为什么打人？书生说，打乃是不打，不打乃是打。

清朝的学者提倡儒家汉学，就是要以儒家汉学的经书注疏作为论学的依据。他们认为，西汉时期离孔子生活的时代比较近，而且那时佛学还没有传入中国，因此汉代学者注释的儒家经典，自然应该是更符合孔子的原意的。所以，清代学者更重视被儒家道学忽视的儒家汉代学者的著述，而且把道学称为宋学，因为儒家道学的主要流派兴起于宋朝。于是，从 18 世纪到 19 世纪末 20 世纪初，儒家汉学与儒家宋学之争成了这一时期的中国哲学史上的大事。儒家汉学家特别重视对古代文献的研究，在古书校勘、古文字学和历史语言学等方面，都有着巨大的成就，但是在思想成就方面则比较逊色。

清朝人集中于研究儒经，主要是博采儒家的古人的成说，把可信的部分挑出来，儒家的汉学和宋学兼采。阎若璩（qú）注重考据，著《古文尚书疏证》，以说明东晋时的《古文尚书》是伪书；胡渭著《易图明辨》，目的在于攻击宋以后盛行的河洛图书。在清朝早中期，儒家宋学很有影响。而到清朝末年，中国人开始怀疑儒家宋学，儒家汉学开始发达，而在儒家汉学中又有今文汉学和古文汉学，当时的人对儒家的东汉之学也是怀疑的。人们开始重视儒家的西汉之学。那时做学问的方法主要有两种：一种是列举许多证据，用主观的方法来判断真伪；一种是先审查一下证据是否可信。比如说，东门失火，我们在西门，听各种传来的消息，我们相信最合乎情理的那个消息。这就是儒家的汉宋兼采派用的方法。而去审查谁见的，谁说的，谁素来是诚实的等，而不管谁近情，谁不近情，以此作为取信的标准，用这样的办法为学的儒家汉学被认为是纯正的。儒家汉学家著新疏来让人明白的汉朝人的传注。在清朝人的学问中，除了经学之外，最发达的是小学，而在考据中最重要的工夫在于校勘和辑佚。儒家汉学也是以古人的书为研究对象的，但是因为古人的书太难懂，就得采用考据的手段。而开始考据后，就误认为儒家的古书是不可信的，因为儒家古书记载的是能量世界，而不是物体世界，所以无法指给人看，因此容易接受西洋自由主义时期的物体科学思想。明朝的书生，为了应付科举，因为朱熹的《四书集注》是判卷的标准，所以读书人的注意力集中在四书之上。而儒家汉学的本意是希望儒生要关注先秦和两汉时期的儒家经典。只是当读书人的眼界被打开后，有的读书人还去读《墨子》《荀子》《韩非子》等长期被搁置的典籍。古文字学也受到了重视，经典在传抄时出现的错讹别字，也得到了订正。这样清代的朴学研究，使得人们对古代思想的研究兴趣又重新兴起。

儒家的汉学时期可分为三个阶段。第一阶段的代表人物是顾炎武。黄宗羲、王夫之、颜元、刘献廷等人都带有实用的色彩。第二阶段的代表人物，可以分成皖吴两派。皖派的代表人物主要有戴震和段玉裁、孙诒让等；吴派主要有惠周惕等。他们推崇的都是汉儒，与宋儒作对，主要关注汉朝的古文学。第三阶段也推崇儒家汉学，但主要推崇汉朝的今文学。他们想复古就要复得彻底。这派的主要代表人物有龚自珍和魏源等。康有为创立了孔子托古改制之说。康有为尊信的是托古改制的孔子，而不是祖述尧舜宪章文武的孔子。顾炎武则认为要从郡县制回到古代的封建制，其代表作是《封建论》。顾炎武的研究特点是：第一，非常博学，从他的《日知录》中可见；第二，实事求是，从他的《日知录》和《音学五书》中可体悟到；第三，讲求实用。明末的几位大儒，都是希望做大事的，而不是想做学问的，从他的《天下郡国利病书》中可以体悟到。王夫之的学问不传；黄宗羲的学问偏于史学；颜元专讲实用，认为从书本上学来的不是学，他专门研究兵农，习六艺，不传；刘献廷专讲一种很特别的学问，也不传。王夫之学虽然不传，但是具有集大成的作用，而且是儒家气学的主要代表性人物，因此单独进行了阐释。本篇中也会谈到王夫之的一些思想，因为他的思想对实学有较大的影响。而其他儒家汉学家的思想成果不多，而且对历史的影响不大，所以本人只是把儒家汉学时期作为哲学史中的一个插曲来研究。

（二）康有为的托古改制

清代人所讲的仁的义理之学，自清代的今文经学家兴起时，与儒家道学就大不相同了。西汉时期的儒家今文经学被儒家古文经学压倒后，历经了唐宋明各代，都没有再能够引起人们的注意。清代学者的主要任务，本来是以整理古书为主的。唐宋明各代所注意的古书，到清代中叶的时候都由一般学者整理完毕。后来有一部分学者的注意力转到了在西汉时期盛行但是唐宋明学者没有注意到的书上。在清代中叶之后，以《春秋公羊传》为中心的儒家今文经学逐渐复兴。清朝的儒家今文经学家所讲的仁的义理之学及所讨论的问题，都是与儒家道学家不一样的。当然，清朝的儒家今文经学的复兴，主要是受到了当时的新潮流的影响。自从清朝中叶以后，中国人渐渐感觉到西洋人的压迫。西洋人的势力，先是来自基督教的传播，接着便是军事、政治、经济等各方面的压力。

这种压力在中国人的心中引起了各种问题。其中最主要的问题是，西洋人有宗教，为什么中国人没有宗教呢？中国土广民众，却在各方面都要受西洋人的压迫，中国本身是否有什么需要改善的呢？为了回答这两个问题，中国的学者提出了自己的见解，从而在思想界出现了新运动。这个新运动的主要目的是要自立宗教、改善政治，即立教改制，以图自强。以前的儒家只讲富贵，不讲富强，所以被西洋人用强兵打败了。这个时候西汉盛行的儒家今文经学正好适合这个时代的需要。在西汉的儒家的今文经学中，孔子的地位由师进而为王，由王进而为神。在解经的纬书中，孔子成了一个宗教的教主，从而让孔子的哲学变成了孔教。清朝的儒家今文经学家，试图依托孔子来改制，希望立三世之政治制度，为万事制法。当时需要一个能够做教主的孔子，而在西汉的儒家今文经学中便有这样的一个孔子。从周朝末年到秦汉，中国由列国变成统一之国，于是出现了新的历史环境。而在与近世各国交往时，中国昔日认为自己是统一者，今却不过是列国之一国，这就是中国所处的新的历史环境。

在两汉时期存在着儒家古文经学和儒家今文经学的斗争。儒家今文经学的代表主要是以《春秋公羊传》为基础的公羊派。《公羊传》认为，孔子是受天命而为王的，但是没有得到实际的王位。孔子作《春秋》来为一王之法，而实行这个法的是汉朝，所以孔子就是为汉制法之人。公羊学家用孔子的旗号改制，这就是托古改制。康有为又打着公羊学的旗号来为戊戌变法的改制服务。以董仲舒为首的儒家今文学家认为，孔子创立了一个理想的新朝代。孔子是一个神，他的降世是为了完成在人间的使命。康有为是清代的儒家今文学派的领袖。他从古代的文献里找出许多材料，力图把儒家建立成为一种宗教，并力图建立起相应的孔教组织。

在 1898 年时，康有为和他的同志们对西方哲学知道得很少。谭嗣同著有《仁学》一书，涉及的西方思想主要是《新约圣经》、数学、物理、化学和社会学方面的著作。汉代的注疏家们从《春秋》和《礼记》中引申出了社会进化的三个时代：衰乱世、升平世和太平世。康有为对此加以了发展。据《论语注・卷二》记载，康有为说，孔子生于据乱之世。后来，大地既通，欧美大变，进入了升平之世。以后大地将会是大小远近如一，国土既尽，种类不分，风化齐同，则如一而太平。这样的社会进化，孔子早就已经预知到了。康有为是1898年的戊戌变法的领袖人物。这次变法只进行了几个月，就遭到了镇压，康有为逃到了日本，他的一些追随者被杀。康有为认为，自己并不是在鼓吹西方文化，而是为了实行中国古代的孔子的理想。他为儒家经书撰写了不少注疏。他写的《大同书》是为了说明孔子学说预见到了太平世的世界的出现。他认为，这个太平世只有到人类社会发展到了最高阶段时才能实现。他认为，目前的阶段要实现的只是君主立宪制。康有为在世的时候，保守派先憎恨他，因为他太激进；后来激进派也憎恨他，因为他太保守。

20世纪并不是一个热衷于宗教的世纪。在基督教传入中国的时候，凌驾于基督教之上的是与宗教背道而驰的科学。基督教对中国的影响是有限的，孔教运动也夭折了。1911年辛亥革命推翻了清朝政府。1912年中华民国的临时政府成立。1915年起草中华民国宪法时，康有为的追随者要求中华民国以孔教为国教。这一点引起了激烈的争论，最后在宪法草案中写入了一个妥协的方案，即中华民国以儒家思想为伦理道德的基本准则，但是这个宪法从未被付诸实行。在新文化运动的影响下，新文学产生了，新哲学也产生了。宋明道学的三个主要派别是理学、心学和气学，其中的气学主要演变成了实学。在20世纪40年代初，出现了新理学和新心学。新理学的主要代表人物是金岳霖，而中国现代革命时期的心学的主要代表人物是熊十力和梁漱溟。现代新儒家指的是“五四”以后的第一代新儒家，与当代新儒家是有区别的。

三　各种思想观念的激荡过程

自从秦朝统一中国之后到西方侵入中国之前，中国社会的仁德礼制幸福体系没有发生过根本变化。从唐朝之后，中国屡次被外族征服。在清朝末年，中国人开始怀疑向来认为是天经地义的仁的道理是不是科学。从黄宗羲的《明夷待访录》《原君》等篇中，可以看到这种思想倾向。第一次鸦片战争失败，中国人又惊又不解。中国的“天朝”竟然败给了“夷狄”。有些中国人认为要“以夷为师”。有的人认为要先学西方的兵器；

有的人认为要先学西方的工业即实业；有的人认为要学习西方的政治；有的人认为要学习西方的宗教；有的人认为要学习西方的文化，具体的内容是民主和科学。这样新文化运动就开始了，科学在中国具有了至上的权威。从秦汉之后，中国历史几乎都是先太平，然后渐渐繁荣昌盛，一部分人渐渐奢侈起来，贫富渐渐不均起来，然后导致天下大乱，从而出现农民革命。这样的状况一再重复。西方的思想传入中国后，中国人认识到西方现代社会的组织方式与中国儒家的组织方式是不同的，于是开始有了动儒家的仁德礼制幸福体系这个根本制度的动机。

（一）在中国的西方自由主义思想①

20 世纪初，总的来说，懂得西方哲学的中国人很少。有的中国人认为中国应该仿效西方人的社会组织，于是就开始有了把中国社会改成西方社会的想法。

1. 严复和王国维对西学的看法

（1）严复翻译的进化论和逻辑学等作品

在 20 世纪初的中国，在西方思想方面具有最大权威的人是严复（1853—1920 年）。严复年轻时被清政府派往英国学习海军方面的课程。他在英国的时候读到了当时英国流行的一些人文学者的著作。回国后，他翻译了赫胥黎（Thomas Henry Huxley）的《天演论》即《进化论与伦理学》（*Thomas Huxley*：*Evolution and Ethics*）、亚当·斯密（Adam Smith）的《原富》即《国富论》（*The Wealth of Nations*）、斯宾塞的（Herbert Spenser）《群学肄言》即《社会学研究》（*The Study of Sociology*）、约翰·穆勒（John Stuart Mill）的《群己权界论》即《论自由》（*On Liberty*）和《名学》即《逻辑体系》（*A System of Logic*）的前半部、甄克斯（E. Jenks）的《社会通诠》即《政治史》（*A History of Politics*）、塞孔达和孟德斯鸠（Charles de Secondat，Baron de Montesquieu）的《法意》即《论法的精神》（*De l'esprit des lois*）以及他编译的耶方斯（W. S. Jevons）的《名学浅说》即《逻辑学浅说》（*Primer of Logic*）。严复的翻译工作发生在 1894—1895 年的中日战争之后。他因为译作而著名，他的译作得到了广泛的流传。

---

① “在中国的西方自由主义思想”强调的是译著，而“中国的西方自由主义思想”强调的是中国学者对西方自由主义的看法。

这些译作的广泛流传是有原因的。中国在鸦片战争、英法联军入侵中败给了西方国家。随后，中国又在甲午战争中败给了日本。在此之前，中国人认为西方国家只是科学技术先进，西方是依靠科学技术来造出洋枪大炮和战舰的，而西方国家在精神层面上是没有什么长处的。而日本在明治维新后，通过全部学习西方而战败了中国，这就极大地动摇了中国人对于儒家的仁德礼制幸福体系的优越性的自信，由此想要对西方有所了解。另外，严复在他的译作中插进了许多评论，比较中西思想的异同，以便于读者理解。严复还基于他的中国古典文学的修养来翻译这些外国著作，让读者像是读古典的中国经典一样来读西方经典。严复介绍的西方哲学的著作很少。他特别推崇的是斯宾塞的进化论。在严复翻译穆勒的《名学》（《逻辑学浅说》）之前，在17世纪，明末的中国学者李之藻（1630年去世）就曾与一位耶稣会士合作，翻译了一本中世纪欧洲的亚里士多德的逻辑学教科书，称为《名理探》。名理就是通过分析名字来辨明原理。严复把逻辑翻译成名学。西方哲学传入中国的最丰硕的成果是振兴了对中国哲学包括对佛学的研究，因为当人们接触到不熟悉的新思想时，很自然地就会去找自己比较熟悉的思想加以比较，比较时自然要加以分析，这样就促进了对于中国哲学的研究。

（2）王国维的纠结：可信的不能爱，而可爱的又不能信

王国维（1877—1927年）对西方哲学有比较深入的理解，而他是在放弃了哲学研究，以历史学、考古学和文学的成就而驰名中国学术界的。他在30岁之前研究了叔本华和康德的著作，他也很喜欢尼采。而他在30岁时放弃了对西方哲学的研究。王国维说，英国的斯宾塞和德国的冯特都只是二流的哲学家。他们的哲学要么是在调和科学，要么是在调和当下与前人的哲学。还有的哲学家不过是哲学史家。他认为，他以后顶多能够成为一个哲学史家，而成为不了一个哲学家，而成为一个哲学史家又不是他所喜的。那时只有物体科学被当成真理，而能量科学还没有被当成真理，所以他不得不在可爱与可信之间纠结。据《静安文集续篇·自序二》记载，王国维说，他是在西方哲学中找不到能够沁人心灵的东西，所以才转向文学的。他说，他疲于研究哲学已经有一些时日了。哲学上的东西，大都是可爱的不可信，而可信的又不可爱。我爱真理，我又爱其谬误伟大的形而上学、高严的伦理学和纯粹的美学。这是我所酷嗜的。但是，要求可信的话，则宁愿选择知识论上的实证论、伦理学上的快乐论与美学上的经验论。

在这两三年中，最烦闷的地方就在于可信的不能爱，可爱的又不能信，所以从哲学转移到了文学，希望从中直接找到心灵的慰藉。

2. 西方哲学的研究和传播状况

当时北京大学是全国的国立大学中唯一计划开设中国哲学、西方哲学、印度哲学的大学。但是，按照当时的大学的科系设置，只有一个中国哲学门，西方哲学门一直没有办起来。在中国哲学门中的教授，有的标榜儒家汉学的古文经学，有的标榜儒家汉学的今文经学，有的标榜程朱理学，有的标榜陆王心学。1919—1920 年，美国的约翰·杜威和英国的伯特兰·罗素这两位哲学家应邀到北京大学等地讲学。这是第一次有西方哲学家到中国讲学。而他们讲的都是自己的哲学，所以给人一种西方传统哲学都已经过时了的印象。大多数中国的听众对于西方哲学史的知识太少，所以他们虽然受到了热烈的欢迎，但是却很少有人真正弄懂了他们的思想。

继杜威和罗素访华讲学以来，有许多不同的哲学思想体系都在中国流行过一时，但是并没有像禅学那样成为中国人的思想的一个部分。冯友兰认为，西方哲学对中国哲学的持久贡献在于它的逻辑分析方法。佛教和道家用的都是负的方法，而西方哲学的分析方法则是正的方法。负的方法是致力于消灭差别的，目的在于告诉人它的对象不是什么，而正的方法则是致力于突出区别，目的在于使人知道它的对象是什么。这种方法不仅给了中国人一种新的思维方法，而且还改变了中国人的心态。但是，正的方法是不能替代负的方法的，只能是对负的方法加以补充。所以，西方哲学对于中国人的重要性，不在于它的现成的结论，而在于它所使用的方法。

中国有一个故事说，有个人遇到了一位神仙，神仙问他想要什么。这人回答说，想要金子。神仙用手指点石成金，把几块金子给了他。这人不要。神仙问，你要什么呢？这人说，我要你的手指。方法就是手指。所以，在西方众多的哲学流派中，首先吸引中国人的是西方人的逻辑。儒家的汉学即是朴学。儒家汉学所从事的文本考订和古文字学的校勘注释，不是对哲学思想的研究，而是运用分析的方法来分析先秦各家哲学的必要的先行工作。因为西方哲学吸引中国人的最首要的方面是逻辑，所以中国哲学家在考察先秦哲学思想时，首先关注的是对名家的研究。1922 年，胡适的《先秦名学史》问世。梁启超也对名家和其他学派的研究做出了许多贡献。

在抗日战争前，北京大学哲学系和清华大学哲学系是中国大学哲学系中最强的。北京大学以历史研究及其学术水平著称，倾向于康德和黑格尔派或陆王心学，而清华则以逻辑学著称，倾向于柏拉图学派或程朱理学。在西南联大时，北大和清华的九位教授代表了中国和西方哲学的各个重要学派。联合大学在湖南的时期，是中华民族历史上最危急的时期，但却是国民精神最昂扬向上的时期。当时聚在一起的有哲学家、作家、学者，大家都住在一座楼里。这是一个非常激励人心和激发人的灵感的时期。

（二）思想领域的主要辩论

1. 共和立宪派与君主立宪派之辩

（1）孙中山和章太炎的共和立宪与康有为和梁启超的君主立宪

戊戌变法的失败让中国人认识到，维新运动是不能解决中国的救亡图存的问题的，必须用武力革命来推翻清朝的统治。1905 年孙中山在日本东京成立了中国同盟会，这就是共和立宪派，其机关报是《民报》，总编是章太炎。康有为的君主立宪派也在日本东京设立了宣传机关，其机关报是《新民丛报》，总编是梁启超。章太炎（1869—1936 年）即章炳麟，浙江余杭人。他早年参加了戊戌变法运动，后来组织了以排满为宗旨的光复会，后与同盟会合作。章太炎是《民报》的总编兼发行人，他的观点与《新民丛报》是相对立的。他在东京的时候，不少留学生和革命者向他学习国学。他及他的学生在经学、文学、诗学、哲学、语言学、文字学、音韵学等方面都自成一派，称为“章门”。

（2）《民报》的共和立宪与《新民丛报》的君主立宪的要点

《民报》与《新民丛报》对立的要点可以归纳如下：《民报》是主共和立宪的，希望国民以民权立宪。《民报》认为，因为清政府是恶劣的，所以希望国民能够革命；既主张政治革命以颠覆专制制度，同时主张种族革命以驱除异族；政治革命必须依靠实力；革命的目的是求共和；从世界的发展前途上看，要解决社会问题，必须提倡社会主义。而《新民丛报》是主专制的，希望政府实行开明的专制。《新民丛报》认为，国民是恶劣的，所以希望政府采取专制制度，同时主张政治革命；种族革命与政治革命是不能相容的；政治革命不需要靠实力，只需要求就可以；革命的目的是要得到专制；社会主义不过是煽动乞丐和流民起来革命的工具。《新民丛报》主张采用君主立宪制度，即以清朝皇帝为君主，反对以排满为内容的种族革命，反对以民主共和为内容的政治革命，反对以平均地权为内容的社会革命，反对采用暴力来革命。

（3）章太炎与康有为之间的论辩

①是否要排满？章太炎：不能不论种族异同

梁启超（1873—1929年）是康有为的大弟子。在《新民丛刊》中，梁启超以康有为的“三世说”为理论依据，认为进步是要按阶段来的。在实现民主共和之前，先要实行君主立宪制。而立宪制也不是马上就能实现的，而是需要等待民智稍微开明以后才能实行。与其用共和不如用君主立宪；与其用君主立宪不如用开明的专制。而用社会革命的方式改制，那就是皇帝的逆子和中国的罪人。不能通过革命来获得下等社会的同情，不能希望赌徒、光棍、大盗、小偷、乞丐、流氓和狱囚这样的人为我所用。汉族与满族之间的民族矛盾，自明末清初以来就一直存在着。在太平天国之后，汉满之间的矛盾被激化了。戊戌变法失败后，汉族反异族统治的民族主义思想，成了推翻清朝政府的一种革命武器。康有为向在美国的华侨宣传说，中国只可立宪而不能革命。他反对排满，认为不能论种族的异同，唯计仁的情伪得失。章太炎以自己的名义对康有为的言论进行了驳斥。章太炎认为，不能不论种族异同，满族和汉族确实属于不同的民族，而且汉人确实在各方面都受到了满人的严重的压迫。据《章太炎全集·驳康有为论革命书》记载，章太炎说，光绪皇帝确实是康有为的私友，但却是汉族人的公仇。康有为之所以主张君主立宪，是因为满人可以借君主立宪之名来维持满人的统治。

②是否要倡导民族主义？章太炎：要返民族之本来谈国粹

章太炎作的《检论》的第一卷谈的是种族问题，第二卷开始谈经学问题。他反对儒家的今文经学认为儒家经典是孔子所作的看法，而是认为孔子是述而不作的。据《章太炎全集·第三册》记载，章太炎引《慎子》的话说，《诗》记录的是往昔的仁之志；《书》记录的是往昔的仁之诰；《春秋》记录的是往昔的仁之事。庄子也说《春秋》记录的是先王的仁之志。章太炎认为，志指的是史；事指的是职。职是用来记微的。微指的是徽号，常为旗志。所以，志指的是史官所记录的当世徽号，指的是书契图像。事是从史的，而义为记徽。《春秋》就是往昔先王的旧记。孟子也说，《春秋》记录的是天子之事。这样的史官皆是出自周朝。章太炎认为，《六经》全都是史官之书。《章太炎全集·第四册》记载，章太炎说，孔氏之教是以历史为宗的，为历史之学。据《章太炎全集·第三册》记载，章太炎认为，《春秋》的主要贡献在于攘夷狄和扞种性，即攘夷保种。章太炎的经学是当时的“国学”的一部分，与当时的种族革命是相结合的。据《章太炎全集·第四册》记载，章太炎认为，民族主义如稼穑一样，需要用史籍所载的人物、制度、地理、风俗之类的东西来灌溉，这样才能蔚然以兴。否则的话，就会徒然只知主义之可贵，而不知道民族之可爱，恐怕民族就会渐渐萎黄。部娄是无松柏的，所以日本是因成于人的，而中国是自己制法的，儒、墨、道、名都是如此的。虽然汉和宋诸明哲都是在专精厉意，但也不是岛国之人能够有的。中国不能自弃其重，而倚靠于人。这样做君子是以为耻的。所以，他要返民族之本来谈国粹。

③是否要革命？章太炎：通过血战才能得到自由议政之权

康有为反对革命，因为革命必须有很大的牺牲。革命之惨，会导致流血成河，死人如麻，而即使革命的事做完了也不会有什么成就。而章太炎认为，革命固然是要流血的，因为立宪不是可以通过口舌要求就能得到的，英、奥、德、意及日本，都是实行君主立宪的，但这些国家都是通过血战才得到了自由议政之权的。以一人的诏旨立的宪，并非是大地万国所立的宪。在政权转移问题上，是没有和平过渡的可能的。即使在所谓的“立宪”中，专制君主放弃了一部分统治权，这也是武装斗争的结果。据《章太炎全集·驳康有为论革命书》记载，章太炎说，康有为认为，中国今日之人心是仁的公理未明的，而且旧俗仍在。革命之后，必然是日寻干戈，偷生不瑕。在这样的状况下，是无法变法救民的，也是无法整顿内治的。这时既不可革命，也不可立宪。一个立宪之世，不可能只是有一个人独圣于上，而天下的其他人都是野蛮人。章太炎说，明末的李自成是迫于饥寒而揭竿而起的，他的革命观念并不是固有的。他是在声势稍增之时，而起了革命的念头的。在起了革命之念以后，就开始剿兵救民，赈饥济困，从而事兴的。所以，李自成并不是生来就有革命之志的。竞争久了，就知道革命这件事是不得已的事了。只是以赈饥济困来团结人心的人，事成之后可能变成枭雄，而以合众共和团结人心的人，事成之后必为民主即民之主。民主其实是由时势迫之而兴的，但是由竞争而生此智慧的。公理未明，即以革命来明之；旧俗之俱在，即以革命去之。革命并不是像天雄和大黄这样的猛药，实际上是补泻兼备的良药。

④是否要采用西方议会制度？章太炎：资本主义议院是受贿赂之奸府

据《章太炎全集·驳康有为论革命书》记载，章太炎说，君主立宪就要分为上下两院，而下院议定之案，上院是可以否决的。而今上院的法定议员的构成是皇族、贵族和高僧。皇族指的是亲王贝子；贵族指的是八家与内外蒙古人；高僧指的是达赖和班禅。这些人都不是汉人，而是异种所特有的。章太炎认为，革命成功之后必然是要实现民主共和制的，但是他反对采用西方的资本主义议会制度。据《章太炎全集·第四册》记载，章太炎说，西方资本主义的议院是受贿赂之奸府；富有的人其实是盗国之渠魁。议会中的议员大多都是出于豪家。名义上是代表人民，其实是依附于政党的，与官吏是相朋比的，挟有门户之见。议员所计的不在民生利病，而是便于私党之为。所以，议院其实是国家用来诱惑愚民的，目的在于钳制其口。章太炎晚年退居苏州，传授传统的国学，不再对当时的政治和学术思想发表什么言论，大概是已懒得发言了。

2. 北京大学与新文化运动中的民主与科学

（1）蔡元培为校长时的新文化运动的发源地

中国的新文化运动的开辟者和领导者是蔡元培。蔡元培（1868—1940年）即蔡孑民，为浙江绍兴人。1916年任北京大学校长。蔡元培在德国留学的时候，受到了叔本华的影响，认为宇宙的本体是盲瞽的意志，在这种意志的推动下进化着。蔡元培支持白话文。他把德国哲学家文德尔班的《哲学入门》意译为《简易哲学纲要》。北京大学是从戊戌变法时期的京师大学堂演变而来的。戊戌变法失败后，很多新政都被撤销了，而京师大学堂得以幸免。民国的临时政府成立之后，蔡元培任教育总长，他把京师大学堂改组为北京大学，并任命严复为校长。京师大学堂设有经学，每一儒家经典都独立为一门，比如说，易经门、诗经门等。改组为北京大学之后，经学被废除，儒家的经典被分配到文、史、哲等门中。

蔡元培于1912年写了一篇题为《世界观与人生观》的文章。蔡元培从开始担任北京大学校长起就开始本着他的《世界观与人生观》一文中所表达出的精神，施行了一系列的改革，客观上为新文化运动的发生创造了条件。他的文章是思想基础，而北京大学在全国的思想界、知识界和教育界的无形的领导权威，则是新文化运动的政治基础。他就职后把陈独秀聘为文科学长，把当时有名望的思想家都聚集在北京大学，把北京大学作为他们讲学的基地和宣传的讲坛。他在改造北京大学的同时，创造了新文化运动。在新文化运动中，新文化被归纳为民主与科学。在 1917 年发动新文化运动时，胡适应蔡元培、陈独秀的邀请，回到北京大学文科的哲学门任教授。新文化运动的一个主要的课题就是要评论中国的传统文化中的一些观念是“适”还是“不适”于新时代的需要，用的工具就是胡适从美国带来的杜威的实验主义。当时正是军阀混战和全国黑暗的时期，蔡元培领导的北京大学就像是一座灯塔。新文化运动是移风易俗的总名，而 1919 年的五四运动是新文化运动的高潮。在蔡元培的领导和鼓舞下，北京大学的学风大变，出版刊物尤其活跃。教师们出版了《新青年》；学生们出版了《新潮》。师生们并驾齐驱和互相支援。

（2）蔡元培：哲学和美术对人类的事业的贡献是高贵而久远的

据《蔡元培全集 · 就任北京大学校长之演说》记载，蔡元培在 1917 年 1 月就任北京大学校长之演说中说，首先要抱定大学的宗旨。大学者指的是研究高深学问者。本校的腐败是因为来求学的人，皆有做官发财的思想，所以预科毕业的人，多进入法科，入人文科的甚少，入理科的尤其少，大概因为法科是获得干禄的捷径。学生因为做官心热，所以看教员的时候，不问其学问的浅深，唯问其官阶的大小。官阶大的教员就特别受欢迎，大概因为将来毕业有人提携。据《蔡元培全集 · 第四卷》记载，蔡元培很赞赏王国维的如下观点：天下最神圣和最尊贵的，无益于当世之用的是哲学和美术。虽然天下之人嚣然地说它们无用，也无损于哲学和美术的价值。研究哲学和美术的学者，如果自己忘记了哲学与美术的神圣的位置，而求之于当世之用，那么哲学与艺术的价值就丧失了。世人所说的有用者，比得过政治家和实业家吗？世人都喜欢谈论功用，那我就姑且从功用的角度来谈。人与禽兽的区别是因为人有纯粹的知识和微妙的感情。至于生活之欲，人与禽兽是没有大的差别的。政治家及实业家所供给的是用于生活之欲的。而只有哲学及美术才能给予人心灵的慰藉。哲学和美术对人类的事业的贡献是高贵而久远的，而政治家和实业家对人类的事业的贡献是比较短暂的。真正的哲学家和美术家，又何必那么稀罕政治家呢？

（3）胡适为代表的右翼对陈独秀为代表的左翼的批评

①在生存竞争中最适宜的民族才能够得以保存

在新文化运动中主要有右翼和左翼这两个派别。右翼派认为，帝国主义的侵略不是中国贫穷落后的主要原因，不能接受把马克思主义作为政治上和学术上的指导思想。左翼派认为，帝国主义的侵略是中国贫穷落后的主要原因，接受把马克思主义作为政治上和学术上的指导思想。蔡元培是兼容并包的，而胡适是右翼的代表，陈独秀是左翼的代表。在引入西方近代哲学方面，严复引进的是英国的经验主义哲学，王国维和蔡元培引进的是欧洲大陆的理性主义哲学。当时的美国哲学的发展还处于萌芽状态。胡适到美国留学时，正好遇到美国的实用主义哲学发展成熟。胡适引入了美国的实用主义。胡适在《五十年来之世界哲学》一文中，强调了达尔文的《物种由来》在哲学上的意义。据《胡适文存·第二集》记载，胡适说，达尔文的主要观念说的是物类都是起于自然选择的，而在生存竞争中最适宜的民族能够得以保存。达尔文不但证明了“类”是变化着的，而且指出了“类”所以变的道理。

②要大彻大悟地承认我们自己百不如人

胡适特别关心的是“适”与“不适”的问题，他特别倡导“适者生存”的道理。严复翻译的《天演论》在中国发生很大影响的时候，胡适正处于少年时期。当时的知识分子都知道了优胜劣败、适者生存的天演公例，胡适的名字正是从这个公例得来的。胡适认为，中国之所以贫穷和落后，完全是自己的错误。没有帝国主义的束缚，中国完全不可能自发地进入资本主义社会。据《胡适文选·请大家来照照镜子》记载，胡适说，我们全都不肯认错，于是便事事责人，而不肯责己。我们到今日还迷信着可以打倒帝国主义的口号和标语；我们到今日还迷信着不学无术的人可以统治国家；我们到今日还不肯低头去学人家治人富国的组织与方法。所以，今日的第一要务是要选一种新的心理，要肯认错，要大彻大悟地承认我们自己百不如人。

③辩证法是玄学的方法，而进化论则是科学的方法

据《胡适文选·介绍我自己的思想》记载，胡适说，陈独秀认为实验主义和辩证法的唯物史观是两个最重要的思想方法，他希望这两种方法能够合作成一条联合的战线。而胡适认为，这种想法是错误的。辩证法是生物进化论创立以前的玄学的方法，而实验主义则是生物进化论出世以后的科学方法。这两种方法是根本不相容的，因为中间隔了一层达尔文主义。达尔文的生物演化学说教我们明白了生物的进化，让我们知道，无论是自然的演变还是人为的选择，都是一点一滴的变异的结果，都是一种很复杂的现象，决没有一个简单的目的地可以一步跳到，更不会有一步跳到之后就可以一成不变

的。辩证法本来的意思是说一正一反的相辅相成的变化是会永远不断地呈现的。但是，狭义的共产主义者却忘了这个原则，武断地虚悬着一个共产共有的理想境界，以为可以用阶级斗争的方法一蹴即到，即到之后又可以用一个阶级专政的方法把持不变。这样的化复杂为简单，这样的根本否定演变的继续的思想，便是十足的达尔文以前的武断的思想。

（4）梁漱溟：新文化运动是必要的和进步的

①反对马克思主义的唯物史观

在新文化运动的高潮中，梁漱溟以演讲的方式说明了自己的看法，收录在《东西文化及其哲学》这部书中。梁漱溟赞成和参加新文化运动。他认为，中国与西方诸国的关系是弱国和强国的关系，他反对马克思主义的唯物史观。梁漱溟充分认识到了新文化运动的必要性和进步性。据《东西文化及其哲学》记载，梁漱溟说，中国到了19世纪才开始认真地考虑向西方学习。中国人认为船坚炮利、声、光、电，都是可以枝枝节节地学来的，就好像一盆花草，是可以随便搬来搬去的，而事实证明这样做是不行的。戊戌变法又加上了政治上的改革，而事实证明还是不行的。于是大家进一步觉悟到，政治上的改革也是枝叶问题。后来陈独秀等人认为，要直截了当地去求西方的最后的根本，那就是整个的西方文化。陈独秀在《吾人之最后觉悟》中说，西方文化中的最根本的是其伦理思想，也就是人生哲学。如果伦理思想不改革，则其他所有改革都是无效的。于是开始觉悟到中国的道德是不对的，要通过新文化运动来对中国的伦理思想进行改革。

②人自己就是会走对的路的，而不需你去操心打量

新文化运动对于孔子和儒家思想是完全否定的。孔子被称为孔老二，儒家被称为孔家店。当时流行的口号是打倒孔老二、打倒孔家店，而梁漱溟是别树一帜的。他认为，当时的批评都是根据社会制度和道德伦理而言的，但是这些都是外部的东西。据《东西文化及其哲学》记载，梁漱溟说：孔子要告诉大家的道理是，你最好不要操心。你的根本的错误就在于你要找个道理，按这个道理打量计算着去走路。如果靠打量计算着去走路，就调和也不对，不调和也不对，无论怎样都不对。如果你不打量计划着去走，就通通都是对的。人自己就是会走对的路的，原是不需你去操心打量的。遇事他便是当下随感而应，这就通通是对的。对是无法从外面求的。我们人的生活便是一种流行之体，他自然会走他那最对、最妥帖、最

适当的路。人的那种遇事而感而应的变化是自得要中的，是自要调和的，所以其所应是无不恰好的。

③西方文化要全盘承受而中国要根本改过补课

据《东西文化及其哲学》记载，梁漱溟说，中国选择学习西方近代的人生态度和生活方式是对的。这时要排斥印度的态度，丝毫都不能容留；对于西方文化要全盘承受，中国要根本改过，要把人生态度改一改；要批评地把中国原来的态度重新拿出来。当时正是第一次世界大战刚结束的时候，有的西方人因为厌倦了战争，所以发出了厌倦西方文化，要向东方学习的言论，而中国的新文化运动则主张向西方学习。梁漱溟认为，虽然东西方在互相学习，但是层次是不同的。西方已经把第一条路走到了尽头，不能再往前走了，所以要转到第二条路线。而中国则没有把第一条路走完就早熟了，所以要转过头来向西方学习，这是进行补课。这就好比有两班学生，西方是按部就班地升级，而中国这一班则是跳班升级，而缺的课是不能不补的。

④中国补课到尽头时就会转到儒家哲学在世界范围内复兴的时代

据《东西文化及其哲学》记载，梁漱溟说，我们东方文化本身是没有什么是非好坏可说的，也没有什么不及西方之处。所有的不好不对，所有的不及人家之点，就在于步骤凌乱，成熟太早，不合时宜。这并不是因为中国人的态度不对，而是这种态度拿出来太早不对。这是我们唯一的致误所由。我们不等抵抗得天行，就不去走征服自然的路了，所以至今还要受自然的扼制。我们还不等有我，就去讲无我；还不等个性伸展就去讲屈己让人，所以中国至今还没有从种种权威下解放出来。我们不等理智条达，就去崇尚非论理的精神，就专好用直觉，所以至今思想也不得清明，学术也都没有眉目。中国有了这种人生态度后，就根本停顿了进步，自其文化开发之初到数千年之后，也没有什么两样。它再也不能回头补走第一条路，也不能往下去走第三条路。如果没有外力进门，环境不变，中国就会长此终古。中国必须要补课，要把第一条路走到尽头，然后自然就会转到第二条路，那就是儒家哲学在世界范围内复兴的时代。

（5）孙中山：这种新文化运动实际上是最有价值之事

据《孙中山选集·上卷》记载，孙中山说，自北京大学学生发生五四运动以来，一般爱国青年，无不以革新思想为未来革新事业的预备，于是蓬蓬勃勃抒发言论。国内各界舆论也都一致同倡，各种新的出版物纷纷应时而出，为热心青年所举办。他们扬葩吐艳，各极其致，社会受到了绝大的影响。当时的顽劣的伪政府，也不敢撄其锋。思想界发生了空前的大变动。推原其始的话，不过是由出版界的一二觉悟者从事提倡的，却使舆论大放异彩，学潮弥漫全国。人皆激发出了天良，是一种为爱国而誓死的运动。如果能够继长增高，将来的收效无疑会是伟大而久远的。我党要获得革命的成功，必须有赖于思想的变化。兵法中说的“攻心”和我说的“革心”，都是出于这个缘故。这种新文化运动实际上是最有价值之事。

3. 关于科学、人生观和唯物史观的大论战

（1）张君劢的人生观与丁文江的科学之辩

①张君劢：科学有一定的规律，而人生观则无一定的规律

第一次世界大战后，有些欧洲人发出了怨言。梁启超和蒋方震到欧洲回来，出版了《欧游心影录》，其中说道，西方文化破产了，科学也破产了，西方正打算向东方学习，所以东方用不着向西方学习了。在新文化运动发展到高峰的时期，出现了反对新文化运动的人们。林纾主张复古但这种思想在当时发挥不了作用。20 年代出现的“科学与人生观”的论战，就是反对新文化运动的一种新的形式。“玄学鬼”张君劢已经意识到了立于物体科学基础上的经验科学与立于能量科学基础上的人生观的不同，但是那时还没有明确把能量科学提出来。1923 年张君劢在清华的学生会上做了一个演讲，发表在清华《周刊》第 272 期之上，题目为《人生观》。据《科学与人生观》记载，张君劢认为，人生观与科学是不同的。科学是有一定的规律的，而人生观的特点正是无一定的规律。他认为，科学与人生观有五点不同：科学为客观的，而人生观为主观的；科学为论理的方法所支配，而人生观则起于直觉；科学可以用分析的方法下手，而人生观则是综合的；科学是受因果律所支配的，而人生观则是有自由意志的；科学起于对象之相同现象，而人生观则起于人格之单一性。无论科学怎么发达，科学对于人生问题的解决是无能为力的。人生问题的解决唯有依赖于人类自身。

②丁文江：玄学家吃饭的家伙就是离开心理而独立存在的本体

地质学家丁文江举起了捍卫科学的旗帜，发表了《玄学与科学——评张君劢的“人生观”》一文，通过从正面讲科学的方法，批评了张君劢提出的五个论点。他立在物体科学的基础上来批评当时尚未为人关注的能量科学的存在。丁文江认为，科学的性质是存疑的唯心论。他说，凡是研究过哲学问题的科学家，如赫胥黎、达尔文、斯宾塞、詹姆士、皮尔士、

杜威以及德国的马哈派哲学，虽然细节有所不同，但是大体都无不如此：他们都把感觉器官的感触作为认识物体的唯一方法，而物体的概念则是心理上的现象，所以说是唯心的。他们认为，到底被感触的外界和自觉的后面，是不是有什么本质，这是不知道的，应该是存而不论的，所以要存疑。存疑是玄学家的最大的敌人，因为玄学家吃饭的家伙就是离开心理而独立存在的本体。这种不可思议的东西，贝克莱称为上帝、康德和叔本华称为意向等，而张君劢称为我。他们始终没有找到大家公认的定义的方法，各有各的神秘之处，而共同处是都强把不知的以为知。旁人说他们模糊，而他们自己却以为很玄妙。科学的目的是要摒除个人的主观的成见，这是人生观中的最大的障碍。科学要求得人人所共认的真理。科学的方法是要辨别事实的真伪，要把真的事实取出来详细地分类，然后找到它们之间的秩序关系，并想出一种最简单明了的话来概括这种关系。所以，科学的万能性、科学的普遍性、科学的贯通性，都不在于材料，而是在于科学的方法。

（2）陈独秀用唯物史观反驳胡适的批评

①只有唯物史观可以解释历史和支配人生观

当时参加论战的人很多，发表的文章也不少，这些文章被收录在《科学与人生观》一书之中，由新文化运动的领导人胡适和陈独秀作序，从中可以看到新文化运动中的右翼和左翼之间的分歧。胡适认为，在这次论战中，拥护科学的人们的绝大多数的弱点是只是抽象地辩论说科学是可以解决人生观问题的，但是没有能够具体地提出一个科学的人生观。胡适提出了他的自然主义的人生观。陈独秀认为，在这次论战中，丁文江好像是战胜了张君劢，其实是最大的失败者。据《科学与人生观》记载，陈独秀说，只可惜的是攻击张君劢和梁启超的人，表面上是胜利了，其实并没有攻破敌人的大本营，只不过是打散了几个支队。有的人表面上是在开战，暗中却已经投降了。主将丁文江攻击张君劢的见解，也是五十步笑百步。究其原因，主要是他们素来不相信，所以不肯用一种可以攻破敌人的大本营的武器。我们相信只有客观的物质原因可以变动社会，可以解释历史，可以支配人生观，这就是唯物的历史观。

②无论多彻底的唯物论者都不是无心论者

据《科学与人生观》记载，胡适说，陈独秀说的是一种历史观，而我们讨论的是人生观。人生观是一个对于宇宙万物和人类的见解，而历史观只是解释历史的一种见解。历史观只是人生观的一个部分。陈独秀一方面把心解释为物的一种表现，另一方面又把物质的解释成经济的，所以不是彻底的唯物论者。他个人至今还只能说，唯物的或经济的史观至多只能解释大部分的问题。陈独秀希望他能百尺竿头更进一步，可惜他不能进这一步了。陈独秀说，社会是人的组织，历史是社会现象的记录，唯物史观则是我们的根本思想。唯物史观名为历史观，其实不限于历史观，而是可以应用于人生观及社会观。唯物史观所说的客观的物质原因，在人类社会中，自然是以经济为骨干的，而这里的经济指的是生产的方法。唯物史观所说的客观的物质原因，指的是物质的本因，而由物而发生的心的现象是不包括在内的。世界上无论如何彻底的唯物论者，都是不能不承认有心的现象即有精神现象这种事实存在的。唯物史观的哲学学者，也并不是不重视思想、文化、宗教、道德、教育等心的现象的存在，只是说承认它们都是经济基础上面的建筑，而不是基础本身。唯物史观者认为经济统率着并列的制度、宗教等，这就是经济一元论，而不是说并列的经济与宗教、思想、道德等是并列的，这就是多元论。这是胡适之与我们争论的焦点。

4. “中国本位文化论”与“全盘西化论”之辩

（1）“一十宣言”：我们在文化上建设中国但并不是要抛弃大同理想

1935 年上海有十名教授联名发表了《中国本位的文化建设宣言》一文，被称为“一十宣言”，最先刊登在 1935 年 1 月 10 日出版的《文化建设月刊》第一卷第四期上，后来各报和各杂志均转载。据马芳若编的《中国文化建设讨论集》记载，宣言提出了中国本位的文化建设所应该遵循的五项原则：要特别注意此时此地的需要；必须把过去的一切加以检讨，存其当存，去其当去；吸收欧美的文化是必要的而且是应该的，但需吸收其所当吸收的，而不应采取全盘承认的态度，不应该连渣滓也都吸收过来；中国本位的文化建设是创造，是迎头赶上去的创造；我们在文化上建设中国，并不是要抛弃大同的理想。因此，《宣言》提出要有两条注意事项：不守旧、不盲从；还提出了三项目标：检讨过去、把握现在、创造将来。于是，引起了五四运动之后的又一次关于东西文化的大辩论。

（2）胡适：要在全盘西化中靠文化惰性来折中

与“中国本位文化论”正面对立的是“全盘西化论”。据《中国文化建设讨论集》记载，胡适说，他是主张全盘西化的，但他同时指出，文化自有一种惰性，所以全盘西化的结果，自然会出现一种折中的倾向。比如说，中国人接受了基督教，久而久之，自然与欧洲的基督教就会不同，他自然就成了一个中国的基督徒。又比如说，陈独秀先生接受共产主义，他总觉得陈独秀只是一个中国的共产主义者，与莫斯科的共产党是不同的。现在人说的折中，说的中国本位，其实都是空谈。这个时候没有别的路可走，只有努力全盘接受这个新世界的新文明。全盘接受了，旧文化的惰性自然会使它成为一个折中调和的中国本位的新文化。如果我们自命做领袖的人也空谈折中选择，结果只会是抱残守阙而已。古人说，取法乎上，仅得其中；取法乎中，风斯下矣。这是最可玩味的真理。

（3）毛泽东：中国文化要有民族的形式和新文化的民主和科学的内容

据《新民主主义论》记载，毛泽东说，全盘西化的主张是一种错误的观点。形式主义地吸收外国的东西，在中国的过去吃过大亏。中国共产主义者对于马克思主义在中国的应用也是这样，必须将马克思主义的普遍真理与中国革命的具体实践完全地恰当地统一起来。也就是说，马克思主义要与中华民族的特点相结合，要具有一定的民族形式才有用处，决不能主观地公式地应用马克思主义。公式的马克思主义者只是在对马克思主义和中国革命开玩笑，在中国的革命队伍中是没有他们的位置的。中国文化应该具有自己的形式，这就是民族的形式，这种形式的内容就是我们今天的新文化。

5. 资本主义道路与社会主义道路之辩

在国民革命军即将胜利之时，在北洋军阀即将被消灭之际，在中国共产党内出现了一个问题：中国是否可以不经过资本主义阶段而直接进入社会主义？对于这个问题，陈独秀与共产党的其他领导人有着不同的看法。陈独秀认为，北洋军阀被消灭以后，共产党应该让国民党单独执政，因为资本主义是社会进化的一个必经的阶段。要经过这个阶段，中国才能建设社会主义社会。但是，广大的共产党员想不通，认为这是在革命即将胜利之时取消革命。1929 年 11 月，中共中央政治局决定开除陈独秀党籍，陈独秀的思想被称为右倾机会主义、取消主义、托洛茨基主义。国民党对陈独秀也不宽容。1939 年，陈独秀被国民党逮捕，他被判处 13 年的徒刑。抗战爆发之后，共产党与国民党共同抗战，陈独秀被释放。据《新民主主义论》记载，毛泽东说，新民主主义革命只是革命的第一步，将来要发展到第二步即社会主义革命。中国只有进入到社会主义时代才是真正幸福的时代。中国革命不能不分成两步走，第一步是新民主主义，第二步才是社会主义。而且，第一步的时间是相当长的，绝不是一朝一夕所能成就的。我们不是空想家，不能离开当前的实际条件。在两个革命阶段中，第一个为第二个准备条件，而两个阶段必须衔接，不容许横插一个资产阶级专政的阶段。

第二章　中、西、马三种思想和制度的融会更新的开启

第一节　儒家的主要融会更新者

一　儒家的仁的思想的主要更新者

（一）儒家气学中的实学的主要更新者

1. 明清之际的几位仁的实学大儒的仁的心理气融合倾向

到了清代，哲学之风尚转向了儒家汉学。儒家汉学家认为，宋明道学所讲的经学混有佛老的见解。儒家汉学认为，如果想要知道孔孟圣贤的仁之道的真正意义，就要求之于西汉人的经说。据《汉学师承记序》记载，阮元说，当遵行两汉经学，因为那时离圣贤最近，而且二氏之说尚未起。汉学家们把宋明道学称为宋学，而把自己所讲之学称为汉学，以示区别。宋学中的理学和心学在清代都有传述者，但很少有显著的新见解。这个时候的汉学家的仁的义理之学讨论的问题主要是理、气、性、命等，即谈论的问题仍然是宋明道学家提出的问题，所依据的经典也是宋明道学家所提出的四书，即《论语》《孟子》《大学》《中庸》等。汉学家的主要贡献在于对宋学家提出的问题给予了不同的回答，对宋学家依据的经典给予了不同的解释。所以，从表面上看汉学家是反宋学的，而其实则是继续发展了宋学。

（1）颜元和李塨的仁的实学之主张

在汉学与宋学开始对峙之前，在北方有颜元（1635—1704 年）和李塨（1659—1733 年）之学。李塨是颜元的弟子。颜李都反对宋学，认为他们自己主张的才是真正的孔孟圣贤的仁之道。在颜元的时代，还没有汉学之名，他也不是汉学家，但是他已经开始反对宋学。在当时的道学家

中，也有赞同颜元的观点的人，比如说，陆桴亭。据《思辨录·卷一》记载，陆桴亭说，如果天下无讲学之人，说明仁的世道之衰；如果天下皆是讲学之人，也说明仁的世道之衰。在三代之世，君君、臣臣、父父、子子，各务躬行仁、各敦实行仁。在庠序之中，都在诵诗书、习礼乐而已，未尝是以口舌相角而胜的。而近人讲学，多似晋人的清谈，很是害事。孔门无一语不是教人就实处做的。

①章句清谈中所传的圣贤之道并非圣贤之仁道

据《存学编·卷一》记载，颜元说，自汉晋泛滥于章句以来，便不知道章句所传的圣贤之道，并非圣贤之仁道。学者们竞相崇尚清谈，而不知道清谈所阐述的圣贤之学，并非是圣贤之仁学，结果导致了虚浮之风日盛。尧舜的三事六府的仁之道，周公、孔子的仁的六德六行六艺之学，这才是实位天地和实育万物的，却几乎不见于乾坤之中。后佛老昌炽，或取天地万物而尽空之，一归于寂灭；或取天地万物而尽无之，一归于升脱。赵氏运中纷纷跻身于孔子庙庭者皆是修辑注解之士，依然是注重章句，皆是高坐讲论之人，依然在清谈。在言说仁的孝弟忠信如何教的时候，说气禀本是有恶的，这与老氏以仁的礼义忠信为薄和佛氏以耳目口鼻为六贼是相差无几的。所以，如果把宋儒说成是集汉晋释老之大成者是可以的，而说是继承了尧、舜、周、孔之正派则是不可以的。他著《存学》一编，目的在于申明尧、舜、周、孔、三事的仁的六府六德六行六艺之道，说明仁之道不在诗书章句，学不在颖悟诵读，而是要如孔门的仁的博文约礼，身实学仁，身实习仁，终身不懈。他要说明的是理气俱是天的仁道，性形俱是仁的天命。人之性命气质，虽然各有差等，而俱是此仁之善，气质正是仁的性命之作用，而不可说有恶。恶是因为有引蔽习染四字在作祟。要让人知道为丝毫之恶，都是在自己玷污其光莹的仁之本体；而极神圣的仁之善自始就充实于其固有的形骸之中。

②不能把性分为气质之性和义理之性

颜元认为，朱熹把性分成气质之性与义理之性是不对的。理与气是融为一片的，所以义理之性即是气质之性，不可以把气质看成是产生恶的根源。据《存性编·卷二》记载，颜元说，说情有恶，指的是已发的元亨利贞，并非是未发的元亨利贞。说才有恶，指的是元亨利贞的蓄者，而能作者并非是元亨利贞。说气质有恶说的是元亨利贞的仁之理，说的是天的仁道，而元亨利贞之气则不是天的仁道。天下有无仁的理之气吗？天下有无气的仁之理吗？在二气四德之外有理气吗？颜元认为，万物是禀仁的二气四德而生的。只是因为所禀不同，使得物有聪明和愚蠢，强弱和寿夭的差异。万物之性是此仁的理之天赋。万物之气质是此仁的气之凝。正指的就是此仁之理此仁之气。间指的也是此仁之理此仁之气。交杂者也是此仁之理此仁之气。高明者是此仁之理此仁之气，卑暗者也是此仁之理此仁之气。清厚者是此仁之理此仁之气，浊薄者也是此仁之理此仁之气。至于人则为万物的仁之粹，得天地的仁之中而生。仁的二气四德就是未凝结之人，而人就是已凝结的仁之二气四德。仁的二气四德存之为仁义理智，这就称为仁之性，在内以元亨利贞来名之；发于外则是仁的恻隐、羞恶、辞让和是非，这就是仁之情，以物之元亨利贞来言之。才指的是变成仁之情的仁之性，是元亨利贞的仁之力。

③恶是因引蔽习染而来的

a. 没有此目是不可以全目的仁之性的

据《存性编・卷一》记载，颜元说，气即是仁的理之气，理即是仁的气之理，怎么能说理是纯一善的，而气质则偏是有恶的呢？比如说，眼睛的眶疱睛为气质或形，而其中的光明则是能间物的功能，这就是仁之性。光明的仁之理是专门视正色，而眶疱睛则要视邪色吗？光明的仁之理固然是仁的天命，而眶疱睛也皆是仁的天命，所以不必分何者是仁的天命之性，何者是气质之性。我们可以说天赋予人以目仁之性。从光明能视上看，目之性是善的。目视之，则是仁的情之善。而目视之的详略远近，则是仁的才之强弱，皆不可以说成是恶。只有因有邪色引动，障蔽其仁之明，然后有淫视，这个时候才开始产生恶这种名。而因为引而动，不应该归咎于性，也不应该归咎于气质。如果归咎于气质，就会得出没有此目却可以全目之性的不对的结论。

b. 不能问罪于能变化的气质与不能问罪于兵和责染于丝一样

据《存性编・卷一》记载，颜元说，恶是因引蔽习染而来的。孔子求仁，孟子存仁心以养仁之性，因为他们明白吾性的仁之善，而耳目口鼻皆奉令而尽职。当视即视，当听即听，不当即否，使气质皆按其仁的天则之正而用，一切邪色淫声，自不得引蔽。但人又怎么会习于恶，染于恶，而且足以为患呢？仁的六行是吾的仁之性的设施；仁的六艺是吾的仁之性的才具；仁的九容是吾的仁之性的发现；仁的九德是吾的仁之性的成就；制仁之礼作仁之乐，燮理阴阳，裁成阴阳，则是吾的仁之性的舒张。万物咸若，地平天成，太和宇宙，这是吾的仁之性的结果。所以，能变化的气质是有养仁的性之效的，比如说，仁德能润身，睟面盎背是施于四体之类。不能把能变化的气质说成是恶的，因此而说要复仁之性。这就相当于问罪于兵，责染于丝。

④要行仁的正德、仁的利用和仁的厚生之实事

a. 仁的天道生二气再生四德再生万物为仁之良能

据《存性编·卷二》记载，有“为妄见图凡七”之图，本图的目的在于申明孟子的本意，其中用到了《易经》中的元亨利贞。颜元解释此图说，大圈指的是仁的天道之统一体。上帝主宰其中，但是不可以用图画出来。左为阳，右为阴，合之则阴阳无间。仁的阴阳流行而为仁的四德，即元亨利贞。横竖的正画为仁的四德的仁的正气和仁的正理之达。四角的斜画为仁的四德的间气间理之达。交斜之画，象征的是交通。满面的小点，象征的是万物之化生。没有不交通的，没有不化生的，其中无非就是仁之气和仁之理。知道了仁之理与仁之气是融为一片的，就知道了仁的阴阳二气是天道的仁之良能。元亨利贞四德，都是阴阳二气的仁之良能。化生万物，则是元亨利贞这四德的仁之良能。知道了仁的天道之二气，仁的二气之四德，仁的四德之生万物，都是仁之良能，就可以看懂此图了。

b. 在仁的天事、人事、物事中有着仁的天理、人理、物理

据《尚书·大禹谟》所言，水、火、金、木、土、谷称为六府；仁的正德、仁的利用、仁的厚生称为三事。据《周礼·大司徒》所言，以乡三物教万民而宾兴之。一为六德：知、仁、圣、义、忠、和；二为六行：孝、友、睦、姻、任、恤；三为六艺：礼、乐、射、御、书、数。据《大学辩业·卷二》记载，李塨说，《大学》中说的格物中的“格”指的是手格猛兽之格，指的是要亲手习其仁之事；而格物中的“物”指的是物有本末之物，即为仁的明德亲民，即为意心身家国天下，而物者则是以诚正修齐治平皆有其仁之事，而学其事皆有其仁之物，《周礼》中的礼乐等皆谓仁之物。据《论语传注问》记载，李塨说，在天在人都通行的称为仁之道。而圣经中则很少说到理字。《中庸》中说的“文理”与《孟子》中说的“条理”，同样说的都是仁的道秩之然是有条的，犹如玉是有脉理的，地是有分理的。《易》说，穷仁之理尽仁之性以至于仁之命。仁之理见于仁之事，仁之性具于仁之心，仁之命处于天之仁，这就是条理的仁之义。事中所有的条理称为仁之理，即仁之理在仁之事中。现今所说的

仁之理在仁之事上，是把仁之理别为一物了，这是不对的。在仁的天事中的仁之理称为仁的天理，而在仁的人事中的仁之理称为仁的人理，在仁的物事中的仁之理称为仁的物理。《诗》说，有物就有仁之则。离开了事物就没有仁之理。后来戴震就是用仁之理在仁之事中来反驳理学家的，这点与李塨的观点是相同的。在这点上，颜元、李塨和戴震都继承了刘宗周、黄宗羲和王夫之的观点。

（2）刘宗周、黄宗羲和王夫之的仁的气即是仁的理之说

①刘宗周：仁的义理之性即是气质的仁之本性

据《刘子全书·卷十一》记载，刘宗周（1578—1645 年）说，盈天地之间就是一仁之气而已。仁之气即是仁之理。天得仁之气以为仁之天，地得仁之气以为仁之地，人物得仁之气以为仁之人物，都是一。有人说，虚生气。刘宗周说，仁的能量世界之虚即是仁之气，何生之有呢？未有在能量世界的气之先的东西，所往也全是气。当气屈的时候，就会自无而之有，有而未始有；当气伸的时候，自有而之无，无而未始无。在非有非无之间，这时即有即无，这就是能量世界的太虚，用太极来表达太虚的仁之和尊至。仁之理即是仁的气之理，断然不在仁的气之先，也不在仁的气之外。知道这点则知道仁之心即是人心的仁之本心，仁的义理之性即是气质的仁之本性。心只有仁的人心，而仁的道心则是用来解释仁的人心的，说明人心之所以为仁的人心。性只有气质的仁之性，而义理的仁之性是用来解释气质的仁之性的，说明气质之性之所以为仁之性。昔日之人在解释人心道心的时候，以道心为主，而人心每每是听命于道心的。如此说来，则一身则有二心了。其实离却人心，是别无道心的。比如说，知寒而思衣，知饥而思食，这就是此心之动体。当衣而衣，当食而食，这就是此心之静体。而当衣当食，审于仁的义理的话，即与思衣思食是一时并到的，而不是说思衣思食了，又要起个当衣而衣和当食而食的念头。

②黄宗羲：仁之理为有形的仁之性而仁之性则为无形的仁之理

黄宗羲（1610—1695 年）是刘宗周的弟子。他对于理与气的见解与刘宗周相同。据《南雷文案·卷三》记载，黄宗羲说，在大化中流行的只有一仁之气，仁之气是充周无间的。仁之气，时而为仁之和，称为春；仁之和生而温，称为夏；仁之温降而凉，称为秋；仁之凉升而寒，称为冬；仁之寒降而复为仁之和。这样的仁之道循环无端，这样的仁之生生不息就称为仁之易。圣人就是顺从仁之气的升降而不失其仁之序的人，而这

种序就称为仁之理。仁之气在人而为仁的恻隐、羞恶、恭敬、是非之心，这都同是此一仁的气之流行导致的。圣人把遵从此仁的秩序而不变者称为仁之性。所以，仁之理指的是有形的仁之性，而仁之性指的则是无形的仁之理。先儒说的仁之性即是仁之理，这是千圣的仁之血脉，而其要点在于皆是一仁之气为之。

③王夫之：仁之理行于仁之气之中发挥着主持分剂的作用

a. 在仁的气之失和时成质则不正

王夫之（1619—1692 年）与黄宗羲是同时代之人。王夫之的学问是没有师承的，他对于理与气的见解也与刘宗周、黄宗羲、颜元有相同之处。据《读四书大全说·卷七》记载，王夫之说，程子创立了气质之性这个学说。他初学的时候不悟，怀疑人有两性在。今不得已而为显之。气质之性说的是气质中之性。质是人之性质，在这个范围内包含着仁之生理。形质之内，有仁之气充之。而盈天地之间，人身以内，人身以外，都是仁之气，都是仁之理。仁之理是行于仁之气之中的，为仁之气发挥着主持分剂的作用。所以，仁之质以函仁之气，而仁之气以函仁之理。仁之质以函仁之气，所以一人有一人的仁之生；仁之气以函仁之理，所以一人有一人的仁之性。在其未函之时，就是天地的仁之理气，还没有人。赵甲以甲子生，一分仁之理气，便属于天之仁。既有仁之质以居仁之气，而仁之气必有仁之理。自人而言之，则一人的仁之生，一人的仁之性，其为天之流行，最初不以人之故而阻隔，而并非是复天的仁之有。所以，气质中的仁之性，是依一本然的仁之性。仁的气之在天，有的时候有失其和的现象。当人之始生时，而与为建立。因仁的气之失和，以成质之不正。

b. 仁之气拆着便叫仁的阴阳五行而合着便称为天

据《读四书大全说·卷三》记载，王夫之说，天地间之有仁之理与仁之气，仁之气因载仁之理而让仁之气拥有仁的秩序。据《读四书大全说·卷十》记载，王夫之说，言仁之心，言仁之性，言天之仁，言仁之理，都必须在仁之气上说。在无仁的气之处，什么都没有。天之仁即是仁之理，而天之仁不能离开仁之气而得名。仁之理即是气的仁之理，这样后天为仁的理之仁的义才始成。天即是仁的阴阳五行之总名。天的仁之理即是气的仁之理。据《读四书大全说·卷二》记载，王夫之说，仁之气拆着便叫仁的阴阳五行，这样就有仁的二殊又有仁的五位；仁之气合着便称为天。犹如合手足耳目心思即是人，不是说在手足心思之外，还有用手足耳目者。在阴阳五行之外，也没有用阴阳五行者。据《周易外传·卷五》记载，王夫之说，天下只有仁之器。仁之道是器的仁之道，但器不能称之为仁的道之器。人类都知仁之道，无其仁之道则无其仁之器。那么有其仁之器，还患无仁之道吗？鲜有人知仁之道，无其仁之器则无其仁之道，而事实却诚然如此的。洪荒无揖让的仁之道，唐虞无吊伐的仁之道，汉唐无今日的仁之道，而今日无他年的仁之道者很多。未有弓矢就无射的仁之道；未有车马就无御的仁之道。仁的道之可有而且无者多矣。所以说，无其仁之器则无其仁之道，这是诚然之言，而人却没有察觉。形上与形下皆是名，非有涯量之可别。形而上指的不是无形的意思。要有形然后才有形而上。无形之上，亘古今，通万变，穷天穷地，穷人穷物，皆是没有的。

(3) 阮元认为仁即是人和二人相耦相亲

据《揅（yán）经室集·上》记载，阮元（1764—1849 年）引《曾子·制言》说，人之相与，譬如舟车一样，是相济而达的。人非人不济，马非马不走，水非水不流。又引《中庸》说，仁即是人。阮元说，在春秋之时，孔门所说的仁即是以此一人与彼一人相人偶，尽其敬礼忠恕等事的意思。相人偶即人之偶之。凡是仁必于身所行验之而始见，也必须有二人而仁乃见。如果一个人闭户斋居，瞑目静坐，虽然有仁的德理在心，终不得指为圣门所说的仁。士庶人之仁是见于宗族乡党的。天子诸侯卿大夫之仁是见于国家臣民的。同一相人偶的仁之道，必然是在人与人相偶而仁时乃能见的。圣门论仁是以类推之的。五十八章之旨，是有相合而无相戾的。即使推之诸经之旨，也莫不是相合而无相戾的。自把仁看成是博爱以来，则出现了歧中有歧的现象。孔子的仁之道，当与实者、近者、庸者来论之，这样的话春秋时的仁的学问之道显然是大明于世而不入于二氏之途的。阮元引许叔重的《说文解字》说，仁即是亲，是从二人的；引段若膺的大令《注》说，亲即是密至；引《大射仪》所言，揖以耦；引《注》说，耦之事成于此仁之意相人耦；引《聘礼》说，每曲揖；引《注》说，以人相人耦为敬；引《公食大夫礼》说，宾入三揖；引《诗·匪风·笺》说，人偶能烹鱼。人偶能辅仁的周道以治民。所以，古代人所说的人耦，指的是你我之间的亲爱之辞。独则无耦，耦则相亲，所以其字从二人。据《诗·匪风·疏》引郑氏《注》说，人偶即同位之辞。

2. 戴震的仁的实行之道

戴震（1724—1777 年）之学与宋儒之学是有不同之处的，但是没有能够与朱熹和王阳明等之学相匹敌的。颜元、李塨和戴震都是反宋学的，但攻击的对象主要是理学而鲜及心学。

（1）不能把形与神别为二本

据《孟子字义疏证序》记载，戴震说，孟子与杨朱和墨子相辩论。后人习闻杨、墨、老、庄、佛之言，而且以其言汩乱孟子之言，再后来后孟子者不可已。据《戴东原集·答彭进士允初书》记载，戴震说，在宋以前，孔孟自是孔孟，老释自是老释。谈老释者高妙其言，不依附于孔孟。而自宋以来，孔孟之书尽失其解，因为儒者杂袭老释之言以解之。戴震以辟道学家之学为己任，正如孟子以辟杨墨之学为己任一样。颜元和李塨都坚持仁之理在仁之事上的观点，戴震也是这样认为的，并认为在这种观点中也杂袭了老庄释氏之言。据《孟子字义疏证》记载，戴震说，在老庄释氏的学说中，都是把一身分而言之的，认为一身是有形体和有神识的，而以神识为本。推而上之，则以神为有天地之本，所以把无形无迹者称为实有，而视有形有迹为幻。在宋儒之学说中，道学家则认为形气神识同为己之私，而仁之理是得于天的。推而上之，则认为仁之理与仁之气是截然分明的，而把仁之理视为无形无迹之实有，而把有形有迹视为粗。所以，把气称为空气，而把心称为性之郛郭，这样就把形与神别为二本，宅于空气的为天地之神，而宅于郛郭的为人之神。再把理与气别为二本，宅于空气的为天地之理，而宅于郛郭的为人之理。

（2）仁的自然和仁的必然是什么样的?

①仁之道在仁之行中，即在仁的生生不息的气化流行之中

据《孟子字义疏证》记载，戴震说，仁之道犹如行一样，是气化流行的，是生生不息的。行便是仁之道的通称。举仁之阴阳则赅仁之五行，因为仁之阴阳是各具仁之五行的。举仁之五行即赅仁之阴阳，因为仁之五行是各有仁之阴阳的。仁的阴阳五行即是仁的道之实体。仁之气化之于仁之品物，则有了形而上与形而下之分。仁之形指的是仁的品物，而非气化。形指的是已成的形质。形而上犹如说的是形之前，形而下犹如说的是形之后。还未成阴阳的形质，就是形而上者，没有形而下那么明确。器说的是一成不变，道说的则是体物不可有遗。水火木金土这五行是有质可见的，所以是形而下之器。人物咸禀受于五行之气，这种气则是形而上者。人与物的生成都可以归之于气化的结果。而阴阳五行之气化流行是有仁的

条理的。据《戴东原集·读易系辞论性》记载，戴震说，天地之化是不已的，这就是仁之道。生生是在一阴一阳的气化中进行的。生生即是仁。而生生都是有仁的条理的。仁的条理之秩然，则是仁的礼之至著。仁的条理之截然，则是仁的义之至著。

②仁的必然就是天地、人物、事为的仁之理得

据《原善》记载，戴震说，一物有其仁的条理，一行有其仁的至当。据《孟子字义疏证》记载，戴震说，天地、人物、事为都是有仁之理可循的。他引《诗》说，有物就有仁之则。他解释说，其中的物指的是实体和实事之名；仁之则指的是其仁的纯粹中正之名。实体实事，罔非自然，而归于仁之必然。仁之必然就是天地、人物、事为的仁之理得。天地之大，人物之蕃，事为之委曲条分，苟得其仁之理，犹如直者之中悬，平者之中水，圆者之中规，方者之中矩，然后推诸天下万世而准。仁之理是天都不违的，人更不会违，鬼神也不会违。是，指的就是得仁之理；指的就是仁之心的仁之所同然。举凡天地、人物、事为，求其仁的必然不可易，就能使仁的理至而明显。

③仁的品物各随其分而成其仁之性而形则是一

a. 人物之始有着偏全、厚薄、清浊、昏明的不齐

理学家认为，人人心中都有一个太极，而戴震反对这种观点。据《孟子字义疏证》记载，戴震说，仁之道可以分为阴阳五行，所以才有人与物，而人与物都是各自局限于所分的，这样以成其仁之性。阴阳五行为仁的道之实体，而血气心知为仁的性之实体。有仁之实体所以可以分仁之道。只要仁之道有分，就有不齐。仁之性是从仁的阴阳五行那里分来的，有仁的血气心知与仁的品物之区别。既生之后，所有的仁之事，所具的仁之能，所全的仁之德，咸是以仁之性为本的。气化生了人化生了物之后，各以仁之类滋生很久了，千古如此，都是循其故而已。一说到仁道之分，则局限于始，其始是有偏全、有厚薄、有清浊和有昏明的不齐，各随其仁之分而成其仁之性，但是形则是一。仁之性虽然是不同的，但是大致可以仁之类加以区别。

b. 天下之事无非是使生之欲得遂而仁之情得达而已

据《孟子字义疏证》记载，戴震说，气化生人化生物，据其限于所分的仁之道而称为仁之命；据其为人物的仁之本始而称为仁之性；据其仁之体质而称为仁之才。因为成的仁之性是各殊的，所以仁的才质也是特殊

的。仁的才质是仁的性之所呈，所以舍掉仁的才质就无法目睹到仁之性。比如说，桃杏之性，全在于核中之白，形色臭味，无一弗具，而无可见。及萌芽甲拆，根干枝叶，桃与杏都是各殊的。因仁之性而为华为实，形色臭味，无不相区别。虽然是仁之性使之如此的，但要据仁之才以见之。人生而后有欲、有情、有知，三者都是血气心知之自然。给于欲者为声色臭味，因此而有爱畏。发乎情者为喜怒哀乐，因此而有惨舒。辨于知者为美丑是非，因此有好恶。声色臭味之欲是资以养生的；喜怒哀乐之情是感而接于物的；美丑是非之知是仁之极而通于天地鬼神之仁的。只因有欲有情而又有知，所以欲才得遂，情才得达。天下之事，无非就是使生的欲之得遂，仁的情之得达而已。

（3）人的善与恶是哪儿来的？

①人能知天地的仁之中正从而能够节于内

a. 人的自然能协天地的仁之顺而人的必然能协天地的仁之常

戴震认为，人是可以通过能量世界的仁之自然而知道物体世界的仁之必然的，这就是人与物的区别。人依仁之必然而行，即是在行仁德。据《孟子字义疏证》记载，戴震说，仁指的是气化流行，生生不息。生生是有自为的仁之条理的，观于仁的条理之秩然而有序，便可以知仁之礼。观于仁的条理之截然不可乱，可以知仁之义。据《读孟子论性》记载，戴震说，耳是能辨天下之声的；目是能辨天下之色的；鼻是能辨天下之臭的；口是能辨天下之味的；心是能辨天下的仁之义理的。物是不足以知天地的仁之中正的，所以无节于内，只是自然如此而已。人则是有天德的仁之知的，能践乎仁之中正。人的自然是协天地的仁之顺的，人的仁之必然是协天地的仁之常的。人的仁之自然不是物的仁之自然。孟子说的性善，察觉到了人之材质，把人的自然有节称为善。

b. 自然的仁之极致：归于仁之必然正好完善了其仁之自然

据《孟子字义疏证》记载，戴震说，仁的理义指的是人的仁之心知，有思辄通仁，能不惑于自己的所行之仁。人的仁之心知在人伦日用中体现为知恻隐、知羞恶、知恭敬辞让、知是非，这都是有仁的端绪可举的，这就称为仁的性之善。知恻隐，扩而充之，则仁无不尽；知羞恶，扩而充之，则仁之义无不尽；知恭敬辞让，扩而充之，则仁之礼无不尽；知是非，扩而充之，则仁之智无不尽。仁义礼智是懿德之目。恻隐和仁并非在仁的心知之外，而是犹如有物一样，藏在仁心之中。已知怀生而畏死，所以能够恻隐于孺子之死。只有人的仁之知，小之能尽美丑之极致；大之能尽是非之极致。能遂己的生之欲者，广之就能遂人的生之欲；达己的仁之情者，广之则能达人的仁之情。仁的道德之盛，能够使人的生之欲无不遂，人的仁之情无不达，这便是仁的了结之处。善指的是仁之必然；性指的是仁之自然。归于仁之必然，正好完善了其仁之自然，这就是自然的仁之极致。天地人物的仁之道，到这里就尽了。荀子知道仁的礼义为圣人之教，而不知仁的礼义也是出于仁之性的。知仁之礼义的目的是为了明其仁之自然，而不知仁之必然乃是仁的自然之极则，适合于完善其仁的自然。

②人得仁之理就能得人的仁的情之爽

a. 仁之理即是无过之情或无不及之情

据《原善》记载，戴震说，人具有天地的仁的至盛之征，而只有圣人能尽其仁之盛。据《孟子字义疏证》记载，戴震说，失去仁之理，人的仁之情就会感觉不爽，而得仁之理就能得仁的情之爽。以我絜之人，则能明仁之理。仁的天理指的是仁的自然之分理。仁的自然之分理，以我的仁之情，絜人的仁之情，而无不得其仁的平是。有人问，以仁之情絜仁之情，而无情之爽失，于行事诚而得其仁之理。那么情与理有什么差异呢？戴震说：在己与人，皆称为情。无过之情，无不及之情，这样的情便是仁之理。必须把事物剖析至微，然后才能得仁之理。仁的心之所以能够同然，是因为最初开始于仁之理，开始于仁之义。如果仁的法则未至于同然，那是因为存在着其人之意见，而这种意见并非是仁之理，也并非是仁之义。凡是一人以为然，天下万世皆说是不可变易的，那就称为仁之同然。分之各有其不易之则，这种则就是仁之理。有仁之理则有仁之宜，所以称为仁之义。

b. 有事必有仁之理而仁之理是随事而不同的

戴震认为，宋儒以为仁之理是具于心的，所以常把意见当成了仁之理。据《孟子字义疏证》记载，戴震说，宋儒也是就事物而求仁之理的，但是因为先入于释氏，所以把神识当成仁之理。所以，宋儒把仁之理看成犹如是有物一样，不只说事物的仁之理，而且说仁之理是散在事物之中的。必然就事物剖析至微，然后才能得仁之理。因为仁之理是散在事物中的，所以要冥仁之心求仁之理。宋儒认为仁之理是一本万殊的，放之则能弥六合，卷之则退藏于密。释氏说，遍见俱该法界，收摄在一微尘。宋儒由此类推而得。戴震认为，仁之理确实如有物一样，但并不是只有一仁之理。有事必有仁之理，而仁之理是随事而不同的，所以说仁心具有仁的众理，能应万事。仁心具仁的众理而出之，与意见是不同的。

③仁即是欲遂自己之生也遂他人之生

a. 人欲是落在方所的，所以为一人之私

据《孟子字义疏证》记载，戴震说，己不必遂其生，而遂他人之生，这样的情是没有的。而所说的生之欲不出于正则出于邪，不出于邪则出于正，是可以这么说的。而说不出于仁之理则出于生之欲，不出于生之欲则出于仁之理，则不可以这么说。黄宗羲所说的生之欲也是指的人的私欲，而不是恰好的生之欲，所以这样的人欲总是恶的。据黄宗羲作的《南雷文案·与陈乾初书》记载，陈乾初说，周子的无欲之教是不禅而禅的，而吾儒只言寡欲而已。人心本来是无所谓天理的，仁的天理是从人欲中见的，人欲恰好之处便是仁的天理。无人的生之欲就无仁的天理。黄宗羲驳道，乾初此言是来自先师的：仁的道心即人心的仁之本心；仁的义理之性即气质的仁之本性，离开气质则无所谓仁之性。以此来言气质和言人心是可以的，但是以之来言人欲则不可。气质之心是浑然流行的仁之体，为公共之物，而人欲则是落在方所的，为一人之私。

b. 使自己无此生之欲则于天下之人的生道便会穷促

戴震认为，宋儒把仁的天理和生的人欲区分开来是不对的。据《孟子字义疏证》记载，有人问，宋以来都在说仁之理，而且认为人之情不出于仁之理则出于生之欲，不出于生之欲则出于仁之理。这样就可以以仁之理与生之欲为界限，把人分为君子和小人。现今认为情之不爽失则为仁之理，仁之理是存在于生之欲中的。那么无生之欲就没有仁之理了吗？戴震说，孟子说养生莫善于寡欲，这里说明了生之欲是不可以无的，只是寡之而已。人之生莫不病于无以遂其生。欲遂自己之生，也遂他人之生，这就是仁。欲只是遂自己之生，至于戕他人之生而不顾，这就是不仁。不仁实际上是生于遂自己的生之心的。让自己无此生之欲，则必无不仁。然而使自己无此生之欲，则于天下之人的生道穷促，也将漠然视之。

④人不能尽其仁的才之患在于私和蔽

a. 仁的德性资于仁的学问进而得仁的圣智而非复其初

戴震认为，人的情、欲、知都是会有失的。据《孟子字义疏证》记载，戴震说，生的欲之失为私，有私则贪邪随之而来。爱的情之失为偏，偏则乖戾随之而来。心的知之失为蔽，蔽则差谬随之而来。不私则其生之欲皆为仁，皆为仁之礼义；爱之情不偏则其情必有仁的和易而平恕；心之知不蔽则其知能有仁的聪明圣智。据《原善》记载，戴震说，人不能尽其仁之材，其患在于私和蔽。去私莫如强仁之恕，解蔽莫如仁之学。据《孟子字义疏证》记载，戴震说，人之血气心知是以仁的阴阳五行为本的，这种本就是仁之性。血气是资饮食来养的，饮食化即为我之血气，非复所饮食之物。仁的心知是资于仁的学问的，其自得之也是如此。如果以血气而言的话，昔者弱而今者强，这是因为血气得其养的缘故。就心知而言，昔者狭小，而今广大；昔者暗昧，而今明察。这都是因为心知得其仁的学问所养的原因，所以虽愚也必有仁之明。形体是始于幼小而终于长大的。仁的德性也是始于蒙昧而终于有仁的圣智的。形体之长大是资于饮食之养的，所以长日加益，而非复其初。同理而明，仁的德性是资于仁的学问的，进而能得仁的圣智，而非复其初。

b. 仁的理义能悦我心犹如刍豢能悦我之口一样

据《孟子字义疏证》记载，戴震说，味与声色在物不在我，但接于我之血气则能辨之而悦之，其悦者必然是其尤美者。仁的理义在事情之条分缕析，结于我之心知而能辨之而悦之，其悦者必然是其仁的至是者。仁的理义之悦我心，犹如刍豢之悦我口一样。戴震说，这句话并非喻言。凡人行一事，有当于仁之礼义，其心气必然是畅然自得的；而悖于仁的礼义，其心气必然是沮丧自失的。从这里就可以看到心之于仁的理义，一同于血气之于嗜欲一样，皆是仁的性使之然的。荀子重学但无于内而取于外；孟子重学则有于内而资于外。资于饮食则身之血气能够得到营养，靠的是养者之气，因为其身本来就是受之于气的，这种气是原于天地的，与天地的仁之气是一样的。所以，所资靠的虽然在外，但能化为血气以益其内。如果内没有所受之气，外相得也是无法资的。问学之于仁的德性也是同样的道理。据《原善》记载，戴震说，人的仁之才得到了天地的仁之全能，所以能通天地的仁之全德。

3. 马一浮的全气合礼为仁之理而全情合礼则为仁之性

（1）情其性者会性即随情则全真起妄从而举体成迷

据《宜山会语》记载，马一浮（1883—1967 年）说，仁之心不为物役使便是为主。仁之心正则气顺，仁之性就能得其养。性其仁之情者指的是情皆顺仁之性，这样则能摄用归仁之体、仁的全体起用。全情是仁之性，全气是仁之理。情其性者，性即随情，则全真起妄、举体成迷，唯是以气用事，而仁的天理有所不行。据《尔雅台答问续编》记载，马一浮说，显诸仁是从体上起用；藏诸用是摄用归仁之体。显是于用中见仁之体的，藏是于仁之体中见用的。体用双离是绝不可说的，不易者只是此仁之体，简易者只是此仁之用，变易者只是此相。离仁之体是无用的，离仁之性是无相的，但是可以会相归仁之性，可以摄用归仁之体。相和用都是不可以离开仁之体的。仁的不贰正是显，仁的不测乃是藏。无微不显，方能识得仁之体；无显不藏，方能识得仁之用。显微是无间的，仁的体用是一源的，所以称为仁的不贰不测。

（2）全提：举一仁则全该得圆满周遍而更无渗漏

据《洪范约义》记载，马一浮说，视听言动皆是气体能量。仁之礼即是仁的理之行乎气中。如果视听言动皆合乎仁之礼，则全气是仁之理，全情是仁之性。据《泰和会语》记载，马一浮说，仁的理之本然即是仁之良，仁的理气合一即是仁的易简。孟子说孔子之言是全提。什么是全提呢？即是说仁的体用、仁的本末、仁的隐显、仁的内外，举一仁则全该，圆满周遍，更无渗漏。而单提指的是不由思学仁，不善会仁者便成执性废修。全提指的是明白仁的性修是不二的，仁的全性起修，全修是仁之性，这方是仁的易简之教。仁之性是以仁之理而言的，仁之修是以气而言的。仁之知是本乎仁之性的，能主乎仁之修。仁之性唯是仁之理，仁之修即是行仁之事，所以仁的知行合一即是仁的性修不二，也即是仁的理事双融，也即是仁的全理是气、全气是仁之理。

（二）儒家理学的主要融会更新者

1. 金岳霖的基于仁道、公式、能量的论仁道的体系

金岳霖（1895—1984 年）是湖南长沙人，清华大学毕业，在美国的哥伦比亚大学获得博士学位。金岳霖的《论道》出版于 1940 年。这本书的结构很奇特，是用逻辑学的形式写成的。书是一条一条地写的，每一条都是一个逻辑命题，各条合起来自成篇章。全书的三个主要概念是：仁道、公式、能量。仁道就是公式 + 能量。仁道是有，而有的具体表现就是公式和能量。

（1）论仁道体系的现代化与民族化

①现代化的要点：儒家的算学与逻辑是能量世界的规律

据《论道·绪论》记载，金岳霖说，经过维特根斯坦和威廉·拉姆

塞的分析，才知道能量世界的仁的逻辑命题都是可以穷尽可能的仁之理的必然命题。这样的逻辑命题对于一件一件的物体世界的事实是毫无表示的，而对于能量运行的所有的可能都分别地承认之。对于物体世界的事实是无表示的，所以能量世界的逻辑命题不可能是假的；而对于能量运行的所有的可能都分别地承认之，所以能量世界的逻辑命题必然是真的。能量世界的逻辑命题有点像佛菩萨的手掌，任凭孙猴子怎么跳，总是跳不到手掌的范围之外。如果儒家的算学与逻辑是类似的东西，也许自然界之遵守儒家的算学公式就如同物体世界的事实之不能逃出能量世界的逻辑一样，以前的以为自然界因遵循儒家的算学公式而有算学式的秩序那样的思想就不能成立。假如儒家的算学同逻辑是一样的，那么自然界尽可以是没有秩序的，然而还是不能不遵守儒家的算学公式。

②民族化的要点：知识和元学的裁判者分别为理智和整个的人

a. 中国思想中的最崇高的概念似乎是仁道

据《论道·绪论》记载，金岳霖说，每一文化区都有它的中坚思想，而每一中坚思想都有它的最崇高的概念，这是最基本的原动力。小的文化区我们不必谈到。现在的世界的大的文化区只有三个：印度、希腊、中国。它们都各有它们的中坚思想，而在他们的中坚思想中有他们的最崇高的概念与最基本的原动力。欧美的中坚思想也就是希腊的中坚思想。我们现在所急于要介绍到中国来的，追根起来就是希腊精神。印度的中坚思想他不懂，当然也不敢说什么。中国的中坚思想似乎是儒道墨兼而有之。中国思想中的最崇高的概念似乎是儒家的仁道。行仁道、修仁道、得仁道，都是以仁道为最终的目标的。思想与情感两方面的最基本的原动力似乎也是仁道。成仁赴义都是行仁道。凡是非迫于势而又求心之所安而为之，或不得已而为之，或知其不可而为之的事，无论其直接的目的是仁是义，或是孝是忠，而间接的目标总是行仁道。不道之仁道，是各家所欲言而又不能尽的仁道，国人对之油然而生景仰之心的仁道，万事万物之所不得不由、不得不依、不得不归的仁道才是中国思想中最崇高的概念和最基本的原动力。

b. 对仁的元学的仁道的研究还要求情感上的满足

据《论道·绪论》记载，金岳霖说，从哲学上来说，这样的仁道他多年研究也不见得懂，也不见得能说清楚，但是从人事的立场上看，他不能独立于自己，他的情感难免以役于这样的仁道为安，他的思想也难免以达到这样的仁道为得。关于仁道的思想，他觉得它是仁的元学的题材。他现在要表示他对于仁的元学的态度与对于知识论的态度是不同的。研究知识论时，他可以站在知识论的对象范围之外，他可以暂时忘记他是人，凡问题之直接牵扯到人者他可以用冷静的态度去研究它，片面地忘记他是人，所以他有冷静的态度。而研究仁的元学的时候则不然。虽然他可以忘记他是人，而他不能忘记天地与他是并生的，万物与他为一。他不仅在研究对象上求理智的了解，而且在研究的结果上求仁的情感的满足。

c. 仁的元学能动他的仁心、怡他的仁情和养他的仁性

据《论道·绪论》记载，金岳霖说，虽然从理智的方面来说，他可以把仁道另列名目，这样这本书的思想是不受影响的，但是从情感的方面来说，新的名目也许就不能动他的仁心、不能怡他的仁情、不能养他的仁性。知识的裁判者是理智，而仁的元学的裁判者是整个的人。最崇高的概念的仁道，最基本的原动力的仁道，绝不是空的，绝不会像公式那么的空。仁道一定是实的，可是它不只是呆板的实，不是像自然律与东西那样的实，也不是流动的像情感与时间那样的实。仁道可以合起来说，也可以分开来说，它虽无所不包，然而它不像宇宙那样必得其全然后才能称为宇宙。自万有之合而为仁道而言之，那么可以说仁道就是一；而自万有之各有其仁道而言之，可以说仁道是无量的。道二说的是道有仁与不仁而已。从知识的角度来说，分开来说的仁道是非常重要的，分科治学，是分开来说的仁道。从人事这方面来说，分开来说的仁道也许更重要。得仁之志与民由之，而不得仁之志则独行其仁道，这里说的仁道就是仁的人道，这就是分开来说的仁道。如果我们从仁的元学的对象着想，则万物一齐，孰短孰长，超形脱相，无人无我，生有自来，死而不已，这里的仁道就是合起来说的仁道，就是能量世界的道一的仁道。

（2）论仁道体系的思想脉络

①宇宙的从仁的无极到仁的太极的大全

a. 仁的大全是至大无外的仁的大一

据《论道》所言，宇宙是全，全表示的是整体。宇宙不仅包括时空架子，而且包括其中的一切。这里的宇宙不是天文学家所说的宇宙，因为那种宇宙是不全的。而他说的宇宙是至大无外的仁的大一，这个宇宙是仁的大全。仁道就是宇宙，宇宙就是一切。仁道是有公式和有能量的。公式就是个套子，而能量可以套上这个套子或那个套子，也可以同时套许多套子，还可以换套子。空套子只是一个可能，要有能量套入才能变成现实。

没有能量的套子也不是没有，因为这里存在着可能，有可能才能变成现实。能量是有出入的，有出必有所入，有入必有所出。这就是在可能与现实之间轮转。变指的是可能轮转为现实。变当然不是可能在变，因为可能是无所谓变与不变的。

b. 仁道有无有量的始但是有无量地推上去的极限

据《论道》所言，仁道是无始的而无始之极就称为仁的无极。仁道是无始的，指的是无论把任何有量的时间作为仁道的开始，总是有在此时间之前的仁道。或者说，从任何的现在算起，把有量的时间往上推，无论推得如何久，总是推不到最初有仁道的时候。这个极就是极限的极，是达不到的极。极虽然是达不到的，然而如果我们用某种方法推上去，无量地推上去，从理论上是可以推到无可再推的极限的。虽然仁道有无有量的始，但是有无量地推上去的极限。我们就把这个极限称为无极。无极是固有的名词。如果从意义的谨严方面着想的话，能够不用固有的名词最好不用，这样可以免除许多误会。可是，能量世界的玄学上的基本思想，不仅有懂与不懂的问题，而且有我们是否对它能够发生情感的问题。从这个方面着想，如果能够引用固有的名词，也许比较易于接受这个名词所表示的思想。好在研究能量世界的玄学的人不至于因为名词相同，就以为意义也一定相同。

c. 未开的仁的能量世界的混沌是无始的极限

据《论道》所言，就无极中的无而言之，无极便是能量世界的混沌，万物都是从能量世界的混沌中产生的。万物之始为能量世界的混沌初开，乾坤始奠的阶段。未开的仁的能量世界的混沌是无始的极限。万物是从混沌而生的，这可以从两个方面来说明：可以从时间方面来说明，也可以不从时间方面来说明；可以从纵的方面来说明，也可以从横的方面来说明。我们先从纵的方面来说明。现在的世界上至少是有物体世界的“有”的。我们可以说，物体世界中有这个，有那个，而这个或那个从前都是“无”的。现在所有的物体世界中的“有”，从前都有“无”的时候。我们没有能力从现在的物体世界的“有”追根到物体世界的“无”，但是这样的物体世界的“有”的极限肯定是这样的物体的“无”。但是，我们要注意物体世界中的这样的有和这样的无。既然物体世界这里的有指的是有这个或有那个，那么这样的无就是无这个或无那个。有这个或有那个，这个和那个就是清楚的，因为是有分别的，而无这个或无那个是无分别的，所以就是混沌。从时间上着想，这样的有虽然不能追到这样的无，而这样的有的极限就是这样的无。无极就是这样的无，所以无极就是能量世界的混沌，万物都是从仁的能量世界的混沌中生的。

d. 在仁的能量世界这里说的无，不过是无任何分别而已

据《论道》所言，如果从横的方面着想，我们可以把物体世界中的现在的有，即这个或那个等进行分析，分析的是这个为什么为这个，那个为什么为那个。这个之所以为这个，要靠许多的那个来加以说明，而追根起来的话，那个之所以为那个，又要靠这个之所以为这个来加以说明。如果把这个之所以为这个与那个之所以为那个都给撇开，剩下的就是浑然一物，彼此是没有分别的。如果把其他的分别也照样地撇开，这样分析下去极限也是混沌。这里说的无极即是混沌，万物之所从生。这里的"从"是无量时间的从。在有量的时间中，万物之所以从生的仍然是万物。从横的方面着想的话，如果我们分析下去，无论我们在什么阶段打住，万物之所从生的仍然是万物。只有从理论上说的极限才是混沌。这样才能说万物是"从"混沌而生的。绝对的无，毫无的无，空无所有的无，不可能的无，是不能生有的，也不会生有。能生物体世界的有的无，仍然是仁道的有中的有的一种即能量世界的混沌。在仁的能量世界这里说的无不过是无任何分别而已，所以无极中的无就是能量世界中的混沌。

e. 仁道的无终之极即是仁的太极

据《论道》所言，物体世界中的仁道是无终的，无终的极就是能量世界的太极。能量世界的太极是未达的，而就其可达而言，为太极。虽然太极是未达的，但是可以言说的。对于有意志的个体而言，仁的太极是综合的绝对的目标。仁的太极就是仁之至。而就其为仁之至而言，仁的太极是仁的至真、至善、至美的，是仁的至如。仁的太极作为极，就其仁之极而言之，仁的太极不是公式，但是近乎公式。居公式由能量，所以无极而太极。在仁的无极而太极这里，仁的理势就各得其全了。就此仁之全而言之，仁的无极而太极就是仁的宇宙。仁的太极能绝不仁之逆而尽仁之顺，仁之理成而仁之势归。就其绝不仁之逆而尽仁之顺而言之，现实的历程就是有仁的意义的程序。仁的无极而太极就是为仁道。

②仁的本然世界与仁之总理的共相和仁之分理的殊相

a. 有前后和大小的先验的能量世界的仁的实在世界

据《论道》所言，能量世界的仁的本然世界是实实在在现出来的世

界。在能量世界的仁的本然世界里，变是有的、时间是有的、前后和大小都是有的。但是，能量世界的仁的本然世界是一个没有物体的先验的世界。只要有可以经验的物体世界，就得承认有这样一个仁的本然的、轮转现实的、新陈代谢的世界。物体世界的现实的具体化是因为多数的可能有同一的能量。每一个个体有许多的性质，是因为同一的能量套入了许多可能的公式。物体世界的具体与能量世界的抽象是相反的。物体世界的具体是可以用多个谓词去摹其状的，但是无论用多少个谓词去摹其状，都是不能穷尽的。这个不能穷尽的问题就是哲学问题。如果没有不可穷尽的问题，我们就可以说物体世界的具体就是一大堆的共相，或一大堆的性质，或一大堆的关系质。因为有不可穷尽的一方面，这个方面就是我们不能接触到的物体世界的仁之质、仁之体和能量世界的仁之本质、仁之本体。

b. 能量世界的共相是物体世界的各个体所表现的共同的相

据《论道》所言，能量世界的仁的共相是物体世界的个体化的可能，而物体世界的仁的殊相是个体化的可能的各个体。能量世界的仁的共相是物体世界的各个体所表现的、共同的、普遍的相。相对于个体来说，能量世界的仁的共相是谓词所能传达的情形。比如说，能量世界的红是红的个体的共相；能量世界的四方是四方的个体的共相等。能量世界的仁的共相是哲学中的一个大问题，最大的问题是能量世界的仁的共相是不是实在的问题。能量世界的仁的共相当然是实在的。在任何的一个同一时间，我们都可以把可能分为两大类：物体世界的现实的可能和能量世界的未现实的可能。能量世界的未现实的可能是没有物体世界的具体的、个体的表现的。能量世界的未现实的可能根本不是共相，因为“共”指的就是一部分个体所共有的。能量世界的未现实的可能，未能个体化，所以就无所谓“共”。如果世界上没有个体的鬼，鬼就不是共相。如果没有一个一个的飞机，飞机就仅仅是可能，而不是共相。所以，能量世界的共相当然是实在的，只是能量世界的共相没有个体那样的存在而已。

c. 所有的 X（个体）都不存在那么 φ（共相）就只是一个可能

据《论道》所言，能量世界的仁的共相一方面是超越物体世界的时空和超越它本身的个体的，另一方面能量世界的仁的共相又不能脱离物体世界的时空和它本身的个体的。假设以 φ 为共相，而 X_1，X_2，X_3……X_n……是共相 φ 下的个体，φ 是不依赖于任何一个 X 的存在或任何 X 所占的时空才能成为共相，但是 φ 不能脱离所有的 X_1，X_2，X_3……X_n……

而成为共相。如果所有的 X 都不存在，那么 φ 就只是一个可能，而不是现实。共相是没有个体所有的时空上的关系的。比如说，一本黄色的书在一张红色的桌子上，并不表示“黄”的共相在“红”的共相之上；在东边的东西比在西边的东西多，并不能说“在东”这一共相比“在西”这一共相多。殊相与共相是相对的。这本书的“黄”，这张桌子的“红”，都是此处的殊相。共相虽然是共，但是免不了为殊。

d. 仁的共相之间的关联为仁之理而殊相的生灭为仁之势

据《论道》所言，仁的共相之间的关联为仁之理，仁的殊相的生灭为仁之势。仁的无极就是仁的理之未显和仁的势之未发的状态。我们可以说仁的无极是有仁之理而无仁之势的。仁的无极不过是未开的混沌而已，并不是毫无所有的无，也不是不可能的无。既然仁的无极是现实，当然就是有仁之理的。但是，有仁之理的有，不是有仁之势的有。未显的仁之理依然是仁之理，而未发的仁之势则不是仁之势。如果一句话是无仁之理的话，那就是一句有矛盾的话；而在任何时间里说无仁之势的话，这就是一句假话。在仁的无极那里，说无仁之理的话，依然是一句有矛盾的话，而在仁的无极那里说无仁之势的话，那不仅是不矛盾的话，而且是一句真话。两种“有”的意义不同，可以从两种“无”的意义的不同中看出来。有仁之理是不能没有有的，这里是仅有的有；而有仁之势说的是有这个或有那个的有。所以，仁的无极是有仁之理的，但仁之理未显示出来；仁的无极中是无仁之势的，因为仁之势还没有发出来。

③理学就是谈人要如何尽其仁的主性而不是其仁的属性

a. 人是最复杂的个体，所以尽仁之性的问题最麻烦

据《论道》所言，在物体世界中的一个现实的可能的个体，要尽仁之性就是要达到那一现实的可能的仁之道。仁之性可以分为仁的属性和仁的主性，二者合起来就叫做仁的性质。假设 X 有 a、b、c、d……的性质，这些性质都是仁的属性，都是现实的可能。Xa 的这一现实可能的个体是有它的主性的。虽然 b、c、d……都是 Xa 的性质，但不都是 Xa 的主性。b、c、d……中有好些都是与主性 a 是不相干的，而有好些则是与 a 可能的定义所必具的主性。这里所说的不是 X 的个体的尽仁之性而是 X 的尽仁之性。比如说，纸是有定义的，纸的定义牵扯许多其他性质，一张纸的尽仁之性就是充分地实现它所牵扯的可能。充分地实现纸的这一可能就是达到纸之所以为纸的仁道。这是一个普遍的命题，即任何现实可能的个体

都有它必须具有的仁的性质，万物各有其仁之性说的就是这个意思。理学的主题就是谈人如何尽仁之性。物之不同是因为各如其仁之性。每一现实可能的个体都各有它的仁的特性。有些仁的性质简单，有些仁的性质复杂；有些尽仁之性容易，有些尽仁之性烦难；有些尽仁之性的程度高，有些尽仁之性的程度低；有些个体能尽仁之性与否，差不多完全是靠外力，有些至少有一部分靠它们本身。人当然也有尽仁之性的问题。人似乎是最复杂的个体，尽仁之性的问题也最麻烦。所有人事方面的种种问题都是与这尽仁之性有关的。

b. 能量之即出即入的几，分为仁的理几和仁的势几之运

据《论道》所言，能量的即出即入，就称为几。既然有出彼入此，当然就有未入而即将入或未出而即将出的阶段，这就是几。几可以分为仁之理几和仁之势几。就能量即将出入于可能而言，这里的几为仁之理几；就能量即将出入于个体的殊相而言，这里的几就为仁的势几。在自然史上的某个时期，有某某种动物或植物，而在某另一个时期，则无此种动物或植物。所谓有某某种动物或植物，指的就是能量之入于某某的可能；而所谓无某某种动物或植物，就是能量之出于某种的可能。能量既然出入于可能，当然也就即出入于可能。这样的几就是仁之理几。能不仅出入于可能，而且也出入于个体的殊相。所谓出入于殊相，就是殊相的生灭。入于一殊相就是一殊相的生，出于一殊相就是一殊相的灭。出入于殊相与出入于可能当然不同。出入于一殊相不必就是出入于相应于殊相的可能。

c. 能量的出入可分为仁的理数和仁的势数之命

据《论道》所言，有仁的理数和仁的势数之分。按能量之会出入于可能而言之数为仁的理数，而按能量之会出入于个体的殊相而言之数为仁的势数。相干于一个个体的仁之几就是这个个体的仁之运。相干于一个个体的仁之数对于这个个体就是仁之命。从仁道的观点而言，所有个体的仁之运都是仁之几，所有个体的仁之命也都是仁之数。至于从各个体的观点来说，我们的确可以说各个体的变动不为运先，也不为运后，而是出于运入于运，又无所逃于仁之命。仁之命在日常生活中，似乎有决定的意义，有无可挽回和不能逃避的意义，这个意义指的就是能量之会出会入的表示。根据会字的用法来看，仁之命虽然是无可挽回的，无可逃避的，但仁之命并不是像能量世界中的逻辑那样是必然的，也不是像自然律那样是固

然的。

d. 情求尽仁之性、用求得仁之体、势求仁之理的有所依归

据《论道》所言，个体的共相存在于一个体者中就是仁之性，相对于其他个体者就是仁之体。个体的殊相存在于一个体者中就是仁之情，相对于其他个体者就是仁之用。从性质的方面来想的话，从共相之存在于一个个体者这一方面着想，一个体就只有一个仁之性。而从关系的方面着想的话，从共相之相对于其他个体者这一方面着想，一个仁之性就是一个仁之体。相当于性质的殊相就是仁之情，而相当于关系的殊相就叫作仁之用。无论只是注重共相还是只重视殊相，总是有偏重的。无共不殊，无殊也不共；无仁之性不能明仁之情，无仁之情也不能表仁之性；无仁之体不能明仁之用，无仁之用也不能征仁之体。我们所直接接触的都是仁之情与仁之用，所以在日常生活中注重仁之情与仁之用是很有道理的，但是在哲学中就决不能有所偏重。仁之情是求尽仁之性的；仁之用是求得仁之体的；而仁之势则是有所依归的。因为仁之情是求尽仁之性的，仁之用是求得仁之体的，所以二者之间是有顺有逆的，顺顺逆逆，情不尽仁之性，用不得仁之体，而势无已时。但是，到仁的变动之极时，势归于仁之理，这时则能尽仁之顺而绝仁之逆。

2. 冯友兰的贞下起仁之元的新理学

冯友兰（1895—1990 年）为河南唐河人。他曾就学于北京大学和美国哥伦比亚大学，曾在清华大学、西南联大、美国宾夕法尼亚大学、北京大学任教。20 世纪 30 年代初完成两卷本《中国哲学史》。抗日战争爆发后，在颠沛流离中完成了“贞元六书”。在赴美讲学时著有《中国哲学简史》一书。在他生命的后十年，他以惊人的毅力完成了七卷本的《中国哲学史新编》。在抗日战争的时候，中华民族遇到了有史以来最大的民族危机。冯友兰在撰写“贞元六书”时，坚信中华民族一定能够战胜困难而复兴起来，所以他称那个时代为“贞下起元”。在 1949 年以后，他引用了《诗经》中的“周虽旧邦，其命惟新”的诗句，说明了中国有着“旧邦新命”的历史使命。

（1）贞下起仁之元的新理学的立论宗旨

①儒家与道家之间是相反相成的

据《中国哲学简史》记载，冯友兰认为，任何一种大的宗教中的核心部分必然是哲学。宗教就是在哲学的基础上，添加了迷信、教义、礼仪

和体制。在中国传统的儒家丧事仪式中，僧人和道士都同时参加。真正能够代替宗教的是哲学。标准的仁人就是仁的圣人。仁的圣人最宜于做最高统治者，因为他是廓然大公的。仁的圣人居于最高的统治地位就是仁的圣王。据《庄子·天下》所言，最高的学问就是内圣外王的仁之道。而在哲学之中，儒家强调的是个人的仁的社会责任，而道家则强调人的内心的自然的仁的秉性。方指的是仁的社会规范。老庄是贵自然的，认为应该顺应事物和人的仁之本性。儒家显得比道家要入世，而道家显得比儒家要出世。这两种哲学是相反相成的。新道家的儒者则既是入世的又是出世的。儒家把艺术作为仁德教育的工具，而道家则用艺术来表达仁的心灵的自由，崇尚的是仁的自然状态。

②接着讲的新理学是从逻辑学之门悟入仁道的

据《中国哲学简史》记载，冯友兰试图对程朱理学加以发展。据《中国现代哲学史》记载，冯友兰说，中国传统的画月亮的方法有两种：在天空画一个圆圈，这是直接画月亮，这是正的方法；而在云彩中留一块圆的空白，这是烘云托月，这是负的方法。他认为，必须把仁的直觉变成一个仁的概念，其仁的意义才能明确，也才能言说仁。仁的概念与仁的直觉都是不可偏重也不可偏废的。而理学偏重于仁的概念，心学偏重于仁的直觉，这就是理学与心学的分歧所在。心学认为理学的仁之理学是支离的，而理学认为心学的仁之心学是空疏的。理学偏重于分析仁的概念，流于解释文字，考订篇章，结果离开人的精神境界的仁的修养越来越远。他认为，真正的哲学是仁的理智与仁的直觉的结合，认识到这一点，心学与理学的争论就可以休止了。冯友兰把自己的哲学体系称为“新理学”，也用来称其“贞元六书”。他说，他是“接着”宋明以来的理学讲的，而不是“照着”宋明以来的哲学讲的。他认为，现代的中国哲学不能是凭空造出来的，而只能是用近代逻辑学的成就来分析中国传统中的概念，让那些含混不清的概念明确起来。他的哲学是从逻辑学入门的，也就是说，是从逻辑学“悟入”仁之道的，是从逻辑学打开一个缺口。按逻辑学来讲，一个普通名词，都是一个类名，都有两个方面即内涵和外延。内涵是这类东西的决定性的仁的性质，外延是这一类东西的所有的分子。内涵表示的是这类事物的仁的共相或一般，而外延表示的是这类事物的仁的特相或特殊。仁的共相与殊相的关系就是古希腊哲学中所说的“一”与“多”的关系，就是道学中所说的仁的理一分殊的关系。

③在对立性中求统一性的能量世界中的仁之太和

据《中国现代哲学史》记载，冯友兰说，新理学对宋明理学中的一些重要理论，其中包括政治、社会思想，都用近代逻辑的成就加以了说明，但是社会效果不是很令人满意。在《新事论》中，冯友兰认为，西方的现代化是以社会为本位的，而中国是以家庭为本位的。在以社会为本位的社会中，资本家是社会的主宰。资本家掌握了社会生产力，从而掌握了政权。社会由谁掌权，是由投票决定的，这就是民主政治。在民主政治中，资本家是主宰。据《中国哲学简史》记载，冯友兰说，在古希腊的城邦里，在同一等级的居民中，难以找出理由来说明论证一个人比另外一个人更为重要。而在家邦里，生来的地位就是社会地位。父亲的权威天然地高于儿子的权威。据《中国现代哲学史》记载，冯友兰说，在中国的古典哲学中，“和”与“同”是不一样的。同是不能容异的，而和中必须有异。仇必和而解，这是一种不以人的意志为转移的必然性。人是最聪明和最有理性的动物，永远都不会走仇必仇到底之路。据《正蒙·太和》记载，张载说，仁的太和就是仁之道。两不立则一不可见，而一不可见则两之用息。有像斯有对，对必反其为；有反斯有仇，仇必和而解。冯友兰说，一个社会和宇宙的正常状态都是仁之和，这个和就称为仁之太和。一个对立的统一体，从逻辑上说，首先要是一个统一体，才能够对立。在两个对立面中，都蕴含着统一性。冯友兰强调的是统一性，而不是对立性。

（2）新理学的思想脉络

①什么是科学？什么是真理？

a. 物体世界的具体事物的实际与能量世界的科学命题的真际

据《三松堂全集·新理学》所言，我们的知识及由此而起的判断、命题，都是关于物体世界的所知的。比如说，我们说这是方的。这就是物体世界的所知，即物体世界中的实际的事物。这就是命题。这个命题可以是真的，也可以是假的，但不是空的，因为是在谈论物体世界中的实际的事物。这是方的，说的是这类事物有方的性质。如果我们再继续说，凡是方的事物都是有四隅的。这也是在说事物。尽管我们不知道有多少方的事物，但是我们知道凡是方的事物都是有四隅的，这就是科学的命题。但是，如果我们不管是不是有方的事物存在，我们都可以说方是有四隅的，即使没有方的东西了，这个命题也是真的。如果有方的事物，那必定是有四隅的。这个时候的判断就是能量世界中的真际而不是物体世界中的实际。能量世界的真际就是说真的条件，所以是有范围的。哲学的命题大都是如此的。

b. 并没有许多明晃晃的仁之理的东西在能量世界中发光

据《中国现代哲学史》记载，冯友兰说，方的事物之所以为方，是因为有四隅。方可以是真而不实的。如果事实上是没有方的事物存在的，那么方即是不实的。但是，如果事实上有方的东西存在，那么这个事物必然是方的，这就是必然性。方的事物之所以为方，是因为它具有方性，这点是不能逃的。所以，方是真的，方可以是不实的。能量世界的真而不实的方，就是纯真际的。人们对于实际与真际的区别往往是看不清楚的。人们以为能量世界的真际中必然也有不计其数的、可以看得见和摸得着的东西，只是比实际中的东西更完善、更合乎标准。比如说，在能量世界的真际中，动的东西必然是动得飞快，快到不能再快；红的东西必然是鲜红，红得不能再红。其实这是完全错误的。在能量世界的真际中只有动的仁之理，红的仁之理，并没有可以看得见、摸得着的东西。动的仁之理并不动，红的仁之理并不红。朱熹认为，能量世界的仁之理的世界是一个洁净空阔的世界，是无情意、无计度、无造作的。冯友兰说，并不是有许多明晃晃的被称为仁之理的东西在那里发光。

c. 能量世界的真的仁之理可用于批评物体世界的当然之则

据《三松堂全集·新理学》所言，方之理即是方之所以为方者，也就是一切方的事物之所以然的仁之理。凡方的事物必有其所以为方者，必皆依照方之所以为方者。方之所以为方，为凡方的物所依照而因以成其为方者，即是方的仁之理。凡方的物所依照而因以成其方者，即方的仁之理。凡是方的事物依照方的仁之理而为方，其所依照于方的仁之理者即其仁之性。凡是依照某所以然的仁之理而成为某种物之某，即实现了某仁之理，即有某仁之性。仁之理在物中的实现就为仁之性。如果仅有方的仁之理而无实现之的实际的物，则方的仁之理就只有真而无实。这样的方的物的类，就仅是一可有之类，即是一空类。朱熹认为，仁之理是实际的事物之所以然之故，是仁的当然之则。方的事物必然照方的仁之理，这样才可以是方的，又必然完全依照方的仁之理，才可以完全是方的。一方的事物是否完全的方，视其是否完全依照方的仁之理。方的仁之理即是一切方的事物的标准，是仁的当然之则。如果我们说，某方的物比某方的物更方，或某方的物不如某方，都是按这个标准而言的。没有能量世界中的这个标准，则一切批评都是不可能的。

②仁的真际能量世界是什么样的？

a. 仁之极既有建中立极的仁之义也有仁的极限之义

据《中国现代哲学史》记载，冯友兰说，科学家认为宇宙是有限的，是一个广大的物质空间；而哲学认为宇宙是无限的，就是《庄子·天下》记载的，惠施所说的至大无外的谓之大一的宇宙。哲学的仁的宇宙就是这个仁的大一，就是冯友兰所说的仁的大全，包括一切的有。如果仁的大全之外还有有，那么这个大全就不全了。仁之道是动态中的仁的大全，而仁的大全即是静态中的仁之道。仁的道体指的是一个无头无尾的、无始无终的、一直流动着的洪流。据《三松堂全集·新理学》所言，仁之极有两个义：一是标准的仁之义，即建仁之中立仁之极；二是仁的极限之义。方的仁之理是方的事物的标准，也是方的事物的仁的极限。所有的仁之理的全体，即是仁的太极。仁的太极是仁的众理之全。所有的仁之理俱是本来即有，而且是本来如此的。是否有依照某仁的理之事物的存在，对于某仁的理本身之有来说，并没有什么关系。某仁的理并不是因为有依照某仁的理的实际事物存在才有的，没有依照某仁的理之实际的事物存在，某仁的理也不会因之而成为无。

b. 仁之理的尊严：没有某仁的理即不能有某种实际的事物

据《三松堂全集·新理学》所言，实际上依照某仁的理之实际的事物多了，某仁的理也不因之而增加；依照某仁的理之实际的事物少了，某仁的理也不因之而减少。一切的仁之理，本来就如此，只是因为实际的事物之有，我们可知某仁的理之有，但是某种实际的事物之无，我们不能因此即说某仁的理之无。反过来说，如果无某仁的理，我们可断定无某种实际的事物，但是有某仁的理，我们也不能断定即有某种实际的事物。没有某仁的理即不能有某种实际的事物，这可以说是仁之理的尊严；而有某仁之理而不必有某种实际的事物，这可以说是仁的理之无能。仁之理不但是无能的，而且是说不上无能的。并不是说仁之理是可以有能，而实际上无能，可以有形迹而实际上无形迹，可以造作而事实上不曾造作。怕人误以为仁之理是有能的，所以说仁之理是无能的。对于仁之理本身的无能来说，可以说仁之理是无所谓有能或无能的，有能或无能，都是不可以说的。

c. 仁的共相是无存在的而个别分子则是存在的

据《中国现代哲学史》记载，冯友兰说，仁的共相和一般是一类事物共同有的所以然的仁之理，而殊相和特殊是一类事物中的个别分子。只有个别分子才是存在的，而仁的共相是无存在的。比如说，有飞机的仁之理这个有是无存在的有；有飞机之有则是实际的有。这两个有的含义是不同的。一类事物的仁之理与这个类的分子之间是仁之理和仁之事的关系。在中国的传统哲学中，在仁之理和仁之事的关系上存在三种意见：仁的理在仁的事之上；仁的理在仁的事之先；仁的理在仁的事之中，进而可以归为仁的理在仁的事之外和仁的理在仁的事之中。如果一类事物的仁之理有相应的材料，依照仁之理而成其为这个类的分子，仁之理就在这个类的分子之中。另一种说法是，如果一类事物的仁之理实现了，仁之理就从无存在而成为有存在了，仁之理就存在于其类的分子之中了。这就是仁之理在仁的事中，也就是一般寓于特殊之中。

d. 无仁之理就不能成为东西

据《三松堂全集·新理学》所言，某一类中的事物必须依照其仁之理，这是不可逃脱的，仁之理就是仁之命。就其因为依照某仁之理而成为某一类事物而言，仁之理就是仁之性。仁之命有命令的含义。仁之理不能决定是否依照，但是可以规定说，如果要成为某物，就必须如何如何，否则就不是这个事物。程朱说，仁之理就是主宰，说的就是仁之理是必须依照而不可逃脱的。不依照某仁之理，就不能成为某事物。不依照任何仁之理的，不但不能成为任何事物，而且简直就不成东西。从类的角度上看，某仁之理就是某类事物成其为某类事物的理由。比如说，人的仁之理就是人能够成其为人的理由；马的仁之理就是马能够成其为马的理由。凡事物依照某仁之理，就具有某仁之性，有某之性即可入某仁之类。

③仁的实际物体世界是什么样的？

a. 完全的仁的义理之性和不完全的气质之性

据《三松堂全集·新理学》记载，冯友兰说，程朱在说到性的时候，把性分为仁的义理之性和气质之性。一个事物的禀赋是依照于仁之理而依据于气的。仁的义理之性即是仁之理，是能量世界的形而上的。某一事物必须依照的仁之理，在事物中则成为其仁之性。实际的事物必须是有结构的，实现某仁之理就是要实现某仁之理的结构。实际的事物就是物体世界的形而下的，是某种事物的气质或气禀。虽然某类事物都要实现其仁之理，但是气质或气禀不同，所以仁之理的完全程度不同，所以各个事物是不同的。有的事物实现了其仁之理的七分，有的则实现了仁之理的八分。仁的义理之性是最完全的，因为它即是仁之理。比如说，方的事物的仁的义理之性就是方的仁之理，即是绝对的方。由于气质之性不能完全与仁的义理之性相合，实际的方可以是七分方或八分方，总不能是完全的方，这是因为受其气禀的实际结构影响的结果，所以为气质之性所限制。如果只论仁的义理之性，不论气质之性，就不能说明为什么实际的事物是不完全的。我们要知道一个事物是不完全的，必须有一个完全的标准。如果只论气质之性，而不论完全的义理之性，即没有完全之标准，就无法说事物是不完全的。

b. 实际的存在所依据的是实现仁的理之料

据《三松堂全集·新理学》所言，我们说及能量世界的仁的太极之时，只说及仁之理，未说及有实际的存在之物。凡实际的存在的物，皆有两所依，即其所依照及其所依据。实际存在的物所依据，指的是依据此而实际是什么。比如说，一圆的物有两个方面，一方面说的是这个物是圆；另一方面指的是其所依据而成为实际的圆。是什么，这是事物的仁之性，是这个物存在的基础。是什么，靠的是其所依照的仁之理，而实际的存在所依据的是实现仁的理之料。宇宙中存在的实际的事物是各有不同的，然而我们的思可以对事物进行分析，可以见到实际的物都是有两个方面的。料是有绝对与相对之分的。相对的料也是有如上两个方面的。绝对的料则只有一个方面，即只可为料。比如说，一房屋之所以为房屋，靠的是房屋的性，而此房屋依据以存在之基础是砖瓦。砖瓦对于房屋来说是料，但只是相对的料，而不是绝对的料。哲学开始于分析实际的事物。这样的分析完全是在思中进行的。随便取一物，用思将其所有的性都一一分析，又试将所有的性一一抽去，剩下的不能抽的就是绝对料。

c. 实际的事物是气依照仁之理而形成的

据《三松堂全集·新理学》所言，抽掉所有的性，剩下的就是绝对的料，我们称为气（matter）。气是不可思议、不可名状、不可言说的，因为气是无性的。对于一件事物，要能对之进行判断即对之作出命题，对之进行言说，这样才可以思议。要把一个事物作为主词，把它的所有的性提出一个或数个来作为客词。气是无性的，所以不能作判断，不能作命题，但是可以给气取个名字，就叫作气。气是一个私名，不能看成是云气和烟气那样的气。气是一个逻辑的观念，指的既不是理，也不是一种实际的事物。但是，实际的事物是气依照仁之理而形成的。气是一种逻辑观念，并不等于说它是主观的。它既不是仁之理，也不是真际，也不是实，而是类似于道家所说的道，是无名的，因为它没有任何的性。

d. 仁的实际物体世界是处于仁的无极而太极中的过程

据《三松堂全集·新理学》所言，太极与无极是两个相对的概念。宇宙有两个相反的极即太极与无极。太极是有名的，而混沌是无名的。每一个普通的名词都代表一个类，代表一个仁之理。太极是个大全，包括所有的仁之理和所有的名。无论事实上已有或未有，皆为太极所蕴含。太极是有名的，而无极是无名的。由仁的无极至太极的中间的过程，就是实际的世界。这个过程就称为无极而太极。无极是不可言说的、不可思议的；而太极则是无存在而有的。从常识的角度看，无极和太极都是玄远的。《老子》说，同谓之玄，玄之又玄，众妙之门。众妙指的是世界中的一切事物。无极而太极中的“而”即是众妙之门。无极是极端的混沌，而太极是极端的清楚，“而”则是半清楚半混沌，有混沌有清楚，但是永远都不能十分清楚。

④人生的最高的境界就是自同于仁的宇宙大全

a. 哲学就是仁学或人学，因为仁是人之所以为人的最高标准

据《中国现代哲学史》记载，冯友兰说，哲学就是仁学，如同谭嗣同的书名《仁学》一样。据《中庸》所言，仁者，人也。仁是人之所以为人的最高标准，所以仁学也可以称为人学。生理学、心理学、医学也讲人，但是讲的是人的身体，而仁学讲的则是人的心灵的精神境界。冯友兰认为，哲学不能增进人的实际的知识，但是能够提高人的精神境界。在《新原人》中，冯友兰把人的精神境界分成四种：自然境界、功利境界、道德境界、天地境界，其中天地境界是最高的。如果要达到天地境界，必须走哲学之路才行。冯友兰认为，佛学所讲的涅槃与般若指的也是人的精神境界。涅槃也是自同于大全的，达到这种精神境界的人，就称为佛。般若指的是对涅槃的自觉。而般若这种自觉不是靠知识而来的，靠的是僧肇所说的“照”。太阳无心地普照大地，这就是寂而恒照，照而恒寂。

b. 人心的仁之理是有心之物的仁的义理之性

据《三松堂全集·新理学》所言，心与性是不同的。所有的事物都是有性的，但不是所有的事物都是有心的。心有心的仁之理。实际的事物，有依照心的仁之理而有心的，也有不依照心的仁之理而无心的。不依照心的仁之理而无心的，也是事物，所以必然有其要依照的仁之理，所以是有仁之性的。从逻辑上说，事物是可以无心的，但是不能无仁之性。心也是实际的，是形而下的；而心的仁之理则是形而上的。心的仁之理是有心之物的仁的义理之性。有心之物是有某种实际的结构的，用来实现心的仁之理或心的功能，这种结构就是心所依据的气质或气禀。在朱熹的《近思录》中记录了张载的四句话：为天地立仁之心，为生民立仁之命，为往圣继仁之绝学，为万世开仁之太平。冯友兰认为，这四句话简明地说明了人之所以区别于禽兽的特点。

c. 哲学教授所作的仁学为口耳之学而哲学家则要身体力行仁

据《中国现代哲学史》记载，冯友兰说，人有自觉的概念能力，这是人高于猫的地方。一个人的仁的精神世界就是他所拥有的所有的仁的概念。通过人所有的仁的概念的高低，就能分辨出一个人的仁的精神境界的高低。比如说，人要有仁的宇宙这个概念，才可能有仁的天地境界。明代的杨椒山在就义的时候作了两首诗，第一首："浩气返太虚，丹心照千古；平生未了事，留与后人补。"第二首："天王自圣明，制作高千古；平生未报恩，留作忠魂补。"第一首是以仁的天地境界立言的，而第二首则是以仁的君臣关系立言的。在西方有一句话说，哲学家与哲学教授是不同的。哲学教授所作的是口耳之学，对人的仁的精神境界不起作用，不身体力行仁，而哲学家则是要身体力行仁的。

d. 高山仰仁之止，景行行仁之止，虽不能至仁，而心向往仁

如果人按照哲学的仁的概念身体力行仁的话，就会提高人的仁的精神境界，这种提高是很受用的，也就是说很享受的。哲学的仁的概念就是供人的仁之心来享受的。比如说，仁的大全这个概念对人来说就是很受用的。人生的最高的境界就是自同于仁的宇宙大全。张载在《正蒙·大心》中说，大其仁之心则能体会天下之物。冯友兰说，不能把我分成大我与小我。与我相对应的是天地万物。自同于仁的大全的人，能够享有人生的最大的快乐。冯友兰说，以苦为乐这句话是不通的。苦就是苦，不会是乐的。以苦为乐，指的是在人们以为苦的事中得到更大的精神的快乐。仁的

大全的精神境界就是仁，而行仁的下手之处就是仁的忠恕之道。儒家所说的最高的精神境界就是仁。仁可以为仁、义、礼、智中的仁，也可以是指最高的仁的精神境界即仁的大全。最后，对于仁的宇宙大全，冯友兰引用《诗》说：高山仰仁之止，景行行仁之止，虽不能至仁，而心向往仁。

（三）儒家心学的主要融会更新者

1. 梁漱溟的东西文化与哲学论

梁漱溟（1893—1988 年）是广西桂林人，生于官僚家庭，从青年时期就开始从事哲学的创作。他继承和发展的是陆王心学。蔡元培很欣赏他的一篇论文，聘任他到北京大学文科中的中国哲学门任教。他于 1924 年辞离北京大学，成了社会活动家，主张乡村自治，办村治学院。他的代表作是《东西文化及其哲学》。他认为，当时对于东西文化的研究具有重要性和紧迫性。而要讨论这个问题，首先要明确的是什么是文化，什么是东西文化。据《东西文化及其哲学》记载，有一次蔡元培要带几位教授到欧美去，有几位演说的人说希望他们把中国文化带到欧美，而把西洋文化带回中国。梁漱溟问，大家说要把中国文化带到欧美，那么带的到底是什么东西呢？大家都没有回答。散会后，陶孟和与胡适对梁漱溟说，你提的问题很好，但是天气很热，大家不好用思想。

（1）哲学是文化的中心和基础

①西方向前奋斗、中国适可而止、印度向后退却

梁漱溟认为，文化指的是一个民族的人生态度和生活方式。当时流行的看法是西方文化是物质文明，而东方文化是精神文明①。而梁漱溟和胡适都认为每一种民族的文化都是有其物质文明和精神文明的。每一个民族的文化都有一种哲学作为中心和基础，这种哲学就是这个民族的人生态度。一个民族的一切生活方式，都是从人生态度这个中心上发出来的。人的本质就是叔本华所说的意欲。人生的态度就是对于意欲的态度。各民族的态度不同，生活方式就不同。生活方式就是人所走的路。人有三条可能走的路。第一条路是向前奋斗，以求得对于意欲的满足。他认为，西方从

---

① 在物质文明中包含着上一个次方的“精神文明”，而本次方的精神文明又要为下一次方的物质文明的产生准备好条件。事物是按一分为二、二合为一的米字格运行的。走四个极点的在做创新，为升次方做准备，而走四个端点的在做运用，目的是守住上一个次方的成果。中心点是立在上一个次方的至善点上，驱动四端的运用，维持次方的稳定，同时要保护升次方的四极。四端创造的是物质文明，而四极创造的是精神文明。

古希腊开始就走的是这条路，在中世纪时有一段时期的波折，到了近代又开始认真地走这条路。他同意陈独秀的看法，认为西方近代文化的特点是民主与科学。科学是向着自然奋斗，目的在于征服自然；民主是向着社会的传统势力奋斗，目的在于从传统的束缚中解放出来。第二条路是意欲的自我调整，要求让自己的意欲适可而止，调和适中，随遇而安。这就是中国文化所走的路。第三条路是限制或消灭意欲，使得其无所要求，从而不向前奋斗，而是向后退却。这就是印度文化所走的路。

②西方、中国和印度文化会按次重现

梁漱溟认为，在历史上已经出现了代表这三条路的三种文化，这是人类文化史中的自然的衍变和自发的发展。人类的文化总是从第一条路开始出发的。在这条路上走着，人们就逐渐会认识到意欲的要求有些是绝对不能满足的。比如说，人都是怕死的，但死是绝对不可避免的。有些生活方式总是会出毛病的。当人们确切地认识到哲学问题的时候，第一条路就走到了尽头，就要选择新的路了。这时的选择就是自觉的而不是自发的了。在第一条路走到尽头的时候，人们必然是要选择第二条路的，因为这条路离第一条路是最近的，不是像第三条路那样，与第一条路正好相反。据《东西文化及其哲学》记载，梁漱溟说，世界未来的文化就是中国文化的复兴，类似于古希腊文化在近世的复兴那样。在中国文化复兴之后，将是印度文化的复兴。这样希腊、中国和印度这三种古文明，会在三个期间按次第重现一遭。重现与原本不同的在于，原本是自发的而重现是自觉的。

③欲和刚似乎均勇往直前，而刚是充实的，但欲是假有力的

梁漱溟认为，这三条道路都是无好坏而言的，只是看这个民族是否能够应付它所处的环境，解决它当时的问题。中国人和印度人都是不等走完第一条路，就转入了第二条和第三条路。这就是文化的早熟。之所以这么早熟，是因为这两个民族中所出的天才太大了，他们看得太远了，所以过早地提出了他们的人生态度和生活方式。据《东西文化及其哲学》记载，梁漱溟说，他要提出的人生态度便是孔子所说的“刚”。他要求大家往前动作，而这种动作最好是发自直接的情感，而非出自欲望的计虑。欲和刚看上去都是勇往直前的，而刚是内里充实有力的，欲则全是假的，是不充实的，是假有力的。刚之动是自内里发出的，而欲之动则是向外逐去的。人应该不是计算着自由有多大的好处和便宜而要求自由的，而应该是感觉到没有自由就不可安而要求自由的。

（2）直觉与理智之间是什么关系？

①仁是敏锐的直觉能力而计算好处的理智却是让人迟钝的

据《东西文化及其哲学》记载，梁漱溟说，人的敏锐的感应能力就是仁的直觉，就是孔子所说的仁。因为仁的直觉是敏锐明利的，所以儒家认为要完全听凭仁的直觉，而唯一怕的就是仁的直觉变得迟钝麻痹。所有的恶都来自于仁的直觉的麻痹，更无别的缘故。孔子的仁之教，就是教人求仁。人类所有的一切诸德，没有不是出自仁的直觉的。仁就可以将种种美德都代表了。仁就是本能、情感、直觉。在仁的直觉、情感作用很盛的时候，理智就会退伏；理智起来的时候，总是仁的直觉和情感平下去的时候，二者是相违的。孔子说，刚毅木讷近仁，而巧言令色鲜为仁。这就是仁与不仁的分别。仁的很重要的意味便是宋明家所喜悦而我们所最难懂的“无欲”。欲念多动一分，仁的直觉就少钝一分；欲念乱动的时候，仁的直觉就钝到了极点，这个人就要不得了。仁之初并非是甚高而不可攀企之物，而仁同时又是高不可穷的。仁是顶大的工程，所有的事都没有大过它的。儒家教人无非就是要作这一件仁之事，有这一仁之事而无不事。

②走双的路则能在回省时用仁的理智来调理仁的情感

据《东西文化及其哲学》记载，梁漱溟说，大约孔子是一个极其平实的人，所以对于高神玄远的仁之理似乎都是不肯直接说的。通过仁的直觉所得的是表示，而离开当下之表示，有一回省后得之，这就是有意识的和有理智的活动。孔子经常如此，他不直接任一个仁的直觉，而是任一往一返两个仁的直觉。这样一返为回省时便有了附于理智的仁的直觉。比如说，好恶皆为一个直觉。如果直接任这一个直觉走下去，很容易偏，有时还非常危险，于是最好自己有一个回省。回省时仍不外诉诸直觉，这样便会有个救济。《大学》中所说的毋自欺，这就是孔子的方法所在。孔子作仁的礼乐，并非是要听任情感，而是要在回省时，用理智来调理情感，这样对仁就会非常明了。在中庸之说里，孔子明确说出了用理智之处。孔子说，仁道之不行，我知道是因为贤过之而不肖又不及；仁道之不明，我知道是因为智者过之而愚者又不及。孔子还说，舜是执两端而用其中的。孔子还说，仁之极是高明的，而仁之道是中庸的。仁的直觉是自然求中的，仁的理智则是拣择其中的。

③单就怕走偏了而双则能得一调和与平衡

据《东西文化及其哲学》记载，梁漱溟说，孔子的根本思想是双、调和、平衡、中，孔子的方法始终都是着眼于这个根本思想之上的。孔子不走单的路，而是走双的路。单就怕走偏了而双则得以调和与平衡。这条双的路可以表示如下：首先是由乎于内的、一任仁的直觉的、直对前境的、自然流行而求仁之中的、只是一往的路。其次是兼顾外的，兼用仁的理智的、离开前境的、有所拣择而求仁的中的、一往一返的路。墨子的兼爱、佛家的慈悲，皆是任情所至，不知自返，这就是孔子说的贤者过之，而不肖者纵欲不返，也是一任直觉的。所以必不可只是走前一路，这样就会因性之偏而导致益偏。要以格物、慎独、毋自欺为先和为本，这即是第二路。《中庸》是先说慎独，才说中和的。更需时时有一个执两用中、极高明而道中庸的意思，照看外边以自省，以免导致贤者之过。《中庸》实际上是就贤者与高明人而言的，所以尤其注重第二条路。

（3）主动性皆来自仁心之故而仁心即是生命

①生命的仁的本性就是无止境地向上奋进翻新

据《梁漱溟全集·第三卷》所言，仁心即是生命。一切含生的莫不是有仁心的。主动性即是来自仁心的。主动指的便是生命的仁所本有的生动活泼有力。生物界是层层创新、进化不已的。生命的仁的本性是无止境地向上奋进的，是在争取仁的生命力的扩大、再扩大；争取灵活再灵活；争取自由再自由。仁的生命力贯穿着全部生物的进化史，一直到人类出现。人类社会的发展史还将发展下去，仁的生命力将继续奋进和继续翻新。一切生物都是各托其机体以为生的。然而，现存的物类因为其生活方法随附于其机体，所以落于现成的固定之局，其仁的生命遂若似被分隔禁闭于其中，所得而通气于广大天地者是几希的。人类则是不然的。机体对于人来说，信为其所托庇以生活，然而譬如是重门洞开、窗牖尽辟之屋宇，空气流通就不会碍隔于仁的天地之间。虽然人不自悟其仁心的宏通四达，每每会耽延隅奥而不知出，然而其仁的通敞是自在的，未尝封锢。只要无私的感情时一发动，即是此一仁之体相通无所隔碍的伟大生命的表现。人们的理智是擅长划分的，极容易分划出空间上时间上的自己的个体来，从而会外视一切，似乎是与己不相干的。

②仁的运行总是不断地起头又起头地新新不已

据《梁漱溟全集·第三卷》所言，人与人之间，从乎身则分则隔，从乎仁心则虽分而不隔。人类的仁的生命是廓然与物同体的，其仁之情是无所不到的。凡痛痒亲切之处就是自己，不必限于区区数尺之躯。唯有人的仁之心是不隔的，所以痛痒好恶彼此相喻又相关切。主动就是仁的生命的日新向上。一切生物的仁的生命原都是生生不息的，都是一个当下接着一个当下的。每一个当下都有仁的主动性。人的仁心的主动性是可以发展扩大炽然可见的，是努力、争取、运用，总都是后力加于前力、新新不已。仁的运行总是起头又起头、不断地起头，这就是新新不已。我们的有意识的对外活动皆是应乎生活需用而起的，无时不在计较利害得失之中，但同时内蕴着仁的自觉，只在仁的炯炯觉照而初无所为。我们有时会率从仁的自觉直心而行，不顾利害得失，用仁心来主宰身。此时虽对外却从不作计较，此不落局限性的仁心，无所限隔于宇宙大生命的仁心，这种仁心即是俗称的仁的天良，这恰好是不错的。仁的天良是宇宙大生命的廓然向上奋进的一种表现。人的仁心是生命的仁的本原的最大的透露者正是在于此。

③人类要通过奋进巍然成为仁的宇宙大生命之顶峰

据《梁漱溟全集·第三卷》所言，宇宙的仁之本体是浑一无对的，而人身则是有对性的。而人之妙在于其剔透玲珑的头脑是通向仁之本体的无对的，而寂默无为的仁的自觉便像是其透出的光线，一即是一切，一切即是一，宇宙的仁的本体即此便是。人的仁心之用是寻常可见的，而仁心之体则是不可见的，其仁之体即是宇宙的仁之本体。虽然人身是有限的，而人的仁心实际上是无限际的。宇宙的仁的大生命说的是仁的生命是通乎宇宙万有而为一仁之体的。仁的生命的本意是要通而不要隔的，一切都是浑然为一体而非二的。我们的仁的生命直接与仁的宇宙是同体的，空间时间俱是无限的。仁的生命之本性因采用了机械工具而浸失了，与仁的宇宙大生命不免有隔。人类应该继续发扬生命的仁之本性，奋进不已，巍然成为仁的宇宙大生命之顶峰。

2. 熊十力的仁的体用不二论

熊十力（1885—1968 年）为湖北省黄冈县人，曾任教于北京大学，讲授佛学。他入佛很深，所以后来弃佛归儒的难度也比较大。他对佛学的一些宗派进行了批评，其中主要批的是大乘空宗和大乘有宗。熊十力认为，只有先立起仁的本体论、仁的宇宙论，才能讲仁的身心性命。但是，他要把仁的宇宙和仁的人生融成一体来谈。东方古学，除了心以外，实际上就没有了根。断了其根，那么智慧与仁的道德之原，还有仁的修养之功，一切的一切都无往不动摇。所以，他只是在存心这两个字上用心。如果此仁心不存，古学就会全部崩溃。论先后，仁的宇宙论为先；而论轻重，则是仁的人生论为重；论天人，则是仁的宇宙人生通体一贯。人生论中关于仁的身心性命的部分，不仅比仁的宇宙论更为重要，而且关于仁的身心性命的实践还是进入真理即真的仁之理的根本途径。熊十力认为，东方学术归本于躬行仁，孟子说的要践仁之行尽仁之性，这是极则。熊十力和梁漱溟都是以仁的身心性命为中心的，而仁的宇宙论并不是他们的终极关怀所在。他的主要著作为《体用论》和《新唯识论》。

（1）对道家的批评：仁道即是万物之自身

据《体用论》记载，熊十力说，老庄在言道的时候，没有得到真见。老子说混成的物都是归本于虚无的。老庄都以为道是超乎万物之上的，其实真知是体用不二的，仁道即是万物之自身，没有太一作为真正的主宰而高于万物之上。道家偏向虚静中去领会仁道，而仁的大易则要从刚健与变动的功用上来进行指点，令人于此来悟出仁的实体。因为老氏以柔弱为用，虽然忿嫉统治阶层，而不敢为天下先，不肯革命。道家的宇宙论，对于体用确实没有透彻地了解。散见的庄子的精微之语，有不少殊见。而从大体上看的话，确实有不妥之处。庄子才大，但是对于道的理解是有少许隔在的。

（2）对佛家的大乘空宗和大乘有宗的批评

熊十力批评了大乘的空宗和有宗。据《体用论》所言，大有与大空对于宇宙论之见地是一成一坏的。大有之缘起说成立了宇宙；而大空之五蕴皆空之论，便毁坏了宇宙。大乘的法性这个名，与本论的实体这个名是相当的。大乘的法相这个名，与本论中的功用一名是相当的。然而，佛家的性相之谈，确实与本论中的体用不二是极端相反的，是不可融合的。熊十力通过《易经》中的“生”和“化”，反求诸六经而得仁之本体，于是从佛学中打了出来，写出了他的《体用论》。熊十力说，有了《体用论》，他的《新唯识论》就可以毁弃了，没有保存的必要了。

①对空宗和有宗的总体批评

a. 空宗与有宗的共同错误：把法性与法相割裂

熊十力认为，大乘空宗与大乘有宗所犯的错误是不同的，但是其犯错的一个共同原因是把法性与法相割裂开来、对立起来。据《体用论》记载，熊十力说，佛氏所说的法性，犹如实体；而佛氏所说的法相，犹如动用。相是性之生生，是流动的，是诈现相状，为功用。就好比说是大海变成了众沤。沤比喻的是法相，而大海比喻的是法性。万法就是法相的别称，性指的就是万法自身，譬如大海之水即是众沤的自身。所以，体用是不二的。如果知道了这个意思，就应该知道，当相破尽的时候，性也就无存了。性就是相自身。相如果破尽，相自身也就无存了，这样相也就毁了。所以，相指的就是生生流动，而生生流动就是功用。如果相破尽了，则性便是无生、不动、湛然寂灭之性，这样的性就与空无是一样的。大空诸师的本意在于破相以显性，终归于相空，而性与之俱空。用是空的，性也就是空的。

b. 每一个刹那都是方生方灭的

据《体用论》记载，熊十力说，佛家对于一切行的看法，都是本于其超生的人生态度的。超生指的是要超脱生死，犹如云出世一般。当观察一切行的时候，可以发现诸行都是无常的。观指的是明照精察；无指的是无有；常指的是恒常。观一切行，皆无有恒常。一切物行，观是无常；一切心行，观是无常。这便是诸行无常的意思。唯有这种观法，方能无所染著于一切行，这样才得超脱生死海。这便是佛氏的本旨。佛氏说，世间是一个生死大海。人生沦溺在其中是可悲的。佛家说无常，目的在于呵毁诸行。本论谈变的目的，是要明示一切行都是无自体的。这样说似乎与佛说的诸行无常是相通的，而实际上则是有天渊悬隔在的。佛说一切行都是无常的，有呵毁诸行之意。本论则认为，一切行都只是刹那刹那生灭灭生，活活跃跃，处于绵绵不断的变化之中。绵绵具有相续之貌；而刹那刹那指的则是前灭后生和不中断的意思。按照这种宇宙观而行，人生只有精进向上。对于诸行，既无可呵毁，也无所染著。从根本上说，与出世法是全不相似的。生灭灭生，说的是一切行都是于每一刹那间方生即灭和方灭即生的。

②对空宗的批评：寂静的性体要在流行中才有生化的功用

据《体用论》记载，熊十力说，大空学派的开山诸哲，实际上是以破相现性作为其学说的中枢的。据《新唯识论》记载，熊十力说，空宗的密意本来在于显性。空宗破相的目的正是为了显性。在空宗的经论中反复宣说不已，无非就是要显性。但是，空宗是否领会了性德之全，尚难以判定。熊十力所说的性德，指的就是佛学中的真如，是与现象相对应的本体。熊十力说，空宗所说的性体，是以真实的、不可变易的、清净的诸德来显示的。这些德是极真极实的，是无虚妄的，所以说是真的。因为德是恒如其性的，是不变易的，所以说是如，而不是是。一极湛然，寂静圆明，这就是清净。所以，如上诸德，以寂静为独重。寂静之中是有生机流行的，而生机流行之毕竟则是寂静。空宗只见到性体是寂静的，却不知道性体也是流行的。我们不要认为空宗以为一切都是空的，而要从生生化化流行不息之机的角度来认识性体。我们不仅要认识到性体是寂静的，而且要通过流行来认识寂静，这样才能见体。流行这个词来源于《易传》，天地之大德为生，万物都是由天地化生的。性德是通过流行而化生的。要流行才能有功能，才能生化。熊十力就是通过对流行的认识而归入儒家的。

③对有宗的批评：生化之妙如电光闪闪一样常有常无

熊十力对大乘有宗也进行了批评。据《新唯识论》记载，熊十力认为，大乘有宗与空宗的区别，主要在于宇宙论。有宗把宇宙的体原与真如本体打成两片。有宗是用来矫正空宗的末流之失的。有宗认为本体虽然是盛宣真实的，但只可以说是无为的、无起作的。所以，有宗所说的宇宙是另有根源的，这就是所谓的种子。据《体用论》记载，熊十力说，大乘有宗把宇宙分为潜显两个世界，就像是戏论一般。以赖耶识中的种子为诸行之因，而种子其实是万法的本原，而又说真如是万法的实体。这样就难免有二重本体之嫌。铸九州铁也不足以成此大错。据《新唯识论》记载，熊十力认为，本体是绝对的真实。而真实并不是凝然坚住的物事，而是一个生生化化的物事。因为本体是至真至实的，所以能够生生化化自不容已。也只有是生生化化不容已，所以才是至真至实的。生化之妙是难以形容的。如果要勉强比喻的话，正似电光的一闪一闪一样的，是刹那不住的。从这个意义上可以说，生化是常有而常空的。然而，电光的一闪一闪，新新而起，又应该说是常空而常有的。所以，常有常空，毕竟是非有；而常空常有，毕竟是非无。我们不能舍生化而言有。如果没有生化，则无有起作，无有显现，便是顽空，这样便无法验知本体是真极而非无。

（3）仁的体用不二论的思想脉络

①仁的宇宙是什么样的？

a. 仁的实体只是以变动的功用的现象存在着

据《体用论》记载，熊十力引《易大传》说，仁的太极是显诸仁而藏诸仁之用的。这一言说出了仁的体用不二之蕴，深远之极。显仁显的是生生不息之仁，这是仁的太极之功用。藏说明了仁的太极并非是离开其功用而独在的。藏字下得奇妙。藏说明的是仁的实体不是在其功用之外的，所以说藏仁诸于用。藏字形容的是仁的体用不二。仁的实体是没有不变动之时的，即没有不成为功用或现象之时的。仁的实体在任何时候都是以功用的形态存在的。仁的实体变成功用不是像母生子一样。据《乾坤衍》所言，不是由实体变动，又别造出一种称为现象的世界。据《体用论》所言，如果这样的话，仁的实体就如同是造物主，而不即是功用了。即不是仁的实体变出仁的功用，而是仁的实体自身变成了功用。而且，仁的实体自身是完完全全地变成了万有不齐的大用，即在仁的大用流行之外是没有仁的实体的。据《乾坤衍》所言，仁的实体确实是将他的自身全变成了万物或现象。在万物之外是没有独立存在的仁的实体的。譬如说，大海水确实是将它自身变成了众沤。在众沤之外，没有独立存在的大海水。功用即是翕辟的功用。譬如说，大海水起变，将自身变成了翻腾的众沤。在成这个字中，才能见到仁的体用不二。

b. 仁的总相是遍满于灿然散布在太空中的万物的

据《乾坤衍》所言，据仁之理而谈的话，要谈到仁的总相与仁的别相。说万物一体，是据仁的总相而说的。凡物都各自成一小己，这就是据仁的别相而说的。如果没有仁的别相，就无仁的总相可说。仁的别相在仁的总相之中，彼此平等协和合作，各自有成，即是仁的总相之大成。譬如五官百骸在全身之中发育一样，也是此理。据《新唯识论》所言，众生是无量的，世界是无量的。从常识上说，好像仁的宇宙是一切人共有的。其实，这是大谬不然的。各人自有各人的仁的宇宙，但是互相是不相碍的。犹如我与某甲、某乙同在这所屋子里，实则我有我的房子，某甲有某甲的房子。据《体用论》记载，熊十力说，我与多人同在北京，俗以为北京是一，其实北京有多少人便有多少北京。比如说，张人的生活与北京交感而自化，确实与李人不同。所以，张李二人各有一北京。然而，多数北京，在一个处所，各个遍满。就如同千灯在一室，光光相网，这真是很奇妙的。每一个小一都是一小物，多数小一合成较大之物时，并不是混然揉作一团。小一还是各各保持他的个别与特性。虽然说万物是个别的，但毕竟是一个大整体。譬如说，五官百体成一身。个别的物一起发育，方是整体的盛大，这便是不易之理。然而，个体终是不可离开整体而独得发育的。万物是灿然散布在太空中的。虽然若为各各独立的，而实为相互联系、互相贯通之整体。

c. 形形色色皆是仁的清净本然的真理的遍现

据《体用论》所言，仁的宇宙万有是从过去至现在，方趋未来，恒不断绝之完整的整体。万有的仁之实体即是万有的仁之自身。参透及此，那么形形色色就皆是仁的真理的遍现，屎尿瓦砾（lì，碎石）无非都是清净本然的，皆是在完成天地万物一体的仁之本性而无私的。在功用之外是没有实体的。如果彻悟到了仁的体用是不二的，就应当相信离仁的用而无仁的体之说。如果不悟到仁的体用不二的道理，将会在流行之外去求仁的实体，这就好比是在腾跃的众沤之外去求大海之水一样。仁的实体绝不是潜隐于万有背后的或超越万有之上的东西，也绝不是恒常不变和离开物而独存的。仁的实体不是高出于心物万象之上的，不是潜隐于心物万象背后的。应当知道仁的实体即是万物万色自身，譬如大海之水就是物量的众沤自身一样。据《新唯识论》所言，一切事物都是能够互为主属的，所以说一切都不是一个合相，而是浑然的全体。主与属元来是各各有别的，所以不是一合相。主和属又是互相涵摄的，所以为一浑然的全体。由于一切都是可以为主属的，所以一切都是自由的或自在的。

②仁的实体依翕辟的相反相成而变成仁的大用

据《体用论》所言，仁的本体是万力之源、万德之端、万化之始；仁的本体即无对即有对，即有对即无对；仁的本体是无始无终的；仁的本体会显为无穷无尽的仁的大用。仁的本体的流行是来自仁的阳明刚健、开发无息的辟的作用，而翕是用来成物的，是辟的工具。

a. 心和物的迁流和相状都是行

据《体用论》记载，熊十力说，古代印度的佛家，把一切的心的现象和物的现象都称为行。行字有两个含义，即迁流和相状。心和物的现象都是时时刻刻在迁变与流行的长途之中。故者方灭，新者即起，这就称为迁变。故灭新生，相继无绝，所以称为流行。心和物都不是凝然坚住的东西，所以说是迁流的。然而，虽然心和物都是迁流不住的，也有相状诈现。譬如说，电光一闪一闪的，诈现为赤色相，这就是相状。物的相状是可感知的，而心的相状则是感觉接触不到的，但是可以内自觉察。心和物都是有迁流和相状的，所以都称为行。这个命名很是谛，所以我采用之。据《新唯识论》所言，仁的体用既是可分的，又是不可分的。从可分的角度上看，虽然仁之体是无差别的，但是用却是万殊的。自万殊之中，指出无差别的仁之体，这就是仁的洪建皇极，万化皆是由仁之真来主宰的，仁的万理皆是有仁的统宗的。本来是无差别的仁之体，显现为万殊的仁之用。仁是藏在虚而不屈之中的。动而愈出的是仁之显。繁然妙有，毕竟是不可得的，是假说名用。寂然至无，无为而无不为，则是用的仁之本体。仁之用是依仁之体而现的，而仁之体是待仁之用而存的，所以仁的体用不得不分疏。但是，一说到仁之用，则是其仁之本体全成为仁之用，而不可于仁的用之外去寻觅仁之体。一说到仁之体，则有无穷的仁之妙用，法尔皆备，而不是说，仁之体就是一种顽空死物，可以忽然成仁之用。空华成实，终无是仁之理。王阳明说，即仁之体而言，仁之用在仁之体；而即仁之用而言，则仁之体在仁之用。熊十力认为这句话是见仁道了的。他是认识到此，才了解到了王阳明的话的含义。

b. 明白了翕与辟的仁之义乾坤才能立

据《体用论》记载，熊十力说，他持有的仁的全体分化之论，其实是以仁的大易为宗的，而不是他的一己之臆说。仁之易说明了乾为仁之元，分化为乾坤。乾坤虽分，而实际上是互相含的。乾卦中有坤象，说明乾阳是主动的，是能运坤的，所以阳是含阴的。坤卦中也有乾象，说明坤是阴承乾而动的，所以阴是含阳的。乾运坤动，这就是运动。乾坤是不可剖作两体的，只是在功用上可以分成两个方面，而不是二元，更不能任意取其中之一，即不能只把物作为一元，也不能只把心作为一元。仁的大化之流，没有反对的一面，就无由成变。不极复杂，就不能有发展。仁的大化犹为仁的大用。流指的是流行。乾阳与坤阴，因相反而成变化。这种道理是不容置疑的。只有谈清楚翕与辟的仁之义，仁的大易所说的乾坤才能立。熊十力晚年著有《乾坤衍》一书，其实就是要通过翕与辟来讲清楚乾与坤的关系。据《新唯识论》所言，在仁的实体显现为分殊或一切行的时候，一方面有一种收摄凝聚的势用，这就是翕。这种收凝的翕，其端绪是很微细、很深隐的，但是能够由微至著，由隐至显，便成为一切物或物界了。然而，当其翕而成物的时候，同时有一种刚健而无所不胜的势用，这就是辟。辟与翕是同时俱现的。辟运行于一切物中，主宰着一切物。辟并不是超脱于一切物之外的大神，但是可以把辟称为神，因为神是很微妙的。辟本来与物是同体的，但是却显示出分化的样子，显示出与物对立的样子。

c. 仁之辟为精神的大一而仁之翕为物质的散殊

据《新唯识论》所言，仁的本体是显现为万殊的仁之用的，可以假说仁的本体是能变的，而变可以称为恒转。恒转可以现为动的势用，这种势用是一翕一辟的，并不是单纯的。仁之翕的势用是凝聚的，是有成为形质的趋势的。依仁的翕之故，而假说为物，也称为物行。仁之辟的势用是刚健的，是运行于翕之中的，是能转翕从己的。依仁的辟之故，而假说为仁之心，也称为心之行。据此说来，物和心是一个整体的不同的两个方面，因为翕与辟不是可以剖析为两片的物事，所以说是一个整体。据《体用论》所言，翕与辟是什么意思呢？仁的实体能够变成仁的大用，决不是单纯的，定有翕与辟两个方面，因为相反而成变。仁之翕是动而凝的，而仁之辟则是动而升的。凝为质为物，而升则为精为神。这样仁的实体才变成仁的功用。在仁的实体之功用的内部，已有两端相反之几，所以才能起翕辟这两方面的显著分化。万变自此而不竭。仁之辟为精神，精乃大一；仁之翕为物质，质则散殊。仁的翕与辟相反而归统一，则能完成仁的全体之发展。

d. 仁之翕只是仁之辟的势用所运用之具

据《新唯识论》所言，仁的本体现为仁的大用，必有一翕一辟，仁之翕只是仁之辟的势用所运用之具。仁之大用的动向是与其仁的本体相反的。仁之至辟才能称体起用。譬如说，冰毕竟不失水性，所以说是称。辟是与翕相反的，而流行无碍，能运用翕，而且为翕的主宰。然而，翕虽成物，其实也不必成为固定的死东西，只是诈现为质碍的物，只是一种迹象而已。翕与辟毕竟是相反相成的，是浑一而不可分的整体。所以，把心与物看成是二元的，这是错误的。如果不了解他所说的仁之翕辟，就不会明白万变的宇宙的内容，不能理解宇宙是因为涵有内在的矛盾而发展的。有的哲学家似乎只是承认仁之辟的势用，而把仁之翕消纳到辟的一方面去了。有的哲学家似乎又只是承认他所说的仁之翕的势用，而把仁之辟消纳到了翕的一方面去了。他们均不了解一翕一辟是相反相成的整体。一切事物都不能逃出相反相成的法则。

e. 在仁的辟之施与仁的翕之受中转仁之辟为主

据《新唯识论》所言，物指的只是收凝的势用所诈现出的迹象而已。收凝的势用，就称为仁之翕。仁之翕即成物，而物就是一种诈现的迹象。物之名是依仁之翕而立的。仁之辟又称为宇宙心或宇宙精神。要发现宇宙的仁之心，那是不能无所凭借的。精神必须凭借极端收凝的仁之翕来显发精神，所以仁之翕是精神的资具。宇宙之仁心运行于仁之翕之中，但又是仁之翕的主宰。仁之翕是用来显仁之辟的，而仁之辟是用来运仁之翕的。

仁之翕的方面主要是接受，而仁之辟的方面主要是施与。接受就是顺承于仁之辟的意思，而施则是主动的意思。仁之翕变成了物，显出了成功的样子，只堪为精神所凭借的资具。如果没有此仁之翕，宇宙的仁之心则无所凭以显。如果宇宙的仁之心要显发自己，就必须分化，而分化又必须构成一切物。宇宙的仁之心散著于一切物，才能有各别的据点，否则就无以遂其分化了。仁之辟本来是不物化的至刚至健的一种势用。仁的辟是包乎仁的翕之外，又彻于仁的翕之内的，是能转仁之翕而不随仁之翕转的。仁之辟与仁之翕本是相反的，而卒归于融和，这就在其一受一施上可以见得的。受之为仁之义，指的是仁之翕能随仁之辟而转；施之为仁之义，指的是仁之辟反乎仁之翕，而终转仁之翕从己。仁的辟之自就称为己，所以仁之辟就是自己。仁之辟毕竟是包含着仁之翕的，而仁之翕究竟是从属于仁之辟的。

③仁心说的是我与万物是同源相通的

a. 作为主宰的仁之辟就是人的仁之本心

熊十力认为，每个事物都是有仁之辟作为自己的主宰的，每个人也是有仁之辟作为自己的主宰的，这个仁之辟就是人的仁之本心。据《明心篇》记载，熊十力认为，孟子之学就是尽仁心之学。发展仁的本心之德用，这就是尽仁之心。心学的要旨在于究明仁之本心，从而能够习仁心之大别。不要以污习来害其仁之本心。我是固有仁的良知和良能的，我的仁之本心与天地万物是周流无间的。我当尽力扩充我的仁心，使其发展无竭。仁的本心一词首先是来自《孟子·告子》篇的，后来禅宗盛言之。仁的本心指的是仁的本有，而不是后起的，所以才称为仁之本。仁的良知良能便是仁的本心。

b. 满座之人的仁心即是一人之仁心

据《尊闻录》记载，熊十力说，仁即是仁之源，说的是我与万物之仁都是同源的，是无形骸之隔的，所以物与我之间是痛痒相关的，所以互相之间才是通仁的。据《熊十力全集·卷三》记载，熊十力说，仁即是仁之本心。仁之本心是具备生生、刚健、照明和通畅诸德的，总称为仁德。据《尊闻录》记载，熊十力说，虽然我与一切人和物是殊形的，而言及仁之实体的话，则是浑然一体的。熊十力说，他之学贵在见仁之体。人能安住于仁之实体，就能超越个人的生存，即不必为达到个体生存的目的而起利害计较，即不为生存而生存。据《新唯识论》记载，熊十力说，有语说，一人向隅，满座都不乐。这是为什么呢？因为满座之人的仁心，即是一人之仁心，元是无自他之间的间隔的。

c. 仁心主导着精利的身体

据《体用论》所言，仁心是存乎于人的。仁心是刚健照明的，是生生能爱的，是不为小己之私欲所缚的，是常流通于天地万物而无间隔的。仁心是根于实体的仁之德性的，是一切仁之德行的源泉。人皆是有仁心的，不幸的是非常容易为形气的独立体所锢蔽。独立体既然成了，便自有了权能，所以锢蔽仁心也就很容易，而仁心发露就颇为难。然而，仁心是人所本有的，反己而求之即能得。求仁而能得仁，不至于陷于不仁。仁心是以天之仁为其根的，所以说得仁即能得天。仁心即是仁的实体之德用，所以说仁心是以仁的实体为其根的。因为有仁之根，所以如流水之有源一样而常不竭，如草木之有种一样而恒不绝，所以人生的生活的内容才是丰富无穷和充实而不可已的。人类的身体的构造是精利的，仁心已经显发了出来，主导着人的身体。然而，仁心即是生命力的发现，是遍在天地万物的。所以，吾人一念乍萌乃至著乎行动之际，恒诏示吾人可与不可。可的是，人必须超脱乎小己之私图，高履仁的公道正义；不可的是，人不能同于禽兽只遂躯体之欲，不知其他，不能背仁的公道而叛仁的正义。

d. 按亲自体认的仁的良心行事方能成吾人的仁之德行

据《体用论》所言，仁之德是众善淳备之称。人的仁之德行是出于仁之性的。修仁之德能够使仁之性适赖人的仁之德以弘仁。生命是具有生生、刚健、照明、通畅等德用的，是一切仁的德行或仁的善行之所以从出。然而，生命的仁之德用，必须是吾人返在自家内部生活中，亲自体认仁之良心，而不敢且不忍失之，确然自动乎中，直发之为行事，这样始能成为吾人的仁之德行。仁的生生说的是仁的大生和广生，常是舍故创新的，是无穷无尽的。仁的刚健说的是恒守至健而不可改易，所以能够斡运于物质之中，终不能为物所困。亨畅说的是和畅开通、没有郁滞。升进说的是破物质之锢蔽，健以进进不坠退，这就是俗话说的向上。照明说的是其本是无迷暗性的，所以《易》称之为仁的大明。仁是最高的智慧与道德之源泉。如上的诸仁的德用，皆是生命、心灵所本有的。唯有人独能努力实现生命、心灵之一切的仁之德用，所以人的仁道是值得为尊的缘故。人与万物本来是一体的，但是人是万物发展的最高级，所以人的仁之成功即是万物的仁之成功。

④人生之行应该是什么样的？

a. 心与境是不二的，故能内外相泯和滞碍都捐

据《新唯识论》所言，在仁之理的问题上，程朱理学认为仁之理是在物的，而王阳明则认为仁心即为仁之理，二者争得水火不容。其实仁之心与仁之境是不可截然分为二的。这里的仁之境指的就是物。仁之理本来是无内外的。仁之理于万物而见为仁的众理灿著，而我之仁心则是仁的万理赅备的物事。仁之理并不是可以别异于仁之心的，而是仁之心上所具有的，正如案上能具有书物等一样。只有真正知道了仁之心与仁之境即心境本是不二的，才能知道心境呈现的都是仁之理，才能内外相泯，滞碍都捐。如果偏说仁之理就是仁之心，这样求仁之理者就会专求于仁之心，而可不征事物。这样的流弊是很大的。我们不可离开物来谈论仁之理。如果偏说仁之理在物，而仁之心上本无仁之理，全是由物投射而来，这样心就变成了纯被动的、纯机械的，这样心也就无法裁制万物了。仁之理是无内外的，可以说仁之理即是仁之心，仁之理即是仁之物。

b. 不能把心力全用在无厌足地追求物上

王阳明的心学是以仁的良知和良能为中心思想的。熊十力极为推崇王阳明。据《新唯识论》记载，熊十力说，我国的先哲对于境和心的看法，总是浑融而不可分的。世间之人总以为仁之心是内在的，而一切物都是外界独存的，所以把自家的整个生命无端地划分为内外，并且将仁的心力全向外倾，以追求种种的境。结果越追求越无厌足，使得心和目都习于逐物，卒至完全物化，而没有了仁心。这样本来的仁的生命便消失了，这真是人生的悲哀咧！如果认识到境和心是不可分的整体，那么就能把世间所计的内外的分离合而为一，这样就能物我无间，一多相融。这里的一说的是小己，而多说的是万物。虽然万变不穷，但没有首出的创造者。虽然此仁心是随时应物的，但自并非是无主的，因为仁心就是一种主宰之力。仁心用物而不滞于物，所以说是无不宜的。万物都不是离我的仁心而独在的，所以孟子说，万物皆备于我。我并不是微小的、孤立的、与万物对待着的，而是赅备万物，与万物为一体的。让自我的观念扩大，大到至于无对，那才是人生的最高理想的实现。如果把万物看作是自心以外独存的境，那就有了外的万物和内的小我的相对待，这就将整个的生命无端地割裂了。据《体用论》记载，熊十力说，一切行都只在刹那刹那、生灭灭生、活活跃跃、绵绵不断的变化之中。依据这样的人生观，人生只有精进

向上。据《体用论》所言，圣人是直接亲合于仁的全体大用的，是视天地万物为一己的，是忧患与同的，所以无小己之执迷，坦荡荡与仁之大化同流。

二　儒家的仁的礼制的主要融会更新者

（一）谭嗣同的以太仁学平等思想

谭嗣同（1865—1898 年）为湖南浏阳人。他不喜科举时文，屡考不中。他在访学中认识了梁启超，并通过他进一步了解到康有为的维新观点，非常钦佩康有为，自称为康有为的私淑弟子。他要废除君主专制，倡导民主。他参与了康有为的立教变法运动。维新派幻想得到把握军权的袁世凯的支持，被袁世凯出卖。他拒绝出走，矢志为变法献身。他的临刑绝命词书说："有心杀贼，无力回天；死得其所，快哉快哉！"谭嗣同在戊戌变法中被害，当时 33 岁。他所著的《仁学》发挥的是仁的大同之义，其思想足以自立。据《仁学》所言，凡为仁学者，于佛书应当通《华严》及心宗相宗之书，于西洋之书当通《新约》及算学格致社会学之书，于中国之书则当通《易》《春秋》《公羊传》《论语》《礼记》《孟子》《庄子》《墨子》《史记》及陶渊明、周茂叔、张载、陆子静、王阳明、王夫之、黄宗羲之书。

1. 以太即电气是遍及宇宙的仁之元

（1）脑为有形质的仁之电而仁之电为无形质之脑

据《仁学》所言，在遍法界、虚空界、众生界，有至大、至精微，无所不胶粘、不贯洽、不筦络，而充满之一物。这种物是目不得其色、耳不得其声、口鼻不得其臭味的，无法名之，就称为以太。这种以太是可以显于用的，孔子把这种用称为仁，称为仁之元，称为仁之性。墨子称之为兼爱。佛称之为性海，称之为慈悲。耶教称之为灵魂，称之为爱人如己、视敌如友。格致家称之为爱力、吸力。咸皆是物。法界由是生，虚空由是立，众生由是出。以太之用之至灵而可征者在人身中是人脑；在虚空中则为仁之电，而仁之电不止是寄于虚空之中，无物不弥纶贯彻着仁之电。脑的一端是仁之电的有形质者。脑为有形质的仁之电，这种仁之电必然为无形质之脑。人知道脑气筋是通五官百骸为一身的，即应当知道电气是通天地万物人我为一身的。

（2）仁的以太的有无指的就是聚散而非生灭

谭嗣同所说的原质之质就是以太。他认为，一切物都是化学中的原质聚合而成的，所以一切物皆是无自性的。据《仁学》所言，原质犹有七十三之异，而至于原质之原，则一仁的以太而已。以太这个一是不生不灭的。不生所以不能说有，不灭所以不能说无。有人问，不生不灭有什么表征吗？谭嗣同说，弥望皆是。化学诸理，穷其学之所至，不过是析数原质而使之分开，与并数原质而使之合。用其已然和固然，时其好恶，剂其盈虚，而以号称某物某物，如此而已。不能消磨一原质来别创造出一原质。以太是不生不灭的，原质是不增不损的，所以宇宙间是有变易的，但是无存亡。有无指的就是聚散，而非生灭。王夫之说《易》时认为，一卦是有十二爻的，半隐半现。所以，大易是不言有无而只言隐现的。

2. 个体有微生灭而以太的仁的原质无增损

谭嗣同认为，仁的以太是不生不灭的，而个体的物则是有微生灭的。个体的物无时无刻不处在生灭之中。据《仁学》所言，求之过去，生灭是无始的。求之未来，生灭是无终的。求之现在是生灭息息的。谭嗣同引庄子之言说，把舟藏在壑里，自己以为很牢固，而有大力气的人夜半给背走了。谭嗣同说，他说的是连壑也给背走了。他引用孔子之言说，逝者如斯夫，不舍昼夜。谭嗣同解释说，昼夜即是川的仁之理；川即是昼夜之形。非一非二，非断非常。旋生旋灭，即灭即生。生与灭相授之际，微之又微，至于无可微。密之又密，至于无可密。这样以融化为一，而成乎于不生不灭。成乎不生不灭，所以成之微生灭，这是固不容掩的。有人问，动植物之异性，是不是就是因为有自己的性质呢？谭嗣同说，这只不过是抑质点之位置与分剂不同而已。质点不外乎有七十三种原质。某原质与某原质化合则成一某物之性。析而与他原质化合，或增某原质，减某原质，则又成一某物之性。即同数原质化合，而多寡主佐之少殊，又别成一某物之性。纷纭蕃变，不可纪极。然而，原质则初无增损于故。

3. 仁为仁的电之通而不仁为仁的电之塞的开关

谭嗣同认为，孔子所说的仁，即是以太之用。他用仁的以太来解释《易》中的元亨利贞。据《仁学》所言，仁与不仁之辩，说的其实是仁之电是通还是塞。仁之电是通还是塞，是以仁还是不仁为本的。仁之电的通者如电线四达，无远弗届，异域如一身。所以《易》首先讲的是元，继言亨。元为仁；亨为通。苟仁自是无不通的，也只有通仁之量才可以完。由仁而自利利他，永以恒固。谭嗣同认为，万物均在日新之中。反乎逝而观，就称为日新。孔子说，革是去故的，而鼎是取新的。孔子还说，日新之为仁之盛德。谭嗣同说，善至于日新而止；恶也至于不日新而止。仁德之宜新，世容知之。今不应当守旧，而应当变法。

4. 地球之治应该是有天下而无国界的仁的大同世界

（1）人人能自由是必为无国之民

谭嗣同也注重仁者以天地万物为一体，所以也同意康有为的仁的大同之教。据《仁学》所言，地球之治应该是有天下而无国界的。庄子说，闻在宥天下，而不闻治天下。谭嗣同说，在治中含有有国之义，而在宥中则有无国之义。在宥是自由的转音，旨在说明自由。人人能自由，是必为无国之民。如果无国，则畛域化、战争息、猜忌绝、权谋弃、彼我亡、平等出，而且虽有天下，若无天下一样。君臣废则贵贱平；仁的公理明则贫富均。千里万里，如一家一人。视其家，逆旅也。视其人，同胞也。父无所用其慈，子无所用其孝，兄弟忘其友恭，夫妇忘其倡随。西书中的百年一觉者，殆仿佛《礼运》中的仁的大同之象。仁的大同之教在《易》和《春秋》中就已经有了。他所说的地球之变，不是他之言，而是《易》之言。《易》是冒天下之仁道的，所以至赜而不可恶。他曾所闻的乾卦，于《春秋》的三世的仁之义是有合的。

（2）在天下大治时则一切众生普遍成佛

据《仁学》所言，《易》是兼三才而两之的，所以有两三世，内卦逆而外卦顺。初九为潜龙勿用。这指的就是太平之世，即仁之元统。这个时候无教主，也无君主。于时为洪荒太古，氓之蚩蚩，互为酋长而已。于人为初生。勿用指的是无所可用。九二说的见龙在田，利见大人，指的是升平之世，为仁之天统。时则渐有教主和君主，然而去民尚未远，所以说在田。于时为三皇五帝，于人为童稚。九三为君子终日乾乾，夕惕若，厉无咎。这时为据乱世，为仁之君统。君主开始横肆，教主才不得不出而剂其平，所以词多忧虑。于时为三代，于人为冠婚。这就是内卦之逆三世。九四为或跃在渊，无咎。这是据乱之世，为仁之君统。上不在天，下不在田。或为试词。知其不可为而为之，这人便是孔子。于时则自孔子之时至于今日皆是也，于人则为壮年以往。九五为飞龙在天，利见大人。这是升平之世，为仁之天统。这时地球群教，将同奉一仁的教主。地球群国，将同奉一仁的君主。于时为仁的大一统，于人为知仁的天命。上九为亢龙有悔。这是太平之世，为仁之元统。合地球而一教主，一君主，势又孤了。

孤所以亢，亢所以悔。悔则人人可以有教主的仁之德，而教主废。人人可以有君主之权，而君主废。于时遍地为民主，于人为功夫纯熟，可以说是从心所欲而不逾矩。这就是外卦的顺三世。然而，犹有迹象也。至于用九则为见群龙无首，吉。仁的天德是不可以为首的，这时天下治。则一切众生，普遍成佛。不仅是无教主，而且至无教。不只是无君主，而且至无民主。不只是浑一地球，而且至无地球。不只是统天，而且至无天。然后至矣，尽矣，蔑以加矣。

（3）凡是教主教徒皆是以空言垂世的

谭嗣同自己问自己说，自己所陈述的仁之义很高，既然这样高的仁之义是不能实行的，滔滔然为空言，说了又有什么益处呢？据《仁学》记载，谭嗣同自己回答说，他是贵仁之知而不贵仁之行的。仁之知是灵魂之事，而仁之行为体魄之事。孔子说，知为知之，不知为不知，是知也。谭嗣同解释说，孔子说的就是知仁也是知，不知仁也是知，仁的行为是有局限性的，而仁之知则是没有局限性的；仁之行是可以穷尽的，而仁之知却是不能穷尽的。仁之教指的是教给求仁之知的方法。所以，凡是仁的教主教徒，皆是以空言垂世的，而不是克己以身行之的，而且对于后世诟詈戮辱而不顾。耶稣杀身，其弟子十二人，皆不得其死。孔子仅免于一身，其弟子七十人，达者是很寡的。佛与弟子，皆是饥困乞食，以苦行终。他们亡了自己的躯命，目的在于以先知觉后知，以先觉觉后觉，根本没有时间问可行还是不可行这个问题。只有摩西、穆罕默德是以权力来行其教的。这样的人只是君主而已，不足以称为教主。

5. 孔、耶、佛三教在追求平等上是相同的

据《仁学》记载，谭嗣同说，孔、耶、佛三教虽然有不同，但在变上是相同的；虽然变有不同，但是追求平等又是相同的。如果以《公羊传》的三世之说来衡量的话，孔子是最为不幸的。在孔子之时，君主之法度已经是甚密而孔繁的。伦常礼义，一切束缚钳制之名，都已经浸渍于人人之心中，而猝不可与革了。既然已经为据乱之世，孔子便是无可奈何的。孔子的仁的微言大义，只得托诸于隐晦之词，用宛曲虚渺[1]的方式来著其仁之旨。即使是见于仁的雅言，仍不能不牵率于君主的旧制，也是要止据乱之世之法的。所以据乱之世为君统。耶稣之不幸是次于孔子的。耶

① “渺”强调的是渺茫、微小，而“缈”强调的是若有若无的缥缈。

稣生活在君主横恣之时，然而礼仪差等之相去，不如中国那么悬绝，已经有了升平之象。所以，耶稣能够伸张其天治之说于升平之世，所以为天统。唯有佛是独幸的。其国土本来是无所称历代神圣之主的。摩西、约翰、禹、汤、文、武、周公之属，都是琢其天真，漓其本朴的。而佛又自为世外出家之人，于世间无所避就，所以得毕伸其大同之说于太平之世，而为元统。所以，大同之治是不独父其父和不独子其子的。父子都无了，也就没有君臣了。所有的独夫民贼所为的一相钳制束缚之名，皆没有办法加之于人之上。而佛遂以独高于群教之上，是因时而然的，因势而不得不然的。如果非要揣测教主之法身，可以说教主的法身就是一而已。有人说，因为三教的教主是合一的，所以只要拜其中之一，就能皆拜了。谭嗣同说这种观点他是赞同的。

（二）康有为的立仁教改礼制说

康有为（1858—1927 年）为广东南海县人，是立仁教改礼制运动的重要主持者。康有为认为古文经学家所用的经典都是刘歆伪造的，而西汉的今文经学家用的经典则皆是孔子所作。康有为说，刘歆是王莽之臣，刘歆伪造的经，其实是新朝一代之学。据《新学伪经考·卷一》记载，康有为说，刘歆身为新朝之臣，饰经佐篡，所以其所说的经实际是新朝之学。后世的汉宋之争，门户之间犹如水火。由此可见，后世所说的汉学者，皆是贾、马、许、郑之新学而非汉学。即宋人所尊述之经，多为伪经，而非孔子之经。

1. 孔教主据乱而立三统三世之法，意在实现仁的大一统

（1）众人皆归孔教主从而集仁之大一统而遂范万世

据《孔子改制考》序记载，康有为说，天因为大地生人之多艰，所以感觉悲哀。为了救民患，黑帝降精为神明，为圣王，目的在于为当世作师，为万民作保，为大地教主。教主生于乱世，据乱而立三世之法，目的在于垂精太平。所以，因其所生之国便立三世的仁之义，注意在大地之上，让远近大小都犹如一的仁的大一统。凡物积粗而后精生；积贱而后贵生；积愚而后智生。积土石而草木生；积虫介而禽兽生。人为万物之灵，其生尤后。大地所共有的是洪水。人类之生，皆是在洪水之后。所以，大地之民众，皆蘁萌于夏禹之时。通过积人积智二千年，仁之事理咸备，于是仁的才智之尤秀杰者蜂出挺立，不可遏靡。各因其受天之质，生人之遇，树论说，聚徒众，改制立度，思易天下。只是其质毗于阴阳，所以其

说多有偏蔽，各明一义，如耳目口鼻一样，不能相通。然而皆以坚苦独行之力，精深奥玮之论，毅然自行其志，思立教以范围天下者。积诸子之盛，其尤神圣者，众人归之，集大一统，遂范万世。《论衡》称孔子为诸子之卓，确实如此。天下咸归依孔子，仁之大道遂合。所以，自汉以后无诸子。

（2）仁运时为大同的仁之道，而礼运时为小康的仁之道

康有为认为，孔子所立的仁之教主要是三统三世之说。据《礼运注》记载，康有为说，孔子的仁之道是浩然的，仁道之荡荡则为天，仁道之运是无乎不在的。但是，始误于荀学之拘陋，中乱于刘歆之伪谬，末割于朱熹之偏安。所以，素王的仁之大道变得暗而不明，郁而不发。他所考求的孔子的仁之道既博且敬。开始时他循宋人之途辙，炯炯乎自以为得孔子的仁之道了，后来才悟出孔子不是如此拘束而狭隘的。后来继汉人之门径，纷纷乎自以为践仁道了，后来才悟出孔子的仁之道不是如此琐碎且混乱的。苟止于此，他只认识到孔子的仁之圣，而没有认识到孔子的仁之神。后来他才去除了古文经学之伪，求之于今文经学。经过研究齐、鲁、韩之《诗》，欧阳、大小夏侯之《书》，孟、焦、京之《易》，大小戴之《礼》，公羊、谷梁之《春秋》，从而得出了《易》之阴阳之变，《春秋》之三世的仁之义，曰：孔子的仁之道很大，虽然不可尽见，而可通过庶几而窥其藩。可惜其弥深太漫，不得以数言而赅仁的大道之要。所以，尽舍传说而求之经文。读至《礼运》之时，乃浩然而叹道：孔子之三世之变，仁的大道之真就在这里啊！这本书是孔子的仁之微言真传，是万国之无上宝典，是天下群生之起死神方。孔子的仁之道，有三世，有三统，有五德之运。仁的知义智信，各应时而行运。仁运时为大同的仁之道；礼运时为小康的仁之道。《礼运》中所说的仁的“大道”指的是仁的人理至公，这才是太平世道的大同的仁之道。而《礼运》中所说的“三代之英”，只是升平世之小康的仁之道。

2. 从欧美的升平之世到远近大小如一的仁的太平世

据《论语》所言，殷因于夏礼，所损益是可知的；周因于殷礼，所损益也是可知的。就这样推理下去，继周者，虽百世也是可知的。康有为据此说明了三统三世的仁之义。据《论语注》记载，康有为说，人道的进化皆是有定位的。自族制而为部落，自部落而成国家，自国家而成大统。由独人而渐立酋长，由酋长而渐正君臣，由君臣而渐为立宪，由立宪

而渐为共和。由独人而渐为夫妇，由夫妇而渐定父子，由父子而兼锡尔类，由锡类而渐为仁之大同，于是复为独人。自据乱进为生平，升平进为太平，进化是有渐的，因革是有由的，验之万国，没有不同风的。观婴儿可以知壮夫及老人，观萌芽可以知合抱至参天，观夏殷周三统之损益，也可推百世之变革。孔子为《春秋》的目的是要张为三世。据乱世则内其国而外诸夏；生平世则内诸夏而外夷狄；太平世则远近大小犹如一。这是推进化之理而为之。孔子生当据乱之世。而今大地既通，欧美大变，进至升平之世。异日大地大小远近如一，国土既尽，种类不分，风化齐同，则如一而有仁之天平。孔子早就预知到了。

3. 今当为升平之时故应自主自立地应公议立宪

据《中庸》所言，王天下有三重焉，其寡过矣乎？据《中庸注》记载，康有为说，重即是复；三重即是三世之统。孔子之制，皆为实事。比如说，建子为正月，白统崇尚白，则朝服和首服皆为白，今欧美各国都是从之的。建丑则由俄罗斯的回教行之，明堂之制，屋制高严员侈，或椭圆衡方，或上圆下方，欧美的宫室从之。衣长后衽，欧美各国的礼服从之。人情蔽于所习，安于一统一世之制，见他制即惊疑之，所以多有过。如果知道孔子的三重之义，庶几就不至于悲忧眩视了。孔子之法，务在因时。当草昧乱世和仁的教化未至之时，行仁的太平之制必生大害。而当升平世而仍守据乱，也会生大害。比如说，今当为升平之时，应发自主自立之义，应公议立宪之事。如果不改法，则大乱生。孔子的发明据乱小康之制比较多，而太平大同之制比较少。这是因为要委屈随时，出于拨乱的需要。在孔子之时，世尚幼稚，如养婴儿一样，不能遽待以成人，而骤离于襁褓。那时因为处于据乱之制，孔子是不得已的。然而，太平的仁之法，大同的仁之道，固预为灿陈，但生非其时，有仁之志而未逮。进化之理是有一定的轨道的，不能超度。既至其时，则自当变通。所以，三世之法和三统之道是各异的。苦衷可见，但在救时。孔子知道，在三千年之后，必然有圣人复作，有发挥大同的仁之新教之人。然而，必不能外升平太平之轨，也不必怀疑用于拨乱的小康之制是错误的。

4. 康有为作《大同书》来发挥大同的仁之新教

（1）人是仁智同藏的，但是以仁为贵

康有为以圣人自居，作《大同书》来发挥大同之新教。康有为在《大同书》的第一章中说，浩浩元气，造起天地。天是一物之魂质，人也是一物之魂质。虽然天与人的形是有大小的，而其分浩气于太元，挹涓滴于大海，这点是没有什么异的。孔子说，地载神气，神气风霆，风霆流行，庶物露生。康有为说，神指的是有知之电。光电是无所不传的，所以神气能无所不感。神鬼神帝，生天生地。全神分神，只有元，只有人。微妙在于神之有触。无物无电，就无物无神。神就是能知之气。魂知便精爽；灵明则明德。有数者都是异名而同实的。有觉知则有吸摄，犹如磁石一样，人也如此。不忍即吸摄之力。所以，仁与智是同藏的，而智为先。仁与智同用，而以仁为贵。

（2）立法创教的目的是令人有仁之乐而无不仁之苦

康有为认为，人是有觉知的，所以有不仁之苦和仁之乐。据《大同书》记载，康有为说，生物之所以有知觉，是因为神经系统的脑筋中含有有觉知的能量之灵。有觉知的能量之灵在与物非物触遇之时，有宜有不宜，有适有不适。当于脑筋适且宜时，有觉知的能量的神魂就会为之而乐；当于脑筋不适不宜时，有知觉的能量的神魂就会为之苦。人的脑筋尤其灵，神魂尤其清明，所以其物非物之感入于身的尤其繁夥。因为精微急捷，适与不适尤其著明。适宜者就受之，不适宜者就拒之。所以，人的仁道只有宜与不宜之分。不宜为不仁之苦，而宜之又宜则为仁之乐。人的仁道是依人以为仁道的。依人的仁之道，即不仁之苦和仁之乐而已。为人谋，就是去不仁之苦而求仁之乐而已，没有什么他道。有的人迂其涂，假其道，曲折以赴，行苦而不厌，也是以求仁之乐而已。人之性是有不同的，但是可以断言说人的仁道是没有求不仁之苦而去仁之乐的。立法创教的目的是要令人有仁之乐而无不仁之苦，所以为善之善者。能令人仁之乐多而不仁之苦少，那便是善而未尽善者。令人不仁之苦多而仁之乐少，那就是不善者。

（3）治之至的大同的仁之道是至平、至公和至仁的

①欲救生人的不仁之苦和求其仁之大乐

康有为以苦乐为标准来说明大同太平的仁之道，即为仁的至善之法与教。据《大同书》记载，康有为说，遍观世法，舍大同的仁之道，而欲救生人的不仁之苦，求其仁之大乐，殆无由也。大同的仁之道是至平的，是至公的，是至仁的，是治之至。虽有仁的善道，无以加此矣。人道中的苦是不量数的和不可思议的，但是主要的苦是可以列举出的。人生之苦有七种：投胎、夭折、废疾、蛮野、边地、奴婢、妇女。天灾之苦有八种：

水旱饥荒、疫病、火焚、水灾、火山、屋坏、船沉、蝗虫。人道之苦有五种：鳏寡、孤独、疾病无医、贫穷、卑贱。人治之苦有七种：刑狱、苛税、兵役、阶级、压制、有国、有家。人情之苦有六种：愚蠢、仇怨、劳苦、爱恋、牵累、愿欲。人所尊羡之苦有五种：富人、贵者、老寿、帝王、神圣仙佛。

②孔子的仁之至道是欲与群生同化于天天

康有为认为，欲免诸苦，就要知道苦之源。据《大同书》记载，康有为说，一览生之哀，总诸苦之根源，皆是因为九界而生。这九界即是：国界，分疆土部落；级界，分贵贱清浊；种界，分黄白棕黑；形界，分男女；家界，分父子夫妇之亲；业界，分农工商之产；乱界，有不平、不通、不同、不公之法；类界，有人与鸟兽虫鱼之别；苦界，以苦生苦，传种无穷无尽，不可思议。要通过知病即药来救苦。要解其缠缚，超然飞度，摩天戾渊。虽浩然自在，悠然至乐。太平大同，长生永觉。救苦之道有如下九种：去国界，合大地；去阶界，平人民族；去种界，同人类；去形界，让独立；去家界，为天民；去产界，公生业；去乱界，治太平；去类界，爱众生；去苦界，至极乐。康有为认为，极乐界为仁的太平世，而仁的太平世只是人治的仁之极规。在仁的人治之上，还有仁的天治。据《中庸注》记载，康有为说，子思言六经垂仁教，三重立法，皆是区区从权立法之末事，而非孔子的仁的神明之意。尚有诸天，元元无尽、无方、无色、无香、无音、无尘。别有天造的仁之世，那是不可思议的、不可言说的。此神圣所游，欲与群生同化于天天，这才是孔子的仁之至道。天造的仁的不可言思之世，此必然是子思所闻的仁之微言，而仁之微是发之于篇终的，以接仁之混茫。

第二节　西方自由主义的主要支持者

一　西方哲学的主要引入者

（一）胡适的实用主义的实验主义

胡适（1891—1962 年）即胡适之，安徽绩溪县人。他引入了美国的实用主义。胡适 1910 年到美国康乃尔大学的农学院学习，1912 年转入该校文学院。1915 年 9 月到 1917 年 5 月在哥伦比亚大学哲学系学习，当时哲学系的系主任是杜威。他在哲学系学习了两年，1917 年获得博士学位后回国。他回国后任北京大学教授，参加了新文化运动。在抗日战争期间任中国驻美大使，1946 年回国，任北京大学校长。1948 年离职到南京，后到了美国。1958 年到台湾，任“中央研究院”院长。据《胡适文存·第二集》记载，胡适说，美国人莱特（Wright）想把达尔文的学说与一般的哲学研究联贯起来，所以在美国康桥办了一个玄学会。这个玄学会便是实验主义的发源之地。据《胡适文选》记载，胡适说，他的思想受两个人的影响最大，那就是赫胥黎和杜威。

胡适在美国的哥伦比亚大学作的博士论文的题目为《中国名学发展史》。到北京大学任教后，他把博士论文扩充为《中国古代哲学史大纲》。蔡元培写了篇长序来推荐这本书。蔡元培认为，胡适的这本书的特长主要是用了证明的方法、扼要的手段、平等的眼光和系统的研究。证明的方法主要是要考实一个哲学家生存的时代，要辨别其遗著的真伪。系统的研究指的是用西方近代的历史学的方法来讲中国哲学。当时中国学术界研究哲学史的方法主要是《宋元学案》的方法，主要是在形式上编排史料。胡适的《中国古代哲学史大纲》在中国古代哲学家的实质系统上加上了一个形式的系统。蔡元培希望胡适继续努力，写出一本从上古、中古到近世的完全的《中国哲学史大纲》，所以胡适又断断续续地写了一些片断。

1. 实用主义的评判方法

（1）观念的意义在于行为上的效果

据《胡适文存·第二集》记载，胡适引用皮尔士的话说，一个观念的意义完全在于这个观念在人生行为上所产生的效果。凡是试验不出什么效果来的东西，必定不能影响人生行为。如果我们能够完全求出承认某种观念时所产生的效果，不承认某种观念时所产生的效果，这就是这个观念的完全意义。除去这些效果之外，再没有其他的意义。这就是皮尔士所主张的实验主义。胡适解释皮尔士的话说，皮尔士的意思是说，一切有意义的思想都是会发生实际上的效果的。这种效果便是那种思想的意义。如果一个思想被承认或不承认对人的行为都是没有影响的，这个思想就是全无意义的，不过是胡说的废话而已。

（2）优胜劣汰的进化论原则是实验主义的

据《胡适文存·第二集》记载，胡适说，许多哲学家都不提赫胥黎，这是大错的。他们都只是认得那些奥妙的“哲学家的问题”，而不认得那惊天动地的“人的问题”！在两千五百年的思想史上，没有一次思想革命比 1860—1890 年的思想革命更激烈。在一部哲学史中，康德占 40 页，达尔文只有一个名字，而赫胥黎连名字都没有，那是绝不能使他心服的。胡适在《五十年来之世界哲学》中引用了赫胥黎的话说，达尔文是最忌讳空想的，就如同自然最怕虚空一样。达尔文提出的原则，都是可以用观察和实验来证明的。他要我们走在一条用事实砌成的大桥上，而不是走在一条用理想的蜘蛛网织成的云路之上。这条桥可以使我们能够渡过知识界的许多陷坑，可以引导我们到一个所在。那个所在是没有那些妖艳动人而不生育的魔女的。

（3）适者生存原则在信仰上的松动

心理学家詹姆士是实用主义的第二代传人。在詹姆士作的《信仰的心愿》中，他就上帝的观念来谈论了“适”与“不适”的问题。他认为，对于不相信宗教的科学家来说，“上帝”这个观念是没有什么意义的。而对于信仰宗教的人来说，如果他们相信“上帝”的存在，他们就可以得到上帝的保佑、平安和愉快，这就是“上帝”这个观念对他们的意义。这样的适或不适的标准，就是主观的心愿，而不是客观的事物。据《胡适文存·第二集》记载，胡适说，实验主义本来是一种评判观念与信仰的方法，而到了詹姆士手里，这种方法变松了，有时不免成了一种为信仰辩护的方法了。

（4）实验主义解决问题的思维术

①实验主义认为实在还在尚不知结果的制造之中

杜威是实用主义的第三代传人，也是实用主义的集大成者。据《胡适文存·第二集》记载，胡适说，从詹姆士的实验主义中，杜威归纳出了实用主义的三个意义：实验主义是一种方法；实验主义是一种真理论；实验主义是一种实在论。杜威引用了詹姆士的话来说明这三种意义。从方法上说，詹姆士要把注意力从最先的事物移到最后的事物；从通则移动到事实；从范畴移动到效果。从真理论上说，凡是真理都是我们能够消化受用的、能考验的、能用旁证证明的、能稽核查实的；而凡是假的都是不能如此的。如果一个观念能够把我们的一部分经验引渡到别一部分的经验，能够连贯满意，能够办理得妥帖，能够把复杂的变简单了，能够把烦难的变容易了，便含有那么多的真理了。从实在论上说，理性主义认为实在是现成的，是永远完全的；而实验主义则认为实在还在制造之中，将来造到什么样子，便是什么样子。这就好比是一块大理石到了我们的手里，由我们来决定雕成什么像。

②要假定出一个最适用的解决方案然后通过证实来解决困难

据《胡适文存·第二集》记载，胡适解释杜威在《创造的智慧》中的一段话说，杜威认为在哲学史上的许多问题都是哲学家作茧自缚的问题，本来就是不成问题的。我们只好对这些问题不了了之。如果哲学不弄那些哲学家的问题，而是变成解决人的问题的哲学方法，那么哲学光复的日子就到来了。杜威把实验主义作为一种方法，首先是用来规定事物的意义的；其次是用来规定观念的意义的；最后才是用来规定一切信仰的意义的。杜威的《思维术》讲的是逻辑学，可以把思维过程大致分作五步：感觉到困难；寻找出疑难所在；涌现出暗示；评判出各种暗示的解决方案，假定出一个最适用的解决方案；通过证实来解决困难。胡适解释杜威在《哲学的改造》一书中的话说，理性或智慧就是对经验的活用，除此之外，不再有什么别的理性。人在遇到困难的时候，自然是要寻求应付的方法的。在这个时候，因需要的征召，就会从他过去的经验知识里涌出一些暗示。经验就像是一个检察官，用当前的需要作为标准，一项一项地审查这些暗示，把不相关的都放回去，只留下其中最中用的。再用当前的需要作为试金石，让留下的那个假设去进行实地试验，用试验的成败来定这个假设的价值。从感觉到困难到解决困难，这是一长串的连贯的作用。如果有作用，就必须还有一个作用者。于是我们就去建立一个主持经验的理性，那就是为宇宙建立一个主宰宇宙的上帝的故智①。

2. 凡事都要重新评判一个好与不好

在中国的传统哲学中，儒家经典被看成是最高的真理。后来的著作则是以注疏的形式对经典进行注解。从形式上看，经典的原文是正文，是用大字顶格写的；注疏则是注解，用小字低一格写出。胡适则把自己的话当成正文，用大字顶格写出。所引的经典著作，则以小字低一格写出。这部书一出版便风行一时，在学术界和社会上都引起了轰动。据《胡适文选·新思潮的意义》记载，胡适说，新思潮的根本意义只是一种新的态度，即评判的态度，也就是说，凡事都要重新分别一个好与不好。对于评判的态度，含有几种特别的要求：首先是要评判在习俗中流传下来的制度风俗对现在来说是否还有存在的价值；其次是对于古代遗传下来的圣贤教训在今日是否还是不错的；最后是对于社会中人们稀里糊涂地公认的行为与信

① “故智”指故有之智。

仰是不是有错。尼采所说的重新估定一切价值就是评判态度的最好的解释。

（二）蔡元培对绝对的美的观照

蔡元培（1868—1940 年）为浙江绍兴人。1907 年游学德国。蔡元培在《五十年来中国之哲学》一文中说，中国现代哲学的主要部分是引入中国的西方哲学。引入英国经验学派的主要哲学家是严复，而引入欧洲大陆理性学派的主要哲学家是王国维。蔡元培也是引入欧洲大陆理性学派的一个主要的哲学家。蔡元培和王国维都注重引入康德和叔本华的思想，尤其注重他们的美学思想，并在此基础上建立自己的美学学说。蔡元培在《五十年来中国之哲学》中摘录了王国维摘录的叔本华之言以表示赞同，认为大学的哲学是真理的敌人。真正的哲学不存在于大学。哲学只有靠独立的研究才能发达。蔡元培批评了世人对于进化史的误读。据《蔡元培全集·世界观与人生观》记载，蔡元培认为，自从严复把赫胥黎的《天演论》引入中国以后，天演竞争、优胜劣汰、弱肉强食、适者生存，成为了人们认同的常识，被称为天演公例，还有些人把这些“公例”应用于社会。赫胥黎也有这种倾向。按照这种说法，在国际社会中，强国侵略弱国，帝国主义掠夺殖民地，就是合乎天演公例的。这样的达尔文主义就变成了社会达尔文主义。蔡元培认为，照人类的进化史的发展趋势来看，人类的前途是合作而不是竞争。犹如同舟共济一样，非合力不足以到达彼岸。

1. 以进化论为内容的科学

据《蔡元培全集·世界观与人生观》所言，世界是无涯的，而吾人在其中只占有数尺之地位；世界是无终始的，而吾人于其中只占有数十年之寿命；世界之迁流，繁变如是，而吾人只占其中少许的历史。用吾人之一生与世界相比较，其大小久暂之相去都是不可以数量来计的，而吾人一生，又决不能有几微遁出于世界之外的。人类是从植物和动物进化而来的。而人类则是从家庭到宗族、社会、国家、国际逐步发展的。从相互关系的形式上看，都是日趋于博大，其留下的成绩，随便举出一端，皆有自阂而通、自别而同的趋势。比如说，昔日之工艺是自造和自用的，而今则一人所享受的，不知道经过了多少人的手才做成的，一人所操作的，不知道要供多少人利用。昔日的知识是取材于乡土之志，今则是自然界之记录，无远弗届，远之记录下了星体之运行，小之记录下了原子之变化，这些皆为科学所管领。

2. 探险新地的动机率生于人的好奇心

据《蔡元培全集·世界观与人生观》所言，探险新地者，不是因为人满为患，不是因为饥寒所迫，而是率生于人的好奇心。南北极为苦寒之所，未必对于吾人的生活有直接利用的资料，而冒险探极者却接踵而往。方舟就足以济不通了，但必然进化为汽船。飞艇又会与汽船竞争。在构造这些东西的时候，必然有若干的试验者是牺牲者，并不会因为自己没有来得及利用而生悔。文学家和美术家的最高尚的著作，或许要在死后才被人崇拜，他们也不会因为不得信用而放弃自己的事业。为将来而牺牲现在，这是人类所具有的通性。随着科学与技术的进步，必然会出现食物如水火一样不稀缺之日，这样人类就不会再为口腹所累，从而可以专致于精神的修养。

3. 要用美育来代替宗教信仰

在哲学研究之中，蔡元培贡献最大的是美学。蔡元培认为，要用美育来代替宗教信仰。他认为，在美学中存在着自然主义和理想主义。

（1）美能把绝对变成一种可以观照的形式

据《蔡元培全集·美学的趋向》所言，理想主义是要求艺术超过实体的。理想主义假定，在万物的现象后面，还有一种超越官能的实在，一种理性的实体。美学家就是把这个假定作为美学的立足点的，这样就把美与舒适区别了开来。在对于美感的经历中，一定有一种对象与一个感受这种对象的“我”，在官觉上相接触后会产生出一种快感。而这种经历是在一切的快感中都同样具有的。我们叫作美的，一定是从这种官能上传递而发生愉快的关系之外，还有一点特别的。从美术的角度上看，我不是在摹拟一个实物，而是在把一种很深的实在贡献在官能上。美的意义在于把绝对表现出来，让绝对成为可以观照的形式，即是把无穷表现在有穷之上，把理想表现在有界的影相之上。普通的能够经验的物象，对于理想来说，是理想的不完全的表示，而美术则是要把实在完全呈露出来。理想其实就是一种客观的普通的概念，把这个概念返在观照之上，再见到的就是美。

（2）美是没有利益纠葛的高尚的普遍性

据《蔡元培全集·以美育代宗教说》所言，纯粹的美育可以陶养吾人之感情，可以使人有高尚和纯洁的习惯，从而使人我之见、利己损人的思念渐渐消沮。美是具有普遍性的，决无人我差别之见参入其中。食物入我之口，不能兼果[①]他人之腹；衣服在我之身，不能兼供他人取暖。这些都是不具有普遍性的，即不能分享的。而美则是不然的。比如说，北京的西山，我可以游之，人也可以游之；我无损于人，人也无损于我。隔千里也可以共明月，我与人均不得私之。中央花园的花石，是人人都可得而赏之的。因为美是具有普遍性的，因此不再有人我之关系，也不再有利害之关系。马和牛都是人所利用的，而人们面对着戴嵩所画的牛和韩干所画的马，决不会有服乘的想法。狮子和老虎都是人所畏的，而人们对着卢沟桥石狮和神虎桥的石虎，绝不会生搏噬之恐惧感。植物长花的目的在于结出果实，而吾人赏花绝不会作果实可以食之想。善歌之鸟恒非食品，灿烂之蛇多含毒液，而以审美的观念来面对之，其价值就自若。美，就是这样超绝实际的。在美学中，可以把美分成都丽之美和崇闳之美。附丽于崇闳之美的悲剧和附丽于都丽之美的滑稽，皆是足以破人我之见和去利害得失之计较的，所以可以陶养性灵而使之进于高尚。

二　孙中山：中国自由主义制度的主要缔造者

康有为领导的戊戌变法失败之后，中国的历史就从维新时期进入了革命时期。孙中山（1866—1925 年）即孙逸仙，广东香山县人，专业是医学。据《孙中山选集·伦敦被难记》记载，孙中山说，1892 年他在澳门行医时，支持以和平手段和渐进的方法，请愿于朝廷，倡行新政。他支持改行立宪政体，以取代专制及腐败的政治。1894 年孙中山在美国的檀香山组织了兴中会，开始反对清政府，认为救国要从下做起。据《孙中山选集·兴中会宣言》记载，孙中山说，要集会众以兴中，要协贤豪而共济。在入会会员的誓词中，他明确提出了要驱逐鞑虏，恢复中华，创立合众政府。1895 年在中日甲午战争的刺激下，孙中山到香港组织了兴中会总会机关，开始与“反清复明”的会党联系，确立了民族革命的信心和主张。1895 年在广东的武装起义失败，他于 1897 年在伦敦发表论文，明确提出了要进行政治革命的主张。据《中国哲学史资料选集·中国的现在和未来》记载，孙中山说，要实现任何的改进，都必须先打倒目前极其腐败的统治，建立起一个贤良的政府，由地道的中国人即汉人来建立起纯洁的政治。开始时可以用欧洲人做顾问，并在几年内取得欧洲人在行政

① “果腹”是吃饱了的，而“裹腹”则不一定能吃饱。

上的援助。

1905 年孙中山在东京组织成立了同盟会，举起了革命的旗帜。同盟会的宣言就是一个革命军或革命政府的布告。布告的开头说：中华国民军都督奉军政府命，以军政府之宗旨和条理，布告国民。据《孙中山选集·同盟会宣言》记载，布告提出了驱除鞑虏，恢复中华，建立民国，平均地权的纲领，也提出了自由、平等、博爱和民有、民治和民享的口号。1911 年辛亥革命成功，他被选为临时大总统，不久即辞职，但仍以维护中国的共和政体为己任。按照孙中山的建国计划，中国政府应该分为军政、训政和宪政三个时期。在军政时期，由党掌握政权；在训政时期，代国民行使政权；在宪政时期，还权给国民。在宪政时期，实行的是地方自治。而舆论则要求提早实施宪政。1943 年，国民党中央全体会议议决，于战争结束后，召集国民大会，颁布宪法。1945 年，蒋介石宣示，将于 11 月 12 日召集国民大会。而共产党和民主同盟等政党认为，国民大会代表，选出十年来，并不能代表民意，要求在实施宪政以前，先要成立一个包括一切民主成分的联合政府。

（一）吸收西方自由主义中的适合部分

1. 国民革命的目的在于仿西方之法来求中国的自由平等的自强

孙中山于 1894 年向李鸿章上书，指出了当时的民族危机和挽救方法，但没有得到清朝官僚的重视。据《孙中山选集·上李鸿章书》记载，孙中山说，欧洲富强之本，不尽在于船坚炮利，垒固兵强，而是在于人能尽其才，地能尽其利，物能尽其用，货能畅其流。这四件事才是富强之大经，是治国之大本。我国想要恢扩宏图，需要勤求远略，仿行西方之法来筹自强。如果不急于做这四件事情，而只是追求坚船利炮，那就是在舍本图末[①]。据《孙中山选集·遗嘱》记载，孙中山说，他致力于国民革命有 40 年了，目的在于求中国之自由平等。积累这 40 年的经验，他深知要达到这样的目的，必须唤起民众，以及必须联合世界上平等对待中国之民族，共同奋斗。现在革命尚未成功。凡我同志，务必按照他所著的建国方略、建国大纲、三民主义及第一次全国代表大会宣言，继续努力，以求贯彻。最后主张开国民会议及废除不平等条约，尤其是必须用最短的时间，促使其实现。这就是他的至嘱。

---

① “舍本图末”强调的是图，而“舍本逐末”强调的是逐。

2. 国族主义：中国境内的各民族一律平等

据《孙中山选集·三民主义》记载，孙中山说，民族主义就是国族主义。中国人最崇拜的是家族主义和宗族主义，所以中国没有国族主义。这就是外国旁观的人说中国人是一盘散沙的原因。孙中山所说的国族就是西方人说的民族国家。孙中山看到了欧洲民族国家之间相互竞争，发展很快，但是也让欧洲陷入了分裂。在辛亥革命成功后，他立即改排满为联满，宣布汉、满、蒙、回、藏一律平等，要建立五族共和的中华民国。中华从此成了中国这个国族的名称。据《孙中山选集·中国国民党第一次全国代表大会宣言》所言，国民党的民族主义指的是中国民族自求解放；中国境内的各民族一律平等。这个时候的孙中山已经完全放弃了排满的想法。据《孙中山选集·临时大总统就职宣言》所言，孙中山说，要合汉、满、蒙、回、藏诸地为一国，如合汉、满、蒙、回、藏诸族为一人，这才能称为民族的统一。

3. 民族、民权、民生的心理建设是他的思想的中心

在《〈民报〉发刊词》中，孙中山正式提出了民族、民权、民生的三民主义。据《孙中山选集·上卷》记载，孙中山说，罗马灭亡之后，民族主义兴起，欧洲各国独立。因为帝国威行专制，在下者不堪其苦，所以兴起了民权主义。18 世纪末 19 世纪初，专制制度灭亡，立宪政体比较多。世界开化，人智益增，物质发舒，百年锐于千载。经济问题继政治问题之后，民生主义跃跃然动。20 世纪不得不为民生主义之擅场时代。三大主义皆是基本于民的，递嬗变易，而欧美之人种胥治化焉。孙中山的三民主义中的民族主义，并不限于满汉之争。孙中山力图把民族革命、政治革命和社会革命联系起来，毕其功于一役。这时新文化运动就到来了。当时有一部分人认为三民主义只是一些空谈；也有人认为孙中山的革命只能破坏而不能建设。孙中山通过他作的《建国方略》来说明他所进行的革命，不仅是破坏也是建设。他的《建国方略》分成《心理建设》《物质建设》和《社会建设》三个部分，其中第一个部分是心理建设。孙中山认为，心理建设是他的思想的中心，所以称为孙文学说。孙中山的具体的主张是行先知后，行易知难，不知也能行，有知必有行。他认为，对于中国革命来说，他的三民主义就是知，既然知了，就不怕不能行了。他希望中国人都有这个信念，并把这个信念作为建国的心理基础。

4. 民国的人们是股东而民国的总统便是总办

据《孙中山选集·中国国民党第一次全国代表大会宣言》所言，国民党之民权主义，于间接民权之外，复行直接民权，即所有国民，不仅有选举权而且兼有创制、复决、罢官诸权。据《孙中山选集·三民主义》记载，孙中山说，欧美对于民权问题的研究还不彻底，所以人民与政府之间还在日日相冲突。因为民权是一种新的力量，而政府还是旧机器。我们现在要另造一台新机器，要分开权和能。人民是要有权的，政府是要有能的。比如一个工厂，总办是专家，就是有能的人，而股东就是有权的人。工厂内的事，只有总办能够讲话，股东不过是监督罢了。现在民国的人们便是股东，民国的总统便是总办。人民应该把政府当成专家看，这样股东便能利用总办，整顿工厂，以便用很少的成本，出很多的物，这样就可以令那个公司发大财。

5. 得到多数人赞成的提案就是正式的议决案

在社会建设中，孙中山提出了《民权初步》，这个部分是他根据西方人沙德的著作编译而成的，其内容主要是一般会议的形式和会议进行的程序，其中讲的是民主与集中的问题。据《孙中山选集·民权初步》记载，孙中山说，中华民族是世界之至大者，也是世界之至优者。中华的土地是世界之至广者，也是世界之至富者。而这样的至大至优之民族，具有这样的至广至富之土地，在此世运进化之时，人文发达之际，为什么没有先于我东邻而改造成一富强之国家呢？因为人心涣散，民力没有凝结起来。要凝结就要就某一事采取一致的行动，要有一致的行动就要就这一事做充分的讨论，而要讨论就要开会，要开会就要有一定的形式，要讨论就要有一定的程序。这些形式和程序并不就是民权，但是行使民权的必要条件，所以他称为民权初步。会议的程序大致可以分为三个阶段：讨论、提案、表决。参加会议的每个人都可以发表自己的独立见解，畅所欲言。在讨论的基础上提出一个拟议的议决案，这就是提案。再对提案进行讨论、补充和修正。最后投票表决。得到多数赞成的就是正式的议决案。这个团体就可以根据这个公共意见采取行动。

（二）吸收马克思主义中的适合部分

1. 联俄、联共、扶助农工的新三民主义

政权是要靠力量来维持的：要么靠军事力量，要么靠选票。当时的孙中山既没有军队，也没有选票，只有一套停留在宣传阶段的理想。1920

年前后，在世界上出现了苏联；在中国出现了中国共产党。苏联和中国共产党都愿意帮助孙中山。孙中山接受了他们的援助，改组了国民党，制定了联俄、联共和扶助农工的三大政策，这就是第一次国共合作。孙中山在改组国民党的党员代表大会时发表了《中国国民党第一次全国代表大会宣言》。据《孙中山选集·中国国民党第一次全国代表大会宣言》所言，海禁既开，列强之帝国主义，如怒潮骤至。武力的掠夺和经济的压迫，让中国丧失了独立，陷于半殖民的地位。满族政府既无力抵御外侮，而且钳制家奴的政策行之益厉，足以侧媚列强。当时康有为和孙中山都认为西方列强，特别是英国和美国，都是同情和支持中国的革新和革命的，所以都不反对帝国主义。孙中山看到十月革命成功后的苏联自动废除了帝俄对中国的不平等条约，才知道世界上有真正以平等对待我之民族。他看到了苏维埃政权，才认识到革命必须依靠农民和工人。苏联人又在广州帮他训练军队。他还认识到，中国共产党是真正的革命者。所以，他能够改组国民党，能够制定出联俄、联共和扶助农工的三民主义，让他重新解释了三民主义，成为新三民主义。孙中山重新解释的三民主义即新三民主义，这就是国共合作的政治和理论基础。据《毛泽东选集·第二卷》记载，毛泽东评论孙中山的三民主义说，我们共产党人承认三民主义是抗日民族统一战线的政治基础；承认三民主义是中国今日之必需[①]，本党愿为其彻底实现而奋斗；承认共产主义的最低纲领和三民主义的政治原则基本上是相同的。

2. 共产主义是民生主义的好朋友

（1）不只是要共产，而且人民对于国家是什么事都是可以共的

据《孙中山选集·下卷》记载，孙中山说，民生就是人民的生活，社会的生存；就是国民的生计，群众的生命。近代世界的最大的变革是用机器替代了人工，这样一个人可以替代一千人，一点钟可以替代一日，这样很多的工人都要失业，这样便会发生社会问题。这个社会问题就是民生主义问题。民生主义就是共产主义，就是社会主义。所以，我们不但不能说共产主义与民生主义是相冲突的，而且应该说共产主义是民生主义的好朋友，主张民生主义的人应该细心去研究共产主义。我们不能说共产主义与民生主义是不同的。三民主义指的就是民有、民治、民享，意思就是国

---

① “必需”强调的是需要，而“必须”强调的是应该。

家是人民所共有的，政治是人民所共管的，利益是人民所共享的。照这样的说法，人民对于国家来说，不只是要共产，而且人民对于国家是什么事都是可以共的，这才是真正达到民生主义的目的，这就是孔子所希望的大同世界。

（2）具体的解决民生的办法是平均地权和节制资本

据《孙中山选集・下卷》记载，孙中山说，我们讲到民生主义，虽然很崇拜马克思的学问，但是不能用马克思的办法到中国来实行。这个理由是很容易明白的。俄国实行了马克思的办法，但革命之后，行到今日，对于经济问题，还是要改用新经济政策。在中国的实业尚未发达的时候，马克思的阶级斗争和无产阶级专政是用不着的。所以，我们今日师马克思之意是可以的，但用马克思之法则是不可以的。我们主张解决民生问题的方法，不是先提出一种毫不合时用的剧烈的办法，再等到实业发达以求适用。具体的解决民生的办法是平均地权和节制资本。当时的社会问题就是贫富不均。平均地权是要解决清朝遗留下来的问题，而节制资本就是要预防未来采用资本主义制度后可能出现的社会问题。平均地权就是要用赎买政策来限制地主的权力。节制资本则是要用国家资本来限制资本家的垄断。他以俄国为例来说明，用革命的手段是不能完全解决经济问题的。

（三）保留儒家互助的仁德和仁的世界大同的理想

据《孙中山选集・三民主义》记载，孙中山说，阶级斗争不是社会进化的原因，而是社会进化的时候所发生的一种病症，而病症的原因是人类不能生存的结果，所以便日起战争。马克思研究社会问题的所有心得，只是见到了社会进化的毛病，而没有见到社会进化的原理，所以马克思可以被称为社会病理学家，而不能说是一个社会生理学家。据《孙中山选集・孙文学说》记载，孙中山说，进化指的是时间的作用。所以，自达尔文发明了物种进化之理后，学者多把它称为时间之大发明，可以与牛顿的摄力之空间的大发明相比美。达尔文认为，进化的时期可以分为物质进化时期、物种进化时期和人类进化时期。据《孙中山选集・上卷》记载，孙中山说，人类的进化原则与物种的进化原则是不同的。物种是以竞争为原则的，而人类则是以互助为原则的。社会国家是互助之体；道德仁义是互助之用。人类顺从这个原则便昌，不顺从这个原则便亡。这个原则行之于人类应当已经有数十万年了。然而，人类今日未能尽守这个原则，是因为人类本来是从物种演变而来，进入人类进化这个时期为时尚浅，而从一切物种那里遗传而来之性尚未能悉行化除。然而，人类自入文明时代之后，天性所趋已莫之为而为，莫之致而致，向于互助之原则努力，以求达到人类进化之目的。那么人类进化的目的是什么呢？这便是孔子所说的：大道之行，天下为公。

第三节　马克思主义的主要支持者

一　马克思主义哲学的主要引入者

（一）陈独秀的新文化观

陈独秀（1879—1942 年）是安徽省怀安县人。他出生于知识分子家庭，17 岁时考中秀才。1902 年在日本组织由中国留学生组成的爱国团体“中国青年会”，不久就被遣送回国，后来又两度赴日。1915 年从日本回国，在上海创办了《青年杂志》，后改名为《新青年》。1917 年受到北京大学蔡元培之聘，任北京大学文科学长，《新青年》便改在北京发行，成为新文化运动的指导刊物。1920 年后，《新青年》成了各地共产主义组织的机关刊物。1921 年中国共产党成立的时候，陈独秀被选为中央局书记。1922 年 9 月，在陈独秀的主持下，创办了中国共产党的机关刊物《向导》。《青年杂志》《新青年》和《向导》是新文化运动中的最有权威的刊物。这三种刊物出现的顺序，显现出了新文化运动发展的过程。

1. 欧洲的优越性

（1）中国人少年老成而英美人则年长勿衰

在《青年杂志》的创刊号中，陈独秀发表了《敬告青年》这篇文章，讲的是一种新的人生态度和生活方式。据《陈独秀文章选编・上册》记载，陈独秀说，中国人是少年老成，英美人则是年长而勿衰。青年如初春、如朝日、如百卉之萌动、如利刃之新发，这是人生最可宝贵的时期。青年对于社会来说，就像是人身上的新鲜活泼的细胞。在新陈代谢中，陈腐朽败者无时无处不在天然的淘汰之途，从而给新鲜活泼者腾出空间上的位置和时间上的生命。人身遵循新陈代谢之道则会健康，而陈腐朽败的细胞充塞人身则会死亡；同样，社会遵循新陈代谢之道则会隆盛，而陈腐朽败之分子充塞社会则会死亡。青年人应该以六义为指导：自主的而非奴隶的；进步的而非保守的；进取的而非退隐的；世界的而非锁国的；实利的而非虚文的；科学的而非想象的。

（2）欧洲是科学与人权并重的

据《陈独秀文章选编·上册》记载，陈独秀说，近代欧洲之所以优越于其他民族，是因为它如舟车一样，有科学和人权这两个轮子。今之日新月异，举凡一事之兴，一物之细，都是要诉诸于科学法则的，这样才能定其得失从违。科学之效，可以使人的思想行为都统一地遵从理性，斩除迷信，让无知妄作之风停息。国人要脱离蒙昧时代，羞为浅化之民，则需要急起直追，当需科学与人权并重。凡是无常识的思维，无理由的信仰，都要进行根治，只是维护科学。用科学来说明真理，事事都要求诸于证实。证实较之于想象武断之所为，其步度确实是比较缓慢的，但是步步都是踏实的，不像幻想突飞者那样终无寸进。宇宙的事理是无穷的，在科学领域中还有好东西有待开辟，正自广阔，青年要以此来勉励自己。

2. 中国儒家的腐朽性

（1）国人最后的伦理觉悟就是要打倒孔子

据《陈独秀文章选编·吾人最后之觉悟》记载，陈独秀说，欧洲人输入的文化与国人固有的文化，其根本性质是相反的。数百年来，我国出现的扰攘不安之象，十有八九都是因为这两种文化相触相冲突而导致的。这个问题的根本解决，有赖于国人的最后的觉悟。人之生是必有死的，但是人不是为死而生的，也不可漠然断之说，人是为生而生的。人之动作必然是有目的的，其生也是如此。洞明人生的目的，这就是吾人的最后的觉悟。国人的最后的觉悟可以分为政治觉悟和伦理觉悟，而伦理觉悟尤其重要，为国人的最后觉悟之最后觉悟。当时进步的人皆把孔子作为打倒的对象，这就属于伦理觉悟。

（2）科学是反儒家伦理的而民主是反儒家礼制的

陈独秀认为，自从第一次鸦片战争失败之后，中国的进步人士就意识到要学习西方的长处来抵制西方，而对于什么是西方的长处，各派的意见是不一致的。到新文化运动的时候，认识到西方的长处可以归纳为民主和科学。民主和科学是新文化运动的主要目标，除此之外还有许多别的目标。据《陈独秀文章选编·〈新青年〉罪案之答辩书》记载，陈独秀说，社会上非难本志的人约分为两种：一种是爱护本志的，一种是反对本志的。非难本志的，无非是说本志破坏孔教、礼法、国粹、贞节，破坏忠、孝、节这样的旧伦理，破坏中国戏这样的旧艺术，破坏鬼神这样的旧宗教，破坏旧文学，破坏特权人治这样的旧政治。本社同人对此当然是直认不讳的。但是，如果追本溯源的话，本社同人本来是无罪的，只是因为拥护民主和科学才犯了这几条滔天的大罪。要拥护民主，就不得不反对孔教、礼法、贞节、旧伦理、旧政治。要拥护科学，就不得不反对旧艺术、旧宗教。要既拥护民主又拥护科学，便不得不反对国粹和旧文学。大家平心细想一下，本志除了拥护民主和科学以外，还有什么别项的罪案吗？西洋人为了拥护民主和科学，闹了多少事，流了多少血，才渐渐从黑暗中把民主和科学救了出来，把人们引到光明世界。我们现在认定只有民主和科学可以救治中国在政治上、道德上、学术上、思想上的一切黑暗。如果因为拥护民主和科学，而要遭到政府的压迫、社会的攻击笑骂，甚至断头流血，也都是在所不辞的。

3. 道德高尚的出路在什么地方？

（1）知识上的理性在德义上都不及美术、音乐、宗教的力量大

据《陈独秀文章选编·上册》记载，陈独秀说，詹姆士并不反对宗教，凡是社会上有实际需要的都不应反对。如果社会上还需要宗教，只有提倡较好的宗教来代替那较不好的宗教，这才真是一件有益的事情。罗素也不反对宗教，他预言将来必须有一种新的宗教。陈独秀认为，新宗教没有坚固的起信基础，只要除去旧宗教中的传说的附会和非科学的迷信，那就算是新宗教了。有人嫌宗教是一种他力，而扩充我们知道的学说，利导我们的情感的艺术、音乐，都没有免除他力。又有人认为，宗教只具有相对的价值，没有绝对的价值，而世界上没有什么是具有绝对价值的。现在主张新运动的人，既不注意美术、音乐，又要反对宗教，不知道要把人类的生活弄成什么样的机械状况。这是完全不了解我们生活活动的本源的缘故。这是一桩大错，而陈独秀说，他是首先认错的一个人。据《陈独秀文章选编·新文化运动是什么？》记载，陈独秀说，宗教在旧文化中占有很大的部分，在新文化中自然也不能没有宗教。人类的行为动作，完全是由于有外部刺激，内部才发生反应。有时外部虽然有刺激，而内部究竟反应不反应，采取什么方式反应，知识固然是可以居间起指导作用的，而真正进行反应的司令，最大的部分还是本能上的感情冲动。利导本能上的感情冲动，让这种感情是浓厚的、真挚的、高尚的，知识上的理性在德义上都不及美术、音乐、宗教的力量大。知识和本能要相并发达，才算得上人间性的完全发达。

（2）要把爱情的范围扩大而不是缩小

据《陈独秀文章选编·上册》记载，陈独秀说，我们不满意于旧道德，是因为孝悌的范围太狭窄了。说什么爱有差等，要从亲开始，那也太滑头了。这样做，就是达到了人人亲其亲、长其长的理想世界，社会的纷争可能会更加厉害。所以，现代道德的理想，是要把家庭的孝悌扩充到全社会的友爱。现在有一班青年却误解了这个意思，并没有将爱情扩充到社会上，却打着新思想和新家庭的旗号，抛弃了其慈爱的、可怜的老母亲。新文化运动的主张是教人把爱情的范围扩充，而不是主张把爱情的范围缩小。通俗易解是新文学的一种要素，但不是全体要素。现在欢迎白话文的人，大半只因为他通俗易解，所以主张白话文的人，也有许多只是注意通俗易解。文学、美术、音乐，都是人类的最高心情的表现。如果白话文只是以通俗易解为止境，不注意其文学价值，那便只能算是通俗文，而不配说是新文学。这也是在新文化运动中容易误解的事。个人生存的时候，应当努力造成幸福，享受幸福，并且能够把这种幸福留在社会上，让后来的个人也能够享受。就这样递相授受，以至无穷。

（二）李大钊的唯物史观

李大钊（1889—1927 年）是河北省乐亭县人，出身贫苦家庭。1913 年在日本东京早稻田大学读政治本科，接触到更多的社会主义思潮，开始研究马克思主义理论。1918 年应北京大学校长蔡元培邀请任北京大学图书馆主任，参加了《新青年》杂志编辑部，与陈独秀等人一起创办《每日评论》，成为新文化运动的主要领导人之一。他于 1920 年在北京大学组织了马克思学说研究会；1920 年 10 月成立了北京共产主义小组。全国各地的共产主义小组联合起来，就为中国共产党的成立准备了组织上的条件。中国共产党成立之后，李大钊当选为中央委员。1927 年被军阀所害。

1. 能量世界的实在即是动力，而生命即是能量的流转

据《李大钊选集·“今”》所言，能量世界的大实在的瀑流永远是由无始的实在向着无终的实在奔流着。我与我的生命也是永远合着所有生活上的激流，随着能量世界的大实在的奔流而扩大、继续、进转、发展。所以，能量世界的实在即是动力，生命即是能量的流转。我在世不可厌今而徒然回思过去或梦想将来，以耗误现在的努力。也不可以今自足，拿不出现在的努力，谋将来的发展。我应该善用今，努力为将来而创造。今造的

功德罪孽，在能量世界那里都是永久不灭的。人生的本务是随能量世界的实在的进行，为后人造大功德，供永远的“我”享受、扩张、传袭，至无穷极，以达到“宇宙即我，我即宇宙”之究竟。

2. 能量世界的宇宙进化的机轴是辞旧迎新的精神

1917 年苏联的十月革命胜利了，中国的进步人士大为惊喜。李大钊认为，这是人类历史的新纪元。据《李大钊选集·新纪元》所言，人生最有趣味的事情就是送旧迎新。人类最高的欲求是时时创造出新的生活。在一个人的一生中，要包含着无数的新纪元，才算完成了他的崇高的生活。人类全体的历史，都联接着无数的新纪元，才算能贯达这个人类的伟大的使命。现在的时代又是人类生活的新纪元，所以我们要欢欣庆祝。据《李大钊选集·新的！旧的！》所言，能量世界的宇宙进化的机轴，全是由两种精神来运行的。这两种精神犹如车的两轮，鸟的两翼：一个是新的，一个是旧的。这两种精神是合体的，而不是分离的，这样才能于进化有益；其活动的方向是代谢的而不是固定的。

3. 唯物史观说明的是文化的经济根源和社会的进化论

据《李大钊选集·新纪元》所言，唯物史观的许多部分都是马克思以前的人说过的，所以研究唯物史观，必须特别注意其独特之处。他引证了日本学者河上肇的话，并引申说，马克思的唯物史观有两个要点：关于人类文化的经济的说明和社会组织的进化论。马克思认为，社会经济的构造是人类社会生产关系的总和。这是社会的基础构造。凡是精神上的构造，都是随经济构造的变化而变化的，所以为表面构造。能量世界的生产力是主动的，而人类的意识丝毫不能影响生产力的发展进程。能量世界的生产力与社会组织有着非常密切的关系。能量世界的生产力一有变动，社会组织必须随着变动。能量世界的生产力的发展会使得无法再容纳它的旧的社会组织崩坏。新的社会组织要到了自然脱离母胎时，有了独立生存的命运时才能使革命成功。正如孵卵一样，如果通过打破卵壳来人为地助长，是万万无效的。这就是马克思的独特的唯物史观。历史唯物主义者在观察社会现象时，认为经济现象是最重要的。唯物史观的要领在于，它认为经济结构对于其他社会学上的现象来说是最重要的，而且经济现象的进路是具有不可抵抗性的。有许多人主张把唯物史观改为经济史观。经济的构造依其内部的势力自己进化，表面的构造要适应经济构造的变化而变更，即使表面构造中的最重要的法律也不能对经济结构有丝毫的影响。

4. 资本主义必然转化为社会主义

据《李大钊选集·新纪元》记载，李大钊说，以马克思为宗的人说，到了16世纪初期才有了资本，因为他所说的资本具有一种新的含义，指的是那些能够生出使用费的东西。而这个使用费不是资本家自己的劳力的结果，而是他人辛苦的结果。而旧的资本单单是指生产工具。拥有新的意义上的资本的人们，就是近代的资本家。资本家的特点是集中工厂、机器之类的生产工具，用收使用费的办法，剥削使用这些生产工具的人们。资本家通过大鱼吃小鱼的方式兼并，导致生产工具更加集中，没有生产工具的人越来越多，这样就分化出两大敌对的阶级即资产阶级和无产阶级。一旦无产阶级觉悟了，就可以联合起来，把资本家集中起来的东西，一举夺取过来，掌握在自己的手中，但是归全社会所有。到那个时候，资本主义社会就转化为社会主义社会了。

二　毛泽东：中国社会主义制度的主要缔造者

在20世纪二三十年代，统治中国的是大大小小的军阀。他们掌握着整套的国家机器，既不讲理也不讲法。这时“十月革命一声炮响，给我们送来了马克思列宁主义”。据《毛泽东选集·整顿党的作风》记载，毛泽东说，马克思列宁主义理论与中国革命实践的关系是箭和靶的关系，要用马克思列宁主义之箭去实现中国革命之的。这就是有的放矢。毛泽东（1893—1976年）为湖南湘潭县人。新文化运动时期，他在北京大学当旁听生，在李大钊领导的北京大学图书馆中当职员，参加了马克思主义研究小组。后在湖南办《湘江评论》，宣传马克思主义和扩大新文化运动的影响。在中国共产党成立之后，参加了党中央的领导工作。1935年遵义会议后，被推选为中国共产党的最高领导人。当时中国共产党的领导层认为，应该以西方资本主义国家及苏联为先例，由中国共产党领导城市中的无产阶级与军阀和资本家直接斗争，一有机会就发动武装起义。在新民主主义阶段，毛泽东与中国共产党内的这种“左”倾教条主义进行了斗争。

（一）新民主主义革命获得的政权是建立中国社会主义制度的前提

1. 新民主主义革命的主要敌人是帝国主义和封建势力

据《毛泽东选集·中国革命和中国共产党》记载，毛泽东认为，中国是一个半殖民地半封建的社会，中国革命的敌人主要是帝国主义和封建势力，所以革命的锋芒不是向着一般的资本主义和资本主义的私有财产，而是向着帝国主义和封建主义。所以，现阶段的中国革命的性质，不是无产阶级的和社会主义的，而是资产阶级的和民主主义的。但是，现实的中国的资产阶级民主主义革命，已经不是旧式的一般的资产阶级民主主义革命，而是正在中国和一切殖民地和半殖民地国家发展起来的革命，是新民主主义的革命。《新民主主义论》于1940年在延安的《中国文化》杂志的创刊号上首发，实际上是中国共产党的“建国大纲”。据《毛泽东选集·新民主主义论》记载，毛泽东指出，在当时的世界中有资本主义的旧民主主义，也有苏联的社会主义。新民主主义共和国与苏联式的、无产阶级专政的、社会主义的共和国是有区别的。社会主义的共和国已经在苏联兴盛起来，并且还要在各资本主义国家建立起来，无疑将成为一切工业先进的国家的国家构成和政府构成的统治形式，但是，在一定的历史时期中，苏联的社会主义共和国的统治形式，还不适用于殖民地和半殖民地的国家。一切殖民地和半殖民地，在一定历史时期中所采取的国家形式，都只能是第三种形式，即新民主主义共和国。这是一定历史时期的形式，所以只是过渡的形式，但是不可移易的必要的形式。

2. 要把没收的地主的土地平均地变成农民的私产

中国的无产阶级人数是比较少的，而农民群众则占全国人口的80%以上。据《毛泽东选集·新民主主义论》记载，毛泽东指出，新民主主义共和国将采取某种必要的方法，没收地主的土地，分配给无地和少地的农民，实行孙中山先生的“耕者有其田”的口号，把土地变成农民的私产。农村的富农经济是容许存在的。这就是“平均地权”的方针。在这个阶段上，一般地[①]还不是在建立社会主义的农业，但是在这个基础上发展起来的各种合作经济，具有社会主义的因素。中国的经济一定要走节制资本和平均地权之路，绝不能是少数人所得而私，绝不能让少数资本家少数地主操纵国民生计，绝不能建立欧美式的资本主义社会，也绝不能还是旧的半封建社会。这样的经济就是新民主主义的经济，而新民主主义的政治就是这种新民主主义经济的集中的表现。新民主主义的文化就是人民大众反帝反封建的文化。这种文化只能由无产阶级的文化思想，即共产主义的思想去领导，即是无产阶级领导的人民大众反帝反封建的文化。民族的科学的大众的文化，就是人民大众反帝反封建的文化，这就是新民主主义的文化，就是中华民族的新文化。新民主主义的政治、经济和文化相结

① “一般地”中的“地”表强调。

合，这就是新民主主义共和国，这就是名副其实的中华民国，这就是我们要造成的新中国。

3. 在中国的军阀统治下只有枪杆子里面才能出政权

据《毛泽东选集·战争和战略问题》记载，毛泽东说，革命的中心任务和最高形式是武装夺取政权。这个马克思列宁主义的革命原则是普遍地对的，而因为各种条件不同，所以执行这个原则的表现就会不一致。在西方资本主义社会的条件下，无产阶级政党的任务是组织工会，教育工人，可以进行长期的合法斗争，可以利用议会讲坛，可以进行经济和政治的罢工，其组织形式是合法的，斗争形式可以是不流血的。遇到适当的时机，就可以改变合法的斗争为武装起义，一举推翻资本主义的统治，先占领城市，再把革命从城市推向农村。而中国在当时的新旧军阀的统治下，没有法律，没有议会，甚至共产党和工会组织也都是被禁止的，无所谓合法斗争。只有枪杆子里面出政权。

（二）认识的实践论和发展的矛盾论

1. 从对物体的感性认识通过抽象而飞跃到对真理的理性认识

毛泽东说，人的认识能力由感官和思维两个部分组成。思维能力是人所特有的，是人别于禽兽和高于禽兽的地方。一只猫只有感性认识，见了可吃的东西就吃，听到可怕的声音就跑。猫的认识和活动都只是限于感性的阶段。而人或其他动物的感性都不会自然上升为理性。人从感性认识到理性认识的飞跃是一个质变和突变。飞跃的条件是抽象。据《毛泽东选集·实践论》所言，人的认识过程有两个阶段即感性认识阶段和理性认识阶段。人在实践过程中，首先看到的是事物的现象的方面，是各个事物的片面和外部联系。这就是感性认识阶段。感觉和印象反复多次，就会在人脑中实现突变，产生概念。概念抓住的是事物的本质和全体，是事物的内部联系。在概念基础上再进行判断和推理，就能得出合乎论理的结论。这就是理性认识阶段。

2. 通过实践发现真理又通过实践证实和发展真理

据《毛泽东选集·实践论》记载，毛泽东引用列宁的话说，一切科学的抽象都更深刻、更正确、更完全地反映着自然。毛泽东还说，感性和理性性质不同，但不是互相分离的，它们在实践的基础上统一起来。实践证明，感觉到的东西，我们不能立刻理解它；只有理解了的东西才能更深刻地感觉它。感觉只是解决现象问题，而理论才能解决本质问题。而这些问题的解决又一点也不能离开实践。人无论要认识什么事物，除了同那个事物接触，即生活于即实践于那个事物的环境中，是没有法子解决的。毛泽东说，马克思主义看重理论，是因为它能够指导行动。如果有了正确的理论，只是空谈一阵，并不实行，这种理论再好也是没有意义的。检验理论和发展理论的过程，是整个认识过程的继续。通过实践发现真理，又通过实践证实和发展真理。从感性认识能动地发展到理性认识，又用理性认识能动地指导革命实践，改造主观世界和客观世界。实践、认识、再实践、再认识，循环往复以至无穷，而实践和认识的每一循环的内容，都比较地进到了高一级的程度。这就是辩证唯物论的全部认识论，这就是辩证唯物论的知行统一观。

3. 矛盾着的双方依据一定的条件向其相反的方向转化

据《毛泽东选集·矛盾论》所言，矛盾的普遍性与矛盾的特殊性就是矛盾的共性和个性的关系。矛盾存在于一切过程之中，并贯穿于一切过程的始终。矛盾即是事物、运动、过程、思想。否认事物的矛盾就否认了一切。这是共通的道理，古今中外都是如此。这就是矛盾的共性和绝对性。而这种共性包含于一切个性之中，没有个性就没有共性。矛盾的特殊性造成了矛盾的个性。一切个性都是有条件地暂时地存在的，所以是相对的。矛盾的普遍性与特殊性、共性与个性、绝对与相对的道理，就是关于事物的矛盾的精髓。不懂得这个道理，就等于抛弃了辩证法。同一性、统一性、一致性、互相渗透、互相贯通、互相依赖、互相联结、互相合作，这些不同的名词说的都是一个意思，指的是事物在发展过程中的每一种矛盾的两个方面，各以其对立面作为自己存在的前提，双方共处于一个统一体中；矛盾着的双方，依据一定的条件，各向着其相反的方向转化。这些就是矛盾的同一性。毛泽东于1957在《关于正确处理人民内部矛盾》的讲话中说，我们必须学会全面地看问题，不但要看到事物的正面，也要看到它的反面。在一定的条件下，坏的东西可以引出好的结果，好的东西也可以引出坏的结果。日本人打到中国，日本人叫胜利。中国的大片土地被侵占，中国人叫失败。但是，在中国的失败中包含着胜利，在日本的胜利中也包含着失败。

4. 新陈代谢是宇宙间的普遍的永远不可抵抗的规律

据《毛泽东选集·矛盾论》所言，在矛盾着的两个方面中，必有一方面是主要的，另一方面是次要的。矛盾的主要方面就是起主导作用的方面。事物的性质主要是由取得支配地位的矛盾的主要方面所规定的。而这种情形是不固定的。矛盾的主要方面和非主要方面互相转化着，事物的性质也就随着起变化。在矛盾发展的一定过程中或一定阶段上，主要方面属于甲方，非主要方面属于乙方；到了另一发展阶段或另一发展过程时，就互易其位置，这是依靠事物发展中的矛盾双方斗争的力量的增减程度来决定的。新陈代谢是宇宙间的普遍的永远不可抵抗的规律。依靠事物本身的性质和条件，经过不同的飞跃形式，一事物转化为他事物，这就是新陈代谢的过程。任何事物的内部都有着新旧两个方面的矛盾，形成了一系列的曲折的斗争。斗争的结果是新的方面由小变大，上升为支配的东西；旧的方面则由大变小，变成逐步归于灭亡的东西。当新的方面对于旧的方面取得支配地位的时候，旧事物的性质就变化为新事物的性质。由此可见，事物的性质主要地是由取得支配地位的矛盾的主要方面所规定的。取得支配地位的矛盾的主要方面起了变化，事物的性质也就会随着起变化。

结语　儒家的凤凰涅槃式的再生——中西马哲学的融会贯通

——从共和仁德礼制幸福体系走向共同仁德礼制幸福体系

本人发现了中国的具体的社会存在决定着的中国的具体的社会意识的历史，这便是仁德（德）礼制（位）幸福体系演变的历史。于是，本人把中国历史划分为对应于圣典仁德礼制幸福体系的圣典时期，对应于圣典仁德礼制幸福体系危机的子学时期，对应于功利仁德礼制幸福体系的经学时期，对应于理性仁德礼制幸福体系的道学时期，对应于仁德礼制幸福体系的凤凰涅槃式重生的立足于“不忘本来、吸收外来、面向未来”的共字哲学时期，其中包括共和时期和共同时期。

第一节　儒家思想与共同的自由王国之间的关系

一　“舌尖上的儒家”的连续之吃

儒家的仁德是靠一脉相承的天公所有制维护的，所以从中国历史的具体流变中可以看到，中国具有执着于公有观念的强大的历史传统。每当私有观念侵袭公有观念的时候，都会出现伴随着庸俗、浮躁和腐败的社会乱象，于是都会出现力图让中国人返归公有观念的庞大的哲学体系，捍卫着中国人的天下为公的哲学理想。儒家的宇宙大全的逻辑串有着通吃的包容性。儒家之吃是连续之吃，好比从果树上摘果子吃一样，吃了果子，吸收了精华，排除了糟粕，还留着树，这样可以再继续吃。所以，被儒家吃掉果子的树，依然有成长的空间，除非自己死掉。在历史上，“舌尖上的儒家”曾吃掉了圣典之果、百家之果、阴阳家之果、佛家之果、道家之果。儒家共和阶段的任务就是要以世界大同作为奋斗目标，在“不忘本来、吸收外来、面向未来”的基础上，实现儒家的气学、心学、理学的融会贯通；实现中外马的融会贯通；实现世界古典哲学与现代哲学的融会贯通，为人类走向共同阶段的自由王国提供理论基础。

二　有主有辅、相辅相成的集合体特征

共字哲学是立在“好”的标准和走向“好”的真理之上的。在马克思的时代，人们关心的是如何把空想的共产主义变成现实，而目前人们首先关心的是共产主义是不是人类的理想，怎么证明共产主义是全人类都认为好的社会。我们通常都说好有相对的一面，也有绝对的一面，那么好的绝对性的一面如何证明呢？如果证明不了好的绝对性的一面，就会落入相对主义的旋涡之中，即什么都可以说成是好的，就会好坏不分，就不可能说明共产主义理想为什么对全人类来说都是好的。西方哲学史用完美来说明好的标准，儒家哲学史用至善来说明好的标准，马克思则用真理的绝对性的一面来说明好的标准。好的目标解决了，才能说要用什么真理来实现这样的目标。中国的至善是刚柔相济的结果，所以是刚柔这两个个体发展到至善时之合，这个合就是太和，而太和就是刚柔两个个体的集合体，所以称为二合一的仁，所以是集体主义的。刚柔不仅是男女的性别的特征，也是做事时的上下级之间的有主有辅、相辅相成的合作的特征。而西方的完美就是刚之极，不包括柔之极，是每个个体平等地争夺着走向至刚的完美的过程，所以是弱肉强食的，所以是个体主义的。仁德可以在中西马哲学的融会贯通的共字哲学中以凤凰涅槃的方式再生，目的就是要让每一颗美丽的种子都能有条件长成她应该有的样子。儒家圣典中的不朽的完美的仁德，是人的精神幸福的根基，可以通过西方哲学的形式逻辑和出国归来的辩证逻辑的补充，形成一个以仁德为核心的追求真、善、美三者合一的至善的哲学体系，让展现人格完美的实践成为人们的生活内容。符合自己的天性的种子的劳动是幸福的来源。心是轻松的，脑自然就能专注，体就不会有分裂感，因此整个劳动的过程就是轻松愉快的。

第二节　西方自由主义与共同的自由王国之间的关系

一　机器人的进化与人的退化

西方自由主义是一种消费文明，而儒家则是一种进化文明。西方自由主义的自然科学认识到了人是一台机器，人的大脑的判断是一个开关，控制着神经系统中的能量系统，能量系统控制着血液的营养系统，营养系统控制着人的形体，去创造物品。这样西方的自然科学就通过这些原理，造出了机器人。机器人的电脑进行判断，机器人的能量中的万理都是通过二进制计算出来的，然后配上能源系统，再根据能量凝成新材料的原理，用温度把能量分层，根据对新材料的性质的需要而在不同的状态凝聚。这样就能用机器人来层出不穷地造出人的肉体和精神需要的物品，让物品极大丰富。只是在这个过程中，机器人在进化，而绝大多数人则在买买买的消费中退化。机器人对人类发展的贡献是巨大的，只是我们要转过头来看人的进化。器官分工的追求至善的事业和刻度分工的追求肉体消费的职业。器官分工是大小的一的分工，所以都可以体验到至善，只是尺度的大小不一样。大有大的宏伟，小有小的精致，各得其所。每个完整的一中都有一个小宇宙，都可以通过次方进行细分。只有在一这里才能有工匠精神。“低成本+大众化”的低档消费的大众世界和“高成本+奢侈品”的高档消费的奢华世界，这两个世界皆是以肉体消费为目标，构成了物体世界对精神世界的压迫。资本家是通过偷能量，垄断生产资料，占有奢侈品来生活的，过得同样是没有进化意义的生活，而且体验不到追求至善的充实而有兴趣的生活。儒家文明从来没有放弃过人的进化。儒家认识的是仁之理，努力让人认识到自己的仁心，遵循仁之理去完成自己的仁的使命，用自己的肉身成就仁道，从而让人的灵魂和肉体都得到发展，成为具有仁义的身心健康的人，而有生命的生活才是有意义的人生。

二　对于西方的冰冷的概念化语言的反思

西方自由主义在中国的广泛影响，使得我们的语言风格已经概念化。因为中国人实际上是难以理解概念的，所以出现了一些人们特别熟悉却不知道其真切含义的概念梗在人心中难以消化。儒家不仅强调人要遵从道，而且要告诉人，道即是我，我即是道，从而我是热爱道的，因为道有着利我之生的仁，所以道在这里不再冰冷。话语的特征是用口语的方式来表达严肃的严谨的逻辑概念和逻辑推理。共字哲学要在话语的基础上，再回归到儒家象征哲学，这是一个把西方概念陌生化的过程。这个过程能够使我们在一种更新的基础上去重新理解儒家的象征哲学，从而把对这种哲学的理解提升到一个新的阶段。比如说，从儒家象征哲学的角度来看，宇宙是无限的时空，其中宙为时，而宇为空；世界是人生活的时空，其中世为时间，而界为空间。儒家是把世界镶嵌在宇宙中来论仁道的。在世界之中，经济是以仁之经来济的，政治是以仁之政来治的，文化是以仁之文来度化人，让人去追求仁的至善的。

第三节　马克思的哲学与共同的自由王国之间的关系

一　跳出分久必合、合久必分和治久必乱、乱久必治的怪圈

在马克思的学说中，存在着三种力：自然力、生产力和劳动力。自然力是来自自然的能量，生产力是来自社会整体的能量，而劳动力是来自个体的能量。而能量的运行规律皆是一样的，所以可以用自然科学中的能量运行的必然性解释社会科学中的能量运行的必然性，可以用社会科学中的能量运行的必然性解释个人劳动中的能量运行的必然性，这样就能把对自然的认识、对社会的认识和对个人的认识都建立在科学的基础上。完善的至善世界就是人们常说的彼岸世界，而我们目前则生活在此岸世界。从此岸到彼岸，精神可以通过修辞学中的正点的感性、逻辑学中的必然的理性和宗教中的仰望的希望到达那里，只是我们的心到了彼岸，而身体还在此岸，就会有身心分裂的撕裂感。马克思要用追求至善的实践的方式带全人类到达彼岸世界，而实践则需要一定的物质条件。共产主义就是要为这样的实践提供全面的条件。人们常说，水至清则无鱼，而反过来说，水要至清就要无鱼。当人类都只有一个公共的按需分配的营养系统时，儒家的礼制体系就可以是只有荣华而无富贵的符号体系，就可以是水至清而无鱼的。这样，就能让中国传统儒家的富贵系统解体，让人们只是按走向至善的高度，而不再以富贵的高度来评价个人的价值，这样就可以超越儒家一再重复的分久必合、合久必分和治久必乱、乱久必治的怪圈，让人们享有

身心舒适地、自由地和稳定地追求至善的幸福生活。

二　力图实现中西马合璧的共仁的世界观、价值观和人生观

马克思的自由王国就是要给每个人提供一个良好的社会环境，从而让人类能够结伴而行，让每个人的种子都能得到自由而全面的发展，从而能够完成自己的自然进化使命，过上一个具有无神论的唯物辩证法的精神不朽的有意义的幸福生活。西方哲学主要分为理想主义哲学和自由主义哲学。西方的理想主义哲学是追求真、善、美的完美的，与儒家思想比较贴近，都是追求至善的哲学，其科学依据都来自能量物理学，只是儒家突出强调善，而西方理想主义突出强调真。儒家不强调真，并不是不重视真，而是中国人认为自然界的存在是自然而然的，所以并不纠结。而西方人则总是在质疑完美是不是真的，怀疑主义严重，所以强调对于完美是真的论证，实在论证不清楚，就用宗教来解决。西方的自由主义哲学的科学依据是物体物理学，在机器文明方面有突出贡献，而代价是让人退化了，让人堕落了。马克思的哲学就是用来治理西方自由主义哲学带来的弊病的，是在吸收自由主义的生产力发展的成果上，走上了在唯物辩证法的基础上重返西方理想主义之途的哲学，从而实现了物体科学与能量科学的统一，产生出了与儒家的一分为二和二合为一的思想相吻合的无神论的唯物辩证法的思想，在马克思的哲学追求自由王国的过程中，在共字哲学追求人类命运共同体的过程中，力图实现中西马合璧的共仁的世界观、价值观和人生观，给人类带来美好的让每个人的潜能都能得到自由而全面的发展的愿景！

参考书目及阅读文献

上　卷

第一篇　导论：在秩序与自由中追寻幸福

侯外庐等主编：《中国大百科全书》（中国历史Ⅰ—Ⅲ卷），中国大百科全书出版社1992年版。

侯外庐等主编：《中国大百科全书》（哲学Ⅰ—Ⅱ卷），中国大百科全书出版社1987年版。

金景芳、吕绍纲：《周易全解》，吉林大学出版社2013年版。

吕思勉：《白话本国史》（上、下），上海古籍出版社2012年版。

吕思勉：《中国近代史》，华东师范大学出版社2012年版。

冯友兰：《中国哲学史》（上、下），中华书局2014年版。

冯友兰：《中国现代哲学史》，江苏文艺出版社2013年版。

冯友兰：《中国哲学简史》，赵复三译，生活·读书·新知三联书店2009年版。

冯友兰：《贞元六书：〈新原道〉〈新原人〉〈新事论〉〈新知言〉〈新世训〉〈新理学〉》，北京大学出版社2014年版。

冯友兰：《中国哲学史新编》（1—3册），人民出版社2014年版。

陈来：《古代宗教与伦理：儒家思想的根源》，生活·读书·新知三联书店2009年版。

陈来：《古代思想文化的世界：春秋时代的宗教、伦理与社会思想》，生活·读书·新知三联书店2009年版。

陈来：《竹帛〈五行〉与简帛研究》，生活·读书·新知三联书店2009年版。

陈来：《宋明理学》，生活·读书·新知三联书店 2011 年版。
陈来：《朱子哲学研究》，生活·读书·新知三联书店 2010 年版。
陈来：《有无之境——王阳明哲学的精神》，北京大学出版社 2006 年版。
陈来：《诠释与重建——王船山的哲学精神》，生活·读书·新知三联书店 2010 年版。
陈来：《现代中国哲学的追寻——新理学与新心学》，生活·读书·新知三联书店 2010 年版。
陈来：《仁学本体论》，生活·读书·新知三联书店 2014 年版。
Roger Balian, *From Microphysics to Macrophysics: Methods and Applications of Statistical Physics*, Translated by Gregg, J. F., Haar, D., Berlin: Springer-Verlag Berlin Heidelberg, 2007.
杨纪青：《二进制数振荡电路——结构、测试和应用》，东南大学出版社 2016 年版。
［美］布鲁克斯著，丁扣宝、韩雁译：《PCB 电流与信号完整性设计》，机械工业出版社 2015 年版。
［美］哈特：《重分形：理论与应用》，科学出版社 2012 年版。
庞小峰：《生物电磁学》，国防工业出版社 2008 年版。
卢小泉、王雪梅、郭惠霞、杜捷编著：《生物电化学》，化学工业出版社 2016 年版。
［德］黑格尔：《逻辑学》，商务印书馆 1996 年版。
［美］欧文·M. 柯匹、卡尔·科恩：《逻辑学导论》，中国人民大学出版社 2014 年版。
［美］麦克伦尼著，赵明燕译：《简单的逻辑学》，浙江人民出版社 2013 年版。
陈波：《逻辑哲学研究》，中国人民大学出版社 2013 年版。
李达：《唯物辩证法大纲》，人民出版社 2014 年版。
庞朴：《儒家辩证法研究》，中华书局 2009 年版。
庞朴：《一分为三论》，上海古籍出版社 2008 年版。
聂卫平：《聂卫平全集》，青岛出版社 2014 年版。

第二篇　儒前的圣典时期

第一章　知行合一的仁德（德）建设体系

吕思勉：《白话本国史》，上海古籍出版社 2012 年版，第 96—98、100—101、107—108、114 页。

冯友兰：《原儒墨》，载《中国哲学史》（下卷）附录，中华书局 2014 年版。

陈来：《古代宗教与伦理：儒家思想的根源》，生活·读书·新知三联书店 2009 年版，第 133—134、234、244—246、250—255、258—259、261—264、268—271、274—280、283—286、288—290、293—299、302—307、326—330、332—333、336、356、359—369、381—382 页。

杨宽：《古史新探》，中华书局 1965 年版，第 192—193、234—236、246、296—303、308 页。

姜义华：《章太炎语粹》，华夏出版社 1993 年版，第 5 页。

顾颉刚：《古史辩》（第 4 册）序，上海古籍出版社 1981 年版。

胡适：《胡适学术文集·中国哲学史卷》之《诸子不出于王官论》《说儒》，中华书局 1998 年版，第 591、613—679 页。

杨向奎：《宗周社会与礼乐文明》，人民出版社 1997 年版，第 419 页。

徐中舒：《甲骨文中所见的儒》，《四川大学学报》1975 年第 4 期。

侯外庐：《中国思想通史》（第 1 卷），人民出版社 2011 年版，第 138—140 页。

王世舜、王翠叶译注：《尚书》之《太甲》《舜典》《皋陶谟》《微子之命》《君陈》，中华书局 2012 年版。

（汉）孔安国传，（唐）孔颖达正义：《尚书正义》，上海古籍出版社 2007 年版。

杨伯峻译注：《孟子译注·滕文公章句上》，中华书局 2012 年版。

杨伯峻编著：《春秋左传注·文公十八年》，中华书局 2009 年版。

（清）孔广森撰，王丰先点校：《大戴礼记补注·本命》，中华书局 2013 年版。

（宋）黄度、蔡沈：《尚书说·书经集传》，吉林出版社 2005 年版。

周何：《古礼今谈》，国文天地 1992 年版，第 30、1511—1563 页。

常金仓：《周代礼俗研究》，文津出版社 1992 年版，第 46—47 页。

（清）孙诒让著，王文锦、陈玉霞点校：《周礼正义》，中华书局 1987 年版，第 658 页。

徐正英、常佩雨译注：《周礼》之《大司徒》《师氏》《保氏》《大司乐》《大宗伯》，中华书局 2014 年版。

（清）郑玄注，（唐）贾公彦疏，彭林整理：《周礼注疏》，上海古籍出版社 2010 年版。

陈晓芬、徐儒宗译注：《论语·大学·中庸》，中华书局 2015 年版。

（清）章学诚：《文史通义》，上海古籍出版社 2015 年版。

（清）章太炎：《国故论衡·原儒》，商务印书馆 2010 年版。

（东汉）许慎撰，（清）段玉裁注：《说文解字》，中国戏剧出版社 2008 年版。

（清）孙希旦撰，沈啸寰、王星贤点校：《礼记集解》，中华书局 1989 年版，第 172—173、196、574、585—586、613、754、771—772、1192、1418 页。

（汉）郑玄注，（唐）孔颖达正义，吕友仁整理：《礼记正义》之《玉藻》《学记》《保傅》《射义》《曲礼》《文王世子》《礼器》《礼运》《大传》《冠义》《明堂位》《乐记》《学记》《王制》《少仪》《内则》，上海古籍出版社 2008 年版。

（汉）司马迁撰，（宋）裴骃集解，（唐）司马贞索隐，（唐）张守节正义，顾颉刚领衔点校，赵生群主持修订：《史记》之《太史公自序》《孝文本纪》，中华书局 2014 年版。

（汉）班固：《汉书·食货志》，中华书局 2012 年版。

（清）陈立、吴则虞校注：《白虎通疏证·贡士》，中华书局 1997 年版。

陈桐生译注：《国语·周语》，中华书局 2013 年版。

彭林译注：《仪礼》之《士冠礼》《昏义》《士丧礼》《士虞礼》《士相见礼》《乡饮》，中华书局 2012 年版。

（汉）郑玄注，（唐）贾公彦疏：《仪礼注疏》，上海古籍出版社 2008 年版。

王秀梅：《诗经》之《小雅》《国风》，中华书局 2015 年版。

第二章 平均主义的礼制（位）的建设体系

吕思勉:《白话本国史》，上海古籍出版社 2012 年版，第 65—68、71—77、82—87、89—92、94—96、102—104、107—118、120—124、128—134 页。

冯友兰:《中国哲学史》（上），中华书局 2014 年版，第 35—36 页。

冯友兰:《中国哲学简史》，赵复三译，生活·读书·新知三联书店 2009 年版，第 21、23—24 页。

陈来:《古代思想文化的世界：春秋时代的宗教、伦理与社会思想》，生活·读书·新知三联书店 2009 年版，第 3 页。

陈来:《古代宗教与伦理：儒家思想的根源》，生活·读书·新知三联书店 2009 年版，第 12、106—112、123—124、131—149、157、174、182—205、218—225、229—233、317—332、346、351—356 页。

苏秉奇:《中国文明起源新探》，商务印书馆 1997 年版，第 148 页。

杨宽:《古史新探》，中华书局 1965 年版，第 112—134、166 页。

（汉）郑玄注，（唐）孔颖达正义，吕友仁整理:《礼记正义》之《大传》《王制》《曲礼下》《郊特牲》《祭义》《祭法》《礼运》，上海古籍出版社 2008 年版。

（清）王夫之著，舒士彦点校:《读通鉴论》隋文帝，中华书局 2013 年版。

（汉）孔安国传，（唐）孔颖达正义:《尚书正义》之《尧典》《费誓》《周官》《皋陶谟》《召诰》《蔡仲之命》《大禹谟》《微子之命》《舜典》《泰誓》《牧誓》《五子之歌》《周官》《洪范》《康诰》《酒诰》《无逸》《多士》《多方》《伊训》，上海古籍出版社 2007 年版。

（汉）郑玄笺，（唐）孔颖达正义:《毛诗注疏·谷风之什诂训传》，上海古籍出版社 2013 年版。

（晋）郭璞注，（宋）邢昺疏:《尔雅注疏·释亲》，上海古籍出版社 2010 年版。

（唐）李隆基注，（宋）邢昺疏:《孝经注疏·感应章》，上海古籍出版社 2009 年版。

（清）陈立、吴则虞校注:《白虎通疏证》之《贡士》《三军》《爵》《五刑》《五行》《封禅》，中华书局 1997 年版。

参考《四库全书》经部《尚书大传·虞夏传般庚》。
杨伯峻译注：《孟子译注》之《滕文公章句上》《万章章句》，中华书局 2012 年版。
（汉）班固：《汉书》之《食货志》《刑法志》《律历志》，中华书局 2012 年版。
（宋）李昉等撰：《太平御览》之州郡部、兵部、职官部、刑法部、人事部，中华书局 2006 年版。
徐正英、常佩雨译注：《周礼》之《大司徒》《小司徒》《夏官序》《司服》《酒正》《肆师》，中华书局 2014 年版。
（清）郑玄注，（唐）贾公彦疏，彭林整理：《周礼注疏》，上海古籍出版社 2010 年版。
（汉）董仲舒著，周桂钿译注：《春秋繁露》《爵国》《五行相胜》，中华书局 2011 年版。
杨伯峻译注：《论语译注·学而》，中华书局 2009 年版。
（汉）何休撰，徐彦注：《春秋公羊传注疏》宣公十五年，上海古籍出版社 2014 年版。
李山译注：《管子》之《小匡》《立政》，中华书局 2009 年版。
（汉）司马迁撰，（宋）裴骃集解，（唐）司马贞索隐，（唐）张守节正义，顾颉刚领衔点校，赵生群主持修订：《史记》之《货殖列传》《平准书》《卫世家》《卫康叔世家》，中华书局 2014 年版。
杨伯峻编著：《春秋左传注·昭公六年》，中华书局 2009 年版。
陆玖：《吕氏春秋·上农》，中华书局 2011 年版。
（汉）王充著，张宗祥校注，郑绍昌标点：《论衡校注·顺鼓》，上海古籍出版社 2013 年版。
（清）孔广森撰，王丰先点校：《大戴礼记补注·盛德》，中华书局 2013 年版。
（唐）李隆基注，（宋）邢昺疏：《孝经注疏·序》，上海古籍出版社 2009 年版。
孙星衍：《尚书今古文注疏》（下册），中华书局 1988 年版，第 386 页。
陈梦家：《殷墟卜辞综述》，中华书局 1988 年版，第 562、580 页。
王治心：《中国宗教思想史大纲》，上海三联书店影印本 1988 年版，第 34 页。

王秀梅:《诗经·大雅》,中华书局 2015 年版。
方勇、李波译注:《荀子·王制》,中华书局 2011 年版。
(晋)郭璞注,(宋)邢昺疏,王世伟整理:《尔雅注疏·释训》,上海古籍出版社 2010 年版。
(唐)李隆基注,(宋)邢昺疏,金良年整理:《孝经注疏·序》,上海古籍出版社 2009 年版。
黄怀信、张懋镕、田旭东撰:《逸周书汇校集注·谥法解》,上海古籍出版社 2007 年版。
陆玖译注:《吕氏春秋·孝行览》,中华书局 2011 年版。
(明)张自烈:《正字通》,中国工人出版社影印本 1996 年版。
方韬译注:《山海经》,中华书局 2011 年版。
惠栋:《明堂大道录》,中华书局 1985 年版。
黄奭:《春秋纬》,上海古籍出版社 1993 年版。
(南朝宋)范晔:《后汉书·张衡列传》,中华书局 2012 年版。
黄奭:《春秋元命苞》,艺文印书馆 1964—1969 年台版。

第三章 天下的得失与德位之配与不配

吕思勉:《白话本国史》,上海古籍出版社 2012 年版,第 13—17、21—27、32—38、43—48、51—52 页。
(汉)郑玄注,(唐)孔颖达正义,吕友仁整理:《礼记正义》之《王制》《缁衣》,上海古籍出版社 2008 年版。
(宋)李昉等撰:《太平御览·天部》,中华书局 2006 年版。
(清)陈立、吴则虞校注:《白虎通疏证》,中华书局 1997 年版。
(汉)司马迁撰,(宋)裴骃集解,(唐)司马贞索隐,(唐)张守节正义,顾颉刚领衔点校,赵生群主持修订:《史记》之《五帝本纪》《夏本纪》《周本纪》,中华书局 2014 年版。
杨伯峻译注:《孟子译注》之《滕文公章句上》《离娄章句上》,中华书局 2012 年版。
(汉)孔安国撰,(唐)孔颖达正义:《尚书正义》之《汤诰》《盘庚》,上海古籍出版社 2007 年版。
杨伯峻编著:《春秋左传注·襄公四年》,中华书局 2009 年版。

第四章 时运和命运中的吉凶祸福

吕思勉：《白话本国史》，上海古籍出版社 2012 年版，第 134—135 页。

冯友兰：《中国哲学简史》，赵复三译，生活·读书·新知三联书店 2009 年版，第 144—145 页。

陈来：《古代宗教与伦理：儒家思想的根源》，生活·读书·新知三联书店 2009 年版，第 12、23—24、30—36、38—40、45—47、55—58、61、68—69、70—75、79—85、91—98、186 页。

徐旭生：《中国古史的传说时代》，文物出版社 1985 年版，第 6、79 页。

杨向奎：《中国古代社会与古代思想研究》，上海人民出版社 1962 年版，第 164 页。

朱伯崑：《易学哲学史》上册，北京大学出版社 1986 年版，第 5、11—12 页。

张亚初、刘雨撰：《西周金文官制研究》，中华书局 1986 年版，第 37 页。

泰勒：《原始文化》，上海文艺出版社 1992 年版，第 131—132 页。

金景芳、吕绍纲：《周易全解》，吉林大学出版社 2013 年版。

（汉）孔安国传，（唐）孔颖达正义：《尚书正义》之《洪范》《大诰》，上海古籍出版社 2007 年版。

徐正英、常佩雨译注：《周礼·簭人》，中华书局 2014 年版。

（清）孙诒让著，王文锦、陈玉霞注释：《周礼正义》，中华书局 2013 年版。

（清）郑玄注，（唐）贾公彦疏，彭林整理：《周礼注疏》，上海古籍出版社 2010 年版。

（汉）司马迁撰，（宋）裴骃集解，（唐）司马贞索隐，（唐）张守节正义，顾颉刚领衔点校，赵生群主持修订：《史记·龟策列传》，中华书局 2014 年版。

陈桐生译注：《国语·楚语》，中华书局 2013 年版。

第三篇 儒前圣典时期的危机

第一章 礼制体系的败落与天下大乱

吕思勉：《白话本国史》，上海古籍出版社 2012 年版，第 54—64、101—102、113、123—126、139、143 页。

冯友兰:《中国哲学史》(上),中华书局 2014 年版,第 37—39 页。
陈来:《古代思想文化的世界:春秋时代的宗教、伦理与社会思想》,生活·读书·新知三联书店 2009 年版,第 13—14、18—19、98、219—226、230—235、238—247、251—264、267—269 页。
杨伯峻编著:《春秋左传注》(一),中华书局 1990 年版,第 94、932—934、1063、1134—1135、1161—1165、1194—1195、1226—1227、1234—1237、1274—1276、1457—1459、1480 页。
童书业:《春秋左传研究》,上海人民出版社 1980 年版,第 121、147、153—154、158 页。
张阴麟:《中国史纲》(上古篇),三联书店 1962 年版,第 26—28、53—54、57—58 页。
曾资生:《中国政治制度史》(先秦),香港龙门书店 1969 年版,第 57、59 页。
钱穆:《国史大纲》,商务印书馆(香港)1995 年版,第 63 页。
王国维:《观堂集林》二册,中华书局 1991 年版,第 472 页。
陈桐生译注:《国语·晋语》,中华书局 2013 年版。
(汉)司马迁撰,(宋)裴骃集解,(唐)司马贞索隐,(唐)张守节正义,顾颉刚领衔点校,赵生群主持修订:《史记·货殖列传》,中华书局 2014 年版。
(元)马端临撰:《文献通考·田赋考》,中华书局 2016 年版。
(汉)班固:《汉书》之《货殖传》《刑法志》《食货志》,中华书局 2012 年版。
(清)陈立、吴则虞校注:《白虎通疏证·五刑》,中华书局 1997 年版。
杨伯峻编著:《春秋左传注》之《昭公十六年》《昭公二十五年》《昭公二年》《襄公二十年》《襄公四年》《襄公二十七年》《桓公二年》《襄公二十一年》《闵公元年》《昭公三年》《昭公二十六年》《襄公三十一年》《昭公六年》,中华书局 2009 年版。
方勇译注:《庄子》,中华书局 2015 年版。
(汉)郑玄注,(唐)孔颖达正义,吕友仁整理:《礼记正义》,上海古籍出版社 2008 年版。
彭林译注:《仪礼·燕礼》,中华书局 2012 年版。
(汉)郑玄注,(唐)贾公彦疏:《仪礼注疏》,上海古籍出版社 2008

年版。

第二章　仁德的重要性的凸显

冯友兰：《中国哲学史》（上），中华书局 2014 年版，第 54—62 页。

冯友兰：《中国哲学简史》，赵复三译，生活·读书·新知三联书店 2009 年版，第 192 页。

陈来：《古代思想文化的世界：春秋时代的宗教、伦理与社会思想》，生活·读书·新知三联书店 2009 年版，第 16—18、21—27、30—38、42、45—46、48—54、58—60、68、70—78、80—84、89—94、101—122、136—143、147—151、156—157、160—164、168—214、272—290、293—299、301—306、308—310、313—327、331—332、281—393 页。

陈来：《仁学本体论》，生活·读书·新知三联书店 2014 年版，第 102—103、119 页。

杨伯峻编著：《春秋左传注》（一），中华书局 1990 年版，第 31—33、50、1043、111—112、128、197、215—217、229、257、292—293、298—299、316—317、323、334—335、381—382、387、417—425、445—446、487、499—504、523—524、552—553、563—564、669—672、762—763、803、813、839、856、873、935、939、956、969、971、1055、1087—1089、1106—1108、1120—1121、1158、1212—1213、1217—1222、1229、1238—1239、1242、1246—1248、1254、1263、1276、1287—1288、1291—1294、1300—1301、1336—1338、1355、1386—1389、1399、1405、1415—1422、1479—1480、1497、1500—1504、1553、1605、1692 页。

杨伯峻编著：《春秋左传注》（四），第 131、363—365、383、964—966、1709 页。

徐旭生：《中国古代的传说时代》，文物出版社 1985 年版，第 19 页。

黄怀信：《逸周书汇校集注》，上海古籍出版社 1995 年版，第 299—304、326—327、397—398、407—409、423—426 页。

江晓原：《天学原理》，辽宁教育出版社 1992 年版，第 233—235 页。

丁棉孙：《中国古代天文历法基础知识》，天津古籍出版社 1989 年版，第 37、54 页。

孙诒让：《周礼正义》，中华书局 1987 年版，第 77、164 页。

孙希旦：《礼记集解》，中华书局 1989 年版，第 905、1215 页。
阎步克：《士大夫政治演生史稿》，北京大学出版社 1996 年版。
陈桐生译注：《国语》，中华书局 2013 年版。
（战国）左丘明著，（三国吴）韦昭注：《国语》，上海古籍出版社 1978 年版，第 1—3、12—22、26—27、45、57、74、84—86、94—98、114、128、131—132、164—170、173、175、182—184、221、233、251、262、265、268、274—275、291—292、295—296、323、332、342、345、347、358、368、371、382、410、417—418、421—422、424、442、445、462、478、499、515—516、527—528、541—544、550—551、557、564—567、572—575、586、597—598、620、658 页。
杨伯峻编著：《春秋左传注》，中华书局 2009 年版。
（汉）孔安国传，（唐）孔颖达正义：《尚书正义》之《多士》《汤诰》《蔡仲之命》《洪范》《尧典》，上海古籍出版社 2007 年版。
（汉）班固：《汉书·艺文志》，中华书局 2012 年版。
黄怀信、张懋镕、田旭东撰：《逸周书汇校集注》之《大聚解》《武顺解》《宝典解》《固九守》《昭九行》《济九丑》，上海古籍出版社 2007 年版。
徐正英、常佩雨译注：《周礼》之《大宰》《小宰》，中华书局 2014 年版。
（清）郑玄注，（唐）贾公彦疏，彭林整理：《周礼注疏》，上海古籍出版社 2010 年版。
陆玖：《吕氏春秋·长见》，中华书局 2011 年版。
（汉）郑玄注，（唐）孔颖达正义，吕友仁整理：《礼记正义·祭义》，上海古籍出版社 2008 年版。
马世年译注：《新序·刺奢》，中华书局 2014 年版。

第四篇　儒家的春秋战国子学时期

第一章　百家争鸣中的儒家

冯友兰：《中国哲学史》（上），中华书局 2014 年版，第 21、32、34—35、38—39、43—45、146、147、149、156—162、177—179 页。
冯友兰：《中国哲学简史》，赵复三译，生活·读书·新知三联书店 2009 年版，第 36—38、40—41 页。

冯友兰：《原儒墨》，载《中国哲学史》（下卷）附录，中华书局 2014 年版。

陈来：《古代宗教与伦理：儒家思想的根源》，生活·读书·新知三联书店 2009 年版，第 1、13、18、67—68、143、180、184、247、251、286、307、358—359、365—368、379—380、384 页。

陈来：《仁学本体论》，生活·读书·新知三联书店 2014 年版，第 124—125 页。

侯外庐、赵纪彬、杜国庠：《中国思想通史》（二），人民出版社 2004 年版，第 138—140 页。

童叔业：《春秋史》，上海古籍出版社 2010 年版，第 272 页。

钱穆：《中国学术思想史论集》（二），生活·读书·新知三联书店 2009 年版，第 377—378 页。

杨伯峻编著：《春秋左传注》（一），中华书局 1990 年版，第 1263、1341、1635—1636 页。

（汉）班固：《汉书·艺文志》，中华书局 2012 年版。

（汉）司马迁撰，（宋）裴骃集解，（唐）司马贞索隐，（唐）张守节正义，顾颉刚领衔点校，赵生群主持修订：《史记》之《太史公自序》《孟子荀卿列传》，中华书局 2014 年版。

杨伯峻译注：《论语译注》之《季氏》《为政》《里仁》《八佾》《宪问》，中华书局 2009 年版。

杨伯峻编著：《春秋左传注》之《昭公七年》《昭公十二年》《昭公五年》《哀公六年》，中华书局 2009 年版。

（清）黄宗羲、沈芝盈：《明儒学案·发凡》，中华书局 2008 年版。

（汉）郑玄注，（唐）孔颖达正义，吕友仁整理：《礼记正义》之《儒行》《表记》，上海古籍出版社 2008 年版。

杨伯峻译注：《孟子译注》之《滕文公章句下》《滕文公章句上》《告子章句上》《公孙丑章句上》，中华书局 2012 年版。

缪文远译注：《战国策·齐策》，中华书局 2012 年版。

方勇译注：《庄子·天下》，中华书局 2015 年版。

方勇、李波译注：《荀子·正论》，中华书局 2011 年版。

李山译注：《管子》之《枢言》《小问》《戒》《法法》《四时》《水地》，中华书局 2009 年版。

陆玖：《吕氏春秋·有始》，中华书局2011年版。

第二章 儒家的子学代表人物

第一节 儒家道统中的圣人孔子

冯友兰：《中国哲学简史》，赵复三译，生活·读书·新知三联书店2009年版，第8、18、42—54、164—165、184—189、193页。

冯友兰：《中国哲学史》（上），中华书局2014年版，第49、64—71、73—94、123、385—387页。

金景芳、吕绍纲：《周易全解》，吉林大学出版社2013年版，第2—8、10—27、31—64、67—79、81—85、86—105、106—119、121—171、172—201、205—210、212—220、222—242、245—295、296—380、380—394、396—410、412—418、419—435、437—463页。

张岱年：《初观帛书系辞》，《道家文化研究》第三辑，上海古籍出版社1993年版。

朱伯崑：《帛书本易说读后》，《道家文化研究》第六辑，上海古籍出版社1995年版。

陈来：《仁学本体论》，生活·读书·新知三联书店2014年版，第103—105页。

陈来：《竹帛〈五行〉与简帛研究》，生活·读书·新知三联书店2009年版，第1—15、21—29、42、277页。

廖名春：《帛书〈二三子问〉〈易之义〉〈要〉释文》，载《道家文化研究》第三辑，上海古籍出版社1993年版。

陈松长：《马王堆帛书〈缪和〉〈昭力〉释文》，载《道家文化研究》第六辑，上海古籍出版社1995年版。

杨伯峻编著：《春秋左传注·昭公二年》，中华书局2009年版。

（汉）司马迁撰，（宋）裴骃集解，（唐）司马贞索隐，（唐）张守节正义，顾颉刚领衔点校，赵生群主持修订：《史记》之《孔子世家》《儒林传》，中华书局2014年版。

杨伯峻译注：《论语译注》，中华书局2009年版。

（梁）皇侃撰，高尚榘整理：《论语义疏》，中华书局2013年版。

（三国）何晏，（宋）邢昺疏：《论语注疏》，中国致公出版社2016年版。

方勇、李波译注：《荀子·解蔽》，中华书局2011年版。

方勇译注：《庄子·天下》，中华书局 2015 年版。
（汉）郑玄注，（唐）孔颖达正义，吕友仁整理：《礼记正义》之《大学》《中庸》《檀弓》，上海古籍出版社 2008 年版。
（汉）郑康成：《御纂周易述义：易纬乾坤凿度·乾凿度》，吉林出版集团 2005 年版。
（魏）王弼撰，楼宇烈校释：《周易注·周易略例》，中华书局 2011 年版。
（魏）王弼、（晋）韩康伯注：《周易》，中华书局 2014 年版。
徐正英、常佩雨译注：《周礼》，中华书局 2014 年版。
（清）郑玄注，（唐）贾公彦疏，彭林整理：《周礼注疏》，上海古籍出版社 2010 年版。
荆门市博物馆编：《郭店楚墓竹简》之《缁衣》《性自命出》《语丛》《成之闻之》《鲁穆公问子思》，文物出版社 1998 年版。

第二节　儒家道统中的亚圣孟子

冯友兰：《中国哲学史》（上），中华书局 2014 年版，第 80—83、91—92、124—134、136—141、143—145 页。
冯友兰：《中国哲学简史》，赵复三译，生活·读书·新知三联书店 2009 年版，第 8、75—79、81—87、91、126、133、135—136、138—140、142、159 页。
陈来：《仁学本体论》，生活·读书·新知三联书店 2014 年版，第 103—110、126—128 页。
（汉）司马迁撰，（宋）裴骃集解，（唐）司马贞索隐，（唐）张守节正义，顾颉刚领衔点校，赵生群主持修订：《史记·孟子荀卿列传》，中华书局 2014 年版。
杨伯峻译注：《孟子译注》，中华书局 2012 年版。
（宋）朱熹：《孟子集注》，中国社会科学出版社 2013 年版。
方勇译注：《墨子》，中华书局 2015 年版。

第三节　儒家道统外的荀子

冯友兰：《中国哲学史》（上），中华书局 2014 年版，第 296—318、320—323 页。
冯友兰：《中国哲学简史》，赵复三译，生活·读书·新知三联书店 2009 年版，第 158—162、165—170 页。
陈来：《仁学本体论》，生活·读书·新知三联书店 2014 年版，第 126—

127、129 页。
（汉）司马迁撰，（宋）裴骃集解，（唐）司马贞索隐，（唐）张守节正义，顾颉刚领衔点校，赵生群主持修订：《史记·孟子荀卿列传》，中华书局 2014 年版。
方勇、李波译注：《荀子》，中华书局 2011 年版。
（清）王先谦：《荀子集解》，中华书局 2013 年版。

第三章 子学各家与儒家的不同

第一节 法家与儒家的不同

冯友兰：《中国哲学简史》，赵复三译，生活·读书·新知三联书店 2009 年版，第 171—179、181—182 页。
冯友兰：《中国哲学史》（上），中华书局 2014 年版，第 324—340、343—344 页。
（汉）郑玄注，（唐）孔颖达正义，吕友仁整理：《礼记正义》，上海古籍出版社 2008 年版。
杨伯峻编著：《春秋左传注·成公十三年》，中华书局 2009 年版。
高华平、王齐洲、张三夕译注：《韩非子》，中华书局 2010 年版。
（清）王先慎：《韩非子集解》，中华书局 2013 年版。
石磊译注：《商君书》之《开塞》《更法》，中华书局 2011 年版。
李山译注：《管子》之《明法》《任法》《白心》《入国》，中华书局 2009 年版。
（汉）司马迁撰，（宋）裴骃集解，（唐）司马贞索隐，（唐）张守节正义，顾颉刚领衔点校，赵生群主持修订：《史记·老子韩非列传》，中华书局 2014 年版。

第二节 道家与儒家的不同

冯友兰：《中国哲学简史》，赵复三译，生活·读书·新知三联书店 2009 年版，第 3、14、18、23、25、34—35、67—74、102—129、180—181 页。
冯友兰：《中国哲学史》（上），中华书局 2014 年版，第 147—148、151—156、181—186、188—203、208、233—255、300、307 页。
陈来：《仁学本体论》，生活·读书·新知三联书店 2014 年版，第 122—123 页。

杨伯峻译注：《论语译注》之《宪问》《微子》，中华书局2009年版。
陆玖译注：《吕氏春秋》之《贵生》《不二》《情欲》《本生》《贵生》《审为》《重己》，中华书局2011年版。
叶蓓卿译注：《列子》之《杨朱》《说符》，中华书局2015年版。
（汉）司马迁撰，（宋）裴骃集解，（唐）司马贞索隐，（唐）张守节正义，顾颉刚领衔点校，赵生群主持修订：《史记》之《太史公自序》《老子韩非列传》，中华书局2014年版。
汤漳平、王朝华译注：《老子》，中华书局2014年版。
（魏）王弼注，楼宇烈校释：《老子道德经注校释》，中华书局2008年版。
方勇译注：《庄子》，中华书局2015年版。
（晋）郭象注，（唐）成玄英疏，曹础基、黄兰发点校：《庄子注疏》，中华书局2011年版。
杨伯峻译注：《孟子译注》之《滕文公章句下》《尽心章句上》，中华书局2012年版。
陈广忠译注：《淮南子·氾论训》，中华书局2012年版。
方勇、李波译注：《荀子·非十二子》，中华书局2011年版。
高华平、王齐洲、张三夕译注：《韩非子》之《显学》《解老》，中华书局2010年版。

第三节　名家中的儒家与道家之分

冯友兰：《中国哲学简史》，赵复三译，生活·读书·新知三联书店2009年版，第11、89—101页。
冯友兰：《中国哲学史》（上），中华书局2014年版，第204—229页。
（汉）班固：《汉书·艺文志》，中华书局2012年版。
（汉）司马迁撰，（宋）裴骃集解，（唐）司马贞索隐，（唐）张守节正义，顾颉刚领衔点校，赵生群主持修订：《史记》之《太史公自序》《孟子荀卿列传》，中华书局2014年版。
方勇译注：《庄子》，中华书局2015年版。
（清）郭庆藩撰，王孝鱼点校：《庄子集释》，中华书局2012年版。
高华平、王齐洲、张三夕译注：《韩非子》之《问辩》《说林上》，中华书局2010年版。
方勇、李波译注：《荀子》之《非十二子》《不苟》《解蔽》，中华书局2011年版。

陆玖：《吕氏春秋》之《离谓》《爱类》，中华书局 2011 年版。
黄克剑译注：《公孙龙子》，中华书局 2014 年版。
王琯：《公孙龙子悬解》，中华书局 2014 年版。

第四节 墨家与儒家的不同

冯友兰：《中国哲学史》（上），中华书局 2014 年版，第 95—121、257—287、289—292、294—295 页。
冯友兰：《中国哲学简史》，赵复三译，生活·读书·新知三联书店 2009 年版，第 19、55—66、79—80、131—143 页。
陈来：《仁学本体论》，生活·读书·新知三联书店 2014 年版，第 123—124 页。
顾颉刚：《古史辩》（第 1 册）上编，上海古籍出版社 1981 年版，第 56 页。
（汉）司马迁撰，（宋）裴骃集解，（唐）司马贞索隐，（唐）张守节正义，顾颉刚领衔点校，赵生群主持修订：《史记》之《游侠列传》《孟子荀卿列传》，中华书局 2014 年版。
方勇译注：《墨子》，中华书局 2011 年版。
（清）孙诒让撰，孙启治点校：《墨子闲诂》，中华书局 2014 年版。
陈广忠译注：《淮南子》之《要略》《泰族训》，中华书局 2012 年版。
杨伯峻译注：《论语译注》之《学而》《八佾》《泰伯》，中华书局 2009 年版。
方勇译注：《庄子·天下》，中华书局 2015 年版。
陆玖：《吕氏春秋》之《上德》《去私》，中华书局 2011 年版。
方勇、李波译注：《荀子》之《解蔽》《正名》《不苟》，中华书局 2011 年版。
李山译注：《管子·戒》，中华书局 2009 年版。
汤漳平、王朝华译注：《老子》第二十章，中华书局 2014 年版。
方勇译注：《庄子·齐物论》，中华书局 2015 年版。
杨伯峻译注：《孟子译注·尽心章句上》，中华书局 2012 年版。

第五节 农家与儒家的不同

钱逊注释：《孟子诵读本》，中华书局 2012 年版，第 65—72 页。
杨伯峻译注：《孟子译注·滕文公章句上》，中华书局 2012 年版。

第五篇 儒家子学在秦朝的危机

第一章 秦朝的权力流变

吕思勉：《白话本国史》，上海古籍出版社 2012 年版，第 147—149、193—195、151—157 页。

（汉）司马迁撰，（宋）裴骃集解，（唐）司马贞索隐，（唐）张守节正义，顾颉刚领衔点校，赵生群主持修订：《史记》之《秦始皇本纪》《李斯列传》《田敬仲完世家》《陈涉世家》，中华书局 2014 年版。

杨伯峻编著：《春秋左传注・襄公二十七年》，中华书局 2009 年版。

第二章 用什么学派来统一思想？

吕思勉：《白话本国史》，上海古籍出版社 2012 年版，第 148—150、201 页。

冯友兰：《中国哲学史》（上），中华书局 2014 年版，第 174、180、346—384 页。

冯友兰：《中国哲学简史》，赵复三译，生活・读书・新知三联书店 2009 年版，第 144—157、191—195、198—199、201—206、223 页。

杨伯峻编著：《春秋左传注》，中华书局 2009 年版。

高华平、王齐洲、张三夕译注：《韩非子・显学》，中华书局 2010 年版。

（汉）郑玄注，（唐）孔颖达正义，吕友仁整理：《礼记正义》之《学记》《大学》《中庸》《礼运》《檀弓》《仲尼燕居》《坊记》《曲礼》《哀公问》《礼器》《乐记》《郊特牲》《祭义》《祭统》《杂记》《昏义》《哀公问》《曾子问》《问丧》，上海古籍出版社 2008 年版。

（汉）司马迁撰，（宋）裴骃集解，（唐）司马贞索隐，（唐）张守节正义，顾颉刚领衔点校，赵生群主持修订：《史记》之《孔子世家》《孟子荀卿列传》《秦始皇本纪》，中华书局 2014 年版。

方勇、李波译注：《荀子》之《非十二子》《乐论》《礼论》《天论》《月令》《解蔽》，中华书局 2011 年版。

（清）孔广森撰，王丰先点校：《大戴礼记补注》之《本命》《礼察》《盛德》，中华书局 2013 年版。

杨伯峻译注：《孟子译注》之《公孙丑章句上》《万章章句下》《离娄章

句上》《梁惠王章句上》，中华书局 2012 年版。
杨伯峻译注：《论语译注 · 学而》，中华书局 2009 年版。
（唐）李隆基注，（宋）邢昺疏：《孝经注疏》，上海古籍出版社 2009 年版。
叶蓓卿译注：《列子 · 杨朱》，中华书局 2015 年版。
（汉）班固：《汉书》之《艺文志》《刑法志》，中华书局 2012 年版。
陈桐生译注：《国语 · 周语上》，中华书局 2013 年版。
方勇译注：《庄子》之《逍遥游》《天下》，中华书局 2015 年版。
陆玖：《吕氏春秋 · 览应同》，中华书局 2011 年版。
陈广忠译注：《淮南子 · 时则训》，中华书局 2012 年版。

第六篇　儒家的西汉经学时期

第一章　西汉的历史演变

吕思勉：《白话本国史》，上海古籍出版社 2012 年版，第 40、157—175、178—186、198—199、203—205 页。
冯友兰：《中国哲学史》（上），中华书局 2014 年版，第 34—35、40—43、180、369、388—390、402、406—411 页。
冯友兰：《中国哲学史》（下），中华书局 2014 年版，第 416—443、442—460 页。
冯友兰：《中国哲学简史》，赵复三译，生活 · 读书 · 新知三联书店 2009 年版，第 152—153、203、206、219—210、212—222、224—227、233—236 页。
陈来：《仁学本体论》，生活 · 读书 · 新知三联书店 2014 年版，第 131—145、157、229—230 页。
崔适著，张烈点校：《史记探源》（卷三），中华书局 1986 年版。
（汉）司马迁撰，（宋）裴骃集解，（唐）司马贞索隐，（唐）张守节正义，顾颉刚领衔点校，赵生群主持修订：《史记 · 高祖本纪》，中华书局 2014 年版。
（汉）班固：《汉书》之《董仲舒传》《贾谊传》《高帝纪》《食货志》《王莽传》《艺文志》，中华书局 2012 年版。
赵翼：《廿二史劄记校正 · 汉初布衣卿相之局》，中华书局 2013 年版。

（清）洪钧撰：《元史译文证补》卷二十七，上海古籍出版社影印本 1995 年版。

第二章　西汉儒家今文经学的独尊

（汉）司马迁撰，（宋）裴骃集解，（唐）司马贞索隐，（唐）张守节正义，顾颉刚领衔点校，赵生群主持修订：《史记》之《太史公自序》《儒林列传》《吕太后本纪》《孝文本纪》《刘敬叔孙通列传》《李斯列传》《孟子荀卿列传》，中华书局 2014 年版。

（汉）班固：《汉书》之《艺文志》《武帝本纪》《儒林传》《董仲舒传》，中华书局 2012 年版。

陈桐生译注：《盐铁论 · 晁错》，中华书局 2015 年版。

（元）马端临撰：《文献通考 · 学校考》，中华书局 2006 年版。

高华平、王齐洲、张三夕译注：《韩非子 · 五蠹》，中华书局 2010 年版。

（清）顾炎武著，黄汝成集释，栾保群、吕宗力校点：《日知录》卷十三，上海古籍出版社 2013 年版。

方勇、李波译注：《荀子 · 劝学》，中华书局 2011 年版。

方勇译注：《庄子 · 天下》，中华书局 2015 年版。

刘文典撰，冯逸等点校：《淮南鸿烈集解 · 泰族》，中华书局 2013 年版。

苏舆撰，钟哲点校：《春秋繁露义证 · 玉杯》，中华书局 2002 年版。

陆玖译注：《吕氏春秋 · 大乐》，中华书局 2011 年版。

（汉）郑玄注，（唐）孔颖达正义，吕友仁整理：《礼记正义》之《礼运》《月令》，上海古籍出版社 2008 年版。

陈广忠译注：《淮南子》之《俶真训》《时则训》，中华书局 2012 年版。

杨伯峻译注：《论语译注 · 子罕》，中华书局 2009 年版。

（清）洪钧撰：《元史译文证补》卷二十七，上海古籍出版社影印本 1995 年版。

第三章　儒家道统外的董仲舒

苏舆撰，钟哲点校：《春秋繁露义证 · 董子年表》，中华书局 2002 年版。

（汉）班固：《汉书》之《五行志》《董仲舒传》，中华书局 2012 年版。

（汉）董仲舒著，周桂钿译注：《春秋繁露》，中华书局 2011 年版。

（清）陈立、吴则虞校注：《白虎通疏证》之《性情》《三纲六纪》《五行》《三正》《三教》，中华书局 1997 年版。

（汉）郑玄注，（唐）孔颖达正义，吕友仁整理：《礼记正义》之《乐记》，上海古籍出版社 2008 年版。

何休：《春秋公羊传注疏》，上海古籍出版社 2014 年版。

孙启治译注：《政论·昌言·理乱》，中华书局 2014 年版。

第七篇　儒家经学在东汉的衰落

第一章　东汉的权力流变：失仁德者失天下再次应验

第二章　西汉今文经学的危机

第三章　西汉今文经学的清理者

吕思勉：《白话本国史》，上海古籍出版社 2012 年版，第 187—192、205—206、209—213、215 页。

冯友兰：《中国哲学史》（下），中华书局 2014 年版，第 462—464、467—472、474、477—480、482—487、492—506 页。

冯友兰：《中国哲学简史》，赵复三译，生活·读书·新知三联书店 2009 年版，第 228、230—231 页。

（南朝宋）范晔撰著，（唐）李贤等注：《后汉书》之《西羌传》《西域传》，中华书局 2014 年版。

（汉）郑康成：《御纂周易述义：易纬乾坤凿度》之《乾凿度》《稽览图》《是类谋》，吉林出版集团 2005 年版。

（汉）班固：《汉书》之《儒林传》《律历法》《五行志》《扬雄传》，中华书局 2012 年版。

（清）马国翰辑：《玉函山房辑佚书》之《尚书纬·璇玑钤》《诗纬·含神雾》《春秋纬·演孔图》，江苏广陵书社有限公司 2005 年版。

（唐）魏徵等撰：《隋书·经籍志》，中华书局 1973 年版。

（清）纪昀总纂：《四库全书总目提要·易类附录》，河北人民出版社 2000 年版。

杨伯峻编著：《春秋左传注·僖公十五年》，中华书局 2009 年版。

（汉）扬雄：《太玄集注》之《太玄图》《太玄摛》《太玄莹》，中华书局

2013 年版。
韩敬译注：《法言》之《寡见》《问神》《修身》《君子》《问道》，中华书局 2012 年版。
（宋）章樵注释：《古文苑·太玄赋》，中国书店 2012 年版。
（汉）王充著，张宗祥校注，郑绍昌标点：《论衡校注》，上海古籍出版社 2013 年版。
黄晖撰著：《论衡校释》，中华书局 1990 年版。

下　卷

第八篇　儒家三国至唐中的经学危机

第一章　三国至唐的历史流变

吕思勉：《白话本国史》，上海古籍出版社 2012 年版，第 205—206、215—227、230—233、236—348、253—258、263、265、267—270、273—300 页。
冯友兰：《中国哲学简史》，赵复三译，生活·读书·新知三联书店 2009 年版，第 236 页。
（唐）李延寿编：《北史》，中华书局 2013 年版。
田虎：《元史译文证补校注》，河北人民出版社 1990 年版。
（元）马端临撰：《文献通考》之《国用考》《田赋考》《刑考》，中华书局 2006 年版。
（唐）李延寿撰：《南史》，中华书局 2016 年版。
（晋）陈寿撰，栗平夫、武彰译：《三国志·魏书》，中华书局 2009 年版。
赵翼：《廿二史劄记校正》，中华书局 2013 年版。
朱碧莲、沈海波译注：《世说新语》，中华书局 2011 年版。
（清）罗汝怀编著：《湖南文征·序》，岳麓书社 2008 年版。
（汉）司马迁撰，（宋）裴骃集解，（唐）司马贞索隐，（唐）张守节正义，顾颉刚领衔点校，赵生群主持修订：《史记·封禅书》，中华书局 2014 年版。
（北齐）魏收：《魏书·释老志》，中华书局 1974 年版。

第二章　南北朝时期的新道家

冯友兰：《中国哲学史》（下），中华书局 2014 年版，第 507—510、512—515、517—522、524—531、557—579 页。

冯友兰：《中国哲学简史》，赵复三译，生活·读书·新知三联书店 2009 年版，第 16、183—184、236—265、285 页。

侯外庐等主编：《中国大百科全书》（哲学Ⅰ卷），中国大百科全书出版社 1987 年版，第 332 页。

侯外庐等主编：《中国大百科全书》（哲学Ⅱ卷），中国大百科全书出版社 1987 年版，第 733、890、1004 页。

（魏）王弼注，楼宇烈校释：《老子道德经注校释》第一章、第五十六章、第三十八章、第四十九章、第二十章、第二十九章，中华书局 2008 年版。

檀作文译注：《颜氏家训·勉学》，中华书局 2011 年版。

朱碧莲、沈海波译注：《世说新语》之《文学》《贤媛》《任诞》，中华书局 2011 年版。

（梁）皇侃撰，高尚榘整理：《论语义疏·先进》，中华书局 2013 年版。

（晋）陈寿撰，栗平夫、武彰译：《三国志·魏书》，中华书局 2009 年版。

（唐）房玄龄：《晋书》之《王衍传》《阮籍传》《嵇康传》《刘伶传》《酒德颂》《向秀传》《郭象传》，中华书局 2015 年版。

（三国）何晏注，（宋）邢昺疏：《论语注疏·正义》，中国致公出版社 2016 年版。

（魏）王弼撰，（晋）韩康伯注：《周易》之《象》《损》，中华书局 2014 年版。

刘野：《汉魏六朝百三家集》之《阮步兵集》《嵇中散集》，吉林出版社 2005 年版。

叶蓓卿译注：《列子》，中华书局 2015 年版。

杨伯峻撰：《列子集释》，中华书局 2012 年版。

（晋）郭象注，（唐）成玄英疏，曹础基、黄兰发点校：《庄子注疏》，中华书局 2011 年版。

方勇译注：《庄子》，中华书局 2015 年版。

第三章　南北朝和隋唐时期的佛学

冯友兰：《中国哲学简史》，赵复三译，生活·读书·新知三联书店 2009 年版，第 231—232、266—291、379 页。

冯友兰：《中国哲学史》（下），中华书局 2014 年版，第 580—602、606、609—678 页。

侯外庐等主编：《中国大百科全书》（哲学Ⅰ卷），中国大百科全书出版社 1987 年版，第 194、321—322、333、384 页。

侯外庐等主编：《中国大百科全书》（哲学Ⅱ卷），中国大百科全书出版社 1987 年版，第 746、1046、1182 页。

（南朝梁）释僧祐撰，苏晋仁、萧炼子点校：《出三藏记集》，中华书局 1995 年版。

（南朝梁）释僧祐撰，刘立夫，胡勇注：《弘明集》，中华书局 2011 年版。

（南朝梁）释慧皎著，朱恒夫、王学钧、赵益注译：《高僧传》，陕西人民出版社 2010 年版。

（东晋）僧肇、革和，张春波校释：《肇论校释》，中华书局 2010 年版。

王彬译注：《法华经》，中华书局 2010 年版。

道生：《大般涅槃经集解》，线装书局 2016 年版。

宣方译注：《金刚经译注》，中华书局 2012 年版。

净因法师：《六祖坛经》，中华书局（香港）有限公司 2013 年版。

邢东风释译：《神会语录》，东方出版社 2016 年版。

（唐）慧能著，郭朋校释：《坛经》，中华书局 2012 年版。

（宋）赜藏主编集：《古尊宿语录》，中华书局 1994 年版。

（北宋）道原著，顾宏义译注：《景德传灯录译注》，上海书店 2010 年版。

（唐）玄奘译，韩廷杰校注：《成唯识论校释》，中华书局 1998 年版。

（唐）李通玄著，杨航、康晓红整理：《新华严经论》，西北大学出版社 2005 年版。

（唐）法藏著，方立天校释：《华严金师子章校释》，中华书局 1983 年版。

（宋）赞宁撰，范祥雍点校：《宋高僧传》，中华书局 1987 年版。

（清）雍正敕修《乾隆大藏经》之《中论疏记》《中观论疏》《弘明集》《二谛义》《高僧传》《离微体净品》《本际虚玄品》《肇论》《广弘明集》《坛经》《成唯识论》《成唯识论述记》《宋高僧传》《金师子章》《华严义海百

门》《修华严奥旨妄尽还源观》《华严还原观》《大乘止观法门》《金刚錍》，中国书店 2009 年版。

第九篇 儒家的唐中至清中的道学时期

第一章 唐末至清中的历史状况

吕思勉：《白话本国史》（上），上海古籍出版社 2012 年版，第 303—311、312—318、320—321、323—327 页。

吕思勉：《白话本国史》（下），上海古籍出版社 2012 年版，第 330—339、342—345、350、352、356、358—359、362、375—377、393—401、437—438、441、445—446、448—450、452、459、461—474、476—487、496—499、403—411、415—420、422、427—434、451、470—473、475 页。

冯友兰：《中国哲学简史》，赵复三译，生活·读书·新知三联书店 2009 年版，第 292—293 页。

（元）脱脱撰：《宋史》之《食货志》《高宗本纪》，中华书局 1985 年版。

梁启超：《王安石传》，武汉出版社 2013 年版。

（元）马端临撰：《文献通考·市籴考》，中华书局 2006 年版。

［日］稻叶君山：《清朝全史》，中国社会科学出版社 2008 年版。

（后晋）刘昫等撰：《旧唐书》，中华书局 1975 年版。

（元）脱脱等撰：《金史·世宗本纪》，中华书局 2016 年版。

赵翼：《廿二史劄记校正·和议》，中华书局 2013 年版。

（明）宋濂等撰：《元史》，中华书局 2016 年版。

（宋）朱熹：《孟子集注·尽心章句下》，中国社会科学出版社 2013 年版。

（宋）朱熹集注：《宋本中庸章句》，国家图书馆出版社 2016 年版。

程元敏：《三经新义辑考汇评》，华东师范大学出版社 2011 年版。

（元）脱脱：《辽史》，中华书局 2016 年版。

第二章 道学在唐中期的萌发

冯友兰：《中国哲学史》（下），中华书局 2014 年版，第 695—710 页。

冯友兰：《中国哲学简史》，赵复三译，生活·读书·新知三联书店 2009 年版，第 183—184、293—294 页。

陈来：《宋明理学》，生活·读书·新知三联书店 2011 年版，第 23—36 页。
陈来：《仁学本体论》，生活·读书·新知三联书店 2014 年版，第 230—231 页。
张松辉译注：《抱朴子内篇·对俗》，中华书局 2011 年版。
章伟文译注：《周易参同契》，中华书局 2014 年版。
（唐）李鼎祚：《周易集解》，中华书局 2016 年版。
（清）雍正敕修《乾隆大藏经·止观统例》，中国书店 2009 年版。
四部丛刊初编缩本：（唐）李翱《李文公集·复性书》，上海商务印书馆影印本 1936 年版。
（清）黄宗羲原著，（清）全祖望补修，陈金生、梁连华点校：《宋元学案·庐陵学案》，中华书局 1986 年版，第 187 页。
（宋）欧阳修、宋祁撰：《新唐书》，中华书局 2003 年版。
（唐）韩愈著，马其昶、马茂元译注：《韩昌黎文集校注》之《原道》《原性》，上海古籍出版社 1998 年版。

第三章　道学中的理学、心学和气学的分立

第一节　北宋时期的儒家道学的创立

冯友兰：《中国哲学简史》，赵复三译，生活·读书·新知三联书店 2009 年版，第 294—299、302—314、317、319—321、348 页。
陈来：《宋明理学》，生活·读书·新知三联书店 2011 年版，第 4、10、13、15、37—44 页。
（唐）韩愈著，马其昶、马茂元译注：《韩昌黎文集校注》之《答李秀才书》，上海古籍出版社 1998 年版。
四部丛刊初编缩本：（宋）欧阳修：《欧阳文忠公文集》之《答吴充秀才书》《本论》，上海商务印书馆影印本 1936 年版。
（宋）石介著，陈植锷校：《徂徕石先生文集》之《上蔡副枢书》《怪说下》，中华书局 1984 年版。
（清）黄宗羲原著，（清）全祖望补修，陈金生、梁连华点校：《宋元学案》之《安定学案》《高平学案》，中华书局 1986 年版，第 187 页。
杨伯峻译注：《论语译注·卫灵公》，中华书局 2009 年版。
杨伯峻译注：《孟子译注》之《尽心章句上》《告子章句上》，中华书局

2012 年版。
（宋）邵雍著，郭彧、于天宝点校：《皇极经世书·观物内篇》，上海古籍出版社 2016 年版。
（宋）张载著，章锡琛校：《张载集·正蒙太和篇》，中华书局 2012 年版。
（宋）朱熹编：《河南程氏遗书》，台湾商务印书馆 1978 年版。

第二节　儒家道学的宗师级人物

一　周敦颐创立的入淤泥而不染的仁的道学

冯友兰：《中国哲学史》（下），中华书局 2014 年版，第 711—718 页。
冯友兰：《中国哲学简史》，赵复三译，生活·读书·新知三联书店 2009 年版，第 295—299 页。
陈来：《宋明理学》，生活·读书·新知三联书店 2011 年版，第 47—49、51—57、59—62 页。
陈来：《仁学本体论》，生活·读书·新知三联书店 2014 年版，第 37 页。
（元）脱脱撰：《宋史·道学传》，中华书局 1985 年版。
本社编：《道藏·上方大洞真元妙经品图》，上海书店 1998 年版。
（宋）周敦颐著，陈克明点校：《周敦颐集》之《爱莲说》《太极图说》《通书》《养心亭说》，中华书局 2009 年版。
杨伯峻译注：《孟子译注·公孙丑章句上》，中华书局 2012 年版。

二　邵雍的无贫贱无富贵的仁的率性风流的道学

冯友兰：《中国哲学史》（下），中华书局 2014 年版，第 718—733 页。
冯友兰：《中国哲学简史》，赵复三译，生活·读书·新知三联书店 2009 年版，第 299—301、319—320 页。
陈来：《宋明理学》，生活·读书·新知三联书店 2011 年版，第 127—128、130—138 页。
陈来：《仁学本体论》，生活·读书·新知三联书店 2014 年版，第 231—234 页。
（清）黄宗羲原著，（清）全祖望补修，陈金生、梁连华点校：《宋元学案》之《百源学案》，中华书局 1986 年版，第 187 页。
（元）脱脱撰：《宋史·道学传》，中华书局 1985 年版。
（宋）邵雍著，郭彧整理：《伊川击壤集》，中华书局 2013 年版。
（清）纳兰性德编：《通志堂经解·易数钩隐图序》，广陵书社 2007 年版。
（宋）邵雍著，郭彧、于天宝点校：《皇极经世书》之《观物外篇》《观物内篇》，上海古籍出版社 2016 年版。

三　张载的万物平等的民胞物与的仁的道学

冯友兰：《中国哲学史》（下），中华书局 2014 年版，第 734—747 页。
冯友兰：《中国哲学简史》，赵复三译，生活·读书·新知三联书店 2009 年版，第 304—307 页。
陈来：《宋明理学》，生活·读书·新知三联书店 2011 年版，第 65—81 页。
陈来：《仁学本体论》，生活·读书·新知三联书店 2014 年版，第 286 页。
（元）脱脱撰：《宋史·道学传》，中华书局 1985 年版。
（宋）张载著，章锡琛校：《张载集》之《近思录拾遗》《正蒙》《张子语录》，中华书局 2012 年版。
（宋）张载著，林乐昌编校：《张子全书》，西北大学出版社 2015 年版。
本社编：《横渠易说》之《系辞》《观卦》，吉林出版社 2010 年版。
（清）纳兰性德编：《通志堂经解·易说》，广陵书社 2007 年版。

第三节　儒家理学的主要代表人物

一　儒家理学的主干人物

（一）程颐的元来依旧的理之论

冯友兰：《中国哲学史》（下），中华书局 2014 年版，第 747—750、754—757、759—761、765—769 页。
冯友兰：《中国哲学简史》，赵复三译，生活·读书·新知三联书店 2009 年版，第 313—314、316—318 页。
陈来：《宋明理学》，生活·读书·新知三联书店 2011 年版，第 83—87、99—126 页。
陈来：《仁学本体论》，生活·读书·新知三联书店 2014 年版，第 231、265—270 页。
（宋）程颢、程颐著，王孝鱼点校：《二程集》之《遗书》《外书》《伊川先生年谱》《为家君作试汉州学策问三首》《明道先生墓表》《周易程氏传》《经说》《与吕大临论中书》，中华书局 2012 年版。
（宋）朱熹编：《河南程氏遗书》，台湾商务印书馆 1978 年版。
（元）脱脱撰：《宋史·道学传》，中华书局 1985 年版。
杨伯峻译注：《论语译注》之《述而》《雍也》，中华书局 2009 年版。

（清）黄宗羲原著，（清）全祖望补修，陈金生、梁连华点校：《宋元学案·伊川学案上》，中华书局1986年版，第187页。
（宋）程颐：《周易程氏传》，中华书局2016年版。

（二）朱熹的主敬仁的格物致知论

冯友兰：《中国哲学史》（下），中华书局2014年版，第770—796页。
冯友兰：《中国哲学简史》，赵复三译，生活·读书·新知三联书店2009年版，第308、317—319、322—336页。
陈来：《仁学本体论》，生活·读书·新知三联书店2014年版，第64、183—184、202—204、207、210—220、244、237—243、332—341、344—347、349—356页。
陈来：《朱子哲学研究》，生活·读书·新知三联书店2010年版，第1—20、23—34、38—43、52—53、55—58、60—67、69—70、74—76、79—84、87、89—90、92—103、106、108—112、115、117—118、120—122、125—128、130—131、134—136、138—151、153—162、183—184、186—191、200—203、206—209、214—218、221—224、227—236、239—245、248—269、271—273、275—277、280—281、283—286、292—298、309—311、317—318、321、330—338、340—345、348—349、351—355、367—370、372、376、379—383、401、403、406—410、412—414、416—421、423、425—426、428—429、431—432、434—437、439、444—445、453—454、457—462、464—472、474—476、481页。
陈来：《宋明理学》，生活·读书·新知三联书店2011年版，第175—198、200—203页。
（元）脱脱撰：《宋史·道学传》，中华书局1985年版。
（宋）杨时：《杨龟山集》，中华书局1985年版。
（宋）朱熹：《朱子全书》之《周易本义》《易学启蒙》《四书章句集注》《四书或问》《论孟精义》《太极图说解》《通书注》《西铭解》《延平答问》延平府署藏板、《周易参同契考异》《朱子语类》《昌黎先生集考异》《晦庵先生朱文公文集》，上海古籍出版社2010年版。
（清）王懋竑撰，何忠礼点校：《朱熹年谱》，中华书局1998年版。
（宋）黎靖德编，王星贤点校：《朱子语类》，中华书局1986年版。
（宋）朱熹：《晦庵先生朱文公文集》，国家图书馆出版社2006年版。

（清）黄宗羲原著，（清）全祖望补修，陈金生、梁连华点校：《宋元学案·豫章学案》，中华书局 1986 年版。

（宋）李侗撰：《李延平集·与罗博文书》，中华书局 1985 年版。

（宋）程颢、程颐著，王孝鱼点校：《二程集》之《遗书》《答杨时论西铭书》《粹言》，中华书局 2012 年版。

（清）江永撰：《考订朱子世家》，齐鲁书社影印本 1997 年版。

（汉）孔安国撰，（唐）孔颖达正义：《尚书正义·大禹谟》，上海古籍出版社 2007 年版。

方勇、李波译注：《荀子·解蔽》，中华书局 2011 年版。

（宋）陆九洲著，钟哲校：《陆九渊集》，中华书局 1980 年版。

（宋）吕祖谦撰：《东莱吕太史文集·答朱侍讲》，江苏广陵古籍刻印社 1983 年版。

（宋）朱熹集注：《宋本中庸章句》，国家图书馆出版社 2016 年版。

（清）黄宗羲著，沈芝盈点校：《明儒学案》之《困知记》《诸儒学案》，中华书局 2012 年版。

（宋）朱熹撰：《论孟精义》，台湾商务印书馆影印本 1986 年版。

（宋）朱熹集注：《宋本论语集注》之《先进》《告子上》《卫灵公》《子罕》，国家图书馆出版社 2016 年版。

（宋）周敦颐撰：《周濂溪集》，商务印书馆 1936 年版。

（宋）朱熹撰：《易学启蒙》，华龄出版社 2014 年版。

（宋）朱熹撰，廖名春点校：《周易本义》，中华书局 2009 年版。

（宋）朱熹撰：《四书或问》之《大学或问》《中庸或问》《孟子或问》，上海古籍出版社 2001 年版。

（宋）周敦颐著，陈克明点校：《周敦颐集》之《太极图说》《通书》，中华书局 2009 年版。

（宋）朱熹：《孟子集注》，中国社会科学出版社 2013 年版。

（宋）朱熹：《四书章句集注》，中华书局 2013 年版。

（清）黄宗羲原著，（清）全祖望补修，陈金生、梁连华点校：《宋元学案》之《震泽学案》《木钟学案》《南湖学案》，中华书局 1986 年版。

（宋）朱熹集注：《宋本大学章句》之《释经》《补格物致知传》，国家图书馆出版社 2010 年版。

（宋）杨时：《二程粹言》，商务印书馆 1936 年版。

二　儒家理学的主要枝干人物

陈来：《宋明理学》，生活·读书·新知三联书店 2011 年版，第 153—159、162—174、239—268、434—448、450 页。

陈来：《仁学本体论》，生活·读书·新知三联书店 2014 年版，第 174—176、195—196、237、221—222、245—246、277、284—287 页。

（宋）杨时：《杨龟山集·求仁斋记》，中华书局 1985 年版。

（清）黄宗羲原著，（清）全祖望补修，陈金生、梁连华点校：《宋元学案》之《龟山学案》《五峰学案》《木钟学案》《勉斋学案》《北山四先生学案》《南轩学案》，中华书局 1986 年版。

（宋）胡宏著，李元纲点校：《胡子知言》，中华书局 1991 年版。

侯外庐等：《宋明理学史》，人民出版社 1997 年版。

（宋）胡宏著，吴仁华点校：《胡宏集》，中华书局 1987 年版。

（宋）朱熹：《孟子集注·离娄下》，中国社会科学出版社 2013 年版。

（宋）程颢、程颐著，王孝鱼点校：《二程集·文集》，中华书局 2012 年版。

（宋）周敦颐著，陈克明点校：《周敦颐集》之《太极图说》《辨戾》，中华书局 2009 年版。

（清）黄宗羲著，沈芝盈点校：《明儒学案》之《诸儒学案》《河东学案》《崇仁学案》《浙中王门学案》，中华书局 2012 年版。

（明）曹端：《曹端集》，中华书局 2003 年版。

（明）薛瑄撰：《薛瑄全集·读书录》，三晋出版社 2015 年版。

（明）薛瑄撰，王云五主编：《薛文清公读书录》，商务印书馆 1939 年版。

（明）胡居仁撰，冯会明点校：《胡居仁文集·居业录》，江西人民出版社 2013 年版。

（朝）李滉著，张立文主编：《退溪书节要》，中国人民大学出版社 1989 年版。

刘伟航：《退溪先生文集考证校补》，四川人民出版社 1998 年版。

贾顺先主编：《退溪全书今注今译》之《言行录》《圣学十图》，四川大学出版社 1993 年版。

（宋）黎靖德编，王星贤点校：《朱子语类》，中华书局 1986 年版。

（宋）朱熹撰：《四书或问·大学或问》，上海古籍出版社 2001 年版。

第四节　儒家心学的主要代表人物

一　儒家心学的主干人物

（一）程颢的万物浑然一体的仁心之论

冯友兰：《中国哲学史》（下），中华书局 2014 年版，第 747—755、757—758、760—767 页。

冯友兰：《中国哲学简史》，赵复三译，生活·读书·新知三联书店 2009 年版，第 309—311、315、320—321 页。

陈来：《宋明理学》，生活·读书·新知三联书店 2011 年版，第 83—84、86—90、93—98、134 页。

陈来：《仁学本体论》，生活·读书·新知三联书店 2014 年版，第 64、169—172、262—264 页。

（元）脱脱撰：《宋史·道学传》，中华书局 1985 年版。

（宋）程颢、程颐著，王孝鱼点校：《二程集》之《遗书》《明道先生行状》《答横渠先生定性书》《答横渠张子厚先生书》，中华书局 2012 年版。

（清）黄宗羲原著，（清）全祖望补修，陈金生、梁连华点校：《宋元学案·明道学案》，中华书局 1986 年版。

（宋）谢良佐撰：《上蔡语录》，台湾商务印书馆 1986 年版。

（汉）孔安国撰，（唐）孔颖达正义：《尚书正义·大禹谟》，上海古籍出版社 2007 年版。

（二）陆九渊（陆象山）的宇宙即是吾的仁心之论

冯友兰：《中国哲学史》（下），中华书局 2014 年版，第 797—810 页。

冯友兰：《中国哲学简史》，赵复三译，生活·读书·新知三联书店 2009 年版，第 337—338 页。

（宋）陆九渊撰：《象山先生全集》，齐鲁书社影印本 1997 年版。

（宋）陆九渊：《陆象山全集》，中国书店 1992 年版。

（三）王阳明（王守仁）的致仁的良知的良心论

冯友兰：《中国哲学史》（下），中华书局 2014 年版，第 810—834 页。

冯友兰：《中国哲学简史》，赵复三译，生活·读书·新知三联书店 2009 年版，第 338—348 页。

陈来：《宋明理学》，生活·读书·新知三联书店 2011 年版，第 281—288、290、292—293、295—301、303—306 页。

陈来：《有无之境——王阳明哲学的精神》，北京大学出版社 2006 年版，第 1—3、19—22、24—30、38—39、43—47、53—54、56—58、63—66、68—69、71—81、83—84、87、91—94、96—98、100、102、104—105、113、116—121、123、133—134、138—142、145—146、149—153、155、158—168、170—171、179、191—197、199、207、209、213—215、221—222、225—234、236—238、241—243、250、256—275、277—292、295、297、302、305、307 页。

陈来：《仁学本体论》，生活·读书·新知三联书店 2014 年版，第 21、32、39、64、185—191、193—194、196—198、222—223、254、289、299—300 页。

（明）王守仁：《阳明全书》之《传习录》《大学问》，上海中华书局据明谢氏刻本校勘，聚珍仿宋版印，四部备要本，台湾中华书局 1979 年版。

（明）王守仁著，晓昕、赵平略校注：《王文成公全书》，中华书局 2015 年版。

（明）王守仁撰，吴光等编校：《王阳明全集》，上海古籍出版社 2012 年版。

（明）王守仁：《王阳明全集》，中央编译出版社 2014 年版。

（明）王守仁原著，（明）施邦曜辑评，王晓昕、赵平略点校：《阳明先生集要》，中华书局 2008 年版。

（清）黄宗羲著，沈芝盈点校：《明儒学案·姚江学案序》，中华书局 2012 年版。

张廷玉：《明史·儒林传》，中华书局 2013 年版。

（明）罗钦顺：《困知记》，中华书局 2013 年版。

（明）陈建撰：《学蔀通辩》，中华书局 1985 年版。

杨伯峻译注：《孟子译注》之《尽心章句上》《公孙丑章句上》，中华书局 2012 年版。

（宋）张载著，章锡琛校：《张载集·经学理窟》，中华书局 2012 年版。

陈荣捷：《王守仁传习录详注集评·传习录拾遗》，台湾学生书局 1983 年版。

（宋）程颢、程颐著，王孝鱼点校：《二程集》之《外书》《遗书》，中华书局 2012 年版。

（宋）黎靖德编，王星贤点校：《朱子语类》，中华书局 1986 年版。

（清）黄宗羲原著，（清）全祖望补修，陈金生、梁连华点校：《宋元学案·百源学案》，中华书局 1986 年版。

（宋）朱熹：《孟子集注》，中国社会科学出版社 2013 年版。

（明）王畿撰：《龙溪王先生全集》，国家图书馆出版社 2014 年版。

二 儒家心学的主要枝干人物

冯友兰：《中国哲学史》（下），中华书局 2014 年版，第 803—805、809—810、812—813、830—833 页。

冯友兰：《中国哲学简史》，赵复三译，生活·读书·新知三联书店 2009 年版，第 342—343 页。

陈来：《宋明理学》，生活·读书·新知三联书店 2011 年版，第 139—150、155—156、228—235、269—278、303—321、355—372、374—376、378—433、450 页。

陈来：《仁学本体论》，生活·读书·新知三联书店 2014 年版，第 40、64、187—191、193—200、206—207、222—223、246—247、254、256、273—274、282—283 页。

陈来：《有无之境——王守仁哲学的精神》，北京大学出版社 2006 年版，第 179 页。

（清）黄宗羲原著，（清）全祖望补修，陈金生、梁连华点校：《宋元学案》之《北山四先生学案》《上蔡学案》，中华书局 1986 年版。

（宋）程颢、程颐著，王孝鱼点校：《二程集·外书》，中华书局 2012 年版。

（宋）朱熹：《晦庵先生朱文公文集》之《德安府应城县上蔡谢先生祠记》《孟子纲领》，国家图书馆出版社 2006 年版。

（宋）谢良佐撰：《上蔡语录·论语解》，台湾商务印书馆 1986 年版。

《论语精义》引，据《四库全书》第 198 册，上海古籍出版社 1990 年本，卷六下，第 13 页。

（宋）杨简撰：《慈湖先生遗书》，山东友谊书社 1991 年版。

（宋）杨简撰：《杨氏易传》，上海古籍出版社 1990 年版。

（宋）杨简撰，（明）周广编，（清）冯可镛、张寿镛辑：《慈湖遗书》续集，民国四明张氏约园刻 1934 年版。

（明）陈献章著，孙海通点校：《陈献章集》，中华书局 1987 年版。

（明）陈献章：《白沙子全集·复赵提学》，台湾商务印书馆 1974 年版。

（明）湛若水：《圣学格物通》，广西师范大学出版社 2015 年版。
（明）湛若水：《湛甘泉先生文集》，广西师范大学出版社 2014 年版。
（清）黄宗羲著，沈芝盈点校：《明儒学案》之《甘泉学案》《江右王门学案》《浙中王门学案》《泰州学案》《蕺山学案》《诸儒学案》《北方王门学案》《止修学案》，中华书局 2012 年版。
（明）王守仁：《阳明全书》之《传习录》《年谱》，上海中华书局据明谢氏刻本校勘，聚珍仿宋版印，四部备要本，台湾中华书局 1979 年版。
（明）王畿撰：《龙溪王先生全集》，国家图书馆出版社 2014 年版。
（明）王艮撰：《重镌心斋王先生全集》，江苏泰州新华书店 1985 年版。
（明）王艮：《王心斋全集》之《王心斋先生遗集》《王东崖先生遗集》，江苏教育出版社 2001 年版。
（明）罗汝芳撰：《近溪子明道录》，上海古籍出版社 1995 年版。
杨伯峻译注：《孟子译注·离娄章句下》，中华书局 2012 年版。
（明）刘宗周著，吴光主编：《刘宗周全集》，浙江古籍出版社 2012 年版。
福建省姓氏源流研究会游氏分会编：《宋·游酢文集》之《论语杂解》《孟子杂解》，延边大学出版社 1998 年版。

第五节　儒家气学的主要代表人物

一　儒家气学的主干人物：王夫之（王船山）

陈来：《诠释与重建——王船山的哲学精神》，生活·读书·新知三联书店 2010 年版，第 1—6、9—11、13—15、17—19、21—23、27—41、43—47、51—54、56—60、62—64、66—71、74—85、95—104、106—108、112—117、120—122、130—132、134—139、142—145、148—149、151—161、163—164、167—197、202—203、205—218、220—232、234—239、245—262、264—266、269—287、290—294、296—315、319—351、355—359、366、369、372—387、389—391、405—421、423—433、435—476、479 页。
（明）王夫之撰：《船山全书》之《读四书大全说》《张子正蒙注》《思问录内外篇》《四书训义》《尚书引义》《礼记章句》《周易内外传》《老子衍》，岳麓书社 2011 年版。
许冠三：《船山学术思想生命年谱》，载《王船山的致知论》，香港中文大学出版社 1981 年版。

嵇文甫：《王船山学术论丛》，生活·读书·新知三联书店 1962 年版。
萧萐父：《船山哲学引论》，江西人民出版社 1993 年版。
杨伯峻译注：《孟子译注》之《离娄章句上》《告子章句上》，中华书局 2012 年版。
（清）王夫之：《读四书大全说》，中华书局 1975 年版。
（清）王夫之：《张子正蒙注》，中华书局 1975 年版。
（清）王夫之：《思问录·俟解》，中华书局 1983 年版。
（清）王夫之：《尚书引义》，中华书局 1976 年版。
（明）王夫之：《四书训义》，岳麓书社 2011 年版。
（明）王夫之：《礼记章句》，岳麓书社 2011 年版。

二　儒家气学的主要枝干人物：罗钦顺、王廷相

陈来：《宋明理学》，生活·读书·新知三联书店 2011 年版，第 323—353 页。
陈来：《仁学本体论》，生活·读书·新知三联书店 2014 年版，第 209、224—225 页。
（明）罗钦顺：《困知记》，中华书局 2013 年版。
（清）黄宗羲著，沈芝盈点校：《明儒学案·诸儒学案》，中华书局 2012 年版。
（明）王廷相著，王孝鱼点校：《王廷相集》之《雅述》《慎言》《性辨》《答何柏斋造化论》《答薛君采论性书》，中华书局 1989 年版。
冒怀辛译注：《慎言·雅述全译》，巴蜀书社 2009 年版。

第十篇　儒家在清末和民国的危机时期

第一章　从清末到民国的儒家的仁的礼制的遇难过程

吕思勉：《白话本国史》，上海古籍出版社 2012 年版，第 503—517、519—522、531、533—545、548—549、552—556、558—563、566—569、574—577、581—591、592—595、603—615、619、623、643—649、670—671、676—679 页。
吕思勉：《中国近代史》，华东师范大学出版社 2012 年版，第 243—253 页。
冯友兰：《中国哲学史》（下），中华书局 2014 年版，第 864—866 页。

冯友兰:《中国哲学简史》，赵复三译，生活·读书·新知三联书店 2009 年版，第 350—368 页。

冯友兰:《中国现代哲学史》，江苏文艺出版社 2013 年版，第 1、4—7、10—11、13—23、27、44—45、47—48、50—52、54—56、64—66、68、72—73、77—78、80—82、88—89、92—93、116—123、128—130、138—139、168—169、212 页。

陈来:《现代中国哲学的追寻——新理学与新心学》，生活·读书·新知三联书店 2010 年版，第 22 页。

姚锡光著，李吉奎整理:《东方兵事纪略》，中华书局 2010 年版。

(明) 黄宗羲著，段志强译注:《明夷待访录》，中华书局 2011 年版。

张廷玉:《明史》，中华书局 2013 年版。

[日] 织田万撰，李秀清、王沛点校:《清国行政法》，中国政法大学出版社 2003 年版。

[日] 稻叶君山:《清朝全史》，中国社会科学出版社 2008 年版。

(清) 薛福成著，南山点校:《庸庵笔记》，江苏古籍出版社 2000 年版。

(清) 夏燮:《中西纪事》，岳麓书社 1988 年版。

(清) 康有为著，楼宇烈整理:《春秋董氏学》，中华书局 1990 年版。

(清) 梁启超:《戊戌政变记》，岳麓书社 2011 年版。

(清) 顾炎武著，黄汝成集释，栾保群、吕宗力校点:《日知录》，上海古籍出版社 2006 年版。

(清) 顾炎武著，黄珅校注:《天下郡国利病书》，上海古籍出版社 2012 年版。

(清) 谭嗣同原著，姚彬彬导读/注释:《仁学》，高等教育出版社 2010 年版。

(清) 康有为:《论语注》，广西师范大学出版社 2016 年版。

(清) 康有为著，周振甫、方渊校点:《大同书》，中华书局 2012 年版。

严复著，汪征鲁、方宝川、马勇主编:《严复全集》，福建教育出版社 2014 年版。

[英] 林胥黎著，严复译:《天演论》(Thomas Huxley, *Evolution and Ethics*)，世界图书出版公司 2012 年版。

[英] 穆勒著，严复译:《论自由》(John Stuart Mill, *On Liberty*)，世界图书出版公司 2012 年版。

［英］亚当·斯密著，严复译：《国富论》（Adam Smith，*The Wealth of Nations*），世界图书出版公司 2012 年版。

［英］斯宾塞著，严复译：《社会学研究》（Herbert Spenser，*The Study of Sociology*），世界图书出版公司 2012 年版。

［英］亚当·斯密著，严复译：《原富》，北京时代华文书局有限公司 2014 年版。

［英］威廉·史坦利·耶方斯著，严复译：《名学浅说》，北京时代华文书局有限公司 2014 年版。

［英］赫伯特·斯宾塞著，严复译：《群学肄言》，北京时代华文书局有限公司 2014 年版。

［英］爱德华·甄克斯著，严复译：《社会通诠》，北京时代华文书局有限公司 2014 年版。

［英］约翰·斯图亚特·穆勒著，严复译：《群己权界论》，北京时代华文书局有限公司 2014 年版。

［英］约翰·斯图亚特·穆勒著，严复译：《穆勒名学》，北京时代华文书局有限公司 2014 年版。

［法］孟德斯鸠著，严复译：《法意》，北京时代华文书局有限公司 2014 年版。

胡适：《先秦名学史》，安徽教育出版社 2006 年版。

上海人民出版社编：《章太炎全集》，上海人民出版社 2014 年版。

蔡元培：《简易哲学纲要》，北京出版社 2015 年版。

中国蔡元培研究会编：《蔡元培全集》，浙江教育出版社 1997 年版。

胡适：《胡适文存》，中央编译出版社 2013 年版。

梁漱溟：《东西文化及其哲学》，商务印书馆 2010 年版。

孙中山：《孙中山选集》，人民出版社 2011 年版。

张君劢等：《科学与人生观》，岳麓书社 2012 年版。

毛泽东：《毛泽东选集》，人民出版社 1991 年版。

第二章　中、西、马三种思想和制度的融会更新的开启

第一节　儒家的主要融会更新者

冯友兰：《中国哲学史》（下），中华书局 2014 年版，第 835—863、865—889 页。

冯友兰:《中国哲学简史》，赵复三译，生活·读书·新知三联书店 2009 年版，第 1—4、25、29—30、368 页。

冯友兰:《中国现代哲学史》，江苏文艺出版社 2013 年版，第 78—80、82—87、89—90、169—171、173—190、194—208、212—227、230、232—240、243—246 页。

陈来:《仁学本体论》，生活·读书·新知三联书店 2014 年版，第 49—52、57—59、63、68、162—165、360—362、366—369、370—372、375—377、381—387 页。

陈来:《现代中国哲学的追寻——新理学与新心学》，生活·读书·新知三联书店 2010 年版，第 26—28 页。

李泽厚:《人类学历史本体论》，天津社会科学院出版社 2010 年版，第 290 页。

熊十力:《十力语要》之《与张季同》《与梁漱溟》，中华书局 1996 年版，第 2、38、135—137 页。

（清）江藩著，钟哲整理:《国朝汉学师承记》，中华书局 1983 年版。

侯外庐等主编:《中国大百科全书》（哲学 II 卷），中国大百科全书出版社 1987 年版，第 893、1603 页。

侯外庐等主编:《中国大百科全书》（哲学 I 卷），中国大百科全书出版社 1987 年版，第 118、317、399、458、489、501 页。

陆世仪撰:《陆桴亭思辨录辑要》，中华书局 1985 年版。

（清）颜元著，王星贤、张芥尘、郭征点校:《颜元集》之《存学编》《存性编》，中华书局 1987 年版。

（清）颜元:《习斋四存编》，上海古籍出版社 2000 年版。

（汉）孔安国传，（唐）孔颖达正义:《尚书正义·大禹谟》，上海古籍出版社 2007 年版。

陈山榜校注:《李塨集》之《大学辩业》《论语传注问》，人民出版社 2014 年版。

（明）刘宗周撰:《刘子全书》，清道光四—三十年（1824—1850），清光绪十八年（1892）刻本。

（明）刘宗周著，吴光主编:《刘宗周全集》，浙江古籍出版社 2012 年版。

（明）黄宗羲著，吴光主编:《黄宗羲全集》，浙江古籍出版社 2012 年版。

（清）黄宗羲撰:《南雷文案》，时中书局 1910 年版。

（清）王夫之：《读四书大全》，中华书局 1975 年版。
（明）王夫之撰：《船山全书》之《读四书大全说》《周易内外传》，岳麓书社 2011 年版。
（清）阮元撰，邓经元点校：《揅经室集》，中华书局 1993 年版。
（东汉）许慎撰，（清）段玉裁注，黄勇译：《说文解字》，中国戏剧出版社 2008 年版。
（清）戴震著，何文光整理：《孟子字义疏证》，中华书局 1982 年版。
胡适：《戴东原的哲学》之《孟子字义疏证》《原善》，岳麓书社 2010 年版。
（清）戴震：《戴东原集》，商务印书馆 1933 年版。
（清）戴震著，章锡琛校点：《原善孟子字义疏证》，上海古籍出版社 1956 年版。
（清）戴震：《戴震集·读孟子论性》，上海古籍出版社 2009 年版。
马一浮：《泰和宜山会语》，辽宁教育出版社 1998 年版。
马一浮：《复性书院讲录·洪范约义》，江苏教育出版社 2005 年版。
马一浮：《尔雅台答问》续编，江苏教育出版社 2005 年版。
金岳霖：《论道》，商务印书馆 2015 年版。
冯友兰：《新事论》，北京大学出版社 2014 年版。
冯友兰：《新理学》，北京大学出版社 2014 年版。
冯友兰：《新原人》，北京大学出版社 2014 年版。
（宋）张载著，章锡琛校：《张载集·正蒙》，中华书局 2012 年版。
梁漱溟：《东西文化及其哲学》，商务印书馆 2010 年版。
梁漱溟：《梁漱溟全集》，山东人民出版社 1990 年版，第 542—544、569、571—573、604—605、640 页。
熊十力：《熊十力别集》之《体用论》《新唯识论》，中国人民大学出版社 2006 年版。
熊十力：《体用论·明心篇》，中华书局 1994 年版。
熊十力：《新唯识论》，中华书局 1985 年版。
熊十力：《乾坤衍》，上海书店 2008 年版。
熊十力：《熊十力全集·尊闻录》，湖北教育出版社 2001 年版。
（清）谭嗣同原著，姚彬彬注释：《仁学》，高等教育出版社 2010 年版。
（清）康有为：《新学伪经考》，中华书局 2012 年版。

（清）康有为：《孔子改制考》，中华书局 2012 年版。

（清）康有为著，楼宇烈整理：《孟子微·礼运注·中庸注》，中华书局 1987 年版。

（清）康有为：《论语注》，广西师范大学出版社 2016 年版。

（清）康有为：《大同书》，中华书局 2012 年版。

第二节　西方自由主义的主要支持者

第三节　马克思主义的主要支持者

冯友兰：《中国现代哲学史》，江苏文艺出版社 2013 年版，第 8—7、26—42、47—50、55—58、60—61、65—73、74—76、92—114、108—109、134—145、147—149 页。

吕思勉：《中国近代史》，华东师范大学出版社 2012 年版，第 256—257 页。

胡适：《胡适文存》，中央编译出版社 2013 年版。

胡适：《中国哲学史大纲》，商务印书馆 2013 年版。

胡适：《五十年来之世界哲学》，光明日报出版社 1998 年版。

胡适著，朱自清评：《胡适文选·新思潮的意义》，中国文史出版社 2013 年版。

侯外庐等主编：《中国大百科全书》（哲学 I 卷），中国大百科全书出版社 1987 年版，第 82 页。

蔡元培：《中国伦理学史·五十年来中国之哲学》，东方出版社 2012 年版。

中国蔡元培研究会编：《蔡元培全集》之《世界观与人生观》《美学的趋向》《以美育代宗教说》，浙江教育出版社 1997 年版。

孙中山：《孙中山选集》，人民出版社 2011 年版。

中国社会科学院哲学研究所中国哲学史研究室：《中国的现在和未来》，载《中国哲学史资料选集》近代之部，中华书局 1983 年版。

孙中山著，林家有整理：《建国方略》，中华书局 2011 年版。

陈独秀：《陈独秀文章选编》，生活·读书·新知三联书店 1984 年版。

中国李大钊研究会编注：《李大钊选集》，人民出版社 2013 年版。

毛泽东：《毛泽东选集》，人民出版社 1991 年版。

后记 努力成为用逻辑串书写太阳之仁的书童

在写完本书的最后一个字时，我的心中感觉是那么的甜蜜。我感觉儒家哲学是世界上最奇妙绝伦的哲学，在经中西马哲学的融会贯通后，更加高明无比。如果让我选择万万次，我都要当儒家的君子；如果让我选择万万次，我都要学中西马哲学融会贯通的“共”字哲学。在这个期间，我还有幸遇到了让我能够飞升到仁的宇宙大全境界的奇人。我希望未来能够花十年写一本名为《太阳的书童》（*A Childish Writer of the Sun*）的哲学小说来述说自己的触及心灵的震荡！我正在独著的六卷本（《追寻幸福：西方哲学史视角》《追寻幸福：中国哲学史视角》《追寻幸福：马克思的哲学思想史视角》《追寻幸福：中西文学哲学思想史视角》《追寻幸福：中西艺术哲学思想史视角》《追寻幸福：论精神现象的本质——以儒家的至善围棋的完美布局为例》）与合著的二卷本（《追寻幸福：儒家哲学的自然科学基础》和《追寻幸福：儒家哲学的能量物理学基础》）将合成《追寻幸福：中西马哲学融会贯通（会通）研究》（八卷本）。如果这套丛书有稿费，将全部捐出设一个题为《太阳的书童》的奖学金。

非常感谢清华大学马克思主义学院邓卫书记和艾四林院长！没有他们的支持和帮助，要完成《追寻幸福：中西马哲学融会贯通（会通）研究》这套书就会遇到很大的困难！

非常感谢中国社会科学出版社，这里是我的作品的温馨的家园！一如既往地感谢冯春凤老师、陈彪老师和李炳青老师！冯春凤老师那里是我的作品的发祥地，陈彪老师则带领着我的作品长征，李炳青老师这里是我的作品的根据地。李炳青、刘俊、李宗坤三位资深编、校、排组合使得我的这部作品都能够接受她们的精益求精的高端洗礼，从而变得更加完美。与李炳青老师邂逅，让我看到了一个活生生的我，我们两个都会肆无忌惮地大笑。我们在心灵的追求上是如此的契合，以至于我在写作中，总会有她在脑海里冒出来喝彩或批评，而无论是喝彩或批评都让我感觉是那样的恰到好处。

非常感谢我的所有入门弟子的支持，特别是付子操同学（清华大学物理学学士、美国加州大学圣塔芭芭拉分校物理学博士生），他让我真切地体验到了什么是水之清木之华，他的纯洁的心灵、充满灵动的神奇感悟和在理论物理学方面对我的支持都让我受益匪浅！

非常感谢出现在我生命中的每一位生灵，是他们以不同的方式成全了我的人生！

韦正翔（太阳的书童）

2017 年 2 月 15 日于清华学清苑